Buch-Updates
Registrieren Sie dieses Buch auf unserer Verlagswebsite. Sie erhalten dann Buch-Updates und weitere, exklusive Informationen zum Thema.

Galileo BUCH UPDATE

Und so geht's

> Einfach **www.galileocomputing.de** aufrufen
<<< Auf das Logo **Buch-Updates** klicken
> Unten genannten **Zugangscode** eingeben

Ihr persönlicher Zugang zu den Buch-Updates 112256102297

Mark Lubkowitz

Webseiten programmieren und gestalten

Galileo Press

Liebe Leserin, lieber Leser,

die vielen positiven Leserrückmeldungen zu den erfolgreichen Vorauflagen haben deutlich gezeigt: Mark Lubkowitz ist es mit seinem Buch »Webseiten programmieren und gestalten« auf außerordentliche Weise gelungen, die vielfältigen Themen und Aspekte der Webentwicklung zielgenau auf Ihre Bedürfnisse auszurichten und abzustimmen – ein Standardwerk zum Lernen und Nachschlagen.

Dieses umfassende Buch bietet Ihnen einen schnellen Zugriff auf alle wichtigen Themen moderner Webentwicklung. Als Einsteiger halten Sie ein profundes Grundlagenwerk in den Händen, als Profi verfügen Sie über ein starkes Nachschlagewerk, das Ihnen bei der Planung und Umsetzung professioneller Webprojekte jederzeit schnell und kompetent Auskunft gibt.

Die dritte Auflage des erfolgreichen Standardwerks zur Webseitengestaltung wurde vollständig aktualisiert und inhaltlich stark erweitert. Mit diesem Buch beherrschen Sie die aktuellen Standards der Webentwicklung wie XHTML und CSS bereits in kurzer Zeit; mit PHP 5 und MySQL 5 erstellen Sie professionelle und datenbankbasierte Webseiten. Darüber hinaus werden aktuelle Webtechnologien ausführlich berücksichtigt – entwickeln Sie mit AJAX desktop-ähnliche Applikationen für Ihre Webseite, integrieren Sie aktuelle Kommunikationsplattformen wie Blogs und Wikis oder passen Sie Ihre Website den zeitgemäßen Anforderungen der Barrierefreiheit an.

Dieses Buch wurde mit großer Sorgfalt geschrieben, begutachtet, lektoriert und produziert. Sollte dennoch etwas nicht so funktionieren, wie Sie es erwarten, biete ich Ihnen gerne meine Hilfestellung an. Ihre Anregungen und Fragen sind jederzeit willkommen.

Und nun viel Spaß bei der Lektüre

Stephan Matteschek
Lektorat Galileo Computing

stephan.matteschek@galileo-press.de
www.galileocomputing.de
Galileo Press · Rheinwerkallee 4 · 53227 Bonn

Auf einen Blick

Der Name Galileo Press geht auf den italienischen Mathematiker und Philosophen Galileo Galilei (1564–1642) zurück. Er gilt als Gründungsfigur der neuzeitlichen Wissenschaft und wurde berühmt als Verfechter des modernen, heliozentrischen Weltbilds. Legendär ist sein Ausspruch *Eppur se muove* (Und sie bewegt sich doch). Das Emblem von Galileo Press ist der Jupiter, umkreist von den vier Galileischen Monden. Galilei entdeckte die nach ihm benannten Monde 1610.

Gerne stehen wir Ihnen mit Rat und Tat zur Seite:
stephan.matteschek@galileo-press.de bei Fragen und Anmerkungen zum Inhalt des Buches
service@galileo-press.de für versandkostenfreie Bestellungen und Reklamationen
stefan.krumbiegel@galileo-press.de für Rezensions- und Schulungsexemplare

Lektorat Stephan Mattescheck
Fachgutachten Carsten Möhrke
Korrektorat Jürgen Dubau
Cover Barbara Thoben, Köln
Titelbild photonica
Typografie und Layout Vera Brauner
Herstellung Steffi Ehrentraut
Satz SatzPro, Krefeld
Druck und Bindung Bercker Graphischer Betrieb, Kevelaer

Dieses Buch wurde gesetzt aus der Linotype Syntax Serif (9/13 pt) in FrameMaker.
Gedruckt wurde es auf chlorfrei gebleichtem Offsetpapier.

Bibliografische Information der Deutschen Bibliothek
Die Deutsche Bibliothek verzeichnet diese Publikation in der Deutschen Nationalbibliografie; detaillierte bibliografische Daten sind im Internet über http://dnb.ddb.de abrufbar.

ISBN 978-3-89842-813-2

3., aktualisierte und erweiterte Auflage 2007, 2., korrigierter Nachdruck 2008

Inhalt

TEIL 2: HTML – DIE SPRACHE DES INTERNETS

Video-Lektionen auf der DVD

Sie finden die Video-Lektionen im Verzeichnis */videotraining* auf der Buch-DVD

Video-Training 1: JavaScript

Video-Training 2: Einstieg in TYPO3 4.0/Einstieg in Joomla!

Kapitel 1: TYPO3 – Installation und Konfiguration

Kapitel 2: TYPO3 – Websites migrieren

Die Softwarebranche ist binär, du bist die 1 oder 0, tot oder lebendig.
– Tim Robbins als Gary Winston im Film »StartUp«

Einführung

Im Jahre 1990 stellte Tim Berners-Lee die erste Verbindung von einem Browser zu einem Server her, um ein dort abgelegtes Dokument im HTML-Format zu öffnen. Seitdem ist das Internet unaufhörlich in alle möglichen Bereiche vorgestoßen. Aus dem heutigen Leben ist es kaum noch wegzudenken – seien es nun Privatleute, die eine kleine Seite ins Internet gestellt haben, um auch »dabei sein« zu können, oder ganze E-Business-Systeme, die den Eigentümern bares Geld bescheren bzw. bescherten. Jedoch sind eine gewisse Flaute und der Einbruch der so genannten New Economy nicht von der Hand zu weisen. Nun beginnt die Aufbauarbeit, diesmal jedoch wesentlich überlegter und langsamer.

Dynamik

Ohne Dynamik kommt kaum eine Webseite aus, denn Internetbenutzer verlangen heutzutage einfach mehr als nur einfache Seiten mit veralteten Informationen. Die Informationen müssen aktuell, informativ und nach Möglichkeit schön verpackt sein. Bei kleinen Projekten ist das nicht weiter problematisch, sind HTML, CSS und JavaScript doch probate Mittel, dies zu realisieren. Ändern sich die Informationen jedoch täglich oder werden sie gar stündlich erweitert, ist es mühselig, dies alles noch in kleine handliche HTML-Pakete zu schnüren. Hier wird der Einsatz von serverseitigen Skriptsprachen wie Perl und PHP, die im Laufe der Jahre zu ernst zu nehmenden Programmiersprachen herangewachsen sind, äußerst interessant und hilfreich. Gerade PHP schickt sich in der neuen Version 5 an, seinen Platz an der Spitze weiter auszubauen.

Private oder geschäftliche Website?

Ob Sie nun zur Gruppe der Privatleute gehören, die auch sagen wollen: »Ich habe meine eigene Internetseite«, oder Ihren Verein im Internet präsentieren möchten, um noch mehr Personen und somit potenzielle Mitglieder erreichen zu können, spielt dabei eine eher nebensächliche Rolle. Eventuell steht sogar Ihr Chef eines Morgens in Ihrem Büro und teilt Ihnen mit, dass Ihre Firma ebenfalls ins Internet muss, damit neue Vertriebswege erschlossen werden können. Für Sie stellt sich nun in jedem Fall die Frage: Aber wie? Diese Frage werde ich Ihnen in diesem Buch Schritt für Schritt beantworten.

An wen richtet sich dieses Buch?

Einsteiger

In erster Linie richtet sich dieses Buch an Einsteiger, die bisher lediglich auf Seiten der Anwender Erfahrungen mit dem Medium Internet gemacht haben und nun den Umgang mit HTML, CSS, JavaScript oder den anderen Internettechnologien wie PHP, Perl und MySQL erlernen möchten.

Fortgeschrittene

Aber auch erfahrene Leser, die bereits Kenntnisse in HTML oder Perl haben und nun weitere Mittel und Wege kennenlernen möchten, um Webprojekte mit serverseitigem Skripting zu erstellen, werden in diesem Buch nicht außen vor gelassen. Gerade die Zusammenarbeit all dieser Sprachen birgt des Öfteren Stolpersteine, die es zu überwinden gilt.

Was Sie schon können sollten

Programmiererfahrung ist hilfreich

Grundsätzlich sind Erfahrungen mit der einen oder anderen Programmiersprache wie der C-Familie oder Java hilfreich. Vor allem syntaktische Elemente aus diesen Sprachen werden Sie in JavaScript, Perl und PHP antreffen. Außerdem erleichtern Kenntnisse in einer Programmiersprache auch das Verständnis des logischen Ablaufs. Dies ist jedoch nicht Voraussetzung, denn ich werde Ihnen zu jeder Sprache die syntaktischen Eigenheiten der Variablen, Schleifen und Programmsteuerungen eingehend erläutern.

Kenntnisse des Betriebssystems

Generell sollten Sie sich jedoch schon einmal ausführlicher mit Windows oder Linux beschäftigt haben und sich mit der Verwendung der Betriebssystemumgebung und den spezifischen Eigenheiten auskennen. Sowohl zum Erstellen der Dateien und zum anschließenden Ablegen auf dem Webserver (auf Ihrem eigenen Rechner oder auf einem Server im Internet) als auch zur Installation und Konfiguration eines funktionierenden Webservers auf Ihrem Rechner ist dieses Wissen notwendig. Aber auch hierbei werde ich Ihnen Hilfestellung leisten.

Was Sie mit diesem Buch lernen

Ich werde Sie in diesem Buch in die Auszeichnungssprache HTML und die Formatierungssprache CSS einführen. Die clientseitige Sprache JavaScript wird Ihnen in Verbindung mit HTML an praxisorientierten Beispielen nähergebracht. Ferner werden die serverseitigen Skriptsprachen Perl und PHP im Zusammenhang mit der Datenbankabfragesprache SQL an alltäglichen Beispielen erläutert.

Von Besucherzählern bis Datenbanken

So lernen Sie das Programmieren von Gästebüchern oder die Funktionsweise von Besucherzählern und werden am Ende auch eigene, dynamische Grafiken – egal ob als JPG oder PNG – erzeugen können. Dabei werden die Daten sowohl aus Dateien als auch aus Datenbanken geholt.

In der 2. Auflage ist der Teil zu XML hinzugekommen. Nachdem zu Zeiten der 1. Auflage der Einsatz von XML noch relativ selten erfolgte, wird die Bedeutung durch Webservices oder RSS/RDF immer größer, und dem soll selbstverständlich Rechnung getragen werden.

Neu in der 3. Auflage

Mit der 3. Auflage wurde der XML-Teil stark erweitert und behandelt jetzt auch AJAX. Nachdem in der 2. Auflage primär Programmiertechniken Berücksichtigung fanden, wurde in dieser Auflage vermehrt auf Themen Rücksicht genommen, die mit der Programmierung und Gestaltung einhergehen. So wird die Barrierefreiheit von Webseiten immer wichtiger, denn für jede Anwendergruppe soll bzw. muss eine Webseite nutzbar sein. Darüber hinaus wird in einem eigenen Kapitel die Suchmaschinenoptimierung für ein besseres Ranking in Google behandelt.

Schlussendlich werden Sie in den Entwicklungs- und Programmierprozess einer vollständig dynamischen Webseite eingeführt, indem Sie ein solches Projekt von A bis Z planen, entwickeln und programmieren – natürlich immer mit praxistauglichen Beispielen.

Schreibweisen in diesem Buch

Da Sie in diesem Buch sowohl auf Erklärungen, Quellcodebeispiele als auch auf programmiersprachenspezifische Schlüsselwörter stoßen, werden zur besseren Unterscheidung und auch der Übersicht halber verschiedene Formatierungen verwendet.

Quelltexte

Da Quelltexte einen großen Teil in diesem Buch ausmachen, wurden sie auch mit den augenscheinlichsten Formatierungen versehen. Diese Quelltexte werden Listings genannt und heben sich vom normalen Text durch eine nichtproportionale Schrift ab.

```
// Dies ist ein Beispiel für einen Quelltext
// bzw. ein Listing.
```

Schlüsselwörter

Auch Variablen- und Funktionsbezeichner, Schlüsselwörter einer Programmiersprache und ähnliche Begriffe werden in der nichtproportionalen Schrift dargestellt.

Dateinamen und Verzeichnispfade sowie Internet- und E-Mail-Adressen werden **fett gedruckt** formatiert.

Symbole

Neben diesen Formatierungen werden Sie auch auf verschiedene Symbole am Seitenrand treffen, die Textabschnitte mit wichtigen Inhalten, Warnungen oder Verweise auf die dem Buch beiliegende DVD-ROM beinhalten.

[«] Textabschnitte mit diesem Symbol enthalten Tipps und Hinweise für den Umgang im Programmieralltag.

[!] Wenn dieses Symbol am Seitenrand auftaucht, enthält der Textabschnitt eine Warnung.

[×] Sicherheitsprobleme und Fallen der Programmiersprache werden mit diesem Symbol markiert.

[●] Textabschnitte mit Verweisen auf die beiliegende DVD-ROM sind mit dem nebenstehenden Symbol markiert.

Internetangebot

Auf den Webseiten von Galileo Press und natürlich auf meiner Webseite finden Sie zusätzliche Informationen rund um dieses Buch. Dort können Sie auch mit mir oder dem Verlag in Kontakt treten. Ich würde mich über Anregungen und konstruktive Kritik freuen und stehe Ihnen im Forum von MyGalileo auch für Fragen zur Verfügung, sobald Sie dieses Buch dort registriert haben. Alternativ können Sie auch gern das Forum auf meiner Webseite verwenden.

Webseiten

Galileo Press: **http://www.galileo-press.de**

Galileo Computing: **http://www.galileocomputing.de**

Meine Seite: **http://www.marklubkowitz.de**

Forum: **http://www.marklubkowitz.de/forum**

Weiterlernen mit der DVD-ROM zum Buch

Auf der DVD-ROM, die diesem Buch beiliegt, finden Sie alle Beispiele und die Software, die Sie für den optimalen Start benötigen. Darüber hinaus bietet Ihnen die DVD ausgewählte Lektionen aus dem Video-Training-Angebot von Galileo Press, mit denen Sie einen Einstieg in Themen erhalten, die dieses Buch nicht behandeln kann wie Flash und der Umgang mit Photoshop Elements. Mit den Lektionen zu JavaScript aus dem Video-Training von Christian Wenz können Sie Ihre Kenntnisse vertiefen. Immer beliebter werden auch die Content-Management-Systeme TYPO3 und Joomla!. Auch hier finden Sie Video-Lektionen auf der DVD, in denen Sie dem Trainer sozusagen über die Schulter schauen und so einen optimalen Einstieg in die Themen erhalten.

Vorwort zur 2. Auflage

Vor gut anderthalb Jahren – im Mai 2003 – ist die 1. Auflage dieses Buches erschienen. Seit diesem Zeitpunkt ist das Buch mehrere tausend Male verkauft worden, und wenn ich ehrlich bin, habe ich mit diesem Erfolg nicht gerechnet. Im Gegenteil, als blutiger Neuling im Schreiben von Büchern habe ich meine Erwartungen gering gehalten. Desto erfreuter und überraschter war ich über die große Zahl an Zuschriften und die durchweg positive Kritik. Es gab zwar auch die eine oder andere negative Anmerkung, jedoch war auch diese in der Regel angebracht und nachvollziehbar. Ganz besonders bedanken möchte ich mich an dieser Stelle bei Tanja Credner. Die vielen E-Mails haben mir die Überarbeitung dieses Buches wesentlich erleichtert. Nachdem ich mit einigen Lesern auch einen regen elektronischen Schriftwechsel führen konnte, hat mich am meisten die unterschiedliche Mischung der Leser überrascht. Im Altersbereich zwischen 13 und 60 Jahren war jede Gruppe vertreten, ob Studenten oder Hobbyisten. Ihnen allen meinen Dank.

Seit der 1. Auflage hat sich in Hinblick auf die Internettechnologien einiges getan. Die finale Version 5 von PHP und die Version 4 von MySQL sind erschienen, in vielen Fachzeitschriften wird verstärkt auf Webservices eingegangen, und langsam, aber sicher scheint sich auch in Deutschland das Bloggen zu etablieren. Darüber hinaus finden sich auf vielen Seiten immer häufiger kleine orangefarbene Icons mit der Aufschrift RSS oder RDF. PHP 5 und MySQL 4 wurden in dieser 2. Auflage ebenso berücksichtigt wie die steigende Bedeutung von Webservices, und was es mit Bloggen und RSS/RDF auf sich hat, werden Sie in diesem Buch ebenfalls erfahren.

Aufgrund der Erweiterungen wurde das Buch einigen Änderungen unterzogen, die gerade Ihnen, dem Leser, zugute kommen. Das Buch selbst hat ein breiteres Format. Bei einer hohen Seitenzahl erleichtert es das Lesen, da Sie das Buch problemlos aufgeklappt auf den Tisch legen können. Andererseits ist das Format auch in der Lage, mehr Informationen zu fassen. Ich hoffe, dass Ihnen dieses Format genauso gut gefällt wie mir.

Ach ja, Käufer eines Exemplars der 1. Auflage oder eines der Nachdrucke können sich unter MyGalileo den neu hinzugekommenen XML-Teil als PDF herunterladen.

Vorwort zur 3. Auflage

Web 2.0

Seit der 2. Auflage dieses Buches hat sich technisch im Internet nur wenig getan. Lediglich Schlagworte aus Marketingecken finden immer stärkere Verbreitung. Da wäre allen voran Web 2.0 zu nennen. Aber mal ehrlich, haben Sie mitbekommen, dass die Version 2.0 des Internets veröffentlicht worden ist? Nein? Wie auch, denn erstens hat das Web keine Versionsnummer und zweitens ist der Begriff Web 2.0 lediglich der Versuch, das Sammelsurium an Entwicklungen auf Basis vorhandener Technologien und Spaßigkeiten unter einen Hut zu bringen. Wer vom Web 2.0 spricht meint damit Podcasts, RSS-Feeds und Blogs. Aber auch die Wikipedia (**http://de.wikipedia.org**), Google-Maps (**http://maps.google.de**), Flickr (**www.flickr.com**) und Google Earth (**http://earth.google.com**) gehören darunter. Erfunden wurde der Begriff Web 2.0 von Tim O'Reilly, dem Gründer des gleichnamigen Verlages. Damit hat er gemeint, dass die Mitwirkung der Nutzer, insbesondere an Projekten wie Wikipedia, den Mehrwert des Internets steigerte und dies zum Web 2.0 erklärt.

Danksagung

Einen Hang zu pathetischen Abschweifungen mag ich an mir nicht abstreiten, und in einem Fachbuch hat so etwas eigentlich nichts verloren – aber Danksagungen sind nun mal Danksagungen.

Lars-Christian Lubkowitz Meinem Bruder danke ich dafür, dass er mich unentwegt über Webseiten ausgequetscht hat und somit der Anlass zur Idee für dieses Buch war – es ist nun mal einfacher, alles Wichtige aufzuschreiben, anstatt in ungezählten E-Mails, Telefonaten und Besuchen die Einzelheiten zu erklären und dabei dennoch immer wieder Kleinigkeiten zu vergessen.

Christian Lubkowitz Meinem Vater danke ich dafür, dass er meine anfänglichen Zweifel ausgeräumt und mich darin bestärkt hat, dieses Buch zu schreiben. Er war von Anfang an von dieser Idee begeistert und hat das Ganze nie als fixe Idee betrachtet.

Sigrid Lubkowitz Meiner Mutter danke ich dafür, dass sie mir die Leidenschaft für Bücher vererbt hat. Wenn ich einen Fan haben sollte, dann ist sicherlich sie dieser Fan – und es gibt niemanden, den ich mir lieber in dieser Rolle vorstellen könnte.

Saskia Lubkowitz Meiner Schwester danke ich dafür, dass sie immer ein offenes Ohr für Probleme hat, dass sie immer mit Rat und Tat zur Stelle ist, wenn man Hilfe braucht, dass sie einem immer sagt, was sie denkt, und dass sie immer weiß, wann man einen Tritt in der Allerwertesten braucht, und diesen notfalls selbst verteilt.

Kolja Engelmann Meinem guten Freund danke ich für sein Wissen um Perl und Linux und die Bereitschaft, das Buch immer wieder Probe zu lesen, und dafür, dass er mit Tipps und Ratschlägen zur Verbesserung dieses Buches beigetragen hat. Sein »Willst du das wirklich so schreiben?« wird mir noch lange in Erinnerung bleiben.

Stephan Matteschek und das Team von Galileo Press Dem Team von Galileo Press und insbesondere meinem Lektor Stephan Matteschek danke ich für das Interesse, als ich dieses Projekt damals vorgeschlagen habe, für die Hilfestellung, die Stephan mir während dieser Zeit geleistet hat, und für die unglaubliche Geduld, die er in den letzten Monaten und Jahren bewiesen hat und noch immer beweist.

Cornelia Seraphin Meiner wunderbaren Freundin danke ich dafür, dass sie mich so viele Dinge durch ihre Augen sehen lässt und damit meinen Horizont so sehr erweitert, dafür, dass sie sich in meinem chaotischen Leben zurechtfindet, Ordnung hineinbringt und mich immer auf Kurs hält, dafür, dass sie mit ihrer Ruhe und Ausgeglichenheit meine vielen Fehler so gekonnt ignorieren kann, und für den Mut, den sie mir schenkt, alte Mauern einzureißen und mich auf ein neues Abenteuer einzulassen.

Last but not least Den Lesern und Forumsaktivisten »Lucas de Vil«, »somme_ch« und »Luke-B« sei an dieser Stelle ein ganz besonderer Dank ausgesprochen.

Ismaning
Mark Lubkowitz

TEIL 1
Grundlagen

I think there is a world market for maybe five computers.
– Thomas Watson, Chairman of IBM, 1943

1 Arbeitsmittel

Da eine Webseite, ob nun statisch oder dynamisch, nicht ohne weitere Hilfsmittel auskommt, möchte ich Ihnen in diesem Kapitel verschiedene Werkzeuge näherbringen.

1.1 Editoren

Im Grunde genommen können Sie selbst die umfangreichsten Webprojekte mit einem ganz einfachen Texteditor erstellen, solange dieser Dateien als reinen Text speichern kann. Ein solcher Editor ist z. B. Notepad unter Windows oder vi unter UNIX/Linux.

Notepad ist das Urgestein der Editoren unter Windows und lässt sich entweder über **Start • Programme • Zubehör • Editor** aufrufen oder über **Start • Ausführen... • notepad.exe** [↵] ausführen. Bei der Speicherung sollten Sie dann als Dateityp **Alle Dateien** auswählen. Notepad

Unter UNIX/Linux gehört vi ebenfalls zum Standard-Repertoire. Die Steuerung erfolgt dabei jedoch nicht über die Maus, sondern lediglich mit der Tastatur. Mit verschiedenen Zeichen- und Tastenfolgen wird dann das Programm gesteuert. Es klingt jedoch einfacher, als es ist, da vi den Anfängen von UNIX entstammt, als es nur schreibmaschinenartige Konsolen gab. So wird z. B. der Cursor über die Tasten h, j, k und l bewegt, und mit der Escape-Taste wird zwischen dem Eingabe- und dem Kommandomodus umgeschaltet. vi

Obwohl viele Textverarbeitungsprogramme sehr komfortabel in der Bedienung sind, ist von diesen für das Programmieren abzuraten. Zum einen verwenden viele Programme ein proprietäres Dateiformat zum Speichern der Dokumente, und selbst wenn Sie eine Datei im Format **Text** oder **ASCII** speichern, kann das zu Fehlern führen. Dies betrifft vor allem Sonderzeichen wie deutsche Umlaute und ähnliche sprachenspezifische Zeichen. [«]

Da Textverarbeitungsprogramme nicht verwendbar sind und es doch schon ein bisschen mehr Komfort sein darf, reduziert sich die Palette der wirklich brauchbaren Editoren auf gerade mal eine Hand voll. Ein guter Editor sollte eine Syntax-Highlighting-

Funktion aufweisen, die sich nicht nur auf eine Sprache beschränkt, und außerdem die Zeilen- und Spaltennummer anzeigen. Letzteres ist gerade für die Fehlersuche äußerst hilfreich.

Textpad

Unter Windows ist Textpad von Helios Software ein solches Programm. Der Vorteil ist, dass dieses Programm nicht mit unnötigen Funktionen überladen ist. Es bietet sowohl Syntax-Highlighting als auch das Anzeigen der Zeilen- und Spaltennummer. Das Syntax-Highlighting lässt sich für HTML, CSS, JavaScript, Perl und PHP konfigurieren und nachträglich erweitern.

[o] Textpad finden Sie in der Version 4.7.3 auf der dem Buch beiliegenden DVD-ROM im Verzeichnis **software\txpdeu473.exe**.

Das Pendant zu Textpad auf UNIX/Linux-Systemen ist eMacs. Auch dieser Editor bietet Syntax-Highlighting und die Anzeige der Zeilen- und Spaltennummer. Genau wie vi gehört auch Emacs zur gängigen Grundausstattung eines UNIX/Linux-Systems.

WYSIWYG-Editoren

Weit verbreitet sind auch die so genannten WYSIWYG-Editoren. Diese Abkürzung steht für »**W**hat **y**ou **s**ee **i**s **w**hat **y**ou **g**et« und bedeutet sinngemäß übersetzt »Was du siehst, ist das, was du bekommst«. Zu solchen Editoren gehört z. B. Microsofts FrontPage oder Macromedia Dreamweaver von Adobe. Von diesen Editoren ist jedoch ebenfalls abzuraten. Zum einen unterstützen sie meistens nur HTML, CSS und JavaScript, zum anderen fügen sie in den Quelltext der mit ihnen erstellten Dateien oft unnötige Informationen ein. Darüber hinaus ist der Lernfaktor bei solchen Programmen natürlich sehr begrenzt, denn eine Seite zu »zeichnen« ist nicht vergleichbar mit dem Schreiben des HTML-Dokuments mit all seinen Tags und Attributen.

1.2 Webserver

Ein Webserver ist nichts weiter als ein Computer mit einer meist persistenten Verbindung zum Internet, auf dem eine Software läuft, die Anfragen von anderen Computern abarbeitet. Die eigentliche Software wird auch HTTP-Daemon-Server genannt. Mittlerweile gibt es eine Vielzahl von HTTPD-Servern, und die meisten davon sind kostenlos im Internet verfügbar. Die bekanntesten Vertreter dieser Software-Gattung sind der Apache HTTPD-Server und der Internet Information Server von Microsoft.

Damit Sie nun Ihre Dateien nicht immer auf einem Server im Internet ablegen müssen, um diese zu testen und zu korrigieren, sollten Sie sich auf Ihrem eigenen Rechner einen solchen HTTPD-Server installieren.

Apache Server

Der Apache Server ist der verbreitetste HTTPD-Server überhaupt und wird auf ca. 55 Prozent aller Server im Internet eingesetzt. Der Grund dafür ist sicherlich, dass er für alle gängigen Betriebssystemumgebungen – angefangen bei UNIX/Linux, über Solaris bis hin zu Windows – verfügbar ist. Weitere Gründe, die für den Apache sprechen, sind der große Funktionsumfang dieses Servers, die einfache Handhabung sowie die hohe Zuverlässigkeit. Zudem ist er als Open Source im Internet verfügbar und somit für alle Anwender kostenlos.

Apache-Webseite: **http://httpd.apache.org/**

Microsoft Internet Information Server

Natürlich hat es sich auch Microsoft nicht nehmen lassen, ebenfalls einen HTTPD-Server zu programmieren und diesen seinen Betriebssystemen beizulegen. Da einer jedoch anscheinend nicht genug ist, hat Microsoft gleich zwei Vertreter ins Feld geschickt. Dies ist zum einen der IIS, der mit Windows NT/2000/XP mitgeliefert wird, und zum anderen der Personal Webserver (PWS), der für Windows 98/98SE/ME ausgelegt ist. Vorteilhaft sind die einfache Installation und der Umstand, dass auch diese Server kostenlos verfügbar sind (sieht man einmal vom Kauf von Windows ab).

Alternativen

Eher seltener werden Sie auf OmniHTTPd von Omnicron Technologies oder auf den Xitami-Webserver von Xitami stoßen. Dies liegt vor allem daran, dass für den kommerziellen Einsatz eine Lizenz erworben werden muss; für Privatanwender ist die Verwendung jedoch vollkommen kostenlos. Der Xitami-Webserver ist allerdings lediglich in einer Lite-Version verfügbar. Generell gilt jedoch, dass beide Server sehr rudimentär mit Funktionen und Konfigurationsmöglichkeiten ausgestattet sind. Für einen kleinen Testserver auf dem eigenen Rechner sind sie jedoch weitgehend ausreichend.

OmniHTTPd-Webseite: **http://www.omnicron.ca/**

Xitami-Webseite: **http://www.xitami.com/**

Schlauer Fuchs

Eine immer weitere Verbreitung weisen vorkonfigurierte Webserver auf, die zwar auf dem Apache HTTPD-Server basieren, jedoch bereits mit PHP, Perl, Python und MySQL ausgestattet sind und als installierbare Binär-Distribution im Internet verfügbar sind. Auch diese Server sind kostenlos. Die bekanntesten Vertreter sind:

XAMPP: **http://www.apachefriends.org/**

FoxServ-Webseite: **http://www.foxserv.net/**

The Saint WAMP: **http://sourceforge.net/projects/yawamp/**

1.3 Perl

Perl ist eine ursprünglich von Larry Wall entwickelte Skriptsprache, die im Laufe der Zeit auf alle möglichen Systeme portiert wurde. Mittlerweile ist ähnlich wie bei Linux eine große Community entstanden, die zusammen mit Larry Wall die Sprache Perl weiterentwickelt und regelmäßig um neue Möglichkeiten erweitert.

Perl – nur ein Lama?

Obwohl Perl anfangs als Arbeitserleichterung für Larry Wall gedacht war, verbreitete sich diese Sprache nach der Offenlegung des Quelltextes im Internet wie ein Lauffeuer und hat viele begeisterte Anhänger finden können. Es gibt jedoch auch Programmierer, die Perl gegenüber abgeneigt sind und gerne den Vergleich mit dem Lama heranziehen: Es stinkt, es ist hässlich, und es spuckt einen gerne mal an. Dies geben auch einige Anhänger von Perl zu.

Perl ist mittlerweile in der Version 5.8.8 verfügbar und im Internet kostenlos erhältlich.

Webseiten: **http://www.perl.com/** und **http://www.activestate.com/**

1.4 PHP

PHP (Abkürzung für »Personal Homepage Tools«) war ursprünglich lediglich eine Sammlung von mit Perl programmierten Skripts zum Administrieren der Protokoll-Dateien eines Webservers. Rasmus Lerdorf hat diese damals ebenfalls im Internet zur Verfügung gestellt.

Eigenständigkeit

Kurz darauf wurde PHP[1] jedoch zu einer neuen, eigenständigen Skriptsprache, die die verschiedenen Vorzüge von Perl und anderen Sprachen in sich vereinen sollte und diese Aufgabe auch mit Bravour erfüllt.

Inzwischen ist die Version 5.1.6 von PHP im Internet zum Download vorhanden.

PHP-Homepage: **http://www.php.net/**

1.5 MySQL

MySQL ist ein SQL-kompatibles Open-Source-Datenbanksystem. Obwohl es ein sehr einfaches System ist, wird es gerade im Internet besonders gern und häufig eingesetzt, weil es nicht wie viele andere Vertreter so sehr überladen und als Open-Source-Software natürlich kostenlos ist.

Kostenlos und kostenpflichtig

Wie die meisten Open-Source-Projekte ist auch MySQL unabhängig vom eingesetzten Betriebssystem und somit sowohl für UNIX/Linux als auch Windows verfügbar. Ein professioneller bzw. kommerzieller Einsatz dieses Systems ist jedoch mit dem Erwerb einer Lizenz verbunden.

Webseite: **http://www.mysql.com/** und **http://www.mysql.de/**

1 Zum gleichen Zeitpunkt wurde auch die Bedeutung der Buchstaben PHP in »PHP: Hypertext Preprocessor« geändert.

1.6 phpMyAdmin

Eines der hilfreichsten Projekte auf Basis von PHP ist phpMyAdmin, das als Oberfläche zur Administration von MySQL-Datenbanken über einen Webserver dient. Viele Internet Service Provider haben phpMyAdmin bereits vorinstalliert, sodass es den Endkunden zur Verfügung steht.

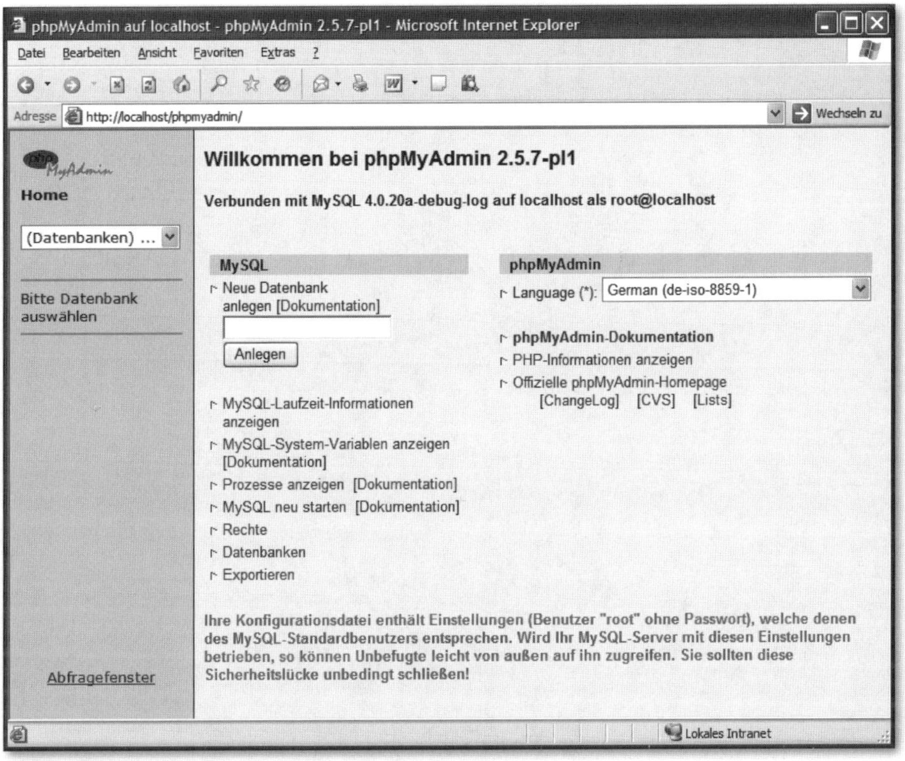

Abbildung 1.1 phpMyAdmin als Frontend zur Administration von MySQL über einen Webserver

Da phpMyAdmin – wie der Name schon sagt – auf PHP basiert, muss natürlich PHP auf dem Server installiert sein, damit Sie phpMyAdmin zur Administration verwenden können. Aktuell ist die Version 2.9.0 verfügbar.

Webseite: **http://phpmyadmin.sourceforge.net/**

Das wohlüberlegte Treffen von Entscheidungen folgt einer alten Tradition: Zuerst raten und danach die anderen dafür verantwortlich machen.
– Scott Adams, Schöpfer von »Dilbert«

2 Das Internet

2.1 Entstehung

Das US-Verteidigungsministerium gab Ende der 50er Jahre die Initialzündung zur Entwicklung des heutigen Internets. Computernetze wurden damals mittels Kopfstationen zentral verwaltet. Wäre im Falle eines Atomschlags der UdSSR eine dieser Kopfstationen ausfallen, hätte das den Zusammenbruch des angeschlossenen Netzwerks zur Folge gehabt. Die Lösung des Problems war eine dezentrale Struktur. Der Zusammenbruch eines Teilsystems hätte dann nicht die Unterbrechung des gesamten Kommunikationssystems bedeutet. Das Ziel war es nun, ein Übertragungsprotokoll zu entwickeln, das unabhängig vom Übertragungsmedium ist, die Zusammenarbeit mit verschiedenen Rechnersystemen ermöglicht und gegenüber Verbindungsstörungen äußerst robust ist.

ARPANET

Erst im Jahre 1969 konnte diese Idee erfolgreich umgesetzt werden. Zwischen vier Rechnern der University of Utah, der University of California Los Angeles, der University of California Santa Barbara und der Stanford University wurde ein Netzwerk aufgebaut, das all diese Voraussetzungen erfüllte und unter dem Namen ARPANET *(Advanced Research Projects Agency Network)* bekannt wurde. Das Revolutionäre war die Art der Datenübermittlung. Der Absender zerlegte größere Datenmengen in kleinere Datenpakete und sandte diese zum Empfänger. Die Pakete suchten sich unabhängig voneinander den Weg zum Empfänger, wodurch eine direkte physikalische Datenverbindung zwischen Sender und Empfänger nicht mehr nötig war.

NSFnet

In den nachfolgenden Jahren wurden immer mehr Computer an dieses Netzwerk angeschlossen. Der wachsende Umfang deckte Schwächen im NCP-Kommunikationsprotokoll auf, das 1983 durch das effizientere TCP/IP-Protokoll ersetzt wurde. Immer mehr Wissenschaftler verschickten elektronische Nachrichten über das Netz und nutzten die Kapazitäten der angeschlossenen Rechner, woraufhin sich das US-Verteidigungsministerium 1985 aus der Finanzierung des ARPANETs zurückzog und das Milnet aufbaute. Fortan übernahm die National Science Foundation (NSF) das ARPANET und benannte es in NSFnet um.

WWW Anfang der 90er Jahre wandelte sich das NSFnet durch die Entwicklung von HTML durch Sir Tim Berners-Lee vom Wissenschaftsnetzwerk zum World Wide Web und löste die kryptischen Befehlsfolgen der Datenkommunikation ab. Tim Berners-Lee war seit 1984 Ingenieur für Echtzeit-Software am CERN-Institut in Genf und schlug 1989 das globale Projekt Hypertext vor, das er 1990 in World Wide Web umtaufte. Er entwickelte den ersten Webserver und Client und legte die Spezifikation von URLs, HTTP und HTML fest. Das Ziel dieses Projekts war die Strukturierung und Darstellung wissenschaftlicher Daten mit der Möglichkeit, Querverweise auf andere Dokumente zu legen und diese sofort abrufen zu können.

2.2 So funktioniert das Internet

Das Internet in seiner heutigen Form ist nicht mehr zu vergleichen mit den Anfängen in den 1950er. Die einfachen Verbindungen für geringe Datenübertragungen sind hoch redundanten und performanten Glasfaserleitungen gewichen, die quer durch die drei großen Ozeane verlegt sind und Nutzern auf verschiedenen Kontinenten eine augenblickliche Kommunikation ermöglichen. Der Anwender bekommt von der dahinter stehenden Technik wenig mit. Er gibt lediglich die gewünschte Internetadresse in den Browser ein und erhält kurze Zeit darauf die entsprechende Webseite angezeigt.

2.2.1 Struktur

Rückgrat Kernstück des Internets sind Backbone (dt. Rückgrat) getaufte Systeme, über die der gesamte Internetverkehr geleitet wird. Betrieben werden die Backbones durch Carrier, die teils international, teils national agieren. Allein in Deutschland sind über 110 Carrier registriert. Untereinander sind die Backbones mit Glasfaserleitungen redundant verbunden. Fallen ein oder mehrere Backbones aus, wird die Datenkommunikation einfach über andere Backbones geleitet. Dieses Netz aus Backbones wird Kernnetz genannt.

Internet Service Provider wie Arcor, Freenet oder AOL verfügen zwar über eigene Backbones, nutzen jedoch auch Backbones von anderen Carriern, um ihre Reichweite und Flächendeckung zu erhöhen. Während die ISPs in den Städten in der Regel die eigenen Backbones nutzen können, wird in ländlichen Gegenden häufig auf das Kernnetz der Telekom zurückgegriffen.

Zugangsnetz Der Zugriff auf die Backbones erfolgt für Kunden nicht direkt, sondern über Zugangsnetze (engl. access networks). Der Zugang kann auf zwei verschiedene Arten erfolgen: per Einwahl oder per dauerhafter Verbindung. Letztere Verbindungsart, die auch als Standleitung bekannt ist, macht lediglich einen kleinen Teil aller Zugänge aus. Primär liegt dies an den hohen Kosten für eine Standleitung, weshalb in der Regel nur Firmen über eine dauerhafte Verbindung zum Internet verfügen. Einwahlverbindungen finden sich hingegen im Großteil aller privaten Haushalte. Probleme beim Zugriff auf das Internet sind häufig auf Störungen in den Zugangsnetzen zurückzuführen.

Lokale Netze

Lokale Netzwerke – auch LAN genannt – sind räumlich begrenzt und fassen alle Netzwerke in einem Unternehmen, Büro oder privaten Wohnungen zusammen. Bereits zwei miteinander verbundene Computer gelten als Netzwerk.

Zugriffsart

Die Verbindung zwischen lokalem Netzwerk und Zugangsnetz kann auf verschiedene Arten erfolgen. Die in Deutschland am häufigsten vorzufindenden Verbindungsmittel sind ISDN und DSL. In einigen Fällen kommen auch noch analoge Modemverbindungen zum Einsatz. Weit seltener wird die mobile Kommunikation über UMTS oder per Satellit eingesetzt. Gerade UMTS-Verbindungen sind zwar schnell, aber auch kostenintensiv. Die neueste Variante ist der Internetzugriff via Fernsehkabel.

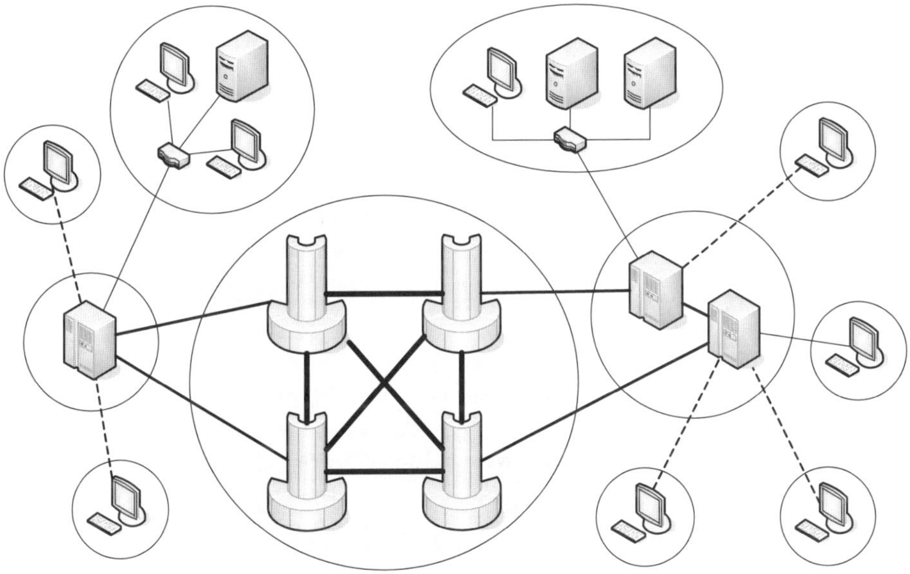

Abbildung 2.1 Struktur des Internets

Abbildung 2.1 veranschaulicht – auf vereinfachte Art – die Struktur des Internets. Der Kreis mit dem weißen Hintergrund stellt das Kernnetz dar, bestehend aus mehreren, redundant verbundenen Backbones. Die dunkelgrau schraffierten Kreise sind Zugangsnetze, die ebenfalls mehrfach durch dauerhafte Verbindung an das Kernnetz angeschlossen sind. Die Kreise mit hellgrauer Schraffur hingegen sind lokale Netzwerke, die aus einem oder mehreren Rechnern bestehen können. Die Anbindung an die Zugangsnetze erfolgt entweder per Einwahlverbindung (gestrichelte Linien) oder per Standleitung (durchgezogene Linien).

2.2.2 Kommunikation

Über das Internet werden verschiedenste Informationen versandt, z. B. beim Aufruf einer Webseite oder dem Versand einer E-Mail. Das Medium, in der die Kommunikation über das Internet erfolgt, ist TCP/IP. TCP steht für **t**ransport **c**ontrol **p**rotocol, und dieses Protokoll kümmert sich um den Transport von Daten über das Internet. IP steht für **i**nternet **p**rotocol und sorgt für die korrekte Adressierung der Daten. TCP/IP ist vergleichbar mit dem Medium Brief zur Kommunikation mit der Großmutter oder der Bank.

Während ein Brief in Deutsch, Englisch, Französisch oder einer der vielen anderen Sprachen verfasst sein kann, gilt dies auch für die Kommunikation im Internet. Rufen Sie z. B. eine einfache ungeschützte Webseite auf, wird die Sprache – bei der Kommunikation zwischen Computern wird sie Protokoll genannt – HTTP[2] verwendet. Der E-Mailversand wiederum erfolgt mit Hilfe des Protokolls SMTP.

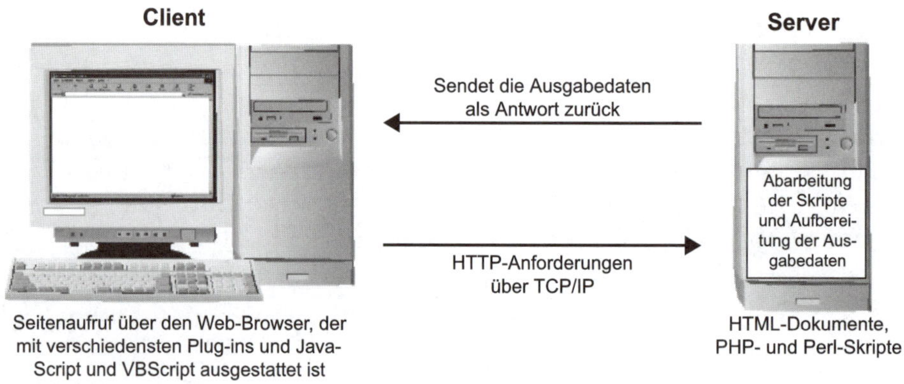

Abbildung 2.2 Schematische Darstellung einer HTTP-Verbindung

Abbildung 2.3 Startseite der Internet-Suchmaschine Google

2 HTTP ist die Abkürzung für **hy**per**t**ext **t**ransfer **p**rotocol

Gibt ein Anwender in den Browser eine Internetadresse ein, z. B. **http://de.wikipedia.org/wiki/Rosen**, kontaktiert der Browser den entsprechenden Server, indem er eine Verbindung aufbaut und die gewünschte Seite anfordert. Der Server überprüft die Anfrage, bereitet die Seite zur Ausgabe an den Browser auf und sendet diese an den Clientrechner zurück. Anschließend wird die Verbindung wieder getrennt. Erst wenn der Browser eine weitere Anfrage stellt, z. B. beim Laden von Bildern oder einer anderen Seite, wird eine neue Verbindung aufgebaut, die Daten werden übermittelt und die Verbindung getrennt. Diese vier Schritte »Verbindungsaufbau«, »Anfrage«, »Antwort« und »Verbindungstrennung« werden solange durchgeführt, bis die Seite vollständig im Browser dargestellt werden kann. HTTP

Beispiel

Beim Aufruf der Webseite **www.google.de/index.html** im Webbrowser stellt der Webbrowser eine Anfrage an den Server **www.google.de** und verlangt nach dem HTML-Dokument **index.html**. Der Server formuliert die Antwort und sendet die Daten des HTML-Dokuments, sprich den Inhalt der Datei, an den Browser. Der Browser wertet das HTML-Dokument aus und stellt weitere Anfragen an den Webserver. Denn im HTML-Dokument ist festgelegt, dass noch vier Bilder angezeigt werden sollen (das Google-Logo oben auf der Webseite besteht aus vier Teilen). Er stellt nun weitere vier Anfragen, in denen er die einzelnen Grafiken anfordert, aus denen sich auf der Webseite das Google-Logo zusammensetzt. Der Ladevorgang der Seite ist abgeschlossen, und der Webbrowser kann diese abschließend dem Nutzer anzeigen.

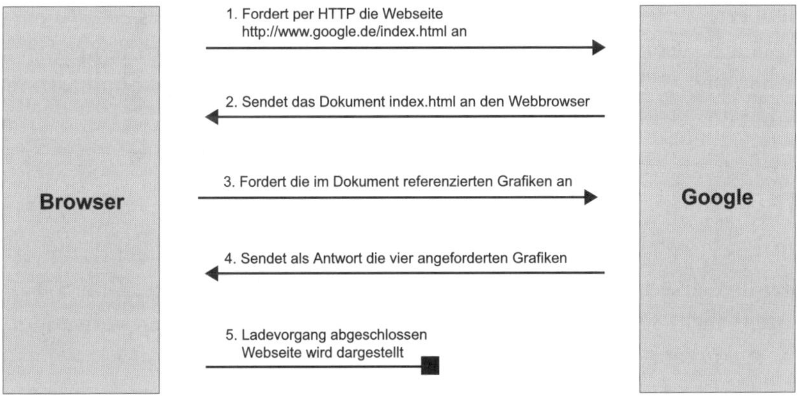

Abbildung 2.4 Schematische Darstellung des Ladevorgangs der Google-Startseite

2.3 Dienste des Internets

Das Internet beschränkt sich aber nicht nur auf die Bereitstellung und das Abrufen von HTML-Dokumenten. Es bietet z. B. die Möglichkeit, E-Mails zu versenden und zu empfangen, nach bestimmten Begriffen zu suchen und Daten von einem auf den anderen Rechner zu transferieren bzw. zu kopieren. Das Internet kann mehr

2.3.1 E-Mail

Auf E-Mails ist im heutigen Kommunikationswesen kaum noch zu verzichten. Längst werden täglich mehr E-Mails als herkömmliche Briefe verschickt, immerhin ist diese Art der Kommunikation wesentlich schneller und verzeiht es auch, wenn mal nur ein oder zwei Zeilen geschrieben werden.

Nicht besonders einfallsreich

Am 25. Januar 2002 feierte die E-Mail ihren 30. Geburtstag. Der Internet-Pionier Raymond S. Tomlinson gilt als Erfinder der elektronischen Post und versandte und empfing 1972 mit seinen beiden Programmen SNDMSG und READMAIL die erste E-Mail über das Internet. Angeblich soll der Inhalt der ersten E-Mail nicht besonders originell gewesen sein: QWERTYUIOP. Auf englischen Tastaturen entspricht dies der ersten Buchstabenreihe.

Der Klammeraffe

Wesentlich interessanter ist die Wahl des Trennzeichens, um eine eindeutige Adressierung zu ermöglichen: der Klammeraffe @. Heute zum Symbol der digitalen Generation (häufig auch als »Generation @« bezeichnet) geworden, stammt es aus dem Handel. So wurde das Zeichen für Kursangaben wie: »10 Eier à 50 Cent« verwendet. Das @-Zeichen ist die angloamerikanische Entsprechung des französischen a mit *accent grave* und bedeutet *at*. Ob Tomlinson das Zeichen wirklich nur durch puren Zufall wählte, ist nicht ganz klar, aber es passt besser als jedes andere Zeichen, da es den Adressaten von der Domäne trennt. So würde **someone@bbn.com** gesprochen »someone at bbn.com« lauten. Die Übersetzung: jemand bei bbn.com.

Von den damals üblichen Briefköpfen der Universitäten wurden die Felder einer heutigen E-Mail übernommen: **To**, **From**, **CC** (carbon copy) und **Subject**. Das Feld **To** enthält den Empfänger, **From** den Absender, **CC** den Kopie- bzw. Durchschriftempfänger und **Subject** den Betreff der E-Mail. Dazu kam dann noch **BCC**, das für »blind carbon copy« steht und übersetzt »verdeckter Kopieempfänger« bedeutet.

2.3.2 FTP

Neben HTTP, das normalerweise für Seitenaufrufe verwendet wird, bietet das Internet auch die Möglichkeit, Daten in Form von Dateien zu transportieren. Über HTTP ist dies meistens nicht sehr komfortabel und wird auch nur sehr selten verwendet. FTP, das eine Abkürzung für **F**ile **T**ransfer **P**rotocol ist, schließt diese Lücke.

FTP-Client

Mit einem so genannten FTP Client können Sie sich auf dem Server einloggen und beliebig in den freigeschalteten Verzeichnissen navigieren, einzelne Dateien oder ganze Verzeichnisse kopieren, löschen, umbenennen oder verschieben. Dabei unterteilen sich die FTP-Clients in zwei Kategorien: grafische und Kommandozeilen-Clients. Ein Kommandozeilen-Client ist den meisten Windows-Betriebssystemen bereits beigelegt und lässt sich über **Start • Ausführen... • ftp.exe** und ↵ aufrufen. Sie können jedoch auch einen beliebigen anderen Client verwenden. Grafische FTP-Clients gibt es im Internet mittlerweile mehr als genug: für UNIX/Linux, Windows, Solaris etc.

Bevor Sie auf dem Server arbeiten können, müssen Sie sich entweder anonym anmelden (Sie haben dann oft weniger Rechte, auf Verzeichnisse zuzugreifen) oder mit einem Benutzernamen und einem Passwort. Besonders beliebt ist FTP, da sich schon einmal begonnene Transfers wieder aufnehmen lassen, und die Übertragung von Dateien wesentlich stabiler als mittels HTTP ist, denn FTP verwendet dabei zwei getrennte Kanäle: Ein Kanal überträgt die Kommandos und der andere Kanal die Daten. Bei HTTP wird alles über einen Kanal übertragen, was somit wesentlich anfälliger für Fehler während der Übertragung ist.

Stabilität

2.3.3 Telnet

Telnet ist eine Anwendung, die Ihnen den Fernzugriff auf andere Computer ermöglicht. Dies geschieht konsolenbasiert. Je nachdem, welche Zugriffsrechte Ihnen eingeräumt worden sind, können Sie nun unterschiedliche Kommandos an den Server absetzen. Ihr Rechner fungiert in diesem Moment also als eine Art Terminal.

Sie können mit Telnet eine so genannte Shell-Session auf dem Server starten. Eine solche Session simuliert für Sie die Anwendungsoberfläche des Webservers auf Ihrem Rechner zu Hause. Der Client überträgt Ihre Tastatureingaben an den Server und empfängt die Textausgabe des Servers, um sie wiederum auf Ihrem Rechner auszugeben. Dadurch eignet sich Telnet optimal, um einen Webserver zu pflegen, der nicht bei Ihnen zu Hause steht.

Pflege des Webservers

Sowohl unter Linux als auch unter Windows steht standardmäßig ein Telnet-Client zur Verfügung. In Windows können Sie diesen mit **Start • Ausführen... • telnet.exe** und [↵] öffnen. Unter UNIX/Linux reicht es aus, in einer Konsole `telnet`, gefolgt von der IP-Adresse des Servers anzugeben.

Jedoch sind Verbindungen mit Telnet nicht sicher, da alle Kommandos und Daten im Klartext übertragen werden, so auch Anmeldeinformationen wie Ihr Benutzername und Ihr Passwort. Verwenden Sie stattdessen also lieber SSH (**s**ecure **sh**ell). Ein empfehlenswerter SSH-Client ist Putty, den es sowohl für UNIX/Linux als auch für Windows gibt. Der Vorteil: Die übermittelten Daten werden verschlüsselt, so dass es für Hacker schwieriger wird, unbefugt an Benutzernamen oder Passwörter heranzukommen.

Nicht sicher

Putty-Webseite: **http://www.chiark.greenend.org.uk/~sgtatham/putty/**

2.3.4 Whois

Whois ist ein Datenbankdienst, der Informationen über Domains, E-Mail-Adressen und im Internet präsente Institutionen bereitstellt. So stellt jeder Domain-Registrar die entsprechenden Informationen zu den Domain-Eigentümern seiner Top-Level-Domain bereit, und auch einige Universitäten bieten eine solche Datenbank an. Die Datenbanken werden jedoch nicht abgeglichen, was dazu führt, dass alle Datenbanken unterschiedliche Daten enthalten.

Viele dieser Datenbanken sind mittlerweile auch über eine grafische Oberfläche zu bedienen. Die Whois-Datenbank des Registrars für deutsche Top-level-Domains ist die DeNIC, und der Whois-Dienst ist über **http://www.denic.de/servlet/Whois** erreichbar.

Weitere Informationen über Adressierung und DNS finden Sie in Kapitel 6, *Adressierung*.

Begrüßt wird man nach Kleidung, verabschiedet nach Klugheit.
– Jüdisches Sprichwort

3 Die »Netzüberflieger«

Zahlreiche Browser buhlen um die Gunst der Internetbenutzer. Und diese Vielzahl an Programmen ist auch der Grund, warum es bei der Darstellung der Webseiten immer wieder zu Problemen kommt. Texte sind nicht richtig formatiert, Abstände falsch und Elemente nicht an den gewünschten Stellen positioniert.

Die Ursache lässt sich leicht ausfindig machen: Kompatibilität. Nicht jeder Browser unterstützt jeden Standard in vollem Umfang. Sowohl der Internet Explorer als auch Firefox implementieren die CSS-Standards nicht vollständig und teilweise sogar falsch. VBScript funktioniert nur im Internet Explorer, weil es eine proprietäre Entwicklung seitens Microsoft ist.

3.1 Kompatibilität

Wie bereits zu Beginn dieses Kapitels erwähnt, existieren zwar Standards für Techniken wie HTML und CSS, jedoch sind diese Standards in den Browsern nicht vollständig bzw. teilweise nur rudimentär implementiert. Die nachfolgende Tabelle listet die für die Webentwicklung wichtigsten Techniken und Webbrowser auf.

	HTML	XHTML 1.0	CSS 2	DOM 1	JS	RSS	PNG	AJAX
Firefox	Ja	Ja	Ja	Ja	Ja	Ja	Ja	Ja
iCab	Ja	Nein	Ja	tw.	Ja	Nein	Ja	Ja
IE 6.x	Ja	tw.	tw.	tw.	Ja	Nein	tw.	Ja
IE 7	Ja	tw.	tw.	Ja	Ja	Ja	Ja	Ja
K-Meleon	Ja	Ja	Ja	Ja	Ja	Ja	Ja	Ja
Konqueror 3	Ja	Ja	Ja	Ja	Ja	Ja	Ja	Ja
Lynx	tw.	Nein	Nein	Nein	Nein	Nein	Nein	Nein
Mozilla 7	Ja	Ja	Ja	Ja	Ja	Nein	Ja	Ja
NN 4.x	Ja	Nein	Nein	Nein	Ja	Nein	Nein	Nein
NS 6–7	Ja	Ja	Ja	Ja	Ja	Nein	Ja	Ja

Tabelle 3.1 Populäre Webbrowser und deren Unterstützung von Webstandards

	HTML	XHTML 1.0	CSS 2	DOM 1	JS	RSS	PNG	AJAX
NS 8	Ja	tw.	tw.	tw.	Ja	Ja	tw.	Ja
Opera 9.x	Ja	Ja	Ja	Ja	Ja	Ja	Ja	Ja
Safari	Ja	Ja	Ja	Ja	Ja	Ja	Ja	Ja
SeaMonkey	Ja	Ja	Ja	Ja	Ja	Nein	Ja	Ja

Tabelle 3.1 Populäre Webbrowser und deren Unterstützung von Webstandards (Forts.)

Wie der Tabelle zu entnehmen ist, ist die Unterstützung der gängigen Webstandards durch die Webbrowser eher bescheiden. Lediglich der Firefox, K-Meleon, Konqueror, Opera und Safari können bei den – wohlgemerkt – wichtigsten Standards eine weiße Weste vorweisen.

Aufgrund der Tatsache, dass der Netscape 8 ein Hybrid-Browser ist und wahlweise sowohl die Renderengine von Firefox als auch des Internet Explorers einsetzen kann, hängt der Support für XHTML 1.0, CSS 2 und DOM 1 davon ab, ob der Benutzer die Engine des Internet Explorers (Trident bzw. MSHTML) oder von Firefox (Gecko) für die Darstellung der Webseite nutzt.

3.1.1 Zusammenspiel der Techniken

Acid2

Doch selbst wenn ein Webbrowser alle Webstandards unterstützt, bedeutet dies nicht, dass sie auch korrekt implementiert sind. Unter **http://www.webstandards.org/action/acid2/** hat das Web Standards Project (WaSP) einen Test mit dem Namen Acid2 entwickelt. Rufen Sie die Webseite in Ihrem derzeit eingesetzten Webbrowser auf und klicken Sie auf den Link »take the Acid2 test« und auf der Folgeseite ebenfalls auf den gleichnamigen Link.

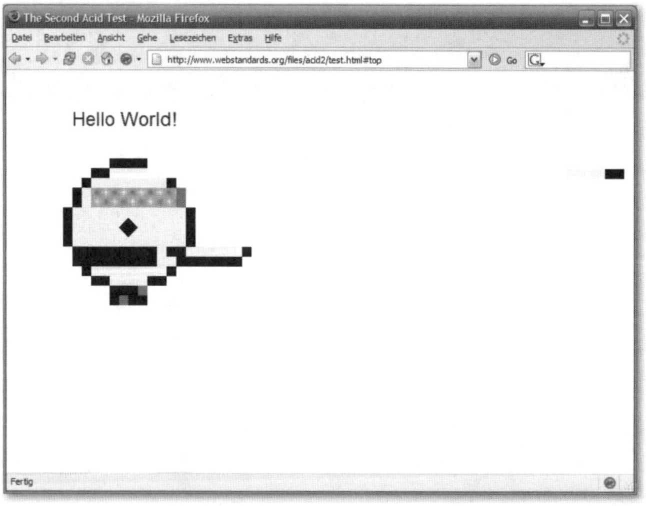

Abbildung 3.1 Ergebnis des Acid2-Test im Firefox 1.5.0.4

Lediglich der Safari ab 2.0.2 – der dem Test im Übrigen als Erster bestanden hat –, der Konqueror in KDE 3.5, iCab ab 3.0 und Opera 9.0 bestehen bisher diesen Test und stellen das Ergebnis wie in Abbildung 3.2 dar.

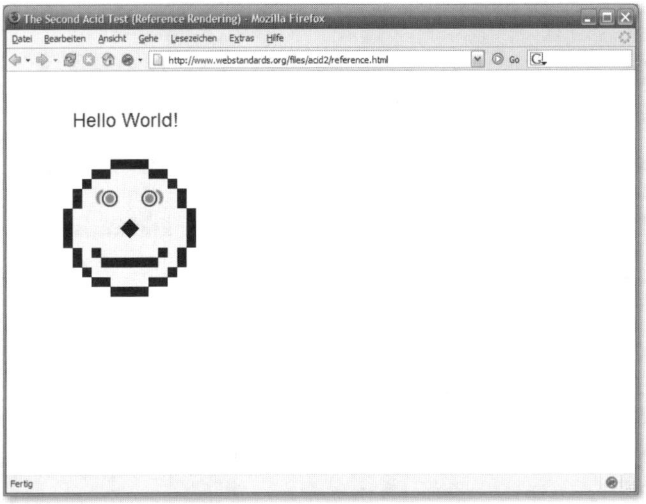

Abbildung 3.2 Referenzergebnis des Acid2-Tests

3.2 Übersicht

Viele verschiedene Webbrowser stehen dem geneigten Surfer zur Verfügung. Die populärsten sind sicherlich der Internet Explorer aufgrund der Tatsache, dass er mit Windows XP ausgeliefert und somit vorinstalliert ist, und Firefox, der aufgrund seiner geringern Größe, seiner hohen Schnelligkeit und den vielen nützlichen Funktionen überzeugt.

Eine Übersicht über die wichtigsten und am häufigsten eingesetzten Webbrowser bietet dieses Kapitel.

3.2.1 Firefox

Mozilla Firefox ist aus dem mittlerweile eingestellten Mozilla Browser entstanden. Das Designziel dieses Browsers war, aus dem überfrachteten und langsamen Mozilla einen schlanken und schnellen Browser zu bilden. Wie die Verbreitung des Browsers zeigt, ist dies den Entwicklern auch gelungen, und Firefox hat den alten Mozilla mittlerweile als Hauptprojekt abgelöst.

Besonderheiten

Im Vergleich zum aktuellen Internet Explorer in der Version 6 wartet Firefox 1.5 mit allerlei hilfreichen Funktionen auf. Allen voran ist das »tabbed browsing« zu nennen, das nicht für jede geöffnete Webseite ein neues Fenster öffnet, sondern alle Webseiten als Registerkarten in einem Fenster darstellt. Der integrierte RSS-Reader bindet

RSS-Feeds als »live bookmarks« ein und stellt diese über das Lesezeichen-Menü zur Verfügung.

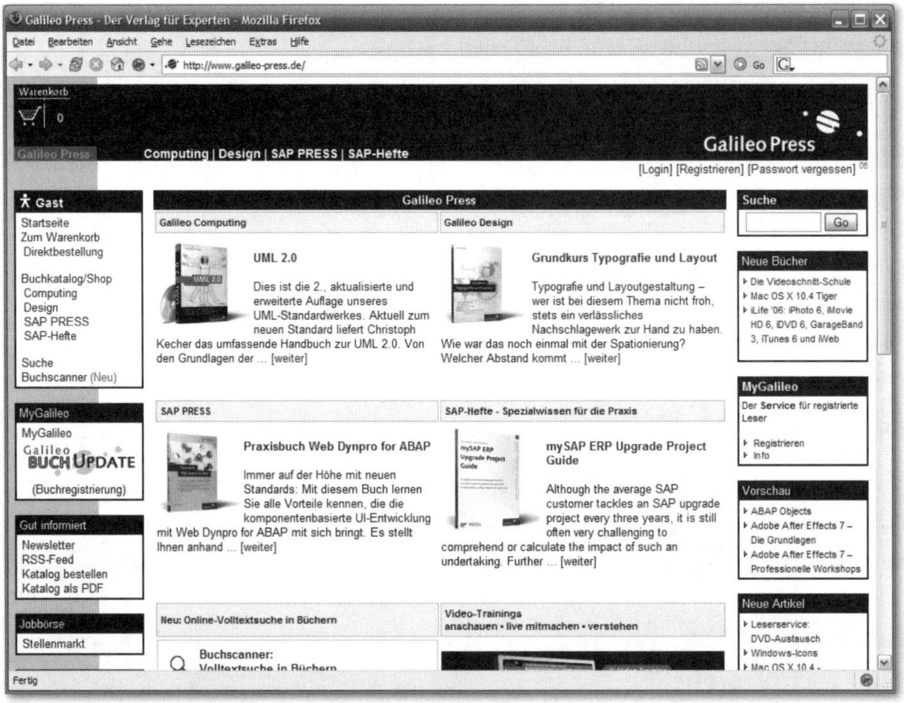

Abbildung 3.3 Die Webseite von Galileo Press im Firefox 1.5.0.4

Web Developer Gerade für Programmierer und Designers von Webseiten ist die »Web Developer«-Erweiterung für Firefox sehr interessant und hilfreich. Diese lässt sich während der Installation des Firefox ebenfalls installieren oder kann nachträglich unter **https://addons.mozilla.org/firefox/60/** heruntergeladen und installiert werden. Nach der Installation steht eine zusätzliche Symbolleiste zur Verfügung, mit der sich das Browserfenster in der Größe pixelgenau verändern lässt, bestimmte Elemente eines HTML-Dokuments hervorheben oder gar Tabellenzellen farblich umranden lassen. Web Developer integriert sich übrigens auch in das Kontextmenü.

Firefox 2.0 Von Firefox 2.0, auch als »Bon Echo« bekannt, steht zur Drucklegung dieses Buches eine Alpha 3 zum Testen zur Verfügung. Im Vergleich zur 1.5 hat sich der Browser nur in wenigen Punkten verändert. Große Neuerungen sind somit erst zur 3.0 des Firefox zu erwarten, da hier dann auch die neue Gecko-Engine eingesetzt werden wird.

Name	Mozilla Firefox
Aktuelle Version	1.5.0.4
Renderengine	Gecko

Tabelle 3.2 Zusammenfassung Mozilla Firefox

URL	http://www.mozilla.com/firefox/
Verbreitung (Stand Juni 2006)	~ 25 %
Betriebssysteme	Windows, Mac OS X, Linux
Acid2-Test bestanden	Nein
Vollständig unterstützte Webstandards	XHTML 1.0, CSS 2, DOM 1, JavaScript, RSS, PNG, AJAX
Besonderheiten	Tabbed Browsing, Live Bookmarks

Tabelle 3.2 Zusammenfassung Mozilla Firefox (Forts.)

Die aktuelle Version 1.5.0.7 des Firefox und die Alpha-Version 2.0 RC2 finden Sie auf der dem Buch beiliegenden DVD-ROM im Verzeichnis **x:\browser\firefox** (wobei x für den Laufwerksbuchstaben steht). **[o]**

3.2.2 Internet Explorer

Der Internet Explorer weist trotz seiner vielen Sicherheitslücken und der unzureichenden Unterstützung der Webstandards mit ca. 64 % Marktanteil noch immer die höchste Verbreitung auf. Die Auslieferung mit dem Microsoft-Betriebssystem Windows XP ist sicherlich der Grund für die hohe Verbreitung.

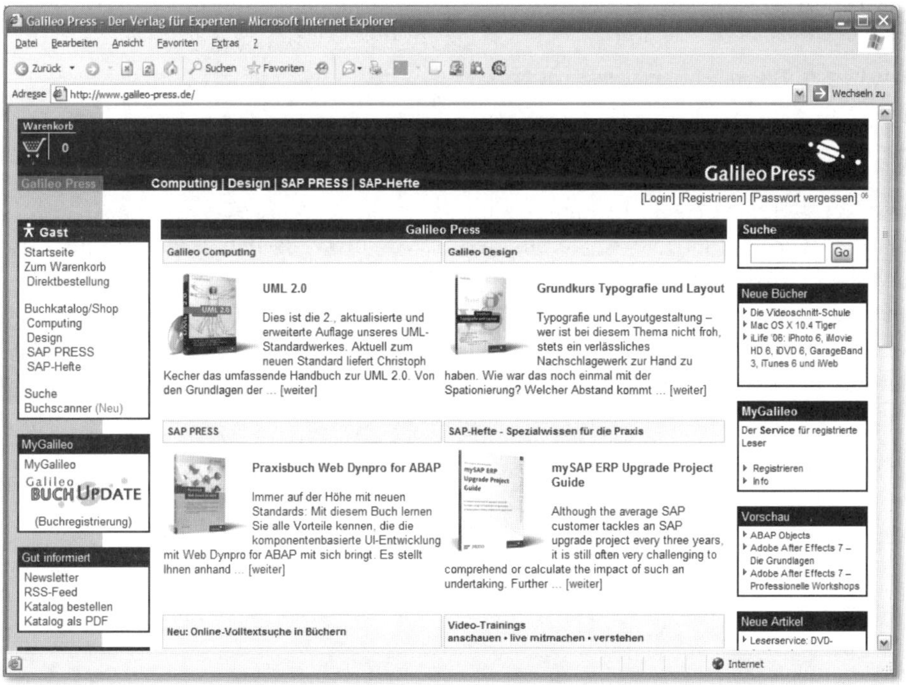

Abbildung 3.4 Die Webseite von Galileo Press im Internet Explorer 6.0

Besonderheiten

Der Internet Explorer 6 ist mittlerweile stark in die Jahre gekommen, weshalb man hier Besonderheiten vergeblich sucht. Zwar wurde ein Popup-Blocker integriert, dieser ist aber auch bei allen anderen Browsern zu finden. Als Besonderheit wären die vielen Kompatibilitätsprobleme zu nennen, die nur durch zahlreich Workarounds aufgelöst werden können.

Internet Explorer 7

Mit dem Internet Explorer 7 halten endlich »tabbed browsing« und ein integrierter RSS-Reader Einzug in Microsofts Webbrowser, und auch in Punkto Kompatibilität wurde der IE7 stark verbessert. Die Korrekturen an der Unterstützung der Webstandards führen jedoch auch dazu, dass Workarounds, die im IE6 notwendig sind, im IE7 zu vollkommen falschen Ergebnissen führen.

Name	Internet Explorer
Aktuelle Version	6.0.2900.2180
Renderengine	Trident (MSHTML)
URL	http://www.microsoft.com/germany/windows/ie/
Verbreitung (Stand Juni 2006)	~ 64 %
Betriebssysteme	Windows
Acid2-Test bestanden	Nein
Vollständig unterstützte Webstandards	JavaScript, AJAX
Besonderheiten	Tabbed Browsing, Live Bookmarks

Tabelle 3.3 Zusammenfassung Internet Explorer

3.2.3 Konqueror

Der Konqueror ist eigentlich der Dateimanager für die Linux-Oberfläche KDE. Mit der Zeit wurde es um die Renderengine KHTML für Webseiten erweitert und wird unter Linux als typische Alternative zu Gecko-basierten Browsern wie Firefox verwendet. Nachdem Apple KHTML für den Safari-Webbrowser verwendet hat, sind viele Entwicklungen seitens Apple in den Konqueror mit eingeflossen, wodurch dieser mittlerweile wie ein paar wenige weitere Vertreter den Acid2-Test besteht.

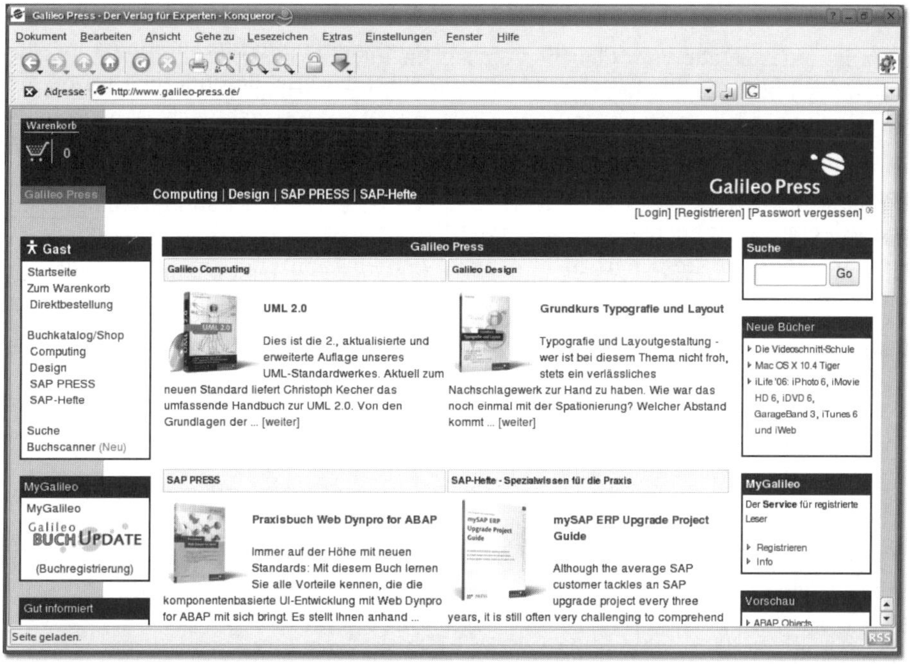

Abbildung 3.5 Die Webseite von Galileo Press im Konqueror 3.5.2

Besonderheiten

Das Besondere am Konqueror ist, dass Apple die Basis KHTML zur Entwicklung des eigenen Webbrowsers Safari genutzt hat. Neben »tabbed browsing« bietet er die Möglichkeit, die Kennung des Browsers, mit der er sich bei Webservern identifiziert, zu ändern. So kann er sich als Internet Explorer, Firefox oder Opera ausgeben. Interessant ist auch die Funktion, Webseiten über das Browsermenü in andere Sprachen übersetzen zu lassen. Was jedoch fehlt, ist ein direkter RSS-Support. Feeds lassen sich nicht im Browser lesen, sondern nur über eine externe Anwendung öffnen.

Name	Konqueror
Aktuelle Version	3.5.2
Renderengine	KHTML
URL	http://www.konqueror.org/
Verbreitung (Stand Juni 2006)	~ 2 %
Betriebssysteme	Mac OS X, Linux
Acid2-Test bestanden	Ja
Vollständig unterstützte Webstandards	XHTML 1.0, CSS 2, DOM 1, JavaScript, PNG, Ajax
Besonderheiten	Dient als Basis für den Webbrowser Safari von Apple

Tabelle 3.4 Zusammenfassung Konqueror

3.2.4 Lynx

Lynx ist nicht gerade zum täglichen Surfen im Internet geeignet, da er, anders als andere Webbrowser, Webseiten nur als reinen Text darstellt. Für Administratoren, die auf einem Server keine grafische Oberfläche zur Verfügung haben, ist dies ideal, da sie auch in solchen Fällen schnell eine Webseite aufrufen und benötigte Informationen erhalten können. Jedoch eignet sich Lynx besonders gut, um einmal zu testen, wie sich eine Webseite benutzen lässt, wenn die grafische Oberfläche aufgrund einer Einschränkung des Besuchers nicht genutzt werden kann und stattdessen zum Beispiel eine akustische Ausgabe oder die Wiedergabe auf einem Brailledisplay erfolgt.

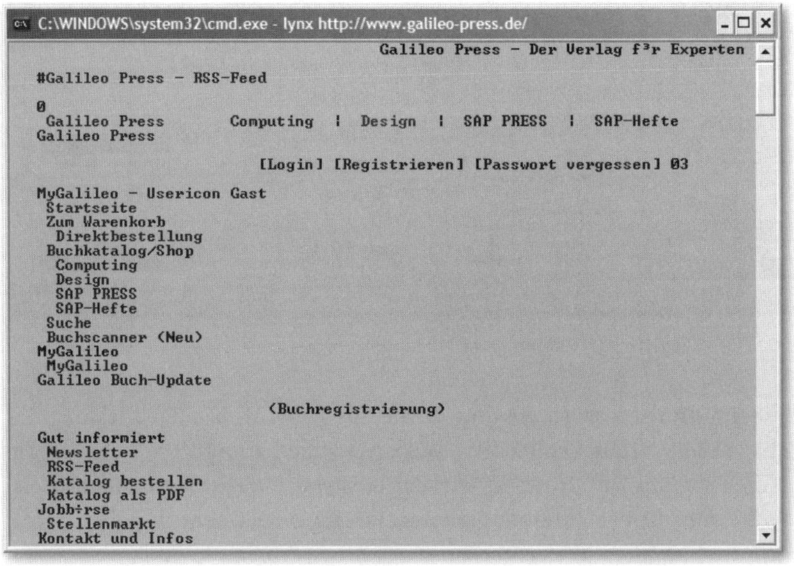

Abbildung 3.6 Die Webseite von Galileo Press im Lynx 2.8.2 für Windows

Obwohl Lynx als Webbrowser bezeichnet werden kann, unterstützt er keinen Webstandard in vollem Umfang. Selbst HTML wird nur im Rahmen der Darstellungsmöglichkeiten durch textbasierte Oberflächen ermöglicht. Weder lassen sich im HTML-Dokument festgelegte Schriftarten noch Grafiken darstellen.

Name	Lynx
Aktuelle Version	2.8.5
Renderengine	Lynx
URL	http://lynx.isc.org/
Verbreitung (Stand Juni 2006)	weit unter 1 %
Betriebssysteme	Windows, Mac OS X, Linux
Acid2-Test bestanden	Nein

Tabelle 3.5 Zusammenfassung Lynx

Vollständig unterstützte Webstandards	Keine
Besonderheiten	Stellt Webseiten als reinen Text dar

Tabelle 3.5 Zusammenfassung Lynx (Forts.)

Die aktuelle Version 2.8.5 des Lynx finden Sie auf der dem Buch beiliegenden DVD-ROM im Verzeichnis **x:\browser\lynx**. Für Windows steht die Version 2.8.5 als kompilierte EXE-Datei im Verzeichnis **x:\browser\lynx\win32** bereit. **[o]**

3.2.5 Netscape 8

Als einer der ersten Browser weltweit hat der von Netscape stammende Vertreter eine fast schon tragische Karriere hinter sich. In seinen Anfängen lief dem damals unter dem Namen Netscape Navigator und Netscape Communicator bekannten Browser der Internet Explorer 4 den Rang ab. Nach Offenlegung des Quellcodes des Netscape Navigators entwickelte sich eine kleine Gemeinde von Enthusiasten, die den Code verbesserten und daraus den Mozilla Browser entwickelten. Die Versionen Netscape 6 und Netscape 7 trugen zwar den Namen Netscape, waren aber nichts anderes als der Mozilla Browser. Erst der Netscape Browser 8 stellte eine Neuheit dar, weil er den Firefox und den Internet Explorer unter einer Oberfläche zusammenfasste. Der ursprüngliche Marktanteil von über 90 % im Jahre 1995 ist jetzt auf 0,3 % gesunken.

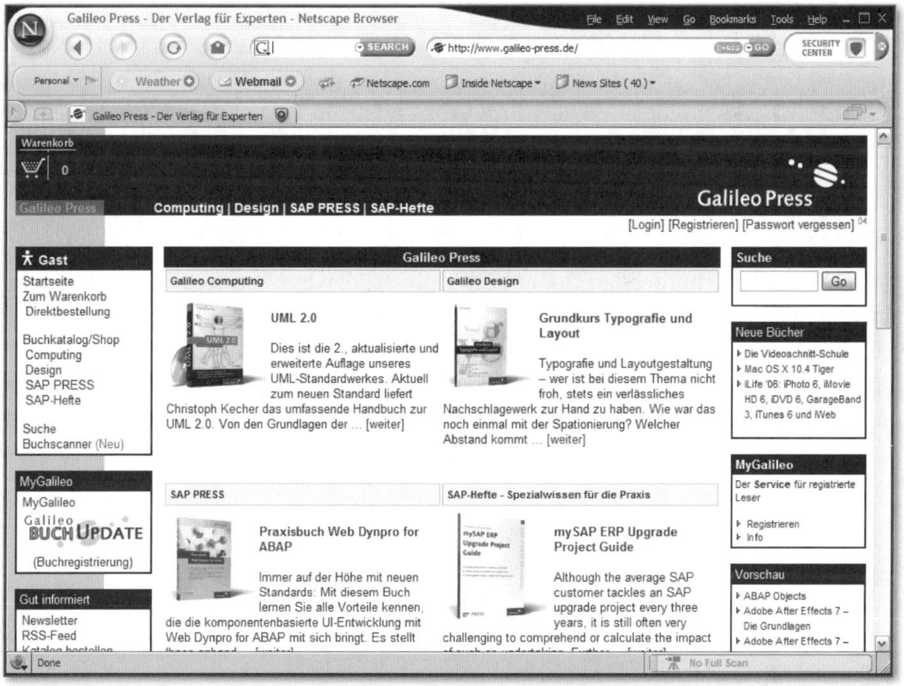

Abbildung 3.7 Die Webseite von Galileo Press im Netscape Browser 8

Besonderheiten

Das Besondere am Netscape Browser 8 ist die Kombination der Renderengine Trident (MSHTML) von Microsoft und die aus dem Mozilla-Projekt stammende Gecko-Engine unter einer Oberfläche. Je nach Webseite lässt sich zwischen den beiden Engines umschalten und die für die entsprechende Webseite optimale Engine auswählen. Dies ist vor allem dann hilfreich, wenn es sich um Webseiten handelt, die explizit für Gecko-basierte Browser wie Firefox oder für Trident-basierte Browser wie den Internet Explorer optimiert wurden.

Name	Netscape Browser
Aktuelle Version	8
Renderengine	Trident (MSHTML), Gecko
URL	http://browser.netscape.com/ns8/
Verbreitung (Stand Juni 2006)	~ 0,3 %
Betriebssysteme	Windows
Acid2-Test bestanden	Nein
Vollständig unterstützte Webstandards	Mit Gecko: XHTML 1.0, CSS 2, DOM 1, JavaScript, RSS, PNG, Ajax Mit Trident: JavaScript, AJAX
Besonderheiten	Vereint die beiden Renderengines Gecko und Trident unter einer Oberfläche. Der Benutzer kann die zum Rendern einer Webseite verwendete Engine zwischen Trident und Gecko umschalten.

Tabelle 3.6 Zusammenfassung Netscape Browser

[O] Die aktuelle Version 8 des Netscape Browsers finden Sie auf der dem Buch beiliegenden DVD-ROM im Verzeichnis **x:\browser\netscape**.

3.2.6 Opera

Der einstmals kostenpflichtige Opera Webbrowser, den es als kostenlose Version nur dann gab, wenn man die Einblendung von Werbebannern innerhalb der Oberfläche akzeptierte, ist nun vollständig kostenlos und werbefrei verfügbar. Lediglich Support durch den Hersteller ist kostenpflichtig. Trotz seiner ausgezeichneten Fähigkeiten und dem sehr schnellen Seitenaufbau konnte sich der Opera nie richtig durchsetzen.

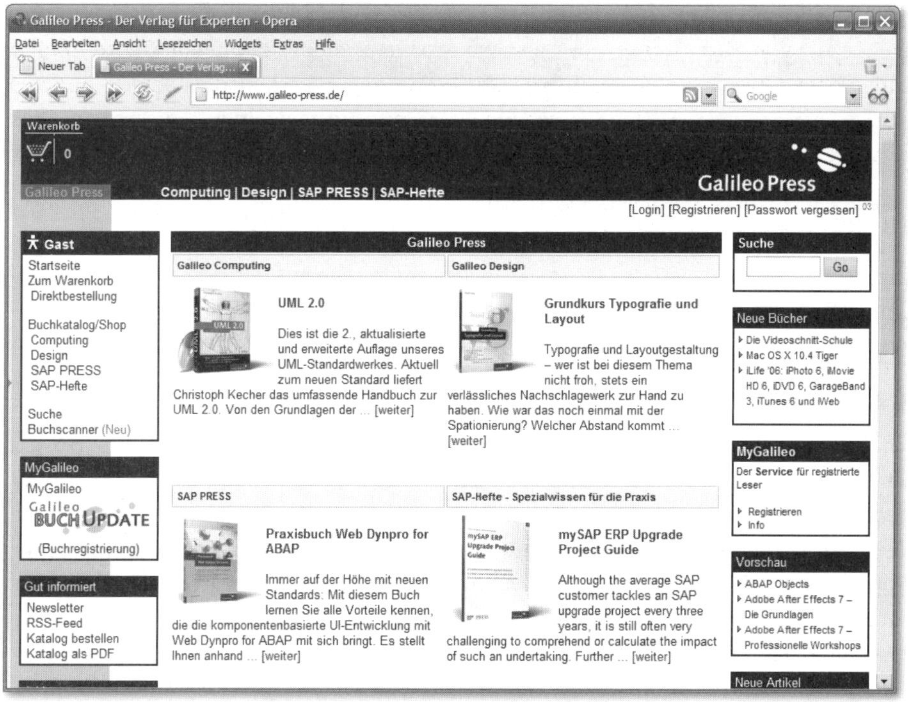

Abbildung 3.8 Die Webseite von Galileo Press im Opera 9.0

Besonderheiten

Der Opera bietet neben »tabbed browsing« auch die Möglichkeit, Widgets zu installieren und darzustellen. Diese Minianwendungen lassen sich beliebig auf dem Desktop platzieren und stellen die unterschiedlichsten Informationen dar. Die Steuerung des Browsers kann auf Wunsch mit Mausgesten erfolgen, wobei bestimmte Bewegungsfolgen mit der Maus bestimmte Aktionen des Browser starten. Integriert ist auch ein Bittorrent-Client, wodurch auf ein extra Programm zum Download von Torrentdateien verzichtet werden kann. Das auch im Internet Explorer 7 integrierte Feature »Thumbnails«, das mehrere geöffnete Webseiten in einer Minivorschau anzeigen kann, gibt es auch in Opera. Neben Windows, Mac OS X und Linux steht Opera noch für verschiedene weitere Plattformen wie PDAs, Spielkonsolen und Mobiltelefone zur Verfügung.

Name	Opera
Aktuelle Version	9.0
Renderengine	Presto
URL	http://www.opera.com
Verbreitung (Stand Juni 2006)	~ 2 %
Betriebssysteme	Windows, Mac OS X, Linux

Tabelle 3.7 Zusammenfassung Opera

Acid2-Test bestanden	Ja
Vollständig unterstützte Webstandards	XHTML 1.0, CSS 2, DOM 1, JavaScript, RSS, PNG, AJAX
Besonderheiten	Tabbed Browsing, Bittorrentclient, Widgets, Thumbnail-Vorschau

Tabelle 3.7 Zusammenfassung Opera (Forts.)

[O] Die aktuelle Version 9.0 des Opera Browsers finden Sie auf der dem Buch beiliegenden DVD-ROM im Verzeichnis **x:\browser\opera**.

3.2.7 Safari

Safari ist der unter Mac OS X integrierte Webbrowser aus dem Hause Apple. Anstatt einen vollständig eigenen Browser zu entwickeln, hat sich Apple bei Konqueror bedient und dessen Rederingengine KHTML integriert. Für KDE und Konqueror bildete sich daraus der Vorteil, dass alle Änderungen und Verbesserungen, die durch Apple vorgenommen wurden, in die Entwicklergemeinde von KDE zurückflossen. Andererseits bedient sich auch Apple aus dem Pool der Fehlerkorrekturen, die von der KDE-Entwicklergemeinde stammen.

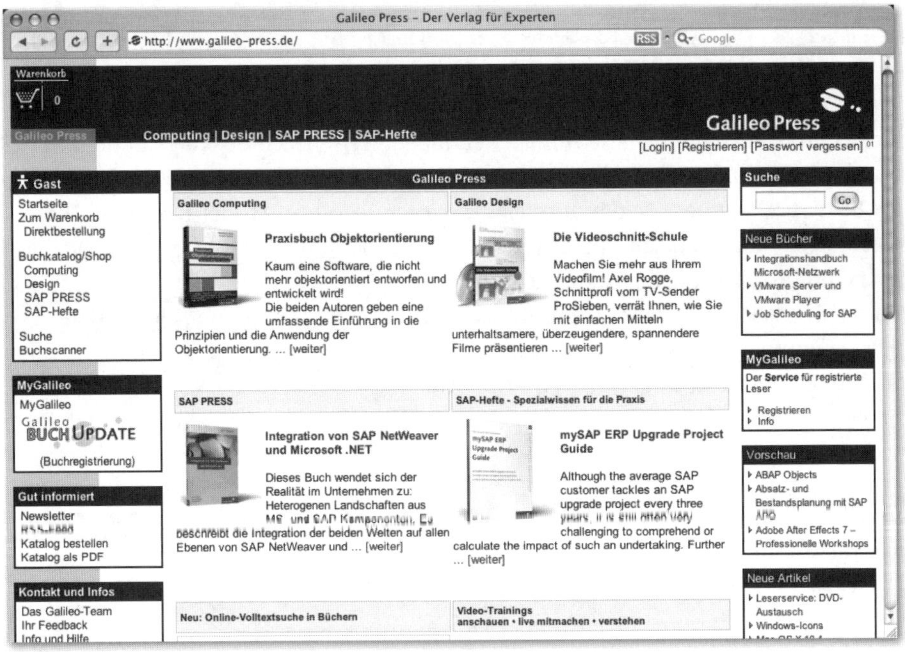

Abbildung 3.9 Die Webseite von Galileo Press im Safari

Besonderheiten

Sollten Sie bei Safari das »tabbed browsing« vermissen, dann ist das kein Problem. Die können es selber einschalten. Klicken Sie dazu einfach auf Safari und dann auf

Einstellungen. In dem Fenster, das sich öffnet, selektieren Sie den Reiter Tabs und aktivieren dann die Checkbox »Surfen mit Tabs«. Besonders gelungen ist hingegen der RSS-Support durch den integrierten Newsreader, der RSS-Feeds nicht nur als einfache XML-Dokumente darstellt, sondern per Stylesheet sogar eine leserliche Darstellung ermöglicht.

Name	Safari
Aktuelle Version	2.0.3
Renderengine	WebCore (KHTML)
URL	http://www.apple.com/safari/
Verbreitung (Stand Juni 2006)	unter 1 %
Betriebssysteme	Mac OS X
Acid2-Test bestanden	Ja
Vollständig unterstützte Webstandards	XHTML 1.0, CSS2, DOM 1, JavaScript, RSS, PNG, AJAX
Besonderheiten	Basiert auf der Engine des KDE-Browsers Konqueror

Tabelle 3.8 Zusammenfassung Safari

Um einen Zufall herbeizuführen, bedarf es vieler Vorbereitung. Um eine gute improvisierte Rede zu halten, braucht man mindestens drei Wochen.
– Mark Twain

4 Gute Vorbereitung ist wichtig

Bevor Sie alle Beispiele aus diesem Buch auch in vollem Umfang testen können, sollten Sie sich auf Ihrem Rechner einen Webserver mit allen erforderlichen Erweiterungen wie PHP, Perl und MySQL einrichten. Da dies nicht ohne Weiteres möglich ist, folgen in diesem Kapitel ein paar Schritt-für-Schritt-Anleitungen sowohl für Windows als auch für Linux.

4.1 XAMPP für Windows – ApacheFriends

Während die meisten Linux-User eine funktionierende LAMP-Installation häufig durch den Package Manager ihrer Distribution einrichten können, ist dies für Windows-User ausgeschlossen. Unter Windows gibt es zwar etwas Ähnliches wie den Package Manager, jedoch ist dieser nur dazu gedacht, die Windows-eigenen Programme zu installieren oder zu löschen. Da eine WAMP-Installation – **W**indows, **A**pache, **M**ySQL und **P**HP – des Öfteren zu Problemen führen kann (neue Versionen der einzelnen Programme), hat eine kleine Community es sich zur Aufgabe gemacht, einen vollständig vorkonfigurierten Webserver zu programmieren: den XAMPP.

Dabei wird das Rad jedoch nicht neu erfunden. Dieser Webserver basiert auf dem Apache HTTPD-Server. Der Vorteil ist jedoch, dass sowohl PHP als auch MySQL als auch phpMyAdmin automatisch mitinstalliert und konfiguriert werden, sodass für den Benutzer lediglich wenige Mausklicks übrig bleiben. Perl und Python können als zusätzliche Module installiert werden.

Im Verzeichnis **x:\server\xampp\win32** auf der beiliegenden DVD-ROM finden Sie die Datei **xampp-win32-1.5.4a-installer.exe**. Dies ist das Installationsprogramm für den XAMPP in der Version 1.5.4a. Eine aktuellere Version können Sie unter der Adresse **http://www.apachefriends.org/** herunterladen. **[o]**

Nach dem Start des Installationsprogramms werden Sie aufgefordert, eine Sprache auszuwählen. Wählen Sie den Eintrag **Deutsch**, und klicken Sie auf **OK**. Die Begrüßung können Sie mit einem Klick auf **Weiter** überspringen. Im darauf folgenden Bildschirm lässt sich das Installationsverzeichnis auswählen. Als Vorgabewert ist das

Programmeverzeichnis von Windows eingetragen. Möchten Sie den Installationspfad ändern, tragen Sie in dem Eingabefeld ein anderes Verzeichnis ein oder suchen Sie eines über **Durchsuchen...** aus. Starten Sie anschließend die Installation mit einem Klick auf **Installieren**.

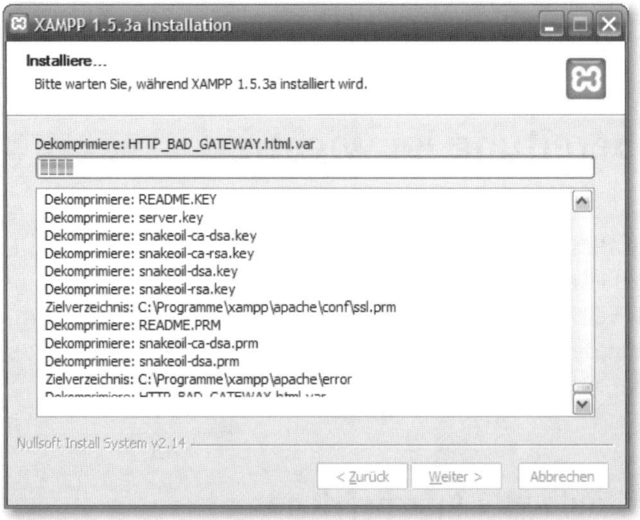

Abbildung 4.1 Der Installationsvorgang von XAMPP unter Windows XP

Nachdem die Installation beendet ist, klicken Sie auf **Fertig stellen**. Es erscheint ein Dialogfenster, das fragt, ob die Module als einzelne Dienste installiert werden sollen. Bestätigen Sie das Dialogfenster mit einem Klick auf **Ja**. Bestätigen Sie ebenfalls das Dialogfenster mit der Frage, ob Apache2 jetzt als Dienst installiert werden soll, mit einem Klick auf **Ja**. Bestätigen Sie die Installation des Dienstes mit einem Klick auf **OK**.

Firewall

Eventuell öffnet sich ein Fenster Ihrer installierten Firewall. Erlauben Sie XAMPP bzw. Apache2 den Zugriff auf die Ports 80 und 443.

MySQL

Bestätigen Sie die Installation von MySQL als Dienst mit einem Klick auf **Ja**. Bestätigen Sie die Installation des Dienstes mit einem Klick auf **OK**. Beachten Sie auch hier, dass eine installierte Firewall über die Einrichtung von MySQL als Dienst informiert, und gestatten Sie MySQL den Zugriff auf den Port 3306.

FileZilla

Da ein lokaler FTP-Server für Testzwecke nicht notwendig ist, klicken Sie im Dialogfeld mit der Frage nach der Installation von FileZilla als Dienst auf **Nein**.

Installationsabschluss

Nach Abschluss der Installation bestätigen Sie die Frage, ob das Control Panel gestartet werden soll, mit einem Klick auf **Ja**. Das Control Panel zeigt den Status der einzelnen Module bzw. Dienste an. Steht hinter **Apache** und **MySQL** ein grün hinterlegtes **Running**, war die Installation erfolgreich. Schließen Sie das Panel mit einem Klick auf das rote X rechts oben. In der Taskleiste am unteren rechten Bildrand kann das Control Panel mit einem Klick auf das XAMPP-Symbol wieder hervorgeholt werden.

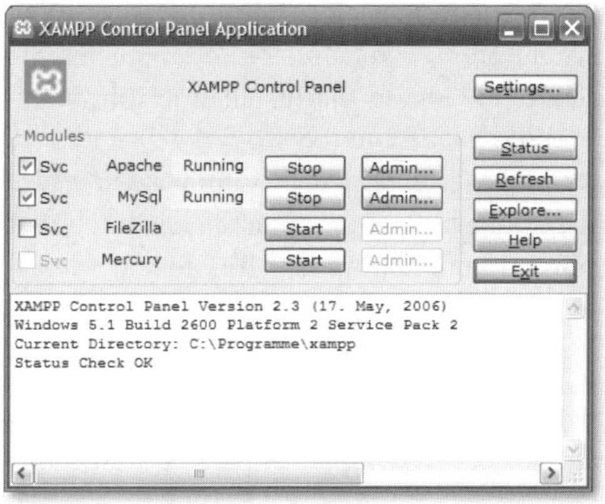

Abbildung 4.2 Das Control Panel des XAMPP-Servers

Perl-Modul installieren

Öffnen Sie im Verzeichnis **x:\server\xampp\win32** das Programm **xampp-perl-addon-5.8.8-2.2.3-installer.exe**. Dieses installiert das Perl-Modul für XAMPP 1.5.4. Wählen Sie als Sprache wieder **Deutsch** aus und klicken Sie auf **OK**. Klicken Sie auf **Weiter >** und überprüfen Sie, ob das korrekte Verzeichnis des XAMPP gefunden wurde. Klicken Sie auf **Installieren**, und beenden Sie abschließend das Installationsprogramm mit einem Klick auf **Fertig stellen**.

Installation testen

Öffnen Sie Ihren Webbrowser und geben Sie in die Adresszeile die URL **http://127.0.0.1** ein und bestätigen Sie mit der Eingabetaste. Anschließend sollte Ihr Browser die gleiche Ausgabe wie in Abbildung 4.3 darstellen. In diesem Fall war die Installation erfolgreich.

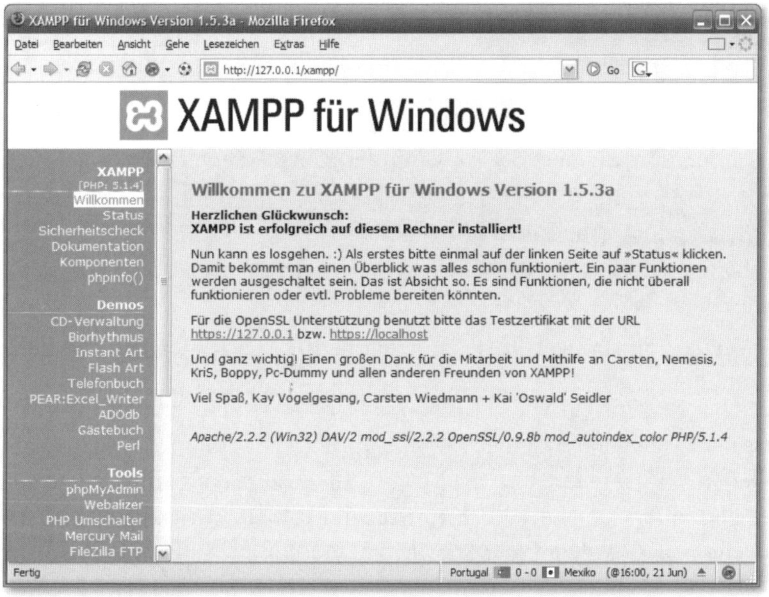

Abbildung 4.3 XAMPP für Windows nach erfolgreicher Installation

4.2 XAMPP für Linux – ApacheFriends

XAMPP gibt es auch für Linux, und es lässt sich auch dort genauso komfortabel, schnell und einfach installieren wie unter Windows. Achten Sie bei der Installation jedoch darauf, dass diese vollständig unter Linux erfolgen sollte. Entpacken Sie das Archiv nicht unter Windows, um es anschließend auf den Linux-Rechner zu kopieren, da Windows-Tools zum Entpacken häufig ein für Linux unbrauchbares Zeilenendezeichen nutzen. So ist unter Windows `\r\n` typisch, während Linux nur `\n` kennt.

[O] Auf der dem Buch beiliegenden DVD-ROM finden Sie im Verzeichnis **x:\server\xampp\linux** die Version 1.5.4a des XAMPP für Linux in Form eines Tarball-Archivs. Eine aktuellere Version können Sie unter der Adresse **http://www.apachefriends.org/** herunterladen.

Öffnen Sie eine Konsole, und kopieren Sie das Archiv zunächst auf Ihre Festplatte in ein beliebiges Verzeichnis, z. B.:

```
cp /media/cdrom/server/xampp/linux/xampp-linux-1.5.4a.tar.gz
   /<zielverzeichnis>
```

Wechseln Sie anschließend mit dem Befehl

```
su
```

in den Superuser-Modus, da Sie unbedingt root-Rechte zum Entpacken des Archivs benötigen.

Installation

Die Installation selbst umfasst lediglich das Entpacken des Tarball-Archivs. Führen Sie dazu die folgenden Kommandos aus:

```
cd /<zielverzeichnis>
tar -xvfz xampp-linux-1.5.4a.tar.gz -C /opt
```

Das Archiv wird nun in das Verzeichnis **/opt** entpackt. Das kann einige Minuten dauern. Nachdem dieser Vorgang beendet ist, kann der XAMPP-Server bereits getestet werden.

Installation testen

Wechseln Sie mit dem Befehl

```
cd /opt/lampp
```

in das XAMPP-Verzeichnis und geben Sie zum Starten des Servers folgenden Befehl ein:

```
./lampp start
```

Sobald der Hinweis `XAMPP fuer Linux gestartet.` ausgegebenen wurde, öffnen Sie Ihren Browser und rufen Sie die URL **http://localhost/** auf. Anschließend sollte Ihnen die Startseite von XAMPP mit der Sprachwahl präsentiert werden. Wählen Sie **Deutsch** aus.

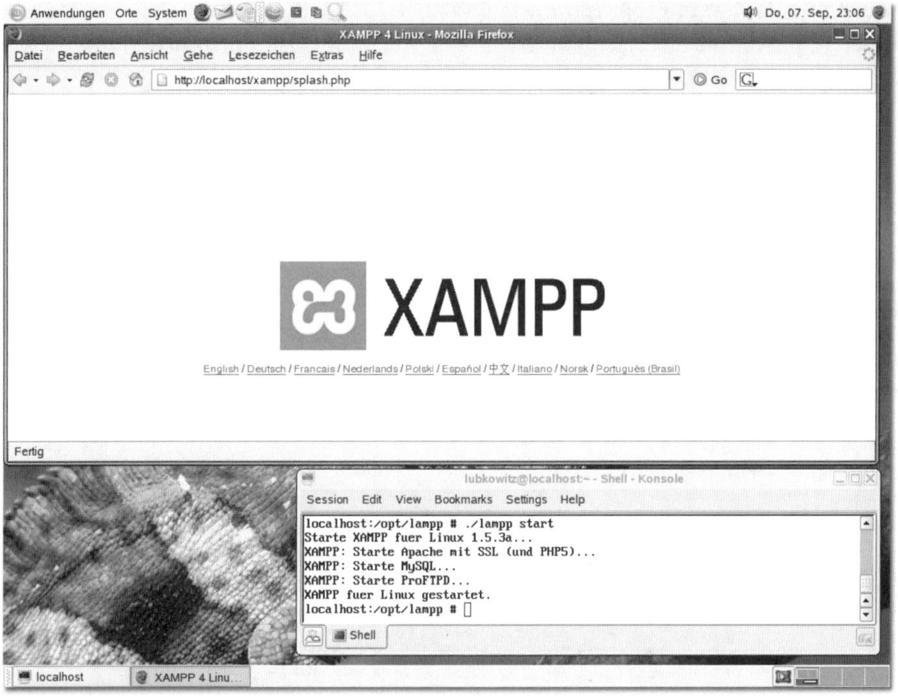

Abbildung 4.4 Die Ausgabe des XAMPP unter Linux im Browser nach erfolgreicher Installation

Um den Server wieder zu stoppen, müssen Sie lediglich folgende Befehle

Server stoppen

```
cd /opt/lampp
./lampp stop
```

ausführen. Weitere Infos zu den Befehlen und zum Server selbst finden Sie auf der Webseite **http://www.apachefriends.org/**.

4.3 MAMP – Webserver für Mac OS X

Die Installation eines Webservers mit Apache, PHP und Perl gestaltet sich unter Mac OS X sehr einfach. Immerhin sind die wichtigsten Komponenten bereits in das System integriert und müssen lediglich noch aktiviert werden.

Webserver aktivieren

Klicken Sie auf das **Apfelmenü** und wählen Sie **Systemeinstellungen...** aus. Klicken Sie auf **Sharing**. Setzen Sie unter **Dienste** ein Häkchen vor den Eintrag **Personal Web Sharing**. Daraufhin wird der Apache gestartet.

PHP und Perl aktivieren

Nun ist noch ein wenig Konfigurationsarbeit notwendig. Klicken Sie im Menü auf **Gehe zu, Gehe zum Ordner...**. Geben Sie als Pfad `/etc/httpd` ein und klicken Sie auf **Start**. Daraufhin wird der Finder mit dem angegebenen Pfad geöffnet. Halten Sie `Ctrl` gedrückt und klicken Sie auf die Datei **httpd.conf**. Wählen Sie aus dem Menü

Öffnen mit, Anderem Programm... aus. Wählen Sie **TextEdit** aus und klicken Sie auf **Öffnen**. TextEdit wird gestartet und zeigt den Inhalt der Datei **httpd.conf** an.

Suchen Sie nach den beiden folgenden Zeilen:

```
#LoadModule perl_module        libexec/httpd/libperl.so
#LoadModule php4_module        libexec/httpd/libphp4.so
```

Löschen Sie in beiden Zeilen das Rautezeichen #, so dass die Zeilen nach der Bearbeitung folgendermaßen aussehen:

```
LoadModule perl_module        libexec/httpd/libperl.so
LoadModule php4_module        libexec/httpd/libphp4.so
```

Suchen Sie jetzt nach den beiden Zeilen:

```
#AddModule mod_perl.c
#AddModule mod_php4.c
```

Löschen Sie auch hier die beiden Rautezeichen #. Das Ergebnis sollte wie folgt aussehen:

```
AddModule mod_perl.c
AddModule mod_php4.c
```

Speichern Sie die Änderungen mit einem Klick auf **Ablage** und **Sichern**. Für den Fall, dass Sie beim Versuch des Speicherns eine Fehlermeldung erhalten, fehlen Ihnen wahrscheinlich die dafür notwendigen Berechtigungen.

Öffnen Sie ein Terminalfenster und geben Sie den Befehl

```
sudo chmod 777 /etc/httpd -R
```

ein. Damit ändern Sie die Schreibberechtigungen für die Dateien des Verzeichnisses. Versuchen Sie dann erneut, die Datei über **Ablage**, **Sichern** zu speichern. Sobald die Änderungen gespeichert wurden, wechseln Sie wieder in das Terminalfenster und geben Sie nun den Befehl

```
sudo chmod 755 /etc/httpd -R
```

ein. Damit werden die Zugriffsrechte wieder auf den ursprünglichen Wert gesetzt.

4.3.1 MySQL installieren

Die eleganteste Variante, um MySQL unter Mac OS X zu installieren, ist die Verwendung der »Package Installer«-Version. Sie können diese entweder von der MySQL-Webseite herunterladen oder die Version 5.0.24a, die sich auf der dem Buch beiliegenden DVD-ROM im Verzeichnis **x:\mysql\macosx** befindet.

Nach einem Doppelklick auf die Datei wird das Laufwerks-Image in das System eingebunden und ein neues Symbol auf dem Schreibtisch erstellt. Nach einem weiteren Doppelklick auf dieses Symbol wird das Image im Finder geöffnet.

Drei Dateien befinden sich in dem Image:

- **mysql-standard-5.0.24a.<platform>.pkg** – Dieses Package installiert MySQL sowie alle nötigen Komponenten auf der Festplatte. <platform> gibt dabei Informationen an, für welche Version von Mac OS X das Package gedacht ist und für welche Prozessorarchitektur es vorgesehen ist.
- **MySQLStartupItem.pkg** – Dieses Package erzeugt ein StartupItem, damit MySQL bei nächsten Systemstart geladen wird
- **ReadMe.txt** – In dieser Datei finden Sie einige Hinweise zur Installation
- **MySQLPref.pane** – In dieser Datei befinden sich Informationen zur Einbindung einer Einstellungenseite für MySQL in den Systemeinstellungen

Doppelklicken Sie auf die Datei **mysql-standard-5.0.24a.<platform>.pkg**, um die Installation zu starten.

Bestätigen Sie die Willkommens- und die beiden nachfolgenden Meldungen mit einem Klick auf **Fortfahren**. Um die Installation zu starten, müssen Sie die Lizenzvereinbarung akzeptieren. Klicken Sie dazu auf die Schaltflächen **Continue** und **Agree**.

Im nächsten Schritt wählen Sie das Zielvolume aus und bestätigen Sie dieses ebenfalls mit **Fortfahren**. Sobald alle diese Einstellungen vorgenommen wurden, reicht ein Klick auf **Installieren**, um den Vorgang auszuführen.

Sie benötigen für die Installation root-Rechte. Geben Sie Ihr Passwort oder ggf. einen Benutzer und das entsprechende Passwort an, der über solche Rechte verfügt.

Der Installer hält Sie während des gesamten Vorgangs auf dem Laufenden, welche Installationsschritte gerade ausgeführt werden. Nach dem Abschluss beenden Sie die Installation durch einen Klick auf **Schließen**.

Öffnen Sie nun durch einen Doppelklick das Package **MySQLStartupItem.pkg**. Startupitem

Klicken Sie auf **Fortfahren**, wählen Sie anschließend das Zielvolume und bestätigen Sie dies ebenfalls mit **Fortfahren** und führen Sie die Installation durch einen Klick auf **Installieren** durch.

Sie benötigen für die Installation root-Rechte. Geben Sie Ihr Passwort oder ggf. einen Benutzer und das entsprechende Passwort an, der über solche Rechte verfügt.

Beenden Sie den Installer am Ende mit **Schließen**.

Nun müssen Sie nur noch ein paar Einstellungen vornehmen. Öffnen Sie zunächst ein Terminal und wechseln Sie in das Verzeichnis **/usr/local**.

```
cd /usr/local
```

Führen Sie den Befehl

```
ls -al
```

aus. In der Ausgabe des Befehls sollten zwei Zeilen enthalten sein, die den beiden folgenden entsprechen:

```
mysql -> mysql-max-5.0.24a-osx10.4-powerpc
mysql-max-5.0.24a-osx10.4-powerpc
```

Sowohl die Version von Mac OS X als auch die Prozessorplattform können bei Ihrem System variieren.

Sollten sowohl das Verzeichnis als auch der Link auf das Verzeichnis existieren, hat die Installation mit großer Wahrscheinlichkeit funktioniert. Führen Sie nun den nachfolgenden Befehl aus, um den Server zu starten:

```
sudo /Library/StartupItems/MySQLCOM/MySQLCOM start
```

Sie sollten eine Aufforderung zur Eingabe des root-Passworts erhalten und anschließend die Meldung

```
Starting MySQL database server
```

Gratulation! MySQL wurde installiert und der Server gestartet. Geben Sie nun folgende Befehle ein:

```
cd /
/usr/local/mysql/bin/mysql
```

Daraufhin öffnet sich die Konsole von MySQL. Geben Sie nun

```
status;
```

ein. Sie sollten daraufhin eine Willkommensmeldung durch die MySQL-Konsole erhalten. Damit ist die Installation von MySQL und des MAMPP-Systems abgeschlossen.

Suche nicht das Abenteuer, aber gehe ihm nicht aus dem Weg.
– Fernöstliche Weisheit

5 Der Weg ins Internet

In diesem Kapitel soll nicht das Abenteuer beschrieben werden, wie Sie ins Internet kommen, sondern wie Sie den richtigen Provider wählen, Ihre Seite auf einen Server im Internet hochladen und sie den Suchmaschinen bekannt machen.

5.1 Wahl des Providers

Die Wahl eines Providers gestaltet sich häufig sehr kompliziert, da es viele Dinge gibt, die dabei zu beachten sind. So tummeln sich unter den vielen Anbietern auch einige schwarze Schafe, die es zu erkennen gilt. Die meisten Anbieter locken mit allerhand Versprechungen, umfangreichen Leistungsmerkmalen und günstigen Preisen und lassen dabei scheinbar nebensächliche Kosten geschickt außen vor. Ich möchte Ihnen nun einige Anhaltspunkte nennen, wie Sie die Guten von den Schlechten unterscheiden können und wie Sie für Ihr Projekt den richtigen Provider finden.

Die Entscheidungsfindung lässt sich anhand von kurzen Fragen sehr erleichtern:

Fünf Fragen

- Welche Inhalte sollen angeboten werden?
- Welche Technologien sollen dabei verwendet werden?
- Was ist für die Zukunft des Projekts an Erweiterungen geplant, und welche Technologien sind dafür notwendig?
- Wie hoch ist der Administrationsaufwand?
- Welche Möglichkeiten benötigen Sie zur Administration?

Dass Sie diese Fragen nicht unbedingt sofort beantworten können, ist nicht weiter problematisch. Die Antworten basieren größtenteils auf Erfahrungswerten.

Welche Inhalte?

Die Frage der Inhalte ist wichtig, um herauszufinden, wie viel Speicherplatz auf dem Server des Internet Service Providers (kurz ISP) benötigt wird. Möchten Sie lediglich wenige Informationen über sich selbst preisgeben, wird der benötigte Speicherplatz nicht mehr als 1 MB umfassen. Möchten Sie hingegen die gesammelten Bilder Ihrer Urlaube der letzten 20 Jahre in bestmöglicher Qualität zur Verfügung stellen, kann die Anforderung an den Speicherplatz schnell in Richtung mehrerer hundert Megabyte gehen. Selbst die Bereitstellung von Downloads wie Software, Musikstücke oder

Videos, kommt nicht ohne genügend Speicherplatz aus. Im Voraus zu sagen, wie viel Megabyte Sie brauchen werden, ist schwer. Man kann hier nur von ungefähren Werten ausgehen, die es zu überschlagen gilt, um wiederum einen ungefähren Wert für den Speicherverbrauch zu ermitteln.

Art	Speicherplatz
HTML-Seite mit kleinen Grafiken zur optischen Gestaltung	ca. 20 KB
Grafik, 320 × 200	Je nach Qualität ca. 10 KB
Grafik, 640 × 480	Je nach Qualität ca. 25 KB
Grafik, 1024 × 768	Je nach Qualität ca. 45 KB
Software	Je nach Art ab ca. 100 KB
Musikstücke	Je nach Länge ab ca. 3 MB
Videos	Je nach Qualität ab ca. 5 MB

Tabelle 5.1 Schätzwerte für Medien

Wie Sie der Tabelle 5.1 entnehmen können, ist alles, was über eine einfache HTML-Seite hinausgeht, salopp gesagt, Speicher fressend.

Platz für Erweiterungen?

Außerdem sollten Sie immer bedenken, dass Sie vielleicht nach und nach neue Inhalte hinzufügen möchten. Auch diese kommen ohne Speicherplatz nicht aus, und deshalb sollten auch diese Erweiterungen schon von vornherein in die Planung mit einbezogen werden. Wenn Sie eine ungefähre Summe ermittelt haben, können Sie noch gut und gern 50 Prozent aufschlagen. Dies sollte dann für kommende Erweiterungen ausreichend sein. Sind die Erweiterungen umfangreicher, kommen Sie in der Regel mit den zur Verfügung stehenden Mitteln nicht aus und müssen bei Ihrem Webhosting-Paket aufrüsten.

Welche Technologien?

Wichtig ist natürlich auch, welche Technologien Sie bei Ihrem Projekt einsetzen möchten, da nicht jeder ISP alles in einem Paket anbietet. So müssen Sie überlegen, ob Sie PHP, Perl, MySQL oder auch SSI einsetzen möchten. Vielleicht sollen ja auch ganze Videostreams abrufbar sein. Auf welche dieser Techniken können Sie verzichten und Ihr Projekt anhand dieser Änderungen anpassen? Auf welche Techniken sind Sie zwingend angewiesen, weil Ihr Projekt ohne sie nicht zu realisieren ist? Welche zukünftigen Erweiterungen des Projekts planen Sie? Welche Techniken werden dafür benötigt? All diese Fragen sind bei einer gründlichen Planung nicht sonderlich schwer zu beantworten. Da diese Fragen speziell vom Projekt abhängen, ist es hier schwer, Schätzungen vorzunehmen. Vermeiden Sie aber den Mix von gleichartigen Technologien wie den von Perl und PHP. Dies erleichtert Ihnen die Realisierung Ihres Projekts und das Finden des geeigneten Providers enorm.

Administration

Von den Inhalten hängen auch der Administrationsaufwand und die dafür erforderlichen Mittel ab. Bei ein paar einfachen HTML-Seiten ist es nicht weiter schlimm, wenn Sie Ihre Daten mittels eines HTML-Formulars des ISP übertragen müssen, auch wenn dies dann nur Datei für Datei möglich ist. Bei Projekten, die mehr als zehn

Dateien umfassen, ist ein FTP-Zugang jedoch Pflicht. Letzteren bieten die meisten ISPs schon bei den kleinsten Paketen an. Bei Verwendung von Servertechnologien wie passwortgeschützten Verzeichnissen ist es oft sehr mühsam, die dafür benötigten Dateien auf dem eigenen Rechner von Hand anzulegen und dann zu übertragen. Ein Hilfsmittel auf Seiten des ISP bzw. des Servers wäre da schon angebrachter. Das Gelbe vom Ei ist dann aber ein so genannter SSH- oder Telnet-Zugang, mit dem Sie bequem alle administrativen Aufgaben auf dem Server erledigen können.

Datenverkehr

Unterschätzt wird oft die Frage des Datentransferaufkommens, neu-deutsch auch Traffic genannt. Der Traffic umfasst die Menge der Daten, die zwischen einem Benutzer und einem Server transportiert wird. Ruft ein Benutzer Ihre Webseite auf und sieht er sich dabei einige Seiten mit verschiedenen Grafiken an, kann es passieren, dass er schnell mal 500 bis 1000 KB an Daten vom Server abruft. Dies ist der Traffic. Pro Monat steht Ihnen als Anbieter nur eine begrenzte Menge an Traffic zur Verfügung. Bei einem zur Verfügung stehenden Volumen von 15 GB werden viele den Traffic außer Acht lassen und der Meinung sein, dass dies vollkommen ausreichend sei. Stellen Sie sich nun einmal vor, pro Besuch werden 1 MB Daten übertragen. Dann können 15.000 Aufrufe pro Monat stattfinden, ohne dass dieses Volumen überschritten wird. Werden jedoch mehr als 15 GB pro Monat übertragen, kann Sie das teuer zu stehen kommen, denn dann kostet ein zusätzliches Megabyte Traffic um die 1 bis 10 Cent. Auf 1 GB hochgerechnet, macht das schnell 10 bis 100 Euro.

Provider finden

Wenn alle diese Fragen beantwortet sind, ist nun ein geeigneter Provider auszuwählen. Wie bereits erwähnt, tummeln sich in der Szene schon schwarze Schafe. Aus diesem Grund sollten einige Dinge genau geprüft werden:

- Prüfen Sie die Angebote mit Sorgfalt. Viele Provider nennen Nebenkosten oft nur in Fußnoten. Achten Sie dabei auf das zur Verfügung stehende Transfervolumen, und rechnen Sie aus, wie teuer ein weiteres Gigabyte Traffic bei Überschreitung ist.
- Lesen Sie sich immer die allgemeinen Geschäftsbedingungen (AGB) durch, und achten Sie dabei auf Zahlungsmodalitäten, Garantiezusagen und Kündigungsfristen. Sie sollten nicht mehr als sechs Monate im Voraus zahlen müssen und maximal eine Kündigungsfrist bis zum letzten Tag des Folgemonats akzeptieren. Wichtig ist auch, welche Rechte Sie besitzen, wenn die Server, auf denen Ihre Seite gehostet wird, einmal ausfallen sollten. Für Privatpersonen ist dies vielleicht weniger wichtig als für ein Einzelhandelsunternehmen, das die Seite als Vertriebskanal verwendet.
- Suchen Sie auf den Webseiten des Anbieters immer nach dem Impressum. Ein Unternehmen, das nichts zu verbergen hat, wird im Impressum auch Angaben zu Kontaktpersonen bei Rechtsstreitigkeiten machen. Seien Sie aufmerksam bei Firmen, deren Impressum keine detaillierten Angaben enthält.
- Versuchen Sie im Internet weitere Informationen zu dem ISP zu erhalten. Besuchen Sie Meinungsforen oder -plattformen wie Dooyoo (**http://www.dooyoo.de/**) oder

Ciao (**http://www.ciao.de/**). Nehmen Sie gegebenenfalls auch kostenpflichtige Informationssysteme in Anspruch.

- Sprechen Sie notfalls Kunden an, die ihre Webseite bei dem entsprechenden ISP hosten lassen, und fragen Sie nach deren Meinung.
- Bietet der ISP telefonischen Support an? Dann achten Sie auf teure 0900x-Rufnummern. Diese sind für den ISP oft eine Goldgrube. Ein normaler Festnetzanschluss ist angebrachter, und auch eine 0180-Rufnummer ist akzeptabel. Außerhalb der Geschäftszeiten sollte jedoch auf jeden Fall ein kostenloser E-Mail-Support zur Verfügung stehen.
- Preiserhöhungen sollten Sie vertraglich niemals akzeptieren. Sollte der ISP einmal die Preise erhöhen, muss Ihnen ein Sonderkündigungsrecht eingeräumt werden.
- Achten Sie ebenfalls darauf, dass die Domain auf Ihren Namen bei der Denic oder dem zuständigen NIC eingetragen wird. Andernfalls können ISPs eine sehr hohe Ablösesumme (Beträge von 100 € sind nicht unüblich) verlangen, falls Sie einmal zu einem anderen ISP wechseln möchten.

Virtueller Server?

Die meisten ISPs bieten die verschiedensten Pakete an. Dabei gibt es neben den Unterschieden zwischen den angebotenen Leistungen bezüglich Speicherplatz, E-Mail-Adresse und Traffic noch den Unterschied zwischen virtuellem Hosting und dedizierten Servern. Beim virtuellen Hosting teilen Sie sich die Bandbreite des Servers mit anderen Mietern. Dies führt häufig dazu, dass der Anschluss des Servers an das Internet ein Flaschenhals wird und Ihre Seiten nicht immer schnell und gut erreichbar sind. Dies ist immer davon abhängig, wie stark die Seiten Ihrer Mitmieter besucht werden. Bei einem dedizierten Server verfügen Sie über einen eigenen vollständigen Server in der Farm des ISP, und Ihnen stehen häufig viel mehr Möglichkeiten zur Administration und Anpassung des Servers nach eigenem Gusto bereit. Dabei gibt es auch den Unterschied zwischen vorkonfigurierten Servern (für Einsteiger mit wenigen Kenntnissen optimal) und nicht konfigurierten Servern (für Profis mit viel Knowhow bei der Konfiguration eines solchen Servers). Dedizierte Server sind häufig auch wesentlich teurer als das virtuelle Hosting. Wofür Sie sich letztendlich entscheiden, hängt vom Geldbeutel und natürlich vom Umfang des Projekts ab.

Dedizierte Server

Bei dedizierten Servern oder auch Root-Server genannten Paketen teilen Sie sich einen Server nicht mit anderen Kunden. Der gesamte Server steht nur Ihnen zur Verfügung, und Sie haben in der Regel die volle Kontrolle über ihn. Das bedeutet, dass Sie sich in der Regel aussuchen können, welches Betriebssystem auf dem Server installiert sein soll und wie die exakte Konfiguration auszusehen hat. Dedizierte Server sind in der Miete häufig sehr teuer und erfordern sehr gute Kenntnisse des installierten Betriebssystems. Sie sind also nur Profis zu empfehlen oder Firmen, deren Internetauftritt einen dedizierten Server erfordert.

Managed Server

Die Managed-Server entsprechen von der Leistung her den dedizierten Servern, mit dem Unterschied, dass Sie keinen Rootzugriff auf den Server erhalten. Sie können also nicht mit den gewohnten Programmen Konfigurationen am Linuxsystem vornehmen, sondern nutzen stattdessen eine Konfigurationsoberfläche, die vom Anbieter zur Verfügung gestellt wird. Der Vorteil ist jedoch, dass bei einem Managed-Server wesentlich weniger falsch gemacht werden kann als bei dedizierten Servern. Preislich liegen sie jedoch in den gleichen Regionen wie dedizierte Server.

Domain finden

Zum Schluss müssen Sie sich natürlich noch für einen geeigneten Domainnamen entscheiden. In erster Linie sollten Sie natürlich aufgrund des Wiedererkennungswerts Namen überprüfen, die Ihrem eigenen oder dem Ihrer Firma entsprechen. Meistens haben Sie durch geschicktes Setzen von Gedankenstrichen die Möglichkeit, doch noch einen Domainnamen nach Ihren Wünschen zu finden. Sollte dies nicht erfolgreich sein, können Sie natürlich auch ausländische Endungen testen, wie z. B. AT, CH oder auch Endungen wie NET, ORG und COM. Überprüfen Sie auch die neuen Endungen wie FIRM oder INFO. Immer beliebter werden Namen wie bildform.at, festpara.de oder glueckli.ch, bei denen die Domainendung als Teil des Domainnamens verwendet wird. Viele ISPs, etwa 1&1 Puretec (**http://www.puretec.de/**), Strato (**www.strato.de**), 1blu (**www.1blu.de**) oder Hosteurope (**www.hosteurope.de**) bieten auch Namensratgeber an, die Ihnen aus bestimmten Vorgabewerten Namen generieren und gleichzeitig überprüfen, ob diese noch verfügbar sind. Alternativ können Sie auch die Auktionsplattform eBay (**http://www.ebay.de/**) oder die Domainbörse Sedo (**http://www.sedo.de/**) besuchen, auf denen Domainnamen versteigert werden.

5.1.1 AOL, T-Online & Co.

Viele Anbieter von Internetzugängen, z. B. AOL oder T-Online, bieten ihren Kunden kostenlosen Speicherplatz für eine eigene Homepage. Dieser Speicherplatz ist in der Regel zwischen 5 bis 15 MB groß und ist für Kunden, die ein größeres Projekt planen, natürlich nicht annähernd ausreichend.

Serverseitiges Skripting

Außerdem ist die Verwendung von serverseitigen Skriptsprachen in der Regel ausgeschlossen, so dass Sie Perl, PHP oder andere Sprachen nicht einsetzen können. JavaScript hingegen – da es eine clientseitige Skriptsprache ist – funktioniert. Wenn Sie also erst einmal mit einem kleinen Projekt anfangen möchten, das aus ein paar HTML-Seiten und/oder JavaScript besteht, können Sie dieses Angebot auf jeden Fall nutzen. Für anspruchsvollere Projekte – um die es in diesem Buch hauptsächlich geht – ist jedoch ein Paket bei einem »professionellen« ISP nicht nur zu empfehlen, sondern dringend notwendig.

5.2 Upload der Seite

Sobald Sie einen ISP gefunden haben, der Ihrem Geschmack entspricht, muss die Webseite natürlich auch ihren Weg auf den Server finden. Dies geschieht in der Regel mittels eines FTP-Clients. Es gibt dabei zwei Varianten: grafische und kommandozeilenbasierte Clients.

5.2.1 Grafischer Client unter Windows

Auf der dem Buch beiliegenden DVD-ROM finden Sie im Verzeichnis **x:\software\FileZilla_2_2_25_setup.exe** einen grafischen FTP-Client namens FileZilla. Dieser FTP-Client ist Open Source und daher sowohl im privaten als auch geschäftlichen Bereich kostenlos einsetzbar. Eine aktuellere Version finden Sie unter **http://filezilla.sourceforge.net/**.

Installation

Bevor Sie das Programm nutzen können, müssen Sie es zuerst installieren. Die Installation gestaltet sich sehr einfach. Lesen Sie das Lizenzabkommen und akzeptieren Sie es anschließend mit einem Klick auf **Annehmen**. Wählen Sie als Installations-Typ **Standard** aus und klicken Sie auf **Weiter >**. Als Installationspfad wird Ihnen das Programmeverzeichnis von Windows vorgeschlagen. Möchten Sie FileZilla in einem anderen Verzeichnis installieren, dann klicken Sie auf **Durchsuchen...** oder tragen Sie ein anderes Verzeichnis in das Eingabefeld ein. Klicken Sie auf **Weiter >** und bestätigen Sie das Startmenüverzeichnis ebenfalls mit einem Klick auf **Weiter >**. Aktivieren Sie die Optionen **Sicheren Modus nicht benutzen** und **XML Datei benutzen**. Starten Sie die Installation mit einem Klick auf **Installieren**. Sobald die Installation abgeschlossen ist, klicken Sie auf **Beenden**.

FileZilla starten

Klicken Sie nach erfolgreicher Beendigung der Installation auf **Start**, **(Alle) Programme**, **FileZilla** und wählen Sie den Eintrag **FileZilla** aus. In Abbildung 5.1 sehen Sie die Programmoberfläche von FileZilla nach dem Programmstart.

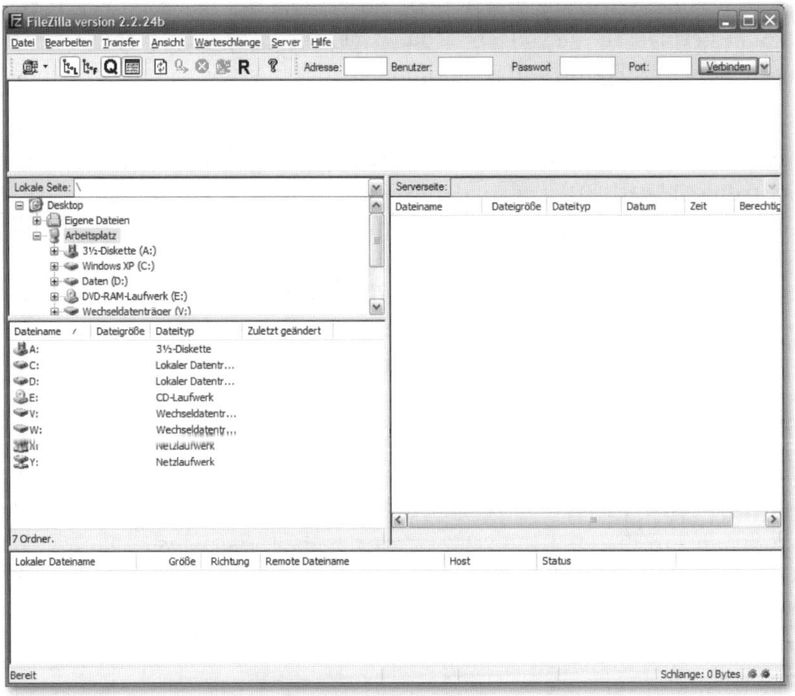

Abbildung 5.1 FileZilla 2.2.24b

Klicken Sie im Menü auf **Datei**, **Seitenverwaltung**. Um ein neues Profil anzulegen, klicken Sie auf die Schaltfläche **Neue Seite**. Geben Sie einen Namen für die Seite ein, z. B. den Domainnamen, und bestätigen Sie mit der [↵].

Neues Profil anlegen

Der Wert, den Sie im Feld **Host** eingeben müssen, entspricht bei den bekannten ISPs wie z. B. Puretec, Strato oder 1blu in der Regel dem Domainnamen, den Sie für Ihre Seite haben registrieren lassen. Aktivieren Sie unter Logon-Typ die Option **Normal** und geben Sie anschließend Ihren Benutzernamen und das Kennwort in die entsprechenden Felder ein. Nachdem Sie alle Eingaben vorgenommen haben, klicken Sie auf die Schaltfläche **Speichern**. Die Seitenverwaltung wird damit geschlossen.

Verbindung aufbauen

Klicken Sie auf den kleinen schwarzen Pfeil der Schaltfläche ganz links in der Symbolleiste und wählen Sie aus dem sich öffnenden Menü den entsprechenden Eintrag aus, den Sie für den Verbindungsaufbau verwenden möchten. Der Verbindungsaufbau wird durchgeführt. War dieser erfolgreich, stellt FileZilla in der rechten Fensterhälfte die Verzeichnisstruktur Ihrer Domain an.

Dateien transferieren

Wie unter Windows gewohnt, lassen sich Dateien und Verzeichnis per Drag & Drop kopieren, also durch Ziehen von einer Fensterhälfte in die andere. In der linken Hälfte wird immer die lokale Verzeichnisstruktur dargestellt. Rechts finden Sie immer die Verzeichnisstruktur Ihres Webservers. Sobald Dateien und Verzeichnis hoch- oder heruntergeladen werden, wird dies am unteren Fensterrand angezeigt, und es lässt sich nachvollziehen, wie viele Dateien noch zu transferieren sind.

5.2.2 Kommandozeilenbasierter Client unter Windows und UNIX/Linux

Wesentlich weniger komfortabel, aber dafür sowohl bei Windows als auch bei UNIX/Linux grundsätzlich vorhanden, sind die kommandozeilenbasierten FTP-Clients.

Client starten

Unter Windows klicken Sie dafür auf **Start • Ausführen...** und tippen `ftp`, gefolgt vom Hostnamen des FTP-Servers ein. Unter Linux reicht der Wechsel in eine Konsole. Dort wird dann ebenfalls `ftp`, gefolgt vom Hostnamen, eingegeben.

Die Eingabe `ftp rtfm.mit.edu` und [↵] würde eine Verbindung zum FTP-Server des Massachusetts Institute of Technology (kurz MIT) aufbauen. Auf diesem FTP-Server befindet sich das Dokumentationsarchiv des MIT. Der FTP-Server fordert nun die Eingabe eines Benutzernamens. Auf vielen öffentlichen Servern können Sie sich anonym anmelden. Dafür müssen Sie als Benutzernamen lediglich `anonymous` und [↵] eingeben. Wenn Sie sich auf dem FTP-Server Ihrer Domain anmelden möchten, müssen Sie natürlich die entsprechende Benutzerkennung angeben. Im nächsten Schritt fordert der Server das Passwort. Bei anonymer Anmeldung wird in der Regel Ihre E-Mail-Adresse erwartet – andernfalls natürlich das Passwort, das zu der eingegebenen Benutzerkennung gehört.

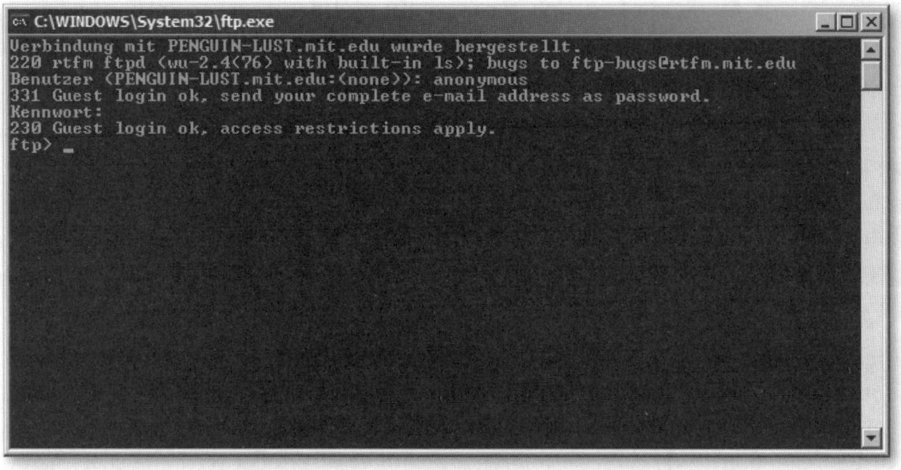

Abbildung 5.2 Kommandozeilen-FTP-Client unter Windows

Sobald Sie auf einem FTP-Server eingeloggt sind, können Sie verschiedene Befehle eingeben. Wenn Sie `help` und eingeben, erhalten Sie eine Übersicht über die möglichen Befehle. Die wichtigsten werde ich Ihnen an dieser Stelle kurz vorstellen.

- `dir` oder `ls`
  Listet den Inhalt des aktuellen Serververzeichnisses auf. Sowohl unter UNIX/Linux als auch unter Windows sind beide Befehle erlaubt.
- `delete`
  Nach dem Kommando wird ein Dateiname erwartet. Die angegebene Datei wird dann gelöscht.
- `get`
  Erwartet nach dem Befehl den Namen einer Datei auf dem Server. Die angegebene Datei wird dann auf den lokalen Computer kopiert, also heruntergeladen.
- `mget`
  Erwartet nach dem Befehl die Namen von mehreren Dateien, die dann auf den lokalen Computer kopiert werden.
- `put`
  Erwartet nach dem Befehl den Namen einer Datei auf dem lokalen Rechner. Die angegebene Datei wird dann auf den Server kopiert, also hochgeladen.
- `mput`
  Erwartet nach dem Befehl die Namen von mehreren Dateien, die dann auf den Server kopiert werden.
- `cd`
  Wechsel des aktuellen Verzeichnisses auf dem Server. Nach dem Kommando wird das neue Verzeichnis erwartet.

- `lcd`
  Wechsel des aktuellen Verzeichnisses auf dem lokalen Rechner. Nach dem Kommando wird das neue Verzeichnis erwartet.
- `ascii`
  Datei als Textdatei übertragen. Nur bei »echten« Textdateien zu empfehlen.
- `binary`
  Datei im Binärmodus übertragen. Empfohlener Modus für alle Dateitransfers.
- `help`
  Zeigt eine Übersicht über die möglichen Befehle an.
- `bye`
  Beendet eine Verbindung zu einem FTP-Server.
- `status`
  Zeigt eine Übersicht zum Status der FTP-Verbindung an.

Abkürzungen

Alle Befehle lassen sich auch abkürzen. Dabei muss die Abkürzung jedoch eindeutig sein. So können Sie anstelle von `delete` auch `del` schreiben, nicht jedoch `d`. Denn das könnte sowohl für `delete` als auch für `dir` stehen.

Sobald Sie sich ein wenig mehr mit einem kommandozeilenbasierten FTP-Client beschäftigt haben, werden Sie schnell die Vorzüge eines grafischen Clients zu schätzen wissen. Zum einen müssen Sie nicht jedes Mal Ihren Benutzernamen und Ihr Passwort eingeben, und zum anderen geht das Übertragen von mehreren Dateien wesentlich schneller vonstatten als über die Kommandozeile. Der einzige Vorteil der Kommandozeilen-Variante ist die Verfügbarkeit eines solchen Clients auf fast jedem beliebigen System.

5.3 Suchmaschinen, Webkataloge und anderes

Suchmaschinen lassen sich in zwei Gruppen einteilen: in Datenbanken, die von Suchrobotern gefüttert werden, und in Kataloge, die von Redakteuren gefüllt werden.

Verbreitung = Erfolg?

Gerade für den Erfolg und die Bekanntheit einer Webseite ist es wichtig, dass diese auch von Suchmaschinen gefunden wird. Und je öfter Ihre Webseite in einer Suchmaschine auftaucht, desto mehr Besucher werden sich Ihre Seite auch ansehen. Dies sagt aber noch nichts über den Erfolg Ihrer Webseite aus, denn dieser hängt immer noch vom angebotenen Inhalt ab.

Webseite bekannt machen

Um eine Webseite bekannt zu machen, stehen Ihnen deshalb auch die verschiedensten Möglichkeiten zur Verfügung. Suchroboter surfen durch das Internet, indem sie sich von Link zu Link hangeln. Dabei organisieren sie eine Zusammenfassung der Webseite anhand von META-Informationen und eines kleinen Ausschnitts vom Anfang der Webseite. Wie Sie META-Informationen hinterlegen, werden Sie später noch in den Kapiteln zu HTML erfahren.

Um in einen Katalog aufgenommen zu werden, müssen Sie sich erst bei dem entsprechenden Katalog anmelden. Ein Redakteur überprüft dann Ihre Anmeldung und fügt sie in die richtige Kategorie ein. Da es jedoch eine Menge solcher Kataloge gibt, ist es sehr zeitaufwändig, sich von Hand bei all diesen Katalogen anzumelden. Einige Provider bieten einen entsprechenden Service zum Eintragen Ihrer Webseiten bei verschiedenen Suchmaschinen an. Sie müssen lediglich verschiedene Informationen eingeben, und ein entsprechendes Skript kümmert sich dann um den Rest.

Webringe

Eine weitere beliebte Variante ist es, sich einem so genannten Webring anzuschließen. Dies ist eher für Privatanwender oder Vereine zu empfehlen, nicht aber für Firmen. Bei einem Webring schließen sich mehrere Webseiten mit ähnlichem Inhalt oder dem gleichen Thema zu einem Ring zusammen. Der Benutzer einer der Webseiten kann dann über verschiedene Links zu einer zufällig ausgewählten Seite dieses Rings gelangen, zur nächsten Seite oder zu einer der Top-5-Webseiten. Sie müssen dabei lediglich auf Ihrer Homepage die notwendigen Links und Grafiken für einen solchen Webring einfügen. Auf der Seite **http://www.webring.de/** finden Sie eine Zusammenstellung der verschiedensten Webringe.

Newsgroups

Natürlich können Sie auch eine Nachricht in einer der zahlreichen Newsgroups hinterlassen und hoffen, dass sich ein Abonnent der Newsgroup Ihre Webseite ansieht. Davon möchte ich jedoch abraten, da dies nicht besonders gern gesehen wird und einen Rattenschwanz von Beschwerden nach sich ziehen kann. Wenn Sie dies trotzdem tun möchten, dann bitte in der Newsgroup **de.comm.infosystems.www.pages.announce**. Dies ist eine moderierte Newsgroup, in der Ankündigungen von Webseiten gemacht werden.

Nähere Informationen zur Optimierung von Webseiten, insbesondere für Google, finden Sie weiter hinten in diesem Buch in Kapitel 70, *Suchmaschinenoptimierung*.

Wer sich gerade grün und blau ärgert, kann wenigstens behaupten, dass er versucht, Farbe in sein Leben zu bringen.
– Ernst Ferstl, Dichter und Aphoristiker

6 Adressierung

Während ich in den vorangegangenen Kapiteln alle wichtigen Themen rund um das Internet angesprochen habe, werde ich nun genauer auf die grundlegende Funktionsweise des Internets eingehen. Damit sind z. B. das TCP/IP-Protokoll mit seinen verschiedenen Schichten gemeint, DNS und DHCP und die mittlerweile umgetauften URLs.

6.1 TCP/IP

TCP/IP bezeichnet ein Protokoll bzw. eine Protokoll-Familie, die für die Kommunikation verschiedener Computer über ein Netzwerk verwendet wird. TCP ist die Abkürzung für »Transmission Control Protocol«, und IP steht für »Internet Protocol«. Es ist mittlerweile das Standard-Protokoll schlechthin, wenn es um Netzwerkkommunikation geht, und ist am weitesten verbreitet.

Entstehung

Die Entwicklung von TCP/IP ist eng verknüpft mit der Entwicklung des ARPANET. TCP/IP wurde 1983 als Ersatz für das NCP-Protokoll eingeführt. Nachdem TCP/IP das einzige offizielle Protokoll des ARPANET geworden war, schlossen sich immer mehr Netze dem ARPANET an. Trotz der Abspaltung vom wissenschaftlichen Teil des Netzes blieb das MILNET bis heute bestehen. Das ARPANET hingegen existiert in seiner einstigen Form nicht mehr. Es ist vielmehr eine Sammlung von Netzwerken geworden, die sich unter dem Oberbegriff »Internet« zusammenfassen lassen.

Entwicklung

Obwohl TCP/IP sehr weit verbreitet ist und von jedem Betriebssystem unterstützt wird, gibt es keinen offiziellen Standard. Weiterentwicklungen werden nämlich nicht von einem Komitee beschlossen und abgesegnet, sondern als so genannte RFCs (engl. *request for comments*) veröffentlicht. Ein neuer Standard wird dann durch Diskussion und Konsens beschlossen. Der Vorteil ist, dass jeder ein Dokument als RFC veröffentlichen kann, das dann verschiedene Entwicklungsstufen durchläuft (siehe Tabelle 6.1).

Stufe	Erklärung
Proposed Standard (ps)	Vorgeschlagener Standard. Dies ist die erste Stufe. Sie dauert mindestens 6 Monate. Außerdem müssen zwei voneinander unabhängige Implementierungen erfolgt sein.
Draft Standard (ds)	Formulierter Standard. Die zweite Stufe. Sie dauert mindestens 4 Monate. Erforderlich sind die Demonstration und Erfahrungsberichte aus mindestens zwei unterschiedlichen Implementierungen.
Standard (std oder s)	Die letzte Stufe. Das RFC ist nun ein »offizieller« Standard und erhält eine STD-Nummer.

Tabelle 6.1 Entwicklungsstufen eines RFC

Neben der Stufe erhalten die RFCs zusätzlich auch einen Status.

Status	Erklärung
Not recommended	Es wird nicht empfohlen, das RFC zu implementieren.
Limited Use	Das RFC ist nicht für die generelle Nutzung gedacht.
Elective	Das RFC ist optional. Es kann, muss aber nicht eingebunden werden.
Recommended	Die Implementierung des RFC wird für alle TCP/IP-basierten Hosts und Gateways empfohlen.
Required	Das RFC muss bei allen TCP/IP-basierten Hosts und Gateways implementiert werden.

Tabelle 6.2 Entwicklungsstatus eines RFC

6.1.1 Aufbau und Struktur

TCP/IP ist ein verbindungsorientiertes Protokoll, d. h. bevor überhaupt eine Kommunikation stattfinden kann, muss eine Verbindung zu einem anderen Endgerät aufgebaut worden sein. Sobald eine Verbindung besteht, kann die Kommunikation erfolgen. Um die Verbindung kümmert sich das Internet Protocol. Die Kommunikation, also der Transport der Daten, erfolgt durch das Transmission Control Protocol.

Wie bereits erwähnt wurde, ist TCP/IP ein Oberbegriff für eine ganze Protokoll-Familie, die sich in mehrere Schichten unterteilt (auch Layer genannt):

- Anwendungsschicht
- Transportschicht
- Internetschicht
- Netzwerkschicht

Alle diese Schichten verwenden ein jeweils anderes Protokoll. So verwendet die Transportschicht das TCP und die Internetschicht das IP. Das TCP-Protokoll zerlegt ankommende Daten aus der Anwendungsschicht in kleine Pakete und gibt sie an das IP-Protokoll weiter, und dieses schickt das Paket dann mittels eines geeigneten Mediums (der Netzwerkschicht) auf den Weg. Ohne handfestes Beispiel lässt sich dies jedoch nur schwer erklären.

Stellen Sie sich einmal vor, Sie würden einen Brief schreiben. In diesem Moment sind Sie die Anwendung, die auf der Anwendungsschicht operiert. Im nächsten Schritt würden Sie den Brief in einen Briefkasten werfen. Die Post leert nun den Briefkasten und bringt den Inhalt zur zentralen Poststelle (Transportschicht). Dort werden alle ankommenden Briefe sortiert und an ein geeignetes Medium wie Bahn, Flugzeug oder Auto verteilt (Internetschicht). Je nachdem, welches Verkehrsmittel gewählt wurde, bringt es diese Briefe nun zum entsprechenden Empfängerort (Netzwerkschicht). In einem echten Netzwerk läuft der letzte Schritt allerdings ein wenig chaotischer ab. Denn das Datenpaket wird dann einfach auf den Weg geschickt, in der Hoffnung, dass die verschiedenen Hosts im Internet das Paket korrekt weiterleiten. Der Empfänger bekommt sein Päckchen und freut sich.

Beispiel: Ein Brief auf Reisen

Dieses Beispiel muss nun natürlich noch auf das echte Netzwerk übertragen werden. Die gebräuchlichsten Protokolle der Anwendungsschicht sind neben HTTP und UDP das FTP-Protokoll und das Telnet-Protokoll. Die Daten dieser Protokolle werden an die Transportschicht übergeben. In der Transportschicht nimmt das TCP-Protokoll die Daten entgegen und macht daraus kleine, handliche Pakete. Zusätzlich fügt es einen so genannten Header oder auch Protokollkopf hinzu. Dieser Header enthält verschiedene Informationen, die zur korrekten Zustellung der Pakete erforderlich sind. Sobald das Päckchen geschnürt ist, wird es an die nächste Schicht weitergereicht: die Internetschicht. Auch die Internetschicht pappt dem Paket ihren Aufkleber drauf, und zwar mit der Adresse des Empfängers. Sobald dies geschehen ist, wird das Datenpaket an die Netzwerkschicht weitergereicht, die ebenfalls einen Header hinzufügt und das Päckchen dann auf die Reise schickt. Das Hinzufügen dieser Header wird auch Kapselung genannt (engl. *encapsulation*). Da sich das ursprüngliche Paket während der Transporte durch die Netzwerkschichten ständig verändert, wird es in jedem Stadium anders genannt.

Von Schicht zu Schicht

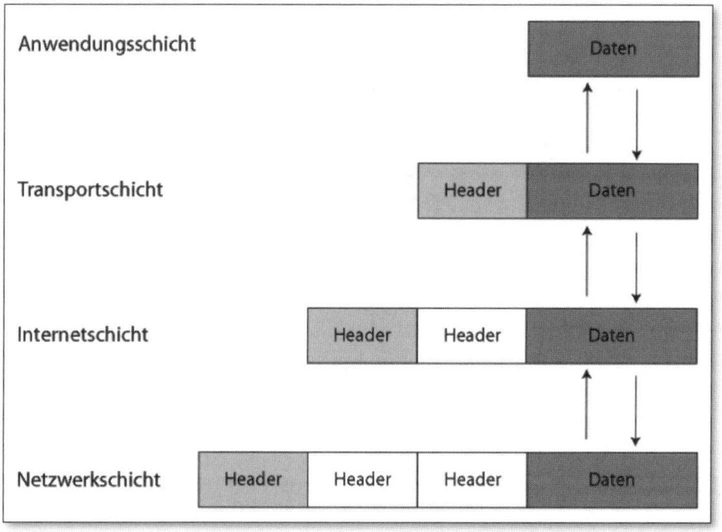

Abbildung 6.1 Schematische Darstellung der Weitergabe von Daten

Netzwerkschicht	Name des Pakets (engl.)	Name des Pakets (dt.)
Anwendungsschicht	stream	Datenstrom
Transportschicht	segment	Datensegment
Internetschicht	datagram	Datenpaket
Netzwerkschicht	frame	Datenübertragungsblock

Tabelle 6.3 Die unterschiedlichen Namen eines Pakets innerhalb der Netzwerkschichten

6.2 DNS

DNS ist vielen auch als Abkürzung für Desoxyribonukleinsäure (engl. *DNA*) bekannt. Dies ist jedoch die biologische Verwendung des Begriffs, die informationstechnische lautet »**D**omain **N**ame **S**erver«, auf Deutsch »Namens-Server für Domänen«. Wenn Sie bereits einmal ein Netzwerk eingerichtet haben oder schon ein wenig Erfahrung damit sammeln konnten, werden Ihnen die IP-Adressen sicherlich ein Begriff sein. Eine DNS-Adresse ist nichts weiter als ein Alias für eine solche IP-Adresse. IP-Adressen sind in der Regel sehr schlecht zu handhaben, da sie nur aus Zahlen bestehen, die durch Punkte voneinander getrennt werden, z. B.:

```
123.255.234.012
127.0.0.1
196.201.46.24
```

4,3 Milliarden Möglichkeiten

Eine IP-Adresse besteht aus vier Zahlen zwischen 0 und 255, wobei die Zahlen durch den Punkt getrennt werden. Dies ergibt ca. 4,3 Milliarden verschiedene Kombinationen. Stellen Sie sich nun einmal vor, Sie möchten mit Ihrem Webbrowser eine Webseite im Internet öffnen. Sich die einzelnen IP-Adressen von den verschiedenen Webservern zu merken, ist für die meisten so gut wie unmöglich. Aus diesem Grund gibt es die DNS-Aliase. Ein solcher Alias ermöglicht es, anstelle einer IP-Adresse einen Namen einzutippen, der stellvertretend für die IP-Adresse steht. Die Namen bauen sich meistens aus drei verschiedenen Wörtern auf, die ebenfalls durch Punkte voneinander getrennt werden, z. B.:

```
www.galileo-press.de
www.google.de
www.mark-lubkowitz.de
```

Aliase anstelle von IP-Adressen

Anstelle der IP-Adresse geben Sie nun also einen Namen an. Der Webbrowser versucht nun, die IP-Adresse zu ermitteln, die zu diesem Alias gehört. Da täglich mehrere tausend neue Aliase registriert und mindestens genauso viele Server an das Internet angehängt werden, ist es für einen Webbrowser unmöglich, diese Aliase und IP-Adressen in einer internen Datenbank zu speichern und regelmäßig zu aktualisieren.

An dieser Stelle springen dann so genannte DNS ein. Sie kennen die entsprechenden IP-Adressen der Aliase und beantworten jede eingehende Anfrage eines Browsers oder eines ähnlichen Programms mit der entsprechenden IP-Adresse. Diese Server kennen nur die Aufgabe, die Aliase und IP-Adressen zu verwalten, und gleichen sich untereinander ab, so dass alle auf dem gleichen Stand sind. Da diese Synchronisierung häufig ihre Zeit dauert, kommt es gelegentlich dazu, dass die korrekte IP-Adresse zu einem Alias gerade nicht gefunden werden kann, da sie sich vielleicht geändert hat und der gewünschte Server in dem Moment nicht erreichbar ist.

6.3 Adressierung, URIs

Wie bereits erwähnt wurde, können Menschen besser mit Worten umgehen als mit Zahlen, da wir sie uns leichter merken können. Welche der beiden folgenden Adressen könnten Sie sich leichter merken? `www.google.de` oder `216.239.51.101`? Mit Sicherheit ist der Alias für Sie prägnanter.

So wie die IP-Adressen unterschiedlichen Regeln unterliegen, gibt es auch für die Aliase Regeln, die eingehalten werden müssen. Ein Alias baut sich folgendermaßen auf:

```
sub-domain.domain.top-level-domain
```

Top-Level-Domain

Die Top-Level-Domains können entweder Länder- oder Typenkürzel sein. Anhand der Top-Level-Domain wird dann auch bestimmt, welches Institut für die Registrierung einer Domain zuständig ist. Ein paar Beispiele für Länderkürzel finden Sie in Tabelle 6.4, die für Typenkürzel in Tabelle 6.5.

Länderkürzel	Erklärung	Zuständiges Institut
de	Deutschland	DeNIC (**http://www.denic.de**)
at	Österreich	Nic.At (**http://www.nic.at**)
ch	Schweiz	Switch (**http://www.switch.ch**)
nl	Niederlande	SIDN (**http://www.domain-registry.nl**)
fr	Frankreich	AFNIC (**http://www.nic.fr**)
se	Schweden	NIC-SE (**http://www.nic.se**)
cc	Cocos Islands	enic (**http://www.nic.cc**)

Tabelle 6.4 Beispiele für Länderkürzel einer Top-Level-Domain

Typenkürzel	Erklärung	Zuständiges Institut
com	Kommerzieller Anbieter	Internic (**http://www.internic.net**)
org	Gemeinnützige Organisation	Internic (**http://www.internic.net**)
net	Allgemeines Netz	Internic (**http://www.internic.net**)
edu	Hochschulen	Educause (**http://www.educause.edu**)

Tabelle 6.5 Beispiele für Typenkürzel einer Top-Level-Domain

Den vielen verschiedenen Registrierungsstellen einer Domain liegt der Gedanke der Selbstorganisation des Internets zugrunde. So besitzt jedes Land die Möglichkeit, seine eigenen Länderkürzel zu vergeben, ohne dass eine internationale Organisation sich dort einmischen könnte.[3]

Domäne Zusammen mit der Top-Level-Domain wird auch ein Name gewählt. Dieser bildet zusammen mit ihr den Namen der gesamten Domain, z. B.:

```
galileo-press.de
google.de
mark-lubkowitz.de
```

Sub-Domain In der Regel reicht sogar die Angabe des Domainnamens aus, um die entsprechende Seite aufrufen zu können. Jedoch können unter dem Namen einer Domäne mehrere Rechner bzw. Server erreichbar sein, z. B. ein Server für die Webseiten, einer, der als FTP-Server fungiert, und einer für den E-Mail-Versand. Auch diese Rechner erhalten einen Namen, der in der Adresse als Sub-Domain angegeben wird. Für Server, die Webseiten bereitstellen, ist dies häufig `www`:

```
www.galileo-press.de
www.google.de
www.mark-lubkowitz.de
```

Es sind jedoch auch Namen wie

```
ftp.eine-domain.de
pop.irgendwo.de
testserver.server.com
```

möglich. Die Wahl der Namen hängt vom jeweiligen Besitzer ab, wobei nur die Buchstaben von a bis z und von A bis Z, die Zahlen von 0 bis 9 und der Gedankenstrich – verwendet werden dürfen.

6.3.1 Ports

Aufgrund der vielen verschiedenen Anwendungen, die über das Internet kommunizieren können, gibt es so genannte Ports. Stellen Sie sich einmal vor, die Top-Level-Domain würde stellvertretend für ein Land stehen, dann würde der Name der Domain für eine Stadt stehen. Die Sub-Domain entspräche in diesem Beispiel einer Straße in dieser Stadt. So könnte die Domain **http://www.berlin.de** für die Straße www in der Stadt **Berlin** und das Land **Deutschland** stehen. Um jedoch zu einem wirklichen Ziel zu gelangen, benötigen Sie nun noch eine Hausnummer. Und diese Hausnummer wird durch den Port angegeben.

Hinter jeder Hausnummer würde nun eine andere Anwendung stehen. Für HTTP-Server wird in der Regel der Port 80 verwendet. FTP verwendet die Ports 20 und 21. So

3 Eine Übersicht über alle Top-Level-Domains und die entsprechenden Registrare finden Sie unter **http://www.norid.no/domenenavnbaser/domreg.html**.

können auf einem Server mit einer einzigen Anbindung an das Internet mehrere Anwendungen parallel laufen und Anfragen entgegennehmen, verarbeiten und eine entsprechende Antwort zurückgeben.

Angaben des Ports

Wenn Sie mit dem Browser eine Webseite aufrufen möchten, müssen Sie den Port, an dem der Webserver auf Anfragen wartet, nicht angeben, da dieser standardmäßig gewählt wird. Dies liegt daran, dass das HTTP-Protokoll, das für diese Kommunikation verwendet wird, den Server an dem Port 80 erwartet. Nun könnte der HTTP-Server aber auch am Port 8080 lauschen. In der Adressangabe würde dies dann folgendermaßen aussehen:

```
www.ein-server.de:8080
```

Der Port wird durch einen Doppelpunkt getrennt an die Internetadresse angehängt. In der Tabelle 6.6 finden Sie eine Übersicht, welche Anwendung welchen bzw. welche Ports verwendet.

Anwendung	Port	Protokoll
File Transfer Protocol	20 & 21	FTP
Terminalemulation	23	Telnet
Simple Mail Transfer	25	SMTP
Hypertext Transfer	80	HTTP
Post Office	110	POP3
Internet Message	143	IMAP4

Tabelle 6.6 Beispiele für Anwendungen und Ports

6.3.2 Protokolle

Je nachdem, welches Protokoll verwendet werden soll, wird das entsprechende Kürzel vor den Domainnamen gesetzt. Für Verbindungen zu einem Webserver wird das HTTP-Protokoll verwendet. Mit der Angabe des Protokolls würde das dann folgendermaßen aussehen:

```
http://www.google.de/
http://www.galileo-press.de/
http://www.mark-lubkowitz.de/
```

Es können jedoch auch andere Protokolle angegeben werden, z. B. FTP:

```
ftp://ftp.ein-server.de/
ftp://www.server.com/
```

6.3.3 URI

Alle diese möglichen Angaben, also die Adresse, die Angabe eines Ports oder eines Protokolls, werden als URI bezeichnet. URI steht für »Uniform Resource Identifier«

und hat die mittlerweile veraltete Bezeichnung URL (engl. *Uniform Resource Locator*) abgelöst.

Bei einer URI sind außerdem Angaben darüber möglich, welches Dokument auf dem Server angefordert werden soll. Sie stellt also eine Möglichkeit dar, ein Dokument im Internet weltweit eindeutig zu identifizieren. Der Aufbau einer URI sieht folgendermaßen aus:

```
prot://server-im-internet/pfad-auf-dem-server/dokument.typ
```

Eine solche URI setzt sich also aus dem zu verwendenden Protokoll, der IP-Adresse oder dem DNS-Alias des Servers und der Verzeichnisangabe des Dokuments auf dem Server zusammen.

Ein Beispiel: Auf dem Server von Galileo Computing gibt es eine animierte GIF-Grafik vom Logo des Verlags. Die vollständige URI der Grafik lautet:

```
http://www.galileocomputing.de/download/images/mygalileo_side.gif
```

Diese URI teilt sich in drei Bereiche: in das Protokoll, in den Netzteil und in den Hostteil. Das Protokoll ist `http`. Der Netzteil der URI ist `www.galileocomputing.de`. Um die Grafik nun jedoch eindeutig identifizieren zu können, müssen der Pfad und der Name der Datei auf dem Server angegeben werden. Dies ist der Hostteil, und er lautet hier `download/images/mygalileo_side.gif`.

Durch eine solche URI kann ein Dokument identifiziert werden, egal auf welchem Server und in welchem Verzeichnis es liegt.

6.4 Webserver zu Hause

Heutzutage sind schnelle DSL-Anschlüsse schon lange keine Neuheit mehr, und die Verbreitung nimmt Jahr für Jahr immer mehr zu. Auch so genannte Flatrates[4] für solche Anschlüsse werden immer häufiger genutzt, um die Vorteile des Internets grenzenlos nutzen zu können. Dies führt dazu, dass viele User ihren Rechner gar nicht mehr ausschalten, sondern Tag und Nacht laufen lassen, um Dateien verschiedenster Art herunterladen oder verteilen zu können. Warum also die eigene Homepage nicht auf dem Rechner zu Hause ablegen? Jedoch gibt es da dieses leidige Thema der Zwangstrennung, weshalb nicht viele ihren eigenen Rechner auch als Webserver nutzen können.

4 Monatlicher Pauschaltarif, bei dem ein fester Betrag unabhängig von der genutzten Zeit bezahlt wird.

6.4.1 Einwahl in das Internet

Jedes Mal, wenn Sie mit Ihrem Rechner eine Verbindung mit dem Internet aufbauen, bekommen Sie von Ihrem Provider eine IP-Adresse zugewiesen. Diese funktioniert ähnlich wie eine Telefonnummer oder eine ID. Über diese Adresse sind Sie für jeden im Internet eindeutig erreichbar. Da die Zahl an IP-Adressen sehr beschränkt ist, wird Ihnen bei jeder Einwahl eine neue IP-Adresse zugeordnet. Trennen Sie die Verbindung mit Ihrem Provider wieder, wird Ihre Adresse frei und kann einem anderen Nutzer zugeordnet werden. Grundsätzlich stellt dies kein Problem dar. Denn trennen Sie die Verbindung nicht, behalten Sie immer Ihre gleiche Adresse. So können Sie diese Nummer an andere weitergeben oder aber eine Domain registrieren, die Sie auf diese IP-Adresse umleiten. Dem eigenen Server zu Hause steht also nichts mehr im Wege. Nun gibt es dabei jedoch ein paar Sonderfälle:

1. **Zwangstrennung**
   Viele Provider trennen ihre Kunden nach 24 Stunden automatisch vom System, so dass der Kunde sich erneut einwählen muss. Da sich bei jeder Einwahl die IP-Adresse ändert, müssen Sie die neue Adresse an Bekannte weitergeben oder aber Ihre Domain auf die neue Adresse umleiten.
2. **Statische IP-Adresse**
   In letzter Zeit gibt es auch immer häufiger Zugänge, bei denen Sie Ihre IP-Adresse zu jeder Zeit behalten und sich diese auch bei einer Neueinwahl nicht ändert.
3. **Standleitung**
   Sind Sie Besitzer einer Standleitung, wird Ihnen bei Abschluss des Vertrags eine IP-Adresse zugeordnet. Standleitungen basieren auf einer dauerhaften Verbindung zwischen Ihnen und Ihrem Provider. Ein- und Auswahl entfallen dabei.

Gehören Sie zu den Gruppen 2 oder 3, können Sie ins nächste Kapitel springen. Alle anderen müssen vorerst an dieser Stelle weiterlesen.

DynDNS

Gehören Sie zur Gruppe 1, dann haben Sie das Problem, bei jeder Einwahl die IP-Adresse neu hinterlegen zu müssen. Sollten Sie einmal nicht zu Hause sein, kann diese Aktualisierung dauern, da Sie von außen nicht herausfinden können, welche IP-Adresse Ihrem Rechner nun zugewiesen worden ist. Für solche Probleme entstand schon vor geraumer Zeit ein Dienst namens DynDNS.org. Normalerweise dient DNS dazu, Alias-Adressen zu verwalten und diesen eine IP-Adresse zuzuordnen. DynDNS.org basiert darauf, dass sich die IP-Adresse jedoch ändern kann und entsprechend aktualisiert werden muss. Das ist bei normalem DNS nicht vorgesehen, zumindest keine Aktualisierung, die alle 24 Stunden erfolgt. Dazu registrieren Sie bei DynDNS.org oder ähnlichen Diensten eine Sub-Domain. Zusätzlich haben Sie noch die Wahl zwischen mehreren verschiedenen Haupt-Domains, z. B. *<ihrname>.dyndns.org* oder *<ihrname>.homedns.org*.

Doch wie wird die bei einer Neueinwahl vergebene IP-Adresse hinterlegt? Dazu gibt es mittlerweile verschiedene Tools, die Ihnen diese Arbeit erleichtern. Diese können

Sie sich nach der Registrierung bei DynDNS.org herunterladen. Sie ermitteln automatisch die IP-Adresse und aktualisieren damit die Datenbank von DynDNS.org. Dies dauert in der Regel maximal 5 Minuten. Weitere Informationen finden Sie auf der Webseite **http://www.dyndns.org/**.

6.4.2 Routerkonfiguration

Wenn Sie über einen Router ins Internet gehen, muss dieser zunächst konfiguriert werden, denn Router sind hauptsächlich dazu gedacht, Benutzern des lokalen Netzwerks einen Zugriff auf das Internet über ein und denselben Zugang zu ermöglichen. Häufig wird ein Router auch als Firewall verwendet, indem ausgehender Datenverkehr erlaubt wird und eingehender Datenverkehr häufig stark beschränkt wird. Nun gibt es zwei Möglichkeiten, den Zugriff von außen auf Ihren Rechner zu ermöglichen.

DMZ

Die Abkürzung DMZ bezeichnet die **dem**ilitarisierte **Z**one. Zugegeben, der Begriff ist ein wenig ungeschickt gewählt, aber er beschreibt die eigentliche Aufgabe sehr genau. Normalerweise gelten für alle Rechner im Netzwerk die gleichen restriktiven Regeln, um zu verhindern, dass von außen Schaden angerichtet werden kann. In der DMZ stehen hingegen die Rechner, für die diese Regelungen nicht gelten und denen so die Annahme eingehenden Datenverkehrs erlaubt ist. Über ein solches Feature verfügen jedoch nicht viele Router, weshalb diese Variante eher selten verwendet werden kann.

Portforwarding

Das Portforwarding[5] ist die zweite Möglichkeit, Zugriff von außen auf Ihren Rechner zu erlauben. Dabei werden bestimmte Ports so konfiguriert, dass sie auf einen Rechner im lokalen Netzwerk weitergeleitet werden. Erfolgt z. B. am Router eine Anfrage auf dem Port 80, können Sie mit der Einrichtung einer Portforwarding-Regel festlegen, dass alle diese Anfragen an den Rechner 192.168.0.20 weitergeleitet werden sollen, alle Anfragen auf dem Port 21 an den Rechner 192.168.0.30 und Anfragen auf dem Port 443 an den Rechner 192.168.0.40.

So sind sie nicht nur in der Lage, die Dienste FTP (20&21), HTTP (80) und HTTPS (443) auf einem beliebigen Rechner zur Verfügung zu stellen, sondern sogar auf mehreren verschiedenen Rechnern im Netwerk, quasi eine Arbeitsteilung.

Wie genau Sie die Regeln einrichten, ist von Router zu Router unterschiedlich. Wenn Sie eine Hardwarelösung von Netgear, Dlink oder Ähnliches nutzen, erfolgt dies meist über eine Weboberfläche. Werfen Sie dann einfach einen Blick ins Handbuch. Bei Software-Routern wie Fli4l finden Sie auf der Webseite genügend Tutorials zum Portforwarding. Unter Linux reicht der Blick in die Manpages.

[!] Ich komme an dieser Stelle jedoch nicht umhin, Sie eindringlichst zu warnen. Je mehr Ports Sie auf einen Rechner weiterleiten, desto höher wird die Gefahr eines erfolgreichen Hackerangriffs.

5 dt. Anschlussweiterleitung

Sie sollten auf dem betroffenen Rechner auf jeden Fall noch eine Software-Firewall installieren und alle Dienste, die Sie nicht benötigen, deaktivieren. Unter Windows wären dort die Remote-Desktopverbindung und der Nachrichtendienst zu nennen.

6.4.3 Server konfigurieren

Nun müssen Sie auf dem Rechner, den Sie als Webserver einsetzen möchten, lediglich noch die entsprechende Software installieren. Dabei können Sie sich grundsätzlich an die Anleitungen aus Kapitel 4, *Gute Vorbereitung ist wichtig*, halten. Achten Sie jedoch darauf, phpMyAdmin und ähnliche Programme entsprechend abzusichern und für einen öffentlichen Zugriff zu konfigurieren.

6.5 Ausblick auf IPv6

Schon seit ein, zwei Jahren zeichnet sich ein ernst zu nehmendes Problem ab. Das Schema der IP-Adressen, wie es aktuell im Internet genutzt wird – also vier Blöcke à 256 Zahlen –, führt zu einer möglichen Gesamtzahl von 4.294.967.296 Milliarden[6] Kombinationen. In den Anfängen der Netzwerke war dies genug, gab es doch nicht annähernd so viele Computer auf dieser Welt. Dies bedeutet, dass maximal knappe 4 Milliarden IP-Adressen vergeben werden können. Bei der aktuellen Anzahl an Webservern, Standleitungen und anderen Geräten, die mit einer IP-Adresse ans Internet angebunden sind, ist diese Zahl bald erreicht. Das würde das Ende der Fahnenstange bedeuten, und IP-Adressen könnten erst wieder vergeben werden, wenn eine andere Adresse frei wird. Und schon jetzt leidet das Internet an chronischem Adressmangel. Mit Voice-over-IP (Telefonieren über das Internet) wird die Spitze in riesigen Schritten noch schneller erreicht sein.

2128 IPv6-Adressen

Bei IPv6 geht man gleich richtig in die Vollen und verwendet einen 128 Bit breiten Adressraum. Die Zahl wiederzugeben ist schwierig, besteht sie doch aus 39 Stellen (2^{128}). Damit ergeben sich jedoch nicht nur Vorteile. Ein Nachteil ist die Schreibweise solcher Adressen. Denn es gibt zwei Arten, eine IP-Adresse zu vergeben:

1. **Automatisch**
   Im Netzwerk befindet sich ein so genannter DHCP-Server, der jedem Rechner, der bei ihm nachfragt, eine IP-Adresse zuweist. Dies ist besonders in großen Netzwerken eine Erleichterung, da die Adressen zentral verwaltet werden. Diese Art nutzen z. B. auch viele Provider, wenn Sie sich mit dem Internet verbinden.
2. **Manuell**
   Die IP-Adresse wird manuell dem Rechner zugewiesen, indem sie z. B. bei der Konfiguration der Netzwerkkarte von Hand eingegeben wird.

6 gleich 32 Bit, gleich 2^{32}

DHCP In kleinen Netzwerken wird eher selten ein DHCP-Server zur Verfügung stehen. Also erfolgt die Vergabe manuell. Dazu wird die IP-Adresse in 8 Blöcke à 16 Bit aufgeteilt, die durch Doppelpunkte voneinander getrennt sind, und es wird eine hexadezimale Schreibweise verwendet, z. B.:

```
2880:F3B1:BC20:0000:0000:0000:D35C:00B1
```

Verkürzte Schreibweise Versuchen Sie einmal, sich auf die Schnelle eine solche IPv6-Adresse zu merken. Um es ein wenig zu vereinfachen, wurden spezielle Abkürzungen eingeführt. So dürfen mehrere aufeinander folgende Blöcke aus vier Nullen weggelassen werden, und es müssen nur die Doppelpunkte notiert werden. Dies darf jedoch nur einmal erfolgen. So würde die oben gezeigte Adresse abgekürzt folgendermaßen lauten:

```
2880:F3B1:BC20::::D35C:00B1
```

Zusätzlich dürfen führende Nullen in jedem Block ebenfalls weggelassen werden, also:

```
2880:F3B1:BC20::::D35C:B1
```

Zugegeben, die Adresse ist noch immer nicht einfach zu merken, jedoch leichter als die erste Variante.

6.5.1 Jedem Rechner eine öffentliche IP-Adresse

Eine zusätzliche Neuerung bezieht sich auf Netzwerke, in denen sich mehrere Rechner den Zugang zum Internet mittels eines Routers teilen.

NAT Bei IPv4 – dem aktuell verwendeten Modell – nutzt der Router ein Verfahren namens NAT (Abkürzung für **N**etwork **A**ddress **T**ranslation). Er nimmt alle Datenpakete aus dem lokalen Netzwerk entgegen und ersetzt die darin enthaltene Absender-IP-Adresse durch seine eigene öffentliche. So verändert, schickt er das Paket ins Internet. Alle Antwortpakete nimmt er wieder entgegen, ersetzt die Ziel-IP-Adresse durch die des eigentlichen Zielrechners und schickt das Paket ins lokale Netzwerk.

Um die Zielpakete korrekt zuordnen zu können, ändert der Router für ausgehende Pakete den Absender-Port. Kommt ein Paket zurück, kann er anhand des Ports der Zieladresse (seine eigene) erkennen, für welchen Rechner im lokalen Netzwerk das Paket gedacht ist.

Rechner	Lokale IP-Adresse	Öffentliche IP-Adresse
PC 1	192.168.0.10:1700	217.135.74.128:5001
PC 2	192.168.0.20:1701	217.135.74.128:5002
PC 3	192.168.0.30:1702	217.138.74.128:5003

Tabelle 6.7 Übersetzung der lokalen IP-Adressen und Zuweisung eines neuen Ports für die Pakete, um eine eindeutige Zuordnung zu ermöglichen

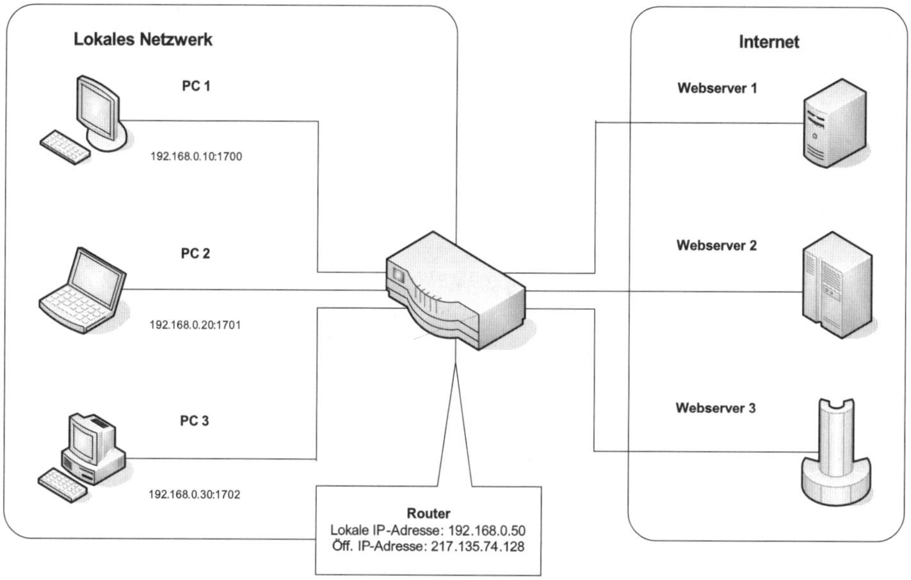

Abbildung 6.2 Schematische Darstellung der Verbindung mehrerer Rechner über einen Router mit dem Internet

Bei IPv6 wird kein NAT mehr benötigt. Stattdessen ist die private IP-Adresse gleich der öffentlichen IP-Adresse. Damit dabei keine Überschneidung mit anderen Rechnern erfolgen kann, erhält der Router eine gekürzte öffentliche IP-Adresse. Für jeden Rechner im Netzwerk wird die gekürzte IP-Adresse auf die vollen 8 Blöcke erweitert. Somit ist nicht einmal mehr ein Portforwarding durch den Router notwendig, da jeder Rechner – auch wenn er durch einen Router mit dem Internet verbunden ist – eindeutig identifiziert und angesprochen werden kann.

Kein NAT bei IPv6

Der besondere Clou an IPv6 ist, dass dadurch keine Änderungen an der vorhandenen Hardware notwendig sind, da es ein Protokoll und somit hardwareunabhängig ist. Mittels eines einfachen Software-Updates wird in den nächsten Jahren jeder Rechner aktualisiert werden können und die Umstellung des Internets auf IPv6 schrittweise erfolgen können. Bis dahin werden aber noch ein paar Jahre ins Land gehen.

Keine neue Hardware

6.6 Umlaut-Domains

Seit diesem Jahr können nun auch die als »Umlaut-Domains« propagierten Internetadressen registriert werden. In den Anfangstagen des Internets hatte man sich aufgrund des globalen Einsatzes auf einen Zeichensatz geeinigt, der in jedem westlichen Land zur Verfügung stehen sollte und der aus den Zeichen von a bis z, den Zahlen von 0 bis 9 und dem Bindestrich besteht. Somit konnten für die Wahl eines Domainnamens 37 Zeichen verwendet werden.

Landessprache Es gibt jedoch auch nicht englischsprachige Länder, in denen diese Beschränkung des Zeichensatzes zu Komplikationen mit der Landessprache führte. Vor ein paar Jahren machte der Online-Buchhandel »buecher.de« diese Erfahrung. In dem damaligen Werbespot wurde die Internetadresse nicht gezeigt, sondern lediglich von einem Sprecher mit den Worten »Bücher d e« vermittelt. Einige unerfahrene Internetuser wollten die Internetseite besuchen und versuchten es über die Adresse **www.bücher.de**. Dies führte jedoch zu einer Fehlermeldung durch die Browser, weil das **ü** in einem Domainnamen nicht erlaubt ist. Die Folge davon: Es besuchten weit weniger User die Internetseiten als erwartet. Nachdem sich das Problem herauskristallisierte, wurde der Werbespot ein klein wenig verändert, und der Sprecher sagte nun »Bücher d e, natürlich mit u e«. Schon erreichten wesentlich mehr potenzielle Kunden den Onlineversand-Händler.

Müller = mueller.de Gut, dies ist eine der wenigen Ausnahmen, in denen sich das Problem mit dem Zeichensatz wirklich bemerkbar gemacht hatte. Es war jedoch nicht selten! Im Gegenteil, was macht jemand, der sich seinen Namen als Domain registrieren möchte und *Müller* heißt oder dessen Firmenname *Ökoladen* ist? Klar, er verwendet *mueller.de* oder *oekoladen.com*. Jedoch trifft es in Deutschland weit weniger Personen als beispielsweise in Skandinavien oder Frankreich, die weit mehr Sonderzeichen in ihrem Alphabet aufweisen als Deutschland[7].

Es wurde eine Lösung gefunden, die von vielen herbeigesehnt wurde: die Umlaut- bzw. Sonderzeichen-Domains. Sie können nun fast jedes beliebige Sonderzeichen für Ihre Domains verwenden, so dass nun auch Domains wie *müßig.de* oder *füße.com* möglich sind. An die Konsequenzen hat jedoch kaum jemand gedacht.

Browserupdate Registrieren Sie sich als Firma nun eine Domain, die Sonderzeichen enthält, sollten Sie auf jeden Fall auch eine Domain ohne Sonderzeichen bestellen. Denn den Umgang mit Sonderzeichen haben die Browser noch nicht gelernt, wodurch Updates notwendig sind oder zusätzliche Plugins wie das von VeriSign für den Internet Explorer. Möchte jemand Ihre Webseite besuchen und nutzt dazu einen Browser, der keine Sonderzeichen kennt, wird er nicht mehr als eine Fehlermeldung erhalten.

Tastaturlayout Viel tragischer wird es jedoch, wenn dieser Jemand zwar einen Browser nutzen kann, der mit Sonderzeichen in Domainnamen umgehen kann, aber nicht weiß, wo er dieses Zeichen auf seiner Tastatur finden kann. Fällt Ihnen spontan ein, wie Sie das dänische Pendant zum »ö« eintippen können, das »o« mit dem Querstrich? Oder das französische Cedille, das »c« mit dem kleinen Häkchen unten dran? Entweder Sie müssen immer wieder die Windows-Zeichentabelle bemühen, oder Sie kennen den Code dafür, der mit dem Drücken der Alt-Taste, gefolgt von einer vierstelligen Zahl, verbunden ist. Vielleicht haben Sie sich ja auch eine Datei angelegt, in der alle wichtigen Sonderzeichen abgelegt sind und aus der Sie diese nur per »Kopieren & Einfügen« herausholen müssen.

---

7 In Deutschland beschränkt es sich auf ä, ö, ü und ß.

Verzichten Sie, so weit es geht, auf Domains mit Sonderzeichen, so dass auch internationale Besucher Ihre Webseite aufrufen können, ohne erst lange Nachforschungen anstellen zu müssen, wie sie Ihren Domainnamen nun eigentlich eintippen können. Zumindest sollten Sie eine Alternative ohne Sonderzeichen parat haben.

Weniger ist meistens mehr

TEIL 2
HTML – Die Sprache des Internets

Die Menschen sind heute nicht mehr verwurzelt, sondern vernetzt.

7 (X)HTML – Die Sprache des Internets

Sie werden in diesem Kapitel die wichtigsten HTML-Grundlagen und Regeln kennenlernen und Ihr erstes HTML-Dokument erstellen. Auch wenn Sie bereits über Kenntnisse verfügen, werden Sie hier sicherlich noch die eine oder andere Information erhalten.

7.1 Am Anfang war HTML ...

Zunächst möchte ich ein weit verbreitetes Missverständnis aus dem Weg räumen: HTML ist keine Programmiersprache, auch wenn dies für viele Leser eine Überraschung sein dürfte. HTML ist ein Akronym für »Hypertext Markup Language«, was ins Deutsche übersetzt so viel wie »Hypertext-Auszeichnungssprache« bedeutet. Es handelt sich bei HTML um eine Weiterentwicklung von SGML (Structured Generalized Markup Language), und HTML baut auf dem HTTP-Protokoll auf. Mit HTML lassen sich die Struktur, der Inhalt und das Verhalten eines Dokuments beschreiben bzw. auszeichnen, und es wird kein Programm im eigentlichen Sinne erstellt. Die Folge ist, dass HTML-Dokumente in verschiedenen Browsern unterschiedlich dargestellt werden. Ich werde später noch genauer darauf eingehen.

SGML

Die Wurzeln von SGML reichen bis in die 1960er Jahre zurück, obwohl der eigentliche SGML-Standard erst Anfang 1980 publiziert wurde. Der Anstoß zur Entwicklung von SGML war die Schaffung eines Dokumentformats, das die Struktur klar vom Inhalt trennen sollte, da durch den technologischen Fortschritt die Formatierung von Texten automatisiert worden war. Der häufig verwendete Begriff »Markup« (dt. *Auszeichnung*) geht auf handgeschriebene Anmerkungen von Autoren und Textdesignern zurück, die Textvorlagen mit Markups versahen, die dem Setzer als Anweisungen dienten, wie einzelne Textabsätze und Wörter gedruckt werden sollten. Heutzutage verbindet man mit dem Begriff »Markup« alle Mittel, die die Interpretation eines Dokuments ermöglichen.

Hyper werden

HTML-Dokumente sind also reine Textdokumente mit Inhalt (Texte, Überschriften, Bilder, Tabellen etc.), dem Sie eine Struktur (und somit ein Aussehen) zuweisen. Dies geschieht über spezielle Zeichenfolgen im Dokument, die so genannten **Tags** (gesprochen Tägs). Ein Browser ist in der Lage, den Inhalt von der Struktur zu unterscheiden und den Inhalt optisch entsprechend darzustellen. Solche textbasierten Datenbeschreibungssprachen werden gemeinhin auch als Meta-Sprachen bezeichnet. Der Begriff »Hypertext« steht für miteinander verknüpfte Texte. Das Anklicken eines speziell hervorgehobenen Wortes innerhalb eines Textes bzw. eines Bildes führt den Benutzer auf eine weitere Seite oder ein weiteres Dokument, das in inhaltlicher Beziehung zum Ausgangstext steht – ebenfalls eine auf technologischen Fortschritten basierende Entwicklung. Während ein Buch linear aufgebaut ist (in der Regel liest man es von vorn nach hinten), sind Hypertexte ein nicht-lineares Medium zum Verfassen und Darstellen von Texten und so die optimale Lösung für die Bereitstellung von Texten in einem Computernetzwerk (wie dem World Wide Web).

7.2 HTML-Versionen

In den vergangenen zehn Jahren unterlag auch HTML (wie jede computerspezifische Technologie) einer stetigen Entwicklung und Erneuerung aufgrund wachsender Anforderungen und Veränderungen im World Wide Web. Dies führte dazu, dass bislang vier Ausbaustufen von HTML vorliegen.

7.2.1 HTML 1

Die erste Sprachversion ist mit der heutigen Version 4 kaum zu vergleichen. Zwar war es bereits in dieser Version möglich, Dokumente mit Überschriften und Grafiken zu versehen, und auch Verweise konnten gesetzt werden, aber alles in allem war es das schon. Sie werden im Internet auch keine Dokumente mehr finden, die sich auf diese Sprachversion beziehen bzw. beschränken. An dieser Stelle sollte aber erwähnt werden, dass HTML 1 zum Zeitpunkt der Veröffentlichung (1990) ein bahnbrechender Erfolg war.

7.2.2 HTML 2

Es dauerte gute fünf Jahre, bis 1995 die zweite Sprachversion von HTML veröffentlicht wurde. Sie enthielt aber nur wenig mehr als kleine Verbesserungen, und die Mehrzahl der Elemente, die in dieser Sprachversion neu hinzugekommen sind, werden von den meisten Browsern bis heute nicht unterstützt. Das Kuriose war jedoch die Entwicklung von Netscape, dessen Navigator in der Version 2.0 weit mehr und ausgefallenere Möglichkeiten bot, als es der HTML 2.0-Standard vorsah. Der Navigator implementierte bereits die Frame-Technologie (das Browserfenster konnte dadurch in mehrere kleine Fenster unterteilt werden, und somit konnten verschiedene HTML-Dokumente gleichzeitig dargestellt werden) und Multimedia-Referenzierungen (Einbinden von Videos, Sounds und Ähnlichem). Dies verschaffte dem Netscape Navigator die unangefochtene Position des Marktführers.

7.2.3 HTML 3.2

Im Januar 1997 folgte die HTML-Sprachversion 3.2. Die eigenartige Versionsnummer (3.2 anstatt 3.0) basiert auf den Unterschieden zwischen der gewünschten Entwicklung des WWW durch das W3C und den tatsächlichen Entwicklungen und Anforderungen durch die Internet-Gemeinschaft. In ihren Grundzügen war die Version 3.0 überaus ansprechend, da sie viele neue Elemente und Möglichkeiten enthalten sollte. Diese waren aber allesamt realitätsfern. Dieser Versionsstandard wurde niemals offiziell verabschiedet, sondern erst die vollkommen überarbeitete Version 3.2, die alles in allem auch nicht das Gelbe vom Ei war. Mittlerweile ließen sich zwar offiziell Tabellen und physische Textauszeichnungen in einem HTML-Dokument verwenden, die meisten dieser Elemente sind aber schon wieder als »deprecated« (dt. *abgelehnt*) deklariert.

7.2.4 HTML 4 und 4.01

Am 18.02.1998 wurde die HTML-Sprachversion 4 offiziell verabschiedet, die dann am 24.12.1998 (sozusagen als Weihnachtsgeschenk) durch die überarbeitete Version 4.01 ersetzt wurde. Prinzipiell besann sich das W3C bei der Entwicklung von HTML 4.x wieder auf die Version 2 und lagerte die optische Gestaltung eines HTML-Dokuments erstmals in CSS aus. Die Version 4.x regelte hauptsächlich die Einbindung von Skripts und die Internationalisierung auf Unicode-Basis. Außerdem bot sie verschiedene Sprachvarianten (strict, transitional und frameset), mit denen Sie sich noch detaillierter auseinandersetzen werden. In diesem Buch verwenden wir die Version 4.x von HTML.

7.3 Das erste HTML-Dokument

Starten Sie jetzt Ihren Editor, und legen Sie ein neues Dokument an. Den bekannten Windows-Editor Notepad finden Sie normalerweise unter **Start • Programme • Zubehör • Editor**. Sie können aber auch auf **Start** und **Ausführen...** klicken. Geben Sie in die Textzeile »notepad« ein, und klicken Sie auf **OK**. Tippen Sie das Listing 7.1 in den Editor, und speichern Sie das Dokument unter **list1.1.htm** ab. Sollte Notepad das Dokument mit der Endung .txt abspeichern, müssen Sie im Dialogfeld **Datei • Speichern unter...** als Dateityp **Alle Dateien (*.*)** auswählen und als Dateinamen **list1.1.htm** eintippen.

Speichern Sie HTML-Dokumente immer mit der Endung **.htm** oder **.html** ab. Das sind die Standard-Dateiendungen für HTML-Dokumente. Nach einem Doppelklick auf eine so abgespeicherte Datei öffnet der installierte Browser die Datei und zeigt sie an. **[×]**

Öffnen Sie die Datei **list1.1.htm** nun in Ihrem Browser. Ihr Ergebnis sollte dem in Abbildung 7.1 gezeigten entsprechen.

```
<html>
  <head>
    <title>Listing 1.1</title>
  </head>
  <body>Hallo WorldWideWeb!</body>
</html>
```

Listing 7.1 Hallo WorldWideWeb!

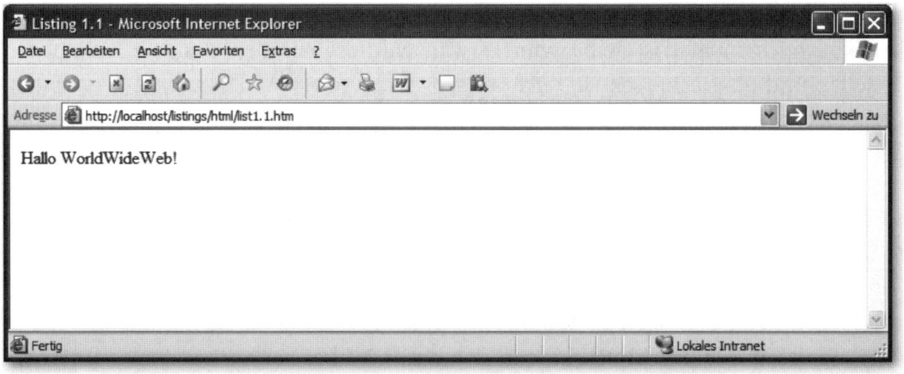

Abbildung 7.1 Darstellung des Listings 7.1 im Internet Explorer 6.0

Herzlichen Glückwunsch! Dies ist das erste von Ihnen erstellte HTML-Dokument.

7.4 Elemente und Tags

Wenn Sie sich das Listing 7.1 genauer ansehen, entdecken Sie gewisse Regelmäßigkeiten. Sie können Schlüsselnamen erkennen, die in spitzen Klammern geschrieben wurden. Diese Schlüsselnamen mit den spitzen Klammern nennt man **Tags** (dt. *Etiketten*), und sie unterteilen sich in Start- und Ende-Tags. Letztere kann man von den Start-Tags durch einen vorangestellten Schrägstrich / unterscheiden. Die Schlüsselnamen ergeben sich aus der Bezeichnung des Elements. Was jedoch sind Elemente? Ein HTML-Dokument besteht aus einer Vielzahl unterschiedlicher Elemente. Diese Elemente weisen gewisse Eigenschaften und Verhaltensformen auf und haben somit unterschiedliche spezifische Aufgaben, z. B. erzeugt das Element h1 eine Überschrift der ersten Ordnung. Der zwischen den Tag-Paaren (Start- und Ende-Tag) stehende Text (auch Gültigkeitsbereich genannt) hebt sich deutlich vom restlichen Inhalt ab. In Listing 7.1 können Sie insgesamt vier dieser Elemente ausmachen: html, head, title und body. Diese werden Sie auch in jedem anderen HTML-Dokument wiederfinden, da sie die Grundausstattung eines HTML-Dokuments bilden. Ich nenne sie deshalb Basiselemente.

Kopf und Körper

Sehen Sie sich die Zeilen <title>Listing 1.1</title> und <body>Hallo WorldWideWeb!</body> genauer an. Die jeweiligen Start- und Ende-Tags der Elemente `title` und `body` umrahmen unterschiedlichen Text. In Abbildung 7.1 können Sie diese Texte wiedererkennen: Der Text im Gültigkeitsbereich von `title` (also zwischen Start- und Ende-Tag) steht in der Titelzeile des Browserfensters, der Text im Gültigkeitsbereich von `body` im Anzeigebereich des Browsers.

Somit können Sie die Aufgaben dieser beiden Elemente schon festlegen. Das `title`-Element definiert den Dokument-Titel, und das `body`-Element enthält den darzustellenden Inhalt eines Dokuments. Das Pendant zum `body`-Element ist das `head`-Element. Es enthält alle wichtigen Dokumentinformationen (wie den Titel), die nicht im Anzeigebereich des Browsers dargestellt werden sollen. Im Gültigkeitsbereich eines Elements können auch weitere Elemente stehen. Dies ist insbesondere am `html`-Element zu erkennen. Alle Elemente eines Dokuments müssen in den Gültigkeitsbereich des `html`-Elements geschrieben werden.

Die typische syntaktische Notation für ein Element, das einen beliebigen Text enthält, sieht also folgendermaßen aus:

```
<Elementname>Text</Elementname>
```

Um in einem Element ein weiteres Element notieren zu können (auch als Verschachtelung bezeichnet), ersetzen Sie den Text einfach durch das weitere Element:

```
<Elementname1>
  <Elementname2>Text</Elementname2>
</Elementname1>
```

Eine Verschachtelung lässt sich beliebig lange fortsetzen, bis das hierarchisch letzte Element kein weiteres Element, sondern nur Text enthält.

7.5 Hierarchie

Sie kennen nun die vier Basiselemente. Diese und auch alle anderen Elemente unterliegen einer gewissen Ordnung. Sie legt fest, wie oft und in welcher Reihenfolge ein Element im HTML-Dokument vorkommen darf. Wenn Sie ein HTML-Dokument mit einem Haus vergleichen, dann stellt das `html`-Element das Haus dar. Die Elemente `head` und `body` bilden unterschiedliche Stockwerke, z. B. wäre `body` das Erdgeschoss und `head` der 1. Stock. Das `title`-Element kommt nur im `head`-Element vor und steht sinnbildlich für einen Raum im 1. Stock. Text, der im Gültigkeitsbereich des `title`-Elements notiert wird, ist dann gleichsam die Innenausstattung dieses Raums im 1. Stock des Hauses.

Wenn Sie nun diese Hierarchie (Ordnung) anhand des Hauses zurückverfolgen, stellen Sie fest, dass das `title`-Element dem `head`-Element untergeordnet ist, genauso wie die Elemente `head` und `body` dem `html`-Element untergeordnet sind. Man spricht auch von Eltern- und Kindelementen. Das `title`-Element ist das Kindelement des `head`-Elements, und anders herum ist `head` das Elternelement des `title`-Elements.

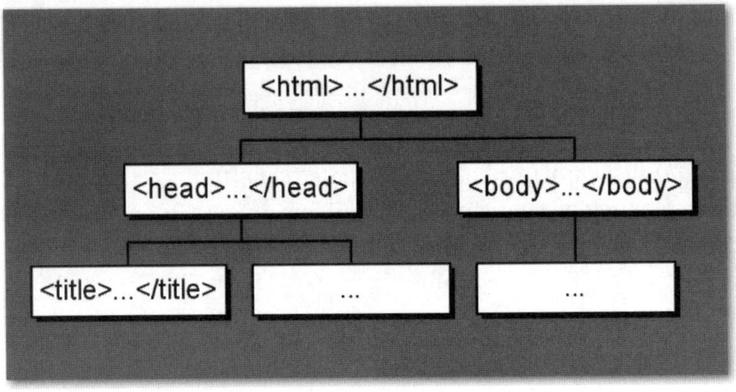

Abbildung 7.2 Schematische Darstellung der Element-Hierarchie

Die Felder mit den drei Punkten in Abbildung 7.2 stehen für weitere Kindelemente, die innerhalb von `head` oder `body` vorkommen dürfen. Versuchen Sie sich diese Hierarchie gut einzuprägen, da sie für das weitere Verständnis von HTML essenziell ist.

head-Element Neben dem bereits bekannten `title`-Element können im Kopfteil weitere Elemente notiert werden, die Sie später noch etwas näher kennenlernen werden. Dies sind alles Elemente, die grundlegende Informationen zum Dokument (wie Titel, Autor oder Erstellungsdatum oder auch JavaScripts und StyleSheets) zur Verfügung stellen. Die Gemeinsamkeit besteht darin, dass sie im Anzeigebereich des Browsers nicht dargestellt werden, sondern die Darstellung teilweise nur beeinflussen oder aber Informationen für verschiedene Suchmaschinen bereitstellen.

body-Element Im Rumpfteil (`body`) wird der wesentliche Inhalt des HTML-Dokuments (wie Texte, Bilder, Hyperlinks, Tabellen, Listen und Ähnliches) notiert. Diese Elemente werde ich Ihnen im Folgenden noch genauer erläutern.

7.6 Attribute

Jedes Element besitzt gewisse Eigenschaften oder Auszeichnungsmerkmale. Diese Eigenschaften führen dazu, dass z. B. der Text im Gültigkeitsbereich eines `h1`-Elements (Überschrift 1. Ordnung) größer dargestellt wird, als wenn er in einem `h2`-Element (Überschrift 2. Ordnung) notiert worden wäre. Nun lässt sich die Darstellung des Textes aber in einem gewissen Rahmen durch Ändern der Eigenschaften an die eigenen Wünsche anpassen.

Dafür werden Attribute und Parameter verwendet. Diese werden in Kombination innerhalb des Start-Tags eines Elements gesetzt. Dabei wird zuerst der Name des Attributs, gefolgt von einem =-Zeichen (Gleichheitszeichen) und dem Parameter in Anführungszeichen notiert. Die Syntax sieht wie folgt aus:

```
<Elementname Attribut="Parameter">Text oder Element</Elementname>
```

Um mehrere verschiedene Eigenschaften eines Elements verändern zu können, werden die gewünschten Attribute in beliebiger Reihenfolge im Start-Tag notiert.

```
<Elementname Attribut1="Parameter1" Attribut2="Parameter2"
  AttributN="ParameterN">Text oder Element</Elementname>
```

Natürlich ist auch eine Verschachtelung von Elementen mit den veränderten Attributen möglich.

```
<Elementname1 Attribut="Parameter">
  <Elementname2 Attribut="Parameter">Text oder Element</Elementname2>
</Elementname1>
```

7.7 Kommentare und Quelltext-Strukturierung

Bei kleineren HTML-Dokumenten ist eine Kommentierung oder saubere Strukturierung des Quelltextes nicht erforderlich. Sobald sich aber ein solches Dokument über mehrere Bildschirmseiten erstreckt, kann es ohne Kommentare und Quelltext-Strukturierung schnell unübersichtlich werden. Wenn Sie sich das Listing 7.1 noch einmal ansehen, können Sie erkennen, dass nach den Start-Tags der Elemente `html` und `head` in der nächsten Zeile um zwei Leerzeichen eingerückt wurde. Damit wird der Quelltext besser lesbar.

Kommentare

Für Kommentare in HTML gibt es kein spezielles Element, da sie nicht der Hierarchie eines Dokuments unterliegen und an jeder beliebigen Stelle (ja, auch vor dem `html`-Start-Tag oder nach dem `html`-Ende-Tag) im Dokument notiert werden dürfen. Ein Kommentar wird durch die Zeichenfolge `<!--` eingeleitet und endet mit der Zeichenfolge `-->`. Zwischen diesen beiden Zeichenfolgen steht dann der Kommentartext.

```
<!-- Dies ist ein Kommentar -->
```

Regeln zur Strukturierung

Für die Strukturierung in HTML gibt es keine Norm, jedoch haben sich im Laufe der Zeit einige Regeln durchgesetzt:

- Die Start- und Ende-Tags der Elemente, die weitere Elemente enthalten, werden in unterschiedlichen Zeilen notiert, wobei die Einrückung dieser Tags gleich sein sollte. Ein Beispiel dafür sind die Elemente `html` und `head` in Listing 7.1.
- Die Start- und Ende-Tags eines Elements, das kein Kindelement enthält, sollten nach Möglichkeit in einer Zeile notiert werden. In Listing 7.1 können Sie dies an den Elementen `title` und `body` erkennen.
- Browser unterscheiden bei Tags nicht zwischen Groß- und Kleinschreibung. Daher ist es egal, ob Sie die Tags groß (<HTML>...</HTML>), klein (<html>...</html>) oder vollkommen unterschiedlich (<hTmL>...</HTml>) schreiben. Sie sollten sich aber für eine Schreibweise entscheiden. Wenn Sie einen Editor ohne farbliche Hervorhebung der Tags verwenden, empfiehlt es sich, alle Tags großzuschreiben, um sie vom restlichen Text unterscheiden zu können.

7.8 Entities

Wenn Sie in einem HTML-Dokument die spitzen Klammern < (kleiner als) und > (größer als) in einem normalen Text verwenden, wird dies zwangsläufig zu einer Fehldarstellung führen, da die Klammern zum Notieren der HTML-Tags reserviert sind. Ähnlich verhält es sich mit den Anführungszeichen, mit denen einem Attribut Parameter zugewiesen werden. Für solche Fälle gibt es so genannte Kurzcodes oder **Entities**, um Fehldarstellungen zu vermeiden. Dies gilt aber auch für Umlaute (Ä, Ö, Ü) und verschiedene andere Sonderzeichen. Auch wenn in Ihrem Browser Umlaute und Sonderzeichen korrekt dargestellt werden, hängt die Darstellung solcher Sonderzeichen von der landesspezifischen Spracheinstellung eines Browsers ab. Umlaute gibt es im englischen Alphabet beispielsweise nicht, und die dargestellten Zeichen wären somit nicht die gewünschten Umlaute.

Entities werden durch das Zeichen `&` (»kaufmännisches Und« oder »Et-Zeichen«) eingeleitet, gefolgt von einer Buchstaben- und/oder Zahlenkombination, und sie enden mit dem Zeichen `;` (Semikolon oder Strichpunkt).

```
&zeichencode;
```

Die Entities für die spitzen Klammern lauten beispielsweise `<` (lt = engl. *less than*, dt. *kleiner als*) für < und `>` (gt = engl. *greater than*, dt. *größer als*) für >. In der Tabelle 7.1 finden Sie eine Übersicht über die wichtigsten Entities. Eine vollständige Tabelle finden Sie im Anhang.

Sonderzeichen	Entity	ISO-Code
»	"	"
&	&	&
<	<	<
>	>	>
geschütztes Leerzeichen		
©	©	©
®	®	®
Ä	Ä	Ä
Ö	Ö	Ö
Ü	Ü	Ü
ß	ß	ß
ä	ä	ä
ö	ö	ö
ü	ü	ü

Tabelle 7.1 Die wichtigsten Entities auf einen Blick

Der Einfachheit und Lesbarkeit halber habe ich in den vorangegangenen Listings auf diese Entities und Sonderzeichen verzichtet. Dies wird sich in den folgenden Listings jedoch ändern. Prägen Sie sich die wichtigsten Entities (auf jeden Fall die in der Tabelle 7.1 aufgeführten) also gut ein. [×]

7.9 Dokumententyp-Definition

In SGML ist es üblich, zu Beginn des Dokuments die DTD (engl. *Document Type Definition*) zu notieren. Da HTML ja bekanntlich auf SGML basiert, ist es sinnvoll, auch in HTML-Dokumenten die entsprechende DTD anzuführen, da sie alle Besonderheiten beschreibt, die ein Dokument bezüglich der Struktur und des Erscheinungsbildes haben darf.

```
<!DOCTYPE HTML PUBLIC "-//W3C//DTD HTML 4.01 Transitional//EN">
```

Die Dokumententyp-Definition wird durch `<!DOCTYPE` eingeleitet. `HTML PUBLIC` steht für die öffentlich verfügbare HTML-DTD. `W3C` ist der Herausgeber der DTD – in diesem Fall das World-Wide-Web-Konsortium. `DTD HTML 4.01 Transitional` bedeutet, dass Sie in der Datei den Dokumententyp HTML in der Version 4.01 und der Variante `Transitional` verwenden. `EN` ist das Kürzel für die Sprache, in der die Tags notiert werden (in diesem Fall Englisch), nicht etwa für die Sprache, in der der Inhalt des Dokuments verfasst wurde.

Wie Sie bereits am Ausrufezeichen zu Beginn der DTD-Syntax erkennen können, ist dies kein normales Element. Ähnlich wie Kommentare unterliegen sie nicht den Regeln der Hierarchie für HTML-Dokumente. Im Gegensatz zu Kommentaren dürfen sie aber nicht an beliebiger Stelle stehen, sondern müssen außerhalb des `html`-Elements zu Beginn des Dokuments angeführt werden. Die erste Zeile in einem Dokument drängt sich als Ort für die DTD quasi auf. Dies ist aber nicht zwingend erforderlich. Es ist nur wichtig, dass sie vor dem Start-Tag (`<html>`) des `html`-Elements steht. [«]

7.9.1 Sprachvarianten

Die HTML-Sprachversion 4.x liegt in den drei verschiedenen Sprachvarianten `strict`, `transitional` und `frameset` vor. Eine davon müssen Sie bei der Angabe einer DTD verwenden.

Die Variante `strict` wird verwendet, wenn bestimmte Elemente und Attribute, die einmal zum HTML-Standard gehörten, nicht mehr verwendet werden sollen. Außerdem darf im `body`-Element nicht einfach nur Text stehen, sondern dieser muss innerhalb eines entsprechenden Elements notiert werden, da die Verschachtelungsregeln dieser Variante sehr viel strenger und genauer definiert sind. Die entfallenden Elemente und Attribute werden dann durch Style Sheets ersetzt. Eine Beispielangabe für diese Variante sieht so aus: Strict

```
<!DOCTYPE HTML PUBLIC "-//W3C//DTD HTML 4.01 Strict//EN">
```

Transitional Wenn Sie sich nicht nur auf Browser beschränken möchten, die CSS unterstützen und interpretieren können (darunter fallen Netscape und Internet Explorer 3.x und älter), sollten Sie die Variante `transitional` verwenden (was auch die meisten tun). Dadurch dürfen Sie ältere Elemente und Attribute verwenden und auch einfach nur Text zwischen den `body`-Tags notieren, ohne diese in ein entsprechendes Element setzen zu müssen. Ein Beispiel:

```
<!DOCTYPE HTML PUBLIC "-//W3C//DTD HTML 4.01 Transitional//EN">
```

Frameset Die Variante `frameset` wird nur in HTML-Dokumenten angeführt, die die Frame-Technologie verwenden. Nehmen Sie von dieser Variante lieber Abstand, damit Ihre Dokumente auch in den Browsern richtig dargestellt werden, die sich explizit an die DTD halten. Ein Beispiel:

```
<!DOCTYPE HTML PUBLIC "-//W3C//DTD HTML 4.01 Frameset//EN">
```

7.9.2 DTDs für andere HTML-Versionen und für XHTML

Sowohl für die HTML-Version 2.0 als auch für die Version 3.2 gibt es eine eigene Variante der Dokumententyp-Definition. Für die auf XML basierende HTML-Version XHTML 1.0 und 1.1 gibt es ebenfalls eine spezielle DTD. Die folgende Tabelle zeigt die entsprechenden Anpassungen.

Typ, Version, Variante	DTD
HTML 2.0	<!DOCTYPE HTML PUBLIC "-//W3C//DTD HTML 2.0//EN">
HTML 3.2	<HTML PUBLIC "-//W3C//DTD HTML 3.2//EN">
XHTML 1.0 Transitional	<!DOCTYPE html PUBLIC "-//W3C//DTD XHTML 1.0 Strict//EN">
XHTML 1.0 Strict	<!DOCTYPE html PUBLIC "-//W3C//DTD XHTML 1.0 Transitional//EN">
XHTML 1.0 Frameset	<!DOCTYPE html PUBLIC "-//W3C//DTD XHTML 1.0 Frameset//EN">
XHTML 1.1 (nur Strict)	<!DOCTYPE html PUBLIC "-//W3C//DTD XHTML 1.1//EN">

Tabelle 7.2 DTDs für weitere Versionen

7.9.3 HTML-Vorlage

Da Sie im Verlauf des Buches noch des Öfteren HTML-Dokumente erstellen werden, sollten Sie sich eine Vorlage erstellen und abspeichern. Sie können eine Vorlage nach eigenen Wünschen erstellen oder Listing 7.2 verwenden.

```
<!DOCTYPE HTML PUBLIC "-//W3C//DTD HTML 4.01 Transitional//EN">
<!-- Kommentar zum Inhalt des Dokuments -->
<html>
  <head>
    <title>Titel</title>
  </head>
```

```
  <body>
    Inhalt
  </body>
</html>
```

Listing 7.2 Beispiel für eine Dokumentvorlage

7.10 Zusammenfassung

- HTML ist eine Erweiterung der Auszeichnungssprache SGML und basiert auf dem HTTP-Protokoll.
- Ein HTML-Dokument besteht aus verschiedenen Elementen, die den Inhalt, die Struktur und das Verhalten eines Dokuments definieren.
- Elemente lassen sich mittels Attributen und Parametern an eigene Wünsche anpassen.
- Die Kommentierung und Quellstrukturierung eines HTML-Dokuments sorgt für Übersicht und bessere Lesbarkeit.

7.11 Fragen und Übungen

1. Welche Basiselemente gibt es in einem HTML-Dokument?
2. Notieren Sie einen Kommentar mit dem Text »Das ist die Startseite«.
3. Erstellen Sie ein HTML-Dokument mit dem Dokumententitel »Startseite« und dem Text im Anzeigebereich »Willkommen auf meiner Startseite!«
4. Wofür wird die DTD (Document Type Definition) benötigt?
5. Worin besteht der Unterschied zwischen einem Eltern- und einem Kindelement?

Die intrinsisch motivierte Interaktion zwischen Mensch und Computer verifiziert die funktionalstrukturelle Hypothese, der zufolge sich die Evidenz der Realität als Reduktion zur Komplexität interpretieren lässt ... Mit anderen Worten: Der Mensch drückt ›RETURN‹, der Computer liefert ein falsches Ergebnis ...
– Niels Sedat, deutscher Systemprogrammierer

8 Textstrukturierung

In diesem Kapitel werden Sie sich mit den allgemeinen Elementen zur Textstrukturierung und zu Element-Attributen befassen und die Regeln zu Texten und Zeichen in HTML-Dokumenten kennenlernen.

8.1 Absätze

Bisher haben Sie Text, der im Anzeigebereich des Browsers ausgegeben werden soll, einfach in den Gültigkeitsbereich des `body`-Elements geschrieben. In früheren HTML-Versionen war dies auch vollkommen in Ordnung. Seit der Version 4.0 (mit der wir uns in diesem Buch befassen) ist dies aber nicht mehr HTML-konform. Zwar stellen die gängigsten Browser einen solchen Text fehlerfrei dar, dies bedeutet aber nicht, dass es kein Fehler ist, da Browser in der Regel über eine sehr hohe Fehlertoleranz verfügen.

Textabsatz

Anstatt den Text einfach im `body`-Element zu notieren, wird dafür das `p`-Element (p = engl. *paragraph*, dt. *Absatz*) verwendet. Dieses Element bietet auch sogleich einige Vorteile:

- Nach einem `p`-Element ist ein deutlicher Absatz zum folgenden Element zu erkennen.
- Mit einem speziellen Attribut lässt sich der Text wie in Textverarbeitungsprogrammen links, rechts, zentriert oder als Blocksatz ausrichten.

```
<!DOCTYPE HTML PUBLIC "-//W3C//DTD HTML 4.01 Transitional//EN">
<!-- Beispiel für das p-Element -->
<html>
  <head>
    <title>Listing 2.1</title>
  </head>
  <body>
    <p>Dieser Text steht in einem p-Element.</p>
```

```
    <p>Dies ist ein weiterer
      Text in einem
      zweiten Absatz.
    </p>
  </body>
</html>
```

Listing 8.1 Beispiel für das p-Element

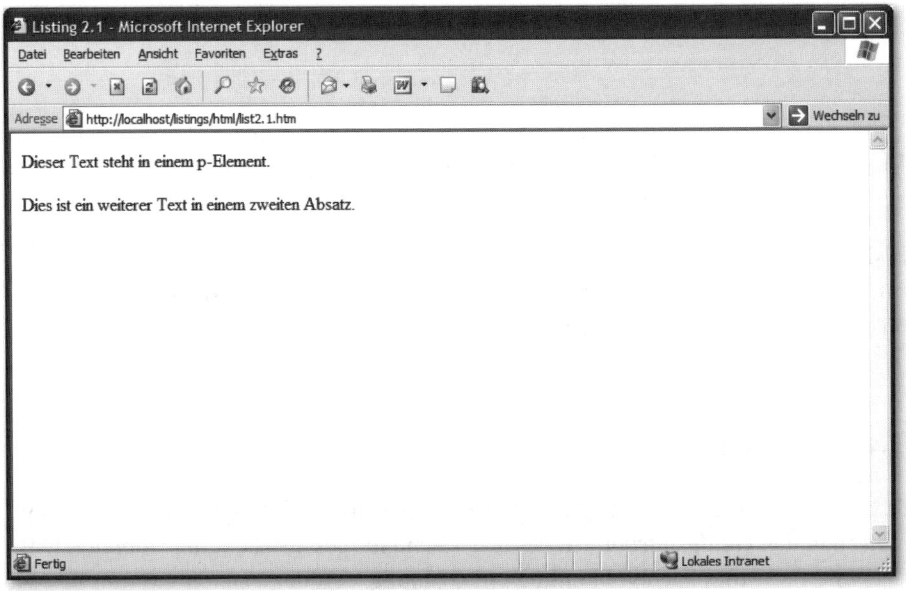

Abbildung 8.1 Listing 8.1 im Internet Explorer 6.0 dargestellt

Wenn Sie das Listing 8.1 mit den Zeilenumbrüchen in Ihren Editor übertragen, werden Sie bei der Darstellung im Browser zwei Dinge erkennen: den deutlichen Abstand zwischen beiden Absätzen und – obwohl der Text im zweiten Absatz im HTML-Dokument in drei Zeilen steht – dass der Browser den Text in nur einer Zeile darstellt. Diesen Effekt werde ich Ihnen an späterer Stelle noch einmal genauer erklären.

8.2 Textausrichtung

Standardmäßig wird der mit Elementen der Textstrukturierung ausgezeichnete Text linksbündig ausgerichtet. Das heißt, dass ein Text, der sich über mehrere Zeilen erstreckt, an einem imaginären Rand auf der linken Seite ausgerichtet ist und eine vertikale Linie bildet. Um dies zu beeinflussen, gibt es das Attribut `align` und vier Parameter, um den Text, wie in den meisten Textverarbeitungsprogrammen auch, linksbündig, rechtsbündig, zentriert oder als Blocksatz auszurichten. Die entsprechenden Parameter lauten:

Wert	Erklärung
left	Richtet den Absatz am linken Seitenrand aus.
right	Richtet den Absatz am rechten Seitenrand aus.
center	Zentriert den Absatz in der Seitenmitte.
justify	Richtet den Absatz als Blocksatz aus.

Tabelle 8.1 Mögliche Werte für das Attribut align

Nun können wir das bereits bekannte p-Element mit einer neuen Ausrichtung versehen. Ein Beispiel-Listing, das alle vier Absatzausrichtungen darstellt, finden Sie in Listing 8.2 und die entsprechende Darstellung im Internet Explorer 6.0 in Abbildung 8.2.

```
<!DOCTYPE HTML PUBLIC "-//W3C//DTD HTML 4.01 Transitional//EN">
<!-- Textausrichtung //-->
<html>
  <head>
    <title>Listing 2.2</title>
  </head>
  <body>
    <p align="left">Dieser Absatz ist am linken Seitenrand
     ausgerichtet.</p>
    <p align="right">Dieser Absatz ist am rechten Seitenrand
     ausgerichtet.</p>
    <p align="center">Dieser Absatz ist zentriert.</p>
    <p align="justify">Dieser Absatz wurde mit Hilfe des
     align-Attributs als Blocksatz ausgerichtet und wurde mit
     Absicht mit einem l&auml;ngeren Text versehen, um den Parameter
     justify auch beispielhaft darstellen zu k&ouml;nnen. Dieser
     Absatz wurde mit Hilfe des align-Attributs als Blocksatz
     ausgerichtet und wurde mit Absicht mit einem l&auml;ngeren
     Text versehen, um den Parameter justify auch beispielhaft
     darstellen zu k&ouml;nnen.</p>
  </body>
</html>
```

Listing 8.2 Textabsätze mit unterschiedlicher Ausrichtung

[«] Bei der Verwendung des Parameters justify ist eine wichtige Tatsache zu berücksichtigen: Damit der Absatz auch wirklich als Blocksatz ausgerichtet wird, muss er sich mindestens über zwei Zeilen erstrecken. Ansonsten wäre zum Parameter left kein optischer Unterschied erkennbar. Berücksichtigen Sie dies, falls Sie der Meinung sind, dass der Absatz vom Browser nicht korrekt ausgerichtet dargestellt wird.

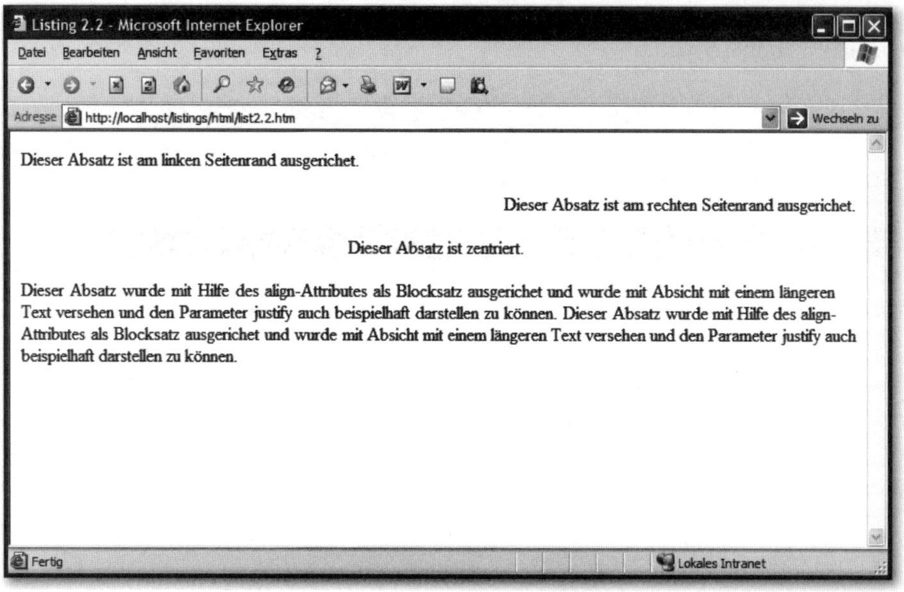

Abbildung 8.2 Textabsätze mit unterschiedlichen Ausrichtungen

8.3 Zeilenumbrüche

In Listing 8.1 konnten Sie eine Besonderheit feststellen: Der Text, der im zweiten Absatz im HTML-Dokument über drei Zeilen verteilt war, wurde im Browser in einer Zeile dargestellt. Das liegt daran, dass HTML Zeilenumbrüche oder mehrere Leerzeichen hintereinander in einem p-Element als ein einzelnes Leerzeichen darstellt. Um trotzdem einen Zeilenumbruch erzwingen zu können, wird das br-Element (engl. *line break*, dt. *Zeilenumbruch*) verwendet.

[x] Dieses Element, wie auch viele weitere, die Sie kennenlernen werden, besitzt eine Besonderheit: Es gibt kein Ende-Tag zum br-Element, da es einen Text nicht direkt formatiert und keine weiteren Elemente enthalten darf – es gibt also keinen Gültigkeitsbereich.

```
<!DOCTYPE HTML PUBLIC "-//W3C//DTD HTML 4.01 Transitional//EN">
<!-- Beispiel für Zeilenumbrüche im p-Element -->
<html>
  <head>
    <title>Listing 2.2</title>
  </head>
  <body>
    <p>Dieser Absatz enth&auml;lt
    sehr viel Text,<br> der im
    HTML-Dokument aber         ein vollkommen
    anderes        Erscheinungsbild<br>
```

```
    besitzt, als die Ausgabe    im Browser vermuten
    l&auml;sst.
    </p>
  </body>
</html>
```

Listing 8.3 Zeilenumbrüche

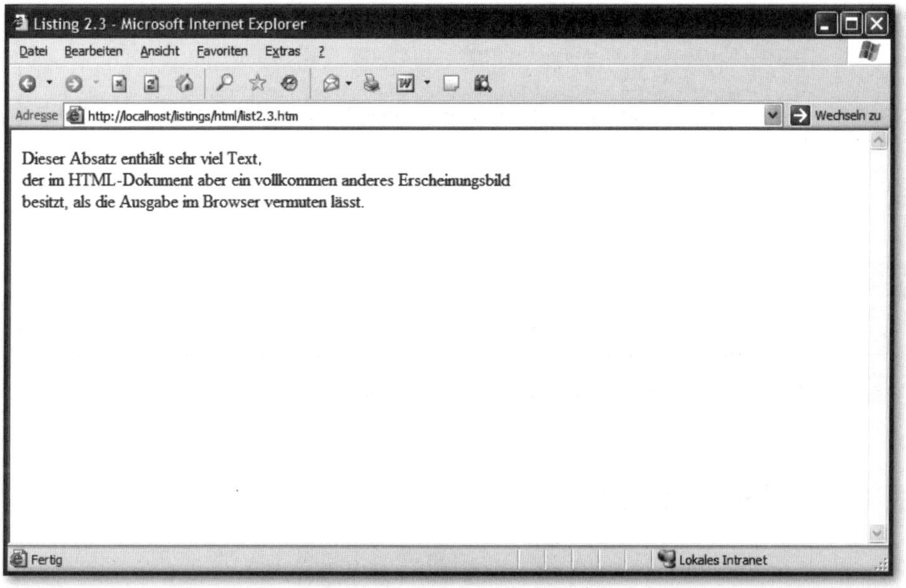

Abbildung 8.3 Darstellung des Listings 8.3 im Internet Explorer 6.0

8.4 Vorformatierter Text

Gelegentlich ist es hilfreich, Text, der in einem HTML-Dokument notiert wurde, exakt so im Browser ausgeben zu lassen, z. B. bei Listings, Verzeichnislisten, der Darstellung von Messwerten und Ähnlichem. In einem solchen Fall sollten Sie das `pre`-Element (pre = engl. *preformatted*, dt. *vorformatiert*) verwenden. Text, der im Gültigkeitsbereich eines `pre`-Elements steht, wird außerdem mit einer nichtproportionalen Schrift dargestellt.

```
<!DOCTYPE HTML PUBLIC "-//W3C//DTD HTML 4.01 Transitional//EN">
<!-- Vorformatierter Text -->
<html>
  <head>
    <title>Listing 2.4</title>
  </head>
  <body>
    <pre>Dieser Text ist vorformatiert
    Alle Zeilenumbr&uuml;che      und Leerzeichen werden
        exakt so, wie im      HTML-Dokument
```

```
eingegeben,      dargestellt.
    </pre>
  </body>
</html>
```

Listing 8.4 Vorformatierter Text

Die Ausrichtung vorformatierten Textes lässt sich nicht mit dem `align`-Attribut oder einer anderen Methode beeinflussen, wohl aber die optische Darstellung (Farbe, Größe, Schriftart) mittels des `font`-Elements (das aber als veraltet gilt) oder CSS.

[»] Wenn Sie jedoch wollen, dass bei der Ausgabe des Textes alle Formatierungen mittels der Leerzeichen korrekt beibehalten werden, sollten Sie immer eine Schriftart wie Courier wählen, bei der alle Buchstaben gleich breit sind (diktengleiche Schrift) und nicht etwa Arial oder Times New Roman.

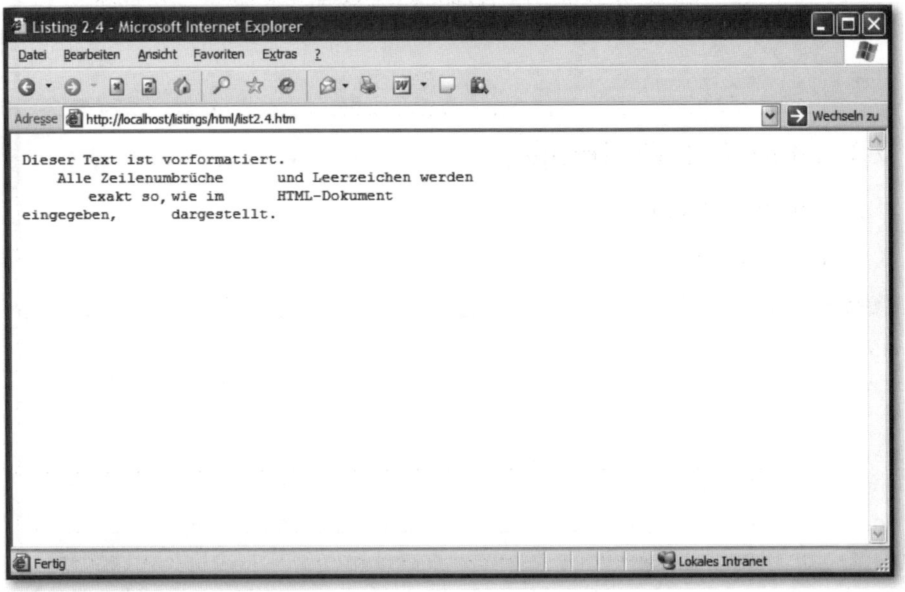

Abbildung 8.4 Vorformatierter Text

8.5 Überschriften

Für Überschriften gibt es in HTML sechs verschiedene Elemente, die sich in der Darstellung der Schrift unterscheiden. Die Bezeichnung der Elemente beginnt mit dem Buchstaben `h` (h = engl. *Header*, dt. *Titel*), gefolgt von einer Zahl zwischen 1 und 6. Dabei ist eine Überschrift mit dem `h1`-Element die größte und eine Überschrift mit dem `h6`-Element die kleinste.

```
<!DOCTYPE HTML PUBLIC "-//W3C//DTD HTML 4.01 Transitional//EN">
<!-- Beispiel für Überschriften in HTML -->
```

```
<html>
  <head>
    <title>Listing 2.5</title>
  </head>
  <body>
    <h1>&Uuml;berschrift 1. Ordnung</h1>
    <h2>&Uuml;berschrift 2. Ordnung</h2>
    <h3>&Uuml;berschrift 3. Ordnung</h3>
    <h4>&Uuml;berschrift 4. Ordnung</h4>
    <h5>&Uuml;berschrift 5. Ordnung</h5>
    <h6>&Uuml;berschrift 6. Ordnung</h6>
  </body>
</html>
```

Listing 8.5 Überschriften in HTML

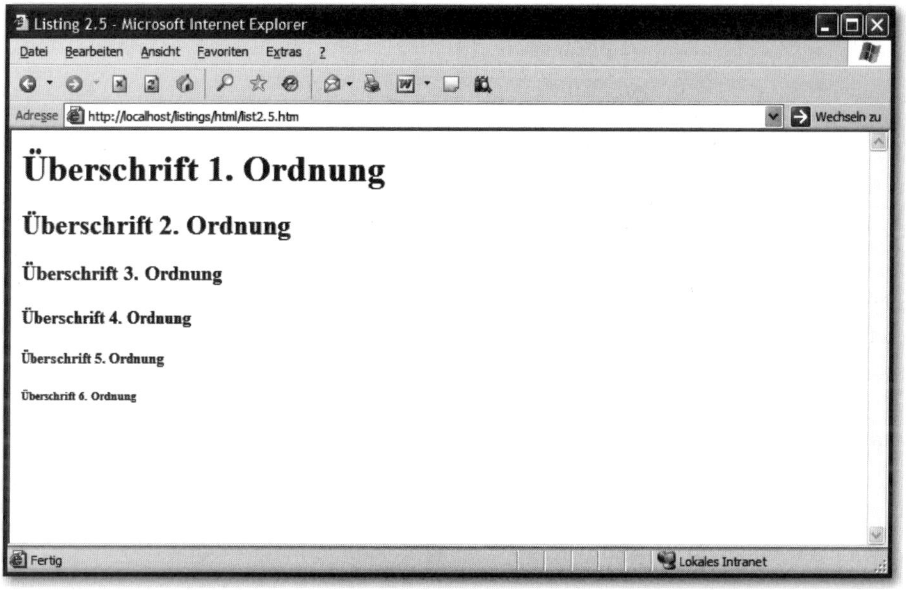

Abbildung 8.5 Listing 8.5 im Internet Explorer 6.0

Standardmäßig werden Überschriften im Browser linksbündig dargestellt. Mittels des `align`-Attributs können Sie dies wie beim `p`-Element jedoch beeinflussen.

Auch eine Ausrichtung mit Hilfe des `justify`-Parameters ist möglich, wobei auch hier wieder gilt: Die Überschrift muss sich über mindestens zwei Zeilen erstrecken, um als Blocksatz ausgerichtet werden zu können. [x]

```
<!DOCTYPE HTML PUBLIC "-//W3C//DTD HTML 4.01 Transitional//EN">
<!-- Beispiel für Überschriften in HTML -->
<html>
  <head>
    <title>Listing 2.6</title>
```

```
  </head>
  <body>
    <h1 align="center">Zentrierte &Uuml;berschrift
     1. Ordnung</h1>
    <h2 align="left">Linksb&uuml;ndige &Uuml;berschrift
     2. Ordnung</h2>
    <h3 align="right">Rechtsb&uuml;ndige &Uuml;berschrift
     3. Ordnung</h3>
    <h4 align="justify">Blocksatz-&Uuml;berschrift
     4. Ordnung</h4>
  </body>
</html>
```

Listing 8.6 Überschriften mit unterschiedlicher Ausrichtung

Damit Sie die Ausrichtung des h4-Elements in Listing 8.6 als Blocksatz erkennen können, sollten Sie das Browserfenster einfach von Hand verkleinern.

8.6 Physische Textauszeichnung

Neben den verschiedenen Absatzformaten (Textabsätze, vorformatierte Absätze und Überschriften) gibt es spezielle Elemente, um Wörter, Sätze oder Absätze von anderen Texten hervorzuheben, z. B. fett, kursiv oder unterstrichen. Die Elemente zur Textauszeichnung werden als **Inline-Elemente** bezeichnet. Die Elemente für Absatzformate (p, h1-6 und pre) gehören zu den **Blockelementen**. Der Unterschied zwischen diesen beiden Elementgruppen ist, dass nach Blockelementen ein neuer Absatz eingeleitet wird. In den Abbildungen 8.1, 8.2 und 8.5 ist dies sehr gut zu erkennen. Inline-Elemente hingegen integrieren sich in den Textfluss und leiten keinen neuen Absatz ein.

Zehn Inline-Elemente

Insgesamt stellt Ihnen HTML zehn verschiedene Inline-Elemente zur Textauszeichnung zur Verfügung:

- b (engl. *Bold*, dt. *fett*)
  zeichnet einen Text fett aus.
- i (engl. *Italic*, dt. *kursiv*)
  zeichnet einen Text kursiv aus.
- u (engl. *Underlined*, dt. *unterstrichen*)
  zeichnet einen Text unterstrichen aus.
- s oder strike (dt. *durchgestrichen*)
  zeichnet einen Text durchgestrichen aus.
- big (dt. *groß*)
  zeichnet einen Text größer aus.
- small (dt. *klein*)
  zeichnet einen Text kleiner aus.

- `sup` (engl. *Superscript*, dt. *hochgestellt*)
  zeichnet einen Text hochgestellt aus.
- `sub` (engl. *Subscript*, dt. *tiefgestellt*)
  zeichnet einen Text tiefgestellt aus.
- `tt` (engl. *Teletype*, dt. *Fernschreiber*)
  zeichnet einen Text mit nicht proportionaler Schrift aus (wie in einem Fernschreiben).

Um die Verwendung der Inline-Elemente zu veranschaulichen, sehen Sie sich Listing 8.7 und Abbildung 8.6 an.

```
<!DOCTYPE HTML PUBLIC "-//W3C//DTD HTML 4.01 Transitional//EN">
<!-- Elemente für physische Textauszeichnung -->
<html>
  <head>
    <title>Listing 2.7</title>
  </head>
  <body>
    <p>Mit verschiedenen Inline-Elementen ist es m&ouml;glich,
       Texte <b>fett</b>, <i>kursiv</i>, <u>unterstrichen</u>,
<s>durchgestrichen</s>, <big>gr&ouml;&szlig;er</big>,
       <small>kleiner</small>, <sup>hochgestellt</sup>,
       <sub>tiefgestellt</sub> oder <tt>nicht-proportional</tt>
       darzustellen.</p>
    <p>Auch beliebige Kombinationen dieser Inline-Elemente sind
       m&ouml;glich, um Text <b><i>fettkursiv</i></b>
       oder <big><s>gr&ouml;&szlig;er und durchgestrichen
       </s></big> etc. darzustellen.</p>
  </body>
</html>
```

Listing 8.7 Verschiedene Inline-Elemente zur physischen Textauszeichnung

In Listing 8.7 ist auch schon darauf eingegangen worden, dass sich die Elemente für die physische Textauszeichnung beliebig kombinieren lassen, wobei es keinen Sinn machen würde, einen Text mit zwei verschachtelten `b`-Elementen oder `strike`-Elementen auszuzeichnen, weil der Text dadurch nicht doppelt fett oder doppelt durchgestrichen dargestellt werden würde. Einen Text als hoch- und tiefgestellt (durch die Verschachtelung von `sup` und `sub`) oder größer und kleiner (`big` und `small`) auszuzeichnen, macht genauso wenig Sinn.

[x] Achten Sie bei der Sprachvariante `strict` darauf, dass die vorangestellten Elemente innerhalb eines Blockelements verwendet werden müssen und nicht einfach so im Gültigkeitsbereich des `body`-Elements, wie es in der Variante `transitional` erlaubt wäre.

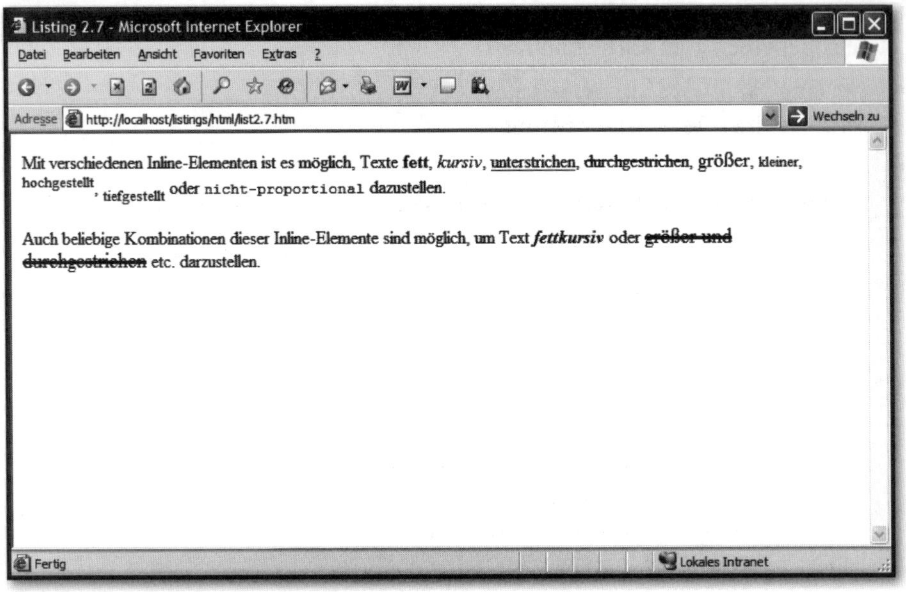

Abbildung 8.6 Darstellung des Listings 8.7 im Internet Explorer 6.0

8.7 Logische Textauszeichnung

Ähnlich der physischen Textauszeichnung ist es mit logischer Textauszeichnung möglich, Texte und Textbausteine hervorzuheben. Dabei ist die optische Darstellung nicht explizit festgelegt und kann von Browser zu Browser (selbst in den einzelnen Versionen) variieren. Auch für diesen Fall stellt Ihnen HTML zehn verschiedene Inline-Elemente zur Verfügung:

- `abbr` (engl. *abbreviation*; dt. *Abkürzung*)
  zeichnet einen Text als abgekürzte Schreibweise aus.
- `acronym`
  zeichnet einen Text als Akronym aus.
- `cite`
  zeichnet einen Text als Zitat aus.
- `code`
  zeichnet einen Text als Quelltext aus.
- `dfn`
  zeichnet einen Text als Definition aus.
- `em` (engl. *emphasis*; dt. *Betonung*)
  zeichnet einen Text hervorgehoben aus.
- `kbd`
  zeichnet einen Text als Tastatureingabe aus.

- `samp`
  zeichnet einen Text als Beispiel aus.
- `strong`
  zeichnet einen Text stärker betont aus.
- `var`
  zeichnet einen Text als Variable/variabel aus.

```
<!DOCTYPE HTML PUBLIC "-//W3C//DTD HTML 4.01 Transitional//EN">
<!-- Elemente für logische Textauszeichnung //-->
<html>
  <head>
    <title>Listing 2.8</title>
  </head>
  <body>
    <p>Es folgen Beispiele f&uuml;r logische Textauszeichnung:
    <abbr>abgek&uuml;rzte Schreibweise</abbr>,
    <acronym>Abk&uuml;rzung</acronym>,
    <cite>Zitat</cite>,
    <code>Quellcode</code>,
    <dfn>Definition</dfn>,
    <em>hervorgehoben</em>,
    <kbd>Tastatureingabe</kbd>,
    <samp>Beispiel</samp>,
    <strong>stark betont</strong> und
    <var>Variable/variabler Text</var>.</p>
    <p>Auch eine Kombination ist m&ouml;glich:
    <kbd><strong>stark betonte Tastatureingabe</strong></kbd>.</p>
  </body>
</html>
```

Listing 8.8 Beispiele für logische Textauszeichnungen

Auch logische Textauszeichnungen dürfen miteinander verschachtelt werden. Dies macht in vielen Kombinationen aber keinen Sinn, und Sie sollten deshalb davon Abstand nehmen (auch wenn ich Ihnen diese Möglichkeit aufgezeigt habe). Die Regeln für die HTML-Varianten `strict` und `transitional` entsprechen denen der physischen Textauszeichnungen und sollten eingehalten werden, um eine korrekte Darstellung gewährleisten zu können.

Ebenfalls möglich ist eine Kombination der logischen und physischen Textauszeichnungen mit Überschriften. So ließe sich eine Überschrift 1. Ordnung (`<h1>...</h1>`) auch mit der Textauszeichnung kursiv (`<i>...</i>`) oder einer Tastatureingabe (`<kbd>...</kbd>`) kombinieren, um nur ein paar Beispiele zu nennen.

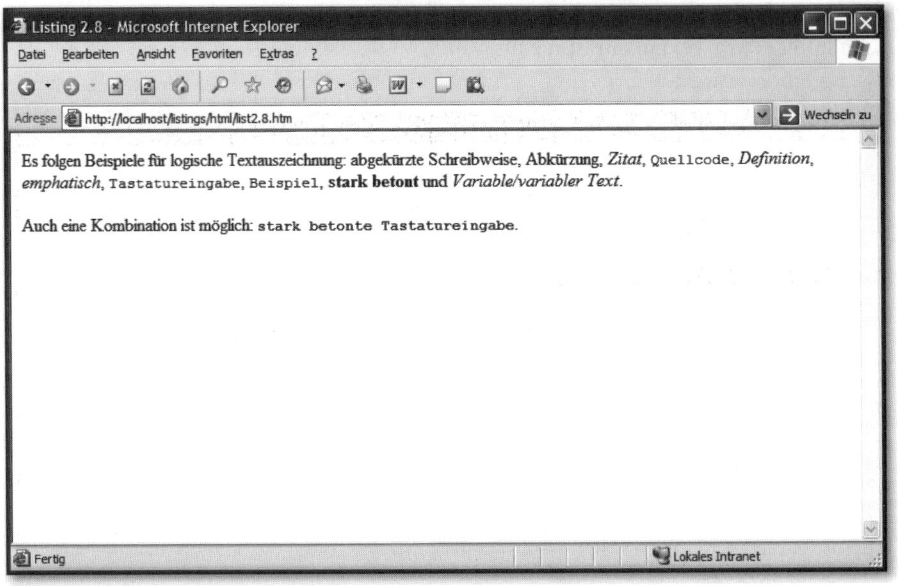

Abbildung 8.7 Darstellung des Listings 8.8 im Internet Explorer 6.0

8.8 Schriftformatierung

Die bereits bekannten Elemente `h1-6`, `p` und `pre` lassen sich auch mit einem weiteren Element nach Ihren Wünschen verändern und anpassen. Anstatt den Texten mittels physischer oder logischer Textauszeichnung ein bereits definiertes Aussehen zuzuweisen, können Sie mit Hilfe des `font`-Elements die Schriftgröße, die Schriftfarbe und die Schriftart individuell anpassen. Wie schon erwähnt gilt das `font`-Element als veraltet und sollte nicht mehr genutzt werden. Da es zurzeit aber Bestandteil von HTML und in vielen Listings zu finden ist, habe ich mich entschlossen, es hier kurz zu erläutern. In Ihren Codes sollten Sie dann aber auf CSS zurückgreifen.

```
<!DOCTYPE HTML PUBLIC "-//W3C//DTD HTML 4.01 Transitional//EN">
<!-- Schriftformatierung -->
<html>
  <head><title>Listing 2.9</title>
  </head>
  <body>
    <h1><font face="sans-serif" size="7">Schriftformatierung</font>
    </h1>
    <p><font size="+1" color="blue" face="cursive">Umformatierter
       Absatz mit gr&ouml;&szlig;erer Schrift, blauer Farbe und einer
       Schreibschrift.</font></p>
  </body>
</html>
```

Listing 8.9 Schriftformatierungen

In Abbildung 8.8 können Sie deutlich die Auswirkung des `font`-Elements auf die anderen Elemente erkennen. [x]

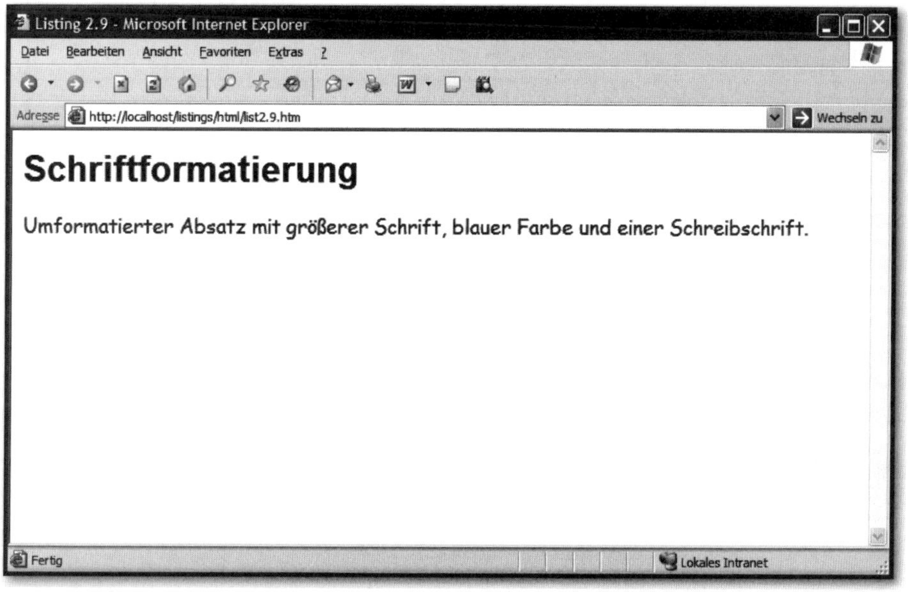

Abbildung 8.8 Darstellung des Listings 8.9 im Internet Explorer 6.0

8.8.1 Vererbung

Das Besondere bei HTML und den Elementen ist die so genannte Vererbung. Bereits zu Beginn des ersten Kapitels sprach ich von Eltern- und Kindelementen. Ein Element, das im Gültigkeitsbereich eines anderen Elements notiert wurde, ist das Kindelement. Das Element, das das Kindelement enthält, ist das Elternelement.

Du hast die Augen deiner Mutter

Ähnlich wie bei der Beziehung zwischen Eltern und Kindern erben auch die Kindelemente in HTML die Eigenschaften ihrer Elternelemente – im bildlichen Sinne erben sie die Gene. Dabei erhalten sie alle Eigenschaften, die das Elternelement besitzt, und erweitern oder verändern diese Eigenschaften, z. B. durch eine andere Schriftdickte, Schriftgröße oder Schriftart.

Exakt so verhält es sich auch mit den Textauszeichnungen (physischen und logischen): Der Text im Gültigkeitsbereich eines Textabsatzes wird standardmäßig in der Schriftart Times New Roman (beim Internet Explorer) und einer absoluten Schriftgröße von 3 dargestellt. Zeichnen Sie einen bestimmten oder den gesamten Teil des Textes mit dem `i`-Element (kursiv) aus, behält der Text zwar seine Eigenschaften wie Schriftgröße und -art bei (Times New Roman, Größe 3), erhält aber zusätzlich die Eigenschaft kursiv.

```
<p><i>Textabsatz</i></p>
<!-- Stellt Absatz kursiv dar -->
```

Würden Sie den zuvor in kursiv geänderten Text anstelle dessen mit dem Element kbd (Tastatureingabe) auszeichnen, würden Sie keine neue Eigenschaft hinzufügen, sondern die vorhandene Eigenschaft Schriftart von Times New Roman in Courier New verändern.

```
<p><kbd>Textabsatz</kbd></p>
<!-- Stellt Absatz mit Courier New dar -->
```

Würden Sie nun innerhalb der Elemente i oder kbd weitere Elemente für die Textauszeichnung notieren, würden auch diese Elemente die Eigenschaften ihres Elternelements erben.

```
<p><kbd>Text<b>absatz</b></kbd></p>
<!-- Stellt Absatz mit Courier New dar und das Teilwort absatz zusätzlich
in fett -->
```

Um nun die Schrift eines Elements anzupassen, kennt das font-Element drei verschiedene Attribute:

Attribut	Erklärung
face	Ändert das »Gesicht« bzw. die Schriftart des Textes.
size	Ändert die Schriftgröße des Textes.
color	Ändert die Farbe, in der der Text dargestellt wird.

Tabelle 8.2 Attribute des font-Elements

8.8.2 Schriftart

Mit dem Attribut face können Sie die eingestellte Standard-Schriftart des Elements verändern. Sie können sowohl den Namen einer installierten Schriftart angeben (z. B. Times New Roman oder Arial) als auch einen Schrifttyp angeben: serif (Serifenschrift wie Times New Roman), sans-serif (serifenlose Schrift wie Arial), cursive (Schreibschrift wie Comic Sans), fantasy (Fantasieschrift) oder monospace (nichtproportionale Schrift wie Courier New).

[»] Die Angabe eines Schrifttyps (also serif oder monospace) ist eindeutig sinnvoller, da nicht auf jedem Rechner die gleichen Schriftarten installiert sind. Dies ist vor allem abhängig vom Betriebssystem. Ist die von Ihnen gewünschte Schriftart nicht installiert, wird die Standard-Schriftart verwendet, was zu unschönen Ergebnissen führen kann. Geben Sie aber lediglich einen Schrifttyp an, kann der Browser eine passende Schriftart heraussuchen und diese verwenden.

[×] Sie sollten nun aber nicht anfangen, Schriftarten auf Ihrer Homepage zum Download anzubieten, damit der Benutzer sie herunterladen und installieren kann. Zum einen kann das für Sie rechtliche Konsequenzen bedeuten (Schriftarten sind durch Copyright geschützt), und zum anderen lässt sich nicht jede Schriftart auf jedem Betriebssystem installieren.

Ein Beispiel für die Angabe einer Schriftart könnte

```
<font face="Times New Roman">Angabe einer Schriftart
</font>
```

lauten und für die Angabe eines Schrifttyps:

```
<font face="cursive">Angabe eines Schrifttyps</font>
```

8.8.3 Schriftgröße

Bei der Wahl der Schriftgröße stehen Ihnen zwei Möglichkeiten zur Verfügung: absolut oder relativ. Möchten Sie die Schriftgröße absolut angeben, müssen Sie als Wert eine Zahl von 1 bis 7 mittels des Attributs `size` übergeben (wobei 7 am größten und 1 am kleinsten ist). Bei einer relativen Angabe beziehen Sie sich auf die Standard-Schriftgröße und erhöhen oder verringern diese durch das Voranstellen eines + (Plus) oder eines – (Minus) und der Zahl, um welche die Größe erhöht oder verringert werden soll.

Möchten Sie also die Schriftgröße eines Textes in die absolute Größe 5 umwandeln, müssen Sie das folgende Konstrukt verwenden:

```
<font size="5">Text wird in der Gr&ouml;&szlig;e 5 dargestellt</font>
```

Um die Schriftgröße um eine Stufe zu erhöhen, z. B. von 3 auf 4, würde die Notation folgendermaßen aussehen:

```
<font size="+1">Textgr&ouml;&szlig;e wird um 1 erh&ouml;ht </font>
```

Und um den Text beispielsweise um zwei Stufen zu verkleinern, würden Sie Folgendes notieren:

```
<font size="-2">Textgr&ouml;&szlig;e wird um 2 verkleinert </font>
```

8.8.4 Schriftfarbe

Mit dem `color`-Attribut können Sie die Farbe der Schrift verändern. Auch hier stehen Ihnen wieder zwei Möglichkeiten zur Verfügung: die Angabe eines der 16 Farbworte oder eines Hex-Tripel-Werts. Farbworte sind `black`, `blue`, `red` usw. Das Basiskonstrukt lautet:

```
<font color="Farbe">Text</font>
```

Farbworte

Um einem Text die Farbe Grün (engl. *green*) mittels eines Farbwortes zuzuweisen, müssten Sie Folgendes notieren:

```
<font color="green">Textfarbe Gr&uuml;n</font>
```

Äquivalent verhält sich dies mit allen anderen Farbworten, nur dass als Parameter das entsprechende Farbwort angegeben werden muss. Nachfolgend finden Sie eine

Tabelle mit den 16 wichtigsten Farbworten. Die vollständige Liste ist im Anhang untergebracht.

HTML-Farbwort	Beschreibung
Black	Schwarz
Maroon	Kastanienbraun, dunkles Rot
Green	Grün
Olive	Olivgrün
Navy	Marineblau
Purple	Purpur
Teal	Dunkles Türkis
Gray	Grau (Achtung: amerikanische Schreibweise; grey funktioniert nicht!)
Silver	Silber
Red	Rot
Lime	Limone/Hellgrün
Yellow	Gelb
Blue	Blau
Fuchsia	Violett
Aqua	Hellblau
White	Weiß

Tabelle 8.3 Die wichtigsten HTML-Farbworte und ihre Beschreibung

```
<font color="red">Textfarbe Rot</font>
<font color="purple">Textfarbe Purpur</font>
<font color="aqua">Textfarbe Hellblau</font>
```

Hex-Tripel-Werte

Die Angabe eines Hex-Tripel-Werts ist ein wenig komplizierter. Anstelle eines der Farbworte zu verwenden (und somit eine vordefinierte Farbe), wird die gewünschte Farbe zusammengemischt. Dabei wird das für Computer übliche RGB-System verwendet. Die Abkürzung RGB steht für die drei Grundfarben **R**ot, **G**rün und **B**lau. Die Farben werden additiv gemischt, und je höher der jeweilige Anteil der Farben ist, desto heller ist der daraus resultierende Farbton. Äquivalent dazu: Je geringer die einzelnen Farbanteile sind, desto dunkler ist das Resultat.

Wertebereich

Der Wertebereich der roten, grünen und blauen Anteile liegt jeweils zwischen 0 und 255 (8 Bit), was bedeutet, dass Sie 256 unterschiedliche Werte darstellen können. Somit stehen uns 16.777.216 Farben zur Verfügung (= 256 × 256 × 256), wesentlich mehr also, als die Angabe eines Farbworts ermöglicht.

Farbe mischen

Um nun eine Farbe zu mischen, müssen Sie den jeweiligen Farbanteil in hexadezimalen Zahlen angeben. Anders als beim dezimalen Zahlensystem mit der Basis 10 besitzt das hexadezimale Zahlensystem die Basis 16. Die zusätzlichen 6 Zahlen werden durch die Buchstaben von A bis F (entspricht dezimal den Zahlen 10 bis 15) repräsentiert.

Die Zahlenreihe lautet also 0, 1, 2, 3, 4, 5, 6, 7, 8, 9, A, B, C, D, E und F. Für eine hexadezimale Angabe stehen Ihnen zwei Stellen zur Verfügung. Der Dezimalwert 0 würde in der entsprechenden Schreibweise 00 lauten, und der Dezimalwert 255 lautet FF. Dies mag am Anfang zwar etwas kompliziert klingen, es ist aber relativ einfach.

[«]

Achten Sie darauf, immer zwei Stellen pro Farbanteil zu notieren. Falls der gewünschte Farbanteil einmal nur eine Stelle besitzt, notieren Sie davor eine 0, um auf jeden Fall auf zwei Stellen zu kommen. Ansonsten wird der Text entweder überhaupt nicht farbig dargestellt oder in einer falschen Farbe.

Rechenbeispiel

Ich werde Ihnen nun ein paar Beispiele durchrechnen. Ich möchte die Dezimalzahl 163 in eine Hexadezimalzahl umrechnen. Ich weiß, dass Hexadezimalzahlen als Basis den Wert 16 verwenden. Teile ich also 163 durch 16, erhalte ich das Ergebnis 10,1875. Der ganzzahlige Anteil der Division lautet 10, und das wird in hexadezimaler Schreibweise durch A dargestellt. Dies ist die erste Stelle. Der Rest aus der Division (163/16) beträgt 3, die im hexadezimalen System genauso notiert wird. Dies ist die zweite Stelle. Die Umrechnung von 163 in eine hexadezimale Zahl lautet also A3.

So würde die Dezimalzahl 250 als Hexadezimalzahl z. B. FA lauten (250/16 = 15 Rest 10).

Andersherum lässt sich eine hexadezimale Zahl auch wieder in eine dezimale Zahl umrechnen. Nehmen Sie als Beispiel den hexadezimalen Wert BC. Zuerst wandeln Sie die erste Stelle (Zahl B) in eine für Sie verwendbare Zahl um und multiplizieren sie mit 16. Da B der dezimalen Zahl 11 entspricht, rechnen Sie also 11 × 16 und erhalten das Ergebnis 176. Dann wandeln Sie die zweite Stelle (Zahl C) in eine dezimale Zahl um und addieren sie zu der umgerechneten ersten Stelle. C steht für die dezimale Zahl 12. Das Ergebnis lautet also 188 (176+12).

Schreibweise

Damit hexadezimale Zahlen von dezimalen zu unterscheiden sind, werden sie mit # (Doppelkreuz oder Raute) eingeleitet. Danach folgen in der Reihenfolge Rot, Grün und Blau die hexadezimalen Zahlen:

```
#RRGGBB
```

Für die Farbe Gelb (Rot = 255, Grün = 255 und Blau = 0) würde die entsprechende hexadezimale HTML-Notation `#FFFF00` lauten (255 = FF und 0 = 00). Die entsprechenden Hex-Tripel-Werte zu den HTML-Farbworten finden Sie in Tabelle 8.4.

HTML-Farbwort	Hex-Tripel-Wert
Black	#000000
Maroon	#7F0000
Green	#007F00
Olive	#7F7F00
Navy	#00007F

Tabelle 8.4 HTML-Farbworte als Hex-Tripel-Werte

HTML-Farbwort	Hex-Tripel-Wert
Purple	#7F007F
Teal	#007F7F
Gray	#7F7F7F
Silver	#BFBFBF
Red	#FF0000
Lime	#00FF00
Yellow	#FFFF00
Blue	#0000FF
Fuchsia	#FF00FF
Aqua	#00FFFF
White	#FFFFFF

Tabelle 8.4 HTML-Farbworte als Hex-Tripel-Werte (Forts.)

Graustufen bzw. Grautöne erzeugen Sie durch gleich hohe Farbanteile. Dadurch stehen Ihnen insgesamt 256 verschiedene Grautöne (inklusive Weiß und Schwarz) zur Verfügung. Ein dunkles Grau könnte durch `#303030` erzeugt werden, ein mittleres Grau durch `#868686` und ein helles Grau durch `#CBCBCB`. Um nun die Hex-Tripel-Werte zu verwenden, nehmen Sie die Konstrukte (inklusive #-Zeichen) anstelle eines Farbwortes als Parameter für das `color`-Attribut. Es folgen verschiedene Beispiele:

```
<font color="#303030">Dunkles Grau</font>
<font color="#868686">Mittleres Grau</font>
<font color="#CBCBCB">Helles Grau</font>
<font color="#00BB00">Gr&uuml;n</font>
<font color="#003399">Gr&uuml;nblau</font>
```

8.9 Dateiweite Farben

Auch eine Hintergrundfarbe lässt sich für ein HTML-Dokument festlegen. Standardmäßig ist die Farbe auf Weiß oder Grau gesetzt bzw. richtet sich danach, wie der Benutzer die Einstellungen in seinem Browser angepasst hat. Und auch die Farbe der Hyperlinks in einem HTML-Dokument kann dateiweit an die eigenen Wünsche und Vorstellungen angeglichen werden, genauso wie die Textfarbe.

8.9.1 Hintergrund und Textfarbe

Zum Anpassen des Hintergrunds wird das Attribut `bgcolor` (engl. *background color*, dt. *Hintergrundfarbe*) verwendet. Es wird im Start-Tag des `body`-Elements notiert und bekommt als Parameter die gewünschte Farbe übergeben. Dabei ist es egal, ob Sie die Farbangabe als Farbwort oder Hex-Tripel-Wert formulieren. HTML akzeptiert beides.

```
<body bgcolor="blue">
  <!-- blauer Hintergrund -->
<body bgcolor="#00FF00">
  <!-- grüner Hintergrund -->
```

Für die Textfarbe wird das Attribut `text` verwendet, das ebenfalls im `body`-Start-Tag notiert wird. Auch hier sind Farbangaben in Farbworten oder Hex-Tripel-Werten gültig.

```
<body text="red">
  <!-- rote Textfarbe -->
<body text="#FFFF00">
  <!-- gelbe Textfarbe -->
```

8.9.2 Hyperlink-Farben

Ein Hyperlink kennt drei verschiedene Zustände: normal, bereits besucht oder momentan aktiv. Jeder dieser drei Zustände wird im Dokument durch eine andere Farbe dargestellt. Standardmäßig sind Hyperlinks blau, besuchte Links violett und aktive Links rot. Ein Link ist übrigens in dem Augenblick aktiv, wenn Sie ihn anklicken. Mittels verschiedener Attribute lassen sich auch diese Farben verändern:

Attribut	Übersetzung	Erklärung
link	Verknüpfung	Ändert die Farbe für unbesuchte Hyperlinks.
vlink	Besuchte Verknüpfung	Ändert die Farbe für bereits besuchte Hyperlinks.
alink	Aktive Verknüpfung	Ändert die Farbe eines Hyperlinks, der gerade aktiv ist.

Tabelle 8.5 Attribute zur farblichen Anpassung von Hyperlinks

Alle drei Attribute akzeptieren Farbangaben als Farbwort oder Hex-Tripel-Wert und werden im Start-Tag des `body`-Elements notiert.

```
<body link="green" vlink="blue" alink="#000000">
<!-- Hyperlinks sind nun grün, besuchte Hyperlinks blau und
     aktive Hyperlinks schwarz -->
```

Natürlich müssen Sie nicht immer alle drei Attribute angeben. Es reicht die Angabe der Attribute aus, die Sie auch wirklich ändern möchten. [×]

8.10 Listen

Oftmals möchte man eine übersichtliche Dateiliste oder ein Inhaltsverzeichnis erstellen oder die Eigenschaften eines Produkts auflisten. Zwar ließe sich das auch mit einem Textabsatz und mehreren Zeilenumbrüchen realisieren, aber für genau diesen Fall bietet HTML verschiedene Elemente an. Damit ist es möglich, schnell und unkompliziert Aufzählungslisten, nummerierte Listen, Definitions- oder Menülisten zu erstellen.

8.10.1 Nummerierte Listen

Typischerweise werden nummerierte Listen für Inhaltsverzeichnisse, Schritt-für-Schritt-Erklärungen oder Hierarchien verwendet. Das dafür zu verwendende Element ist `ol` (engl. *ordered list*, dt. *sortierte Liste*). Alle Einträge einer solchen Liste werden automatisch durchnummeriert. Ein Beispiel:

```
<!DOCTYPE HTML PUBLIC "-//W3C//DTD HTML 4.01 Transitional//EN">
<!-- Nummerierte Listen -->
<html>
  <head>
    <title>Listing 2.10</title>
  </head>
  <body>
    <h1>Bundesligatabelle 2004/2005</h1>
    <ol>
      <li>Bayer Leverkusen</li>
      <li>VfB Stuttgart</li>
      <li>Werder Bremen</li>
      <li>VfL Wolfsburg</li>
      <li>VfL Bochum</li>
      <li>SC Freiburg</li>
      <li>1. FC N&uuml;rnberg</li>
      <li>Borussia Dortmund</li>
      <li>FSV Mainz 05</li>
      <li>Bayern M&uuml;nchen</li>
      <li>Hansa Rostock</li>
      <li>Hertha BSC Berlin</li>
      <li>Hamburger SV</li>
      <li>FC Schalke 04</li>
      <li>Borussia M&ouml;nchengladbach</li>
      <li>Hannover 96</li>
      <li>Arminia Bielefeld</li>
      <li>1. FC Kaiserslautern</li>
    </ol>
  </body>
</html>
```

Listing 8.10 Beispiel für eine nummerierte Liste

Das Listing 8.10 zeigt ein Beispiel für eine nummerierte Liste (als Grundlage wurde der letzte Tabellenstand der Fußballsaison 2004/2005 verwendet). Wenn Sie sich das Listing im Browser ansehen, können Sie feststellen, dass die einzelnen Einträge von oben nach unten mit der Nummer 1 beginnend durchnummeriert wurden.

Zuerst wurde die Liste mit dem Start-Tag des `ol`-Elements eingeleitet. Die einzelnen Einträge der Liste werden mit Hilfe des Elements `li` (engl. *list item*, dt. *Listeneintrag*) definiert. Auch hier wird im Gültigkeitsbereich des Elements der darzustellende Text notiert. Die Nummerierung erfolgt automatisch, sodass im `li`-Element lediglich die

Bezeichnung des Listeneintrags steht. Zum Schluss wird die Listendefinition mit </ol> beendet.

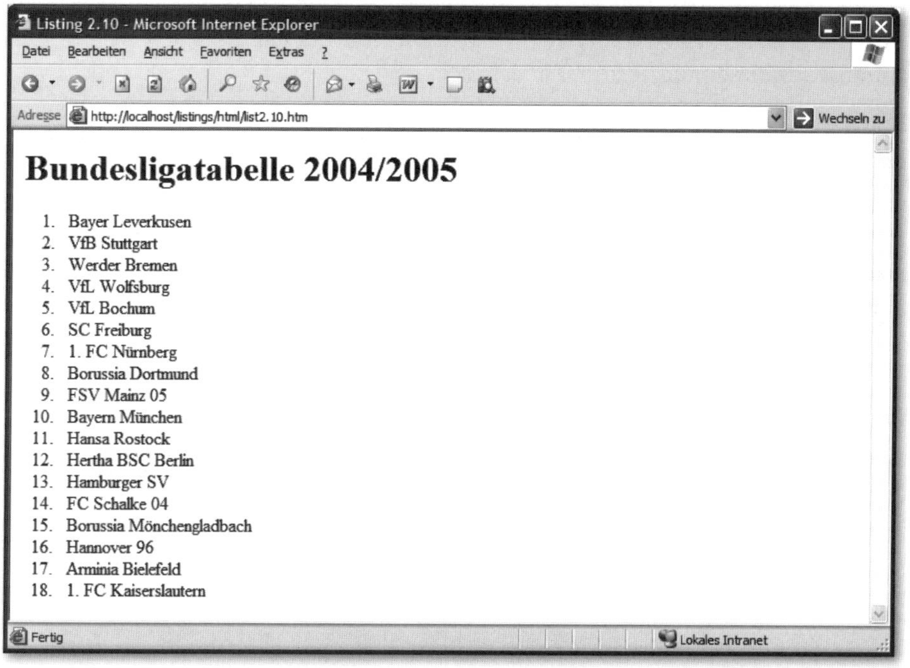

Abbildung 8.9 Listing 8.10 im Internet Explorer 6.0

Zusätzlich zum Text im Gültigkeitsbereich eines Listeneintrags wäre es durchaus möglich, eine weitere Liste zu definieren. Gerade bei Inhaltsverzeichnissen würde dies Sinn machen. Leider wird in HTML aber nicht konsequent nummeriert, sodass bei einer verschachtelten Liste keine – wie man eigentlich erwarten könnte – Nummerierungsfolge wie 1, 1.1, 1.1.1 möglich ist. Die Nummerierung beginnt für die untergeordnete Liste dann einfach wieder bei 1.

Um eine solche verschachtelte Liste zu definieren, müssen Sie zusätzlich zum Text eines li-Elements einfach eine weitere Liste notieren. [x]

```
<ol>
  <li>Grundlagen
    <ol>
      <li>Am Anfang war HTML...</li>
      <li>HTML-Versionen</li>
    </ol>
  </li>
</ol>
```

Die Ausgabe dieses kurzen Beispiels könnte folgendermaßen aussehen:

```
1. Grundlagen
   1. Am Anfang war HTML...
   2. HTML-Versionen
```

8.10.2 Aufzählungslisten

Im Gegensatz zu einer nummerierten Liste wird bei einer Aufzählungsliste nicht automatisch durchnummeriert, sondern ein Aufzählungszeichen (engl. *bullet*) vor jedem Eintrag im Browser dargestellt. Diese Listen finden besonders dann Anwendung, wenn Produkteigenschaften oder Ähnliches aufgelistet werden sollen, die nicht zwingend nummeriert sein müssen. Das Element für Aufzählungslisten ist `ul` (engl. *unordered list*, dt. *unsortierte Liste*).

```
<!DOCTYPE HTML PUBLIC "-//W3C//DTD HTML 4.01 Transitional//EN">
<!-- Aufzählungslisten -->
<html>
  <head>
    <title>Listing 2.11</title>
  </head>
  <body>
    <h1>Einkaufsliste</h1>
    <ul>
      <li>Essen
        <ul>
          <li>Brot</li>
          <li>K&auml;se</li>
          <li>Aufschnitt</li>
          <li>Senf</li>
        </ul>
      </li>
      <li>Getr&auml;nke
        <ul>
          <li>Cola</li>
          <li>Limonade</li>
          <li>Saft</li>
        </ul>
      </li>
      <li>Weiterer Eintrag...</li>
     <li>Weiterer Eintrag...</li>
      <li>Weiterer Eintrag...</li>
    </ul>
  </body>
</html>
```

Listing 8.11 Einkaufsliste mit einer Aufzählungsliste

Die Art und Darstellung des Aufzählungszeichens ist bei den einzelnen Browsern unterschiedlich. Wie bei einer nummerierten Liste wird auch bei einer Aufzählungsliste ein Listeneintrag mit dem `li`-Element definiert, und auch die Verschachtelung ist möglich. Doch wird das Bullet einer Unterliste anders dargestellt als das der Hauptliste.

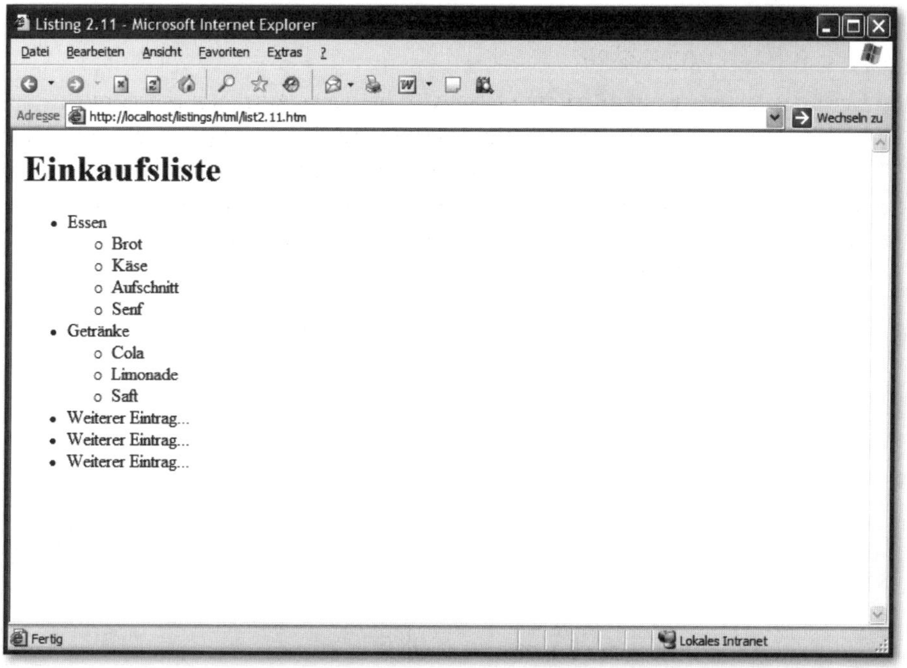

Abbildung 8.10 Darstellung des Listings 8.11 im Internet Explorer 6.0

> Auch die einzelnen Bullets einer verschachtelten Aufzählungsliste hängen vom Browser ab und sind nicht festgeschrieben. [x]

8.10.3 Definitionslisten

Obwohl Definitionslisten für das Erstellen von Glossaren (Erklärung verschiedener Abkürzungen, Fachbegriffe und Fremdwörter) verwendet werden sollen, lassen sie sich für unterschiedliche Dinge verwenden, z. B. für Menülisten mit zusätzlichen Erklärungen oder als Vokabelliste für Fremdsprachen. Anders als bei den vorherigen Listen (nummerierte Listen und Aufzählungslisten) werden drei verschiedene Elemente zur Definition verwendet:

- `dl` (engl. *definition list*, dt. *Definitionsliste*)
  ist das Hauptelement einer Definitionsliste und enthält die Elemente `dt` und `dd`.
- `dt` (engl. *definition list term*, dt. *Definitionsbegriff*)
  enthält den zu erklärenden Begriff.

- dd (engl. *definition list definition*, dt. *Definition*)
  enthält die Definition des zuvor angeführten Begriffs.

```
<!DOCTYPE HTML PUBLIC "-//W3C//DTD HTML 4.01 Transitional//EN">
<!-- Definitionslisten -->
<html>
  <head>
    <title>Listing 2.12</title>
  </head>
  <body>
    <h1>Abk&uuml;rzungen in diesem Buch</h1>
    <dl>
      <dt>IE</dt><dd>Microsoft Internet Explorer 1 - 6</dd>
      <dt>NN</dt><dd>Netscape Navigator 1 - 5</dd>
      <dt>N6</dt><dd>Netscape 6</dd>
      <dt>OP</dt><dd>Opera 1 - 6</dd>
      <dt>MZ</dt><dd>Mozilla 1</dd>
    </dl>
  </body>
</html>
```

Listing 8.12 Beispiel für eine Definitionsliste

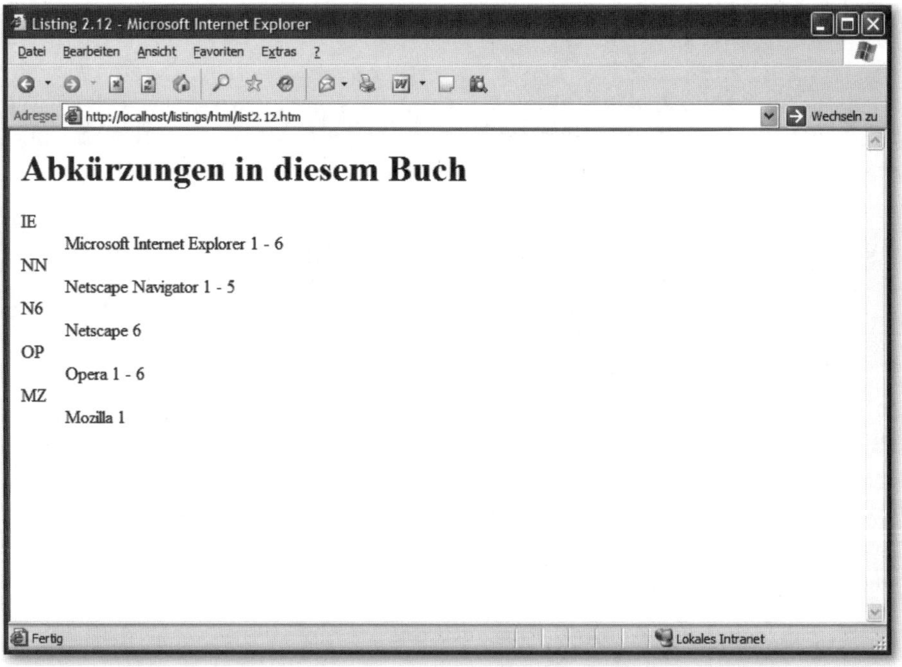

Abbildung 8.11 Darstellung des Listings 8.12 im Internet Explorer 6.0

Zuerst wird die Definitionsliste mit dem `dl`-Element eingeleitet. Das bereits bekannte Element `li` wird bei Definitionslisten nicht verwendet, sondern die Elemente `dt` für den zu definierenden Begriff und `dd` für die entsprechende Erklärung.

Die Reihenfolge und die Anzahl dieser Elemente sind innerhalb einer Definitionsliste (`dl`) nicht fest vorgeschrieben. Sie können also mehrere Begriffe oder Definitionen hintereinander notieren, wenn es zu einem Begriff beispielsweise zwei oder mehr Definitionen gibt. Durch die Verschachtelung von Definitionslisten ist es außerdem möglich, eine Baumstruktur aufzubauen.

```
<dl>
  <dt>IE</dt>
    <dd>Microsoft Internet Explorer 4</dd>
    <dd>Microsoft Internet Explorer 5.x</dd>
    <dd>Microsoft Internet Explorer 6</dd>
  <dt>NN</dt>
    <dd>Netscape Navigator 3</dd>
    <dd>Netscape Navigator 4.x</dd>
  <dt>N6</dt>
    <dd>Netscape 6</dd>
    <dd>Netscape 7</dd>
</dl>
```

Im Browser könnte dies dann folgendermaßen aussehen:

```
IE
    Microsoft Internet Explorer 4
    Microsoft Internet Explorer 5.x
    Microsoft Internet Explorer 6
NN
    Netscape Navigator
    Netscape Navigator 4.x
N6
    Netscape 6
    Netscape 7
```

8.10.4 Listenattribute

Speziell für Listen stellt HTML einige Attribute zur Verfügung, um die Darstellung der Listen beeinflussen zu können. So ist es beispielsweise möglich, das Aufzählungszeichen einer Liste zu ändern, die Nummerierung ab einem bestimmten Wert zu starten oder die Art der Nummerierung festzulegen.

> Die Attribute sind jedoch als *deprecated* (dt. *abgelehnt*) eingestuft und sollten daher durch CSS ersetzt werden. Der Vollständigkeit halber werden sie an dieser Stelle trotzdem noch einmal aufgeführt. [«]

Bullet ändern

Das Bullet einer Aufzählungsliste wird mit dem Attribut `type` im Start-Tag der Liste (`<ul>`) verändert. Dabei stehen Ihnen drei Typen zur Verfügung:

Parameter	Erklärung
circle	Die Bullets der Aufzählungsliste werden rund.
disc	Die Bullets der Aufzählungsliste werden als ausgefüllter Kreis dargestellt.
square	Die Bullets der Aufzählungsliste werden eckig dargestellt.

Tabelle 8.6 Mögliche Parameter für das Attribut type

```
<ul type="square">
  <!-- eckiges Bullet -->
<ul type="disc">
  <!-- Bullet in Form eines ausgefüllten Kreises -->
```

[x] Bei verschachtelten Listen wird für untergeordnete Listen das neu angegebene Bullet jedoch nicht übernommen. Sie müssen also für jede Liste das Bullet explizit angeben.

Nummerierung ändern

Die Art der Nummerierung einer nummerierten Liste wird ebenfalls mit dem Attribut `type` bestimmt. Die verschiedenen Parameter finden Sie in Tabelle 8.7:

Parameter	Erklärung
I	Große römische Nummerierung, z. B. I, II, III, IV
i	Kleine römische Nummerierung, z. B. i, ii, iii, iv
A	Alphanumerische Nummerierung in Großbuchstaben, z. B. A, B, C, D
a	Alphanumerische Nummerierung in Kleinbuchstaben, z. B. a, b, c, d

Tabelle 8.7 Mögliche Parameter für das Attribut type

```
<ol type="I">
  <!-- große römische Nummerierung -->
<ol type="a">
  <!-- kleine alphanumerische Nummerierung -->
```

[x] Auch hier gilt wieder bei verschachtelten Strukturen, dass die Art der Aufzählung für untergeordnete Listen nicht übernommen wird.

Startwert setzen

Um die Nummerierung einer Liste mit einem bestimmten Wert zu beginnen, müssen Sie im Start-Tag des `ol`-Elements das Attribut `start` setzen und als Parameter den gewünschten Startwert angeben. Für eine Nummerierung mit dem Startwert 3 lautet die Angabe:

```
<ol start="2">
```

Um die Nummerierung innerhalb einer Liste zu verändern, müssen Sie im Start-Tag des `li`-Elements das Attribut `value` mit dem Startwert als Parameter angeben. Für einen Startwert von 6 lautet die Angabe:

```
<li value="6">
```

8.11 Zusammenfassung

- Für einfache Textabsätze wird in HTML das Element `p` verwendet. Zum Darstellen von Listings, Verzeichnislisten oder Messwerten wird das Element `pre` verwendet.
- Überschriften werden mit den Elementen `h1`-`h6` dargestellt.
- Die Schriftart, Schriftfarbe und Schriftgröße von Textelementen lassen sich mit dem `font`-Element und den Attributen `face`, `color` und `size` verändern.
- Die Ausrichtung eines Textabsatzes oder einer Überschrift wird mit dem `align`-Attribut und den vier Parametern `left`, `right`, `center` und `justify` verändert.
- Für Listen stehen in HTML die Varianten nummerierte Liste (`ol`), Aufzählungsliste (`ul`) und Definitionsliste zur Verfügung (`dl`).

8.12 Fragen und Übungen

1. Wie viele verschiedene Überschriftenelemente gibt es, und worin unterscheiden sich diese?
2. Welche Besonderheit zeichnet das `p`-Element bezüglich der Zeilenumbrüche im HTML-Dokument aus?
3. Welche Besonderheit zeichnet das `pre`-Element bezüglich der Zeilenumbrüche im HTML-Dokument aus?
4. Erstellen Sie ein HTML-Dokument mit einer Überschrift der 1. Ordnung und dem Text »Grüzi und Herzlich Willkommen!«. Weisen Sie der Überschrift eine Schreibschrift zu, und ändern Sie die Schriftfarbe in Grün.
5. Erweitern Sie das HTML-Dokument aus Übung 4 um einen zentrierten Absatz mit einem Text Ihrer Wahl, und verringern Sie die Schriftgröße um 2.
6. Fügen Sie dem HTML-Dokument einen vorformatierten Absatz mit einem Auszug aus einem HTML-Listing hinzu.

Wenn siegen nicht alles bedeutet, warum macht man dann Tabellen?
– Vince Lombardi, US-amerikanischer Footballtrainer

9 Tabellen

Tabellen dienen der einfachen und strukturierten Darstellung der verschiedensten Informationen. Auch als Gerüst für das Design einer Homepage sind Tabellen universell einsetzbar. Aus diesem Grund werde ich Sie in diesem Kapitel mit der Planung, Umsetzung und Gestaltung von Tabellen vertraut machen. Die Funktionsweise und das Prinzip der Tabellen werden anhand verschiedener Beispiele dargestellt.

9.1 Aufbau und Strukturierung

Eine Tabelle in HTML setzt sich aus einer oder mehreren Tabellenzeilen und einer oder mehreren Tabellenzellen zusammen. Die folgende Abbildung zeigt eine Tabelle mit drei Reihen und vier Spalten (bzw. vier Zellen pro Reihe).

Fahrer / Strecke	**Australien**	**Brasilien**	**Malaysia**
M. Schumacher	1. Platz	3. Platz	1. Platz
R. Barrichello	Unfall	Motorschaden	Hydraulikschaden

Tabelle: Ergebnisse der ersten drei Rennen der Formel 1-Saison 2002

Abbildung 9.1 Tabelle mit drei Zeilen und vier Spalten

Beim Definieren einer Tabelle geht man sehr strukturiert vor. Zuerst wird das Grundgerüst der Tabelle eingeleitet. Nach dem Tabellenbeginn lässt sich noch eine Tabellenüber- oder -unterschrift zuweisen.

In HTML werden Tabellen nach Zeilen beschrieben. Von oben nach unten werden die einzelnen Reihen und deren Zellen definiert. Für die Tabellenzellen stehen zwei Zellentypen zur Verfügung: **Datenzellen** und **Kopfzellen**. Der Unterschied zwischen den beiden besteht in der Darstellung. Text, der in Kopfzellen steht, wird in den Browsern meistens fett und zentriert dargestellt. [×]

Möchten Sie also die Tabelle in Abbildung 9.1 mittels HTML darstellen, müssen Sie zuerst die Tabelle einleiten, ihr eine Tabellenunterschrift zuweisen und die erste

Reihe definieren, gefolgt von vier Tabellenzellen in der Reihenfolge »Fahrer/Strecke«, »Australien«, »Brasilien« und »Malaysia«. Anschließend folgen die zweite und dritte Reihe, bei denen Sie exakt wie bei der ersten Reihe vorgehen, also immer mit der ganz linken Zelle beginnen und mit der ganz rechten Zelle aufhören.

[×] Beachten Sie: Tabellen werden immer von links nach rechts und von oben nach unten definiert. Welcher Inhalt in einer Tabellenzelle dargestellt wird, ist für die Definition unerheblich, sei es nun Text, eine Grafik oder gar ein Video.

9.2 Die wichtigsten Elemente

Die wichtigsten Elemente, die Sie für eine Tabelle benötigen, lauten:

- `table` (dt. *Tabelle*)
  bildet das Grundgerüst einer jeden Tabelle und darf die Elemente `tr` und `caption` enthalten.
- `tr` (**t**able **r**ow, dt. *Tabellenreihe*)
  dient der Definition einzelner Tabellenreihen und darf nur die Elemente `td` und `th` enthalten.
- `td` (**t**able **d**ata, dt. *Tabellendaten*)
  das entsprechende Element für eine Datenzelle einer Tabelle; es darf verschiedene weitere HTML-Elemente enthalten.
- `th` (**t**able **h**eader, dt. *Tabellenkopf*)
  das Element zum Defninieren einer Kopfzelle; es darf verschiedene weitere HTML-Elemente enthalten.
- `caption` (dt. *Titel*)
  dient zur Definition einer Tabellenüber- oder -unterschrift.

Wichtig ist die Reihenfolge

Diese eben vorgestellten Elemente dürfen nur in einer bestimmten Reihenfolge verwendet werden. Abbildung 9.2 soll diese Rangordnung verdeutlichen. Die Zellen mit den drei Punkten stehen für verschiedene andere HTML-Elemente (auch weitere Tabellen).

Zeile 1

Um nun die Tabelle aus Abbildung 9.1 in HTML zu erstellen, leiten Sie mit dem Tag `<table>` das Grundgerüst der Tabelle ein. Als Nächstes folgt die Tabellenunterschrift, die Sie mit der Anweisung

```
<caption align="bottom">Tabelle: Ergebnisse der ersten drei
Rennen der Formel-1-Saison 2002</caption>
```

definieren. Ob die Tabellenbezeichnung über oder unter der Tabelle stehen soll, legen Sie mit dem `align`-Attribut und dem Parameter `top` oder `bottom` fest. Standardmäßig wird die Bezeichnung über der Tabelle dargestellt. Sie müssen das Attribut `align` also nur dann an `caption` übergeben, wenn Sie die Bezeichnung unter der Tabelle darstellen möchten.

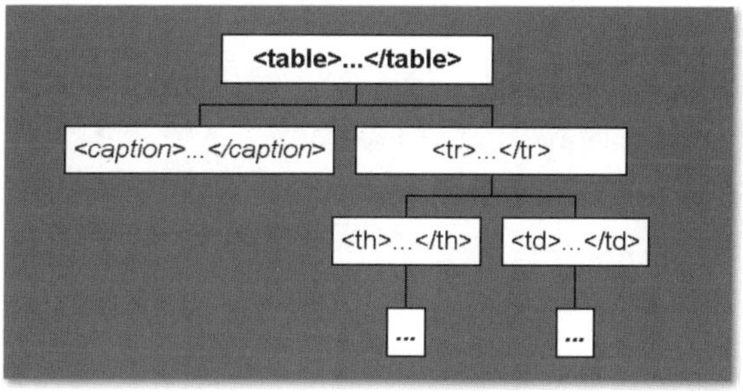

Abbildung 9.2 Rangfolge von Tabellenelementen

Nach der Überschrift definieren Sie die erste Tabellenreihe und notieren die vier Zellen. Da es Kopfzellen sind, verwenden Sie das th-Element. Die entsprechende Anweisung lautet dann folgendermaßen:

```
<tr>
  <th>Fahrer/Strecke</th>
  <th>Australien</th>
  <th>Brasilien</th>
  <th>Malaysia</th>
</tr>
```

Die zweite Reihe unterscheidet sich von der ersten durch den Textinhalt und die verschiedenen Zellentypen. Sie benötigen eine Kopf- und drei Datenzellen. **Zeile 2**

```
<tr>
  <th>M. Schumacher</th>
  <td>1. Platz</td>
  <td>3. Platz</td>
  <td>1. Platz</td>
</tr>
```

Die dritte Reihe entspricht prinzipiell der zweiten, nur dass sie andere Texte enthält. **Zeile 3**

```
<tr>
  <th>R. Barrichello</th>
  <td>Unfall</td>
  <td>Motorschaden</td>
  <td>Hydraulikschaden</td>
</tr>
```

Zum Schluss beenden Sie die Tabellendefinition mit dem Tag </table>. Das vollständige HTML-Dokument finden Sie in Listing 9.1.

```
<!DOCTYPE HTML PUBLIC "-//W3C//DTD HTML 4.01 Transitional//EN">
<!-- Tabellen -->
<html>
  <head>
    <title>Listing 3.1</title>
  </head>
```

```
    <body>
      <table>
        <caption align="bottom">Tabelle: Ergebnisse der ersten
          drei Rennen der Formel-1-Saison 2002</caption>
        <tr>
          <th>Fahrer/Strecke</th>
          <th>Australien</th>
          <th>Brasilien</th>
          <th>Malaysia</th>
        </tr>
        <tr>
          <th>M. Schumacher</td>
          <td>1. Platz</td>
          <td>3. Platz</td>
          <td>1. Platz</td>
        </tr>
        <tr>
          <th>R. Barrichello</th>
          <td>Unfall</td>
          <td>Motorschaden</td>
          <td>Hydraulikschaden</td>
        </tr>
      </table>
    </body>
  </html>
```

Listing 9.1 Tabelle mit drei Reihen und vier Spalten

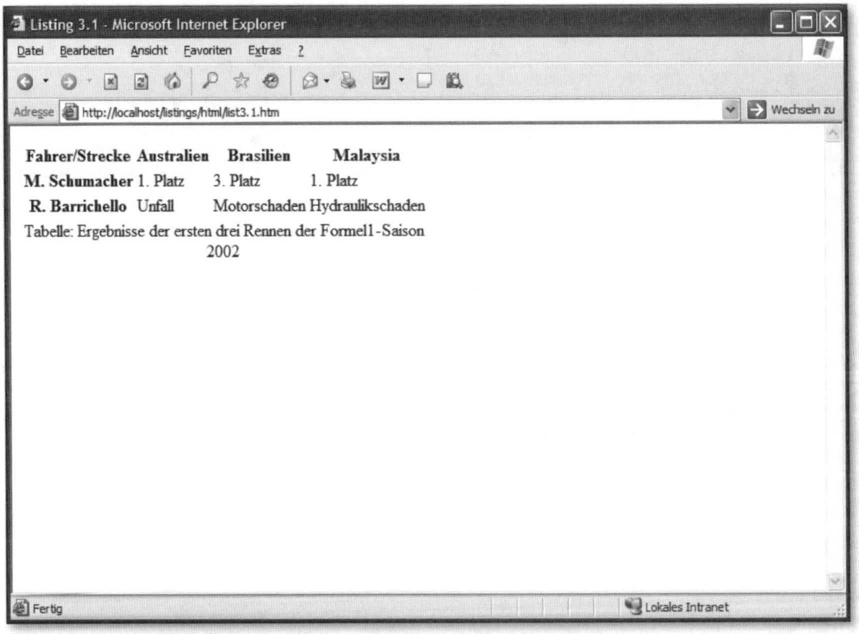

Abbildung 9.3 Darstellung des Listings 9.1 im Internet Explorer 6.0

Das Ergebnis im Browser sieht noch nicht berauschend aus. Die einzelnen Zellen sind nur sehr schwer voneinander zu unterscheiden. Ein Rahmen könnte Abhilfe schaffen.

9.3 Größe, Rahmen und Abstände

Für die optische Gestaltung einer Tabelle stellt HTML verschiedene Attribute zur Verfügung. Die wichtigsten lauten:

- `border` (dt. *Rahmen*)
  legt die Dicke des Tabellenrahmens mit dem angegebenen Wert in Pixeln fest.
- `width` (dt. *Breite*)
  legt die Breite der Tabelle oder Zelle fest. Sie können sowohl eine prozentuale als auch eine pixelgenaue Angabe machen. Die prozentuale Angabe orientiert sich immer an der Breite des Browserfensters. Um eine solche Angabe zu verwenden, müssen Sie hinter den Wert das Zeichen % (Prozent) notieren. Für Pixelangaben notieren Sie lediglich die gewünschte Breite ohne weitere Zeichen.
- `height` (dt. *Höhe*)
  legt die Höhe der Tabelle oder Zelle fest. Die möglichen Angaben entsprechen denen des Attributs `width`. Anzumerken ist hier, dass das Attribut im offiziellen HTML-Standard für die Höhe der gesamten Tabelle zulässig ist. Erfahrungsgemäß kann man allerdings ohne Probleme damit arbeiten weil es von allen Browsern unterstützt wird. Sollten Sie eine Datei mit einer Höhenangabe für eine Tabelle mal validieren lassen, wird sich der Validator allerdings darüber beschweren.
- `cellpadding` (dt. *Zellenpolster*)
  definiert den Abstand zwischen dem Zellenrand und dem Zelleninhalt. Angaben erfolgen in Pixel oder zusätzlichen Zeichen.
- `cellspacing` (dt. *Zellenabstand*)
  mit ihm können Sie den Abstand zwischen den Zellen festlegen. Auch hier erfolgen Angaben in Pixel.

Mit diesen neuen Attributen passen Sie nun das Listing 9.1 an, um dem gewünschten Ergebnis näher zu kommen (Abbildung 9.1). Da Sie die Zellen nicht alle einzeln verändern möchten, übergeben Sie die Werte im Start-Tag des `table`-Elements. Den Tabellenrahmen verändern Sie auf 1 Pixel Breite, die Breite der Tabelle auf 75 % (des Browserfensters), die Höhe auf 25 % (des Browserfensters), den Zellenabstand auf 1 Pixel und den Innenabstand der Zellen auf 2 Pixel. Das veränderte Start-Tag lautet dann:

```
...
<table border="1" width="75%" height="25%" cellspacing="1" cellpadding="2">
...
```

Listing 9.2 Verändertes Listing 3.1

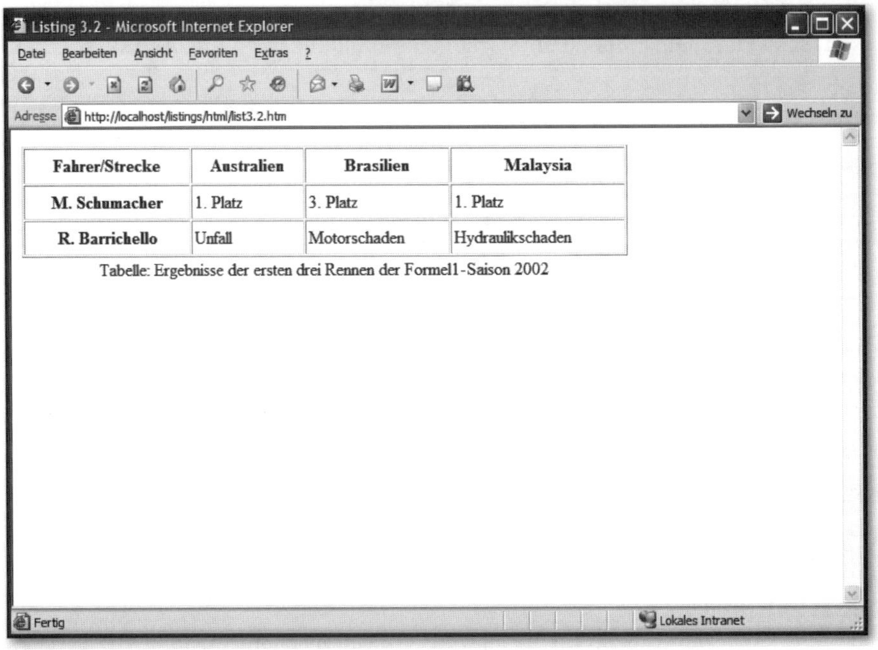

Abbildung 9.4 Darstellung des Listings 9.2 im Internet Explorer 6.0

Die Darstellung in Abbildung 9.4 entspricht schon viel eher der Referenztabelle aus Abbildung 9.1.

9.4 Tabellen und Inhalte ausrichten

Sie können die gesamte Tabelle oder den Inhalt einzelner Zellen verschieden ausrichten – und das sowohl horizontal als auch vertikal.

9.4.1 Tabelle horizontal ausrichten

Um eine Tabelle auszurichten, kommt das bereits gut bekannte Attribut `align` zum Einsatz. Zur Erinnerung: Mit diesem Attribut können Sie auch Textabsätze und Überschriften ausrichten. Dabei entspricht das Vorgehen bei Tabellen dem bei Absätzen und Überschriften. Im Start-Tag des `table`-Elements notieren Sie das Attribut `align` und weisen ihm einen von drei Parametern zu.

Parameter	Erklärung
left	Richtet die Tabelle am linken Fensterrand aus.
right	Richtet die Tabelle am rechten Fensterrand aus.
center	Richtet die Tabelle zentriert aus.

Tabelle 9.1 Mögliche Parameter für das Attribut align, um eine Tabelle auszurichten

```
<table align="left">
  <!-- richtet Tabelle links aus -->
<table align="right">
  <!-- richtet Tabelle rechts aus -->
<table align="center">
  <!-- zentriert Tabelle -->
```

[«] Beachten Sie, dass Sie mit dem `align`-Attribut im Start-Tag des `table`-Elements die Tabelle ausrichten und nicht den Inhalt der Zellen.

9.4.2 Zelleninhalt horizontal ausrichten

Auch an dieser Stelle kommt das `align`-Attribut wieder zum Einsatz. Diesmal wird das Attribut aber im Start-Tag der Tabellenzelle (`td` oder `th`) notiert und mit einem der drei Parameter `left`, `center` oder `right` versehen.

Die Anweisungen für Kopfzellen lauten:

```
<th align="left">
  <!-- richtet Inhalt links aus -->
<th align="right">
  <!-- richtet Inhalt rechts aus -->
<th align="center">
  <!-- zentriert Inhalt -->
```

Für Datenzellen lauten sie:

```
<td align="left">
  <!-- richtet Inhalt links aus -->
<td align="right">
  <!-- richtet Inhalt rechts aus -->
<td align="center">
  <!-- zentriert Inhalt -->
```

9.4.3 Zelleninhalt vertikal ausrichten

Um den Inhalt einer Zelle vertikal auszurichten, wird ein neues, bisher unbekanntes Attribut verwendet: `valign` (engl. *vertical align*, dt. *vertikale Ausrichtung*). Dieses Attribut besitzt vier neue Parameter.

Parameter	Übersetzung	Erklärung
top	oben	Richtet den Zelleninhalt obenbündig, also am oberen Zellenrand aus.
middle	mittig	Richtet den Zelleninhalt mittig aus.
bottom	unten	Richtet den Zelleninhalt untenbündig, also am unteren Rand der Zelle aus.
baseline	Grundlinie	Richtet den Zelleninhalt an der Grundlinie aus, so dass die erste Textzeile einer Zeile immer auf gleicher Höhe liegt.

Tabelle 9.2 Mögliche Parameter für das valign-Attribut

Die Anweisungen für die vertikale Ausrichtung lauten dann für Kopfzellen:

```
<th valign="top">
  <!-- Inhalt oben -->
<th valign="middle">
  <!-- Inhalt mittig -->
<th valign="bottom">
  <!-- Inhalt unten -->
<th valign="baseline">
  <!-- Inhalt an Grundlinie -->
```

und für Datenzellen:

```
<td valign="top">
  <!-- Inhalt oben -->
<td valign="middle">
  <!-- Inhalt mittig -->
<td valign="bottom">
  <!-- Inhalt unten -->
<td valign="baseline">
  <!-- Inhalt an Grundlinie -->
```

9.4.4 Ausrichtung an Dezimalzeichen

Seit der HTML-Version 4.0 ist es auch möglich, den Zelleninhalt an einem bestimmten Zeichen auszurichten. Jedoch wird diese Funktion von bisher keinem Browser unterstützt. Sie soll aber an dieser Stelle trotzdem aufgeführt werden, da sie besonders bei Zahlen mit Dezimalwerten interessant ist und kommende Browserversionen diese Funktion vielleicht unterstützen werden. So lassen sich Zelleninhalte beispielsweise am Dezimalzeichen (in Deutschland das Kommazeichen) ausrichten. Dazu werden dem Attribut `align` der Parameter `char` und dem zusätzlichen Attribut `char` das entsprechende Zeichen übergeben.

```
<col  align="char" char=",">
```

[x] Das `col`-Element ist Ihnen an dieser Stelle sicherlich noch unbekannt, ich werde es Ihnen an geeigneter Stelle jedoch noch genauer erklären.

9.4.5 Beispiel für die Ausrichtung von Zelleninhalten

```
<!DOCTYPE HTML PUBLIC "-//W3C//DTD HTML 4.01 Transitional//EN">
<!-- Zelleninhalte ausrichten -->
<html>
  <head>
    <title>Listing 3.3</title>
  </head>
  <body>
    <table border="1" width="100%" height="100%" cellspacing="1"
     cellpadding="2">
```

```
    <tr>
    <td align="left" valign="top">obenlinks</td>
    <td align="center" valign="top">obenmitte</td>
    <td align="right" valign="top">obenrechts</td>
    </tr>
    <tr>
      <td align="left" valign="middle">mittelinks</td>
      <td align="center" valign="middle">mittemitte</td>
      <td align="right" valign="middle">mitterechts</td>
      </tr>
      <tr>
      <td align="left" valign="bottom">untenlinks</td>
      <td align="center" valign="bottom">untenmitte</td>
      <td align="right" valign="bottom">untenrechts</td>
      </tr>
    </table>
  </body>
</html>
```

Listing 9.3 Zelleninhalte ausrichten

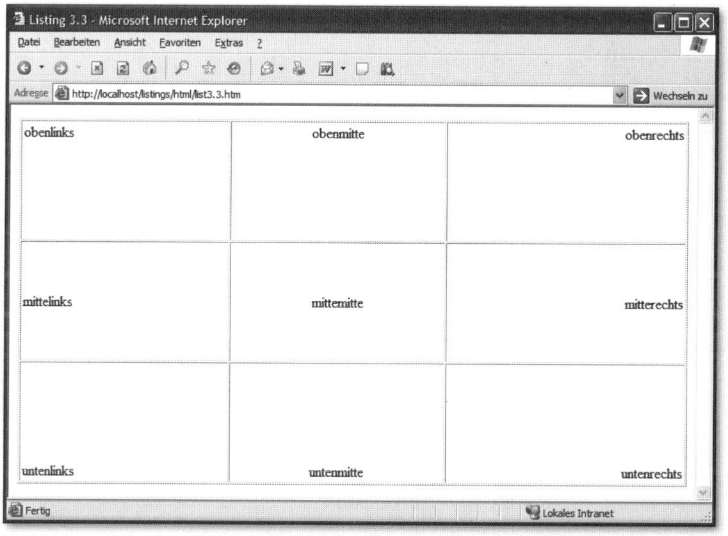

Abbildung 9.5 Darstellung des Listings 9.3 im Internet Explorer 6.0

Das Listing 9.3 demonstriert sehr schön, wie sich die Attribute `align` und `valign` zum Ausrichten von Inhalten einer Tabellenzelle nutzen lassen.

9.5 Farben und Schrift

Tabellen lassen sich natürlich auch in HTML farblich gestalten. Der Text des Inhalts kann über das `font`-Element oder über CSS formatiert werden. Dabei entsprechen die

Regeln denen von Textabsätzen und Überschriften. Aber auch die Hintergrundfarbe einer Tabelle lässt sich verändern. Dafür wird das Attribut `bgcolor` verwendet.

9.5.1 Tabellenhintergrund

Um die Hintergrundfarbe einer ganzen Tabelle festzulegen, wird im Start-Tag des `table`-Elements das `bgcolor`-Attribut notiert. Als Parameter für dieses Attribut können Sie entweder eines der Farbworte oder einen Hex-Tripel-Wert (vgl. Abschnitt 9.5, *Farben und Schrift*) angeben.

Möchten Sie beispielsweise die Hintergrundfarbe einer Tabelle blau färben, müsste die Anweisung mittels Farbwort folgendermaßen lauten:

```
<table bgcolor="blue">
  <!-- blauer Tabellenhintergrund -->
```

Bei einem Hex-Tripel-Wert für ein dunkles Blau (`#003399`) lautet die Anweisung:

```
<table bgcolor="#003399">
  <!-- dunkelblau -->
```

9.5.2 Zellenhintergrund

Wenn Sie nicht der gesamten Tabelle eine Hintergrundfarbe zuweisen möchten, stehen Ihnen noch zwei weitere Möglichkeiten offen: die Anpassung einer ganzen Tabellenzeile oder einer einzelnen Zelle. Das Attribut `bgcolor` wird dabei jeweils im Start-Tag des `tr`-, `td`- oder `th`-Elements notiert. Natürlich können Sie sowohl Farbworte als auch Hex-Tripel-Werte angeben.

Einige Beispiele:

```
<tr bgcolor="red">
  <!-- ganze Zeile rot -->
<td bgcolor="yellow">
  <!-- nur die Zelle gelb -->
<th bgcolor="#009900">
  <!-- nur die Zelle grün -->
```

[x] Achten Sie bei der Farbwahl auch immer auf die Farbe des Textes. So ist eine schwarze Schrift auf einem dunkelblauen Hintergrund nur sehr schwer bis gar nicht zu lesen. Sie sollten auf Farbkombinationen wie rote Schrift auf blauem Hintergrund ebenso verzichten wie auf zu viele Farben. Hier gilt die Devise: Weniger ist mehr. In der Praxis haben sich gediegene Farben sehr bewährt. Auch sollten Sie nicht unbedingt mehr als zwei, maximal drei Farben für die Hintergründe von Tabellen, Zeilen und Zellen verwenden, denn sie sollen der Übersicht und nicht zum Abschrecken der Besucher dienen.

9.5.3 Schriftformatierung

Für die Formatierung der Schrift innerhalb einer Zelle kann das font-Element verwendet werden. Für detaillierte Informationen zu diesem Element lesen Sie bitte in Abschnitt 8.8, *Schriftformatierung*, nach. Ich möchte Ihnen an dieser Stelle nur ein paar Beispiele anführen:

```
<td><font face="monospace">Courier New</font></td>
<th><font size="5">Schriftgr&ouml;&szlig;e 5</font></th>
```

[x] Nun wäre es sehr mühselig, jede einzelne Zelle mit dem font-Element zu formatieren, vor allem, da spätere Änderungen an der Farbe des Textes oder der Schriftart gerade bei großen Tabellen sehr zeitaufwändig sind. Sie können eine Tabelle oder Zeile jedoch auch im Gültigkeitsbereich eines font-Elements notieren. Somit wird der gesamte Text der Tabelle oder Zeile in der definierten Formatierung dargestellt.

```
<font face="sans-serif">
  <table border="1">
    <tr>
      <th>Kopfzelle 1</th>
      <th>Kopfzelle 2</th>
    </tr>
    <tr>
      <td>Datenzelle 1</td>
      <td>Datenzelle 2</td>
    </tr>
  </table>
</font>
```

Bei dieser Vorgehensweise kann es Ihnen allerdings passieren, dass einige ältere Browser nicht mitspielen. Diese neigen dazu, die Schriftart in den Zellen wieder auf die Standardeinstellung des Browsers zu setzen. Daher würde ich Ihnen empfehlen, Tabellen mithilfe von CSS zu formatieren, wie es ab Kapitel 15 beschrieben wird.

9.5.4 Farb- und Schriftbeispiel

Für das folgende Beispiel habe ich mich auf Grautöne beschränkt, da die Abbildungen in diesem Buch auch in Grautönen gedruckt werden und der Wiedererkennungswert zwischen Listing und Abbildung größer ist.

```
<!DOCTYPE HTML PUBLIC "-//W3C//DTD HTML 4.01 Transitional//EN">
<!-- Farb- und Schriftbeispiel -->
<html>
  <head>
    <title>Listing 3.4</title>
  </head>
  <body>
    <table border="1" width="100%" height="100%"
      bgcolor="#333333">
```

```
      <tr>
         <td><font color="#FFFFFF">dunkelgrau mit wei&szlig;er
         Schrift</font></td>
         <td><font color="#FFFFFF">dunkelgrau mit wei&szlig;er
         Schrift</font></td>
         <td><font color="#FFFFFF">dunkelgrau mit wei&szlig;er
         Schrift</font></td>
      </tr>
      <tr>
         <td><font color="#FFFFFF">dunkelgrau mit
          wei&szlig;er Schrift</font></td>
         <td bgcolor="#CCCCCC"><font color="#000000">hell-
          grau mit schwarzer Schrift</font></td>
         <td bgcolor="#CCCCCC"><font color="#000000">hell-
          grau mit schwarzer Schrift</font></td>
       </tr>
       <tr bgcolor="#999999">
         <td><font color="#000000">mittelgrau mit schwar-
          zer Schrift</font></td>
         <td><font color="#000000">mittelgrau mit schwar-
          zer Schrift</font></td>
         <td><font color="#000000">mittelgrau mit schwar-
          zer Schrift</font></td>
       </tr>
     </table>
   </body>
</html>
```

Listing 9.4 Farb- und Schriftbeispiel

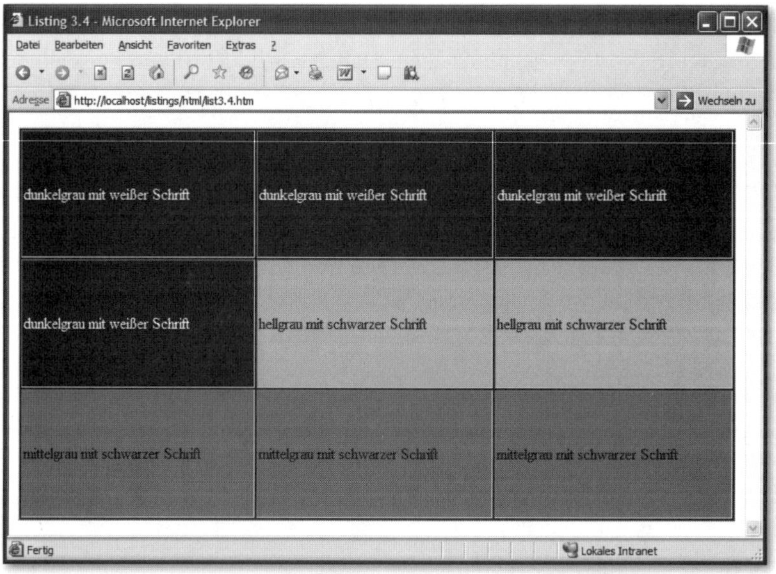

Abbildung 9.6 Darstellung des Listings 9.4 im Internet Explorer 6.0

9.6 Zellenverbund

Eine weitere Möglichkeit für Tabellen in HTML ist das Verbinden von Zellen. So lassen sich neben- oder übereinander liegende Zellen zu einer Zelle zusammenschließen und über mehrere Spalten oder Zeilen ausdehnen.

Nebeneinander liegende Zellen verbinden

Um nebeneinander liegende Zellen miteinander verbinden zu können, wird das Attribut `colspan` (engl. *column span*, dt. *Spaltenspanne*) verwendet. Als Parameter wird dem Attribut die Anzahl der Spalten übergeben, über die sich die Zelle erstrecken soll. Gehen Sie einmal davon aus, dass Sie eine Tabelle mit zwei Zeilen und vier Spalten haben. Die Anzahl der Zellen in der ersten Zeile soll gleich bleiben (insgesamt vier), aber in der zweiten Zeile sollen nur zwei Spalten zu sehen sein. Als Skizze würde das so aussehen:

<table>
<tr><td>1</td><td>2</td><td>3</td><td>4</td></tr>
<tr><td colspan="2">1 und 2</td><td colspan="2">3 und 4</td></tr>
</table>

Abbildung 9.7 Skizze der geplanten Tabelle

Zuerst müssen Sie die Tabelle einleiten und die erste Zeile mit vier Zellen definieren.

```
<table border="1">
  <tr>
    <td>1</td><td>2</td><td>3</td><td>4</td>
  </tr>
```

Zellen verbinden

Nun folgt die zweite Zeile, die ganz normal eingeleitet wird. Da Sie nur zwei Spalten in der zweiten Zeile haben wollen, müssen Sie sich zuerst überlegen, welche der Zellen Sie miteinander verbinden möchten. Laut Abbildung 9.7 sollen die Zellen 1 und 2 und die Zellen 3 und 4 miteinander verbunden werden. Sie definieren nun die erste Zelle und weisen ihr mittels `colspan="2"` eine Spannweite von zwei Zellen zu.

```
  <tr>
    <td colspan="2">Zelle 1 und 2</td>
```

Bildlich vorgestellt haben Sie eben zwei Zellen erstellt. Das ist wichtig, da Sie die zweite Zelle sozusagen überspringen. Nun folgt die nächste (dritte) Zelle, die sich über zwei Spalten erstrecken soll. Danach beenden Sie die Zeilen- und Tabellendefinition.

```
    <td colspan="2">Zelle 3 und 4</td>
  </tr>
</table>
```

Sie behalten also die standardmäßige Vorgehensweise beim Erzeugen von Tabellen bei (von links nach rechts und von oben nach unten). Prinzipiell wäre es auch möglich, alle vier Zellen der zweiten Zeile zu verbinden. Sie müssten lediglich die Anzahl der Spalten, über die sich die erste Zelle erstrecken soll, auf vier erhöhen (`col-`

span="4"). Genauso gut ist es möglich, die zweite Zelle auf eine Spannweite von drei zu erhöhen. Sie definieren dann zuerst ganz normal die erste Zelle und weisen bei der Definition der zweiten Zelle eine Spannweite von drei zu (colspan="3"). Alle drei Varianten werden im nachfolgenden Listing berücksichtigt und dargestellt.

```
<!DOCTYPE HTML PUBLIC "-//W3C//DTD HTML 4.01 Transitional//EN">
<!-- Zellenverbund //-->
<html>
  <head>
    <title>Listing 3.5</title>
  </head>
  <body>
    <table border="1" width="50%">
      <tr>
        <td>1</td><td>2</td><td>3</td><td>4</td>
      </tr>
      <tr>
        <td colspan="2">Zelle 1 und 2</td>
        <td colspan="2">Zelle 3 und 4</td>
      </tr>
    </table>
    <br>
    <table border="1" width="50%">
      <tr>
        <td>1</td><td>2</td><td>3</td><td>4</td>
      </tr>
      <tr>
        <td colspan="4">Zelle 1, 2, 3 und 4</td>
      </tr>
    </table>
    <br>
    <table border="1" width="50%">
      <tr>
        <td>1</td><td>2</td><td>3</td><td>4</td>
      </tr>
      <tr>
        <td>Zelle 1</td>
        <td colspan="3">Zelle 2, 3 und 4</td>
      </tr>
    </table>
  </body>
</html>
```

Listing 9.5 Beispiel für das Verbinden nebeneinander liegender Zellen

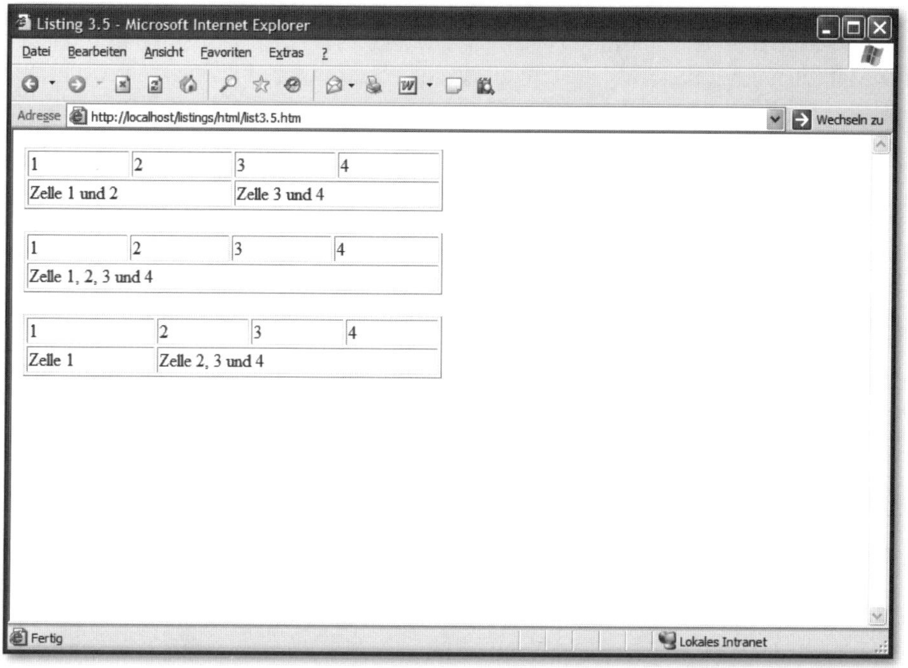

Abbildung 9.8 Darstellung des Listings 9.5 im Internet Explorer 6.0

Übereinander liegende Zellen verbinden

Um Zellen, die übereinander liegen, verbinden zu können, verwenden Sie das `rowspan`-Attribut (engl. *row spanning*, dt. *Zeilenspanne*). Es verhält sich äquivalent zum `colspan`-Attribut mit dem Unterschied, dass es einen Zellenverbund über mehrere Zeilen erzeugt. Die Anzahl der zu verbindenden Zellen bzw. Zeilen wird dem Attribut `rowspan` als Parameter übergeben. Als Beispiel verwenden Sie eine Tabelle, die über jeweils vier Zeilen und Spalten verfügt.

1	2	3	4
5	6	7	8
9	10	11	12
13	14	15	16

Abbildung 9.9 Tabelle mit vier Spalten und Zeilen

Wenn Sie nun die Zellen 5 und 9 (siehe Abbildung 9.9) miteinander verbinden möchten, müssen Sie zuerst den Tabellenbeginn einleiten und die erste Zeile definieren:

```
<table border="1" width="100%">
  <tr>
    <td>1</td><td>2</td><td>3</td><td>4</td>
  </tr>
```

Zweite Zeile Als Nächstes folgt die zweite Zeile. Deren erste Zelle ist die Zelle 5. Da diese mit der Zelle 9 verbunden werden soll, weisen Sie ihr das Attribut `rowspan` mit dem Parameter `2` zu (die verbundene Zelle erstreckt sich über zwei Zeilen). Die Zellen 6, 7 und 8 werden ganz normal definiert.

```
<tr>
  <td rowspan="2">5 und 9</td><td>6</td><td>7</td><td>8</td>
</tr>
```

Zeile 3 und 4 In der dritten Zeile müsste es rein theoretisch vier Zellen zu definieren geben. Die Zelle 9 ist jedoch schon durch das `rowspan`-Attribut der Zelle 5 definiert worden, sodass lediglich die restlichen drei Zellen fehlen. Sie beginnen mit der Zellendefinition der Zeile 3, also bei Zelle 10. Die vierte Zeile notieren Sie ganz normal und schließen danach die Tabellendefinition ab.

```
  <tr>
    <td>10</td><td>11</td><td>12</td>
  </tr>
  <tr>
    <td>13</td><td>14</td><td>15</td><td>16</td>
  </tr>
</table>
```

[x] Sie gehen also wieder streng nach dem Schema »von links nach rechts, von oben nach unten« vor.

Natürlich ist es auch durchaus möglich, mehrere Zellen übereinander zu verbinden. Dazu werden Sie nun die Tabelle aus Abbildung 9.10 in HTML umsetzen. Die Zellen, die miteinander verbunden werden müssen, sind 1–5–9, 11–15 und 4–8–12–16.

1	2	3	4
5	6	7	8
9	10	11	12
13	14	15	16

Abbildung 9.10 Skizze einer Tabelle, die in HTML umgesetzt werden soll

Wie üblich leiten Sie die Tabellen- und anschließend die Zeilendefinition ein. Da die Zelle 1 mit Zelle 5 und 9 verbunden werden soll, müssen Sie ihr als Parameter für `rowspan` den Wert 3 übergeben. Danach notieren Sie jeweils die Zellen 2 und 3. Die Zelle 4 soll mit 8, 12 und 16 verbunden werden, also den Parameter 4 für das `rowspan`-Attribut notieren.

```
<table border="1" width="100%">
  <tr>
```

```
    <td rowspan="3">1, 5, 9</td><td>2</td><td>3</td>
    <td rowspan="4">4, 8, 12, 16</td>
  </tr>
```

Es folgt die zweite Zeile. Die Zellen 5 und 8 sind bereits durch die erste Zeile definiert.

```
  <tr>
    <td>6</td><td>7</td>
  </tr>
```

In der dritten Zeile müssen Sie lediglich die Zellen 10 und 11 definieren. Die Zellen 9 und 12 wurden ebenfalls in der ersten Zeile definiert.

```
  <tr>
    <td>10</td><td rowspan="2">11, 15</td>
  </tr>
```

Zum Schluss müssen Sie noch die vierte Zeile und die Zellen 13 und 14 notieren, da 15 und 16 bereits in der dritten bzw. ersten Zeile notiert worden sind. Danach schließen Sie die Tabellendefinition ab.

```
  <tr>
    <td>13</td><td>14</td>
  </tr>
</table>
```

Die beiden Beispiele würden in einem HTML-Dokument wie folgt aussehen. Abbildung 9.11 zeigt die Darstellung im Internet Explorer 6.0.

```
<!DOCTYPE HTML PUBLIC "-//W3C//DTD HTML 4.01 Transitional//EN">
<!-- Zellenverbund //-->
<html>
  <head>
    <title>Zellenverbund</title>
  </head>
  <body>
    <h1>Tabelle mit Verbund von 5 und 9</h1>
    <table border="1" width="100%">
      <tr>
        <td>1</td><td>2</td><td>3</td><td>4</td>
      </tr>
      <tr>
        <td rowspan="2">5 und 9</td><td>6</td><td>7
        </td><td>8</td>
      </tr>
      <tr>
        <td>10</td><td>11</td><td>12</td>
      </tr>

      <tr>
```

```
      <td>13</td><td>14</td><td>15</td><td>16</td>
    </tr>
  </table>
  <h1>Tabelle mit Verbund aus 1, 5, 9 und 11, 15 und 4, 8, 12, 16</h1>
  <table border="1" width="100 %">
    <tr>
      <td rowspan="3">1, 5, 9</td><td>2</td><td>3
      </td><td rowspan="4">4, 8, 12, 16</td>
    </tr>
    <tr>
      <td>6</td><td>7</td>
    </tr>
    <tr>
      <td>10</td><td rowspan="2">11, 15</td>
    </tr>
    <tr>
      <td>13</td><td>14</td>
    </tr>
  </table>
 </body>
</html>
```

Listing 9.6 Tabellenbeispiele mit Zellen, die auf mehrere Zeilen verteilt sind

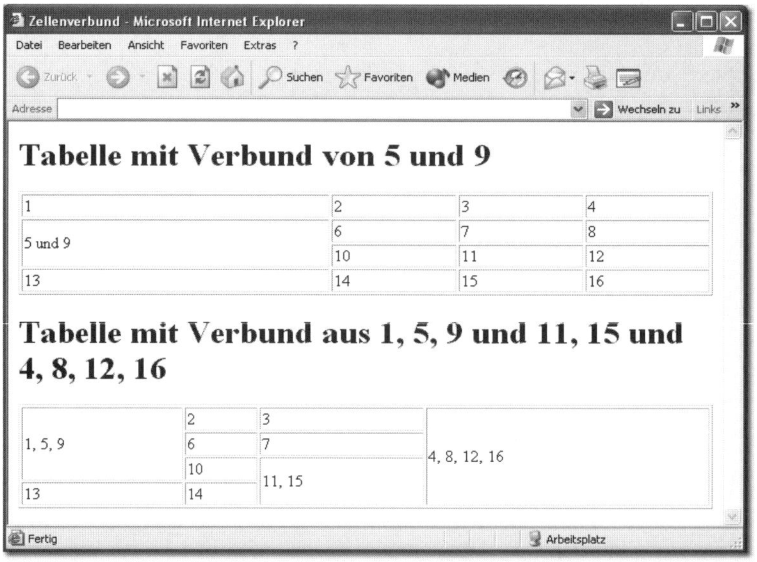

Abbildung 9.11 Darstellung von Listing 9.6 im Internet Explorer 6.0

9.6.1 Über- und nebeneinander liegende Zellen verbinden

Das Verbinden von Zellen über mehrere Zeilen und Spalten hinweg erfolgt nur unwesentlich anders als mit den bisher behandelten Methoden. Sie weisen einer Zelle einfach beide Attribute (`colspan` und `rowspan`) zu. Abbildung 9.12 zeigt das Schema einer Tabelle mit vier Spalten und vier Zeilen. Aufgrund dieses Schemas sollen nun die Zellen 6, 7, 10, 11, 14 und 15 miteinander verbunden werden.

1	2	3	4
5	6	7	8
9	10	11	12
13	14	15	16

Abbildung 9.12 Tabelle mit vier Spalten und Zeilen

Wie auch bisher leiten Sie die Tabellendefinition ein und definieren die erste Zeile mit den Zellen 1, 2, 3 und 4. Anschließend folgt die zweite Reihe. Hier definieren Sie ganz normal die Zelle 5. Bei der Definition der Zelle 6 übergeben Sie die Attribute und Parameter `colspan="2"` und `rowspan="3"`. Dies bedeutet, dass sich die Zelle über zwei Spalten und drei Zeilen erstrecken soll. Anschließend folgt die Zelle 8. In der Reihe 3 definieren Sie lediglich die Zellen 9 und 12 und in Reihe 4 die Zellen 13 und 16. Dann beenden Sie die Tabellendefinition. Das vollständige Beispiel-Listing und die Abbildung sehen folgendermaßen aus:

```
<!DOCTYPE HTML PUBLIC "-//W3C//DTD HTML 4.01 Transitional//EN">
<!-- Zellenverbund -->
<html>
  <head>
    <title>Listing 3.7</title>
  </head>
  <body>
    <h1>Zellenverbund über mehrere Reihen und Spalten</h1>
    <table border="1" width="100%">
      <tr>
        <td>1</td><td>2</td><td>3</td><td>4</td>
      </tr>
      <tr>
        <td>5</td>
        <td colspan="2" rowspan="3">6, 7, 10, 11, 14 und 5</td>
        <td>8</td>
      </tr>
      <tr>
        <td>9</td><td>12</td>
      </tr>
      <tr>
        <td>13</td><td>16</td>
      </tr>
    </table>
  </body>
</html>
```

Listing 9.7 Zellenverbund über mehrere Spalten und Zellen

[×] Aufgrund der Beispiele in diesem Kapitel sollten Sie also bei komplexen Tabellenstrukturen vorher immer eine Zeichnung anlegen oder sich zumindest ganz genau überlegen, wie die Tabelle später aussehen soll. Dadurch können Sie eine Menge Zeit sparen.

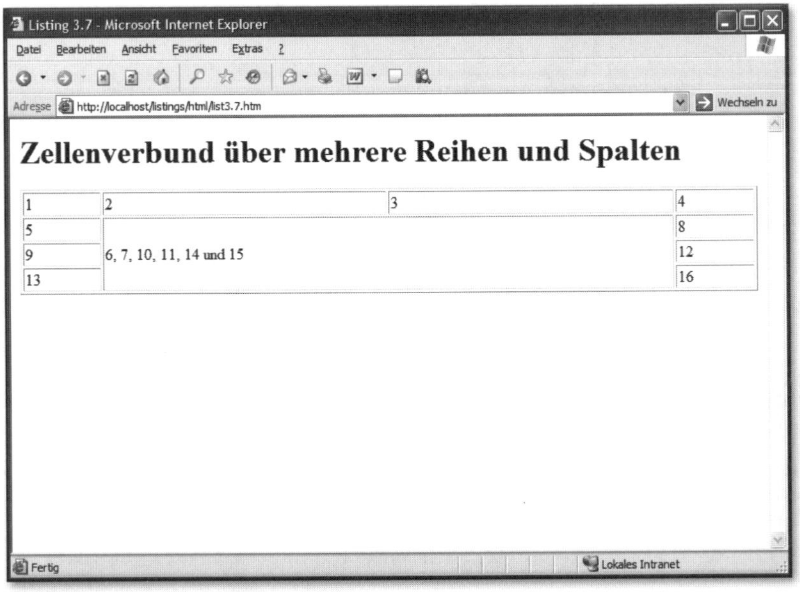

Abbildung 9.13 Darstellung von Listing 9.7 im Internet Explorer 6.0

9.7 Gruppierungen

Es gibt verschiedene Möglichkeiten, Tabelleninhalte logisch zu unterteilen und in unterschiedlichen Gruppen zusammenzufassen. So haben Sie die Möglichkeit, die Anzahl der Spalten vorzudefinieren oder eine Tabelle in einen Kopf-, Körper- und Fußteil zu unterteilen.

9.7.1 Spaltengruppen

Für das Vordefinieren von Spalten werden zwei neue Elemente benötigt: `colgroup` (engl. *column group*, dt. *Spaltengruppe*) und `col` (engl. *column*, dt. *Spalte*). Es gibt jedoch zwei unterschiedliche Möglichkeiten, Spaltengruppen zu definieren.

Variante 1 In der ersten Variante notieren Sie das Element `colgroup` und in dessen Gültigkeitsbereich so viele Elemente des Typs `col`, wie Spalten in der Tabelle vorhanden sind. Anstatt jeder einzelnen Zelle einer Spalte die Breite explizit zuweisen zu müssen, können Sie nun die `col`-Elemente einsetzen. Soll beispielsweise eine Tabelle vier Spalten mit den Breiten 15 %, 20 %, 35 % und 30 % enthalten, würde die entsprechende Definition so aussehen:

```
<colgroup>
  <col width="15%">
  <col width="20%">
  <col width="35%">
  <col width="30%">
</colgroup>
```

Wie Sie sehen können, wurde für das `col`-Element kein Ende-Tag notiert. Die Angabe von `</col>` ist auch nicht erlaubt bzw. vorgesehen. [«]

Natürlich können Sie für die Breite auch Pixelangaben machen. Es gibt aber noch eine dritte Möglichkeit: relative Breitenangaben. So können Sie einer Spalte eine Breite von 5 Anteilen der Gesamttabelle zuweisen. Hinter der Zahl muss lediglich ein Sternchen notiert werden.

```
<colgroup>
  <col width="1*">
  <col width="3*">
  <col width="5*">
  <col width="7*">
</colgroup>
```

Die Gesamtbreite der Tabelle beträgt 16/16. Die erste Spalte ist 1/16, die zweite 3/16, die dritte 5/16 und die vierte 7/16 breit. Dies kommt aber erst dann zur Geltung, wenn die Gesamtbreite der Tabelle im Start-Tag von `table` mittels `width` angegeben wurde.

Möchten Sie, dass alle Spalten die gleiche Breite besitzen, können Sie auf die `col`-Elemente verzichten und müssen nur das `colgroup`-Element verwenden. **Variante 2**

```
<colgroup span="4" width="150">
</colgroup>
```

Das Attribut `span` definiert dabei die Anzahl der Spalten (insgesamt also vier), und das Attribut `width` definiert die jeweilige Spaltenbreite von 150 Pixel. Natürlich können Sie auch hier prozentuale oder anteilige Angaben machen.

9.7.2 Logische Gruppierung

Wie bereits erwähnt, können Sie eine Tabelle in einen Kopf-, einen Körper- und einen Fußteil unterteilen. Die entsprechenden Elemente lauten:

- `thead` (engl. *table head*, dt. *Tabellenkopf*)
  definiert den Kopfteil der Tabelle.
- `tfoot` (engl. *table foot*, dt. *Tabellenfuß*)
  definiert den Fußteil der Tabelle.
- `tbody` (engl. *table body*, dt. *Tabellenkörper*)
  definiert den Körperteil der Tabelle.

[»] Die Reihenfolge dieser Elemente ist explizit festgelegt und lautet `thead` > `tfoot` > `tbody`. Die entsprechenden Inhalte, die den einzelnen Gruppen zugewiesen werden sollen, müssen im Gültigkeitsbereich der einzelnen Elemente (also zwischen Start- und Ende-Tag) notiert werden.

```
<!DOCTYPE HTML PUBLIC "-//W3C//DTD HTML 4.01 Transitional//EN">
<!-- Logische Tabellengruppierung -->
<html>
  <head>
    <title>Listing 3.8</title>
  </head>
  <body>
    <table border="1" width="100%" rules="groups">
    <thead>
      <tr>
        <th>Spalte 1</th><th>Spalte 2</th><th>Spalte 3</th>
      </tr>
    </thead>
    <tfoot>
      <tr>
        <td>Anm. 1</td><td>Anm. 2</td><td>Anm. 3</td>
      </tr>
    </tfoot>
    <tbody>
      <tr>
        <td>Inhalt 1</td><td>Inhalt 2</td>
        <td>Inhalt 3</td>
      </tr>
      <tr>
        <td>Inhalt 4</td><td>Inhalt 5</td>
        <td>Inhalt 6</td>
      </tr>
    </tbody>
    </table>
  </body>
</html>
```

Listing 9.8 Beispiel für thead, tfoot und tbody

[×] Besondere Beachtung muss in diesem Beispiel das Attribut `rules` im `table`-Start-Tag finden. Für die Verwendung dieses Attributs muss außerdem das Attribut `border` im Start-Tag von `table` notiert werden. Mit `rules` können Sie die Darstellung des Tabellenrahmens beeinflussen. Dafür stehen Ihnen fünf verschiedene Attribute zur Verfügung.

Parameter	Erklärung
none	Verhindert die Darstellung der inneren Linien. Der Außenrahmen wird jedoch dargestellt.
all	Zeigt alle Linien an, sowohl innen als auch außen.
cols	Zeigt die Linien zwischen den Spalten, aber nicht zwischen den Zeilen an.
rows	Zeigt die Linien zwischen den Reihen, aber nicht zwischen den Spalten an.
groups	Zeigt Linien zwischen den einzelnen Tabellengruppen an.

Tabelle 9.3 Mögliche Parameter für das Attribut rules

In Listing 9.8 wurde der Parameter `groups` für `rules` verwendet. Dadurch werden die Linien des Rahmens in Abbildung 9.14 nur horizontal zwischen den Gruppen dargestellt.

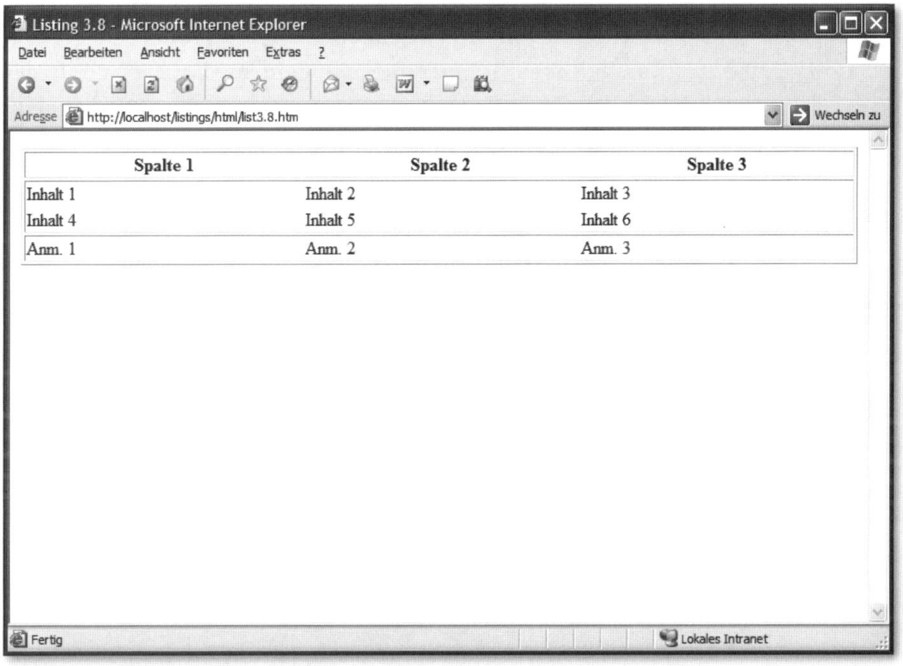

Abbildung 9.14 Darstellung des Listings 9.8 im Internet Explorer 6.0

9.8 Fragen und Übungen

1. Übertragen Sie das Tabellenlayout aus Abbildung 9.15 in HTML. Zellen mit fett gedrucktem Text stellen Kopfzellen dar. Alle anderen Zellen sind Datenzellen. Der Text der Zellen der letzten Zeile soll kursiv dargestellt werden. Die Breite der Tabelle soll 100 % betragen.

Umsätze der deutschen Filialen in Millionen					
Filiale/Jahr	**1997**	**1998**	**1999**	**2000**	**2001**
Berlin	3,2	2,9	3,3	1,9	2,3
Hamburg	1,2	1,4	1,5	1,3	2,0
München	0,3	0,7	0,6	1,1	1,0
Frankfurt	0,5	0,7	1,3	1,6	1,9
Gesamt	*5,2*	*5,7*	*6,7*	*5,9*	*7,2*

Abbildung 9.15 Übungstabelle

2. Weisen Sie der Tabelle die Überschrift »Umsätze der deutschen Filialen in Millionen« zu, jedoch nicht mittels des `caption`-Elements, sondern duch das Verbinden der Zellen in der ersten Zeile.
3. Unterteilen Sie die Tabelle sinnvoll in Tabellenkopf, -körper und -fuß, und setzen Sie das Attribut `rules` auf `groups`. Ändern Sie außerdem die Überschrift der Tabelle, indem Sie anstatt eines Zellenverbunds das `caption`-Element verwenden.
4. Ändern Sie abwechselnd die Hintergrundfarbe der Zeilen. Verwenden Sie die Grautöne `#DDDDDD` und `#BBBBBB`. Fangen Sie mit der zweiten Farbe an. Setzen Sie außerdem den Zellenabstand auf 0.
5. Richten Sie den gesamten Tabelleninhalt horizontal zentriert aus.

Ich habe die IT-Leitung eines Multimedia-Unternehmens und werde sehr häufig von meinen Mitarbeitern zu den verschiedensten PC-Problemen angesprochen, deren Ursache ich mir selbst manchmal nicht erklären kann. Meine »Weisheit« dazu ist kurz und einleuchtend: »Es gibt Dinge, die muss man nicht verstehen, die sind einfach so.«
– Aus PC-Magazin

10 Grafiken und Multimedia

Dieses Kapitel befasst sich mit der Einbindung (Referenzierung) von Grafik- und Multimedia-Objekten in HTML-Dokumente. Dies ist eine der wohl interessantesten Möglichkeiten von HTML. Dabei werden die einzelnen Grafik- und Multimedia-Formate vorgestellt und auch die unterschiedlichen Vorgehensweisen zur Implementierung angeführt.

10.1 Grafikformate

Die Grundvoraussetzung für eine Grafik, die in HTML-Dokumente eingebunden werden soll, ist eine geringe Dateigröße bei hoher Auflösung. Das in Windows-Kreisen häufig verwendete BMP-Format ist daher denkbar ungeeignet, da jeder Bildpunkt einer solchen Grafik einzeln gespeichert wird. Ein Bild von der Größe 800 × 600 Pixel und einer Farbtiefe von 256 Farben (8 Bit) ist somit 468,75 KB groß (800 × 600 × 8 Bit = 3.840.000 Bit = 480.000 Byte). Bei einer Farbtiefe von 16 oder gar 32 Bit verdoppelt bzw. vervierfacht sich diese Dateigröße. Nutzer mit einer langsamen Anbindung an das Internet, z. B. via Modem oder ISDN, warten dann ein bis vier Minuten (je nach Farbtiefe), bis eine solche Grafik heruntergeladen worden ist und im Browser dargestellt werden kann. Den meisten Nutzern reißt nach einer halben Minute meistens schon der Geduldsfaden, und sie surfen genervt zu einer anderen Seite.

Drei wichtige Formate

Daher haben sich im Laufe der Zeit drei verschiedene Formate im World Wide Web durchgesetzt: GIF, JPEG und PNG. Alle diese Formate verfügen über spezielle Kompressionsalgorithmen, um die Größe der Datei auch bei hohen Auflösungen und Farbtiefen so gering wie möglich zu halten. Dabei gehen alle drei Formate unterschiedliche Wege, und genauso unterschiedlich sind auch ihre Möglichkeiten und folglich ihre Anwendungsbereiche.

10.1.1 GIF

Die Abkürzung GIF steht für »Graphics Interchange Format«. Dateien dieses Typs besitzen in der Regel die Endung **.gif**. Eingeführt hat dieses Format der Online-Provider Compuserve, und es basiert auf dem LZW-Kompressionsalgorithmus. Dieser ermöglicht eine sehr geringe Dateigröße bei hoher Auflösung, jedoch auf Kosten der Farbtiefe. Es stehen maximal 256 Farben zur Verfügung. Dateien dieses Formats eignen sich daher nur für Grafiken mit sehr wenig Farbverläufen. Bilder sind in diesem Format also eher schlecht aufgehoben. Umso besser eignet sich das Format aber für Schaltflächen, Trennlinien, Kachelhintergründe und Ähnliches.

Beispielrechnung

Ein Bild in der Abmessung 800 × 600 Pixel bei 256 Farben wäre, wie bereits erwähnt, im BMP-Format 480.000 Byte groß. Das gleiche Bild im GIF-Format kann bis zu 30-mal kleiner sein. So ergibt sich eine ungefähre Mindestgröße von 16.000 Byte, und die Ladedauer beträgt lediglich zwei Sekunden.

Formate und Features

Mittlerweile gibt es das GIF-Format in den Versionen 87a und 89a. Die am weitesten verbreitete Version ist 89a. Sie bietet drei Möglichkeiten, die sie von anderen Formaten hervorhebt:

- **Transparenz**
  Aufgrund der Festlegung einer GIF-Grafik auf 256 Farben entsteht eine so genannte **Farbpalette**, die in der GIF-Grafik gespeichert wird. Eine dieser 256 Farben lässt sich nun als transparent festlegen. Im Browser würde diese Farbe der Grafik nicht dargestellt werden, und die darunter liegenden Elemente würden durchscheinen.
- **Interlacing**
  Diese Möglichkeit sollten Sie vor allem bei größeren GIF-Grafiken verwenden. Dadurch wird die Grafik nicht wie üblich zeilenweise im Browser ausgegeben, sondern in mehreren Schritten – mit einer geringeren Qualität und Farbtiefe beginnend bis hin zur endgültigen Qualität und Farbtiefe. Ein Benutzer ist somit in der Lage, vor dem Ende des Ladevorgangs der Grafik zu erkennen, was ihn erwartet.
- **Animation**
  Ähnlich einem Daumenkino werden bei einer Animation mehrere GIF-Grafiken zu einer Datei zusammengefügt und als Bilder-Show nacheinander dargestellt. Nach einer vorher festgelegten Zeit wechselt der Browser diese Bilder. Solche GIF-Grafiken sind auch als »animierte GIFs« oder »AniGifs« bekannt. Der Nachteil dabei ist, dass sich die Dateigröße mit jedem Animationsschritt deutlich erhöht.

[x] Die Firma Unisys besitzt das Patent für den LZW-Kompressionsalgorithmus. Gegen nicht lizenzierte GIF-Grafiken kündigte Unisys 1999 juristische Schritte an, was dazu führte, dass man von GIF-Grafiken Abstand genommen hat und Alternativen verwendet.

Daher ist im Freeware- bzw. Open Source-Bereich die Unterstützung dieses Formats eher selten, da sie für Hersteller von Grafik-Software mit Lizenzkosten verbunden ist, und sich dies in Freeware-Kreisen als finanziell unmöglich darstellt.

[«] Einige Beispiele zu animierten, Interlaced-Grafiken und transparenten GIF-Grafiken finden Sie auf der dem Buch beiliegenden DVD-ROM im Verzeichnis **x:\misc\gif**.

10.1.2 JPEG

JPEG ist die Abkürzung für »Joint Photographic Experts Group« und bezeichnet eine Gruppe von Experten, die das JPEG-Format entwickelt haben und noch immer weiterentwickeln. Bei der Speicherung für dieses Format wird ein anderer Weg als beim GIF-Format gegangen. Mittels Kosinus-Berechnungen und einem speziellen Kodierungsverfahren wird die Grafik zuerst in 8 × 8 Pixel große Blöcke unterteilt und anschließend komprimiert. Dieses Verfahren eignet sich besonders für Grafiken mit vielen Farbverläufen (z. B. Fotos), da ein als JPEG gespeichertes Bild über maximal 16,7 Millionen Farben verfügen kann.

JPEG für Fotos

Weniger eignet sich das JPEG-Format für Grafiken mit scharfen Kanten und gleichmäßig farbigen Flächen (ähnlich einer Comic-Zeichnung). Die Farbflächen sehen dann häufig verwaschen aus, und die Kanten wirken stark verzerrt. Leider komprimiert JPEG ein Bild, indem es bewusst auf Bildinformationen verzichtet, was deutliche Spuren in der Qualität des Bilds zurücklässt, aber auch eine geringe Dateigröße ermöglicht.

Die Qualität eines Bilds können Sie durch zwei verschiedene Parameter beeinflussen:

- **Kompressionsstufe**
  Die Angabe der Kompressionsstufe erfolgt in Prozent. Je höher dieser Wert ist, desto geringer ist die Dateigröße und desto geringer ist auch die Qualität.
- **Auflösung**
  Für Grafiken, die auf einem Monitor dargestellt werden sollen, wird oft eine Auflösung von 72 dpi verwendet. Die Einheit dpi steht für »**d**ots **p**er **i**nch« (Punkte pro Zoll) und gibt an, wie viele Punkte auf einen Zoll (ca. 2,54 cm) dargestellt werden sollen. Die Auflösung von 72 dpi reicht für die Darstellung am Bildschirm oder in HTML-Dokumenten vollkommen aus. Für die Ausgabe auf einem Drucker sollte die Auflösung bei mindestens 300 dpi liegen.

[×] Wie bei GIF-Grafiken auch können Sie JPEG-Grafiken interlaced darstellen. Diese Methode heißt bei JPEG »progressive«. Es wird zuerst das komplette Bild in minderer Qualität dargestellt, bis die gesamte Datei geladen worden ist, und dann wird es durch die qualitativ hochwertigere Grafik ersetzt.

In der Regel enden Dateien des Typs JPEG auf **.jpg**. Jedoch sind auch die Varianten **.jpe** und **.jpeg** möglich.

JPEG2000

Zurzeit wird das JPEG2000-Format entwickelt. Dies ist eine überarbeitete Version von JPEG, das sich vom normalen JPEG-Format hauptsächlich durch die Art der Komprimierung unterscheidet. Sie soll höhere Kompressionsfaktoren bei besserer Bildqualität liefern und wird durch Wavelets realisiert. Ein weiterer Unterschied ist die Bestimmung einer **region of interest**. Der interessanteste Teil eines Bilds wird festgelegt und mit einem geringeren Kompressionsfaktor als die umliegenden Bildregionen bearbeitet. Dadurch lässt sich die Dateigröße zusätzlich reduzieren.

[»] Beispiele für verschiedene Grafiken, die mit JPEG komprimiert wurden, finden Sie auf der dem Buch beiliegenden DVD-ROM im Verzeichnis **x:\misc\jpeg**.

10.1.3 PNG

Die Auflösung der Abkürzung PNG (sprich: ping) lautet »**P**ortable **N**etwork **G**raphics«. PNG wurde vom W3-Konsortium als Alternative zum JPEG- und GIF-Format entwickelt. Es soll die Vorteile beider Formate kombinieren und die jeweiligen Nachteile auf ein Minimum reduzieren. Dies bedeutet verlustfreie Kompression, 16,7 Millionen Farben inklusive Transparenz und Interlaced- bzw. Progressive-Funktion. Die übliche Dateiendung lautet **.png**.

Verlustfreie Komprimierung

Die verlustfreie Kompression geht leider auf Kosten der Dateigröße, da sie sich nicht beeinflussen lässt, sondern von den Bildinformationen abhängt. Sie basiert auf der arithmetischen Kompression, die auch bei JPEG2000 und bei ZIP (Kompressionsformat für Dateien) verwendet wird. Dabei werden sich wiederholende Bitmuster zusammengefasst und deren Anzahl abgespeichert. Dies funktioniert zwar bei comicähnlichen Grafiken sehr gut, da sich hier die Bitmuster häufig wiederholen, bei feinen Farbübergängen, wie sie in Fotos häufig auftreten, finden sich jedoch wenig gleiche Bitmuster.

Variable Farbtiefe

Die Farbtiefe einer PNG-Grafik hängt von der gewählten Methode ab. Entweder stehen alle 16,7 Millionen Farben normal zur Verfügung oder sie werden in einer Farbpalette notiert. Letztere Variante hat den Vorteil, dass zum Rot-, Grün- und Blauanteil zusätzlich ein Alpha-Wert gespeichert werden kann. Dieser Alpha-Wert bestimmt den Grad der Transparenz einer Farbe. Dadurch lassen sich Transparenzeffekte viel feiner ausarbeiten, als es mit dem GIF-Format möglich wäre, bei dem nur eine Farbe als transparent deklariert werden kann.

Ausgereifter als JPEG

Der schichtweise Aufbau einer PNG-Grafik ist wesentlich ausgereifter als bei einer JPEG-Grafik, da lediglich ca. 2 % der Bildinformationen ausreichen, um eine Vorschaugrafik darzustellen. Für JPEG werden hingegen ca. 15 % benötigt.

Gammakorrektur und Copyright

Das Neue an dem Format sind die Gammakorrektur und die Informationen zu Bildherkunft und eventuellen Copyrights. Die Gammakorrektur bestimmt die ursprüngliche Belichtung eines Bilds und stellt es auf jedem Rechner (unabhängig von Hard- und Software) originalgetreu dar, während die Informationen zur Bildherkunft den Bildtitel, den Künstler, eine Beschreibung und Copyright-Hinweise enthalten können, was gerade im WWW besonders von Vorteil ist und dem Schutz des Urheberrechts dient.

Animationen lassen sich mit dem PNG-Format jedoch nicht realisieren, was ebenfalls zur schleppenden Verbreitung des Formats im WWW beiträgt. Aber auch die mangelhafte Unterstützung durch die Browser (egal ob Netscape, Microsoft, Opera etc.) behindert die Verbreitung, da es von Version zu Version verschieden sein kann, ob eine PNG-Grafik dargestellt wird oder eben nicht. **Animationen**

Einige Beispiele für PNG-Grafiken finden Sie auf der beiliegenden DVD-ROM im Verzeichnis **x:\misc\png**. [«]

10.1.4 SVG

Eine vollständig andere Art von Grafik bieten SVG-Grafiken (*Scalable Vector Graphics*). Dieses Format verwendet zur Darstellung so genannte Vektoren und basiert auf der Auszeichnungssprache XML. SVG ist ideal, wenn Sie Zeichnungen, Diagramme oder ähnliches darstellen wollen. Leider hat dieses Format sich nicht auf breiter Basis durchsetzen können. Viele Browser benötigen eine Erweiterung, um dieses Format darstellen zu können. Somit eignet es sich nicht für normale Internet-Anwendungen. Nichtsdestotrotz ist es ein spannendes Format, bei dem wir darauf hoffen dürfen, dass es zukünftig besser unterstützt wird.

10.2 Grafiken einbinden

Zur Verwendung von Grafiken in HTML-Dokumenten stellt HTML – wie sollte es anders sein – ein spezielles Element zur Verfügung: `img` (engl. *image*, dt. *Abbildung*). Dieses Element besitzt keinen Gültigkeitsbereich und verfügt somit auch nicht über ein Ende-Tag. Mit Hilfe dieses Elements können Sie in jedem populären Browser eine GIF- oder JPEG-Grafik einbinden. PNG-Grafiken sind natürlich auch möglich; wie bereits erwähnt wurde, werden sie aber nicht von jedem Browser unterstützt.

```
<!DOCTYPE HTML PUBLIC "-//W3C//DTD HTML 4.01 Transitional//EN">
<!-- Grafiken in HTML -->
<html>
  <head>
    <title>Listing 4.1</title>
  </head>
  <body>
    <h1>Die Freiheitsstatue</h1>
    <img src="statue-of-liberty.jpg">
  </body>
</html>
```

Listing 10.1 Beispiel für das img-Element

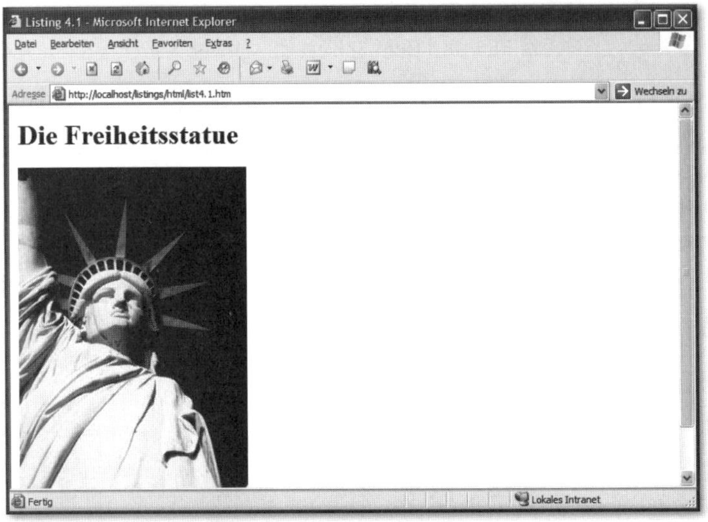

Abbildung 10.1 Darstellung des Listings 10.1 im Internet Explorer 6.0

Wie in Listing 10.1 zu erkennen ist, wird dem `img`-Element die darzustellende Grafik als Parameter mit dem `src`-Attribut (engl. *source*, dt. *Quelle*) übergeben. Es muss der vollständige Dateiname inklusive der Dateierweiterung und des Pfades angegeben werden. Wenn Sie wie in diesem Beispiel keinen Pfad angeben, geht der Browser davon aus, dass die Grafik-Datei im selben Ordner liegt wie die HTML-Seite.

[×] Achten Sie besonders auf Groß- und Kleinschreibung. Zwar macht dies in einer Windows-Umgebung keinen Unterschied, wohl aber unter UNIX/Linux, die am häufigsten als Basis für Webserver verwendet werden. Die einfachste Lösung ist, alle Dateinamen und -endungen kleinzuschreiben. Außerdem sollten Sie auf Sonderzeichen wie ä, ö, ü, ß und Ähnliches verzichten, da es solche Zeichen im englischen Alphabet nicht gibt. Verwenden Sie also nur die Buchstaben von a bis z, die Zahlen von 0 bis 9, den Unterstrich »_«, das Minus-Zeichen »–« und das Punktzeichen ».«. Damit sind Sie immer auf der sicheren Seite.

10.2.1 Alternativ-Text und title.-Attribut

Sollte es einmal vorkommen, dass eine Grafik, die Sie einbinden möchten, nicht verfügbar ist oder der Benutzer die Darstellung von Grafiken in seinem Browser unterbunden hat, können Sie einen alternativen Text angeben, der innerhalb des `<img>`-Tags mit dem Attribut `alt` (engl. *alternative*, dt. *Alternative*) zugewiesen werden kann

```
<img src="bild.gif" alt="Das ist eine GIF-Grafik">
```

Beachten Sie die Kodierung von Sonderzeichen. Es gelten die gleichen Regeln wie für Sonderzeichen in einem HTML-Dokument.

```
<img src="statue-of-liberty.jpg" alt="Sch&ouml;ne Statue">
```

Dieser Text wird auch als zusätzliche Information im Browser angezeigt, wenn Sie beispielsweise den Mauszeiger längere Zeit an der gleichen Stelle über einem Bild schweben lassen. Dieser Effekt, der auch als *Tooltip* bezeichnet wird, kann in einigen Fällen erwünscht sein, aber er kann auch stören. Das `alt`-Attribut sollte primär für einen Text genutzt werden, der erscheint, wenn das eigentliche Bild nicht verfügbar ist. Möchten Sie einen wirklichen Tooltip, also einen Hinweis oder eine Erklärung, einblenden lassen, dann sollten Sie dafür das `title`-Attribut nutzen. Dieses hat Vorrang vor dem `alt`-Attribut. Das heißt, wenn der Mauszeiger über dem Bild stehen bleibt, dann wird der Text aus dem `title`-Attribut eingeblendet. In diesem Fall:

```
<img src="statue-of-liberty.jpg" alt="Freiheitsstatue" title="Hier
klicken">
```

würde das *Hier klicken* eingeblendet, wenn der Mauspfeil über dem Bild steht, und das *Freiheitsstatue* erscheint, wenn die Grafik nicht angezeigt werden kann.

10.2.2 Breite und Höhe

Jede Grafik besitzt eine vordefinierte Breite und Höhe. Standardmäßig wird eine Grafik in HTML in ihrer Originalgröße dargestellt. Sie können dies aber zusätzlich explizit festlegen oder auch verändern. Dadurch lassen sich Grafiken in ihrem Seitenverhältnis verändern bzw. verzerren. Die Breite wird durch das bekannte Attribut `width` und die Höhe durch das ebenfalls bekannte Attribut `height` angegeben. Das Bild der Freiheitsstatue in Abbildung 10.1 ist 266 Pixel breit und 398 Pixel hoch.

```
<img src="statue-of-liberty.jpg" width="266" height="398">
  <!-- Grafik wird in Originalgröße dargestellt -->
<img src="statue-of-liberty.jpg" width="266" height="199">
  <!-- Grafik halb so hoch dargestellt -->
<img src="statue-of-liberty.jpg" width="532" height="398">
  <!-- Grafik wird doppelt so breit dargestellt -->
```

Wahlweise lassen sich auch relative Angaben zur Originalgröße mittels Prozentangaben machen. Diese Angaben beziehen sich dann auf den zur Verfügung stehenden Raum innerhalb eines anderen Elements. Wenn Sie eine Grafik beispielsweise direkt im Gültigkeitsbereich des `body`-Elements einbinden und die Breite auf 100 % setzen, so wird die Grafik auf den gesamten zur Verfügung stehenden Platz ausgedehnt.

```
<img src="statue-of-liberty.jpg" width="100%" height="100%">
  <!-- Streckt die Grafik über die gesamte zur Verfügung
   stehende Breite und Höhe -->
<img src="statue-of-liberty.jpg" width="50%" height="50%">
  <!-- Streckt die Grafik auf die halbe zur Verfügung
   stehende Breite und Höhe -->
<img src="statue-of-liberty.jpg" width="50%" height="200%">
  <!-- Streckt die Grafik auf die doppelte Höhe und halbe Breite des zur
   Verfügung stehenden Platzes -->
```

10.2.3 Rahmen

Zusätzlich können Sie eine Grafik mit einem Rahmen versehen. Dazu müssen Sie im `<img>`-Tag das Attribut `border` setzen und die Breite des Rahmens in Pixel als Parameter übergeben. Eine Grafik mit einem 3 Pixel breiten Rahmen würde dann wie folgt notiert werden:

```
<img src="bild.gif" border="3">
  <!-- 3 Pixel breiter Rahmen -->
```

Optional lässt sich das Darstellen eines Rahmens auch verhindern. Der Parameter des `border`-Attributs muss dann auf 0 gesetzt werden.

```
<img src="bild.gif" border="0">
  <!-- kein Rahmen -->
```

[x] Das Unterbinden des Rahmens kann mehrere sinnvolle Gründe haben, z. B. dass die Grafik als Hyperlink verwendet wird. Wie das genau funktioniert, dazu später mehr.

10.2.4 Grafiken ausrichten

Da Grafiken standardmäßig am linken Rand des Elternelements ausgerichtet werden, können Sie mit dem Attribut `align` die Ausrichtung beeinflussen. Möglich sind die Parameter `left`, `center` und `right`, die eine Ausrichtung am linken Rand, in der Mitte oder am rechten Rand bewirken.

```
<img src="bild.gif" align="left">
  <!-- Ausrichtung am linken Rand -->
<img src="bild.gif" align="center">
  <!-- Ausrichtung in der Mitte -->
<img src="bild.gif" align="right">
  <!-- Ausrichtung am rechten Rand -->
```

10.3 Transparente Grafiken

In GIF-Grafiken ist es möglich, eine Farbe der Palette als transparent zu deklarieren. Bei der Darstellung in HTML wird diese Farbe der Grafik ignoriert und stattdessen der darunter befindliche Inhalt angezeigt. Sehen Sie sich dafür ein Beispiel an. Die beiden verwendeten Grafiken sehen Sie in Abbildung 10.2.

```
<!DOCTYPE HTML PUBLIC "-//W3C//DTD HTML 4.01 Transitional//EN">
<!-- Transparente Grafiken in HTML -->
<html>
  <head>
    <title>Listing 4.2</title>
  </head>
  <body background="line.gif">
    <img src="checker.gif">
```

```
  </body>
</html>
```

Listing 10.2 Beispiel für transparente Grafiken

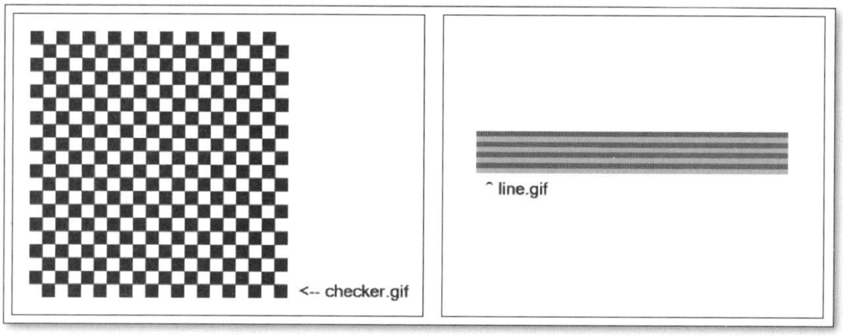

Abbildung 10.2 Die Grafiken aus Listing 10.2

Das im Start-Tag des `body`-Elements verwendete Attribut `background` ist Ihnen bisher unbekannt. Ich werde es Ihnen in Abschnitt 10.4, *Hintergründe*, ausführlicher erklären.

Als Hintergrund für das gesamte HTML-Dokument wird die Grafik **line.gif** verwendet. Im Gültigkeitsbereich des `body`-Elements wurde zusätzlich die Grafik **checker.gif** eingebunden (siehe Abbildung 10.2). Während die **line.gif**-Grafik keine transparente Palettenfarbe enthält, ist in der **checker.gif**-Grafik die Transparenz auf die Farbe Weiß gesetzt worden.

In Abbildung 10.3 können Sie nun die als Hintergrundgrafik des HTML-Dokuments verwendete **line.gif**-Grafik durch die eigentlich weiß darzustellenden Flächen durchscheinen sehen, während sie von den schwarzen Flächen überdeckt wird.

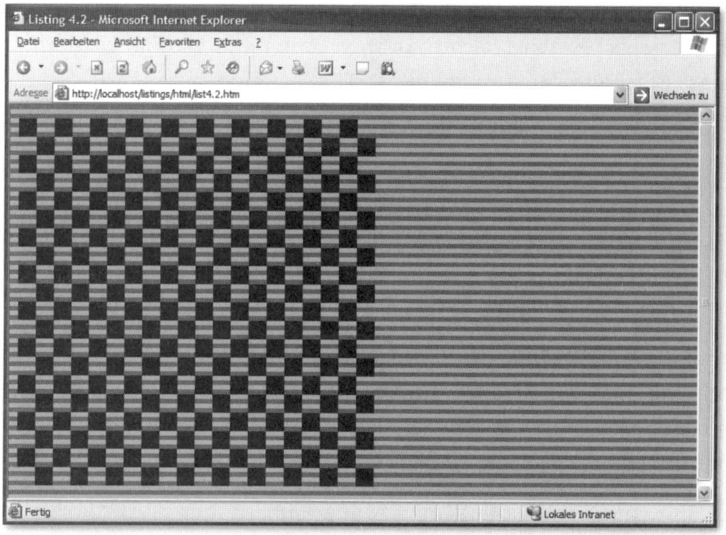

Abbildung 10.3 Darstellung des Listings 10.2

[»] Sie müssen also in HTML nicht explizit festlegen, dass eine GIF-Grafik mit einer transparenten Farbe auch dementsprechend transparent dargestellt werden soll. Auf der anderen Seite können Sie dies auch nicht unterbinden.

10.3.1 Blind- oder Fake-GIFs

Manchmal kommt es vor, dass Sie Grafiken oder verschiedene Elemente pixelgenau ausrichten möchten. Mit den normalen HTML-Tags lässt sich dies aber nur sehr schwer beeinflussen und höchstens mit Tabellen halbwegs bewerkstelligen. Mittels GIF-Grafiken lässt sich dieses Problem aber lösen: durch so genannte Blind- oder Fake-GIFs, die teilweise auch als Spacer-GIFs bezeichnet werden. Solche Grafiken sind in der Regel 1 × 1 Pixel groß und besitzen nur eine Farbe, z. B. Weiß. Diese Farbe wurde zusätzlich als transparent deklariert. Wenn Sie eine solche Grafik also in Ihr HTML-Dokument einbinden, ist diese nicht zu sehen, aber vorhanden. Durch die Attribute `width` und `height` können Sie das Blind-GIF nun in seiner Breite und Höhe beliebig verändern und somit einen pixelgenauen Abstand zwischen zwei Elementen erzeugen.

[»] Sie finden ein solches GIF auf der beiliegenden DVD-ROM im Verzeichnis **x:\misc\blind.gif**.

10.4 Hintergründe

Bereits im vorangegangenen Kapitel haben Sie das Attribut `background` kennengelernt. Dieses Attribut darf im `body`-Start-Tag notiert werden und setzt für das gesamte HTML-Dokument eine Hintergrundgrafik. Dabei steht es Ihnen frei, welches Grafik-Format Sie verwenden. Hauptsache, es wird von allen gängigen Browsern unterstützt (das beschränkt die Auswahl auf JPEG und GIF). Dabei ist die Abmessung der Grafik egal, da sie gekachelt wird, also so oft horizontal und vertikal wiederholt wird, bis das gesamte Browserfenster ausgefüllt ist. Die Notation lautet:

```
<body background="bild.gif">
```

[»] Auch bei diesem Attribut gelten die gleichen Regeln wie für das `src`-Attribut des `img`-Elements. Verzichten Sie auf Sonderzeichen im Dateinamen, schreiben Sie alles klein und denken Sie daran, die Dateinamenerweiterung zusätzlich zum Dateinamen zu notieren.

Die Grafik aus Abbildung 10.2, **line.gif**, ist im Original nur 100 × 20 Pixel groß, jedoch ist in Abbildung 10.3 der gesamte Hintergrund mit dieser Grafik gekachelt worden. Dadurch lassen sich teilweise sehr eindrucksvolle Effekte erzielen wie z. B. ein Farbverlauf, der nur mit der Angabe einer Hintergrundfarbe nicht möglich wäre.

Außerdem lassen sich so auch animierte Hintergründe zaubern, und zwar durch animierte GIFs als Hintergrundbild. Dies sollte jedoch nur sehr selten eingesetzt werden, da eine übertriebene Animation im Hintergrund, die zugleich auch noch gekachelt wird, ein HTML-Dokument unleserlich machen kann.

[×] Sie sollten aber immer noch eine alternative Farbe für den Hintergrund mittels `bgcolor` setzen, da es vorkommen kann, dass die Grafik einmal nicht zur Verfügung steht oder der Benutzer Grafiken deaktiviert hat.

```
<!DOCTYPE HTML PUBLIC "-//W3C//DTD HTML 4.01 Transitional//EN">
<!-- Hintergrundgrafiken in HTML -->
<html>
  <head>
    <title>Listing 4.3</title>
  </head>
  <body bgcolor="#CCCCCC" background="marble.gif">
    <h1>Ein Hintergrund im Marmor-Stil</h1>
  </body>
</html>
```

Listing 10.3 Bild als Hintergrund

Abbildung 10.4 Listing 10.3 im Internet Explorer 6.0

10.5 Flash-Filme

Neben Grafiken ist es auch möglich, Multimedia-Objekte (wie beispielsweise Videos, Sounds, SVG-Grafiken oder Ähnliches) in ein HTML-Dokument einzubinden. Ermöglicht wird dies über so genannte Plugins, die Erweiterungen zum verwendeten Browser darstellen und in der Regel von Dritt- bzw. Fremdanbietern stammen. Eines der bekanntesten Browser-Plugins ist der Flash-Player von Macromedia (jetzt Adobe). Er ermöglicht das Darstellen und Wiedergeben eines Flash-Films innerhalb eines HTML-Dokuments.

```
<!DOCTYPE HTML PUBLIC "-//W3C//DTD HTML 4.01 Transitional//EN">
<!-- ShockwaveFlash-Beispiel -->
<html>
  <head>
    <title>Listing 4.4</title>
  </head>
  <body>
    <h1 align="center">Eine funktionierende Taschenuhr</h1>
    <object classid="clsid:D27CDB6E-AE6D-11cf-96B8-444553540000"
codebase="http://download.macromedia.com/pub/shockwave/cabs/flash/
swflash.cab" width="250" height="250" align="center">
      <param name="movie" value="clock.swf">
    </object>
  </body>
</html>
```

Listing 10.4 Beispiel für ein in HTML eingebundenes Flash-Movie

Abbildung 10.5 ShockwaveFlash-Film im Internet Explorer 6.0

Das HTML-Element zum Einbinden verschiedener Datenquellen heißt `object` (dt. *Objekt*). Dieses Element verfügt über die verschiedensten Attribute. Für Flash-Filme sind die wichtigsten Attribute `classid`, `codebase` und natürlich `width`, `align` und `height`.

- **classid**
  Jedes Browser-Plugin verfügt über eine so genannte **ClassID** (Klassenidentifikation), durch die das Plugin eindeutig zu identifizieren ist. Für Flash-Filme lautet

diese immer D27CDB6E-AE6D-11cf-96B8-444553540000 und wird mit dem Präfix clsid: als Parameter an classid übergeben.

- **codebase**
  Sollte das benötigte Plugin auf dem Rechner des Benutzers nicht installiert sein, kann eine Internetadresse angegeben werden, damit das Plugin automatisch installiert werden kann (natürlich erst durch Bestätigung durch den Benutzer). Die entsprechende Internetadresse für Shockwave-Flash finden Sie in Listing 10.4.
- **width**
  Es bestimmt die Darstellungsbreite des Films im HTML-Dokument. Sowohl Pixel- als auch Prozentangaben sind erlaubt.
- **height**
  Es bestimmt die Darstellungshöhe des Films im HTML-Dokument. Sowohl Pixel- als auch Prozentangaben sind erlaubt.
- **align**
  Es bestimmt die Ausrichtung des Films im HTML-Dokument: left (linksbündig), center (zentriert) und right (rechtsbündig).

Die eigentliche Flash-Datei, die eingebunden werden soll, wird mit dem param-Element festgelegt. Dieses Element kennt nur eine feste Schreibweise:

```
<param name="[Parameter]" value="[Wert]">
```

Für Flash müssen Sie den Parameter movie und als Wert den Dateinamen angeben (**clock.swf**).

[x] Da ältere Netscape-Browser das object-Element nicht richtig interpretieren und oft gar nichts anzeigen, ist es sinnvoll, zusätzlich noch das embed-Element im Gültigkeitsbereich des object-Elements zu notieren, auch wenn es nicht zum offiziellen HTML-Standard gehört (und auch nie gehören wird).

```
<object ...>
  ...
  <embed src="clock.swf" width="250" height="250"
      align="center" type="application/x-schockwave-flash"
      pluginspage="http://www.macromedia.com/go/
        getflashplayer">
  </embed>
  ...
</object>
```

Zwei weitere interessante Parameter für Flash-Filme sind quality und bgcolor. Mit quality können Sie die Darstellungsqualität des Films in drei Stufen beeinflussen: low (niedrig), medium (mittel) und high (hoch). Den Hintergrund des Flash-Films können Sie mit bgcolor anpassen. Die Farbe müssen Sie als Hex-Tripel-Wert angeben.

```
<param name="quality" value="high">
<param name="bgcolor" value="#003366">
```

10.6 JavaApplets

Ein weiteres typisches Plugin sind JavaApplets. Dies sind kleine Programme in der Sprache Java. Die Implementierung von JavaApplets kann auf zwei Wegen erfolgen: dem alten und dem neuen.

10.6.1 Das applet-Element

Das alte und gängigste Verfahren ist die Verwendung des `applet`-Elements. Dies ist die ursprünglich von Netscape eingeführte Variante und wurde dann in den HTML 3.2-Standard übernommen.

```
<!DOCTYPE HTML PUBLIC "-//W3C//DTD HTML 4.01 Transitional//EN">
<!--JavaApplet-Beispiel mit applet -->
<html>
  <head>
    <title>Listing 4.5</title>
  </head>
  <body bgcolor="#CCCCCC">
    <h1 align="center">Ein JavaApplet</h1>
    <applet code="hwww.class" width="250" height="250" align="center">
    </applet>
  </body>
</html>
```

Listing 10.5 JavaApplet in HTML mit dem applet-Element

Über das Attribut `code` wird das darzustellende Applet angegeben. In diesem Fall ist das **HelloWorldWideWeb.class**.

[x] Das JavaApplet muss als **.class**-Datei vorliegen (d. h. kompiliert worden sein), damit der Browser es entsprechend darstellen kann.

Mit den Attributen `width` und `height` werden die Abmessungen der Darstellung des Applets im HTML-Dokument beeinflusst. Dabei sind sowohl prozentuale als auch Pixelangaben erlaubt. Über das `align`-Attribut lässt sich die horizontale Ausrichtung festlegen. Erlaubt sind `left`, `center` und `right`.

```
<!DOCTYPE HTML PUBLIC "-//W3C//DTD HTML 4.01 Transitional//EN">
<!-- JavaApplet-Beispiel mit applet -->
<html>
  <head>
    <title>Listing 4.6</title>
  </head>
  <body bgcolor="#CCCCCC">
    <h1 align="center">Ein JavaApplet</h1>
    <applet code="parameter.class" width="250" height="250" align="center">
      <param name="text1" value="Text 1">
```

```
      <param name="text2" value="Text 2">
      <param name="text3" value="Text 3">
    </applet>
  </body>
</html>
```

Listing 10.6 JavaApplet mit Parametern

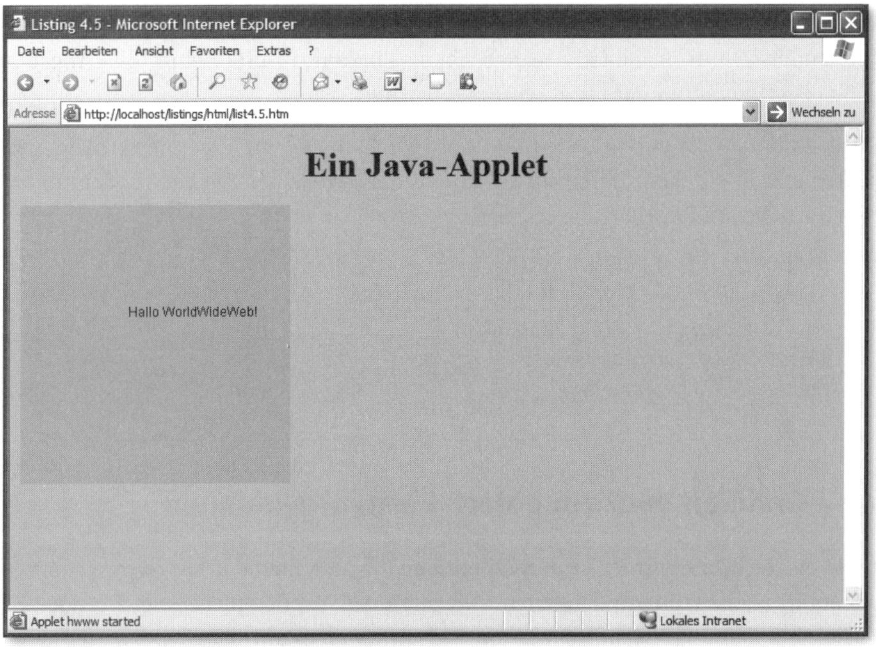

Abbildung 10.6 JavaApplet im Internet Explorer 6.0

An ein JavaApplet lassen sich auch Parameter übergeben. Dafür wird das `param`-Element verwendet. Im Attribut `name` wird der Bezeichner des Parameters angegeben, und der zu übergebende Wert wird im `value`-Attribut festgelegt.

10.6.2 Das object-Element

Der andere Weg, ein JavaApplet einzubinden, führt über das `object`-Element. Dabei ist der syntaktische Grundaufbau der Integration eines Flash-Movies sehr ähnlich.

```
<!DOCTYPE HTML PUBLIC "-//W3C//DTD HTML 4.01 Transitional//EN">
<!-- JavaApplet-Beispiel mit object -->
<html>
  <head>
    <title>Listing 4.7</title>
  </head>
  <body bgcolor="#CCCCCC">
    <h1 align="center">Ein JavaApplet mit
     object-Element</h1>
```

```
    <object classid="java:hwww.class"
     codetype="application/java-vm" width="250" height="250"></object>
  </body>
</html>
```

Listing 10.7 JavaApplet mit object-Element

Das JavaApplet wird im Attribut `classid` als Parameter genannt, wobei dem Pfad und dem Dateinamen `java:` voranzusetzen ist. Im Attribut `codetype` wird der Typ der einzubindenden (Mini-)Applikation angegeben. Für JavaApplets sind die Angaben `application/java` und `application/java-vm` üblich.

Natürlich können Sie auch einem mittels `object`-Element implementierten JavaApplet Parameter übergeben. Dafür wird ebenfalls das `param`-Element verwendet, und es gelten die gleichen Regeln.

```
<object classid="java:hwww.class" codetype="application/java-vm"
  width="250" height="250">
  <param name="text1" value="wert1">
  <param name="textn" value="wertn">
</object>
```

10.7 Grafiken mit dem object-Element einbinden

Wie bereits erwähnt wurde, kann man mit dem `object`-Element fast jeden Datentyp in einem HTML-Dokument darstellen. Zwar unterstützt noch nicht jeder Browser (IE ab Version 5.x und Netscape ab Version 6.x) dieses Element, vom W3C wird es aber stark forciert. Auch Grafiken lassen sich natürlich durch `object` in ein HTML-Dokument einbinden. Die grundsätzliche Notation sieht wie folgt aus:

```
<object data="grafik" type="grafik-typ">Alternative
</object>
```

Alle drei bekannten Grafikformate (GIF, JPEG und PNG) sind erlaubt. Die Grafikdatei wird im Attribut `data` notiert (es verhält sich äquivalent zum `src`-Attribut des `img`-Elements), und der Grafiktyp wird im Attribut `type` angegeben.

- **image/gif**
  Grafikdateien des Typs GIF
- **image/jpeg**
  Grafikdateien des Typs JPEG
- **image/png**
  Grafikdateien des Typs PNG

[x] Die Angaben für den Typ nennen sich **MIME-Typen**. Erst durch sie wird es möglich, jeden beliebigen Datentyp darzustellen. Im Anhang finden Sie eine vollständige Liste dieser MIME-Typen.

Im Gültigkeitsbereich des Elements kann eine Alternative notiert werden, falls der Benutzer in seinem Browser Grafiken deaktiviert hat. Dies ist in den meisten Fällen ein Text.

```
<!DOCTYPE HTML PUBLIC "-//W3C//DTD HTML 4.01 Transitional//EN">
<!-- Grafiken mit object-Element -->
<html>
  <head>
    <title>Listing 4.8</title>
  </head>
  <body>
    <h1 align="center">Eine Grafik mit object-Element</h1>
    <object data="statue-of-liberty.jpg"
     type="image/jpeg">Freiheitsstatue</object>
  </body>
</html>
```

Listing 10.8 Eine Grafik mit object-Element

Abbildung 10.7 Im Hintergrund ist die Freiheitsstatue als Grafik mit dem object-Element im Netscape 6 eingebunden worden, im Vordergrund ist ein Aussschnitt aus der Darstellung im Netscape 6 mit deaktivierten Grafiken zu sehen.

Neben den Attributen `width` und `height`, mit denen die Darstellungsbreite und -höhe festgelegt werden können, lässt sich mit dem Attribut `align` die Ausrichtung des umgebenden Textes beeinflussen. Neben den Standardparametern `left`, `center` und `right` gibt es einige weitere Parameter.

Parameter	Übersetzung	Erklärung
top	oben	Der Text wird obenbündig zum Objekt ausgerichtet.
middle	mittig	Der Text wird mittig zum Objekt ausgerichtet.
bottom	unten	Der Text wird untenbündig zum Objekt ausgerichtet.

Tabelle 10.1 Mögliche Parameter für das Attribut align

Diese drei Parameter sind auch für alle anderen Datentypen gültig, die mit dem `object`-Element referenziert wurden (also auch JavaApplets und Flash-Movies).

10.8 Zusammenfassung

- Grafiken können nicht nur mit dem `img`-Element, sondern auch mit Hilfe des `object`-Elements in ein HTML-Dokument eingebettet werden. Da jedoch noch nicht jeder Browser das `object`-Element vollständig unterstützt, sollte das `img`-Element verwendet werden.
- Grafiken lassen sich mittels verschiedener Attribute in Höhe und Breite unterschiedlich ausrichten und außerdem mit einem Rahmen versehen.
- Das GIF-Format wird für Grafiken mit wenig Farben und harten Farbübergängen verwendet, das JPG-Format für Fotos oder Grafiken mit vielen Farbverläufen, und das PNG-Format kann für beide Arten von Grafik verwendet werden.
- Mit einer transparenten, 1 x 1 Pixel großen GIF-Grafik können Sie Elemente pixelgenau ausrichten.

10.9 Fragen und Übungen

1. Binden Sie eine Grafik in ein HTML-Dokument ein. Die Grafik soll 50 % von der zur Verfügung stehenden Breite verwenden und 50 Pixel hoch dargestellt werden.
2. Fügen Sie der Grafik einen 3 Pixel breiten Rahmen hinzu.
3. Welche drei Grafikformate sind die gängigsten im Internet?
4. Was sind die Unterschiede zwischen diesen drei Grafikformaten?
5. Worin besteht der Unterschied bei der Referenzierung eines Flash-Movies und eines JavaApplets mit dem `object`-Element?

Eine Gunst hört auf, eine Gunst zu sein, wenn Bedingungen an sie geknüpft sind.
– Thornton Wilder, US-amerikanischer Schriftsteller und Dramatiker

11 Geknüpftes Netz

Neben der Menge an Informationen, die man bekommen kann – obgleich es eher als chaotische Informationsschwemme zu bezeichnen ist –, ist die Verknüpfung von Informationen das eigentlich Besondere am Internet. Von einer Seite im World Wide Web aus ist es möglich, eine weitere aufzurufen, die über thematisch ähnlichen Inhalt verfügt oder auch ganz anderen Inhalt bietet. Eine Verknüpfung zu einer anderen Seite nennt man **Hyperlink**. Sie werden in diesem Kapitel die verschiedenen Arten dieser Hyperlinks kennenlernen.

11.1 Aufbau einer Verknüpfung

Um in einem HTML-Dokument eine Verknüpfung zu einem anderen Dokument anzulegen, wird das `a`-Element verwendet. `a` steht in diesem Fall als Abkürzung für das englische Wort »**a**nchor«, das ins Deutsche übersetzt »Anker« heißt. Wie Sie feststellen können, gibt es für Verknüpfungen die unterschiedlichsten Bezeichnungen; sowohl »Hyperlink« und die Kurzform »Link« als auch »Anker« oder »Verknüpfung« sind gebräuchlich.

Um nun einen Link auf ein anderes HTML-Dokument zu setzen, müssen Sie wissen, wo genau bzw. unter welcher Adresse das Dokument zu finden ist. Diesen Pfad übergeben Sie dem `a`-Element im Attribut `href` (engl. *hyper reference*, dt. *Hyperreferenz*). Den Titel für den Link notieren Sie im Gültigkeitsbereich des `a`-Elements. Dieser Titel ist dann für den Benutzer sicht- und anklickbar. Ein Link, der auf das HTML-Dokument **link.htm** verweisen und als Titel »Test« zugewiesen bekommen soll, würde folgendermaßen notiert werden: **[×]**

```
<a href="link.htm">Test</a>
```

Das eben gezeigte Beispiel weist eine kleine Schwäche auf: Der Link würde nur funktionieren, wenn sich die Datei **link.htm** im gleichen Verzeichnis wie das Ausgangsdokument befinden würde. Läge es in einem Unterverzeichnis oder gar auf einem anderen Server, würde der Link nicht funktionieren. Umgangssprachlich wäre das ein »broken link« (zerbrochene Verknüpfung). **[«]**

11.2 Lokale Links

Von lokalen Links wird gesprochen, wenn auf ein Dokument (bzw. eine Datei) verwiesen wird, das auf dem gleichen Server wie das Ausgangsdokument liegt. Es gibt aber auch hier verschiedene Fälle, beispielsweise kann das Zieldokument im gleichen Verzeichnis liegen, in einem untergeordneten Verzeichnis, in einem übergeordneten Verzeichnis oder in einem ganz anderen Verzeichniszweig.

11.2.1 Gleiches Verzeichnis

Liegt das Zieldokument im gleichen Verzeichnis, müssen Sie lediglich den Dateinamen des Dokuments (inklusive Dateierweiterung) im Attribut `href` notieren. Achten Sie aber auf Groß- und Kleinschreibung. Dies macht zwar in einer Windows-Umgebung keinen Unterschied, wohl aber in einer UNIX/Linux-Umgebung, und Letztere ist die am häufigsten anzutreffende bei Webservern.

Untergeordnetes Verzeichnis

Würde das Zieldokument in einem untergeordneten Verzeichnis liegen, müssten Sie zusätzlich den Verzeichnisnamen zum Dateinamen des Zieldokuments hinzufügen. Gehen Sie einmal von folgendem Beispiel aus:

Das Quelldokument **quelle.htm** mit der Verknüpfung liegt im Verzeichnis **html**. Das Zieldokument **ziel.htm** liegt in einem Unterverzeichnis des **html**-Verzeichnisses namens **unterver**. Die Notation würde dann wie folgt aussehen:

```
<a href="unterver/ziel.htm">Zieldokument</a>
```

[»] Beachten Sie bitte immer, dass Sie anstelle eines rückwärts geneigten Schrägstrichs (engl. *backslash*) »\« den normalen Schrägstrich (engl. *slash*) »/« verwenden. Dies hängt ebenfalls mit der Betriebssystem-Umgebung des Webservers zusammen. UNIX/Linux kennen den Backslash nicht als Trennzeichen für Verzeichnisse, da er Windows-typisch ist. Windows kommt aber auch mit dem normalen Schrägstrich als Verzeichnistrennzeichen klar.

Würde das Zieldokument in einem weiteren Unterverzeichnis des **unterver**-Verzeichnisses liegen, müssten Sie jedes weitere Unterverzeichnis ebenfalls mit in das Attribut `href` übernehmen.

```
<a href="unterver1/unterver2/ziel.htm">Zieldokument</a>
```

11.2.2 Übergeordnete Verzeichnisse

Gehen Sie vom vorherigen Beispiel aus. Sie möchten nun im Dokument **ziel.htm** einen Link zum ursprünglichen Dokument **quelle.htm** setzen. Die Angabe

```
<a href="html/quelle.htm">Zur&uuml;ck zum Quelldokument</a>
```

wäre jedoch falsch, da sie bedeuten würde, dass das Dokument **quelle.htm** im Unterverzeichnis **html** des Verzeichnisses **unterver** liegen würde. Es liegt aber in einem übergeordneten Verzeichnis, daher müssen Sie Folgendes notieren:

```
<a href="../quelle.htm">Zur&uuml;ck zum Quelldokument</a>
```

> Die Zeichenfolge ».. « steht für das übergeordnete Verzeichnis, d. h. Sie gehen in der Verzeichnisstruktur eine Ebene höher und sind wieder im Verzeichnis **html**. Für jede weitere Ebene, die Sie nach oben wechseln möchten, müssen Sie erneut ».. « notieren – natürlich immer getrennt durch einen Schrägstrich. Drei Ebenen höher würden so notiert werden: **../../../quelle.htm**.

[x]

11.2.3 Anderer Verzeichniszweig

Um einen Link auf ein Dokument in einem anderen Verzeichniszweig setzen zu können, müssen Sie die Schreibweisen für über- und untergeordnete Verzeichnisse kombinieren. Sie geben zuerst an, wie viele Ebenen Sie nach oben wechseln wollen, und geben dann die Unterverzeichnisse an.

```
<a href="../../html/unterver/ziel.htm">Zieldokument</a>
```

Würden Sie diesen Link im Dokument **ziel.htm** notieren, würden Sie wieder im gleichen Verzeichnis landen, da Sie zwei Ebenen nach oben gewechselt haben und dann wieder zwei Ebenen tiefer in die Verzeichnisse **html** und **unterver**.

11.3 Globale Links

Lokale Links funktionieren natürlich nur auf dem gleichen Server. Möchten Sie ein Dokument referenzieren, das auf einem anderen Server liegt, müssen Sie diesen explizit angeben.

```
<a href="http://www.kress.de/cont/home.php">Kress.De-Startseite</a>
```

Dieser Link würde auf die Startseite der Webseite des Mediendienstes Kress.de führen. Alternativ hätte man auch nur **http://www.kress.de/** im Attribut `href` notieren können. Der Webserver hätte in diesem Fall automatisch das Standard-Dokument in diesem Verzeichnis aufgerufen und an den Browser gesendet.

Unterverzeichnisse

Genau wie bei lokalen Links können Sie auch bei globalen Links direkt in ein spezielles Unterverzeichnis wechseln, um ein bestimmtes Dokument zu referenzieren. An die Serveradresse werden dann einfach das Unterverzeichnis und der Dateiname angehängt.

```
<a href="http://www.galileo-press.de/foren/">Galileo-Press Foren</a>
```

Dieser Link würde das Standard-Dokument im Unterverzeichnis **foren** auf dem Galileo Press-Webserver aufrufen.

11.4 E-Mail & Co.

Prinzipiell können Sie durch Verknüpfungen auf jeden möglichen Server, jedes Verzeichnis und jeden Dateityp verlinken – egal ob auf Ihrem Server oder einem anderen, egal ob HTML-Dokument, Grafik, Textdatei usw. Aber auch Links zu anderen Diensten sind möglich, beispielsweise E-Mail.

Wenn Sie auf Ihrer Webseite einen Link setzen möchten, der automatisch den E-Mail-Client des Benutzers startet, um eine E-Mail zu versenden, sobald er auf den Link klickt, müssen Sie im `href`-Attribut des `a`-Elements die Zeichenfolge `mailto:` und dann die entsprechende E-Mail-Adresse angeben. Das Beispiel

```
<a href="mailto:websites@mark-lubkowitz.de">E-Mail an mich senden</a>
```

würde also automatisch einen E-Mail-Client starten, als Empfänger die angegebene E-Mail-Adresse einsetzen, und der Benutzer könnte dann die Nachricht eintippen. Um außerdem automatisch einen Betreff in die E-Mail einzufügen, müssen Sie nach der E-Mail-Adresse ein Fragezeichen »?«, das Schlüsselwort `subject` (dt. *Betreff*) und nach dem Gleichheitszeichen »=« den Betreff notieren.

```
<a href="mailto:websites@mark-lubkowitz.de?subject=Buch">
E-Mail an mich</a>
```

Nach einem Klick auf diesen Link würde der E-Mail-Client gestartet werden und im Feld *Betreff* automatisch »Buch« erscheinen. Ersetzen Sie Leerzeichen immer mit der Zeichenfolge %20, da es sonst zu Fehlern kommt.

[×] Einige Browser bieten die Möglichkeit an, das automatische Starten des E-Mail-Clients durch den Klick auf einen solchen Link zu unterbinden. Geben Sie aus diesem Grund die vollständige E-Mail-Adresse im Gültigkeitsbereich des `a`-Elements mit an.

```
<a href="mailto:websites@mark-lubkowitz.de?subject=Buch">
E-Mail an mich [websites@mark-lubkowitz.de]</a>
```

Neben dem Betreff-Feld können Sie auch noch die anderen Kopffelder mit vordefinierten Werten belegen.

Feldname	Erklärung
cc	Trägt im Feld *Kopieempfänger* einen oder mehrere weitere Empfänger ein.
bcc	Trägt im Feld *versteckte Kopieempfänger* einen oder mehrere weitere Empfänger ein.
body	Trägt im Nachrichtenfeld der E-Mail automatisch einen Text ein.

Tabelle 11.1 Mögliche weitere Felder, die vorbelegt werden können

Die einzelnen Felder müssen Sie dann durch `&` miteinander verbinden.

```
<a href="mailto:websites@mark-lubkowitz.de?subject=Buch&body=Eine%20
E-Mail%20durch%20einen%20Hyperlink%20mit%20vorbelegtem%20
Nachrichtenfeld">Hier klicken</a>
```

Nach dem Klick auf diesen Link würde der E-Mail-Client des Benutzers gestartet werden, im Feld *Empfänger* würde die E-Mail-Adresse »websites@mark-lubkowitz.de« eingetragen werden, im Feld *Betreff* erschiene der Text »Buch« und im Nachrichtenfeld der Text »Eine E-Mail durch einen Hyperlink mit vorbelegtem Nachrichtenfeld«.

11.4.1 Andere Webdienste

Für einen Link zu einem FTP-Server müssen Sie die Adresse des Servers und das entsprechende Protokoll angeben, z. B. **ftp://ftp.irgendwo.de/**. Dies gilt auch für andere Dienste wie Telnet, Gopher und Ähnliche.

11.5 Grafiken als Links

Neben einfachen Text-Links können Sie auch Links mit einer Grafik verwenden. Dies ist dann sinnvoll, wenn Sie grafische Buttons für eine Navigationsleiste erstellt haben. Anstelle des darzustellenden Textes wird dann eine Grafik im Gültigkeitsbereich des `a`-Elements notiert.

```
<a href="http://www.meineseite.de/">
<img src="button.gif"></a>
```

Der Browser würde nun die Grafik **button.gif** darstellen und bei einem Klick auf die Grafik zur Webseite **www.meineseite.de** wechseln. Um nun eine solche Grafik besser als Link erkennen zu können, ist es möglich, einen farbigen Rahmen um die Grafik zu legen. Dafür müssen Sie im `img`-Element lediglich das `border`-Attribut setzen und die Dicke des Rahmens in Pixel angeben. Die Farbe des Rahmens bestimmt sich durch die Farben, die auch für Text-Links gelten. Haben Sie im `body`-Start-Tag z. B. das Attribut `link` mit dem Parameter `#FF0000` notiert, würde um die Grafik ein roter Rahmen dargestellt werden. Die Farbe ist ebenfalls davon abhängig, ob der Link schon einmal besucht worden oder gerade aktiv ist.

11.6 Interne Verweise

Es kann durchaus vorkommen, dass HTML-Dokumente über so viel Inhalt verfügen, dass sie schnell über mehrere Bildschirmseiten hinauswachsen. Für den Benutzer wäre es nun aber sehr umständlich, immer wieder den Anzeigebereich des Browsers nach oben und unten zu scrollen, um vielleicht zu bereits gelesenen Textabschnitten zurückzukehren oder nur zu einem bestimmten Textabschnitt zu gelangen, der ihn auch wirklich interessiert. Für einen solchen Fall gibt es dokumentinterne Verweise.

Solche Links dienen dazu, innerhalb eines Dokuments schnell hin und her navigieren zu können.

Markierungen setzen

Im HTML-Dokument werden an entsprechenden Stellen Markierungen gesetzt, die für den Benutzer unsichtbar sind. Über einen Link könnte er nun schnell zu dieser Markierung gelangen. Für eine Markierung werden im a-Element nur das Attribut name und eine Bezeichnung angegeben.

```
<h1><a name="Kap1">Kapitel 1</a></h1>
```

Der Verweis auf eine Markierung würde dann wieder mit dem href-Attribut erfolgen. Als Parameter wird dabei die Bezeichnung der Markierung mit einem vorangestellten Raute/Doppelkreuz-Zeichen # angegeben.

```
<a href="#Kap1">Schnell zu Kapitel 1</a>
```

Dadurch ist es außerdem möglich, in einem anderen Dokument direkt an eine bestimmte Stelle zu springen. Dazu nennen Sie einfach das HTML-Dokument und notieren dahinter das Doppelkreuz-Zeichen mit der Bezeichnung der Markierung.

```
<a href="kapitel.htm#Kap1">Zu Kapitel 1</a>
```

[x] Sie sollten diese Möglichkeit bei sehr langen Dokumenten auf jeden Fall nutzen. Gerade bei sortierten Listen, die als Inhaltsverzeichnis verwendet werden, steigern Sie die Benutzerfreundlichkeit eines solchen Dokuments. Oder fänden Sie etwa ein Buch, das zwar ein Inhaltsverzeichnis, aber keine Seitenzahlen enthält, wirklich leserfreundlich?

11.7 Neue Fenster

Oft kommt es vor, dass man zu einem bestimmten Inhalt noch eine kleine Information anbieten möchte, die der Benutzer durch einen Klick anzeigen lassen kann. Ist diese Information in einem zusätzlichen HTML-Dokument hinterlegt, würde dieses automatisch im Browser geöffnet werden, und der Benutzer müsste nun wieder zum vorherigen Dokument zurücknavigieren. Um dieses Verhalten zu unterbinden, können Sie im Link mit dem Attribut target (dt. *Ziel*) ein Zielfenster festlegen.

```
<a href="http://www.google.de/" target="_blank">Google.de in einem neuen
Fenster &ouml;ffnen</a>
```

Der Parameter _blank weist den Browser an, das Verweisziel in einem neuen Browserfenster zu öffnen. Im Gegensatz dazu würde der Parameter _self bewirken, dass das Verweisziel im aktuellen Browserfenster geöffnet wird.

[x] Die zusätzlichen Parameter _parent und _top werden erst in Kapitel 13, *Rahmenprogramm*, wirklich interessant. Dort werden sie dann auch detaillierter behandelt.

11.8 Imagemaps

Imagemaps sind grafische Links, bei denen lediglich ein bestimmter Bereich der Grafik als Link fungiert. Dabei werden zuerst mit dem map-Element die einzelnen Bereiche definiert, und anschließend wird mit Hilfe des img-Elements die zugrunde liegende Grafik eingebunden.

```
<!DOCTYPE HTML PUBLIC "-//W3C//DTD HTML 4.01 Transitional//EN">
<!-- Imagemaps -->
<html>
  <head>
    <title>Listing 5.1</title>
  </head>
  <body bgcolor="#FFFFFF">
    <map name="button">
      <area shape="circle" coords="50,50,45"
       href="http://www.galileo-press.de/"
       alt="Hier gehts zu GalileoPress">
    </map>
    <img src="round_button.gif" width="100" height="100"
    border="0" usemap="#button">
  </body>
</html>
```

Listing 11.1 Beispiel für eine Imagemap

In Listing 11.1 wurde der Imagemap im map-Start-Tag der Name button zugewiesen. Dieser wird später benötigt, um die Map verwenden zu können. Im Gültigkeitsbereich des map-Elements wurde der sensitive Bereich der Imagemap mit Hilfe des area-Elements (*area*, dt. *Gebiet*) definiert. In diesem Beispiel wurde dafür ein Kreis verwendet. Dies geschieht durch den Parameter circle im shape-Attribut. Im Attribut coords wurden dann die Koordinaten des Kreises, die in Pixel angegeben werden, notiert: zuerst der Abstand vom linken Rand (50 Pixel), dann der Abstand vom oberen Rand (ebenfalls 50 Pixel) und anschließend der Radius des Kreises (45 Pixel). Das Verweisziel http://www.galileo-press.de/ wurde im Ihnen bekannten href-Attribut notiert. Das Attribut alt (engl. *alternative*, dt. *Alternative*) enthält einen Text, der angezeigt wird, wenn der Benutzer die Maus einen Moment über dem sensitiven Bereich hält. Die Definition der Map wird beendet, und nun wird die Grafik **round_button.gif** eingebunden, über die die Map gelegt werden soll. Dafür wurde zusätzlich das Attribut usemap notiert und als Parameter der Name der Map mit einem vorangestellten Doppelkreuz-Zeichen angegeben.

Neben Kreisen können Sie für sensitive Bereiche auch Rechtecke und Vielecke als Grundformen verwenden. Für shape werden dann folgende Parameter verwendet (der Vollständigkeit halber wird auch die Kreisform noch einmal aufgeführt).

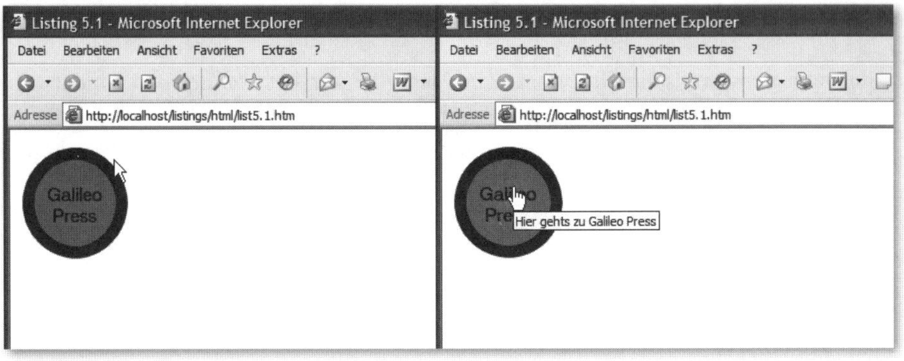

Abbildung 11.1 Darstellung des Listings 11.1 im Internet Explorer 6.0

Parameter	Übersetzung	Erklärung
circle	Kreis	Bewirkt als Grundform des sensitiven Bereichs einen Kreis. Im Attribut `coords` werden die Koordinaten des Kreises in der Form `coords="x,y,r"` angegeben, wobei `x` und `y` jeweils für den Abstand des Mittelpunkts zum Grafikrand stehen und `r` für den Radius steht.
rect	Rechteck	Bewirkt als Grundform des sensitiven Bereichs ein Rechteck. Der linke obere (`x1` und `y1`) und der rechte untere (`x2` und `y2`) Eckpunkt des Rechtecks werden im Attribut so notiert: `coords="x1,y1,x2,y2"`.
poly	Vieleck	Vielecke bestehen aus einer unbestimmten Zahl von Eckpunkten. Daher können Sie auch in HTML beliebig viele Eckpunkte setzen. Dazu werden die Eckpunkte (`x` und `y`) hintereinander im `coords`-Attribut notiert. Die letzte Linie zwischen Start- und Endpunkt wird automatisch gezogen. Das folgende Beispiel würde ein Vieleck mit drei Eckpunkten erzeugen: `coords="10,10,10,50,50,50"`.

Tabelle 11.2 Mögliche Parameter für das Attribut shape

[x] Der Anwendungsbereich der einzelnen Formen ist sehr unterschiedlich; mal ist es sinnvoll, einen Kreis oder ein Rechteck zu verwenden, mal ist ein Vieleck sinnvoller. Dies liegt in Ihrem Ermessen, vor allem, da die Verwendung eines Vielecks häufig komplizierter ist. Das nachfolgende Beispiel soll Ihnen diese Problematik ein wenig verdeutlichen. Als Grafik wird eine Landkarte Europas verwendet, über die Sie die Sprache auswählen können, in der eine Webseite angezeigt wird. Die verwendeten Formen für die sensitiven Bereiche sind Vielecke.

```
<!DOCTYPE HTML PUBLIC "-//W3C//DTD HTML 4.01 Transitional//EN">
<!-- Imagemaps -->
<html>
  <head>
    <title>Listing 5.2</title>
  </head>
```

```
  <body bgcolor="#FFFFFF">
    <map name="europe">
      <area shape="poly" coords="227,253,256,254,270,331,
       206,330,219,305,204,300,216,262"
       href="deutsch.htm" alt="Deutsch">
      <area shape="poly" coords="140,313,186,284,215,310,
       205,323,205,330,213,334,212,351,187,360,159,349"
       href="francais.htm" alt="Franz&ouml;sisch">
      <area shape="poly" coords="155,206,182,268,175,284,
       137,293,113,275,113,248,142,206"
       href="english.htm" alt="Englisch">
      <area shape="poly" coords="120,344,185,363,154,402,
       121,398,129,361,111,355" href="espanol.htm"
       alt="Spanisch">
    </map>
    <img src="europe.jpg" width="600" height="450"
     border="0" usemap="#europe">
  </body>
</html>
```

Listing 11.2 Beispiel für eine Imagemap mit Polygonen

Wenn Sie sich das Listing 11.2 genauer ansehen, werden Sie feststellen, dass die Angabe der Koordinaten bei vielen Eckpunkten eines Polygons schnell unübersichtlich und schwer nachvollziehbar wird. Versuchen Sie also, wenn möglich, Kreis- und Rechteckformen zu verwenden.

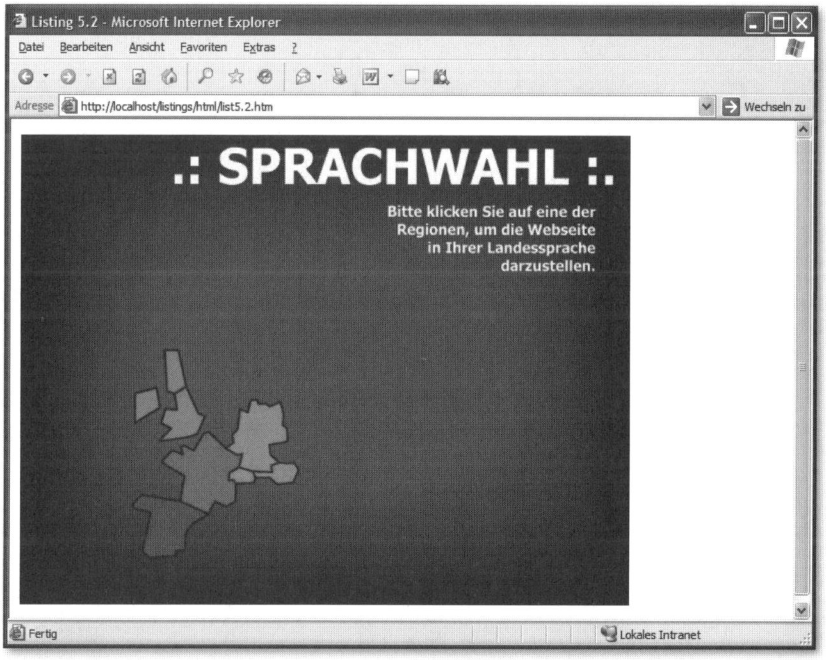

Abbildung 11.2 Darstellung des Listings 11.2 im Internet Explorer 6.0

11.9 Zusammenfassung

- Hyperlinks werden mit dem `a`-Element in einem HTML-Dokument notiert. Das wichtigste Attribut ist `href`, das die Zieladresse enthält.
- Bei Angabe von Verzeichnissen muss anstelle des »\«-Schrägstrichs der »/«-Schrägstrich verwendet werden.
- Mit der Zeichenfolge `../` kann man in ein übergeordnetes Verzeichnis wechseln.
- Markierungen in einem Dokument werden durch die Schreibweise `<a name="Name">...</a>` gesetzt und durch `<a href="#Name">...</a>` angesprungen.

11.10 Fragen und Übungen

1. Erstellen Sie ein HTML-Dokument mit einem Link auf die Webseite **http://www.galileo-press.de/**. Das Verweisziel des Links soll in einem neuen Fenster geöffnet werden.
2. Erstellen Sie ein HTML-Dokument mit einer Imagemap, die jeweils über eine Kreis-, Rechteck- und Vieleckform verfügt.
3. Was ist der Unterschied zwischen lokalen und globalen Links?
4. Wie muss die Schreibweise eines Links lauten, damit der Benutzer darüber eine E-Mail mit der Empfängeradresse »websites@mark-lubkowitz.de« und dem Betreff »Frage 25 aus dem Buch« erzeugen kann?

Der moderne Sisyphos wälzt Formulare.
– Thomas Christian Dahme, dt. Publizist und Aphoristiker

12 Formulare

Formulare sind die beste Möglichkeit, mit einem Besucher Ihrer Webseite in Kontakt zu treten. In diesem Abschnitt werden Sie den Aufbau von Formularen lernen und erfahren, wie Sie entsprechende Elemente in ein solches Formular einfügen können.

12.1 Was sind Formulare?

Anmeldeformulare für Seminare, bei Behörden oder Preisausschreiben, Fragebögen von Umfragen oder auch das allseits beliebte Formular für die Steuererklärung werden Ihnen sicherlich bekannt sein. Der Einkauf bei einem Versandhandel ist meistens mit einem Bestellformular verbunden, und auch im Internet haben Sie bestimmt schon einmal Bekanntschaft mit einem Formular gemacht, z. B. bei der Anmeldung für einen Webservice wie Web.de oder bei einer Suchanfrage über Google.de. Oft gibt es viele verschiedene Felder, in denen man die unterschiedlichsten Daten und Informationen eintragen oder die verschiedensten Fragen durch das Setzen eines Kreuzes beantworten muss. HTML-Formulare verhalten sich ganz ähnlich wie Papierformulare, nur dass die Möglichkeiten weit über die eines Papierformulars hinausgehen, aber sie dienen dem gleichem Zweck: dem Sammeln von Informationen.

12.2 Aufbau eines Formulars

Ähnlich einer Tabellendefinition stellt HTML auch für Formulare ein Hauptelement für die Definition zur Verfügung: das `form`-Element (engl. *form*, dt. *Formular*). Zum einen wird mit dem `form`-Element das grundsätzliche Verhalten eines Formulars definiert, zum anderen dient es quasi als Container für die verschiedenen Eingabefelder, Auswahllisten und -felder sowie Schaltflächen. Diese Elemente werden im Gültigkeitsbereich des `form`-Elements notiert. Auch andere HTML-Elemente wie Tabellen, Überschriften oder Textblöcke dürfen in einem `form`-Element verwendet werden.

```
<form>
  <!-- Formularelemente und andere Elemente dürfen innerhalb des
       Start- und Ende-Tags von form stehen -->
</form>
```

Die beiden wichtigsten Attribute des `form`-Elements, nämlich `action` und `method`, werden Sie nun kennenlernen.

12.2.1 Das action-Attribut

In diesem Attribut wird das Ziel definiert, an das die eingegebenen Daten versendet werden sollen. Und schon treffen Sie auf das erste Problem bei Formularen. Sie brauchen eine Skriptsprache (z. B. Perl oder PHP), um die Daten eines Formulars auszuwerten und weiterverarbeiten zu können. Das Skript, das die Daten verarbeiten soll, wird dann im `action`-Attribut notiert, entweder als globale oder als lokale Adresse. Ein Beispiel könnte ein Perl-Skript **formular.pl** sein, das auf dem gleichen Server im **cgi-bin**-Verzeichnis liegt:

```
<form action="cgi-bin/formular.pl">
...
</form>
```

E-Mail-Empfänger Eine etwas unsaubere Alternative ist die Angabe einer E-Mail-Adresse. Leider führt dies nicht immer zu einem Ergebnis, da es von dem Browser und dem Rechner des Benutzers abhängt, ob sich die Daten als E-Mail versenden lassen. Soll ein Formular z. B. an die E-Mail-Adresse **formular@irgendwo.de** gesendet werden, müssen Sie die Adresse als Parameter an `action` übergeben und davor die Zeichenfolge `mailto:` notieren.

```
<form action="mailto:formular@irgendwo.de">
...
</form>
```

12.2.2 Das method-Attribut

Neben dem Empfänger müssen Sie noch die Methode angeben, wie die Daten versendet werden sollen. Es gibt zwei verschiedene Methoden, die verwendet werden können:

- **get**
  Diese Methode ist die Standard-Methode für Formulare. Wird das Attribut `method` nicht gesetzt, wird diese Methode automatisch verwendet. Die Daten des Formulars werden an die in `action` definierte Zieladresse angehängt, d. h. das Ziel und die Daten werden zusammengefügt und an den Browser als Zieladresse übergeben. Dies könnte z. B. so aussehen: **http://www.ziel.de/formular.pl?vorname=Max& nachname=Mustermann&stadt=Musterstadt**. Dies kann jedoch zu Problemen führen, da eine Internetadresse maximal 255 Zeichen lang sein sollte. Würden Sie nun noch mehr Daten als nur den Vornamen, den Nachnamen und die Stadt übertragen wollen, könnte es passieren, dass Daten verloren gehen.

- **post**
  Um das Problem der `get`-Methode umgehen zu können, wird die `post`-Methode verwendet. Die Formulardaten werden dabei zu einem Datenpaket »verschnürt« und dann als Ganzes an den Server versendet. Die Menge der Daten ist dann egal, da sie nicht auf 255 Zeichen beschränkt ist.

[«] Verwenden Sie die `get`-Methode nur dann, wenn wenig Informationen übergeben werden sollen, z. B. bei einer Suchanfrage. Daten, die durch ein Skript weiterverarbeitet werden sollen (Personendaten, Bestelldaten etc.), sollten immer mit der `post`-Methode übergeben werden – vor allem weil die mit `get` übertragenen Daten in der Adressleiste des Browsers zu sehen sind. Bei `post` werden die Daten nicht in der Adressleiste, sondern über einen eigenen Kanal übertragen. Für die Benutzeranmeldung und auch für die Übertragung von Daten, die sehr sicherheitskritisch sind, sollten Sie immer diese Methode verwenden.

12.3 Eingabefelder

Es gibt zwei Typen von Eingabefeldern: einzeilige und mehrzeilige. Für einzeilige Eingabefelder wird das `input`-Element (dt. *Eingabe*) und für mehrzeilige Eingabefelder das `textarea`-Element (dt. *Textbereich*) verwendet.

Das input-Element

Einzeilige Eingabefelder werden immer dann verwendet, wenn nur kurze Informationen wie der Vorname, der Nachname oder der Wohnort eingegeben werden sollen. Wichtig ist jedoch, dass Sie im Attribut `type` den Parameter `text` angeben.

```
<input type="text">
```

Diese Angabe weist den Browser an, ein einzeiliges Eingabefeld darzustellen. Der Parameter `password` würde zwar auch ein einzeiliges Eingabefeld erzeugen, jedoch wird die Eingabe durch Sternchen »*« maskiert. Dies ist gerade bei der Eingabe von Passwörtern sinnvoll.

```
<input type="password">
```

Bei der Verarbeitung von Formulardaten ist es später erforderlich, die einzelnen Daten identifizieren zu können. Mit dem Attribut `name` können Sie einem Eingabefeld einen Namen zuweisen, durch den sich die übertragenen Daten eindeutig identifizieren lassen.

```
<input type="text" name="vorname">
<input type="password" name="passw">
```

Die Attribute `size` und `maxlength` bestimmen die Größe des Feldes und die maximale Anzahl von Zeichen, die eingegeben werden dürfen. Die Angabe `size="25"` bedeutet, dass das Eingabefeld 25 Zeichen breit dargestellt werden soll, die Angabe `maxlength="50"` bedeutet, dass maximal 50 Zeichen eingegeben werden dürfen.

```
<input type="text" name="vorname" size="25" maxlength="50">
<input type="password" name="passw" size="8" maxlength="8">
```

Schlussendlich können Sie ein Eingabefeld auch noch mit einem Wert vorbelegen. Dafür müssen Sie das Attribut `value` verwenden. Die Angabe `value="Max"` würde bewirken, dass das Eingabefeld automatisch die Zeichenkette »Max« enthält.

```
<input type="text" name="name" size="25" maxlength="50"
 value="Max Mustermann">
```

Beachten Sie, dass das `input`-Element über kein Ende-Tag verfügt.

Das textarea-Element

Die typische Notation zum Erzeugen eines mehrzeiligen Eingabefelds bzw. Textbereichs lautet:

```
<textarea></textarea>
```

Auch hier können Sie dem Element mit dem `name`-Attribut einen Namen zuweisen.

```
<textarea name="kommentar"></textarea>
```

Anders als bei `input`-Elementen wird die Größe eines `textarea`-Elements über die Attribute `cols` (Spalten) und `rows` (Zeilen) festgelegt. Die Angabe erfolgt dabei in Zeichen und Zeilen. Ein Textbereich, der 40 Zeichen breit und 10 Zeilen hoch sein soll, wird folgendermaßen notiert:

```
<textarea name="kommentar" cols="40" rows="10"></textarea>
```

An dieser Stelle noch eine kleine Anmerkung: Oft werden Sie Formulare mit einer Kombination aus `input`- und `textarea`-Elementen nutzen. Da diese Elemente oft untereinander stehen, werden Sie diese meist gleich breit darstellen wollen. Geben Sie bei einem `input`-Element `size="30"` und einem textearea-Element `cols="30"` an, sollte man erwarten, dass sie gleich breit sind. Leider ist das nicht der Fall, weil für die Textbereiche eine andere Schriftart genutzt wird. Eine wirklich exakt gleiche Breite können Sie nur mithilfe von CSS erreichen.

Um nun einen Textbereich mit einem Wert vorzubelegen, notieren Sie diesen im Gültigkeitsbereich des `textarea`-Elements, also zwischen `<textarea>` und `</textarea>`.

```
<textarea name="kommentar" cols="40" rows="10">Tolle Sache, diese
Textbereiche</textarea>
```

Auf die maximale Zeichenanzahl in einem Textbereich haben Sie keinen Einfluss. Sollte ein Text über die darstellbare Anzahl Zeichen hinausgehen, wird das `textarea`-Element einfach mit einer Bildlaufleiste versehen.

Das readonly-Attribut

Sollen die einzeiligen und mehrzeiligen Eingabefelder nur zur Wiedergabe von Werten verwendet werden, können Sie mit Hilfe des `readonly`-Attributs die Felder auf »Nur lesen« setzen. Notieren Sie es einfach wie üblich im Start-Tag des Elements, aber ohne Angabe eines Parameters.

```
<input type="text" value="Nur lesen" readonly>
```

Im Folgenden sehen Sie ein Listing mit einigen Beispielen für Eingabefelder in Zusammenhang mit einem Formular und anschließend eine Abbildung des Listings im Internet Explorer 6.0.

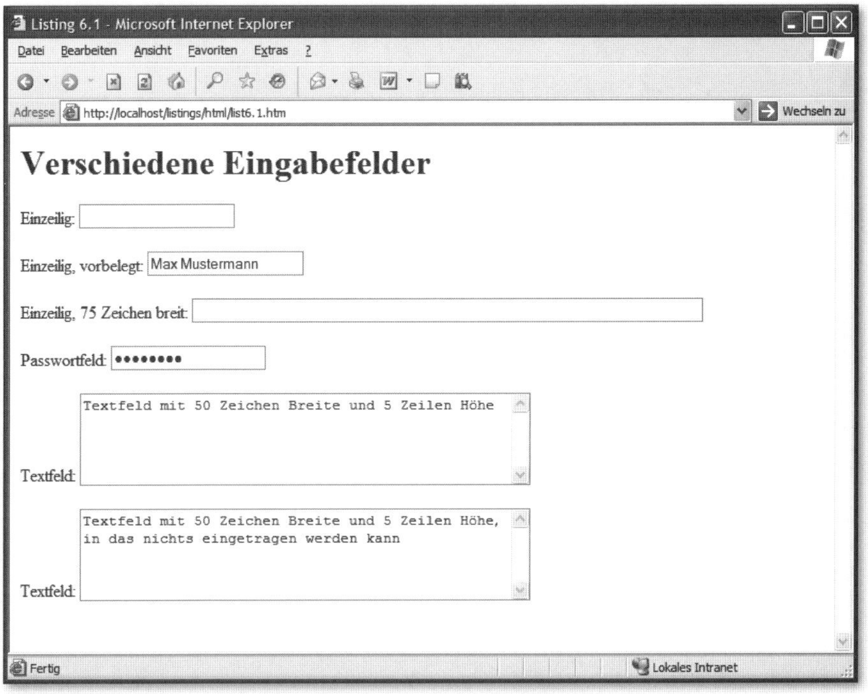

Abbildung 12.1 Darstellung des Listings 12.1 im Internet Explorer 6.0

```
<!DOCTYPE HTML PUBLIC "-//W3C//DTD HTML 4.01 Transitional//EN">
<!-- Formulare und Eingabefelder -->
<html>
  <head>
    <title>Listing 6.1</title>
  </head>
  <body>
    <form action="formular.pl" method="post">
      <h1>Verschiedene Eingabefelder</h1>
      <p>Einzeilig: <input type="text" name="f1"></p>
      <p>Einzeilig, vorbelegt: <input type="text"
         name="f2" value="Max Mustermann"></p>
      <p>Einzeilig, 75 Zeichen breit: <input type="text"
         name="f3" size="75"></p>
      <p>Passwortfeld: <input type="password" name="f4"
         value="passwort"></p>
      <p>Textfeld: <textarea name="t1" cols="50"
         rows="5">Textfeld mit 50 Zeichen Breite und 5
         Zeilen H&ouml;he</textarea></p>
      <p>Textfeld: <textarea name="t1" cols="50" rows="5"
```

```
            readonly>Textfeld mit 50 Zeichen Breite und 5
            Zeilen H&ouml;he, in das nichts eingetragen wer-
            den kann.</textarea></p>
    </form>
  </body>
</html>
```

Listing 12.1 Beispiele für einzeilige und mehrzeilige Eingabefelder

[x] Sollten Sie nun nach einer Möglichkeit suchen, Formularelemente durch ein Attribut zu beschriften, muss ich Sie leider enttäuschen. Sie müssen dabei auf konventionellere Maßnahmen zurückgreifen, z. B. auf Textabsätze oder Tabellen. Letztere eignen sich optimal dazu, Formulare sauber zu formatieren und den einzelnen Feldern eine Beschriftung zuzuweisen. Ein kurzes Beispiel:

```
<form action="formular.pl" method="post">
  <table>
    <tr>
      <td>Vorname:</td>
      <td><input type="text" name="vorname"></td>
    </tr>
    <tr>
      <td>Nachname:</td>
      <td><input type="text" name="nachname"></td>
    </tr>
    <tr>
      <td>E-Mail-Adresse:</td>
      <td><input type="text" name="email"></td>
    </tr>
  </table>
</form>
```

Dieses Beispiel zeigt pro Zeile einen Text und ein Eingabefeld an. Sowohl der Text als auch das Eingabefeld werden in jeweils unterschiedlichen Zellen dargestellt, sodass die Text- und Eingabefelder zueinander linksbündig ausgerichtet sind.

12.4 Schaltflächen

Es gibt zwei Varianten, um Schaltflächen für ein Formular zu erzeugen: eine herkömmliche Variante, die mit allen aktuellen Browsern funktioniert (Internet Explorer ab Version 3.x und Netscape ab Version 2.x), und eine neue Variante, die zwar nicht unter allen Browsern funktioniert (Internet Explorer ab Version 4.x und Netscape ab Version 6.x), aber sehr viel logischer ist.

Schaltflächen mit dem input-Element

Schaltflächen in Formularen sollen prinzipiell nur zwei Aufgaben bewältigen: das Versenden des Formulars oder das Löschen des Formulars. Zum Versenden steht der Typ `submit` (dt. *senden*) und zum Löschen der Typ `reset` (dt. *zurücksetzen*) zur Verfügung. Sie werden mit dem `input`-Element in ein Formular eingebunden und bekommen als Parameter für das Attribut `type` entweder `submit` oder `reset` zugewiesen.

Parameter	Übersetzung	Erklärung
submit	übertragen	Erzeugt eine Schaltfläche zum Übertragen der eingegebenen Daten mit der im `form`-Start-Tag angegebenen Methode.
reset	zurücksetzen	Erzeugt eine Schaltfläche, mit der Sie die Felder des Formulars auf den Startwert zurücksetzen, der mit `value` definiert wurde. Andernfalls wird der Inhalt der Felder gelöscht.

Tabelle 12.1 Mögliche Parameter für das Attribut type des input-Elements, um Schaltflächen zu erzeugen

```
<input type="submit">
<input type="reset">
```

Mit dem Attribut `name` können Sie auch für die Schaltflächen einen Namen vergeben, und mit dem Attribut `value` können Sie den Schaltflächen eine Beschriftung zuweisen.

```
<input type="submit" value="Eingaben abschicken!">
<input type="reset" value="Eingaben l&ouml;schen">
```

[×]

Den einzelnen Feldern einen Namen zuzuweisen, ist nicht unbedingt erforderlich. Nur dann, wenn Sie zwei verschiedene Schaltflächen zum Übertragen der Daten definieren, sollten Sie mit dem `name`-Attribut einen Namen vergeben, um unterscheiden zu können, mit welcher Schaltfläche die Daten abgeschickt worden sind. Das Attribut `value` sollten Sie auf jeden Fall immer mit angeben. Andernfalls wird eine vom Browser abhängige Standardbeschriftung verwendet, die in der Regel wenig mit der Aufgabe des Formulars zu tun hat.

Schaltflächen mit dem button-Element

Schaltflächen mit dem `button`-Element zu definieren, ist die neuere und auch logischere Variante, denn hier werden Schaltflächen über das entsprechend benannte `button`-Element erzeugt. Außerdem bietet es für die Gestaltung sehr viel mehr Möglichkeiten als das `input`-Element.

Auch hier können Sie den Typ des Buttons wieder mit dem Attribut `type` bestimmen. Der Parameter `submit` erzeugt dann eine Schaltfläche zum Versenden und `reset` eine Schaltfläche zum Löschen der Formulardaten. Zusätzlich können Sie im Gültigkeitsbereich weitere Elemente notieren, die dann auf der Schaltfläche dargestellt werden.

```
<button type="submit" name="Versenden">
  <img src="submit.gif"><b>Absenden</b>
</button>
<button type="reset" name="Loeschen">
  <img src="reset.gif"><b>L&ouml;schen</b>
</button>
```

Das Beispiel aus Listing 12.2 erzeugt Schaltflächen, die als Beschriftung eine Grafik verwenden.

```
<!DOCTYPE HTML PUBLIC "-//W3C//DTD HTML 4.01 Transitional//EN">
<!-- Schaltflächen -->
<html>
  <head>
    <title>Listing 6.2</title>
  </head>
  <body>
    <form action="formular.pl" method="post">
      <h1>Wer sind Sie?</h1>
      <p>Vorname: <input type="text" name="vorname"
         value="Max"></p>
      <p>Nachname: <input type="text" name="nachname"
         value="Mustermann"></p>
      <p>Alter: <input type="text" name="alter"
         value="150"></p>
      <p>
        <b>Schaltfl&auml;chen mit <kbd>input</kbd>: </b>
        <input type="submit">
        <input type="reset">
      </p>
      <p>
        <b>Schaltfl&auml;chen mit <kbd>button</kbd>: </b>
        <button type="submit">
          <img src="submit.gif">
        </button>
        <button type="reset">
          <img src="reset.gif">
        </button>
      </p>
    </form>
  </body>
</html>
```

Listing 12.2 Beispiel für Schaltflächen in HTML

In Listing 12.2 wurden vier Schaltflächen eingefügt: zwei über das `input`- und zwei über das `button`-Element. Die beiden mit `input` erzeugten Schaltflächen können als Beschriftung lediglich einen Text darstellen. Die Schaltflächen, die mit dem `button`-Element definiert wurden, verwenden anstelle eines einfachen Textes eine kleine Grafik. Auch die Angabe von Text und Grafik ist möglich, wie das folgende Beispiel zeigt.

```
<button type="submit">
  <img src="submit.gif"><br>Daten abschicken
</button>
```

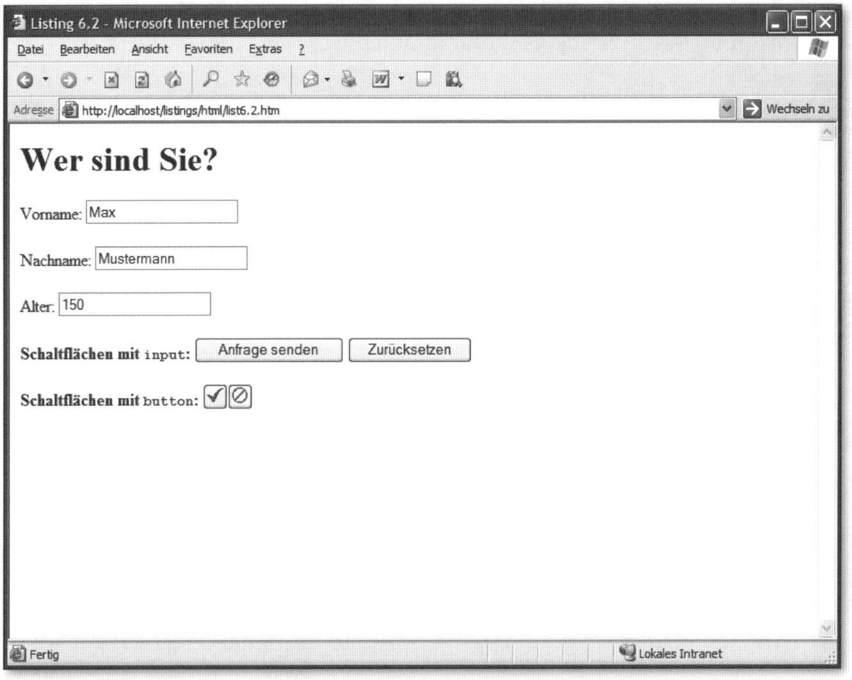

Abbildung 12.2 Darstellung des Listings 12.2 im Internet Explorer 6.0

12.5 Wahlprogramm

Wenn der Benutzer einmal nichts eingeben, sondern nur aus vorgegebenen Möglichkeiten die eine oder andere auswählen soll, stehen Ihnen drei Auswahlarten zur Verfügung: Radiobuttons, Checkboxen und Auswahllisten.

Radiobuttons

Radiobuttons sollten Sie dann verwenden, wenn verschiedene Auswahlmöglichkeiten gegeben sind, und der Benutzer nur eine davon auswählen soll. Solche Buttons werden mit dem `input`-Element erstellt und erhalten als Parameter für das `type`-Attribut `radio`.

```
<p>
  <input type="radio" name="geschlecht" value="m">
   m&auml;nnlich<br>
  <input type="radio" name="geschlecht" value="w">
   weiblich<br>
  <input type="radio" name="geschlecht" value="k">
   keine Ahnung
</p>
```

Bei Radiobuttons müssen Sie mit dem `value`-Attribut einen Wert definieren. Dieser Wert wird dann beim Absenden des Formulars an den Empfänger gesendet und kann über den in `name` angegebenen Namen identifiziert werden. Geben Sie keine Werte an oder unterscheiden die Werte sich nicht voneinander, kann es passieren, dass die Radiobuttons im Browser nicht korrekt funktionieren.

[»] Achten Sie darauf, dass alle Radiobuttons, die zu einer Gruppe gehören sollen, als Parameter im Attribut `name` den gleichen Wert zugewiesen bekommen. Nur dadurch ist die Gruppierung der Radiobuttons möglich. Unterscheiden sich die Werte für das `name`-Attribut, werden alle Radiobuttons gleichzeitig auswählbar.

Checkboxen Checkboxen sollten Sie immer dann verwenden, wenn der Benutzer aus verschiedenen Möglichkeiten mehrere auswählen können soll. Auch hier wird wieder das `input`-Element verwendet, diesmal als Typ jedoch `checkbox` angegeben.

```
<p>
  <input type="checkbox" name="hobbies" value="fussball"> Fu&szlig;ball<br>
  <input type="checkbox" name="hobbies" value="basketball"> Basketball<br>
  <input type="checkbox" name="hobbies" value="handball"> Handball
</p>
```

Die in `value` angegebenen Werte werden dann an den Empfänger übertragen und lassen sich über den in `name` angegebenen Wert identifizieren.

Vorauswahl Mit dem Attribut `checked` ohne Angabe eines Parameters können Sie bei Radiobuttons einen und bei Checkboxen mehrere Einträge vorselektieren.

```
<input type="radio" value="Radiobutton" checked>
<input type="chechbox" value="Checkbox" checked>
```

Checkboxen sollen dem Benutzer die Wahl zwischen keiner, einer oder mehreren Möglichkeiten bieten. Radiobuttons hingegen sollen dem Benutzer nur eine Wahl lassen, die er auch zu treffen hat. Daher sollten Sie bei den Radiobuttons immer eine der Möglichkeiten mit `checked` vorselektieren, da es andernfalls vorkommen kann, dass keine der Auswahlmöglichkeiten selektiert wurde.

Auswahllisten Auswahllisten sind eine Kombination aus Radiobuttons und Checkboxen. Bei diesen hat der Benutzer die Möglichkeit, mehrere, mindestens aber eine der Möglichkeiten auszuwählen. Die Definition einer Auswahlliste gestaltet sich allerdings vollkommen anders. Hier finden zwei Elemente Anwendung: `select` und `option`. Mit `select` (dt. *auswählen*) wird eine Auswahlliste definiert, die als Container für die `option`-Elemente gilt. Mit `option` werden dann die einzelnen Auswahlmöglichkeiten festgelegt.

```
<select name="Verein" size="1">
  <option>Hertha BSC</option>
  <option>Bayer Leverkusen</option>
  <option>Borussia Dortmund</option>
  <option>FC Schalke 04</option>
</select>
```

Mit dem Attribut `size` können Sie die Höhe der Auswahlliste bestimmen. Entsprechend viele Einträge werden gleichzeitig angezeigt. Um dem Benutzer nun eine mehrfache Wahl zu ermöglichen, müssen Sie im select-Start-Tag das Attribut multiple (dt. *mehrfach*) notieren.

```
<select name="Verein" size="4" multiple>
```

Vorauswahl Einen oder mehrere Einträge, je nach Typ der Auswahlliste, können Sie mit dem selected-Attribut markieren. Auch bei diesem Attribut wird kein Parameter notiert.

```
<option selected>Hertha BSC</option>
```

Wenn Sie im Start-Tag der option-Elemente das Attribut value und einen Parameter notieren, können Sie so den Wert beeinflussen, den der Empfänger bzw. das Empfänger-Skript der Daten erhält. Ansonsten werden die im Gültigkeitsbereich der option-Elemente notierten »Beschriftungen« als Wert versendet/verwendet.

```
<!DOCTYPE HTML PUBLIC "-//W3C//DTD HTML 4.01 Transitional//EN">
<!-- Radiobuttons, Checkboxen und Auswahllisten -->
<html>
  <head><title>Listing 6.3</title></head>
  <body>
    <form action="auswahl.pl" method="post">
      <h1>Umfrage</h1>
      <p>
        <h3>Welchen Geschlechts sind Sie?</h3>
        <input type="radio" name="geschlecht" value="m"
         checked> m&auml;nnlich
        <input type="radio" name="geschlecht" value="w">
         weiblich
      </p><p>
        <h3>Welche Medien nutzen Sie, um sich &uuml;ber
         Fu&szlig;ball zu informieren?</h3>
        <input type="checkbox" name="medien" value="tv"
         checked> Fernsehen
        <input type="checkbox" name="medien"
         value="radio"> Radio
        <input type="checkbox" name="medien" value="www"
         checked> Internet
        <input type="checkbox" name="medien" value="zei-
         tung"> Zeitung
      </p><p>
        <h3>Welcher ist Ihr Lieblingsverein?</h3>
        <select name="verein" size="1">
          <option selected>Hertha BSC</option>
          <option>Bayer Leverkusen</option>
          <option>Borussia Dortmund</option>
          <option>FC Schalke 04</option>
        </select>
      </p><p>
        <input type="submit"><input type="reset">
      </p>
```

```
    </form>
  </body>
</html>
```

Listing 12.3 Beispiel für Radiobuttons, Checkboxen und Auswahllisten

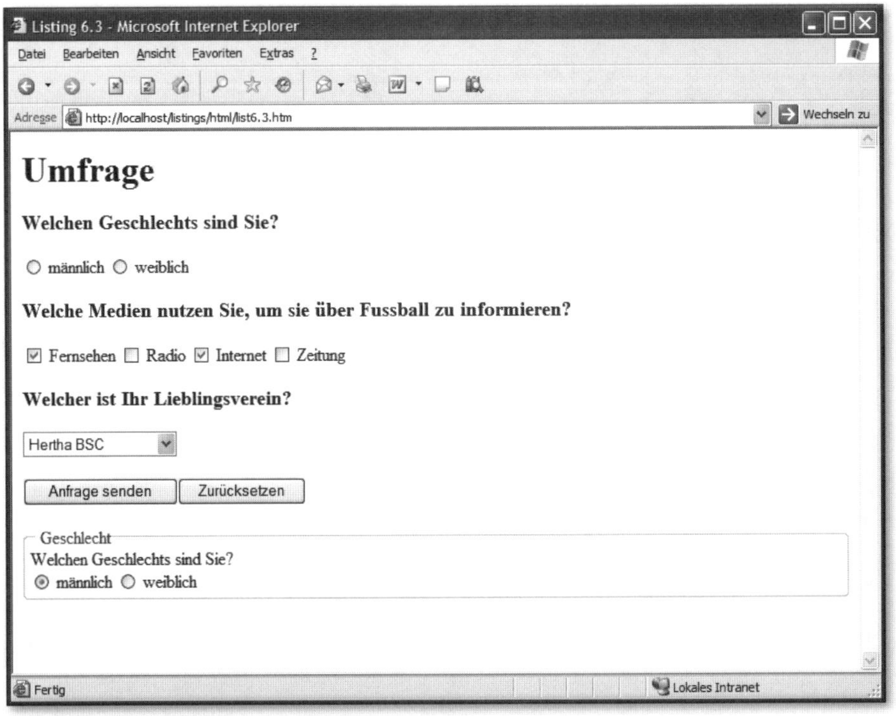

Abbildung 12.3 Darstellung des Listings 12.3 im Internet Explorer 6.0

Das Formular aus Listing 12.3 bietet eine Kombination der vorgestellten Auswahlmöglichkeiten. Es umfasst sowohl Radiobuttons als auch Checkboxen und eine Auswahlliste.

12.6 Elemente gruppieren

Um ein Formular übersichtlicher gestalten zu können, lassen sich die Elemente gruppieren und mit Überschriften versehen. Mit der Element-Kombination `fieldset` (dt. *Feldgruppe*) und `legend` (dt. *Legende*) können Sie einen Rahmen um mehrere Elemente ziehen und eine Überschrift zuweisen.

```
<fieldset>
  <legend>Geschlecht</legend>
  Welchen Geschlechts sind Sie?<br>
  <input type="radio" name="geschlecht" value="m"
   checked> m&auml;nnlich
```

```
  <input type="radio" name="geschlecht" value="w">
   weiblich
</fieldset>
```

Im Gültigkeitsbereich des `legend`-Elements können Sie auch weitere Elemente zur logischen oder physischen Textauszeichnung verwenden. So könnte durch die Verwendung des `b`-Elements die Überschrift fett dargestellt werden.

```
<!DOCTYPE HTML PUBLIC "-//W3C//DTD HTML 4.01 Transitional//EN">
<!-- Elemente gruppieren -->
<html>
  <head>
    <title>Listing 6.4</title>
  </head>
  <body>
    <form action="gruppieren.pl" method="post">
      <fieldset>
        <legend><b>Pers&ouml;nliche Daten</b></legend>
        Vorname: <input type="text" name="vorname"><br>
        Nachname: <input type="text" name="nachname"><br>
        Wohnort: <input type="text" name="wohnort"><br>
        E-Mail: <input type="text" name="email"><br>
      </fieldset><br>
      <input type="submit" value="Abschicken">
    </form>
  </body>
</html>
```

Listing 12.4 Gruppierung von Elementen mit fieldset und legend

Wie Sie anhand des Beispiels aus Listing 12.4 und der entsprechenden Abbildung 12.4 erkennen können, ist die Darstellung des Rahmens nicht nur vom Browser, sondern auch vom eingesetzten Betriebssystem abhängig. Es gibt sogar Unterschiede zwischen den einzelnen Versionen der Betriebssysteme. [x]

12.7 Reihenfolge

Sollte ein Formular über mehrere Eingabefelder, Radiobuttons, Checkboxen, Textbereiche, Auswahllisten und Schaltflächen verfügen, ist es meistens sehr angenehm, mit der Tabulator-Taste [⇆] zwischen diesen Elementen hin und her springen zu können. Normalerweise wird die Sprungreihenfolge durch die Reihenfolge der Notation der Elemente im Dokument bestimmt. Mit dem Attribut `tabindex` und einem Zahl-Parameter (eine Zahl zwischen 0 und 32.767) können Sie die Reihenfolge aber Ihren eigenen Wünschen anpassen, vorausgesetzt, der Benutzer verwendet den Internet Explorer ab Version 4 oder Netscape ab Version 6. Das Formularelement mit dem `tabindex="0"` wird dabei als Erstes angesprungen, das Formularelement mit dem höchsten Wert als Letztes.

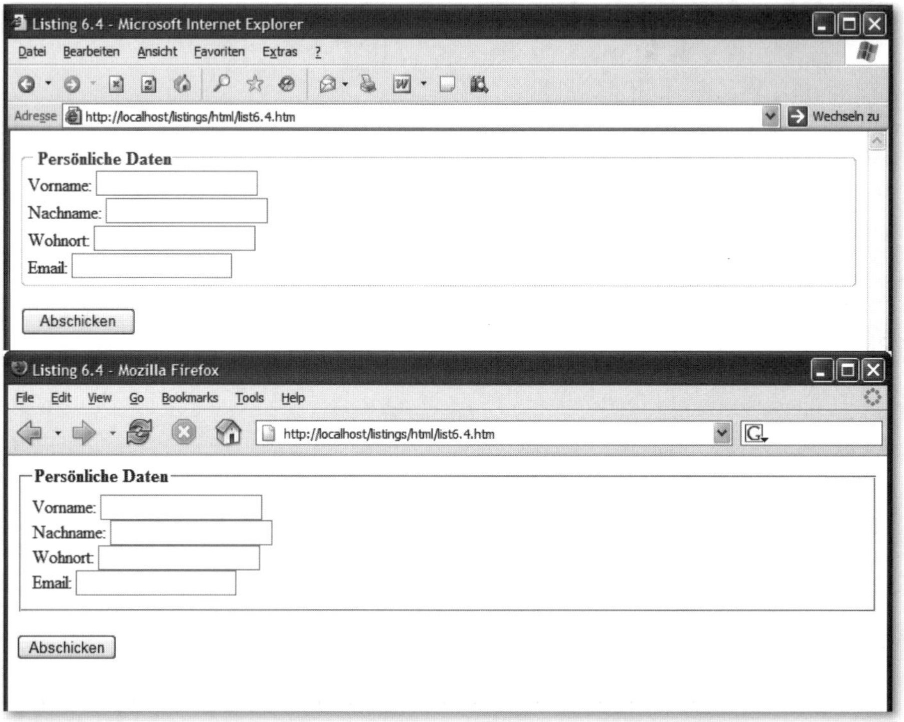

Abbildung 12.4 Darstellung des Listings 12.4 in Internet Explorer und Firefox

```
<form action="tabindex.pl">
  Feld 1: <input type="text" name="f1" tabindex="3">
  Feld 2: <input type="text" name="f2" tabindex="1">
  Feld 3: <input type="text" name="f3" tabindex="2">
  Feld 4: <input type="text" name="f4" tabindex="0">
</form>
```

Schnelltaste

Im Internet Explorer ab Version 5 und Netscape ab Version 6 können Sie mit dem Attribut `accesskey` (dt. *Zugriffstaste*) eine Taste von [A] bis [Z] festlegen, über die in Kombination mit der Taste [Alt] zu einem bestimmten Formularelement gesprungen werden kann.

```
<form action="accesskey.pl">
  Feld1 (Alt+B): <input type="text" name="f1"
  accesskey="b">
  Feld2 (Alt+G): <input type="text" name="f2"
  accesskey="g">
  Feld3 (Alt+E): <input type="text" name="f3"
  accesskey="e">
  Feld4 (Alt+L): <input type="text" name="f4"
  accesskey="l">
</form>
```

Das `accesskey`-Attribut darf in den Elementen `input`, `textarea`, `select`, `legend` und `button` verwendet werden.

[×] Dass diese Art des Zugriffs möglich ist, sollten Sie dem Benutzer auf geeignete Weise mitteilen, da die Browser dies nicht von allein tun. So könnten Sie z. B. einen Buchstaben in der Beschriftung des Felds, der mit dem »Accesskey« übereinstimmt, unterstreichen, oder, wie im vorherigen Beispiel, indem Sie die Tastenkombination in Klammern dahinter schreiben.

12.8 Zusammenfassung

- Das Element `form` enthält alle Formularelemente. Das Attribut `action` bestimmt das Empfänger-Skript, und über das Attribut `method` wird die Versandart festgelegt.
- Das `input`-Element ist sehr vielseitig; der Parameter `text` im Attribut `type` erzeugt ein einzeiliges Eingabefeld, `radio` einen Radiobutton, `checkbox` eine Checkbox und `submit` eine Schaltfläche zum Versenden der Formulardaten.
- Für mehrzeilige Eingabefelder wird das `textarea`-Element verwendet.
- Auswahllisten werden durch die Kombination der Elemente `select` und `option` erzeugt.

12.9 Fragen und Übungen

1. Welchen Parameter müssen Sie im Attribut `type` des `input`-Elements setzen, um ein einzeiliges Eingabefeld zu erzeugen, dessen Eingaben durch »*« maskiert werden?
2. Erstellen Sie ein Formular mit sechs einzeiligen Eingabefeldern für Vorname, Nachname, Straße, Hausnummer, PLZ und Stadt. Vergeben Sie sinnvolle Bezeichner (`name`-Attribut). Geben Sie als Empfänger-Skript **ziel.php** und eine beliebige Methode Ihrer Wahl an.
3. Fügen Sie eine **Absenden**- und eine **Zurücksetzen**-Schaltfläche hinzu.
4. Fügen Sie dem Formular außerdem ein Textfeld für die Eingabe eines längeren Textes (z. B. eines Kommentars) hinzu, das 50 Zeichen breit und 10 Zeilen hoch sein soll.
5. Gruppieren Sie die Elemente logisch mit den Elementen `fieldset` und `legend`. Verwenden Sie als Überschriften für die Gruppen »Name«, »Anschrift« und »Ihre Meinung«.
6. Welche Versandmethode (`method`-Attribut) ist für dieses Formular die sinnvollere Wahl?

Erinnerungen sind ein goldener Rahmen, der jedes Bild freundlicher macht.
– Carl Zuckmayer, dt. Dramatiker

13 Rahmenprogramm

Die Frame-Technologie ist nichts anderes als das Unterteilen des Browserfensters in mehrere kleinere Fenster, respektive Rahmen. In diesen einzelnen Rahmen können dann unterschiedliche HTML-Dokumente oder andere Datenquellen dargestellt werden.

13.1 Was sind Frames?

Um etwas mehr ins Detail gehen zu können, möchte ich Sie zunächst darauf hinweisen, dass Sie den Browser als ein ganzes Fenster betrachten sollten, in dem einfach ein HTML-Dokument dargestellt wird. Durch spezielle Anweisungen wird dieses eine Fenster in mehrere Teile »zerlegt«. Dadurch erhalten Sie mehrere kleinere Fenster, in denen jeweils ein HTML-Dokument angezeigt werden kann. Diese kleineren Fenster werden Frames genannt.

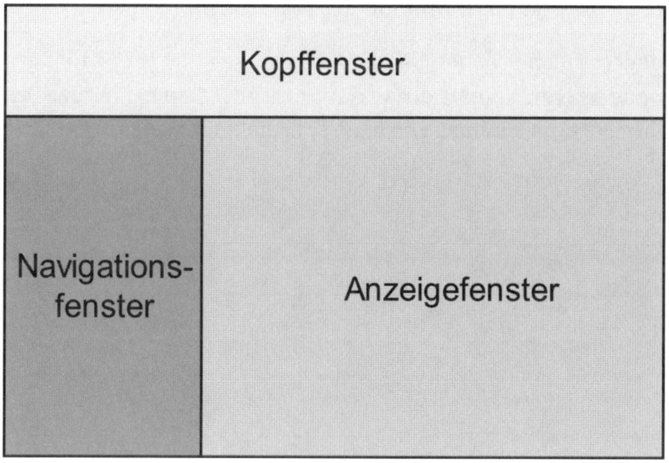

Abbildung 13.1 Beispielschema für eine auf Frames basierende Webseite

Der Vorteil besteht darin, dass Sie ein Fenster beispielsweise so unterteilen können, dass Sie ein Kopffenster, ein Navigationsfenster und ein Anzeigefenster erhalten. Im Kopffenster wird etwa ein HTML-Dokument mit einem Logo angezeigt, in der Navi- **Vorteile** gationsleiste ist ein HTML-Dokument mit verschiedenen Links zu den einzelnen Seiten der Webseite zu sehen, und im Anzeigefenster wird immer die gewählte Seite dargestellt. Dadurch steht zum einen dem Benutzer immer die gleiche Navigationsstruktur zur Verfügung, zum anderen müssen Sie nur die Links im Navigationsdokument ändern und nicht die in jedem einzelnen Dokument. Des Weiteren sind damit interessante Gestaltungsmöglichkeiten gegeben, die ohne Frames nur bedingt zu realisieren wären.

Nachteil Der Nachteil sind die höheren Ladezeiten der Webseite, da der Benutzer nun nicht nur ein Dokument, sondern gleich vier laden muss. Das vierte ist in diesem Fall das Basisdokument, das die Frames erzeugt. Jedoch ist dies in heutigen Zeiten nicht mehr ganz so abschreckend wie noch vor ein paar Jahren, als viele Benutzer nur über langsame Modemverbindungen ins Internet verfügten. Tatsächlich werden Frames aber eher selten zur Gestaltung einer Webseite verwendet, da viele der Meinung sind, Frames seien langweilig, alt und behinderten in der künstlerischen Gestaltung einer Webseite. Dennoch sind sie noch immer ein probates Mittel, um schnell und einfach eine übersichtlich strukturierte Seite zu gestalten.

13.2 Grundgerüst

Wie Sie schon bei der Erstellung von Tabellen gesehen haben, verwendet man auch für Frames ein spezielles Element, das die gesamte Definition enthält: `frameset`. Der große Unterschied zu anderen HTML-Dokumenten besteht darin, dass `frameset` anstelle des `body`-Elements notiert wird. Dadurch ist es prinzipiell nicht mehr möglich, Elemente zu notieren, die nicht zur Definition der Frames gehören.

Andere DTD Auch die DTD ist eine andere. Bisher haben Sie die Variante `transitional` für Ihre HTML-Dokumente verwendet. Nun kommt die Variante `frameset` zum Einsatz. Das Grundschema eines Dokuments, das Frames erzeugen soll, sieht also wie folgt aus:

```
<!DOCTYPE HTML PUBLIC "-//W3C//DTD HTML 4.01 Frameset//EN">
<!-- Kommentar zum Inhalt des Dokuments -->
<html>
  <head>
    <title>Titel</title>
  </head>
  <frameset>
     <!-- hier folgt die Frame-Definition -->
  </frameset>
</html>
```

Listing 13.1 Grundgerüst eines auf Frames basierenden HTML-Dokuments

Dieses Grundgerüst ist eine gute Basis für spätere Webseiten-Projekte mit Frames – jedoch eben nur ein Grundgerüst. Bisher wurde dem Browser nämlich nichts weiter mitgeteilt, als dass Frames verwendet werden sollen; er weiß aber noch nicht, wie er das Fenster zu segmentieren hat. Dafür benötigen Sie eines oder beide der Attribute `rows` und `cols`.

Mit dem Attribut `rows` können Sie ein Fenster horizontal teilen. Es wird im Start-Tag des `frameset`-Elements notiert und bekommt als Parameter die einzelnen Größen der Segmente zugewiesen, die durch Kommata getrennt werden.

Horizontal teilen

```
<!DOCTYPE HTML PUBLIC "-//W3C//DTD HTML 4.01 Frameset//EN">
<!-- Vertikale Frames -->
<html>
  <head>
    <title>Listing 7.2</title>
  </head>
  <frameset rows="50%,50%">
     <!-- hier folgt die Frame-Definition -->
  </frameset>
</html>
```

Listing 13.2 Vertikale Teilung des Browserfensters

Die Angabe `<frameset rows="50 %, 50 %">` erzeugt nun zwei Frames mit jeweils 50 % Höhe des Original-Fensters. Die Reihenfolge der Größenzuweisung ist in diesem Fall von oben nach unten. Der erste Wert definiert also die Größe des ersten Segments, der zweite Wert die Größe des zweiten Segments und der letzte Wert entsprechend die Größe des letzten Segments.

Das Attribut `cols` segmentiert das Browserfenster vertikal. Es wird ebenfalls im Start-Tag des `frameset`-Elements notiert und bekommt als Parameter die Größen der einzelnen Segmente zugeteilt.

Vertikal teilen

```
<!DOCTYPE HTML PUBLIC "-//W3C//DTD HTML 4.01 Frameset//EN">
<!-- Horizontale Frames -->
<html>
  <head>
    <title>Listing 7.3</title>
  </head>
  <frameset cols="25%,75%">
  </frameset>
</html>
```

Listing 13.3 Horizontale Teilung des Browserfensters

Die beiden Listings 13.2 und 13.3 sind noch nicht komplett, was auch der Grund dafür ist, dass sie im Browser noch kein darstellbares Ergebnis liefern und die Abbildung 13.2 eine schematische Darstellung ist.

Um nun also den Quellcode zu komplettieren, benötigen Sie das `frame`-Element. Dieses Element definiert das Verhalten und die optische Gestaltung der einzelnen Frames und legt fest, welches HTML-Dokument angezeigt werden soll. Als Parameter für das Attribut `src` (engl. *source*, dt. *Quelle*) wird das darzustellende HTML-Dokument angegeben.

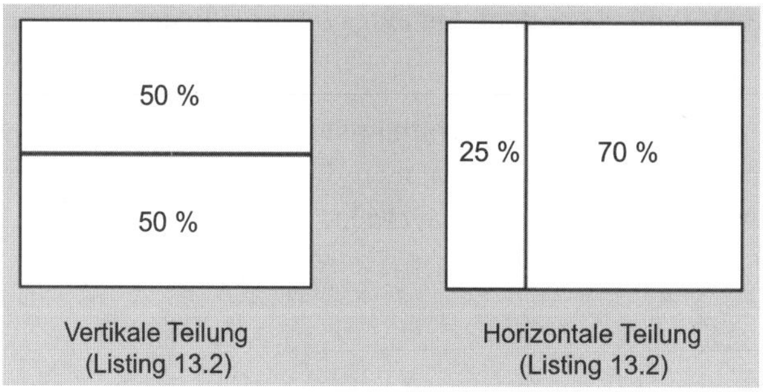

Abbildung 13.2 Schematische Darstellung der Listings 13.2 und 13.3

```
<!DOCTYPE HTML PUBLIC "-//W3C//DTD HTML 4.01 Frameset//EN">
<!-- Komplettes Beispiel -->
<html>
  <head>
    <title>Listing 7.4</title>
  </head>
  <frameset rows="25%,75%">
     <frame src="list7.4a.htm" name="oben">
     <frame src="list7.4b.htm" name="unten">
  </frameset>
</html>
```

Listing 13.4 Vollständiges Frameset-Beispiel

Die Reihenfolge der Frame-Definition wird von oben nach unten angegeben. Sie müssen also für jedes Segment ein `frame`-Element notieren und ihm ein HTML-Dokument zuweisen. Außerdem können Sie es über das `name`-Attribut mit einem Namen versehen.

[»] Auf die Abbildung der Quelldokumente der einzelnen Segmente aus Listing 13.4 wird hier verzichtet, da sie jeweils lediglich eine Überschrift enthalten. Sie finden die Listings jedoch auf der dem Buch beiliegenden DVD-ROM im Verzeichnis **x:\listings\html**. Für das obere Segment wurde das Dokument **list7.4a.htm** und für das untere **list7.4b.htm** verwendet.

Pixelangaben und Platzhalter

Bisher haben Sie die Höhe bzw. Breite eines Frames in Prozent angegeben. Dabei sollten Sie immer darauf achten, dass diese Werte zusammengerechnet 100 % ergeben. Ansonsten kann es zu Fehldarstellungen kommen. Alternativ können Sie auch eine Angabe in Pixel machen. Dabei wird einfach die Anzahl der Pixel ohne besonderes Zeichen notiert.

[x] Da jedoch die Bildschirmauflösung und auch die Größe des Browserfensters auf jedem Computer unterschiedlich sind, kann es zu Problemen kommen, da Sie nie voraussehen können, welche Auflösung der Benutzer gerade eingestellt hat. Aus diesem Grund können Sie anstelle einer Prozent- oder Pixelangabe auch ein Sternchen »*« notieren. Dies bedeutet, dass der restliche zur Verfügung stehende Platz für das Segment verwendet werden soll.

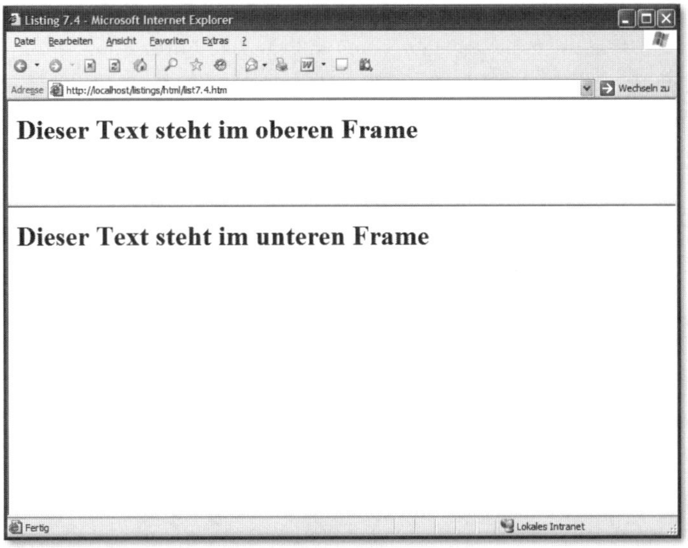

Abbildung 13.3 Darstellung des Listings 13.4 im Internet Explorer 6.0

```
<frameset rows="250,*">
```

Diese Angabe weist den Browser an, das erste Segment mit einer Höhe von 250 Pixel darzustellen und den zweiten Frame mit dem noch zur Verfügung stehenden Platz. Natürlich gilt diese Möglichkeit auch für das Attribut `cols`, und die Reihenfolge kann ebenfalls getauscht werden – je nachdem, welches der Segmente den übrig bleibenden Raum zur Darstellung erhalten soll.

```
<frameset cols="125,*">
<frameset rows="*,200">
<frameset cols="*,*">
```

Die letzte Angabe entspricht der Angabe `cols="50%, 50%"`. Der zur Verfügung stehende Platz wird also gleichmäßig auf beide Frames aufgeteilt.

Beliebig viele Segmente

Bei der Anzahl der einzelnen Segmente sind Sie natürlich nicht auf zwei festgelegt. Je mehr Größenangaben Sie in `cols` oder `rows` notieren, umso mehr Segmente ergeben sich.

```
<frameset cols="25%,10%,10%,*">
```

Diese Angabe erzeugt insgesamt vier Segmente, das erste ist 25 % breit, das zweite und dritte sind je 10 % breit, und das vierte bekommt die restliche Breite zur Verfügung gestellt.

```
<frameset rows="50,150,*,10%">
```

Auch diese Angabe erzeugt vier Segmente. Das erste ist 50 Pixel hoch, das zweite 150 Pixel, die Breite des dritten richtet sich danach, wie viel Platz zur Verfügung steht, und das vierte nimmt 10 % des Platzes ein.

[»] Noch einmal der Hinweis: Je mehr Segmente Sie definieren und somit auch je mehr Dokumente Sie laden müssen, umso länger dauert der vollständige Aufbau auf Seiten des Benutzers. Versuchen Sie also, alle zu ladenden HTML-Dokumente inklusive der Grafiken die 100-KB-Marke nicht überschreiten zu lassen.

Horizontale und vertikale Segmentierung

Wenn Sie die Attribute `cols` und `rows` gleichzeitig im `frameset`-Start-Tag notieren, können Sie das Fenster sowohl horizontal als auch vertikal teilen.

```
<frameset rows="250,*" cols="15%,15%,70%">
```

Das Browserfenster wird horizontal in drei und vertikal in zwei Segmente unterteilt. Dadurch erhalten Sie insgesamt sechs einzelne Frames. Die Definition der einzelnen Segmente mit dem `frame`-Element erfolgt nun nach der Regel »von links nach rechts, von oben nach unten«. In Abbildung 13.4 wird diese Reihenfolge noch einmal veranschaulicht.

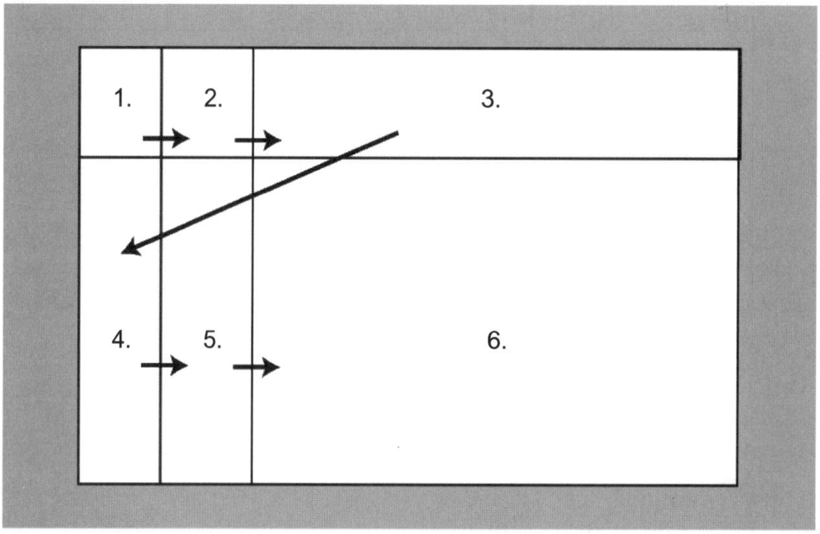

Abbildung 13.4 Reihenfolge der Segment-Definitionen

[×] Wenn Sie eine Seite planen, die über viele Segmente verfügen soll, machen Sie sich vorher am besten eine Skizze, da die Umsetzung dann wesentlich leichter von der Hand geht.

13.3 Verschachtelung

Bisher haben Sie nur gleichmäßig aufgeteilte Browserfenster kennengelernt. Es ist aber durchaus möglich, einen Frame ein weiteres Mal zu segmentieren. Diesen Vorgang bezeichnet man als Verschachteln, da Sie innerhalb eines `frameset`-Elements ein weiteres `frameset`-Element anstelle eines `frame`-Elements notieren. Ein grafisches

Beispiel für eine solche Verschachtelung finden Sie in Abbildung 13.5. Dieses Schema werden Sie nun in HTML umsetzen.

Zuerst definieren Sie ganz normal das Frame-Grundgerüst und den ersten Frame. Das Kopffenster soll über eine Höhe von 200 Pixel verfügen und der untere Frame über die restliche Höhe. Außerdem weisen Sie dem oberen Frame das Quelldokument **list7.5a.htm** und den Namen `kopf` zu.

```
<frameset rows="200,*">
   <frame src="list7.5a.htm" name="kopf">
```

Anstelle des zweiten `frame`-Elements folgt nun das zweite `frameset`-Element. Der linke Frame soll 25 % breit sein und der rechte Frame 75 %. Außerdem soll der linke Frame das HTML-Dokument **list7.5b.htm** anzeigen und den Namen `navigation` bekommen und der rechte Frame das Dokument **list7.5c.htm** und den Namen `anzeige`.

Die Dokumente, die in den einzelnen Frames dargestellt werden sollen, finden Sie auf der dem Buch beiliegenden DVD-ROM im Verzeichnis **x:\listings\html**. Die Namen der Dokumente lauten **list7.5a.htm**, **list7.5b.htm** und **list7.5c.htm**. [«]

```
   <frameset cols="25%,75%">
     <frame src="list7.5b.htm" name="navigation">
     <frame src="list7.5c.htm" name="anzeige">
   </frameset>
```

Anschließend können Sie die Frame-Definition abschließen.

```
</frameset>
```

Das Ergebnis können Sie in Abbildung 13.5 betrachten, das vollständige HTML-Dokument finden Sie in Listing 13.5.

```
<!DOCTYPE HTML PUBLIC "-//W3C//DTD HTML 4.01 Frameset//EN">
<!-- Verschachtelte Frames -->
<html>
  <head>
    <title>Listing 7.5</title>
  </head>
  <frameset rows="200,*">
     <frame src="list7.5a.htm" name="kopf">
     <frameset cols="25%,75%">
       <frame src="list7.5b.htm" name="navigation">
       <frame src="list7.5c.htm" name="anzeige">
     </frameset>
  </frameset>
</html>
```

Listing 13.5 Beispiel für verschachtelte Frames

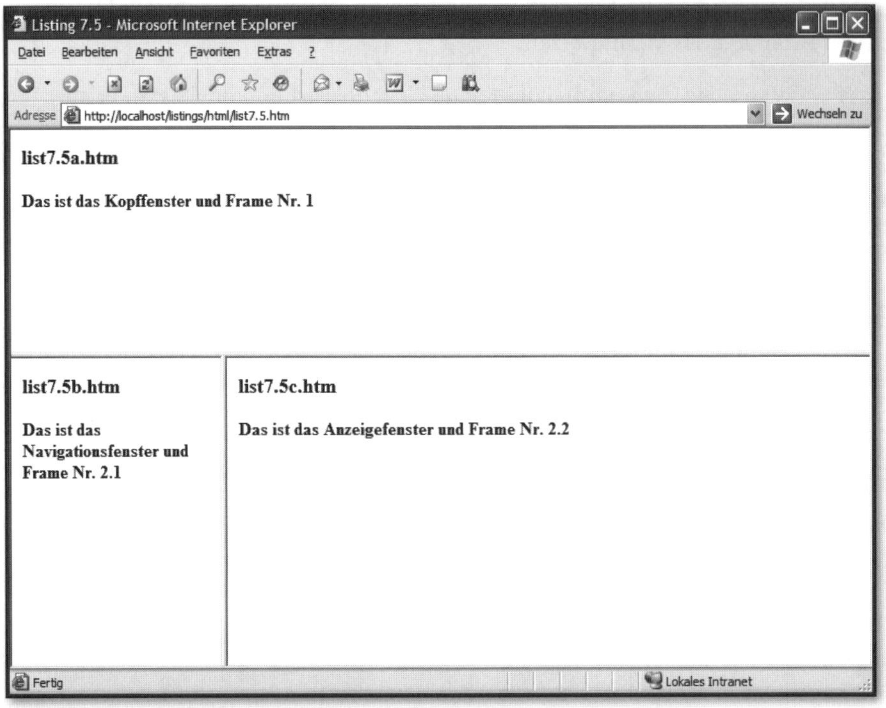

Abbildung 13.5 Darstellung des Listings 13.5 im Internet Explorer 6.0

[×] Bei der Definition von verschachtelten Frames kann es vorkommen, dass Sie bei einer sehr tiefen Verschachtelung den Überblick verlieren. Zeichnen Sie sich deshalb vorher das Schema auf ein Blatt Papier, und nummerieren Sie die Frames in der Reihenfolge, in der sie erstellt werden müssen. Als Art für die Nummerierung sollten Sie eine Nummerierung verwenden, wie sie auch in Büchern vorkommt, also 1, 1.1, 1.1.1. So behalten Sie am Ende den Überblick. Außerdem sollten Sie niemals vergessen, das `name`-Attribut mit einem eindeutigen Wert in jedem `frame`-Element zu notieren. Dieser Wert darf nicht mehrmals vorkommen. Den Grund dafür erfahren Sie weiter unten.

Browser, die keine Frames unterstützen

Auch wenn der Internet Explorer ab der Version 3 und Netscape ab Version 2 die Frame-Technologie unterstützen, kann es immer einmal vorkommen, dass ein Benutzer einen Browser verwendet, der Frames nicht darstellen kann. Notieren Sie deshalb vor dem letzten `frameset`-Ende-Tag das Element `noframes`. Der Inhalt dieses Elements – im optimalen Fall ein Link zu einer Variante Ihrer Webseite, die keine Frames verwendet – wird dann als Alternative zu den Frames dargestellt.

```
<frameset cols="..." rows="...">
  <!-- Frame-Definitionen -->
  ...
  <noframes>
    Ihr Browser unterst&uuml;tzt leider keine Frames.
```

```
    <a href="keineframes.htm">Hier gelangen Sie zu einer
    alternativen Seite.</a>
  </noframes>
</frameset>
```

[×] Das `noframes`-Element muss nur einmal notiert werden und nicht in jedem `frameset`-Element.

13.4 Gestaltung der Frames

Variable Fenstergröße

Normalerweise ist der Benutzer in der Lage, die Größe der einzelnen Frames manuell zu verändern. Gelegentlich ist das für ihn von Vorteil, manchmal kommt es aber vor, dass Sie Ihre Webseite so gestaltet haben, dass die Frames über feste, unveränderbare Größen verfügen sollen. Abhilfe schafft das Attribut `noresize`, das Sie ohne Parameter im `frame`-Element notieren können.

```
<frameset ...>
  <frame src="seite1.htm" name="f1">
  <frame src="seite2.htm" name="f2" noresize>
  <frame src="seite3.htm" name="f3">
  ...
</frameset>
```

Sowohl der Frame `f2` als auch alle benachbarten Frames können jetzt nicht mehr in der Größe verändert werden. Sie müssen das Attribut `noresize` also nicht in jedem `frame`-Element notieren.

Zielfenster

Erinnern Sie sich noch an das Attribut `target` des `a`-Elements? Dort können Sie z. B. den Parameter `_blank` angeben, damit ein Link in einem neuen Fenster geöffnet wird. Wenn Sie nun als Parameter für `target` den im `name`-Attribut angegebenen Wert eines `frame`-Elements zuweisen, wird der Link in dem Frame mit dem angegebenen Namen geöffnet. Nun können Sie auch verstehen, warum verschiedene Frames nicht denselben Namen haben dürfen.

```
<a href="ziel.htm" target="anzeige">ziel.htm &ouml;ffnen</a>
```

Das HTML-Dokument **ziel.htm** würde bei einem Klick auf den Link in dem Frame geöffnet werden, der im `name`-Attribut `anzeige` zugewiesen bekommen hat.

Neben dem Parameter `_blank` gibt es noch drei weitere Parameter, die aber nur in Verbindung mit Frames Sinn machen:

- `_self`
  Das Verweisziel wird im gleichen Frame wie der Link dargestellt.
- `_parent`
  Das Verweisziel wird im übergeordneten Frame dargestellt. Gibt es keinen übergeordneten Frame, wird es in einem neuen Fenster dargestellt.

- `_top`
  Dieser Parameter »sprengt« die gesamte Frame-Struktur und stellt das Verweisziel im gesamten Browserfenster dar.

Segmentrahmen Zwischen den einzelnen Segmenten bzw. Frames stellt der Browser automatisch einen Rahmen dar. Dieser Rahmen lässt sich in der Breite verändern oder auch ganz unterdrücken. Das Attribut `frameborder` müssen Sie im `frame`-Element notieren. Als Parameter geben Sie eine 1 oder eine 0 an. Die Voreinstellung ist 1 und bedeutet, dass die Rahmen dargestellt werden sollen, wohingegen 0 die Darstellung deaktiviert.

Die mit `frameborder` dargestellte Methode ist die HTML-konforme Variante, jedoch nicht die browser-konforme. Um wirklich die Darstellung der Rahmen zu unterdrücken, müssen Sie im `frameset`-Element Folgendes notieren:

- `frameborder="0" framespacing="0"`
  Diese Angabe unterdrückt im Internet Explorer die Darstellung aller Rahmen der Frames, die innerhalb dieses `frameset` definiert wurden.
- `border="0"`
  Diese Angabe unterdrückt in Netscape die Darstellung der Rahmen der Frames, die innerhalb dieses `frameset` definiert wurden.

Um also die Rahmen sowohl im Internet Explorer als auch unter Netscape zu unterdrücken, müssen Sie `frameborder="0" framespacing="0" border="0"` im `frameset`-Start-Tag notieren.

Scrollbars In der Regel versucht ein Browser Inhalt, der über die Größe des Frames hinausgeht, so zu verschieben, dass er vollständig dargestellt wird. Kann er dies nicht mehr erledigen, zeigt er stattdessen Scrollbars (dt. *Bildlaufleisten*) an. Dieses Verhalten können Sie beeinflussen. Dazu notieren Sie das Attribut `scrolling` im `frame`-Element und weisen dem Attribut einen der drei folgenden Parameter zu:

Parameter	Übersetzung	Erklärung
yes	ja	Teilt dem Browser mit, dass er die Bildlaufleisten immer anzeigen soll.
no	nein	Teilt dem Browser mit, dass er die Bildlaufleisten auf keinen Fall anzeigen soll.
auto	automatisch	Dies ist die Standard-Einstellung. Sie weist den Browser an, die Bildlaufleisten nur bei Bedarf darzustellen.

Tabelle 13.1 Mögliche Parameter für das Attribut scrolling

Ein paar Beispiele:

```
<frame ... scrolling="yes">
<frame ... scrolling="no">
<frame ... scrolling="auto">
```

Verwenden Sie am besten immer den Parameter `auto`. Denn sollte der Benutzer eine kleinere Auflösung verwenden, als Sie annehmen, sind bestimmte Bereiche eines Dokuments nur noch durch Tricks erreichbar. **[×]**

13.5 Anwendungsgebiete

Die Anwendungsgebiete von Frames sind äußerst zahlreich, und es würde den Rahmen dieses Buches sprengen, sie alle detailliert aufzuführen. Ich möchte Ihnen aber trotzdem noch ein paar Beispiele nennen.

Abbildung 13.6 Verschiedene Frame-Designs

Frame-Design 1

Dieses Design eignet sich optimal für eine Seite mit Banner bzw. Logo und einem Inhaltsverzeichnis bzw. Navigationsverzeichnis, da es eine sehr einfache und schnelle Navigation bietet.

Frame-Design 2

Dieses Design besitzt lediglich zwei Frames und kann vor allem für Fußnoten eines Textes oder als »Vor-Zurück-Inhaltsverzeichnis«-Navigation verwendet werden, z. B. bei der Online-Ausgabe eines Buches.

Frame-Design 3

Design Nummer 3 ist in seiner Art dem Frame-Design 1 sehr ähnlich. Es bietet jedoch keinen extra Frame für ein Banner oder Logo. Banner oder Logos lassen sich, wenn sie von den Abmessungen her klein sind, gut im oberen Teil des Inhalts- bzw. Navigationsverzeichnisses unterbringen.

Frame-Design 4
Es bietet Platz für ein Logo oder ein Banner, ein Inhalts- bzw. Navigationsverzeichnis und für weitere Links, die thematisch nicht ins Navigationsverzeichnis passen, oder für rechtliche Hinweise und Ähnliches.

Frame-Design 5
Dieses Design bietet eine Top-down-Hierarchie. Im obersten Frame lassen sich z. B. Links zu Hauptthemen anzeigen, darunter Links zu den einzelnen Unterthemen und im letzten Frame dann der eigentliche Inhalt. Im obersten Frame kann aber auch ein Logo, darunter die Seitennavigation und im untersten Frame der Inhalt angezeigt werden.

13.6 Eingebettete Frames

Eingebettete Frames ähneln den normalen Frames nur in ihrem Nutzen. Während bei normalen Frames eine Unterteilung des Browserfensters vorgenommen wird, werden eingebettete Frames innerhalb des Dokuments ähnlich wie Grafiken dargestellt. Das Element, das dafür verwendet wird, ist `iframe` (engl. *inner frame*, dt. *eingebetteter Rahmen*). Der Nachteil besteht jedoch wieder einmal bei der mangelhaften Unterstützung seitens der Browser. Der Internet Explorer kann `iframe`-Elemente seit der Version 3 darstellen, Netscape aber erst seit der Version 6.

Das vom `img`-Element bekannte `src`-Attribut definiert bei `iframe`-Elementen ebenfalls die Quelle, die dargestellt werden soll. Diese kann sowohl ein HTML-Dokument als auch jede andere darstellbare Datenquelle sein.

[»] Beachten Sie, dass gewisse Datenquellen nur dann dargestellt werden können, wenn dem Browser der MIME-Typ mitgeteilt wurde. Verwenden Sie in solchen Fällen also immer das `object`-Element.

Mit den Attributen `width` und `height` können Sie die Darstellungsbreite und -höhe festlegen. Erlaubt sind Pixel- und Prozentangaben. Über den im `name`-Attribut festgelegten Namen können Sie dann durch Links das Verweisziel innerhalb des `iframe`-Elements darstellen.

```
<!DOCTYPE HTML PUBLIC "-//W3C//DTD HTML 4.01 Transitional//EN">
<!-- eingebettete Frames -->
<html>
  <head>
    <title>Listing 7.6</title>
  </head>
  <body>
    <h1 align="center">Eingebettete Frames</h1>
    <iframe src="http://www.google.de/" width="500"
```

```
      height="250" name="innerframe" align="center">
        <p>Ihr Browser unterst&uuml;tzt leider keine
          eingebetteten Frames.</p>
      </iframe>
      <p align="center">
        <a href="http://www.google.de/"
         target="innerframe">Google.de</a><br>
        <a href="http://www.galileo-press.de/"
         target="innerframe">Galileo Press</a><br>
        <a href="http://www.tagesschau.de/"
         target="innerframe">Tagesschau</a>
      </p>
    </body>
</html>
```

Listing 13.6 Beispiel für InnerFrames

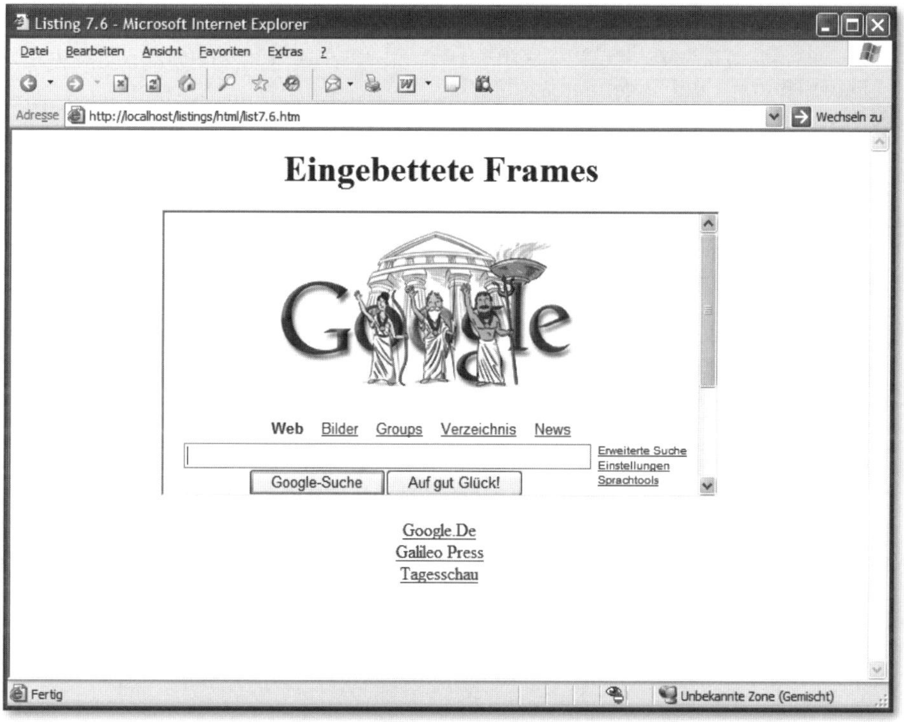

Abbildung 13.7 Darstellung des Listings 13.6 im Internet Explorer 6.0

Wie auch schon bei normalen Frames besteht die Möglichkeit, dass der Browser des Benutzers keine eingebetteten Frames darstellen kann. In einem solchem Fall stellt der Browser den Inhalt dar, der im Gültigkeitsbereich des `iframe`-Elements notiert wurde. Geben Sie dort also immer eine Alternative an. [×]

13.7 Zusammenfassung

- Die Segmentierung erfolgt mit dem `frameset`-Element und die Definition der einzelnen Rahmen mit dem `frame`-Element.
- Die einzelnen Frames werden von links nach rechts und von oben nach unten definiert.
- Das erste `frameset`-Element in einem HTML-Dokument ersetzt das `body`-Element.
- Frames können durch mehrere `frameset`-Elemente verschachtelt werden.

13.8 Fragen und Übungen

1. Mit welchem Attribut kann ein Fenster horizontal segmentiert werden?
2. Mit welchem Attribut kann ein Fenster vertikal segmentiert werden?
3. Im Start-Tag welchen Elements werden die beiden Attribute notiert, nach denen in Frage/Übung 1 und 2 gefragt wird?
4. Welche Angaben können zur Größe eines Frames gemacht werden?
5. Mit welchem Zeichen wird einem Frame der noch verbleibende Platz zugewiesen?
6. Worin besteht der Unterschied zwischen normalen und eingebetteten Frames?

Ein Experte ist ein Mann, der hinterher genau sagen kann, warum seine Prognose nicht gestimmt hat.
– Winston Churchill, britischer Politiker

14 Was sonst noch wichtig ist

In diesem letzten Abschnitt zu HTML möchte ich Ihnen ein paar kleinere Dinge näher bringen, wie z. B. META-Tags und ActiveX-Controls, die nichtsdestotrotz eine wichtige Rolle spielen. Außerdem werden Sie noch einige Elemente kennenlernen, die nicht zum offiziellen HTML-Standard gehören, aber eigentlich von jedem Browser unterstützt werden.

14.1 META-Tags

META-Tags werden weniger für die Gestaltung eines Dokuments als für die Beschreibung des Inhalts notiert. Sie enthalten alle wichtigen Informationen zu einem Dokument (wie den Autor, das Erstellungsdatum und rechtliche Hinweise) und werden auch von Suchmaschinen ausgelesen, um eine Seite als Treffer zu einem Suchwort zu erkennen.

Aufgrund ihrer Eigenschaft und Anwendung werden META-Tags bzw. die Elemente im Gültigkeitsbereich des `head`-Elements notiert, genauso wie das `title`-Element. Dabei gibt es mittlerweile zwei verschiedene Arten von META-Angaben.

Einfache Variante

Die einfache Variante basiert auf den Vorgaben des W3C zur Verwendung von META-Angaben. Jedoch beschreibt das W3C lediglich den grundsätzlichen Aufbau einer META-Angabe und nicht, welche es gibt. Die gängigsten Angaben beschränken sich auf eine Beschreibung, den Autor, Stichwörter und das Erstellungsdatum. Ein `meta`-Element wird ohne Ende-Tag notiert und ist immer gleich aufgebaut.

```
<meta name="Schlüsselwort" content="Inhalt">
```

Vier wichtige Schlüsselwörter möchte ich Ihnen kurz vorstellen:

Schlüsselwort	Übersetzung	Erklärung
description	Beschreibung	Wenn Sie dieses Schlüsselwort verwenden, können Sie im `content`-Attribut eine Beschreibung zu Ihrer Webseite bzw. zu dem HTML-Dokument notieren.

Tabelle 14.1 Die vier verbreitetsten Schlüsselwörter für das meta-Element

Schlüsselwort	Übersetzung	Erklärung
author	Autor	Mit diesem Schlüsselwort teilen Sie den Autor oder die Autoren des Dokuments mit.
keywords	Stichwörter	Notieren Sie Stichwörter zu Ihrer Webseite, damit META-Suchmaschinen Ihre Webseite als Treffer für einen oder mehrere Suchbegriffe erkennen. Aus diesem Grund sollten Sie möglichst viele Stichwörter angeben.
date	Datum	Geben Sie das Datum der Veröffentlichung des Dokuments nach UTC (engl. *universal timecode*, dt. *universelle Zeitangabe*) an. Die genaue Schreibweise lautet `yyyy-mm-ddThh:mm:ss+hh:mm`. Ein Beispiel für eine Datumsangabe nach UTC könnte `2002-07-20T15:45:32+01:00` lauten. Die letzte Angabe +01:00 steht für die Abweichung von der Greenwich Meantime (GMT). Für Deutschland ist dies plus eine Stunde. Möchten Sie nur ein Datum angeben, können Sie das große T und die Zeitangabe dahinter einfach entfallen lassen (z. B. `2002-07-20`).

Tabelle 14.1 Die vier verbreitetsten Schlüsselwörter für das meta-Element (Forts.)

Dublin-Core-Variante

Die andere Variante basiert auf dem System der Expertengruppe Dublin Core. Sie wird vom W3C akzeptiert und berücksichtigt alle wichtigen Angaben. Vor den Schlüsselwörtern wird lediglich die Zeichenfolge `DC.` notiert, damit diese spezielle Variante auch erkannt wird.

```
<meta name="DC.Schlüsselwort" content="Inhalt">
```

Folgende wichtige Schlüsselwörter stehen zur Verfügung:

Schlüsselwort	Übersetzung	Erklärung
DC.Creator	Autor	Geben Sie hier den Autor des Dokuments an.
DC.Date	Datum	Geben Sie das Datum der Veröffentlichung in der Form `yyyy-mm-dd` an.
DC.Description	Beschreibung	Eine kurze Beschreibung zum Dokument können Sie hier angeben.
DC.Language	Sprache	Die Sprache des Dokuments als Sprachenkürzel. Für Deutsch wird `de` angegeben. Eine Übersicht der Sprachenkürzel finden Sie im Anhang.
DC.Rights	Rechte	Angabe der rechtlichen Hinweise zu einem Dokument, etwa das Copyright.
DC.Subject	Betreff	Hier geben Sie das Thema des Dokuments an.
DC.Title	Titel	Hier können Sie einen Titel für das Dokument angeben.

Tabelle 14.2 Die wichtigsten Schlüsselwörter für meta-Elemente nach der DC-Methode

[x] Optimale META-Angaben erhalten Sie, wenn Sie sowohl die normalen als auch die Dublin-Core-Angaben verwenden, da diese sich nicht gegenseitig beeinträchtigen.

Suchmaschinen

Für Suchmaschinen gibt es außerdem ein paar META-Angaben, die helfen, Ihre Seite in einer Datenbank nach gewissen Regeln zu speichern. Als Parameter für das `name`-Attribut wird immer `robots` angegeben und für `content` einer der folgenden Parameter:

Parameter	Erklärung
noindex	Unterbindet das Speichern des Dokuments in der Datenbank.
index	Damit erlauben Sie dem Suchprogramm explizit, dieses Dokument aufzunehmen.
nofollow	Verhindert die weitergehende Suche anhand der im Dokument notierten Verweise.
follow	Damit erlauben Sie dem Suchprogramm explizit, den im Dokument vorhandenen Verweisen zu folgen und diese ebenfalls zu indizieren.

Tabelle 14.3 Mögliche Parameter zur Regulierung des Verhaltens eines Suchroboters

Automatische Weiterleitung

Es gibt eine META-Angabe, die im World Wide Web ziemlich verbreitet und beliebt ist, der das W3-Konsortium aber mehr als ablehnend gegenüber steht. Sie entspricht nicht dem Wesen von Hypertext-Dokumenten, d. h. dem Grundsatz, dass jedes Dokument lesbar sein sollte. Dessen ungeachtet wird sie seit jeher von fast jedem Browser unterstützt:

```
<meta http-equiv="refresh" content="3;
URL=http://www.galileo-press.de">
```

Eigentlich dient diese Angabe dazu, ein HTML-Dokument nach einer bestimmten Zeit neu zu laden. Häufig wird diese Funktion bei Chat-Systemen auf Skript-Basis verwendet. Der Parameter `refresh` im `http-equiv`-Attribut weist den Browser an, dieses Dokument neu zu laden, und die Angabe `content="3;` steht für die Wartezeit in Sekunden, bis das Dokument aktualisiert wird. Die zusätzliche Angabe `URL=http://www.galileo-press.de/"` verweist auf ein anderes Dokument. Der Benutzer wird also weitergeleitet.

[x]

Verlassen Sie sich aber nicht darauf, dass diese Angabe funktioniert. Sie sollten im Dokument noch einen zusätzlichen Link notieren, damit der Benutzer manuell zu der anderen Seite wechseln kann.

14.2 ActiveX-Controls

Leider funktionieren ActiveX-Controls nur unter einer Windows-Umgebung und mit dem Internet Explorer ab der Version 5. Das reduziert den Benutzerkreis enorm. Für UNIX/Linux-, aber auch Mac-Anwender besteht bisher keine Möglichkeit, ActiveX-Controls darzustellen. Auch Anwender eines anderen Browsers gehören nicht zum ausgewählten Kreis. Da es aber viele verschiedene ActiveX-Controls gibt und diese auch teilweise sehr nützlich sind, möchte ich Ihnen hier einige vorstellen. Wenn Sie beispielsweise eine Webseite für ein Intranet entwickeln und davon ausgehen können, dass alle Benutzer Windows und den Internet Explorer verwenden, bieten sich Ihnen interessante Möglichkeiten zur Gestaltung.

Windows MediaPlayer

Um den Windows MediaPlayer in einem HTML-Dokument zu referenzieren, mit dem Sie fast jedes Audio- und Videoformat wiedergeben können, verwenden Sie einfach das `object`-Element. Die ClassID für den MediaPlayer lautet: `05589FA1-C356-11CE-BF01-00AA0055595A`. Die wiederzugebende Datenquelle wird mit dem `param`-Element und dem Parameter `filename` für das `name`-Attribut festgelegt. Pfad und Dateiname zur Datenquelle werden im `value`-Attribut übergeben.

```
<!DOCTYPE HTML PUBLIC "-//W3C//DTD HTML 4.01 Transitional//EN">
<!-- WindowsMediaPlayer -->
<html>
  <head>
    <title>Listing 8.1</title>
  </head>
  <body>
    <object width="300" height="70"
    classid="CLSID:05589FA1-C356-11CE-BF01-00AA0055595A">
      <param name="filename" value="town.mid">
    </object>
  </body>
</html>
```

Listing 14.1 Einbinden des Windows MediaPlayers in ein HTML-Dokument

Kalender

Der Kalender ist mehr eine Spielerei als ein wirklich brauchbares ActiveX-Control. Mit dem Kalender können Sie monatsweise einen in der Größe veränderbaren Kalender darstellen. Die zu verwendende ClassID lautet `8E27C92B-1264-101C-8A2F-040224009C02` und wird im Attribut `classid` übergeben.

```
<!DOCTYPE HTML PUBLIC "-//W3C//DTD HTML 4.01 Transitional//EN">
<!-- Kalender -->
<html>
  <head>
    <title>Listing 8.2</title>
  </head>
  <body>
    <object classid="CLSID:8E27C92B-1264-101C-8A2F-
     040224009C02" width="288" height="192">
      <param name="Year" value="2002">
      <param name="Month" value="7">
      <param name="Day" value="20">
    </object>
  </body>
</html>
```

Listing 14.2 Ein Kalender in HTML

Das aktive Datum können Sie über die Parameter `Year` (Jahr), `Month` (Monat) und `Day` (Tag) bestimmen.

14.3 Trennlinien

Mit dem hr-Element (engl. *horizontal rule*, dt. *horizontales Lineal*) ist es möglich, in einem Dokument eine horizontale Trennlinie zur optischen Abgrenzung unterschiedlicher Textblöcke zu verwenden. Das Aussehen dieser Trennlinie können Sie über verschiedene Attribute beeinflussen.

Attribut	Übersetzung	Erklärung
noshade	Kein Schatten	An dieses Attribut werden keine Parameter übergeben, und es verhindert die Darstellung eines Schattens für die Trennlinie.
width	Breite	Verändert die Breite der Trennlinie. Sowohl Prozent- als auch Pixelangaben sind erlaubt, z. B. 50 % oder 100 Pixel.
size	Größe	Gibt die Höhe der Trennlinie an. Je höher der Wert, desto höher ist auch die Linie.
align	Ausrichtung	Beeinflusst die Ausrichtung der Trennlinie. Mögliche Parameter sind left, center und right.
color	Farbe	Geben Sie eine Farbe als Farbwort oder Hex-Tripel-Wert für die Trennlinie an.

Tabelle 14.4 Attribute für das hr-Element

Ein paar Beispiele:

```
<hr>
  <!-- erzeugt eine einfache horizontale Linie -->
<hr noshade size="5">
  <!-- 5 Pixel hohe horizontale Linie ohne Schatten -->
<hr align="center" color="#FF0000" size="2" width="75%">
  <!-- zentr., rote, 2 Pixel hohe Linie mit 75% Breite -->
```

14.4 Inoffizielles HTML

Viele Browser unterstützen Elemente und Attribute, die es im offiziellen HTML-Standard nicht gibt.

Hintergrundmusik

Das embed-Element wird normalerweise als Alternative für Netscape verwendet, um einen Flash-Film einzubinden. Wenn Sie es aber in einem HTML-Dokument innerhalb des body-Elements mit dem Attribut hidden (dt. *versteckt*) und dem Parameter true (dt. *wahr*) notieren, können Sie eine Audiodatei einbinden, die ohne sichtbare Eigenschaft im HTML-Dokument wiedergegeben wird.

```
<body>
  ...
  <embed src="town.mid" hidden="true" autostart="true"
   loop="true" width="0" height="0">
  ...
</body>
```

Die Attribute `autostart` und `loop` weisen den Browser an, die Datei **town.mid** automatisch wiederzugeben und in einer Schleife laufen zu lassen. Anstelle des Parameters `true` können Sie auch `false` (dt. *falsch/unwahr*) notieren und eine entsprechende Eigenschaft deaktivieren.

Für den Internet Explorer können Sie eine Hintergrundmusik einbinden, indem Sie im `head`-Element das Element `bgsound` einfügen. Auch hier übergeben Sie die wiederzugebende Audiodatei im Attribut `src`. Im Attribut `loop` können Sie entweder die Anzahl der Wiederholungen angeben oder den Parameter `infinite` (dt. *unendlich*).

```
<title>
  ...
  <bgsound src="town.mid" loop="infinite">
  ...
</title>
```

[×] Auch wenn ich Ihnen eben gezeigt habe, wie Sie Hintergrundmusik in einem HTML-Dokument einbinden können, ohne dass dies für den Benutzer sichtbar wird, möchte ich Sie darauf hinweisen, dass Sie damit sehr bewusst und sparsam umgehen sollten. Bieten Sie dem Benutzer auf jeden Fall die Möglichkeit, die Seite auch ohne Musik zu betrachten. Oder würde es Ihnen gefallen, ein fünf Sekunden kurzes Stück immer und immer wieder zu hören?

Seitenränder Standardmäßig besitzt ein HTML-Dokument einen nicht sichtbaren Außenrand. Der Inhalt lässt sich also niemals ganz exakt am Fensterrand des Browsers platzieren, es sei denn, Sie ändern dies mit CSS (siehe Kapitel 16, *CSS-Layout fürs Internet)*.

Es gibt jedoch auch eine HTML-Variante. Für den Internet Explorer müssen Sie die Attribute `topmargin` und `leftmargin` im `body`-Start-Tag notieren. Der als Parameter übergebene Wert ist dann der Abstand zwischen Inhalt und Fensterrand.

Netscape verwendet dafür die Attribute `marginwidth` und `marginheight`. Auch diese Attribute werden im `body`-Start-Tag notiert, und der übergebene Wert definiert den Abstand zwischen Inhalt und Fensterrand.

14.5 Goldene Regeln

Man kann dem Benutzer das Leben auf viele Arten und Weisen schwer machen, etwa indem man rote Schrift auf blauem Hintergrund verwendet oder eine Audiodatei im Hintergrund abspielen lässt, die mehrere Megabyte groß ist. Damit Sie Ihre Besucher nicht sofort vergraulen, möchte ich Ihnen nun ein paar Regeln nahe legen, die sich im Internet durchgesetzt haben und die aus Erfahrungen und auch aus Überlegungen von vielen verschiedenen Personen resultieren, die täglich und oft mit dem Thema Webdesign zu tun haben oder einfach nur im Internet surfen. Diese Regeln werden gemeinhin als Netiquette bezeichnet.

Schnell am Ziel

Die Anbindung an das Internet ist von User zu User unterschiedlich. Einige verwenden ein Analog-Modem, andere ISDN und manche DSL oder eine Standleitung. Die beiden letzten Zugangsarten sind jedoch noch relativ selten, auch wenn die Anzahl der DSL-Anschlüsse ständig steigt. Daher sollten Sie bei der Gestaltung einer Webseite auch immer an die Benutzer denken, die ein analoges Modem verwenden. Vermeiden Sie es also, Ihre Webseite mit nutzlosen oder gar übergroßen Grafiken zu überladen. Die Größe eines HTML-Dokuments inklusive der Grafiken sollte 100 KB nicht überschreiten. Alles andere ist für Modem-Benutzer eine Zumutung.

Möchten Sie ein Gefühl dafür bekommen, wie lange der Download einer Seite dauert, dann würde ich Ihnen empfehlen, das für einige Dateien auszurechnen. Gehen wir von den oben genannten 100 KB aus, dann ergibt sich, dass es sich dabei um 819.200 Bit (100 × 1024 × 8) handelt. Möchten Sie wissen, die lange die Übertragung bei Nutzung eines Modems dauert, dann teilen Sie die Zahl einfach durch 56.000 (= maximale Übertragungsrate eines Modems). Der Benutzer muss also mindestens 14,63 Sekunden warten. Ganz schön lange, oder? Dazu muss man allerdings noch sagen, dass diese Rechnung ein wenig idealisiert ist. Im realen Leben muss der User noch ein wenig länger warten.

Klare Struktur

Besonders wichtig ist es, dem Benutzer eine klare Struktur zu bieten, damit er schnell und einfach an die Informationen kommt, die er benötigt. Dies erreichen Sie durch eine klare Gestaltung und durch immer wiederkehrende Strukturelemente, etwa eine Navigationsleiste und Ähnliches.

Zu große Bilder

Eine 1 MB große Bitmap in ein HTML-Dokument einzubinden und dann auf eine Darstellungsgröße von 100 × 100 Pixel einzustellen, gleicht schon beinahe einem Verbrechen. Auch wenn es für Sie mehr Arbeit bedeutet, diese Bitmap erst auf die richtige Größe zu bringen und anschließend auch noch in einem anderen Format zu speichern, der Benutzer wird es Ihnen danken.

Baustellenschilder

Eine Zeit lang fanden sich auf unzähligen Webseiten schwarz-gelbe Baustellenschilder, die darauf hinwiesen, dass die Seite noch im Aufbau sei. Benutzen Sie solche Schilder bzw. Grafiken nicht, denn ein Großteil der Internetgemeinde weiß, dass Webseiten niemals fertig sind und immer verändert, aktualisiert oder vollständig neu gestaltet werden.

Unterstrichene Texte, Animationen und auf jeder Seite ein neues Design

Es sollten nur Links unterstrichen werden, da viele Benutzer sonst denken, der unterstrichene Text sei ein Link, und vergeblich versuchen, ihn anzuklicken. Ebenfalls grausam sind blinkende Texte in unterschiedlichsten Farben oder gar Hintergründe, die ihre Farbe in regelmäßigen Abständen ändern. Das erregt zwar Aufmerksamkeit, lenkt aber auch vom Inhalt ab. Genauso kontraproduktiv ist der Einsatz eines auf jeder Seite anderen Designs. Legen Sie sich auf ein Design fest, ansonsten kommt bei dem Benutzer das Gefühl auf, er wäre auf einer völlig anderen Webseite gelandet.

Rechtschreibung und Grammatik Niemand ist unfehlbar, und Fehler bei der Rechtschreibung oder in der Grammatik können vorkommen. Wenn jedoch ein Text dadurch nicht mehr gelesen oder verstanden werden kann, ist dies kein Versehen mehr, sondern höchst unprofessionell.

Fehlerhafte Links und JavaScripts Links zu nicht existierenden Seiten und fehlerhafte JavaScripts zeichnen eine schlechte Webseite aus. Auch HTML-Dokumente, die nur mit einem speziellen Browser vernünftig dargestellt werden können, sind alles andere als ansehnlich und werden mit Sicherheit nicht wieder besucht. Versuchen Sie also, Ihre Webseiten sauber zu programmieren, so dass sie zumindest auf den gängigsten Browsern funktionieren.

Informationen im Web Wenn Sie mehr über die »Goldene Regeln« oder die Netiquette wissen möchten oder einfach Beispiele für schlechte Webseiten sehen möchten, werden Ihnen die folgenden Links sicherlich helfen.

Adresse	Beschreibung
http://www.muellseite.de/	Jürgen Graf stellt auf seiner Webseite die schlechtesten Beispiele für Webdesign im Internet vor. Darunter sind einige Webseiten, die Sie das Fürchten lehren werden.
http://www.karzauninkat.com/Goldhtml	Goldene Regeln für schlechtes Webdesign. Eine ironisch angehauchte Seite, die Sie natürlich nicht ernst nehmen sollten.
http://www.killersites.com/	David Siegel, »Webdesign-Papst« aus den USA, bietet viele Anleitungen und Beispiele zu gutem Webdesign. Diese Seite sollten Sie auf jeden Fall einmal besuchen.
http://www.drweb.com/	Dr. Web, bietet viele Tipps zu Webdesign, Webgrafik und mehr. Außerdem finden Sie hier auch viele Ressourcen wie Grafiken, Links zu unterschiedlichster Software und Tipps zu deren richtiger Verwendung.

Tabelle 14.5 Weiterführende Links

Der Politiker denkt an die nächsten Wahlen, der Staatsmann an die nächste Generation.
– William Gladstone , (1809–1898), engl. Pazifist und Politiker

15 XHTML – Die nächste Generation von HTML

Inzwischen trifft man auch häufig die Bezeichnung XHTML. XHTML steht für »Extensible Hypertext Markup Language« – zu Deutsch »erweiterbare Hypertext-Auszeichnungssprache«. Die Verwandtschaft zwischen HTML und XHTML liegt aufgrund der Namensgebung sehr nahe. Und in der Tat: Die Ähnlichkeiten zwischen beiden Sprachen sind unverkennbar. Vereinfacht gesagt ist XHTML eine Neudefinition von HTML in XML.

Neue Sprachen

Sowohl mit SGML als auch mit XML ist es möglich, weitere Sprachstandards mit den so genannten DTDs (*Document Type Definition*) zu definieren. Aufgrund der Beliebtheit von XML und der Forderung, HTML mit XML neu zu definieren, entstand im Januar 2000 die XHTML-1.0-Spezifikation. Trotz der großen Gemeinsamkeiten zwischen HTML und XHTML gibt es ein paar gravierende Unterschiede, die ich Ihnen im Folgenden noch genauer erklären werde.

15.1 Neu – und doch altbekannt

Tags

Atmen Sie erst einmal auf. Die meisten Tags, die Sie schon aus HTML kennen, sind erhalten geblieben. Neu ist jedoch die geringe Fehlertoleranz von XHTML. Die Start- und Ende-Tags sind nun *case sensitive*. C/C++-erfahrene Programmierer werden damit sicherlich eher etwas anfangen können. *Case sensitive*bedeutet, dass sehr genau auf die Groß- und Kleinschreibung der Tags geachtet wird. In XHTML **müssen** alle Tags und Attribute kleingeschrieben werden. Während Ihnen HTML noch die Wahl ließ, wie Sie ein Tag schreiben, bestraft XHTML die Großschreibung unter Umständen mit einer Fehlermeldung.

Dies ist in HTML erlaubt:

```
<h1>...</h1>
<H1>...</H1>
<h1>...</H1>
<cItE>...</CiTe>
```

Dies ist in XHTML erlaubt:

```
<h1>...</h1>
<cite>...</cite>
```

In HTML ist also sowohl die Groß- und Kleinschreibung der Tags als auch eine Kombination erlaubt. In XHTML ist nur die Kleinschreibung erlaubt. Dies zwingt Sie dazu, standardkonformen Quelltext zu verfassen.

Elemente mit nur einem Tag

Aus HTML kennen Sie bereits Elemente, die lediglich ein Tag besitzen, nämlich das Start-Tag. Solche Elemente zeichnen keinen Text aus, sondern bewirken einen Effekt in der Ausgabe des Dokuments. So bindet das Element `img` eine Grafik ein, und `br` erzeugt einen Zeilenumbruch. In HTML reicht es, das Start-Tag zu notieren. In XHTML müssen jedoch aufgrund von XML alle Elemente abgeschlossen werden. Diejenigen Elemente, die kein Ende-Tag besitzen, werden aus diesem Grund mit einer Kurzschreibweise beendet:

In HTML:

```
<img src="...">
<hr color="red">
<br>
```

In XHTML lautet die Schreibweise:

```
<img src="..." />
<hr color="red" />
<br />
```

Elemente, die also nur ein Start-Tag besitzen, werden abgeschlossen, indem vor der schließenden spitzen Klammer ein Schrägstrich notiert wird. Achten Sie auch darauf, das Leerzeichen vor dem Schrägstrich zu notieren, da dieses ebenfalls erwartet wird.

Ebenenkonflikt

Bei der Nutzung von HTML verzeihen die Browser es Ihnen oft, wenn Sie z. B. zwei Elemente ineinander verschachteln, die Elemente jedoch in der falschen Reihenfolge wieder schließen:

```
<b>Dies ist ein <i>Text</b></i>
```

Das `i`-Element hätte vor dem `b`-Element geschlossen werden müssen. Die Browser zeigen die Formatierung in der Regel jedoch korrekt an. XHTML würde bei einem solchen Konstrukt das Handtuch werfen und jede weitere Arbeit verweigern. Sie müssen stattdessen also

```
<b>Dies ist ein <i>Text</i></b>
```

schreiben.

Werte in Anführungszeichen

Ich habe Ihnen verschwiegen, dass Sie in HTML Werte, die Sie an Attribute übergeben, nicht zwangsläufig in Anführungszeichen notieren müssen. Zwar verlangt der HTML-Standard das, aber Sie werden auf vielen Webseiten auch so etwas finden:

```
<img src=grafik.png>
```

Zwar ist das nicht wirklich erlaubt, aber meist funktioniert es. In XHTML hingegen müssen alle Werte in doppelten oder einfachen Anführungszeichen übergeben werden.

```
<img src="grafik.png" />
```

Fehlende Wertzuweisung

HTML kennt einige Attribute für Elemente, die keinen Wert zugewiesen bekommen müssen, etwa das Attribut `selected` des `option`-Elements. So dürfen Sie in HTML z. B. Folgendes schreiben:

```
<option name="n" value="w" selected></option>
```

In XHTML müssen Sie hingegen jedem Attribut einen Wert zuweisen. Also dürften Sie das `selected`-Attribut gar nicht notieren, es sei denn, Sie übergeben als Wert den Namen des Attributs. Dann wiederum akzeptiert XHTML die Angabe des Attributs:

```
<option name="n" value="w" selected="selected"></option>
```

Leerzeichen

Seien Sie vorsichtig mit der Verwendung von Leerzeichen bei Werten eines Attributs. Sollten Sie solche Leerzeichen wie im Attribut `name` verwenden, z. B.

```
<a name="eine marke">...</a>
```

kann dies zu einem Fehler führen, muss es aber nicht. Dies hängt vom Browser ab.

15.2 Erforderliche Angaben

Wie bei jedem so genannten »wohlgeformten« XML-Dokument müssen Sie auch in XHTML einige Angaben notieren, die zwingend erforderlich sind. Zu Beginn muss immer die XML-Processing-Instruction notiert werden. Diese lautet:

```
<?xml version="1.0"?>
```

Sie zeigt an, dass die nachfolgenden Tags bzw. Elemente auf der Sprache XML basieren.

Da XML eine Auszeichnungssprache für andere Sprachen ist, muss dem Programm, das das Dokument öffnen und verarbeiten soll, noch mitgeteilt werden, welche Sprache verwendet wird und welche DTD eingesetzt werden soll.

Auch in XHTML gibt es die aus HTML bekannten Varianten `strict`, `transitional` und `frame`. Dementsprechend fallen auch die DTDs unterschiedlich aus:

Für die `strict`-Variante lautet die DTD:

```
<!DOCTYPE html PUBLIC "-//W3C//DTD XHTML 1.0 Strict//EN"
  "DTD/xhtml1-strict.dtd">
```

Für die `transitional`-Variante lautet sie:

```
<!DOCTYPE html PUBLIC "-//W3C//DTD XHTML 1.0
Transitional//EN" "DTD/xhtml1-transitional.dtd">
```

Und für die `frame`-Variante sieht sie so aus:

```
<!DOCTYPE html PUBLIC "-//W3C//DTD XHTML 1.0 Frame//EN"
  "DTD/xhtml1-frame.dtd">
```

Zusätzlich muss noch ein so genannter **Namensraum** definiert werden. Dieser wird im Start-Tag des Wurzelelements notiert (in diesem Fall `html`). Er lautet:

```
<html xmlns="http://www.w3.org/1999/xhtml" xml:lang="en" lang="en">
```

Die Attribute `xml:lang` und `lang` haben hier nichts mit der Sprache zu tun, in der der Inhalt des Dokuments verfasst wurde, sondern mit der Sprache, mit der die Elemente bezeichnet wurden. Bei HTML und XHTML ist dies Englisch, daher die Abkürzung `en`.

Ein vollständiges XHTML-Dokument in der Variante `transitional` sieht also mindestens folgendermaßen aus:

```
<?xml version="1.0"?>
<!DOCTYPE html PUBLIC "-//W3C//DTD XHTML 1.0
Transitional//EN" "DTD/xhtml1-transitional.dtd">
<html xmlns="http://www.w3.org/1999/xhtml" xml:lang="en" lang="en">
  <head>
    <title></title>
  </head>
  <body>
  </body>
</html>
```

Listing 15.1 Beispiel für ein vollständiges XHTML-Dokument

Die typische Dateiendung für XHTML-Dokumente lautet **.xhtml**. Diese Endung sollten auch Sie für Ihre Dokumente verwenden.

15.3 XHTML validieren

Aufgrund der sehr strengen Regeln von XHTML im Vergleich zu HTML kann es passieren, dass sich schneller Fehler einschleichen, als wenn Sie normales HTML verwenden. Dementsprechend wäre es sehr hilfreich – gerade wenn man einen einfachen Texteditor verwendet –, wenn man die Korrektheit des XHTML-Dokuments überprüfen könnte.

Das W3C bietet für solche Fälle einen Validator an, der Ihre Dokumente einem strengen Blick unterzieht und jeden Ihner Fehler auflistet. Sie finden den Validator unter der Adresse

http://validator.w3.org/

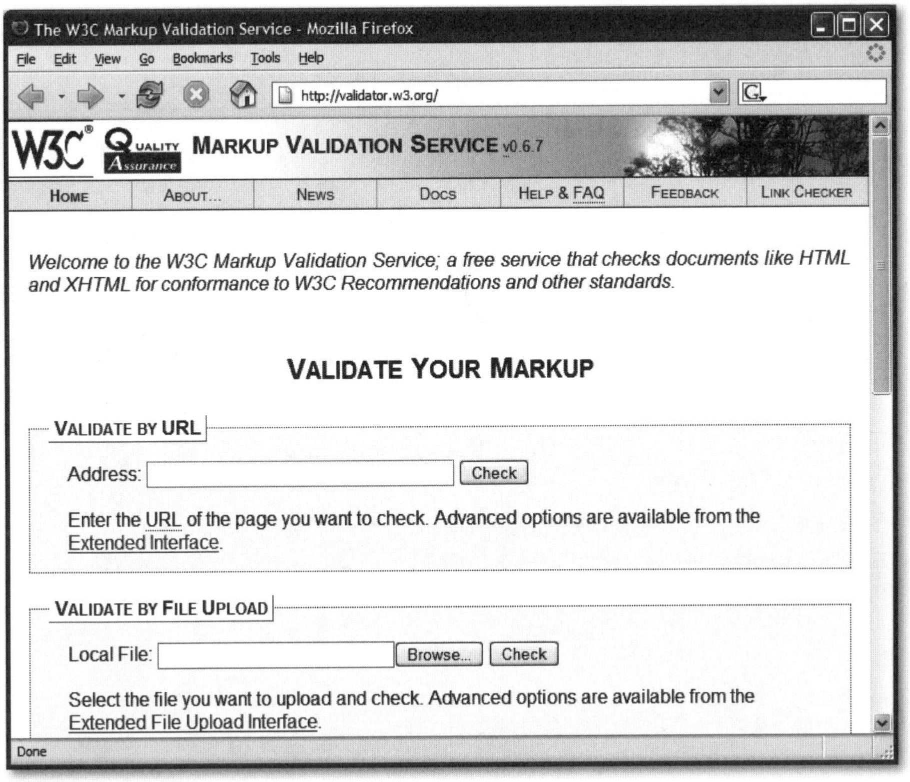

Abbildung 15.1 Der Markup Validation Service des W3C

Der Validator kann auf zwei verschiedene Arten genutzt werden:

- Entweder Sie geben in das Feld **Address** den URI Ihres zu validierenden Dokuments (egal ob HTML oder XHTML) ein, oder
- Sie wählen im Feld **Local File** ein Dokument auf Ihrem lokalen Rechner aus und laden es zum Validieren hoch.
- Zusätzlich haben Sie noch die Möglichkeit, Ihren XHTML-Code direkt in das Feld »Validate by Direct Input« einzugeben. Dieses Feld, das in Abbildung 57.1 nicht mehr zu sehen ist, ist allerdings wohl eher für kleine Tests zu gebrauchen.

Zusätzlich bietet das W3C einen Service an, der es Ihnen erlaubt, ein kleines Icon auf Ihrer Homepage einzubinden, das das Ergebnis der Validierung Ihrer Webseite anzeigt.

Abbildung 15.2 Viele Webseiten binden dieses Icon ein, um zu zeigen, dass sie HTML/XHTML-konform sind.

Um den Service nutzen zu können, müssen Sie lediglich den nachfolgenden Quelltext in Ihr Dokument einbinden:

```
<a href="http://validator.w3.org/check?uri=referer">
<img src="http://www.w3.org/Icons/valid-xhtml10"
 alt="Valid XHTML 1.0!" height="31" width="88" />
</a>
```

15.4 Zusammenfassung

- XHTML ist HTML, das mit XML neu definiert wurde.
- Die Reihenfolge, in der Elemente geschlossen werden, muss unbedingt korrekt eingehalten werden. Das zuletzt geöffnete Element muss auch zuerst geschlossen werden.
- Das W3C bietet einen Service, um XHTML-Dokumente zu validieren.
- Existiert für ein Attribut kein Wert, muss der Bezeichner des Attributs als Wert notiert werden.

15.5 Fragen und Übungen

1. Was müssen Sie beim Notieren der Tags in Hinblick auf die Groß- und Kleinschreibung beachten?
2. Was müssen Sie beim Start-Tag beachten, falls das Element kein Ende-Tag besitzt?
3. Welche Angaben sind in einem XHTML-Dokument immer erforderlich?
4. Was müssen Sie bei Leerzeichen in Attributwerten beachten?

TEIL 3
CSS – Layout fürs Internet

Wenn man bedenkt, wie viele Fehler die Computer machen, dann kann man sie als die teuersten Trottel der Welt bezeichnen.
– Renzo Favalli

16 CSS – Layout fürs Internet

CSS ist wohl die interessanteste Entwicklung zur Gestaltung einer Webseite und wird mittlerweile im gleichen Atemzug mit HTML genannt. Die Möglichkeiten sind vielfältig und übersteigen die bescheidenen Gestaltungsmöglichkeiten von HTML bei weitem. Ich werde Ihnen zu Beginn die Grundstrukturen und die Implementation in HTML erklären, sodass Sie schließlich alle wichtigen CSS-Elemente kennen gelernt haben.

16.1 CSS – Make-up fürs Web ...

CSS ist die Abkürzung für »**C**ascading **S**tyle **S**heets« und stellt eine Erweiterung zu HTML dar, die vom W3C entwickelt wurde. Ihr Ziel ist es, zu den Wurzeln von HTML zurückzukehren und den Inhalt von der Gestaltung zu trennen. Schließlich ist die eigentliche Aufgabe von HTML, Daten und Inhalte zu strukturieren. Diese Aufgabe kann HTML nur schwerlich erfüllen, wenn es mit `font`-Elementen überladen wird. An dieser Stelle greift nun CSS ein. Es kümmert sich um die optische Gestaltung der Inhalte, während HTML diese nur kennzeichnet und zur Verfügung stellt.

Formatvorlagen

Die Übersetzung von »Stylesheet« ins Deutsche macht diese Aufgabe sogar noch konkreter: Formatvorlage. Formatvorlagen dürften Ihnen vielleicht aus Programmen wie Microsoft Word bekannt vorkommen. Denn auch dort können Sie Textbausteine als Überschrift oder Absatz kennzeichnen und das Aussehen dieser Elemente durch eine Formatvorlage verändern. In HTML bedeutet das für Sie, nicht jedes einzelne Element durch das `font`-Element verändern zu müssen, sondern eine Vorlage anzufertigen, die für jedes HTML-Dokument verwendet werden kann. So können Sie einer Überschrift der 2. Ordnung (`h2`-Element) in jedem Dokument die gleiche Farbe zuweisen und müssen eine Änderung der Farbe nur einmal durchführen. Sie führen also eine logische Formatierung des Inhalts des HTML-Dokuments durch, ähnlich wie mit dem `em`- oder `kbd`-Element, ganz wie es dem ursprünglichen Gedanken einer Auszeichnungssprache entspricht, und überlassen die optische Formatierung dann CSS.

16.2 Wie funktioniert CSS?

Bisher haben Sie das Aussehen eines HTML-Elements über das `font`-Element verändert.

```
<h2><font color="#0000FF">Blaue &Uuml;berschrift</font></h2>
```

Diese Angabe mussten Sie aber, um ein einheitliches Aussehen beizubehalten, für jedes `h2`-Element wiederholen, und eine Änderung der Farbe brächte zwangsläufig eine erneute Änderung aller `h2`-Elemente (bzw. der `font`-Elemente) mit sich. Dies nennt man direkte Formatierung. Lange HTML-Dokumente, die z. B. sehr viele `h2`-Elemente enthalten, benötigen – ohne entsprechendes Tool – viel Zeit, damit sie überarbeitet werden können. Mit CSS können Sie nun dokumentweit die Farbe für alle `h2`-Elemente verändern, und zwar mit der folgenden Angabe:

```
h2 { color:#0000FF; }
```

Zentrale Formatierung

Jedes `h2`-Element, das Sie nun in Ihrem HTML-Dokument notieren, bekommt die Farbe Blau zugewiesen, selbst dann, wenn Sie kein `font`-Element notiert haben. Sie definieren das Aussehen eines HTML-Elements an einer Stelle, nehmen also eine zentrale Formatierung vor.

Formatierungen mit CSS sind natürlich nicht auf `h2`-Elemente beschränkt, sondern können für jedes Element vorgenommen werden. Auch die Art der Formatierung ist nicht nur auf die zentrale Variante festgelegt. Sie können Elemente auch direkt formatieren, wenn Sie das möchten. Im Gegensatz zu HTML stehen Ihnen weitaus mehr Möglichkeiten zur Verfügung. So können Sie beispielsweise jeder Überschrift einen kompletten Rahmen in einer von Ihnen gewählten Farbe, Breite und einem Stil zuweisen.

[x] Von einer direkten Formatierung sollten Sie jedoch Abstand nehmen, da Sie dadurch den eigentlichen Sinn und Nutzen von CSS ad absurdum führen.

16.3 CSS-Versionen

Seit der ersten Veröffentlichung des CSS-Standards 1.0 im Jahre 1996 unterliegt auch CSS einer regelmäßigen Erneuerung und Überarbeitung, sodass 1998 bereits die Version 2.0 als offizieller Standard verabschiedet wurde. Aktuell ist die Version 3.0 in Arbeit, die jedoch noch einige Zeit auf sich warten lassen wird.

Unterschiede in der Interpretation

Das Hauptproblem ist (ähnlich wie bei HTML) die sehr unterschiedliche Unterstützung durch die Browser, da z. B. Microsoft anfängt, sein eigenes Süppchen zu kochen, und viele CSS-Sprachelemente eingeführt hat, die nur mit dem Internet Explorer funktionieren und auch nicht als offizieller Standard gelten. Ob Microsoft damit versucht, den Internet Explorer noch stärker auf dem Markt zu verbreiten, ist sicherlich eine Überlegung wert, sollte uns jedoch nicht weiter interessieren. Ob mit den oder ohne die IE-spezifischen Sprachelemente: Ein mit CSS formatiertes HTML-Dokument sieht in jedem Browser und abhängig vom Betriebssystem unterschiedlich aus.

Browserunterstützung

Prinzipiell kann man feststellen, dass der Internet Explorer seit der Version 3.0 und Netscape seit der Version 4.0 den CSS-Sprachstandard kennen und ihn auch bedingt unterstützen, dass vor allem aber Netscape-Benutzer häufig mit Fehlinterpretationen zu kämpfen haben. Der Internet Explorer und Opera ab Version 5 und Netscape ab Version 6 haben sich gegenüber ihren Vorgängern deutlich gebessert und warten mit einer beinahe vollständigen Unterstützung des CSS-Standards 1.0 auf; Defizite bei CSS 2.0 sind aber noch häufig anzutreffen. Es ist deshalb sehr schwer, sich für eine der beiden CSS-Versionen zu entscheiden, und es macht daher Sinn, einen Mittelweg zu wählen.

16.4 Direkte Formatierung

Damit Sie einen schnellen und einfachen Einstieg in CSS bekommen, werde ich Ihnen zuallererst die Direktformatierung eines HTML-Elements erklären. Solche Formatierungen gelten nur für das gewählte Element und haben keinen Einfluss auf die restlichen Elemente.

Neues Attribut

HTML stellt dafür das Attribut `style` zur Verfügung, das für fast jedes HTML-Element verwendet werden kann. Wie alle HTML-Attribute wird auch dieses im Start-Tag des Elements notiert.

```
<element ... style="formatierung">...</element>
```

Als Parameter für das `style`-Attribut werden nun die unterschiedlichen Formatierungen notiert. Auch dafür gibt es eine standardisierte Schreibweise. Zuerst wird die CSS-Eigenschaft notiert, gefolgt von einem Doppelpunkt »:« und anschließend dem entsprechenden Wert.

```
Eigenschaft:Wert
```

In einem HTML-Dokument könnte dies dann folgendermaßen aussehen:

```
<h2 style="color:#00FF00">&Uuml;berschrift in blau</h2>
```

Möchten Sie mehrere Eigenschaften ändern, müssen Sie die Angaben durch ein Semikolon »;« voneinander trennen.

```
Eigenschaft1:Wert1; Eigenschaft2:Wert2; EigenschaftN:WertN
```

In einem HTML-Dokument könnte dies dann folgendermaßen aussehen:

```
<h2 style="color:black; background-color:yellow">Text</h2>
```

[»] Versuchen Sie, die Eigenschaft, den Doppelpunkt und den Wert immer direkt hintereinander ohne Leerzeichen zu notieren. Zwar sind Leerzeichen erlaubt, ältere Netscape-Versionen haben damit jedoch Probleme, was dazu führen kann, dass eine solche Angabe wie

```
Eigenschaft: Wert
```

einfach ignoriert wird. Und dies ist sicherlich nicht in Ihrem Interesse.

16.5 Das erste Stylesheet

Übertragen Sie das folgende Listing 1.1 in Ihren Editor, und speichern Sie die Datei als HTML-Dokument ab.

```
<!DOCTYPE HTML PUBLIC "-//W3C//DTD HTML 4.01 Transitional//EN">
<!-- Das erste Stylesheet -->
<html>
  <head>
    <title>Listing 1.1</title>
  </head>
  <body>
    <h1 style="color:#0000FF">Eine blaue &Uuml;berschrift
                        der 1.Ordnung</h1>
    <h1 style="font-family:sans-serif">Eine &Uuml;berschrift
                        der 1.Ordnung mit einer serifenlosen
                        Schrift</h1>
    <h1 style="font-size:16px">Eine &Uuml;berschrift der
                        1.Ordnung mit einer 16 Pixel
                        gro&szlig;en Schrift</h1>
  </body>
</html>
```

Listing 16.1 Das erste Stylesheet

In diesem ersten Beispiel wurden drei `h1`-Elemente mit unterschiedlichen Formaten definiert. Dem ersten `h1`-Element wurde mit der Anweisung `color:#0000FF` eine andere Farbe zugewiesen, dem zweiten wurde mit der Anweisung `font-family:sans-serif` eine andere Schriftart zugeteilt, und dem letzten Element wurde durch die Anweisung `font-size:16px` eine Schrifthöhe von 16 Pixel zugewiesen.

[x] Wie Sie sehen, ist die Formatierung mit CSS sehr einfach. An diesem Beispiel können Sie jedoch schon den Nachteil der Direktformatierung erkennen. Wenn Sie nur eine Eigenschaft des Elements verändern, wirkt der Quelltext des Dokuments noch sehr sauber und aufgeräumt. Sobald es aber mehr werden, kann es schnell unübersichtlich werden.

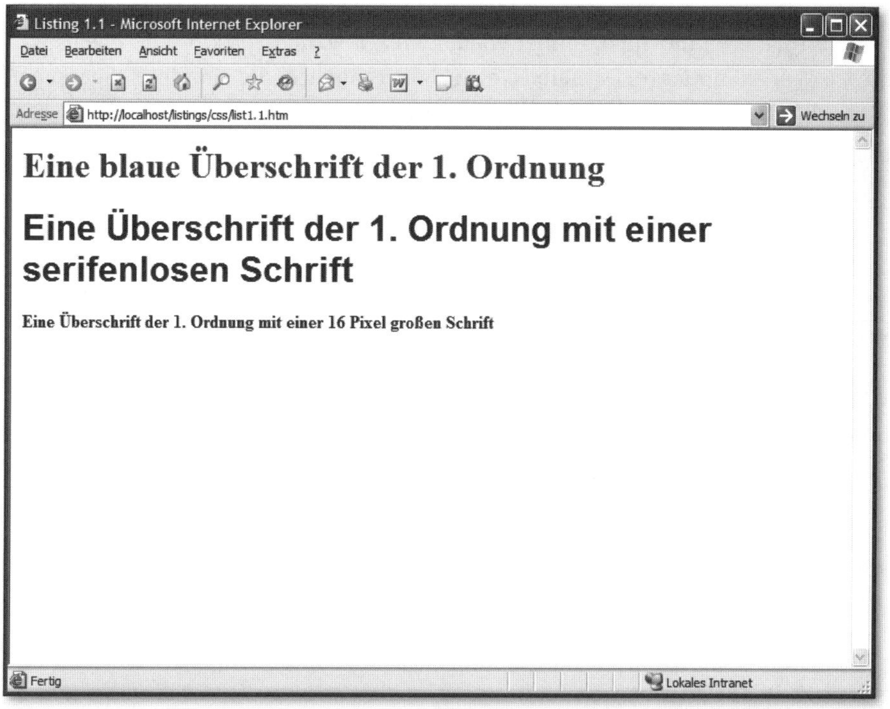

Abbildung 16.1 Darstellung des Listing 16.1 im Internet Explorer 6.0

16.6 Zentrale Formatierung

Eingangs erwähnte ich bereits, dass sich HTML-Elemente zentral formatieren lassen und dass dies eine der großen Stärken von CSS ist. Dafür benötigen Sie allerdings ein neues Element: das `style`-Element. Damit ist es jedoch nicht getan. Bei der direkten Formatierung müssen Sie nicht explizit angeben, für welches Element diese Formatierung angewendet werden soll, da Sie dies ja schon festlegen, wenn Sie das `style`-Attribut im entsprechenden Element notieren. Bei der zentralen Formatierung müssen Sie zuerst den Selektor angeben. Der Selektor basiert auf dem zu formatierenden Element, genauer gesagt entspricht der Selektor dem Namen des Elements. Für das `h1`-Element lautet der Selektor also `h1`, für das `p`-Element `p`.

Syntax

Die bereits bekannte Syntax aus der direkten Formatierung wird nun also um den Selektor erweitert. Der Selektor wird zuerst notiert. Danach folgen die CSS-Eigenschaften und die entsprechenden Werte. Diese werden in geschweiften Klammern »`{`« und »`}`« angeführt, woraus sich dann die folgende Syntaxstruktur ergibt:

```
Selektor { Eigenschaft:Wert }
```

Ein Beispiel:

```
h2 { color:#0000FF; }
```

Mehrere Formatierungen

Es wäre allerdings ein wenig umständlich, für jede Eigenschaft eines HTML-Elements, das Sie formatieren möchten, immer wieder aufs Neue den Selektor, die Eigenschaft und den Wert zu notieren. Deshalb ist es auch hier möglich, die einzelnen Eigenschaften und Werte durch ein Semikolon zu trennen.

```
Selektor { Eigenschaft1:Wert1;
           Eigenschaft2:Wert2;
           EigenschaftN:WertN; }
```

Beispiel:

```
h2 { color:#0000FF;
     font-family:sans-serif;
     font-size:16px; }
```

Damit haben Sie nun gesehen, wie Sie die CSS-Eigenschaften und Werte notieren und den jeweiligen Elementen zuordnen können. Fehlt nur noch die Implementierung in HTML. Das `style`-Element wird im Gültigkeitsbereich des `head`-Elements notiert und enthält in seinem Gültigkeitsbereich wiederum die Formatierungen. Außerdem sollten Sie den MIME-Typ angeben, der für CSS `text/css` lautet und als Parameter für das Attribut `type` notiert wird.

```
<head>
  ...
  <style type="text/css">
    h1 { color:#0000FF;
         font-family:sans-serif;
         font-size:16px; }
  </style>
  ...
</head>
```

Fehlinterpretationen

In diesem Beispiel würden Sie jedem im HTML-Dokument verwendeten `h1`-Element die Farbe Blau (`#0000FF`), den Schrifttyp `sans-serif` und eine Schriftgröße von 16 Pixel zuweisen. Browser, die kein CSS unterstützen, könnten mit einer solchen Angabe jedoch Probleme haben, die CSS-Formatierungen fälschlicherweise als Text interpretieren und dann entsprechend im Browser ausgeben. Um dies zu verhindern, können Sie die Formatierungen als Kommentar notieren. Browser, die kein CSS unterstützen, ignorieren die Angaben vollständig. Browser, die CSS unterstützen, interpretieren diese Angaben korrekt und ignorieren dann einfach den Kommentar.

```
<head>
  ...
  <style type="text/css">
    <!--
     h1 { color:#0000FF;
          font-family:sans-serif;
          font-size:16px; }
    //-->
```

```
  </style>
  ...
</head>
```

Mehrere Elemente formatieren

Da allerdings nur sehr alte Browser von diesem Problem betroffen sind, habe ich die CSS-Anweisungen in den folgenden Beispielen nicht auskommentiert. Ich wollte diese Möglichkeit nur der Vollständigkeit halber erwähnt haben.

Natürlich können Sie CSS-Formatierungen für mehrere Elemente innerhalb des `style`-Elements notieren. Die einzelnen Konstrukte werden dann hintereinander bzw. untereinander notiert.

```
<style type="text/css">
    Selektor1 { Eigenschaft1:Wert1;
                Eigenschaft2:Wert2;
                EigenschaftN:WertN; }
    Selektor2 { Eigenschaft1:Wert1;
                Eigenschaft2:Wert2;
                EigenschaftN:WertN; }
    SelektorN { Eigenschaft1:Wert1;
                Eigenschaft2:Wert2;
                EigenschaftN:WertN; }
</style>
```

[x]

Sehen Sie sich dazu einfach ein vollständiges Beispiel an. Wenn Sie sich die Arbeit sparen möchten, das Listing abzutippen, finden Sie es auf der beiliegenden DVD-ROM im Verzeichnis **x:\listings\css\list1.2.htm**. Ich möchte Sie aber darauf hinweisen, dass selbst das einfache Abtippen eines Listings bereits übt. Und Übung macht ja bekanntlich den Meister.

```
<!DOCTYPE HTML PUBLIC "-//W3C//DTD HTML 4.01 Transitional//EN">
<!-- Zentrale Element-Formatierung -->
<html>
  <head>
    <title>Listing 1.2</title>
    <style type="text/css">
        h1 { color:#336699;
             font-family:sans-serif; }
        p  { font-size:14px;
             font-family:sans-serif; }
    </style>
  </head>
  <body>
    <h1>Zentrale Formatierung</h1>
    <p>Die Elemente, die in diesem HTML-Dokument verwen-
    det werden, wurden durch CSS zentral formatiert.</p>
    <p>Dies kann besonders viel Arbeit sparen, wenn man
    dabei geschickt vorgeht.</p>
```

```
  </body>
</html>
```

Listing 16.2 Beispiel für die zentrale Element-Formatierung

In Listing 16.2 werden zentral zwei verschiedene Elemente formatiert: zum einen das `p`-Element und zum anderen das `h1`-Element. Beide Elemente bekommen ihre eigenen Eigenschaften zugewiesen. So werden alle Elemente des Typs `h1` in der Farbe `#336699` und in einer serifenlosen Schrift dargestellt. Auch die `p`-Elemente erhalten eine serifenlose Schrift. Nur die Farbe ist eine andere, und zwar `#000000`.

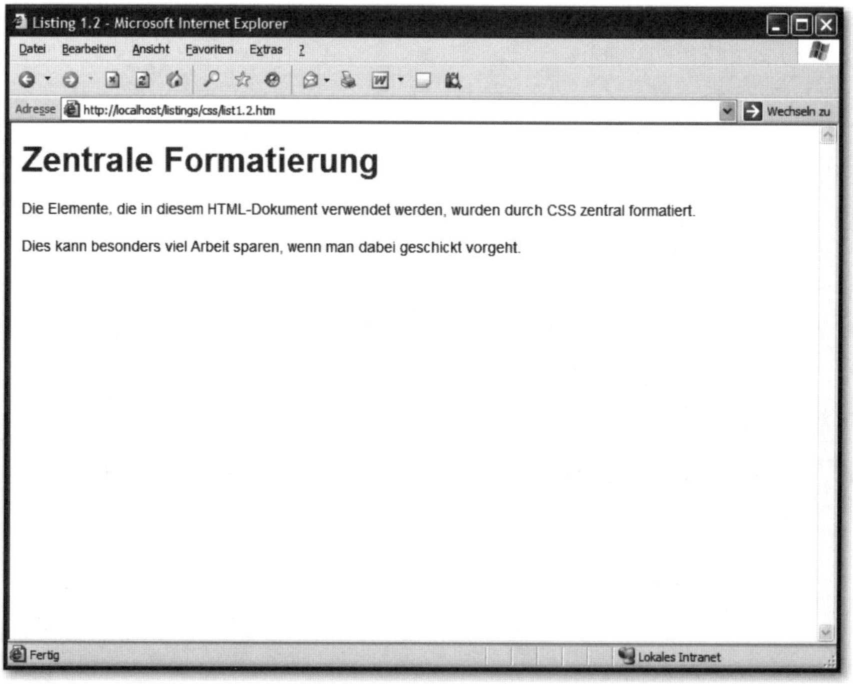

Abbildung 16.2 Darstellung des Listing 15.6 im Internet Explorer 6.0

16.6.1 CSS und XHTML

Im vorhergehenden Kapitel bin ich kurz auf die Unterscheide zwischen HTML und XHTML eingegangen. Möchten Sie CSS und XHTML kombinieren, dann gibt es noch einen zusätzlichen Punkt, der beachtet werden muss.

Der CSS-Code kann den Browser schnell ins Stolpern bringen, weil hier Elemente enthalten sein können, welche auch in der XML-Syntax benötigt werden. Daher müssen Sie – wenn Sie auf XHTML setzen – den CSS-Code in eine CDATA-Section »verpacken«. CDATA-Abschnittte sind Abschnitte, in denen Elemente enthalten sein dürfen, die in der XHTML-Syntax üblicherweise durch Entitäten ersetzt werden müssen. Dazu zählen das kleiner-als-Zeichen und andere. CSS-Code XHTML-konform einzubinden, sieht folgendermaßen aus:

```
<!DOCTYPE html PUBLIC "-//W3C//DTD XHTML 1.0
Transitional//EN" "DTD/xhtml1-transitional.dtd">
<!-- Zentrale Element-Formatierung  in XHTML -->
<html>
  <head>
    <title>XHTML mit CSS</title>
    <style type="text/css">
      //<![CDATA[
        h1 { color:#336699;
             font-family:sans-serif; }
        p  { font-size:14px;
             font-family:sans-serif; }
      //]]>
    </style>
  </head>
  <body>
  Hier kommt der Text
  </body>
</html>
```

Die Styles werden also von `//<![CDATA[` und `//]]>` eingeschlossen um Probleme zu vermeiden. In den folgenden Beispielen werde ich allerdings immer mit der HTML-Version arbeiten, weil HTML heutzutage sicher noch die üblichere Variante ist.

16.7 Externe Formatierung

Je mehr HTML-Elemente Sie formatieren, umso länger werden die CSS-Angaben. Wenn Sie außerdem die CSS-Formatierungen in mehreren HTML-Dokumenten verwenden möchten, ist es sinnvoll, diese in eine externe Datei auszulagern. Das Auslagern der Formatierungen kann man auch als eine externe Formatierung bezeichnen. Als Dateiendung hat sich für Cascading StyleSheets **.css** durchgesetzt.

Dateiaufbau

Der Aufbau einer solchen Datei ist einfach. Exakt so, wie Sie die Formatierungen im `style`-Element notieren würden, werden sie auch in einer externen Datei als reiner Text gespeichert (natürlich ohne `style`- und Kommentar-Tags).

Datei einbinden

Um nun diese Datei in einem HTML-Dokument als Vorlage verwenden zu können, müssen Sie das `link`-Element einsetzen (dt. *Verweis*). Dieses Element wird ebenfalls im Gültigkeitsbereich des `head`-Elements notiert.

```
<head>
  ...
  <link rel="stylesheet" type="text/css"
   href="beispiel.css">
  ...
</head>
```

Die Angaben `rel="stylesheet"` und `type="text/css"` weisen die einzubindende Datei als Stylesheet des Typs `css` aus (rel = engl. *relation*, dt. *Bezug*). Im Attribut `href` (engl. *hyper reference*, dt. *Hyperreferenz*) geben Sie dann die entsprechende CSS-Datei an. Dabei gelten die gleichen Regeln wie bei der Angabe eines Verweiszieles im `a`-Element bezüglich der Verzeichnisse. Sie müssen also absolute und relative Pfadangaben unterscheiden und natürlich auch berücksichtigen, wo die CSS-Datei, von der einbindenden HTML-Datei aus gesehen, liegt.

```
<!DOCTYPE HTML PUBLIC "-//W3C//DTD HTML 4.01 Transitional//EN">
<!-- Externe Element-Formatierung -->
<html>
  <head>
    <title>Listing 1.3</title>
    <link rel="stylesheet" type="text/css" href="list1.3.css">
  </head>
  <body>
    <h1>Externe Formatierung</h1>
    <p>Die Elemente, die in diesem HTML-Dokument verwendet
    werden, wurden durch CSS zentral formatiert.</p>
    <p>Diese Formatierungen wurden aber in einer externen
    Datei gespeichert, um sie auch in anderen HTML-
    Dokumenten verwenden zu k&ouml;nnen.</p>
  </body>
</html>
```

Listing 16.3 Beispiel für eine externe Formatierung

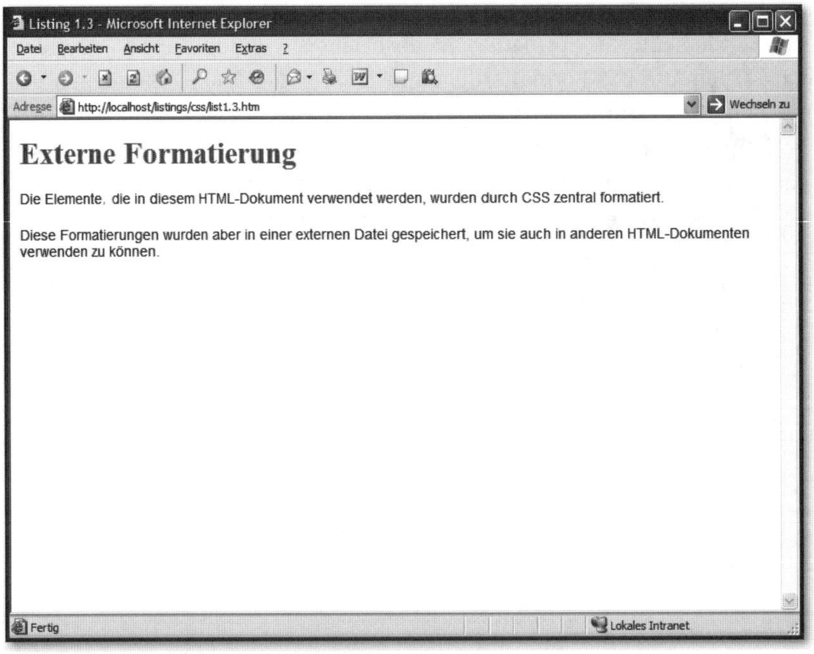

Abbildung 16.3 Darstellung des Listing 15.3 im Internet Explorer 6.0

Die Datei **list1.3.css**, die in Listing 16.3 als CSS-Stylesheet referenziert wurde, sieht wie folgt aus:

```
h1 { color:#996633;
     font-size:30px; }
p  { font-size:14px;
     font-family:sans-serif; }
```

Auch in diesem Beispiel werden wieder nur die Elemente `p` und `h1` formatiert. Das Element `h1` erhält die Farbe `#996633` und die Schriftgröße 30 Pixel. Das `p`-Element erhält hingegen die Schriftgröße 14 Pixel und eine serifenlose Schrift.

16.8 Ausgabemedien

Ein weiterer interessanter Aspekt in CSS ist die Möglichkeit, verschiedene Stylesheets für unterschiedliche Ausgabemedien zu definieren. So ist beispielsweise ein Bildschirm ein ganz anderes Ausgabemedium als ein Drucker, insbesondere in Anbetracht der Darstellungsform. Die Darstellung auf einem Monitor ist im Querformat, während die Ausgabe auf einem Drucker in der Regel im Hochformat erfolgt.

Netscape macht Zicken

Leider ist Netscape nicht einmal in der Version 6 in der Lage, Stylesheets für unterschiedliche Ausgabemedien zu verwenden. Zwar erkennt er das richtige Stylesheet für die Bildschirmausgabe, ignoriert aber konsequent alle anderen. Anders der Internet Explorer: Dieser ist bereits seit der Version 4 in der Lage, das passende Stylesheet für das entsprechende Medium zu verwenden.

Um verschiedene Stylesheets für unterschiedliche Ausgabemedien verwenden zu können, benötigen Sie erstens eine CSS-Datei und zweitens das Attribut `media` (dt. *Medium*), das Sie im `link`-Start-Tag notieren.

Folgende Angaben für das `media`-Attribut sind erlaubt:

Parameter	Beschreibung
screen	Bildschirmausgabe
all	Alle Ausgabemedien
aural	Sprachausgabe
braille	Braille-Displays (Monitor für Blindenschrift)
embossed	Braille-Drucker (Drucker für Blindenschrift)
handheld	Ausgabe auf tragbaren Kleinstcomputern wie Handhelds, PDAs etc.
print	Druckerausgabe
projection	Beamer-Ausgabe und Ähnliche
tty	Fernschreiber und Ähnliche (tty = engl. *teletyper*)
tv	Ausgabe auf Fernsehgeräten und Ähnlichen

Tabelle 16.1 Schlüsselwörter für die verschiedenen Ausgabemedien

Eine Angabe für die Ausgabemedien Bildschirm oder Drucker könnte dann wie folgt lauten:

```
<link rel="stylesheet" type="text/css" media="screen" href="screen.css">
<link rel="stylesheet" type="text/css" media="print, embossed"
href="print.css">
```

[x] Die vorherigen Angaben sind HTML-Syntax, für CSS gibt es entsprechend eine eigene Notation:

```
@import url(screen.css) screen;
@import url(print.css) print, embossed;
```

16.9 Einheiten

Anders als HTML kennt CSS die unterschiedlichsten Einheiten, um eine Wertangabe zu machen. Während Sie sich bei HTML auf Prozent- und Pixelangaben bzw. auf die Angabe einer relativen Schriftgröße beschränken müssen, kennt CSS Angaben in Zentimetern, Zoll, Prozent, Pixel etc.

Wertangaben in CSS erfolgen durch die Angabe des Werts, gefolgt von der gewünschten Maßeinheit.

Einheit	Typ	Beschreibung
cm	absolut	Zentimeterangabe (1/100 m)
em	relativ	Relative Angabe in Bezug auf den höchsten Buchstaben im Elternelement
ex	relativ	Relative Angabe in Bezug auf den Buchstaben x im Elternelement
in	absolut	Zollangabe (engl. *inch*) = 2,54 cm
mm	absolut	Millimeterangabe (1/1000 m)
pc	absolut	Pica (1 Pica = 12 Punkt)
pt	absolut	Punkt (1 Punkt = 1/72 in)
px	absolut	Pixelangabe
%	relativ	Prozentangabe

Tabelle 16.2 Maßeinheiten in CSS

Ein paar Beispiele:

```
1cm, 1pt, 6pc, 16px, 10%
```

[x] Als Dezimaltrennzeichen wird nicht das Komma, sondern der Punkt verwendet, da CSS auf der englischen Sprache und den entsprechenden Regeln basiert.

```
1.2em, 0.8ex, 1.5in, 2.54cm, 6.5pt
```

[x] Wie Sie sehen, können Sie in CSS die verschiedensten Angaben zu Maßen machen. Es sollte aber erwähnt werden, dass Angaben wie `em` und `ex` sehr selten verwendet werden und Sie bei Maßen auch immer darauf achten sollten, dass der Benutzer den Text auch lesen kann.

16.10 Zusammenfassung

- Für die Direktformatierung eines HTML-Elements wird das Attribut `style` verwendet, das im Start-Tag des Elements notiert wird.
- Für die zentrale bzw. externe Formatierung von HTML-Elementen wird das Element `style` verwendet, das im Gültigkeitsbereich des `head`-Elements notiert wird.
- CSS-Dateien sollten über die Endung **.css** verfügen.
- Für unterschiedliche Ausgabemedien können verschiedene Stylesheets definiert werden. Jedoch unterstützt nur der IE diese in vollem Umfang.
- Maße können in CSS in `cm`, `mm`, `px`, `pt`, `in`, `pc`, `em`, `ex` und in Prozent angegeben werden.

16.11 Fragen und Übungen

1. Wie lautet die Syntax für die Direktformatierung eines HTML-Elements?
2. Wie lautet die Syntax für die zentrale Formatierung von HTML-Elementen?
3. Mit welchem Symbol werden mehrere Angaben von Eigenschaften und Werten getrennt?
4. Was sollten Sie bei der zentralen Formatierung notieren, damit Browser, die kein CSS unterstützen, die Angaben nicht fälschlicherweise als Text interpretieren und diesen ausgeben?

... das Blatt mit den extrem großen Schlagzeilen und extrem kurzen Texten.
– Süddeutsche Zeitung über »Bild«

17 Textformatierung

Die Funktionen von CSS zum Formatieren von Text sind äußerst umfangreich. Daher werde ich mich in diesem Kapitel eingehend mit diesem Thema beschäftigen und außerdem die verschiedenen Varianten der Farbangaben in CSS vorstellen.

17.1 Farben in CSS

Hex-Tripel-Werte

In Kapitel 15, *CSS-Layout fürs Internet*, haben Sie bereits in den Beispielen gesehen, dass es ohne Weiteres möglich ist, Hex-Tripel-Werte in CSS zur Farbangabe zu verwenden. Dabei gelten die gleichen Regeln wie in HTML. Die Angabe eines Hex-Tripel-Werts wird mit dem Rautezeichen »#« eingeleitet, gefolgt von den Farbanteilen der drei Farben Rot, Grün und Blau in hexadezimaler Schreibweise.

```
color:#RRGGBB;
```

Diese Angabe würde das entsprechende Element mit der angegebenen Schriftfarbe versehen.

Farbworte

Auch mit Farbworten ist CSS eingehend vertraut. Die aus HTML bekannten Farbworte können ebenfalls in CSS verwendet werden. Dadurch sind folgende Beispielangaben möglich:

```
color:black;
color:green;
color:red;
```

CSS verfügt über einen weitaus größeren Farbwortschatz als HTML – vor allem in Bezug auf benutzerspezifische Farben. Damit sind die Farben gemeint, die auf dem Rechner des Benutzers für die Desktop-Umgebung eingestellt wurden, z. B. die Farbe des Hintergrunds oder der Titelzeile eines Fensters. Auf diese Farben wird über einen Alias zugegriffen. In der Tabelle 17.1 finden Sie eine Liste aller benutzerspezifischen Farbworte.

Alias	Beschreibung
activeborder	Farbe des aktiven Fensterrahmens
activecaption	Farbe der Überschrift in der aktiven Fensterzeile
appworkspace	Hintergrundfarbe der aktiven Anwendung
background	Hintergrundfarbe des Desktops
buttonface	Farbe von Schaltflächen
buttonhighlightface	Farbe des Schattens von Schaltflächen
buttontext	Farbe der Beschriftung einer Schaltfläche
captiontext	Farbe der Überschrift eines Dialogfelds
greytext	Farben von deaktiviertem Text
highlight	Hintergrundfarbe einer markierten Auswahl
highlighttext	Textfarbe einer markierten Auswahl
inactiveborder	Farbe eines inaktiven Fensterrahmens
inactivecaption	Farbe der Überschrift einer inaktiven Fensterzeile
infobackground	Hintergrundfarbe von Informationsfenstern
infotext	Textfarbe von Informationsfenstern
menu	Hintergrundfarbe von Menüleisten
menutext	Textfarbe von Menüeinträgen
scrollbar	Farbe der Bildlaufleisten eines Fensters
threeddarkshadow	Dunkle Seite eines 3-D-Elements
threedface	Hintergrundfarbe eines 3-D-Elements
threedhighlight	Farbe von aktiven 3-D-Elementen
threedlightshadow	Helle Seite eines 3-D-Elements
threedshadow	Schatten eines 3-D-Elements
window	Hintergrundfarbe eines Dokumentenfensters
windowframe	Farbe des Fensterrahmens
windowtext	Farbe des Fentertextes

Tabelle 17.1 Tabelle der benutzerspezifischen Farbworte

[×] Die benutzerspezifischen Farbworte gehören zum CSS 2.0-Standard. Sie müssen also nicht zwangsläufig in jedem Browser ein Ergebnis erzielen. Farbangaben mit benutzerspezifischen Farbworten würden dann wie folgt aussehen:

```
color:infotext;
background-color:appworkspace;
background-color:desktop;
color:activecaption;
```

Dezimale Tripel-Werte

Wenn Sie eine Farbe als dezimale Tripel-Werte angeben möchten, müssen Sie sich einer speziellen Schreibweise bedienen. Sie basiert ebenfalls auf dem RGB-Farbschema (**R**ot, **G**rün, **B**lau):

```
rgb(rrr,ggg,bbb);
```

Anstelle der Platzhalter `rrr`, `ggg` und `bbb` können Sie nun die Farbanteile in dezimaler Schreibweise notieren. Der Wertebereich liegt zwischen 0 und 255. Bei dieser Schreibweise werden die dezimalen Zahlen aber nicht mit Nullen aufgefüllt, um auf drei Stellen zu kommen.

```
color:rgb(51,102,153);
color:rgb(0,0,255);
background-color:rgb(128,0,0);
```

Prozentuale Tripel-Werte

Alternativ können Sie die Farbanteile auch in Prozent angeben. 0 % entspräche dabei der dezimalen 0 und 100 % der dezimalen 255.

```
color:rgb(20%,40%,60%);
color:rgb(0%,0%,100%);
background-color:rgb(50%,0%,0%);
```

Zum Schluss folgt nun ein vollständiges Beispiel mit Abbildung:

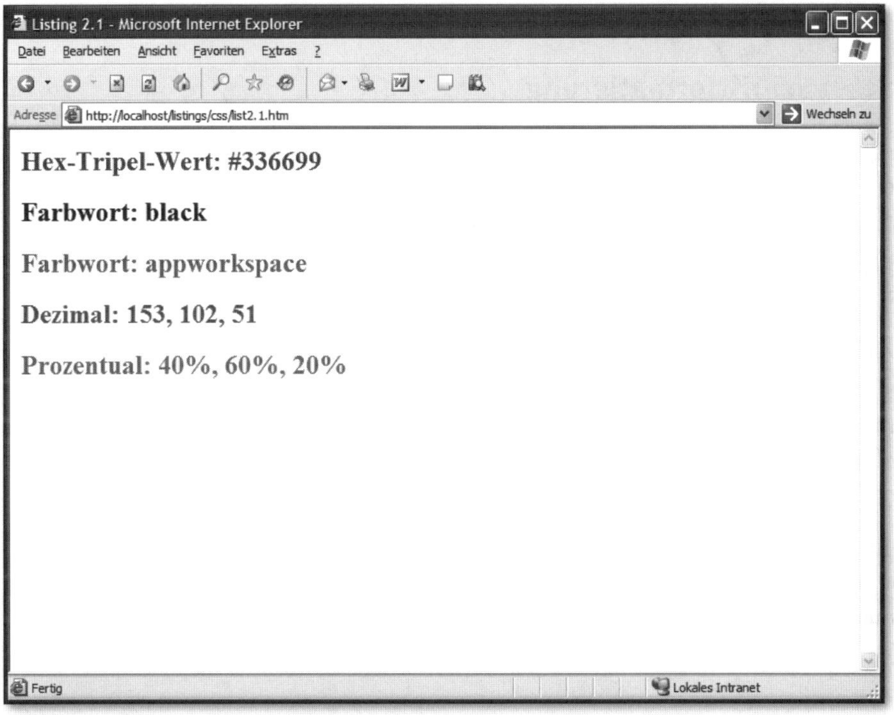

Abbildung 17.1 Darstellung des Listings 17.1 im Internet Explorer 6.0

```
<!DOCTYPE HTML PUBLIC "-//W3C//DTD HTML 4.01 Transitional//EN">
<!-- Farben -->
<html>
  <head>
    <title>Listing 2.1</title>
  </head>
```

```
  <body>
    <h2 style="color:#336699">Hex-Tripel-Wert: #336699
    </h2>
    <h2 style="color:black">Farbwort: black</h2>
    <h2 style="color:appworkspace">Farbwort:
     appworkspace</h2>
    <h2 style="color:rgb(153,102,51)">Dezimal: 153, 102, 51</h2>
    <h2 style="color:rgb(40%,60%,20%)">Prozentual:
     40%, 60%, 20%</h2>
  </body>
</html>
```

Listing 17.1 Beispiele für CSS-Farbangaben

Der Einfachheit halber wurde hier eine Direktformatierung gewählt. Allen fünf `h2`-Elementen wurde mit unterschiedlichen Farbangaben eine andere Schriftfarbe zugewiesen.

17.2 Schriftformatierung

Schriftformatierung bedeutet, dass Sie die Schriftart, -farbe, -größe etc. eines Textes verändern können. Es würde also keinerlei Sinn machen, ein `img`-Element mit Eigenschaften zur Schrift zu formatieren, da die Aufgabe des `img`-Elements das Referenzieren einer Grafik und nicht das Darstellen von Text ist.

17.2.1 Schriftart bzw. -typ

Sie haben bereits einige Eigenschaften kennen gelernt, mit denen Sie das Aussehen eines Textes verändern können, unter anderem auch die Eigenschaft `font-family`. Mit dieser Eigenschaft können Sie die Schriftart bzw. den Schrifttyp eines Textes festlegen.

Angabe nach Namen

Um explizit eine Schriftart zu wählen, müssen Sie den Namen der Schriftart notieren. Da bei vielen Schriftarten auch Leerzeichen enthalten sind, sollten Sie den Namen in einfache oder doppelte Anführungszeichen setzen, z. B. `"Times New Roman"` oder `'Times New Roman'`.

```
font-family:Arial;
font-family:'Times New Roman';
font-family:"Times New Roman";
```

[»] Achten Sie darauf, dass Sie nicht beide Arten von Anführungszeichen miteinander mischen, also zu Beginn des Namens der Schriftart ein doppeltes Anführungszeichen verwenden, zum Schluss aber ein einfaches.

Es kann jedoch immer einmal vorkommen, dass die gewünschte Schriftart auf dem Rechner des Benutzers nicht verfügbar ist. Die Schriftart hängt vom Betriebssystem, seiner Version und den installierten Programmen ab. Aus diesem Grund können Sie auch Schrifttypen angeben. Die bereits bekannten Schrifttypen aus HTML können Sie auch in CSS verwenden:

- `serif`
  eine Schrift mit Serifen, z. B. Times New Roman
- `sans-serif`
  eine Schrift ohne Serifen, z. B. Arial
- `cursive`
  eine Schreibschrift, z. B. Comic Sans
- `fantasy`
  eine Phantasieschrift
- `monospace`
  eine Schrift mit nichtproportionalen Zeichen, z. B. Courier

```
font-family:serif;
font-family:sans-serif;
font-family:monospace;
```

Das Besondere ist, dass Sie immer Alternativen angeben können, falls es eine Schriftart oder einen Schrifttyp nicht gibt. Ein fehlender Schrifttyp ist aber sehr unwahrscheinlich. Die Alternativen werden dann in Reihenfolge ihrer Priorität, durch Kommata getrennt, notiert.

```
font-family:Arial,Geneva,Tahoma,sans-serif;
font-family:"Times New Roman",Garamond,serif;
```

[x] Wenn Sie eine bestimmte Schriftart verwenden möchten, ist dies natürlich Ihre Entscheidung. Geben Sie als Alternative jedoch immer einen entsprechenden Schrifttyp an.

Zum Schluss folgt nun ein vollständiges Beispiel mit Abbildung:

```
<!DOCTYPE HTML PUBLIC "-//W3C//DTD HTML 4.01 Transitional//EN">
<!-- Schriften -->
<html>
  <head>
    <title>Listing 2.2</title>
  </head>
  <body>
    <h2 style="font-family:Arial">Schriftart Arial</h2>
    <h2 style="font-family:Garamond">Schriftart
     Garamond</h2>
    <h2 style="font-family:cursive">Schrifttyp cursive
    </h2>
```

```
    <h2 style="font-family:monospace">Schrifttyp
     monospace</h2>
  </body>
</html>
```

Listing 17.2 Beispiele für Schriftarten in CSS

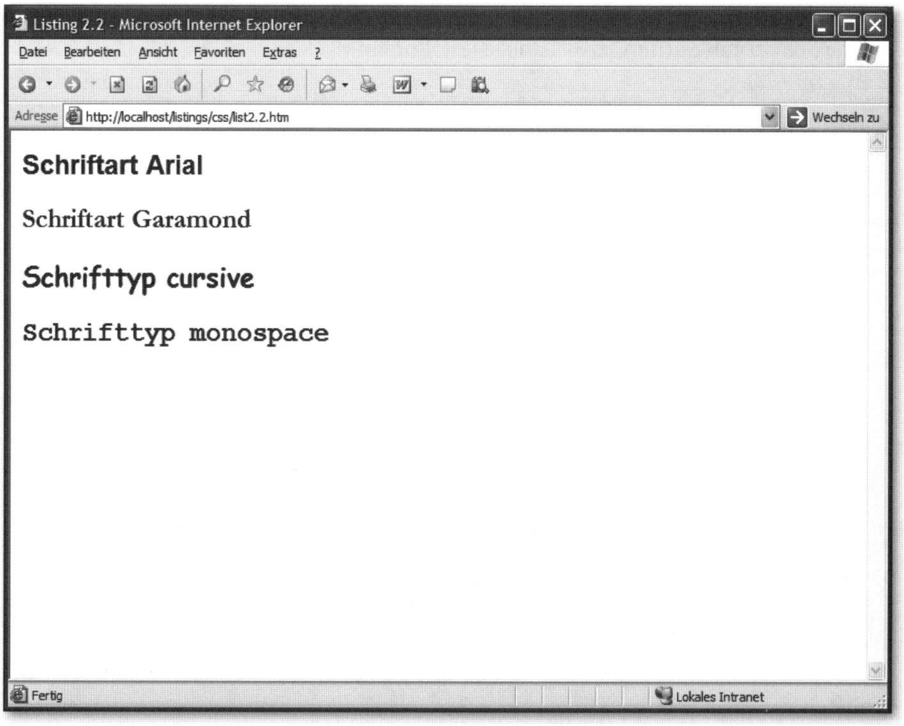

Abbildung 17.2 Darstellung des Listing 17.2 im Internet Explorer 6.0

Das Beispiel aus Listing 17.2 demonstriert die Verwendung von Schriftarten und -typen. In diesem Fall werden die Schriftarten Arial und Garamond und die Typen `cursive` und `monospace` verwendet.

17.2.2 Schriftgröße

Um die Schriftgröße nach Ihrem Ermessen zu verändern, müssen Sie die Eigenschaft `font-size` verwenden. Die Angaben sind in allen möglichen Maßen erlaubt.

```
font-size:20px;
font-size:16pt;
font-size:1cm;
```

Durch CSS ist noch eine weitere Möglichkeit gegeben. Dabei wird anstelle einer numerischen Angabe mit Maßeinheit einfach eine ungefähre Größe definiert.

Schlüsselwort	Beschreibung
xx-large	sehr, sehr groß
x-large	sehr groß
large	groß
medium	mittel
small	klein
x-small	sehr klein
xx-small	sehr, sehr klein
larger	größer als normal
smaller	kleiner als normal

Tabelle 17.2 Ungefähre Schriftgrößenangabe

```
font-size:xx-large;
font-size:smaller;
font-size:medium;
```

Diese ungefähren Größen tragen nicht umsonst diesen Namen. Sie sind abhängig vom Betriebssystem, dem Browser und den Einstellungen des Desktops. **[x]**

17.2.3 Schriftneigung und -variante

Mit der Eigenschaft `font-style` können Sie die Schriftneigung und mit der Eigenschaft `font-variant` eine Schriftvariante definieren.

Mögliche Angaben für `font-style` sind: **Neigung**

- `italic` – kursiv
- `oblique` – kursiv
- `normal` – normal

Die Angaben `italic` und `oblique` unterscheiden sich in der optischen Darstellung durch die Browser nicht.

Mögliche Angaben für `font-variant` sind: **Variante**

- `small-caps` – Kapitälchen
- `normal` – normal

Kapitälchen erzeugen bei einem normal geschriebenen Text mit Groß- und Kleinbuchstaben nur Großbuchstaben, wobei echte Großbuchstaben im Text größer dargestellt werden.

```
<!DOCTYPE HTML PUBLIC "-//W3C//DTD HTML 4.01 Transitional//EN">
<!-- Schriftneigung und -variante -->
<html>
  <head>
```

```
    <title>Listing 2.3</title>
  </head>
  <body>
    <h2 style="font-style:italic">Schriftstil italic</h2>
    <h2 style="font-style:oblique">Schriftstil oblique
    </h2>
    <h2 style="font-variant:small-caps">Schriftvariante
    small-caps</h2>
  </body>
</html>
```

Listing 17.3 Beispiele für Schriftstil und -variante

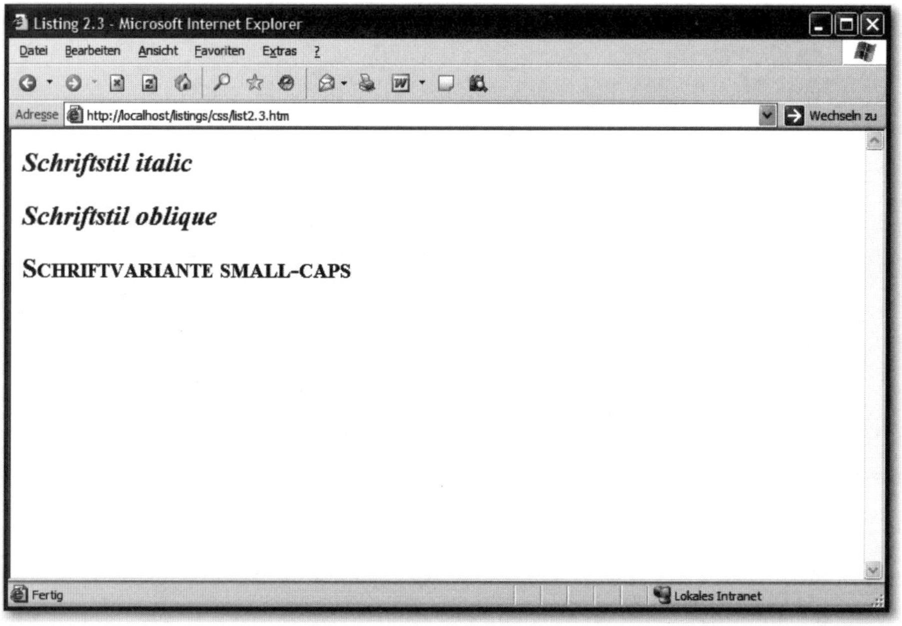

Abbildung 17.3 Darstellung des Listings 17.3 im Internet Explorer 6.0

In Abbildung 17.3 können Sie sehr gut erkennen, dass zwischen `italic` und `oblique` kein Unterschied in der Darstellung zu sehen ist.

17.2.4 Schriftdicke

Während Sie in HTML darauf beschränkt sind, entweder einen Text normal oder fett darzustellen, bietet CSS mehrere Stufen, um die Schriftdicke zu verändern. So können Sie die Schrift sogar dünner als normal darstellen. Die entsprechende Eigenschaft lautet `font-weight`. Dabei können Sie sowohl eine numerische Angabe machen, die aus dem DTP[1]-Bereich kommt, als auch ein Schlüsselwort verwenden.

1 DTP = **D**esk**t**op **P**ublishing, Sammelbegriff für das Entwerfen, Layouten und Texten einer Drucksache mit Hilfe von Computern.

Für numerische Angaben können Sie die Zahlen 100, 200, 300, 400, 500, 600, 700, 800 und 900 verwenden, wobei 100 extra dünn, 500 normal und 900 extra fett entspricht. Das einzige Problem ist, dass nicht jede Schriftart diese Angaben unterstützt.

Infolgedessen sollten Sie die Schlüsselwörter `bold`, `bolder`, `lighter` und `normal` verwenden. Während `bold` die Schrift einfach nur fett darstellt, erhöhen oder verringern die Angaben `bolder` und `lighter` die Schriftdicke. Um einen Normalzustand der Schrift zu erhalten, verwenden Sie schließlich `normal`.

```
font-weight:bold;
font-weight:lighter;
font-weight:bolder;
font-weight:100;
font-weight:500;
```

Zum Schluss folgt nun ein vollständiges Beispiel mit Abbildung:

```
<!DOCTYPE HTML PUBLIC "-//W3C//DTD HTML 4.01 Transitional//EN">
<!-- Schriftneigung und -variante -->
<html>
  <head>
    <title>Listing 2.4</title>
  </head>
  <body>
    <h2 style="font-weight:bold">Schriftdicke bold</h2>
    <h2 style="font-weight:lighter">Schriftdicke lighter</h2>
    <h2 style="font-weight:100">Schriftdicke 100</h2>
    <h2 style="font-weight:500">Schriftdicke 500</h2>
  </body>
</html>
```

Listing 17.4 Beispiele für font-weight

Auch hier fehlt noch die korrekte Unterstützung durch die Browser. In der Praxis können Sie momentan ausschließlich `normal` und `bold` bzw. 500 und 700 verwenden. [«]

17.2.5 Schriftfarbe

Mit der Eigenschaft `color` können Sie die Farbe der Schrift verändern. Dabei dürfen Sie sowohl Farbworte (normale und benutzerspezifische) als auch alle drei Tripel-Werte verwenden.

```
color:black;
color:appworkspace;
color:#336699;
color:rgb(140,140,0);
color:rgb(50%,50%,100%);
```

Ein entsprechendes Beispiel finden Sie in Listing 17.1 und Abbildung 17.1.

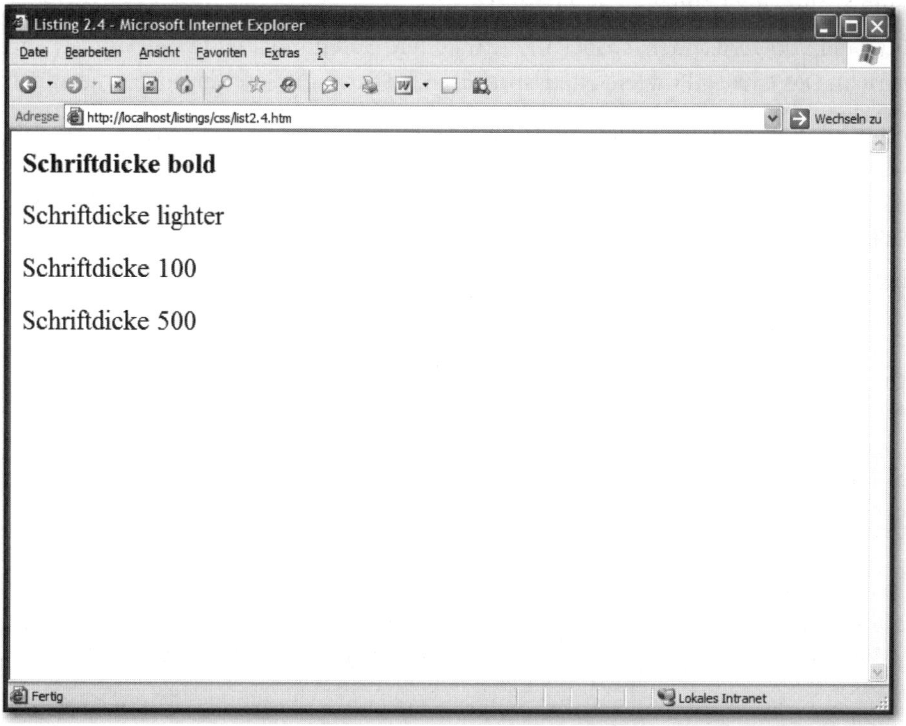

Abbildung 17.4 Darstellung des Listing 17.4 im Internet Explorer 6.0

[x] Wegen der Lesbarkeit der Formatierungen sollten Sie nach Möglichkeit maximal zwei der fünf Möglichkeiten verwenden, um einer Schrift eine Farbe zuzuweisen.

17.2.6 Wort- und Zeichenabstände

Normalerweise verfügt ein HTML-Dokument über einen festgelegten Abstand zwischen den Zeichen und Wörtern. Der Wortabstand wird z. B. automatisch verändert, wenn Sie einen Text als Blocksatz ausrichten. Dies können Sie aber manuell über die Eigenschaften `letter-spacing` (Zeichenabstand) und `word-spacing` (Wortabstand) einstellen. Erlaubt sind numerische Angaben mit Ausnahme von prozentualen Angaben.

[x] Beachten Sie, dass einige Browser noch Probleme mit der Interpretation haben, vor allem die Versionen von IE und Netscape vor der Version 6.

```
letter-spacing:0.5cm;
letter-spacing:3px;
word-spacing:1in;
word-spacing:20pt;
```

Zum Schluss folgt nun ein vollständiges Beispiel mit Abbildung:

```
<!DOCTYPE HTML PUBLIC "-//W3C//DTD HTML 4.01 Transitional//EN">
<!-- Wort- und Zeichenabstände -->
<html>
  <head>
    <title>Listing 2.5</title>
  </head>
  <body>
    <p style="letter-spacing:0.5cm; word-spacing:1in">
     Textabsatz mit Buchstabenabstand 0.5 cm und
     Wortabstand 1 Zoll.</p>
    <p style="letter-spacing:3px; word-spacing:20pt">
     Textabsatz mit Buchstabenabstand 3 Pixel
     und Wortabstand 20 Punkte.</p>
  </body>
</html>
```

Listing 17.5 Beispiel für letter-spacing und word-spacing

[x] Der erste Textabsatz hat einen Buchstabenabstand von 0,5 Zentimetern und einen Wortabstand von 1 Zoll zugewiesen bekommen. Der Textabsatz ist dadurch sehr schwer zu lesen. Verwenden Sie also am besten geringere Abstände, damit der Benutzer den Text ohne größere Anstrengungen lesen kann.

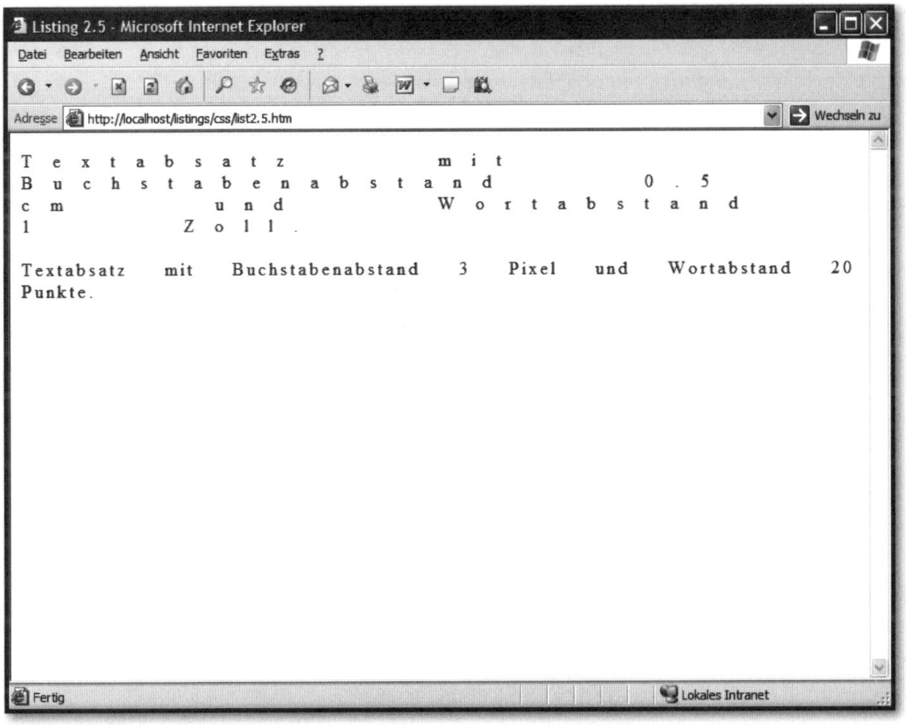

Abbildung 17.5 Darstellung des Listing 17.5 im Internet Explorer 6.0

17.2.7 Textdekoration

Es gibt verschiedene Arten, einen Text zu dekorieren. CSS versteht darunter hauptsächlich das Unter-, Über- oder Durchstreichen von Text. Verwenden Sie die Eigenschaft `text-decoration`, um einen Text mit einer der folgenden Formatierungen zu belegen.

- `underline`
  Text wird unterstrichen.
- `overline`
  Text wird überstrichen (Netscape interpretiert diese Angabe nicht).
- `line-through`
  Text wird durchgestrichen.
- `blink`
  Text blinkt (der IE interpretiert diese Angabe nicht).
- `none`
  bedeutet keine Textdekoration.

Einige kurze Beispiele:

```
text-decoration:underline;
text-decoration:line-through;
text-decoration:none;
```

Zum Schluss folgt nun ein vollständiges Beispiel mit Abbildung:

```
<!DOCTYPE HTML PUBLIC "-//W3C//DTD HTML 4.01 Transitional//EN">
<!-- Schriftdekoration -->
<html>
  <head>
    <title>Listing 2.6</title>
  </head>
  <body>
    <h2 style="text-decoration:underline">Unterstrichen
    </h2>
    <h2 style="text-decoration:line-through">
     Durchgestrichen</h2>
    <h2 style="text-decoration:overline">
     &Uuml;berstrichen</h2>
    <h2 style="text-decoration:blink">Blinkend</h2>
  </body>
</html>
```

Listing 17.6 Beispiel für text-decoration

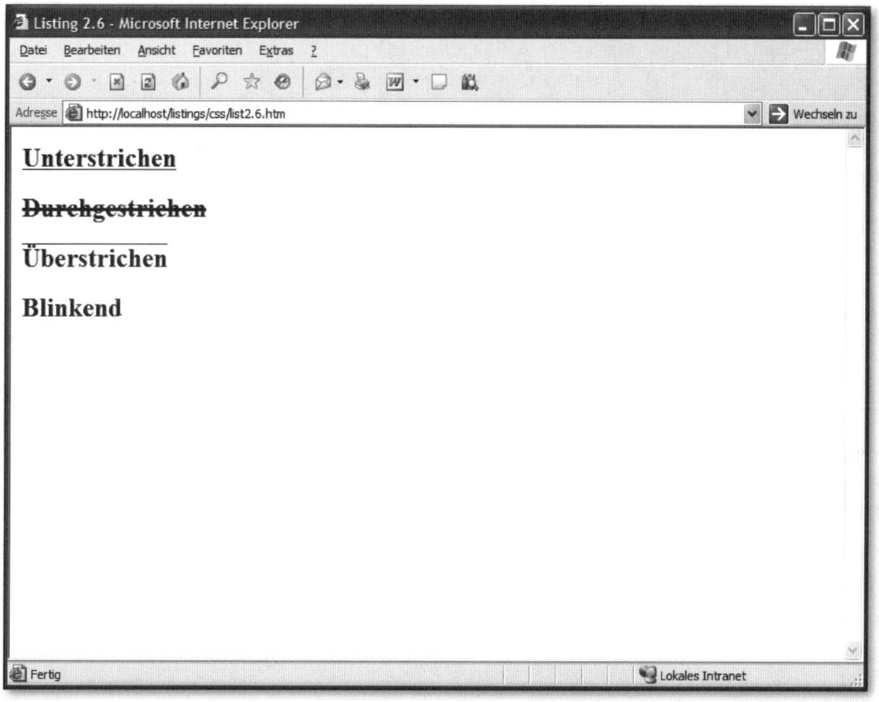

Abbildung 17.6 Darstellung des Listing 17.6 im Internet Explorer 6.0

Auch hier sollten Sie wieder mit Bedacht vorgehen. Ein unter-, über- oder durchgestrichener Text ist sehr schwer zu lesen, genauso wie ein blinkender Text. Denken Sie auch daran, dass unterstrichene Texte vom Benutzer schnell für einen Link gehalten werden können. Achten Sie also darauf, unterstrichene Texte und unterstrichene Hyperlinks z. B. farbig anders zu formatieren. [x]

17.2.8 Texttransformation

Ähnlich wie mit der Eigenschaft `font-variant` können Sie mit `text-transform` die Groß- und Kleinschreibung eines Textes verändern, unabhängig davon, wie er im HTML-Dokument notiert wurde. Dadurch kann auch ein nur in Großbuchstaben geschriebener Text im Browser in Kleinbuchstaben dargestellt werden.

- `uppercase`
  Text wird nur in Großbuchstaben dargestellt.
- `lowercase`
  Text wird nur in Kleinbuchstaben dargestellt.
- `capitalize`
  Wortanfänge werden groß dargestellt.
- `normal`
  Keine Änderungen.

Die Angabe `capitalize` wird vom IE 4.x nicht interpretiert, wohl aber ab dem IE 6.

```
text-transform:uppercase;
text-transform:lowercase;
text-transform:normal;
```

Zum Schluss folgt nun ein vollständiges Beispiel mit Abbildung:

```
<!DOCTYPE HTML PUBLIC "-//W3C//DTD HTML 4.01
Transitional//EN">
<!-- Texttransformation -->
<html>
  <head>
    <title>Listing 2.7</title>
  </head>
  <body>
    <h2 style="text-transform:uppercase">kleiner text
    gross dargestellt</h2>
    <h2 style="text-transform:lowercase">GROSSER TEXT
    KLEIN DARGESTELLT</h2>
    <h2 style="text-transform:capitalize">alles klein
    geschrieben, trotzdem wortanfaenge gross</h2>
  </body>
</html>
```

Listing 17.7 Beispiele für text-transform

[x] Ein sinnvoller Verwendungszweck für diese Formatierungsmöglichkeiten ist sehr schwer zu finden, da Sie den Text auch in der gewünschten Schreibweise im HTML-Dokument notieren können.

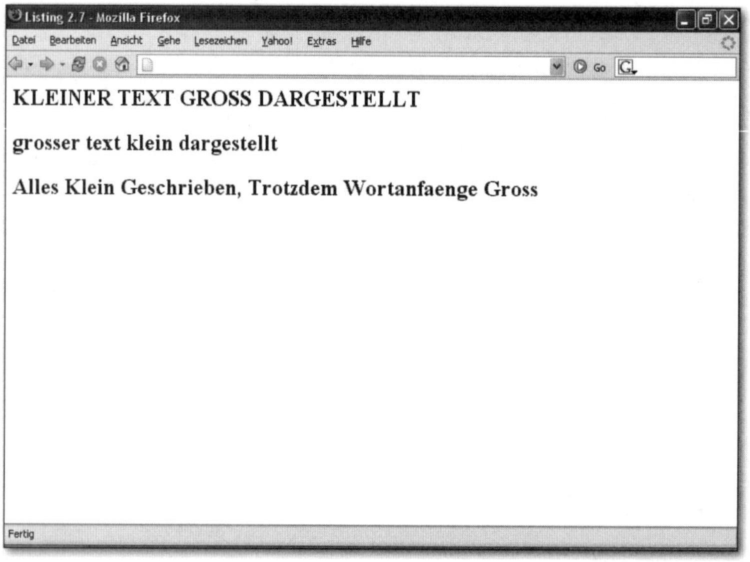

Abbildung 17.7 Darstellung des Listing 17.7 im Mozilla Firefox

17.2.9 Kurznotation zur Schriftformatierung

Es kann ziemlich mühselig werden, für jedes HTML-Element die gewünschten Eigenschaften zur Schriftformatierung einzeln anzugeben und zu verändern. Aus diesem Grund können Sie mit der Eigenschaft `font` die Eigenschaften `font-family`, `font-size`, `font-variant` und `font-weight` zusammenfassen. Dabei werden die einzelnen Angaben nicht durch Kommata getrennt, sondern durch Leerzeichen. Um einem Text also die Schrift Arial, die Größe 16 Pixel und kursiv zuzuweisen, wäre folgende Angabe möglich:

```
font:italic 14px Arial;
```

Weitere Beispiele:

```
font:bold 1cm Tahoma;
font:lighter 12pt monospace;
```

Zum Schluss folgt nun ein vollständiges Beispiel mit Abbildung:

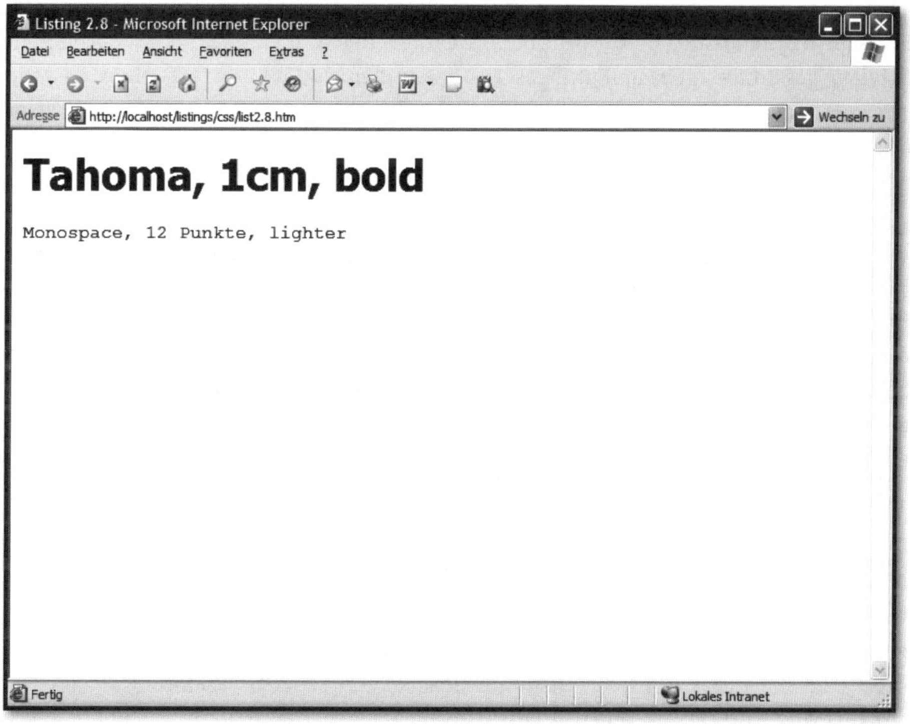

Abbildung 17.8 Darstellung des Listings 17.8 im Internet Explorer 6.0

```
<!DOCTYPE HTML PUBLIC "-//W3C//DTD HTML 4.01 Transitional//EN">
<!-- Kurznotation -->
<html>
  <head>
    <title>Listing 2.8</title>
```

```
  </head>
  <body>
    <h2 style="font:bold 1cm Tahoma">Tahoma, 1cm, bold
    </h2>
    <h2 style="font:lighter 12pt monospace">Monospace,
    12 Punkte, lighter</h2>
  </body>
</html>
```

Listing 17.8 Beispiele für font

[×] Achten Sie auf die Reihenfolge. Notieren Sie zuerst die Schriftdicke und dann die Schriftvariante, gefolgt von der Schrifthöhe. Zum Schluss notieren Sie dann die Schriftart oder den Schrifttyp.

17.3 Schriftartendateien

Ein sehr häufig anzutreffendes Problem ist folgendes: Ein Autor einer Webseite hat tagelang geschuftet, gebastelt und geschrieben und muss am Ende feststellen, dass die schöne Schriftart, die er verwendet hat, bei fast niemandem auf dem Rechner vorhanden ist. Das Ergebnis dieses »Missgriffs« ist eine vollkommen falsche Darstellung seiner Webseite im Browser. Natürlich könnte er nun anfangen, alle möglichen Texte in ein Bild umzuwandeln und diese dann in die HTML-Dokumente einzubinden. Die Download-Zeit eines solchen HTML-Dokuments würde jedoch sprungartig in die Höhe schnellen, und die Besucher wären eher ungehalten, anstatt sich über eine so toll gewählte Schrift zu freuen und die langen Ladezeiten dankend in Kauf zu nehmen. Eine weitere Alternative wäre, den Besucher darauf hinzuweisen, dass er sich gefälligst die Schriftart herunterzuladen hat und installieren muss. Auch nicht gerade eine gute Lösung. Bleibt nur noch die Wahl, sich entweder für eine andere Schrift zu entscheiden, lediglich einen Schrifttyp auszuwählen oder aber so genannte »embedded Fonts« (dt. *eingebettete Schriftarten*) zu verwenden.

Vorteile Die letzte Alternative klingt eigentlich sehr interessant. Und das ist sie auch. Immerhin stehen Ihnen somit theoretisch unbegrenzt viele Schriftarten zur Verfügung. Ein weiterer Vorteil: Der Besucher muss die Datei nicht explizit herunterladen, denn dies geschieht automatisch im Hintergrund. Es gibt aber auch Nachteile. Die Firma Netscape setzt bei ihrem Browser ausschließlich auf die TrueDoc-Technologie von Bitstream, Microsoft setzt dagegen auf die hauseigene EOT-Technologie. Zwar gibt es ein ActiveX-Control, durch das TrueDoc-Fonts auch im Internet Explorer darstellbar werden, im Gegenzug sind EOT-Fonts aber ausschließlich auf den Microsoft-Browser beschränkt.

Man stellt also wieder einmal fest, dass beide Browser versuchen, sich gegenseitig das Wasser abzugraben – auf Kosten der Anwender.

Der größte Nachteil der so genannten embedded Fonts sind die rechtlichen Aspekte. Eine Schriftartendatei ist ein lizenzierungspflichtiges Softwareprodukt. Sie benötigen also eine rechtmäßig erworbene Lizenz dieser Schriftart. Auch die Software zum Konvertieren von Schriftarten in das TrueDoc-Format ist nicht umsonst. Als Autor benötigen Sie eine kostenpflichtige Lizenz der TrueDoc-Software, um selbst solche Schriftarten erstellen zu können, und eine entsprechende Schriftart, die Sie verwenden dürfen. Das WEFT-Softwarepaket von Microsoft hingegen ist kostenlos, jedoch kann der Designer einer Schriftart festlegen, dass seine Schriftart nicht in einen embedded Font umgewandelt werden darf. Somit ist der Vorteil der fast unbegrenzten Schriftarten hinfällig. Um nun für beide Browser kompatibel arbeiten zu können, müssen Sie sich auf eine kleine Auswahl von Schriftarten beschränken, denn immerhin bietet Bitstream ein paar Schriftarten kostenlos zum Download und zur Verwendung an.

Nachteile

Zunächst einmal müssen Sie die Schriftart für den späteren Gebrauch definieren. Dafür wird der Selektor `@font-face` verwendet.

Schriftartendateien einbinden

```
@font-face  { Schriftartendateien; }
```

Dieser Selektor weist CSS darauf hin, dass jetzt eine Definition für eine neue Schriftart folgt. Um später auf die Schriftart zugreifen zu können, benötigen Sie eine Identifikationsmöglichkeit, einfacher gesagt: einen Namen. Der wird über die bereits bekannte Eigenschaft `font-family` zugeteilt. Sinnvollerweise sollte dies der Name der Schrift sein, die Sie einbinden möchten.

```
@font-face { font-family:embeddedFont; }
```

Die einzubindende Schriftartendatei übergeben Sie durch die Eigenschaft `src` (engl. *source*, dt. *Quelle*) an CSS. Dabei müssen Sie aber eine spezielle Syntax beachten. Anstatt einfach den Pfad- und Dateinamen hinter dem Doppelpunkt zu notieren, müssen Sie ihn in runden Klammern mit dem Präfix `url` angeben:

```
@font-face { font-family:embeddedFont;
             src:url(pfad); }
```

Wie bereits angesprochen wurde, stellt Sie das aber vor ein Problem: Für welchen Browser entscheiden Sie sich? Nehmen Sie einen TrueDoc-Font oder einen WEFT-Font? Ganz einfach: Sie nehmen beide.

```
@font-face { font-family:embeddedFont;
             src:url(EOT-Font), url(TrueDoc-Font); }
```

Anstelle der Platzhalter setzen Sie nun den Pfad- und Dateinamen der entsprechenden Schriftarten ein.

Übrigens lautet die Endung für TrueDoc-Fonts **.pfr** und für WEFT-Fonts **.eot**. [x]

Auf die so referenzierte Schriftart können Sie nun unter Angabe des Namens zugreifen.

```
p { font-family:embeddedFont; }
h1 { font:bold 30px embeddedFont; }
```

Kompatibilität Leider funktioniert nicht immer alles so, wie es soll. Die Referenzierung einer Schriftart im Internet Explorer von der Version 4 bis zur Version 6 klappt prinzipiell anstandslos. Die Darstellung funktioniert einwandfrei unter allen Windows-Betriebssystemen. Jedoch ist eine in das EOT-Format (Embedded OpenType) konvertierte Schriftart an ein spezielles Verzeichnis gebunden, nämlich an das Verzeichnis bzw. die Internetadresse, die Sie beim Konvertieren festgelegt haben. Sollte die Datei in einem anderen Verzeichnis liegen, funktioniert es nicht mehr. Dies hängt mit den Copyright-Bestimmungen zusammen und lässt sich auch nicht umgehen.

Netscape wirft vollkommen andere Probleme auf. Während die Implementation in Netscape 4.7 beispielsweise einwandfrei funktioniert, stellt sich Netscape 6.1 konsequent stur.[2]

Wenn Sie sich ein Beispiel für die Funktionsweise der TrueDoc-Methode ansehen möchten, besuchen Sie die Webseite **http://www.truedoc.com/**. Sie funktioniert sowohl mit dem Internet Explorer als auch mit Netscape (Version 4.7). Unter der Adresse **http://www.microsoft.com/typography/web/embedding/weft3** finden Sie das Tool WEFT3 zum Konvertieren von Schriftarten und unter der Adresse **http://www.microsoft.com/typography/web/embedding/** einige Beispiele.

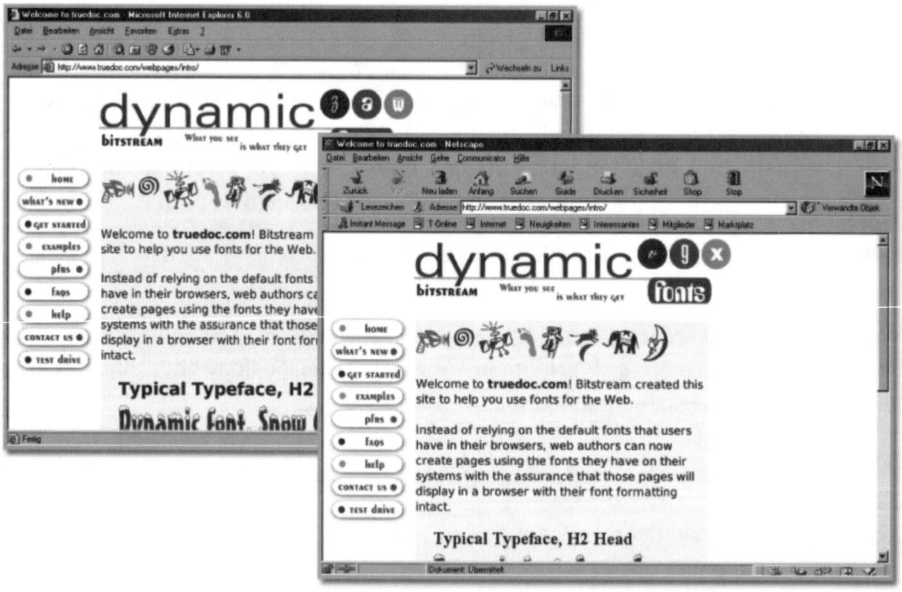

Abbildung 17.9 Darstellung der Seite www.truedoc.com im Internet Explorer 6.0 (im Hintergrund) und im Netscape Navigator 4.7 (im Vordergrund)

2 Bis zur Drucklegung dieses Buches konnte ich den genauen Grund der fehlenden Unterstützung in Netscape 6.1 leider nicht feststellen. Ich würde mich über Zuschriften zu diesem Thema freuen.

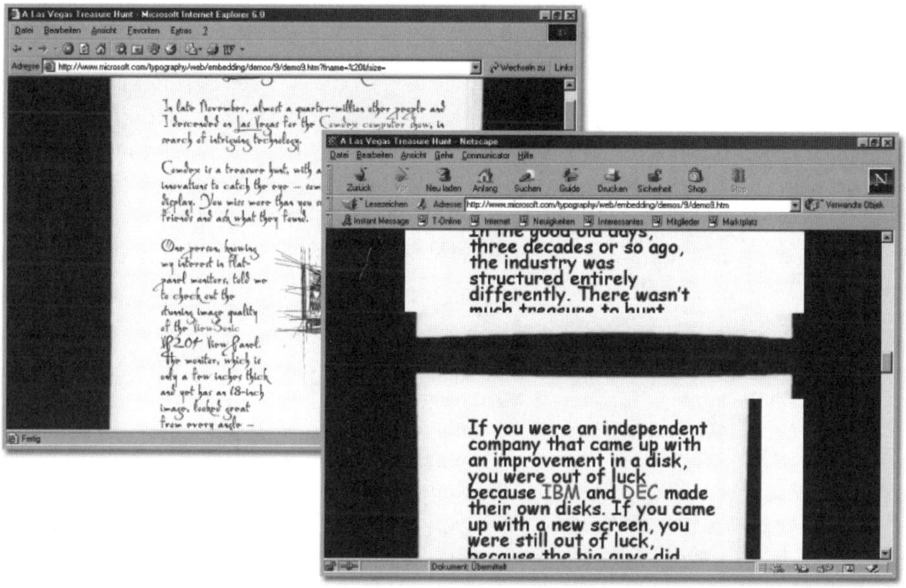

Abbildung 17.10 Darstellung der Seite www.microsoft.com/typography/web/embedding im Internet Explorer 6.0 (im Hintergrund) und im Netscape Navigator 4.7 (im Vordergrund)

17.4 Spezielle Formatierungen

Neben den normalen Varianten zur Formatierung, die Sie bisher kennengelernt haben, gibt es einige weitere spezielle Formatierungsarten.

Gruppenformatierungen

Besonders in solchen Fällen, wenn Sie mehreren Elementen die gleiche Schriftart, Farbe oder Ähnliches zuweisen möchten, wäre es sehr angenehm, eine verkürzende Schreibweise verwenden zu können. Dies ist möglich, wenn Sie bei der Notation des Selektors mehrere Selektoren durch Kommata trennen.

```
Selektor1, Selektor2, SelektorN { Eigenschaften; }
```

Dies ist besonders bei ähnlichen Elementen wie z. B. `h1` bis `h6` sinnvoll. Jedem Element nun einzeln die Schriftart Arial zuzuweisen, würde den Stylesheet-Umfang versechsfachen.

```
h1 { font-family:Arial,sans-serif; }
h2 { font-family:Arial,sans-serif; }
h3 { font-family:Arial,sans-serif; }
h4 { font-family:Arial,sans-serif; }
h5 { font-family:Arial,sans-serif; }
h6 { font-family:Arial,sans-serif; }
```

Die kürzere Schreibweise lautet nun:

```
h1, h2, h3, h4, h5, h6 { font-family:Arial,sans-serif; }
```

Ein vollständiges Beispiel:

```
<!DOCTYPE HTML PUBLIC "-//W3C//DTD HTML 4.01 Transitional//EN">
<!-- Gruppenformatierungen -->
<html>
  <head>
    <title>Listing 2.9</title>
    <style type="text/css">
      h1, h2, h3, h4, h5, h6 { font-family:Arial,sans-serif; }
    </style>
  </head>
  <body>
     <h1>&Uuml;berschrift der 1. Ordnung</h1>
     <h2>&Uuml;berschrift der 2. Ordnung</h2>
     <h3>&Uuml;berschrift der 3. Ordnung</h3>
     <h4>&Uuml;berschrift der 4. Ordnung</h4>
     <h5>&Uuml;berschrift der 5. Ordnung</h5>
     <h6>&Uuml;berschrift der 6. Ordnung</h6>
  </body>
</html>
```

Listing 17.9 Gruppenformatierung mit CSS

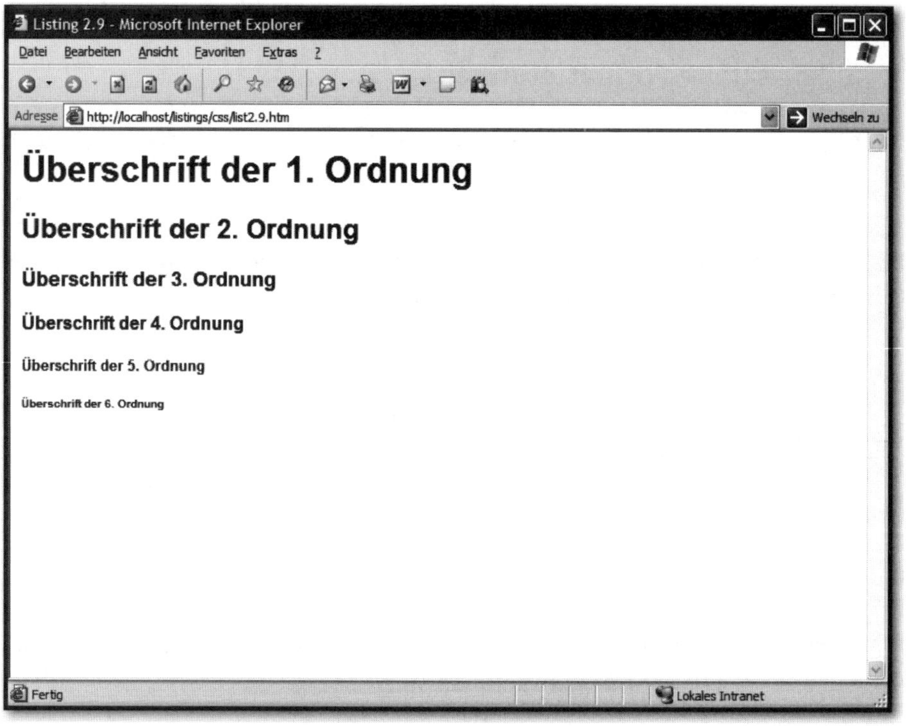

Abbildung 17.11 Darstellung des Listing 17.9 im Internet Explorer 6.0

[×] **Dies lässt sich natürlich auch mit allen anderen Elementen durchführen. Sie können also auch h1-6-Elemente mit p-Elementen und kbd-Elementen gruppieren.**

Attribut-bedingte Formatierung

CSS-Formatierungen lassen sich auch auf Elemente begrenzen, bei denen z. B. ein bestimmtes Attribut oder ein Attribut mit einem speziellen Parameter gesetzt wurde. Ein Textabsatz, der mit dem Attribut align ausgerichtet wurde, könnte, abhängig von seiner Ausrichtung, in einer unterschiedlichen Textfarbe dargestellt werden. Die attributbedingte Formatierung funktioniert momentan nur mit dem Netscape 6. Der Internet Explorer unterstützt auch in der Version 6 diese Formatierungsart noch nicht.

Die Formatierungsbedingung wird in eckigen Klammern direkt nach dem Selektor notiert (also noch vor der geöffneten geschweiften Klammer). Wenn eine Überschrift h1 z. B. mit dem Attribut align ausgerichtet wurde und deshalb eine andere Schriftfarbe bekommen soll, würde die Anweisung wie folgt lauten:

```
h1 { color:#336699; }
h1[align] { color:#993366; }
```

In diesem Beispiel würden alle Überschriften der 1. Ordnung die Farbe #336699 zugewiesen bekommen, es sei denn, sie wurden explizit mit dem Attribut align ausgerichtet. Dann bekommen sie die Farbe #996633.

Genauso gut ließe sich die Formatierung mit der Farbe #996633 nur auf Überschriften der 1. Ordnung anwenden, die mit dem align-Attribut zentriert (center) ausgerichtet wurden.

```
h1 { color:#336699; }
h1[align=center] { color:#993366; }
```

Der Parameter würde dann hinter dem Attributbezeichner stehen, getrennt durch das Gleichheitszeichen und ohne jegliche Anführungszeichen.

Bestimmte Zeichenkette

Sie können sich bei dem Parameter aber auch lediglich auf eine Zeichenkette beschränken, die innerhalb des Attributs vorkommt. Dabei müssen Sie aber unterscheiden, ob die Zeichenketten im Attribut mit Leerzeichen oder Bindestrichen getrennt werden. Dementsprechend müssen Sie eine andere Schreibweise verwenden. Bei einem Leerzeichen als Trennzeichen müssen Sie ~= und bei Bindestrichen |= verwenden.

```
p[name~=Text]   { background-color:#336699; color:#FFFFFF; }
p[name|=Absatz] { font-variant:small-caps; }
```

Möchten Sie alle HTML-Elemente zur Formatierung ansprechen, können Sie den Platzhalter * verwenden. Die Angabe

```
*[align=center] { color:#996633; }
```

würde allen HTML-Elementen, die mit dem align-Attribut zentriert ausgerichtet wurden, die Farbe #996633 zuweisen.

[x] Den Platzhalter * können Sie natürlich auch für andere Formatierungen verwenden, die nicht attributbedingt sind. So würde `* { font-family:Arial; }` allen HTML-Elementen die Schriftart Arial zuweisen. Achtung: Dies gilt auch für das `pre`-Element!

Attributbedingte Formatierungen gehören zum CSS 2.0-Standard, und bisher ist nur Netscape ab der Version 6 in der Lage, solche Formatierungen auch zu interpretieren und umzusetzen.

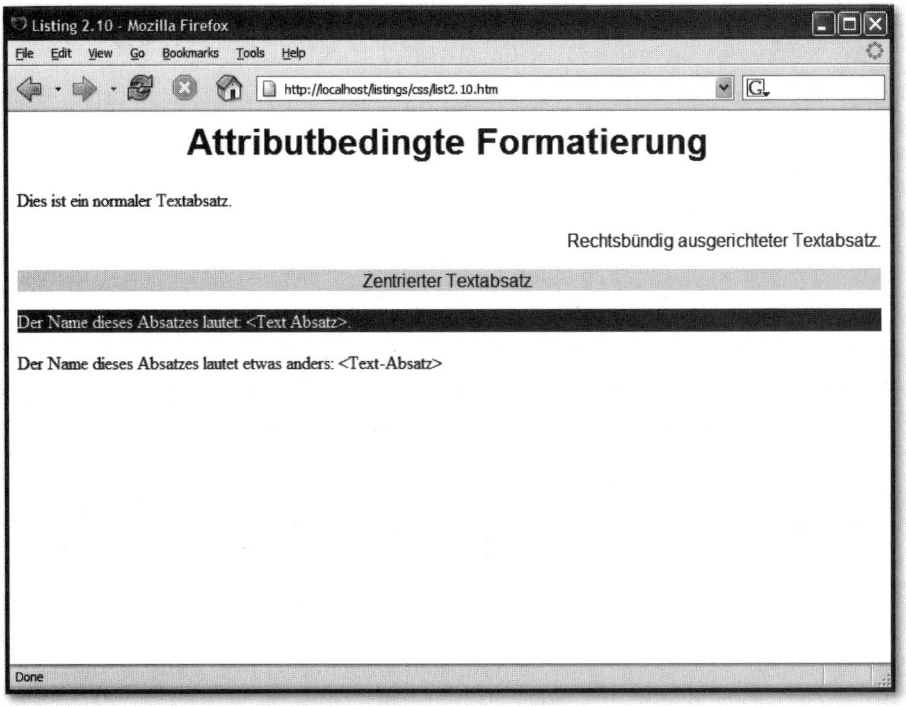

Abbildung 17.12 Darstellung des Listing 17.10 im Firefox

```
<!DOCTYPE HTML PUBLIC "-//W3C//DTD HTML 4.01 Transitional//EN">
<!-- attributbedingte Formatierung -->
<html>
  <head>
    <title>Listing 2.10</title>
    <style type="text/css">
        *[align]        { font-family:sans-serif; }
        p[align=center] { background-color:#00FFFF; }
        p[name~=Text]   { background-color:#336699;
                          color:#FFFFFF; }
        p[name|=Absatz] { font-variant:small-caps; }
    </style>
  </head>
  <body>
     <h1 align="center">Attributbedingte Formatierung
```

```
      </h1>
      <p>Dies ist ein normaler Textabsatz.</p>
      <p align="right">Rechtsb&uuml;ndig ausgerichteter
      Textabsatz.</p>
      <p align="center">Zentrierter Textabsatz</p>
      <p name="Text Absatz">Der Name dieses Absatzes
       lautet: &lt;Text Absatz&gt;.</p>
      <p name="Text-Absatz">Der Name dieses Absatzes
       lautet etwas anders: &lt;Text-Absatz&gt;</p>
  </body>
</html>
```

Listing 17.10 Attributbedingte Formatierung

17.4.1 Klassen

In HTML gibt es das Universalattribut `class`, das Sie im Start-Tag eines jeden Elements notieren können. So können Sie z. B. verschiedene HTML-Elemente zu einer Klasse zusammenfassen. Diese Elemente gehören dann logisch zusammen. Auch Elemente der gleichen Sorte lassen sich zu Klassen zusammenfassen. Mit CSS können Sie nun für solche Klassen spezielle Formatierungen anwenden. Um allen `p`-Elementen, die zur Klasse `absatz` gehören, die Farbe `#00FF00` zuzuweisen, müssen Sie in CSS zuerst den Selektor `p` notieren und dann, getrennt durch einen Punkt, die Klasse.

```
p.absatz { color:#00FF00; }
```

Jedes `p`-Element, das im Attribut `class` den Parameter `absatz` zugewiesen bekommen hat, wird mit der Textfarbe `#00FF00` dargestellt.

```
<p class="absatz">Textabsatz der Klasse absatz</p>
```

Wenn zu einer solchen Klasse unterschiedliche HTML-Elemente gehören und die CSS-Formatierung für alle angewendet werden soll, lassen Sie den Selektor weg, oder Sie notieren den Platzhalter `*`.

```
.absatz { color:#00FF00; }
*.absatz { color:#00FF00; }
```

Zur Übersicht folgt nun noch einmal ein vollständiges Beispiel:

```
<!DOCTYPE HTML PUBLIC "-//W3C//DTD HTML 4.01 Transitional//EN">
<!-- Formatierung mit Klassen -->
<html>
  <head>
    <title>Listing 2.11</title>
    <style type="text/css">
        .rot    { color:#FF0000; }
        *.gruen { color:#00FF00; }
        p.fett { font-weight:bold; }
    </style>
  </head>
```

```
  <body>
    <h1 class="rot">Formatierung mit Klassen</h1>
    <p class="rot">Dieser Absatz ist rot.</p>
    <p class="fett">Dieser Absatz ist fett gedruckt.</p>
    <p class="gruen">Dieser Absatz ist gr&uuml;n.</p>
  </body>
</html>
```

Listing 17.11 Beispiel für eine Formatierung mit Klassen

Abbildung 17.13 Darstellung des Listing 17.11 im Internet Explorer 6.0

[»] Achten Sie bei der Verwendung von Klassen darauf, dass Sie z. B. nicht allen Überschriften-Elementen die gleiche Schriftgröße zuweisen. Dies würde den Sinn und Zweck von Überschriften zur Textstrukturierung zunichte machen.

17.4.2 Verschachtelte Elemente

Gelegentlich kann es sinnvoll sein, Formatierungen abhängig von der Verschachtelung der HTML-Elemente zu setzen, z. B. kann das em-Element sowohl im Gültigkeitsbereich des h1-Elements als auch des p-Elements notiert werden. Davon abhängig, können Sie das em-Element unterschiedlich formatieren. Während es innerhalb eines p-Elements den Text fett, kursiv und in einer blauen Schriftfarbe darstellen soll, könnte es im h1-Element den Text rot und normal darstellen. Um eine solche Formatierung in CSS zu notieren, müssen Sie zuerst den Selektor des Elternelements und anschließend den Selektor des Kindelements notieren. Beide Selektoren werden durch ein Leerzeichen voneinander getrennt.

```
SelektorE SelektorK { Eigenschaften; }
```

Die Syntax für das Beispiel von eben sieht dann wie folgt aus:

```
h1 em { font-style:normal; color:#FF0000; }
p em { font-weight:bold; color:#0000FF; }
```

Neue Möglichkeiten in CSS 2.0

Solche Anweisungen gehören zum CSS 1.0-Standard und werden vom Internet Explorer und Netscape ab Version 4 interpretiert. Die Bedingungen lassen sich nach dem CSS 2.0-Standard noch genauer festlegen, und zwar durch spezielle Zeichen, die zwischen den beiden Elementen notiert werden.

```
p > em { color:#FF0000; }
```

Diese Anweisung bedeutet, dass ein mit dem Element `em` ausgezeichneter Text nur dann rot dargestellt wird, wenn er direkt ein Kindelement des `p`-Elements ist, z. B. `<p>...<em>...</em>...</p>`.

```
p * em { color:#00FF00; }
```

Der mit dem `em`-Element ausgezeichnete Text wird nur dann grün dargestellt, wenn das Element mindestens zwei Ebenen nach dem `p`-Element notiert wurde, z. B. `<p>...<i>...<em>...</em>...</i>...</p>`.

```
p + em { color:#0000FF; }
```

Der mit `em` ausgezeichnete Text wird erst dann blau dargestellt, wenn das `em`-Element nach dem `p`-Element notiert wurde bzw. auf einer gleichen Ebene liegt, z. B. `<p>...</p><em>...</em>`.

[x]

> Die Eingrenzungen, die durch die CSS 2.0-Bedingungen »>« und »*« möglich sind, werden vom IE ab Version 5 und ab dem Netscape 6 interpretiert. Die Anweisung »+« funktioniert lediglich ab dem Netscape 6.

Das folgende Listing stellt alle Bedingungen noch einmal in einem vollständigen Beispiel dar.

```
<!DOCTYPE HTML PUBLIC "-//W3C//DTD HTML 4.01 Transitional//EN">
<!-- Formatierungen mit Bedingung -->
<html>
  <head>
    <title>Listing 2.12</title>
    <style type="text/css">
      h1 em { font-style:normal; color:#FF0000; }
      p em { font-weight:bold; color:#0000FF; }
      p > em { color:#FF0000; }
      p * em { color:#00FF00; }
```

```
      p + em { color:#0000FF; }
    </style>
  </head>
  <body>
     <h1>Formatierungen mit <em>Bedingung</em></h1>
     <p>Dieser Textabsatz stellt die Anweisung <em>p &gt;
     em</em> dar.</p>
     <p>Dieser Textabsatz stellt <i>die Anweisung <em>p *
     em</em> dar.</i></p>
     <p>Dieser Textabsatz stellt die Anweisung p + em
     dar.</p><em>blau</em>
  </body>
</html>
```

Listing 17.12 Beispiel für eine bedingte Formatierung

Abbildung 17.14 Darstellung des Listing 17.12 im Netscape 6.2

Das Beispiel aus Listing 17.12 stellt die unterschiedlichen Formatierungsmöglichkeiten von verschachtelten Elementen dar. Da der Internet Explorer nicht alle diese Bedingungen unterstützt, wurde das Listing diesmal im Netscape 6 dargestellt.

17.4.3 Individuelle Formate

Mit individuellen Formaten können Sie Formatierungen festlegen, die nur auf ein spezielles Element angewendet werden dürfen. Mit dem Universalattribut `id` können

Sie einem HTML-Element eine Identifikation (ID) zuweisen. Da der Parameter, der dem Attribut id zugewiesen worden ist, nur einmal vorkommen darf bzw. sollte, können Sie anhand dieser ID ein Individualformat definieren.

Die ID müssen Sie in CSS mit dem Präfix # als Selektor notieren, in geschweiften Klammern dahinter die Eigenschaften.

```
#id { Eigenschaften; }
```

Für das Element p mit dem Parameter ersterAbsatz im id-Attribut würde der Selektor #ersterAbsatz lauten. Außerdem können Sie festlegen, dass ein Individualformat nur dann zugewiesen wird, wenn die ID zu einem bestimmten Element gehört.

```
h1#nummerEins { color:#FF0000; }
```

Dieses Individualformat wird nur dann zugewiesen, wenn das Element mit der ID nummerEins ein h1-Element ist. Ansonsten würde z. B. ein p-Element mit der ID nummerEins von dieser Formatierung ausgenommen werden.

Solche Formate werden vom IE ab Version 3 und von Netscape ab Version 6 unterstützt.

```
<!DOCTYPE HTML PUBLIC "-//W3C//DTD HTML 4.01 Transitional//EN">
<!-- Individualformat -->
<html>
  <head>
    <title>Listing 2.13</title>
    <style type="text/css">
        h1#eins { color:#800000; }
        #zwei   { color:#008000; }
        #drei   { color:#000080; }
    </style>
  </head>
  <body>
     <h1 id="eins">Roter Text</h1>
     <p id="zwei">Gr&uuml;ner Text</p>
     <p id="drei">Blauer Text</p>
  </body>
</html>
```

Listing 17.13 Beispiel für individuelle Formate

Testen Sie einmal Folgendes: Ersetzen Sie in der Stylesheet-Definition den Selektor #zwei durch den Selektor h1#zwei, und testen Sie das Listing erneut im Browser. Sie werden feststellen, dass der Text des p-Elements mit der ID zwei nun nicht mehr in einer grünen Schriftfarbe dargestellt wird. **[×]**

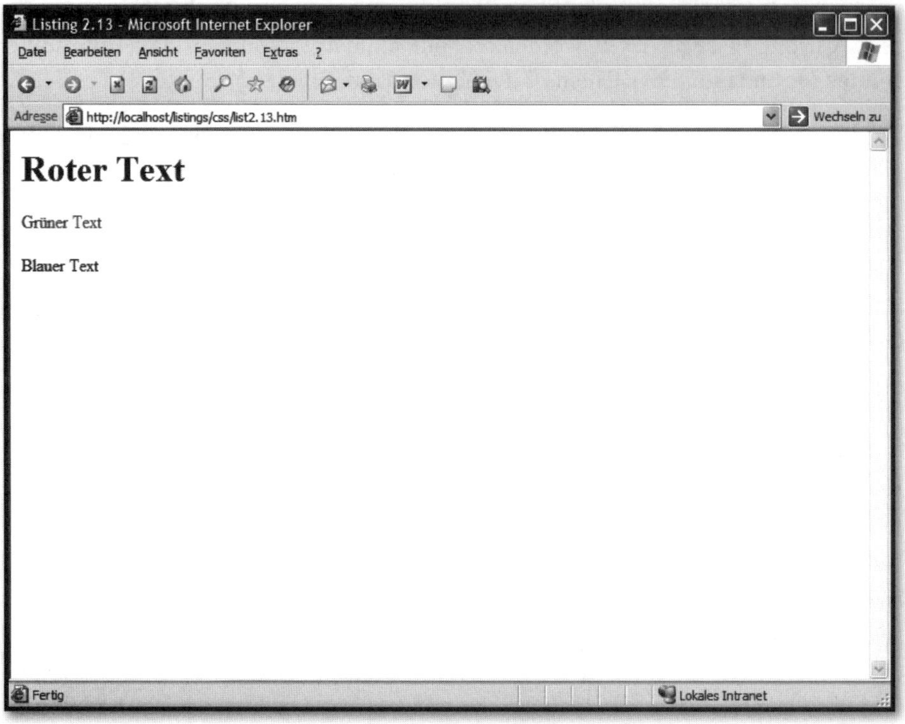

Abbildung 17.15 Darstellung des Listing 17.13 im Internet Explorer 6.0

17.5 Hintergrundfarbe

Bereits in den Listings zuvor haben Sie die Eigenschaft `background-color` kennengelernt. Mit dieser Eigenschaft können Sie die Hintergrundfarbe für ein Element festlegen. Dabei steht es Ihnen frei, Farbworte, Hex-Tripel-Werte oder andere Tripel-Werte anzugeben. Diese Eigenschaft gehört zu CSS 1.0 und wird vom IE ab Version 3 und von Netscape ab Version 4 interpretiert.

```
<!DOCTYPE HTML PUBLIC "-//W3C//DTD HTML 4.01 Transitional//EN">
<!-- Hintergrundfarbe -->
<html>
  <head>
    <title>Listing 2.14</title>
    <style type="text/css">
      h1  { background-color:#FFFF00; }
      h2  { background-color:#FF0000; }
      p   { background-color:highlight; }
      em  { background-color:rgb(0,255,0); }
      kbd { background-color:rgb(0%,0%,100%); }
    </style>
  </head>
```

```
  <body>
    <h1>&Uuml;berschrift mit gelbem Hintergrund</h1>
    <h2>&Uuml;berschrift mit rotem Hintergrund</h2>
    <p>Textabsatz mit der Hintergrundfarbe des Desktops
    und <em>gr&uuml;n</em> und <kbd>blau</kbd>.</p>
  </body>
</html>
```

Listing 17.14 Beispiel für das Festlegen einer Hintergrundfarbe

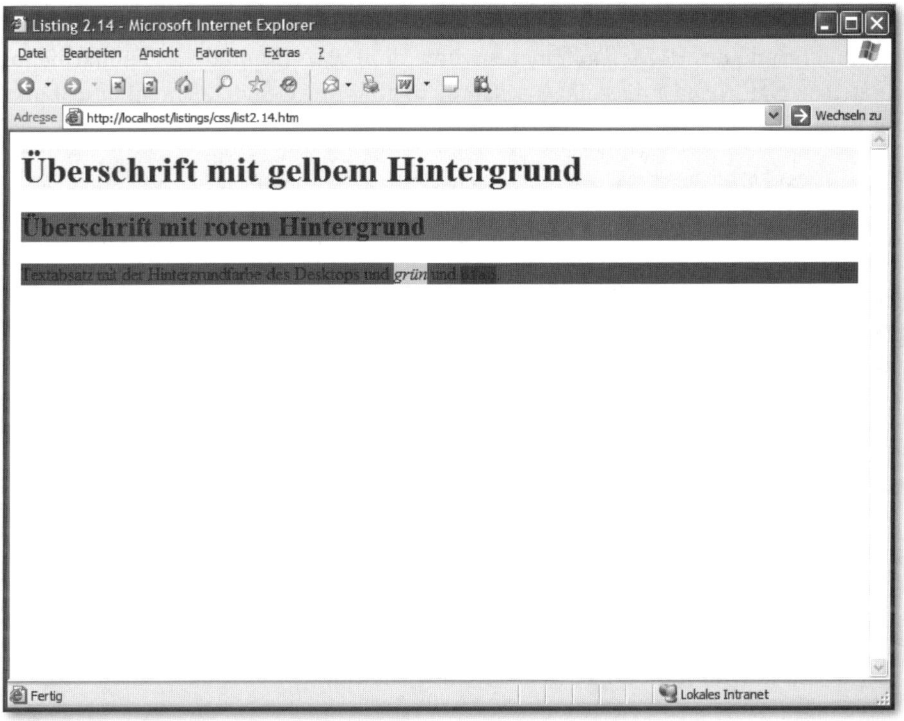

Abbildung 17.16 Darstellung des Listing 17.14 im Internet Explorer 6.0

[x] Natürlich ist die Verwendung von `background-color` bei jedem Element möglich und somit auch bei dem `body`-Element. Auf diese Art können Sie dann dem gesamten HTML-Dokument eine Hintergrundfarbe zuweisen.

17.6 Hintergrundbilder

Wenn Sie Hintergrundbilder mit CSS einbinden, haben Sie nicht nur die Möglichkeit, die Grafik zu wählen, sondern das Verhalten des Browsers dahingehend zu beeinflussen, ob er das Hintergrundbild kacheln, als »Wasserzeichen« einbinden oder in welchem Abstand zum Außenrand er das Bild positionieren soll. Verlassen Sie sich aber nicht darauf, dass alle Browser diese Angaben anstandslos interpretieren und korrekt darstellen. Insbesondere Netscapes Browser 4.x neigt dazu, den größten Müll zu produzieren. Die Version 6 ist aber in der Lage, halbwegs korrekte Darstellungen zu liefern. Vorbildlich ist hingegen der Internet Explorer: Er unterstützt die Eigenschaften bereits seit der Version 3.0 fehlerfrei.

Hintergrundbild einbinden Als Eigenschaft zum Referenzieren einer Hintergrundgrafik müssen Sie `background-image` einsetzen. Als Wert verwenden Sie wieder das Konstrukt `url(datei- und pfadname)`, z. B.

```
body { background-image:url(marble.jpg); }
```

Im Hintergrund des HTML-Dokuments würde der Browser nun die Datei **marble.jpg** darstellen. Natürlich ist diese Eigenschaft nicht nur auf das `body`-Element beschränkt, Sie können es auch auf `table`, `p`, `h1` usw. anwenden.

```
h1    { background-image:url(marble.jpg); }
table { background-image:url(marble.jpg); }
p     { background-image:url(marble.jpg); }
```

Wiederholung Je nach Größe der Grafik wird sie so lange wiederholt, bis der gesamte Bereich ausgefüllt ist. Dieses Verhalten nennt sich Kacheln. Standardmäßig kachelt der Browser eine Grafik sowohl horizontal als auch vertikal. Und genau das lässt sich mit der Eigenschaft `background-repeat` beeinflussen. Dafür stellt CSS vier verschiedene Werte zur Verfügung:

- `repeat`
  Die Grafik wird horizontal und vertikal wiederholt.
- `repeat-x`
  Die Grafik wird nur horizontal (waagerecht) wiederholt.
- `repeat-y`
  Die Grafik wird nur vertikal (senkrecht) wiederholt.
- `no-repeat`
  Die Grafik wird nicht wiederholt, sondern nur einmal dargestellt.

```
body  { background-image:url(marble.jpg);
        background-repeat:no-repeat; }
table { background-image:url(marble.jpg);
        background-repeat:repeat-x; }
p     { background-image:url(marble.jpg);
        background-repeat:repeat-y; }
```

Wasserzeichen Bei Inhalten, die über die verfügbare Darstellungsfläche hinausgehen, wird beim Verschieben des Ausschnitts (engl. *scrolling*) der Hintergrund mit verschoben. Auch dieses Verhalten kann mit der Eigenschaft `background-attachment` in zwei Stufen verändert werden.

- `scroll`
  Der Hintergrund wird mit dem Inhalt verschoben.

- `fixed`
  Der Hintergrund wird fixiert, und nur der Inhalt wird verschoben.

```
body  { background-image:url(marble.jpg);
        background-attachment:fixed; }
```

Bei diesem Beispiel würde also die Hintergrundgrafik an der gleichen Stelle im Fenster bleiben, während die darüber liegenden Elemente verschoben werden würden.

Hintergrundbild platzieren

Mit der Eigenschaft `background-position` können Sie die Position des Hintergrundbilds bestimmen, und zwar sowohl horizontal auf der x-Achse als auch vertikal auf der y-Achse.

```
background-position:x y;
```

Als Werte für `x` und `y` können Sie numerische Angaben (außer Prozent) und Angaben mittels Schlüsselwort machen. Bei numerischen Angaben wird der Wert für `x` durch den Abstand vom linken Fensterrand und der Wert für `y` durch den Abstand zum oberen Fensterrand bestimmt. Als Schlüsselwörter können Sie die folgenden verwenden.

Für `x`:

- `left`
  Die Grafik wird horizontal linksbündig ausgerichtet.
- `center`
  Die Grafik wird horizontal zentriert ausgerichtet.
- `right`
  Die Grafik wird horizontal rechtsbündig ausgerichtet.

Und für `y`:

- `top`
  Die Grafik wird vertikal obenbündig ausgerichtet.
- `middle`
  Die Grafik wird vertikal mittig ausgerichtet.
- `bottom`
  Die Grafik wird vertikal untenbündig ausgerichtet.

Einige Beispiele:

```
background-position:10px 10px;
background-position:1cm 5cm;
background-position:center middle;
background-position:right bottom;
```

Das erste Beispiel positioniert die Hintergrundgrafik jeweils 10 Pixel von oben und links verschoben. Das zweite Beispiel verschiebt die Grafik um 1 cm nach rechts und 5 cm nach unten. Bei dem dritten Beispiel wird die Grafik horizontal und vertikal in der Mitte platziert. Das letzte Beispiel positioniert die Hintergrundgrafik dann unten rechts.

Einstellungen zusammenfassen

Alle eben vorgestellten Eigenschaften zur Verwendung von Hintergrundbildern können auch mit einer einzigen Eigenschaft zusammengefasst werden. Die dafür zu verwendende Eigenschaft lautet `background`, die Reihenfolge der Angaben ist diesmal egal.

```
body { background:url(marble.jpg) fixed repeat-x 10px 10px;}
```

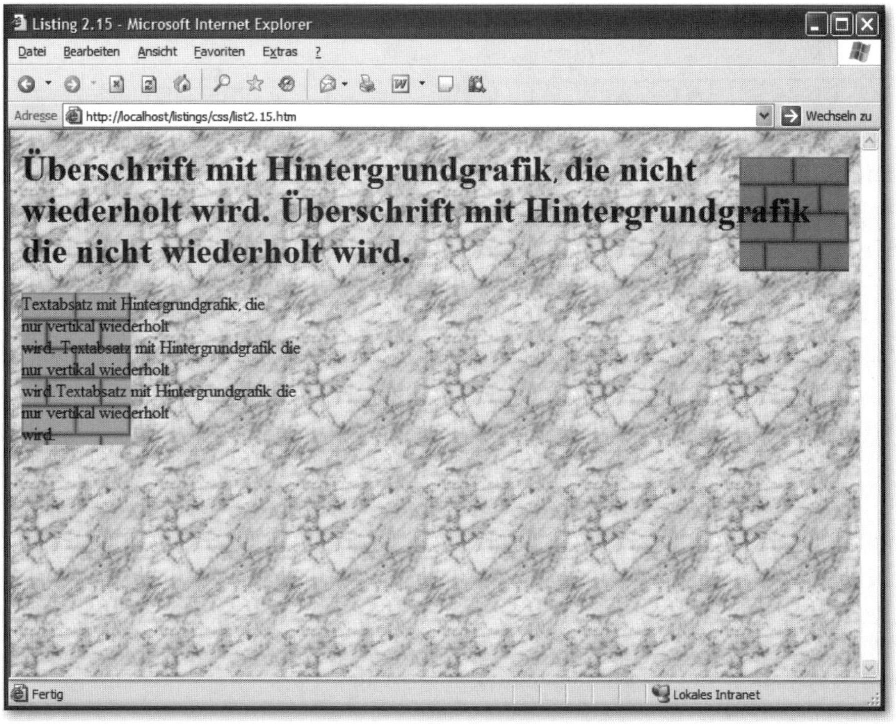

Abbildung 17.17 Darstellung des Listing 17.15 im Internet Explorer 6.0

Nachfolgend ein Beispiel:

```
<!DOCTYPE HTML PUBLIC "-//W3C//DTD HTML 4.01 Transitional//EN">
<!-- Hintergrundgrafik -->
<html>
  <head>
    <title>Listing 2.15</title>
    <style type="text/css">
      body { background-image:url(marble.jpg);
             background-attachment:fixed; }
      h1   { background-image:url(bricks-red.gif);
             background-repeat:no-repeat;
             background-position:right bottom; }
```

```
      p    { background-image:url(bricks-green.gif);
             background-repeat:repeat-y; }
    </style>
  </head>
  <body>
    <h1>&Uuml;berschrift mit Hintergrundgrafik, die nicht
     wiederholt wird. &Uuml;berschrift mit Hintergrundgrafik,
     die nicht wiederholt wird.</h1>
    <p>Textabsatz mit Hintergrundgrafik, die<br>
     nur vertikal wiederholt<br>
     wird. Textabsatz mit Hintergrundgrafik, die<br>
     nur vertikal wiederholt<br>
     wird.Textabsatz mit Hintergrundgrafik, die<br>
     nur vertikal wiederholt<br>
     wird.</p>
  </body>
</html>
```

Listing 17.15 Beispiel zum Einbinden von Hintergrundbildern

17.7 Zusammenfassung

- Die bekannten Möglichkeiten der Farbangaben aus HTML werden in CSS um benutzerspezifische Farbworte und Tripel-Werte mit dezimalen und prozentualen Angaben erweitert.
- Mit den verschiedensten Eigenschaften können die Schriftart, -dicke, -stil, -farbe, -variante und -neigung beeinflusst werden. Die Schrift kann außerdem »dekoriert« werden.
- Auch der Abstand zwischen Zeichen und Wörtern kann verändert werden.
- Neben Schriftarten, die auf dem Rechner des Benutzers installiert sind, können auch embedded Fonts verwendet werden.
- Formatierungen können außerdem gruppiert, attributbedingt, nach Klassen, abhängig von der Verschachtelung und individuell erfolgen.
- Hintergrundgrafiken können in ihrer Darstellung sowohl bezogen auf die Kachelung als auch hinsichtlich der Position und des Verhaltens beim Scrollen des Browserfensters beeinflusst werden.

17.8 Fragen und Übungen

1. Was ist bei der Angabe `background-position:top middle;` falsch?
2. Wie lautet die Schreibweise des Selektors, um ein individuelles Format festzulegen, das nur für `p`-Elemente mit der ID `absatz` gilt?

3. Welche Bedingungen können für die Formatierung verschachtelter Elemente gesetzt werden?
4. Ist die Formatierung von Klassen auf einen Elementtyp beschränkt (z. B. auf p-Elemente)?
5. Welche Fehler gibt es im folgenden Beispiel?

```
<!DOCTYPE HTML PUBLIC "-//W3C//DTD HTML 4.01 Transitional//EN">
<!-- Übungsbeispiel 9 -->
<html>
  <head>
    <title>&Uuml;bung</title>
    <script type="text/css">
      h { color:red; }
      p { color:gruen; font-family:sansserif; }
      b { font-size:12px; color:blue; }
    </script>
  </head>
  <body>
    <h1>&Uuml;bung</h1>
    <p>Dies ist ein <b>p-Element</b> mit einem sehr kurzen
   Text.</p>
  </body>
</html>
```

An synaptischen Fäden zusammenhängende Fetzen in Formation formatieren ständig unser Gehirn, quasi eine cerebrale inFormatierung. Die oberflächliche Vielfalt fällt in eine uniFormität zusammen. Eine uniForme Formatierung macht uns alle conForm.
– Stefan Radulian, österreichischer Student, Aphoristiker und »verträumter Realist«

18 Allgemeine Formatierung

In diesem Kapitel werde ich Ihnen die allgemein gültigen Formatierungen von HTML-Elementen erklären, wie z. B. das Setzen eines Rahmens, die Positionierung und die Außen- und Innenabstände. Außerdem werden Sie zwei neue HTML-Elemente kennenlernen, die gerade in Hinblick auf CSS sehr gut zu verwenden sind.

18.1 Die Elemente div und span

Die beiden Elemente `div` (engl. *division*, dt. *Bereich*) und `span` (dt. *Spannweite*) besitzen in HTML keine festgelegte Funktion. Während z. B. die Elemente `h1` und `p` speziell auf eine jeweilige Aufgabe ausgerichtet sind (`h1` erzeugt eine Überschrift 1. Ordnung und `p` einen Textabsatz), ist die einzige Festlegung bei `div` und `span` die, zu welcher Gruppe von Elementen sie gehören: `div` zählt zu den Blockelementen und `span` zu den Inline-Elementen. Bei der Verwendung des Elements `div` wird also nach dem Ende-Tag ein Zeilenumbruch durchgeführt, während `span` sich in den Textfluss integriert. Gerade die fehlende Hauptfunktion dieser Elemente macht sie aber besonders interessant, denn sie können universell eingesetzt werden, z. B. zur Gestaltung einer Webseite mit CSS.

Sehen Sie sich das folgende Beispiel an:

```
<!DOCTYPE HTML PUBLIC "-//W3C//DTD HTML 4.01
Transitional//EN">
<!-- Gestaltung mit div und span -->
<html>
  <head>
    <title>Listing 3.1</title>
    <style type="text/css">
      #div1    { background-color:#003366; padding:5px; }
      #div2    { background-color:#336699; padding:5px; }
      #div3    { background-color:#6699CC; padding:5px; }
```

```
      #div4    { background-color:#663300; padding:5px; }
      #div5    { background-color:#996633; padding:5px; }
      #div6    { background-color:#CC9966; padding:5px; }
      #Element { font-family:sans-serif;font-weight:bold;
                 font-size:14px; color:#FFFF00; }
      p        { color:#FFFFFF; }
    </style>
  </head>
  <body>
    <div id="div1"><div id="div2"><div id="div3">
      <p>Dies ist ein Textabsatz innerhalb mehrerer <span
      id="Element">div</span>-Elemente. Au&szlig;erdem
      gibt es eine Auszeichnung mit <span id="Element">
      span</span>.</p>
    </div></div></div>
    <div id="div4"><div id="div5"><div id="div6">
      <p>Dies ist ebenfalls ein Textabsatz innerhalb
      mehrerer <span id="Element">div</span>-Elemente. Es
      gibt auch eine Auszeichnung mit <span
      id="Element">span</span>. Aber die
      Hintergrundfarbe ist anders.</p>
    </div></div></div>
  </body>
</html>
```

Listing 18.1 Beispiel für die Webseitengestaltung mit div, span und CSS

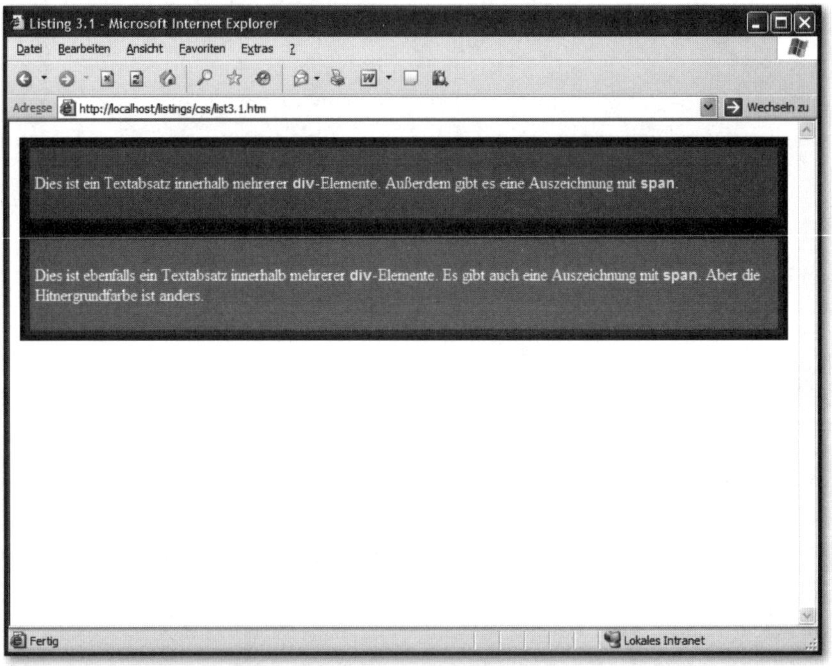

Abbildung 18.1 Darstellung des Listing 18.1 im Internet Explorer 6.0

Die verschiedenen, ineinander verschachtelten div-Elemente erzeugen einen zweifarbigen Rahmen um zwei verschiedene Texte, während die span-Elemente einige Wörter innerhalb eines Textes durch eine andere Farbe und eine andere Schrift hervorheben. Ein interessanter Effekt, oder? Sie hätten dies zwar auch mit den Elementen p und b erreichen können, aber diese wären dadurch zweckentfremdet worden, da p einen Textabsatz markieren und b den ausgezeichneten Text fett darstellen soll.

Verwenden Sie div und span also immer dann, wenn Sie einen Gestaltungseffekt erzielen möchten. Übrigens wird das Element div bereits vom IE und NC ab den Versionen 3 und span ab den Versionen 4 interpretiert und verstanden.

18.2 Außenabstand

Erinnern Sie sich an das Attribut cellspacing des table-Elements? Mit diesem Attribut konnten bzw. können Sie den Außenabstand der Zellen einer Tabelle zu den Nachbarzellen bestimmen. Der Abstand wurde dabei in Pixel angegeben. Eine Eigenschaft mit der gleichen Funktion gibt es auch in CSS: margin (dt. *Seitenrand*). Sie ist aber nicht nur auf Tabellenzellen beschränkt, sondern kann für jedes HTML-Element verwendet werden und legt den Abstand eines Elements zu seinen Nachbar- oder Elternelementen fest. Verwenden dürfen Sie dabei jede beliebige numerische Angabe.

```
<!DOCTYPE HTML PUBLIC "-//W3C//DTD HTML 4.01 Transitional//EN">
<!-- Außenabstand -->
<html>
  <head>
    <title>Listing 3.2</title>
    <style type="text/css">
      h1 { margin:5cm; }
    </style>
  </head>
  <body>
    <h1>Eine &Uuml;berschrift der 1. Ordnung mit einem
    Au&szlig;enabstand von 5 cm.</h1>
  </body>
</html>
```

Listing 18.2 Beispiel für die Verwendung von margin

Wenn Sie lediglich eine numerische Angabe notieren, wird diese für alle vier Seiten (oben, unten, links und rechts) des Elements verwendet. Notieren Sie aber zwei, drei oder vier Angaben, werden diese nach folgendem Schlüssel angewendet:

- **Zwei Angaben** (margin:1cm 2cm;)
  Die erste Angabe wird für oben/unten und die zweite Angabe für links/rechts verwendet.

- **Drei Angaben** (`margin:1cm 2cm 3cm;`)
  Die erste Angabe wird für oben, die zweite für links/rechts und die dritte für unten verwendet.
- **Vier Angaben** (`margin:1cm 2cm 3cm 4cm;`)
  Die erste Angabe wird für oben, die zweite für rechts, die dritte für unten und die vierte für links verwendet.

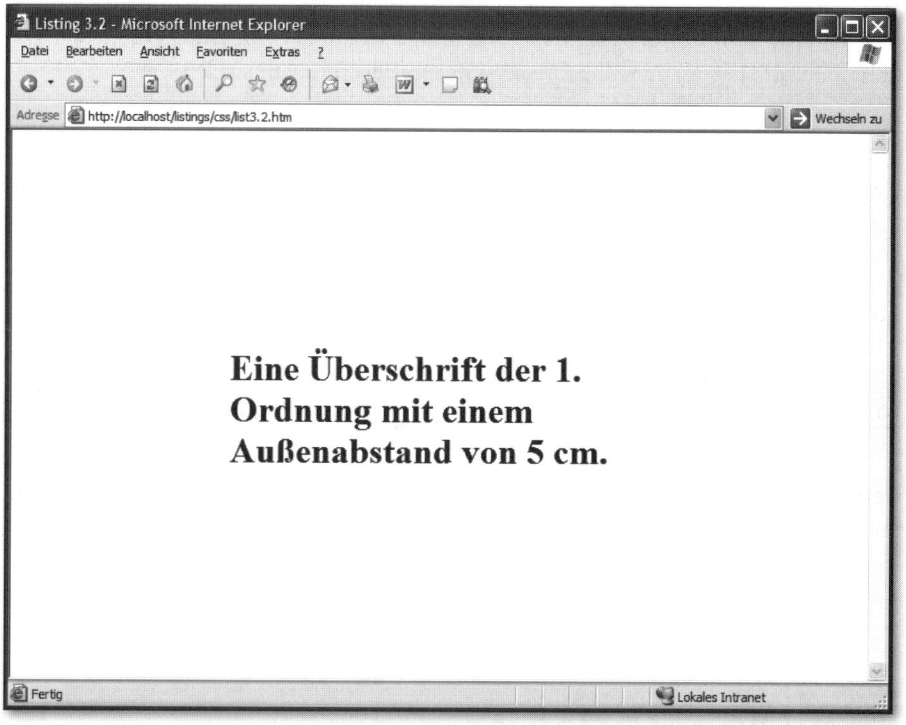

Abbildung 18.2 Darstellung des Listing 18.2 im Internet Explorer 6.0

Längere Schreibweise

Anstelle dieser Kurzschreibweise können Sie aber auch eine längere verwenden, mit der Sie für jede Seite den Abstand einzeln festlegen können. Die entsprechenden Eigenschaften lauten:

- `margin-top`
  definiert den oberen Abstand des Elements.
- `margin-bottom`
  definiert den unteren Abstand des Elements.
- `margin-left`
  definiert den linken Abstand des Elements.
- `margin-right`
  definiert den rechten Abstand des Elements.

Einige Beispiele:

```
h1 { margin-top:0px; margin-bottom:10px; }
  <!-- erzeugt einen Abstand von 0 Pixel oben und 10
  Pixel unten -->
p { margin-left:1cm; }
  <!-- erzeugt links einen Abstand von 1cm, rückt den
  Absatz quasi ein -->
```

[x]

In Verbindung mit dem body-Element sind die Eigenschaften für den Abstand des Inhalts zum Fensterrand zuständig. Dort ist standardmäßig ein sehr geringer Abstand festgelegt, der sich durch die Angabe

```
body { margin:0px; }
```

unterdrücken lässt.

18.3 Innenabstand

Das Äquivalent zur Eigenschaft margin ist padding (dt. *Polster*). Mit dieser Eigenschaft können Sie einen Abstand bzw. ein Polster zwischen dem Inhalt des Elements und dem Rand definieren. In Listing 17.1 wurde diese Eigenschaft bereits verwendet.

Genau wie bei der Eigenschaft margin können Sie auch bei padding jeden beliebigen numerischen Wert notieren.

```
<!DOCTYPE HTML PUBLIC "-//W3C//DTD HTML 4.01 Transitional//EN">
<!-- Innenabstand -->
<html>
  <head>
    <title>Listing 3.2</title>
    <style type="text/css">
      h1 { padding:1.5cm;
           background-color:#FFFF00; }
    </style>
  </head>
  <body>
    <h1>Eine &Uuml;berschrift der 1. Ordnung mit einem
    Innenabstand von 1.5 cm.</h1>
  </body>
</html>
```

Listing 18.3 Beispiel für die Eigenschaft padding

Auch die Anzahl der Angaben ist wieder dafür entscheidend, auf welcher Seite wie viel Platz zum Inhalt gelassen wird:

- **Zwei Angaben** (padding:1cm 2cm;)
  Die erste Angabe wird für oben/unten und die zweite Angabe für links/rechts verwendet.

- **Drei Angaben** (`padding:1cm 2cm 3cm;`)
  Die erste Angabe wird für oben, die zweite für links/rechts und die dritte für unten verwendet.
- **Vier Angaben** (`padding:1cm 2cm 3cm 4cm;`)
  Die erste Angabe wird für oben, die zweite für rechts, die dritte für unten und die vierte für links verwendet.

Längere Schreibweise

Um jeder Seite einzeln einen Wert zuzuweisen, verwenden Sie die folgenden Eigenschaften:

- `padding-top`
  definiert das obere Polster des Elements.
- `padding-bottom`
  definiert das untere Polster des Elements.
- `padding-left`
  definiert das linke Polster des Elements.
- `padding-right`
  definiert das rechte Polster des Elements.

Die verschiedenen Möglichkeiten zum Angeben der einzelnen Abstände können Sie im folgenden Listing noch einmal im Zusammenhang mit einem HTML-Dokument sehen.

```
<!DOCTYPE HTML PUBLIC "-//W3C//DTD HTML 4.01
Transitional//EN">
<!-- Innenabstand -->
<html>
  <head>
    <title>Listing 3.4</title>
    <style type="text/css">
      h1 { padding:1.5cm 5cm 0.5cm 7.5cm;
           background-color:#FFFF00; }
      h2 { padding-left:1cm;
           padding-right:1cm;
           padding-top:1.5cm;
           padding-bottom:3cm;
           background-color:red; color:white; }
    </style>
  </head>
  <body>
    <h1>Eine &Uuml;berschrift der 1. Ordnung mit einem
    unterschiedlichen Innenabstand.</h1>
    <h2>Eine &Uuml;berschrift der 2. Ordnung mit einem
    unterschiedlichen Innenabstand.</h2>
  </body>
</html>
```

Listing 18.4 Beispiele für unterschiedliche Innenabstände

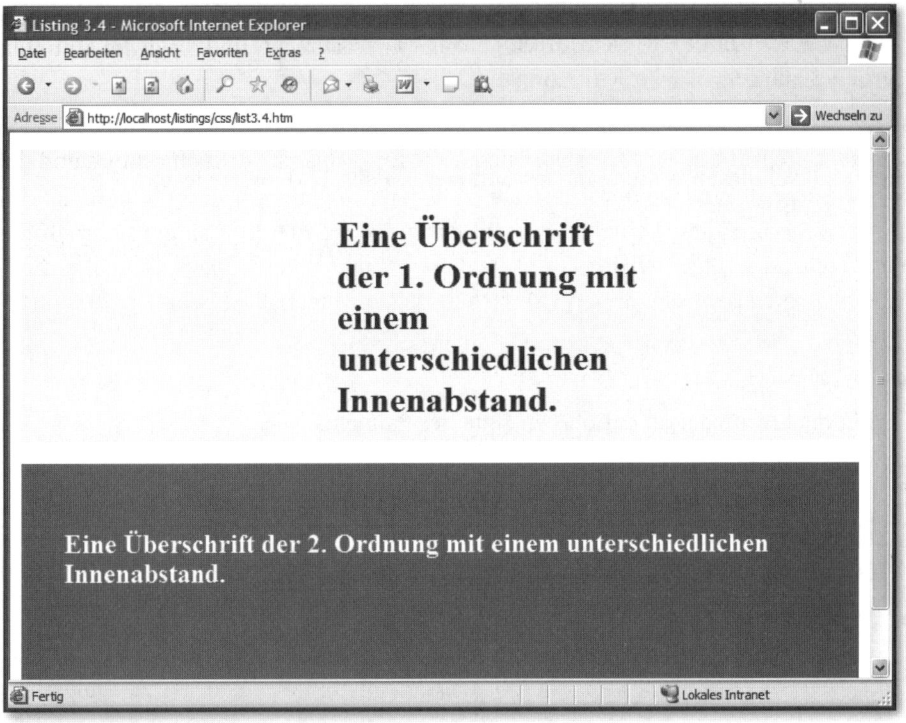

Abbildung 18.3 Darstellung des Listings 18.4 im Internet Explorer 6.0

In Listing 18.4 wurde dem `h1`-Element ein unterschiedlich »dickes« Polster zugewiesen: oben 1,5 cm, rechts 5 cm, unten 0,5 cm und links 7,5 cm. Dabei wurde die Kurzschreibweise verwendet. Bei dem `h2`-Element wurde hingegen die längere Variante gewählt. Links und rechts beträgt das Polster jeweils 1 cm, oben 1,5 cm und unten 3 cm.

18.4 Rahmen

Um fast jedes HTML-Element können Sie in CSS einen eigenen speziellen Rahmen anlegen, je nachdem, wie Sie es wünschen. Anstatt einer gesamten Tabelle einen Rahmen zuzuweisen, können Sie auch lediglich einigen Zellen einen spendieren – oder aber einen Rahmen um einen Textabsatz oder eine Überschrift ziehen, um diese stärker hervorzuheben.

Sammeleigenschaft

Sie müssen jedoch entweder eine Kombination von verschiedenen Eigenschaften oder eine einzelne Eigenschaft anwenden. Ich möchte Ihnen zuerst die einzelne Eigenschaft zeigen: `border` (dt. *Rahmen*). Diese Eigenschaft könnte man auch Sammeleigenschaft nennen.

```
border:dicke stil farbe;
```

Die einfachste Variante ist es, die Dicke des Rahmens als einen beliebigen numerischen Wert zu notieren, sich für einen Stil zu entscheiden und anschließend eine Farbe festzulegen. So würde die Angabe

```
p { border:2px solid #336699; }
```

einen 2 Pixel dicken, soliden blauen Rahmen um alle Textabsätze legen.

Sammeleigenschaft für jeden Rahmen einzeln

Die Erweiterung dieser Variante besteht darin, jeder Seite des Rahmens einzeln die entsprechenden Eigenschaften (und in diesem Zuge auch die jeweils unterschiedlichen) zuzuweisen. Für diesen Fall stehen die folgenden Eigenschaften zur Verfügung:

- `border-top`
  für die Eigenschaften der oberen Seite des Rahmens.
- `border-bottom`
  für die Eigenschaften der unteren Seite des Rahmens.
- `border-left`
  für die Eigenschaften der linken Seite des Rahmens.
- `border-right`
  für die Eigenschaften der rechten Seite des Rahmens.

```
<!DOCTYPE HTML PUBLIC "-//W3C//DTD HTML 4.01 Transitional//EN">
<!-- Rahmen -->
<html>
  <head>
    <title>Listing 3.5</title>
    <style type="text/css">
      p  { border-top:1px solid black;
           border-bottom:5px dashed blue;
           border-left:10px double red;
           border-right:3pt dotted green; }
      h1 { border:2px solid #336699; }
    </style>
  </head>
  <body>
    <h1>Eine &Uuml;berschrift 1. Ordnung mit Rahmen</h1>
    <p>Ein Textabsatz mit einem komplett unterschiedli-
    chen Rahmen.</p>
  </body>
</html>
```

Listing 18.5 Beispiel für die Zuweisung eines Rahmens

Natürlich stellt sich die Frage nach dem Sinn eines solchen Rahmens, wie er für das `p`-Element in Listing 18.5 verwendet wird. Den gibt es nicht. Aber er soll auch nur die grundsätzliche Möglichkeit verdeutlichen.

Nun können Sie die Art der Positionierung festlegen, z. B. durch eine Angabe wie `position:absolute;`. Um nun die genaue Position zu bestimmen, müssen Sie weitere Eigenschaften verwenden.

- `top`
  legt den Abstand von oben zum vorherigen Element fest.
- `bottom`
  legt den Abstand von unten zum vorherigen Element fest.
- `left`
  legt den Abstand von links zum vorherigen Element fest.
- `right`
  legt den Abstand von rechts zum vorherigen Element fest.

Überlappungen

Durch diese Art der Positionierung kann es durchaus zu Überlappungen kommen. Normalerweise ist dann das zuerst definierte Element unten und das zuletzt definierte Element oben. Mit der Eigenschaft `z-index` kann auch diese Reihenfolge verändert werden. Je höher die Zahl ist, umso weiter oben liegt das Element.

```
<!DOCTYPE HTML PUBLIC "-//W3C//DTD HTML 4.01 Transitional//EN">
<!-- Positionierung -->
<html>
  <head>
    <title>Listing 3.6</title>
    <style type="text/css">
    div  { background-color:#CCCCCC; border:2px solid
           black; }
    #nr1 { position:absolute; left:10px; top:30px;
           width:100px; height:100px; z-index:1; }
    #nr2 { position:absolute; left:20px; top:40px;
         width:100px; height:100px; z-index:2; }
    #nr3 { position:absolute; left:30px; top:20px;
           width:100px; height:100px; z-index:0; }
    #nr4 { position:absolute; left:40px; top:10px;
           width:100px; height:100px; z-index:3; }
    </style>
  </head>
  <body>
    <div id="nr1">Bereich 1</div>
    <div id="nr2">Bereich 2</div>
    <div id="nr3">Bereich 3</div>
    <div id="nr4">Bereich 4</div>
  </body>
</html>
```

Listing 18.6 Beispiel zur Positionierung von Elementen

In Abbildung 18.5 können Sie erkennen, dass sich die einzelnen Elemente so sehr überlappen, dass bis auf das `div`-Element mit der ID `nr4` kein Element richtig zu erkennen oder gar zu lesen ist. In diesem Fall wurde durch den Wert `absolute` die Position in Bezug zum `body`-Element festgelegt.

Ersetzen Sie einmal den Wert `absolute` in Listing 18.6 durch den Wert `relative`, und sehen Sie sich den Unterschied im Browser an. Das Ergebnis ist zwar nicht verblüffend, aber ein vollkommen anderes, genauso wie das Ergebnis bei Ersetzen des Werts `absolute` durch `static`. In diesem Fall werden die Eigenschaften `left` und `top` ignoriert und die Elemente brav untereinander dargestellt.

[»] Denken Sie immer an Benutzer, die auf ihrem Computer nicht die gleiche Auflösung wie Sie verwenden. So könnte es passieren, dass ein Benutzer eine kleinere Auflösung verwendet und bestimmte Elemente in einem Bereich liegen, den er nicht unbedingt einsehen kann.

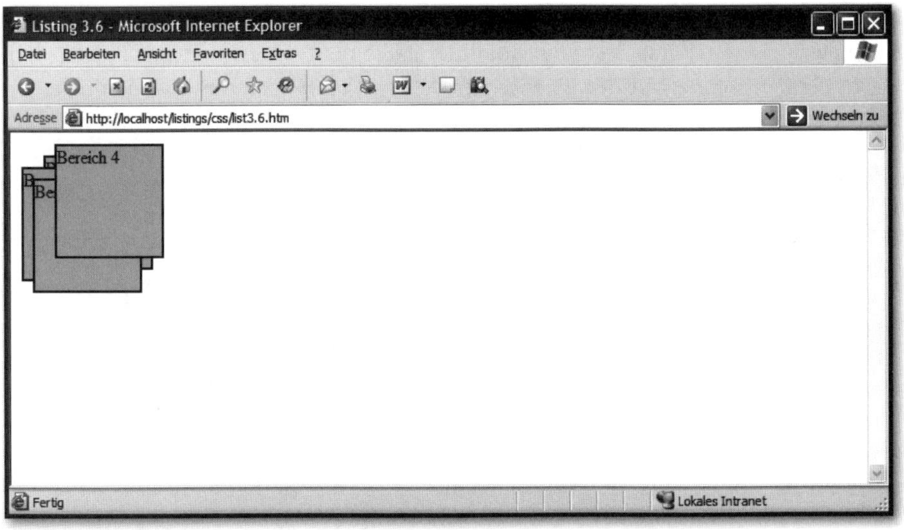

Abbildung 18.5 Darstellung des Listing 18.6 im Internet Explorer 6.0

18.6 Anzeige

Breite und Höhe Die Attribute `width` und `height` wurden in HTML dafür verwendet, die Breite und Höhe von Elementen festzulegen. Die gleichen Aufgaben erfüllen die entsprechenden Eigenschaften in CSS auch, nur dass Sie bei der Gestaltung nicht nur auf Pixel- und Prozentangaben beschränkt sind, sondern jeden beliebigen numerischen Wert verwenden können.

```
<!DOCTYPE HTML PUBLIC "-//W3C//DTD HTML 4.01 Transitional//EN">
<!-- Breite und Höhe -->
<html>
  <head>
    <title>Listing 3.7</title>
```

```
    <style type="text/css">
      div  { border:2px solid black; }
      #nr1 { width:1cm; height:1cm; }
      #nr2 { width:200px; height:100px; }
      #nr3 { width:200pt; height:10%; }
      #nr4 { width:1in; height:1.5in; }
    </style>
  </head>
  <body>
    <div id="nr1">Bereich 1</div>
    <div id="nr2">Bereich 2</div>
    <div id="nr3">Bereich 3</div>
    <div id="nr4">Bereich 4</div>
  </body>
</html>
```

Listing 18.7 Beispiel für die Eigenschaften width und height

In Listing 18.7 wurden vier `div`-Elemente mit jeweils anderen Breiten und Höhen definiert und dabei auch unterschiedliche Maßeinheiten verwendet.

Minimalgröße und Maximalgröße

Wenn Sie das `div`-Element verwenden, um Absätze oder Überschriften auszurichten oder zu gruppieren, kann es vorkommen, dass der Inhalt über die mit `width` und `height` zugewiesene Größe des Bereichs hinausgeht. Normalerweise vergrößert der Browser in diesem Fall den Bereich, um den kompletten Inhalt darstellen zu können, oder er verkleinert ihn – je nach Bedarf. Sie können aber auch eine minimale oder maximale Größe des Bereichs festlegen. CSS stellt dafür die folgenden Eigenschaften bereit:

- `minwidth`
  legt die minimale Breite des Bereichs fest.
- `minheight`
  legt die minimale Höhe des Bereichs fest.
- `maxwidth`
  legt die maximale Breite des Bereichs fest.
- `maxheight`
  legt die maximale Höhe des Bereichs fest.

Erlaubt ist die Angabe eines beliebigen numerischen Werts, aber die Verwendung der Eigenschaft `overflow` macht in diesem Zusammenhang den meisten Sinn. Sie können mit dieser Eigenschaft dem Browser die Entscheidung abnehmen, wie er im Fall eines Konflikts mit dem übergroßen Inhalt zu verfahren hat. Erlaubt sind dabei die folgenden Werte:

- `auto`
  Der Browser entscheidet selbstständig, welches Verfahren gewählt werden soll.

- `hidden`
  Der Browser schneidet den Inhalt ab, der über die Grenzen des Bereichs hinausgeht.
- `scroll`
  Der Browser schneidet den Inhalt ab, der über die Grenzen des Bereichs hinausgeht, stellt aber Bildlaufleisten (engl. *scrollbars*) dar.
- `visible`
  Der Bereich wird gestreckt, bis der vollständige Inhalt dargestellt werden kann.

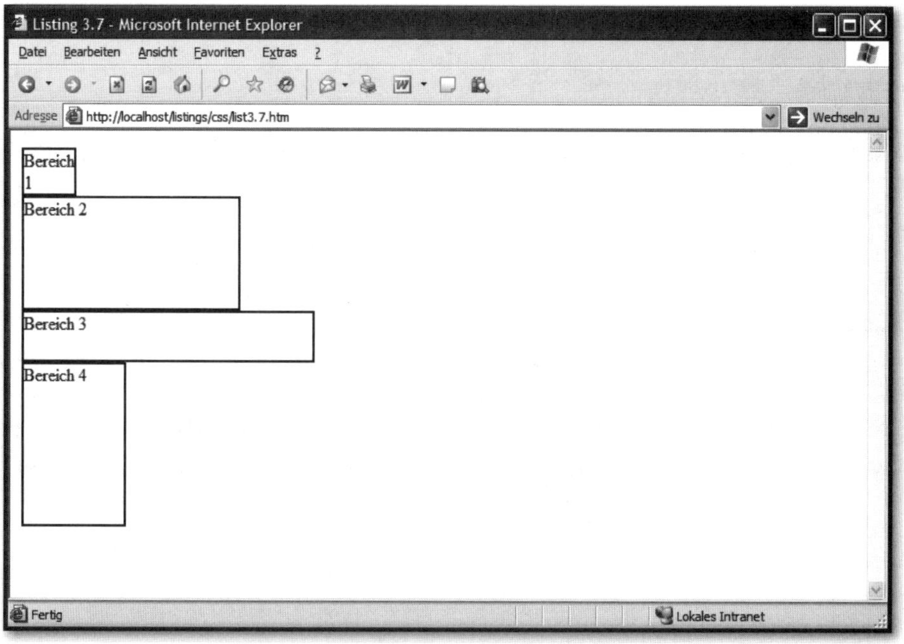

Abbildung 18.6 Darstellung des Listing 18.7 im Internet Explorer 6.0

```
<!DOCTYPE HTML PUBLIC "-//W3C//DTD HTML 4.01
Transitional//EN">
<!-- Übergroßer Inhalt -->
<html>
  <head>
    <title>Listing 3.8</title>
    <style type="text/css">
      #hidden   { border:2px solid black; width:50px;
                  height:50px; overflow:hidden; }
      #scroll   { border:2px solid black; width:50px;
                  height:50px; overflow:scroll; }
      #visible  { border:2px solid black; width:50px;
                  height:50px; overflow:visible; }
      #auto     { border:2px solid black; width:50px;
                  height:50px; overflow:auto; }
```

```
      #minwidth { border:2px solid black; width:50px;
                  height:50px; overflow:auto; }
    </style>
  </head>
  <body>
    <div id="hidden"><img src="marble.jpg"></div>
    <div id="scroll"><img src="marble.jpg"></div>
    <div id="visible"><img src="marble.jpg"></div>
    <div id="auto"><img src="marble.jpg"></div>
    <div id="minwidth">1</div>
  </body>
</html>
```

Listing 18.8 Übergroße Inhalte und Anzeigebereiche

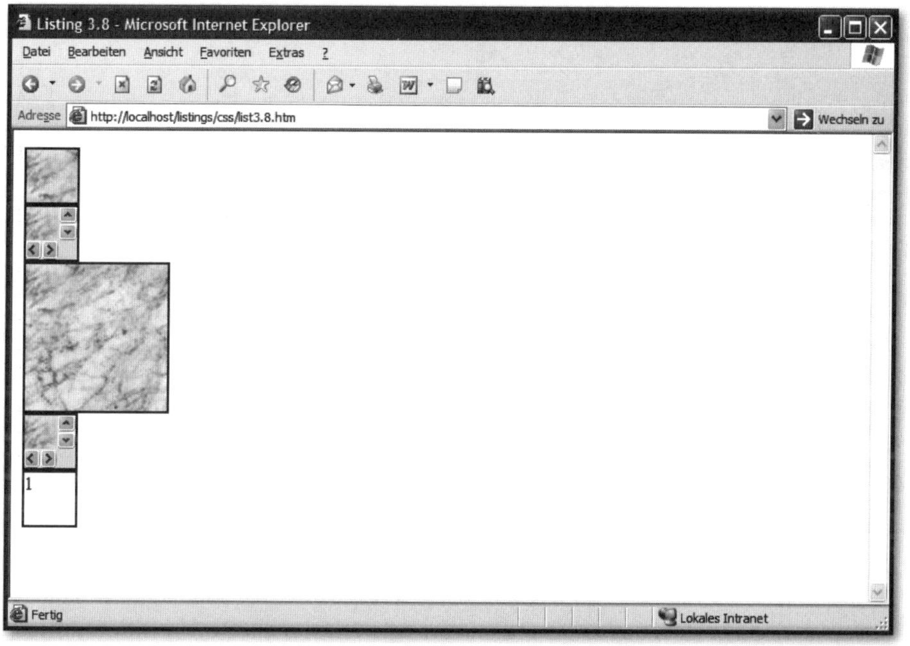

Abbildung 18.7 Darstellung des Listing 18.8 im Internet Explorer 6.0

Das Listing 17.8 zeigt sehr schön, wie sich die einzelnen Attribute für die Eigenschaft `overflow` auf die Darstellung auswirken.

18.7 Zusammenfassung

- Die zwei Elemente `div` und `span` besitzen in HTML keine spezielle Aufgabe. Sie sind also ideal dafür geeignet, mittels Klassen und ID unterschiedliche Formatierungen zu ermöglichen.

- Der Außenabstand eines jeden HTML-Elements lässt sich mit der CSS-Eigenschaft `margin` verändern.
- Der Innenabstand eines beliebigen HTML-Elements hingegen wird mit der CSS-Eigenschaft `padding` an die eigenen Vorstellungen angepasst.
- Mit Hilfe der Eigenschaft `border` kann jedem Element ein eigener Rahmen zugewiesen werden.
- Mit einer Kombination des Elements `position` und beliebig vielen der Eigenschaften `top`, `left`, `bottom` und `right` können Sie ein Element nach Wunsch auf der zur Verfügung stehenden Fläche positionieren.
- Manchmal kann es vorkommen, dass ein Element eine bestimmte maximale Größe besitzen soll, der Inhalt jedoch mehr Fläche benötigt. Mit der Eigenschaft `overflow` kann festgelegt werden, wie der Browser sich in einem solchen Fall verhalten soll.

18.8 Fragen und Übungen

1. Wann sollten Sie das `div`-Element und wann das `span`-Element zum Formatieren verwenden?
2. Weisen Sie einem HTML-Dokument zentral einen Abstand von 2 cm von jeder Seite zu. Dieser Abstand soll zwischen dem Fensterrand und dem Inhalt liegen.
3. Formatieren Sie die Überschriften von `h1` bis `h4` jeweils mit einem eigenen Rahmen. Jedes Element soll eine Rahmendicke von 1 Pixel, aber alle sollen eine andere Farbe und einen anderen Stil aufweisen.
4. Welche anderen Eigenschaften stehen zur Verfügung, um für ein Element einen Rahmen zu definieren? Nennen Sie alle Möglichkeiten.
5. Positionieren Sie ein `div`-Element so, dass es oben, unten, links und rechts jeweils einen Abstand von 25 Pixel zum Fensterrand aufweist, also einen gleich bleibenden Abstand, und somit exakt in der Mitte des Fensters liegt. Die Größe soll sich nach dem Abstand und dem zur Verfügung stehenden Platz richten. Setzen Sie die Hintergrundfarbe auf `#FFFFCC`, und fügen Sie einen soliden Rahmen mit 2 Pixel Dicke in der Farbe `#000000` hinzu. Im Übrigen soll die Formatierung mit einer ID zugewiesen werden.
6. In dem `div`-Element aus Aufgabe 5 soll eine Grafik angezeigt werden. Da Sie vorher nicht wissen, wie groß die Grafik maximal sein wird, soll der Browser Bildlaufleisten (Scrollbars) darstellen, wenn die Grafik über den zur Verfügung stehenden Anzeigebereich hinausgeht.

Es gilt zu vermeiden, aus Statistiken, Tabellen und Diagrammen die Pedanterie der Erfahrung zu machen.
– Alfred Oder, deutscher Publizist

19 Tabellen und Listen

19.1 Tabellenformatierung

Seit der CSS-Version 2.0 wurden für Tabellen eigene Eigenschaften zur Formatierung eingeführt. Dies hat zur Folge, dass die Unterstützung durch den Internet Explorer und Netscape eher bescheiden ausfällt. Einige der Eigenschaften interpretiert nur der IE, andere wiederum interpretiert nur Netscape ab der Version 6 (N6); manchmal unterstützen auch beide Browser die Eigenschaften, und in Ausnahmefällen fehlt bei beiden Browsern die Unterstützung.

Spezielle Formatierung

Generell können Sie eine Tabelle mit den bereits bekannten Eigenschaften für die Schrift, den Rahmen, die Abstände und den Hintergrund formatieren. Und normalerweise reicht dies auch vollkommen aus. Die folgenden Eigenschaften sind deshalb sehr speziell. Damit können Sie die Ausrichtung der Tabellenüberschrift, das Rahmenmodell oder auch die (Nicht-)Anzeige von leeren Zellen verändern.

19.1.1 Tabellenlayout

Die Eigenschaft `table-layout` wird ab dem IE5 und dem N6 interpretiert und teilt dem Browser mit, wie die Größenangaben der Tabellen zu interpretieren sind. Dadurch ist der Browser frühzeitig in der Lage, die Grundform der Tabelle darstellen zu können, denn normalerweise würde er die Breite einer Zelle (und somit die gesamte Tabelle) dem Inhalt anpassen. Möchten Sie in einer Zelle mit einer festgelegten Breite und Höhe von je 100 Pixel ein Bild darstellen, das 200 Pixel breit und hoch ist, würde der Browser automatisch die Zelle vergrößern, um das gesamte Bild darstellen zu können. Dieses Verhalten können Sie unterbinden.

Die Eigenschaft `table-layout` kennt zwei verschiedene Werte:

- `auto`
  Die Zellen werden automatisch an die Größe des Inhalts angepasst (Standard-Einstellung).
- `fixed`
  Die Zellen werden **nicht** an die Größe des Inhalts angepasst. Die Größe der Zelle wird also fixiert.

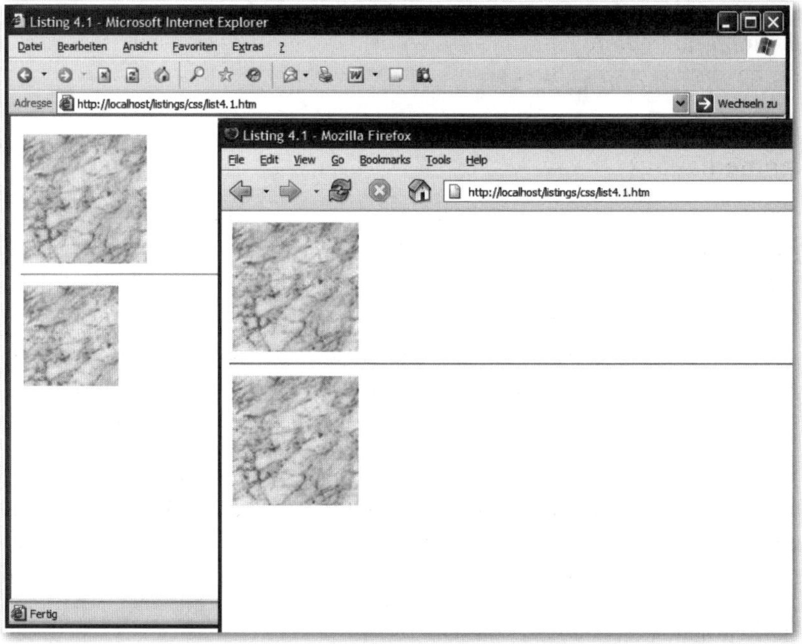

Abbildung 19.1 Im Hintergrund die Darstellung im Internet Explorer 6.0 und im Vordergrund im Mozilla Firefox

```
<!DOCTYPE HTML PUBLIC "-//W3C//DTD HTML 4.01 Transitional//EN">
<!-- Tabellenlayout -->
<html>
  <head>
    <title>Listing 4.1</title>
    <style type="text/css">
        td { width:100px; height:100px; }
    </style>
  </head>
  <body>
    <table>
      <tr>
        <td><img src="marble.jpg" width="128" height="128"></td>
      </tr>
    </table>
    <hr>
    <table style="table-layout:fixed">
      <tr>
        <td><img src="marble.jpg" width="128" height="128"></td>
      </tr>
    </table>
  </body>
</html>
```

Listing 19.1 Beispiel zur Verwendung von table-layout

Leider hat der Netscape 6 teilweise noch arge Probleme, diese CSS-Eigenschaft im Kontext vernünftig zu interpretieren. Sie sollten sich also nicht darauf verlassen, dass das Ergebnis bei den Benutzern Ihrer Webseite genauso ausfällt wie bei Ihnen. [x]

19.1.2 Rahmenlayout

Wenn Sie jeder einzelnen Zelle einer Tabelle explizit einen Rahmen zuweisen, beispielsweise durch die Angabe `td { border:solid 2px black; }`, bekommen alle Zellen einen vollständigen Rahmen. Zwischen zwei Zellen wird der Rahmen dann doppelt dargestellt: jeweils der Rahmen der Seite, an der die beiden Zellen aneinander angrenzen. Dies könnte zu einem sehr unschönen Ergebnis führen. Zwar könnte man nun die Zellen so formatieren, dass sie links und oben über einen Rahmen verfügen und rechts und unten keinen Rahmen aufweisen, dies würde aber am Ende der Tabelle ebenfalls nicht besonders gut aussehen.

Zusammenbruch

Es gibt aber eine CSS-Eigenschaft, die das Unterdrücken überflüssiger Rahmen ermöglichen soll: `border-collapse` (dt. *Rahmenzusammenbruch*). Leider wird sie momentan nur vom IE ab der Version 5 unterstützt.

Diese Eigenschaft kennt zwei Werte:

- `separate`
  Jede Seite eines Rahmens wird dargestellt (Standard).
- `collapse`
  Überflüssige Seiten bzw. zwei direkt nebeneinander liegende Seiten eines Rahmens werden nicht dargestellt.

Diese Eigenschaft wird für das `table`-Element notiert und nicht, wie man vermuten könnte, für die `td`- und `th`-Elemente.

```
<!DOCTYPE HTML PUBLIC "-//W3C//DTD HTML 4.01 Transitional//EN">
<!-- Rahmenlayout -->
<html>
  <head>
    <title>Listing 4.2</title>
    <style type="text/css">
      td { border:solid 2px black;
           width:50px; height:50px; }
    </style>
  </head>
  <body>
    <h1>Standard: separate</h1>
    <table>
      <tr>
        <td>1</td><td>2</td><td>3</td><td>4</td><td>5</td>
      </tr><tr>
        <td>1</td><td>2</td><td>3</td><td>4</td><td>5</td>
      </tr>
```

```
    </table>
    <h1>Kollaps: collapse</h1>
    <table style="border-collapse:collapse">
      <tr>
        <td>1</td><td>2</td><td>3</td><td>4</td><td>5</td>
      </tr><tr>
        <td>1</td><td>2</td><td>3</td><td>4</td><td>5</td>
      </tr>
    </table>
  </body>
</html>
```

Listing 19.2 Die Eigenschaft border-collapse

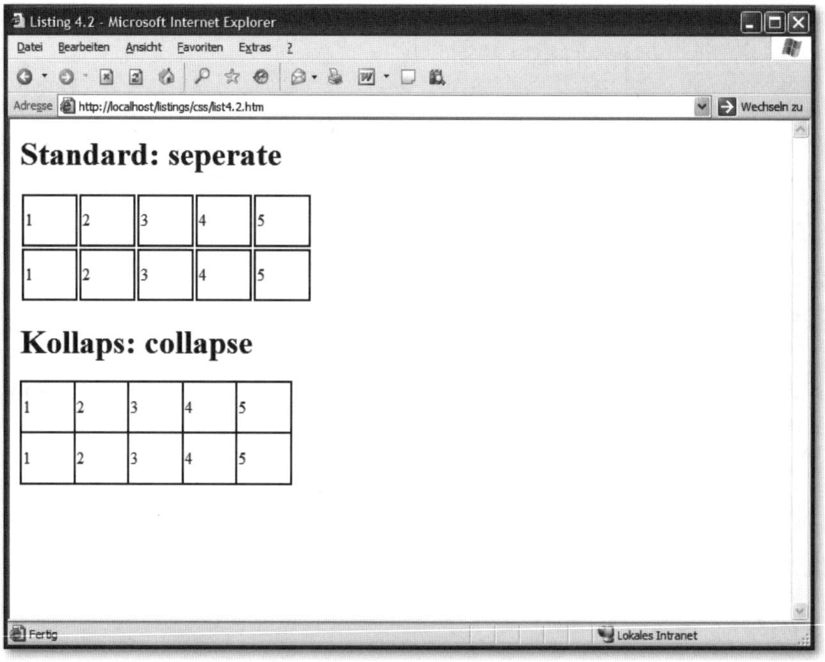

Abbildung 19.2 Darstellung des Listing 19.2 im Internet Explorer 6.0

[x] Welche Rahmenvariante Sie wählen, bleibt Ihnen überlassen. Wenn Sie jeden Rahmen einzeln darstellen, kann dies natürlich auch einen gestalterischen Effekt haben, der gewollt aussieht. Dann müssen Sie aber gewisse andere Eigenschaften einer Tabelle sehr genau wählen. Den Grund dafür erkennen Sie in Abbildung 19.2. Die Tabelle, die den Rahmen nur einmal anzeigt, ist wesentlich leichter zu lesen als die mit der Standard-Variante.

19.1.3 Ausrichtung der Überschrift

Im Zuge der Überarbeitung von HTML wird immer mehr darauf verzichtet, Elemente mit dem HTML-Attribut `align` auszurichten. Deshalb gibt es auch für das `caption-`

Element (definiert eine Überschrift für eine Tabelle) eine extra CSS-Eigenschaft zum Ausrichten, die bisher aber nur vom N6 unterstützt wird.

Die Eigenschaft `caption-side` kennt vier verschiedene Werte:

- `top`
  Die Beschriftung steht über der Tabelle.
- `bottom`
  Die Beschriftung steht unter der Tabelle.
- `left`
  Die Beschriftung steht links von der Tabelle.
- `right`
  Die Beschriftung steht rechts von der Tabelle.

Obwohl der N6 zwar die Eigenschaft `caption-side` unterstützt, versteht er bisher jedoch nur die Werte `top` und `bottom`. [x]

```
<!DOCTYPE HTML PUBLIC "-//W3C//DTD HTML 4.01 Transitional//EN">
<!-- Ausrichtung der Beschriftung -->
<html>
  <head>
    <title>Listing 4.3</title>
    <style type="text/css">
      table   { border:solid 1px black; width:100%; }
      caption { caption-side:bottom; }
    </style>
  </head>
  <body>
    <table>
      <caption>Unten ausgerichtete Beschriftung</caption>
      <tr>
        <td>1</td><td>2</td><td>3</td><td>4</td><td>5</td>
      </tr>
      <tr>
        <td>1</td><td>2</td><td>3</td><td>4</td><td>5</td>
      </tr>
    </table>
  </body>
</html>
```

Listing 19.3 Beispiel für die Eigenschaft caption-side

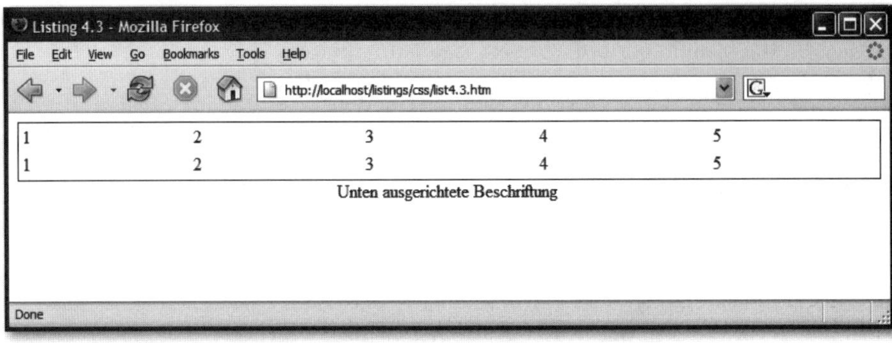

Abbildung 19.3 Darstellung des Listing 19.3 im Mozilla Firefox

[×] Solange noch nicht alle Browser die `caption-side`-Eigenschaft unterstützen, sollten Sie davon Abstand nehmen und lieber die altbekannte Variante mit `align` verwenden.

19.1.4 Rahmenabstand

Mit der Eigenschaft `border-spacing` können Sie den Abstand für die Rahmen einzelner Zellen zueinander festlegen. Diese Eigenschaft entspricht in etwa dem Attribut `cellspacing`. Als Angabe können Sie jeden beliebigen numerischen Wert notieren.

```
<!DOCTYPE HTML PUBLIC "-//W3C//DTD HTML 4.01 Transitional//EN">
<!-- Rahmenabstand -->
<html>
  <head>
    <title>Listing 4.4</title>
    <style type="text/css">
      table { border-spacing:1cm; }
      td    { border:solid 2px black; }
    </style>
  </head>
  <body>
    <table>
      <tr>
        <td>A</td><td>B</td><td>C</td><td>D</td><td>E</td>
      </tr>
    </table>
  </body>
</html>
```

Listing 19.4 Beispiel für die Festlegung des Abstands zwischen den Zellenrahmen

[×] Sie können gut und gerne diese Eigenschaft verwenden, um den Zellen- bzw. Rahmenabstand einer Tabelle festzulegen. Denken Sie jedoch auch an Browser, die diese Eigenschaft möglicherweise nicht unterstützen, und geben Sie im Start-Tag des `table`-Elements trotzdem das `cellspacing`-Attribut an.

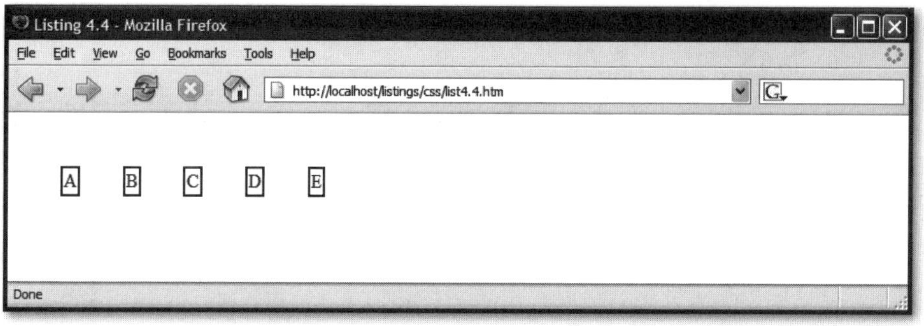

Abbildung 19.4 Darstellung des Listing 19.4 im Mozilla Firefox

19.1.5 Darstellung leerer Zellen

Gelegentlich kann es vorkommen, dass Zellen einer Tabelle einen leeren Inhalt haben. Mit der Eigenschaft `empty-cells` können Sie den Browser nun anweisen, den Rahmen einer solchen Zelle entweder anzuzeigen oder zu unterdrücken. Dabei stehen Ihnen zwei Werte zur Verfügung:

- `show`
  zeigt den Rahmen der Zelle an.
- `hidden`
  versteckt den Rahmen der Zelle ohne Inhalt (Standard).

```
<!DOCTYPE HTML PUBLIC "-//W3C//DTD HTML 4.01 Transitional//EN">
<!-- Leere Zellen -->
<html><head><title>Listing 4.5</title>
    <style type="text/css">
      td { border:solid 1px black; }
    </style>
  </head>
  <body>
    <h1>Anzeige des Zellenrahmens</h1>
    <table style="empty-cells:show">
      <tr><td>Test</td><td>Test</td><td></td></tr>
    </table>
    <h1>Unterdr&uuml;ckung des Zellenrahmens</h1>
    <table style="empty-cells:hidden">
      <tr><td>Test</td><td>Test</td><td></td></tr>
    </table>
  </body>
</html>
```

Listing 19.5 Beispiel für die Eigenschaft empty-cells

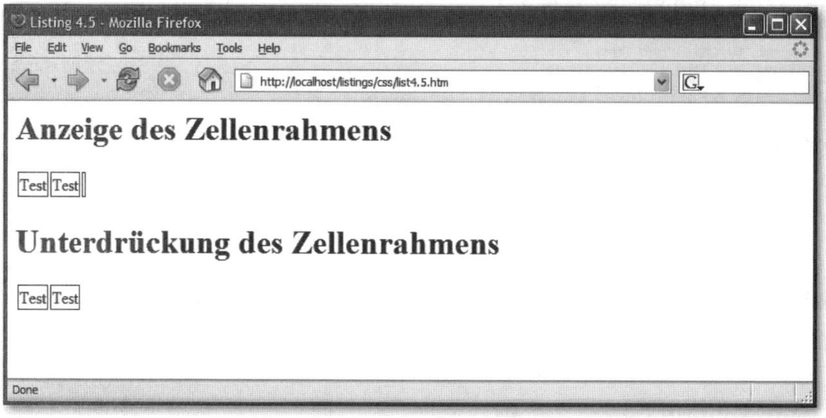

Abbildung 19.5 Darstellung des Listing 19.5 im Mozilla Firefox

[×] Beachten Sie bitte, dass nur der Netscape-Browser ab Version 6 diese Eigenschaft korrekt interpretiert. Der Internet Explorer kennt diese Eigenschaft auch in der Version 6 noch nicht. Es ist allerdings kein Beinbruch, wenn Sie diese Eigenschaft trotzdem notieren und den Wert `show` verwenden. Irgendwann wird auch der IE diese Eigenschaft korrekt interpretieren.

19.2 Listenformatierung

Die HTML-Attribute zum Formatieren von Listen sind laut dem W3C mittlerweile als **deprecated** (missbilligt, abgelehnt) gekennzeichnet und sollen in kommenden Versionen ganz aus dem HTML-Standard verschwinden. Sie werden aber sehen, dass die CSS-Eigenschaften zum Formatieren von Listen weitaus mächtiger sind als die Mittel, die HTML zur Verfügung stellt und auf die bei HTML-Attributen verzichtet werden kann.

19.2.1 Aufzählungszeichen

Für alle Listentypen in HTML (nummerierte und unsortierte) können Sie mit der CSS-Eigenschaft `list-style-type` (Typ des Listenstils) die Art der Nummerierung bzw. Aufzählung festlegen. Dabei müssen Sie aber zwischen den Werten aus dem CSS 1.0- und CSS 2.0-Standard unterscheiden, da die Browser diese unterschiedlich unterstützen.

- **CSS 1.0**
  werden vom IE ab Version 3 und vom Netscape ab Version 4 unterstützt.
- **CSS 2.0**
  werden nur vom Netscape-Browser ab Version 6 unterstützt.

Folgende Werte können Sie verwenden:

Wert	Liste	CSS	Beispiel
decimal	ol	1.0	1, 2, 3, 4, 5, ...
lower-roman	ol	1.0	i, ii, iii, iv, v, ...
upper-roman	ol	1.0	I, II, III, IV, V, ...
lower-alpha	ol	1.0	a, b, c, d, e, ...
upper-alpha	ol	1.0	A, B, C, D, E, ...
lower-latin	ol	1.0	a, b, c, d, e, ...
upper-latin	ol	1.0	A, B, C, D, E ...
disc	ul	1.0	Dateisymbol
circle	ul	1.0	Kreis
square	ul	1.0	Quadrat
none	ol/ul	1.0	Kein Zeichen
lower-greek	ol	2.0	α, β, χ, δ, ε ...
hebrew	ol	2.0	hebräische Buchstaben
decimal-leading-zero	ol	2.0	01, 02, 03, 04, 05, ...
cjk-ideographic	ol	2.0	ideografische Nummerierung
hiragana	ol	2.0	japanisch (a, i, u, e, o, ka, ki, ...)
katakana	ol	2.0	japanisch (A, I, U, E, O, KA, KI, ...)
hiragana-iroha	ol	2.0	japanisch (i, ro, ha, ni, ho, he, ...)
katakana-iroha	ol	2.0	japanisch (I, RO, HA, NI, HO, HE, ...)

Tabelle 19.1 Erlaubte Werte für die Eigenschaft list-style-type

[«] Wie Sie sehen, stehen Ihnen sehr viele verschiedene Varianten zum Nummerieren Ihrer Listen zur Verfügung. Es ist jedoch ziemlich sinnlos, wenn Sie eine Seite auf Deutsch oder Englisch mit einer japanischen Nummerierung versehen. Kaum ein Benutzer wird die Nummerierung verstehen. Daher sollten die letzten vier Werte der Tabelle 19.1 im Sinne der Internationalisierung betrachtet werden.

```
<!DOCTYPE HTML PUBLIC "-//W3C//DTD HTML 4.01 Transitional//EN">
<!-- Aufzählungstypen -->
<html><head>
    <title>Listing 4.6</title>
    <style type="text/css">
      #list1 { list-style-type:decimal; }
      #list2 { list-style-type:circle; }
      #list3 { list-style-type:lower-greek; }
    </style>
  </head><body>
    <ol id="list1">
      <li>Erster Eintrag</li>
      <li>Zweiter Eintrag</li>
```

```
      <li>Dritter Eintrag</li>
    </ol>
    <ul id="list2">
      <li>Erster Eintrag</li>
      <li>Zweiter Eintrag</li>
      <li>Dritter Eintrag</li>
    </ul>
    <ol id="list3">
      <li>Erster Eintrag</li>
      <li>Zweiter Eintrag</li>
      <li>Dritter Eintrag</li>
    </ol>
  </body>
</html>
```

Listing 19.6 Beispiel für list-type-style

[»] Verwenden Sie nach Möglichkeit immer nur ein paar der zur Verfügung stehenden Nummerierungsarten. Für den Benutzer wird eine stark variierende Nummerierung sonst sehr unübersichtlich. Um eine gut durchstrukturierte Nummerierung zu erhalten, sollten Sie auf Unterebenen eine andere Aufzählung verwenden.

Abbildung 19.6 Darstellung des Listing 19.6 im Mozilla Firefox

19.2.2 Einrückung

Bei einer Aufzählungsliste wird normalerweise bei einem Text, der über zwei Zeilen hinausgeht, eingerückt, sodass der gesamte Text der Einträge einer Liste bündig ausgerichtet ist. Mit der Eigenschaft `list-style-position` können Sie auch dieses Verhalten wieder beeinflussen. Dabei sind die beiden folgenden Angaben erlaubt:

- `inside`
  Die erste Zeile wird eingerückt (Standard). Alle Zeilen werden bündig ausgerichtet.
- `outside`
  Die erste Zeile wird ausgerückt, sodass alle Zeilen bis auf die erste bündig ausgerichtet sind.

Beachten Sie bitte, dass die Eigenschaft `list-style-position` vom IE ab Version 3 und vom Netscape erst ab Version 6 unterstützt wird. [x]

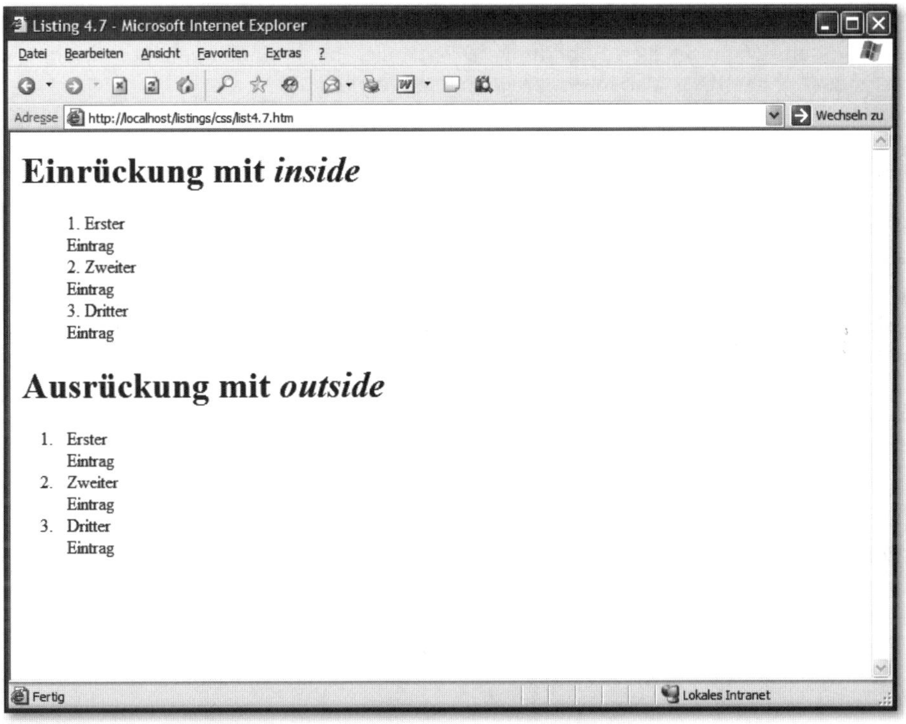

Abbildung 19.7 Darstellung des Listing 19.7 im Internet Explorer 6.0

```
<!DOCTYPE HTML PUBLIC "-//W3C//DTD HTML 4.01 Transitional//EN">
<!-- Einrückung -->
<html>
  <head>
    <title>Listing 4.7</title>
  </head>
  <body>
    <h1>Einr&uuml;ckung mit <i>inside</i></h1>
    <ol style="list-style-position:inside">
      <li>Erster<br>Eintrag</li>
      <li>Zweiter<br>Eintrag</li>
      <li>Dritter<br>Eintrag</li>
```

```
    </ol>
    <h1>Ausr&uuml;ckung mit <i>outside</i></h1>
    <ol style="list-style-position:outside">
      <li>Erster<br>Eintrag</li>
      <li>Zweiter<br>Eintrag</li>
      <li>Dritter<br>Eintrag</li>
    </ol>
  </body>
</html>
```

Listing 19.7 Beispiel für list-style-position

[×] Wegen der besseren Lesbarkeit sollten Sie immer die `list-style-position:outside` verwenden. Wenn Sie sich Abbildung 19.7 nämlich noch einmal genauer ansehen, wird auch Ihnen diese Variante sehr viel besser gefallen.

19.2.3 Ein Bild als Aufzählungszeichen

Mit der Eigenschaft `list-style-image` können Sie zu den vorhandenen Symbolen auch Bilder als Aufzählungszeichen für eine unsortierte Liste verwenden. Dabei sollten Sie zuallererst darauf achten, dass die Größe eines solchen Bilds nicht zu groß sein sollte. Ein Bild von 100 × 100 Pixel ist nicht als akzeptabel zu bezeichnen. Bilder mit einer Größe von 16 × 16 bis 32 × 32 Pixel kommen schon eher in die engere Auswahl.

Das zu verwendende Bild wird, wie auch schon bei der Eigenschaft `background-image`, innerhalb von `url(...)` angegeben.

```
list-style-image:url(zeichen.png)
```

[×] Diese Eigenschaft wird vom IE ab Version 3 und von Netscape ab Version 6 interpretiert. Sie sollten diese Eigenschaft außerdem nur in Verbindung mit einer unsortierten Liste (`ul`-Element) verwenden. Bei einer nummerierten Liste (`ol`-Element) funktioniert `list-style-image` zwar auch, widerspricht aber dem Charakter einer solchen Liste, da keine Nummerierung mehr erfolgt.

```
<!DOCTYPE HTML PUBLIC "-//W3C//DTD HTML 4.01 Transitional//EN">
<!-- Aufzählungszeichen -->
<html>
  <head>
    <title>Listing 4.8</title>
  </head>
  <body>
    <h3>Eigenes Aufz&auml;hlungszeichen</h3>
    <ul style="list-style-image:url(file.png)">
      <li>autoexec.bat</li>
      <li>config.sys</li>
      <li>io.sys</li>
      <li>users.dat</li>
```

```
      <li>system.dat</li>
    </ul>
  </body>
</html>
```

Listing 19.8 Beispiel für list-style-image

[x] Sollte die Datei, die als Aufzählungszeichen verwendet wird, nicht verfügbar sein, wird an ihrer Stelle ein Standard-Aufzählungszeichen dargestellt.

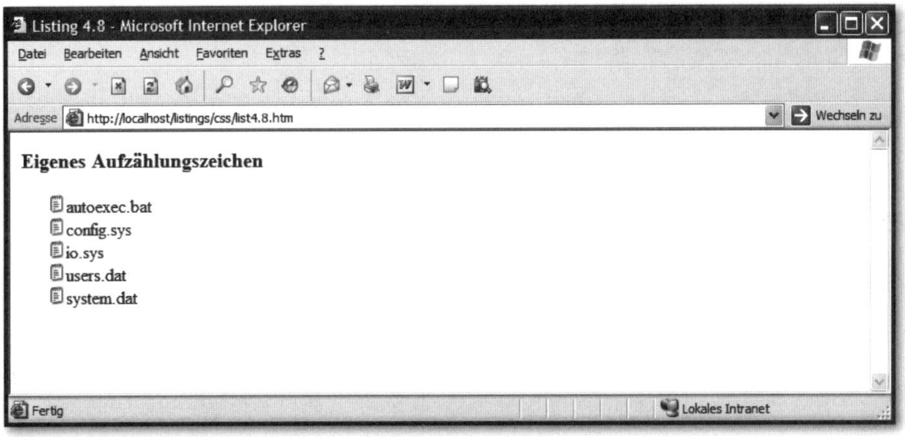

Abbildung 19.8 Darstellung des Listing 19.8 im Internet Explorer 6.0

19.2.4 Eigenschaften zusammenfassen

Die eben beschriebenen Eigenschaften können auch zu einer Eigenschaft zusammengefasst werden. Dies bringt vor allem mehr Übersicht. Die zusammenfassende Eigenschaft ist in diesem Fall `list-style`. Dabei dürfen Sie den Aufzählungsstil (`list-style-type`) notieren, angeben, ob ein- oder ausgerückt werden soll (`list-style-position`), und ein eigenes Aufzählungszeichen auf Basis einer Grafik verwenden (`list-style-image`). Die Reihenfolge dieser Werte ist egal.

```
<!DOCTYPE HTML PUBLIC "-//W3C//DTD HTML 4.01 Transitional//EN">
<!-- Listeneigenschaften zusammenfassen -->
<html>
  <head>
    <title>Listing 4.9</title>
  </head>
  <body>
    <h3>Listeneigenschaften zusammenfassen</h3>
    <ol style="list-style:disc inside">
      <li>autoexec.bat<br>Batchdatei</li>
      <li>config.sys<br>Systemdatei</li>
      <li>io.sys<br>Systemdatei</li>
      <li>users.dat<br>Registry-Datei</li>
```

```
      <li>system.dat<br>Registry-Datei</li>
    </ul>
  </body>
</html>
```

Listing 19.9 Beispiel für list-style

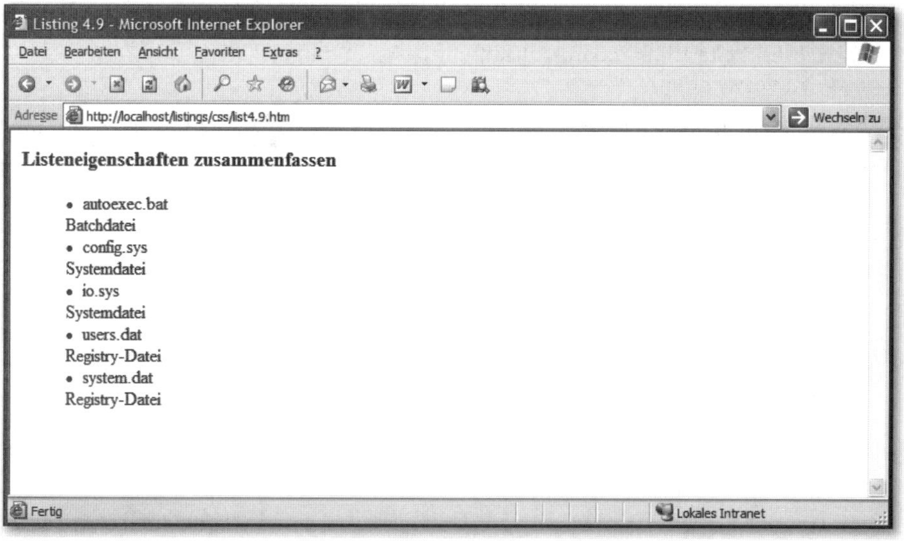

Abbildung 19.9 Darstellung des Listing 19.9 im Internet Explorer 6.0

19.3 Zusammenfassung

- Mit der Eigenschaft `table-layout` und dem Wert `fixed` können Sie einen Browser dazu veranlassen, übergroßen Zelleninhalt partiell zu unterdrücken.
- Der Abstand zwischen den Rahmen zweier Zellen wird mit der Eigenschaft `border-spacing` und einem beliebigen numerischen Wert bestimmt.
- Die Beschriftung einer Tabelle kann mit der Eigenschaft `caption-side` eingestellt werden.
- Die Auswahl an Nummerierungs- und Aufzählungsarten ist in CSS wesentlich größer als in HTML. Jedoch sind einige davon nur mit dem Netscape 6 kompatibel.
- Mit der Eigenschaft `list-style` können die Eigenschaften zum Formatieren von Listen zusammengefasst werden.

19.4 Fragen und Übungen

1. Die Eigenschaft `border-collapse` wird dazu verwendet, die doppelte Darstellung des Rahmens zwischen zwei Zellen zu verhindern. Welcher Wert muss dafür notiert werden?
2. Wie können Sie den Browser anweisen, den Rahmen von leeren Zellen darzustellen?
3. Wie lautet die Notation, um ein Bild als Aufzählungszeichen für eine unsortierte Liste zu verwenden?
4. Mit welcher Eigenschaft können Sie die Einrückung bei Listen beeinflussen, welche beiden Angaben sind möglich, und was bewirken sie?

Der Zufall ist das Pseudonym, das der liebe Gott wählt,
wenn er inkognito bleiben will.
– Albert Schweitzer

20 Pseudoformate

20.1 Verweise

Verschiedene Elemente in HTML besitzen gewisse Zustände. Bei einem Verweis wären diese Zustände beispielsweise »nicht besuchter Hyperlink«, »aktiver Hyperlink« und »besuchter Hyperlink«. Jeden dieser Zustände konnten Sie in HTML mit zusätzlichen Attributen im `<body>`-Tag (`link`, `alink` und `vlink`) farblich verändern. Dies ist auch in CSS möglich. Jedoch kennt CSS noch zwei weitere Zustände.

Zustand	Beschreibung
link	Zustand für einen normalen Verweis
active	Zustand für einen aktiven Verweis
visited	Zustand für einen besuchten Verweis
hover	Zustand für einen Verweis, wenn sich der Mauszeiger darüber befindet
focus	Zustand für einen Verweis, der z. B. mit der Tabulator-Taste ausgewählt wurde

Tabelle 20.1 Die möglichen Zustände eines Verweises

Für jeden einzelnen Zustand können Sie nun verschiedene Eigenschaften definieren, z. B. eine andere Schriftfarbe und einen anderen Schriftstil. Um nun den einzelnen Zuständen die Eigenschaften zuweisen zu können, müssen Sie das Element notieren und durch einen Doppelpunkt »`:`« getrennt den Zustand anhängen.

```
Element:Zustand { Eigenschaft:Wert; }
```

Um für den Zustand `link` des `a`-Elements die Schriftfarbe Grün und den Stil kursiv zuzuweisen, müssen Sie also Folgendes notieren:

```
a:link  { color:green; font-style:italic; }
```

Wenn Sie nun auch die Eigenschaften für die weiteren Zustände notieren möchten, müssen Sie eine gewisse Reihenfolge einhalten. Ansonsten werden die Eigenschaften fehlinterpretiert. Die Reihenfolge lautet `a:link`, `a:visited`, `a:hover`, `a:active` und `a:focus`. [«]

Im Zusammenhang könnte die unterschiedliche Formatierung der einzelnen Zustände dann wie folgt aussehen:

```
<!DOCTYPE HTML PUBLIC "-//W3C//DTD HTML 4.01 Transitional//EN">
<!-- Pseudoformate: Verweise -->
<html>
  <head>
    <title>Listing 5.1</title>
    <style type="text/css">
      a:link    { color:#336699; text-decoration:underline; }
      a:visited { color:#996633; text-decoration:line-through; }
      a:hover   { color:black; background-color:yellow; }
      a:active  { color:#FFFFFF; background-color:#669933;
      a:focus   { color:black; background-color:yellow; }
    </style>
  </head>
  <body>
    <h3>Weiterf&uuml;hrende Informationen</h3>
    <a href="http://www.galileo-press.de/">Galileo
    Press</a><br>
    <a href="http://www.w3.org/">W3-Konsortium</a><br>
    <a href="http://www.mark-lubkowitz.de/">Mark
-Lubkowitz.De</a>
  </body>
</html>
```

Listing 20.1 Beispiel für Pseudoformate

[×] Es gibt jedoch ein paar Kleinigkeiten, die Sie beachten sollten. So kann der Zustand `focus` auch mit anderen Elementen kombiniert werden, wie z. B. mit einem Textabsatz oder einer Überschrift (`element:focus`). Probleme macht der Internet Explorer. Dieser ist auch in der Version 6 noch nicht in der Lage, den Zustand `focus` korrekt zu interpretieren, wohingegen Netscape zwar den Zustand `focus` korrekt interpretiert, aber erst seit der Version 6 fähig ist, den Zustand `hover` richtig zu interpretieren.

20.2 Absätze

Auch für Absätze (p-Element) gibt es spezielle Pseudoformate, die sich aber nur indirekt auf einen Zustand beziehen. Mit diesen Pseudoformaten können Sie beispielsweise den ersten Buchstaben oder die erste Zeile eines Absatzes durch eine spezielle Formatierung vom restlichen Text abheben.

- `p:first-letter`
  Pseudoformat für den ersten Buchstaben eines Textabsatzes.
- `p:first-line`
  Pseudoformat für die erste Zeile eines Texabsatzes.

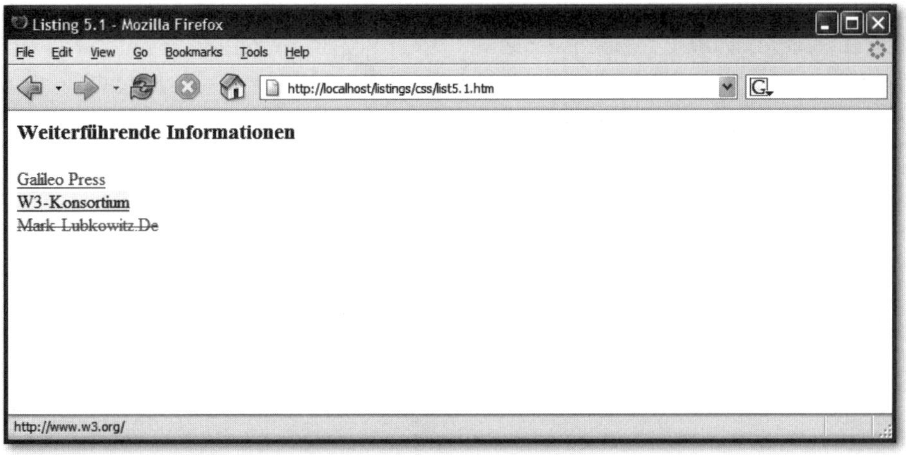

Abbildung 20.1 Darstellung des Listing 20.1 im Mozilla Firefox

Solche Hervorhebungen werden Ihnen sicherlich von gedruckten Texten in Büchern oder Zeitschriften her bekannt vorkommen. Sie werden vom IE ab Version 5 und dem Netscape ab Version 6 unterstützt.

```
<!DOCTYPE HTML PUBLIC "-//W3C//DTD HTML 4.01 Transitional//EN">
<!-- Pseudoformate: Absätze -->
<html>
  <head>
    <title>Listing 5.2</title>
    <style type="text/css">
      p             { font-size:12pt;
                      text-align:justify; }
      p:first-letter { color:#336699;
                      font-size:24pt; }
      p:first-line   { font-weight:bold; }
    </style>
  </head>
  <body>
    <h2>Pseudoformate: Abs&auml;tze</h2>
    <p>Dies ist fast ein ganz normaler Absatz. Der Unter-
    schied ist aber die zus&auml;tzliche Formatierung mit
    den Pseudoformaten <kbd>first-letter</kbd> und
    <kbd>first-line</kbd>. Dadurch wurden der erste Buch-
    stabe und die erste Zeile vom restlichen Text hervor-
    gehoben.</p>
  </body>
</html>
```

Listing 20.2 Beispiel für first-letter und first-line

In dem Beispiel aus Listing 20.2 wurde der erste Buchstabe des Textabsatzes mit einem anderen Format versehen. Dies wird sehr häufig in Büchern verwendet. Dort sieht das jedoch noch ein wenig anders aus, denn der erste Buchstabe integriert sich in den Textfluss. Dies können Sie auch in CSS ermöglichen, und zwar mit der Eigenschaft `float` und dem Wert `left`. Testen Sie es einfach einmal aus, indem Sie dem Pseudoformat `p:first-letter` das Konstrukt `float:left` hinzufügen.

```
p:first-letter { color:#336699;
                 font-size:24pt;
                 float:left; }
```

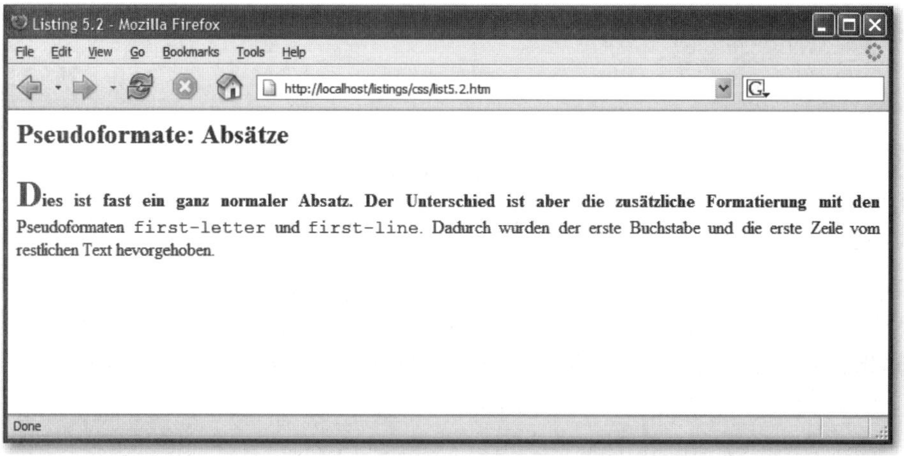

Abbildung 20.2 Darstellung des Listing 20.2 im Mozilla Firefox

20.3 Automatischer Text

Normalerweise ist man für Text, der automatisch an bestimmten Stellen in einem Dokument eingefügt werden soll, auf Skriptsprachen wie JavaScript oder PHP angewiesen. Sowohl für Text, der im Browser dargestellt werden soll, aber auch für solchen Text, der im Quelltext des HTML-Dokuments notiert werden soll, bietet CSS jedoch eine kleine Abhilfe. So können Sie hinter Bildern automatisch einen kleinen Hinweistext einfügen oder bei einer Preisangabe ein Währungssymbol darstellen. Wichtigstes Arbeitsmittel sind dabei die Pseudoformate `:before` und `:after`. Mit dem Format `:before` können Sie einen Text vor den Inhalt eines bestimmten Elements setzen und mit `:after` hinter den Inhalt eines bestimmten Elements.

Der einzufügende Text wird als Wert an die Eigenschaft `content` (dt. *Inhalt*) übergeben. Wenn ein Text im Browser dargestellt werden soll, müssen Sie den Text in doppelte Anführungszeichen setzen. Daraus ergibt sich die folgende Syntax:

```
Element:before { content:"Text"; }
Element:after  { content:"Text"; }
```

Sehen Sie sich dazu ein vollständiges Beispiel an.

```
<!DOCTYPE HTML PUBLIC "-//W3C//DTD HTML 4.01 Transitional//EN">
<!-- Pseudoformate: Automatischer Text -->
<html>
  <head>
    <title>Listing 5.3</title>
    <style type="text/css">
      h1:before { content:"Überschrift:"; }
    </style>
  </head>
  <body>
    <h1>Automatischer Text</h1>
    <p>Wie Sie sehen k&ouml;nnen, wurde vor dem <kbd>h1
    </kbd>-Element automatisch der Text &quot;&Uuml;ber-
    schrift:&quot; eingef&uuml;gt.</p>
  </body>
</html>
```

Listing 20.3 Beispiel für das Pseudoformat :before

In einem zentralen Style-Bereich wurde für das `h1`-Element das Pseudoformat `:before` notiert. An die Eigenschaft `content` wurde der Wert `Überschrift:` in doppelten Anführungszeichen übergeben. Wenn Sie sich dieses Beispiel-Listing im Browser ansehen, erhalten Sie das folgende Ergebnis.

Abbildung 20.3 Darstellung des Listing 20.3 im Mozilla Firefox

> Beachten Sie, dass momentan nur Netscapes Browser ab Version 6 und Opera in der Lage sind, die Pseudoformate `:before` und `:after` korrekt zu interpretieren. Der Internet Explorer (Version 6) weigert sich bis heute, die Formate zu unterstützen. **[x]**

Wie Sie sehen, ist die Verwendung dieser Pseudoformate zum automatischen Einfügen von Text, der im Browser dargestellt werden soll, sehr einfach. Es macht jedoch wenig Sinn, vor jedem Überschriften-Element noch einmal darauf hinzuweisen, dass dies eine Überschrift ist. Sie können aber auch Elemente automatisch in das Dokument einfügen, z. B. ein Bild. Wie bereits bekannt sein dürfte, werden Bilder in CSS mit der Angabe `url(bild.typ);` referenziert. Dies wird im folgenden Beispiel verwendet.

```
<!DOCTYPE HTML PUBLIC "-//W3C//DTD HTML 4.01 Transitional//EN">
<!-- Pseudoformate: Automatisch Bilder einfügen -->
<html>
  <head>
    <title>Listing 5.4</title>
    <style type="text/css">
      span.datei:before { content:url(file.png); }
    </style>
  </head>
  <body>
    <h2>Automatisch Bilder einf&uuml;gen</h2>
    <p>
      <span class="datei">autoexec.bat</span><br>
      <span class="datei">config.sys</span><br>
      <span class="datei">io.sys</span><br>
      <span class="datei">users.dat</span><br>
      <span class="datei">system.dat</span>
    </p>
  </body>
</html>
```

Listing 20.4 Beispiel für das automatische Einfügen von Bildern

In Listing 20.4 finden Sie die Namen von Systemdateien unter Windows, die dem einen oder anderen Leser bekannt sein dürften. Vor jedem Dateinamen soll ein Bild dargestellt werden. Um nun diese Dateinamen markieren zu können, wurden im Gültigkeitsbereich mehrere `span`-Elemente notiert, die zur Klasse `datei` gehören. Im zentralen Style-Bereich wurden für alle `span`-Elemente, die zu dieser Klasse (`datei`) gehören, das Pseudoformat `:before` und die Datei **file.png** als darzustellendes Bild definiert. Im Browser sieht das Ergebnis so wie in Abbildung 20.4 dargestellt aus.

[×] Leider ist das automatische Einfügen von Bildern auf den Netscape-Browser beschränkt und funktioniert nicht mit Opera.

Äquivalent zu den vorhergehenden Beispielen ließe sich auch das `:after`-Pseudoformat verwenden. Die entsprechenden Texte und Bilder werden dann lediglich *hinter* den Inhalt der Elemente eingefügt.

Textbausteine

Ein typisches Anwendungsgebiet von automatischen Texten ist das Einfügen häufig wiederkehrender Textbausteine. Eine Tabelle, die zu einem Artikel den Namen und den Preis enthält, wird als immer wiederkehrender Textbaustein entweder ein Währungssymbol oder -kürzel aufweisen (€ oder EUR). Auch könnte das Wort »Preis« vor dem Betrag regelmäßig auftauchen. Um sich die Arbeit zu ersparen, jedes Mal

»ca. xx EUR« schreiben zu müssen, könnte man mit CSS die Textbausteine »ca.« und »EUR« automatisch einfügen lassen.

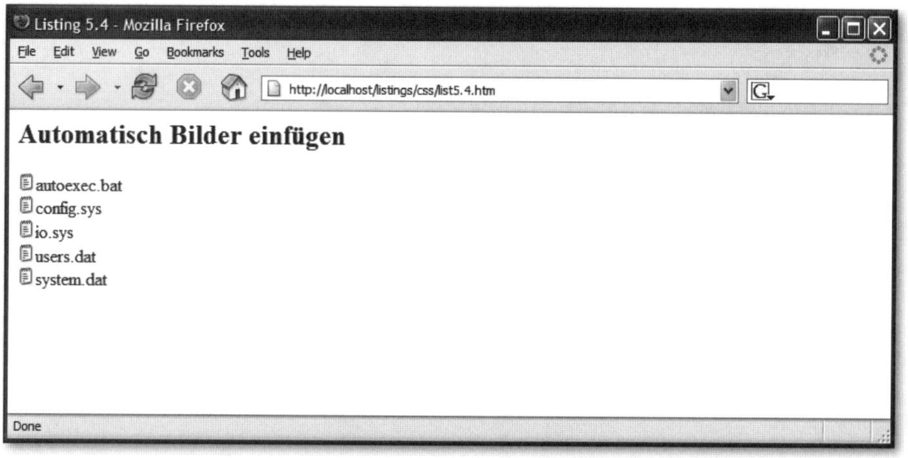

Abbildung 20.4 Darstellung des Listing 20.4 im Mozilla Firefox

```
<!DOCTYPE HTML PUBLIC "-//W3C//DTD HTML 4.01 Transitional//EN">
<!-- Pseudoformate: Automatischer Text -->
<html>
  <head>
    <title>Listing 5.5</title>
    <style type="text/css">
      td.p:before { content:"ca. "; }
      td.p:after  { content:" EUR"; }
    </style>
  </head>
  <body>
    <h2>Preisliste</h2>
    <table border="1">
      <tr><th>Artikel</th><th>Preis</th></tr>
      <tr><td>AMD Duron 800</td><td class="p">38</td></tr>
      <tr><td>AMD Duron 1300</td><td class="p">70</td></tr>
      <tr><td>AMD K7XP 2200+</td><td class="p">270</td></tr>
      <tr><td>Intel P IV 1.5</td><td class="p">152</td></tr>
      <tr><td>Intel P IV 2.4</td><td class="p">495</td></tr>
    </table>
  </body>
</html>
```

Listing 20.5 Beispiel für :before und :after

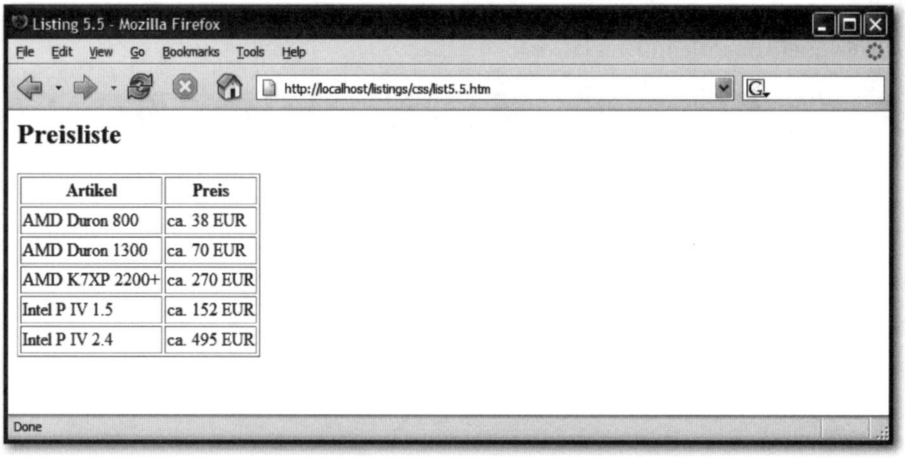

Abbildung 20.5 Darstellung des Listing 20.5 im Mozilla Firefox

20.4 Automatische Nummerierung

Besonders interessant ist die Möglichkeit, eine automatische Nummerierung in einem HTML-Dokument mittels CSS zu verwirklichen. So können Sie für Überschriften unterschiedlicher Ebenen Nummerierungen wie 1, 1.1, 1.1.1 erzeugen.

[x] Leider funktioniert die automatische Nummerierung bisher nur mit dem Opera-Browser. Weder der Internet Explorer noch Netscape bieten eine entsprechende Unterstützung.

Die automatische Nummerierung basiert auf den Pseudoformaten `:before` und `:after` und auf der Eigenschaft `content`. Hinzu kommen jedoch zwei neue Eigenschaften und eine neue Anweisung:

- `counter`
  Diese Anweisung funktioniert ähnlich wie `url` (zum Referenzieren von Grafiken). Bildlich gesprochen wird mit der Anweisung `counter` ein Container referenziert, in dem eine Zahl liegt, die Sie im Browser ausgeben bzw. darstellen können. (Der Begriff »Variable« ist sicherlich geläufiger.)
- `counter-increment`
  Erhöht die Zahl, die im Container abgelegt wurde, um den Wert 1.[3]
- `counter-reset`
  Setzt die Zahl, die im Container liegt, gleich 0.[4]

---

3 In den Programmiersprachen C, C++ oder JavaScript entspricht das der Anweisung `i++` und in Turbo Pascal bzw. Delphi `inc(i)`.

4 Die C-, C++- oder JavaScript-Syntax würde `i = 0` und die TP/Delphi-Syntax `i := 0` lauten.

Es ist einfacher, wenn Sie sich zuerst ein Beispiel ansehen und dieses dann Stück für Stück erklärt wird.

```
<!DOCTYPE HTML PUBLIC "-//W3C//DTD HTML 4.01 Transitional//EN">
<!-- Pseudoformate: Automatische Nummerierung -->
<html>
  <head>
    <title>Listing 5.6</title>
    <style type="text/css">
      h1:before { content:counter(chapter)" ";
                  counter-increment:chapter;
                  counter-reset:section; }
      h2:before { content:counter(chapter)"."counter(section)" ";
                  counter-increment:section; }
    </style>
  </head>
  <body>
    <h1>Kapitel</h1>
    <h2>Unterkapitel</h2>
    <p>Text</p>
    <h2>Unterkapitel</h2>
    <p>Text</p>
    <h1>Kapitel</h1>
    <h2>Unterkapitel</h2>
    <p>Text</p>
    <h2>Unterkapitel</h2>
    <p>Text</p>
    <h1>Kapitel</h1>
    <h2>Unterkapitel</h2>
    <p>Text</p>
    <h2>Unterkapitel</h2>
    <p>Text</p>
  </body>
</html>
```

Listing 20.6 Beispiel für eine automatische Nummerierung

Konzentrieren Sie Ihre Aufmerksamkeit auf den wichtigen Teil des Listing 20.6: den zentralen Stylesheet-Bereich. Sie finden dort Definitionen für das Pseudoformat `:before` für die beiden Elemente `h1` und `h2`.

Die Definition von `h1:before` lautet:

```
h1:before { content:counter(chapter)" ";
            counter-increment:chapter;
            counter-reset:section; }
```

Die Eigenschaft `content` bekommt den Text zugewiesen, der im Browser angezeigt werden soll. In diesem Fall wird der Container `chapter` referenziert, sein Inhalt wird im Browser dargestellt, und anschließend folgt ein Leerzeichen (die entsprechende

Anweisung lautet " "). Außerdem wird der Browser angewiesen, die Zahl, die im Container `chapter` liegt, um den Wert 1 zu erhöhen und die Zahl im Container `section` auf den Wert 0 zu setzen. Wichtig ist, dass diese Anweisungen nicht nacheinander von oben nach unten ausgeführt werden, sondern dass zuerst `chapter` erhöht und `section` auf 0 gesetzt werden und erst danach die Ausgabe mittels `content` erfolgt.

Die Definition von `h2:before` lautet:

```
h2:before { content:counter(chapter)"."counter(section)" ";
            counter-increment:section; }
```

In dieser Definition wird festgelegt, dass der Container `section` um 1 erhöht werden soll und danach die Container `chapter` und `section` ausgegeben werden sollen, und zwar durch einen ».« (die entsprechende Anweisung lautet "`.`") getrennt.

Beide `before`-Definitionen werden jedes Mal dann ausgeführt, wenn ein `h1`- oder `h2`-Element vom Browser ausgegeben wird. In Listing 19.6 wird also die Definition für `h1` 3-mal und die Definition für `h2` 6-mal ausgeführt. Das Ergebnis im Browser sieht dann wie folgt aus (siehe Abbildung 20.6).

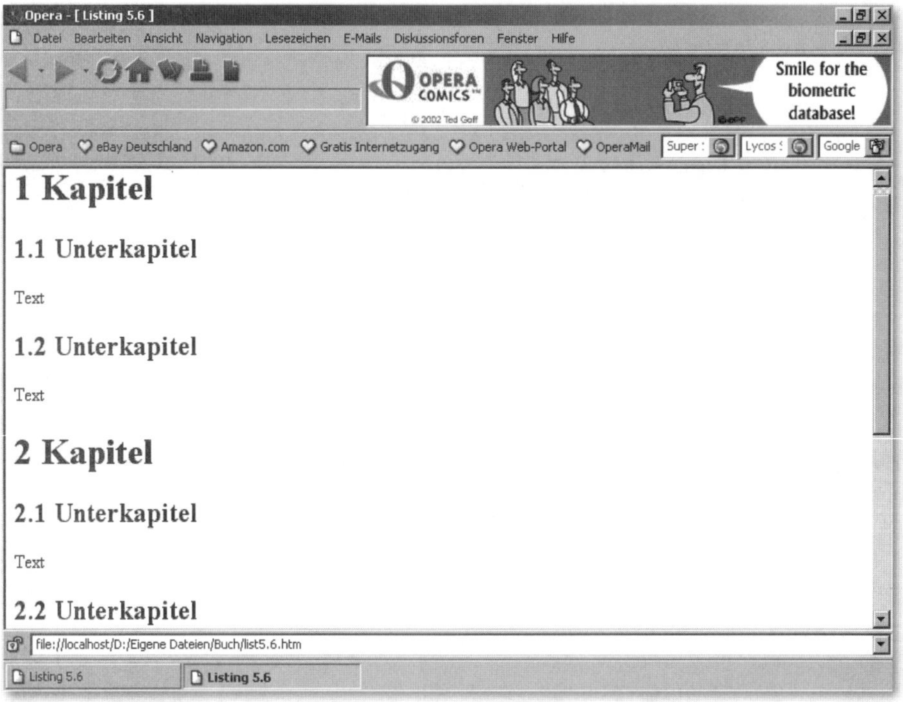

Abbildung 20.6 Darstellung des Listing 20.6 im Opera 6.0

Das Thema automatische Nummerierung ist noch weitaus umfangreicher, und es gibt auch sehr viel mehr Möglichkeiten als nur das Durchnummerieren von Kapiteln. Sie können auch Bilder mit einer automatischen Nummerierung versehen oder Listen mit einer verschachtelten Nummerierung. Wenn Sie sich eingehender mit dieser Materie befassen möchten, sollten Sie die Internetadresse

http://www.w3.org/TR/REC-CSS2/generate.html

besuchen. Denken Sie aber daran, dass nur der Opera-Browser in der Lage ist, solche Nummerierungen zu interpretieren und darzustellen. Es ist zu hoffen, dass Netscape und Microsoft ihren Browsern dieses Kunststückchen auch noch beibringen werden.

20.5 Zusammenfassung

- Sie können für jeden Zustand eines Verweises eine unterschiedliche Formatierung verwenden. Die entsprechenden Pseudoformate für die Zustände lauten `:link`, `:visited`, `:hover`, `:active` und `:focus`.
- Für Textabsätze gibt es die Pseudoformate `:first-line` und `:first-letter`.
- Mit den Pseudoformaten `:before` und `:after` können Sie vor den Inhalt eines bestimmten Elements bzw. Elementtyps automatisch Text, Bilder oder Ähnliches notieren.

20.6 Fragen und Übungen

1. In welcher Reihenfolge müssen die Pseudoformate für das `a`-Element (Verweise) in der CSS-Definition notiert werden?
2. Auf welchen Teil des HTML-Dokuments wirkt sich das Pseudoformat `:first-letter` aus?
3. Auf welchen Teil des HTML-Dokuments wirkt sich das Pseudoformat `:first-line` aus?
4. Welche Eigenschaft müssen Sie in Verbindung mit `:before` und `:after` verwenden?

Fluchen ist die einzige Sprache, die alle Programmierer wirklich beherrschen.

21 Was sonst noch wichtig ist

In diesem Kapitel werden Sie weitere interessante Möglichkeiten von CSS kennenlernen, die Sie aber nicht zwangsläufig beherrschen müssen, da sie stellenweise auf bestimmte Browser beschränkt oder mit gewissen Voraussetzungen verknüpft sind.

21.1 Cursor

Seit der CSS-Version 2.0 können Sie die Form bzw. das Aussehen des Mauszeigers verändern. Einen solchen Effekt kennen Sie von den Hyperlinks. Wenn Sie den Mauszeiger über einem Hyperlink positionieren, verändert dieser seine Form. In der Regel wird dann eine stilisierte Hand dargestellt. Mit der CSS-Eigenschaft `cursor` können Sie nun eine Form festlegen, in die der Mauszeiger geändert wird, wenn der Benutzer mit der Maus über ein entsprechendes Element fährt. Als Wert für `cursor` können Sie einen der Werte aus der Tabelle 21.1 angeben.

Wert	Erklärung
auto	Automatisch
default	Standard-Cursor
crosshair	Fadenkreuz
e-resize	Pfeil nach rechts
help	Fragezeichen
move	Kreuz, mit Pfeilen in alle Richtungen
n-resize	Pfeil nach oben
ne-resize	Pfeil nach oben-rechts
nw-resize	Pfeil nach oben-links
pointer	Zeiger bzw. Hand (wie bei Hyperlinks)
s-resize	Pfeil nach unten
se-resize	Pfeil nach unten-rechts
sw-resize	Pfeil nach unten-links
text	Zeiger für Texte

Tabelle 21.1 Mögliche Werte für die Eigenschaft cursor

Wert	Erklärung
url(bild)	Bild
w-resize	Pfeil nach links
wait	Sanduhr

Tabelle 21.1 Mögliche Werte für die Eigenschaft cursor (Forts.)

```
<!DOCTYPE HTML PUBLIC "-//W3C//DTD HTML 4.01 Transitional//EN">
<!-- Cursor -->
<html>
  <head>
    <title>Listing 6.1</title>
    <style type="text/css">
      h1, p, a { cursor:help; }
    </style>
  </head>
  <body>
    <h1>Cursor</h1>
    <p>Bewegen Sie den Mauszeiger mal auf eines der
     Elemente.</p>
    <a href="http://www.galileo-press.de/">Galileo
     Press</a>
  </body>
</html>
```

Listing 21.1 Beispiel für die Eigenschaft cursor

[x] Achten Sie aber darauf, dass Cursor nicht zweckentfremdet werden sollten. Wenn Sie das Listing 21.1 einmal in Ihrem Browser betrachten, werden Sie schnell feststellen, dass man hinter den einzelnen Elementen anhand der Cursor-Form etwas anderes oder mehr erwarten würde. Außerdem unterstützt Netscape erst seit der Version 6 diese CSS-Eigenschaft, der Internet Explorer hingegen seit der Version 4.

Eine Besonderheit ist der Wert `url(bild)` für die Eigenschaft `cursor`. Damit können Sie ein Bild als Mauszeiger verwenden. Diese Angabe wird jedoch nur von Opera interpretiert, nicht von Netscape oder dem Internet Explorer.

21.2 Scrollbar

Microsoft hat seinem Internet Explorer ein paar spezielle Eigenschaften beigefügt, die von keinem anderen Browser interpretiert werden und auch nicht CSS-Standard sind. So können Sie für den Internet Browser, passend zum Design Ihrer Webseite, die Farben aller Bildlaufleisten verändern, die beim Darstellen eines HTML-Dokuments sichtbar werden, z. B. von Textfeldern, von Bereichen mit der Eigenschaft `hidden:overflow` oder des gesamten Anzeigebereichs.

Folgende Eigenschaften stellt Microsoft dabei zur Verfügung:

Eigenschaft	Erklärung
scrollbar-base-color	Grundfarbe der Scrollbar
scrollbar-arrow-color	Farbe der Pfeile
scrollbar-darkshadow-color	Farbe für den Schatten
scrollbar-face-color	Farbe der Oberfläche
scrollbar-highlight-color	Farbe für den linken und oberen Rand
scrollbar-shadow-color	Farbe für den rechten und unteren Rand
scrollbar-track-color	Farbe für die Trackbar
scrollbar-3dlight-color	Farbe für einen 3-D-Effekt

Tabelle 21.2 Eigenschaften zum Verändern der Scrollbar

```
<!DOCTYPE HTML PUBLIC "-//W3C//DTD HTML 4.01 Transitional//EN">
<!-- Scrollbar -->
<html>
  <head>
    <title>Listing 6.2</title>
    <style type="text/css">
      * { scrollbar-base-color:green;
          scrollbar-arrow-color:yellow;
          scrollbar-darkshadow-color:black;
          scrollbar-face-color:blue;
          scrollbar-highlight-color:lightblue;
          scrollbar-shadow-color:darkblue;
          scrollbar-track-color:gray;
          scrollbar-3dlight-color:black; }
    </style>
  </head>
  <body>
    <textarea rows="100" cols="50"></textarea>
  </body>
</html>
```

Listing 21.2 Beispiel für die farbliche Anpassung der Scrollbars

[x] Zwar eröffnen sich damit viele neue Gestaltungsmöglichkeiten, achten Sie aber darauf, nicht allen Eigenschaften die gleiche Farbe zuzuweisen oder Farben wie Rot und Blau zu kombinieren. Für den Benutzer wäre eine vernünftige Verwendung Ihrer Seite ansonsten fast ausgeschlossen.

21.3 Special Effects

Seit der Version 4 des Internet Explorers hat Microsoft spezielle Filter in den Browser eingebunden, mit denen sich Elemente transparent oder spiegelverkehrt darstellen lassen. Jedoch funktionieren diese Filter nur mit dem IE. Verwenden Sie diese Filter also nur dann, wenn Sie sichergehen können, dass die Benutzer den IE auch verwenden.

Diese Filter stammen aus der Bildbearbeitung. Als Eigenschaft wird dabei `filter` verwendet und als Wert der Name des Filters mit den entsprechenden Parametern, z. B.:

```
filter:Alpha(opacity=0, finishopacity=100, style=2)
```

[»] Einige dieser Filter lassen sich auf eine Auswahl von Elementen anwenden, andere nur auf Grafiken. Entsprechende Beispiele finden Sie auf der beiliegenden DVD-ROM unter **x:\misc\css-filter.htm**.

21.3.1 Alpha

Mit dem Alpha-Filter können Sie den Vordergrund mit dem Hintergrund verschmelzen lassen, z. B. eine Grafik mit dem Dokument-Hintergrund. Dabei müssen Sie sich für einen von vier Stilen entscheiden, den Sie mit dem Parameter `style` übergeben.

- **Stil 0**
  Der Vorder- und Hintergrund werden farblich addiert. Es reicht die Angabe `filter:alpha(style=0)`.
- **Stil 1**
  Linearer Farbverlauf von Punkt A nach Punkt B. Punkt A wird mit den Parametern `startx` und `starty` festgelegt und der Punkt B mit den Parametern `finishx` und `finishy`. Der Parameter `opacity` (dt. *Deckkraft*) gibt den Startwert und `finishopacity` den Endwert an. Dabei bedeutet 0 transparent und 100 volle Deckkraft.
  ```
  filter:alpha(style=1, startx=0, starty=0, finishx=50, finishy=75,
  opacity=100, finishopacity=0)
  ```
- **Stil 2**
  Radialer Farbverlauf von innen nach außen. Eine mögliche Angabe könnte `filter:alpha(style=2, opacity=100, finishopacity=0)` lauten.
- **Stil 3**
  Rechteckiger Farbverlauf von innen nach außen. Eine mögliche Angabe könnte `filter:alpha(style=3, opacity=100, finishopacity=0)` lauten.

21.3.2 Blur

Mit dem Blur-Filter können Sie ein Element verwischen, z. B. einen Text oder eine Grafik. Das entsprechende Element wirkt dann, als wäre es von einem Punkt zum anderen gezogen worden. Dieser Filter kennt die folgenden Parameter:

- `direction`
  Dieser Parameter bestimmt die Richtung des Verwischeffekts. Als Wert dürfen Sie einen der folgenden Winkel angeben: 0, 45, 90, 135, 180, 225, 270 und 315 Grad.
- `strength`
  Bestimmt die Länge der Verwischspur in Pixel, wobei 0 für keinen Verwischeffekt steht. Je höher der Wert, desto stärker der Effekt.

Eine vollständige Angabe könnte `filter:blur(direction=90, strength=50)` lauten.

21.3.3 Chroma

Mit diesem Filter können Sie einer Grafik eine transparente Farbe zuweisen, zusätzlich zu der möglicherweise bereits vorhandenen. Die entsprechende Farbe müssen Sie mit dem `color`-Parameter übergeben. Dabei ist zwar jede Farbangabe möglich, aber ich möchte Ihnen empfehlen, Hex-Tripel-Werte zu verwenden.

Eine vollständige Angabe könnte `filter:chroma(color=#336699)` lauten.

21.3.4 DropShadow

Der DropShadow-Filter ermöglicht das Erzeugen eines Schattens zu einem Element, z. B. von einem Text oder einer Grafik. Dabei erwartet der Filter folgende Parameter:

- `color`
  Die Farbe des Schattens. Jede Farbangabe ist erlaubt.
- `offx`
  Bestimmt die relative Position des Schattens vom Quellelement auf der x-Achse (horizontal) in Pixel. Positive Angaben verschieben den Schatten nach rechts und negative nach links.
- `offy`
  Bestimmt die relative Position des Schattens vom Quellelement auf der y-Achse (vertikal) in Pixel. Positive Angaben verschieben den Schatten nach unten und negative nach oben.

Eine vollständige Angabe könnte `filter:DropShadow(color:black, offx=5, offy=5)` lauten.

21.3.5 FlipH

Mit dem FlipH-Filter können Sie eine Grafik horizontal spiegeln und entsprechend im Browser darstellen lassen. Dieser Filter erwartet keine Parameter, daher lautet die Angabe `filter:FlipH()`.

21.3.6 FlipV

Mit dem FlipV-Filter können Sie eine Grafik vertikal spiegeln und entsprechend im Browser darstellen lassen. Dieser Filter erwartet keine Parameter, daher lautet die Angabe `filter:FlipV()`.

Auch eine Kombination dieser beiden Filter (wie auch aller anderen Filter) ist möglich. Schreiben Sie die einzelnen Filter durch ein Leerzeichen getrennt hintereinander. Das folgende Beispiel spiegelt eine Grafik sowohl horizontal als auch vertikal:

```
filter:flipH() flipV();
```

21.3.7 Glow

Dieser Filter erzeugt einen »glühenden Rand« um ein Element. Dabei ist die Anwendung auf ein Textelement oder eine Grafik möglich. Der Filter erwartet die folgenden Parameter:

- `color`
  Legt die Farbe für den Glüheffekt fest. Es sind alle Farbangaben erlaubt.
- `strength`
  Definiert die Stärke des Glüheffekts. Erlaubt sind Angaben zwischen 0 und 255, wobei 0 für keinen und 255 für den stärksten Effekt steht.

Eine vollständige Angabe könnte `filter:Glow(color:green, strength=15)` lauten.

21.3.8 Gray

Mit dem Gray-Filter können Sie ein Farbbild in Graustufen im Browser ausgeben. Dabei stehen 256 Graustufen zur Verfügung, auf die Sie jedoch keinen weiteren Einfluss haben. Deshalb erwartet dieser Filter auch keine Parameter, und die Angabe lautet `filter:gray()`.

21.3.9 Invert

Der Invert-Filter invertiert die Farben einer Grafik und stellt sie entsprechend im Browser dar. Beim Invertieren werden die aktuellen Farben des Bilds in ihre Komplementärfarben umgewandelt. Da dieser Filter keine Parameter erwartet, lautet die Notation `filter:invert()`.

21.3.10 Mask

Mit dem Mask-Filter konvertieren Sie eine GIF-Grafik insofern, als dass der sichtbare und der transparente Bereich vertauscht werden. Der vorher transparente Bereich wird mit der Farbe dargestellt, die im `color`-Parameter angegeben wurde, und die vorher sichtbaren Pixel werden transparent dargestellt. Eine Angabe könnte wie folgt lauten: `filter:mask(color=black)`.

21.3.11 Shadow

Der Shadow-Filter funktioniert ähnlich wie DropShadow. Jedoch wird bei dem Shadow-Filter ein verlaufender Schatten erzeugt. Der Filter erwartet die folgenden Parameter:

- `color`
  Die Farbe des Verlaufsschattens. Erlaubt ist jede beliebige Farbangabe.
- `direction`
  Bestimmt den Winkel des Verlaufsschattens. Erlaubt sind die Winkel 0, 45, 90, 135, 180, 225, 270 und 315 Grad.

Eine typische Angabe ist `filter:Shadow(color:darkgray, direction=135)`.

21.3.12 Wave

Dieser Filter erzeugt einen Verzerrungseffekt ähnlich wie bei Wärmeschlieren und kann sowohl auf Text- als auch auf Grafikelemente angewendet werden. Die folgenden Parameter bestimmen das Ergebnis:

- `freq`
  Legt die Wellenfrequenz fest. Je höher der Wert, desto stärker ist die Verzerrung; je niedriger der Wert, desto geringer ist die Verzerrung.
- `light`
  Legt die Beleuchtungsstärke für die Verzerrung in Prozent fest. Erlaubt sind Werte zwischen 0 und 100.
- `phase`
  Legt den Beginn der Sinuswelle in Prozent fest. 0 bedeutet 0, 25 = 90, 50 = 180 und 75 = 270.
- `strength`
  Legt die Stärke des Effekts fest. Je höher der Wert ist, desto stärker ist der Effekt.

Ein vollständiges Beispiel könnte wie folgt aussehen:

```
filter:wave(freq=25, light=75, phase=25, strength=15);
```

21.3.13 XRay

Dieser Filter konvertiert eine Farbgrafik in Graustufen und erzeugt davon ein Negativ. Da dieser Filter keine Parameter erwartet, lautet die Notation `filter:xray()`.

21.3.14 Weitere Informationen

Unter der Internetadresse

http://msdn.microsoft.com/library/default.asp?url=/workshop/author/filter/filters.asp

können Sie im Microsoft Developer Network weitere Informationen zum Thema IE-Filter finden. Auch die Verwendung der DirectX-Schnittstelle durch Filter wird dort eingehender erläutert.

21.4 Printmedien

Je nachdem, welche Informationen Sie auf einer Webseite zur Verfügung stellen möchten, könnte es für den Benutzer interessant sein, diese in ausgedruckter Form zu erhalten. Gerade bei längeren Beiträgen ist das Lesen auf dem Papier wesentlich einfacher als an einem Bildschirm. Genau für diesen Zweck bietet Ihnen CSS 2.0 die Möglichkeit, spezielle Eigenschaften zu verwenden, die eine Druckausgabe optimieren.

[x] Leider verweigern noch viele Browser die Unterstützung dieser speziellen CSS-Eigenschaften. Da sie aber in kommenden Versionen hoffentlich implementiert werden, werde ich Ihnen diese Eigenschaften im Folgenden kurz vorstellen.

21.4.1 Medientyp festlegen

Um für die Druckausgabe ein Seitenlayout zu definieren, müssen Sie im zentralen Stylesheet-Bereich den Selektor `@page` notieren. In geschweiften Klammern dahinter folgen dann die Eigenschaften.

```
<style type="text/css">
  @page { Eigenschaft:Wert; }
</style>
```

Für die Ausgabe auf dem Bildschirm ignoriert der Browser diese Angaben, da der Monitor kein seitenbezogenes Ausgabemedium ist.

21.4.2 Seitengröße und -ränder

Mit den Eigenschaften `size` (dt. *Größe*) und `margin` (dt. *Abstand*) können Sie die Abmessungen der Seite und die Außenränder bestimmen. Für `size` können Sie entweder eines der Schlüsselwörter `auto` (Einstellung wird vom Drucker übernommen), `landscape` (Querformat) oder `portrait` (Hochformat) verwenden oder zwei numerische Angaben machen. Bei der letzten Variante steht der erste Wert für die Breite und der zweite Wert für die Höhe.

```
@page { size:landscape; }    /* Querformat */
@page { size:21cm 29.7cm; } /* DIN-A4 Hochformat */
```

Die Seitenränder werden entweder einzeln über `margin-top`, `margin-bottom`, `margin-left` und `margin-right` oder zusammen über `margin` festgelegt. Dabei ist jeweils eine numerische Angabe erlaubt.

```
@page { size:portrait;
        margin-top:2.5cm;
        margin-bottom:2.5cm;
        margin-left:3cm;
        margin-right:2cm; }
```

21.4.3 Seitenumbruch

An bestimmten Stellen können Sie einen Seitenumbruch erzwingen oder unterdrücken, sodass z.B. explizit vor oder nach einem Element ein Seitenumbruch erfolgt oder nicht erfolgt. Dafür stehen die Eigenschaften `page-break-before` (dt. *Seitenumbruch vor Element*) und `page-break-after` (dt. *Seitenumbruch nach einem Element*) zur Verfügung. Beide Eigenschaften können einen der folgenden Werte erhalten:

- `always`
  Immer ein Seitenumbruch vor dem Element.
- `avoid`
  Nie ein Seitenumbruch vor dem Element.
- `inherit`
  Die Seitenumbruchangabe vom Elternelement übernehmen.
- `auto`
  Der Seitenumbruch wird durch den Browser bestimmt.

Beide Eigenschaften sollten bei dem entsprechenden Element entweder im zentralen Stylesheet-Bereich oder mit dem Attribut `style` an die Elemente übergeben werden.

```
h1 { page-break-before:always; }
```

Beachten Sie, dass der Internet Explorer bereits seit der Version 4 diese beiden Eigenschaften vollständig unterstützt. [x]

21.4.4 Allein stehende Zeilen

Es kann vorkommen, dass eine Zeile eines Textabsatzes (p-Element) allein auf einer Seite steht, z.B. als erste oder letzte Zeile. Dies können Sie verhindern, indem Sie festlegen, wie viele Zeilen eines Textabsatzes mindestens auf einer Seite stehen sollen. Der zu notierende Wert entspricht dann der Mindestzahl an Zeilen.

Für Zeilen am Seitenende wird die Eigenschaft `orphans` und für Zeilen am Seitenanfang die Eigenschaft `widows` verwendet.

```
@page { orphans:4;   /* mind. die ersten vier Zeilen */
        widows:6; }  /* mind. die letzten sechs Zeilen */
```

21.4.5 Schnittmarken

Wenn Sie eine Seitengröße definieren, die kleiner ist als das Papier, auf dem gedruckt wird, können Sie mit der Eigenschaft `marks` Markierungen setzen bzw. drucken, damit Ihre festgelegte Seitengröße auf dem größeren Papier auch erkennbar wird und an den entsprechenden Stellen geschnitten werden kann. Auch Markierungen für die Belichtung mit dem Satzspiegel (Passermarken) können hinzugefügt werden.

- `none` – Keine Markierungen
- `crop` – Schnittmarken setzen
- `cross` – Passermarken setzen

Wenn Sie sowohl Schnitt- als auch Passermarken setzen möchten, notieren Sie beide Werte getrennt durch ein Leerzeichen:

```
@page { size:10cm 10cm;
        marks:crop none; }
@page { size:12cm 12cm;
        marks:crop; }
```

21.4.6 Linke, rechte und erste Seite

Sie können für die erste Seite eines Drucks und für die linken und rechten Seiten unterschiedliche Einstellungen festlegen, um bei doppelseitigem Druck z. B. die korrekten Seitenränder zum Lochen einzuhalten. Dafür werden die Pseudoformate `:first`, `:left` und `:right` für den `@page`-Selektor notiert.

```
@page        { size:portrait;
               margin-top:2cm;
               margin-bottom:4cm; }
@page:left   { margin-left:2cm;
               margin-right:3cm; }
@page:right  { margin-left:3cm;
               margin-right:2cm; }
```

21.5 Zusammenfassung

- Mit der Eigenschaft `cursor` können Sie den Mauszeiger verändern, wenn der Benutzer die Maus über ein bestimmtes Element bewegt.
- Mit acht verschiedenen Eigenschaften können Sie im Internet Explorer das Aussehen der Bildlaufleisten farblich beeinflussen.
- Der Internet Explorer kennt so genannte Filter, die – ähnlich wie in Bildbearbeitungsprogrammen – Effekte über einen Text oder eine Grafik legen können.
- Für die Druckausgabe können Sie mit dem Selektor `@page` die Seite für einen Ausdruck in der Größe, den Seitenabständen usw. verändern.

21.6 Fragen und Übungen

1. Was müsssen Sie notieren, wenn sich der Mauszeiger in den Typ `wait` umwandeln soll, sobald ein Benutzer seine Maus über ein beliebiges `h1`-Element bewegt?
2. Verändern Sie die Farbe der Bildlaufleisten nach Ihren eigenen Wünschen (natürlich nur für Leser, die den IE auf ihrem System installiert haben).
3. Mit welcher Anweisung können Sie eine Grafik gleichzeitig horizontal und vertikal spiegeln?
4. Welche Eigenschaften zum Formatieren einer Druckseite interpretiert der Internet Explorer? Testen Sie es notfalls aus.

TEIL 4
JavaScript

Wenn Baumeister Gebäude bauten, so wie Programmierer Programme machen, dann würde der erste Specht, der vorbeikommt, die Zivilisation zerstören.

22 Grundlagen

JavaScript ist die erste wirkliche Programmiersprache, die Sie in diesem Buch kennenlernen werden. Viel wichtiger ist aber: JavaScript ist eine clientseitige Skriptsprache, d. h. Skripts, die in JavaScript programmiert wurden, werden vom Browser des Benutzers interpretiert und ausgeführt.

Ende 1995 wurde JavaScript von Netscape mit dem Netscape Navigator 2.0 veröffentlicht, der JavaScript in der Version 1.0 in vollem Umfang unterstützt. Da Netscape JavaScript aber nicht zu einer beliebigen Sprache erklären wollte, bemühte man sich frühzeitig, JavaScript durch die ECMA (European Computer Manufacturers Association) zu standardisieren. In der Spezifikation »ECMA-262« wurde JavaScript dann als ECMAScript zum Industriestandard erklärt.

plattformunabhängig

Das Besondere an JavaScript war – und ist es immer noch – die Plattformunabhängigkeit. Unter jeder Betriebssystemumgebung kann JavaScript ausgeführt werden, solange ein Browser installiert ist, der ein solches Skript interpretieren kann. Jedoch ist dies auch ein Nachteil, denn JavaScript ist immer an einen Browser gebunden und kann ohne einen solchen nicht ausgeführt werden. Daher ist JavaScript auf den Einsatz für das Internet beschränkt.

Seit 1995 wurde JavaScript, das ursprünglich LiveScript heißen sollte, beständig weiterentwickelt, was zur heutigen Version 1.5 führte. Dementsprechend ist auch die Unterstützung der einzelnen Versionen von Browser zu Browser unterschiedlich. In der Tabelle 21.1 finden Sie eine kleine Übersicht, welcher Browser seit welcher Version JavaScript unterstützt.

Browser	JS 1.0	JS 1.1	JS 1.2	JS 1.3	JS 1.4	JS 1.5
NN 2.x	X					
NN 3.x	X	X				
NC 4.x	X	X	X			
NC 4.06, 4.5	X	X	X	X		
NC 6.x	X	X	X	X	X	X
NC 7.x	X	X	X	X	X	X

Tabelle 22.1 Unterstützung von JavaScript durch die verschiedenen Browser

Browser	JS 1.0	JS 1.1	JS 1.2	JS 1.3	JS 1.4	JS 1.5
NC 8.x	X	X	X	X	X	X
OP 3.x	X	X				
OP 4.x						
OP 5.x	X	X	X	X		
OP 6.x	X	X	X	X	(X)	
OP 7.x	X	X	X	X	X	X
OP 8.x	X	X	X	X	X	X
OP 9.x	X	X	X	X	X	X
IE 2.x						
IE 3.x	X					
IE 4.x	X	X	X			
IE 5.x	X	X	X	X	X	
IE 6.x	X	X	X	X	X	X
IE 7.x	X	X	X	X	X	X

Tabelle 22.1 Unterstützung von JavaScript durch die verschiedenen Browser (Forts.)

- **NN** – Netscape Navigator
- **NC** – Netscape Communicator
- **OP** – Opera
- **IE** – Internet Explorer
- **JS** – JavaScript

Unter der Internetadresse

http://www.webreview.com/browsers/browsers.shtml

finden Sie eine erweiterte Übersicht, auch mit Bezug auf die unterschiedlichen Betriebssysteme und die darunter verwendeten Browser.

[»] Auf der DVD zum Buch finden Sie ausgewählte Lektionen aus dem Video-Training zu JavaScript von Christian Wenz. Hiermit können Sie Ihre Kenntnisse vertiefen und erweitern.

22.1 Java und JavaScript

An dieser Stelle soll festgehalten werden, dass Java und JavaScript sich gar nicht so ähnlich sind, wie viele behaupten oder man es annehmen könnte. Sie haben zwar einen ähnlich klingenden Namen, es gibt aber viele und teilweise gravierende Unterschiede.

- Java ist eine vollkommen eigenständige Programmiersprache. Um ein Programm ausführen zu können, das in Java geschrieben wurde, muss dieses erst in einen Bytecode umgewandelt werden (diesen Vorgang nennt man auch **Kompilieren**). JavaScripts hingegen werden im Klartext vom Browser interpretiert und dann ausgeführt.
- JavaScripts laufen nur in einem Browser, nicht unter einer normalen Betriebssystemumgebung. Java-Programme benötigen auf der Plattform mindestens die JRE (Java **R**untime **E**nvironment), da der Bytecode in einen für das Betriebssystem verständlichen nativen Code umgewandelt werden muss.
- JavaScript ist sehr viel kompakter und einfacher als Java. Es gibt keine Klassen, zum Programmieren werden keine zusätzlichen Programme benötigt, und Variablen definieren sich durch ihren Wert. Java hingegen ist weitaus mächtiger und besitzt auch die Möglichkeit, auf den Rechner des Benutzers zuzugreifen.
- JavaScript basiert auf dem ECMA-Standard (ähnlich wie ActionScript von Adobe Flash). Java ist eine eigenständige Programmiersprache.

Es gibt noch weitaus mehr Unterschiede, und sie ließen sich auch sehr detailliert und akribisch aufzeigen, aber die eben genannten Beispiele sollten ja nur eines klarmachen: JavaScript ist nicht Java.

22.2 JavaScript in HTML

Wie bereits erwähnt wurde, wird ein JavaScript direkt in den HTML-Quelltext geschrieben. Dies ermöglicht Einsteigern in diese Sprache, sich ein paar Kniffe von versierteren Programmierern abzuschauen (sehen Sie sich ruhig einmal die Quelltexte von Webseiten an, auf denen JavaScript eingesetzt wird). Um ein JavaScript im HTML-Quelltext notieren zu können, benötigen Sie ein neues HTML-Element: `script`.

Das script-Element

Dieses Element dürfen Sie sowohl im Gültigkeitsbereich des `head`- als auch des `body`-Elements notieren. Ich werde Ihnen erst einmal die zweite Variante zeigen. Ähnlich wie bei CSS steht das eigentliche JavaScript zwischen dem `script`-Tag-Paar:

```
<script>
  // JavaScript
</script>
```

Da es jedoch Browser gibt, die neben JavaScript auch andere Skriptsprachen (z. B. JScript oder VBScript, beide von Microsoft) unterstützen, müssen Sie mit dem `type`-Attribut noch die Sprache angeben, in der das Skript geschrieben wurde:

```
<script type="text/javascript">
  // JavaScript
</script>
```

Browser, die kein JavaScript können

Zum Schluss sollte noch erwähnt werden, dass es hier und da noch Browser gibt, die kein JavaScript beherrschen. Diese würden im Normalfall den Code, der im Gültigkeitsbereich des `script`-Elements notiert wurde, einfach im Browser ausgeben. Der Browser kennt das Element nicht, nimmt an, dass die Tags des Elements einen Text auszeichnen sollen, und gibt den Text prompt aus. Um dies zu verhindern, können Sie den Code auskommentieren; ähnlich wie bei CSS:

```
<script type="text/javascript ">
  <!--
    // JavaScript
  //-->
</script>
```

Kommentieren in JavaScript

Zu Beginn dieses Buchs haben Sie in HTML gelernt, wie ein Text auskommentiert wird, und zwar mit den Zeichenfolgen `<!--` und `-->`. Möchten Sie JavaScript vor alten Browsern verstecken, dann sieht das schließende Kommentar-Tag ein wenig anders aus. Es lautet //-->. Das öffnende Tag bleibt gleich. Dass sich das schließende Tag verändert, liegt daran, dass das --> mithilfe des // vor JavaScript versteckt werden muss. Mit dem // wird in JavaScript ein Kommentar eingeleitet, der bis zum Ende der Zeile geht. Allerdings betrifft das nur sehr alte Browser, so dass ich die Skripts in den Beispielen nicht mehr versteckt habe. Ich erwähne diese Vorgehensweise nur der Vollständigkeit halber.

22.3 Das erste JavaScript

Der folgende HTML-Quellcode enthält das erste JavaScript:

```
<!DOCTYPE HTML PUBLIC "-//W3C//DTD HTML 4.01 Transitional//EN">
<!-- Das erste JavaScript -->
<html>
  <head>
    <title>Listing 1.1</title>
  </head>
  <body>
    <script type="text/javascript">
        document.write("<h1>Hallo WorldWideWeb!</h1>");
    </script>
  </body>
</html>
```

Listing 22.1 Das erste JavaScript

Legen Sie in Ihrem Editor eine neue Datei an, und übertragen Sie das Listing 22.1. Speichern Sie die Datei als **list1.1.htm** ab, und öffnen Sie diese in Ihrem Browser. Das Ergebnis sollte wie folgt aussehen:

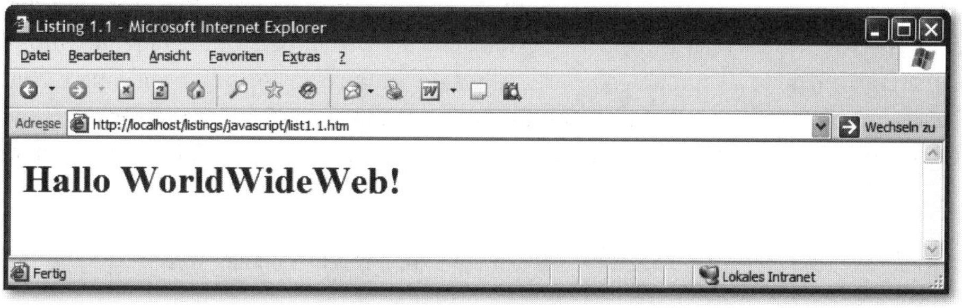

Abbildung 22.1 Darstellung des Listing 22.1 im Internet Explorer 6.0

Die Anweisung document.write in Listing 22.1 weist den Browser (bzw. den JavaScript-Interpreter) an, den nachfolgenden Text, der in den runden Klammern und den doppelten Anführungszeichen steht, 1 zu 1 in das HTML-Dokument zu schreiben. In diesem Fall ist das ein Element h1, das den Text »Hallo WorldWideWeb!« auszeichnet. Herzlichen Glückwunsch, dies ist Ihr erstes JavaScript! Warum gerade die Anweisung document.write einen Text im Browser bzw. HTML-Dokument ausgibt, werden Sie an späterer Stelle noch genauer erfahren. Fürs Erste soll es reichen, dass document ins Deutsche übersetzt »Dokument« und write »schreiben« heißt.

Anführungszeichen

Warum aber steht <h1>Hallo WorldWideWeb!</h1> in Anführungszeichen? Sowohl in JavaScript als auch in allen anderen Programmiersprachen werden Zeichenketten (auch **Strings** genannt) von Anführungszeichen eingeschlossen, um sie als zusammenhängend zu markieren. In JavaScript ist es dabei egal, ob Sie einfache oder doppelte Anführungszeichen verwenden. Es ist also möglich, sowohl

```
document.write('<h1>Hallo WorldWideWeb!</h1>');
```

als auch

```
document.write("<h1>Hallo WorldWideWeb!</h1>");
```

zu schreiben. Nur die Kombination von beiden Arten von Anführungszeichen ist nicht erlaubt. Sie dürfen eine Zeichenkette also nicht mit einem doppelten Anführungszeichen einleiten und mit einem einfachen beenden und umgekehrt. Die beiden folgenden Angaben sind demnach falsch:

```
document.write("<h1>Hallo WorldWideWeb!</h1>');
document.write('<h1>Hallo WorldWideWeb!</h1>");
```

Warum Sie beide Typen von Anführungsstrichen verwenden dürfen, können Sie anhand des folgenden Beispiels verstehen:

```
<!DOCTYPE HTML PUBLIC "-//W3C//DTD HTML 4.01 Transitional//EN">
<!-- Anführungszeichen -->
<html>
  <head>
    <title>Listing 1.2</title>
  </head>
```

```
  <body>
    <script type="text/javascript">
        document.write("Wie geht's Dir denn heute?<br>");
        document.write('Hallo "WWW".');
    </script>
  </body>
</html>
```

Listing 22.2 Die unterschiedlichen Formen von Anführungszeichen und ihr Zweck

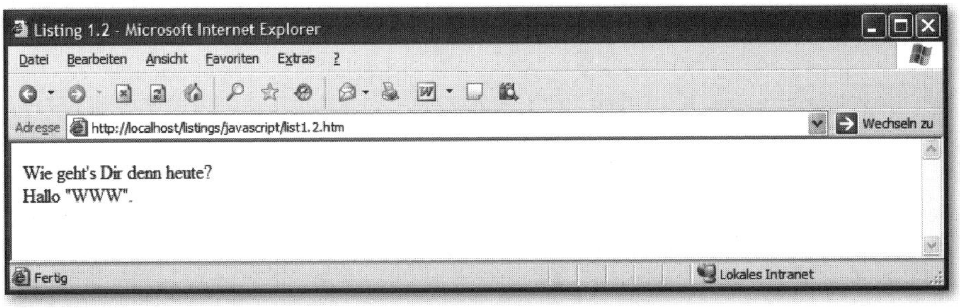

Abbildung 22.2 Darstellung des Listing 22.2 im Internet Explorer 6.0

Der Grund: Wenn Sie nämlich ein einfaches oder doppeltes Anführungszeichen für die Ausgabe im Browser verwenden möchten, müssen Sie das jeweils andere verwenden, um die Zeichenkette zu begrenzen. Eine andere Möglichkeit wäre, die Anführungsstriche zu entwerten, und zwar mit dem rückwärts geneigten Schrägstrich (engl. *backslash*).

```
document.write('Wie geht\'s Dir denn heute?');
```

Ausgabe: `Wie geht's Dir denn heute?`

```
document.write("Hallo \"WWW\".");
```

Ausgabe: `Hallo WWW.`

Durch den Backslash wird das nachfolgende Zeichen vom Browser bzw. Compiler als ein normales Zeichen in der Zeichenkette interpretiert und somit entwertet.

[x] Das Semikolon am Ende der Anweisung weist den Browser darauf hin, dass die Anweisung nun beendet ist. Dieses Zeichen ist optional. Sie müssen es nicht – sollten es aber – nach jeder Anweisung notieren, da es die Lesbarkeit des Quellcodes erhöht.

22.4 JavaScript in Dateien

Anstatt den JavaScript-Quellcode direkt in ein HTML-Dokument zu schreiben, können Sie den Code auch in eine externe Datei auslagern. Gerade bei längeren Codes oder bei Code, den Sie wieder verwenden möchten, macht dies Sinn.

Für Dateien, die JavaScript-Quelltexte enthalten, wird in der Regel die Dateiendung **.js** verwendet. Dies ist zwar nirgends so festgelegt, wird aber von eigentlich allen so praktiziert. [×]

Erstellen Sie mit Ihrem Editor ein neues Dokument, notieren Sie darin

```
document.write("Hallo WorldWideWeb");
```

und speichern Sie die Datei unter `hallowww.js` ab. Den Code aus Listing 22.3 kopieren Sie ebenfalls in eine neue Textdatei und speichern diese unter dem Namen **list1.3.htm** ab. Öffnen Sie **list1.3.htm** nun in Ihrem Browser.

```
<!DOCTYPE HTML PUBLIC "-//W3C//DTD HTML 4.01 Transitional//EN">
<!-- JavaScript in Dateien -->
<html>
  <head>
    <title>Listing 1.3</title>
  </head>
  <body>
    <script src="hallowww.js" type="text/javascript">
    </script>
  </body>
</html>
```

Listing 22.3 Kopieren Sie diesen Quellcode in eine neue Datei mit dem Namen list1.3.htm

Eine JavaScript-Datei wird also mit dem Attribut `src` im `script`-Element in ein HTML-Dokument implementiert. Dabei gelten die gleichen Regeln wie beim Referenzieren von Grafiken hinsichtlich der Verzeichnisstruktur. Sie dürfen also absolute oder relative Pfadangaben machen.

In einer **.js**-Datei dürfen Sie lediglich den reinen JavaScript-Code notieren. Natürlich sind auch JavaScript-Kommentare erlaubt. HTML-Elemente wie `script` oder HTML-Kommentare dürfen darin jedoch nicht vorkommen. [«]

22.5 Kommentare

Wie Sie bereits wissen, können Sie in JavaScript-Code mit der Zeichenfolge `//` einen Kommentar bis zum Zeilenende einfügen. Diese Art zu kommentieren nennt man auch **einzeiligen Kommentar**. Er darf sogar mit einer Anweisung zusammen in einer Zeile stehen.

```
document.write("Hallo WorldWideWeb");  // Kommentar
```

Dieser JavaScript-Code würde im Browser »Hallo WorldWideWeb« ausgeben, wohingegen

```
// document.write("Hallo WorldWideWeb");
```

keine Ausgabe erzeugt, da alles, was nach den beiden // bis zum Zeilenende folgt, als Kommentar verstanden wird.

Mehrzeilige Kommentare

Sie können aber auch **mehrzeilige Kommentare** verwenden. Diese werden über die Zeichenfolge /* eingeleitet und mit */ abgeschlossen.

```
document.write("Hallo Leute!");
/* Dies ist ein mehrzeiliger
   Kommentar, der vom Browser
   ignoriert wird.
document.write("Wie geht es Euch?"); */
```

Im Browser würde nur der Text »Hallo Leute!« erscheinen, da die zweite `document.write`-Anweisung noch innerhalb des mehrzeiligen Kommentar-Blocks steht.

22.6 Zusammenfassung

- JavaScript ist eine clientseitige Skriptsprache.
- JavaScript ist nicht gleich Java, auch wenn die Namensgebung dies nahe legt.
- Mit JavaScripts können Sie Ausgaben im HTML-Dokument erzeugen.
- JavaScript-Code darf im HTML-Dokument notiert, aber auch in externen Dateien gespeichert werden.
- Es gibt zwei Arten in JavaScript zu kommentieren: einzeilig oder mehrzeilig.

22.7 Fragen und Übungen

1. Mit welchem Element wird in einem HTML-Dokument ein JavaScript definiert?
2. Was bewirkt die Anweisung `document.write("Hallo")`?
3. Worin bestehen die Unterschiede zwischen den beiden Arten der Kommentierung?
4. Welches Attribut wird benötigt, um ein externes JavaScript zu referenzieren?
5. Welches Zeichen muss nach einer fertigen Anweisung folgen?
6. Was ist an der Anweisung `document.write("Hallo "WorldWideWeb".")` falsch, und welche Möglichkeiten bestehen, diesen Fehler zu korrigieren?

Jede Konstante hat ihre Variablen.
– Autor unbekannt

23 Variablen, Werte und Operatoren

Eine richtige Programmiersprache kommt nicht ohne Variablen und Operatoren aus. Von diesen gibt es aber weitaus mehr, als in der Mathematik bekannt. Deshalb wird in diesem Kapitel das Thema ausführlich behandelt.

23.1 Variablen

Variablen sind die Grundlage für jede vernünftige Programmiersprache, denn ohne Variablen wäre das Schreiben eines Programms nahezu unmöglich. Sie benötigen Variablen, um Zahlen, Zeichenketten oder Wahrheitswerte während des Programmablaufs zu speichern und um bei Bedarf auf die Variable bzw. deren Wert zurückgreifen zu können. Variablen sind also nichts weiter als Container für einen Wert, in denen Sie etwas ablegen oder aus denen Sie etwas herausnehmen können.

Variablen bezeichnen

Da Sie beliebig viele Variablen gleichzeitig in einem Programm verwenden können, müssen Sie die einzelnen Variablen – ähnlich wie in der Mathematik – bezeichnen. Bei der Bezeichnung von Variablen müssen Sie sich aber an die folgenden Regeln halten:

- Die Bezeichnung einer Variablen darf nur aus Buchstaben, Ziffern und dem Unterstrich »_« bestehen.
- Andere Sonderzeichen wie +, –, Leerzeichen, Umlaute (ä, ö, ü) oder das scharfe S (ß) dürfen nicht verwendet werden.
- Das erste Zeichen muss ein Buchstabe sein.

Daraus ergeben sich beispielsweise folgende Möglichkeiten:

```
x
xX
y2000
hallo
halli_hallo
halliHallo3
h2hallo_
```

Nicht erlaubt sind hingegen Kombinationen wie:

```
2tage
_test
_2_
2000_
```

[»] Außerdem wird bei Variablen zwischen Groß- und Kleinschreibung unterschieden. Somit bezeichnen die folgenden Beispiele jeweils unterschiedliche Variablen:

```
Test
test
TEST
tEST
TeSt
```

Variablen sollten zu Beginn eines Skripts definiert werden. Dies geschieht mit dem reservierten Wort `var`. Deshalb müssen Sie bei der Namensgebung Ihrer Variablen darauf achten, dass es kein reserviertes Wort mit der gleichen Bezeichnung gibt. Sie dürfen also weder eine Variable definieren, die `var`, noch eine, die `document` oder `write` heißt. Zu den reservierten Wörtern zählen alle Funktionen und Namen, die in JavaScript enthalten sind. Ich werde später noch einmal darauf eingehen. Um eine Variable zu definieren, sollten Sie also `var` notieren und dahinter den Bezeichner der Variablen:

```
var meineVariable;
```

Sie können auch mehrere Variablen gleichzeitig definieren. Dafür müssen Sie die Variablen durch Kommata voneinander trennen:

```
var meineVariable, x, test_variable;
```

Vielleicht sind Sie gerade darüber gestolpert, dass ich geschrieben habe, dass die Variablen definiert werden *sollten*. Es gehört nicht nur zum guten Ton das zu machen sondern es vereinfacht auch die Fehlersuche und Dokumentation. Variablen, die Sie ordnungsgemäß deklariert haben, können Sie zum Beispiel auch mit einem Kommentar versehen, damit Sie später schneller erkennen können, wofür die Variablen dienen.

```
var id; // Personalnummer des Mitarbeiters
```

Variablen, die Sie mit `var` deklariert haben, sind allerdings so genannte *lokale* Variablen. Weisen Sie einer Variable einfach einen Wert zu, ohne sie vorher deklariert zu haben, dann wird diese Variable *global*. Eine lokale Variable ist immer nur in dem Abschnitt bekannt, in dem sie deklariert wurde. Bei solchen Abschnitten kann es sich zum Beispiel um Funktionen handeln, die Sie gleich noch kennenlernen werden. Möchten Sie, dass eine lokale Variable in einem anderen Abschnitt verwendet werden kann, dann müssen Sie die Variable explizit an einen solchen Abschnitt weiterreichen. Eine globale Variable ist immer in allen Abschnitten bekannt und kann direkt genutzt werden.

23.2 Werte

Anders als in den meisten Programmiersprachen definieren sich Variablen in JavaScript durch den ihnen zugewiesenen Wert. Der Code

```
var zahl;
zahl = 100;
```

definiert also die Variable `zahl` und weist ihr anschließend den Wert 100 zu. Dadurch wird aus `zahl` der Typ Integer. Integer-Variablen sind Variablen, die als Wert eine Zahl ohne Nachkommastellen zugewiesen bekommen haben:

```
zahl = 1;
zahl = 255;
zahl = 32000;
zahl = 10.5;
```

Bei der letzten Zuweisung (*zahl = 10.5*) handelt es sich um Zahl mit Nachkommaanteil. Eine Zahl mit Nachkommaanteil wird in der Programmierung als Float oder Double bezeichnet. Auch negative Zahlen sind möglich:

```
zahl = -1;
zahl = -126;
zahl = -765.23;
zahl = -120.75;
```

Zeichenketten

Soll eine Variable z. B. eine Zeichenkette als Wert erhalten, müssen Sie die Zeichen in Anführungszeichen setzen:

```
zahl = "hallo";
zahl = "Guten Tag!";
zahl = 'IchDuErSieEs';
zahl = '100';
zahl = "2500";
```

Alle diese Angaben machen aus der Variablen `zahl` den Typ String. Strings sind beliebige Zeichenketten aus keinem, einem oder mehreren Zeichen. Die Anweisung

```
zahl = "";
```

macht aus `zahl` zwar einen String, aber ohne Zeichen. Dies ist dann ein leerer String.

Wahrheitswerte

Außerdem kann eine Variable auch einen Wahrheitswert enthalten. Ein solcher Wahrheitswert ist entweder »wahr« oder »falsch«. Die entsprechenden Bezeichnungen im Englischen lauten `true` und `false`.

```
raucher = true;
kaffeetrinker = true;
teetrinker = false;
```

Solche Variablen werden auch als Boolean bezeichnet. Der Typ einer Variablen kann während eines Programmablaufs auch geändert werden, indem einfach ein anderer Werttyp zugewiesen wird:

```
var test;
test = 1;
test = true
test = "Hallo";
```

In diesem Beispiel wird zuerst die Variable `test` definiert. In der nächsten Zeile wird aus `test` ein Integer, danach ein Boolean und zum Schluss ein String.

23.3 Operatoren

Zuweisungsoperator

Bisher haben Sie nur gelernt, wie Sie einer Variablen einen Wert zuweisen können. Der dafür zu verwendende Operator nennt sich Zuweisungsoperator und entspricht dem Gleichheitszeichen »=«. Dieses Zeichen sorgt dafür, dass die Variable, die auf der linken Seite des Operators notiert wurde, den Wert, der auf der rechten Seite notiert wurde, zugewiesen bekommt.

```
variable = wert;
```

Übrigens ist dies der am häufigsten verwendete Operator.

Berechnungsoperatoren

Wie in der Mathematik benötigen Sie auch in Programmiersprachen Operatoren, um Berechnungen durchzuführen. Für die Grundrechenarten Addition, Subtraktion, Multiplikation und Division steht je ein Operator zur Verfügung.

Operator	Beschreibung	Beispiel
+	Addition	a + b
-	Subtraktion	a – b
*	Multiplikation	a * b
/	Division	a / b

Tabelle 23.1 Operatoren für die vier Grundrechenarten

Diese Operatoren werden Ihnen sicherlich geläufig sein. Mit dem Zuweisungsoperator können Sie nun das Ergebnis in einer Variablen speichern.

```
var a = 10;
var b = 5;
var c;
c = a + b;          // c hat den Wert 15
c = a - b;          // c hat den Wert 5
c = a * b;          // c hat den Wert 50
c = a / b;          // c hat den Wert 2
```

Dies sind die einfachsten Arten der Berechnung. Sie können aber auch mehrere Variablen und Werte addieren oder auch unterschiedliche Operatoren verketten. Dabei gilt wie in der Mathematik die Punkt-vor-Strich-Regel. Durch das Setzen von Klammern können Sie diese Regel umgehen.

Punkt-vor-Strich-Rechnung

```
var a = 50;
var b = 3;
var c = 5;
var d;
d = a + b + c;          // d hat den Wert 58
d = a + b * c;          // d hat den Wert 65
d = a / c - b;          // d hat den Wert 7
d = (a + b) / c;        // d hat den Wert 10.6
d = a * (c + b) * a;    // d hat den Wert 20000
```

Eine Sonderrolle nimmt der Berechnungsoperator `%` (Modulo) ein. Dieser Operator funktioniert ähnlich wie `/` (Division), liefert als Ergebnis aber den ganzzahligen Rest zurück.

Rest

```
var a = 13;
var b = 7;
var c;
c = a % b;
  // c hat den Wert 6, da 13 geteilt durch 7 gleich 1 Rest 6
```

Es wird öfter einmal nötig sein, zwei Werte miteinander zu vergleichen, um herauszufinden, ob sie gleich sind, ungleich, größer als usw. Für diese Aufgabe stehen in JavaScript verschiedene Vergleichsoperatoren zur Verfügung, die als Ergebnis entweder `true` oder `false` zurückliefern.

Vergleichsoperatoren

Operator	Beschreibung	Beispiel
==	gleich	a == b
!=	ungleich	a != b
>	größer	a > b
<	kleiner	a < b
>=	größer gleich	a >= b
<=	kleiner gleich	a <= b

Tabelle 23.2 Vergleichsoperatoren in JavaScript

[x] Beachten Sie auf jeden Fall, dass Vergleiche zweier Variablen bzw. Werte mit == realisiert werden und nicht nur mit einem Gleichheitszeichen, da das Gleichheitszeichen bereits der Zuweisungsoperator ist.

```
var a = 5;
var b = 6;
if(a == 5) document.write("a ist gleich 5");
```

```
if(a != b) document.write("a ist nicht gleich b");
if(a > b) document.write("a ist gr&ouml;&szlig;er b");
if(a < b) document.write("a ist kleiner b");
if(a >= 4) document.write("a ist gr&ouml;&szlig;er oder gleich b");
if(b <= 6) document.write("b ist kleiner oder gleich 6");
```

Was genau die Anweisung `if (...)` bewirkt, werden Sie später noch erfahren. Vorerst sei gesagt, dass die `if`-Anweisung auf eine erfüllte oder nicht erfüllte Bedingung hin überprüft und je nach Ergebnis einen anderen Code ausführt. Würden Sie sich das Beispiel von eben also in einem Browser ansehen, würden Sie folgende Ausgabe erhalten:

```
a ist gleich 5
a ist nicht gleich b
a ist kleiner b
a ist größer oder gleich 4
b ist kleiner oder gleich 6
```

Logische Operatoren

Logische Operatoren dienen dazu, mehrere Bedingungen miteinander zu verknüpfen. Soll beispielsweise überprüft werden, ob die Variable `a` größer als 5 und kleiner als 10 ist, und erst dann eine Ausgabe am Bildschirm erfolgen, müssen Sie den logischen Operator `&&` (UND) verwenden.

```
if(a > 6 && a < 10) document.write("a ist gr&ouml;&szlig;er als 6 und
kleiner als 10.");
```

Dementsprechend gibt es auch einen logischen Operator, der überprüft, ob mindestens eine der beiden Bedingungen erfüllt ist. Dies ist der logische Operator `||` (ODER).

```
if(a < 6 || a > 10) document.write("a ist entweder gr&ouml;&szlig;er als 10
oder kleiner als 6.");
```

Operator	Beschreibung	Beispiel
&&	logisches UND	a > b && a < c
||	logisches ODER	a > b || a < c

Tabelle 23.3 Logische Operatoren in JavaScript

Sie können mehrere logische Operatoren miteinander verbinden, um auf eine bestimmte Bedingung hin zu überprüfen. Dabei wird eine ODER-Verknüpfung höher bewertet als eine UND-Verknüpfung. Dies können Sie wiederum durch das Setzen von Klammern umgehen:

```
if((a > b || a < c) && a != d) [Anweisung]
```

Zeichenkettenverknüpfung

Wenn Sie Programme bzw. Skripts schreiben, werden Sie das eine oder andere Mal zwei Zeichenketten (Strings) miteinander verbinden wollen oder gar müssen. Dafür können Sie den +-Operator verwenden. Dieser Operator addiert die Zeichenketten jedoch nicht, sondern die einzelnen Strings werden in der Reihenfolge aneinander gehängt, in der sie notiert wurden.

```
var vorname = "Mark";
var nachname = "Lubkowitz";
var gruss;
gruss = "Hallo, mein Name ist "+vorname+" "+nachname+"!";
document.write(gruss);
```

Ausgabe: `Hallo, mein Name ist Mark Lubkowitz!`

Wie Sie sehen können, ist es auch möglich, variable und feste Zeichenketten miteinander zu verbinden.

Zirkuläre Bezüge

Anstatt das Ergebnis einer Operation in einer neuen Variable zu speichern, können Sie das Ergebnis in einer Variablen speichern, die Sie in der Rechenoperation bereits verwendet haben.

```
var a = 10;
var b = 15;
a = a + b;        // a bekommt den Wert 25
b = a + b;        // b bekommt den Wert 40
```

Da viele Programmierer jedoch schreibfaul sind, hat man eine abgekürzte Schreibweise für solche zirkulären Bezüge geschaffen. In der folgenden Tabelle 23.4 finden Sie eine Übersicht dieser Abkürzungen.

Kurzschreibweise	Normale Schreibweise	Beschreibung
zahl++;	zahl = zahl + 1;	um 1 erhöhen
zahl--;	zahl = zahl – 1;	um 1 verringern
zahl += 2;	zahl = zahl + 2;	Wert addieren
zahl -= 5;	zahl = zahl – 5;	Wert subtrahieren
zahl *= 3;	zahl = zahl * 3;	mit Wert multiplizieren
zahl /= 4;	zahl = zahl / 4;	mit Wert dividieren

Tabelle 23.4 Kurzschreibweisen für zirkuläre Bezüge

23.4 Einfacher Passwortschutz

Ein passendes Beispiel für Bedingungen und Vergleichsoperatoren ist ein simpler Passwortschutz. Dieser verlangt vom Benutzer die Eingabe einer Zeichenkette, die zuvor im Skript festgelegt wurde. Anschließend wird diese Eingabe überprüft.

```
<!DOCTYPE HTML PUBLIC "-//W3C//DTD HTML 4.01 Transitional//EN">
<!-- Passwortschutz -->
<html>
  <head>
```

```
    <title>Listing 2.1</title>
  </head>
  <body>
    <script type="text/javascript">
      var passwort = "PASSwort";
      var eingabe;
      eingabe = prompt("Bitte geben Sie das Passwort
      ein!","");
      if(eingabe == passwort)
      {
        alert("Passwort korrekt!");
      }
      if(eingabe != passwort)
      {
        alert("Falsches Passwort!");
      }
    </script>
  </body>
</html>
```

Listing 23.1 Passwortschutz in JavaScript mit Vergleichsoperatoren und bedingten Anweisungen

Zuerst wird mit der Anweisung `var passwort = "PASSwort";` ein Passwort festgelegt. Die Anweisung `prompt` erzeugt ein Meldungsfenster, das vom Benutzer eine Eingabe erwartet. Der erste Parameter für `prompt` wird als Beschreibung bzw. Hinweis für den Benutzer angezeigt. Der zweite Parameter stellt eine Vorbelegung für das Eingabefeld dar. Die Syntax für `prompt` lautet also:

```
string prompt(string message, string default)
```

Die Eingabe des Benutzers wird mit dem Zuweisungsoperator = in der Variablen `eingabe` gespeichert. Anschließend wird überprüft, ob die Eingabe des Benutzers mit dem Passwort übereinstimmt. Ist dies der Fall, gibt der Browser mit der Anweisung `alert` die Mitteilung über die korrekte Passworteingabe aus.

```
void alert(string message)
```

Entspricht die Benutzereingabe nicht dem Passwort, gibt der Browser ebenfalls ein Meldungsfenster aus und informiert über die fehlerhafte Eingabe.

[x] In diesem Zusammenhang sollten Sie beachten, dass JavaScript bei dem Vergleich von zwei Strings zwischen Groß- und Kleinschreibung unterscheidet. Die Eingabe »passWORT« wäre genauso falsch wie die Eingabe »passwort« oder »PASSWORT«.

23.5 Bedingte Anweisungen – if

Die bekannteste bedingte Anweisung haben Sie bereits kennengelernt: `if` (dt. *wenn*). Damit ist es auf einfache Weise möglich, auf eine Bedingung hin zu überprüfen und entsprechende Anweisungen auszuführen.

```
if([Bedingung])
{
  [Anweisungsblock]
}
```

Als Bedingung können Sie nun jede Art von Vergleich notieren, z. B. `a > b`, `eingabe == "Test"` oder `c >= d`. Ein solcher Vergleich gibt immer den Wert `true` oder `false` zurück. Wenn das Ergebnis des Vergleichs `true` ist, werden die Anweisungen ausgeführt, die in den geschweiften Klammern stehen. Ist das Ergebnis `false`, wird der Anweisungsblock übersprungen.

```
if(papst == "katholisch")
{
  document.write("Der Papst ist katholisch!");
}
```

Alternativer Zweig

Der String `Der Papst ist katholisch!` würde nur dann ausgegeben werden, wenn die Bedingung erfüllt ist. Eine `if`-Abfrage lässt sich aber noch erweitern, und zwar für den Fall, dass die Bedingung nicht erfüllt ist. Dafür wird das reservierte Wort `else` (dt. *sonst*) verwendet.

```
if([Bedingung])
{
  [Anweisungsblock]
}
else
{
  [Anweisungsblock]
}
```

Diese Schreibweise erspart eine zusätzliche `if`-Abfrage, denn der `else`-Anweisungsblock wird immer dann ausgeführt, wenn das Ergebnis der Bedingung `false` ist.

```
if(papst == "katholisch")
{
  document.write("Der Papst ist katholisch!");
}
else
{
  document.write("Der Papst ist nicht katholisch!");
}
```

Die geschweiften Klammern müssen Sie nicht immer setzen. Sollte im Anweisungsblock nur eine Anweisung notiert sein, können Sie die geschweiften Klammern getrost weglassen. Das vorherige Beispiel sähe dann wie folgt aus:

```
if(papst == "katholisch")
  document.write("Der Papst ist katholisch!");
  else document.write("Der Papst ist nicht katholisch!");
```

[×] Achten Sie auf das Semikolon nach der Anweisung bei Erfüllung der Bedingung. Es ist zwingend erforderlich. Jedoch ist dies noch nicht das Ende. Eine bedingte Anweisung lässt sich noch weiter verkürzen. Diese noch kürzere Schreibweise wird für einfache Entweder-oder-Abfragen verwendet.

```
([Bedingung]) ? entweder : oder;
```

Bei dieser Schreibweise, die auch als ternärer Operator bezeichnet wird, wird bei erfüllter Bedingung (also `true`) `entweder` zurückgegeben, bei Nichterfüllung (`false`) `oder`. Von daher müssen Sie bei dieser Schreibweise das Ergebnis der bedingten Anweisung mit dem =-Operator an eine Variable übergeben.

```
ergebnis = (papst == "katholisch") ? "RICHTIG" : "FALSCH";
```

Wenn also der Wert der Variablen `papst` katholisch ist, erhält die Variable `ergebnis` den Wert `RICHTIG`, ansonsten `FALSCH`.

23.6 Fallunterscheidung – switch

Bedingte Anweisungen mit `if` sind sehr einfach und erfüllen ihre Aufgabe sehr gut. Der Nachteil ist, dass Sie nur zwei Fälle unterscheiden können, nämlich `true` oder `false`. Wie sieht es jedoch aus, wenn Sie mehrere Fälle unterscheiden möchten? Sie könnten nun so viele `if`-Abfragen notieren, bis alle Fälle ausgewertet sind, oder aber Sie verwenden `switch` (dt. *Schalter*), denn damit können Sie eine beliebige Anzahl von Fällen in einer Abfrage bearbeiten. Gehen Sie einmal von folgendem Beispiel aus: Sie möchten eine Variable, die einen Wert von 1 bis 12 haben soll, so überprüfen, dass entsprechend der Zahl der Name eines Kalendermonats ausgegeben wird, z. B. 1 = Januar, 5 = Mai oder 11 = November.

```
<script type="text/javascript">
var monat;
monat = prompt("Bitte geben Sie eine Zahl zwischen 1 und 12 ein!","");
switch(monat)
{
  case "1": monat = "Januar"; break;
  case "2": monat = "Februar"; break;
  case "3": monat = "März"; break;
  case "4": monat = "April"; break;
  case "5": monat = "Mai"; break;
  case "6": monat = "Juni"; break;
```

```
  case "7": monat = "Juli"; break;
  case "8": monat = "August"; break;
  case "9": monat = "September"; break;
  case "10": monat = "Oktober"; break;
  case "11": monat = "November"; break;
  case "12": monat = "Dezember"; break;
  default: monat = "Ungültige Zahl"; break;
}
alert(monat);
```

Listing 23.2 Eine switch-Anweisung in JavaScript (das vollständige Listing in HTML-Form finden Sie auf der Buch-DVD)

In Listing 23.2 wird zuerst eine Eingabe vom Benutzer gefordert und in der Variablen `monat` gespeichert. Anschließend folgt die Anweisung `switch` und in runden Klammern dahinter die Variable, die den zu überprüfenden Wert enthält (in diesem Fall `monat`). Danach folgt der Anweisungsblock in geschweiften Klammern. Zuerst wird das reservierte Wort `case` (dt. *Fall*) notiert und dahinter der Wert. Für `case "1"` bedeutet dies: »Wenn der Wert der Variablen `monat` gleich `"1"` ist, dann führe die nachfolgenden Anweisungen aus.« Nach dem Doppelpunkt folgen die auszuführenden Anweisungen, und die `switch`-Anweisung wird mit der `break`-Anweisung beendet.

Jede Eingabe eines Benutzers ist immer eine Zeichenkette, egal ob er nun nur Zahlen oder auch Buchstaben eingegeben hat. Aus diesem Grund werden Werte, für die Sie einen Fall notieren, auch in Anführungszeichen notiert. [x]

Die Angabe von `break` ist nicht zwingend erforderlich. Fehlt die Anweisung aber, würden auch die Anweisungen des nächsten Falls ausgeführt werden. Dies kann zwar gelegentlich gewollt sein, ist aber eher selten erwünscht. [x]

Zum Schluss folgt im Anweisungsblock das reservierte Wort `default`. Die Anweisungen, die nach `default` notiert wurden, werden immer dann ausgeführt, wenn keiner der angegebenen Fälle eingetreten ist, z. B. hat der Benutzer eine Zahl kleiner 1 oder größer 12 angegeben oder einen Buchstaben etc.

23.7 Zusammenfassung

- Variablen ermöglichen es, während eines Programmablaufs einen Wert zu speichern.
- Variablen müssen mit `var` definiert werden.
- Variablen dürfen nur mit den Buchstaben von a bis z und von A bis Z, den Zahlen von 0 bis 9 und dem Unterstrich »_« bezeichnet werden. Alle anderen Zeichen sind nicht erlaubt.
- Um einen Wert an eine Variable zuweisen zu können, müssen Sie den Zuweisungsoperator = verwenden.

- Für die Grundrechenarten Addition, Subtraktion, Multiplikation und Division stehen die Operatoren +, –, * und / zur Verfügung.
- Vergleiche werden mit den Vergleichsoperatoren ==, !=, >, <, >= und <=durchgeführt.
- Die logischen Operatoren && und || ermöglichen das Verknüpfen mehrerer Vergleiche.
- Zeichenketten werden mit dem +-Operator verknüpft.
- Das Ausführen von Code lässt sich mit der if-Anweisung an eine Bedingung knüpfen. Je nachdem, welches Ergebnis die Bedingung liefert, wird dann einer von zwei Anweisungsblöcken ausgeführt.
- Mehrere Bedingungen lassen sich mit den Anweisungen switch und case auswerten.

23.8 Fragen und Übungen

1. Welche Operatoren müssen Sie einsetzen, um Additionen, Subtraktionen, Multiplikationen oder Divisionen durchzuführen?
2. Welche Unterschiede gibt es zwischen den logischen Operatoren && und ||?
3. Mit welcher Funktion können Sie Eingaben vom Benutzer fordern?
4. Mit welchem Operator können Sie Zeichenketten miteinander verknüpfen?
5. Schreiben Sie ein Skript, das vom Benutzer einmal die Eingabe seines Vornamens und einmal seines Nachnamens fordert. Verbinden Sie die beiden Zeichenketten mit einer Begrüßungsfloskel, und geben Sie diese im Browser aus.

Nur durch eifriges Schleifen gewinnt der Jade seinen vollen Wert.
– Tang Hsiän Dsu, chinesischer Bühnendichter

24 Funktionen und Schleifen

24.1 Funktionen definieren

Der eigentliche Nutzen von Funktionen sind eine übersichtlichere Programmierung und die Vermeidung von Redundanz im Quellcode. Außerdem können Sie an beliebiger Stelle eines HTML-Dokuments auf eine solche Funktion zugreifen, beispielsweise dann, wenn Sie auf eine Benutzeraktion warten möchten.

Wo werden Funktionen definiert?

Funktionen werden entweder zentral im HTML-Dokument (`head`-Bereich) oder extern in einer JavaScript-Datei definiert. Eine Funktion wird vom reservierten Wort `function` eingeleitet, gefolgt vom Bezeichner der Funktion.

```
function nameDerFunktion()
```

In diesem Fall ist `nameDerFunktion` der Bezeichner der definierten Funktion. Der Bezeichner darf, ähnlich wie Bezeichner von Variablen, nur aus Buchstaben, Zahlen und dem Unterstrich »_« bestehen. Auch dürfen die Bezeichner keinem reservierten Wort entsprechen, z. B. `var`, `function`, `alert` usw. In geschweiften Klammern folgen anschließend die auszuführenden Anweisungen bei Aufruf der Funktion.

```
function nameDerFunktion()
{
  [Anweisungsblock]
}
```

Die runden Klammern hinter dem Bezeichner der Funktion müssen dort notiert werden. Ich werde später noch genauer darauf eingehen. Möchten Sie z. B. eine Funktion definieren, die beim Aufruf den Text »Hallo« in einem Dialogfeld ausgibt, würde der JavaScript-Code dafür wie folgt aussehen:

```
function sagHallo()
{
  alert("Hallo");
}
```

[x] JavaScript unterscheidet bei Funktionen ebenfalls zwischen Groß- und Kleinschreibung. `SAGHALLO` ist also nicht die gleiche Funktion wie `saghallo`.

24.2 Funktionen aufrufen

Anhand des Bezeichners einer Funktion können Sie diese nun aus dem JavaScript-Code heraus aufrufen. Dazu notieren Sie den Namen der Funktion, gefolgt von runden Klammern und einem Semikolon. Die Funktion `sagHallo` würde also so aufgerufen werden:

```
sagHallo();
```

In einem vollständigen HTML-Dokument könnte dies wie folgt aussehen:

```
<!DOCTYPE HTML PUBLIC "-//W3C//DTD HTML 4.01 Transitional//EN">
<!-- Funktionen definieren und aufrufen -->
<html>
  <head>
    <title>Listing 3.1</title>
    <script type="text/javascript">
        function sagHallo()
        {
          alert("Hallo");
        }
    </script>
  </head>
  <body onLoad="sagHallo();">
  </body>
</html>
```

Listing 24.1 Die Definition und der Aufruf einer Funktion in JavaScript

Das Ereignis `onLoad` wird immer dann ausgeführt, wenn ein HTML-Dokument geöffnet worden ist. Dies bedeutet in Listing 24.1, dass die Funktion `sagHallo` dann ausgeführt wird, wenn das Dokument geöffnet wird. Der Benutzer wird in diesem Fall mit einem »Hallo«-Meldungsfenster auf der Webseite begrüßt.

24.3 Funktionen und Parameter

Manchmal ist es aber notwendig, an eine Funktion bestimmte Parameter zu übergeben, z. B. zum Berechnen der Quadratzahl eines Zahlenwerts. Beim Definieren der Funktion müssen Sie solche Überlegungen berücksichtigen. Bleiben Sie einmal bei dem Beispiel der Quadratzahlen. Sie möchten dem Benutzer die Möglichkeit bieten, eine Zahl einzugeben, von der er dann das Quadrat erhält. Die Funktionsdefinition dafür müsste wie folgt aussehen:

```
function quadratZahl(zahl)
{
  var produkt = zahl * zahl;
  ...
}
```

Runde Klammern

Die runden Klammern nach dem Funktionsbezeichner dienen also zur Angabe von Parametern. Jeden Wert, den Sie an eine Funktion übergeben möchten, müssen Sie in den runden Klammern als Parameter, getrennt durch Kommata, angeben. Im Anweisungsblock einer Funktion können Sie nun durch Angabe des Parameterbezeichners auf diese Werte zugreifen. Der Parameter `zahl` wurde in den runden Klammern als solcher definiert und im Anweisungsblock der Funktion verwendet.

```
<html>
  <head>
    <title>Listing 3.2</title>
    <script type="text/javascript">
    function quadratZahl(zahl)
    {
      var produkt = zahl * zahl;
      alert("Das Qudrat von "+zahl+" lautet: "+produkt);
    }

    function eingabe()
    {
      var eineZahl = prompt("Geben Sie eine Zahl ein!","");
      quadratZahl(eineZahl);
    }
    </script>
  </head>
  <body>
    <a href="javascript:eingabe()">Hier klicken, um eine Zahl einzugeben!
    </a>
  </body>
</html>
```

Listing 24.2 Programmbeispiel für die Eingabe einer Zahl und die anschließende Ausgabe des Quadrates

In Listing 24.2 wurden zwei Funktionen deklariert: `quadratZahl(zahl)` und `eingabe()`. Die Funktion `eingabe()` wird dann ausgeführt, wenn der Benutzer auf den Verweis klickt. Als Verweisziel wurde dabei mit dem »Protokoll« `javascript:` eine JavaScript-Funktion angegeben. Klickt der Benutzer nun auf diesen Verweis, fordert ihn die Funktion zur Eingabe einer Zahl auf. Die Eingabe wird in der Variablen `eineZahl` gespeichert. Anschließend führt `eingabe()` eine weitere Funktion aus und übergibt dieser Funktion die eingegebene Zahl: `quadratZahl(eineZahl)`.

[x]

Der Name der zu übergebenden Variable muss übrigens nicht mit dem Namen des Parameters identisch sein. Die Variable, die Sie übergeben, kann also `zahl` lauten und der Parameter `wert`.

Der Vorteil von Funktionen liegt auf der Hand: Der Benutzer kann so lange eine Zahl eingeben, wie er das gerne möchte. Erinnern Sie sich noch an den Passwortschutz aus Abschnitt 23.4, *Einfacher Passwortschutz 2*, Dort konnte der Benutzer nur einmal versuchen, das korrekte Passwort einzugeben. Mit dem Wissen um Funktionen können Sie die Aufforderung zur Eingabe des Passworts so lange wiederholen lassen, bis es korrekt ist. Das erweiterte HTML-Dokument sieht dann wie folgt aus:

```
<!DOCTYPE HTML PUBLIC "-//W3C//DTD HTML 4.01 Transitional//EN">
<!-- Erweiterter Passwortschutz -->
<html>
  <head>
    <title>Listing 3.3</title>
    <script type="text/javascript">
        var passwort = "PASSwort";
        function frageNachPasswort()
        {
          var eingabe = prompt("Bitte geben Sie das Passwort ein!","");
          if(eingabe != passwort)
          {
            frageNachPasswort();
          }
        }
    </script>
  </head>
  <body onLoad="frageNachPasswort()">
    <h1>Das Passwort ist korrekt.</h1>
  </body>
</html>
```

Listing 24.3 Die Eingabe des Passworts wird so lange wiederholt, bis die Eingabe korrekt ist.

24.4 Funktionen und globale Variablen

Erinnern Sie sich noch an die globalen Variablen, die ich bei der Vorstellung von Variablen erwähnt habe? Ich hatte dort etwas schwammig formuliert, dass globale Variablen in allen Abschnitten bekannt wären und dass ein solcher Abschnitt eine Funktion sein könnte. Lassen Sie mich das ein wenig genauer ausführen.

Der beste und schönste Weg ist immer, wenn Sie einer Funktion die benötigten Werte als Parameter übergeben. Sie können dann sowohl am Kopf der Funktion als auch bei jedem Aufruf sehen, welche Werte benötigt werden. Von daher ist dieser Weg im Allgemeinen immer vorzuziehen. An einigen Stellen kann es aber passieren, dass Sie globale Variablen benötigen oder die Nutzung globaler Variablen den Code massiv vereinfacht. In Listing 24.4 sehen Sie eine Funktion, die auf eine globale Variable zugreift.

```
<!DOCTYPE HTML PUBLIC "-//W3C//DTD HTML 4.01 Transitional//EN">
<html>
  <head>
    <title>globale Variablen</title>
```

```
    <script type="text/javascript">
    function quadratZahl()
    {
      var produkt = zahl * zahl;
      alert("Das Qudrat von "+zahl+" lautet: "+produkt);
    }

    zahl = 5;
    </script>
  </head>
  <body>
    <a href="javascript:quadratZahl()">Hier klicken, um das Quadrat von 5
zu berechnen</a>
  </body>
</html>
```

Listing 24.4 Nutzung einer globalen Variable

Bitte beachten Sie, dass eine globale Variable auch in einer Funktion verändert werden kann. Wenn es zu vermeiden ist, dann sollten Sie das aber nicht tun, weil sonst der gesamte Code schnell undurchschaubar wird.

24.5 Rückgabewerte

Die `prompt`-Anweisung ist im Grunde genommen nichts weiter als eine Funktion, die zwei Parameter erwartet und anschließend einen Wert zurückgibt – in diesem Fall die Tastatureingabe des Benutzers. Solche Rückgabewerte können Sie auch in Ihren selbst definierten Funktionen verwenden. Dabei müssen Sie die Anweisung `return` notieren, gefolgt von der Variablen oder dem festen Wert, die bzw. der zurückgegeben werden soll bzw. sollen.

```
return eineVariable;
```

Mit dem =-Operator können Sie den Rückgabewert in einer Variablen speichern. Auf die Funktion `quadratZahl()` angewendet, würde das folgenden Code ergeben:

```
function quadratZahl(zahl)
{
  produkt = zahl * zahl;
  return produkt;
}
```

Ein entsprechender Aufruf dieser Funktion könnte so lauten:

```
ergebnis = quadratZahl(eineZahl);
```

Direkt weiterverarbeiten

Auch eine direkte Weiterverarbeitung wäre möglich. Mit dem folgenden Beispiel wird das Ergebnis der Berechnung sofort mit der `alert`-Anweisung im Browser ausgegeben:

```
alert(quadratZahl(eineZahl));
```

Ebenfalls können die beiden Anweisungen in der Funktion `quadratZahl()` verkürzt werden:

```
function quadratZahl(zahl)
{
  return zahl * zahl;
}
```

[x] Beachten Sie aber, dass solche Verkürzungen nicht unbedingt sauberer Programmierstil sind, da die Lesbarkeit des Quellcodes durch extreme Verkürzungen stark beeinträchtigt wird. Da Programmierer aber schreibfaul sind, werden Sie immer wieder auf solche Verschachtelungen stoßen.

24.6 Schleifen

Mit Schleifen können Sie Programmieranweisungen auf elegante Art und Weise so lange wiederholen, bis eine oder mehrere bestimmte Bedingungen erfüllt sind. Die einfachste Form dieser Schleifen ist die `while`-Schleife.

24.6.1 Die while-Schleife

Bei `while`-Schleifen (dt. *solange*) wird der Anweisungsblock erst dann ausgeführt, wenn die Bedingung nicht erfüllt ist. Die Syntax für eine `while`-Schleife lautet:

```
while([Bedingung])
{
  [Anweisungsblock]
}
```

Als Bedingung können Sie Konstruktionen mit allen möglichen Vergleichsoperatoren in Kombination mit logischen Operatoren notieren. Anstatt wie vorher bei falscher Eingabe des Passworts die Funktion erneut aufzurufen, können Sie nun mit der `while`-Schleife dieses Problem eleganter lösen. Außerdem können Sie die Wiederholung der Eingabe auf drei Versuche beschränken.

```
var eingabe = "";
var zaehle = 0;
while(eingabe != "PASSwort" && zaehle != 3)
{
  eingabe = prompt("Bitte geben Sie das Kennwort ein!","");
  zaehle++;
}
```

```
if(eingabe != "PASSwort")
{
  alert("Tja, Sie haben hier nichts zu suchen");
}
else
{
  alert("Herzlich Willkommen");
}
```

Zuallererst werden die beiden Variablen `eingabe` und `zaehle` definiert. Da der Benutzer bisher noch nichts eingegeben hat, wird der Variablen `eingabe` eine leere Zeichenkette zugewiesen. Außerdem muss die Variable `zaehle` auf den Wert 0 gesetzt werden. Als Bedingung für die `while`-Schleife wurde festgelegt, dass sie nur dann ausgeführt wird, wenn `eingabe` nicht den Wert `"PASSwort"` besitzt und `zaehle` nicht 3. Der Anweisungsblock der `while`-Schleife wird zu Beginn also auf jeden Fall durchlaufen. Anschließend bekommt `eingabe` die Tastatureingabe des Benutzers zugewiesen, und die Variable `zaehle` wird um 1 erhöht. Es wird erneut geprüft, ob `eingabe` nicht den Wert `"PASSwort"` enthält und `zaehle` nicht 3 ist. Folglich wird die Schleife entweder wiederholt oder verlassen. Anschließend wird mit einer `if`-Abfrage eine entsprechende Meldung ausgegeben.

Dieses Beispiel ließe sich nun gut in eine Funktion verpacken, die dann beim Öffnen des HTML-Dokuments ausgeführt würde.

24.6.2 Die do-while-Schleife

Im Gegensatz zur `while`-Schleife wird eine `do-while`-Schleife mindestens einmal durchlaufen, bis auf eine bestimmte Bedingung geprüft wird. Die Syntax lautet wie folgt:

```
do
{
  [Anweisungsblock]
}
while([Bedingung])
```

Am Beispiel des Passwortschutzes würde sich dann also folgendes Codebeispiel ergeben:

```
var eingabe = "";
var zaehle = 0;
do
{
  eingabe = prompt("Bitte geben Sie das Kennwort ein!","");
  zaehle++;
}
while(eingabe != "PASSwort" && zaehle != 3);
```

Die obligatorische Meldung nach der `do-while`-Schleife, ob das Passwort korrekt eingegeben wurde, habe ich außen vor gelassen, da sie zur Verdeutlichung nicht essenziell wichtig ist. Aber nun zum Beispiel: Nach der Definition der beiden Variablen `eingabe` und `zaehle` folgt der erste Durchlauf der `do-while`-Schleife. Es wird eine Eingabe vom Benutzer gefordert, und `zaehle` wird um 1 erhöht. Erst danach wird die Bedingung geprüft. Hat `eingabe` nicht den Wert `"PASSwort"` und `zaehle` nicht den Wert 3, wird die Schleife ein weiteres Mal durchlaufen.

24.6.3 Die for-Schleife

Bei einer `for`-Schleife wird von vornherein eine Variable definiert, die die Schleifendurchläufe zählt, und eine Abbruchbedingung festgelegt. Die Syntax lautet:

```
for([Initialisierung]; [Bedingung]; [Anweisung])
{
  [Anweisungsblock]
}
```

Als Initialisierung können Sie eine Variable definieren und ihr einen Wert zuweisen. Die Abbruchbedingung zum Beenden der Schleife wird als Bedingung notiert, und zusätzlich können Sie eine Anweisung angeben, die nach jedem Schleifendurchlauf ausgeführt wird. In der Regel sieht eine solche `for`-Schleife wie folgt aus:

```
for(var i = 0; i < 10; i++)
{
  document.write(i+"<br>");
}
```

Zuerst wird die Variable `i` definiert und ihr der Wert 0 zugewiesen (`var i = 0`). Als Bedingung wurde festgelegt, dass die Schleife durchlaufen wird, solange `i` kleiner als 10 ist (`i < 10`). Nach jedem Schleifendurchlauf wird `i` dann um 1 erhöht (`i++`). Innerhalb des Anweisungsblocks werden dann mit `document.write` die Variable `i` und ein HTML-Zeilenumbruch ausgegeben. Die Ausgabe dieses Beispiels sieht so aus:

```
0<br>
1<br>
2<br>
3<br>
4<br>
5<br>
6<br>
7<br>
8<br>
9<br>
```

Für den Passwortschutz ist auch diese Form der Schleife verwendbar:

```
for(var i=0, eingabe=""; eingabe!="PASSwort" && i!=3; i++)
{
  eingabe = prompt("Bitte geben Sie das Kennwort ein!","");
}
```

Insgesamt haben Sie also drei bis vier Zeilen Quellcode durch die `for`-Schleife eingespart, und man kann – je nach Geschmack – auch sagen, dass dieser Quellcode übersichtlicher geworden ist. Aus diesem Grund ist die `for`-Schleife bei Programmierern so beliebt – egal, welche Programmiersprache diese verwenden.

24.7 Zusammenfassung

- Funktionen werden in JavaScript mit dem Schlüsselwort `function` definiert. Anschließend folgt der Bezeichner der Funktion.
- Bei der Bezeichnung einer Funktion sind nur Buchstaben, Zahlen und der Unterstrich erlaubt.
- Um an eine Funktion Parameter übergeben zu können, müssen diese bei der Definition der Funktion in runden Klammern nach dem Funktionsbezeichner notiert werden. Mehrere Parameter werden durch Kommata voneinander getrennt.
- Funktionen können auch Werte zurückgeben. Dies erfolgt mit dem Schlüsselwort `return`, gefolgt von einem Wert oder einer Variablen.
- In JavaScript gibt es sowohl vor- als auch nachprüfende Schleifen.

24.8 Fragen und Übungen

1. Was ist der Unterschied zwischen vor- und nachprüfenden Schleifen?
2. Welche vorprüfenden Schleifen gibt es?
3. Welche nachprüfenden Schleifen gibt es?
4. Wenn Sie Variablen als Parameter an eine Funktion übergeben, müssen diese dann den gleichen Bezeichner haben wie der Parameter?
5. Wie können Sie innerhalb einer Funktion auf einen übergebenen Parameter zugreifen?
6. Schreiben Sie ein Skript mit einer `for`-Schleife, die zehnmal durchlaufen wird. Innerhalb der Schleife soll die Variable `a` bei jedem Durchlauf mit 2 multipliziert und zum Schluss ausgegeben werden.
7. Schreiben Sie eine Funktion, die zwei Werte übergeben bekommt und daraus die Potenz errechnet. Der erste Wert soll die Basis und der zweite Wert der Exponent sein. Die Potenz soll dann als Wert zurückgegeben werden. Zum Berechnen der Potenz soll eine Schleife verwendet werden. Beachten Sie dabei auch die Exponenten 0 und 1.

Ich habe kein anderes Interesse, als das Äußere der Gegenstände deutlich zu fassen. Dadurch freilich verstand ich auch den inneren Gang der Dinge.
– Johann Wolfgang von Goethe

25 Objektorientierung

Objekte in Programmiersprachen sind am einfachsten zu erklären, wenn Sie sich einen bestimmten Gegenstand vor Augen halten. Stellen Sie sich als Objekt einfach ein Auto vor. Sie können über ein Auto verschiedene Aussagen machen, z. B. in welcher Farbe es lackiert wurde, ob es ein 2-, 4- oder 5-Türer ist, wie viel Liter Hubraum und wie viel PS der Motor des Autos besitzt usw. Alles das sind Variablen bzw. Eigenschaften des Autos. Auch eine Interaktion mit dem Auto ist möglich. So lassen sich die Türen des Autos öffnen, die Zündung kann betätigt und die Scheinwerfer können eingeschaltet werden, und natürlich kann das Auto von einer Person gesteuert werden. Alles das sind Funktionen bzw. Methoden des Autos.

Eigenschaften und Methoden

Exakt über solche Eigenschaften und Methoden verfügen auch Objekte in der objektorientierten Programmierung (kurz OOP). Eine Eigenschaft eines Objekts ist mit einer Variablen gleichzusetzen und eine Methode mit einer Funktion. Dies bedeutet also, dass ein Objekt die Summe aus Variablen und Funktionen ist. Viele Programmiersprachen bieten schon vorgefertigte Objekte an, die Sie in Ihren eigenen Programmen verwenden können. So wird beispielsweise bei der Anweisung `document.write` die Methode `write` des Objekts `document` aufgerufen. Natürlich verfügt auch `document` über Eigenschaften, z. B. `title`. Diese Eigenschaft enthält den Titel des Dokuments, der mit dem `title`-Element festgelegt wurde, und die Eigenschaft `lastModified` enthält das letzte Änderungsdatum eines HTML-Dokuments.

Testen Sie einmal das folgende Beispiel in Ihrem Browser:

```
<!DOCTYPE HTML PUBLIC "-//W3C//DTD HTML 4.01 Transitional//EN">
<!-- Objekte -->
<html>
  <head>
    <title>Listing 4.1</title>
  </head>
  <body>
    <script type="text/javascript">
        titel = document.title;
        aenderung = document.lastModified;
        adresse = document.URL;
        hintergrundfarbe = document.bgColor;
```

```
        document.write("<h1>Details zu "+titel+"</h1>");
        document.write("<h3>Letzte &Auml;nderung: "+aenderung+"</h3>");
        document.write("<h3>URL: "+adresse+"</h3>");
        document.write("<h3>Hintergrund: "+hintergrundfarbe+"</h3>");
    </script>
  </body>
</html>
```

Listing 25.1 Weitere Eigenschaften des document-Objekts

Das Listing 25.1 gibt im Browser den Dokumenttitel, das Datum und die Uhrzeit der letzten Änderung, die URL bzw. den Pfad des Dokuments und den Wert der Hintergrundfarbe aus.

25.1 Eigenschaften

Wie Sie also eben festgestellt haben, können Sie die Eigenschaften von Objekten problemlos auslesen und einer Variablen mit dem =-Operator zuweisen. Umgekehrt können Sie der Eigenschaft eines Objekts mit dem =-Operator auch einen Wert zuweisen. Dies ist jedoch nicht bei jeder Eigenschaft möglich, denn einige von ihnen sind nur zum Auslesen gedacht. Dazu gehören die Eigenschaften `title`, `URL` und `lastModified` des `document`-Objekts. Die Eigenschaft `bgColor` können Sie sowohl auslesen als auch verändern. Das folgende Beispiel soll dies verdeutlichen:

```
<!DOCTYPE HTML PUBLIC "-//W3C//DTD HTML 4.01 Transitional//EN">
<!-- Objekte: Eigenschaften verändern -->
<html>
  <head>
    <title>Listing 4.2</title>
    <script type="text/javascript">
        function aendereFarbe()
        {
          document.bgColor = "#FF0000";
        }
    </script>
  </head>
  <body>
    <a href="javascript:aendereFarbe()">Farbe
    &auml;ndern!</a>
  </body>
</html>
```

Listing 25.2 Den Wert einer Eigenschaft ändern

Testen Sie das Listing 25.2 in Ihrem Browser. Nachdem Sie auf den Link geklickt haben, wird die Hintergrundfarbe des Dokuments in Rot (`#FF0000`) geändert.

[x] Beachten Sie, dass der Hex-Tripel-Wert in Anführungsstrichen steht und somit als String an `document.bgColor` übergeben worden ist. Achten Sie auch auf die Groß- und Kleinschreibung der Objektnamen, Eigenschaften und Methoden.

Für das Auto-Objekt könnten Sie nun auch verschiedene Eigenschaften festlegen. Gehen Sie einmal davon aus, Sie würden sich für einen VW Polo entscheiden, dann würden Sie das Objekt sicherlich `polo` oder `vwpolo` nennen. Als Eigenschaften könnte es `farbe`, `tueren`, `hubraum` und `PS` erhalten. Diese Eigenschaften können Sie nun mit dem =-Operator auslesen oder schreiben.

```
polo.farbe = "silber";       // Der Polo wird silber
polo.tueren = 3;             // Der Polo bekommt 3 Türen
hubraum = polo.hubraum;      // Wie viel Liter hat der Motor?
leistung = polo.PS;          // Und wie viel PS?
```

Um also auf Eigenschaften eines Objekts eine Lese- oder Schreiboperation durchzuführen, wird zuerst der Bezeichner des Objekts und durch einen Punkt getrennt die Eigenschaft notiert.

Mit den Vergleichsoperatoren können Sie auch Bedingungen festlegen, z. B. ab wie viel Leistung in PS Sie den Polo kaufen würden:

```
if(polo.leistung > 75)
{
  polo.kaufen();
}
```

25.2 Methoden

Methoden sind Funktionen eines Objekts. So ist z. B. `write` eine Methode des Objekts `document`. Auch `alert` oder `prompt` sind die Methoden eines Objekts, und zwar des Objekts `window`. Das Besondere an diesem Objekt ist, dass Sie beim Lesen und Schreiben einer Eigenschaft oder beim Ausführen einer Methode dieses Objekt nicht explizit angeben müssen. So könnten Sie anstelle von

```
alert("Willkommen auf meiner Webseite!");
eingabe = prompt("Wie ist Ihr Name? ","");
```

auch

```
window.alert("Willkommen auf meiner Webseite!");
eingabe = window.prompt("Wie ist Ihr Name? ","");
```

schreiben. Eine weitere Methode des Objekts `window` lautet `confirm`. Diese Methode fordert den Benutzer auf, entweder mit Ja oder mit Nein zu antworten. Als Ergebnis liefert die Methode dann entweder `true`, wenn der Benutzer auf OK geklickt hat, oder `false`, wenn er auf **Abbrechen** geklickt hat.

```
ergebnis = window.confirm("Klicken Sie auf OK, wenn Sie Fan von
                          Hertha BSC sind.");
if(ergebnis == true)
{
  alert("Toll, ein Fan von Hertha BSC.");
}
else
{
  alert("Kein Fan von Hertha? Schade.");
}
```

Für das Objekt `polo` könnten die Methoden `oeffneTuer`, `anlassen`, `lichtan`, `lichtaus` und `fahren` lauten. Dabei können die Methoden Parameter erwarten, einen Wert zurückgeben oder beides.

```
polo.oeffneTuer("Fahrertür");
laeuftMotor = polo.anlassen();
if(laeuftMotor == true)
{
  polo.lichtan();
  polo.fahren(50);
}
```

Zuerst wird die Methode `oeffneTuer` ausgeführt. Anschließend wird der Motor angelassen. Die Methode liefert `true` zurück, wenn der Motor läuft. Ist dies der Fall, werden die Scheinwerfer eingeschaltet, und der Wagen wird auf 50 (km/h) beschleunigt.

25.3 Objekthierarchie

Es ist sehr gut möglich, dass ein Objekt ein weiteres Objekt enthält und Sie aus dem untergeordneten Objekt eine Eigenschaft auslesen oder eine Methode ausführen möchten. Das Objekt `document`, das Sie bereits kennengelernt haben, ist ein untergeordnetes Objekt von `window`. Da Sie das `window`-Objekt zum Ausführen einer seiner Methoden nicht extra anführen müssen, müssen Sie dies beim `document`-Objekt auch nicht tun. Es ist aber trotzdem möglich. Das `window`-Objekt wird dann, ebenfalls getrennt durch einen Punkt, vor dem `document`-Objekt notiert.

```
window.document.write("Hallo WWW!");
```

25.4 Objekte instanziieren

Ein Objekt basiert immer auf einer Klasse, so wie eine Methode auf einer Funktion und eine Eigenschaft auf einer Variablen basiert. JavaScript kennt von vornherein eine Menge verschiedener Klassen. Eine davon ist `Date`, mit der verschiedene

Datums- und Zeitoperationen durchgeführt werden können, wie z. B. die Anzeige des aktuellen Datums. Da Objekte ähnlich funktionieren wie Variablen, muss vor der Verwendung eines Objekts einer `Date`-Klasse dieses erst einmal erzeugt werden. Man spricht dabei von einer Instanz. Um eine Instanz einer Klasse zu erzeugen (und somit ein Objekt), müssen Sie den =-Operator und das reservierte Wort `new` (dt. *neu*) verwenden.

```
datum = new Date();
```

Syntax

Zuerst wird ein Bezeichner für das Objekt notiert, bei dessen Namensgebung die gleichen Regeln wie beim Bezeichnen von Variablen gelten. Anschließend folgen der =-Operator und das Schlüsselwort `new`. Als Letztes wird die Klasse notiert, auf der das neue Objekt basieren soll. Die runden Klammern nach dem Klassennamen müssen notiert werden – aus welchem Grund, werden Sie später noch erfahren.

Das folgende Beispiel stellt dar, wie man ein Objekt der Klasse `Date` verwenden muss, um im Browser des Benutzers das aktuelle Datum auszugeben.

```
<!DOCTYPE HTML PUBLIC "-//W3C//DTD HTML 4.01 Transitional//EN">
<!-- Objekte instanziieren -->
<html>
  <head>
    <title>Listing 4.3</title>
    <script type="text/javascript">
        datum = new Date();
        document.write(datum);
    </script>
  </head>
  <body>
  </body>
</html>
```

Listing 25.3 Ausgabe des aktuellen Datums und der Uhrzeit im Browser

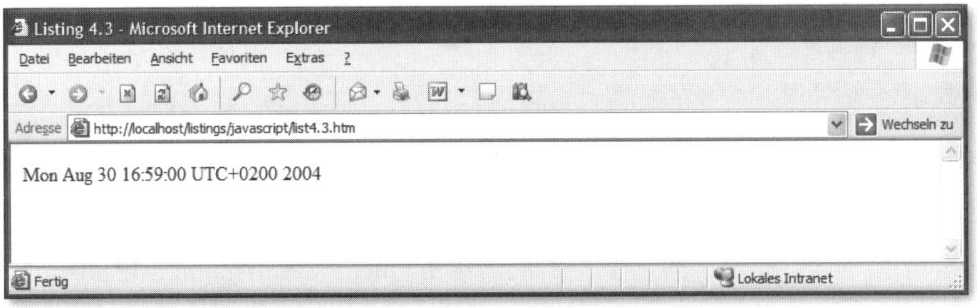

Abbildung 25.1 Browserausgabe des Listing 25.3 im Internet Explorer 6.0

In Listing 25.3 wird zuerst das Objekt `datum` erzeugt, das auf der Klasse `Date` basiert. Anschließend werden mit `document.write(datum);` das aktuelle Datum und die Uhrzeit im UNIX-Format ausgegeben. Die Ausgabe des Datums und der Uhrzeit im Browser lässt von der Formatierung her zu wünschen übrig. Daher sollten Sie diese Ausgabe ein wenig verfeinern und das Listing 25.3 um einige Zeilen Code erweitern:

```
<!DOCTYPE HTML PUBLIC "-//W3C//DTD HTML 4.01 Transitional//EN">
<!-- Datum und Uhrzeit -->
<html>
  <head>
    <title>Listing 4.4</title>
    <script type="text/javascript">
      datum = new Date();
      std = datum.getHours();
      min = datum.getMinutes();
      sek = datum.getSeconds();
      tag = datum.getDate();
      mon = datum.getMonth() + 1;
      jhr = datum.getYear();
      document.write("<h3>Datum: "
                          +tag+"."+mon+"."+jhr+"</h3>");
      document.write("<h3>Uhrzeit: "
                          +std+":"+min+":"+sek+"</h3>");
    </script>
  </head>
  <body>
  </body>
</html>
```

Listing 25.4 Ausgabe des aktuellen Datums und der Uhrzeit in einer anwenderfreundlicheren Formatierung

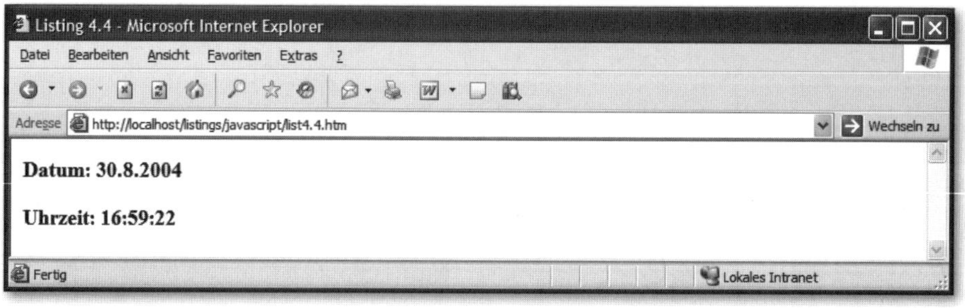

Abbildung 25.2 Ausgabe des Listing 25.4 im Internet Explorer 6.0

Die Methoden `getHours()`, `getMinutes()` und `getSeconds()` des `datum`-Objekts ermitteln jeweils die Anzahl der vergangenen Stunden, Minuten und Sekunden seit 0:00 Uhr. Die Methode `getYear()` ermittelt die aktuelle Jahreszahl. Je nach Systemumgebung des Benutzers wird diese Zahl entweder zweistellig oder vierstellig ausgegeben.

Januar = 0? Die Methode `getMonth()` gibt die Zahl des Monats aus. Die Zählung beginnt jedoch mit 0. Der Januar entspricht dabei also der Zahl 0 und der Dezember der Zahl 11. Deshalb wird zu dem durch `getMonth()` ermittelten Wert 1 hinzuaddiert. Die

Methode `getDate()` liefert den Tag als Zahl zurück. Mit der Anweisung `document.write` werden anschließend einmal das Datum und einmal die Uhrzeit ausgegeben.

25.5 Mehrere Anweisungen

Wenn Sie wie in Listing 25.4 mehrere Methoden eines Objekts ausführen möchten, kann es sehr umständlich werden, jedes Mal den Namen des Objekts und anschließend die Methode zu notieren. Deshalb wurde mit der Anweisung `with` (dt. *mit*) Abhilfe geschaffen. In runden Klammern notieren Sie hinter `with` ein Objekt, und in geschweiften Klammern folgen dann die Methoden des Objekts.

```
with([Objekt])
{
  [Anweisungsblock]
}
```

Die Vereinfachung des Listing 25.4 mit der Anweisung `with` sieht dann wie folgt aus:

```
datum = new Date();
with(datum)
{
  std = getHours();
  min = getMinutes();
  sek = getSeconds();
  tag = getDate();
  mon = getMonth() + 1;
  jhr = getYear();
}
document.write("<h3>Datum: "+tag+"."+mon+"."+jhr+"</h3>");
document.write("<h3>Uhrzeit: "+std+":"+min+":"+sek+"</h3>");
```

Sie sollten dabei aber etwas beachten: Wenn Sie einen `with`-Block um ein längeres Code-Fragment (oder gar um den gesamten Quelltext) setzen, leidet darunter unter Umständen die Lesbarkeit. Sie sollten also möglichst einen Mittelweg finden und `with`-Blöcke nur dann einsetzen, wenn es hilft, den Quelltext zu lesen. [x]

25.6 Eigene Klassen

Bisher habe ich immer behauptet, dass Objekte Instanzen einer Klasse sind. Dies ist in der objektorientierten Programmierung auch so vorgesehen und festgelegt. Jedoch wurde dies in JavaScript ein wenig schlampig umgesetzt, denn JavaScript ist nicht wirklich objektorientiert, sondern **objektangelehnt**. Der Unterschied besteht darin, dass Sie immer eine Möglichkeit finden werden, um die Verwendung von Objekten zu umgehen, was in einer objektorientierten Sprache nicht oder nur sehr schwer möglich wäre. Zwar können Sie in JavaScript eigene Klassen erzeugen und davon auch Objekte instanziieren, jedoch lassen sich diese Klassen nicht als solche kennzeichnen. In Java wird eine Klasse beispielsweise mit dem Schlüsselwort `class` eingeleitet, genau wie in PHP – nicht so in JavaScript. Dort müssen Sie eine Funktion definieren, die andere Funktionen referenziert, und bilden schlussendlich daraus die Klasse. Ich möchte Ihnen aber an dieser Stelle trotzdem die Verwendung von eigenen Klassen in JavaScript kurz erklären.

Die Klasse automobil

Fangen Sie mit einer Klasse an, die lediglich zwei Eigenschaften enthält. Diese Klasse soll als Basis für Objekte dienen, die ein Auto repräsentieren. Als Eigenschaften soll diese Klasse die Farbe und die Anzahl der Türen des Autos erhalten.

```
function  automobil()
{
  this.farbe = "keine Farbe";
  this.tueren = "keine Türen";
}
```

Zuerst wird also eine normale Funktionsdefinition vorgenommen. Im Anweisungsblock der Funktion wird dann mit dem Schlüsselwort `this` (dt. *dieses*) das eigene Objekt referenziert. An dieser Stelle müssen Sie `this` verwenden, da Sie den Bezeichner des Objekts später frei wählen und somit nicht in der »Klassendefinition« mit angeben können. Daraus folgt, dass sich `this` immer auf das eigene Objekt bezieht. Nach `this` folgen einmal `farbe` und einmal `tueren`. Damit wird eine Variable für diese Klasse definiert, die später als Eigenschaft des Objekts zur Verfügung steht. Da zu Beginn weder die Farbe noch die Anzahl der Türen des Autos feststehen, bekommen Sie den Wert `"keine Angabe"` zugewiesen. Mit der Anweisung

```
polo = new automobil();
```

könnten Sie nun ein neues Objekt instanziieren, das auf der Klasse `automobil` basiert. Zu Beginn des Kapitels habe ich auch von Hubraum und Leistung gesprochen. Auch diese Eigenschaften lassen sich dieser Klasse noch hinzufügen.

```
function automobil()
{
  this.farbe = "keine Angabe";
  this.tueren = "keine Angabe";
  this.hubraum = "keine Angabe";
  this.PS = "keine Angabe";
}
```

Den Eigenschaften eines Objekts dieser Klasse könnten Sie nun Werte zuweisen oder Sie könnten Werte auslesen:

```
polo = new automobil();
polo.farbe = "silber";
polo.tueren = 5;
polo.hubaum = 1598;
```

```
polo.PS = 75;
document.write("Farbe: "+polo.farbe+"<br>");
document.write("Hubraum: "+polo.hubraum);
```

Methoden definieren

Wenn Sie dieses Auto nun kaufen möchten, benötigen Sie noch eine entsprechende Methode. Nennen Sie diese Methode einmal `kaufen`. Zuerst definieren Sie die Funktion `kaufen` und weisen sie anschließend der Klasse `automobil` als Methode zu.

```
function kaufen()
{
  alert("Sie haben dieses Auto in "+this.farbe+
        " gekauft.");
}
function automobil()
{
  this.farbe = "keine Angabe";
  this.tueren = "keine Angabe";
  this.hubraum = "keine Angabe";
  this.PS = "keine Angabe";
  this.kaufen = kaufen;
}
```

Bei der Definition von Methoden für eine Klasse werden die runden Klammern nicht notiert.

```
this.[Methodenname] = [Funktionsname];
```

Der Methodenaufruf könnte nun folgendermaßen stattfinden. Zuerst setzen Sie neue Werte für die Eigenschaften des Objekts und führen anschließend die Methode `kaufen` aus, um das Auto zu erwerben.

```
polo = new automobil();
  // Eigenschaft festlegen
polo.farbe = "silber";
polo.tueren = 5;
polo.hubraum = 1598;
polo.PS = 75;
  // Auto kaufen
polo.kaufen();
```

25.7 Zusammenfassung

- Objekte sind eine Menge von Variablen und Funktionen. Variablen bilden die Eigenschaften eines Objekts und Funktionen die Methoden.
- Objekte basieren auf Klassen. Sie werden durch das Instanziieren einer Klasse erzeugt. Dies erfolgt mit der Anweisung `new` und dem Zuweisungsoperator =.
- Objekte können auch andere Objekte enthalten.

- Der Zugriff auf Eigenschaften, Methoden oder Unterobjekte erfolgt durch die Angabe der Bezeichner, getrennt durch einen Punkt.
- Bei der Definition einer Klasse kann auf Eigenschaften und Methoden durch das Schlüsselwort `this` zugegriffen werden.
- Klassen in JavaScript werden jedoch nicht, wie in anderen Programmiersprachen sonst üblich, mittels `class` definiert, sondern durch eine Funktion.

25.8 Fragen und Übungen

1. Programmierer sind schreibfaul. Welche Erleichterungen stehen zur Verfügung, wenn Sie auf verschiedene Eigenschaften und Methoden eines Objekts zugreifen möchten, ohne jedes Mal den Bezeichner des Objekts angeben zu müssen?
2. Wie nennen sich Variablen eines Objekts?
3. Wie nennen sich Funktionen eines Objekts?
4. Wie wird ein neues Objekt instanziiert? Zeigen Sie dies am Beispiel der Klasse `Date`.

Die meiste Zeit geht dadurch verloren, dass man nicht zu Ende denkt.
– Dr. Alfred Herrhausen (1930 – 1989)

26 Datums- und Zeitfunktionen

26.1 Formatierte Datumsausgabe

Das Objekt `Date` haben Sie bereits kennengelernt, und Sie wissen auch, welche Möglichkeiten zur Verfügung stehen, um eine entsprechende Datums- und Zeitausgabe zu ermöglichen. Es verfügt über viele Methoden. Dazu gehören unterschiedliche Arten für die Rückgabe von Werten und zum Festlegen eines Datums und einer Uhrzeit. Jedoch gibt es keine Methode, um den Namen eines Monats zu ermitteln. Zwar könnten Sie diesen mit einer `switch`-Anweisung herausbekommen, es gibt aber eine elegantere Möglichkeit.

26.1.1 Arrays

Dafür benötigen Sie ein so genanntes Array (dt. *Feld*). Das Besondere an einem Array ist, dass es viele Variablen enthalten kann, die über einen Index angesprochen werden. Der Zweck von Arrays ist, dass gleichartige Variablen zusammengefasst werden können. Möchten Sie also die Namen von zehn verschiedenen Bekannten in einer einzelnen Variablen speichern, müssten Sie zehn einzelne Variablen definieren und ihnen einen entsprechenden Wert zuweisen. Sobald es mehr als zehn Bekannte werden, wird dies sehr schnell unübersichtlich und ist mit viel Tipparbeit verbunden. Arrays sind keine Variablen, sondern Objekte, die auf der Klasse `Array` basieren. Um nun also ein Array-Objekt zu erzeugen, müssen Sie das Schlüsselwort `new` verwenden.

```
[Bezeichner] = new Array();
bekannte = new Array();
```

Feldgröße

Bei der Definition eines Arrays können Sie entweder die Größe des Arrays mit einer Zahl festlegen oder die einzelnen Werte, die das Array enthalten soll, durch Kommata getrennt notieren. Die einzelnen Werte eines Arrays werden auch **Feld** oder **Element** genannt.

```
[Bezeichner] = new Array([Größe]);
bekannte = new Array(10);
```

Die letzte Angabe erzeugt ein Array mit dem Bezeichner `bekannte` und einer Größe von `10` Feldern.

```
[Bezeichner] = new Array([Feld1],[Feld2],[Feld3]..[FeldN]);
bekannte = new Array("Conny","Kolja","Christian");
```

Die letzte Angabe erzeugt ein Array mit dem Bezeichner `bekannte` und den Feldern `"Conny"`, `"Kolja"` und `"Christian"`. Bei dieser Variante erhalten die einzelnen Felder des Arrays einen Wert, und die Größe des Arrays wird automatisch auf 3 gesetzt.

Indizes Wie bereits erwähnt, wird auf die einzelnen Felder eines Arrays mit einem Index zugegriffen. Dieser Index wird als Zahl in eckigen Klammern nach dem Bezeichner notiert.

```
bezeichner[Index]
```

Die Zählung beginnt dabei bei 0. Die Reihenfolge der einzelnen Werte bestimmt sich durch die Reihenfolge, in der sie bei der Erzeugung des Arrays angegeben wurden. So hat z. B. der String `"Conny"` den Index 0, der String `"Kolja"` den Index 1 und der String `"Christian"` den Index 2.

```
bekannte = new Array("Conny","Kolja","Christian");
name = bekannte[0];
alert(name);
```

Diese drei Zeilen würden zunächst ein Array mit dem Bezeichner `bekannte` erzeugen, der Variablen `name` den Wert des Elements mit dem Index 0 zuweisen und diesen anschließend in einem Dialogfenster ausgeben. Sie können aber auch nachträglich den Wert eines Felds ändern, und zwar mit dem =-Operator. Dabei müssen Sie einfach den Index des zu verändernden Felds angeben und mit dem =-Operator den Wert zuweisen.

```
bekannte = new Array("Conny","Kolja","Christian");
bekannte[3] = "Stephan";
```

Das Array ist nun 4 Felder groß. Daraus geht auch hervor, dass ein Array während eines Programmablaufs dynamisch vergrößert werden kann. Dies müssen Sie nicht extra festlegen, stattdessen erfolgt die Vergrößerung automatisch durch die Angabe des Index'.

26.1.2 Monatsnamen ermitteln

Nun komme ich zum eigentlichen Vorhaben zurück, nämlich anhand der Monatszahl den entsprechenden Namen auszugeben. Zunächst benötigen Sie ein Array, in dem Sie die Monatsnamen ablegen.

```
monate = new Array("Januar","Februar","März","April",
  "Mai","Juni","Juli","August","September","Oktober",
  "November","Dezember");
```

Dann benötigen Sie ein Objekt der Klasse `Date`, um die aktuelle Monatszahl ermitteln zu können. Diese Zahl speichern Sie in der Variablen `mon`.

```
datum = new Date();
mon = datum.getMonth();
```

Die Methode `getMonth()` beginnt bei der Ausgabe der Monatszahl mit 0. Dies kommt uns sehr gelegen, da bei einem Array die Zählung ebenfalls bei 0 beginnt. Sie können die Variable `mon` dadurch einfach als Index für das Array `monate` verwenden.

```
alert(monate[mon]);
```

Im Vergleich zu dem Beispiel aus Kapitel 22.6, *Fallunterscheidung – switch*, bei dem Sie den Monatsnamen mit einer `switch`-Anweisung ermittelt haben, wurde der Quellcode viel kürzer und außerdem übersichtlicher.

26.1.3 Wochentag ermitteln

Ähnlich wie mit den Monatsnamen verhält es sich auch mit dem Wochentag. Das `Date`-Objekt verfügt leider über keine Methode, mit der es möglich wäre, den Tag als Namen zu ermitteln, z. B. Montag oder Freitag. Aus diesem Grund erzeugen Sie wieder ein Array mit den Wochentagen.

```
wochentage = new Array("Sonntag","Montag","Dienstag",
  "Mittwoch","Donnerstag","Freitag","Samstag");
```

[x]

Möglicherweise wundern Sie sich jetzt, warum das erste Feld des Arrays der Sonntag und nicht der Montag ist. Das liegt daran, dass die Methode `getDay()` bei der Zählung der Wochentage ebenfalls mit Sonntag beginnt. Den entsprechenden Wochentag können Sie nun wie folgt ermitteln:

```
wochentage = new Array("Sonntag","Montag","Dienstag",
  "Mittwoch","Donnerstag","Freitag","Samstag");
datum = new Date();
wtg = datum.getDay();
alert(wochentage[wtg]);
```

26.1.4 Vierstellige Jahreszahl

Um die Jahreszahl zu ermitteln, kennen Sie bereits die Methode `getYear()`. Diese liefert im Internet Explorer immer ein vierstelliges Ergebnis. Im Netscape Navigator liefert diese Methode aber eine zweistellige Jahreszahl. Deshalb müssen Sie immer, wenn Sie eine vierstellige Jahreszahl erhalten möchten, die Methode `getFullYear()` verwenden.

```
datum = new Date();
jhr = datum.getFullYear();
alert(jhr);
```

26.1.5 Kombinierte Ausgabe

Das endgültige Skript für die formatierte Datumsausgabe, nach dem Schema

```
[Wochentag], [Tag]. [Monatsname] [Vierstellige-Jahreszahl]
```

würde dann wie folgt aussehen:

```
<!DOCTYPE HTML PUBLIC "-//W3C//DTD HTML 4.01 Transitional//EN">
<!-- Formatierte Datumsausgabe -->
<html>
  <head>
    <title>Listing 5.1</title>
    <script type="text/javascript">
        monate = new Array("Januar","Februar","März",
          "April","Mai","Juni","Juli","August",
          "September","Oktober","November","Dezember");
        wochentage = new Array("Sonntag","Montag",
          "Dienstag","Mittwoch","Donnerstag","Freitag",
          "Samstag");
        datum = new Date();
        wtg = datum.getDay();
        tag = datum.getDate();
        mon = datum.getMonth();
        jhr = datum.getFullYear();
        ausgabe = wochentage[wtg]+", der "+tag+"."
                  +monate[mon]+" "+jhr;
        document.write(ausgabe);
    </script>
  </head>
  <body>
  </body>
</html>
```

Listing 26.1 Dieses Beispiel gibt ein Datum in einer speziellen Formatierung aus.

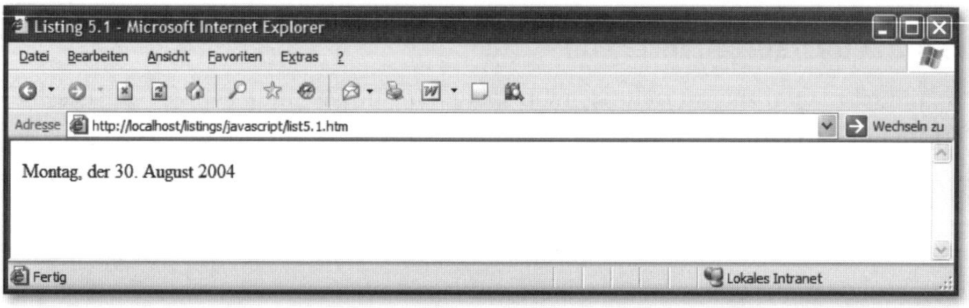

Abbildung 26.1 Browserausgabe des Listing 26.1 im Internet Explorer 6.0

Zuerst werden die beiden bereits bekannten Arrays `monate` und `wochentage` definiert. Anschließend wird das Objekt `datum` definiert, das auf der Klasse `Date` basiert. Nachdem der Wochentag, der Tag des Monats, die Monatszahl und die Jahreszahl ermittelt worden sind, erfolgt die kombinierte Ausgabe im Browser.

26.2 Führende Nullen

Mit »Führende Nullen« sind nicht etwa Vorgesetzte oder gar der Chef gemeint, sondern das Erweitern einer einstelligen Stunden-, Minuten- oder Sekunden-Angabe. Die Methoden `getHours()`, `getMinutes()` und `getSeconds()` geben ja bekanntlich die Stunde, die Minuten und die Sekunden einer Uhrzeit zurück. Da die Werte jedoch als Zahlenwert (Integer) und nicht als Zeichenkette (String) zurückgegeben werden, kann es passieren, dass eine Ausgabe der Uhrzeit, die anhand dieser Methoden erfolgte, so aussieht:

```
9:7:3
```

Diese Ausgabe der Uhrzeit ist aber unglücklich. Mit einer einfachen Entweder-oder-Abfrage lässt sich dieses Problem geschickt umgehen:

```
std = (std < 10) ? "0"+std : std;
min = (min < 10) ? "0"+min : min;
sek = (sek < 10) ? "0"+sek : sek;
```

Bei diesen Entweder-oder-Abfragen wird überprüft, ob der zurückgegebene Wert kleiner als 10 ist. Wenn dies der Fall ist, wird entweder eine 0 vor den Wert gesetzt oder der Wert ganz normal zurückgegeben. Die 0 steht in Anführungszeichen, damit der Wert in einen String umgewandelt wird. Andernfalls würden Sie den Zeitwert einfach mit 0 addieren. Das vollständige Beispiel sieht dann wie folgt aus:

```
<!DOCTYPE HTML PUBLIC "-//W3C//DTD HTML 4.01 Transitional//EN">
<!-- Formatierte Zeitausgabe -->
<html>
  <head>
    <title>Listing 5.2</title>
    <script type="text/javascript">
        datum = new Date();
        std = datum.getHours();
        min = datum.getMinutes();
        sek = datum.getSeconds();
        std = (std < 10) ? "0"+std : std;
        min = (min < 10) ? "0"+min : min;
        sek = (sek < 10) ? "0"+sek : sek;
        document.write(std+":"+min+":"+sek);
    </script>
  </head>
  <body>
  </body>
</html>
```

Listing 26.2 Beispiel zum Erweitern der Zeitwerte um eine führende Null

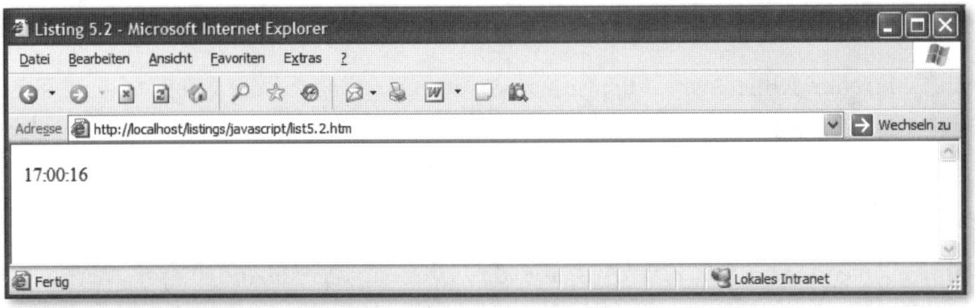

Abbildung 26.2 Darstellung des Listings 26.2 im Internet Explorer 6.0

26.3 Besuchsdauer

Ein weiterer interessanter Aspekt bei der Verwendung von Objekten, die auf der Date-Klasse basieren, ist es, die Verweildauer des Benutzers auf der Webseite zu ermitteln. Sie benötigen dazu lediglich eine Funktion, die die bisherige Dauer regelmäßig errechnet.

```
<!DOCTYPE HTML PUBLIC "-//W3C//DTD HTML 4.01 Transitional//EN">
<!-- Besuchsdauer -->
<html>
  <head>
    <title>Listing 5.3</title>
    <script type="text/javascript">
        start = new Date();
        startzeit = start.getTime();

        function stoppuhr()
        {
          aktuell = new Date();
          zeit = (aktuell.getTime() - startzeit) / 1000;
          document.besuch.dauer.value = Math.round(zeit);
          setTimeout('stoppuhr()',1000);
        }
    </script>
  </head>
  <body onLoad="setTimeout('stoppuhr()',0)">
    <form name="besuch">
      Sie sind seit <input name="dauer" size="10"> Sekunden auf
      dieser Seite.
    </form>
  </body>
</html>
```

Listing 26.3 JavaScript, das die Verweildauer des Benutzers auf der Webseite ermittelt.

Erklärung

Im Skript-Bereich des HTML-Dokuments wird zuallererst das *Date*-Objekt `start` erzeugt und anschließend mit `getTime()` die aktuelle Uhrzeit in der Variablen `startzeit` gespeichert. Dies ist der Ausgangswert und gleichzeitig die Uhrzeit, zu der der Benutzer die Seite aufgerufen hat.

Anschließend folgt die Funktion `stoppuhr()`. Diese Funktion soll dafür verwendet werden, die Dauer des Besuchs zu errechnen. In dieser Funktion wird erneut ein Objekt der Klasse `Date` mit dem Bezeichner `aktuell` instanziiert. Dieses Objekt dient dazu, die im Moment des Funktionsaufrufs aktuelle Uhrzeit auszulesen. In der Variablen `zeit` wird die Differenz zwischen der Start- und der Ausführungszeit der Funktion gespeichert. Dabei wird die Startzeit von der Ausführungszeit abgezogen. Das Ergebnis ist ein Integerwert, der die Differenz in Millisekunden angibt. Für uns reicht aber eine Angabe in Sekunden aus. Aus diesem Grund wird der Millisekundenwert durch 1000 (1000 Millisekunden gleich 1 Sekunde) geteilt.

Anschließend folgt eine Ihnen bisher unbekannte Anweisung:

```
document.besuch.dauer.value
```

Zugriff auf Elemente

Das Objekt `document` ist Ihnen bereits bekannt. Um einen Text im HTML-Dokument auszugeben, verwenden Sie dessen Methode `write`. Dieses Objekt enthält aber auch alle Formulare des HTML-Dokuments als Objekte, die wiederum alle Elemente eines Formulars als Objekte enthalten. Im HTML-Dokument wurde ein Formular mit dem Wert `besuch` im `name`-Attribut definiert. Innerhalb dieses Formulars wurde außerdem ein `input`-Element notiert, das im `name`-Attribut den Wert `dauer` aufweist. Indem Sie nun zuerst das Objekt des Formulars `besuch` und anschließend das Objekt des `input`-Elements `dauer` angeben, können Sie den Wert des `value`-Attributs auslesen oder verändern. Dafür verwenden Sie den =-Operator. Ebenfalls neu ist die Methode `round` des `Math`-Objekts.

```
Math.round(zeit)
```

Werte runden

Das `Math`-Objekt verfügt über viele Methoden, um mathematische Berechnungen durchzuführen, unter anderem auch über die Methode `round`, die eine kaufmännische Rundung eines Fließkommawerts (auch Dezimalzahl oder reelle Zahl genannt) durchführt. Da die Variable `zeit` einen solchen Fließkommawert enthält und die Ausgabe eines »runden« Werts wesentlich besser geeignet ist, müssen Sie den Wert also runden. Der gerundete Wert wird an das `value`-Attribut das `input`-Element übergeben.

Auszeit

Zum Schluss folgt die Anweisung `setTimeout(...)`. Diese Anweisung findet sich auch im `onLoad`-Event-Handler des `body`-Elements wieder. Mit dieser Anweisung können Sie eine Funktion nach einer bestimmten Wartezeit in Millisekunden ausführen lassen. Im `onLoad`-Event-Handler ist dies die Funktion `stoppuhr()`, die nach 0 Millisekunden ausgeführt werden soll, also sofort nach dem Laden des Dokuments. In der Funktion `stoppuhr()` führt die Anweisung

```
setTimeout('stoppuhr()',1000);
```

ebenfalls die Funktion stoppuhr() aus, wartet jedoch 1000 Millisekunden (also 1 Sekunde). Dies ermöglicht einen zeitgesteuerten Ablauf, der jede Sekunde ausgeführt wird und die Verweildauer des Benutzers immer aktuell im input-Element ausgibt.

[x] Die Methode setTimeout() gehört übrigens zum window-Objekt.

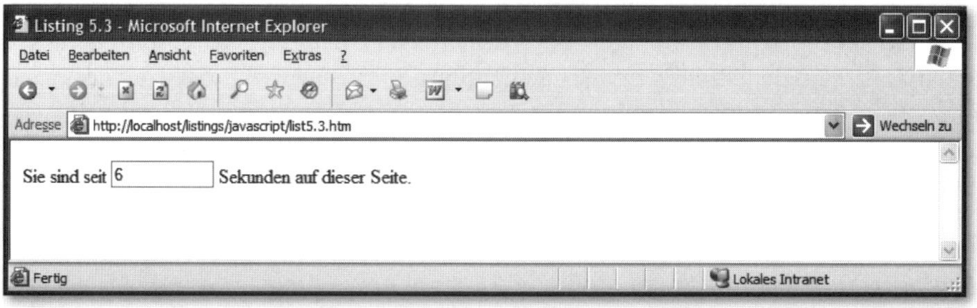

Abbildung 26.3 Browserausgabe des Listing 25.3 im Internet Explorer 6.0

Die Anwendung dieses Skripts ist nicht ausschließlich auf die Darstellung der Dauer beschränkt. Sie könnte auch verwendet werden, um zu ermitteln, wie lange ein Benutzer eine Seite betrachtet, bevor er eine Aktion ausgeführt. Dies ist für statistische Zwecke sehr interessant.

26.4 Countdown

Eine weitere Möglichkeit ist es, die noch verbleibende Zeit bis zu einem festgelegten Zeitpunkt zu errechnen, z. B. bis Weihnachten oder das Jahr 2010.

```
<!DOCTYPE HTML PUBLIC "-//W3C//DTD HTML 4.01 Transitional//EN">
<!-- Countdown -->
<html>
  <head>
    <title>Listing 5.4</title>
    <script type="text/javascript">
          endzeit = new Date(2010,0,1,0,0,0);
      function countdown()
      {
        aktuell = new Date();
        zeit = (endzeit - aktuell) / 1000;
        document.countdown.dauer.value = Math.round(zeit);
        setTimeout('countdown()',1000);
      }
    </script>
  </head>
  <body onLoad="setTimeout('countdown()',0)">
```

```
    <form name="countdown">
      Es sind noch <input name="dauer" size="10">
      <b>Sekunden</b> bis zum Jahr 2010.
    </form>
  </body>
</html>
```

Listing 26.4 JavaScript, das die verbleibende Zeit in Sekunden bis zum Zeitpunkt t errechnet

Erklärung

Zuerst wird ein neues `Date`-Objekt erzeugt, das den Bezeichner `endzeit` erhält. Das Besondere ist, dass Sie, statt das aktuelle Datum zu ermitteln, diesmal ein bestimmtes Datum bei der Instanziierung festlegen, und zwar den 01.01.2010, 0:00:00 Uhr. Die Reihenfolge der Parameter für `Date()` lautet Jahr, Monat, Tag, Stunde, Minute und Sekunde.

Anschließend folgt die Definition der Funktion `countdown()`. Im Anweisungsblock der Funktion folgt zuerst die Instanziierung des Objekts `aktuell`. Dieses soll den aktuellen Zeitpunkt bei Ausführung der Funktion ermitteln. Der Variablen `zeit` wird die Differenz der Variablen `endzeit` und `aktuell` geteilt durch 1000 zugewiesen. Die Teilung durch 1000 errechnet anstelle der Zeitspanne in Millisekunden die Zeitspanne in Sekunden.

Die Differenz in Sekunden wird gerundet und an das `input`-Element mit dem Wert `dauer` im `name`-Attribut des Formulars `countdown` zugewiesen. Anschließend folgt der erneute Aufruf der Funktion `countdown` nach einer Wartezeit von 1000 Millisekunden. Diese Funktion wird ebenfalls im `onLoad`-Event-Handler des `body`-Elements nach der Dauer von 0 Millisekunden (also sofort) aufgerufen.

26.4.1 Verbesserungen

Sowohl das Skript in Listing 26.3 als auch das Skript in Listing 26.4 könnten insofern verbessert werden, als dass nicht nur die Dauer in Sekunden dargestellt wird, sondern in Tagen, Stunden, Minuten und Sekunden. Probieren Sie einmal, beide Skripts um diese Funktion zu erweitern. Ein Tipp: Sie werden den `%`-Operator benötigen.

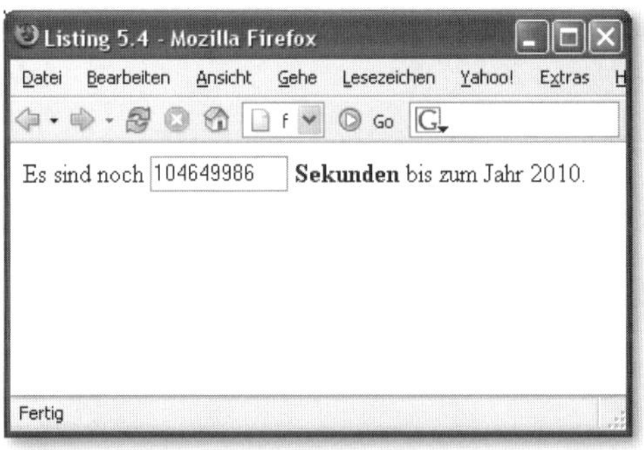

Abbildung 26.4 Darstellung des Listing 26.4 in Mozilla Firefox

26.5 Datum validieren

Es kann vorkommen, dass der Benutzer ein Datum eingeben soll und Sie dieses Datum auf Gültigkeit überprüfen wollen oder sogar müssen, um beispielsweise zu verhindern, dass der Benutzer ein Datum wie 31.2., 32.13. oder 0.0. eingibt.

26.5.1 Schaltjahr

Das folgende Listing prüft, ob ein eingegebenes Jahr ein Schaltjahr ist.

```
<!DOCTYPE HTML PUBLIC "-//W3C//DTD HTML 4.01 Transitional//EN">
<!-- Schaltjahr -->
<html>
  <head>
    <title>Listing 5.5</title>
    <script type="text/javascript">
        function pruefen()
        {
          j = parseInt(document.datum.jahr.value);
          sj = (((j%4==0) && (j%100!=0)) || (j%400==0));
          if (sj)
          {
            alert(j+" ist ein Schaltjahr!");
          }
          else
          {
            alert(j+" ist kein Schaltjahr!");
          }
        }
    </script>
  </head>
  <body>
    <form name="datum">
      <input name="jahr" size="4" value="2006">
      <a href="javascript:pruefen()">Pr&uuml;fen!</a>
    </form>
  </body>
</html>
```

Listing 26.5 JavaScript, das überprüft, ob ein eingegebenes Jahr ein Schaltjahr ist

Berechnung Die Berechnung eines Schaltjahrs ist recht simpel. Ein Jahr ist dann ein Schaltjahr, wenn die Jahreszahl durch 4 ohne Rest, nicht aber durch 100 ohne Rest teilbar ist. Daraus ergibt sich folgende Bedingung:

```
(Jahr % 4 == 0) && (Jahr % 100 != 0)
```

Außerdem ist ein Jahr dann ein Schaltjahr, wenn sich die Jahreszahl ohne Rest durch 400 teilen lässt. Die entsprechende Bedingung lautet:

```
(Jahr % 400 == 0)
```

Die zusammengesetzte Bedingung lautet dann:

```
((Jahr % 4 == 0) && (Jahr % 100 != 0)) || (Jahr % 400 == 0)
```

Die Funktion `pruefen()` wird aufgerufen, sobald der Benutzer auf den Verweis klickt. Im Anweisungsblock der Funktion wird zuerst der Wert des `input`-Elements in eine Zahl umgewandelt. Diese Umwandlung wird mit der Funktion `parseInt()` ermöglicht. Enthält der umzuwandelnde String Zeichen, erhält die Zielvariable den Wert `NaN` (engl. *not a number*, dt. *keine Zahl*). Anschließend wird die Bedingung geprüft und das Resultat (`true` oder `false`) in der Variablen `sj` gespeichert. Ist der Wert der Variablen `true`, ist das angegebene Jahr ein Schaltjahr, bei `false` ist das Jahr kein Schaltjahr.

26.5.2 Zahlenbereich

Eine Datumsangabe darf nur aus folgenden Zahlen bestehen:

- **Tag** – 1 bis 31 (bzw. 28 oder 29 für den Februar)
- **Monat** – 1 bis 12
- **Jahr** – beliebig, da Sie den Kalenderwechsel im Jahre 1582 nicht berücksichtigen

Das folgende Listing prüft ein Datum auf seine Gültigkeit:

```
<!DOCTYPE HTML PUBLIC "-//W3C//DTD HTML 4.01 Transitional//EN">
<!-- Datum validieren -->
<html>
  <head>
    <title>Listing 5.6</title>
    <script type="text/javascript">
      function pruefen()
      {
        d = new Array(31,28,31,30,31,30,31,31,30,31,30,31);
        t = parseInt(document.datum.tag.value);
        m = parseInt(document.datum.monat.value);
        j = parseInt(document.datum.jahr.value);
        d[1] = (((j%4==0) && (j%100!=0)) || (j%400==0))?29:28;
        erg = ((t>=1) && (t<=d[m-1]))?"gültig":"UNGÜLTIG";
        alert(erg);
      }
    </script>
  </head>
  <body>
    <form name="datum">
      Tag: <input name="tag" size="2" value="1">
```

```
      Monat: <input name="monat" size="2" value="1">
      Jahr: <input name="jahr" size="4" value="2006">
      <br>
      <a href="javascript:pruefen()">Pr&uuml;fen!</a>
    </form>
  </body>
</html>
```

Listing 26.6 JavaScript, das die Gültigkeit eines Datums überprüft und dabei Schaltjahre berücksichtigt.

Zuerst wird das Array `d` erzeugt, das als Felder die maximalen Tage eines Monats in der Reihenfolge Januar bis Dezember erhält, wobei für den Februar die Zahl 28 notiert wird, da diese für den Februar typisch ist. Anschließend wird der Variablen `t` der umgewandelte String des `input`-Elements `tag`, der Variablen `m` der umgewandelte String des `input`-Elements `monat` und der Variablen `j` der umgewandelte String des `input`-Elements `jahr` zugewiesen.

Ist das Jahr ein Schaltjahr?

Nach dem Konvertieren der Strings in Integer-Werte wird überprüft, ob das angegebene Jahr ein Schaltjahr ist. Dabei wird die gleiche Bedingung verwendet, die auch in Listing 26.5 zum Einsatz kommt, mit dem Unterschied, dass sie hier in einer Entweder-oder-Abfrage vorkommt und als Resultat entweder 28 oder 29 zurückgegeben wird. Dieser Wert wird dann dem Feld 1 (Februar) im Array `d` zugewiesen.

Erlaubte Tage für den Monat

Zum Schluss wird ebenfalls mit einer Entweder-oder-Abfrage überprüft, ob der Wert der Variablen `t` größer gleich 1 ist und kleiner gleich dem Wert des Feldes des `d`-Arrays mit dem Index `mon-1`. Da Array-Indizes bei der Zählung mit 0 beginnen, müssen Sie von `mon` den Wert 1 subtrahieren, um den entsprechenden Index zu erhalten. Liegt der Wert von `t` innerhalb dieses Bereichs, wird der String `"gültig"` zurückgegeben. Ist dies nicht der Fall, lautet der Rückgabewert `"UNGÜLTIG"`. Der String wird in der Variablen `erg` gespeichert und mit `alert` ausgegeben.

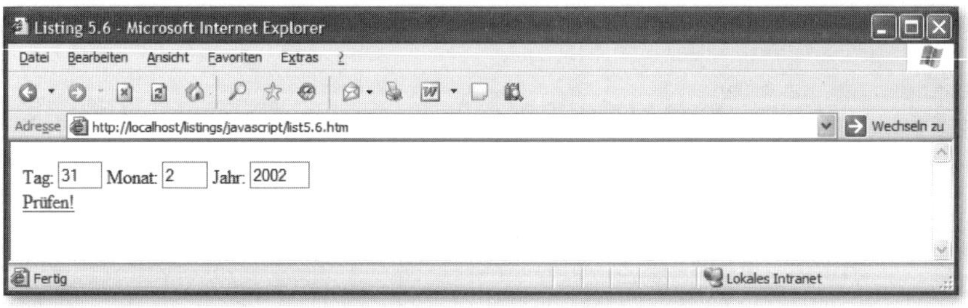

Abbildung 26.5 Darstellung des Listing 26.6 im Internet Explorer 6.0

26.6 Das Jahr 2000

Der Jahr-2000-Fehler (engl. *Y2K-Bug*) hat vor einigen Jahren die digitale Welt in Aufruhr versetzt. Von diesem Fehler waren leider auch einige Browser nicht ausgenommen. Statt des Werts 2000 lieferten sie den Wert 100, statt 2001 den Wert 101 usw. Der Grund dafür ist, dass zweistellige Jahreszahlen ausgegeben wurden und man somit für das Jahr 1998 den Wert 98, für 1999 den Wert 99 usw. erhielt.

Dieser Fehler trat vor allem mit den Browsern Netscape Communicator 2 und 4.06+ und dem Internet Explorer 2 auf. Andere Browser weisen diesen Fehler angeblich nicht auf, z. B. NC 3, NC 4.0 bis NC 4.05 und der IE ab Version 4. Da einige Benutzer jedoch auch noch ältere Browser verwenden, sollte Abhilfe geschaffen werden. Immerhin lässt sich dieses Problem sehr leicht und sicher lösen.

Da die falschen Jahreszahlen kleiner als der Wert 1000 sind, kann man davon ausgehen, dass bei Jahreszahlen, die unter diesem Wert liegen, ein Jahr-2000-Fehler vorliegt. Das folgende Skript löst dieses Problem entsprechend:

```
function year4(year)
{
  return ((year < 1000) ? year+1900 : year;
}
```

Dieser Bugfix verändert die Zahl `year` nur dann, wenn die Zahl kleiner als 1000 ist, und addiert 1900 dazu (99 + 1900 = 1999). Diese Funktion sollten Sie immer dann einsetzen, wenn Sie sich sicher sind, dass der Wert der Jahreszahl nicht wirklich als das Jahr 99, 50 oder 532 n. Chr., sondern als 1999, 1950 oder 2432 n. Chr. verstanden werden soll.

26.7 Zusammenfassung

- Arrays sind eine Zusammenstellung von mehreren Variablen, auf die mit einem Index zugegriffen werden kann.
- Ein `Date`-Objekt bietet verschiedene Methoden an, um z. B. den Tag, den Monat oder das Jahr zu ermitteln. Auch Wochentage und Ähnliches lassen sich anhand eines `date`-Objekts ermitteln.
- Die Methoden `getHours`, `getMinutes` und `getSeconds` geben die Stunde, die Minute und die Sekunde eines Zeitpunkts zurück.
- Die Methoden `getDay`, `getMonth` und `getYear` hingegegen ermitteln den Tag, den Monat und das Jahr eines Zeitpunkts.
- In JavaScript gibt es einen Jahr-2000-Fehler. Jahre, die größer als 1999 sind, werden falsch ausgegeben. So wird aus dem Jahr 2000 einfach 100, aus 2002 wird 102 usw.

26.8 Fragen und Übungen

1. Durch welches Schlüsselwort wird ein Array definiert? Zeigen Sie dies an einem vollständigen Beispiel.
2. Wie können Sie in allen Browsern eine vierstellige Jahreszahl ausgeben?
3. Bei der Ausgabe von Stunde, Minute und Sekunde kann es zu unschönen Formatierungen kommen. Wie lässt sich das beheben?
4. Wie können Sie anstelle einer Monatszahl den Monatsnamen ausgeben?

Wir ertrinken in Informationen, aber wir hungern nach Wissen.
– John Naisbitt, US-amerikanischer Zukunftsforscher

27 Informationen vom Browser

27.1 Welcher Browser?

Selbst heute, nach mehr als einer Dekade Internet, sind die Browserhersteller immer noch der Meinung, unterschiedliche Wege gehen zu müssen. Zwar ist eine gewisse Kernkompatibilität zwischen den verschiedenen Browsern weitestgehend vorhanden, und Internetanwender haben die freie Wahl, welchen Browser sie einsetzen möchten, doch für Webprogrammierer bedeutet dies eine Menge Arbeit. Vor allem dann, wenn sie niemanden ausgrenzen möchten. Das ist auch häufig der Grund dafür, warum auf vielen Seiten eine Bemerkung wie »Diese Seite wurde für den Internet Explorer 5.5 mit einer Auflösung von 1024 × 768 Pixel entwickelt« zu finden ist. Dies ist nicht gerade die feine englische Art, denn so hat ein Netscape-User das Nachsehen. Auch Anwender mit einer geringeren Auflösung, etwa mit 800 × 600 Pixel, werden sich für das nervige Scrollen in alle vier Himmelsrichtungen bedanken.

Browser-Name

Dies muss und sollte auch nicht so sein. Immerhin bietet JavaScript die Möglichkeit, den Browser des Anwenders zu ermitteln und ihn zu einer entsprechenden Version weiterzuleiten, die kompatibel zum Browser ist. Die einfachste Variante ist hierbei, die Eigenschaft `appName` des `navigator`-Objekts auszulesen.

```
<!DOCTYPE HTML PUBLIC "-//W3C//DTD HTML 4.01 Transitional//EN">
<!-- Browser ermitteln -->
<html>
  <head>
    <title>Listing 6.1</title>
    <script type="text/javascript">
        browser = navigator.appName;
        alert(browser);
    </script>
  </head>
  <body>
  </body>
</html>
```

Listing 27.1 JavaScript, das den Browser des Benutzers ermittelt und in einem Dialogfeld anzeigt.

Der Internet Explorer speichert in der Eigenschaft `appName` den Wert »Microsoft Internet Explorer« und Netscape den Wert »Netscape«. Dies ist also eine einfache Möglichkeit, den Browser des Benutzers zu ermitteln und ihn gegebenenfalls auf eine alternative Seite umzuleiten oder gar die Darstellung von Elementen, die der Browser nicht unterstützt, zu verhindern. Dies macht aber nur Sinn, wenn es ein oder zwei Elemente sind, die möglicherweise nicht dargestellt werden sollen. Sobald es mehrere Elemente sind, sollten Sie eine zweite Version der Seite passend zum Browser erstellen.

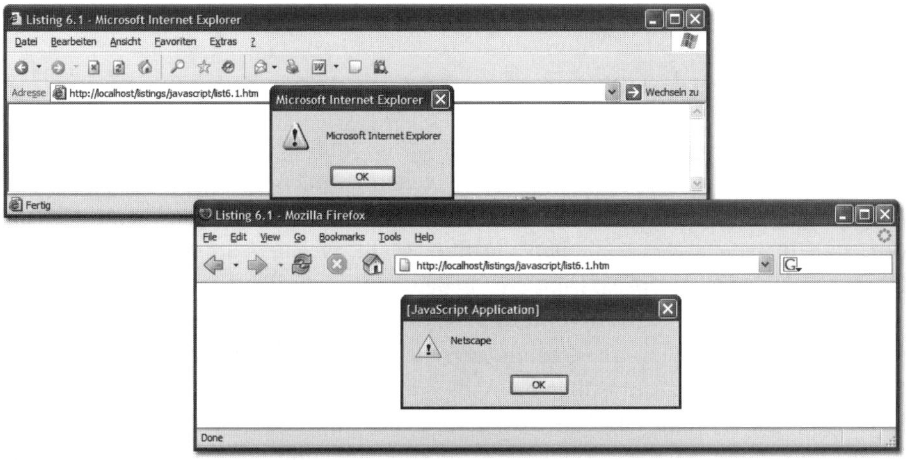

Abbildung 27.1 Darstellung des Listing 27.1 im Mozilla Firefox und Internet Explorer

27.1.1 Detailinformationen

Das `navigator`-Objekt besitzt noch weitere Eigenschaften, die Informationen über den Browser liefern können.

```
<!DOCTYPE HTML PUBLIC "-//W3C//DTD HTML 4.01 Transitional//EN">
<!-- Browserdetails -->
<html>
  <head>
    <title>Listing 6.2</title>
    <script type="text/javascript">
        browser = navigator.appName;
        alias = navigator.appCodeName;
        version = navigator.appVersion;
        cookies = navigator.cookieEnabled;
        sprache = (navigator.language || navigator.userLanguage);
        plattform = navigator.platform;
        http = navigator.userAgent;
        document.write("<b>Browsername:</b> "
                       +browser+"<br>");
        document.write("<b>Alias:</b> "
                       +alias+"<br>");
```

```
        document.write("<b>Version:</b> "
                        +version+"<br>");
        document.write("<b>Cookies aktiviert:</b> "
                        +cookies+"<br>");
        document.write("<b>Sprache:</b> "
                        +sprache+"<br>");
        document.write("<b>Plattform:</b> "
                        +plattform+"<br>");
        document.write("<b>HTTP-Header:</b> "+http);
      </script>
    </head>
    <body>
    </body>
</html>
```

Listing 27.2 Detailinformationen zum verwendeten Browser des Benutzers

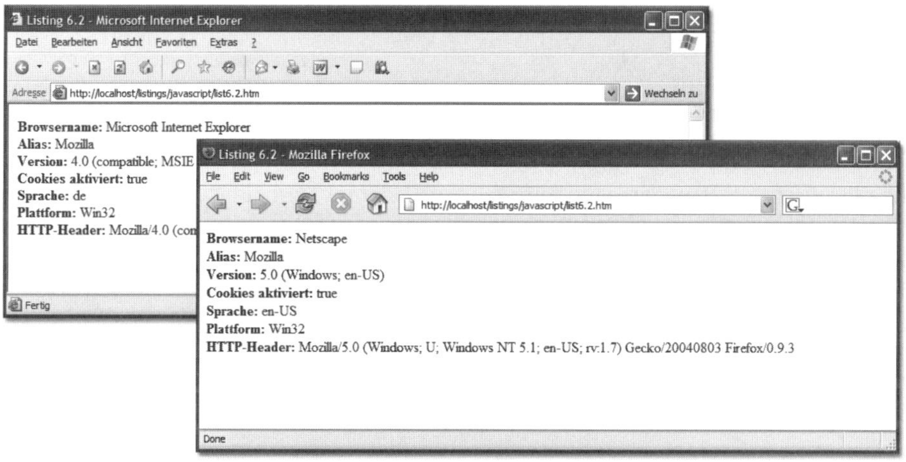

Abbildung 27.2 Darstellung des Listing 27.2 im Mozilla Firefox und Internet Explorer

In der Abbildung 27.2 können Sie erkennen, dass auch hier die beiden größten Browser Unterschiede besitzen. Denn die Werte der einzelnen Eigenschaften des `navigator`-Objekts weisen teilweise nur sehr geringe Ähnlichkeiten auf. Die Eigenschaft `appName` kennen Sie aus Listing 27.1. Sehen Sie sich also die restlichen Eigenschaften in Ruhe an.

Spitzname

In der Eigenschaft `appCodeName` speichern der Netscape, der Internet Explorer und Opera den Wert »Mozilla«. Diese Eigenschaft wurde ursprünglich von Netscape eingeführt, für dessen Browser der Wert »Mozilla« auch zutreffend ist. Immerhin ist dies sein Spitzname.

Version

Die Eigenschaft `appVersion` enthält zuallererst die Versionsnummer des Browsers. Zumindest sollte sie das. Denn immerhin liefert der Netscape 6.2.3 den Wert 5.0 und der Internet Explorer 6.0 den Wert 4.0. Jedoch finden sich noch weitere Informationen in dieser Eigenschaft, z. B. das Betriebssystem, die Sprache usw.

Cookies? Der Wert der Eigenschaft `cookieEnabled` ist entweder `true` oder `false` und gibt an, ob Cookies von diesem Browser unterstützt werden oder nicht. Wenn ja, ist der Wert der Eigenschaft `true`, andernfalls `false`.

Sprachraum Die beiden Eigenschaften `language` und `userLanguage` haben die gleiche Aufgabe: Sie sollen den Sprachraum des Benutzers angeben. Aus welchem Grund die beiden Browser leicht unterschiedliche Bezeichnungen für diese Eigenschaften verwenden, ist nicht nachvollziehbar. Die Eigenschaft `language` wird vom Netscape unterstützt, `userLanguage` vom Internet Explorer. Da die beiden Browser die jeweils andere Eigenschaft nicht kennen, kann mit dem `||`-Operator die entsprechend unterstützte Eigenschaft ausgelesen werden.

OS Das Betriebssystem des Benutzers wird in der Eigenschaft `platform` gespeichert. Für Windows lautet der Wert immer `"Win32"`.

Die Eigenschaft `userAgent` enthält den Wert, mit dem sich der Browser identifiziert, wenn er eine HTTP-Anforderung an einen Server stellt.

27.1.2 Browser identifizieren

Trotz all der Eigenschaften des `navigator`-Objekts ist es nicht ohne weiteres möglich, den Browser des Benutzers eindeutig zu identifizieren. Deshalb ist es notwendig, mit verschiedenen Funktionen eine halbwegs sichere Möglichkeit selbst zu programmieren – auch aus dem Grund, weil der Opera dem Benutzer die Wahl überlässt, wie sich der Browser identifizieren soll.

```
<!DOCTYPE HTML PUBLIC "-//W3C//DTD HTML 4.01 Transitional//EN">
<!-- Browser identifizieren -->
<html>
  <head>
    <title>Listing 6.3</title>
    <script type="text/javascript">
      userAgent = navigator.appName.toLowerCase();
      browser = "unbekannt";
      version = 0;
      if(userAgent.indexOf("netscape") > -1) browser = "nc";
      if(userAgent.indexOf("explorer") > -1) browser = "ie";
      version = parseInt(navigator.appVersion);
      document.write(browser+" in der Version "+version);
    </script>
  </head>
  <body>
  </body>
</html>
```

Listing 27.3 Relativ sichere Methode, den Browser des Benutzers zu ermitteln

Der Wert der Eigenschaft `appName` des `navigator`-Objekts ist immer ein String. Mit der Methode `toLowerCase()` können Sie bei jedem String die Buchstaben in Kleinbuchstaben umwandeln (äquivalent wandelt die Methode `toUpperCase()` alle Zeichen in Großbuchstaben um). Nach der Umwandlung werden zwei Variablen definiert: eine, um den Namen des Browsers (bzw. ein Kürzel) zu speichern, und eine, um die Versionsnummer zu speichern.

Browsername

Anschließend wird der Name des Browsers ermittelt. Dafür wird die Methode `indexOf()` verwendet. Diese Methode ist ebenfalls auf jeden String anwendbar[1] und sucht in einem String nach einer Zeichenkette. Letztere wird als Parameter an die Methode übergeben. Wenn die Zeichenkette gefunden wurde, liefert die Methode die Anfangsposition der Zeichenkette innerhalb des ursprünglichen Strings zurück. Wurde die Zeichenkette nicht gefunden, ist der Rückgabewert –1. Wird also eine der beiden Zeichenketten `"netscape"` oder `"explorer"` innerhalb des Strings `userAgent` gefunden, wird ein entsprechendes Kürzel (nc oder ie) der Variablen `browser` zugewiesen.

Versionsnummer

Die Versionsnummer des Browsers erhalten Sie, indem Sie die Funktion `parseInt()` auf die Eigenschaft `navigator.appVersion` anwenden. Diese Funktion konvertiert eine Zeichenkette in einen Integer-Wert.

Anstelle der Ausgabe des Kürzels und der Versionsnummer könnten Sie nun eine `if`-Anweisung notieren und den Benutzer automatisch auf eine spezielle Seite weiterleiten. Das Skript hat jedoch einen kleinen Schönheitsfehler: Sollten die Browser irgendwann andere Werte in diesen Eigenschaften speichern (was natürlich nicht unbedingt zu erhoffen ist), wird das Skript nicht mehr einwandfrei funktionieren. Für den Anfang genügt es jedoch allemal, um zwischen Netscape und Internet Explorer unterscheiden zu können.

27.2 Bildschirm

Häufig ist es notwendig, die Auflösung des Benutzer-Rechners zu ermitteln, um ein ansprechendes und für den Benutzer optimiertes Ergebnis liefern zu können. Für diese Zwecke stellen sowohl Netscape als auch der Internet Explorer seit der Version 4 das `screen`-Objekt (dt. *Bildschirm*) zur Verfügung.

```
<!DOCTYPE HTML PUBLIC "-//W3C//DTD HTML 4.01 Transitional//EN">
<!-- Auflösung ermitteln -->
<html>
  <head>
    <title>Listing 6.4</title>
  </head>
```

1 Wenn Sie aufgepasst haben, könnten Sie zu dem Schluss kommen, dass Strings Objekte sind. Das stimmt auch. Ich gehe aber erst später darauf ein.

```
  <body>
    <script type="text/javascript">
        width = screen.width;
        height = screen.height;
        document.write("Auflösung: "+width+" * "+height+"
                              Pixel.");
    </script>
  </body>
</html>
```

Listing 27.4 JavaScript zum Ermitteln der Bildschirmauflösung des Benutzers

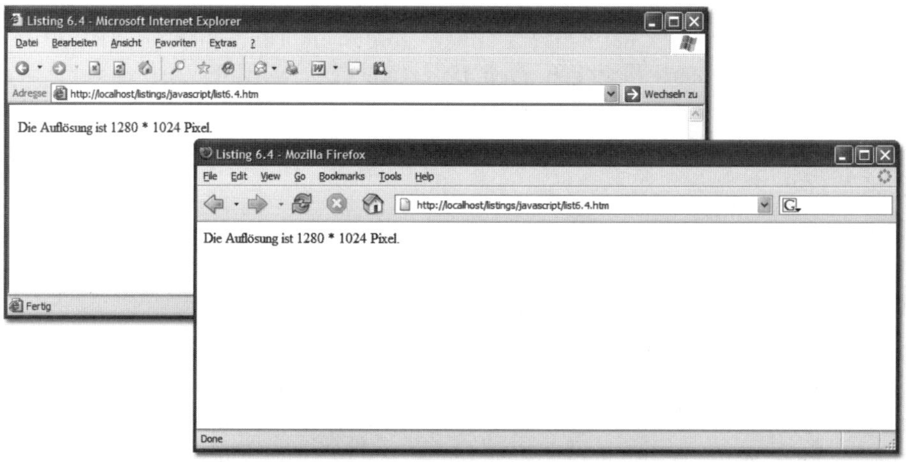

Abbildung 27.3 Darstellung des Listing 27.4 im Mozilla Firefox und Internet Explorer

Die Eigenschaften `width` (dt. *Breite*) und `height` (dt. *Höhe*) des `screen`-Objekts geben die Bildschirmauflösung des Benutzers in Pixel wieder. Gängige Formate sind 800 × 600, 1024 × 768 und 1280 × 960.

Die Browser geben allerdings in Einzelfällen falsche Werte zurück. Das kann immer dann geschehen, wenn der User zwei Monitore an seinen Computer angeschlossen hat. Es kann passieren, dass der Browser dann nicht die Größe des Monitors zurückgibt, auf dem er dargestellt wird, sondern die Auflösung des primären Monitors ermittelt.

Zusätzlich können Sie die verfügbare Anzeigebreite und -höhe des `screen`-Objekts erhalten.

```
<!DOCTYPE HTML PUBLIC "-//W3C//DTD HTML 4.01 Transitional//EN">
<!-- Auflösung ermitteln -->
<html>
  <head>
    <title>Listing 6.5</title>
  </head>
  <body>
```

```
    <script type="text/javascript">
      width = screen.width;
      height = screen.height;
      a_width = screen.availWidth;
      a_height = screen.availHeight;
      document.write("Die Bildschirmauflösung ist
                          "+width+" * "+height+" Pixel.<br>");
      document.write("Die verfügbare Auflösung ist
                          "+a_width+" * "+a_height+" Pixel.");
    </script>
  </body>
</html>
```

Listing 27.5 JavaScript, das die Bildschirmauflösung und die verfügbare Auflösung ermittelt

Die verfügbare Auflösung bezieht sich auf den Platz, der einer Anwendung auf dem Desktop des Benutzer-Rechners maximal zur Verfügung steht. Unter Windows ist es z. B. die Taskleiste, die die verfügbare Auflösung verringert. Die Eigenschaften zum Ermitteln dieser Werte lauten `availWidth` (dt. *verfügbare Breite*) und `availHeight` (dt. *verfügbare Höhe*).

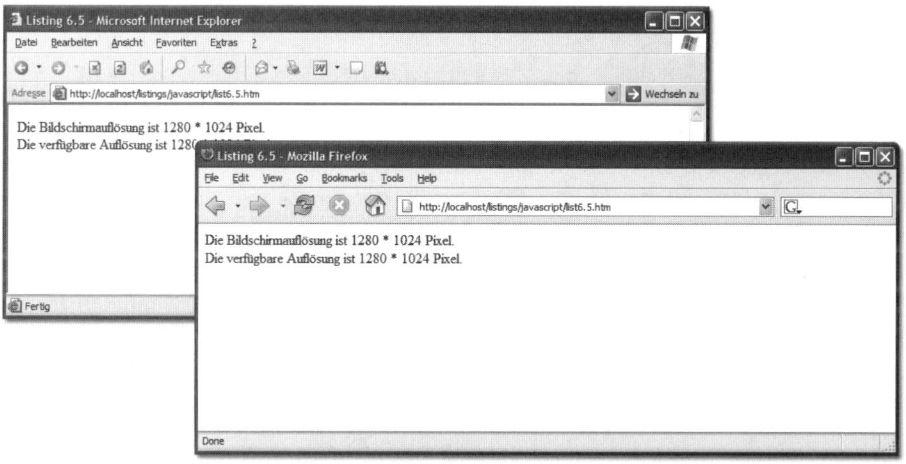

Abbildung 27.4 Darstellung des Listing 27.5 im Mozilla Firefox und Internet Explorer

27.2.1 Farb- und Pixeltiefe

Mit dem folgenden Skript können Sie die Farb- und die Pixeltiefe des Bildschirms auslesen.

```
<!DOCTYPE HTML PUBLIC "-//W3C//DTD HTML 4.01 Transitional//EN">
<!-- Farb- und Pixeltiefe -->
<html>
  <head>
    <title>Listing 6.6</title>
  </head>
```

```
  <body>
    <script type="text/javascript">
        width = screen.width;
        height = screen.height;
        a_width = screen.availWidth;
        a_height = screen.availHeight;
        color_depth = screen.colorDepth;
        pixel_depth = screen.pixelDepth;

        document.write("<b>Breite</b>: "+width+"<br>");
        document.write("<b>Höhe</b>: "+height+"<br>");
        document.write("<b>Verfügbare Breite</b>:
                       "+a_width+"<br>");
        document.write("<b>Verfügbare Höhe</b>:
                       "+a_height+"<br>");
        document.write("<b>Farbtiefe</b>:
                       "+color_depth+" Bit<br>");
        document.write("<b>Pixeltiefe</b>:
                       "+pixel_depth+"<br>");
    </script>
  </body>
</html>
```

Listing 27.6 Skript, das die Daten des Bildschirms ausliest

Farb- und Pixeltiefe

Die Eigenschaft `colorDepth` enthält die Angabe zur Farbtiefe, die Eigenschaft `pixelDepth` die Angabe zur Pixeltiefe des Bildschirms. Das JavaScript verursacht aber einen kleinen Fehler unter Windows. Während unter Netscape der Wert der Farb- und Pixeltiefe gleich ist, wird im Internet Explorer der Wert `undefined` bei der Pixeltiefe ausgegeben. Der Fehler hängt mit Windows zusammen und bezieht sich nur auf `screen.pixelDepth`. Die Ursache liegt darin, dass JavaScript die verwendete Farbpalette nicht korrekt ermitteln konnte, denn der eigentliche Wert für die Pixeltiefe hätte, abhängig von der Farbtiefe, z. B. 16.777.216 Farben lauten müssen.

Netscape hat es sich einfach gemacht und den Wert der Pixeltiefe auf den der Farbtiefe gesetzt. Der Internet Explorer verfügt über keinen Wert für diese Eigenschaft. Die Lösung des Problems ist der folgende Code:

```
if((screen.colorDepth == screen.pixelDepth) ||
  (screen.pixelDepth == null))
{
  pixel_depth = Math.pow(2,screen.colorDepth);
}
else
{
  pixel_depth = screen.pixelDepth;
}
```

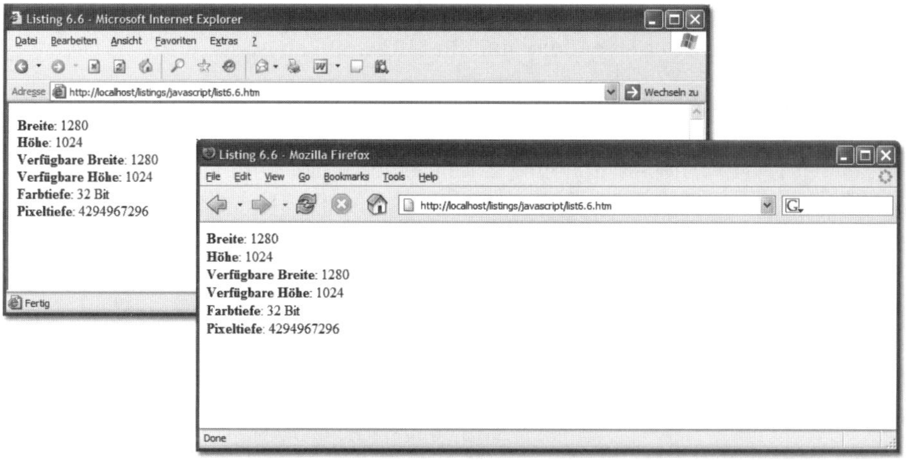

Abbildung 27.5 Darstellung des Listing 27.6 im Mozilla Firefox und Internet Explorer

Um zu überprüfen, ob ein Fehler in Netscape vorliegt, werden die Eigenschaften `colorDepth` und `pixelDepth` miteinander verglichen. Haben beide Eigenschaften den gleichen Wert, liegt ein Fehler vor. Um herauszufinden, ob ein Fehler im Internet Explorer vorliegt, wird überprüft, ob der Wert der Eigenschaft `pixelDepth` gleich `null` ist.

Beachten Sie bitte, dass `null` nicht gleich 0, sondern gleich »nichts« ist, also eine leere Menge. Tritt eine dieser beiden Bedingungen ein, wird der Anweisungsblock der `if`-Abfrage ausgeführt. **[×]**

Potenzen

Der korrekte Wert für die Pixeltiefe errechnet sich aus dem Exponenten `colorDepth` zur Basis 2, da der Wert der Eigenschaft `colorDepth` in Bit angegeben wird. Die Methode `pow()` des `Math`-Objekts wird nun dazu verwendet, diese Potenz zu errechnen. Dabei werden zuerst die Basis, in diesem Fall 2, und anschließend der Exponent (`colorDepth`) als Parameter übergeben.

Notieren Sie diesen Code einfach anstelle der Zeile

```
pixel_depth = screen.pixelDepth;
```

und Sie erhalten unter Windows, Macintosh und Linux den korrekten Wert für die Pixeltiefe des Bildschirms.

27.3 Plugins

Auf vielen Webseiten werden Objekte verwendet, die ein installiertes Plugin auf dem Rechner des Benutzers erfordern. Für Shockwave-Flash-Filme ist dies der FlashPlayer, für die Wiedergabe von Audiodateien ist es im Internet Explorer der Windows Media Player, in Netscape ist es LiveAudio, und für SVG-Grafiken ist es der SVG-Viewer.

Seit JavaScript 1.1 wird dafür das Objekt `plugins` zur Verfügung gestellt, das ein Unterobjekt des `navigator`-Objekts ist. Es liefert alle wichtigen Angaben, wie z. B. die Anzahl der Plugins, die Beschreibung der einzelnen Plugins und ihre Datei- und Produktnamen. Der Netscape-Browser unterstützt dieses Objekt seit der Version 3.0 unter allen Betriebssystemen, wohingegen der Internet Explorer lediglich in der Macintosh-Version eine Unterstützung dieses Objekts bietet, und das auch erst seit der Version 5.0. Die folgenden Beispiele sollten Sie daher immer im Netscape-Browser testen – außer natürlich, wenn Sie Macintosh-Benutzer sind und den Internet Explorer verwenden. Dann können Sie die Beispiele auch in diesem Browser testen. Aber auch der Opera-Browser unterstützt dieses Objekt.

Das folgende Beispiel erledigt die einfache Aufgabe, die Anzahl der Plugins zu ermitteln und die Bezeichnung und den Dateinamen auszugeben.

```
<!DOCTYPE HTML PUBLIC "-//W3C//DTD HTML 4.01 Transitional//EN">
<!--Plugins -->
<html>
  <head>
    <title>Listing 6.7</title>
  </head>
  <body>
    <script type="text/javascript">
     var anzahl = navigator.plugins.length;
     document.write("<h3>Es sind "+anzahl+" Plugins
                          installiert!</h3>");
     document.write("<dl>");
     for(var i = 0; i < anzahl; i++)
     {
       document.write("<dt>"+navigator.plugins[i].name);
       document.write("<dd>"+navigator.plugins[i].filename);
     }
     document.write("</dl>");
    </script>
  </body>
</html>
```

Listing 27.7 JavaScript, das die Anzahl, die Bezeichnung und den Dateinamen der installierten Plugins ermittelt

Zuerst wird in der Variablen `anzahl` die Zahl der installierten Plugins gespeichert. Dazu wird ihr der Wert der Eigenschaft `length` des `plugins`-Objekts zugewiesen. Übrigens entspricht der zurückgegebene Wert der tatsächlich installierten Anzahl an Plugins und beginnt bei der Zählung nicht mit 0, sondern mit 1. In der folgenden Skript-Zeile wird daher ohne Änderung des Werts die Variable `anzahl` ausgegeben. Anschließend wird eine Definitionsliste eingeleitet (`dd`-Start-Tag). Die Anzahl der Plugins ist wichtig, da die Informationen zu den Plugins in einem Array aus Objekten gespeichert sind. Indem Sie nun in eckigen Klammern hinter dem `plugins`-Objekt einen Index notieren, können Sie die einzelnen Informationen auslesen. Aus diesem Grund folgt auch eine `for`-Schleife. Die Variable `i` dient dabei zur Auswahl des Index. Als Bedingung für die Schleife wird festgelegt, dass `i` kleiner als `anzahl` sein muss. Der Grund dafür ist einfach: Arrays beginnen bei der Zählung mit 0. Hat `navigator.plugins.length` also den Wert 5 (für 5 installierte Plugins), lautet der maximale Index 4 (0, 1, 2, 3 und 4). Als zu definierender Term wird der Name des Plugins verwendet, den Sie aus der Eigenschaft `navigator.plugins[i].name` auslesen. Als Definition aus der Eigenschaft `navigator.plugins[i].filename` wird der Dateiname verwendet. Zum Schluss wird die Definitionsliste beendet. Die Darstellung im Browser könnte wie folgt aussehen:

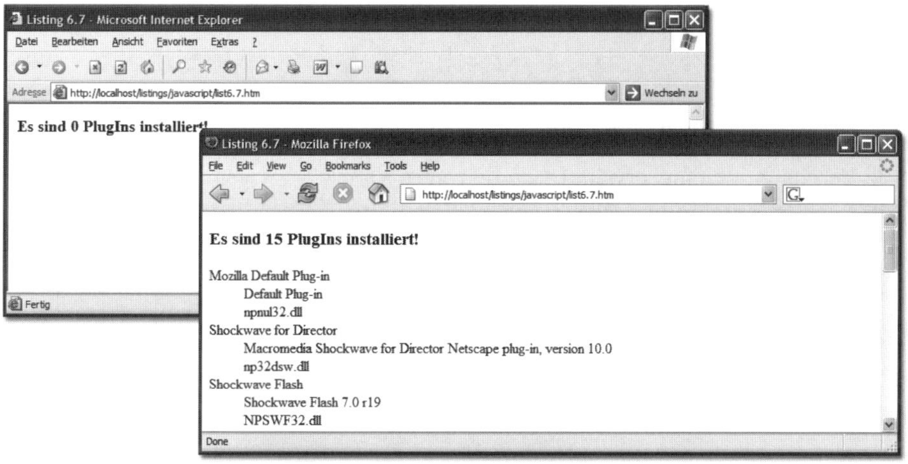

Abbildung 27.6 Darstellung des Listing 27.7 im Mozilla Firefox und Internet Explorer

Natürlich variiert die Ausgabe des Skripts aus Listing 27.7, je nachdem, welche Plugins auf dem Rechner des Benutzers installiert sind.

Plugin-Beschreibung

Neben dem Datei- und Produktnamen kann auch noch eine Beschreibung des Plugins ausgelesen werden. Diese wird in der Eigenschaft `description` gespeichert.

Die Erweiterung des Listing 27.7 beschränkt sich lediglich auf das Hinzufügen der Zeile

```
document.write("<dd>"+navigator.plugins[i].description);
```

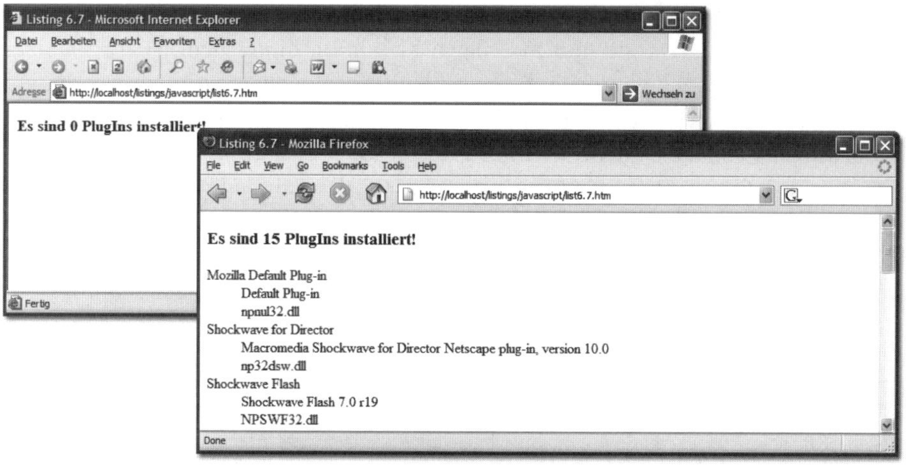

Abbildung 27.7 Erweitertes Listing 27.7 im Mozilla Firefox und Internet Explorer

27.3.1 Auf ein Plugin prüfen

Wie bereits zu Anfang erwähnt, werden gern Objekte verwendet, die ein Plugin benötigen. Konkreter wird dies, wenn Sie Ihre Seite in Flash gestaltet haben und als Alternative eine HTML-Version zur Verfügung stellen.

```
<!DOCTYPE HTML PUBLIC "-//W3C//DTD HTML 4.01 Transitional//EN">
<!-- Auf Plugins prüfen -->
<html>
  <head>
    <title>Listing 6.8</title>
  </head>
  <body>
    <script type="text/javascript">
        if(navigator.plugins["Shockwave Flash"])
        {
          alert("Flash-Player ist installiert.");
        }
        else
        {
          alert("Flash-Player ist NICHT installiert.");
        }
    </script>
  </body>
</html>
```

Listing 27.8 JavaScript, das überprüft, ob der Shockwave-Flash-Player installiert ist

Das Objekt `navigator.plugins` kann neben einer Zahl als Index auch über einen String als Index angesprochen werden. Die übliche Bezeichnung dafür lautet assoziatives Array. Dabei wird als assoziativer Index für das Objekte-Array `plugins` der Name des Plugins verwendet. Für den Flash-Player lautet der Name Shockwave Flash.

Wird als Index ein String angegeben, liefert das Objekt `navigator.plugins` entweder den Wert `true` oder `false` zurück. Der Wert `true` wird immer dann zurückgegeben, wenn ein Plugin mit dem angegebenen Namen gefunden wurde, und `false` dann, wenn das Plugin nicht gefunden werden konnte.

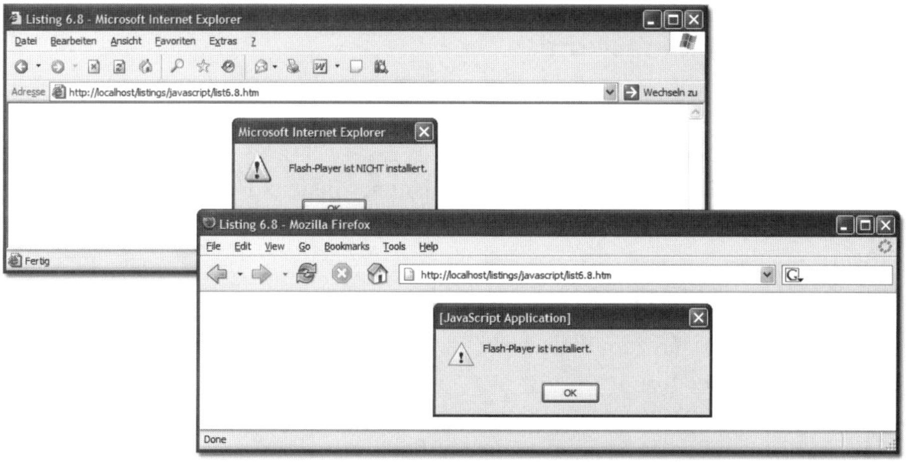

Abbildung 27.8 Darstellung des Listing 27.8 im Mozilla Firefox und im Internet Explorer

In Listing 27.8 wurde als Bedingung für die `if`-Abfrage die Überprüfung auf ein installiertes Plugin notiert. Je nach Ergebnis wird eine entsprechende Meldung ausgegeben. Alternativ könnte auch ein Link mit unterschiedlichem Verweisziel ausgegeben werden, in etwa so:

```
if(navigator.plugins["Shockwave Flash"])
{
  document.write('<a href="flash.htm">Weiter</a>');
}
else
{
  document.write('<a href="noflash.htm">Weiter</a>');
}
```

Ist das Plugin installiert, wird der Benutzer bei einem Klick auf den Link weiter zum HTML-Dokument **flash.htm** umgeleitet, ist es nicht installiert, dann zu **noflash.htm**.

An dieser Stelle sei aber nochmals darauf hingewiesen, dass der Internet Explorer unter Windows das Auslesen der Plugins leider nicht unterstützt. Daraus resultiert auch, dass der IE in Abbildung 27.8 meldet, dass kein Flash-Player installiert sei. Daher sollten Sie die hier dargestellte Vorgehensweise nicht unbedingt für eine Webseite im Internet nutzen.

Für den Einsatz im »echten Leben« empfiehlt es sich eher, einfach davon auszugehen, dass das Flash-Plugin installiert ist. Auf dieser Basis können Sie auch schnell eine automatische Weiche erstellen. Kann der Flash-Film geladen werden, leitet er den Benutzer auf die Flash-Version der Webseite. Kann der Film nicht geladen werden, wird der Benutzer mithilfe von JavaScript oder einem einfachen Link auf die HTML-Version der Website weiter geleitet.

27.4 Zusammenfassung

- Das `navigator`-Objekt enthält die unterschiedlichsten Informationen zum verwendeten Browser des Benutzers.
- Zwischen den Browsern bestehen jedoch Unterschiede in Hinblick darauf, welche Informationen und in welcher Formatierung diese Informationen gespeichert werden.
- Auch unterstützt nicht jeder Browser jede Eigenschaft des Objekts.
- Detailinformationen zum Bildschirm und zur grafischen Ausgabe lassen sich dem `screen`-Obbjekt entlocken.
- Auch hier unterscheiden sich die Browser enorm; sie speichern teilweise falsche Werte.
- Der Netscape Navigator speichert im `navigator`-Objekt ein Array, das Informationen zu den installierten Plugins enthält. Der Internet Explorer speichert diese Informationen nicht ab.

27.5 Fragen und Übungen

1. Welche Funktionen können Sie zur Umwandlung der Groß- und Kleinschreibung bei Strings verwenden?
2. Welche Eigenschaften sind am hilfreichsten, um den verwendeten Browser des Benutzers relativ sicher identifizieren zu können?
3. Wofür könnten die Informationen zur Auflösung und zur Farbtiefe des Benutzer-Rechners verwendet werden?
4. Macht es Sinn, auf die installierten Plugins eines Browsers mit dem Array `plugins` des `navigator`-Objekts zu prüfen? Wenn ja, wofür könnte dies eingesetzt werden?
5. Warum ist es sinnvoll, den Browser des Benutzers zu identifizieren?

Bornierte Menschen soll man nicht widerlegen wollen.
Widerspruch ist immerhin ein Zeichen von Anerkennung.
– Richard von Schaukal, österreichischer Lyriker

28 Zeichenkettenfunktionen

Zwar wurde zu Beginn dieses Buchs davon gesprochen, dass ein String ein Variablentyp sei, jedoch ist das nicht ganz richtig bzw. nicht die ganze Wahrheit. Es hat aber anfangs das Verstehen gewisser Mechanismen in JavaScript erleichtert. Richtig ist, dass Strings Objekten ähnlich sind, die auf einem Array mehrerer einzelner Zeichen basieren. Dies konnten Sie zu dem Zeitpunkt feststellen, als mit der Methode `toLowerCase` alle Zeichen eines Strings in Kleinbuchstaben umgewandelt wurden. Sie können Strings auf zwei verschiedene Arten definieren: entweder wie normale Variablen

```
var zeichenkette = "Zeichenkette";
```

oder aber wie ein Objekt:

```
var zeichenkette = new String("Zeichenkette");
```

In der Regel wird ein String aber ganz normal wie andere Variablen definiert, da dies kürzer und übersichtlicher ist.

Zusätzlich zu der Methode `toLowerCase` gibt es noch weitere Methoden und Eigenschaften, die Sie im Laufe Ihrer eigenen Programmieraufgaben sicherlich das ein oder andere Mal benötigen werden.

28.1 Länge

Die Länge einer Zeichenkette können Sie durch die Eigenschaft `length` ermitteln. Diese Eigenschaft gibt die tatsächliche Anzahl aller Zeichen eines Strings zurück.

```
var zeichenkette = "Dies ist eine Zeichenkette";
laenge = zeichenkette.length;
document.write(laenge);
```

Dieses Skript würde die folgende Bildschirmausgabe erzeugen: `26`

Dies liegt daran, dass der String `zeichenkette` inklusive aller Leerzeichen insgesamt 26 Zeichen enthält.

Die Eigenschaft `length` ist übrigens die einzige Eigenschaft, über die Strings verfügen.

28.2 Groß- und Kleinschreibung

Besonders interessant ist die Möglichkeit, alle Zeichen eines Strings in Groß- oder Kleinbuchstaben umzuwandeln. Möchten Sie z. B. überprüfen, ob eine bestimmte Zeichenkette innerhalb einer anderen vorkommt, ist es leichter, wenn Sie die Groß- und Kleinschreibung nicht berücksichtigen müssen, immerhin ist `Test` eine andere Zeichenkette als `TEST`.

Alle Zeichen eines Strings können Sie mit der Methode `toLowerCase()` in Kleinbuchstaben und mit der Methode `toUpperCase()` in Großbuchstaben umwandeln.

```
var zeichenkette = "Dies ist eine Zeichenkette";
document.write(zeichenkette);
document.write(zeichenkette.toLowerCase());
document.write(zeichenkette.toUpperCase());
document.write(zeichenkette);
```

Die Ausgabe dieses Skripts sieht wie folgt aus:

```
Dies ist eine Zeichenkette
dies ist eine zeichenkette
DIES IST EINE ZEICHENKETTE
Dies ist eine Zeichenkette
```

[x] Wichtig ist jedoch dabei, dass keine Veränderung stattfindet. Die Originalschreibweise des Strings bleibt erhalten, da die Methoden `toLowerCase()` und `toUpperCase()` nur die veränderte Schreibweise zurückgeben, nicht aber die eigentliche Schreibweise ändern.

28.3 Zeichenposition

Mit der Methode `indexOf()` können Sie das erste Vorkommen eines Zeichens oder einer Zeichenkette ermitteln. Die Methode erwartet dabei als Parameter das zu suchende Zeichen oder die Zeichenkette.

```
var zeichenkette = "Dies ist eine Zeichenkette";
document.write(zeichenkette.indexOf("ist"));
```

Die Ausgabe für dieses Skript sieht folgendermaßen aus: `5`

[x] Sollten Sie sich jetzt fragen, warum die Methode `indexOf()` in diesem Beispiel den Wert 5 statt 6 ausgibt, sollten Sie bedenken, dass – wie bereits erwähnt – Strings auf Arrays aus mehreren einzelnen Zeichen basieren. Da bei Arrays die Zählung mit 0 beginnt, erfolgt auch bei Strings die Zählung mit 0. Das erste Zeichen eines String hat also die Position 0, das zweite die Position 1 usw. Sollte das angegebene Zeichen oder die Zeichenkette nicht gefunden werden können, wird der Wert –1 zurückgegeben.

Optional können Sie der Methode indexOf() aber auch eine Startposition übergeben, ab der der String durchsucht werden soll. So könnten Sie mit dieser Methode und der Angabe einer Startposition einen String daraufhin überprüfen, wie oft ein Zeichen oder eine Zeichenkette innerhalb dieses Strings vorkommt.

Wie oft kommt das Zeichen vor?

```
var zeichenkette = "Dies ist eine Zeichenkette";
var anz = 0;
var pos = 0;
while(zeichenkette.indexOf("e",pos) > -1)
{
  pos = zeichenkette.indexOf("e",pos);
  document.write("e an Position "+pos+"<br>");
  anz++;
  pos++;
}
document.write("e wurde "+anz+"x gefunden");
```

Die Ausgabe für dieses Beispiel lautet:

```
e an Position 2
e an Position 9
e an Position 12
e an Position 15
e an Position 19
e an Position 22
e an Position 25
e wurde 7x gefunden
```

Zuallererst werden die Variablen anz und pos auf 0 gesetzt. In der Variablen anz soll gespeichert werden, wie oft der Buchstabe »e« innerhalb des Werts der Zeichenkette zeichenkette gefunden wurde. Mit der Variablen pos bestimmen Sie die Startposition, ab der gesucht werden soll. Die while-Schleife wird ausgeführt, solange der Rückgabewert von indexOf() größer –1 ist (die Zeichenkette also gefunden wurde). Gesucht wird nach dem Zeichen »e« ab der Position pos. Im Anweisungsblock wird nun der Variablen pos die Position des Zeichens zugewiesen und in der darauf folgenden Zeile ausgegeben. Danach wird sowohl anz als auch pos um den Wert 1 erhöht. Der Grund, warum anz erhöht wird, versteht sich von selbst (zum Zählen). Die Variable pos wird erhöht, weil sonst das Zeichen oder die Zeichenkette immer wieder an derselben Stelle gefunden werden würde. Da Sie aber bereits wissen, dass es an dieser Stelle vorkommt, legen Sie fest, dass indexOf() nach der Position des Zeichens weitersuchen soll. Zum Schluss wird dann noch die Variable anz ausgegeben.

28.4 Teilzeichen

Um ein einzelnes Zeichen eines Strings auszulesen, benötigen Sie die Methode `charAt()`. Sie erwartet als Parameter die Position des Zeichens, das zurückgegeben werden soll.

```
var zeichenkette = "Dies ist eine Zeichenkette";
char = zeichenkette.charAt(5);
document.write(char);
```

Dieses Skript erzeugt die folgende Ausgabe: `i`

Das Zeichen an Position 5 des Strings `zeichenkette` lautet i. Denken Sie daran, dass mit der Zählung bei 0 angefangen wird.

Die Methode kann sehr gut dafür verwendet werden, um ein bestimmtes Zeichen eines Strings durch ein anderes zu ersetzen. Um in einem String alle Buchstaben »e« durch ein »o« zu ersetzen, müssten Sie folgendes Skript verwenden:

```
var zeichenkette = "Dies ist eine Zeichenkette";
var neu = "";
for(var i = 0; i < zeichenkette.length; i++)
{
  if(zeichenkette.charAt(i) == "e")
  {
    neu += "o";
  }
  else
  {
    neu += zeichenkette.charAt(i);
  }
}
document.write(neu);
```

Die Ausgabe dieses Skripts lautet: `Dios ist oino Zoichonkotto`

Zuerst wird der bekannte String `zeichenkette` und anschließend ein weiterer String mit dem Bezeichner `neu` definiert. Dieser String soll den veränderten String `zeichenkette` zugewiesen bekommen. In der `for`-Schleife legen Sie als Bedingung fest, dass die Schleife durchlaufen werden soll, solange `i` kleiner als die Anzahl der Zeichen des Strings `zeichenkette` ist. Im Anweisungsblock der `for`-Schleife wird nun überprüft, ob das Zeichen an der Position `i` dem Buchstaben »e« entspricht. Ist dies der Fall, wird dem String `neu` der Buchstabe »o« angehängt, ansonsten wird ihm das Zeichen an Position `i` von `zeichenkette` angehängt. Zu guter Letzt wird der String `neu` im Browser ausgegeben.

28.5 Teilstring

Es gibt zwei Varianten, um aus einem String einen Teilstring zu kopieren.

28.5.1 Variante 1

Anders als die Methode `charAt()` liefert `substr()` eine Zeichenkette aus einem String zurück. Die Methode erwartet als Parameter zum einen die Position, ab der der Teilstring kopiert werden soll, und zum anderen die Angabe, wie viele Zeichen kopiert werden sollen.

```
var zeichenkette = "Dies ist eine Zeichenkette";
teilstring = zeichenkette.substr(14,12);
document.write(teilstring);
```

Das Skript gibt Folgendes im Browser aus: `Zeichenkette`

Das Wort »Zeichenkette« beginnt im String `zeichenkette` an der Position 14 (Zählung beginnt bei 0) und ist insgesamt 12 Zeichen lang. Dieser Teilstring wird dem String `teilstring` zugewiesen und anschließend im Browser ausgegeben.

28.5.2 Variante 2

Mit der Methode `substring()` können Sie eine Zeichenkette von einer Position des Quellstrings bis zu einer weiteren Position des Quellstrings zurückgeben lassen. Als Parameter erwartet die Methode die Anfangs- und Endposition.

```
var zeichenkette = "Dies ist eine Zeichenkette";
teilstring = zeichenkette.substring(14,26);
document.write(teilstring);
```

Die Ausgabe im Browser: `Zeichenkette`

Nach der Definition des Strings `zeichenkette` wird ein Teilstring von Position 14 bis zur Position 26 aus dem String `zeichenkette` kopiert und dem String `teilstring` zugewiesen. Anschließend wird `teilstring` im Browser ausgegeben.

28.6 String zerlegen

Die Methode `split()` ermöglicht es, einen Quellstring zu zerlegen. Die Zerlegung erfolgt nach einem bestimmten Zeichen, das der Methode als Parameter übergeben wird. Das Ergebnis dieser Methode ist ein Array aus Strings.

```
var zeichenkette = "Dies ist eine Zeichenkette";
zerlegt = zeichenkette.split(" ");
document.write(zerlegt.length);
```

Die Ausgabe dieses Skripts lautet: 4

Zuerst wurde die Ihnen bereits bekannte Variable zeichenkette definiert. Anschließend wird der Variablen zerlegt das Ergebnis des Methodenaufrufs von split() zugewiesen. Der Parameter, der an split() übergeben wurde, veranlasst die Methode, den String zeichenkette an all den Stellen zu teilen, an denen ein Leerzeichen vorkommt. Der String zeichenkette enthält insgesamt drei Leerzeichen, somit erhalten Sie vier Teilstrings. Anschließend wird die Größe des zerlegt-Arrays im Browser ausgegeben.

[x] Natürlich gelten auch für Arrays, die auf diese Art erzeugt wurden, die gleichen Regeln wie für andere Arrays, z. B. die Zählung beginnend mit 0. Mit Indizes können Sie nun auf die einzelnen Teilstrings des Arrays zugreifen.

```
var zeichenkette = "Dies ist eine Zeichenkette";
zerlegt = zeichenkette.split(" ");
document.write("Das 2. Wort lautet: "+zerlegt[1]);
```

28.7 Zusammenfassung

- Strings bzw. Zeichenketten sind quasi ein Array aus einzelnen Zeichen. In JavaScript werden sie deshalb als Objekt behandelt. Aus diesem Grund existieren auch verschiedene Methoden, mit denen ein String manipuliert werden kann.
- Mit der Methode length kann die Länge einer Zeichenkette ermittelt werden.
- Die Methoden toLowerCase und toUpperCase wandeln eine Zeichenkette entweder in Kleinbuchstaben oder in Großbuchstaben um.
- Mit der Methode indexOf kann auf das erste Vorkommen eines Zeichens ab einer bestimmten Position geprüft werden.
- Weitere Methoden geben z. B. einen Teil der Zeichenkette zurück.

28.8 Fragen und Übungen

1. Schreiben Sie ein Skript, das alle deutschen Umlaute einer Zeichenkette durch die entsprechenden HTML-Entities ersetzt. Besonders hilfreich zur Lösung der Aufgabe ist die switch-Anweisung.
2. Schreiben Sie ein Skript, das anhand eines bestimmten Zeichens bzw. einer Zeichenfolge einen String in zwei Teile zerlegt. Der erste String soll dem Teil vom Anfang der Zeichenkette bis zum Beginn der Trennzeichenkette enstprechen und der zweite String dem Teil der Zeichenkette vom Ende der Trennzeichenkette bis zum Ende der Zeichenkette.

Es gibt heute viele, die es statt mit Dynamik mit Hektik versuchen.

29 DHTML

29.1 HTML wird dynamisch

DHTML ist eine Abkürzung für **D**ynamic **H**yper**t**ext **M**arkup **L**anguage (dt. *dynamische Hypertext-Auszeichnungssprache*) und bezeichnet keinen neuen Sprachstandard, sondern eine Kombination von JavaScript bzw. Skriptsprachen und HTML, die eine dynamische Änderung bzw. den dynamischen Aufbau eines HTML-Dokuments ermöglichen. Weit verbreitet ist die Annahme, dass DHTML ein Werbebegriff und eine Erfindung von Marketingstrategen sei. Dies stimmt jedoch nicht, denn DHTML basiert auf tief gehenden Erweiterungen von HTML. Einschwebender Text, aufklappbare Navigationsleisten oder Elemente, die sich aufgrund von Benutzeraktionen verändern, sind DHTML-Effekte, die Sie im Internet häufig antreffen werden. Ein kleines Beispiel:

```
<!DOCTYPE HTML PUBLIC "-//W3C//DTD HTML 4.01 Transitional//EN">
<!-- DHTML -->
<html>
  <head>
    <title>DHTML</title>
  </head>
  <body>
    <p id="DHTML" onClick=
          "document.getElementById('DHTML').firstChild.nodeValue='Danke'">
     Bitte anklicken</p>
  </body>
</html>
```

Listing 29.1 DHTML-Effekt, der den Text eines Absatzes verändert, sobald der Benutzer diesen anklickt

Die eben genannten Effekte müssen aber nicht zwangsläufig auf DHTML basieren. Sie lassen sich auch mit JavaApplets oder Flash-Filmen erzeugen. Wenn Sie aber genau aufpassen, wird Ihnen schnell auffallen, welcher der Effekte ein DHTML-Effekt ist und welcher nicht. Immerhin zeigen JavaApplets eine Meldung an, dass sie geladen werden, und Flash-Filme sind oft mit einer Animation während des Ladevorgangs versehen.

29.2 Kompatibilität

Zwar funktioniert dynamisches HTML mit Netscape und dem Internet Explorer ab der Version 4, jedoch konnten es sich beide Hersteller nicht nehmen lassen, vollkommen andere Wege in der Implementierung zu gehen. Die oft genannte proprietäre Layer-Technik von Netscape, die ihren Ursprung in den Anfängen von DHTML nahm, funktioniert nur mit einem Netscape-Browser und obendrein nur mit der Version 4.x. Seit der Version 6 interpretiert der Netscape-Browser `layer`-Elemente nicht einmal mehr. Der Internet Explorer dagegen hat `layer`-Elemente noch nie berücksichtigt oder gar interpretiert. Diese fehlende Kompatibilität führt dazu, dass DHTML einen fahlen Beigeschmack bekommt. Immerhin ist es oft notwendig, Skripts an den Netscape-Browser und an den Microsoft-Browser anzupassen, was zwangsläufig zu doppelter Arbeit führt, da die DHTML-Modelle beider Browser grundverschieden und inkompatibel sind.

DOM

Ein Lichtblick an Horizont ist das DOM (engl. *Document Object Model*), das vom W3-Konsortium entwickelt und normiert wurde. Es bildet einen einheitlichen Standard dafür, wie die Elemente eines HTML-Dokuments mit Skriptsprachen anzusteuern sind. Viele der neuen Browserversionen setzen das W3C-DOM schon sehr gut in JavaScript um, auch wenn oftmals noch Schwächen zu entdecken sind. Es wird aber in Zukunft wesentlich einfacher werden, in jedem Browser funktionierendes DHTML zu programmieren.

29.3 Internet Explorer-DOM

Wie bereits erwähnt, gibt es hinsichtlich DHTML zwischen den Browsern Unterschiede. So verfügen sowohl der Internet Explorer als auch der Netscape-Browser über ein eigenes Document Object Model. Dabei ist der Microsoft-Browser dem Konkurrenten von Netscape mehr als eine Nasenlänge voraus. Immerhin bietet er durch unterschiedliche Möglichkeiten einen sehr einfachen Zugriff auf die Elemente. Generell gilt aber, dass er bereits seit der Version 4 das proprietäre DOM zur Verfügung stellt.

Der Zugriff

Um also Zugriff auf benannte Elemente eines Dokuments zu erhalten, hat Microsoft kurzerhand das `document`-Objekt um ein Kindobjekt erweitert, nämlich um das Objekt `all`.

Nun stehen Ihnen drei Wege zur Verfügung, um auf ein benanntes Element zuzugreifen:

```
document.all.titel.innerText = "Neuer Text";
document.all("titel").innerText = "Neuer Text";
document.all["title"].innerText = "Neuer Text";
```

Allen drei Varianten ist gemeinsam, dass sie den Text im Gültigkeitsbereich des Elements, dessen id-Attribut den Wert titel enthält, durch »Neuer Text« ersetzen. Der Grund für die Vielfalt der Möglichkeiten liegt in der internen Verwaltung der HTML-Elemente durch den Internet Explorer. Grundsätzlich existiert zu jedem Element im HTML-Dokument ein Objekt im DOM. Auf dieses Objekt können Sie nun direkt über den Objekt-Bezeichner zugreifen (Zeile 1), und zwar über eine Methode, der Sie den Objektnamen als Parameter übergeben (Zeile 2), oder über ein assoziatives Array, das alle HTML-Elemente enthält und als Index den Bezeichner des Objekts erwartet (Zeile 3). Die Eigenschaft innerText kann gelesen und geschrieben werden und enthält den Text, der im Browser dargestellt wird (also den ausgezeichneten Text). Zusätzlich steht noch eine Kurzform zur Verfügung. Diese bezieht sich auf das Ansprechen des Elements als Objekt. Anstelle von

```
document.all.titel.innerText = "Neuer Text";
```

können Sie nämlich auch

```
titel.innerText = "Neuer Text";
```

schreiben.

Sowohl das Objekt all als auch die Methode all() und das assoziative Array all[] stehen nur im Internet Explorer und in keinem anderen Browser zur Verfügung. [«]

29.4 Netscape-DOM

Während der Netscape Navigator 4.x über ein eigenständiges DOM verfügt, ist der Netscape ab Version 6 direkt mit dem DOM vom W3C verknüpft. Über DHTML ab Netscape 6 erfahren Sie mehr im nächsten Kapitel 30, *Was sonst noch wichtig ist*. Hier folgt erst einmal nur die Behandlung des Netscape Navigators 4.x.

Im Netscape Navigator 4.x gibt es nur eine Möglichkeit, um auf benannte Elemente zuzugreifen, und die ist nicht besonders komfortabel. Neben der Beschränkung auf bestimmte Elementtypen muss die Benennung des Elements mit dem name-Attribut erfolgen (im Gegensatz zum IE). Layer

Elemente eines Typs werden durch ein assoziatives Array dargestellt. Als Index geben Sie dabei den Wert an, der im name-Attribut des entsprechenden Elements angegeben wurde.

```
document.layer["titel"].bgcolor = "#FF0000";
```

Dieses Beispiel setzt voraus, dass ein layer-Element mit dem Wert titel im name-Attribut existiert, z. B.:

```
<layer name="titel" bgcolor="#0000FF">Ein Layer</layer>
```

Der Knackpunkt ist, dass Sie den Text eines Layers nicht ohne größeren Aufwand ändern können. In den meisten Fällen wird der Netscape Navigator sogar abstürzen, da Sie das Dokument zum Schreiben öffnen müssen. Es ist jedoch möglich, und das Verfahren wird in Listing 29.2 dargestellt.

```
<!DOCTYPE HTML PUBLIC "-//W3C//DTD HTML 4.01 Transitional//EN">
<!-- DHTML im Netscape Navigator 4.x -->
<html>
  <head>
    <title>DHTML im Netscape Navigator 4.x</title>
    <script type="text/javascript">
      function layerAendern()
      {
        document.layers[0].document.open();
        document.layers[0].document.clear();
        document.layers[0].document.write("Ein neuer
                                             Text");
        document.layers[0].document.close();
      }
    </script>
  </head>
  <body>
    <layer>Beliebiger Text</layer><br>
    <a href="javascript:layerAendern()">Text des Layers
     &auml;ndern</a>
  </body>
</html>
```

Listing 29.2 Dynamisches Ändern eines Layers im Netscape Navigator 4.x

Der Grund, warum das Listing 29.2 nur im Netscape Navigator 4.x funktioniert, ist, dass der Netscape Navigator 4.x jeden Layer in einem HTML-Dokument wie ein eigenes Browserfenster behandelt. Zuerst wird also mittels `document.layers[0]` der erste Layer im HTML-Dokument angesprochen. Wie bei jedem Browserfenster bzw. Dokument stellt der NN 4.x auch einem Layer ein eigenes `document`-Objekt zur Verfügung. Mit den Methoden `open()` und `clear()` wird zuerst der Layer zum Schreiben geöffnet und anschließend dessen Inhalt gelöscht. Mit der Methode `write()` wird nun neuer Inhalt in den Layer eingefügt, und anschließend wird der Layer mit der Methode `close()` wieder geschlossen. Je öfter Sie solche Operationen durchführen, desto wahrscheinlicher wird es, dass der Browser abstürzt.

[x] Übrigens funktioniert das Beispiel nur in einem Netscape Navigator der Version 4 (z. B. 4.05, 4.06 oder 4.78), nicht aber im Netscape 2, 3, 6, 7 oder gar im IE oder Opera.

29.5 W3C-DOM

Das DOM des W3C sieht eine allgemeine Richtlinie für Objektmodelle in Browsern vor und legt fest, wie mittels JavaScript darauf zugegriffen werden soll. Da dies jedoch nur eine Empfehlung seitens des Konsortiums ist, halten sich zwar die meisten Browserhersteller daran, sind aber nicht immer sehr genau in deren Umsetzung. Der Opera-Browser z. B. kennt zwar das W3C-DOM, aber der größte Teil der Objekte und Methoden, die zur Verfügung gestellt werden, funktioniert nicht.

Baumstruktur

Das DOM des W3C geht einen anderen Weg, auch wenn sich dieser nicht allzu sehr von dem des Internet Explorers unterscheidet. Während das Internet Explorer-DOM alle Elemente in Objektlisten zur Verfügung stellt, die direkt angesprochen werden können, bildet das W3C-DOM aus den Elementen eine Baumstruktur. So werden Kindelemente als Verzweigungen von Elternelementen dargestellt. Für den Zugriff auf die Elemente bedeutet dies lediglich, dass Sie anstelle von

```
document.all
```

eine der folgenden Anweisungen verwenden:

```
document.getElementById()
document.getElementsByName()
document.getElementsByTagName()
```

Der Unterschied zwischen diesen Möglichkeiten besteht darin, wie das Element identifiziert wird: entweder über den Wert des `id`-Attributs, den Wert des `name`-Attributs oder über den Elementtyp.

Anwendung

Bei Verwendung der Methode `getElementById()` muss der Wert des `id`-Attributs des Elements, das angesprochen werden soll, dokumentweit eindeutig bzw. einmalig sein. Die Methode `getElementsByName()` verlangt die dokumentweite Eindeutigkeit beim Wert des `name`-Attributs eines Elements nicht. Ganz anders funktioniert der Zugriff, wenn Sie die Methode `getElementsByTagName()` verwenden. Mit dieser Methode können Sie einen bestimmten Elementtyp ansprechen (z. B. `input` oder `div`) und müssen lediglich angeben, an wievielter Stelle das Element steht. Haben Sie in einem HTML-Dokument z. B. fünf `div`-Elemente verwendet, werden diese nach der Reihenfolge ihrer Definition im HTML-Dokument über einen Index angesprochen. Das `div`-Element, das als Erstes im HTML-Dokument definiert wurde, besitzt dementsprechend den Index 0, das zweite den Index 1, das vierte `div`-Element den Index 3 usw.

Knoten

Alle Elemente, Attribute und Texte eines HTML-Dokuments werden im W3C-DOM als Knoten bezeichnet, von denen es drei Typen gibt: **Elementknoten**, **Attributknoten** und **Textknoten**. Das folgende Beispiel soll dies verdeutlichen:

```
<p id="absatz">Textabsatz</p>
```

Insgesamt verfügt diese Zeile im W3C-DOM über vier Knoten. Der erste Knoten ist ein Elementknoten, der aus dem p-Element resultiert. Der zweite Knoten ist ein Attributknoten, der auf dem id-Attribut basiert. Die Knoten drei und vier sind Textknoten und basieren einmal auf dem Wert des id-Attributs (absatz) und einmal auf dem Text im Gültigkeitsbereich des p-Elements (Textabsatz). Anstatt nun den Wert einer Eigenschaft wie z. B. innerHTML oder innerText zu ändern, verwenden Sie das Kindobjekt firstChild und die Eigenschaft nodeValue.

```
document.getElementById('absatz').firstChild.nodeValue = 'Neuer Text';
```

Diese Zeile würde den Text des p-Elements aus dem vorangegangenen Beispiel ändern bzw. ersetzen. Ein vollständiges Beispiel könnte wie folgt aussehen:

```
<!DOCTYPE HTML PUBLIC "-//W3C//DTD HTML 4.01 Transitional//EN">
<!-- DHTML nach W3C -->
<html>
  <head>
    <title>Listing 8.3</title>
    <script type="text/javascript">
      function change()
      {
       document.getElementById('head1').firstChild.nodeValue = 'Danke';
      }
    </script>
  </head>
  <body>
    <h1 id="head1" onClick="change()">Klick mich an</h1>
  </body>
</html>
```

Listing 29.3 Bei einem Mausklick auf das h1-Element ändert sich der Text der Überschrift.

Assoziierte Knoten

Während Element- und Textknoten immer Kinder eines übergeordneten Elementknotens sind, sind Attributknoten assoziierte Knoten. Der Zugriff auf Attribute eines Elements erfolgt deshalb anders. Das Attribut, das geändert werden soll, wird als Eigenschaft notiert.

```
document.getElementById('absatz').[Eigenschaft] = [Wert];
```

Das folgende Beispiel ändert die Ausrichtung des h1-Elements, sobald mit der Maus darauf geklickt worden ist.

```
<!DOCTYPE HTML PUBLIC "-//W3C//DTD HTML 4.01 Transitional//EN">
<!-- DHTML nach W3C -->
<html>
  <head>
    <title>Listing 8.4</title>
    <script type="text/javascript">
    function change()
    {
```

```
      if(document.getElementById('head1').align == 'right ')
      {
        document.getElementById('head1').align = 'left ';
      } else {
        document.getElementById('head1').align = 'right';
      }
    }
    </script>
  </head>
  <body>
    <h1 id="head1" align="left" onClick="change()">
     Klick mich an</h1>
  </body>
</html>
```

Listing 29.4 Sobald ein Anwender mit der Maus auf das h1-Element klickt, wird dessen Ausrichtung geändert.

29.5.1 Neue Elemente einfügen

Knoten einfügen

Sie können aber nicht nur Elemente auslesen oder verändern, Sie können Elemente auch neu einfügen. Die Vorgehensweise dabei erscheint ein wenig kompliziert, aber sie hat den Vorteil, dass Sie sehr flexibel beim Einfügen und Anlegen neuer Elemente sind.

Neue Knoten generieren

Um ein neues Element in den DOM-Baum einzufügen, müssen Sie dieses Dokument erst neu generieren. Das geschieht mit der Methode `createElement`, die zum `document`-Objekt gehört. Die Methode bekommt den Namen des Tags übergeben und liefert eine Referenz auf das neue Objekt zurück. Diese Referenz können Sie dann nutzen, um das neue Objekt in den Baum einzuhängen, was mit der Methode `appendChild` gemacht wird. `appendChild` ist für jedes der Objekte in einem DOM-Baum definiert. Das heißt, wenn Sie z. B. ein Element mit `getElementById` ausgelesen haben, dann können Sie aus diesem Element heraus `appendChild` aufrufen und das neue Objekt direkt als Parameter übergeben.

```
<html>
  <head>
  <script>
  function einfuegen()
  {
    // Element holen, unter dem eingefuegt werden soll
    var span = document.getElementById('einfuegepos');
    // Neues Element erstellen
    var new_div=document.createElement('div');

    // Neues Element einhaengen
    span.appendChild(new_div);
  }
```

```
  </script>
  </head>

  <body>
    <div id='einfuegepos'>
    </div>
    <input type="button" onclick="javascript:einfuegen()" value="Einfügen">
  </body>
</html>
```

Listing 29.5 Einfügen eines neuen Elements via DOM

Textknoten einfügen Das Skript aus Listing 29.5 fügt bei einem Klick auf den Button ein neues Element ein. Allerdings wird man nicht viel von dem eingefügten Element sehen, da es noch keinen Text hat. Möchten Sie an ein Element einen neuen Textknoten anhängen, ist die Vorgehensweise ähnlich. Auch ein Textknoten muss erst abgeleitet werden, wozu die Methode `createTextNode` definiert ist. Auch sie ist im `document`-Objekt deklariert und bekommt den Text, der dargestellt werden soll, als Parameter übergeben. Die Methode liefert auch wieder den Knoten als Rückgabewert, sodass er mit `appendChild` eingehängt werden kann.

Attribute einfügen Ein wenig anders ist die Vorgehensweise, wenn Sie einem Knoten ein Attribut zuweisen wollen. In dem Fall wird der neue Attributknoten mit `createAttribute` angelegt. Die Methode bekommt den Namen des Attributs übergeben und liefert dann das Objekt zurück. Ein Attribut braucht allerdings auch einen Wert. Diesen weisen Sie der Eigenschaft `nodeValue` zu, die zum neu abgeleiteten Objekt gehört. Um das Attribut dann dem eigentlichen Knoten zuzuweisen, übergeben Sie den Attributknoten an die Methode `setAttributeNode`. Sobald der Knoten dann eingefügt wird, werden z. B. auch alle Styles zugewiesen, wenn Sie das Attribut `class` nutzen. Sie können somit also ein ganzes Dokument dynamisch generieren.

```
<html>
  <head>
  <style type="text/css">
  .gross {
        font-size: 300%;
        font-family: sans-serif;
  }
  </style>

  <script type="text/javascript">
  function einfuegen()
  {
    // Element holen, nach dem eingefuegt wird
    var span = document.getElementById('einfuegepos');
    // Neues Element ableiten
    var new_div=document.createElement('div');
```

```
    // Neuen Attributknoten ableiten
    var new_attr = document.createAttribute('class');
    // Dem Attribut einen Wert zuweisen
    new_attr.nodeValue='gross';

    // Attributknoten zuweisen
    new_div.setAttributeNode(new_attr);

    // Textknoten ableiten
    var text = document.createTextNode('Hallo DOM-Welt ');
    // Textknoten einhaengen
    new_div.appendChild(text);

    // Kompletten neuen Knoten einhaengen
    span.appendChild(new_div);
  }
  </script>
  </head>

  <body>
    <div id='einfuegepos'>
    </div>
    <input type="button" onclick="javascript:einfuegen()" value="Einfügen">
  </body>
</html>
```

Listing 29.6 Einfügen eines vollständigen Knotens

In Abbildung 29.1 sehen Sie die Ausgabe des Skripts, nachdem der User auf den Button geklickt hat.

Abbildung 29.1 Ausgabe des Skripts nach einem Klick auf den Button

Ich habe hier nur die wichtigsten Funktionen beschrieben, um Elemente einzufügen. Meist kommt man aber schon recht weit damit. Allerdings sollte nicht unerwähnt bleiben, dass Sie mit `removeChild` auch einen Knoten, der als Parameter übergeben wird, entfernen können. Mit `replaceChild` ist es möglich, einen bestehenden Knoten einfach durch einen neuen zu ersetzen. Dabei wird der neue Knoten als erster und der zu ersetzende Knoten als zweiter Parameter übergeben. Die erste Methode gehört zum `document`-Objekt, wohingegen die zweite aus einem Knoten heraus aufgerufen werden muss.

29.6 Problematik und Lösung

All diese verschiedenen DOM-Varianten wirken sich nachteilig auf die Kompatibilität aus. Dies führt zwangsläufig dazu, dass Sie Ihre DHTML-Scripts an jeden Browser anpassen müssen. Dazu muss jedoch erst einmal der Browser ermittelt und geklärt werden, welches DOM dieser unterstützt. Eine pragmatische Möglichkeit ist es, einfach zu testen, auf welches DOM der Browser reagiert.

Unterstützung testen

Sie müssen also feststellen, ob der Browser das Internet Explorer-DOM, das Netscape Navigator 4.x-DOM oder das W3C-DOM unterstützt. Für den NN4.x fragen Sie einfach das `document.layers`-Objekt ab. Wenn der Rückgabewert `true` ist, handelt es sich um den Netscape Navigator 4.x. Für den Internet Explorer fragen Sie das `document.all`-Objekt ab. Bei `true` handelt es sich um den IE. Da sowohl der Netscape 6 als auch der Internet Explorer 5.x das W3C-DOM unterstützen, müssen Sie lediglich das Objekt `document.documentElement` abfragen, um festzustellen, ob es sich um einen dieser beiden Browser handelt.

```
n4 = document.layers;
ie = document.all;
w3c = document.documentElement;
if(n4) document.write("Netscape<br>");
if(ie) document.write("Internet Explorer<br>");
if(w3c) document.write("W3C kompatibel");
```

Listing 29.7 JavaScript, um zu ermitteln, welches DOM der Browser des Benutzers unterstützt

Das Skript in Listing 29.5 stellt auf relativ sichere Art und Weise fest, welcher Browser vom Benutzer verwendet wird. So sind Sie in der Lage, zwischen Netscape Navigator 4.x, Internet Explorer und Netscape 6 zu unterscheiden und entsprechend in Ihrem DHTML-Skript darauf zu reagieren.

29.7 Ausklappbare Navigationsleiste

Ich möchte Ihnen nun ein Beispiel für einen typischen DHTML-Effekt zeigen: eine ausklappbare Navigationsleiste. Das folgende Beispiel funktioniert sowohl im Internet Explorer als auch im Mozilla ab Version 1.0, Netscape ab Version 6 und Opera ab Version 5.

```
<!DOCTYPE HTML PUBLIC "-//W3C//DTD HTML 4.01 Transitional//EN">
<!-- ausklappbare Navigationsleiste -->
<html>
<head>
<title>Listing 8.6</title>
<script type="text/javascript">
var n4, ie, w3c;
```

```
function init() {
  n4 = document.layers;
  ie = document.all;
  w3c = document.documentElement;
}

function showNav() {
  if(ie)
  {
    document.all.naviBar.style.visibility = 'visible';
  }
  else if(w3c)
  {
    document.getElementById('naviBar').style.visibility = 'visible';
  }
  else
  {
    alert('Diese Seite ist mit Ihrem Browser nicht kompatibel');
  }
}

function hideNav() {
  if(ie)
  {
    document.all.naviBar.style.visibility = 'hidden';
  }
  else if(w3c)
  {
    document.getElementById('naviBar').style.visibility = 'hidden';
  }
  else
  {
    alert('Diese Seite ist mit Ihrem Browser nicht kompatibel');
  }
}
</script>
<style type="text/css">
body        { margin-left:40px; }
#leftBorder { background-color:#336699; width:25px;
              height:100%; position:absolute;
              left:0px; top:0px; }
#naviBar    { background-color:#336699; width:150px;
              height:250px; position:absolute; left:0px;
              top:50px; padding:5px; visibility:hidden; }
a           { color:#FFFFFF; }
</style>
</head>
<body onLoad="init()">
```

```
<div id="leftBorder" onMouseOver="showNav()"
     onMouseOut="hideNav()">
</div>
<div id="naviBar" onMouseOver="showNav()"
     onMouseOut="hideNav()">
<a href="http://www.galileo-press.de/">Galileo Press</a><br>
<a href="http://www.google.de/">Google</a><br>
<a href="http://www.my-galileo.de/">My-Galileo</a>
</div>
<h1>Ausklappbare Navigationsleiste</h1>
<p>Wenn Sie den Mauscursor an den linken Seitenrand
bewegen, klappt die Navigationsleiste auf, und Sie
k&ouml;nnen einen Verweis anklicken.</p>
</body>
</html>
```

Listing 29.8 Eine ausklappende Navigation mit HTML, JavaScript und CSS

Im HTML-Dokument wurden zwei `div`-Elemente definiert. Das erste `div`-Element ist der sensitive Bereich, der das Aufklappen der Navigationsleiste bewirkt. Das zweite `div`-Element ist die eigentliche Navigationsleiste. Zu Beginn ist diese unsichtbar, und sie wird erst sichtbar, wenn der Benutzer die Maus über das `div`-Element am linken Fensterrand bewegt.

Beim Laden des Dokuments wird die Funktion `init()` ausgeführt, die die Variablen `n4`, `ie` und `w3c` entweder auf `true` oder auf `false` setzt. Sobald die Maus über das `div`-Element am linken Fensterrand bewegt wird, führt der Event-Handler `onMouseOver` die Funktion `showNav()` aus. In dieser Funktion werden die Variablen `n4`, `ie` und `w3c` auf den Wert `true` überprüft. Sobald eine dieser Variablen den Wert `true` besitzt, wird die entsprechende Variante zum Ansprechen eines Elements verwendet. Die CSS-Eigenschaft `visibility` des `div`-Elements mit dem Wert `naviBar` im `id`-Attribut wird dann auf `visible` gesetzt. Verliert eines der beiden `div`-Elemente den Mausfokus, wird die Eigenschaft `visibility` wieder auf `hidden` gesetzt.

[×] Möchten Sie dynamisch Eigenschaften eines Elements ändern, die auf CSS basieren, dürfen Sie keine Bindestriche verwenden und müssen den ersten Buchstaben nach dem Bindestrich groß schreiben. So wird `background-color` zu `backgroundColor`, `text-align` zu `textAlign` und `line-spacing` zu `lineSpacing`.

29.8 Zusammenfassung

- DHTML ist die Abkürzung von »Dynamic HTML« und kein eigener Standard, sondern die Zusammenarbeit von HTML, JavaScript und dem DOM.

- DOM ist die Abkürzung für »Document Object Model«. Man unterscheidet im Allgemeinen zwischen drei Varianten: dem DOM des Internet Explorers, dem des Netscape Navigators 4 und dem des W3C.
- Durch diese drei Varianten entstehen verschiedene Probleme. Das größte Problem ist die fehlende Kompatibilität zwischen den einzelnen Browsern.

29.9 Fragen und Übungen

1. Welche drei Möglichkeiten stehen im Internet Explorer zur Verfügung, um auf ein Element im HTML-Dokument zuzugreifen?
2. Welche Möglichkeiten offeriert das W3C-DOM, um auf Elemente des HTML-Dokuments zuzugreifen?
3. Wie lässt sich DHTML im Netscape Navigator 4.x umsetzen?

Viele versäumen Wichtiges in ihrem Leben, weil es ihnen ungeheuer wichtig ist, nichts zu versäumen.
– Ernst Ferstl, österreichischer Dichter und Aphoristiker

30 Was sonst noch wichtig ist

30.1 Ereignisbehandlung

Event-Handler sind eine der wichtigsten Schnittstellen zwischen HTML und JavaScript. Im bisherigen Verlauf des Buches haben Sie schon den einen oder anderen Event-Handler kennengelernt, z. B. `onClick` oder `onLoad`. Generell gilt, dass diese Event-Handler als Attribute von HTML-Elementen notiert werden und immer mit `on` beginnen. Als Wert für diese Attribute wird in der Regel eine im zentralen JavaScript-Bereich definierte Funktion aufgerufen. Es ist zwar durchaus auch möglich, einzelne JavaScript-Anweisungen als Werte zu notieren, dies führt aber recht schnell zu einem unübersichtlichen Quelltext des HTML-Dokuments.

Was sind Event-Handler?

Was aber sind Event-Handler genau? Übersetzt heißen sie Ereignisbehandler, und genau das ist auch ihre Aufgabe: Sie sollen Ereignisse behandeln. Zu den Ereignissen zählen z. B. der Klick mit der Maus auf ein Element, der Ladevorgang des HTML-Dokuments oder das Absenden von Formulardaten. (Eine Liste der wichtigsten Event-Handler finden Sie in Tabelle 30.1). Dabei sind bei der Behandlung von Ereignissen ein gewisser Ablauf und bestimmte Gegebenheiten zu berücksichtigen. Ereignisse sind immer Reaktionen auf die Aktionen des Anwenders. Das Ereignis »HTML-Dokument laden« ist also die Reaktion auf eine Aktion des Benutzers, der auf einen Link geklickt oder die Adresse des Dokuments in der Adressleiste des Browsers eingegeben hat. Dieses Ereignis tritt immer ein, egal ob Sie einen Event-Handler definiert haben oder nicht. Erst der Event-Handler ermöglicht es Ihnen, diese Aktion des Benutzers zu beantworten, um ihn beispielsweise mit einem Meldungsfenster zu begrüßen. Das bedeutet also, dass ein Ereignis eintreten muss, bevor dafür eine entsprechende Behandlung erfolgen kann.

Das Einsatzgebiet der Event-Handler ist groß. So können Sie vor dem Übertragen von Formulardaten deren Gültigkeit überprüfen oder beim Laden des HTML-Dokuments eine Animation starten.

Ereignis	Event-Handler	Beschreibung
abort	onAbort	Das Laden der Grafiken wird abgebrochen.
blur	onBlur	Der Eingabefokus wurde entzogen.
change	onChange	Der Text eines Elements wurde geändert.
click	onClick	Mausklick
dblclick	onDblClick	Mausdoppelklick
error	onError	Ein Fehler ist aufgetreten.
focus	onFocus	Der Eingabefokus wird auf Element gesetzt.
keydown	onKeydown	Eine Taste wird gedrückt.
keypress	onKeypress	Tastendruck
keyup	onKeyup	Taste wird gelöst.
load	onLoad	Ein Dokument wird geladen.
mousedown	onMousedown	Eine Maustaste wird gedrückt.
mousemove	onMousemove	Die Maus wird bewegt.
mouseout	onMouseout	Die Maus verlässt ein Element.
mouseover	onMouseover	Die Maus steht über einem Element.
mouseup	onMouseup	Die Maustaste wird gelöst.
reset	onReset	Formulardaten werden zurückgesetzt.
resize	onResize	Die Fenstergröße wird geändert.
select	onSelect	Text wird ausgewählt.
submit	onSubmit	Ein Formular wird versendet.
unload	onUnload	Das Dokument wird geschlossen.

Tabelle 30.1 Übersicht aller Ereignisse, der entsprechenden Event-Handler und eine kurze Erklärung

30.1.1 onAbort

Falls ein Anwender auf die **Abbrechen**-Schaltfläche des Browsers klickt, bevor alle Bilder geladen worden sind, wird das Ereignis `abort` ausgelöst.

```
<img src="ein_bild.png" onAbort="alert('Ladevorgang abgebrochen');">
```

Mit dem `img`-Element wird die Grafik **ein_bild.jpg** in das HTML-Dokument eingebunden. Klickt der Anwender nun auf die **Abbrechen**-Schaltfläche, bevor das Bild vollständig geladen worden ist, wird mit der `alert`-Anweisung eine Meldung ausgegeben.

[x] Da dieser Event-Handler nicht zum HTML-Standard gehört, interpretieren ihn weder Netscape noch Opera.

30.1.2 onBlur

Das `blur`-Ereignis tritt ein, wenn ein Element den Fokus verliert, d. h., wenn es aktiviert ist und dann ein anderes Element aktiviert wird.

```
<html><head><title>onBlur</title></head><body>
    <input type="text" size="30" onBlur="alert('blur')">
    <input type="text" size="30" onBlur="alert('blur')">
  </body>
</html>
```

Listing 30.1 Sobald das andere der beiden Eingabefelder aktiviert wird, wird eine Meldung ausgegeben.

Klicken Sie zuerst in eines der Eingabefelder und anschließend in das andere. Beim Verlassen des einen Felds wird vor der Aktivierung des anderen eine Meldung durch die `alert`-Anweisung ausgegeben.

30.1.3 onChange

Das `change`-Ereignis wird ausgelöst, nachdem der Text eines Elements geändert wurde oder sich der Zustand einer Optionsliste bzw. eines Radiobuttons oder einer Checkbox geändert hat und das Element verlassen wird.

```
<html><head><title>onChange</title></head><body>
    <input type="text" size="30" onChange="alert('change')" value="Text">
  </body>
</html>
```

Listing 30.2 Beispiel für das change-Ereignis

Ändern Sie den Text des `input`-Elements, und klicken Sie anschließend irgendwo ins Browserfenster. Wenn Sie den Text geändert haben, wird eine Meldung ausgegeben.

30.1.4 onClick

Das `click`-Ereignis wird ausgelöst, sobald ein Anwender auf ein Element klickt.

```
<html><head><title>onClick</title></head><body>
    <h1 onClick="alert('click')">&Uuml;berschrift</h1>
  </body>
</html>
```

Listing 30.3 Das click-Ereignis

Sobald Sie auf die Überschrift klicken, wird eine Meldung ausgegeben.

30.1.5 onDblClick

Siehe Abschnitt 30.1.4, mit dem Unterschied, dass das `dblclick`-Ereignis erst bei einem Doppelklick des Anwenders eintritt.

[x] Beachten Sie jedoch, dass dieses Ereignis bei Netscape-Browsern unter Mac OS und Opera nicht existiert.

30.1.6 onError

Ein `error`-Ereignis tritt ein, wenn ein Fehler auftritt, z. B. wenn ein Bild geladen werden soll, dieses aber nicht gefunden wird.

```
<img src="bild.gif" onError="alert('bild nicht gefunden')">
```

Mit dem `error`-Ereignis können Sie zwar feststellen, dass ein Fehler aufgetreten ist, diesen aber nicht beheben. Sie können lediglich eine Meldung ausgeben oder anderen JavaScript-Code ausführen.

30.1.7 onFocus

Sobald ein Element den Eingabefokus erhält, wird das `focus`-Ereignis ausgelöst.

```
<input type="text" size="20" onFocus="alert('Wie lautet Ihr Name?')">
```

Sobald Sie in das Eingabefeld klicken, wird eine Meldung mit der `alert`-Anweisung ausgegeben.

30.1.8 onKeydown

Das `keydown`-Ereignis tritt ein, wenn der Benutzer eine Taste drückt.

```
<input type="text" size="20" onKeydown="alert('Tastendruck')">
```

Sobald Sie das Eingabefeld angeklickt haben und eine Taste auf der Tastatur drücken, wird eine Meldung ausgegeben.

30.1.9 onKeypress

Siehe Abschnitt 30.1.8, mit dem Unterschied, dass die Taste gedrückt und gelöst werden muss, damit das `keypress`-Ereignis eintritt.

30.1.10 onKeyup

Siehe Abschnitt 30.1.8, mit dem Unterschied, dass die Taste gelöst werden muss, damit das `keyup`-Ereignis eintritt.

30.1.11 onLoad

Das load-Ereignis tritt ein, wenn ein HTML-Dokument geladen wurde.

```
<html><head><title>onLoad</title></head>
  <body onLoad="alert('Hallo!')">
    <h1>onLoad</h1>
  </body>
</html>
```

Listing 30.4 Beispiel für das load-Ereignis

Sobald das Dokument geladen wird, erscheint ein Meldungsfenster mit dem Text »Hallo!«.

30.1.12 onMousedown

Sobald eine Maustaste gedrückt wird, tritt das mousedown-Ereignis ein.

```
<html><head><title>onMousedown</title></head>
  <body onMousedown="alert('mousedown')">
    <h1>onMousedown</h1>
  </body>
</html>
```

Listing 30.5 Beispiel für das mousedown-Ereignis

Die alert-Anweisung wird ausgeführt, sobald Sie an eine beliebige Stelle des Dokuments geklickt haben.

30.1.13 onMousemove

Das Ereignis mousemove tritt ein, sobald der Anwender die Maus bewegt, unabhängig davon, ob eine Taste gedrückt wird oder nicht.

```
<html><head><title>onMousemove</title></head>
  <body onMousemove="this.innerText=event.clientX+','+event.clientY;">
  </body>
</html>
```

Listing 30.6 Beispiel für das mousemove-Ereignis

Das Beispiel in Listing 30.6 funktioniert leider nur mit dem Internet Explorer ab der Version 4.0, weil es die Eigenschaften clientX und clientY nur in diesem gibt. Sobald Sie die Maus bewegen, wird im Browserfenster die x/y-Position der Maus ausgegeben.

30.1.14 onMouseout und onMouseover

Das Ereignis `mouseout` wird ausgelöst, sobald der Benutzer den Mauszeiger von einem Element wegbewegt bzw. dessen Anzeigebereich mit der Maus verlässt. Das `mouseover`-Ereignis wird ausgelöst, sobald der Anwender die Maus in den Anzeigebereich eines Elements bewegt.

```
<html><head><title>onMouseout und onMouseover</title></head>
  <body>
    <h1 style="color:#000000"
        onMouseover="this.style.color='#FF0000'"
        onMouseout="this.style.color='#000000'">onMouseout und
                                                  onMouseover</h1>
  </body>
</html>
```

Listing 30.7 Beispiel für die Ereignisse mouseover und mouseout

Wenn Sie die Maus über den Anzeigebereich des `h1`-Elements bewegen, wird die Farbe der Überschrift auf Rot geändert. Sobald die Maus den Anzeigebereich verlässt, wird die Farbe auf Schwarz umgestellt.

30.1.15 onMouseup

Siehe Abschnitt 30.1.12, mit dem Unterschied, dass die Maustaste gelöst werden muss, um das Ereignis `mouseup` auszulösen.

30.1.16 onReset und onSubmit

Das `reset`-Ereignis wird ausgelöst, sobald der Anwender auf die **Zurücksetzen**-Schaltfläche eines Formulars klickt. Klickt der Anwender auf die **Versenden**-Schaltfläche, wird das Ereignis `submit` ausgelöst.

```
<html><head><title>onReset und onSubmit</title></head>
  <body>
    <form onReset="alert('Daten zurücksetzen')"
          onSubmit="alert('Daten versenden')">
      <input type="text" value="Vorname"><br>
      <input type="text" value="Nachname"><br>
      <input type="text" value="Emailadresse"><br>
      <input type="submit"><input type="reset">
    </form>
  </body>
</html>
```

Listing 30.8 Beispiel für die Ereignisse reset und submit

Egal, ob Sie auf die **Versenden**-Schaltfläche oder die **Reset**-Schaltfläche klicken, es wird der folgende Vorgang in einem Meldungsfenster ausgegeben.

30.1.17 onResize

Ändert der Anwender die Größe des Browserfensters, tritt das Ereignis `resize` in Kraft.

```
<html><head><title>onResize</title></head>
  <body onResize="alert('Fenstergröße geändert')">
    <h1>onResize</h1>
  </body>
</html>
```

Listing 30.9 Beispiel für das resize-Ereignis

Wenn Sie die Größe des Browserfensters ändern, wird mit der `alert`-Anweisung eine Meldung ausgegeben.

30.1.18 onSelect

Wenn der Anwender in einem `input`- oder `textarea`-Element einen Text markiert, wird das Ereignis `select` ausgelöst.

```
<html><head><title>onSelect</title></head>
  <body>
    <textarea rows="15" cols="20"
    onSelect="this.innerText='Text markiert!'">Markieren
    Sie bitte diesen Text</textarea>
  </body>
</html>
```

Listing 30.10 Beispiel für das select-Ereignis

Sobald Sie versuchen, den Text des `textarea`-Elements zu markieren, wird ein anderer Text in das Element geschrieben. Beachten Sie, dass weder Netscape 4.x noch Opera 5 diesen Event-Handler interpretieren.

30.1.19 onUnload

Schließt ein Anwender ein Dokument oder wechselt er durch einen Link zu einem anderen, wird das Ereignis `unload` ausgelöst.

```
<html><head><title>onUnload</title></head>
  <body onUnload="alert('Kommen Sie bald wieder')">
    <h1>onUnload</h1>
  </body>
</html>
```

Listing 30.11 Beispiel für das unload-Ereignis

Sobald Sie das Dokument schließen möchten, taucht ein Meldungsfenster auf.

30.2 Cookies

Das Wort Cookie (dt. *Keks*) verursacht bei den meisten Internetbenutzern in der Regel einen matten Gesichtsausdruck, was daher kommt, dass Cookies in Verruf gekommen sind. Angeblich sollen sich damit geheime Informationen vom Rechner des Benutzers abrufen und, noch schlimmer, gefährliche Viren ablegen lassen. Das ist jedoch ausgemachter Unsinn. Weder lassen sich Informationen über Kreditkarten noch Passwörter durch Cookies ermitteln, und von Viren kann ein Rechner zwar befallen werden, aber niemals aufgrund von Cookies. Dass eine Webseite mittels Cookies Informationen auf dem Rechner eines Benutzers ablegen kann, entspricht jedoch der Wahrheit. Ein von einer Webseite abgelegtes Cookie ist in der Regel nur von dieser abrufbar.

Einsatzbereich Der Einsatz von Cookies beschränkt sich darauf, auf dem Rechner des Benutzers wenige Informationen in Form einer Variablen und einer entsprechenden Zeichenkette zu speichern. Dabei stehen maximal 4096 Bytes (4 Kilobyte) für die Informationen zur Verfügung. So lassen sich z. B. die persönliche Anzahl der Seitenbesuche eines Benutzers speichern oder wann der Benutzer die Webseite das letzte Mal besucht hat.

30.2.1 Cookie schreiben

Um ein Cookie auf dem Rechner des Benutzers ablegen zu können, müssen Sie der Eigenschaft `cookie` des `document`-Objekts einen Wert zuweisen.

```
<!DOCTYPE HTML PUBLIC "-//W3C//DTD HTML 4.01
Transitional//EN">
<!-- Cookie schreiben -->
<html>
  <head>
    <title>Listing 9.12</title>
  </head>
  <body>
    <script type="text/javascript">
      document.cookie = "JavaScriptCookie";
    </script>
  </body>
</html>
```

Listing 30.12 Mit JavaScript ein Cookie auf dem Rechner des Benutzers speichern

In Listing 30.12 wird der Eigenschaft `document.cookie` der Wert `"JavaScript-Cookie"` zugewiesen. Dadurch wird automatisch das Cookie auf dem Rechner des Benutzers gespeichert.

30.2.2 Cookie auslesen

Über die gleiche Eigenschaft, mit der auch ein Cookie geschrieben wird, also `document.cookie`, kann auch ein Cookie, das von einem Dokument abgelegt wurde, ausgelesen werden. Bedingung ist jedoch, dass das erstellende Dokument auf dem gleichen Server liegt.

```
var zeichenkette = document.cookie;
```

Das in Listing 30.12 erstellte Cookie ließe sich nun folgendermaßen auslesen:

```
<!DOCTYPE HTML PUBLIC "-//W3C//DTD HTML 4.01 Transitional//EN">
<!-- Cookie lesen -->
<html>
  <head>
    <title>Listing 9.13</title>
  </head>
  <body>
    <script type="text/javascript">
      if(document.cookie) alert(document.cookie);
    </script>
  </body>
</html>
```

Listing 30.13 Ein vom Server gespeichertes Cookie auslesen

[×] Damit dieses Beispiel funktioniert, müssen Sie im Browser zuerst das Listing 30.12 und im gleichen Fenster anschließend das Listing 30.13 öffnen. Mit der Anweisung `if(document.cookie)` wird zuerst überprüft, ob ein Cookie geschrieben wurde. Ist dies der Fall, wird der Inhalt des Cookies in einem Meldungsfenster ausgegeben.

30.2.3 Verfallsdatum

Sobald Sie den Browser schließen, der das Dokument aufgerufen hat, das das Cookie geschrieben hat, wird das Cookie auf dem Rechner des Benutzers gelöscht. Um dies zu umgehen, können Sie dem Cookie ein Verfallsdatum zuweisen. Das Datum müssen Sie im GMT-Format (GMT = Greenwich Meantime) angeben. Außerdem ändert sich dabei die Art der Speicherung der Daten. Das Verfallsdatum müssen Sie in der Form

```
document.cookie = "expires="+verfallsdatum;
```

speichern. Um nun weitere Informationen zu speichern, müssen Sie diese ebenfalls in der Form

```
bezeichner=wert
```

an `document.cookie` übergeben. Dies wird als Wertepaar bezeichnet. Mehrere Wertepaare werden durch Strichpunkte bzw. Semikolons getrennt.

```
<!DOCTYPE HTML PUBLIC "-//W3C//DTD HTML 4.01 Transitional//EN">
<!-- Cookies mit Verfallsdatum -->
```

```
<html>
  <head>
    <title>Listing 9.14</title>
  </head>
  <body>
    <script type="text/javascript">
    if(!document.cookie)
    {
      var datum = new Date();
      var verfallsdatum = datum.getTime() + (60*60*24*7);
      datum.setTime(verfallsdatum);
      document.cookie = "typ=JavaScriptCookie;
                         expires="+datum.toGMTString();
    }
    if(document.cookie) alert(document.cookie);
    </script>
  </body>
</html>
```

Listing 30.14 Beispiel für das Setzen eines Cookies mit Verfallsdatum

Zuerst wird überprüft, ob schon ein Cookie auf dem Rechner des Benutzers existiert, das von einem Dokument des Servers erstellt wurde. Ist dies nicht der Fall, wird ein neues Cookie angelegt. Diesem Cookie wird ein Verfallsdatum zugewiesen. Von der Sekunde an, in der das Cookie erstellt worden ist, bleibt es exakt 604.800 Sekunden (7 Tage) auf dem Rechner des Benutzers erhalten. Wenn das Cookie existiert, wird es in einem Meldungsfenster ausgegeben. Das Verfallsdatum wird dabei jedoch nicht ausgegeben.

30.2.4 Persönliche Seitenbesuche zählen

Das folgende Listing ist ein Beispiel dafür, wie mit Cookies die persönliche Anzahl an Seitenbesuchen eines Benutzers gezählt werden kann.

```
<!DOCTYPE HTML PUBLIC "-//W3C//DTD HTML 4.01 Transitional//EN">
<!-- Persönliche Seitenbesuche zählen -->
<html>
  <head>
    <title>Listing 9.15</title>
    <script type="text/javascript">
      function setNewCookie()
      {
        var datum = new Date();
        var vdatum = datum.getTime() + (60 * 60 * 24 * 365);
        datum.setTime(vdatum);
        document.cookie = "anzahl=1;expires="+datum.toGMTString();
      }
      function getCookie()
      {
```

```
        var uc = document.cookie;
        var anz;
        var wertA = uc.indexOf('=')+1;
        var wertE = uc.indexOf(';');
        if(wertE >= 0)
        {
          var anz = parseInt(uc.substring(wertA,wertE));
        }
        else
        {
          var anz = parseInt(uc.substring(wertA,uc.length));
        }
        return anz;
      }

      function updateCookie()
      {
        var anz = getCookie() + 1;
        var datum = new Date();
        var vdatum = datum.getTime() + (60 * 60 * 24 * 365);
        datum.setTime(vdatum);
        document.cookie = "anzahl="+anz+";
                           expires="+datum.toGMTString();
      }

      function init()
      {
        if(!document.cookie) {
          setNewCookie();
        } else {
          updateCookie();
        }
        alert('Dies ist Ihr '+getCookie()+'. Besuch!');
      }
    </script>
  </head>
  <body onLoad="init()">
  </body>
</html>
```

Listing 30.15 Mit JavaScript und Cookies die persönlichen Seitenbesuche eines Benutzers zählen

Wenn das HTML-Dokument geöffnet wird, wird zuerst die Funktion `init()` ausgeführt. In dieser Funktion wird überprüft, ob bereits ein Cookie existiert. Wenn nicht, wird die Funktion `setNewCookie()` ausgeführt, andernfalls `updateCookie()`.

Cookie setzen

Die Funktion `setNewCookie()` erzeugt ein Cookie mit einer Gültigkeitsdauerdauer von 365 Tagen und schreibt das Wertepaar `anzahl=1` in das Cookie, da es der erste Besuch des Benutzers ist.

Cookie aktualisieren Die Funktion updateCookie() hingegen ruft die Funktion getCookie() auf. Diese ermittelt zuerst die Positionen des Gleichheitszeichens und des Semikolons. Anschließend wird eine Teilzeichenkette ausgelesen, die eine Position nach dem Gleichheitszeichen beginnt und entweder bis zum Ende der Zeichenkette oder bis zum Semikolon geht. Diese Teilzeichenkette wird in einen Integer umgewandelt und an die Funktion updateCookie() zurückgegeben. Die Funktion updateCookie() erhöht den erhaltenen Wert um 1 und speichert ihn wieder im Cookie. Außerdem wird das Verfallsdatum wieder auf ein Jahr gesetzt.

Cookie auslesen Nachdem entweder ein neues Cookie erzeugt oder das vorhandene aktualisiert wurde, wird mit der Funktion getCookie() der aktuelle Zählerstand in einem Meldungsfenster ausgelesen.

Schönheitsfehler Dieses Skript hat jedoch ein paar kleine Schönheitsfehler. Löscht der Benutzer das abgelegte Cookie, beginnt die Zählung wieder bei 1. Ruft er die Seite von einem anderen Computer ab, würde die Zählung ebenfalls wieder bei 1 beginnen oder bei einem anderen Wert fortgesetzt, da das Cookie immer auf dem gerade benutzten Rechner des Anwenders abgelegt wird.

30.3 Fehlerbehandlung

Seit der JavaScript-Version 1.5 können Sie mit einem try...catch-Block Fehler bei der Ausführung eines Skripts abfangen. Zwar können Sie mit dem Event-Handler onError auf einen Fehler reagieren und eine entsprechende Meldung ausgeben, mit try...catch können Sie jedoch flexibler reagieren.

Die Syntax für einen solchen Block sieht wie folgt aus:

```
try
{
  // Anweisungsblock, der auf Fehler überwacht werden soll
}
catch(error)
{
  // Anweisungsblock, der ausgeführt wird, wenn ein Fehler
  // aufgetreten ist
}
```

Tritt im try-Anweisungsblock ein Fehler auf, wird dieser sofort beendet, und es wird der catch-Anweisungsblock ausgeführt. Die Variable error in runden Klammern hinter catch ist der Bezeichner für ein Objekt, in dem weitere Informationen zum Fehler abgelegt werden. Im catch-Anweisungsblock können Sie nun Angaben zum aufgetretenen Fehler machen.

Das folgende Beispiel erzeugt absichtlich einen Fehler, um Ihnen die Funktionsweise von try...catch-Blöcken zu verdeutlichen.

```
<!DOCTYPE HTML PUBLIC "-//W3C//DTD HTML 4.01 Transitional//EN">
<!-- try...catch -->
<html>
  <head>
    <title>Listings 9.16</title>
  </head>
  <body>
    <script type="text/javascript">
        try
    {
      document.write('<b>try-catch</b>-Block beginnt<br>');
      eval('6 + * 3');
      document.write('Es sind keine Fehler aufgetreten.');
    }
    catch(e)
    {
      document.write('Es ist folgender Fehler eingetreten:<br>');
      document.write(e.name+'<br>');
      document.write(e.message+'<br>');
    }
    </script>
  </body>
</html>
```

Listing 30.16 Ein Beispielskript, das absichtlich einen Fehler verursacht

Zuerst wird mit dem Schlüsselwort `try`, gefolgt von einer öffnenden geschweiften Klammer, der Anweisungsblock eingeleitet, der auf einen Fehler hin überwacht werden soll. Die Funktion `eval()` errechnet aus einer übergebenen Formel bzw. Rechenoperation das Ergebnis. Der Aufruf

```
alert(eval('7+8+9'));
```

würde in einem Meldungsfenster die Zahl 24 ausgeben. Da jedoch `6 + * 3` keine gültige Rechenoperation ist, wird ein Fehler ausgelöst. Anstatt die nachfolgende Zeile `document.write('Es sind keine...')` auszuführen, wird in den `catch`-Anweisungsblock gewechselt. Dieser gibt die in den Eigenschaften `name` und `message` des Objekts `e` gespeicherten Fehlerinformationen aus.

Ein `try...catch`-Block lässt sich aber noch um einen `finally`-Anweisungsblock erweitern. Dieser Anweisungsblock wird immer ausgeführt, egal ob ein Fehler aufgetreten ist oder nicht.

```
try
{
  // Anweisungsblock, der auf Fehler überwacht werden soll
}
catch(error)
{
  // Anweisungsblock, der ausgeführt wird, wenn ein Fehler
```

```
  // aufgetreten ist
}
finally
{
  // Anweisungsblock, der auch bei Fehlern ausgeführt wird
}
```

Im folgenden Listing wird das Listing 30.16 um einen `finally`-Anweisungsblock erweitert, und zusätzlich wird dem Benutzer ermöglicht, selbst eine Rechenoperation einzugeben.

```
<!DOCTYPE HTML PUBLIC "-//W3C//DTD HTML 4.01 Transitional//EN">
<!-- try...catch...finally -->
<html>
  <head>
    <title>Listing 9.17</title>
  </head>
  <body>
    <script type="text/javascript">
      try
      {
        var r_operation = prompt('Bitte geben Sie eine
                                  Rechenoperation ein:','');
        var ergebnis = eval(r_operation);
        document.write(r_operation+'='+ergebnis+'<br>');
      }
      catch(e)
      {
        document.write('Die von Ihnen eingegebene
                        Rechenoperation ist falsch.<br>');
      }
      finally
      {
        document.write('<a href="javascript:
                        location.reload()'>Neue
                        Rechenoperation</a>');
      }
    </script>
  </body>
</html>
```

Listing 30.17 JavaScript, das den Benutzer auffordert, eine Formel einzugeben, und diese dann berechnet

Im `try`-Block wird der Benutzer aufgefordert, eine Rechenoperation bzw. Formel einzugeben. Mittels `eval()` wird diese Formel berechnet. Tritt dabei ein Fehler auf, wird der `catch`-Block ausgeführt, ansonsten wird das Ergebnis im Browser ausgegeben. Auf jeden Fall wird nach jedem Berechnungsversuch der `finally`-Block ausgeführt, der einen Link setzt, damit eine weitere Formel eingegeben werden kann.

Solche Fehlerbehandlungen eignen sich immer dann, wenn der Benutzer Eingaben machen kann, die weiterverarbeitet werden. Damit wird vermieden, dass der Browser einfach eine Fehlermeldung in der Art »Es wurde ein Fehler in Zeile 15 bei Zeichen 3 gefunden« ausgibt. Schließlich werden nur wenige Benutzer mit einer solchen Fehlermeldung etwas anfangen können. [×]

30.4 Zusammenfassung

- In HTML stehen verschiedene Attribute zur Verfügung, die in Elementen verwendet werden können, um auf bestimmte Ereignisse zu reagieren. So können mit den Event-Handlern `onMouseover` und `onMouseout` Aktionen durchgeführt werden, wenn der Benutzer die Maus auf ein Objekt bewegt oder sie wieder entfernt.
- Mit dem Objekt `cookie` können Sie mittels JavaScript auf dem Rechner des Benutzers ein Cookie ablegen, verändern oder auslesen.
- Durch die Fehlerbehandlung mittels `try...catch` können Sie verhindern, dass Ihr Skript unkontrolliert abbricht und möglicherweise größere Probleme im Browser des Benutzers auslöst.

30.5 Fragen und Übungen

1. Erstellen Sie ein HTML-Dokument, in dem ein Textabsatz mit weißer Hintergrundfarbe dargestellt wird. Wenn der Benutzer die Maus auf dem Textabsatz bewegt, soll die Hintergrundfarbe des Textabsatzes auf Gelb gesetzt werden. Sobald der Benutzer die Maus wieder vom Textabsatz wegbewegt, soll die ursprüngliche Hintergrundfarbe verwendet werden.
2. Erstellen Sie ein HTML-Dokument mit einem einzeiligen Eingabefeld. Das Feld soll einen vordefinierten Wert enthalten, der mit dem Attribut `value` angegeben wird. Wenn der Benutzer in das Feld klickt, soll der vorbelegte Wert gelöscht werden und eine leere Eingabezeile zu sehen sein. Verlässt der Benutzer das Eingabefeld, ohne etwas eingegeben zu haben, soll der ursprüngliche Wert wieder angezeigt werden.

Die Genialität einer Konstruktion liegt in ihrer Einfachheit.
Kompliziert bauen kann jeder.
– Serge P. Koroljon (russischer Raumfahrttechniker)

31 AJAX

AJAX – vier Buchstaben, die angetreten sind, das WWW zu verändern. Sollte Ihnen bei AJAX als Erstes ein Reinigungsmittel einfallen, dann ist das kein Problem. Mir ging es lange Zeit ähnlich. Aber es geht natürlich nicht um Reinlichkeit. Die Abkürzung steht viel mehr für »**A**synchronous **J**avaScript **a**nd **X**ML«. Der Begriff wurde wahrscheinlich von James Garrett Anfang 2005 in seinem Artikel »AJAX: A New Approach to Web Applications« das erste Mal benutzt.

Was ist AJAX

Aber worum geht es eigentlich bei AJAX? Ich könnte jetzt einfach sagen: um asynchrone Übertragung von XML-Daten mithilfe von JavaScript – aber lassen Sie mich das vielleicht an einem Beispiel erläutern. Stellen Sie sich vor, Sie wollen eine neue Internet-Seite für eine Fluggesellschaft erstellen. Hier soll es möglich sein, einen Flug zu buchen. Dazu soll der Benutzer das Reiseziel angeben können, indem er in einer Optionsliste erst das Land auswählt. Hat er das Land selektiert, sollen alle Zielorte in dem Land mithilfe einer weiteren Optionsliste angezeigt werden. Nachdem der Benutzer den Zielort angewählt hat, sollen in einer dritten Optionsliste die Flughäfen in der Stadt (große Städte haben oft mehrere Flughäfen) angezeigt werden. Haben Sie mitgezählt? Die Seite müsste also drei Mal geladen werden. Soll auch noch der Startflughafen auf diese Weise eingegeben werden, dann würde es sich schon um fünf Ladevorgänge handeln. Gerade dann, wenn Sie eine langsame Internetverbindung haben, kann so etwas ziemlich nervig sein. Stellen Sie sich vor, Sie könnten die Daten dynamisch im Hintergrund nachladen, ohne die komplette Seite neu zu laden. Das wäre doch eine praktische Sache, oder? Genau das ermöglicht AJAX Ihnen. Das heißt, mit AJAX haben Sie die Möglichkeit, Daten vom Server zu laden, ohne dass die Seite, die gerade im Browser dargestellt wird, neu aufgebaut werden muss.

AJAX-Anwendungen

Der Trick besteht darin, die (XML-)Daten im Hintergrund mit JavaScript zu übertragen und dann mithilfe von JavaScript und DOM in die aktuelle Seite einzufügen. Eine der bekanntesten AJAX-Anwendungen, die AJAX auch in der breiten Öffentlichkeit bekannt machte, ist sicher Google Suggest. Google Suggest macht Ihnen Vorschläge, wie der Text, den Sie bereits in das Suchfeld von Google getippt haben, weitergehen könnte. Sobald Sie den ersten Buchstaben getippt haben, sendet der Browser diesen an die Suchmaschine, welche dann Vorschläge liefert, wie Ihre Eingabe weitergehen könnte.

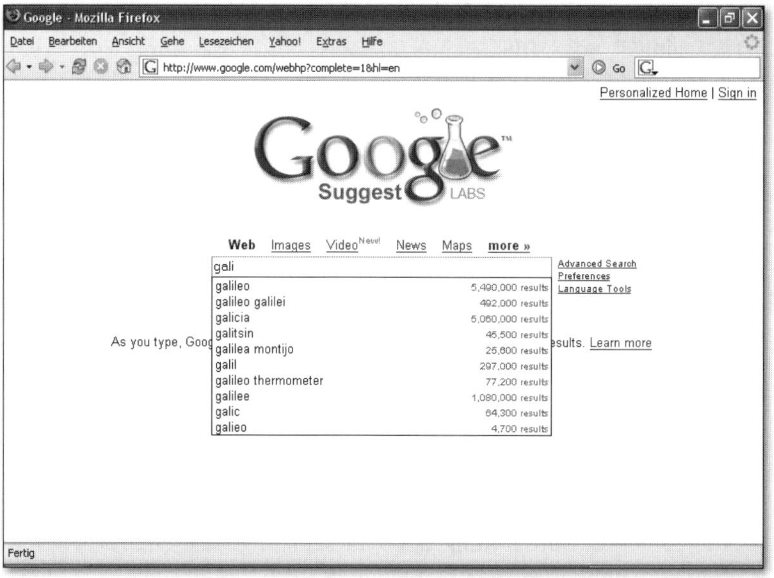

Abbildung 31.1 Google Suggest

Ein weiteres, sehr schönes Beispiel, ist Google Maps. Hier werden die Landkarten und zusätzliche Informationen im Hintergrund geladen. Sie können mit dem Scrollrad der Maus den Maßstab der Landkarten verändern und Ähnliches. Allerdings ist eine Anwendung wie Google Maps wirklich die hohe AJAX-Schule. Für eine solche Anwendung benötigt man sehr gute CSS- und JavaScript-Kenntnisse.

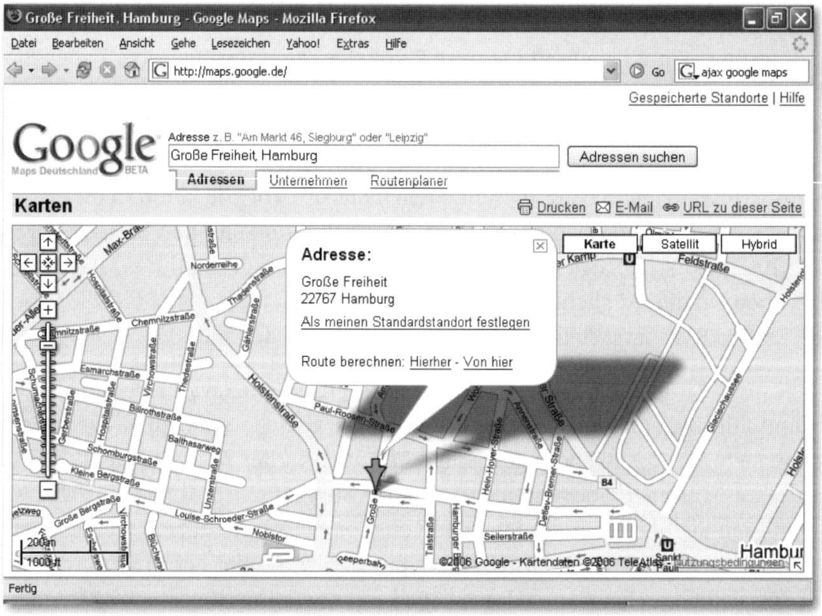

Abbildung 31.2 Google Maps

Inzwischen gibt es sehr viele Dienste im Internet, die auf AJAX setzen. Neben den schon genannten gehören auch die Photo-Management-Anwendung Flickr und Gmail, Googles E-Mail-Programm dazu.

Sie merken schon, AJAX ist eine Kombination von mehreren Technologien. Neu ist hierbei das XMLHttpRequest-Objekt. Bei genauer Betrachtung ist das aber auch nicht mehr so richtig taufrisch, da es schon seit 1998 im Internet Explorer implementiert ist. Inzwischen ist es aber Bestandteil aller aktuellen Browsern. Leider heißt das aber nicht, dass Sie einfach bedenkenlos auf AJAX bauen können. Die Nutzung von AJAX setzt zwei Dinge voraus: Zum Ersten muss natürlich immer JavaScript im Browser aktiviert sein. Zum Zweiten muss bei den Usern des Internet Explorers auch die Nutzung von ActiveX möglich sein. Normalerweise sollte das beides kein Problem sein, aber denken Sie auch immer daran, dass es User geben könnte, die kein AJAX nutzen können.

Schon alles gelesen?

Bevor Sie weiterlesen, stellen Sie sich bitte die Frage, ob Sie die Kapitel über JavaScript und DOM gelesen und verstanden haben. Sollte das nicht der Fall sein, lesen Sie die entsprechenden Kapitel noch einmal sehr genau. Auch kann es nicht schaden, wenn Sie eine gute Vorstellung davon haben, wie XML funktioniert. Daher sollten Sie das Kapitel zumindest kurz überfliegen. Ein wenig PHP sollten Sie auch beherrschen, weil ich die nachfolgenden Beispiele alle mit PHP realisiert habe.

31.1 Das XMLHttpRequest-Objekt

XMLHttpRequest-Objekt

So, genug der Vorrede, lassen Sie uns beginnen. Wie schon erwähnt benötigen Sie ein XMLHttpRequest-Objekt. Wie schon fast zu erwarten war, ist die Nutzung dieses Objektes bei den unterschiedlichen Browsern natürlich nicht ganz identisch. Glücklicherweise ist der primäre Unterschied aber die Frage, wie das Objekt abgeleitet wird. Bei Mozilla, Netscape, Firefox und Co. sieht das so aus:

```
mein_objekt = new XMLHttpRequest();
```

Im Internet Explorer hingegen ist das Objekt als ActiveX-Komponente implementiert, sodass die Instanziierung so ausschaut

```
mein_objekt = new ActiveXObject("Microsoft.XMLHTTP");
```

oder vielleicht auch so:

```
mein_objekt = new ActiveXObject("Msxml2.XMLHTTP");
```

Objekt instanziieren

Dass der IE zwei Möglichkeiten zur Instanziierung kennt, liegt daran, dass Microsoft die XML-Bibliotheken zwischendurch aktualisiert hat. Die aktuelle Version ist somit `Msxml2`. Der IE 7 soll – wie man momentan munkelt – übrigens ein natives XMLHttp-Request-Objekt unterstützen, wie das bei »Mozilla und Freunden« auch der Fall ist.

In einigen AJAX-Büchern finden Sie übrigens auch noch Unterscheidungen zwischen verschiedenen `Msxml2`-Objekten. Teilweise wird dann explizit ein `Msxml2.XMLHTTP.4.0`-Objekt oder ein `Msxml2.XMLHTTP.5.0`-Objekt abgeleitet. Hierbei handelt es sich dann noch mal um spezielle Unterversionen der ActiveX-Komponente. Normalerweise ist diese Unterscheidung aber nicht nötig. Wenn Sie ein `Msxml2.XMLHTTP`-Objekt ableiten, dann sorgt ein Wrapper dafür, dass immer die aktuellste, vorhandene Unterklasse genutzt wird.

Aber keine Angst, die verschiedenen Objekte verhalten sich dann später weitestgehend gleich. Somit muss man sich nur beim Ableiten des Objektes Gedanken darüber machen, mit welchem Browser man es zu tun hat. Eine Unterscheidung auf Basis der Browserkennung wäre recht aufwändig. Schließlich müssten Sie alle möglichen Browser unterscheiden. Meist wird nur geschaut ob es sich um einen Mozilla-kompatiblen Browser handelt, und dann wird versucht, ein Objekt abzuleiten oder die ActiveX-Komponente zu initialisieren.

Um zu prüfen, ob es sich um einen Mozilla-kompatiblen Browser handelt, wird einfach getestet, ob es unterhalb des Top-Level-Objekts `window` eine Eigenschaft namens `XMLHttpRequest` gibt. Ist das der Fall, handelt es sich um einen Mozilla-kompatiblen Browser.

Um sich nicht jedes Mal aufs Neue mit der Problematik beschäftigen zu müssen, empfiehlt es sich, eine Funktion zu schreiben, welche immer die korrekte XMLHttpRequest-Variante zurückgibt. Eine solche Funktion könnte beispielsweise so aussehen:

```
function getRequestObject() {
  var ro;

  // Mozilla-kompatibel?
  if (window.XMLHttpRequest)
  {
  // Ja, ein Mozilla-kompatibler Browser
    try {
      // Objekt ableiten
      ro = new XMLHttpRequest();
    }
    catch(e) {
      // Objekt konnte nicht abgeleitet werden
      ro = null;
    }
  }
  else
  {
    // Teil fuer den IE
    try {
      // Neue Methode versuchen
      ro  = new ActiveXObject("Msxml2.Xmlhttp");
```

```
    }
    catch(e) {
      try {
        // Wenn die neue nicht klappt,
        //dann vielleicht die alte?
        ro  = new ActiveXObject("Microsoft.XMLHTTP");
      }
      catch (e) {
        // ActiveX ausgeschaltet oder kein JS aktiviert
        ro = null;
      }

    }
  }

  // Haben wir ein Objekt oder nicht?
  if (ro == null)
  {
    // Fehlermeldung
    alert ('Ihr Browser unterstützt leider kein AJAX');
  }
  return ro;
}
```

Listing 31.1 Funktion zum Ableiten eines XMLHttpRequest-Objekts

Diese Funktion liefert also automatisch das korrekte Objekt zurück, wenn JavaScript bzw. ActiveX verfügbar sind. Schon praktisch, oder? Der Aufruf der Funktion sieht übrigens folgendermaßen aus:

```
request_object = getRequestObject();
```

So, nun haben Sie ein Objekt. Stellt sich nur noch die Frage, was Sie damit machen können. Unabhängig davon, welchen Browser Sie nutzen, unterstützt jedes Objekt bestimmte Eigenschaften und Methoden, die immer gleich sind.

Die Nutzung sieht so aus, dass Sie eine Anfrage an den Server schicken. Der Server schickt dann Daten, die vom Browser im Hintergrund angenommen werden. Bei den einzelnen Schritten der Datenübertragung reagiert jeweils ein Event-Handler, sodass Sie spontan darauf reagieren können, was gerade passiert.

31.2 Daten vom Server holen

Um eine Abfrage zum Server zu schicken, benötigen Sie die Methoden `open` und `send`. Mit `open` bereiten Sie die Abfrage vor, die dann zum Server geschickt wird. Die Methode benötigt mindestens zwei Parameter. An erster Stelle erwartet sie die Methode, mit der die Anfrage zum Server geschickt werden soll. In den meisten Fällen handelt es sich also um "get" oder "post". Sie können auch die Methoden "head" oder "put" nutzen, wenn Sie das möchten. Mit "head" erhalten Sie nur die http-Header einer Abfrage, aber nicht den eigentlichen Inhalt der Seite. Mit der Methode "put" haben Sie (theoretisch) die Möglichkeit, eine Datei auf den Server hochzuladen. Allerdings unterstützten die meisten Provider das nicht, sodass das eher eine theoretische Möglichkeit ist.

GET

Der zweite Parameter ist die URL der Datei, die auf einem Server aufgerufen werden soll. Hierbei kann es sich um eine relative oder eine absolute URL handeln. Nutzen Sie GET als Übertragungsmethode, dann müssen Sie auch den kompletten Query-String anhängen. Das heißt, Sie müssten die »Feldnamen« und die Werte der Felder anhängen. Im Endeffekt wird auf diesem Weg also ein Formular simuliert. Wollten Sie also speichern.php mit der Methode GET aufrufen und der Datei den Vornamen *Jake* und den Nachnamen *Setter* übergeben, dann würde der Aufruf so aussehen:

```
request_object.open('get',
             'speichern.php?vorname=Jake&Nachname=Setter);
```

Übergeben Sie auf diesem Weg Werte, dann achten Sie bitte darauf, dass diese korrekt kodiert sind. Um Daten in die URL-Kodierung zu bringen, können Sie einfach die Funktion escape nutzen.

Als dritten Parameter können Sie true oder false übergeben, um zu definieren, ob die Datenübertragung synchron oder asynchron erfolgen soll, wobei der Default-Wert false ist. Dieser Parameter wird meist nicht verändert. Spannend ist aber, dass Sie danach noch einen Benutzernamen und ein Passwort angeben können. Damit haben Sie dann die Möglichkeit, ein Skript aufzurufen, das mit einem Passwort geschützt ist. Allerdings darf es sich nur um einen Standardpasswortschutz handeln, wie er z. B. mithilfe einer .htaccess-Datei angelegt werden kann.

POST

Die Methode send schickt die Anfrage dann schließlich zum Server. Nutzen Sie die Methode GET, übergeben Sie der Methode die Konstante null als Parameter. Möchten Sie Daten mit POST übertragen, dann wird der komplette Query-String an die Funktion übergeben. Das heißt, wenn Sie die Daten aus dem obigen Beispiel mit POST verschicken wollten, dann sähe das so aus:

```
request_object.open('post', 'speichern.php');
request_object.send('vorname=Jake&Nachname=Setter');
```

Auch hier gilt, dass die Nutzdaten URL-kodiert übergeben werden müssen.

Event-Handler

Nun wissen Sie zwar, wie Sie eine Datei auf dem Server ansprechen, aber noch nicht, wie Sie die Datei verarbeiten können. An dieser Stelle kommt wieder der Event-Handler ins Spiel, den ich eben schon erwähnt habe. Sie können dem Event-Handler onreadystatechange eine Funktion zuweisen, die er aufrufen soll, wenn sich der Zustand des XMLHttpRequest-Objekts ändert. In dieser Funktion können Sie mithilfe der Eigenschaft readyState unterscheiden, was sich gerade geändert hat. Die Eigenschaft kann die folgenden Werte annehmen:

Wert	Bedeutung
0	Die Methode open wurde noch nicht aufgerufen.
1	Die Anfrage wurde mit open vorbereitet, aber send wurde noch nicht aufgerufen.
2	Die Anfrage wurde mithilfe von send gesendet.
3	Es werden Daten empfangen, aber die Datenübertragung läuft noch.
4	Die Datenübertragung ist beendet.

Im einfachsten Fall schickt das Server-Skript Ihnen einfach einen Text, der dann vom Client verarbeitet wird. In den meisten Fällen prüft die Funktion nur, ob die Eigenschaft den Wert 4 enthält, und verarbeitet dann die empfangenen Daten. Listing 30.3 stellt all das im Zusammenhang dar. Die Datei erzeugt ein kleines HTML-Formular, das ein Textfeld und einen Button beinhaltet. Klicken Sie den Button an, wird ein Skript auf dem Server aufgerufen, das Datum und Uhrzeit ausgibt. Diese Informationen werden dann vom Client entgegengenommen und in das Textfeld geschrieben. Das serverseitige Skript sieht demzufolge recht einfach aus:

```
<?php
echo date("d.m.Y H:i:s");
?>
```

Listing 31.2 Serverseitiges Skript mit dem Namen zeit.php

Der Code der Seite, die auf dem Client ausgeführt wird, sieht so aus wie in Listing 30.3.

```
<html>
<head>
<script>
function getRequestObject() {
  var ro;

  // Mozilla-kompatibel?
  if (window.XMLHttpRequest)
  {
    // Ja, ein Mozilla-kompatibler Browser
    try {
      // Objekt ableiten
      ro = new XMLHttpRequest();
    }
    catch(e) {
      // Objekt konnte nicht abgeleitet werden
      ro = null;
    }
  }
  else
  {
    // Teil fuer den IE
```

```
    try {
      // Neue Methode versuchen
      ro  = new ActiveXObject("Msxml2.Xmlhttp");
    }
    catch(e) {
      try {
        // Wenn die neue nicht klappt,
        //dann vielleicht die alte?
        ro  = new ActiveXObject("Microsoft.XMLHTTP");
      }
      catch (e) {
        // ActiveX ausgeschaltet oder kein JS aktiviert
        ro = null;
      }

    }
  }

  // Haben wir ein Objekt oder nicht?
  if (ro == null)
  {
    // Fehlermeldung
    alert ('Ihr Browser unterstützt leider kein AJAX');
  }
  return ro;
}

// Diese Funktion wird an den Event-Handler uebergeben
function statehandler()
{
  // Pruefen des Status'
  if(request_object.readyState == 4)
  {
    // Uebertragung ist beendet => Daten auslesen
    var daten = request_object.responseText;
    // Daten in das Formular schreiben
    document.formular.ausgabe.value=daten;
  }
}

// Diese Funktion wird durch den Button-Klick aufgerufen
function zeitAktualisieren() {
  // Event-Handler vorbereiten
  request_object.onreadystatechange = statehandler;
  // Abfrage initialisieren
  request_object.open('get', 'zeit.php');
  // Anfrage senden
  request_object.send(null);
}
```

```
// XMLHttpRequest-Objekt ableiten
request_object = getRequestObject();

</script>
</head>

<body>
<form name='formular'>
  <input type="text" name="ausgabe" ><br>
  <input type="button"
      onclick="javascript:zeitAktualisieren();"
      value="Zeit aktualisieren">
</form>
</body>
</html>
```

Listing 31.3 Clientseitiger Code zum Abfragen der Zeit

Bevor ich zu den Funktionen komme, noch ein kleiner Hinweis: Die Variable `request_object` initialisiere ich nicht mit dem Schlüsselwort `var`. Dadurch wird sie zu einer globalen Variable, auf die ich in allen Funktionen direkt zugreifen kann, ohne dass ich sie als Parameter übergeben muss. Das ist zwar kein richtig schöner Stil, aber es vereinfacht die Arbeit ganz ungemein.

Zuerst möchte ich auf die Funktion `zeitAktualisieren` eingehen. Diese wird bei einem Klick auf den Button aufgerufen. Sie bereitet die Anfrage vor und schickt sie zum Server. Wichtig ist die Reihenfolge der Schritte:

```
function zeitAktualisieren() {
  request_object.onreadystatechange = statehandler;
  request_object.open('get', 'zeit.php');
  request_object.send(null);
}
```

Vor jedem `open` wird der Event-Handler initialisiert. Das heißt, die Eigenschaft `onreadystatechange` bekommt den Namen der Funktion zugewiesen, die aufgerufen werden soll, wenn sich der Status des Objektes ändert. Wichtig dabei ist, dass Sie wirklich nur den Namen der Funktion ohne Klammern übergeben. Würden Sie dahinter Klammern angeben, dann würde dem Event-Handler nur das Ergebnis der Funktion zugewiesen. Der Event-Handler muss vor jedem `open` und `send` initialisiert werden. Das mag ein wenig umständlich erscheinen, aber sonst passiert es schnell, dass der Event-Handler nicht mehr weiß, welche Funktion er aufrufen soll. Die Methode `send` verschickt die Anfrage dann schließlich.

Nachdem das passiert ist, sendet der Server die Daten zurück an den Browser. Dieser empfängt die Daten, und bei jeder Statusänderung wird die Funktion `statehandler` aufgerufen.

In der Funktion wird dann geprüft, ob die Daten vollständig übertragen wurden, ob die Eigenschaft `readyState` also den Wert 4 enthält. Ist das der Fall, werden die empfangenen Daten, die sich in der Eigenschaft `responseText` befinden, in das Formularfeld geschrieben.

31.2.1 Das X von AJAX

AJAX und XML

Sie sehen schon, so schwer ist AJAX gar nicht. Vielleicht sind Sie ja zwischendurch schon ein wenig stutzig geworden. Das X in AJAX steht doch für XML, aber das haben wir noch gar nicht benutzt ...

Also, AJAX funktioniert auch ohne XML. Sie können Daten auch einfach als Text oder im JSON-Format (JSON ist ein Datenaustauschformat für JavaScript) versenden. Aber ich möchte Ihnen natürlich auch die Vorgehensweise bei XML vorstellen.

XML senden

Im folgenden Beispiel soll im Endeffekt dasselbe passieren wie im vorhergehenden Beispiel. Der Unterschied ist hier, dass die Daten in zwei Formularfeldern – eins für das Datum und eins für die Uhrzeit – ausgegeben werden sollen. Um Datum und Uhrzeit eindeutig unterscheiden zu können, soll der Server die Daten als XML verschicken. Die serverseitige Komponente sieht so aus:

```
<?php
header("Content-Type: text/xml");
echo "<datum_und_zeit>";
echo "<datum>".date("d.m.Y")."</datum>";
echo "<zeit>".date("H:i:s")."</zeit>";
echo "</datum_und_zeit>";
?>
```

Listing 31.4 Datum und Uhrzeit als XML

Die eigentlichen Nutzdaten werden also in XML-Tags verpackt. Wichtig ist, dass Sie in einem solchen Fall auch den korrekten MIME-Type mitsenden, was hier die Funktion `header` übernimmt. Würde ich den MIME-Type nicht senden, dann würde der Server automatisch den HTML-MIME-Type senden, und der Browser könnte die Daten nicht korrekt interpretieren.

31.2.2 XML-Daten empfangen

XML empfangen

Empfängt der Client XML-Daten, dann wird auch wieder der komplette empfangene Text in der schon bekannten Eigenschaft `responseText` abgelegt. Dumm ist nur, dass es wirklich der komplette Text inklusive aller XML-Tags ist. Daher sind die Daten recht umständlich zu verarbeiten. Einfacher ist es da, auf die Eigenschaft `responseXML` zuzugreifen. Sie enthält einen kompletten DOM-Baum, den Sie dann mit den schon bekannten Mitteln schnell und einfach auswerten können. In Listing 31.5 sehen Sie ein Beispiel für die Verarbeitung der Daten:

```
<html>
<head>
<script>
//Funktion getRequestObjekt unveraendert

function zeitAktualisieren() {
  request_object.onreadystatechange = statehandler;
  request_object.open('get', 'zeit_xml.php');
  request_object.send(null);
}

function statehandler()
{
  if(request_object.readyState == 4)
  {
    var dom_baum = request_object.responseXML;
    var datum = dom_baum.getElementsByTagName('datum');
    var zeit =dom_baum.getElementsByTagName('zeit');
    document.formular.datum.value =
                       datum[0].firstChild.nodeValue;
    document.formular.zeit.value =
                       zeit[0].firstChild.nodeValue;
  }
}

request_object = getRequestObject();

</script>
</head>

<body>
<form name='formular'>
Datum: <input type="text" name="datum" ><br>
Zeit: <input type="text" name="zeit" ><br>
<input type="button"
             onclick="javascript:zeitAktualisieren();"
             value="Zeit aktualisieren">
</form>
</body>
</html>
```

Listing 31.5 Verarbeiten von XML-Daten

Die meisten Sachen in diesem Listing sind identisch mit der vorhergehenden Version. Daher möchte ich auch nur die Funktion `statehandler` erläutern, in der sich so einiges geändert hat.

XML verarbeiten

Um die Daten zu verarbeiten, lese ich zuerst den DOM-Baum aus. Das macht die weitere Verarbeitung übersichtlicher:

```
var dom_baum = request_object.responseXML;
```

Danach lese ich die Elemente `datum` und `zeit` mithilfe von `getElementsByTagName` aus der Struktur aus und speichere sie in lokalen Variablen:

```
var datum = dom_baum.getElementsByTagName('datum');
var zeit =dom_baum.getElementsByTagName('zeit');
```

Da die Methode `getElementsByTagName` immer ein Array (es könnte ja mehrere Elemente mit diesem Namen geben) und kein einzelnes Element zurückliefert, müssen die Daten nun noch weiter verarbeitet werden, um an die eigentlichen Informationen zu kommen.

Das heißt, ich muss auf das erste Element (mit dem Index 0) zugreifen und dann die eigentlichen Daten auslesen. Sie erinnern sich bestimmt, dass es unterhalb eines DOM-Knotens noch einen Textknoten gibt. Auf diesen greife ich mit der Eigenschaft `firstChild` zu und lese dann den Inhalt mithilfe von `nodeValue` aus und schreibe ihn direkt in das Formularfeld:

```
document.formular.datum.value =
                          datum[0].firstChild.nodeValue;
document.formular.zeit.value =
                          zeit[0].firstChild.nodeValue;
```

Auch das war keine Hexerei. Lassen Sie uns mal versuchen, Daten zum Server zu schicken.

31.3 Daten senden

Daten senden

Wie schon erwähnt, können Sie die Daten mit GET oder POST an den Server senden. Ich werde hier POST nutzen, weil POST flexibler und leistungsfähiger ist.

Ich möchte nun ein Programm haben, das Namen und Telefonnummern in einer Datei speichert. Der Benutzer sieht ein Formular, in das er seinen Namen und seine Telefonnummer eingeben kann. Sobald er auf den Button **Speichern** klickt, sollen die Daten via AJAX an den Server geschickt werden, der die Informationen dann in einer Datei ablegt. Der Server schickt dann eine Meldung zurück an den Client, damit der Benutzer auch weiß, ob die Daten gespeichert wurden oder ob ein Fehler aufgetreten ist. Die serverseitige Datei ist sehr einfach gehalten und sieht so aus:

```
<?php
$name = urldecode($_POST['name']);
$telefon = urldecode($_POST['telefon']);

function send_data($to_send)
{
  // Meldung an Client schicken
  echo $to_send;
  // Programm beenden, um weitere Ausgaben zu verhindern
```

```
  die();
}

// Datei oeffnen
@$fp = fopen('daten.txt','a');
if ($fp === false)
{ // Datei konnte nicht geoeffnet werden => Fehler
  send_data('Konnte Datei nicht öffnen');
}

// Daten schreiben
if (!fputs($fp,"$name, $telefon"))
{
  // Beim Schreiben ist ein Fehler aufgetreten
  send_data('Konnte Daten nicht speichern');
}

// Kleine Verzoegerung
sleep(5);

// Alles OK, Meldung ausgeben
send_data('Daten gespeichert');
?>
```

Listing 31.6 Serverseitiges Speichern von Daten

Das `sleep`, das Sie in dem kleinen Programm finden soll die Ausführung nur ein klein wenig verzögern, damit am Client unterschiedliche Status-Meldungen gezeigt werden können. Der clientseitige Code soll, wie schon erwähnt, ein Formular erzeugen, das aus drei Eingabefeldern besteht. Die ersten beiden Felder dienen zur Eingabe von Namen und Telefonnummer und das dritte Feld zur Ausgabe der Statusmeldung. Den Code zum Versenden der Daten finden Sie in Listing 31.7.

```
<html>
<head>
<script>


// Deklaration der Funktion getRequestObject


function speichern()
{
  // Texte aus dem Formular auslesen
  var name = document.formular.name.value;
  var telefon = document.formular.telefon.value;

  request_object.onreadystatechange = statehandler;
```

```
  // Abfrage initialisieren
  request_object.open('post', 'daten_speichern.php');

  // Header definieren
  request_object.setRequestHeader('Content-Type',
                    'application/x-www-form-urlencoded');

  // Daten senden
  request_object.send("name="+escape(name)+
                     "&telefon="+escape(telefon));
}

function statehandler()
{
  if(request_object.readyState == 1)
  {
    document.formular.status.value =
                   "Daten werden gesendet";
  }

  if(request_object.readyState == 4)
  {
    var meldung = request_object.responseText;
    document.formular.name.value = '';
    document.formular.telefon.value = '';
    document.formular.status.value = meldung;
  }
}

request_object = getRequestObject();

</script>
</head>

<body>
<form name='formular'>
Name: <input type="text" name="name" ><br>
Telefon: <input type="text" name="telefon" ><br>
Status: <input type="text" name="status" value='Daten eingeben'
readonly><br>
<input type="button" onclick="javascript:speichern();"
                          value="Zeit aktualisieren">
</form>
</body>
</html>
```

Listing 31.7 Senden von Daten mit POST

Das meiste in diesem Skript wird Ihnen sicher schon bekannt vorkommen, sodass ich nur die Neuerungen erläutern werde, von denen die meisten in der Funktion `senden` enthalten sind.

Der korrekte Header

Beim Initialisieren der Abfrage hat sich nicht viel geändert, nur wird der Methode `open` als erster Parameter POST übergeben. Wichtig ist aber der darauf folgende Aufruf von `setRequestHeader`. Mit dieser Methode setze ich den korrekten Header, damit das PHP-Skript, das die Daten annimmt, auch erkennt, dass die Daten aus einem Formular stammen. Würde ich diesen Header nicht übergeben, dann würden die übergebenen Werte nicht in das Array `$_POST` übernommen.

```
request_object.setRequestHeader('Content-Type',
                    'application/x-www-form-urlencoded');
```

Die Methode kann alle Header setzen, wobei es meist nur nötig ist, den MIME-Type für ein Formular zu senden. Möchten Sie aber doch mal einen anderen Header oder MIME-Type senden, dann übergeben Sie als ersten Parameter den Namen des Headers und als zweiten den Wert, der mit dem Header übertragen werden soll.

Die zweite Neuerung ist, dass die Methode `send` nicht den Wert `null`, sondern einen String übergeben bekommt. Dieser String setzt sich aus den Namen der »Felder« und den dazugehörigen Werten zusammen. Die Werte werden direkt aus den Formularfeldern ausgelesen, mithilfe von `escape` URL-kodiert und dann mithilfe eines Gleichheitszeichens an dem Feldnamen angehängt. Die einzelnen Kombinationen aus Bezeichner und Wert werden dann jeweils mithilfe eines kaufmännischen Und (&) verknüpft. Im Endeffekt handelt es sich also um einen ganz normalen Query-String, wie Sie ihn schon kennengelernt haben.

Die Daten werden dann an das PHP-Skript übergeben, welches sie auswerten kann, als würden sie aus einem normalen Formular stammen.

Nachdem die Daten verschickt wurden, wird mithilfe des Event-Handlers `onreadystatechange`, der die Funktion `statehandler` aufruft, die Sie ja schon kennen, der aktuelle Status ausgegeben. In diesem Fall reagiert die Funktion aber auf zwei unterschiedliche Inhalte der Eigenschaft `readyState`. Enthält die Eigenschaft den Wert 1, dann wird der Text *Daten werden gesendet* in das Status-Feld ausgegeben. Den Status 1 hat die Anwendung dann, wenn `open`, aber noch kein `send` ausgeführt wurde. Somit ist die Meldung nicht ganz korrekt. Den Status 2 erreicht die Anwendung aber erst dann, wenn der Server anfängt, Daten zurückzuschicken, was durch das `sleep` verzögert wird. Da der Server nur sehr wenige Daten sendet, wird der Status 4 sofort erreicht, und man würde die Meldung gar nicht sehen. Daher habe ich mich für diese nicht ganz korrekte Ausgabe entschieden.

Das PHP-Skript, das auf dem Server läuft, sendet abhängig davon, ob die Daten gespeichert werden konnten, unterschiedliche Statusmeldungen als einfachen Text zurück. Dieser wird dann direkt aus der Eigenschaft `responseText` ausgelesen und in das Statusfeld übernommen.

In diesem kleinen Beispiel wurde die komplette Interaktion zwischen Client und Server abgebildet. Auch wenn das Beispiel natürlich noch nicht sehr umfangreich war, zeigt es doch alle relevanten Punkte.

31.4 Eigenschaften und Methoden des XMLHttpRequest-Objekts im Überblick

In den vorangegangenen Beispielen habe ich schon fleißig die wichtigsten Eigenschaften und Methoden des XMLHttpRequest-Objekts genutzt. In den meisten Fällen benötigen Sie auch nicht mehr. Ich möchte aber nicht versäumen, Ihnen auch die anderen Eigenschaften und Methoden kurz vorzustellen. Eine Liste der Methoden und Eigenschaften, die von allen Browsern unterstützt werden, finden Sie in den folgenden Tabellen.

Methoden von XMLHttp-Request

Methode	Erläuterung
`abort()`	Bricht die aktuelle Operation ab. Die Eigenschaft `readyState` hat nach Aufruf dieser Methode den Wert 4.
`getAllResponseHeaders()`	Liest alle Header der letzten Nachricht vom Server aus und gibt sie als String zurück.
`getResponseHeader("headerLabel")`	Liest den Wert des Headers aus, dessen Namen Sie als Parameter übergeben.
`open("method", "URL"[, asyncFlag[, "userName"[, "password"]]])`	Bereitet eine Verbindung vor. Der erste Parameter gibt die HTTP-Methode an, die genutzt werden soll. In den meisten Fällen ist das also der String GET oder POST. Die Nutzung anderer Methoden hängt vom Server ab, mit dem gearbeitet wird. Der zweite Parameter ist die absolute oder relative URL der Datei, die angesprochen werden soll. Nutzen Sie GET, werden die zu übergebenden Werte hier als Query-String angehängt. Optional können Sie danach das `async`-Flag, einen Benutzernamen und ein Passwort angeben. Das `async`-Flag ist ein Boolescher Wert, der definiert, ob die Datenübertragung asynchron (`true`) oder synchron (`false`) stattfinden soll.
`send(content)`	Schickt die Anfrage an den Server. Bei Nutzung der Methode POST geben Sie hier die Werte, die gesendet werden sollen, als Query-String an. Bei Nutzung von GET übergeben Sie der Methode die Konstante null.
`setRequestHeader("label", "value")`	Definiert einen Header, der an den Server geschickt werden soll. Der erste Parameter ist der Name des Headers und der zweite der Wert.

Tabelle 31.1 Methoden des XMLHttpRequest-Objekts

Eigenschaften von XMLHttp-Request

Eigenschaft	Erläuterung
`onreadystatechange`	Event-Handler, dem der Name einer Funktion zugewiesen werden kann. Ändert sich die Eigenschaft `readyState`, wird die entsprechende Funktion aufgerufen.
`readyState`	Eigenschaft, die den aktuellen Status des Objekts enthält. Die Eigenschaft kann die folgenden Werte annehmen: 0 = `open` noch nicht aufgerufen 1 = `open` aufgerufen, aber `send` noch nicht 2 = Abfrage mit `send` gesendet 3 = Objekt empfängt Daten 4 = Datenübertragung beendet
`responseText`	Text, den der Server an den Client geschickt hat
`responseXML`	XML-Code, den der Server an den Client geschickt hat. Die Daten werden automatisch als DOM-Baum aufbereitet. Beachten Sie, dass der Server den korrekten MIME-Type senden muss.
`Status`	Speichert den HTTP-Statuscode, den der Server geliefert hat; 200 = OK, 404 = Datei nicht gefunden, 5XX = interner Serverfehler
`statusText`	Entählt den Text, der zu dem HTTP-Status gehört

Tabelle 31.2 Eigenschaften des XMLHttpRequest-Objekts

31.5 Ein Chat mit AJAX

Um Ihnen noch ein komplexeres Beispiel zu geben, möchte ich Ihnen noch einen kleinen Chat vorstellen. Der Chat ist natürlich nicht so umfangreich und perfekt, dass man ihn gleich für den Einsatz im Internet nutzen kann, aber er zeigt sehr schön, wie die einzelne Komponenten zusammenspielen können.

Ein paar Dinge vorweg:

- Der Chat hat kein Login. Mit einem Login zu arbeiten, würde die Sache an dieser Stelle unnötig verkomplizieren, und vor allem würde man das Login wohl auch nicht mit AJAX realisieren. Daher habe ich darauf verzichtet. Jeder Benutzer gibt bei der ersten Nachricht, die er schreibt, einfach einen Spitznamen bzw. Nickname ein.
- Der Chat speichert nur die Nachrichten der letzten 60 Sekunden. Sollte ein Client in dieser Zeit die Nachrichten mal nicht abfragen, dann könnte es passieren, dass die eine oder andere Nachricht verloren geht. Das ist aber sehr unwahrscheinlich, weil jeder Client die Daten einmal in der Sekunde abfragt.

31.5.1 Aufbau des Chatsystems

Der Chat basiert auf drei Dateien. Das ist zum einen der Client, sprich der Programmteil, der im Browser ausgeführt wird. Der Client, eine Datei namens **chatclient.html**, sendet die neuen Nachrichten an ein PHP-Skript namens **chat_speichern.php**. Des Weiteren liest der Client einmal in der Sekunde die neuen Chatnachrichten vom Server. Dazu gibt es eine JavaScript-Funktion, die mittels eines Timeouts dafür sorgt, dass sie nach einer Sekunde wieder aufgerufen wird. Serverseitig ist die Datei **chat_lesen.php** dafür zuständig, die neuen Nachrichten aus der Datenbank auszulesen und an den Client zu senden. Das sind auch schon alle Dateien, die benötigt werden.

Die Datenbanktabelle

Wie schon angedeutet werden die einzelnen Chatnachrichten in einer MySQL-Datenbank angelegt. Die dafür verwendete Tabelle hat den Namen `chatnachrichten` und ist wie folgt aufgebaut:

```
CREATE TABLE chatnachrichten (
  zeit BIGINT(20),
  nick VARCHAR(100),
  message TEXT
);
```

Listing 31.8 Aufbau der Tabelle chatnachrichten

Die Tabelle hat drei Spalten. Die Spalte `nick` enthält den Nickname desjenigen, der die Nachricht geschrieben hat. `message` speichert den eigentlichen Text der Nachricht. Die wichtigste Spalte ist `zeit`. Hier wird gespeichert, zu welcher Uhrzeit die Nachricht geschrieben wurde. Da die Zeit in diesem Chat ein wichtiges Kriterium ist, wird die Zeit in Millisekunden erfasst. Wenn Sie sich jetzt fragen, warum die Zeit so wichtig ist, dann muss ich Sie noch ein wenig vertrösten. Das erläutere ich gleich. Zuerst möchte ich erklären, wie die Daten in die Tabelle kommen.

31.5.2 Speichern der Nachrichten

Eingabeformular

Im Client ist ein kleines Formular enthalten, in welches der Benutzer seine Nachrichten eingeben kann. Das Formular besteht aus zwei Feldern, in das Benutzername und die Nachricht eingegeben werden können. Den kompletten Body der Seite finden Sie in Listing 31.9.

```
<body id='body' onload="javascript:init();"><div></div>
  <form name="eingabe">
    Nick: <input name="nick" size="10">
    Nachricht: <input name="message" size="30">
    <input type="button" onclick="sag_was()" value="Sagen!">
  </form>
</body>
```

Listing 31.9 Body des Chatclients

Formatierung der Nachrichten

Sie sehen, der Body der Seite ist nicht sonderlich kompliziert. Das <div>, das direkt hinter dem öffnenden <body> kommt, ist übrigens kein Tippfehler, wie Sie gleich noch sehen werden. Das Formular wird mit Hilfe von CSS im unteren Bereich des Fensters positioniert. Das Stylesheet, das ich genutzt habe, ist in Listing 31.10 zu finden.

```
<style type="text/css">
.nachricht {
      font-family:sans-serif;
      display:block;
}
form {
  position:absolute;
  bottom:5px;
  font-family:sans-serif;
}
</style>
```

Listing 31.10 Das genutzte Stylesheet

Senden einer Nachricht

Sobald der Button angeklickt wird, der in dem Formular enthalten ist, werden die Daten aus dem Formular ausgelesen und an den Server geschickt. Das übernimmt die Funktion sag_was, die »onClick« aufgerufen wird. Die Funktion sieht folgendermaßen aus:

```
function sag_was()
{
  var nick = document.eingabe.nick.value;
  var message = document.eingabe.message.value;
  var sender = getRequestObject();
  if (nick == '')
  {
    var zufall = Math.random();
    var zahl = Math.round(zufall * 100000)
    nick = 'Gast '+zahl;
    document.eingabe.nick.value = nick;
  }
  document.eingabe.nick.disabled=true;
  if (message == '')
  {
    message=' ';
  }
  document.eingabe.message.value='';
  sender.open('post', 'chat_speichern.php');
  sender.setRequestHeader('Content-Type',
                        'application/x-www-form-urlencoded');
  sender.send("nick="+escape(nick)+"&message="+escape(message));
}
```

Listing 31.11 Die Funktion sag_was, welche die Daten zum Server schickt

Auch wenn die Funktion nicht sonderlich komplex ist, so erledigt sie doch einige Sachen auf einmal. In den ersten drei Zeilen werden die Werte aus dem Formular ausgelesen und ein neues XMLHttpRequest-Objekt abgeleitet. Das Ableiten des Objekts erfolgt mit der schon bekannten Funktion `getRequestObject`, die ich hier nicht noch einmal erläutere.

Nachdem die Werte ausgelesen wurden, wird erst geprüft ob der Benutzer einen Nickname eingegeben hat. Ist das nicht der Fall, bekommt er automatisch einen Namen zugewiesen, der sich aus dem Wort *Gast* und einer Zufallszahl zusammensetzt. Wird ein Name neu generiert, dann wird er dem Formularfeld zugewiesen. Nach der `if`-Abfrage wird das Formularfeld für den Nickname gesperrt, indem die Eigenschaft `disabled` auf `true` gesetzt wird.

Die nächste `if`-Abfrage prüft, ob der Benutzer eine Nachricht eingegeben hat. Ist das nicht der Fall, dann wird der Variable `message` ein Leerzeichen zugewiesen. Das heißt, der Benutzer hat keine Chance, eine leere Nachricht zu verschicken. Das ist zwar keine ganz korrekte Vorgehensweise, aber es hat später beim Auslesen der Nachrichten Vorteile. Wenn es passieren könnte, dass eine leere Nachricht vorhanden ist, dann müsste ich später im DOM-Baum immer prüfen, ob ein Textknoten vorhanden ist, was so nicht erforderlich ist. Die Zeile `document.eingabe.message.value='';` dient nur dazu, das Eingabefeld wieder zu löschen, damit der Benutzer das nicht machen muss.

Danach folgt nur noch das Versenden der Daten, das Sie ja schon kennen. Anzumerken ist vielleicht noch, dass der Event-Handler `onreadystatechange` nicht genutzt wird. Das hat den Grund, dass ich die Nachrichten, die der Server schickt, nicht auswerte. Das ist während der Entwicklung zwar hilfreich, aber während des echten Betriebs gehe ich einfach davon aus, dass alles reibungslos funktioniert und es keine Probleme auf dem Server gibt.

Speichern der Nachrichten in der Datenbank

Nun fehlt noch das Skript **chat_speichern.php**, welche die Daten in der Datenbank speichert. Dieses Skript sehen Sie in

```
<?php
function my_microtime()
{
  // Rückgabewert von microtime aufsplitten
  list($usec, $sec) = explode(" ", microtime());
  // Zeit in Microsekunden zurückgeben
  return ((float)$usec + (float)$sec)*10000;
}

// Daten auslesen
$nick = mysql_escape_string(urldecode($_POST['nick']));
$message = mysql_escape_string(urldecode($_POST['message']));
// zeit bestimmen
$zeit = my_microtime();
```

```
// Datenbankverbindung aufbauen
$db = mysql_connect('localhost', 'username','passwort');
if (!$db)
{
  die ("Konnte mich nicht mit Server verbinden");
}

//Datenbank selektieren
$erg = mysql_select_db('test',$db);
if (!$erg)
{
  die ("Konnte Datenbank nicht selektieren");
}

// Daten in Tabelle schreiben
$sql = "INSERT INTO chatnachrichten (zeit, nick, message)
         VALUES ($zeit, '$nick', '$message')";
$erg = mysql_query($sql, $db);
if (!$erg)
{
  die ("Fehler in Abfrage");
}
?>
```

Listing 31.12 Speichern der Chatnachrichten in der Datenbank

Das Auffälligste an diesem Skript ist wahrscheinlich die Funktion `my_microtime`. Sie liefert die aktuelle Uhrzeit in Mikrosekunden zurück. Genau genommen nicht die Uhrzeit sondern die Anzahl der Mikrosekunden, die seit dem 01.01.1970 vergangen sind. PHP kennt die Funktion `microtime`, welche die Anzahl der Sekunden seit dem 01.01.1970 und die Anzahl der Mikrosekunden innerhalb der aktuellen Sekunde als String zurückgibt. Die beiden Angaben sind durch ein Leerzeichen getrennt. Das `explode` trennt den String an der Stelle und weist die beiden Informationen den Variablen zu, die dem `list` übergeben wurden. Die beiden Werte werden dann addiert und mit 10000 multipliziert, damit die relevanten Zahlen vor dem Dezimalpunkt stehen. Der Nachkommaanteil wird beim Einfügen in die Datenbank abgeschnitten, da das Datenbankfeld ein Integer-Feld ist. Den Sinn der Zeitangabe sehen Sie gleich beim Auslesen der Daten.

Sollten die PHP-Befehle, die ich hier benutze, Ihnen nicht vertraut sein, dann schlagen Sie bitte im Teil 6 dieses Buches nach.

So, das Speichern ist noch recht einfach, oder? Das Auslesen der Daten ist leider schon ein wenig komplexer ...

31.5.3 Auslesen der Chatnachrichten

Bevor ich die Skripte erläutere, möchte ich kurz auf die Kommunikation zwischen Client und Server eingehen. Der Client benötigt immer die Chatnachrichten, die er noch nicht kennt. Da der Client aber nicht wissen kann, wie viele Nachrichten es gibt, muss es eine möglichst flexible Vorgehensweise geben. Hier kommt die Zeit (bzw. der Timestamp) ins Spiel, die in der Datenbank gespeichert wird. Der Client teilt dem Skript auf dem Server immer mit, welchen Timestamp die letzte Nachricht hat, die dem Client bekannt ist. Der Server holt dann alle Nachrichten, die neuer sind, aus der Datenbank und schickt sie an den Client. Auf diesem Weg wird sichergestellt, dass jeder Client immer alle Nachrichten bekommt und dass die Reihenfolge der Nachrichten korrekt ist. Daher benötige ich auch eine Zeitangabe in Mikrosekunden, denn Sekunden wären zu ungenau. Das Skript auf dem Server schickt dann die Chatnachrichten im XML-Format zurück an den Client.

Aufbau der XML-Nachrichten

Die XML-Daten haben dabei den folgenden Aufbau:

```
<?xml version='1.0' encoding='ISO-8859-1'?>
<chatdaten>
  <satz>
    <nick>Peter</nick>
    <time>13126163973093</time>
    <message>Hallo Leute </message>
  </satz>
  <satz>
    <nick>Gustavo</nick>
    <time>13126163973115</time>
    <message>Hallo Peter</message>
  </satz>
</chatdaten>
```

Auslesen aus der Datenbank

Unterhalb des Root-Elements `<chatdaten>` gibt es ein oder mehrmals das Element `<satz>`, das jeweils einen Datensatz, sprich eine Chatnachricht beinhaltet. Das PHP-Skript, das serverseitig läuft und die Daten ausgibt, finden Sie in Listing 31.13.

```
<?php
function my_microtime()
{
  // Rückgabewert von microtime aufsplitten
  list($usec, $sec) = explode(" ", microtime());
  // Zeit in Mikrosekunden zurückgeben
  return ((float)$usec + (float)$sec)*10000;
}

// Verbindung zum Datenbankserver aufbauen
$db = mysql_connect('localhost', 'user','passwort');
if (!$db)
{
```

```
  die ("Konnte mich nicht mit Server verbinden");
}

// Datenbank selektieren
$erg = mysql_select_db('test',$db);
if (!$erg)
{
  die ("Konnte Datenbank nicht selektieren");
}

// SQL-Abfrage zum Auslesen der Nachrichten
$sql = "SELECT * FROM chatnachrichten WHERE zeit > $_POST[zeit]
          ORDER BY zeit ASC";
$erg = mysql_query($sql, $db);
if (!$erg)
{
  die ("Fehler beim Auslesen");
}

// XML-Daten aufbereiten und senden
header("Content-Type: text/xml; charset=ISO-8859-1");
echo "<?xml version='1.0' encoding='ISO-8859-1'?>";
echo "<chatdaten>";
while ($satz = mysql_fetch_assoc(($erg)))
{
  echo "<satz><nick>$satz[nick]</nick><time>$satz[zeit]</
time><message>$satz[message]</message></satz>";
}
echo "</chatdaten>";

// Zu alte Nachrichten löschen (60 Sekunden)
$sql = "DELETE FROM chatnachrichten WHERE zeit < ".(my_microtime()-
60*10000);

$erg = mysql_query($sql, $db);
if (!$erg)
{
  die ("Fehler beim Löschen");
}
?>
```

Listing 31.13 Auslesen der Chatnachrichten aus der Datenbank

Auch in diesem Skript gibt es wohl keine großen Besonderheiten. Sollte Ihnen der XML-Anteil unbekannt vorkommen, dann schlagen Sie bitte in Teil 9 nach. Auch bei diesem Skript gehe ich davon aus, dass kein Fehler auftritt. Das heißt, die Fehlermeldungen werden clientseitig nicht ausgewertet. Zwar ist das sicher ein wenig fahrlässig, aber dieser Chat ist halt zu Lehrzwecken und nicht für den echten Einsatz im Internet gedacht.

Kommen wir nun zum komplizierteren Teil, obwohl das clientseitige Verarbeiten der Daten nun auch wiederum nicht so kompliziert ist. Also, der Client muss das Skript auf dem Server aufrufen, um die Daten von dort zu auszulesen. Dazu sind vier Funktionen im Client vorgesehen: Zuerst muss der Client initialisiert werden. Das übernimmt die Funktion `init`, die vom Event-Handler `onLoad` aufgerufen wird, der im Body-Element steckt.

```
function init()
{
  zeit_letzte_nachricht='0';
  get_messages();
}
```

Listing 31.14 Die Funktion init

Abfragen neuer Nachrichten

`init` macht nichts anderes, als die Variable `zeit_letzte_nachricht` zu initialisieren und die Funktion `get_messages` aufzurufen. Die Variable dient dazu, den Timestamp der Nachricht zu speichern, die als letzte im Chat empfangen wurde. Da noch keine Nachrichten empfangen wurden, belege ich sie mit dem Wert 0 vor. Sie ist übrigens global und steht daher in allen Funktionen zur Verfügung. Die Funktion `get_messages`, die aufgerufen wird, sieht folgendermaßen aus:

```
function get_messages()
{
  receiver = getRequestObject();
  receiver.onreadystatechange=statehandler;
  receiver.open('post', 'chat_lesen.php',true);
  receiver.setRequestHeader('Content-Type',
                          'application/x-www-form-urlencoded');
  receiver.send('zeit='+zeit_letzte_nachricht);
}
```

Listing 31.15 Die Funktion get_messages

Die Funktion macht auch nicht viel Neues. Sie leitet ein neues XMLHttpRequest-Objekt ab, initialisiert den Event-Handler `onreadystatechange` und ruft das Skript auf dem Server auf. Ein paar Kleinigkeiten sollte ich aber erwähnen. Zum Ersten nutze ich im Client zwei XMLHttpRequest-Objekte: eins zum Senden und eins zum Empfangen. Damit verhindere ich, dass die Sende- und Empfangsprozesse sich in die Quere kommen. Dann möchte ich als Zweites darauf hinweisen, dass der Inhalt der Variablen `zeit_letzte_nachricht` an den Server geschickt wird. OK, damit würde der Client eine Anfrage an den Server senden. Wo ist aber nun das Timeout, das dafür sorgt, dass die Funktion wieder aufgerufen wird?

Das steckt mit in der Funktion, die von dem Event-Handler aufgerufen wird:

```
function statehandler()
{
  if(receiver.readyState == 4)
```

```
  {
    write_messages();
    setTimeout('get_messages()',1000);
  }
}
```

Listing 31.16 Funktion, die vom Event-Handler aufgerufen wird

TimeOut setzen

Der Timeout zum Aufruf der Funktion `get_messages` wird erst dann eingetragen, wenn der Status 4 erreicht wurde, die Chatnachrichten also empfangen wurden. Damit ist sicher gestellt, dass zwei Serverabfragen sich nicht überschneiden. Das heißt, der nächste Aufruf erfolgt eine Sekunde, nachdem die Daten empfangen wurden. Aber ich habe eine Zeile übersprungen: Den Funktionsaufruf von `write_messages` sollte ich auch noch erläutern. Die Funktion `write_messages` ist nämlich das eigentliche Herzstück des Clients. Sie gibt die Daten aus, die vom Server empfangen wurden.

Bevor ich zum Code der Funktion komme, möchte ich erst die Idee erklären: Der Server schickt immer nur die neuen Nachrichten an den Client. Der Server könnte auch immer alle Nachrichten, die er kennt, an den Client senden, aber das würde nur Bandbreite kosten und ist unnötig. Schließlich kennt der Client ja schon die alten Nachrichten. Würden die neuen Nachrichten aber immer nur ergänzt, dann müsste man recht schnell scrollen. Was also tun?

Neue Nachrichten verarbeiten

Insgesamt sind im Chatfenster 30 Nachrichten darstellbar. Das ist eine frei gewählte Obergrenze. Der Client liest die neuen Nachrichten vom Server und prüft, wie viele Nachrichten es sind. Danach prüft er, wie viele Nachrichten bereits dargestellt werden. Dazu liest er den DOM-Baum aus. Ergibt die Summe aus alten und neuen Nachrichten mehr als 30, dann kopiert der Client die alten Nachrichten um, wobei die oberen – sprich ältesten – verloren gehen. Es entsteht also quasi ein Scroll-Effekt. Die neuen Nachrichten vom Server werden dann unten angehängt. Das macht die Programmierung zwar ein wenig komplizierter, aber dafür wird keine Bandbreite verschwendet. In Listing 31.17 finden Sie einmal den kompletten Code der Funktion, die ich dann noch im Einzelnen erläutere.

```
function write_messages()
{
  // Haben wir neue Nachrichten?
  if (receiver.responseXML.length != 0 &&
      receiver.responseXML.firstChild.childNodes)
  {
    // Maximale Anzahl der Nachrichten im Chatfenster
    var max_nachrichten=30;
    // Der empfangene DOM-Baum
    var dom_baum = receiver.responseXML;
    // Nachrichten auslesen
    var nachrichten_neu = dom_baum.getElementsByTagName('satz');
```

```
// Wie viele Nachrichten haben wir?
var anzahl_neu = nachrichten_neu.length;
// Alte Nachrichten auslesen
var nachrichten_alt = document.getElementsByTagName('span');
// Wie viele Nachrichten sind bereits da?
var anzahl_alt = nachrichten_alt.length;

// start speichert ab, wo die Daten aus dem alten Baum kopiert werden
var start = 0;
// Gibt es in Summe mehr Nachrichten als erlaubt?
if (anzahl_neu + anzahl_alt > max_nachrichten)
{
  // Dann lassen wir so viele Nachrichten weg fallen, wie wir neu haben
  start = anzahl_neu;
}

// Neues div-Element anlegen
var new_tree=document.createElement('div');

// Alte Nachrichten aus dem Dokument in den neuen DOM-Baum kopieren
for (var i = start; i < max_nachrichten && i < anzahl_alt; i++)
{
 var nachricht = nachrichten_alt[i].cloneNode(true);
 new_tree.appendChild(nachricht);
}

// Neue Nachrichten aus dem XML-Baum in den neuen DOM-Baum kopieren
for (i = 0; i < anzahl_neu; i++)
{
  // Neues span-Element anlegen
  var neue_nachricht = document.createElement('span');

  // CSS-Klasse anlegen
  var class_nachricht = document.createAttribute('class');
  class_nachricht.nodeValue='nachricht';
  neue_nachricht.setAttributeNode(class_nachricht);

  // Zeit verarbeiten
  var zeitknoten = nachrichten_neu[i].firstChild.nextSibling;
  var timestamp = zeitknoten.firstChild.nodeValue;
  // Ist der timestamp neuer als der gespeicherte?
  if (timestamp > zeit_letzte_nachricht)
  {
    zeit_letzte_nachricht = timestamp;
  }
  // Datumselement anlegen
  var zeit = new Date();
```

```
    // Datumselement initialisieren
    zeit.setTime(parseInt(timestamp/10));
    // Bestandteile der Zeit auslesen und verarbeiten
    var sek = zeit.getSeconds();
    if (sek < 10)
    {
      sek = "0"+sek;
    }
    var min = zeit.getMinutes();
    if (min < 10)
    {
      min = "0"+min;
    }
    var std = zeit.getHours();
    if (std < 10)
    {
      std = "0"+std;
    }
    // Zeit in das Dokument einfügen
    var zeit_text = document.createTextNode(std+":"+min+":"+sek+" ");
    neue_nachricht.appendChild(zeit_text);

    // Nickname verarbeiten
    // Neues b-Element für den Nickname anlegen
    var nick_node = document.createElement('b');
    // Nickname aus dem XML-Baum auslesen
    var nick = nachrichten_neu[i].firstChild.firstChild.nodeValue;
    // Nickname in einen neuen Textknoten einfügen
    var nick_text = document.createTextNode(nick+": ");
    // Nickname an das b-Element anhängen
    nick_node.appendChild(nick_text);
    // b-Element in die Nachricht einhängen
    neue_nachricht.appendChild(nick_node);

    // Nachricht verarbeiten
    // Nachricht aus dem XML-Baum auslesen
    var msg = nachrichten_neu[i].lastChild.firstChild.nodeValue;
    // Neuen Textknoten aus der Nachricht erzeugen
    var msg_text = document.createTextNode(msg);
    // Textknoten in die Nachricht einhängen
    neue_nachricht.appendChild(msg_text);

    // Neue Nachricht in den Baum einhängen
    new_tree.appendChild(neue_nachricht);

  }
  // Body aus der HTML-Seite auslesen
  var body = document.getElementById('body');
```

```
    // div-Element der Seite durch den neuen Baum ersetzen
    body.replaceChild(new_tree,body.firstChild);
  }
}
```

Listing 31.17 Die Funktion write_messages zur Ausgabe der Chatnachrichten

Die Funktion wirkt auf den ersten Blick etwas kompliziert, aber so schlimm ist es gar nicht. Grundsätzlich sind die folgenden Dinge an dieser Funktion wichtig: Dass die Nachrichten, die schon im Dokument sind, immer kopiert werden, wurde bereits erwähnt. Der zweite Punkt ist, dass die vom Server empfangenen Nachrichten in das Dokument eingefügt werden müssen. Diese werden aus dem DOM-Baum, der empfangen wurde, ausgelesen. Jede der Nachrichten wird dann als neue Nachricht in den DOM-Baum eingehängt. Hier folgt noch einmal der Aufbau der XML-Daten:

```
<?xml version='1.0' encoding='ISO-8859-1'?>
<chatdaten>
  <satz>
    <nick>Peter</nick>
    <time>13126163973093</time>
    <message>Hallo Leute </message>
  </satz>
  <satz>
    <nick>Gustavo</nick>
    <time>13126163973115</time>
    <message>Hallo Peter</message>
  </satz>
</chatdaten>
```

Die Inhalte werden hier ausgelesen und dann in einen neuen Baum eingefügt. Der Baum, der im Speicher aufgebaut wird, sieht so aus:

```
<div>
  <span class="nachricht">
    09:35:22
    <b>Peter:</b>
    Hallo Leute
  </span>
  < span >
    09:35:25
    <b>Gustavo:</b>
    Hallo Peter
  </span >
</div>
```

Der Ausgabe-Baum soll Ihnen nur eine Vorstellung davon geben, wie das Ergebnis aussehen würde, wenn man den Baum ausgibt. Jede Chatnachricht wird in ein `span`-Element verpackt. Die Uhrzeit, die vor dem Nickname steht, wird aus dem Timestamp berechnet. Die einzelnen `span`-Elemente werden dann mithilfe eines `div`-Elements zusammengefasst. Genau das `div` ist der dritte entscheidende Punkt. Vielleicht erinnern Sie sich noch an den Anfang des Bodys, der ja ein wenig komisch aussah:

```
<body id='body' onload="javascript:init();"><div></div>
  <form name="eingabe">
```

Dieses leere `div`-Element am Anfang ist quasi nur ein Platzhalter und wird bei jedem Aufbau der Seite durch den neuen DOM-Baum ersetzt. Ich hoffe, damit haben Sie nun einen Überblick, wie die Funktion funktioniert. Die meisten Anweisungen beziehen sich darauf, den neuen Baum aufzubauen und die neuen Elemente zu generieren und einzuhängen.

Einige Dinge möchte ich noch erläutern. Zum Ersten ist das `if`-Abfrage, mit der die Funktion beginnt:

```
  if (receiver.responseXML.length != 0 &&
     receiver.responseXML.firstChild.childNodes)
  {
```

XML-Antwort prüfen

Damit wird geprüft, ob die XML-Antwort des Servers ein Element enthält (das Root-Element `chatdaten`) und ob es unterhalb des Root-Elements noch weitere Elemente, sprich Chatnachrichten gibt. Ist das nicht der Fall, muss die Funktion nichts machen. Sind aber Elemente vorhanden, dann werden die XML-Daten in Form des DOM-Baums ausgelesen. Wie schon erwähnt, wird dann geprüft, wie viele Nachrichten schon dargestellt wurden und wie viele Nachrichten neu empfangen wurden. Die Variable `start` enthält die Information, von welchem Element ausgehend die alten Nachrichten kopiert werden sollen. Standardmäßig wird beim ersten Element mit der Nummer 0 angefangen. Sollte die Summe der beiden »Nachrichtenpools« mehr als die maximale Anzahl ergeben, dann darf `start` nicht bei 0 anfangen. In dem Fall wird `start` mit der Anzahl der Nachrichten vorbelegt, die neu empfangen wurden:

```
var start = 0;
if (anzahl_neu + anzahl_alt > max_nachrichten)
{
  start = anzahl_neu;
}
```

Die bestehenden Nachrichten in den neuen Baum zu kopieren, übernimmt dann diese Schleife, die ausgeführt wird, nachdem der neue Baum initialisiert wurde, welcher das `div`-Element als Root-Element hat:

```
var new_tree=document.createElement('div');
for (var i = start; i < max_nachrichten && i < anzahl_alt; i++)
{
  var nachricht = nachrichten_alt[i].cloneNode(true);
  new_tree.appendChild(nachricht);
}
```

Den neuen Baum einfügen

Nachdem die alten Nachrichten kopiert sind, werden darunter die neuen Nachrichten eingehängt. Das übernimmt eine `for`-Schleife, die sich dann anschließt. Wie schon erwähnt, passiert in der Schleife nichts, was Sie nicht schon kennen. Es werden also einfach die Informationen ausgelesen und in neue Elemente verpackt. Interessant wird es dann erst wieder nach der Schleife:

```
// Body aus der HTML-Seite auslesen
var body = document.getElementById('body');
// div-Element der Seite durch den neuen Baum ersetzen
body.replaceChild(new_tree,body.firstChild);
```

An dieser Stelle wird das `div`-Element, das sich im Dokument befindet, durch den neuen Baum ersetzt. Bitte beachten Sie dabei, dass mit `body.firstChild` auf das erste Kind nach dem `body` zugegriffen wird. Das heißt, wenn nach dem `<body..>` ein Zeilenumbruch vorhanden wäre, dann würde dese Vorgehensweise fehlschlagen, weil das erste Kind dann ein Textknoten wäre. Wie der Chat dann im Betrieb aussieht, sehen Sie in Abbildung 31.3.

Abbildung 31.3 Der Chat im Betrieb

31.6 Schlussbetrachtung

AJAX ist zurzeit sicherlich eines der großen Schlagworte. Nichtsdestotrotz kann man vieles mit AJAX erreichen, was sonst nicht möglich gewesen wäre. Von daher möchte ich Sie ermutigen, dass Sie sich ein wenig eingehender mit allem beschäftigen, was damit zu tun hat. Gerade komplexe CSS- oder DOM-Techniken sind oft nicht ganz einfach umzusetzen. Allerdings möchte ich Ihnen nicht verschweigen, dass es recht viele fertige Frameworks in diesem Bereich gibt. Solche Frameworks stellen eine Sammlung von fertigen (AJAX-)Funktionen dar. Diese können Sie bei der Entwicklung von Anwendungen gut unterstützen. Momentan bleibt aber sicher abzuwarten, welche der Bibliotheken sich denn durchsetzen werden.

Ich habe hier darauf verzichtet, ein Framework vorzustellen, weil die meisten Frameworks sich noch stark verändern. Einen aktuellen Überblick über die vorhandenen Frameworks finden Sie z. B. unter **http://en.wikipedia.org/wiki/Ajax_framework**.

31.7 Zusammenfassung

- AJAX ist die Abkürzung für **A**synchronous **J**avaScript **a**nd **X**ML.
- AJAX ist eine Kombination von JavaScript, DOM, XML und einer serverseitigen Programmiersprache.
- Zur Kommunikation mit dem Server wird ein XMLHttpRequest-Objekt benötigt.
- AJAX kann XML oder auch einfachen Text vom Server empfangen.
- Clientseitig reagiert ein Event-Handler auf die Daten, die empfangen werden.

31.8 Fragen und Übungen

1. Wie heißt das Objekt, das clientseitig für die Anfragen benötigt wird?
2. Welche Technologien werden unter dem Oberbegriff AJAX zusammengefasst und kombiniert?
3. Erstellen Sie eine AJAX-Anwendung, welche die aktuelle Uhrzeit vom Server holt und clientseitig in den DOM-Baum einfügt. Die Daten sollen dabei mit XML verschickt werden.

TEIL 5
Perl – dynamisch und interaktiv I

Pathologically eclectic rubbish lister
– Scherzhafte Übersetzung von PERL

32 Perl

Perl ist eine der interessantesten Sprachen, die es gibt. Wir verdanken sie dem Systemprogrammierer Larry Wall. »Perl« steht für »**P**ractical **E**xtraction and **R**eport **L**anguage« und sagt bereits alles über die Sprache aus. Ins Deutsche übersetzt bedeutet es »Praktische Sprache zum Herausfiltern und Berichten«. Das Ziel von Larry Wall bei der Entwicklung von Perl war es, eine einfache Sprache mit Schleifen, Such- und Ersetzungsroutinen zu entwickeln, die ihm seine Arbeit als Systemprogrammierer erleichtern sollte. Immerhin musste er sowohl Rechnersysteme an der West- als auch an der Ostküste der USA betreuen. Da er mit UNIX-Systemen zu tun hatte und die verbreitetste Sprache damals C war, ist Perl eine Art Synthese aus diesen beiden. Letztlich ist Perl also zu Beginn gar nicht für die Programmierung dynamischer Webseiten gedacht gewesen. Das Geburtsjahr der Sprache ist 1986.

Module

Seitdem ist viel Zeit vergangen, und Perl hat sich zu einem echten Multitalent weiterentwickelt, was vor allem daran liegen mag, dass Wall die Sprache nach vielen Erweiterungen im Internet frei zur Verfügung stellte. Diese Erweiterungen wurden kurzerhand Module genannt, und die Zahl dieser Module ist mittlerweile riesig. Es gibt Module zur Textverarbeitung, zur Dateiverwaltung, für Datenbankzugriffe, zur Netzwerkprogrammierung und zum Erstellen dynamischer Webseiten. Die meisten dieser Module werden bereits mit dem Perl-Interpreter mitgeliefert. Der andere Teil steht im Internet zum Download zur Verfügung.

Interpreter

Perl ist eine Interpreter-Sprache. Der Unterschied zu Compiler-Sprachen wie Java oder C besteht darin, dass Perl-Programme erst zur Laufzeit in eine für die Maschine verständliche Sprache übersetzt werden. Wenn also ein Perl-Programm aufgerufen wird, übersetzt der Perl-Interpreter das Programm und führt es anschließend aus. Nachteilig ist dabei die teilweise sehr lange Ausführungszeit eines interpretierten Programms. Ein deutlicher Vorteil ist jedoch die Plattformunabhängigkeit. Solange der Perl-Interpreter installiert ist, können Sie Perl-Programme sowohl auf UNIX-, Linux-, OS/2-, BeOS- oder Windows-Systemen ausführen.

Aktuell liegt Perl in der Version 5.8 vor. Alle nachfolgenden Erklärungen der Syntax und der Sprache selbst sind jedoch größtenteils auch mit älteren Versionen kompatibel.

32.1 Perl ist nicht CGI

Die Abkürzung CGI steht für »**C**ommon **G**ateway **I**nterface« und bildet die Schnittstelle zwischen Webbrowser, Webserver und Programmen. So können Anfragen eines Webbrowsers an ein Programm auf dem Webserver weitergeleitet und von diesem Programm weiterverarbeitet werden. Diese Anfragen können Formulareingaben eines Benutzers sein, die in ein Gästebuch eingetragen werden sollen, eine Datei vom Rechner des Benutzers, die auf dem Server abgelegt werden soll, oder die Bestelldaten eines Kunden, die zur Abwicklung der Bestellung ausgewertet werden müssen. Gleichzeitig können Programme auf dem Server die Schnittstelle auch zum Übertragen von Daten an den Benutzer verwenden – die Voraussetzung für dynamische Webseiten.

ISAPI

Neben der CGI-Schnittstelle gibt es jedoch noch weitere, in der Regel kommerzielle Schnittstellen. Die bekannteste ist die ISAPI-Schnittstelle von Microsoft, die beim IIS (**I**nternet **I**nformation **S**ervice) oder PWS (**P**ersonal **Web**server) Anwendung findet. Diese Schnittstelle ist speziell auf die beiden Microsoft-Server zugeschnitten und arbeitet deshalb wesentlich effizienter als die CGI-Schnittstelle. Letztere ist jedoch kostenlos und unabhängig vom eingesetzten Webserver. Aus diesem Grund ist sie auch bei allen kostenlosen Webservern und somit auch dem populärsten Vertreter dieser Kategorie, dem Apache HTTP-Server, wiederzufinden.

[×] Damit Programme die CGI-Schnittstelle verwenden können, müssen sie normalerweise in einem speziellen Verzeichnis abgelegt werden, in dem sie ausgeführt werden können. Dies ist in der Regel das **cgi-bin**-Verzeichnis.

32.2 Das erste Perl-Skript

Wie bereits in HTML und JavaScript folgt an dieser Stelle nun ein einfaches Beispielskript, das einen Text im Browser ausgeben soll.

```
#!x:\verzeichnis-von-perl\bin\perl.exe
use CGI qw(:standard);
print header();
print "Hallo WorldWideWeb!";
```

Listing 32.1 Perl-Skript, das einen Text im Browserfenster ausgibt

Kopieren Sie den Quellcode aus Listing 32.1 in eine neue Datei, und speichern Sie diese mit der Endung **.cgi** oder **.pl** im **cgi-bin**-Unterverzeichnis Ihres Webservers ab. Bitte speichern Sie das Skript aber nicht unter dem Namen **test.cgi** oder **test.pl**. *test* gilt in einigen Installationen als geschütztes Wort und führt schnell mal dazu, dass der Server eine Fehlermeldung ausgibt.

[x] Es ist eigentlich ziemlich egal, welche Dateiendung Sie für Ihre Skripts verwenden. Die Endung **.pl** wird aber im Allgemeinen für Perl-Skripts verwendet, wohingegen **.cgi** für Skripts verwendet wird, die die CGI-Schnittstelle eines Servers nutzen. Versuchen Sie aber, sich möglichst auf eine Endung festzulegen. Wichtig ist nur, dass die Endung auch so in der Konfiguration Ihres Webservers hinterlegt wurde.

Skript anpassen

Bevor Sie das Skript jedoch testen können, müssen Sie zunächst noch eine Änderung vornehmen, und zwar in der ersten Zeile des Skripts, in derjenigen, die mit `#!` eingeleitet wird. Für `x` setzen Sie den Buchstaben des Laufwerks ein, auf dem Perl installiert wurde. Anstelle von `verzeichnis-von-perl` geben Sie das Basisverzeichnis von Perl an, in dem es installiert wurde. Perl wurde bei mir im Verzeichnis `d:\perl` installiert, aus diesem Grund sieht die erste Zeile des Skripts bei mir folgendermaßen aus:

```
#!d:\perl\bin\perl.exe
```

Linux-User können in der Regel in der ersten Zeile

```
#!/usr/bin/perl
```

notieren. Dies ist jedoch immer abhängig vom System. Überprüfen Sie daher, wo der Perl-Interpreter bei Ihnen installiert wurde.

Speichern Sie das angepasste Skript ab. Starten Sie nun Ihren Browser (und gegebenenfalls Ihren Webserver), und geben Sie als Adresse **http://localhost/cgi-bin/dateiname.cgi** oder **dateiname.pl** ein. Die Ausgabe des Perl-Skripts in Ihrem Browser sollte wie folgt aussehen:

```
Hallo WorldWideWeb!
```

Wenn dies der Fall ist, funktioniert Ihr Webserver korrekt, und Sie haben dann Ihr erstes Perl-Skript erstellt. Sollten Sie eine Fehlermeldung erhalten, überprüfen Sie die Konfiguration des Webservers bzw. den Pfad zum Programm **perl.exe** in der ersten Zeile des Skripts.

32.3 Textausgabe

Den ersten Unterschied zwischen JavaScript und Perl können Sie bereits anhand des Listing 32.1 erkennen. Anstatt die Methode eines bestimmten Objektes zu verwenden, um einen Text im Browser auszugeben (bei JavaScript `document.write`), verwenden Sie in Perl die Anweisung `print` und notieren dahinter in doppelten Anführungszeichen den auszugebenden Text.

[x] In Perl ist es wichtig, jede vollständige Anweisung mit einem Semikolon (bzw. Strichpunkt) abzuschließen. Diese Regel gilt für jede Anweisung. Die erste Zeile hingegen wird nicht mit einem Semikolon abgeschlossen. Den Grund dafür werden Sie etwas später noch erfahren.

Nun zurück zur `print`-Anweisung. Die typische Syntax für diese Anweisung sieht folgendermaßen aus:

```
print string;
```

print-Anweisung

Anstelle von `string` können Sie eine beliebige Zeichenkette angeben, die in doppelten Anführungszeichen stehen muss. Sie können aber auch eine beliebige Funktion angeben, die bei einem Aufruf einen String als Wert zurückgibt. In Listing 32.1 werden beide Möglichkeiten verwendet. Einerseits wird eine feste Zeichenkette mit der `print`-Anweisung ausgegeben, die im Browser dargestellt wird, und andererseits wird der Rückgabewert einer Funktion, nämlich `header()`, im Browser ausgegeben. Jedes CGI-Programm muss, bevor es Text an einen Browser der als HTML interpretiert werden soll, einen http-Header für den MIME-Typ `text/html` erzeugen. Und exakt das ermöglicht die Funktion `header()`. Optional könnten Sie als Parameter einen bestimmten MIME-Typ angeben, z. B. `image/jpeg` für eine Grafik im JPEG-Format.

32.4 Die erste Zeile

Die erste Zeile ist für jedes CGI-Skript essenziell, denn sie teilt dem Webserver mit, an welchem Ort er den Interpreter finden kann, mit dem das Programm ausgeführt werden muss. Dies hängt damit zusammen, dass Dateierweiterungen bei einem Webserver nicht zwangsläufig an ein bestimmtes Programm gebunden sind. Deshalb dürfen Sie die Endung für Ihre Skripts auch frei wählen. Unter Windows sind Dateien des Typs **.txt z. B.** in aller Regel an das Programm **notepad.exe** gebunden. Dadurch können Sie durch einen Doppelklick auf eine **.txt**-Datei diese anschließend mit Notepad bearbeiten. Dies funktioniert aber nur bei Dateien mit der Endung **.txt**. Würde die Endung der Datei **.txs** lauten, müssten Sie normalerweise erst ein Programm auswählen, mit dem Sie diesen Dateityp öffnen möchten. Unter UNIX-/Linux-Umgebungen können Skripts aber direkt durch Eingabe des Dateinamens ausgeführt werden, und der in der ersten Zeile angegebene Interpreter wird dann zum Ausführen des Skripts verwendet.

.pl oder .cgi?

Für CGI-Programme bzw. Perl-Skripts bedeutet dies, dass Sie die Endung der Datei beliebig wählen dürfen. So ist es durchaus möglich, Perl-Skripts mit der Endung **.cgi**, **.pl** oder **.perl** zu speichern. Wichtig ist jedoch, dass der Pfad zum Perl-Interpreter korrekt ist. Unter Linux-Systemen ist der Perl-Interpreter in der Regel im Verzeichnis **/usr/bin/perl** abgelegt. Unter Windows finden Sie den Perl-Interpreter im Verzeichnis **x:\installationsverzeichnis\bin\perl.exe**. Welche Endung Sie letztlich wählen, bleibt ganz allein Ihnen überlassen. Ich würde Ihnen jedoch die Endung **.pl** vorschlagen.

[x] Die erste Zeile eines Perl-Skripts wird selten *Hashbang* und sehr häufig *Shebang* genannt. Das englische »hash« oder »sharp« bedeutet »Rautezeichen« und »bang« steht für das Ausrufezeichen.

Das »Shebang« setzt sich aus dem »Sh« von »sharp« und dem »bang« zusammen. Das *e* wurde nur eingefügt um das Wort aussprechbar zu machen. Die Bezeichnungen sind also nicht sehr kreativ, aber treffend.

Außerdem können Sie dem Perl-Interpreter noch bestimmte Parameter übergeben, die sich auf das Verhalten des Interpreters in Bezug auf die Ausführung des Programms auswirken. Zu Beginn und auch bei der Programmierung von Perl-Skripts sollten Sie den Interpreter mit dem Parameter `-w` aufrufen. Dieser Parameter führt dazu, dass Fehlermeldungen des Perl-Skripts im Browserfenster ausgegeben werden, da diese andernfalls unterdrückt werden. Die modifizierte *Shebang* lautet dann für Windows **Parameter**

```
#!c:\perl\bin\perl.exe -w
```

und für Linux/UNIX:

```
#!/usr/bin/perl -w
```

Zusätzlich gibt es noch weitere Parameter, die an den Interpreter übergeben werden können.

Parameter	Beschreibung
-v	Gibt Informationen zur Version und Unterversion von Perl aus.
-V	Liefert eine detaillierte Übersicht über die Konfiguration von Perl.
-w	Aktiviert viele nützliche Warnungen.
-W	Aktiviert alle Warnungen.
-X	Deaktiviert alle Warnungen.
-U	Erlaubt fehlerhafte unsichere Operationen.
-h	Gibt eine Liste der Parameter aus.

Tabelle 32.1 Liste der wichtigsten Parameter für den Perl-Interpreter

Im weiteren Verlauf des Buches wird die erste Zeile der Beispiel-Listings

```
#!/usr/bin/perl -w
```

lauten. Zum Testen der Listings müssen Sie die *Shebang* dann Ihren Anforderungen entsprechend anpassen.

32.5 Notwendige Anweisungen

Wie bereits erwähnt, wurde Perl ursprünglich nicht für den Einsatz als Sprache dynamischer Webseiten konzipiert. Aus diesem Grund sind Methoden wie `header()` auch nicht von vornherein im Methodensatz des Perl-Interpreters eingebunden. Sie müssen ihn deshalb erweitern, und dies ermöglichen Sie durch das Einbinden eines so genannten Moduls. Die entsprechende Anweisung lautet `use`.

```
use module;
```

Alle Funktionen für das Entwickeln dynamischer Webseiten sind im Modul `CGI` untergebracht. Leider werde ich in diesem Buch nicht sehr detailliert auf Module eingehen können. Daher sei gesagt, dass `qw(:standard)` den Standard-Methodensatz des Moduls lädt.

32.6 Kommentare und Quellstrukturierung

Gerade bei Perl – und auch später bei PHP – ist das Kommentieren und sinnvolle Strukturieren des Quelltextes äußerst wichtig, da es die Lesbarkeit stark erhöht. Der Grund ist, dass sauberes und übersichtliches Programmieren äußerst schwer ist. Wenn Sie einen sehr kurzen Quelltext haben, trifft dies vielleicht nicht zu; sobald Sie aber bei einem mittellangen Quelltext ankommen, werden Sie sicherlich verstehen, was ich meine. Versuchen Sie deshalb, an sinnvollen Stellen erklärende Kommentare einzufügen. Aber vermeiden Sie den Fehler, zu viel zu kommentieren. Bei einem Quelltext, der zum größten Teil aus Kommentaren besteht, tritt ein umgekehrter Effekt ein: Der Quellcode wird unübersichtlich. Diese Tatsache ist darauf zurückzuführen, dass in Perl nur einzeilige Kommentare möglich sind, die an beliebiger Stelle in einer Zeile mit einem Rautezeichen eingeleitet werden und dann bis zum Ende der Zeile gelten.

```
# Dies ist ein Kommentar
```

Hashbang ein Kommentar?

Prinzipiell können Sie so auch den *Hashbang* als Kommentar bezeichnen, da auch er mit einem Rautezeichen eingeleitet wird. Deshalb müssen Sie am Ende des *Shebangs* auch kein Semikolon setzen. Hinter normalen Kommentaren können Sie das Semikolon ebenfalls entfallen lassen, da alle Zeichen nach dem Rautezeichen bis zum Ende der Zeile als Kommentar gewertet werden.

```
#!x:\verzeichnis-von-perl\bin\perl.exe
use CGI qw(:standard);          # Paket für Webseiten einbinden
print header();                 # MIME-Typ text/html senden
print "Hallo WorldWideWeb!";    # Ausgabe im Browser
```

Besonders sinnvoll ist die Verwendung von sprechenden Variablennamen. Darunter versteht man das Bezeichnen einer Variable nach dem Wert, der in ihr gespeichert wird. Möchten Sie z. B. das Alter einer Person in einer Variablen speichern, sagt der Variablenbezeichner

```
$alter
```

mehr aus als der Bezeichner

```
$xy
```

Mehr dazu erfahren Sie in Kapitel 33, *Variablen und Operatoren*.

32.7 Zusammenfassung

- Perl ist die Abkürzung für »Practical Extraction and Report Language«.
- Die jeweils aktuelle Version von Perl finden Sie unter www.perl.com.
- Perl ist eine Interpretersprache.
- Die erste Zeile eines Perl-Skripts, der Shebang oder Hashbang, muss den korrekten Pfad zum Perl-Interpreter enthalten. Diese Zeile wird durch die Zeichenfolge `#!` eingeleitet.
- Vor der Ausgabe von HTML-Text muss mit der `header`-Funktion ein gültiger http-Header an den Browser gesendet werden.
- Textausgaben in Perl erfolgen über die Anweisung `print`.
- Kommentare werden durch das Zeichen `#` eingeleitet und gelten bis zum Ende der Zeile.

32.8 Fragen und Übungen

1. Mit welchem Zeichen müssen Sie jede vollständige Anweisung abschließen?
2. Darf in der ersten Zeile eines Perl-Skripts eine Anweisung stehen oder ein einfacher Kommentar notiert werden?
3. Wenn nein, aus welchem Grund?
4. Welches Modul müssen Sie in Ihr Perl-Skript einbinden, damit Sie Programme für dynamische Webseiten schreiben können?
5. Wie lautet die Anweisung zum Einbinden eines Moduls?

The computer should be doing the hard work. That's what it's paid to do, after all. The fact that it takes a little hard work from the programmer to make the computer do hard work should not be a consideration when the payoff is big.
– Larry Wall

33 Variablen und Operatoren

33.1 Skalare

In jeder Programmiersprache können Sie in einer Variablen eine Zahl, eine Zeichenkette, einen Wahrheitswert oder eine Mehrzahl dieser Datentypen (Arrays) speichern. In Perl gibt es jedoch einen kleinen, aber feinen Unterschied, denn Variablen werden nochmals in kleinere Gruppen unterteilt. Variablen, die eine Zahl oder eine Zeichenkette speichern können, werden in Perl als **Skalare** bezeichnet. Zusätzlich gibt es noch die Untergruppe **Arrays** und **Hashes**. Um diese einzelnen Untergruppen unterscheiden zu können, wird dem Skalarbezeichner ein Dollarzeichen »$« vorangestellt.

Während Sie in JavaScript Variablen mit dem Schlüsselwort `var` definiert haben, werden Skalare in Perl mit der Anweisung `my` im Perl-Skript bekannt gemacht. my

```
my $skalar;
my $skalar = wert;
```

Sie können dabei entweder nur einen Skalar definieren oder ihm gleichzeitig mit dem =-Operator einen Wert zuweisen.

```
#!/usr/bin/perl -w
use CGI qw(:standard);
my $name = "Max Mustermann";
my $stadt = "Musterstadt";
my $plz = 99000;
my $alter = 75;
print header();
print "<html><head><title>Listing 2.1</title></head>";
print "<body>";
print "<h4>$name</h4>";
print "<h4>$plz $stadt</h4>";
print "<h4>$alter Jahre alt</h4>";
print "</body></html>";
```

Listing 33.1 Perl-Skript, in dem vier Skalare definiert werden und einen Wert zugewiesen bekommen, der im Browser im HTML-Format ausgegeben wird

In Listing 33.1 werden insgesamt vier Skalare definiert: `$name`, `$stadt`, `$plz` und `$alter`. Diesen Skalaren wird zusätzlich ein Wert zugewiesen: zweimal eine Zeichenkette und zweimal ein Zahlenwert. Anschließend werden diese Skalare mit der `print`-Anweisung im Browser ausgegeben.

Die Regeln zum Bezeichnen von Skalaren sind folgende:

- Das erste Zeichen eines Skalarbezeichners muss das Dollarzeichen `$` sein.
- Der Bezeichner darf keine Leerzeichen enthalten.
- Außerdem dürfen keine deutschen Umlaute »ä, ö, ü« und kein »ß« vorkommen. Lediglich die Buchstaben von A-Z, a-z und der Unterstrich »_« sind erlaubt.
- Bei den Bezeichnern wird zwischen Groß- und Kleinschreibung unterschieden. `$NAME` bezeichnet also nicht den gleichen Skalar wie `$name` oder `$Name`.

[x] Im Zusammenhang mit der Interpreter-Option `w` ist folgender Hinweis zu beachten: Wenn Sie einen Skalar mit der `my`-Anweisung definieren und dabei keinen Wert zuweisen, führt dies bei Verwendung der `w`-Option unter Umständen zu einem Fehler, da dies kein sauberer Programmierstil ist.

Skalare auflösen

Im Unterschied zu JavaScript müssen Sie nicht extra die Zeichenkette beenden und den +-Operator verwenden, um einen Skalar im Zusammenhang mit einer festen Zeichenkette auszugeben. Wenn Sie doppelte Anführungszeichen bei einer `print`-Anweisung verwenden, können Sie einen Skalarbezeichner immer innerhalb der Anführungszeichen notieren, um diesen auszugeben. Diese Möglichkeit wird auch »Auflösen« genannt. Dies ist bei einfachen Anführungszeichen jedoch nicht möglich.

```
print "Hallo $name!";
  # Variante mit doppelten Anführungszeichen
print "Hallo ".$name."!";
  # Variante mit einfachen Anführungszeichen
```

33.2 Arrays

Arrays werden in Perl zumeist als Listen bezeichnet. Dies macht durchaus Sinn. In anderen Programmiersprachen ist ein Array beispielsweise eine »Zusammenfassung« von Variablen des gleichen Typs. Es gibt z. B. ein Array, das nur aus Zeichenketten oder nur aus Zahlenwerten besteht. Arrays in Perl können jedoch aus unterschiedlichen Datentypen bestehen, also sowohl aus Zeichenketten als auch aus Zahlenwerten. Der Begriff »Liste« ist daher passender, weil Sie alle Werte zu einem bestimmten Thema in einer Liste speichern können, z. B. die spezifischen Daten einer Person wie den Namen und den Wohnort jeweils als Zeichenketten, die Postleitzahl und das Alter oder Geburtsjahr jeweils als Zahlenwerte.

Listenzeichen

Um Listen von Skalaren unterscheiden zu können, wird dem Listenbezeichner ein Klammeraffe @ vorangestellt, gefolgt vom eigentlichen Namen. Für den Namen gelten dabei die gleichen Regeln wie für das Bezeichnen von Skalaren. Und auch die Definition einer Liste erfolgt mit der Anweisung my. Die einzelnen Werte der Liste werden dabei in runden Klammern, durch Kommata getrennt, notiert und mit dem =-Operator zugewiesen.

```
my @liste;
my @liste = (wert1, wert2, wert3,...,wertN);
```

Sehen Sie sich dazu ein kleines Beispiel an:

```
#!/usr/bin/perl -w
use CGI qw(:standard);
my @person = ("Max Mustermann",99000,"Musterstadt",75);
print header();
print "<html><head><title>Listing 2.2</title></head>";
print "<body>";
print "<pre>@person</pre>";
print "</body></html>";
```

Listing 33.2 Perl-Skript, in dem eine Liste definiert und mit Werten gefüllt wird

In Listing 33.2 wird zuerst die Liste @person definiert. Bei der Definition werden ihr vier Werte zugewiesen, sowohl Zeichenketten als auch Zahlenwerte. Mit der print-Anweisung wird dann der gesamte Inhalt der Liste im Browser ausgegeben.

[x]

Wussten Sie, dass Programmierer schreibfaul sind? Denn genau aus diesem Grund gibt es eine besondere Syntax, um z. B. eine Liste zu erzeugen, die die Zahlen von 1 bis 100 enthält. Denn anstatt alle Zahlen einzeln in die Liste einzutragen, können Sie einfach einen Zahlenbereich angeben.

```
my @zahlen = (1..100);
```

Mit dieser Schreibweise wird eine Liste mit dem Bezeichner @zahlen erzeugt und mit den Zahlenwerten von 1 bis 100 gefüllt. Diese Schreibweise können Sie auch verwenden, um eine Liste mit den Buchstaben von A bis Z zu definieren.

```
my @grossbuchstaben = ("A".."Z");
```

Auch eine Kombination ist möglich. Dabei müssen die einzelnen Wertebereiche durch Kommata getrennt werden.

```
my @buchstaben = ("A".."Z","a".."z");
```

Die Liste @buchstaben enthält nun 52 Elemente, nämlich die Buchstaben von A bis Z und von a bis z. Und auch die folgende Kombination ist erlaubt.

```
my @buchstabenUndZahlen = ("A".."Z",1..100);
```

Diese Liste verfügt über 126 Elemente: die Buchstaben von A bis Z und die Zahlen von 1 bis 100.

33.2.1 Zugriff auf einzelne Elemente

Bisher haben Sie sich nur damit beschäftigt, eine Liste mit mehreren Elementen zu erzeugen und diese vollständig im Browser auszugeben. Es gibt jedoch auch die Möglichkeit, auf einzelne Elemente einer Liste zuzugreifen.

Gehen Sie einmal davon aus, dass Sie eine Liste mit dem Bezeichner `@person` definiert haben und diese Liste vier Werte enthält.

```
my @person = ("Larry Wall","verheiratet","4 Kinder","Vater von Perl");
```

Liste wird zu Skalar

Um nun die Elemente der Listen einzeln ausgeben zu können, greifen Sie nicht direkt auf die Liste zu, sondern müssen den Umweg über einen Skalar gehen, dem Sie einen Index übergeben. Dieser Index muss in eckigen Klammern hinter dem Skalarbezeichner notiert werden. Der Skalarbezeichner entsteht aus dem Bezeichner der Liste, statt eines Klammeraffen `@` wird jedoch ein Dollarzeichen `$` notiert.

```
print "<h1>$person[0]</h1>";
```

Mit dieser Anweisung greifen Sie auf ein Element der Liste `@person` zu. Da bei Listen die Zählung mit 0 beginnt, besitzt das erste Element der Liste den Index 0, das zweite Element den Index 1, das dritte den Index 2 usw. Im Browser würde die Anweisung also

```
Larry Wall
```

ausgeben. Auf das zweite Element der Liste können Sie dann über den Skalar `$person[1]`, auf das dritte Element über `$person[2]` und auf das vierte Element über `$person[3]` zugreifen. Im folgenden Listing wird die Liste `@person` definiert, und die einzelnen Elemente werden dann getrennt ausgegeben.

```
#!/usr/bin/perl -w
use CGI qw(:standard);
my @person = ("Larry Wall","verheiratet","4 Kinder","Vater von Perl");
print header();
print "<html><head><title>Listing 2.3</title></head>";
print "<body>";
print "<h1>$person[0]</h1>";
print "<h4>ist $person[1], hat $person[2] und ist der $person[3].
       </h4>";
print "</body></html>";
```

Listing 33.3 Perl-Skript mit einer definierten Liste, auf deren Elemente einzeln zugegriffen wird

Mit einer speziellen Syntax können Sie auf das letzte Element einer Liste zugreifen. Um z. B. auf das letzte Element der Liste `@person` zuzugreifen, ohne zu wissen, welchen Index dieses Element besitzt, können Sie die spezielle Syntax `$person[$#person]` verwenden. Dies gilt natürlich auch für Listen mit einem anderen Bezeichner. [x]

33.3 Hashes

Eine spezielle Form von Listen bzw. Arrays sind Hashes. Diese werden in anderen Programmiersprachen auch als assoziative Arrays bezeichnet. Bei Listen werden die einzelnen Elemente über eine Indexnummer angesprochen, während bei Hashes die Elemente über einen Namen angesprochen werden. Ein Element eines Hashs wird also mit einem Namen assoziiert, der auch als Schlüssel bezeichnet wird.

Hashzeichen

Das Prozentzeichen `%` zu Beginn des Bezeichners definiert die Variable als Hash. Anschließend folgt der individuelle Bezeichner, der ebenfalls den Namensregeln unterliegt, wie schon Skalare und Listen.

```
my %person = (Name => "Max Mustermann", Ort => "Musterstadt",
              PLZ => 99000,
Alter => 75);
```

Diese Anweisung definiert den Hash `%person` und definiert gleichzeitig vier Elemente, die durch Kommata getrennt werden. Der Wert auf der linken Seite der Zeichenfolge `=>` bezeichnet den Schlüssel des Elements, und der Wert auf der rechten Seite der Zeichenfolge ist der entsprechende Wert des Elements. Insgesamt werden also die folgenden vier Wertepaare definiert:

- Ein Element mit dem Schlüssel `Name` und dem Wert `"Max Mustermann"`.
- Ein Element mit dem Schlüssel `Ort` und dem Wert `"Musterstadt"`.
- Ein Element mit dem Schlüssel `PLZ` und dem Wert `99000`.
- Ein Element mit dem Schlüssel `Alter` und dem Wert `75`.

Elemente ausgeben

Während Sie jedoch bei Listen mit einer Anweisung wie

```
print "<pre>@liste</pre>";
```

alle Elemente einer Liste auf einfache Art und Weise ausgeben konnten, müssen Sie bei Hashes einen etwas anderen Weg beschreiten. Die Syntax zum Ausgeben aller Werte eines Hashs sieht wie folgt aus:

```
print "<pre>",%hash,"</pre>";
```

Dabei werden jedoch sowohl die Schlüssel als auch die Werte ausgegeben.

33.3.1 Zugriff auf einzelne Elemente

Wie schon bei Listen greifen Sie auf die einzelnen Elemente eines Hashs über einen Skalar zu. Dabei entspricht der Bezeichner des Skalars dem Bezeichner des Hashs (anstelle eines %-Zeichens wird jedoch ein $-Zeichen notiert). Die Syntax sieht aber ein wenig anders aus. Der Schlüssel des Elements wird dabei in einfachen Anführungsstrichen innerhalb von geschweiften Klammern notiert und an den Skalarbezeichner angehängt.

```
$hash{'schluessel'};
```

Diese Schreibweise kann auch verkürzt werden. Bedingung ist jedoch, dass der Schlüsselname des Elements den Namensregeln unterliegt (keine Sonderzeichen und Umlaute usw.). In diesem Fall dürfen Sie die Anführungsstriche auch weglassen.

```
$hash{schluessel};
```

[x] Beachten Sie jedoch, dass bei den Schlüsseln zwischen Groß- und Kleinschreibung unterschieden wird – ganz genauso wie bei der Bezeichnung von Skalaren, Listen und Hashes.

Der Zugriff auf die einzelnen Elemente des Beispiel-Hashs `%person` wird in Listing 33.4 dargestellt.

```
#!/usr/bin/perl -w
use CGI qw(:standard);
my %person = (Name => "Max Mustermann", Ort => "Musterstadt", PLZ => 99000,
              Alter => 75);
print header();
print "<html><head><title>Listing 2.4</title></head>";
print "<body>";
print "<h1>$person{Name}</h1>";
print "<h4>wohnt in $person{PLZ} $person{Ort} und ist $person{Alter}
       Jahre alt.</h4>";
print "</body></html>";
```

Listing 33.4 Ausgabe der einzelnen Elemente eines Hashs

Summa summarum sind Hashes also übersichtlicher in der Verwendung, da Sie die Indexnummern der einzelnen Elemente nicht kennen müssen, sondern bequem über den Schlüssel auf ein Element zugreifen können.

33.3.2 Unbekannte Schlüssel ermitteln

Sollten Sie einmal in die Situation kommen, einen Hash verwenden zu müssen, bei dem Ihnen die Schlüssel unbekannt sind, können Sie mit der Funktion `keys` diese Schlüssel in einer Liste speichern. Die Syntax für diese Funktion lautet:

```
@liste = keys(%hash);
```

Alle Schlüsselnamen des Hashs werden dann in der angegebenen Liste gespeichert.

```
#!/usr/bin/perl -w
use CGI qw(:standard);
my %person = (Name => "Max Mustermann", Ort => "Musterstadt",
              PLZ => 99000, Alter => 75);
my @personKeys = keys(%person);
print header();

print "<html><head><title>Listing 2.5</title></head>";
print "<body>";
print "<pre>@personKeys</pre>";
print "</body></html>";
```

Listing 33.5 Ermitteln und Ausgeben der Schlüsselnamen eines Hashs

Zuerst wird in Listing 33.5 der Hash `%person` definiert und anschließend die Liste `@personKeys`, in der die Schlüsselnamen des Hashs `%person` gespeichert werden. Diese Schlüsselnamen werden dann im Browser ausgegeben.

[x] Die Funktion `values` funktioniert exakt wie die `keys`-Funktion, nur dass diese Funktion die Werte und nicht die Schlüssel zurückgibt. Dabei muss der Rückgabewert ebenfalls wieder einer Liste zugewiesen werden.

33.4 Vordefinierte Variablen

In Perl gibt es eine Vielzahl vordefinierter Variablen, die die unterschiedlichsten Daten enthalten. So können Sie den Namen des laufenden Perl-Programms oder die Interpreter-Version ermitteln. In der folgenden Tabelle sind die wichtigsten Variablen aufgelistet.

Variable	Beschreibung	Beispiel
$\	Enthält eine Zeichenkette, die an jede Ausgabe mit `print` angehängt wird.	$\ = "ENDE"; print "Hallo!";
$0	Enthält den Namen des laufenden Perl-Programms.	print $0;
$]	Enthält die Versionsnummer des aufrufenden Perl-Interpreters.	print $];
$^O	Enthält den Namen des Betriebssystems.	print $^O;
$^T	Enthält das Datum und die Uhrzeit, an dem das Perl-Programm gestartet wurde. Der Wert entpricht den vergangenen Sekunden seit dem 1.1.1970 um 0:00 Uhr.	print $^T;
$^W	Wahr, wenn die Interpreter-Option w gesetzt wurde. Unwahr, wenn die Option nicht gesetzt wurde.	print $^W;
$^X	Enthält den Dateinamen des aufrufenden Perl-Interpreters.	print $^X;
%ENV	Enthält die vom Webserver übergebenen Umgebungvariablen.	print keys(%ENV);

Tabelle 33.1 Die wichtigsten vordefinierten Variablen in Perl

Auf weitere vordefinierte Variablen werde ich an gegebener Stelle noch genauer eingehen.

33.5 Operatoren

Wie in jeder Programmiersprache gibt es auch in Perl Operatoren, um Werte zu addieren, zu multiplizieren, zu verbinden oder zu vergleichen.

33.5.1 Zuweisungsoperator

Der Zuweisungsoperator in Perl ist das Gleichheitszeichen =. Mit diesem Operator können Sie einem Skalar entweder einen Zahlenwert oder eine Zeichenkette zuweisen.

```
my $string = "NCC-1701-E";
my $integer = 1701;
```

33.5.2 Berechnungsoperatoren

Die Grundrechenarten Addition, Subtraktion, Multiplikation und Division werden auf die gleiche Art und Weise durchgeführt wie in JavaScript.

```
$addi = 1 + 2;          # Addition, Ergebnis = 3
$sub = 2 - 1;           # Subtraktion, Ergebnis = 1
$multi = 2 * 5;         # Multiplikation, Ergebnis = 10
$div = 10 / 5;          # Division, Ergebnis = 2
```

Punkt vor Strich

Natürlich ist auch eine Verkettung verschiedener Berechnungsoperatoren möglich. Durch das Setzen von runden Klammerpaaren können Sie innerhalb eines Terms gewissen Rechenoperationen eine höhere Priorität zuordnen, da komplexe Terme nach der Punkt-vor-Strich-Rechnung durchgeführt werden.

```
$ergebnis = 10 + 20 / 4;        # $ergebnis = 15
$ergebnis = 20 * 5 - 50;        # $ergebnis = 50
$ergebnis = (10 + 20) / 3;      # $ergebnis = 10
$ergebnis = 20 * (5 - 50);      # $ergebnis = -900
```

Modulo und Potenz

Zusätzlich zu den vier Grundrechenoperatoren gibt es noch den Modulo- und den Potenzoperator. Bei einer Modulo-Rechnung wird bei einer Division der ganzzahlige Rest zurückgegeben. Der Operator für die Modulo-Rechnung ist %.

```
$ergebnis = 13% 5;             # $ergebnis = 3
```

Der Potenzoperator ist **. Dabei wird das Ergebnis aus dem Wert links vom Operator hoch dem Wert rechts vom Operator ermittelt.

```
$ergebnis = 6 ** 5;             # $ergebnis = 7776
```

Um die Übersicht zu erhöhen und außerdem Schreibarbeit zu sparen, können Sie bestimmte Rechenoperation abkürzen. Möchten Sie den Wert von `$x` z. B. um den Wert 1 erhöhen, können Sie anstelle von

Verkürzte Schreibweise

```
$x = $x + 1;
```

auch

```
$x++;
```

schreiben. Das Gegenteil – einen Wert um 1 zu verringern – erreichen Sie durch die Schreibweise:

```
$x--;
```

Zusätzlich zu diesen beiden Schreibweisen gibt es noch weitere. Sie können Sie immer dann verwenden, wenn Sie den Wert einer Variablen verändern und das Ergebnis wieder in der gleichen Variablen speichern möchten. In der folgenden Tabelle finden Sie eine Übersicht über diese Abkürzungen.

Langform	Kurzform	Erklärung
$x = $x + 15;	$x += 15;	$x um 15 erhöhen
$x = $x – 15;	$x -= 15;	$x um 15 verringern
$x = $x * 2;	$x *= 2;	$x mit 2 multiplizieren
$x = $x / 2;	$x /= 2;	$x durch 2 dividieren
$x = $x % 3;	$x %= 3;	ganzzahliger Rest von $x durch 3
$x = $x ** 3;	$x **= 3;	$x hoch 3

Tabelle 33.2 Verkürzte Schreibweisen für Berechnungen

33.5.3 Vergleichsoperatoren

Bei Vergleichen zwischen Werten müssen Sie zwischen dem Vergleich von Zahlenwerten und dem Vergleich von Zeichenketten unterscheiden, da unterschiedliche Vergleichsoperatoren angewendet werden müssen.

Zahlenwerte vergleichen

Sie können Zahlenwerte daraufhin vergleichen, ob sie gleich, ungleich, größer, kleiner, größer gleich oder kleiner gleich sind. Das Ergebnis eines solchen Vergleichs ist immer wahr oder unwahr.

Vergleich	Operator	Beispiel	Ergebnis
Sind die Werte gleich?	==	1 == 1	Wahr
Sind die Werte gleich?	==	1 == 2	Unwahr
Sind die Werte ungleich?	!=	1 != 2	Wahr
Sind die Werte ungleich?	!=	1 != 1	Unwahr
Ist der linke Wert größer?	>	10 > 5	Wahr

Tabelle 33.3 Operatoren zum Vergleichen von Zahlenwerten

Vergleich	Operator	Beispiel	Ergebnis
Ist der linke Wert größer?	>	5 > 10	Unwahr
Ist der linke Wert kleiner?	<	1 < 5	Wahr
Ist der linke Wert kleiner?	<	5 < 1	Unwahr
Ist der linke Wert größer-gleich?	>=	10 >= 5	Wahr
Ist der linke Wert größer-gleich?	>=	10 >= 10	Wahr
Ist der linke Wert größer-gleich?	>=	5 >= 10	Unwahr
Ist der linke Wert kleiner-gleich?	<=	5 <= 10	Wahr
Ist der linke Wert kleiner-gleich?	<=	5 <= 5	Wahr
Ist der linke Wert kleiner-gleich?	<=	5 <= 2	Unwahr

Tabelle 33.3 Operatoren zum Vergleichen von Zahlenwerten (Forts.)

Zeichenketten vergleichen

Auch Zeichenketten können Sie dahingehend vergleichen, ob sie gleich, ungleich, kleiner, größer, kleiner gleich oder größer gleich sind. Dabei werden Größer- und Kleiner-Vergleiche bei Zeichenketten so durchgeführt, dass den einzelnen Buchstaben ein Zahlenwert in der Reihenfolge des Alphabets zugewiesen wird. A entspräche dann dem Wert 1 und Z dem Wert 26. Somit ist also der Buchstabe Z größer als der Buchstabe A. Die Buchstaben von a bis z bekommen die Werte von 27 bis 52. Dabei entspricht a dem Wert 27 und z dem Wert 52.

Vergleich	Operator	Beispiel	Ergebnis
Sind die Werte gleich?	eq	"A" eq "A"	Wahr
Sind die Werte gleich?	eq (equal)	"A" eq "Z"	Unwahr
Sind die Werte ungleich?	ne (not equal)	"A" ne "Z"	Wahr
Sind die Werte ungleich?	ne (not equal)	"A" ne "A"	Unwahr
Ist der linke Wert größer?	gt (greater than)	"Z" gt "A"	Wahr
Ist der linke Wert größer?	gt (greater than)	"A" gt "Z"	Unwahr
Ist der linke Wert kleiner?	lt (lower than)	"A" lt "Z"	Wahr
Ist der linke Wert kleiner?	lt (lower than)	"Z" lt "A"	Unwahr
Ist der linke Wert größer-gleich?	ge (greater or equal)	"Z" ge "A"	Wahr
Ist der linke Wert größer-gleich?	ge (greater or equal)	"Z" ge "Z"	Wahr
Ist der linke Wert größer-gleich?	ge (greater or equal)	"A" ge "Z"	Unwahr
Ist der linke Wert kleiner-gleich?	le (less or equal)	"A" le "Z"	Wahr
Ist der linke Wert kleiner-gleich?	le (less or equal)	"A" le "A"	Wahr
Ist der linke Wert kleiner-gleich?	le (less or equal)	"Z" le "A"	Unwahr

Tabelle 33.4 Operatoren zum Vergleichen von Zeichenketten

33.5.4 Logische Operatoren

Das Spektrum an logischen Operatoren in Perl ist im Vergleich zu JavaScript relativ groß. Es sind sowohl UND/ODER-Bedingungen als auch ENTWEDER/ODER-Bedingungen möglich. Außerdem haben Sie die Möglichkeit, verschiedene Schreibweisen anzuwenden.

Für UND-Bedingungen können Sie den Operator `&&` oder `and` verwenden. Für ODER-Bedingungen stehen die Operatoren `||` und `or` zur Verfügung:

```
if($x == 1 && $y == 2)
  # wenn $x == 1 und $y == 2
if($x == 1 and $y == 2)
  # wenn $x == 1 und $y == 2
if($x == 1 || $y == 2)
  # wenn $x == 1 oder $y == 2
if($x == 1 or $y == 2)
  # wenn $x == 1 oder $y == 2
```

Für ENTWEDER/ODER-Bedingungen können Sie den `^`-Operator oder den `xor`-Operator verwenden:

```
if($x == 1 ^ $y == 2)
  # wenn entweder $x == 1 oder $y == 2
if($x == 1 xor $y == 2)
  # wenn entweder $x == 1 oder $y == 2
```

Bei ENTWEDER/ODER-Bedingungen darf nur eine der beiden Bedingungen erfüllt sein. Also muss entweder `$x == 1` sein oder `$y == 2` sein. Hat `$x` den Wert `1` und `$y` den Wert `2`, gilt die Bedingung als nicht erfüllt.

Außerdem können `Sie` mit den Operatoren `!` und `not` eine Bedingung umkehren. Das heißt, Sie überprüfen anstelle von »wahr« auf »unwahr« und umgekehrt.

```
if(!($x == 1))
  # wenn $x nicht gleich 1, äquivalent $x != 1
if(not($x == 1))
  # wenn $x nicht gleich 1, äquivalent $x != 1
```

33.5.5 Zeichenkettenoperator

In eigentlichen Sinne gibt es nur zwei Zeichenkettenoperatoren: einen zum Verknüpfen von Zeichenketten und einen weiteren, um eine bestimmte Zeichenfolge zu wiederholen. Mit dem `.`-Operator können Sie zwei Zeichenketten miteinander verbinden.

```
my $name = "Max "."Mustermann";
print $name;
  # Ausgabe: Max Mustermann
```

Dabei ist jedoch auch wieder eine kürzere Schreibweise möglich, wenn Sie mehrere Zeichenketten an eine andere anhängen möchten.

```
my $name = "Max";
$name .= " ";
$name .= "Mustermann";
print $name;
  # Ausgabe: Max Mustermann
```

Mit dem x-Operator können Sie eine Zeichenfolge wiederholen.

```
my $text = "A"x10;
print $text;
  # Ausgabe: AAAAAAAAAA
my $text = "Aha"x3;
print $text;
  # Ausgabe: AhaAhaAha
```

Dabei wird nach der zu wiederholenden Zeichenfolge der x-Operator notiert und als Zahl dahinter angegeben, wie oft die vorherige Zeichenfolge wiederholt werden soll.

33.6 Zusammenfassung

- Variablen in Perl unterteilen sich in die Gruppen Skalare, Listen und Hashs.
- Skalare können Zahlenwerte und Zeichenketten speichern und werden durch das Dollarzeichen $ identifiziert.
- Listen entsprechen indizierten Arrays, wobei diese nicht auf einen Datentyp festgelegt sind. Identifiziert werden sie durch den Klammeraffen @.
- Hashes sind assoziative Arrays, die durch das Prozentzeichen % identifiziert werden.
- Perl verfügt über eine Reihe vordefinierter Variablen.
- Es gibt verschiedene Operatoren, die sich in die Gruppen **Zuweisungsoperatoren**, **Berechnungsoperatoren**, **Vergleichsoperatoren**, **logische Operatoren** und **Zeichenkettenoperatoren** unterteilen.

33.7 Fragen und Übungen

1. Mit welchen vier Operatoren können die Grundrechenarten durchgeführt werden?
2. Worin bestehen die Unterschiede zwischen den Operatoren `and`, `or` und `xor`?
3. Welche alternativen Schreibweisen existieren für die drei logischen Operatoren `and`, `or` und `xor`?

4. Mit welcher Anweisung können Sie alle Schlüsselnamen des `%ENV`-Hashs ermitteln?
5. Schreiben Sie ein vollständiges Perl-Programm, das alle Werte des `%ENV`-Hashs im Browser ausgibt.
6. Welche Regeln müssen Sie bei der Bezeichnung von Skalaren, Listen und Hashes einhalten?
7. Mit welchem Schlüsselwort müssen Sie Variablen definieren?

Achtung: Diese Funktion führt bei Topologien hoher Komplexität zu suboptimalen Resultaten!
– Meldung der Autocad-Zusatzapplikation C.A.T.S.

34 Subroutinen

34.1 Was sind Subroutinen?

Subroutinen entsprechen den Funktionen bzw. Methoden in JavaScript. Der Vorteil solcher Subroutinen liegt klar auf der Hand. Redundanter Quellcode, also Programmcode, der sich an mehreren Stellen wiederholt, kann somit in ein eigenes kleines Unterprogramm ausgelagert und an beliebiger Stelle des Hauptprogramms aufgerufen werden. Dies erzeugt vor allem Übersicht im Quelltext und ermöglicht gleichzeitig die Wiederverwendung einmal gelöster Aufgaben. Denn eine einmal funktionierende Subroutine kann bequem in ein anderes Perl-Skript übertragen werden.

Kaum Unterschiede

Obwohl die Subroutinen in Perl diesen speziellen Namen besitzen, unterscheiden sie sich doch kaum von den Methoden oder Funktionen aus JavaScript. So ist es durchaus möglich, an eine Subroutine Parameter zu übergeben oder einen Rückgabewert zu erhalten. Lediglich die Vorgehensweise unterscheidet sich von den Funktionen in JavaScript.

34.2 Subroutinen erstellen

Während Sie in JavaScript das Schlüsselwort `function` verwenden, um eine Funktion zu definieren, wird in Perl das Schlüsselwort `sub` (als Abkürzung für **Sub**routine) verwendet. Nach dem Schlüsselwort `sub` folgt dann der Bezeichner der Routine. Die Namensregeln, die auch schon für die Variablen gelten, sind auch für das Bezeichnen von Subroutinen gültig. Sie dürfen also keine deutschen Umlaute oder ß verwenden, und als einziges Sonderzeichen ist nur der Unterstrich erlaubt. Vor den Bezeichner einer Subroutine wird übrigens kein spezielles Zeichen gesetzt, wie es etwa bei Skalaren, Listen oder Hashes der Fall ist. In geschweiften Klammern folgt anschließend der Anweisungsblock.

```
sub [Bezeichner]
{
  [Anweisungsblock]
  ...
}
```

[x] Denken Sie daran, dass der Anweisungsblock einer Subroutine nur dann ausgeführt wird, wenn die Subroutine an einer beliebigen Stelle im Programmcode auch aufgerufen wird.

Innerhalb des Anweisungsblocks einer Subroutine dürfen Sie beliebige Anweisungen notieren. Auch der Aufruf einer anderen Subroutine ist möglich.

Subroutinen definieren

Beim Erstellen einer Subroutine haben Sie eigentlich alle Freiheiten, die Sie sich wünschen können. Immerhin ist die Position, an der die Subroutine stehen soll, nicht vorgegeben. Sie können eine selbst definierte Routine also am Anfang des Perl-Skripts, am Ende des Skripts oder mitten im Skript notieren bzw. definieren. Die letzte Variante, mitten im Quelltext, ist jedoch ungünstig, da dies wieder zu geringer Lesbarkeit des Quellcodes führt. Außerdem könnte so der Eindruck entstehen, dass gleichzeitig an dieser Stelle auch die Routine ausgeführt wird, ohne aufgerufen werden zu müssen. Am sinnvollsten ist es, alle Routinen am Skript-Anfang zu notieren (natürlich erst nach der *Shebang*) und mit Kommentaren zu erläutern, was diese Routine bewirkt. Selbst nach einem halben Jahr werden Sie Ihren eigenen Quellcode dann noch immer ohne Probleme lesen und verstehen können.

34.3 Subroutinen aufrufen

Eine selbst definierte Subroutine aufzurufen ist recht simpel. Sie müssen lediglich den Routinen-Bezeichner notieren, gefolgt von runden Klammern, und schließen dann die Anweisung mit einem Semikolon ab. Die folgende Routine soll bei ihrem Aufruf den Text »Guten Tag!« ausgeben.

```
sub guten_tag
{
  print "Guten Tag!";
}
```

Der Aufruf dieser Routine könnte dann folgendermaßen aussehen:

```
guten_tag();
```

Ich werde diesen Vorgang an einem weiteren Beispiel konkretisieren.

```
#!/usr/bin/perl -w
use CGI qw(:standard);
my $ergebnis = 0;
my $a = 15;
my $b = 30;
# Subroutine zum Ausgeben des Ergebnisses der Rechnung
sub ergebnisAusgeben
{
  print "Das Ergebnis aus $a + $b ist <b>$ergebnis</b><br>";
}
```

```
print header();
$ergebnis = $a + $b;
ergebnisAusgeben();
$a = 50;
$b = 20;
$ergebnis = $a + $b;
ergebnisAusgeben();
```

Listing 34.1 Beispiel-Skript, in dem eine Subroutine definiert und aufgerufen wird

In Listing 34.1 werden zuerst drei Skalare definiert: `$ergebnis`, `$a` und `$b`. Anschließend folgt die Definition der Subroutine `ergebnisAusgeben`. Die einzige Aufgabe dieser Routine ist es, die Werte der drei Skalare in HTML formatiert auszugeben. Nach der Definition der Routine wird der MIME-Typ für HTML-Dokumente an den Browser gesendet und dem Skalar `$ergebnis` die Summe aus `$a` und `$b` zugewiesen. Dann folgt der Aufruf der selbst definierten Routine mit der Anweisung `ergebnisAusgeben()`. Den Skalaren `$a` und `$b` wird jeweils ein neuer Wert zugewiesen und die Summe erneut im Skalar `$ergebnis` gespeichert. Nun folgt ein weiterer Aufruf der Routine `ergebnisAusgeben`.

Wird dieses Perl-Skript mit einem Browser geöffnet, erhalten Sie die folgende Ausgabe:

```
Das Ergebnis aus 15 + 30 ist 45
Das Ergebnis aus 50 + 20 ist 70
```

Zwar ist die Aufgabe dieser Routine nicht gerade weltbewegend, trotzdem erledigt sie diese effektiv.

34.4 Local und my

Zur weiteren Verwendung von Subroutinen in Verbindung mit Variablen sind noch ein paar Grundlagen zu erläutern, immerhin gibt es die Möglichkeit, innerhalb von Subroutinen Variablen zu definieren. Wenn Sie z. B. eine Subroutine schreiben, die komplexe Rechenaufgaben bewältigen soll, werden Sie dies in den seltensten Fällen ohne Hilfsvariablen lösen können, da Sie mit Sicherheit den einen oder anderen Wert zwischenspeichern müssen, um ihn weiterverarbeiten zu können.

Variablen in Subroutinen definieren

Die Definition einer Variablen innerhalb einer Routine erfolgt auf dem gleichen Wege wie sonst auch: mit der Anweisung `my`. Wenn Sie Subroutinen schreiben, die Sie auch in anderen Programmen verwenden möchten, kann es vorkommen, dass Sie innerhalb einer Routine eine Variable definieren, die außerhalb der Routine, also im Hauptprogramm, bereits existiert. In solchen Fällen kann es durchaus zu Fehlern kommen, da beide Variablen miteinander »kollidieren«.

Gültigkeitsbereich

Mit der Anweisung `my` weisen Sie einer Variablen aber gleichzeitig auch einen Gültigkeitsbereich zu, d. h. einen Bereich, innerhalb dessen Operationen mit der Variablen ausgeführt werden dürfen. Wenn Sie innerhalb einer Subroutine eine Variable mit `my` definieren, kann nur in dieser Subroutine auf die Variable zugegriffen werden, nicht aber vom Hauptprogramm aus. Auch wenn Sie eine weitere Subroutine aus der aktuellen Subroutine aufrufen, steht die mit `my` definierte Variable nicht zur Verfügung.

Etwas anders sieht es mit Variablen aus, die mit `my` im Hauptprogramm definiert wurden. Diese Variablen stehen im gesamten Programm und in allen Subroutinen zur Verfügung.

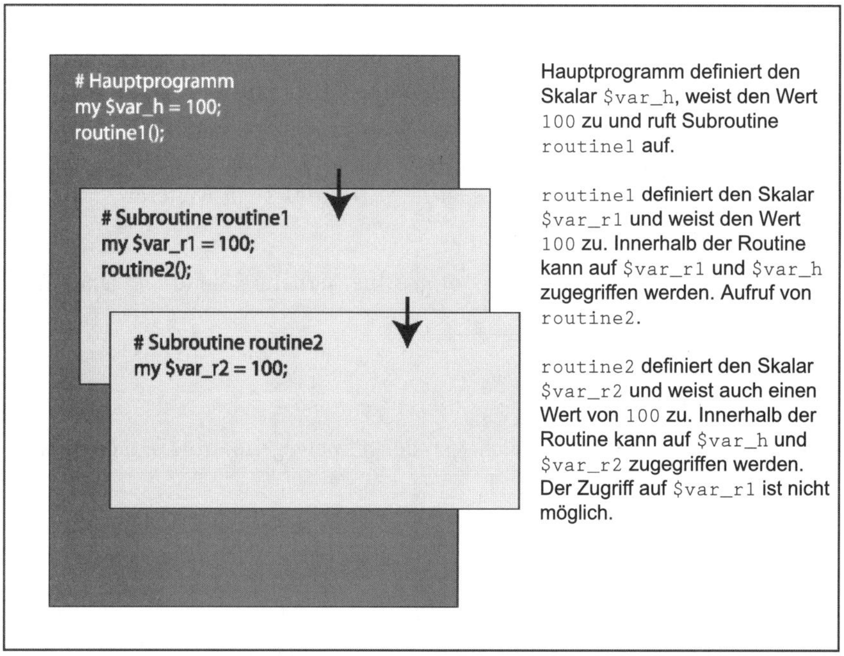

Abbildung 34.1 Schematische Darstellung der Gültigkeitsbereiche

Der Gültigkeitsbereich einer Variablen bezieht sich immer auf einen Anweisungsblock. Jede Subroutine stellt einen einzelnen Anweisungsblock dar. Nur innerhalb dieses Anweisungsblocks steht eine mit `my` definierte Variable zur Verfügung. Das Hauptprogramm inklusive aller Subroutinen interpretiert Perl jedoch als einen einzelnen Anweisungsblock. Aus diesem Grund können Sie sowohl in `routine1` als auch in `routine2` auf den Skalar `$var_h` zugreifen. Der Zugriff auf den Skalar `$var_r1` ist nur in `routine1` möglich und der Zugriff auf den Skalar `$var_r2` nur in der `routine2`.

Gültigkeitsbereich ausweiten

Im Gegenzug können Sie aber mit der Anweisung `local` Variablen so definieren, dass sie im aktuellen Anweisungsblock, aber auch in untergeordneten Anweisungsblöcken zur Verfügung stehen. Wenn Sie also mit `local` eine Variable innerhalb einer Subroutine definieren, steht diese Variable auch all den Subroutinen zur Verfügung, die aus der Subroutine aufgerufen werden.

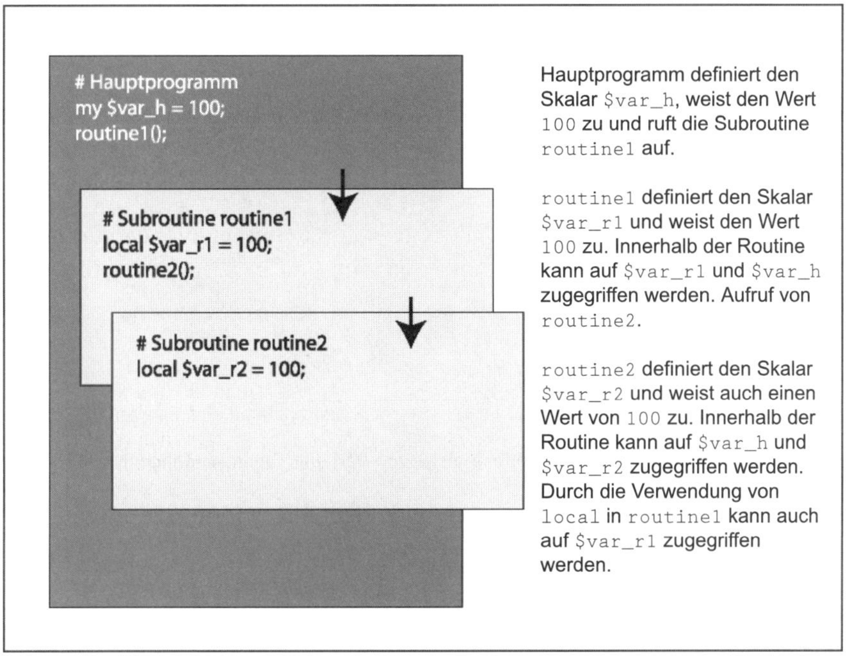

Abbildung 34.2 Schematische Darstellung der Gültigkeitsbereiche

Im Hauptprogramm können Sie lediglich auf den Skalar `$var_h` zugreifen, da durch die Variablendefinitionen mit `local` in `routine1` und `routine2` der Gültigkeitsbereich der Variablen auf untergeordnete Anweisungsblöcke beschränkt ist. Aus diesem Grund ist in `routine2` der Zugriff sowohl auf `$var_h` und `$var_r2` als auch auf `$var_r1` möglich, da `routine2` ein untergeordneter Anweisungsblock von `routine1` ist.

34.4.1 Doppeldefinition

Durch die Einschränkung der Gültigkeitsbereiche auf bestimmte Anweisungsblöcke mit `my` und `local` sind auch Doppeldefinitionen von Variablen möglich. Dies verdeutlicht das Listing 34.2.

```
#!/usr/bin/perl -w
use CGI qw(:standard);
print header();
my $my = 1;
local $loc = 2;
$glob = 3;
print "main: $my - $loc - $glob<br>";
sub1();
print "main: $my - $loc - $glob<br>";

sub sub1 {
  my $my = 11;
```

```
  local $loc = 22;
  $glob = 33;
  print "sub1: $my - $loc - $glob<br>";
  sub2();
  print "sub1: $my - $loc - $glob<br>";
}

sub sub2 {
  print "sub2: $my - $loc - $glob<br>";
  $my = 111;
  $loc = 222;
  $glob = 333;
  print "sub2: $my - $loc - $glob<br>";
}
```

Listing 34.2 Perl-Skript, das die Gültigkeitsbereiche von Variablen veranschaulichen soll

Die Ausgabe, die das Listing 34.2 erzeugen sollte, sieht folgendermaßen aus:

```
main: 1 - 2 - 3
sub1: 11 - 22 - 33
sub2: 1 - 22 - 33
sub2: 111 - 222 - 333
sub1: 11 - 222 - 333
main: 111 - 2 - 333
```

Sowohl im Hauptprogramm als auch in der Subroutine `sub1` werden die Variablen `$my` und `$loc` definiert. Dies führt dazu, dass die Werte, die den Skalaren `$my` und `$loc` im Hauptprogramm zugewiesen wurden, auf einen Ablagestapel gelegt und in `sub1` mit neuen Werten belegt werden. In `sub2` stehen zwei verschiedene Werte zur Verfügung. Der Wert der Variablen `$my` lautet 1. Dies ist nicht weiter verwunderlich, denn sobald die `sub1` verlassen wird, bekommt `$my` wieder den Wert zurück, der ihr im Hauptprogramm zugewiesen wurde, da der in `sub1` zugewiesene Wert nur dort gültig ist. Der Wert von `$loc` lautet 22. Auch dies ist korrekt, da der Wert von `$loc`, der in `sub1` zugewiesen wurde, auch in untergeordneten Anweisungsblöcken zur Verfügung steht. Nachdem die Ausgabe der Variablen erfolgte, werden den Skalaren neue Werte zugewiesen. Der Skalar `$my` erhält den Wert 111 und der Skalar `$loc` den Wert 222. Wenn die Subroutine `sub2` verlassen wurde, besitzt `$loc` in `sub1` zwar noch den Wert 222, `$my` besitzt nun aber wieder den Wert 11. Zurück im Hauptprogramm lautet der Wert von `$loc` wieder 2, da der in `sub1` zugewiesene Wert nicht für übergeordnete Anweisungsblöcke verfügbar ist. Der Skalar `$my` hingegen besitzt wieder den in `sub2` zugewiesenen Wert 222.

Ausnahme Eine Ausnahme bildet der Skalar `$glob`. Da diesem Skalar weder mit `my` noch mit `local` explizit ein Gültigkeitsbereich zugewiesen wurde, steht er in jedem Anweisungsblock gleichermaßen zur Verfügung. Der Gültigkeitsbereich ist sozusagen global.

34.5 Parameter übergeben

Da die bisherige Verwendung der Subroutinen nicht gerade optimal gewesen ist, werde ich Ihnen nun erklären, wie Sie Parameter an eine Subroutine übergeben können. Dies hat zwei Vorteile:

1. Variablen, die für das Ausführen der Subroutinen wichtig sind, müssen nicht global definiert werden, und
2. die einmal geschriebenen Subroutinen sind vielseitig einsetzbar, z. B. in späteren Programmen, da sie nicht auf bestimmte Variablen festgelegt sind.

Aufgabenziel

Unser vorläufiges Ziel ist es, eine Subroutine mit dem Namen `html_format` zu schreiben, an die Sie mit Parametern zwei Werte übergeben. Der erste Wert soll der Name eines HTML-Elements sein und der zweite Wert der Text, der innerhalb dieses Elements dargestellt werden soll.

Während in JavaScript die zu erwartenden Parameter bei der Funktionsdefinition festgelegt werden müssen, ist dies bei Perl nicht erforderlich. Deshalb gestaltet sich die Entgegennahme von Parametern auch grundlegend anders.

Die Übergabe von Parametern erfolgt beim Aufruf der Subroutine. Die Parameter werden, durch Kommata getrennt, innerhalb der runden Klammern notiert. Für das Unterprogramm `html_format` könnte ein entsprechender Aufruf folgendermaßen aussehen:

```
html_format("h1","Hallo WorldWideWeb!");
```

Parameter nacheinander auslesen

Nach einem solchen Aufruf stehen die Parameter in einer Liste mit dem Bezeichner `@_` der aufgerufenen Routine zur Verfügung. Die Reihenfolge der Parameter in der Liste entspricht dabei der Reihenfolge, in der sie übergeben wurden. Als Erstes wurde der Wert `"h1"` und dann der Wert `"Hallo WorldWideWeb!"` übergeben. Mit dem Skalar `$_[]` und der entsprechenden Indexnummer können Sie nun diese Parameter auslesen. Das zu verwendende HTML-Element besitzt den Index 0 und der auszugebende Text den Index 1. Bis zu diesem Zeitpunkt sieht die Subroutine wie folgt aus:

```
sub html_format
{
  my $element = $_[0];
  my $text = $_[1];
}
```

Die abschließende Ausgabe der Parameter erfolgt dann über eine `print`-Anweisung, die Sie in die Subroutine `html_format` am Ende einfügen.

```
sub html_format
{
  my $element = $_[0];
  my $text = $_[1];
  print "<$element>$text</$element>";
}
```

34.5.1 Elegantere Methode

Eine elegantere Methode zum Auslesen der Parameter ist die Verwendung der Funktion `shift`. Diese Funktion löscht das erste Element einer Liste und gibt dieses zurück. Dabei rutschen die anderen Elemente der Liste nach vorne. Aus dem zweiten Element wird das erste Element, aus dem dritten das zweite usw. Die Liste, auf die diese Funktion angewendet werden soll, wird normalerweise als Parameter übergeben. Wird jedoch keine Liste angegeben, geht die Funktion davon aus, dass Sie das erste Element der Liste @_ löschen möchten. Und diese Liste enthält schließlich die Parameter, die einer Subroutine übergeben wurden.

Die Anpassung der Subroutine `html_format` mit Hilfe der `shift`-Funktion sieht dann wie folgt aus:

```
sub html_format
{
  my $element = shift;
  my $text = shift;
  print "<$element>$text</$element>";
}
```

[×] Es bleibt Ihnen überlassen, ob Sie die Parameter-Liste @_ trotzdem mit angeben möchten. Ersetzen Sie `shift` dann einfach durch `shift(@_)`. Schlussendlich stellt sich immer nur die Frage: Was ist übersichtlicher?

34.6 Rückgabewerte

Sie wissen nun, dass Sie an Subroutinen beliebig viele Parameter übergeben können und wie Sie auf diese Parameter mit unterschiedlichen Herangehensweisen zugreifen können. Jedoch können Subroutinen auch Werte zurückgeben. Die entsprechende Anweisung lautet `return`, gefolgt von der Variablen, die den Wert enthält, der zurückgegeben werden soll. Es ist natürlich auch möglich, konstante Werte zurückgeben zu lassen. Dies wird aber eher selten der Fall sein. Die genaue Syntax lautet:

```
return mixed;
```

Anstelle von `mixed` notieren Sie dann einfach die entsprechende Variable.

Beispiel Ein Beispiel: Gehen Sie einmal davon aus, dass Sie eine Subroutine schreiben möchten, die Ihnen den Zinseszins errechnet. An diese Subroutine übergeben Sie drei Werte in der Reihenfolge »Kapital«, »Berechnungszeitraum« und »Zinssatz«. Als Wert soll die Subroutine das Kapital nach der angegebenen Dauer mit dem übergebenen Zinssatz zurückgegeben. Die mathematische Formel lautet:

$$Kn = K0 \times qn$$

Diese Formel können Sie natürlich nicht so in Ihr Perl-Skript einsetzen. Sie müssen die Formel daher in eine programmtypische Form umschreiben. Zum Verständnis: *Kn* ist das Kapital nach *n* Jahren, und *q* ist der Zinsfaktor. Letzterer errechnet sich wie folgt:

$q = 1 + (1 / 100)$

Die gesamte Formel zum Berechnen des Zinseszinses, die Sie in Perl notieren können, lautet dann:

```
$Kn = $K * (((100 + $P) / 100) ** $N);
```

Sie müssen in der Subroutine nun also vier Variablen definieren:

- `$K` für das Startkapital
- `$P` für den Prozentsatz
- `$N` für die Dauer
- `$Kn` für das Endkapital

Das ergibt die folgende Subroutine:

```
sub zinseszins
{
  my $K = shift;
  my $N = shift;
  my $P = shift;
  my $Kn;
  $Kn = $K * (((100 + $P) / 100) ** $N);
  return $Kn;
}
```

Der Beispielaufruf für diese Routine könnte

```
print zinseszins(1000,2,10);
```

lauten, was folgende Ausgabe erzeugen würde:

```
1210
```

Das Startkapital beträgt 1000. Die Dauer, für die der Zinseszins errechnet werden soll, beträgt 2 Jahre. Der Zinssatz liegt bei 10%.

34.7 Zusammenfassung

- Subroutinen sind Unterprogramme in einem Perl-Skript.
- Sie werden durch die Anweisung `sub` und gefolgt von einem Bezeichner definiert. In runden Klammern folgen die Anweisungen, die bei Aufruf der Subroutine auszuführen sind.

- An Subroutinen können Parameter übergeben werden, die in der Liste `@_` in der Routine zur Verfügung stehen.
- `local` und `my` definieren die Gültigkeitsbereiche von Variablen.
- Subroutinen können mit der Anweisung `return` einen Wert zurückgeben.

34.8 Fragen und Übungen

1. An welcher Stelle in einem Perl-Skript dürfen Subroutinen definiert werden?
2. Welche Regeln müssen bei der Bezeichnung von Subroutinen eingehalten werden?
3. Worin besteht der Unterschied bei der Variablendefinition innerhalb einer Subroutine mit `local` oder `my` ?
4. Welcher besondere Effekt tritt ein, wenn eine Variable mit `my` im Hauptprogramm definiert wird?
5. Es gibt zwei Varianten, um auf die übergebenen Parameter einer Subroutine zuzugreifen. Schreiben Sie dazu jeweils ein Beispiel.

There's more than one way to do it!
– Larry Wall

35 Ablaufsteuerung

35.1 if und unless

Bedingte Anweisungen mit `if` kennen Sie bereits aus JavaScript, und auch die Syntax unterscheidet sich in Perl nicht allzu sehr. Anweisungen mit `if` sind vorprüfende Anweisungen, d.h. bevor der Anweisungsblock überhaupt ausgeführt wird, wird überprüft, ob die angegebene Bedingung erfüllt ist. Diese Bedingung wird in runden Klammern nach `if` notiert.

```
if([Bedingung])
{
  [Anweisungsblock]
}
```

Erlaubte Bedingungen

Als Bedingung können Sie nun die verschiedensten Kombinationen aus logischen und Vergleichsoperatoren notieren. Im Anweisungsblock selbst folgen dann die auszuführenden Anweisungen.

```
if($passwort eq "geheim")
{
  print "Passwort korrekt. Sie dürfen weiter.";
}
```

Dieses Beispiel überprüft, ob der Wert des Skalars `$passwort` gleich `"geheim"` ist. Ist dies der Fall, wird mit der `print`-Anweisung ein Text ausgegeben.

Nicht erfüllte Bedingung

Das Beispiel behandelt nur den Fall einer erfüllten Bedingung. Um auch den Fall zu behandeln, wenn die Bedingung nicht erfüllt ist, notieren Sie nach dem ersten Anweisungsblock das Schlüsselwort `else` und einen weiteren Anweisungsblock.

```
if([Bedingung])
{
  [Anweisungsblock für erfüllte Bedingung]
}
else
{
  [Anweisungsblock für nicht erfüllte Bedingung]
}
```

Um nun das Beispiel mit dem Passwort für den Fall zu erweitern, dass `$passwort` nicht der Zeichenkette `geheim` entspricht, hängen Sie einfach einen `else`-Anweisungsblock an, in dem Sie die auszuführenden Anweisungen notieren.

```
if($passwort eq "geheim")
{
  print "Passwort korrekt. Sie dürfen weiter.";
}
else
{
  print "Passwort falsch. Sie dürfen NICHT weiter.";
}
```

Nun werden beide Fälle behandelt: die korrekte Eingabe und die falsche Eingabe des Passworts.

35.1.1 elsif

Für den Fall der Fälle, dass Sie mehrere `if`-Abfragen miteinander verketten möchten, gibt es die spezielle Anweisung `elsif`. Die entsprechende Syntax lautet:

```
if([Bedingung])
{
  [Anweisungsblock für erfüllte Bedingung]
}
elsif([Bedingung])
{
  [Anweisungsblock für erfüllte Bedingung]
}
else
{
  [Anweisungsblock für nicht erfüllte Bedingung]
}
```

Die Verwendung der `elsif`-Anweisung in einem solchen Konstrukt lässt sich beliebig oft wiederholen. Falls die Bedingung nach `if` nicht erfüllt ist, wird die Bedingung nach `elsif` geprüft. Ist auch diese Bedingung nicht erfüllt, wird schlussendlich der `else`-Anweisungsblock ausgeführt.

Gerade dann, wenn Sie mehrere Bedingungen überprüfen müssen, die miteinander verknüpft sind, ist die Verwendung einer `if`-`elsif`-`else`-Anweisung besonders hilfreich.

Ein einfaches Beispiel für eine solche Anweisung ist die Überprüfung eines Skalars auf drei mögliche Werte.

```
if($zahl == 1)
{
  print "Der Wert ist 1";
}
```

```
elsif($zahl == 2)
{
  print "Der Wert ist 2";
}
else
{
  print "Der Wert ist weder 1 noch 2.";
}
```

35.1.2 unless

Um zu prüfen, ob eine Bedingung *nicht* erfüllt wird, können Sie die Bedingung mit ! oder `not` umkehren, oder Sie notieren anstelle von `if` die Anweisung `unless`. Anstelle von `true` (wahr) wird dann von der Bedingung `false` (unwahr) erwartet.

```
unless($passwort eq "geheim")
{
  print "Passwort falsch. Sie dürfen NICHT weiter.";
}
else
{
  print "Passwort korrekt. Sie dürfen weiter.";
}
```

Dieses Beispiel entspricht dem am Anfang des Kapitels stehenden, mit dem Unterschied, dass die beiden Anweisungsblöcke vertauscht sind.

35.2 do-Schleife

Schleifen dienen in Programmen dazu, bestimmte Anweisungen so oft zu wiederholen, solange eine Bedingung erfüllt ist, oder so lange wiederholt zu werden, bis eine Bedingung erfüllt ist. Im ersten Fall werden sie **vorprüfende** und im zweiten **nachprüfende Schleifen** genannt.

Nachprüfende Schleife

Zur Gruppe der nachprüfenden Schleife gehört die `do`-Schleife. Der Unterschied zwischen den Schleifengruppen besteht im Zeitpunkt der Bedingungsprüfung. Bei vorprüfenden Schleifen wird zuerst die Bedingung geprüft und anschließend der Anweisungsblock ausgeführt. Bei nachprüfenden Schleifen wird erst der Anweisungsblock ausgeführt und anschließend auf die Bedingung geprüft. So wird bei nachprüfenden Schleifen der Anweisungsblock immer mindestens einmal durchlaufen, während es bei vorprüfenden Schleifen passieren kann, dass der Anweisungsblock nie durchlaufen wird.

Die Syntax für eine `do`-Schleife sieht folgendermaßen aus:

```
do {
  [Anweisungsblock]
} until([Bedingung]);
```

Der Anweisungsblock einer do-Schleife wird also so lange durchlaufen, bis die Bedingung erfüllt ist. Ein Beispiel:

```
my $i = 0;
do {
  print $i;
  $i++;
} until($i == 10);
```

Dieses Beispiel gibt die Zahlen von 0 bis 9 aus, da $i nach der Ausgabe um 1 erhöht wird. Sobald $i also den Wert 10 erreicht hat, wird die Schleife beendet.

35.2.1 Variante mit while

Es ist auch möglich, die Bedingung umzukehren, d.h. dass die Schleife so lange durchlaufen wird, wie die Bedingung erfüllt ist. Die Syntax lautet:

```
do {
  [Anweisungsblock]
} while([Bedingung]);
```

Das passende Beispiel ist folgendes:

```
my $i = 0;
do {
  print $i;
  $i++;
} while($i < 10);
```

Auch diese Schleife gibt die Zahlen von 0 bis 9 aus. Sobald $i den Wert 10 erreicht hat, wird die Schleife beendet, da die Bedingung zum Ausführen des Anweisungsblocks »solange $i kleiner 10 ist« lautet.

35.3 for-Schleife

Die for-Schleife ist eine vorprüfende Schleife. Der Anweisungsblock einer solchen Schleife wird also nur dann ausgeführt, wenn die Bedingung erfüllt ist. Das Besondere ist jedoch, dass Sie einen Startwert, eine Bedingung und eine Anweisung definieren können, die bei jedem Schleifendurchlauf ausgeführt werden. Eine for-Schleife ist somit wesentlich flexibler als eine do-while- oder do-until-Schleife.

```
for([Startwert]; [Bedingung]; [Anweisung])
{
  [Anweisungsblock]
}
```

Definition Als Startwert können Sie einer Variablen einen Wert zuweisen bzw. sie sogar definieren. Sie besitzt dadurch nur für diese Schleife Gültigkeit. Als Bedingung können Sie wiederum jede erdenkliche Kombination aus logischen Operatoren und Vergleichsoperatoren notieren. Der Erhöhungsschritt ist frei wählbar, wobei im Normalfall der Wert der Variablen um 1 erhöht wird. Ein Beispiel:

```
for(my $i = 0; $i < 10; $i++)
{
  print $i;
}
```

Dieses Beispiel gibt die Zahlen von 0 bis 9 aus. Bei jedem Schleifendurchlauf wird der Wert von `$i` um 1 erhöht (`$i++`). Die Schleife wird nur ausgeführt, solange `$i` kleiner als 10 ist.

35.4 while-Schleife

Die `while`-Schleifen gehören ebenfalls zur Gruppe der vorprüfenden Schleifen. Sie werden also nur dann ausgeführt, wenn die Bedingung erfüllt ist, und beendet, wenn die Bedingung nicht mehr erfüllt ist.

```
while([Bedingung])
{
  [Anweisungsblock]
}
```

Das durch Verwendung der `while`-Schleife geänderte Beispiel lautet so:

```
my $i = 0;
while($i < 10)
{
  print $i;
  $i++;
}
```

Auch dieses Beispiel gibt wieder die Zahlen von 0 bis 9 aus. Die Schleife wird nämlich nur durchlaufen, solange `$i` kleiner als 10 ist. Andernfalls wird die Schleife beendet.

35.4.1 while und Hashes

Eine besondere Form der `while`-Schleife gibt es für Hashes. Damit lassen sich Hashes Element für Element durchlaufen und der Schlüssel und der Wert des Elements einzeln ausgeben. Sie machen sich dabei die Methode `each` zunutze.

Die `each`-Methode traversiert alle Elemente eines Hashs und gibt den Schlüssel und den Wert des Elements zurück. Als Parameter erwartet die Methode den Hash, der traversiert werden soll.

```
my %capitals = (Deutschland => "Berlin",
                Frankreich => "Paris",
```

```
                England => "London",
                Spanien => "Madrid");
my $key;
my $value;
while(($key,$value) = each(%capitals))
{
  print "Die Hauptstadt von $key ist $value";
}
```

Dieses Beispiel würde die folgende Ausgabe produzieren:

```
Die Hauptstadt von Frankreich ist Paris
Die Hauptstadt von Deutschland ist Berlin
Die Hauptstadt von England ist London
Die Hauptstadt von Spanien ist Madrid
```

[x] Dies ist also eine sehr bequeme Methode, alle Elemente eines Hashs zu ermitteln und zu verarbeiten. Natürlich sind die Möglichkeiten nicht nur auf das Ausgeben der Schlüssel und Werte beschränkt.

35.5 foreach-Schleife

Die `foreach`-Schleife hat eine ähnliche Aufgabe wie die spezielle Variante der `while`-Schleife mit `each`, mit dem Unterschied, dass sie für Listen gedacht ist. Auch die `foreach`-Schleife ist eine vorprüfende Schleife, und als Bedingung wird eine Liste angegeben. Nacheinander wird jedes Element der Liste in der Schleife verfügbar gemacht. Sobald alle Elemente der Liste abgearbeitet wurden, wird die Schleife beendet.

```
foreach([Bedingung])
{
  [Anweisungsblock]
}
```

Den Wert des gerade aktuellen Elements stellt die Schleife im Skalar `$_` zur Verfügung.

```
my @cities = ("Berlin","Hamburg","Bremen","München",
              "Stuttgart","Köln","Frankfurt/Main");


foreach(@cities)
{
  print $_;
}
```

Die Ausgabe dieses Beispiels lautet:

```
Berlin
Hamburg
```

```
Bremen
München
Stuttgart
Köln
Frankfurt/Main
```

> Wenn Sie den Wert des aktuellen Elements jedoch in einem anderen Skalar als `$_` speichern wollen, müssen Sie dies explizit mit angeben. [x]

```
my @cities = ("Berlin","Hamburg","Bremen","München",
              "Stuttgart","Köln","Frankfurt/Main");
my $city;
foreach $city (@cities)
{
  print $city;
}
```

Die Ausgabe dieses Beispiels entspricht dem vorherigen.

35.5.1 Spezielle Notation

Besonders interessant ist, dass Perl die zu verwendende Schleife automatisch erkennen kann. Immerhin sind sich die `for`- und `foreach`-Schleife semantisch sehr ähnlich. Anstatt eine Liste anzugeben, können Sie auch als Bedingung eine Liste definieren. Der Code

```
for("A".."Z")
{
  print $_;
}
```

würde die folgende Ausgabe erzeugen:

```
ABCDEFGHIJKLMNOPQRSTUVWXYZ
```

Sie könnten auch anstelle der Buchstaben von A bis Z einen Zahlenbereich angeben.

```
for(1..5)
{
  print "$_. Durchlauf";
}
```

Dies ergibt die folgende Ausgabe:

```
1. Durchlauf
2. Durchlauf
3. Durchlauf
4. Durchlauf
5. Durchlauf
```

35.6 Schleifensteuerung

Mit speziellen Anweisungen ist es möglich, das Verhalten einer Schleife direkt zu beeinflussen.

35.6.1 Durchlauf wiederholen

Mit der Anweisung `redo` können Sie einen Schleifendurchlauf wiederholen, ohne dass die Bedingung erneut überprüft wird.

```
my $i = 0;
while($i < 10)
{
  $i++;
  if($i == 3) { redo };
  print "$i<br>";
}
```

Dieses Beispiel gibt die Zahlen von 1 bis 10 aus, mit Ausnahme der Zahl 3. Sie wird nicht übergeben, da vor der `print`-Anweisung eine Abfrage stattfindet. Die Anweisung überprüft, ob `$i` den Wert 3 hat, und wiederholt in diesem Fall die Schleife.

35.6.2 Schleife abbrechen

Mit der Anweisung `last` können Sie eine Schleife ohne Rücksicht auf die Bedingung sofort abbrechen.

```
my $i = 0;
while(1)
{
  $i++;
  print "$i<br>";
  if($i == 5) { last };
}
```

Dieses Beispiel ist übrigens eine klassische Endlosschleife, da die Bedingung `1` immer erfüllt ist. Diese Schleife würde also den Bildschirm mit Nullen füllen, bis entweder das Perl-Skript durch den Server gestoppt wird oder der Benutzer die Ausführung des Skripts abbricht, wenn nicht die Anweisung

```
if($i == 5) { last };
```

notiert worden wäre. Diese führt nämlich dazu, dass die Schleife abgebrochen wird, sobald `$i` den Wert 5 hat.

35.6.3 Durchlauf überspringen

Den aktuellen Durchlauf können Sie mit der Anweisung `next` überspringen.

```
my $i = 0;
for(my $i = 0; $i < 10; $i++)
{
  if($i == 3) { next };
  print "$i<br>";
}
```

Dieses Beispiel gibt die Zahlen von 0 bis 9 aus, überspringt dabei aber die Zahl 3.

35.7 Zusammenfassung

- Es gibt vorprüfende und nachprüfende Schleifen.
- Bei vorprüfenden Schleifen kann es vorkommen, dass der Anweisungsblock gar nicht ausgeführt wird.
- Bei nachprüfenden Schleifen wird der Anweisungsblock mindestens einmal durchlaufen.
- Mit den Anweisungen `next`, `redo` und `last` lassen sich die Schleifen explizit steuern.

35.8 Fragen und Übungen

1. Worin bestehen die beiden Unterschiede zwischen der `for`-Schleife und der `do-until`-Schleife?
2. Was ist das Besondere an der `for`-Schleife?
3. Wofür wird die `foreach`-Schleife verwendet?
4. Schreiben Sie ein vollständiges Perl-Skript, das den Schlüsselnamen und Wert eines Hashs in einer HTML-Tabelle ausgibt!

The problem with OO is that there's already a strong tendency to require to know everything before you can do anything.
– Larry Wall

36 Standardfunktionen

Perl stellt eine Menge Funktionen bereit, die alltägliche Programmieraufgaben erheblich erleichtern. Deshalb beschäftigt sich dieses Kapitel ausschließlich mit diesen Standardfunktionen.

36.1 Zeichenkettenfunktionen

Verschiedene Funktionen ermöglichen es Ihnen, eine Zeichenkette in Groß- oder Kleinbuchstaben umzuwandeln, eine Zeichenkette in einer anderen zu suchen oder eine Zeichenkette zu verschlüsseln.

36.1.1 Groß- und Kleinbuchstaben

Mit der Funktion `lc` können Sie alle Buchstaben in einer Zeichenkette in Kleinbuchstaben umwandeln und mit `uc` in Großbuchstaben. Die Syntax für diese Funktionen lautet:

```
string lc(string);
string uc(string);
```

Der Rückgabewert der Funktionen ist immer die umgewandelte Zeichenkette, die als Parameter übergeben wurde. Ein Beispiel:

```
my $gross = "NUR GROSSBUCHSTABEN";
my $klein = "nur kleinbuchstaben";
print lc($gross);
print uc($klein);
```

Anstelle der `print`-Anweisung können Sie natürlich auch einen Skalar angeben, der die umgewandelte Zeichenkette entgegennimmt.

```
my $gross = lc($gross);
my $klein = uc($klein);
```

Die Bezeichner dieser Funktionen sind Abkürzungen für »**l**ower **c**ase« (Kleinbuchstaben) und »**u**pper **c**ase« (Großbuchstaben).

[x] Bedenken Sie dabei jedoch, dass die übergebenen Zeichenketten selbst nicht verändert werden. Der Wert wird nur ausgelesen, verändert und zurückgegeben. Erst durch die Zuweisung an die Variable, die als Parameter übergeben wurde, wird auch der Wert der Variable verändert.

36.1.2 Zeichenwerte

Alle Buchstaben, Zeichen und Zahlen stehen in einer so genannten Zeichentabelle und werden durch einen 8-Bit-Wert kodiert. Diese Tabelle nennt sich ASCII-Tabelle und umfasst 255 verschiedene internationale Zeichen. Dabei entspricht die Zahl 5 nicht zwangsläufig dem ASCII-Code 5. Um das entsprechende Zeichen eines ASCII-Codes zu ermitteln, müssen Sie die Funktion `chr` (engl. *character* = dt. *Zeichen*) verwenden. Den ASCII-Code eines Zeichens ermitteln Sie über die Funktion `ord` (engl. *ordinal* = dt. *Zahl*). Die entsprechende Syntax für die Funktionen lautet:

```
integer ord(string);
string chr(integer);
```

Das folgende Beispiel ermittelt zu den Zahlen von 0 bis 9 den entsprechenden ASCII-Code.

```
my @zahlen = (0..9);
print "Zahl = ASCII-Code<br>";
foreach(@zahlen) {
  print "$_ = ",ord($_),"<br>";
}
```

Dieses Beispiel erzeugt die folgende Ausgabe:

```
Zahl = ASCII-Code
0 = 48
1 = 49
2 = 50
3 = 51
...
```

Umgekehrt ermittelt das nun folgende Beispiel zu einem ASCII-Code das entsprechende Zeichen.

```
my @ascii = (65..90);
print "ASCII-Code = Zeichen<br>";
foreach(@ascii) {
  print "$_ = ",chr($_),"<br>";
}
```

Das Ergebnis dieses Beispiels sind die Buchstaben von A bis Z.

36.1.3 Länge einer Zeichenkette

Mit der Funktion `length` können Sie die Länge einer Zeichenkette ermitteln, d. h. die Anzahl der Zeichen der als Parameter übergebenen Zeichenkette. Der Rückgabewert der Funktion ist dann die entsprechende Anzahl.

```
integer length(string);
```

Das nun folgende Beispiel ermittelt die Anzahl der Zeichen einer Zeichenkette und gibt diese mittels der `print`-Anweisung aus.

```
my $zeichen = "Dies ist eine Zeichenkette.";
my $anzahl = length($zeichen);
print $anzahl;
```

Die Ausgabe lautet:

```
27
```

36.1.4 Teilzeichenkette suchen

Die Funktion `index` sucht in einer Zeichenkette nach einer Teilzeichenkette. Als Parameter muss die zu durchsuchende Zeichenkette angegeben werden, aber auch die zu suchende Teilzeichenkette. Die Funktion gibt dann die Position der Teilzeichenkette zurück. Ist der Wert kleiner als 0, wurde die Teilzeichenkette nicht gefunden.

```
integer index(string haystack, string needle);
```

Dazu ein Beispiel:

```
my $zeichenkette = "Dies ist eine Zeichenkette.";
print index($zeichenkette,"Dies");
print index($zeichenkette,"eine");
print index($zeichenkette,"dies");
```

Dieses Beispiel gibt Folgendes aus:

```
0
9
-1
```

[x] Wie Sie feststellen können, unterscheidet die Funktion `index` bei der Suche nach einer Teilzeichenkette zwischen Groß- und Kleinschreibung. Das Wort `Dies` entspricht also nicht dem Wort `dies`. Daher werden auch zwei unterschiedliche Werte ausgegeben.

36.1.5 Teilzeichenkette extrahieren

Um aus einer vorhandenen Zeichenkette eine Teilzeichenkette zu ermitteln, können Sie die Funktion `substr` verwenden. Das Besondere an der Funktion ist, dass Ihnen mehrere Möglichkeiten der Verwendung zur Verfügung stehen, je nachdem, welche Parameter Sie übergeben.

```
string substr(string source, integer pos, [integer length,
  string replace]);
```

Der Parameter `source` steht für die Zeichenkette, aus der die Teilzeichenkette ermittelt werden soll, und der Parameter `pos` gibt die Startposition an. Dabei entspricht das erste Zeichen einer Zeichenkette der Position 0, das zweite der Position 1 usw. Der Parameter `length` gibt die Länge der zu ermittelnden Teilzeichenkette an und `replace` eine Zeichenkette, durch die die ermittelte Teilzeichenkette ersetzt wird. Die beiden letzten Parameter sind jedoch optional. Wenn Sie keine Länge angeben, wird die Teilzeichenkette von der angegebenen Position bis zum Ende der Zeichenkette ermittelt.

```
my $zeichenkette = "Dies ist eine Zeichenkette";
print substr($zeichenkette,14);
print substr($zeichenkette,5,3);
print substr($zeichenkette,14,12,"geänderte
             Zeichenkette");
print $zeichenkette;
```

Die Ausgabe dieses Beispiels:

```
Zeichenkette
ist
Zeichenkette
Dies ist eine geänderte Zeichenkette
```

[x] Bitte beachten Sie, dass Sie beim Ersetzen einer Zeichenkette den Parameter `length` mit an die Funktion `substr` übergeben müssen, damit diese weiß, wie viele Zeichen durch die neue Zeichenfolge ersetzt werden sollen.

36.1.6 Zeichenkette verschlüsseln

Die Funktion `crypt` ermöglicht das Verschlüsseln einer Zeichenkette. Dabei wird eine zweite Zeichenkette zum Verschlüsseln verwendet. Diese zweite Zeichenkette wird häufig als »salt« (dt. *Salz*) bezeichnet. Bildlich können Sie sich den Vorgang als Versalzen der Suppe vorstellen, da das Ergebnis der Verschlüsselung keine Rückschlüsse auf das Original zulässt.

[»] Beachten Sie jedoch, dass es keine Möglichkeit gibt, die kodierte Zeichenkette wieder zu dekodieren. Sie müssen die beiden originalen Zeichenketten kennen, um den gleichen verschlüsselten Code ermitteln zu können.

```
string crypt(string soup, string salt);
```

Für den Parameter `soup` setzen Sie die zu verschlüsselnde Zeichenkette ein und für `salt` die Zeichenkette, mit der verschlüsselt werden soll.

```
my $soup = "benutzername";
my $salt = "passwort";
my $crypted = crypt($soup,$salt);
print $crypted;
```

Die erzeugte Ausgabe dieses Beispiels lautet:

```
paZ9xsy2hvUlw
```

[x] Da Sie anhand der verschlüsselten Zeichenkette keinerlei Rückschlüsse auf die beiden originalen Zeichenketten ziehen können, ist die Funktion gerade dazu prädestiniert, Passwort-Abfragen zu ermöglichen. Dafür müssen Sie lediglich die verschlüsselte Zeichenkette speichern und vom Benutzer die beiden originalen Zeichenketten abfragen. Diese beiden Zeichenketten werden erneut verschlüsselt, und das Ergebnis wird mit dem gespeicherten Code verglichen. Stimmen beide überein, hat der Benutzer die korrekten Daten eingegeben.

36.2 Hash- und Listenfunktionen

Gerade dann, wenn Sie mit Listen und Hashes arbeiten, stellt Ihnen Perl überaus nützliche Funktionen zur Verfügung, z. B. zum Einfügen eines neuen Elements an beliebiger Stelle, zum Sortieren einer Liste usw.

36.2.1 Wert löschen

Sowohl auf Listen als auch auf Hashes können Sie die Funktion `undef` anwenden. Anstatt jedoch ein komplettes Element zu löschen, entfernt diese Funktion lediglich den Wert des Elements. Das Element selbst bleibt dabei erhalten.

```
undef(mixed toUndefine);
```

Als Parameter `toUndefine` können Sie entweder eine Liste oder einen Hash angeben. Das zu bearbeitende Element geben Sie dabei ebenfalls mit an.

```
my @staedte = ("Berlin","Paris","Madrid","London");
print @staedte;
undef(@staedte[2]);
print @staedte;
```

Die Ausgabe dieses Beispiels sieht in etwa folgendermaßen aus:

```
Berlin, Paris, Madrid, London

Berlin, Paris, , London
```

Zwar existiert das Element mit dem Index 2 noch in der Liste, es besitzt jedoch keinen Wert mehr bzw. der Wert ist undefiniert.

36.2.2 Werte und Schlüssel eines Hashs

Mit den Funktionen `keys` und `values` können Sie entweder die Schlüssel oder die Werte eines Hashs ermitteln. Dabei erwarten beide Funktionen einen Hash als Parameter und liefern dann entsprechend die Schlüssel oder die Werte des Hashs zurück. Die Zielvariable muss dementsprechend eine Liste sein.

```
list keys(hash);       # Ermittelt alle Schlüssel von hash
list values(hash);     # Ermittelt alle Werte von hash
```

Das folgende Beispiel speichert die Schlüssel des `%ENV`-Hashs in der Liste `@env_keys` und die Werte in der Liste `@env_values`. Anschließend werden die einzelnen Werte der Listen ausgegeben.

```
my @env_keys = keys(%ENV);
my @env_values = values(%ENV);
print @env_keys,"<br>";
print @env_values,"<br>";
```

[x] Beachten Sie bitte, dass zwischen den Listen `@env_keys` und `@env_values` keinerlei Bezug besteht. Das Element mit dem Index 5 der Liste `@env_values` muss also nicht dem Wert des Elements mit dem gleichen Index aus der Liste `@env_keys` zuzuordnen sein. Möchten Sie auf Nummer sicher gehen, verwenden Sie stattdessen die Funktion `each`.

36.2.3 Elemente aus einem Hash entfernen

Mit der Anweisung `delete` können Sie ein ganzes Element aus einem Hash entfernen bzw. löschen. Wenn das Element erfolgreich gelöscht worden ist, wird der Wert des Elements zurückgegeben, andernfalls ein undefinierter Wert.

```
my %capitals = (de => "Berlin", fr => "Paris",
                es => "Madrid");
if(delete $capitals{es})
{
  while(($key,$value) = each(%capitals))
  {
    print "$key = $value<br>";
  }
}
else
{
  print "Element konnte nicht gelöscht werden!";
}
```

Die Ausgabe lautet:

```
de = Berlin
fr = Paris
```

> Den Rückgabewert der Funktion `delete` können Sie verwenden, um zu überprüfen, ob das Element gelöscht worden ist, denn ein undefinierter Wert entspricht `false` und ein definierter Wert `true`. [×]

36.2.4 Überprüfen, ob ein Element existiert

Mit der Funktion `exists` können Sie überprüfen, ob ein Element in einem Hash existiert. Die Funktion liefert `true`, wenn das Element existiert, andernfalls `false`.

```
my %capitals = (de => "Berlin", fr => "Paris",
                es => "Madrid");
delete $capitals{es};
if(exists $capitals{de}) { print "de = $capitals{de}<br>" };
if(exists $capitals{fr}) { print "fr = $capitals{fr}<br>" };
if(exists $capitals{es}) { print "es = $capitals{es}<br>" };
```

Dieses Beispiel erzeugt folgende Ausgabe:

```
de = Berlin
fr = Paris
```

> Sie sollten immer überprüfen, ob das Element eines Hashs, den Sie nicht genau kennen und auf den Sie zugreifen möchten, überhaupt existiert. Sie vermeiden somit mögliche Fehlerquellen. Wenn Sie die Funktion `each` verwenden, ist eine Überprüfung natürlich nicht notwendig. [×]

36.2.5 Alle Elemente eines Hashs ausgeben

Wenn Sie die Schlüssel und Werte eines Hashs ausgeben möchten, ohne zu wissen, über welche Elemente dieser Hash verfügt, sollten Sie die Funktion `each` verwenden. Diese Funktion gibt so lange alle Elemente zurück, bis keines mehr vorhanden ist.

```
(string key[, string value]) each(hash aHash);
```

Wenn Sie den Rückgabewert der `each`-Funktion nur einem Skalar zuweisen, erhalten Sie lediglich die Schlüsselnamen. Werden zwei Skalare als Empfänger notiert, erhalten Sie sowohl den Schlüsselnamen als auch den Wert des Elements.

```
my %hash = (nachname => "Mustermann", vorname => "Max");
my $key,$value;
while($key = each(%hash)) {
  print "$key<br>"; }
while(($key,$value) = each(%hash)) {
  print "$key = $value<br>"; }
```

Das Beispiel erzeugt die folgende Ausgabe:

```
nachname
vorname
nachname = Mustermann
vorname = Max
```

36.2.6 Ein Element am Anfang einer Liste hinzufügen oder löschen

Die Funktion `shift` kennen Sie bereits. Mit dieser Funktion können Sie das erste Element einer Liste löschen und gleichzeitig den Wert auslesen. Dabei erwartet sie als Parameter lediglich die Liste, deren erstes Element gelöscht werden soll.

Genau das Gegenteil der `shift`-Funktion bewirkt die Funktion `unshift`. Sie fügt ein Element an den Anfang der Liste ein. Als ersten Parameter erwartet sie die Liste, zu der das Element hinzugefügt werden soll, und als zweiten Parameter den Wert des neuen Elements.

```
my @cities = ("Berlin","Paris","London");
shift(@cities);
print @cities;
unshift(@cities,"Berlin");
print @cities;
```

Die Ausgabe dieses Beispiels sieht folgendermaßen aus:

```
Paris London
Berlin Paris London
```

36.2.7 Ein Element am Ende einer Liste hinzufügen oder löschen

Die Funktion `pop` löscht das letzte Element einer Liste und gibt den Wert des gelöschten Elements zurück. Als Parameter müssen Sie dabei lediglich die Liste angeben, auf die diese Funktion angewendet werden soll. Mit der Funktion `push` können Sie ein Element oder mehrere an eine Liste anfügen. Als ersten Parameter erwartet sie die zu bearbeitende Liste und als zweiten Parameter entweder ein Element oder mehrere neue.

```
my @cities = ("Berlin","Paris");
my @additionalCities = ("Madrid","London");
print @cities;
pop(@cities);
push(@cities,@additionalCities);
print @cities;
push(@cities,"Paris");
print @cities;
```

Die Ausgabe lautet:

```
Berlin Paris
Berlin Madrid London
Berlin Madrid London Paris
```

36.2.8 Eine Liste sortieren oder umkehren

Die Reihenfolge der Elemente einer Liste hängt von derjenigen Reihenfolge ab, in der ihr die Elemente hinzugefügt wurden. Mit der Funktion `reverse` können Sie diese

Reihenfolge jedoch ändern, und zwar umdrehen, also von hinten nach vorne. Als Parameter erwartet diese Funktion lediglich die zu bearbeitende Liste.

```
my @cities = ("Berlin","Paris","London");
print @cities;
@cities = reverse(@cities);
print @cities;
```

Folgende Ausgabe erzeugt dieses Beispiel:

```
Berlin Paris London
London Paris Berlin
```

Mit der Funktion `sort` können Sie die Reihenfolge auch anhand der ASCII-Tabelle beeinflussen. Dies entspricht einer alphabetischen Sortierung, wobei aber auch zwischen Groß- und Kleinschreibung unterschieden wird. Auch diese Funktion erwartet als Parameter eine Liste, und zwar die Liste, die sortiert werden soll.

```
my @cities = ("Paris","Berlin","London");
print @cities;
@cities = sort(@cities);
print @cities;
```

Die Ausgabe lautet:

```
Paris Berlin London
Berlin London Paris
```

36.2.9 Liste in Zeichenkette konvertieren und umgekehrt

Mit der Funktion `join` können Sie die Elemente einer Liste zu einer Zeichenkette kombinieren. Damit auch in dieser Zeichenkette die einzelnen Elemente unterschieden werden können, erwartet die Funktion als ersten Parameter ein Trennungszeichen und als zweiten Parameter die Liste, die zusammengeführt werden soll.

```
my @cities = ("Paris","Berlin","London");
my $kette = join(";",@cities);
print $kette;
```

Dieses Beispiel erzeugt folgende Ausgabe:

```
Paris;Berlin;London
```

Umgekehrt können Sie mit der Funktion `split` diese Zeichenkette wieder in eine Liste umwandeln. Als erster Parameter wird das Trennzeichen erwartet und als zweiter Parameter die Zeichenkette, die die Elemente, getrennt durch das angegebene Trennzeichen, enthält. Das Trennzeichen muss jedoch als regulärer Ausdruck angegeben werden. Da ich erst später auf reguläre Ausdrücke eingehen werde, soll an dieser Stelle erst einmal nur erwähnt werden, dass das Trennzeichen mit einfachen Schrägstrichen umgeben werden muss.

```
my @cities = ("Paris","Berlin","London");
my $kette = join(";",@cities);
my @aufgeteilt = split(/;/,@cities);
print @aufgeteilt;
```

Die Ausgabe lautet:

```
Paris
Berlin
London
```

36.2.10 Eine Zeichenkettenfunktion auf alle Listenelemente anwenden

Mit der Funktion `map` können Sie eine Zeichenkettenfunktion auf alle Elemente einer Liste anwenden. So können Sie z. B. die Funktion `uc` (Buchstaben in Großbuchstaben umwandeln) gleichzeitig auf jedes Element anwenden. Als erster Parameter wird die Funktion und als zweiter Parameter die Liste erwartet.

```
my @cities = ("Paris","Berlin","London");
@cities = map(uc,@cities);
print @cities;
```

Die Ausgabe lautet:

```
PARIS
BERLIN
LONDON
```

36.3 Datums- und Zeitfunktionen

Wenn Sie in Perl ein Datum oder eine Uhrzeit berechnen möchten, müssen Sie sich mit dem UNIX-Zeitformat bekannt machen. Das Besondere an diesem Format ist, dass alle Zeitberechnungen in Relation zum 01.01.1970 um 00:00:00 Uhr erfolgen. Wenn Sie z. B. den aktuellen Zeitpunkt ermitteln möchten, erhalten Sie einen Wert in Sekunden. Dieser Wert entspricht der Anzahl der Sekunden, die seit dem 01.01.1970 um 00:00:00 Uhr vergangen sind. Ein Wert von 120 (Sekunden) entspricht also dem 01.01.1970 um 00:02:00 Uhr und ein Wert von 2.687.000 dem 01.02.1970 um 00:00:00 Uhr. Ein negativer Wert stünde dementsprechend für ein Datum vor dem 01.01.1970 (00:00 Uhr). Der Wert –120 wäre also der 31.12.1969 um 23:58:00 Uhr und –2.687.000 der 01.12.1969 um 00:00:00 Uhr.

Der aktuelle Zeitpunkt

Den aktuellen Zeitpunkt können Sie mit der Funktion `time` in Erfahrung bringen. Sie liefert als Rückgabewert die Sekunden, die seit dem 01.01.1970 um 00:00:00 Uhr bis zum Zeitpunkt der Ausführung der Funktion verstrichen sind.

```
#!/usr/bin/perl -w
use CGI qw(:standard);
```

```
print header();
my $sekunden = time();
my $tage = $sekunden / 86400;
print "Seit dem 1.1.1970 um 0:00 Uhr sind $sekunden Sekunden bzw.
  $tage Tage vergangen.";
```

Listing 36.1 Perl-Skript, das den aktuellen Zeitpunkt ermittelt

Eine mögliche Ausgabe des Listings könnte folgende sein:

```
Seit dem 1.1.1970 um 0:00 Uhr sind 1032803980 Sekunden bzw.
11953.7497685185 Tage vergangen.
```

Dem Skalar `$sekunden` werden zuerst mit der Funktion `time` die verstrichenen Sekunden zugewiesen. Anschließend wird die Anzahl der vergangenen Tage errechnet. Da ein Tag 86.400 Sekunden entspricht, wird der ermittelte Sekundenwert einfach durch 86.400 geteilt. Zum Schluss werden beide Werte ausgegeben.

[x] Leider lässt sich mit diesen Werten, selbst wenn sie umgerechnet wurden, leidlich wenig anfangen. Aus diesem Grund werde ich Ihnen noch zwei weitere Funktionen zeigen, mit denen Sie die Ausgabe der Sekunden etwas ansprechender und für den Benutzer besser lesbar gestalten können.

Zeitpunkt nach lokaler Zeitzone

Mit der Funktion `localtime` können Sie das Datum und die Uhrzeit im lokalen Format und in der lokalen Zeitzone ermitteln. Als Parameter wird ihr die ermittelte Zeit in Sekunden übergeben. Das errechnete Datum und die Uhrzeit werden dann als Liste zurückgegeben. Ein kurzes Beispiel:

```
#!/usr/bin/perl -w
use CGI qw(:standard);

print header();
my @datetime = localtime(time);
foreach(@datetime) { print "$_ "; }
```

Listing 36.2 Ermitteln brauchbarer Daten für Datum und Uhrzeit

Besonders viel lässt sich an dieser Stelle auch mit den Daten der Funktion `localtime` nicht anfangen, außer man kennt die Reihenfolge, in der die Funktion die Daten in der Liste `@datetime` speichert. Diese finden Sie in der folgenden Tabelle 35.1.

Listenindex	Wert
0	Sekunden
1	Minuten
2	Stunden
3	Tag des Monats
4	Monatszahl von 0 bis 11 (0 = Januar, 11 = Dezember)

Tabelle 36.1 Aufschlüsselung der Listenelemente

Listenindex	Wert
5	Jahr
6	Wochentag von 0 bis 6 (0 = Sonntag, 6 = Samstag)
7	Tag des Jahres
8	Sommerzeit (1 = Ja/0 = Nein)

Tabelle 36.1 Aufschlüsselung der Listenelemente (Forts.)

Das nun folgende Listing 35.3 erzeugt eine sehr viel bessere Ausgabe des Datums, der Uhrzeit und der zusätzlichen Informationen.

```
#!/usr/bin/perl -w
use CGI qw(:standard);

print header();

my @jetzt = localtime(time);
my @wochentage = ("Sonntag","Montag","Dienstag","Mittwoch",
                  "Donnerstag","Freitag","Samstag");
my @monate = ("Januar","Februar","März","April","Mai",
              "Juni","Juli","August","September",
              "Oktober","November","Dezember");

my $sekunden = $jetzt[0] < 10 ? "0".$jetzt[0] : $jetzt[0];
my $minuten = $jetzt[1] < 10 ? "0".$jetzt[1] : $jetzt[1];
my $stunden = $jetzt[2] < 10 ? "0".$jetzt[2] : $jetzt[2];

my $tag = $jetzt[3];
my $wochentag = $wochentage[$jetzt[6]];
my $monat = $monate[$jetzt[4]];
my $jahr = $jetzt[5] + 1900;
my $jzeit = $jetzt[8] == 0 ? "Winterzeit" : "Sommerzeit";

print "Es ist <b>$stunden:$minuten:$sekunden</b> Uhr<br>";
print "am <b>$wochentag, den $tag. $monat $jahr</b>.<br>";
print "Dies ist au&szlig;erdem der <b>$jetzt[7]. Tag</b> des Jahres<br>";
print "und wir haben <b>$jzeit</b>.";
```

Listing 36.3 Formatierte Ausgabe von Uhrzeit, Datum und Zusatzinformationen

Der Liste `@jetzt` werden die von der Funktion zurückgegebenen Elemente zugeordnet. Sie enthält nun also alle Informationen, die Sie benötigen. Zusätzlich werden noch zwei weitere Listen definiert: `@wochentage` und `@monate`. Diese beiden Listen werden benötigt, da Perl lediglich eine Zahl für den Monat bzw. den Wochentag zurückgibt. Die Reihenfolge der Elemente dieser beiden Listen ist wichtig, da ansonsten die falschen Monatsnamen bzw. Wochentage ermittelt werden. Etwas weiter unten im Quelltext werden Sie den genauen Grund dafür erkennen.

Alle Werte, die Perl in der `@jetzt`-Liste speichert, sind Zahlenwerte. Für die Ausgabe ist dies aber ein wenig ungünstig, da eine Uhrzeit in dem Format 09:05:03 dargestellt wird und nicht so: 9:5:3. Aus diesem Grund müssen Sie diese Werte in eine Zeichenkette umwandeln und – je nachdem – eine führende 0 hinzufügen, wenn der Wert der Sekunden, Minuten oder Stunden kleiner als 10 ist.

Nur Zahlenwerte

[×]

Um für die bessere Übersicht und die Lesbarkeit des Quelltextes zu sorgen, sollten Sie am besten eine einfache Entweder-oder-Anweisung verwenden. Damit können Sie längere `if`-Anweisungsblöcke umgehen.

```
my $sekunden = $jetzt[0] < 10 ? "0".$jetzt[0] : $jetzt[0];
my $minuten = $jetzt[1] < 10 ? "0".$jetzt[1] : $jetzt[1];
my $stunden = $jetzt[2] < 10 ? "0".$jetzt[2] : $jetzt[2];
```

Nach dem Zuweisungsoperator = folgt die Bedingung, die überprüft, ob `$jetzt[0]`, `$jetzt[1]` und `$jetzt[2]` kleiner als 10 sind. Danach folgen ein Fragezeichen `?` und der Wert, der der Variablen (`$sekunden`, `$minuten` oder `$stunden`) zugewiesen werden soll, wenn die Bedingung wahr ist. Ist die Bedingung unwahr, wird der Variablen der Wert zugewiesen, der nach dem Doppelpunkt `:` folgt. Mit diesen drei Zeilen haben Sie nun die Ausgabe für die Uhrzeit formatiert.

Wochentag

Den Tag lesen Sie einfach über `$jetzt[3]` aus, da Sie diesen Wert nicht weiter bearbeiten müssen. Bei dem Wochentag sieht das schon etwas anders aus. Perl liefert Ihnen dafür einen Wert von 0 bis 6, wobei 0 dem Sonntag, 1 dem Montag und 6 dem Samstag entspricht. In dieser Reihenfolge wurden auch die Tage in der Liste `@wochentage` definiert. Den korrekten Wochentag können Sie also ermitteln, indem Sie `$jetzt[6]` als Index für `$wochentage[]` angeben.

```
my $wochentag = $wochentage[$jetzt[6]];
my $monat = $monate[$jetzt[4]];
```

Monatsname

Ähnlich ist auch bei den Monatsnamen vorzugehen. Auch hier liefert Perl nur eine Zahl, und zwar von 0 bis 11, wobei 0 dem Januar und 11 dem Dezember entspricht. Auch diesen Wert notieren Sie als Index für `$monate[]`.

Vierstellige Jahreszahlen

In unserem Sprachraum werden Jahreszahlen in der Regel vierstellig angegeben, z. B. als 1980, 1995 oder 2002. Perl liefert jedoch nur die beiden letzten Ziffern und ist in dieser Hinsicht auch nicht besonders konsequent. Während Sie für das Jahr 1980 den Wert 80 und für 1995 den Wert 95 erhalten, liefert Perl für 2002 den Wert 102. Indem Sie 1900 zu dem Wert hinzuaddieren, erhalten Sie die korrekte vierstellige Jahreszahl.

```
my $jahr = $jetzt[5] + 1900;
```

Sommer- oder Winterzeit

Der letzte Wert, den Sie aus der Liste `@jetzt` auslesen können, bezieht sich auf die Sommer- und Winterzeit. Laufen die Uhren nach Sommerzeit, entspricht dies dem Wert 1. Laufen sie nach Winterzeit, entspricht der Rückgabewert dem Wert 0. Durch eine einfache Entweder-oder-Abfrage können Sie die entsprechende Zeiteinstellung als Wort ermitteln.

```
my $jzeit = $jetzt[8] == 0 ? "Winterzeit" : "Sommerzeit";
```

Zeitpunkt nach Greenwich-Meantime

Beim Vergleich zur Ermittlung des Zeitpunktes entsprechend der lokalen Zeitzone können Sie die Uhrzeit auch nach der Greenwich-Meantime (entspricht der westeuropäischen Zeitzone) ermitteln. Notfalls müssen dann jedoch Anpassungen der Stunden vorgenommen werden. Die entsprechende Funktion lautet `gmtime`. Der Zeitunterschied von Deutschland zur GMT beträgt +2 Stunden.

```
#!/usr/bin/perl -w
use CGI qw(:standard);

print header();

my @lokal = localtime(time);
my @gmt = gmtime(time);

my $l_sek = $lokal[0] < 10 ? "0".$lokal[0] : $lokal[0];
my $l_min = $lokal[1] < 10 ? "0".$lokal[1] : $lokal[1];
my $l_std = $lokal[2] < 10 ? "0".$lokal[2] : $lokal[2];

my $gmt_sek = $gmt[0] < 10 ? "0".$gmt[0] : $gmt[0];
my $gmt_min = $gmt[1] < 10 ? "0".$gmt[1] : $gmt[1];
my $gmt_std = $gmt[2] < 10 ? "0".$gmt[2] : $gmt[2];

print "Lokale Uhrzeit: $l_std:$l_min:$l_sek<br>";
print "Greenwich-Meantime: $gmt_std:$gmt_min:$gmt_sek";
```

Listing 36.4 Uhrzeit nach lokaler Zeit und nach Greenwich Meantime

36.4 Mathematische Funktionen

Auch wenn mathematische Berechnungen eher selten in einem Perl-Skript – gerade in Hinblick auf dynamische Webseiten – zum Einsatz kommen, soll doch die eine oder andere Funktion an dieser Stelle erwähnt werden.

36.4.1 Zufallszahlen

Mit der Funktion `rand` (engl. *random* = dt. *zufällig*) können Sie beliebige Zufallszahlen generieren. Dabei können Sie mit einem Parameter einen Zahlenbereich festlegen, in dem die Zufallszahlen liegen müssen. Wenn Sie diese Angabe nicht machen, erhalten Sie nur Zufallszahlen zwischen 0 und 1, ansonsten von 0 bis zur angegebenen Grenze.

[×] Beachten Sie dabei aber, dass die generierten Zufallszahlen keine Ganzzahlen sondern Dezimalzahlen (Fließkommazahlen) sind. Wenn Sie der Funktion `rand` bei dem Aufruf keine obere Grenze übergeben, bedeutet das nicht, dass Sie lediglich eine 0 oder 1 als Zufallszahl erhalten.

```
#!/usr/bin/perl -w
use CGI qw(:standard);

print header();

my $zufall1 = rand();
my $zufall2 = rand();
my $zufall3 = rand(100);

print "$zufall1<br>";
print "$zufall2<br>";
print "$zufall3<br>";
```

Listing 36.5 Perl-Skript, das drei Zufallszahlen ermittelt

Den drei Skalaren `$zufall1`, `$zufall2` und `$zufall3` wird jeweils eine Zufallszahl zugewiesen und sie werden anschließend mit der `print`-Anweisung ausgegeben.

Keine echten Zufallszahlen

Das eigentliche Problem ist, dass Computer – pragmatisch betrachtet – keine Zufallszahlen errechnen können. Dies ist auch einleuchtend, denn wie soll eine auf Logik basierende Maschine ein zufälliges Ereignis, in unserem Fall eine Zahl, erzeugen? Daher wird zum Generieren einer Zufallszahl meistens die Uhrzeit verwendet, da sie niemals den gleichen Wert besitzt. Mit einem Algorithmus wird anschließend einfach eine »zufällige« Zahl berechnet.

Diesen Vorgang kann man sehr gut an dem folgenden Beispiel nachvollziehen. Mit der Funktion `srand` können Sie eine Zahl als Initialisierungswert für die Berechnung der Zufallszahlen festlegen.

```
#!/usr/bin/perl -w
use CGI qw(:standard);

print header();

srand(100);
my $zufall1 = rand();
my $zufall2 = rand();
srand(100);
my $zufall3 = rand();
my $zufall4 = rand();

print "$zufall1<br>";
print "$zufall2<br>";
```

```
print "$zufall3<br>";
print "$zufall4<br>";
```

Listing 36.6 Zufallszahlen mit Festlegung eines Startwertes

Nach der Initialisierung mit `srand(100)` werden zwei Zufallszahlen berechnet, die einmal dem Skalar `$zufall1` und einmal dem Skalar `$zufall2` zugewiesen werden. Anschließend erfolgt eine erneute Initialisierung mit dem gleichen Wert wie zuvor (100), und es werden wieder zwei Zufallszahlen generiert. Wenn Sie sich nun die Ausgabe des Skripts ansehen, werden Sie feststellen können, dass sowohl `$zufall1` und `$zufall3` als auch `$zufall2` und `$zufall4` den gleichen Wert besitzen.

36.4.2 Sinus und Kosinus

Die Berechnung des Sinus oder Kosinus unter Perl ist sehr einfach. Als Parameter übergeben Sie einfach die Zahl, von der der Sinus oder Kosinus errechnet werden soll, und die Funktion liefert das entsprechende Ergebnis zurück. Zur Berechnung des Sinus müssen Sie die Funktion `sin` und für den Kosinus die Funktion `cos` verwenden. Dazu ein kleines Beispiel:

```
print sin(deg2rad(90));
print cos(deg2rad(0));
```

Dieses Beispiel würde einmal den Sinus von 90 Grad und einmal den Kosinus von 0 Grad ausgeben. Die Funktion `deg2rad()` konvertiert die Gradzahl vorher in das Bogenmaß, auf dessen Basis die Sinus- und Kosinus-Funktion arbeiten.

36.4.3 Wurzelberechnung

Zur Berechnung von Wurzeln stehen Ihnen zwei Möglichkeiten zur Verfügung. Entweder verwenden Sie die Funktion `sqrt` (engl. *squareroot*), um die Quadratwurzel einer als Parameter übergebenen Zahl zu berechnen, oder Sie bedienen sich einer einfachen mathematischen Schreibweise. Ein Beispiel für `sqrt`:

```
my $root = sqrt(16);
```

Der Skalar `$root` enthält nun den Wert 4. Die mathematische Schreibweise, äquivalent zum vorherigen Beispiel, würde so lauten:

```
my $root = 16 ** (1/2);
```

[x] Auf diese Art und Weise können Sie auch die 3., 4. oder 5. Wurzel errechnen. Für die 3. Wurzel würde die Formel z. B. `16 ** (1/3)`, für die 4. Wurzel `16 ** (1/4)` usw. lauten.

36.5 Umwandlungsfunktionen

36.5.1 Hexadezimal in dezimal

Eine hexadezimale Zahl, die in Form einer Zeichenkette vorliegt, können Sie mit der Funktion hex in eine Dezimalzahl umwandeln. Die Zeichenkette, die die hexadezimale Zahl »beschreibt«, wird dabei als Parameter übergeben. Der Rückgabewert der Funktion ist dann die Dezimalzahl.

```
integer hex(string);
```

[«] Dabei müssen Sie aber die unterschiedlichen Schreibweisen von Hexadezimalzahlen bei HTML und Perl beachten. Während in HTML hexadezimale Werte immer nur als Tripel-Werte vorkommen und mit einem #-Zeichen gekennzeichnet werden, lautet die Schreibweise in Perl z. B. 0xFF oder FF. Die Schreibweise, bei der 0x vor den hexadezimalen Wert gesetzt wird, ist typisch für UNIX/Linux. Außerdem sind Sie in Perl auch nicht nur auf zwei Stellen pro Hexadezimalzahl beschränkt.

```
my $hex1 = "0x1267";
my $hex2 = "0x7D2";
my $hex3 = "0xABC";

print "<b>HEX = DEZ</b><br>";
print $hex1," = ",hex($hex1),"<br>";
print $hex2," = ",hex($hex2),"<br>";
print $hex3," = ",hex($hex3),"<br>";
```

In diesem Beispiel werden drei Skalare definiert, denen drei unterschiedliche hexadezimale Werte in Form einer Zeichenkette zugewiesen werden. Anschließend werden die drei Werte in Dezimalzahlen umgerechnet und ausgegeben. Im Browser könnte das folgendermaßen aussehen:

```
HEX = DEZ
0x1267 = 4711
0x7D2 = 2002
0xABC = 2748
```

36.5.2 Oktalzahl in dezimal

Äquivalent zur Konvertierung von Hexadezimalzahlen in Dezimalzahlen können Sie auch Oktalzahlen umrechnen, die als Zeichenketten vorliegen. Auch hier wird die Zeichenkette, die die Oktalzahl darstellt, als Parameter an die Funktion oct übergeben.

```
integer oct(string);
```

Oktalzahlen sind Zahlen auf der Basis 8 und werden in UNIX/Linux häufig dazu verwendet, die Zugriffsrechte auf Dateien oder Ordner festzulegen.

```
my $oct1 = "755";
my $oct2 = "777";
my $oct3 = "0555";

print "<b>OCT = DEZ</b><br>";
print $oct1," = ",oct($oct1),"<br>";
print $oct2," = ",oct($oct2),"<br>";
print $oct3," = ",oct($oct3),"<br>";
```

Auch in diesem Beispiel werden zuerst drei Oktalzahlen in der Form von Zeichenketten definiert, mit der Funktion `oct` umgerechnet und ausgegeben. Die daraus resultierende Ausgabe sieht so aus:

```
OCT = DEZ
755 = 493
777 = 511
0555 = 365
```

36.5.3 Zeichenkette in Zahlenwert umwandeln

Sollte ein Benutzer in einem HTML-Formular mal eine Zahl eingeben müssen, ist dies für ihn kein größeres Problem. Möchten Sie diesen Wert jedoch als Zahl verwenden, stehen Sie vor dem Problem, dass Formulareingaben in HTML immer als Zeichenketten zur Verfügung gestellt werden. Mit der `int`-Funktion können Sie Zeichenketten aber in Zahlenwerte umwandeln.

```
integer int(string);
```

Die Funktion wandelt die übergebene Zeichenkette dabei so lange um, bis sie auf ein Zeichen stößt, das keine Zahl ist.

```
my $str1 = "123";
my $str2 = "4711D";
my $str3 = "12AB5";

print "<b>STR = DEZ</b><br>";
print $str1," = ",int($str1),"<br>";
print $str2," = ",int($str2),"<br>";
print $str3," = ",int($str3),"<br>";
```

Zuerst werden drei Zeichenketten definiert, und ihnen wird ein jeweils anderer Wert zugewiesen. Mit der `int`-Funktion werden diese Zeichenketten in Zahlenwerte umgerechnet und ausgegeben. Die Ausgabe sieht folgendermaßen aus:

```
STR = DEZ
123 = 123
4711D = 4711
12AB5 = 12
```

[x] Bei der dritten Zeichenkette können Sie feststellen, dass der sich ergebende Zahlenwert anstatt 125 nur 12 ist. Dies liegt daran, dass die Funktion mit der Umwandlung dann abbricht, wenn sie auf ein Zeichen stößt, das keine Zahl ist. Die danach folgenden Zeichen werden dann ebenfalls ignoriert.

Sie können die `int`-Funktion jedoch auch dafür verwenden, den ganzzahligen Anteil z. B. einer Kommazahl zu ermitteln.

```
my $zahl1 = 1024;
my $zahl2 = 10.25;
my $zahl3 = -20.2;

print $zahl1," = ",int($zahl1),"<br>";
print $zahl2," = ",int($zahl2),"<br>";
print $zahl3," = ",int($zahl3),"<br>";
```

Die Ausgabe lautet:

```
1024 = 1024
10.25 = 10
-20.2 = -20
```

36.5.4 Absoluter Zahlenwert

Die Funktion `abs` ermittelt den absoluten Wert einer Zahl.

```
integer abs(integer);
```

Ein Beispiel:

```
my $abs1 = -1024;
my $abs2 = -5.5;
print $abs1," = ",abs($abs1),"<br>";
print $abs2," = ",abs($abs2),"<br>";
```

Die Ausgabe des Beispiels lautet:

```
-1024 = 1024
-5.5 = 5.5
```

Diese Funktion konvertiert im Endeffekt alle negativen Zahlen in positive.

36.6 Zusammenfassung

- Die Standardfunktionen in Perl unterteilen sich in fünf Kategorien: Zeichenkettenfunktionen, Hash- und Listenfunktionen, Datums- und Zeitfunktionen, mathematische Funktionen und Umwandlungsfunktionen.
- Diese Funktionen werden bei alltäglichen Programmieraufgaben das eine oder andere Mal benötigt.

36.7 Fragen und Übungen

1. Was bewirken die Funktionen `lc` und `uc`?
2. Schreiben Sie ein Perl-Skript, das ermittelt, wie oft der Buchstabe »e« in einer Zeichenkette vorkommt.
3. Schreiben Sie ein Perl-Skript, das das aktuelle Datum nach lokaler Zeitzone in der Form »Wochentag, Tag.Monat.Jahr« ausgibt. Sowohl der Tag und der Monat als auch das Jahr sollen als Zahl ausgegeben werden.
4. Schreiben Sie ein Perl-Skript, das von 49 Zahlen sechs jeweils unterschiedliche Zahlen errechnet (Lotto-Zahlziehung).

Das Unsympathische an Computern ist, dass sie nur ja oder nein sagen können, aber nicht vielleicht.
– Brigitte Bardot, französische Filmschauspielerin

37 Ein- und Ausgabe

37.1 Parameterübergabe

Die wichtigste Aufgabe eines CGI-Skripts ist sicherlich die Entgegennahme von Parametern. Während in anderen Skriptsprachen wie z. B. PHP in der URL übergebene Parameter als Variablen zur Verfügung stehen, müssen Sie in Perl selbst dafür sorgen, da Sie die Parameter lediglich als zusammenhängende Zeichenkette zur Verfügung gestellt bekommen. Diese Zeichenkette ist in dem Hash `%ENV` hinterlegt, in dem der Server alle Umgebungsvariablen ablegt. Der Schlüssel für die Zeichenkette lautet `QUERY_STRING`.

Die Anweisung

```
print $ENV{'QUERY_STRING'};
```

würde nun die entsprechende Zeichenkette ausgeben.

Wichtig ist jedoch, dass die Parameter in einer bestimmten Notation übergeben werden müssen. Der eigentliche Pfad- und Dateiname und die Parameter werden durch ein Fragezeichen in der URL getrennt. [«]

```
http://server/cgi-bin/script.pl?hier-folgen-die-parameter
```

Alles, was in der URL nach dem Fragezeichen folgt, sind die übergebenen Parameter, in diesem Fall also `hier-folgen-die-parameter`. Damit Sie sowohl einen Parameter als auch einen entsprechenden Wert übergeben können, müssen Sie den Parameter und den Wert durch ein Gleichheitszeichen = voneinander trennen.

```
parameter=wert
```

Mehrere Wertepaare (Parameter und Wert) werden durch das kaufmännische Und `&` voneinander abgetrennt.

```
parameter1=wert1&parameter2=wert2&parameterN=wertN
```

Das folgende Listing 37.1 hat einzig und allein die Aufgabe, den Wert des `QUERY_STRING`-Elements auszugeben.

```
#!/usr/bin/perl -w
use CGI qw(:standard);
print header();
print $ENV{'QUERY_STRING'};
```

Listing 37.1 Perl-Skript zum Ausgeben der übergebenen Parameter

Ein Beispielaufruf für dieses Skript könnte folgendermaßen aussehen:

```
http://localhost/cgi-bin/list6.1.pl?farbe=336699
```

Das Skript würde dann dementsprechend die folgende Ausgabe erzeugen:

```
farbe=336699
```

Problem Sie stehen vor dem Problem, dass Sie sowohl den Parameterbezeichner als auch den Wert als eine zusammenhängende Zeichenkette vorliegen haben. Dies ist jedoch ungünstig, wenn Sie den übergebenen Wert im Skript verarbeiten bzw. verwenden möchten, z. B. um dem HTML-Dokument den als Parameter übergebenen Wert als Hintergrundfarbe zuzuweisen. Zwar könnten Sie mit der Funktion `index` die Position des Gleichheitszeichens ermitteln und die Zeichenkette dann dementsprechend zerlegen; würden Sie aber mehr als ein Wertepaar übergeben, wird dies schnell unübersichtlich – vor allem, da Sie sowohl nach dem Gleichheitszeichen als auch nach dem kaufmännischen Und suchen müssten. Ein Beispielaufruf mit zwei Wertepaaren sieht so aus:

```
http://localhost/cgi-bin/list6.1.pl?bg=336699&font=EEEEEE
```

Im Perl-Skript steht Ihnen dann die Zeichenkette

```
bg=336699&font=EEEEEE
```

zur Verfügung.

Hilfe ist nahe In Perl gibt es allerdings eine Funktion, mit der man Zeichenketten anhand eines bestimmten Zeichens zerlegen kann: die `split`-Funktion. Der Funktion wird dabei zuerst das Zeichen übergeben, nach dem die Zeichenkette zerlegt werden soll, und anschließend die zu zerlegende Zeichenkette. Der Rückgabewert der Funktion ist dann eine Liste.

[x] Wichtig ist, dass das Trennzeichen als regulärer Ausdruck übergeben werden muss. Da Sie erst später in diesem Buch mit regulären Ausdrücken in Kontakt kommen werden, sei an dieser Stelle lediglich gesagt, dass Sie das Zeichen innerhalb von Schrägstrichen in der Form `/\[Zeichen]/` notieren müssen. Für das kaufmännische Und lautet die Schreibweise dann

```
/\&/
```

und für das Gleichheitszeichen:

```
/\=/
```

In Listing 37.2 zerlegen Sie die Zeichenkette `$ENV{'QUERY_STRING'}` erst einmal in die entsprechenden Wertepaare und geben diese anschließend im Browser aus. **Anwendung**

```
#!/usr/bin/perl -w
use CGI qw(:standard);
print header();
my @wertepaare = split(/\&/,$ENV{'QUERY_STRING'});

print "Wertepaar 1: ",$wertepaare[0],"<br>";
print "Wertepaar 2: ",$wertepaare[1];
```

Listing 37.2 Perl-Skript, das die übergebene Zeichenkette in Wertepaare zerlegt

Würden Sie das Listing 37.2 mit der URL **http://localhost/cgi-bin/list6.2.pl?bg=336699&font=EEEEEE** aufrufen, würden Sie die folgende Ausgabe erhalten:

```
Wertepaar 1: bg=336699
Wertepaar 2: font=EEEEEE
```

Nun müssen Sie nur noch die einzelnen Elemente der Liste `@wertepaare` in die Parameter und Werte zerlegen. Auch dafür verwenden Sie wieder die `split`-Funktion, diesmal jedoch in Verbindung mit einer `foreach`-Anweisung.

```
#!/usr/bin/perl -w
use CGI qw(:standard);
print header();
my @wertepaare = split(/\&/,$ENV{'QUERY_STRING'});
foreach(@wertepaare)
{
  ($param,$wert) = split(/\=/,$_);
  print $param,"<br>";
  print $wert,"<br>";
}
```

Listing 37.3 Erweiterung des Listing 37.2 – Trennen der Wertepaare in Parameter und Wert

Der interessante Teil des Listing 37.3 ist die `foreach`-Anweisung. Mit dieser Anweisung werden alle Elemente der `@wertepaare`-Liste einzeln abgearbeitet. Das gerade aktuelle Element wird im Skalar `$_` gespeichert. Die Zeichenkette, die im `$_`-Skalar gespeichert ist, wird dann erneut zerlegt. Diesmal wird jedoch anhand des Gleichheitszeichens getrennt. Die beiden daraus resultierenden Zeichenketten werden in den Skalaren `$param` und `$wert` gespeichert. Diese werden dann anschließend einzeln im Browser ausgegeben.

Würden Sie das Listing 37.3 ebenfalls mit der URL **http://localhost/cgi-bin/list6.2.pl? bg=336699&font=EEEEEE** aufrufen, würden Sie die folgende Ausgabe erhalten:

```
bg
336699
font
EEEEEE
```

Anstatt diese einzelnen Zeichenketten nun im Browser auszugeben, können Sie sie natürlich auch weiterverarbeiten. In Listing 37.4 werden die einzelnen Parameter überprüft und die Werte dann entsprechenden Variablen zugewiesen. Anschließend werden sie mit der bereits bekannten `crypt`-Funktion verschlüsselt.

```
#!/usr/bin/perl -w
use CGI qw(:standard);
print header();
my @params = split(/\&/,$ENV{'QUERY_STRING'});
foreach(@params)
{
  ($param,$value) = split(/\=/,$_);
  if($param eq "name") { $soup = $value; }
  if($param eq "pw") { $salt = $value; }
}
print crypt($soup,$salt);
```

Listing 37.4 Perl-Skript, das zwei übergebene Wertepaare verschlüsselt

Im Anweisungsblock der `foreach`-Anweisung wird zuerst überprüft, welchen Bezeichner die einzelnen Parameter erhalten haben, und entsprechend werden dann den beiden Skalaren `$soup` und `$salt` die Werte zugewiesen. Zum Schluss werden diese beiden Werte verwendet, um eine kodierte Zeichenkette zu erhalten.

37.1.1 Modularisierung

Da Sie nun sicherlich nicht jedes Mal eine Lösung schreiben wollen, die es Ihnen ermöglicht, die einzelnen Parameter und Werte aus der `QUERY_STRING`-Zeichenkette zu filtern, sollten Sie eine Subroutine erstellen, die Ihnen diese Zeichenkette zerlegt. Die Routine könnte folgendermaßen aussehen:

```
sub splitCGIParams
{
  local @pairs = split(/\&/,$ENV{'QUERY_STRING'});
  local %paramHash;
  foreach(@pairs)
  {
    ($param,$value) = split(/\=/,$_);
    $paramHash{$param} = $value;
  }
  return %paramHash;
}
```

Innerhalb der Subroutine werden zwei lokale Variablen definiert. Der Liste `@pairs` werden die einzelnen Wertepaare zugewiesen, und es wird anschließend der Hash `%paramHash` definiert. In der nachfolgenden `foreach`-Schleife werden die Wertepaare in Parameterbezeichner und Werte aufgeteilt. Die Parameterbezeichner werden dann als Elementbezeichner bzw. assoziativer Index und die Werte als Elementwerte verwendet. Schlussendlich wird der in der Subroutine erzeugte Hash mit der `return`-Anweisung zurückgegeben.

Ein Beispielaufruf für diese Subroutine wäre:

```
my %params = splitCGIParams();
```

[×] Achten Sie darauf, dass Sie die runden Klammern trotzdem notieren müssen, auch wenn Sie keine Parameter an die Subroutine übergeben. Andernfalls kann es zu Fehlern kommen.

Im Hash `%params` stehen Ihnen nun alle übergebenen Wertepaare zur Verfügung.

37.2 Formulare

Bei der Verwendung von HTML-Formularen gibt es zwei Arten der Datenübertragung: GET und POST, wobei sich letztere mittlerweile als die effektivste erwiesen hat. Sobald Sie größere Datenmengen an den Server übertragen möchten, bleibt Ihnen auch keine andere Möglichkeit. Vorteilhaft ist auch, dass die übermittelten Daten nicht in der Adressleiste des Browsers wiederzufinden sind, wie es bei der GET-Methode der Fall ist. Die Verwendung der POST-Methode ist also ein – wenn auch geringer – Sicherheitsaspekt.

Problem! Das Problem ist wiederum die Art, wie Perl die übermittelten Daten zur Verfügung stellt. Weil die Daten bei Verwendung der POST-Methode über einen eigenen Datenkanal an den Server übertragen werden, müssen Sie diesmal direkt auf diesen Datenkanal zugreifen. Man nennt dies auch einen Datenstrom, was bedeutet, dass alle Daten, die mit dem HTML-Formular übertragen wurden, aneinander gereiht ankommen. Bei der GET-Methode werden die Daten über die URL übergeben.

Kennzeichnung Generell werden sowohl bei der POST- als auch bei der GET-Methode nicht nur die Namen der Formularfelder, sondern auch die Werte übertragen. Damit die einzelnen Informationen im Skript nun weiterverarbeitet werden können, müssen sie gekennzeichnet bzw. kodiert werden. Keine Sorge, dies klingt schlimmer, als es ist. Kodierung bedeutet in diesem Fall, dass spezielle Sonderzeichen den Anfang und das Ende der einzelnen Datenfelder kennzeichnen.

- Alle Wertepaare (dies sind die Bezeichner der Formularfelder und der entsprechende Wert) werden durch ein kaufmännisches Und `&` voneinander getrennt.
- Bezeichner und Wert wiederum werden durch das Gleichheitszeichen `=` voneinander getrennt.
- Alle Leerzeichen bei den Werten werden durch das Pluszeichen `+` ersetzt.
- Die Buchstaben von a bis z, von A bis Z und die Zahlen von 0 bis 9 werden normal übertragen.

- Alle Sonderzeichen (deren Wert in der ASCII-Tabelle höher als 128 ist) hingegen werden durch einen ASCII-Code ersetzt, der in hexadezimaler Form angegeben und durch das Prozentzeichen `%` eingeleitet wird.
- Alle Zeichen, die eigentlich als Sonderzeichen verwendet werden (`&`, `=`, `+` und `%`) und in den Formularfeldern verwendet wurden, werden ebenfalls nach der ASCII-Norm kodiert.

Das Rautezeichen Einen Teil dieser Regeln haben Sie bereits im vorangegangenen Kapitel kennengelernt. Die restlichen Regeln finden dort jedoch auch Anwendung. Aus diesem Grund wurden die Hex-Tripel-Werte in den vorigen Beispielen ohne das führende Rautezeichen übergeben. Denn dieses müsste ebenfalls kodiert werden. Das bedeutet, dass, egal ob Sie die Daten per HTML-Formular oder direkt über die URL übergeben, diese Regeln beachtet werden müssen, da es ansonsten zu fehlerhaften Ergebnissen kommen kann.

Der Datenstrom Ich werde Ihnen ein konkretes Beispiel geben: Während Sie bei einer einfachen Übergabe der Parameter das Element `QUERY_STRING` aus dem `%ENV`-Hash ausgelesen haben, müssen Sie bei einer Datenübergabe mittels HTML-Formular den bereits erwähnten Datenstrom einlesen. Die dafür zu verwendende Funktion lautet `read`.

```
read(handle, string destination, integer length)
```

Funktionsweise Als `handle` wird der Standardeingabekanal übergeben, der sich `STDIN` nennt. Die Daten, die aus dem Datenstrom eingelesen wurden, liegen als Zeichenkette vor. Daher müssen Sie anstelle von `destination` einen Skalar notieren, der die empfangenen Daten aufnehmen bzw. speichern soll. Leider wird bei einem Datenstrom kein Steuerzeichen gesendet, das das Ende des Datenstroms markiert. Aus diesem Grund müssen Sie der Funktion `read` noch mitteilen, wie viele Zeichen sie aus dem Datenstrom auslesen soll. Die Anzahl der Zeichen wird jedoch im `%ENV`-Hash hinterlegt, und zwar im Element `CONTENT_LENGTH`. Ein Beispielaufruf der Funktion `read` könnte lauten:

```
read(STDIN, my $datenstrom, $ENV{'CONTENT_LENGTH'});
```

Diese Anweisung würde nun alle Zeichen aus dem Datenstrom auslesen und sie im Skalar `$datenstrom` speichern.

[x] Wichtig ist, dass Sie den Datenstrom auslesen müssen, noch bevor Sie irgendeine Ausgabe mit der `print`-Anweisung veranlassen. Die Anweisung `print header()` gehört ebenfalls dazu und darf erst nach dem Auslesen des Datenstroms notiert werden.

Das nun folgende Listing 37.5 ist ein HTML-Dokument, das ein Formular bereitstellt. Die Daten des Formulars werden mit der POST-Methode an das Perl-Skript `list6.6.pl` gesendet.[1]

---

1 Der Einfachheit halber wurden einige HTML-Tags weggelassen, wie z. B. das `!DOCTYPE`-Element bzw. der Kommentar.

```
<html><head><title>Listing 6.5</title></head>
  <body>
    <form method="post" action="/cgi-bin/list6.6.pl">
      Vorname:<br><input type="text" name="vorname"><br>
      Nachname:<br><input type="text" name="nachname"><br>
      E-Mail:<br><input type="text" name="email"><br>
      Kommentar:<br>
      <textarea name="kommentar" cols="40" rows="10"></textarea><br>
      <input type="submit">
    </form>
</body></html>
```

Listing 37.5 HTML-Dokument, das die eingegebenen Daten mit der POST-Methode an das Perl-Skript list6.6.pl versendet

Dieses HTML-Dokument stellt insgesamt fünf Formularelemente zur Verfügung. Die ersten drei Elemente sind vom Typ `input` und ermöglichen eine einzeilige Texteingabe. Das vierte Element ist vom Typ `textarea` und ermöglicht die Eingabe eines längeren Textes, und das fünfte Element erzeugt eine Schaltfläche zum Versand der Formulardaten.

Das Perl-Skript, das die Daten empfängt, sieht folgendermaßen aus:

```
#!/usr/bin/perl -w
use CGI qw(:standard);

read(STDIN, my $datenstrom, $ENV{'CONTENT_LENGTH'});

print header();
print $datenstrom;
```

Listing 37.6 Perl-Skript, das Daten aus einem HTML-Formular entgegennimmt und im Browser ausgibt

Mit der `read`-Funktion werden die an das Skript übermittelten Daten im Skalar `$datenstrom` gespeichert. Anschließend wird nach der Ausgabe des HTML-Headers der Inhalt des Skalars `$datenstrom` im Browser ausgegeben.

Gehen Sie einmal davon aus, dass folgende Daten im HTML-Formular eingegeben wurden:

Formularfeld	Eingabe
Vorname	Max
Nachname	Mustermann
E-Mail	max@mustermann.de
Kommentar	Das ist ein einfacher Kommentartext.

Tabelle 37.1 Beispieleingaben im HTML-Formular aus Listing 37.5

Nach dem Klick auf die **Absenden**-Schaltfläche würde das Perl-Skript aus Listing 35.6 die folgende Ausgabe erzeugen:

```
vorname=Max&nachname=Mustermann&email=max@mustermann.de&kommentar=Das+ist+e
in+einfacher+Kommentartext.
```

Mehrere Dinge sind deutlich zu erkennen: Alle Wertepaare werden durch das kaufmännische Und `&` aneinander gehängt, und alle Leerzeichen wurden durch Pluszeichen + ersetzt. Zu guter Letzt ist zu erkennen, dass als Parameterbezeichner der Wertepaare der Name übergeben wurde, der dem Formularelement über das `name`-Attribut zugewiesen worden ist. Dies ergibt also immer folgende Konstruktion:

```
elementname=eingegebener_wert
```

[x] Nur dadurch ist es möglich, die einzelnen Informationen aus dem Datenstrom den entsprechenden Formularelementen zuordnen zu können. Das bedeutet auch, dass der Wert des `name`-Attributs (bis auf eine Ausnahme) immer unterschiedlich sein sollte. Welche Ausnahme das genau ist, werden Sie etwas später erfahren.

37.2.1 Daten dekodieren

In der Form, wie die Formulardaten übergeben wurden, sind diese kaum zu gebrauchen. Nun könnten Sie eine Subroutine programmieren, die alle Pluszeichen durch Leerzeichen ersetzt, die einzelnen Wertepaare in Bezeichner und Wert zerlegt und auch die Dekodierung der einzelnen Sonderzeichen vornimmt. Einfacher und besser wäre es aber, die Funktion `param` aus dem CGI-Modul zu verwenden, die diese Arbeiten übernimmt. Seien Sie mir nicht böse, dass ich Sie zuvor mit der ganzen Theorie gequält habe und vielleicht das eine oder andere graue Haar bei Ihnen gewachsen ist. Für die Fehlersuche wird Ihnen dies später aber hilfreich sein. Außerdem erkennen Sie dadurch sehr gut, welche Arbeitserleichterung Ihnen das CGI-Modul bietet. Es beschränkt sich halt nicht nur auf die Ausgabe eines HTML-Headers.

Aufrufkontext Je nachdem, in welchem Kontext die Funktion aufgerufen wird, können Sie unterschiedliche Informationen auslesen, z. B. die Schlüsselnamen, einen einzelnen Wert oder die Anzahl der gesamten Wertepaare.

Aufrufkontext	Rückgabetyp	Erläuterung
@schluessel = param()	Liste	Speichert alle Schlüssel in der angegebenen Liste.
$anzahl = param()	Skalar (Integer)	Ermittelt die Anzahl aller Felder.
if(param())	Boolean	Überprüft, ob überhaupt Daten übermittelt wurden.
$name = param('vorname')	Skalar (String)	Liefert den Wert des angegebenen Felds zurück.

Tabelle 37.2 Verschiedene Aufrufarten für die Funktion param

Im folgenden Listing 37.7 kommen alle Aufrufkontexte aus Tabelle 37.2 zum Einsatz.

```
#!/usr/bin/perl -w
use CGI qw(:standard);

if(param())
{
  my $anz = param();
  my @felder = param();

  print header();
  print "Insgesamt wurden $anz Wertepaare
         übergeben.<br>";
  foreach(@felder)
  {
    print $_," = ",param($_),"<br>";
  }
}
else
{
  print header();
  print "<html><head><title>Listing 6.7</title>
    </head><body>
    <form method=\"post\" action=\"$PROGRAM_NAME\">
    Vorname:<br><input type=\"text\"
    name=\"vorname\"><br>
    Nachname:<br><input type=\"text\"
    name=\"nachname\"><br>
    E-Mail:<br><input type=\"text\" name=\"email\"><br>
    Kommentar:<br><textarea name=\"kommentar\"
              cols=\"40\"rows=\"10\"></textarea><br>
    <input type=\"submit\">
    </form></body></html>";
}
```

Listing 37.7 Perl-Skript, das überprüft, ob Daten an das Skript übergeben wurden, und das entweder die Daten ausgibt oder ein HTML-Formular anzeigt

Zu Beginn des Skripts aus Listing 37.7 wird überprüft, ob das Skript Daten übergeben bekommen hat. Dafür wird die Funktion `param` in einem logischen Kontext aufgerufen. Wenn Daten übermittelt wurden, liefert die Funktion `TRUE` zurück, andernfalls `FALSE`.

Daten wurden übermittelt

Wurden Daten übermittelt, wird der `if`-Anweisungsblock ausgeführt. In diesem werden zuerst die Anzahl der Wertepaare im Skalar `$anz` und die Schlüsselnamen in der Liste `@felder` gespeichert. Es werden der HTML-Header und die Anzahl der Wertepaare ausgegeben. Danach wird in der `foreach`-Schleife jeder Schlüsselname einzeln abgearbeitet und sowohl der Schlüsselname als auch der entsprechende Wert ausgegeben.

Keine Daten übermittelt

Wenn keine Daten übermittelt wurden, wird der `else`-Anweisungsblock ausgeführt. Dieser gibt lediglich den HTML-Header und ein HTML-Dokument aus, das ein Formular enthält. Als Datenempfänger wurde in dem HTML-Formular das eigene Skript angegeben. Der Name des Skripts ist in der globalen Variable `$PROGRAM_NAME2` gespeichert.

[x] Diese Art von Perl-Skripts ist immer dann sinnvoll, wenn ein Skript aus verschiedenen Kontexten heraus aufgerufen werden kann. Dadurch reicht es aus, einfach das Skript als Ziel eines Verweises zu notieren, und es überprüft selbstständig, ob bzw. welche Daten es noch benötigt.

37.3 Cookies

Wie auch schon in JavaScript ist es auch in Perl möglich, Cookies zu schreiben und zu lesen. Alles, was Sie dazu benötigen, ist bereits im CGI-Modul vorhanden. Dadurch können Sie individuelle Informationen zu einem Benutzer Ihrer Webseite zwischenspeichern und bei Bedarf darauf zurückgreifen. Während Sie in JavaScript jedoch eine Funktion nutzen konnten, um ein Cookie zu schreiben oder zu lesen, müssen Sie in Perl eine Hash-Funktion verwenden.

Hash-Funktion

Dies klingt vielleicht ungewohnt, ist aber gar nicht so undurchsichtig, wie es klingt. Die Funktion, die Sie verwenden müssen, heißt `cookie`. Die Funktion kapselt jedoch nur den Zugriff auf einen Hash. Als Parameter übergeben Sie an die Funktion den Schlüsselnamen eines Elements und den entsprechenden Wert. Die Schreibweise entspricht dabei derjenigen, die Sie auch bei der Definition eines Hashs verwenden.

Ein Beispiel:

```
my $ein_cookie = cookie(-name=>'das erste cookie');
```

Dieses Beispiel definiert ein Cookie, das dem Skalar `$ein_cookie` zugewiesen wird. Dem Element `name` des Cookies wird der Wert `das erste cookie` zugewiesen. Die Funktion `cookie` liefert nun anhand der übergebenen Parameter eine kodierte Zeichenkette. Diese Arbeitsweise ist sehr einfach und auch gut anzuwenden, leider können Sie die Parameter nicht nachträglich erweitern. Sie müssen also alle Parameter zugleich übergeben. Die folgende Tabelle 37.3 bietet eine Übersicht über diese Parameter.

Parameter	Beispiel	Erläuterung
-name	-name=>'last_visit'	Definiert einen Namen für das Cookie.
-value	-value=>'01.10.2002'	Definiert den Wert, der im Cookie gespeichert werden soll.
-expires	-expires=>'+6M'	Legt die Haltbarkeitsdauer des Cookies fest. +6M bedeutet sechs Monate.

Tabelle 37.3 Die wichtigsten Parameter für die Funktion cookie

Parameter	Beispiel	Erläuterung
-path	-path=>'/'	Definiert das Verzeichnis, in dem das Cookie gültig ist (gilt auch für die Unterverzeichnisse). / entspricht dem root-Verzeichnis.

Tabelle 37.3 Die wichtigsten Parameter für die Funktion cookie (Forts.)

Name des Cookies

Bei der Namensgebung des Cookies sind Sie in Ihrer Entscheidungsfreiheit nicht eingeschränkt. Sie sollten jedoch auf Sonderzeichen verzichten, da dies sonst zu Problemen führen wird. Verwenden Sie außerdem eindeutige Namen, damit sich, falls Sie mehrere Cookies erzeugen wollen, diese nicht überschneiden oder gar überschreiben.

Der gespeicherte Wert

Auch der zu speichernde Wert ist egal. Sie können sowohl einen festen Wert speichern als auch eine Variable übergeben. Achten Sie jedoch darauf, dass Sie maximal 4096 Bytes speichern können.

```
-value=>$ein_skalar
```

Die Haltbarkeitszeit

Jedes Cookie verfügt über eine Haltbarkeitszeit bzw. über einen Zeitraum, in dem es gültig ist. Diesen Zeitraum können Sie entweder relativ oder absolut angeben. Eine relative Angabe wäre z. B. `+3M`. Dies bedeutet, dass das Cookie ab dem Zeitpunkt, an dem es erstellt wurde, genau drei Monate lang gültig bleibt. Weitere Einheiten wären `y` für Jahre, `d` für Tage, `h` für Stunden, `m` für Minuten und `s` für Sekunden. Dass Sie anstelle des Pluszeichens kein Minuszeichen notieren dürfen, versteht sich von selbst, denn es hätte keinen Sinn, die Gültigkeitsdauer eines Cookies auf einen bereits vergangenen Zeitpunkt festzulegen.

Bei der Angabe eines absoluten Zeitpunkts müssen Sie diesen im UTC-Format (**Uni**versal **T**ime **C**ode) übergeben, z. B. `Tuesday, 31-Dec-2002 23:59:59 GMT+0100`.

Der Pfad

Wenn Sie einen Pfad angeben, bedeutet das, dass das Cookie nur in diesem Verzeichniszweig gültig ist, also in dem angegebenen Verzeichnis und allen Unterverzeichnissen. Geben Sie das `root`-Verzeichnis an (/), ist das Cookie in allen Verzeichnissen gültig. Geben Sie hingegen keinen Pfad an, ist das Cookie nur in dem Verzeichnis und den Unterverzeichnissen gültig, in denen auch das erstellende Perl-Skript liegt.

37.3.1 Ein Cookie schreiben

Nachdem Sie sich nun mit den einzelnen Parametern befasst haben, werde ich Ihnen jetzt aufzeigen, wie Sie das Cookie überhaupt schreiben können. Noch bevor Sie den http-Header an den Browser senden, müssen Sie das Cookie definieren, da Sie den Skalar, dem Sie das Cookie zugewiesen haben, beim Senden des http-Headers mit übergeben müssen.

Das Cookie definieren Sie durch die Anweisung:

```
my $ein_cookie = cookie([Parameter]);
```

Und durch die Anweisung

```
print header(-cookie=$ein_cookie);
```

können Sie dann das Cookie schreiben.

Das folgende Listing soll dies noch einmal verdeutlichen.

```
#!/usr/bin/perl -w
use CGI qw(:standard);

my $jetzt = localtime(time);
my $ein_cookie = cookie(-name=>'Letzter Besuch',
                        -value=>$jetzt,
                        -expires=>'+7d');

print header(-cookie=>$ein_cookie);
print "<h1>Zeitpunkt: $jetzt</h1>";
```

Listing 37.8 Perl-Skript, das ein Cookie schreibt

Zuerst wird der aktuelle Zeitpunkt ermittelt und dem Skalar `$jetzt` zugewiesen. Anschließend erzeugen Sie das Cookie mit dem Namen »Letzter Besuch« und dem in `$jetzt` gespeicherten Zeitpunkt als Wert. Außerdem wird dem Cookie eine Haltbarkeitsdauer von sieben Tagen zugewiesen. Danach wird das Cookie zusammen mit dem HTTP-Header an den Browser gesendet.

[x] Wenn während des Ausführens des Skripts keine Fehler aufgetreten sind, wurde das Cookie auf dem Rechner des Benutzers erzeugt. Dieses Cookie können Sie nun abhängig davon, wie lange es gültig ist, beliebig abrufen.

37.3.2 Ein Cookie lesen

Das Schreiben eines Cookies hat natürlich keinen Sinn, wenn Sie auf dieses Cookie nicht auch lesend zugreifen. Dabei unterscheidet sich das Lesen des Cookies vom Schreiben nur durch die Anzahl der Parameter, die an `cookie` übergeben wird. Es wird nämlich nur der Name des Cookies übergeben.

```
#!/usr/bin/perl -w
use CGI qw(:standard);

my $jetzt = localtime(time);
my $cookie_alt = cookie(-name=>'Letzter Besuch');
my $cookie_neu = cookie(-name=>'Letzter Besuch',
                        -value=>$jetzt,
                        -expires=>'+7d');

print header(-cookie=>$cookie_neu);
```

```
print "<h1>Letzter Besuch: $cookie_alt</h1>";
print "<h1>Jetziger Zeitpunkt: $jetzt</h1>";
```

Listing 37.9 Perl-Skript, das das alte Cookie liest und durch ein neues überschreibt

Auch in diesem Listing wird zuerst der aktuelle Zeitpunkt ermittelt und im Skalar `$jetzt` gespeichert. Anschließend wird das alte Cookie ausgelesen, im Skalar `$cookie_alt` gespeichert und ein neues Cookie erzeugt, das dem Skalar `$cookie_neu` zugewiesen wird. Nach dem Senden des http-Headers inklusive des neuen Cookies werden der Wert des alten Cookies und der aktuelle Zeitpunkt (der Wert, der dem neuen Cookie zugewiesen wurde) im Browser ausgegeben.

[x] Natürlich ist die Verwendung von Cookies nicht auf das Speichern und Lesen eines Zeitpunkts beschränkt. Sie könnten z. B. Einstellungen speichern, die der Benutzer mit einem anderen Perl-Skripts vorgenommen hat, und diese bei Bedarf wieder abrufen.

37.4 Zusammenfassung

- Parameter, die über die URL übergeben wurden, können aus dem Element `QUERY_STRING` des `%ENV`-Hashs ausgelesen werden.
- Die einfachste Variante, Formulardaten eines HTML-Dokuments zu erhalten, ist die Verwendung der Funktion `param`. Die übermittelten Daten stehen dann in einem Hash zur Verfügung.
- Cookies werden über die Funktion `cookie` und spezielle Parameter erstellt. Um ein Cookie zu lesen, genügt die Zuweisung an einen Skalar. Um ein Cookie zu schreiben, müssen Sie es zusammen mit dem HTML-Header an den Browser senden.

37.5 Fragen und Übungen

1. Welche Funktion müssen Sie verwenden, wenn Sie Parameter und Werte der Zeichenkette `$ENV{'QUERY_STRING'}` ermitteln möchten?
2. Mit welcher Zeichenfolge müssen Sie `&` und `=` bei Verwendung nach der eben gefragten Funktion ersetzen?
3. Wie können Sie im Perl-Skript überprüfen, ob Daten mit einem HTML-Formular an das Skript gesendet wurden?
4. Schreiben Sie eine Subroutine, die sowohl den Parameterbezeichner als auch den Wert der übermittelten Formulardaten ausgibt. Beachten Sie, dass diese Routine in verschiedenen Skripts Verwendung finden soll, die unterschiedliche Formulardaten erhalten.
5. Schreiben Sie ein Skript, das die Anzahl der persönlichen Besuche eines Benutzers mittels Cookies zählt.

Ich habe keine Vorstellung davon, wofür man Heimcomputer brauchen könnte. Ich dachte an Hausfrauen, die ihre Kochrezepte darauf speichern.
– Gordon Moore (US-amerikanischer Unternehmer)

38 Dateisystem

Bei der Verarbeitung von Daten ist es häufig nötig oder gewünscht, diese auch speichern zu können. Dies kann entweder in einer Datenbank oder in einer Datei erfolgen. Perl bietet für die Arbeit mit dem Dateisystem viele umfangreiche Funktionen, was aber nicht dazu führt, dass die Verwendung schwierig wird. So ist es problemlos möglich, dem Benutzer das Hochladen einer Datei zu ermöglichen oder seinen Kommentar in einem Gästebuch zu speichern.

38.1 Verzeichnisliste

Gerade dann, wenn Sie Dateien auf einem Webserver zum Download bereitstellen möchten, müssen Sie wissen, welche Dateien in welchem Verzeichnis liegen bzw. welche Verzeichnisse überhaupt existieren. Sie könnten natürlich alle zum Download bereitstehenden Dateien in einem einzigen Verzeichnis ablegen und diese Dateien in einem HTML-Dokument von Hand eintragen. Wesentlich eleganter und flexibler ist es jedoch, diese Informationen mit einem Perl-Skript zu sammeln und anschließend in HTML-Form aufbereitet auszugeben.

Um dieses Ziel zu erreichen, benötigen Sie drei verschiedene Funktionen:

- `opendir`
  Mit der Funktion `opendir` können Sie ein Verzeichnis zum Lesen öffnen. Gleichzeitig wird ein Handle erzeugt, über das Sie anschließend auf das Verzeichnis zugreifen können.
- `readdir`
  Die Funktion `readdir` ermöglicht das Lesen des geöffneten Verzeichnisses. Das mit `opendir` erzeugte Handle spielt dabei eine wichtige Rolle. Es muss der Funktion `readdir` nämlich als Parameter übergeben werden. Als Rückgabewert liefert die Funktion `readdir` eine Liste mit dem Inhalt des Verzeichnisses.
- `closedir`
  Zum Schluss muss das Verzeichnishandle wieder gelöscht werden, d. h. das Verzeichnis wieder für andere bzw. weitere Zugriffe freigegeben werden. Das Handle wird dabei als Parameter an die Funktion `closedir` übergeben.

Verzeichnis öffnen Um ein Verzeichnis mit der Funktion `opendir` öffnen zu können, müssen Sie zwei verschiedene Parameter angeben: zuerst den Bezeichner der Variablen, in der das Handle für den Verzeichniszugriff gespeichert werden soll, und als zweiten Parameter, welches Verzeichnis geöffnet werden soll. Tritt bei der Ausführung der Funktion ein Fehler auf, gibt die Funktion `FALSE` zurück, und die genaue Fehlermeldung wird im Skalar `$!` gespeichert. Andernfalls gibt die Funktion `TRUE` zurück.

```
boolean opendir(handle, string directory)
```

[x] Ob Sie das Verzeichnis nun als absoluten oder relativen Pfad übergeben, ist egal. Achten Sie bei der Angabe von Verzeichnissen jedoch darauf, den in Windows üblichen Backslash \ durch einen normalen Schrägstrich / zu ersetzen, z. B. **c:/windows**.

```
my $result = opendir(DIR,"/dateien/dokumente");
  # relative Pfadangabe
my $result = opendir(DIR,"c:/dateien/dokumente");
  # absolute Pfadangabe
```

Es hat sich übrigens eingebürgert, den Bezeichner eines Datei- oder Verzeichnishandles in Großbuchstaben zu schreiben. Dies ermöglicht ein schnelleres Wiederfinden und Erkennen im Quelltext des Skripts.

Verzeichnisinhalt lesen Den Inhalt eines Verzeichnisses auszulesen, ist sehr einfach. Sie übergeben der Funktion `readdir` einfach das Verzeichnishandle und weisen den Rückgabewert der Funktion einer Liste oder einem Skalar zu.

```
mixed readdir(handle)
```

Je nachdem, welchem Variablentyp Sie den Rückgabewert zuweisen, erhalten Sie unterschiedliche Ergebnisse. Würden Sie die Funktion aufrufen, indem Sie den Rückgabewert einem Skalar zuweisen, z. B.

```
$eintrag = readdir(DIR);
```

erhalten Sie den jeweils nächsten Eintrag des Verzeichnisses. Sie müssten die Funktion dann jedoch so oft aufrufen, wie es Einträge im Verzeichnis gibt. Weisen Sie den Rückgabewert der Funktion jedoch einer Liste zu, z. B.

```
my @eintraege = readdir(DIR);
```

erhalten Sie alle Verzeichniseinträge auf einmal. Übrigens werden in beiden Fällen auch die symbolischen Verzeichniseinträge `.` und `..` zurückgegeben. Der Eintrag `.` entspricht dabei dem gerade aktiven Verzeichnis und `..` dem übergeordneten Verzeichnis.

Verzeichnis schließen Als Parameter erwartet die Funktion `closedir` lediglich das Verzeichnishandle. Die Funktion liefert außerdem keinen Rückgabewert.

```
closedir(handle)
```

Ein Beispiel:

```
closedir(DIR);
```

Erste Schritte

Da nun alle drei Funktionen eingehend besprochen worden sind, ist es an der Zeit, ein paar erste Schritte zu unternehmen. Ich werde Ihnen nun zeigen, wie Sie ein Verzeichnis einlesen und anschließend im Browser ausgeben können.

```
#!/usr/bin/perl -w
use CGI qw(:standard);
my $result = opendir(DIR,"..");
if($result)
{
  my @eintraege = readdir(DIR);
  print header();
  foreach(@eintraege)
  {
    print "$_<br>";
  }
  closedir(DIR);
}
else
{
  print header();
  print $!;
}
```

Listing 38.1 Perl-Skript, das das übergeordnete Verzeichnis einliest und im Browser ausgibt

Zu Beginn des Skripts aus Listing 38.1 wird versucht, das übergeordnete Verzeichnis `..` vom gerade aktuellen Verzeichnis zum Lesen zu öffnen. Das Ergebnis wird in der Variable `$result` gespeichert. Ist der Wert der Variable `$result` gleich `TRUE`, wird der `if`-Anweisungsblock ausgeführt; wenn der Wert `FALSE` ist, wird der `else`-Anweisungsblock ausgeführt.

Erfolgreich geöffnet

Konnte das Verzeichnis erfolgreich zum Lesen geöffnet werden, werden mit der `readdir`-Funktion alle Verzeichniseinträge in der Liste `@eintraege` gespeichert. Nach der Ausgabe des HTTP-Headers (`print header();`) wird jedes Element der `@eintraege`-Liste mit der `print`-Anweisung und einem HTML-Zeilenumbruch `<br>` im Browser ausgegeben. Zum Schluss wird das Verzeichnis mit der `closedir`-Funktion für andere Zugriffe wieder freigegeben. Das Verzeichnishandle ist immer in der Variablen `DIR` verfügbar.

Für den Fall, dass das Verzeichnis nicht zum Lesen geöffnet werden kann, wird im `else`-Anweisungsblock die in `$!` gespeicherte Fehlermeldung ausgegeben.

Die HTML-Ausgabe des Listing 38.1 könnte folgendermaßen aussehen:

```
.
..
cgi-bin
```

```
db
docs
error
listings
index.html
```

[x] Beachten Sie, dass auch die beiden symbolischen Einträge `.` und `..` mit ausgegeben werden. Mit einer `if`-Anweisung könnten Sie natürlich verhindern, dass diese beiden Einträge im Browser ausgegeben werden.

38.2 Rekursion

Für den Fall, dass Sie durch ein Skript eine Verzeichnisliste darstellen möchten, die alle Dateien auflistet und sich dabei nicht nur auf ein Verzeichnis beschränken, sondern auch die Unterverzeichnisse mit einbeziehen soll, müssen Sie die Verzeichniseinträge unterscheiden. Und zwar müssen Sie zwischen **Verzeichnissen** und **Dateien** unterscheiden.

Testoperatoren

Für solche Unterscheidungen verwendet man Dateitestoperatoren. Natürlich wäre es dann auch angenehm, die Größe einer Datei zu ermitteln usw. Auch dies ist über die Dateitestoperatoren möglich. Sie können entweder in einem logischen oder in einem skalaren Kontext aufgerufen werden, da sie entweder `TRUE`/`FALSE` oder einen Zahlenwert zurückgeben, je nachdem, welche Eigenschaft überprüft wurde. Die folgende Tabelle bietet eine Übersicht über diese Dateitestoperatoren.

Operator	Typ	Erklärung	Beispiel
-d	Boolean	Überprüft, ob der Eintrag ein Verzeichnis ist.	if (-d "cgi-bin")...
-e	Boolean	Überprüft, ob ein Verzeichnis existiert.	if (-e "cgi-bin")...
-s	Integer	Ermittelt die Größe einer Datei in Bytes.	print -s "index.htm";

Tabelle 38.1 Die wichtigsten Dateitestoperatoren

Es gibt natürlich weit mehr als nur drei Dateitestoperatoren. Die meisten davon sind jedoch UNIX-spezifisch und funktionieren deshalb nicht in Windows-Umgebungen. Sie wurden aufgrund der Kompatibilität nicht weiter berücksichtigt.

-d und -s

Die beiden Operatoren, die im Folgenden verwendet werden, sind `-d` und `-s`. Bevor also ein Verzeichniseintrag im Browser ausgegeben wird, wird überprüft, ob es sich um ein Verzeichnis handelt. Ist dies der Fall, wird das Verzeichnis geöffnet und ebenfalls eingelesen, und zwar so lange, bis es kein Unterverzeichnis mehr gibt. Dies nennt man auch Rekursion.

Definition: Rekursion

Genauer betrachtet, bedeutet die Rekursion, dass eine Routine einen kleinen Teil einer Aufgabe selbst löst, diese Aufgabe in mehrere Teile zerlegt und sich selbst aufruft, um einen weiteren Teil der Aufgabe lösen zu können. Dies ermöglicht einen gut lesbaren und kurzen Quelltext, ist jedoch ein wenig komplizierter in der Programmierung, da es ein gewisses »Um-die-Ecke-Denken« verlangt.

Eine solche Rekursion lässt sich immer gut an Verzeichnissen darstellen. Die Aufgabe dabei ist, ein angegebenes Verzeichnis inklusive aller Unterverzeichnisse und Dateien aufzulisten. Der erste Teil der Aufgabe wäre dann, die Dateien des Startverzeichnisses auszugeben, und die anderen Teile der Aufgabe wären, die Dateien der Unterverzeichnisse aufzulisten. Dazu ruft die Routine sich selbst auf und erhält das Unterverzeichnis als Aufgabe. Solange die Routine auf Unterverzeichnisse stößt, ruft sie sich selbst auf, bis es keine Unterverzeichnisse mehr gibt.

[«] An dieser Stelle sollten Sie ein kleineres Problem von rekursiven Aufrufen betrachten. Eine Rekursion kann sich unter Umständen sehr stark vertiefen. Wenn Sie innerhalb einer Subroutine also eine Menge Daten in Variablen speichern und diese Rekursion immer tiefer voranschreitet, kann es zu einem Fehler kommen – und zwar dann, wenn der zur Verfügung stehende Speicher nicht ausreicht, und der Webserver oder gar das Betriebssystem sich in dem Moment aufhängt. Ein weiteres Problem kann eine nicht zu lösende Aufgabe sein, also eine endlose Rekursion. Ein Beispiel dafür:

```
rekursion();
sub rekursion
{
  my $var = 1024 ** 1024;
  rekursion();
}
```

Da zu keinem Zeitpunkt ein Ende der Subroutine und somit der Rekursion erreicht wird und obendrein ein sehr großer Zahlenwert in der lokal gültigen Variable `$var` gespeichert wird, läuft die Rekursion so lange durch, bis von außen ein Abbruch, auf welche Art auch immer, erfolgt. Seien Sie also vorsichtig!

Das vollständige Skript, um ein Verzeichnis und alle Unterverzeichnisse rekursiv aufzurufen, sieht folgendermaßen aus:

```
#!/usr/bin/perl -w
use CGI qw(:standard);

# Ermitteln des Wurzelverzeichnisses
my $wverz = $ENV{'DOCUMENT_ROOT'};

# Ausgabe des Headers und des Anfangs des HTML-Dokuments
print header();
print "<html><head><title>Wurzelverzeichnis:
  $wverz</title></head><body>";
print "<h1>Wurzelverzeichnis: $wverz</h1><table border=\"1\">";
# Erster Aufruf der Subroutine "Unterverzeichnis"
Unterverzeichnis($wverz);
```

```
# Abschluss des HTML-Dokuments
print "</table></body></html>";

# Definition der Subroutine Unterverzeichnis
sub Unterverzeichnis
{
  my $subverz = shift;
  print "<tr><td>$subverz</td><td>";
  if(opendir(DIR,$subverz))
  {
    local @verz;
    while($eintrag = readdir(DIR))
    {
      next if($eintrag eq "." || $eintrag eq "..");
      if(-d "$subverz/$eintrag")
      {
        push(@verz,$eintrag);
      }
      else
      {
        my $groesse = -s "$subverz/$eintrag";
        print "<a href=\"$subverz/$eintrag\">$eintrag</a>
          ($groesse Bytes)<br>";
      }
    }
    print "</td></tr>";
    foreach(@verz)
    {
      Unterverzeichnis("$subverz/$_");
    }
    closedir(DIR);
  }
}
```

Listing 38.2 Beispiel für das rekursive Einlesen eines Verzeichnisses und aller Unterverzeichnisse

Ich werde Ihnen das Listing 38.2 nun Schritt für Schritt erläutern. Ganz am Anfang wird dem Skalar `$wverz` das Element `$ENV{'DOCUMENT_ROOT'}` zugewiesen. Dieses Element des `%ENV`-Hashs enthält den vollständigen Pfad des Wurzelverzeichnisses für alle Dateien, die über den Webserver abrufbar sind. Anschließend folgen drei `print`-Anweisungen, die den http-Header, den Beginn des HTML-Dokuments, den vollständigen Kopfteil und eine Überschrift ausgeben sowie den Beginn einer Tabelle. Danach folgt lediglich der Aufruf der Subroutine `Unterverzeichnis`, der das Verzeichnis übergeben wird, das im Skalar `$wverz` gespeichert wurde. Die danach folgende `print`-Anweisung schließt die Tabelle, das `body`-Element und schlussendlich das HTML-Dokument.

Die Subroutine Unterverzeichnis

Das Wichtigste an Listing 38.2 ist die Subroutine `Unterverzeichnis`. Die Anweisung

```
$subverz = shift;
```

speichert im Skalar `$subverz` das Verzeichnis, das bei dem Aufruf der Routine übergeben wurde. Mit der darauf folgenden Anweisung

```
print "<tr><td>$subverz</td><td>";
```

werden eine neue Zeile in der Tabelle und zwei Zellen erzeugt. In der ersten Zelle wird das Verzeichnis ausgegeben, die zweite Zelle wird lediglich geöffnet. Der nächste Schritt beinhaltet den Versuch, das im Skalar `$subverz` gespeicherte Verzeichnis zu öffnen. Das daraus resultierende Verzeichnishandle wird in der Variable `DIR` gespeichert. War das Öffnen erfolgreich, wird der `if`-Anweisungsblock ausgeführt. In diesem wird zuerst die Liste `@verz` definiert. An diese Liste werden später alle Unterverzeichnisse angehängt, die im Verzeichnis `$subverz` gefunden wurden. Anschließend folgt die Anweisung:

```
while($eintrag = readdir(DIR))
```

Dies führt dazu, dass die einzelnen Verzeichniseinträge nacheinander abgearbeitet werden können. Der gerade aktuelle Verzeichniseintrag wird im Skalar `$eintrag` gespeichert. Innerhalb des Anweisungsblocks folgt die noch unbekannte Art der Anweisung

```
next if($eintrag eq "." || $eintrag eq "..");
```

Nachgestellte Bedingungsprüfung

Dies bedeutet, dass `next` nur dann ausgeführt wird, wenn der Wert des Skalars `$eintrag` entweder `.` oder `..` entspricht. Ein solches Konstrukt nennt sich nachgestellte Bedingungsprüfung. Sie funktioniert auch bei allen anderen Anweisungen und ist kürzer und übersichtlicher, wenn bei einer Bedingung nur eine einzelne Anweisung ausgeführt werden soll. Im Übrigen führt die Anweisung dazu, dass der Schleifendurchlauf übersprungen wird, wenn der Verzeichniseintrag einem der symbolischen Einträge für das aktuelle oder dem übergeordneten Verzeichnis entspricht. Der Rest des `while`-Anweisungblocks

```
if(-d "$subverz/$eintrag")
{
  push(@verz,$eintrag);
}
else
{
  my $groesse = -s "$subverz/$eintrag";
  print "<a href=\"$subverz/$eintrag\">$eintrag</a>
    ($groesse Bytes)<br>";
}
```

beschränkt sich auf die Überprüfung, ob der im Skalar `$eintrag` gespeicherte Verzeichniseintrag einem Verzeichnis oder einer Datei entspricht. Ist der Eintrag ein Verzeichnis, wird der `@verz`-Liste der aktuelle Eintrag mittels der `push`-Funktion angehängt. Entspricht der aktuelle Eintrag einer Datei, wird die Größe der Datei mit der Anweisung

```
my $groesse = -s "$subverz/$eintrag";
```

ausgelesen und mittels der `print`-Anweisung ein Hyperlink ausgegeben, der als Verweisziel und als Beschreibung diesen Eintrag zugewiesen bekommt. Vor dem Zeilenumbruch wird dann die Größe der Datei in Bytes notiert. Da in HTML Werte für Attribute in doppelten Anführungsstrichen notiert werden, müssen diese mit einem vorangestellten Backslash \ entwertet werden, damit der Perl-Interpreter diese nicht irrtümlicherweise als Ende der auszugebenden Zeichenkette interpretiert. Nachdem alle Verzeichniseinträge abgearbeitet und Verzeichnisse der `@verz`-Liste hinzugefügt bzw. Dateien im Browser ausgegeben wurden, werden die Zelle und die Zeile mit der Anweisung

```
print "</td></tr>";
```

geschlossen. Dann folgt eine `foreach`-Schleife, die alle Elemente der `@verz`-Liste abarbeitet. Im Anweisungsblock wird dann die Subroutine `Unterverzeichnis` aufgerufen. Sie erhält als Parameter das gerade aktuelle Verzeichnis in Verbindung mit dem aktuellen Listeneintrag. An dieser Stelle entsteht dann die Rekursion, da sich die Subroutine selbst aufruft und einen weiteren Teil der Aufgabe löst. Nachdem schließlich alle Unterverzeichnisse des aktuellen Verzeichnisses abgearbeitet worden sind, wird das Verzeichnishandle mit der Anweisung

```
closedir(DIR);
```

freigegeben.

[x] Dieses Perl-Skript ist bestimmt noch verbesserungswürdig, demonstriert aber sehr gut die Rekursion in Verbindung mit Verzeichnissen. Außerdem ist die Ausgabe jeder beliebigen Datei sicherlich ein sehr großes Sicherheitsproblem. Alternativ könnte man die Ausgabe der Dateien auf Bilder und/oder Textdateien beschränken.

38.3 Weitere Verzeichnisfunktionen

Zu den bisher vorgestellten Funktionen `opendir`, `readdir` und `closedir` sowie den Dateitestoperatoren gibt es noch weitere Funktionen, die das Arbeiten mit Verzeichnissen ermöglichen. An dieser Stelle folgt eine kurze Übersicht.

38.3.1 Verzeichnis wechseln

Mit der Funktion `chdir` (**ch**ange **dir**ectory) können Sie in ein anderes Verzeichnis auf dem Server wechseln. Das Verzeichnis, in das gewechselt werden soll, wird dabei als Parameter an die Funktion übergeben. Ob Sie nun relative oder absolute Pfadangaben machen, ist egal, wichtig ist nur, dass Sie Backslashs \ durch einen Schrägstrich / ersetzen müssen bzw. sollten.

```
chdir("..");
  # wechselt in das übergeordnete Verzeichnis
chdir("d:/wwwroot/cgi-bin");
  # wechselt in das Verzeichnis d:\wwwroot\cgi-bin
```

38.3.2 Verzeichnis erstellen

Um ein Verzeichnis zu erstellen, müssen Sie die Funktion `mkdir` (**make dir**ectory) verwenden. Diese Funktion erwartet zwei Parameter:

- **Verzeichnisname**
  Als erster Parameter wird der Verzeichnisname, gegebenenfalls mit Pfadangabe, erwartet. Die Pfadangabe kann wiederum absolut oder relativ sein.
- **Zugriffsrechte**
  Dieser Parameter wird erwartet, kommt jedoch nur unter UNIX/Linux-Umgebungen zum Tragen. Die Rechte werden dabei als Oktalzahl erwartet. Wenn Sie Zweifel haben, ob UNIX/Linux oder Windows verwendet wird (z. B. bei einem Provider), sollten Sie die Rechte `0777` vergeben. Diese ermöglichen allen Benutzern den Zugriff auf das Verzeichnis.

Einige Beispiele:

```
mkdir("texte",0777);
  # erstellt das Verz. texte im gerade aktiven Verzeichnis
mkdir("../dokumente/texte",0777);
  # relative Pfadangabe, erstellt Verz. texte
mkdir("d:/wwwroot/dokumente/texte",0777);
  # absolute Pfadangabe, erstellt Verz. texte
```

[x] Konnte das Verzeichnis erstellt werden, liefert die Funktion `TRUE` zurück, wenn nicht, dann `FALSE`. Prüfen Sie unbedingt auf diesen Wert, denn wenn Sie eine Datei in dem Verzeichnis anlegen möchten und das Verzeichnis existiert nicht, bricht Perl mit einer Fehlermeldung ab. Anhand der ausgegebenen Fehlermeldung können Sie jedoch keine Rückschlüsse darauf ziehen, aus welchem Grund abgebrochen wurde.

38.3.3 Verzeichnis löschen

Die Funktion `rmdir` (**rem**ove **dir**ectory) ermöglicht das Löschen eines Verzeichnisses, das als Parameter übergeben wurde. Auch hier kann wieder, wenn nötig, eine absolute oder relative Pfadangabe vorangestellt werden.

```
rmdir("texte");
  # löscht das Verz. texte
rmdir("../dokumente/texte");
  # relative Pfadangabe, löscht das Verz. texte
```

```
rmdir("d:/wwwroot/dokumente/texte");
  # absolute Pfadangabe, löscht das Verz. texte
```

[×] Beachten Sie, dass das zu löschende Verzeichnis leer sein muss, also keinerlei Dateien oder Unterverzeichnisse enthalten darf. Konnte das Verzeichnis erfolgreich gelöscht werden, lautet der Rückgabewert der Funktion `TRUE`, andernfalls `FALSE`.

38.4 Datei lesen

Mit Perl können Sie nicht nur schnell und einfach Verzeichnisse verwalten, sondern auch mit Dateien arbeiten. Um eine Datei zum Lesen öffnen zu können, müssen Sie die Funktion `open` verwenden. Diese Funktion erwartet genau zwei Parameter: zuerst eine Variable, in der das Dateihandle gespeichert werden soll. Dies kennen Sie bereits von Verzeichnissen. Auch hier gilt, dass Dateihandles immer großgeschrieben werden und kein Sonderzeichen vorangestellt bekommen. Als zweiten Parameter erwartet die Funktion die Datei, die zum Lesen geöffnet werden soll, entweder mit oder ohne Pfad. Der Pfad kann im Übrigen relativ oder absolut angegeben werden. Je nachdem, ob der Versuch erfolgreich war oder nicht, liefert die Funktion entweder `TRUE` oder `FALSE` zurück.

```
boolean open(handle, string filename)
```

Die Anweisung

```
$result = open(FILE, "datei.dat");
```

würde versuchen, die Datei **datei.dat** zu öffnen und in der Variable `FILE` das Dateihandle zu speichern. Ist der Vorgang erfolgreich gewesen, erhält `$result` den Wert `TRUE`. Konnte die Datei nicht geöffnet werden oder wurde sie nicht gefunden, erhält `$result` den Wert `FALSE`.

Aus geöffneter Datei lesen

Das Lesen aus der geöffneten Datei ist sehr einfach, da Sie noch nicht einmal eine Funktion dafür verwenden müssen. Um alle Zeilen einer geöffneten Datei auslesen zu können, notieren Sie einfach den Namen des Dateihandles in spitzen Klammern und weisen das Konstrukt mit dem Zuweisungsoperator = einer Liste zu.

```
my @zeilen = <FILE>;
```

Die geöffnete Datei können Sie nach Abschluss des Lesevorgangs mit der Funktion `close` wieder schließen. Als Parameter übergeben Sie der Funktion das Dateihandle.

```
close(FILE);
```

[×] Versuchen Sie, eine geöffnete Datei immer sofort nach dem Lesevorgang zu schließen. Damit geben Sie belegte Systemressourcen wieder frei, und es können auch andere Programme wieder auf diese Datei zugreifen.

Ansonsten sollten Sie bei dem Versuch, eine Datei zu öffnen, immer eine Fehlerbehandlung mit einbinden. Überprüfen Sie deshalb immer den Rückgabewert der open-Funktion, und beenden Sie notfalls das Perl-Skript mit der Anweisung die. Dieser Funktion können Sie zusätzlich noch einen Text übergeben, der dann ausgegeben wird.

```
$result = open(FILE,"datei.dat");
if(!$result)
{
  die("Datei konnte nicht geöffnet werden.");
}
```

38.4.1 Praxisanwendung

Hier ein praktisches Anwendungsbeispiel: Unser Ziel ist es, eine Datei zu öffnen, den Inhalt einzulesen, zu sortieren und zum Schluss im Browser auszugeben.

```
#!/usr/bin/perl -w
use CGI qw(:standard);

my $fahrzeuge = "fahrzeuge.txt";

$result = open(FILE,$fahrzeuge);
if($result)
{
  my @datei = <FILE>;
  close(FILE);
  print header();
  print "<h1>Unsortiert</h1>";


  foreach(@datei)
  {
    print "$_<br>";
  }
  print "<h1>Sortiert</h1>";
  @datei = sort(@datei);
  foreach(@datei)
  {
    print "$_<br>";
  }
}
else
{
  die("Die Datei $fahrzeuge konnte nicht geöffnet werden!");
}
```

Listing 38.3 Perl-Skript, das die Datei fahrzeuge.txt einliest und einmal unsortiert und anschließend sortiert ausgibt

Der Inhalt der Datei **fahrzeuge.txt** sieht folgendermaßen aus:

```
Mercedes Benz SL500
Audi A4
VW Golf
Audi A8
VW Phaeton
Ferrari F355 Berlinetta
BMW Z4
Mercedes Benz S55
VW Käfer
BMW 5er
```

Zu Beginn des Listing 38.3 wird dem Skalar `$fahrzeuge` die Zeichenkette `fahrzeuge.txt` zugewiesen. Anschließend wird mit der Anweisung

```
$result = open(FILE,$fahrzeuge);
```

versucht, die Datei zu öffnen und das Dateihandle in der Variable `FILE` zu speichern. Das Ergebnis der Anweisung wird der Variable `$result` zugewiesen. Nach der Überprüfung mit `if`, ob der Wert der Variable `TRUE` ist, wird der Inhalt der Datei mit der Anweisung

```
my @datei = <FILE>;
```

in der Liste `@datei` gespeichert. Das Dateihandle wird mit der Anweisung

```
close(FILE);
```

geschlossen. Die beiden folgenden `print`-Anweisungen geben den http-Header und eine Überschrift der 1. Ordnung aus. Mit der `foreach`-Schleife wird die Liste `@datei` ausgegeben. Anschließend folgt erneut die Ausgabe einer Überschrift der 1. Ordnung, und die Liste wird durch die Anweisung

```
@datei = sort(@datei);
```

sortiert und erneut mit Hilfe einer `foreach`-Schleife ausgegeben. Sollte die Datei **fahrzeuge.txt** nicht geöffnet werden können, wird eine Fehlermeldung ausgegeben und das Skript beendet.

38.5 Datei schreiben

Auch das Schreiben in eine Datei ist natürlich möglich, und der Weg entspricht dem des Dateilesens. Es gibt nur einen kleinen, aber feinen Unterschied: Sie müssen spezielle Steuerkommandos vor den Pfad- und Dateinamen der zu schreibenden Datei notieren. Die folgende Tabelle enthält eine Übersicht über diese Steuerkommandos.

Zeichen	Beispiel	Erklärung
<	open(FILE,"<datei.dat");	Datei nur zum Lesen öffnen. Wenn Sie kein Steuerzeichen notieren, ist dies die Standardeinstellung.
>	open(FILE,">datei.dat");	Datei zum Schreiben öffnen. Wenn die Datei bereits existiert, wird sie überschrieben, ansonsten angelegt.
>>	open(FILE,">>datei.dat");	Datei zum Schreiben öffnen, der neue Inhalt wird jedoch nach dem alten eingefügt.
+>	open(FILE,"+>datei.dat");	Datei zum Lesen und Schreiben öffnen.

Tabelle 38.2 Steuerkommandos zum Öffnen von Dateien

Die Angabe der Steuerzeichen allein genügt jedoch noch nicht, um auch wirklich Daten in eine Datei schreiben zu können. Dazu müssen Sie die `print`-Anweisung ein wenig abwandeln. Nach `print` folgen das Dateihandle und dann die Zeichenkette, die in die Datei geschrieben werden soll.

```
print handle string
```

Ein Beispiel:

```
print FILE "Zeichenkette, welche in die Datei geschrieben";
  # Beispiel mit konstanter Zeichenkette
print FILE $eine_zeichenkette;
  # Beispiel mit einem Skalar
```

In Bezug auf Webseiten werden die Lese- und Schreiboperationen häufig für Gästebücher und Zugriffsstatistiken verwendet. Ich werde Ihnen nun die Programmierung eines solchen Gästebuchs zeigen.

Eintrag hinzufügen oder ausgeben

Damit das Gästebuch unabhängig von HTML-Dokumenten bleibt, ist das folgende Skript so gestaltet, dass am Anfang überprüft wird, ob Daten an das Skript übermittelt worden sind. Andernfalls wird ein HTML-Formular inklusive der bereits vorhandenen Gästebucheinträge ausgegeben.

```
#!/usr/bin/perl -w
use CGI qw(:standard);

# Definition der Datei für die Gästebucheinträge
my $gb = "gbuch.txt";

if(param())
{
  # Wenn Daten übermittelt wurden, werden sie der
  # gbuch.txt hinzugefügt
  my $gb_name = param("name");
  my $gb_email = param("email");
  my $gb_comment = param("comment");
  open(FILE,">>$gb") || die("Fehler beim Öffnen!");
  print FILE "$gb_name|$gb_email|$gb_comment\n";
```

```
    close(FILE);
    print header();
    print "<p>Ihr Eintrag wurde hinzugef&uuml;gt!</p>";
    print "<a href=\"/cgi-bin/list7.4.pl\">Zur&uuml;ck</a>";
}
else
{
    # Wenn keine Daten übermittelt wurden, werden
    # die vorhandenen Einträge und ein Formular ausgegeben
    open(FILE,"<$gb") || die ("Fehler beim Öffnen!");
    my @comments = <FILE>;
    close(FILE);
    print header();

    print "<html><head><title>G&auml;stebuch</title></head>
           <body><h1>G&auml;stebuch</h1>
    <table border=\"0\">";
    foreach(@comments)
    {
      my @parts = split(/\|/,$_);
      print "<tr><td><a href=\"mailto:$parts[1]\">
               $parts[0]</a>:</td><td>$parts[2]</td></tr>";
    }
    print "</table>";
    print "<h3>Ihr G&auml;stebucheintrag</h3>
           <form action=\"/cgi-bin/list7.4.pl\" method=\"post\">
           <table border=\"0\"><tr>
             <td>Name:</td>
             <td><input name=\"name\" type=\"text\"
                        size=\"30\"></td></tr><tr>
             <td>E-Mail:</td>
             <td><input name=\"email\" type=\"text\"
                        size=\"30\"></td></tr><tr>
             <td>Kommentar:</td>
             <td><textarea name=\"comment\" cols=\"23\"
                           rows=\"10\"></textarea></td></tr><tr>
             <td><input type=\"submit\"></td>
             <td><input type=\"reset\"></td>
           </tr>
           </table></form></body></html>";
}
```

Listing 38.4 Beispiel für ein Gästebuch in Perl

Zu Beginn des Skripts wird die Variable `$gb` definiert, die den Namen der Datei zugewiesen bekommt, in der die Gästebucheinträge gespeichert werden. Anschließend folgt die Überprüfung, ob mit einem HTML-Formular Daten an das Skript übergeben wurden.

In dem Fall, dass Daten übermittelt wurden, wird der `if`-Anweisungsblock ausgeführt. Zuerst werden den Skalaren `$gb_name`, `$gb_email` und `$gb_comment` die übermittelten Formulardaten zugewiesen. Danach folgt eine neue Schreibweise, die ich Ihnen etwas später noch erklären werde. Falls die Funktion `open` `FALSE` zurückgibt, ist es sicherer, mit einer Oder-Verknüpfung `||` eine Anweisung auszuführen, die auf diesen Fehler reagiert. In diesem Fall wird der Skript-Ablauf sofort beendet und eine Fehlermeldung ausgegeben. Konnte mit der Anweisung

Daten erhalten

```
open(FILE,">>$gb")
```

die Datei **gbuch.txt** erfolgreich zum Schreiben (und Anhängen) geöffnet werden, wird das Dateihandle in der Variable `FILE` gespeichert. Anschließend wird mit der Anweisung

```
print FILE "$gb_name|$gb_email|$gb_comment\n";
```

der neue Gästebucheintrag hinzugefügt. Damit die einzelnen Felder (Name, E-Mail und Kommentar) später auch auseinander gehalten werden können, werden sie mit einer Trennlinie `|` voneinander getrennt. Sie können auch jedes beliebige andere Zeichen verwenden. Neu ist jedoch die Zeichenfolge `\n` am Ende der Zeichenkette. Sie bedeutet, dass an dieser Stelle in der Datei ein Zeilenumbruch erfolgen soll. Somit entspricht später jede Zeile einem Gästebucheintrag. Nach dem Schreibvorgang wird die Datei mit

```
close(FILE);
```

für weitere Operationen freigegeben, und es werden eine Meldung über die Eintragung und ein Link, der zurück zum Gästebuch führt, ausgegeben.

Wurden keine Daten an das Skript übermittelt, wird der `else`-Anweisungsblock ausgeführt. In diesem wird zunächst die Datei **gbuch.txt** zum Lesen geöffnet und alle Zeilen der Datei in die Liste `@comments` geladen. Natürlich wird die Datei danach wieder freigegeben. Nachdem der HTML-Header und ein paar Zeilen HTML-Quelltext ausgegeben wurden, folgt eine `foreach`-Schleife. Da jede Zeile der Datei **gbuch.txt** einem Element der Liste `@comments` entspricht, wird nun also jede Zeile bzw. jeder Gästebucheintrag einzeln abgearbeitet.

Keine Daten erhalten

```
foreach(@comments)
{
  my @parts = split(/\|/,$_);
  print "<tr><td><a href=\"mailto:$parts[1]\">
           $parts[0]</a>:</td><td>$parts[2]</td></tr>";
}
```

Das gerade aktuelle Element wird mit der `split`-Funktion anhand der Trennlinie `|` in drei Teile zerlegt und der Liste `@parts` zugewiesen. Das erste Element der Liste enthält dann den Namen, das zweite die E-Mail-Adresse und das dritte den eigentlichen Kommentar. Der Name und die E-Mail-Adresse werden zusammen als Link ausgegeben, der Kommentar folgt danach in einer extra Zelle. Nachdem alle vorhandenen

Gästebucheinträge ausgegeben worden sind, folgt schlussendlich der Rest des HTML-Dokuments inklusive des Formulars zum Eintragen in das Gästebuch.

[»] Freilich ist dieses Gästebuch-Skript nicht frei von Sicherheitslücken und sollte so niemals im Internet verwendet werden. Jedoch demonstriert es ganz deutlich die Arbeitsweise der Steuerkommandos zum Öffnen einer Datei und zeigt, wie sowohl lesend als auch schreibend auf eine Datei zugegriffen werden kann.

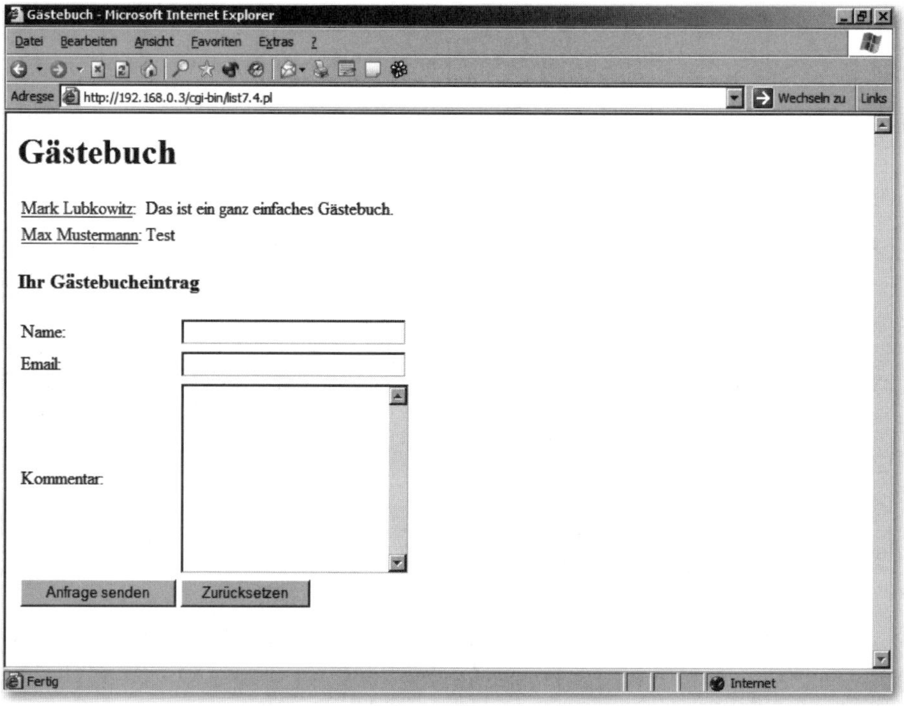

Abbildung 38.1 Das Gästebuch im Browser

38.6 Datei-Uploads

Mit HTML-Fomularen können Sie den Benutzern einer Webseite auch das Hochladen von Dateien auf den Server ermöglichen. Dafür sind jedoch ein paar wichtige Details genauer zu betrachten.

Windows und UNIX/Linux

Dass es Unterschiede zwischen Windows und UNIX/Linux gibt, ist bekannt. Diese gibt es auch bei der Behandlung von Dateien. Während UNIX/Linux lediglich Binärdateien kennt, unterscheidet Windows zwischen Textdateien und Binärdateien. Unter Windows liegen Grafiken in binärer Form vor und müssen auch so behandelt werden. Dateien, die reinen lesbaren Text enthalten, sind jedoch als Textdateien zu behandeln. Der Grund ist unter Windows die Behandlung des Zeichens für ein Zeilenende. UNIX/Linux kennt lediglich LF (engl. *line feed*, dt. *Zeilenvorschub/Zeilenum-*

bruch). Textdateien besitzen unter Windows am Ende einer Zeile jedoch die Zeichenfolge CR (engl. *carriage return*, dt. *Wagenrücklauf*) und LF. Perl verfügt über einen Automatismus, der die Zeichenfolge CR/LF in ein einfaches LF beim Lesen und ein LF in CR/LF beim Schreiben einer Datei umwandelt. Damit dieser Automatismus jedoch nicht bei Binärdateien greift, müssen Sie diesen deaktivieren. Die Anweisung dafür lautet `binmode` (engl. *binary mode*). Dahinter wird das Dateihandle notiert oder die Variable, die den Inhalt der Datei enthält.

```
binmode (handle||string)
```

[x]

Diese Anweisung muss aber sowohl auf die Datei angewendet werden, in die geschrieben werden soll, als auch auf die Datei, die per HTML-Formular übertragen worden ist.

Datei auswählen

Damit der Benutzer nun aber auch eine Datei auswählen kann, müssen Sie eine spezielle Form des `input`-Elements verwenden. Als Wert für das Attribut `type` wird `file` notiert. Außerdem sollten Sie noch zwei weitere Attribute setzen, und zwar `accept` und `maxlength`. Mit dem `accept`-Attribut können Sie festlegen, welche Dateitypen übertragen werden dürfen. Aus Sicherheitsgründen sollten Sie den Typ `text/*` oder `image/*` notieren. Dadurch können nur Textdateien oder Grafiken an den Server übertragen werden. Mit dem Attribut `maxlength` können Sie die maximale Größe der Datei festlegen. Die Angabe erfolgt in Byte.

```
<input type="file" name="file_upload" accept="text/*" maxlength="2097152">
```

Der Browser zeigt nun in der Regel ein Eingabefeld mit einer Schaltfläche zum Auswählen einer Datei an. Die Größe der Datei ist übrigens auf 2 MB beschränkt.

Zusätzliches Attribut im form-Start-Tag

Für das `form`-Element sollten Sie zusätzlich das `enctype`-Attribut notieren und als Wert `multipart/form-data` angeben, damit die Daten korrekt formatiert übermittelt werden.

Das vollständige Skript sieht folgendermaßen aus:

```
#!/usr/bin/perl -w
use CGI qw(:standard);

if(param())
{
  my $file_upload = param("file_upload");
  my $filename = "d:/foxserv/www/upload/file_".time.".tmp";

  open(FILE,">$filename") || die("Fehler beim Schreiben!");

  binmode $file_upload;
  binmode FILE;

  read($file_upload,my $data,$ENV{'CONTENT_LENGTH'});
  print FILE $data;
```

```
  close(FILE);

  print header();
  print "<html><head><title>Dateiupload</title></head>
         <body>";
  print "<h2>Datei wurde unter $filename hochgeladen</h2>";
  print "<h4>Inhalt der Datei:</h4>";
  print "<pre>--- BEGIN OF $filename ---\n$data\n---- END OF $filename ----
</pre>";
  print "</body></html>";
}
else
{
  print header();
  print "<html><head><title>Dateiupload</title></head>
         <body><form action=\"$PROGRAM_NAME\"
         method=\"post\" enctype=\"multipart/form-data\">
         <input type=\"file\" name=\"file_upload\"
         accept=\"text/*\" maxlength=\"2097152\"><br>
         <input type=\"submit\">
         </form></body></html>";
}
```

Listing 38.5 Beispiel für den Upload von Dateien mit Perl und CGI

Auch in diesem Skript wird zu Beginn überprüft, ob Daten an das Skript übermittelt wurden. Wurde also eine Datei übertragen, wird der `if`-Anweisungsblock ausgeführt. Zuerst wird im Skalar `$file_upload` der Inhalt des Formularfelds `file_upload` gespeichert. Anschließend werden der Name und der Pfad der anzulegenden Datei festgelegt und im Skalar `$filename` hinterlegt. Die Funktion `time` ermöglicht in diesem Fall einen eindeutigen Dateinamen. Mit der Anweisung

```
open(FILE,">$filename")
```

wird dann die Datei geöffnet, in der die übermittelte Datei gespeichert wird.

Anderer Dateiname?

Der Grund, warum nicht der Originaldateiname verwendet wird, ist der mögliche Schaden, der entstehen könnte. Wäre die Datei, die übertragen wird, z. B. ein Perl- oder PHP-Skript, könnte jemand auf Ihrem Server Quelltext ausführen und an Passwörter oder Ähnliches herankommen. Dateien, die auf **.tmp** enden, sind in aller Regel nicht mit einem Programm verknüpft und können, egal welchen Inhalt sie beherbergen, keinen Schaden anrichten.

Anschließend werden sowohl die empfangene als auch die zu schreibende Datei in den Binärmodus geschaltet.

```
binmode $file_upload;
binmode FILE;
```

Der wichtige Teil des Skripts folgt nun:

```
read($file_upload,my $data,$ENV{'CONTENT_LENGTH'});
```

Datenstrom lesen

Um den Inhalt der übertragenen Datei lesen zu können, müssen Sie die Funktion `read` verwenden. Die Variable `$file_upload` wird dann zum Identifizieren des Eingabekanals verwendet. Der Inhalt der Datei wird im Skalar `$data` gespeichert. Der Inhalt wird hinterher mit der Anweisung

```
print FILE $data;
```

in die Zieldatei auf dem Server geschrieben und mit

```
close(FILE);
```

wieder geschlossen. Die nachfolgenden `print`-Anweisungen geben lediglich ein HTML-Dokument aus, das noch mal den übermittelten Inhalt in einem `pre`-Element darstellt und über den Erfolg des Vorgangs informiert.

Wurden keine Daten übermittelt, wird ein entsprechendes Formular für den Upload ausgegeben.

[«]

Vollkommene Sicherheit bietet auch dieses Skript nicht. So wird z. B. nicht auf einen gültigen Dateinamen geprüft. Auch die Endung sollte sicherheitshalber überprüft werden, und es sollten nur bestimmte Endungen wie **.txt**, **.gif**, **.jpg**, **.png** und **.dat** zugelassen werden. Diese Endungen sind in der Regel ungefährlich.

38.7 Zusammenfassung

- Mit den Funktionen `opendir`, `readdir` und `closedir` können Sie auf Verzeichnisse zugreifen und deren Verzeichniseinträge auslesen. Die Ansteuerung erfolgt dabei über Verzeichnishandles.
- Eine Rekursion dient der Lösung einer Aufgabe. Die Aufgabe wird dabei in kleinere Aufgaben unterteilt, und diese werden immer wieder an die gleiche Funktion zur Lösung vergeben.
- Verzeichnisse werden mit `chdir` gewechselt, mit `mkdir` erstellt und mit `rmdir` gelöscht.
- Zum Lesen oder Schreiben einer Datei werden die Befehle `open` und `close` sowie `print` benötigt. Je nachdem, wie auf eine Datei zugegriffen werden soll, müssen entsprechende Steuerzeichen vor dem Pfad- und Dateinamen notiert werden.
- Für Datei-Uploads sollten Sie dringend beachten, dass beide Dateien – Quell- und Zieldatei – in den binären Modus geschaltet werden müssen. Dies ermöglicht die Anweisung `binmode`.

38.8 Fragen und Übungen

1. Schreiben Sie ein Skript, das den Inhalt eines Verzeichnisses einliest und dabei nur Dateien berücksichtigt. Die gefundenen Dateien sollen einer Liste hinzugefügt, sortiert und ausgegeben werden.
2. Welche Steuerkommandos gibt es für den Zugriff auf Dateien?
3. Erweitern Sie das Skript aus Frage/Übung 1 um eine Rekursion. Dadurch sollen auch alle Dateien der Unterverzeichnisse ausgelesen und ausgegeben werden – jedoch nur Dateien!

Gib mir einen Punkt, wo ich hintreten kann, und ich bewege die Erde.
– Archimedes, griechischer Mathematiker

39 Reguläre Ausdrücke

39.1 Was sind reguläre Ausdrücke?

Regulären Ausdrücken sind Sie sicherlich schon an der einen oder anderen Stelle begegnet – natürlich vorausgesetzt, Sie haben sich schon einmal näher mit einem Computer beschäftigt. In einem Textverarbeitungsprogramm entsprechen reguläre Ausdrücke der »Suchen«- bzw. »Suchen und Ersetzen«-Funktion. Als Suchmuster können Sie dann eine beliebige Zeichenfolge eingeben und als Ersatz eine weitere beliebige Zeichenkette. Wird das Suchmuster gefunden, wird es durch die angegebene Zeichenfolge ersetzt.

Suchmaschinen

Suchmaschinen wie z. B. Google verwenden ebenfalls reguläre Ausdrücke, um ihre Datenbanken zu durchsuchen. Dabei werden die eingegebenen Zeichenketten als Suchmuster verwendet. Sowohl die Suche in einem Textverarbeitungsprogramm als auch mittels einer Suchmaschine bezeichnet mal als literale Suche, d. h. sie suchen nach einem Wort bzw. einer festen Zeichenkette.

Dateien suchen

Auch das Suchen nach Dateien ist mit der Verwendung eines regulären Ausdrucks vergleichbar. Wenn Sie z. B. Ihre Laufwerke nach allen Dateien durchsuchen möchten, die mit **.txt** enden, verwenden Sie in der Regel den Suchbegriff ***.txt**. Das Sternchen steht dabei für eine beliebige Zeichenfolge vor der Zeichenkette **.txt**. In diesem Fall ist ***.txt** einem regulären Ausdruck schon sehr ähnlich. Solche Ausdrücke sind Metasuchmuster, da sie sich auf variable Zeichenketten beziehen.

Reguläre Ausdrücke in Perl sind aber nicht nur auf solche »einfache« Suchmuster beschränkt. Sie stellen daher schon fast eine eigene Programmiersprache dar, die jedoch sehr leicht zu erlernen ist.

39.2 Reguläre Ausdrücke verwenden

Generell werden reguläre Ausdrücke bzw. Suchmuster von normalen Schrägstrichen umgeben, also

```
/Suchmuster/
```

Einem solchen regulären Ausdruck sind Sie bereits in Abschnitt 37.1, *Parameterübergabe*, begegnet. Als Suchmuster können Sie nun verschiedene Zeichenfolgen notieren. Ein Beispiel:

```
#!/usr/bin/perl -w
use CGI qw(:standard);

print header();

my @begriffe = ("Maus","Braut","Haus","Laut");
foreach(@begriffe)
{
  if($_ =~ /aus/)
  {
    print "Treffer!";
  }
}
```

Listing 39.1 Einfaches Beispiel für die Verwendung eines regulären Ausdrucks

Dieses kurze Beispiel würde zweimal die Zeichenkette `Treffer!` ausgeben, da die Zeichenkette `aus` sowohl in `Maus` als auch in `Haus` vorkommt.

Die ersten Zeilen des Skripts sollten verständlich sein. Nach der Ausgabe des http-Headers folgt die Definition der Liste `@begriffe` mit vier Elementen. Dann beginnt eine `foreach`-Schleife, in der jedes Element der zuvor definierten Liste einmal abgearbeitet wird. Der Wert des gerade aktuellen Elements steht in der Kontextvariable `$_` zur Verfügung. Neu ist der Operator =~.

```
if($_ =~ /aus/)
```

Bindungsoperator

Dies ist der so genannte Bindungsoperator. Der Operator versucht nun, den regulären Ausdruck `/aus/` an den Skalar `$_` zu binden. War die Bindung erfolgreich, d. h. konnte das Suchmuster im Skalar `$_` gefunden werden, liefert die Bedingung `true`. Passt das Suchmuster nicht, liefert die Bedingung `false`.

Dies ist ein einfaches literales Suchmuster, denn das Suchmuster würde auch auf `mausern`, `Laus`, `hausen` und Ähnliches passen. Manchmal reicht das jedoch nicht aus, und aus diesem Grund gibt es die so genannten Metazeichen.

39.3 Metazeichen

Die oft auch Wildcard genannten Metazeichen erweitern die Möglichkeit der Suchmuster um variable Zeichen. Anstatt im folgenden Listing nach der festen Zeichenkette `est` oder `ert` zu suchen, wird einfach nach `e.t` gesucht.

```
#!/usr/bin/perl -w
use CGI qw(:standard);
```

```
print header();
my @begriffe = ("Pest","Fest","Test","Wert","Robert","begeistert");
foreach(@begriffe)
{
  if($_ =~ /e.t/)
  {
    print "<b>e.t</b> passt auf $_<br>";
  }
}
```

Listing 39.2 Verwendung von Metazeichen in regulären Ausdrücken

Dieses Beispiel erzeugt die folgende Ausgabe:

```
e.t passt auf Pest
e.t passt auf Fest
e.t passt auf Test
e.t passt auf Wert
e.t passt auf Robert
e.t passt auf begeistert
```

Das Suchmuster `e.t` passt also auf alle sechs Zeichenketten. Der Grund dafür ist, dass der Punkt im Suchmuster für ein variables Zeichen steht. Dadurch darf als Zeichen zwischen `e` und `t` im Suchmuster jedes beliebige Zeichen vorkommen. Da in jedem der sechs Elemente der `@begriffe`-Liste entweder `est` oder `ert` vorkommt, liefert der reguläre Ausdruck also sechs Treffer.

Suche nach einem Punkt

Was aber passiert, wenn in einer Zeichenkette ein Punkt vorkommt, der zusätzlich auch gefunden bzw. berücksichtigt werden soll? Gehen Sie einmal von der Zahl Pi aus.

```
$pi = "3.1415";
```

Escape-Zeichen

Würden Sie nun z. B. mit dem Suchmuster `/3.1415/` suchen, würde das Suchmuster auf 3.1415, aber auch auf 3_1415 passen. Auch auf 3*1415, da der Punkt in einem Suchmuster für ein variables Zeichen steht. Aus diesem Grund gibt es das Escape-Zeichen `\`. Es bedeutet, dass das nachfolgende Zeichen als normales Zeichen und nicht als Metazeichen zu interpretieren ist. Das Suchmuster `/3\.1415/` würde also nur noch auf 3.1415 passen und nicht mehr auf die Schreibweisen 3_1415 bzw. 3*1415. Um nun wiederum das Escape-Zeichen zu entwerten und damit eine Suche nach dem Backslash \ zu ermöglichen, müssen Sie einfach zwei Backslashs hintereinander notieren, z. B. `\\`.

Ein weiteres Metazeichen ist das `^`-Zeichen. Das Zeichen, das nach dem `^` folgt, muss am Anfang einer Zeichenkette stehen.

```
#!/usr/bin/perl -w
use CGI qw(:standard);
print header();
```

```
my @begriffe = "München","Hamburg","Paris","Madrid","Rom","Mailand");
foreach(@begriffe)
{
  if($_ =~ /^M/)
  {
    print "$_ fängt mit M an<br>";
  }
}
```

Listing 39.3 Suche nach einem M am Anfang eines Strings

Die Ausgabe:

```
München fängt mit M an
Madrid fängt mit M an
Mailand fängt mit M an
```

Obwohl auch Hamburg ein M enthält, passt das Suchmuster `/^M/` aus zwei Gründen nicht. Der erste ist, dass das M nicht am Anfang des Strings steht, und der zweite, dass das M kleingeschrieben ist. Aus diesem Grund werden als Treffer nur `München`, `Madrid` und `Mailand` ausgegeben.

Mit dem Metazeichen `$` können Sie überprüfen, ob ein String auf eine bestimmte Zeichenfolge endet. Würden Sie das Suchmuster in Listing 39.3 durch `/d$/` ersetzen, würden als Treffer `Madrid` und `Mailand` ausgegeben werden.

39.4 Quantifier

Mit Quantifiern kann man bestimmen, wie oft ein Zeichen eines Suchmusters gefunden werden soll.

Muss und darf

Das Suchmuster `/haus/` passt auf die Strings `haus`, nicht aber auf `hans` oder `hannes`. Das Suchmuster `/ha.s/` würde auf `haus` und `hans` passen, nicht aber auf `hannes`. Durch den +-Quantifier würde das Suchmuster `/ha.+s/` auf `haus`, `hans` und `hannes` passen. Der +-Quantifier bewirkt, dass das zuvor notierte Zeichen (in diesem Fall ein beliebiges) mindestens einmal vorkommen muss und mehrmals vorkommen darf. Ohne den +-Quantifier hätten Sie das Suchmuster `/ha.+s/` folgendermaßen schreiben müssen, damit es auf `hannes` passt: `/ha...s/`. Dadurch hätte es aber nicht mehr auf `haus` gepasst, da der String `haus` nur 4 Zeichen lang ist, das Suchmuster aber mindestens 6 Zeichen erwartet.

Kann, muss aber nicht

Mit dem ?-Quantifier können Sie festlegen, dass das vorangegangene Zeichen vorkommen darf, aber nicht vorkommen muss. So würde das Suchmuster `/aus?/` sowohl auf die Strings `Haus` und `Maus` als auch auf `Maul` oder `Maut` passen.

Beliebig

Eine Verbindung des +- und ?-Quantifiers ist der *-Quantifier. Damit *muss* das vorangegangene Zeichen nicht vorkommen, *darf* aber einmal oder auch mehrmals vorkommen. Das Suchmuster `/M.*/` bedeutet dann z. B., dass nach einem großen M nichts folgen muss und ein oder mehrere beliebige Zeichen folgen dürfen. Für die Überprüfung eines Dateinamens, etwa ob dieser auf `.htm` endet, würde der reguläre Ausdruck also `/.+\.htm$/` lauten. Ein Beispiel:

```
#!/usr/bin/perl -w
use CGI qw(:standard);

print header();

my @begriffe = ("index.htm","start.htm","hallo.html","test.html");
foreach(@begriffe)
{
  if($_ =~ /.+\.htm$/)
  {
    print "das Suchmuster passt auf $_<br>";
  }
}
```

Listing 39.4 Verwendung von Quantifiern und Metazeichen in regulären Ausdrücken

Die Ausgabe des Listing 39.4:

```
das Suchmuster passt auf index.htm
das Suchmuster passt auf start.htm
```

Sehen Sie sich das Suchmuster noch einmal genauer an. `.+` bedeutet, dass beliebig viele Zeichen am Anfang des Strings stehen dürfen, und es ist außerdem egal, welche Zeichen das sind. Danach muss auf jeden Fall die Zeichenkette `.htm` folgen. Damit auch wirklich ein Punkt vor dem `htm` folgt, wird der Punkt mittels Backslash `\` entwertet. Das `$`-Metazeichen bedeutet, dass nach dem `.htm` kein Zeichen mehr folgen darf. Somit passt das Suchmuster nur auf `index.htm` und `start.htm`, nicht aber auf `hallo.html` und `test.html`. Damit beide Dateiendungen berücksichtigt werden, also sowohl `htm` als auch `html`, müssen Sie das Suchmuster `/.+\.html?$/` verwenden.

Häufigkeit

Diese Quantifier lassen sich aber noch spezieller einsetzen. So ist es möglich, ganz speziell die Häufigkeit eines Zeichens zu bestimmen. Dabei wird hinter einem Zeichen im Suchmuster ein geschwungenes Klammernpaar notiert und als erste Zahl, wie oft das Zeichen mindestens vorkommen *soll*, und, getrennt durch ein Komma, wie oft das Zeichen maximal vorkommen *darf*. Das Suchmuster

```
/a{3,6}/
```

passt also auf das drei- bis sechsmalige Auftreten des Zeichens `a`. Folgende Vorkommen würden also zu einem Treffer führen: `aaa`, `aaaa`, `aaaaa` und `aaaaaa`. Auch wenn das Zeichen `a` 12-mal hintereinander vorkommt, liefert dieses Suchmuster einen Treffer, immerhin kommt das `a` trotzdem 3-, 4-, 5- oder 6-mal hintereinander vor. Nun lässt sich dies aber noch spezieller einschränken. Soll das Zeichen `a` z. B. genau dreimal vorkommen, dann lassen Sie das Komma und die obere Grenze einfach weg.

`/a{3}/`

Dieses Suchmuster findet das Zeichen a also genau dreimal hintereinander. Lassen Sie hingegen die obere Grenze weg und notieren trotzdem das Komma, findet das Suchmuster das angegebene Zeichen mindestens so oft wie angegeben. Aber auch größere Vorkommen werden gefunden.

- `/x{2,4}/`
  findet jeden String, der `xx`, `xxx` und `xxxx` enthält. Das `x` muss mindestens zweimal vorkommen, darf aber auch mehr als viermal vorkommen.
- `/x{2,}/`
  findet jeden String, der mindestens zwei aufeinander folgende `x` enthält.
- `/x{2}/`
  findet jeden String, der `xx` enthält.

39.5 Gruppierung

Der Quantifier + findet das zuvor notierte Zeichen mindestens einmal. So würde das Suchmuster `/aua+/` sowohl auf `aua` als auch auf `auaa` oder `auaaa` passen. Mit runden Klammern können Sie Muster aber gruppieren, so dass z. B. Quantifier für eine ganze Mustergruppe gelten. Das Suchmuster `/(aua)+/` würde dann `aua`, `auaaua` und `auaau-aaua` finden. Dies gilt natürlich auch für die anderen Quantifier.

39.6 Zeichenklassen

Sie haben bereits das Metazeichen `.` kennengelernt, das ein beliebiges Zeichen repräsentiert. Im Grunde genommen entspricht das `.`-Metazeichen eigentlich einer Zeichenklasse, die alle möglichen Zeichen enthält. Solche Zeichenklassen können Sie auch selbst definieren. Dazu notieren Sie die Zeichen, die Mitglied dieser Klasse sein sollen, innerhalb von eckigen Klammern.

Kurzschreibweisen

Das Suchmuster `/[abcdef]/` würde also auf ein Zeichen zutreffen, das dem Zeichen `a`, `b`, `c`, `d`, `e` oder `f` entspricht. Diese Schreibweise ist eigentlich sehr einfach, es gibt aber auch dafür eine Abkürzung. So können Sie mit dem Bindestrich – einfach einen Bereich nach dem Schema *von ... bis* angeben. Die Klasse `[abcdef]` könnte dann auch `[a-f]` geschrieben werden. Dies fällt vor allem bei der folgenden Klasse auf, die alle alphanumerischen Zeichen enthält:

`[abcdefghijklmnopqrstuvwxyzABCDEFGHIJKLMNOPQRSTUVWXYZ0123456789].`

Die verkürzte Schreibweise lautet:

`[a-zA-Z0-9].`

Möchten Sie z. B. auch nach dem Bindestrich suchen, müssen Sie diesen vorher mit einem Backslash entwerten. Dies gilt auch für den Backslash an sich.

Bindestrich und Backslash

```
[a-zA-Z0-9\-\\]
```

Diese Zeichenklasse enthält nun alle Zeichen von `a` bis `z`, von `A` bis `Z`, von 0 bis 9 und den Bindestrich und den Backslash.

Zeichen, die nicht vorkommen dürfen

Manchmal ist es jedoch einfacher, die Zeichen anzugeben, die nicht gefunden werden sollen. Zu Beginn der Zeichenklasse müssen Sie dann das `^`-Zeichen notieren (beachten Sie, dass dieses Zeichen außerhalb einer Zeichenklasse eine andere Bedeutung besitzt). Das Suchmuster `/[^a-f]/` würde also jedes Zeichen finden, das nicht dem `a`, `b`, `c`, `d`, `e` oder `f` entspricht.

39.6.1 Abkürzungen

Einige Zeichenklassen werden aber so häufig verwendet, dass diese nochmals abgekürzt werden können. Die Zeichenklasse `[0-9]` ließe sich mit `[\d]` weiter verkürzen.

Die folgende Tabelle enthält eine Übersicht dieser speziellen Zeichenklassen:

Abkürzung	Erklärung
[\d]	Findet eine beliebige Ziffer von 0 bis 9, entspricht [0-9].
[\D]	Findet jede Nicht-Ziffer, entspricht [^0-9].
[\W]	Findet jedes Wortzeichen, entspricht [a-zA-Z0-9_].
[\w]	Findet jedes Nicht-Wortzeichen, entspricht [^a-zA-Z0-9_]
[\s]	Findet jedes Whitespace-Zeichen, entspricht [\f\t\n\r]
[\S]	Findet jedes Nicht-Whitespace-Zeichen, entspricht [^\f\t\n\r]

Tabelle 39.1 Abkürzungen für Zeichenklassen

Whitespace-Zeichen sind nichtdruckbare Zeichen wie z. B. ein Tabulator `\t` oder ein Zeilenumbruch `\n`. Diese Zeichen verändern nur die Ausgabe, egal ob auf dem Bildschirm oder im Ausdruck. Aus diesem Grund werden sie auch Whitespace-Zeichen genannt, weil Sie die Zeichen an sich nicht sehen können.

- `\t` steht für den Tabulator.
- `\n` steht für einen Zeilenumbruch bzw. Zeilenvorschub (Line Feed, LF).
- `\r` steht für den Wagenrücklauf (Carriage Return, CR).
- `\f` steht für den Formularumbruch bzw. Formularvorschub.

39.7 Alternativen

Mit der Trennlinie | (auch Breakbar oder Pipe genannt) können Sie alternative Suchmuster notieren. Vor der Pipe wird das eigentliche Suchmuster notiert und dahinter die Alternative.

```
/htm|html/
```

Wird die Zeichenfolge `htm` nicht gefunden, wird automatisch nach `html` gesucht.

39.8 Flags

Mit speziellen Flags, die hinter dem Suchmuster notiert werden (außerhalb der beiden Schrägstriche), können Sie die Suche beeinflussen. So können Sie festlegen, ob die Groß- und Kleinschreibung ignoriert werden soll oder ob die Zeichenketten aus mehreren Zeilen bestehen dürfen.

Flag	Erklärung
c	Bei einem Fehler wird die Suchposition nicht zurückgesetzt.
g	Globale Suche, d. h. alle Vorkommen finden.
i	Groß- und Kleinschreibung wird ignoriert.
m	Zeichenketten dürfen aus mehreren Zeilen bestehen.
o	Das Suchmuster soll nur einmal angewendet werden.
s	Die Zeichenketten werden als eine Zeile betrachtet.
x	Erweiterte Syntax.

Tabelle 39.2 Flags für Suchmuster

Beispiele:

```
/haus/i
  # ignoriert die Groß-/Kleinschreibung, findet also HAUS,
  # haus, Haus etc.
/aaa/s
  # ignoriert Zeilenumbrüche
/haus/is
  # ignoriert Groß-/Kleinschreibung und Zeilenumbrüche
```

39.9 Suchen und Ersetzen

Neben der Möglichkeit, etwas zu suchen, können Sie auch eine Ersetzung der gefundenen Zeichenkette vornehmen. Wurde also ein Suchmuster gefunden, wird es durch die angegebene Zeichenkette ersetzt. Die allgemeine Syntax lautet:

```
$ersetzt =~ s/Suchmuster/Ersatzzeichenkette/[Flags]
```

[x] Wichtig ist, dass Sie vor dem gesamten Ausdruck ein kleines s notieren müssen, damit der Suchen-Ersetzen-Vorgang ausgeführt werden kann.

Durch die Suchen-Ersetzen-Möglichkeit haben sich die regulären Ausdrücke in das Herz der Programmierer vorgearbeitet. Diese Möglichkeit ist besonders hilfreich, wenn Sie in HTML-Dokumenten bestimmte Zeichen oder Zeichenfolgen ersetzen möchten, z. B. alle Ä, Ö, Ü, ä, ö, ü und ß durch die entsprechenden Entities oder ein Datum durch ein anderes.

```
#!/usr/bin/perl -w
use CGI qw(:standard);

print header();

my $datum = "Das letzte Änderungsdatum lautet 10.10.2002";
print "<b>VORHER:</b> $datum<br>";
$datum =~ s/[\d]{2}\.[\d]{2}\.[\d]{4}/23.10.2002/g;
print "<b>NACHHER:</b> $datum";
```

Listing 39.5 Suchen und Ersetzen mit regulären Ausdrücken

Das Suchmuster `/[\d]{2}\.[\d]{2}\.[\d]{4}/` passt auf jedes Datum in dem Format TT.MM.JJJJ. An dieser Stelle können Sie auch die Verbindung von Zeichenklassen und Quantifiern sehen.

In Listing 39.5 wird zu Beginn der Skalar `$datum` definiert, dem gleichzeitig eine Zeichenkette zugewiesen wird. Anschließend erfolgt die Ausgabe der ursprünglichen Zeichenkette, also bevor sie durch den regulären Ausdruck verändert wurde. Anschließend wird der Skalar `$datum` mit einem regulären Ausdruck verändert.

```
$datum =~ s/[\d]{2}\.[\d]{2}\.[\d]{4}/23.10.2002/g;
```

Der Ausdruck wird mit `s` eingeleitet, und nach dem ersten Schrägstrich folgt das Suchmuster. Dieses sucht nach einem Datum in der Form TT.MM.JJJJ. Nach dem zweiten Schrägstrich folgt die Ersatzzeichenkette, in diesem Fall wieder ein Datum. Nach dem dritten Schrägstrich folgt das Flag `g`, was bewirkt, dass alle Treffer im String `$datum` durch das neue Datum ersetzt werden. Anschließend wird `$datum` wieder im Browser ausgegeben.

Die Ausgabe lautet:

```
VORHER: Das letzte Änderungsdatum lautet 10.10.2002
NACHHER: Das letzte Änderungsdatum lautet 23.10.2002
```

39.10 Zusammenfassung

- Reguläre Ausdrücke werden in Schrägstrichen `/.../` notiert.
- Um ein Suchmuster auf eine Zeichenkette anwenden zu können, muss der Bindungsoperator `=~` verwendet werden.
- Metazeichen ermöglichen in regulären Ausdrücken die Verwendung von Platzhaltern.
- Quantifier bestimmen, wie oft ein Zeichen innerhalb einer Zeichenkette vorkommen soll oder darf.
- Mit runden Klammern können Sie Muster gruppieren und Quantifier somit auf eine ganze Mustergruppen anwenden.
- Zeichenklassen werden durch eckige Klammern definiert. Für oft verwendete Zeichenklassen gibt es Abkürzungen.
- Alternative Suchmuster werden mit einem Pipe-Zeichen angegeben.
- Mit Flags kann die Suche nach einem Muster beeinflusst werden. Diese Flags werden immer hinter dem gesamten Suchmuster notiert (außerhalb der Schrägstriche).
- Der Suchen-Ersetzen-Vorgang wird durch ein kleines s vor dem Ausdruck eingeleitet. Das Suchmuster und die Ersatzzeichenkette werden durch einen Schrägstrich voneinander getrennt.

39.11 Fragen und Übungen

1. Was bedeutet das `.`-Metazeichen?
2. Mit welchem Zeichen können Sie festlegen, dass das zuvor notierte Zeichen vorkommen kann, aber nicht vorkommen muss?
3. Welche Zeichenketten findet das Suchmuster `/y{3,5}/`?
4. Wie müsste der reguläre Ausdruck lauten, der innerhalb einer Zeichenkette alle kleinen ö durch die Zeichenkette `ö` ersetzt?
5. Schreiben Sie ein Perl-Skript, das alle deutschen Umlaute (Ä, Ö, Ü, ä, ö, ü), das scharfe S (ß), spitze Klammern (< und >) und das kaufmännische Und (&) in einem HTML-Dokument durch die entsprechenden HTML-Entities ersetzt. Anschließend soll es im Browser ausgegeben werden.

Beinahe nichts in Perl dient einem einzigen Zweck.
– Larry Wall

40 Was sonst noch wichtig ist

40.1 CGI und SSI

Mit SSI können Sie dynamischen Inhalt in HTML-Dateien einbinden. Die Abkürzung SSI steht für »**S**erver **S**ide **I**nclude« und bedeutet so viel wie »serverseitig eingebunden«. Genau dies ist auch die Aufgabe. Mit SSI können Sie in HTML-Dokumenten Programme auf dem Server ausführen und Daten entgegennehmen.

Unterschied zu Perl

Der Unterschied besteht also darin, dass Sie keine Perl-Skripts schreiben müssen, die HTML-Daten ausgeben, sondern ein HTML-Dokument, das ein Perl-Skript ausführen und ausgeben kann. Diese Form der Dynamisierung ist besonders dann gut geeignet, wenn Sie den Zählerstand ausgeben möchten oder die Umgebungsvariablen des Servers. Aber auch die Ausgabe des Datums und der Uhrzeit ist möglich.

Leider unterstützt nicht jeder Server SSI bzw. nur teilweise, und Sie sollten daher in der Dokumentation des Servers nachlesen oder Ihren Provider fragen, ob der eingesetzte Server SSI bereitstellt.

Dateiendung

Damit ein Server erkennen kann, dass ein HTML-Dokument SSI verwendet, sollten Sie das Dokument mit einer anderen Dateiendung versehen. Dies sind normalerweise **.shtml**, **.shtm** oder **.sht**. Bei einer Endung wie **.htm** oder **.html** kann es vorkommen, dass der Server die enthaltenen SSI-Anweisungen vollkommen ignoriert.

40.1.1 Ausgabe von Variablen

SSI-Anweisungen werden innerhalb eines HTML-Dokuments in Kommentaren notiert. Nach dem einleitenden Tag folgen ein Rautezeichen und die Anweisung, die ausgeführt werden soll. Danach folgen weitere Parameter, die für die Ausführung der Anweisung nötig sind.

Allgemeine Syntax für die Ausgabe:

```
<!--#ANWEISUNG PARAMETER="WERT" -->
```

Für die Ausgabe im Browser müssen Sie als Anweisung `echo` verwenden. Als Parameter notieren Sie `var` und als Wert den Namen der Variable, die ausgegeben werden soll.

Ein Beispiel:

```
<!--#echo var="SERVER_SOFTWARE" -->
```

Das folgende Listing gibt verschiedene Umgebungsvariablen im Browser aus:

```
<!DOCTYPE HTML PUBLIC "-//W3C//DTD HTML 4.01 Transitional//EN">
<html>
  <head>
    <title>Listing 9.1</title>
  </head>
  <body>
    <h3>Standardu-Umgebungsvariablen</h3>
    <p>
      <b>Webserver:</b>
      <!--#echo var="SERVER_SOFTWARE" --><br>
      <b>Webserver-Port:</b>
      <!--#echo var="SERVER_PORT" --><br>
      <b>Webbrowser des Benutzers:</b>
      <!--#echo var="HTTP_USER_AGENT" --><br>
      <b>IP-Adresse des Benutzers:</b>
      <!--#echo var="REMOTE_ADDR" -->
    </p>
    <hr>
    <h3>Zus&auml;tzliche Umgebungsvariablen</h3>
    <p>
      <b>Name des Dokuments:</b>
      <!--#echo var="DOCUMENT_NAME" --><br>
      <b>Datum:</b> <!--#echo var="DATE_LOCAL" --><br>
      <b>Letzte &Auml;nderung:</b>
      <!--#echo var="LAST_MODIFIED" -->
    </p>
  </body>
</html>
```

Listing 40.1 HTML-Dokument, das mit SSI verschiedene Informationen ausgibt

Die Ausgabe im Browser:

Die Variable SERVER_SOFTWARE enthält in der Regel den Namen und zusätzliche Informationen zum eingesetzten Webserver, die Variable SERVER_PORT und die Portnummer, über die der Webserver angesprochen wird. Dies ist für http normalerweise der Port 80. Die Zeichenfolge, mit der sich der Browser bei dem Webserver identifiziert, ist in der Variable HTTP_USER_AGENT zu finden, und die IP-Adresse des Benutzers ist in der Variable REMOTE_ADDR hinterlegt.

Weitere Umgebungsvariablen

Zusätzlich stehen aber noch mehr als nur die Standard-Umgebungsvariablen zur Verfügung. Der Name des aufgerufenen Dokuments ist in der Variable DOCUMENT_NAME gespeichert, und die letzte Änderung dieses Dokuments ist in LAST_MODIFIED gespeichert. Auch die lokale Uhrzeit und das Datum auf dem Server sind abrufbar. Diese Information wird in der Variable `DATE_LOCAL` gespeichert.

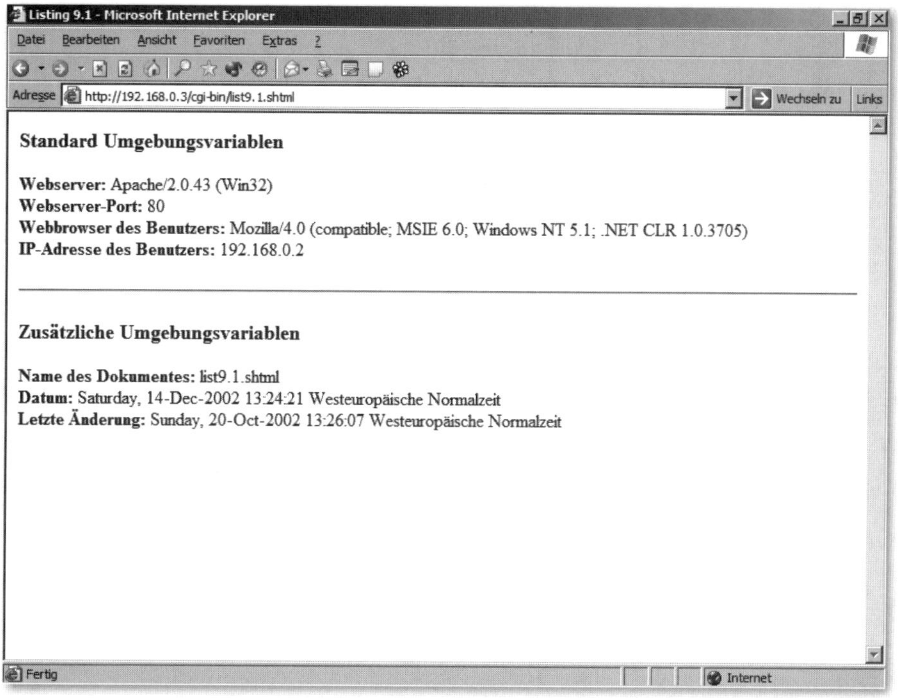

Abbildung 40.1 Ausgabe des Listing 40.1 in einem Browser

40.1.2 Konfigurationen

Mit der Anweisung `config` können Sie die Ausgaben mittels SSI auch konfigurieren bzw. formatieren. So können Sie auch die Ausgabe des Datums (`DATE_LOCAL`) im Erscheinungsbild verändern. Der Parameter lautet `timefmt` (engl. *time format*, dt. *Zeitformat*). Als Wert können Sie dann beliebige Platzhalter notieren, die den Tag, die Stunde oder die Kalenderwoche enthalten.

Platzhalter	Erklärung
%a	Kurzform des Wochentags, z. B. Mon.
%A	Langform des Wochentags, z. B. Monday.
%b	Kurzform des Monats, z. B. Apr.
%B	Langform des Monats, z. B. April.
%d	Tag des Monats mit führender 0, z. B. 05, 12 oder 30.
%e	Tag des Monats ohne führende 0, z. B. 1, 7 oder 12.
%H	Uhrzeit im 24-Stunden-Format, z. B. 20.
%I	Uhrzeit im 12-Stunden-Format, z. B. 08.

Tabelle 40.1 Platzhalter für die formatierte Ausgabe von Datum/Uhrzeit

Platzhalter	Erklärung
%j	Julianisches Datum, z. B. 231.
%m	Monat als Zahl, z. B. 05.
%M	Minuten, z. B. 05, 15 oder 59.
%p	Bei 12-Stunden-Format, Ausgabe von AM oder PM.
%S	Sekunden, z. B. 03, 20 oder 50.
%U	Kalenderwoche, z. B. 27.
%w	Tag der Woche, z. B. 2, 5 oder 6.
%y	Zweistellige Jahreszahl, z. B. 90, 95 oder 02.
%Y	Vierstellige Jahreszahl, z. B. 1990, 1995 oder 2002.
%Z	Zeitzone, z. B. CEST.

Tabelle 40.1 Platzhalter für die formatierte Ausgabe von Datum/Uhrzeit (Forts.)

Ein Beispiel:

```
<!--#config timefmt="%d.%m.%Y" -->
```

[×] Wenn Sie `config` verwenden, um die Datumsausgabe zu formatieren, gilt die angegebene Formatierung nur für die Ausgaben, die nach `config` folgen. Das Listing 40.2 soll dies verdeutlichen.

```
<!DOCTYPE HTML PUBLIC "-//W3C//DTD HTML 4.01 Transitional//EN">
<html>
  <head>
    <title>Listing 9.2</title>
  </head>
  <body>
    <h1>Zeitformatierung</h1>
    <p>
      <b>Standard:</b>
        <!--#echo var="DATE_LOCAL" --><br>
      <b>Format TT.MM.JJJJ:</b>
        <!--#config timefmt="%d.%m.%Y" -->
        <!--#echo var="DATE_LOCAL" --><br>
      <b>Format TT. MMMM JJ:</b>
        <!--#config timefmt="%d. %B %y" -->
        <!--#echo var="DATE_LOCAL" --><br>
      <b>Format TT.MM.JJ / HH:MM:SS</b>
        <!--#config timefmt="%d.%m.%y / %H:%M:%S" -->
        <!--#echo var="DATE_LOCAL" --><br>
    </p>
  </body>
</html>
```

Listing 40.2 HTML-Dokument, das mit SSI verschiedene Datumsformate ausgibt

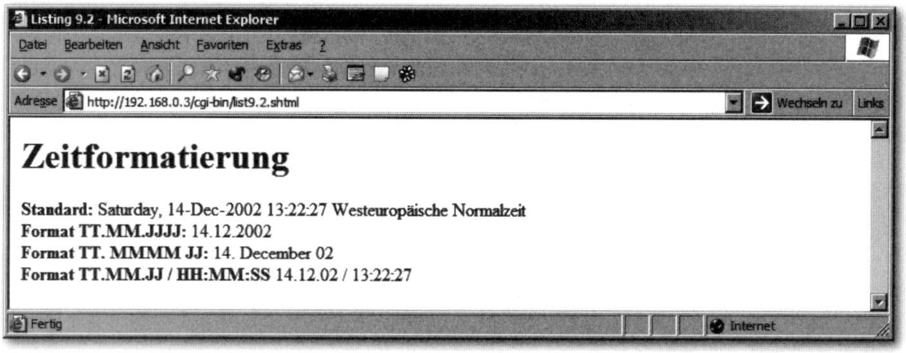

Abbildung 40.2 Browserausgabe des Listing 40.2

40.1.3 Programm ausführen

Die Anweisung zum Ausführen von Programmen lautet `exec`. Als Parameter notieren Sie dann `cgi` und als Wert das Skript, das ausgeführt werden soll.

Ein Beispiel:

```
<!--#exec cgi="/cgi-bin/script.pl" -->
```

Das folgende Beispiel demonstriert die Verwendung eines Zählers für Seitenaufrufe mit SSI.

```
<!DOCTYPE HTML PUBLIC "-//W3C//DTD HTML 4.01 Transitional//EN">
<html>
  <head>
    <title>Listing 9.3</title>
  </head>
  <body>
    <h1>Z&auml;hler f&uuml;r Seitenaufrufe mit SSI</h1>
    <p>
      <b>Anzahl der Aufrufe:</b>
        <!--#exec cgi="/cgi-bin/list9.4.pl" -->
    </p>
  </body>
</html>
```

Listing 40.3 HTML-Dokument, das das Skript für den Zähler aufruft

```
#!/usr/bin/perl -w
use CGI qw(:standard);
my $zaehler = 0;

# Alten Zählerstand lesen
if(open(FILE,"<counter.txt"))
{
  my @datei = <FILE>;
  close(FILE);
```

```
  $zaehler = $datei[0];
}

# Zähler inkrementieren
$zaehler++;

# Zählerstand speichern
open(FILE,">counter.txt");
print FILE $zaehler;
close(FILE);

# Zählerstand ausgeben
print header();
print $zaehler;
```

Listing 40.4 Perl-Skript, das den Zählerstand ausliest, schreibt und im Browser ausgibt

Bei Aufruf des HTML-Dokuments aus Listing 40.3 führt dieses mittels SSI das Perl-Skript aus Listing 40.4 aus. Das Perl-Skript definiert zu Beginn die Variable `$zaehler` und setzt den Zählerstand auf 0. Wenn die Datei **counter.txt** geöffnet werden konnte, wird der Inhalt der Datei gelesen und der Variable `$zaehler` zugewiesen.

```
$zaehler = $datei[0];
```

Anschließend wird der Zählerstand um 1 erhöht.

```
$zaehler++;
```

Unabhängig davon, ob die Datei **counter.txt** existiert, wird der neue Zählerstand nun in die Datei **counter.txt** geschrieben. Zum Schluss wird der Zählerstand im Browser ausgegeben.

[x] Beachten Sie, dass Sie unbedingt die Anweisung

```
print header();
```

notieren, da es ansonsten zu einem Serverfehler kommen kann, da auch das Format der Ausgabe dieses Skripts definiert werden muss.

Weitere Informationen finden Sie auf der Webseite

http://httpd.apache.org/docs-2.0/howto/ssi.html

der Apache Software Foundation.

40.2 CGI-Umgebungsvariablen

Alle Server, die CGI unterstützen, stellen spezielle Variablen zur Verfügung, die hilfreiche Informationen zum Server und der Umgebung enthalten.

Sie können die Informationen entweder mit Perl aus dem `%ENV`-Hash auslesen oder mit SSI.

```
print $ENV{'variablenname'};
  # Auslesen der Information mittels %ENV
<!--#echo var="variablenname" -->
  # Auslesen der Information mittels SSI
```

Die nachfolgende Tabelle enthält alle Standard-Umgebungsvariablen.

Variablenname	Erklärung
CONTENT_LENGTH	Enthält die Anzahl der übermittelten Zeichen bei Verwendung der POST-Methode.
CONTENT_TYPE	Enthält den MIME-Typ der übermittelten Daten.
DOCUMENT_ROOT	Enthält den physischen Pfad des Wurzelverzeichnisses für die Webseite.
GATEWAY_INTERFACE	Enthält die CGI-Schnittstellen-Version.
HTTP_ACCEPT	Enthält die Liste der MIME-Typen, die der Browser des Benutzers akzeptiert.
HTTP_ACCEPT_CHARSET	Enthält die Liste der Zeichensätze, die der Browser des Benutzers akzeptiert.
HTTP_ACCEPT_ENCODING	Enthält die Liste der Kodierungsmethoden, die der Browser des Benutzers unterstützt.
HTTP_ACCEPT_LANGUAGE	Enthält die Liste der Sprachen, die der Browser des Benutzers unterstützt.
HTTP_CONNECTION	Enthält Informationen über den Status der HTTP-Verbindung.
HTTP_COOKIE	Enthält Namen und Wert von Cookies, die der Browser bereitstellt.
HTTP_HOST	Enhält den Domain-Namen oder die IP-Adresse aus der Adressleiste des Browsers.
HTTP_REFERER	Enthält die URI, von der auf das Skript zugegriffen wurde.
HTTP_USER_AGENT	Enthält die Identifikation des Browsers.
PATH_INFO	Enthält die Zeichenkette bis zum ? einer URI.
PATH_TRANSLATED	Wie PATH_INFO, nur in physischen Pfad umgesetzt.
QUERY_STRING	Enthält die Zeichen nach dem ? einer URI.
REMOTE_ADDR	Enthält die IP des Benutzers.
REMOTE_HOST	Enthält den Hostname des Benutzers.
REMOTE_IDENT	Enthält Protokollinformationen.
REMOTE_PORT	Enthält den Port des Benutzers, über den er auf das Skript zugreift.
REMOTE_USER	Enthält den Benutzernamen bei einer HTTP-Authentifizierung.
REQUEST_METHOD	Enthält die Aufruf-Methode (POST oder GET).
REQUEST_URI	Enthält die Aufruf-URI des Skripts inklusive der Daten.

Tabelle 40.2 CGI-Umgebungsvariablen

Variablenname	Erklärung
SCRIPT_NAME	Enthält den HTTP-Pfad des Skripts.
SCRIPT_FILE_NAME	Enthält den Namen des Skripts.
SERVER_ADDR	Enthält die IP-Adresse des Servers.
SERVER_ADMIN	Enthält Namen und E-Mail-Adresse des Server-Administrators.
SERVER_NAME	Enthält den Hostnamen des Servers.
SERVER_PORT	Enthält die Portnummer, über die der Webserver angesprochen wird.
SERVER_PROTOCOL	Enthält die Version des HTTP-Protokolls des Servers.
SERVER_SIGNATURE	Enthält die Webserver-Signatur.
SERVER_SOFTWARE	Enthält den Namen des Webservers.

Tabelle 40.2 CGI-Umgebungsvariablen (Forts.)

40.3 Zusammenfassung

- SSI ermöglicht das Einbinden dynamischen Inhalts durch ein HTML-Dokument.
- SSI-Anweisungen werden innerhalb von Kommentaren notiert.
- Mit SSI lassen sich Variablen auslesen, Formatierungen der Ausgabe festlegen und Programme ausführen.
- Jeder Webserver, der CGI unterstützt, stellt entsprechende Variablen zur Verfügung.

40.4 Fragen und Übungen

1. Wie lautet die SSI-Anweisung zur Ausgabe von Variablen?
2. Wie lautet die SSI-Anweisung, um eine Datumsausgabe folgendermaßen zu formatieren: 20. Oktober 2002 / 15:51:32?
3. Schreiben Sie ein HTML-Dokument, das mit SSI alle Informationen zum Browser des Benutzers ausgibt.

TEIL 6
PHP – dynamisch und interaktiv II

Aber für was ist das gut?
– Ingenieur der Advanced Computing Systems Division
von IBM 1968 zum Microchip

41 PHP

PHP wurde ursprünglich im Herbst 1994 von Rasmus Lerdorf entwickelt und bestand anfänglich aus einer Sammlung von Perl-Skripten, die es Lerdorf ermöglichten, Zugriffe auf Webseiten zu erfassen und auszuwerten. Die Abkürzung PHP stand damals für »**P**ersonal **H**ome **P**age Tools«.

Als Rasmus Lerdorf jedoch mehr Funktionalität benötigte, entwickelte er Mitte 1995 den ersten Parser und nannte das Paket PHP/FI Version 2. FI ist die Abkürzung für »**F**orm **I**nterpreter«. Bereits diese Version verfügte über große Ähnlichkeiten mit PHP, wie es heute verwendet wird. Es existierten bereits Variablen, Formularvariablen wurden automatisch interpretiert (FI = engl. *form interpreter*), und die Version beherrschte eine in HTML eingebettete Syntax. Zwar wies die Syntax große Affinitäten mit Perl auf, sie war jedoch sehr viel einfacher strukturiert. **PHP/FI**

Bis 1997 erfuhr PHP/FI immer wieder Verbesserungen und Änderungen und wurde mittlerweile auf ca. 50.000 Servern eingesetzt (ca. 1 % Marktanteil). Zu diesem Zeitpunkt war es allerdings noch immer ein Ein-Mann-Projekt.

Dies änderte sich 1997, als Zeev Suraski und Andi Gutmans den Parser vollständig neu programmierten, da ihnen PHP/FI zu schwach für die Entwicklung ihrer eigenen E-Commerce-Applikationen war. Sie einigten sich mit Lerdorf, und der neue Parser wurde als PHP 3.0 – nach 9 Monaten Testphase – Mitte 1998 freigegeben. Ende 1998 fand sich PHP 3.0 auf ca. 10 % der weltweiten Webserver. **PHP 3.0**

Im Mai 2000 wurde dann PHP 4.0 freigegeben, das auf der neuen Scripting-Engine Zend (gebildet aus den Vornamen Zeev und Andi) basierte. Viele Erweiterungen fanden Einzug in die neue Version, z. B. eine stark verbesserte Leistung, HTTP-Sessions und neue Sprachkonstrukte. Diese Verbesserungen wurden entsprechend honoriert, was dazu führte, dass auf ca. 20 % der Domains PHP installiert wurde und ca. 100.000 Entwickler mit PHP arbeiteten. Inzwischen wird PHP mit dem rekursiven Akronym »PHP: Hypertext Preprocessor« aufgelöst. **Zend**

Zum Zeitpunkt der Drucklegung dieses Buches liegt PHP in der finalen Version 4.4.2 und 5.1.4 vor. Mehr Informationen zu PHP 5 erhalten Sie in Kapitel 50, *PHP 5 – Was ist neu?* **PHP 5**

41.1 Das erste PHP-Skript

PHP funktioniert ähnlich wie Perl, jedoch mit einem gravierenden Unterschied: PHP kann, ähnlich wie JavaScript, in HTML-Dokumente eingebettet werden. Die Einbettung ist jedoch nicht zwingend erforderlich. PHP kann genauso gut verwendet werden, um HTML-Code zu erzeugen.

PHP-Tags

Bei beiden Varianten – Einbettung in den Code und das Erzeugen des Codes – werden die Start- und Ende-Tags für die Skripts gleich verwendet. PHP-Quellcode wird immer zwischen den Tags

```
<?php
```

und

```
?>
```

notiert, egal, ob eine Verwendung innerhalb eines HTML-Dokuments oder als eigenständiges Skript erfolgt.

```
<html>
  <head>
    <title>Listing 1.1</title>
  </head>
  <body>
    <?php
      echo "Hallo WorldWideWeb!";
    ?>
  </body>
</html>
```

Listing 41.1 Erstes PHP-Skript

Das PHP-Skript aus Listing 41.1 ist ein Beispiel für PHP-Code, der in ein HTML-Dokument eingebettet wurde. Kopieren Sie dieses Skript in eine neue Datei, und speichern Sie es im Dokumentenverzeichnis Ihres Webservers ab.

[x] Beachten Sie, dass Sie als Dateiendung **.php** wählen müssen, auch wenn das Skript äußerlich einem HTML-Dokument gleicht. In einigen Fällen kann es auch sein, dass die Endung der Datei **.php3** oder **.php4** lauten muss. Dies hängt von der Webserver-Konfiguration ab. Häufig kommt auch die Endung **.phtml** oder **.phtm** zum Einsatz.

Den Grund dafür werde ich Ihnen im nachfolgenden Kapitel 42, *Variablen und Operatoren*, noch genauer erläutern. Zurück zum Listing 41.1: Alles, was außerhalb des Tag-Paares `<?php` und `?>` notiert wurde, wird als normaler HTML-Code interpretiert und ganz normal im Browser ausgegeben. Alles, was innerhalb des PHP-Tag-Paares notiert wurde, wird als PHP-Code interpretiert und entsprechend vom PHP-Interpreter verarbeitet. Die Anweisung

```
echo "Hallo WorldWideWeb!";
```

weist den Interpreter an, die Ausgabe `Hallo WorldWideWeb!` zu erzeugen. Der Befehl `echo` erzeugt also eine Ausgabe. Nach `echo` kann entweder eine feste Zeichenkette (wird in doppelten oder einfachen Anführungsstrichen notiert) oder eine Variable folgen. Anschließend wird die vollständige Anweisung mit einem Strichpunkt bzw. Semikolon abgeschlossen (;).

Rufen Sie das Listing 41.1 nun in Ihrem Browser auf. Die Ausgabe des Skripts sollte folgendermaßen aussehen:

```
Hallo WorldWideWeb!
```

Herzlichen Glückwunsch, dies war Ihr erstes PHP-Skript.

41.2 PHP und die Dateiendungen

Was hat es aber mit der Endung **.php** auf sich? Genauso wie die Endungen **.htm** oder **.html** eine Datei als HTML-Dokument ausweisen, definiert die Endung **.php** eine Datei als PHP-Skript. Wenn nun PHP-Code in einem HTML-Dokument eingebettet wurde, muss dem Webserver klar gemacht werden, dass innerhalb dieses Dokuments spezielle Anweisungen enthalten sind, die vor der Übertragung der Datei an den Browser interpretiert werden müssen. Andernfalls würde der PHP-Code einfach mit dem Rest an den Browser gesendet werden. Damit kann der Benutzer freilich nicht viel anfangen.

Verknüpfung mit PHP-Interpreter

Damit der Server nun aber den richtigen Interpreter wählt, müssen Sie die Endung **.php** verwenden. In der Regel ist diese Dateiendung mit dem PHP-Interpreter verknüpft, der sich dann um die Ausführung des PHP-Codes und die anschließende Ausgabe im Browser kümmert. Der Interpreter kann nun anhand der PHP-Tags erkennen, ob es sich um HTML-Code oder um PHP-Code handelt.

Im Fall des Listing 41.1 findet er zu Beginn lediglich HTML-Code und sendet diesen ohne Umwege an den Browser. Erst wenn er auf das Tag `<?php` stößt, beginnt seine eigentliche Aufgabe. Den nachfolgenden Code interpretiert er nun als PHP-Code und führt die Anweisungen entsprechend aus; und zwar so lange, bis er auf das Tag `?>` stößt. Alles, was danach folgt, wird wieder als HTML-Code bewertet und direkt zum Browser gesendet.

Dies bedeutet jedoch nicht, dass das PHP-Tag-Paar nur einmal in einer Datei verwendet werden darf. Ein Beispiel:

```
<html>
  <head>
    <title>Listing 1.2</title>
  </head>
  <body>
    <?php
```

```
  echo "Hallo WorldWideWeb!";
?>
<?php
  echo "</body></html>";
?>
```

Listing 41.2 Mehrere PHP-Tag-Paare in einem Skript

Der Unterschied zum Listing 41.1 liegt im zweiten PHP-Tag-Paar. Anstatt einfach den restlichen HTML-Code im Browser auszugeben, erfolgt dies mit der `echo`-Anweisung. Das Ergebnis beider Listings (sowohl Listing 41.1 als auch Listing 41.2) ist das gleiche, wobei das Listing 41.2 eher unsinnig ist.

41.3 PHP in eigenen Dateien

Wie bereits erwähnt wurde, kann ein PHP-Skript auch lediglich aus PHP-Code bestehen. Der HTML-Code muss dann aber mit der `echo`-Anweisung ausgegeben werden.

```
<?php
  echo "<html>";
  echo "<head>";
  echo "<title>Listing 1.3</title>";
  echo "</head>";
  echo "<body>";
  echo "Hallo WorldWideWeb!";
  echo "</body>";
  echo "</html>";
?>
```

Listing 41.3 PHP-Skript, das ausschließlich PHP-Code enthält

[x] Anders als Perl sendet PHP automatisch den korrekten MIME-Typ an den Browser, also `text/html`. Sie müssen diesen Header nur dann ausgeben, wenn die nachfolgenden Daten nicht zu einem HTML-Dokument, sondern zu einer Grafik oder Ähnlichem gehören.

In Listing 41.3 wird das gesamte HTML-Dokument mit PHP ausgegeben. Auch bei diesem Beispiel fehlt der praktische Nutzen. Es verdeutlicht aber, dass auch in einem solchen PHP-Skript das PHP-Tag-Paar notiert werden muss, da der Interpreter sonst den reinen Quelltext an den Browser sendet.

Würden Sie die Tags `<?php` und `?>` aus dem Listing 41.3 entfernen, sähe die Ausgabe im Browser folgendermaßen aus:

```
echo ""; echo ""; echo ""; echo ""; echo "";
echo "Hallo WorldWideWeb!"; echo ""; echo "";
```

41.4 Quellstrukturierung und Kommentare

Auch in PHP ist eine vernünftige Quellstrukturierung und -kommentierung äußerst wichtig. Der Grund dafür dürfte mittlerweile hinlänglich bekannt sein.

Zwei einzeilige Kommentararten

Kommentieren können Sie in PHP auf drei Arten, entweder einzeilig oder mehrzeilig. Für einzeilige Kommentare notieren Sie einfach zwei Schrägstriche //. Alles was nach diesen beiden Schrägstrichen bis zum Zeilenende folgt, wird dann als Kommentar interpretiert und vom PHP-Interpreter ignoriert. Anstelle der Schrägstriche können Sie aber auch das Raute-Zeichen # verwenden.

Eine mehrzeilige Kommentarart

Für mehrzeilige Kommentare müssen Sie /* und */ verwenden. Dabei kennzeichnet /* den Beginn eines mehrzeiligen Kommentars und */ das Ende des Kommentars.

```
echo "Hallo WordWideWeb!"; // ein einzeiliger Kommentar
echo "Hallo Welt!";        /* Mehrzeiliger
                              Kommentar */
echo "Hallo Alle!";        # ebenfalls einzeiliger Kommentar
```

41.5 Textausgabe

In vielen Fällen ist die Ausgabe von Text mit der echo-Anweisung ungenügend, gerade in Bezug auf Zeilenumbrüche. Zwar können Sie einen optischen Zeilenumbruch im Browser mit dem Element br bewirken; wenn Sie aber Text ausgeben möchten, der mit dem pre-Element formatiert werden soll, hat das br-Element keinerlei Auswirkungen.

Zeilenumbrüche

Dafür benötigen Sie das Steuerzeichen \n. Dies erzeugt im Quelltext des HTML-Dokuments einen Zeilenumbruch (n = engl. *new line* = dt. *neue Zeile*). An welcher Stelle Sie das Steuerzeichen notieren, ist egal.

```
echo "Hallo Welt!\n";
```

Die Anweisung erzeugt einen im Browser nicht sichtbaren Zeilenumbruch nach der Zeichenkette Hallo Welt!.

```
echo "<pre>Hallo \n Welt!</pre>";
```

Diese Anweisung hingegen erzeugt sowohl im Quelltext als auch im Browser einen sichtbaren Zeilenumbruch.

print-Anweisung

Analog zur echo-Anweisung können Sie auch die print-Anweisung verwenden. Sowohl die Syntax als auch die Wirkungsweise beider Anweisungen sind gleich. Die Anweisung print kommt noch aus den Anfangszeiten von PHP, woran auch die Abstammung von Perl deutlich wird.

```
echo "Hallo Welt!<br>";
print "Hallo Welt!<br>";
```

Die Ausgabe lautet:

```
Hallo Welt!
Hallo Welt!
```

41.5.1 Formatierte Textausgabe

Anders sieht es bei der Funktion `printf` aus. Sie ist stark an die C-Syntax[1] angelehnt. Mit dieser Funktion ist es möglich, Daten für die Ausgabe speziell zu formatieren. Vor allem bei der Ausgabe von Zahlenwerten ist dies hilfreich.

Dabei wird die Ausgabe mit Hilfe von Platzhaltern gesteuert.

```
int printf(string format [, mixed args…])
```

Die Formatierungszeichenkette mit den Platzhaltern wird als erster Parameter an die Funktion übergeben, und anschließend folgen die einzelnen Daten. Die Formatierung kann dabei sowohl normalen Text als auch die Platzhalter enthalten.

Platzhalter	Erklärung
%b	Binäre Darstellung von Ganzzahlen
%c	Konvertiert eine Ganzzahl in das Zeichen, dessen ASCII-Code sie entspricht
%d	Darstellung einer Ganzzahl als Dezimalzahl
%e	Fließkommazahl in Exponentialdarstellung
%f	Fließkommadarstellung
%o	Darstellung einer Ganzzahl als Oktalzahl
%s	Darstellung als Zeichenkette (String)
%x, %X	Darstellung einer Ganzzahl in Hexadezimaldarstellung, entweder in Kleinbuchstaben (%x) oder Großbuchstaben (%X)

Tabelle 41.1 Platzhalter zur Formatierung mit der Funktion printf

Hier sehen Sie ein Beispiel für die unterschiedlichen Ausgabeformatierungen:

```
<?php
  printf("Bin&auml;r: %b<br>",167);
  printf("ASCII: %c<br>",167);
  printf("Dezimal: %d<br>",167);
  printf("Exponential: %e<br>",167);
  printf("Fließkomma: %.2f<br>",167);
  printf("Oktal: %o<br>",167);
  printf("Zeichenkette: %s<br>",167);
  printf("Hexadezimal: %x<br>",167);
  printf("Hexadezimal: %X<br>",167);
?>
```

Listing 41.4 Formatierte Ausgabe von Daten

1 PHP hat seine Wurzeln auch in der Programmiersprache C.

Im Browser erzeugt das Listing 41.4 die folgende Ausgabe:

```
Binär: 10100111
ASCII: §
Dezimal: 167
Exponential: 1.67000
Fließkomma: 167.00
Oktal: 247
Zeichenkette: 167
Hexadezimal: a7
Hexadezimal: A7
```

41.6 Alternative PHP-Tags

Neben der Verwendung der Tags `<?php` und `?>` können Sie noch weitere Schreibweisen verwenden.

Bei der Kurzform werden die Tags `<?` und `?>` verwendet.

```
<? echo "Hallo Welt!"; ?>
```

Die Langform verwendet das HTML-Element `script` zur Einbindung von Skripts.

```
<script language="php">
  echo "Hallo Welt!";
</script>
```

Bei der ASP-Form werden die Tags `<%` und `%>` verwendet, die normalerweise bei **A**ctive **S**erver **P**ages Anwendung finden.

```
<% echo "Hallo Welt!"; %>
```

Sowohl die Kurzform als auch die ASP-Form müssen nicht mit jeder PHP-Installation funktionieren, da dies nur Optionen sind, die in der Datei **php.ini** unter Umständen aktiviert werden müssen. Bei den meisten Providern haben Sie jedoch keinen Zugriff auf diese Datei. Aus diesem Grund sollten Sie die bisher verwendete Form `<?php ... ?>` benutzen. [x]

41.7 Zusammenfassung

- PHP-Code kann sowohl in HTML eingebettet als auch in eigenen Dateien notiert werden.
- Generell müssen Sie PHP-Tags verwenden, innerhalb derer der PHP-Code notiert wird. Die gängigste Variante ist `<?php ... ?>`.
- Ausgaben können mit den Anweisungen `echo` oder `print` oder mit der Funktion `printf` erfolgen.

- Einzeilige Kommentare werden durch `//` eingeleitet, und mehrzeilige Kommentare werden von `/*` und `*/` umgeben.
- Die Endung eines PHP-Skripts sollte **.php** lauten.

41.8 Fragen und Übungen

1. Worin besteht der Unterschied zwischen der Anweisung `echo` und der Funktion `printf` für die Ausgabe im Browser?
2. Mit welchem Steuerzeichen können Sie im HTML-Quelltext einen Zeilenumbruch erzeugen?
3. Schreiben Sie ein PHP-Skript, das ein vollständiges HTML-Dokument erzeugt und zusätzlich eine Überschrift der 1. Ordnung mit dem Text »Dynamische Webseiten mit PHP« ausgibt. Strukturieren Sie den HTML-Quelltext mit Zeilenumbrüchen.

Die Leute, die glauben, dass sie Computer hassen,
hassen in Wirklichkeit nur die schlechten Programmierer.
– Larry Niven

42 Variablen und Operatoren

42.1 Variable

Wie prinzipiell jede Programmiersprache, die ernst genommen werden will, verfügt auch PHP über die Möglichkeit, Variablen verwenden zu können. Variablen kennzeichnen einen Speicherbereich, in dem während der Ausführung des Programms Werte gespeichert werden können.

Variablentyp

In den meisten Sprachen muss vor der Verwendung einer Variablen jedoch festgelegt werden, von welchem Typ diese Variable sein soll. So z. B. in Perl: Dort wird der Typ der Variablen durch ein vorangestelltes Zeichen identifiziert (`$` für Skalare, `@` für Listen und `%` für Hashes). Diese Unterscheidung existiert in PHP jedoch nicht. Hier beginnen alle Variablen mit dem Dollarzeichen `$`, gefolgt von einer beliebigen Zeichenkette. Erst durch die Verwendung und die Zuweisung eines Wertes definiert sich der Typ der Variablen.

42.1.1 Variablen bezeichnen

Um einer Variablen einen Namen zu geben, können Sie sowohl die Buchstaben von a bis z und von A bis Z verwenden und die Zahlen von 0 bis 9 als auch den Unterstrich _. Zusätzlich dürfen Sie auch Zeichen verwenden, die dem ASCII-Code 127 bis 255 entsprechen. Von der Nutzung dieser Zeichen würde ich allerdings abraten, da sie in verschiedenen Editoren unterschiedlich dargestellt werden können.

Außerdem sind Variablennamen in PHP *case sensitive*, d. h. es wird zwischen Groß- und Kleinschreibung unterschieden.

```
$VAR = "Er";
$var = "Sie";
$vaR = "Es";
echo "$VAR, $var, $vaR";
```

Dieses Beispiel würde im Browser die Ausgabe `Er, Sie, Es` erzeugen, da bei allen drei Zuweisungen unterschiedliche Variablen angesprochen werden – trotz gleich klingender Namen.

Nach dem Dollarzeichen $ darf übrigens nur ein Buchstabe oder der Unterstrich folgen, um einen gültigen Namen für eine Variable zu vergeben.

```
$abc123 = "abc und 123"; // gültig, da Buchstabe am Anfang
$_abc = "ABC";           // gültig, da Unterstrich am Anfang
$1_abc = "Ein ABC";      // ungültig, da Zahl am Anfang
$töterö = "Elefant";     // gültig, da ö dem ASCII-Code 246 entspricht
```

42.2 Datentypen

Variablen in PHP definieren sich also durch den ihnen zugewiesenen Wert. Welche Datentypen es im Einzelnen gibt, soll nun in diesem Kapitel genauer betrachtet werden.

PHP unterscheidet generell zwischen acht primitiven Datentypen.

- Integer
- Float (auch Double genannt)
- Boolean
- String
- Array
- Object
- Resource
- NULL

42.2.1 Integer

Unter den primitiven Datentyp Integer fallen alle Ganzzahlen, egal ob es sich um Dezimalzahlen, Oktalzahlen oder auch hexadezimale Zahlen handelt. Durch unterschiedliche Schreibweisen bei der Wertzuweisung entscheidet sich dann, welches Zahlensystem zum Einsatz kommt.

```
$x = 1024;
$x = -512;
```

Bei einer solchen Zuweisung wird das dezimale Zahlensystem genutzt. Dabei darf der Wert positiv oder negativ sein. Die maximale Größe einer solchen Zahl ist plattformabhängig. Üblich ist jedoch eine Größe von 32 Bit (2^{32}).

```
$x = 0123;    // Dezimal = 83
```

Bei dieser Schreibweise wird die Zahl als oktal interpretiert und der Variablen `$x` zugewiesen. Auch bei Oktalzahlen ist ein negativer und positiver Wertebereich erlaubt. Oktalzahlen werden immer durch eine führende `0` definiert.

```
$x = 0xFF;     // Dezimal = 255
$x = 0x99;     // Dezimal = 153
```

Dies ist die Schreibweise für eine hexadezimale Zahl. Hexadezimale Zahlen werden immer durch das Präfix `0x` definiert.

42.2.2 Fließkommazahl

Fließkommazahlen werden in der Regel auch als »Floatingpoint« oder kurz »Float« bezeichnet. Mögliche Schreibweisen sind:

```
$x = 1.024;
$x = 1.2e6;
$x = 5E-10;
```

> Auch die Größe einer Fließkommazahl ist plattformabhängig. In der Regel ist sie jedoch auf 64 Bit mit einer Genauigkeit von 14 Nachkommastellen festgelegt. [x]

42.2.3 Boolean

Variablen des Typs Boolean sind Wahrheitswerte und können entweder den Wert `TRUE` oder `FALSE` erhalten.

```
$x = TRUE;
$x = FALSE;
$x = True;
$x = fALSE;
```

Ob Sie `TRUE` bzw. `FALSE` nun groß- oder kleinschreiben, bleibt Ihnen überlassen. Wegen der besseren Lesbarkeit des Quelltextes wird in der Regel aber die Großschreibung verwendet.

> Wenn Sie den Wert eines Booleans ausgeben möchten, müssen Sie beachten, dass `TRUE` als 1 und `FALSE` als leere Zeichenkette ausgegeben wird. [x]

42.2.4 String

Strings sind Zeichenketten, und wie in vielen Skriptsprachen üblich können Sie sich aussuchen, ob Sie doppelte oder einfache Anführungszeichen verwenden.

```
$x = "Hallo";     // doppelte Anführungszeichen
$x = 'Hallo';     // einfache Anführungszeichen
```

Es gibt jedoch einen Unterschied. Wenn Sie doppelte Anführungszeichen verwenden, werden Variablen, die innerhalb einer Zeichenkette notiert wurden, automatisch aufgelöst.

```
$x = 5;
echo "Es ist nun $x Tage her, dass...";
```

Dieses Beispiel würde die Ausgabe

```
Es ist nun 5 Tage her, dass...
```

erzeugen. Die Variable `$x`, die innerhalb der Zeichenkette notiert wurde, ist also durch ihren Wert ersetzt worden. Dagegen würde das Beispiel

```
$x = 5;
echo 'Es ist nun $x Tage her, dass...';
```

die Ausgabe

```
Es ist nun $x Tage her, dass...
```

erzeugen. Möchten Sie nun aber auch Anführungszeichen im Browser ausgeben, kann dies zu Problemen führen. Würden Sie das folgende Beispiel ausprobieren

```
echo 'I'll be back';
```

quittiert Ihnen PHP dies mit einer Fehlermeldung. Nun haben Sie zwei Möglichkeiten, das Problem zu lösen: Entweder verwenden Sie doppelte Anführungszeichen oder das Escape-Zeichen `\`.

```
echo "I'll be back";
echo 'I\'ll be back';
```

Beides sind akkurate Lösungen. Um wiederum das Escape-Zeichen auflösen zu können, müssen Sie zwei Backslashes hintereinander notieren.

```
echo "Alle Daten auf Laufwerk C:\\ löschen?";
// Ausgabe: Alle Daten auf Laufwerk C:\ löschen?
```

Bei der Verwendung von doppelten Anführungszeichen kennt PHP jedoch noch mehr Escape-Sequenzen.

Sequenz	Erklärung
\n	Zeilenumbruch
\r	Wagenrücklauf
\t	Tabulator
\"	Doppeltes Anführungszeichen
\$	Dollarzeichen
\\	Backslash

Tabelle 42.1 Escape-Sequenzen bei Verwendung von doppelten Anführungszeichen

Bei einfachen Anführungszeichen kennt PHP nur die Escape-Sequenzen `\\` und `\'`.

[x] Wenn Sie versuchen, abhängig davon, welche Anführungszeichen Sie benutzen, eine andere als die erlaubte Escape-Sequenz zu verwenden, wird der Backslash mit ausgegeben.

42.2.5 Nützliche Funktionen

Mit der Funktion `isset` können Sie überprüfen, ob eine Variable existiert.

```
bool isset(mixed var)
```

Wenn die Variable existiert, liefert die Funktion `TRUE` zurück, andernfalls `FALSE`.

Die Funktion `unset` hingegen löscht eine Variable, und zwar nicht nur den Wert, sondern die vollständige Variable.

```
void unset(mixed var)
```

Ab PHP 4 gibt diese Funktion keinen Wert mehr zurück. In PHP 3 lieferte sie immer ein `TRUE` zurück.

```
$x = 5;
echo isset($x);  //Gibt 1 aus
unset($x);
echo isset($x); // Gibt nichts aus, da isset() FALSE zurück gibt
```

Auch die Funktion `gettype` ist unter Umständen sehr hilfreich. Sie ermittelt den Typ einer Variablen und gibt eine entsprechende Zeichenkette zurück.

```
$x = 5;
echo "Die Variable \$x ist vom Typ ";
echo gettype($x);
```

Die Ausgabe lautet:

```
Die Variable $x ist vom Typ integer
```

42.2.6 Typumwandlung

Neben der automatischen Typendefinition können Sie mit speziellen Anweisungen auch eine explizite Typumwandlung vornehmen.

Der gewünschte Datentyp wird dann in runden Klammern nach dem Zuweisungsoperator = notiert.

```
$x = "5";
echo gettype($x);
$x = (int) $x;
echo gettype($x);
```

Folgende Zieldatentypen sind erlaubt:

Datentyp	Erklärung
int, integer	Umwandlung in Ganzzahl
string	Umwandlung in Zeichenkette
float, double, real	Umwandlung in Fließkommazahl

Tabelle 42.2 Zieldatentypen für eine explizite Typumwandlung

Datentyp	Erklärung
array	Umwandlung in Array
object	Umwandlung in Objekt

Tabelle 42.2 Zieldatentypen für eine explizite Typumwandlung (Forts.)

```
$x = 5.123;
echo gettype($x);
$x = (string) $x;
echo gettype($x);
```

42.3 Arrays

Arrays sind Anordnungen von Variablen. Das zugehörige Äquivalent in Perl sind Listen und Hashes, wobei in PHP diese beiden Typen vereint sind. Aus diesem Grund unterscheidet man auch zwischen drei Array-Gruppen: **einfache Arrays**, **assoziative Arrays** und **mehrdimensionale Arrays**.

Einfache Arrays

Einfache Arrays bestehen aus einer bestimmten Menge von Variablen, die durch einen Index angesprochen werden. Dies kann sowohl bei der Wertzuweisung als auch beim Zugriff erfolgen.

```
$staedte[0] = "Berlin";
$staedte[1] = "Hamburg";
$staedte[2] = "Bremen";
$staedte[3] = "Stuttgart";
```

Die Ausgabe eines Wertes eines Arrays erfolgt dann über den Index, z. B.:

```
echo $staedte[2];
```

Bei der Definition eines Arrays können Sie den Index auch auslassen. Alle neuen Einträge im Array werden dann automatisch mit 0 beginnend indiziert.

```
$staedte[] = "Berlin";
$staedte[] = "Hamburg";
$staedte[] = "Bremen";
$staedte[] = "Stuttgart";
```

Analog sind auch die folgenden Schreibweisen möglich, ohne Festlegung eines bestimmten Index:

```
$staedte = array("Berlin","Hamburg","Bremen","Stuttgart");
```

Wollen Sie auch bei dieser Schreibweise explizit einen Index festlegen, müssen Sie den Index notieren, gefolgt von => und anschließend dem Wert.

```
$staedte = array(1 => "Berlin",
                 2 => "Hamburg",
```

```
                  0 => "Bremen",
                  3 => "Stuttgart");
```

Assoziative Arrays verwenden anstelle einer Indexnummer einen so genannten Schlüssel.

Assoziative Arrays

```
$laender["DE"] = "Deutschland";
$laender["FR"] = "Frankreich";
$laender["ES"] = "Spanien";
$laender["CH"] = "Schweiz";
```

Dementsprechend ist auch wieder eine kürzere Schreibweise möglich.

```
$laender = array("DE" => "Deutschland",
                 "FR" => "Frankreich",
                 "ES" => "Spanien",
                 "CH" => "Schweiz");
```

Der Zugriff auf ein Element eines assoziativen Arrays erfolgt dann über den Schlüssel, z. B.:

```
echo $laender["DE"];
```

Solche Arrays enthalten prinzipiell weitere Arrays und werden durch die Angabe mehrere Indizes angesprochen. Stellen Sie sich dazu einfach eine Tabelle vor, die in Spalten und Zeilen unterteilt ist.

Mehrdimensionale Arrays

```
$tabelle["A"][1] = "Berlin";
$tabelle["B"][2] = "Hamburg";
$tabelle["C"][1] = "Bremen";
$tabelle["D"][3] = "Stuttgart";
```

Zum Auslesen eines Wertes eines mehrdimensionalen Arrays verwenden Sie wieder die Indizes, z. B.:

```
echo $tabelle["D"][3];
```

42.4 Resource und NULL

Resource und `NULL` sind zwei sehr spezielle Datentypen, die Sie sicherlich nicht sehr oft verwenden werden.

Variablen vom Typ Resource sind Referenzen auf eine externe Datenquelle wie z. B. eine Datenbank. Sie dienen dazu, Zugriffe auf Datenbanken und ähnliche Datenquellen zu erleichtern, indem für jeden offenen Zugriff eine Variable des Typs Resource definiert wird und die ID des Zugriffs in dieser Variablen gespeichert wird. Nur dadurch ist es z. B. möglich, auf zwei Datenbanken gleichzeitig zuzugreifen.

Resource

Verwechseln Sie den Datentyp `NULL` nicht mit dem Wert 0 (denn die Zahl 0 ist ein Wert). `NULL` ist nämlich ein Wert, dem »nichts« entspricht. Selbst ein leerer Wert ist

NULL

immer noch ein Wert, denn er besitzt einen Zustand, nämlich leer. Das folgende Beispiel soll dies verdeutlichen.

```
$a = 5;
echo isset($a);
$a = NULL;
echo isset($a);
```

Die Zuweisung von `NULL` an `$a` endet mit dem gleichen Effekt wie die Anweisung

```
unset($a);
```

[x] Die Schreibweise von `NULL` ist übrigens egal, es sind sowohl `NULL` als auch `null`, `Null` oder `nUlL` möglich. Der Übersichtlichkeit halber sollten Sie `NULL` aber groß schreiben.

42.5 Operatoren

Auch PHP kennt eine Menge unterschiedliche Operatoren wie z. B. logische Operatoren oder arithmetische Operatoren. Diese Operatoren sind übrigens stark an Perl und C angelehnt, was wieder einmal die Verwandtschaft zu diesen Sprachen zeigt.

42.5.1 Arithmetische Operatoren

Arithmetische Operatoren dienen zur Berechnung bzw. Verknüpfung von Zahlenwerten.

Operator	Rechenart	Beispiel	Ergebnis
+	Addition	$x = 5 + 3;	Summe 8
-	Subtraktion	$x = 10 – 5;	Differenz 5
*	Multiplikation	$x = 2 * 2;	Produkt 4
/	Division	$x = 32 / 2;	Quotient 16
%	Modulo	$x = 13 % 7;	Rest 6

Tabelle 42.3 Arithemtische Operatoren in PHP

Der Ergebnistyp einer Division ist im Übrigen immer vom Typ Fließkommazahl, auch wenn die beiden Operanden vom Typ Ganzzahl sind. Nur durch die explizite Typumwandlung mit `int` oder `integer` erhalten Sie eine Ganzzahl.

```
$x = 13 / 7;
$x = (int) $x;
$y = 13 % 7;
echo "13 geteilt 7 ist gleich $x Rest $y";
```

Die Ausgabe lautet:

```
13 geteilt 7 ist gleich 1 Rest 6
```

Die Verkettung von arithmetischen Operatoren ist auch möglich, wobei die Regel Punkt-vor-Strich-Rechnung zum Tragen kommt.

```
$x = 2 + 2 * 2;       // Ergebnis = 6
$x = 50 / 10 + 40;    // Ergebnis = 45
```

Die Punkt-vor-Strich-Rechnung lässt sich jedoch auch durch das Setzen von runden Klammern beeinflussen.

```
$x = (2 + 2) * 2;     // Ergebnis = 8
```

Damit auch in PHP nicht solche Schreibweisen wie

```
$x = $x + 1;
```

verwendet werden müssen, um den Wert von `$x` um 1 zu inkrementieren, können Sie die kürzere Schreibweise

```
$x++;
```

verwenden. Dies ist natürlich auch beim Dekrementieren möglich:

```
$x = $x - 1
```

oder kürzer:

```
$x--;
```

Es gibt auch eine allgemeinere Verkürzung bei der Verwendung von arithmetischen Operatoren. Konstrukte wie

```
$x = $x + 5;
$y = $y * 3;
$z = $z / 10;
$xyz = $xyz - 30;
```

lassen sich auch folgendermaßen schreiben:

```
$x +=  5;
$y *=  3;
$z /=  10;
$xyz -=  30;
```

42.5.2 Vergleichsoperatoren

Mit Hilfe von Vergleichsoperatoren ist es möglich, zwei Werte miteinander zu vergleichen. In dieser Hinsicht besticht PHP durch seine Einfachheit. Während in Perl zwischen dem Vergleich von Zahlenwerten und Zeichenketten unterschieden werden muss, können Sie dies in PHP getrost ignorieren.

Das Ergebnis eines Vergleiches ist immer vom Typ Boolean.

Vergleich	Operator	Beispiel	Ergebnis
Sind die Werte gleich?	==	1 == 1	Wahr
Sind die Werte gleich?	==	1 == 1.0	Wahr
Sind die Werte gleich?	==	1 == 2	Unwahr
Sind die Werte und Typen identisch?	===	1 === 1	Wahr
Sind die Werte und Typen identisch?	===	1 === 2	Unwahr
Sind die Werte und Typen identisch?	===	1 === "1"	Unwahr
Sind die Werte ungleich?	!=	1 != 2	Wahr
Sind die Werte ungleich?	!=	1 != 1	Unwahr
Sind die Werte ungleich?	<>	1 <> 2	Wahr
Sind die Werte ungleich?	<>	1 <> 1	Unwahr
Sind die Werte oder Typen nicht identisch?	!===	1 !== "A"	Wahr
Sind die Werte oder Typen nicht identisch?	!===	1 !== 2	Unwahr
Ist der linke Wert kleiner?	<	1 < 3	Wahr
Ist der linke Wert kleiner?	<	3 < 1	Unwahr
Ist der linke Wert größer?	>	3 > 2	Wahr
Ist der linke Wert größer?	>	2 > 3	Unwahr
Ist der linke Wert kleiner oder gleich?	<=	1 <= 2	Wahr
Ist der linke Wert kleiner oder gleich?	<=	2 <= 2	Wahr
Ist der linke Wert kleiner oder gleich?	<=	3 <= 1	Unwahr
Ist der linke Wert größer oder gleich?	>=	5 >= 2	Wahr
Ist der linke Wert größer oder gleich?	>=	5 >= 5	Wahr
Ist der linke Wert größer oder gleich?	>=	3 >= 5	Unwahr

Tabelle 42.4 Vergleichsoperatoren in PHP

[×] Zusätzlich gibt es noch den Trinitätsoperator, der bei den Vergleichsoperatoren eine Sonderrolle spielt. Er entspricht einem einfachen Entweder-oder-Vergleich.
Die Syntax lautet:

```
(ausdruck1) ? (ausdruck2) : (ausdruck3);
```

Ist das Ergebnis des ersten Ausdrucks `TRUE`, wird der zweite Ausdruck zurückgegeben. Ist das Ergebnis des ersten Ausdrucks `FALSE`, wird der dritte Ausdruck zurückgegeben.

Ein Beispiel:

```
$x = 5;
$a = ($x == 5) ? "f&uuml;nf" : "nicht f&uuml;nf";
echo $a;
```

42.5.3 Zeichenkettenoperatoren

Es gibt eigentlich nur einen Zeichenkettenoperator bzw. zwei, wenn man die Kurzschreibweise des Operators hinzuzählt. Um zwei Zeichenketten miteinander verbinden zu können, müssen Sie den Konkatenationsoperator . verwenden.

```
$str1 = "Hallo ";
$str2 = "Welt!";
$str3 = $str1 . $str2;
echo $str3;
```

Die Ausgabe lautet:

```
Hallo Welt!
```

Mit der Kurzschreibweise .= können Sie folgende Konstrukte

```
$str = "Hallo ";
$str = $str . "Welt!";
```

durch folgende Schreibweise ersetzen:

```
$str = "Hallo ";
$str .= "Welt!";
```

42.5.4 Logische Operatoren

Die logischen Operatoren dienen zur Verknüpfung mehrerer Teilausdrücke.

```
($a == 5) AND ($b == 3)
```

UND-Verknüpfung

Der AND-Operator verbindet zwei Teilausdrücke und liefert TRUE, wenn beide Teilausdrücke TRUE sind. Alternativ können Sie für AND auch && verwenden.

```
($a == 5) OR ($b == 3)
```

ODER-Verknüpfung

Der OR-Operator verbindet zwei Teilausdrücke in der Form, dass das Ergebnis TRUE ist, sobald einer der beiden Teilausdrücke TRUE ist. Alternativ können Sie für OR auch || verwenden.

```
($a == 5) XOR ($b == 3)
```

ENTWEDER-ODER

Nur wenn einer der beiden Teilausdrücke TRUE ist, ist das Ergebnis TRUE. Sind beide Teilausdrücke TRUE oder FALSE, ist auch das Ergebnis FALSE.

```
!($a == 5)
```

Negierung

Der !-Operator negiert einen Ausdruck. Das Ergebnis lautet TRUE, wenn $a == 5 FALSE ist.

Auch logische Operatoren unterliegen einer Rangordnung wie z. B. +, –, * und /. Auch hier können Sie mit runden Klammern die Priorität der einzelnen Operatoren beeinflussen. So hat nämlich auch der &&-Operator Vorrang vor dem ||-Operator, und auch der AND-Operator hat Vorrang vor dem OR-Operator. Jedoch haben die symbolischen Operatoren (&& und ||) wiederum Vorrang vor den literalen (AND und OR) Operatoren.

Beispiel:

```
$a == 5 OR $b == 3 AND $c = 4
  // TRUE, wenn $c gleich 4 und $b gleich $ ODER $a gleich 5
($a == 5 OR $b == 3) AND $c = 4
  // TRUE, wenn $c gleich 4 UND $a gleich 5 oder $b gleich 3
```

42.6 Zusammenfassung

- Alle Variablen in PHP werden durch $-Zeichen eingeleitet.
- Variablen können vom Typ Boolean, Integer, Fließkommazahl, String, Array, Object, Resource oder NULL sein.
- Bei Arrays interscheidet man einfache, assoziative und mehrdimensionale Arrays.
- Resource-Variablen werden z. B. für Datenbankverbindungen verwendet.
- NULL ist ein Datentyp, dem »nichts« entspricht.

42.7 Fragen und Übungen

1. Welche Operatoren stehen für arithmetische Operationen zur Verfügung (mathematische Berechnungen)?
2. Welche Vergleichsoperatoren gibt es?
3. Welche Zeichen dürfen Sie bei der Namensgebung von Variablen verwenden?
4. Ist der Bezeichner `$tätääa` erlaubt?

Willst Du den Charakter eines Menschen erkennen, so gib ihm Macht.
– Abraham Lincoln, Präsident der USA (1861–65)

43 Programmsteuerung

43.1 if-Bedingung

Mit einer `if`-Bedingung können Sie die Ausführung von Quellcode von einer Bedingung abhängig machen.

```
if([Ausdruck])
{
  [Anweisungsblock]
}
```

Ist das Ergebnis des Ausdrucks `TRUE`, werden die in den geschweiften Klammern notierten Anweisungen ausgeführt.

```
if($passwort == "geheim")
{
  echo "Passwort korrekt!";
}
```

Der Anweisungsblock wird nur dann ausgeführt, wenn die Zeichenkette, die in der Variablen `$passwort` gespeichert ist, der Zeichenkette `geheim` entspricht.

[x]

Soll nach einer Bedingungsprüfung mit `if` nur eine einzelne Anweisung ausgeführt werden, müssen Sie die geschweiften Klammern nicht explizit notieren. Die Anweisung könnte also auch folgendermaßen aussehen:

```
if($passwort == "geheim") echo "Passwort korrekt!";
```

Dies ist aber nur erlaubt, da lediglich eine Anweisung ausgeführt wird. Bei mehreren auszuführenden Anweisungen müssen Sie die geschweiften Klammern setzen.

Bedingung nicht erfüllt

Um auch den Fall behandeln zu können, bei dem das Ergebnis des Ausdrucks `FALSE` ist, müssen Sie nach dem Anweisungsblock `else` und einen zweiten Anweisungsblock notieren. Die geschweiften Klammern sind in diesem Fall Pflicht.

```
if([Ausdruck])
{
  [if-Anweisungsblock]
}
```

```
else
{
  [else-Anweisungsblock]
}
```

Ist also das Ergebnis des Ausdrucks `TRUE`, wird der `if`-Anweisungsblock und bei `FALSE` der `else`-Anweisungsblock ausgeführt.

```
if($passwort == "geheim")
{
  echo "Passwort korrekt!";
}
else
{
  echo "Passwort NICHT korrekt!";
}
```

Gelegentlich kann es auch erforderlich sein, bei einem `FALSE`-Ergebnis des Ausdrucks einen zweiten Ausdruck zu überprüfen. In diesem Fall wird `elseif` verwendet.

```
if([Ausdruck1])
{
  [if-Anweisungsblock]
}
elseif([Ausdruck2])
{
  [elseif-Anweisungsblock]
}
...
```

Nur wenn das Ergebnis von `Ausdruck1` `FALSE` und das Ergebnis von `Ausdruck2` `TRUE` ist, wird der `elsif`-Anweisungsblock ausgeführt. Auf diese Art und Weise lässt sich eine `if`-Bedingung beliebig erweitern. Auch die Verwendung von `else` ist dann erlaubt, jedoch erst zum Schluss des gesamten Konstrukts.

```
if($a > 0) {
  echo "\$a ist gr&ouml;ßer als 0";
} elseif($a == 0) {
  echo "\$a ist gleich 0";
} else {
  echo "\$a ist kleiner als 0";
}
```

43.2 do...while-Schleife

Die `do...while`-Schleife gehört zur Gruppe der nachprüfenden Schleifen. Dies bedeutet, dass eine `do...while`-Schleife immer mindestens einmal durchlaufen wird.

```
do
{
  [Anweisungsblock]
} while([Ausdruck]);
```

Die `do...while`-Schleife wird so lange durchlaufen, wie das Ergebnis des Ausdrucks `TRUE` ist. Sobald das Ergebnis `FALSE` ist, wird die Schleife beendet und kein weiterer Durchlauf gestartet.

```
$i = 0;
do
{
  $i++;
  echo "Hallo Welt!<br>\n";
} while($i < 10);
```

Diese Schleife gibt so lange die Zeichenkette `Hallo Welt!` im Browser aus, wie `$i` kleiner als 10 ist – somit also 10-mal.

Ein typisches Beispiel für eine Endlosschleife ist folgendes Konstrukt:

```
do
{
  echo "abc";
} while(1);
```

Das Ergebnis des Ausdrucks ist immer `TRUE`, da 1 immer immer in den Wert `TRUE` konvertiert wird. Aus diesem Grund wird die Schleife so lange die Zeichenkette `abc` ausgeben, bis der Ablauf des PHP-Skripts durch einen externen Einfluss unterbrochen wird. Alternativ ließe sich auch die Funktion `break` verwenden, die einen Schleifenabbruch ermöglicht.

```
$i = 0;
do
{
  $i++;
  echo "abc";
  if($i > 10) break;
} while(1);
```

43.3 while-Schleife

Eine `while`-Schleife ist die einfachste Form von vorprüfenden Schleifen.

```
while([Ausdruck])
{
  [Anweisungsblock]
}
```

Bevor die Schleife überhaupt durchlaufen wird, wird der Ausdruck überprüft. Ist das Ergebnis `TRUE`, wird die Schleife so lange ausgeführt, bis das Ergebnis des Ausdrucks `FALSE` lautet.

```
$i = 0;
while($i <= 10)
{
  $i++;
  echo "$i<br>\n";
}
```

Diese Schleife gibt die Zahlen von 1 bis 10 im Browser aus. Solange `$i` also kleiner oder gleich 10 ist, wird der Anweisungsblock der Schleife durchlaufen. In diesem Anweisungsblock wird `$i` um 1 inkrementiert und anschließend ausgegeben.

43.4 for-Schleife

Die `for`-Schleife ist eine der am häufigsten verwendeten Schleifen in Programmiersprachen. Der Grund ist die einfache Notation bei hoher Flexibilität. Zu Beginn können Sie eine Zählvariable, eine Ausführungsbedingung und eine Anweisung notieren, die bei jedem Schleifendurchlauf ausgeführt wird.

```
for([Ausdruck1]; [Ausdruck2]; [Ausdruck3])
{
  [Anweisungsblock]
}
```

Einmalige Anweisung

Für `Ausdruck1` können Sie eine beliebige Bedingung notieren, die vor dem allerersten Schleifendurchlauf überprüft wird. In der Regel wird an dieser Stelle eine Variable notiert und ihr ein Wert zugewiesen.

Ausführungsbedingung

Statt `Ausdruck2` können Sie eine Bedingung notieren, die vor jedem Schleifendurchlauf überprüft wird. Ist das Ergebnis der Bedingung `TRUE`, wird die Schleife erneut durchlaufen. Bei `FALSE` wird die Schleife beendet. Hier wird in der Regel eine Bedingung in Bezug auf die in `Ausdruck1` definierte Variable notiert.

Regelmäßig auszuführende Anweisung

Eine Anweisung, die bei jedem Schleifendurchlauf ausgeführt werden soll, notieren Sie anstelle von `Ausdruck3`. Dies ist meistens eine Anweisung, die die Variable aus `Ausdruck1` inkrementiert oder dekrementiert.

```
for($i=0; $i<10; $i++}
{
  echo "$i<br>";
}
```

Diese Schleife gibt die Zahlen von 0 bis 9 im Browser aus. Somit wird die Schleife also genau 10-mal durchlaufen.

Eine kürzere Variante ist folgende:

```
for($i=0; $i<10; echo "$i<br>", $i++);
```

Auch diese Schleife gibt die Zahlen von 0 bis 9 im Browser aus. Jedoch werden sowohl die echo-Anweisung als auch die Anweisung zum Inkrementieren von $i als dritter Ausdruck notiert. Eine solch verkürzte Schreibweise sollten Sie jedoch vermeiden, da sie schwer durchschaubar und fehlerträchtig ist.

43.5 foreach-Schleife

Wie in Perl gibt es auch in PHP eine foreach-Schleife, mit der Sie über die Elemente eines Arrays iterieren können. Nur die Schreibweise unterscheidet sich von derjenigen in Perl, da in PHP Listen und Hashes bekanntermaßen unter den Typ Array fallen.

Die Syntax lautet:

```
foreach($array as $value)
{
  [Anweisungsblock]
}
```

Bei einfachen Arrays wird die oben dargestellte Syntax verwendet. Wenn Sie aber ein assoziatives Array verwenden, wollen Sie vielleicht auch den Schlüssel auslesen. In dem Fall lautet die Schreibweise folgendermaßen:

```
foreach($array as $key => $value)
{
  [Anweisungsblock]
}
```

Im ersten Syntax-Beispiel steht der Wert des gerade aktuellen Elements in der Variablen $value, im zweiten steht der Schlüssel des Arrays in der Variablen $key und der Wert in $value zur Verfügung. Wie Sie nun die Variablen im Einzelnen genau nennen, das bleibt Ihnen überlassen. Im Anweisungsblock können Sie dann mehrere Anweisungen notieren. Anstelle von $array müssen Sie natürlich den richtigen Bezeichner des Arrays notieren, das Sie abarbeiten möchten.

```
$zahlen = array(1,2,3,4,5,6);
foreach($zahlen as $zahl)
{
  echo "$zahl<br>\n";
}
```

Wert auslesen

Dieses Beispiel würde nun über alle Elemente des Arrays $zahlen iterieren und den Wert des gerade aktuellen Elements in der Variablen $zahl speichern. Anschließend wird $zahl im Browser ausgegeben.

```
$laender = array("DE" => "Deutschland",
                 "FR" => "Frankreich",
                 "ES" => "Spanien",
                 "CH" => "Schweiz");
foreach($laender as $kuerzel => $name)
{
  echo "Das Länderkuerzel von $name lautet $kuerzel<br>\n";
}
```

Schlüssel und Wert auslesen

Auch dieses Beispiel liest nacheinander alle Elemente des Arrays `$laender` aus. Allerdings liest es sowohl den Schlüssel als auch den Wert aus. Der Schlüssel wird in der Variablen `$kuerzel` und der Wert in der Variablen `$name` zur Verfügung gestellt. Beide Variablen werden anschließend mit einer `echo`-Anweisung im Browser ausgegeben.

Mehrdimensionale Arrays auslesen

Bei mehrdimensionalen Arrays müssen Sie ein wenig aufmerksamer vorgehen, da Sie mehrere `foreach`-Schleifen verschachteln müssen. Nehmen Sie einmal an, Ihr mehrdimensionales Array verfügt über zwei Dimensionen, dann müssten Sie auch entsprechend zwei `foreach`-Schleifen verschachteln.

```
$mehrdim[0][0] = 4;
$mehrdim[0][1] = 5;
$mehrdim[1][0] = 41;
$mehrdim[1][1] = 51;
foreach($mehrdim as $v1)
{
  foreach($v1 as $v2)
  {
    echo "$v2<br>\n";
  }
}
```

Da die Elemente des Arrays `$mehrdim` in der ersten Ordnung ebenfalls Arrays sind, wird in der Variablen `$v1` immer ein Array gespeichert. Mit einer weiteren `foreach`-Schleife werden nun alle Elemente dieses Arrays abgearbeitet. Das gerade aktuelle Element steht dann in der Variablen `$v2` zur Verfügung. Da es keine weiteren Dimensionen gibt, können Sie `$v2` einfach im Browser ausgeben.

43.6 switch-Anweisung

Mit einer `switch`-Anweisung können Sie das Verketten mehrerer `if`-Anweisungen umgehen, da eine Variable zur Überprüfung angegeben wird und anschließend mehrere mögliche Fälle notiert werden sowie entsprechende Anweisungen, die in einem solchen Fall ausgeführt werden sollen.

```
switch(mixed)
{
```

```
  case value1: [Anweisungsblock];
  case value2: [Anweisungsblock];
  case valueN: [Anweisungsblock];
  default: [Anweisungsblock];
}
```

Als `mixed` können Sie eine beliebige Variable notieren. Die Anweisung `case` leitet einen neuen Fall ein, und hinter ihr wird der Wert notiert, der diesem Fall entspricht. Nach dem Doppelpunkt folgen dann die Anweisungen. Jetzt ergibt sich eine Besonderheit. Wenn nach dem Anweisungsblock für den einen Fall keine weiteren Anweisungen ausgeführt werden sollen, müssen Sie `break` notieren, damit der Schleifendurchlauf beendet wird. Andernfalls werden auch die Anweisungsblöcke der nachfolgenden Fälle ausgeführt – und zwar so lange, bis eine `break`-Anweisung oder das Ende des `switch`-Anweisungsblocks folgt.

Falls die Variable über einen Wert verfügt, der in keinem Fall bearbeitet wird, wird der Anweisungsblock des Falles `default` ausgeführt.

Im nachstehenden Beispiel ist `$i` eine Variable des Typs Integer.

```
switch($i)
{
  case 0:
    echo "\$i hat den Wert 0<br>\n";
    break;
  case 1:
    echo "\$i hat den Wert 1<br>\n";
    break;
  case 2:
    echo "\$i hat den Wert 2<br>\n";
    break;
  default:
    echo "\$i ist weder 0, 1 oder 2<br>\n";
    break;
}
```

Je nachdem, über welchen Wert `$i` nun verfügt, wird eine entsprechende Ausgabe im Browser erzeugt. Nach der Ausgabe wird der `switch`-Anweisungsblock verlassen.

```
switch($i)
{
  case 0: echo "\$i hat den Wert 0<br>\n";
  case 1: echo "\$i hat den Wert 1<br>\n";
  case 2: echo "\$i hat den Wert 2<br>\n";
}
```

Ohne die `break`-Anweisungen würden in dem Fall, dass `$i` den Wert 0 besitzt, alle drei `echo`-Anweisungen ausgeführt werden, bei dem Wert 1 nur die beiden letzten Anweisungen und bei 2 nur die letzte Anweisung.

```
switch($str)
{
  case "Hallo":
    echo "\$str hat den Wert Hallo<br>\n";
    break;
  case "Welt":
    echo "\$str hat den Wert Welt<br>\n";
    break;
  default:
    echo "unbekannter Wert<br>\n";
    break;
}
```

[x] Wie Sie in diesem Beispiel sehen können, ist auch die Überprüfung einer Zeichenkette möglich. Denken Sie immer an die Anführungszeichen, und verwenden Sie am besten immer doppelte Anführungszeichen. So können Sie dann auch auf Escape-Sequenzen wie z. B. `\n` (neue Zeile) überprüfen.

43.7 Einbinden von Dateien

Sehr oft wird in PHP die Möglichkeit verwendet, externe Dateien während der Laufzeit mit in das PHP-Skript einzubinden. Solche Dateien sind häufig PHP-Skripts, in denen Konfigurationsvariablen definiert wurden. Der Vorteil liegt auf der Hand: Änderungen müssen nur einmal zentral in einer Datei vorgenommen werden und nicht in mehreren Dateien.

Zum Einbinden von Dateien stehen Ihnen zwei Varianten zur Verfügung:

- Mit der Funktion `require` wird eine eingebundene Datei ausgeführt und eingebunden sowie ein schwerer Fehler ausgelöst, sobald es zu Problemen beim Einbinden der Datei kommt. Das einbindende Skript wird in diesem Fall sofort beendet.
- Mit der Funktion `include` wird ebenfalls eine Datei ausgeführt und eingebunden, aber nur eine Warnung ausgegeben, sobald es zu Problemen beim Einbinden der Datei kommt. Das einbindende Skript wird in diesem Fall NICHT sofort beendet.

[x] Beide Funktionen arbeiten im Prinzip gleich und unterscheiden sich nur in der Behandlung von Fehlern. Am sichersten ist die Verwendung von `require`, da mögliche Codefragmente nicht im Browser ausgegeben werden und es so auch nicht zu möglichen Schäden an Datenbanken kommen kann. Das ist ein Sicherheitsaspekt, den Sie auf jeden Fall beachten sollten.

Die Datei **autos.php**:

```
<?php
  $autos = array("BWZ Z4","VW Golf","Porsche Boxster");
?>
```

Die Datei **autos_zeigen.php**:

```
<?php
  require("autos.php");
  foreach($autos as $auto)
  {
    echo "$auto<br>\n";
  }
?>
```

Dieses Beispiel würde nun die in der Datei **autos.php** an das Array `$autos` zugewiesenen Werte ausgeben, wenn während des Einbindens der Datei **autos.php** kein Fehler auftritt. Ein Fehler wäre z. B., wenn die Datei nicht vorhanden wäre. Dies würde zu einem sofortigen Programmabbruch führen.

Wäre die Datei **autos.php** mit `include` eingebunden worden, hätte dies zwar auch einen Fehler erzeugt, es würden anschließend aber noch mehr Fehlermeldungen folgen, da auch das Array `$autos` nicht definiert wurde, auf das aber explizit zugegriffen werden soll.

PHP-Tags nicht vergessen

Da der PHP-Interpreter beim Einbinden von Dateien wieder in den HTML-Modus schaltet, muss PHP-Code in einer einzubindenden Datei innerhalb von gültigen PHP-Tags notiert werden. Wenn das Ende der Datei erreicht ist, schaltet der Compiler wieder zurück in den PHP-Modus.

43.8 Schleifen steuern

Die Anweisung `break` sollte Ihnen nun bekannt sein. Sie beendet einen aktuellen Schleifendurchlauf. Unabhängig davon, ob die Anweisung in einer `for`- oder `foreach`-Schleife oder in einer `switch`-Anweisung notiert wird, führt die Ausführung der `break`-Anweisung dazu, dass die Schleife vollständig beendet oder dass der Anweisungsblock verlassen wird.

Überspringen

Zusätzlich gibt es noch die Anweisung `continue`. In einer Schleife bewirkt ihre Ausführung, dass der gerade aktuelle Schleifendurchlauf übersprungen wird, d. h. er wird beendet und der nächste wird eingeleitet.

```
$zahlen = array(1,2,3,4,5,6);
foreach($zahlen as $zahl)
{
  if($zahl == 4) continue;
  echo "$zahl<br>\n";
}
```

Dieses Beispiel würde die Zahlen 1, 2, 3, 5 und 6 im Browser ausgeben, da die Ausgabe der Zahl 4 mit der `continue`-Anweisung übersprungen wird.

43.9 Alternative Syntax

Anstelle der geschweiften Klammern können Sie auch eine andere Schreibweise für die in diesem Kapitel vorgestellten Kontrollstrukturen `if`, `while`, `for`, `foreach` und `switch` verwenden. Die öffnende Klammer wird dabei durch einen Doppelpunkt und die schließende entweder durch `endif`, `endwhile`, `endfor`, `endforeach` oder `endswitch` ersetzt.

43.9.1 if

Die bekannte Schreibweise lautet:

```
if($a == 5) {
  echo "\$a ist gleich 5";
} elseif($a < 5) {
  echo "\$a ist kleiner 5";
} else {
  echo "\$a ist größer 5";
}
```

Und die Alternative lautet:

```
if($a == 5):
  echo "\$a ist gleich 5";
elseif($a < 5):
  echo "\$a ist kleiner 5";
else:
  echo "\$a ist ungleich 5";
endif;
```

43.9.2 while

Die bekannte Schreibweise lautet:

```
$i = 0;
while($i < 5)
{
  echo "$i<br>\n";
  $i++;
}
```

Und die Alternative lautet:

```
$i = 0;
while($i < 5):
  echo "$i<br>\n";
  $i++;
endwhile;
```

43.9.3 for

Die bekannte Schreibweise lautet:

```
for($i=0; $i<5; $i++)
{
  echo "$i<br>\n";
}
```

Und die Alternative lautet:

```
for($i=0; $i<5; $i++):
  echo "$i<br>\n";
endfor;
```

43.9.4 foreach

Die bekannte Schreibweise lautet:

```
$zahlen = array(1,2,3,4,5,6);
foreach($zahlen as $zahl)
{
  echo "$zahl<br>\n";
}
```

Und die Alternative lautet:

```
$zahlen = array(1,2,3,4,5,6);
foreach($zahlen as $zahl):
  echo "$zahl<br>\n";
endforeach;
```

43.9.5 switch

Die bekannte Schreibweise lautet:

```
switch($i)
{
  case 0: echo "\$ gleich 0<br>\n"; break;
  case 1: echo "\$ gleich 1<br>\n"; break;
  default: echo "\$ weder 0 noch 1<br>\n"; break;
}
```

Und die Alternative lautet:

```
switch($i):
  case 0: echo "\$ gleich 0<br>\n"; break;
  case 1: echo "\$ gleich 1<br>\n"; break;
  default: echo "\$ weder 0 noch 1<br>\n"; break;
endswitch;
```

43.10 Zusammenfassung

- Vorprüfende Schleifen und Bedingungen sind `if`, `while`, `for` und `foreach`.
- Es gibt nur eine nachprüfende Schleife, und dies ist die `do...while`-Schleife.
- Bei vorprüfenden Schleifen und Bedingungen kann es passieren, dass der Anweisungsblock nie durchlaufen wird.
- Bei nachprüfenden Schleifen wird der Anweisungsblock mindestens einmal ausgeführt.
- Mit den Anweisungen `break` und `continue` können Sie Schleifen explizit steuern.
- Für `if`, `while`, `for`, `foreach` und `switch` gibt es zur normalen immer noch eine alternative Syntax.

43.11 Fragen und Übungen

1. Was ist der Unterschied zwischen einer `for`- und einer `foreach`-Schleife?
2. Wann würden Sie eine `if`-Bedingung und wann eine `switch`-Anweisung verwenden?
3. Schreiben Sie eine `for`-Schleife, die die Zahlen von 1 bis 10 im Browser ausgibt.
4. Schreiben Sie die `for`-Schleife aus Aufgabe 3 mit der anderen Syntax (entweder normale oder alternative Syntax).
5. Schreiben Sie ein PHP-Skript, das eine andere Datei einbindet, in der ein assoziatives Array definiert wurde. Anschließend sollen sowohl die Schlüsselnamen als auch die Werte im Browser ausgegeben werden.

My guess is that object-oriented programming will be in the 1980s what structured programming was in the 1970s. Everyone will be in favour of it. Every manufacturer will promote his products as supporting it. Every manager will pay lip service to it. Every programmer will practice it (differently). And no one will know just what it is.
– T. Rentsch

44 Funktionen, Objekte und Klassen

44.1 Objekte

So wie es die objektorientierte Programmierung in JavaScript gibt, ist sie auch in PHP verfügbar. Objekte sind Datenstrukturen aus Funktionen und Variablen. Die Funktionen werden Methoden und die Variablen werden Eigenschaften genannt. Ein Objekt ist eine Instanz einer Klasse.

Implementierung ist einfacher

Die Implementierung von objektorientierter Programmierung (OOP) ist in PHP jedoch sehr viel genauer und einfach besser als in JavaScript. Obwohl es auch in Perl OOP gibt, werden Sie in einem Perl-Skript selten darauf stoßen. Bei PHP-Skripts ist das anders. Dies mag vor allem daran liegen, dass die OOP in PHP sehr einfach umgesetzt wurde und man ohne Probleme schnell und effektiv eigene Klassen programmieren und diese auch einsetzen kann.

44.2 Funktionen

Um jedoch eigene Klassen programmieren zu können, die nicht nur aus Eigenschaften bestehen, werde ich Ihnen nun erklären, wie in PHP eine Funktion definiert wird. Die Definition unterscheidet sich übrigens kaum von der in JavaScript. Mit dem Schlüsselwort `function` wird die Definition eingeleitet, gefolgt vom Namen der Funktion. Auch wenn Sie an die Funktion keine Parameter übergeben möchten, müssen Sie anschließend zwei runde Klammern notieren. In geschweiften Klammern folgt anschließend der Anweisungsblock der Funktion.

```
function funktions_name()
{
  [Anweisungsblock]
}
```

Funktionen bezeichnen

Erlaubte Zeichen für den Funktionsnamen sind alle Buchstaben von a bis z und von A bis Z, die Zahlen von 0 bis 9, der Unterstrich »_« und Zeichen, deren ASCII-Code im Bereich von 127 bis 255 liegt, wobei ich Ihnen auch hier wieder empfehlen würde, auf die Zeichen mit den ASCII-Codes von 127 bis 255 zu verzichten. Dabei muss das erste Zeichen entweder ein Buchstabe oder der Unterstrich sein. Somit ergeben sich die folgenden erlaubten Funktionsnamen:

```
eineFunktion     // korrekt, da erstes Zeichen Buchstabe
eine_funktion    // korrekt, da Unterstrich erlaubt ist
tötteröö         // korrekt, da ö den ASCII-Code 246 hat
funktion123      // korrekt, da Zahl nicht erstes Zeichen
_funktion123_ab  // korrekt, da Unterstrich erlaubt ist
```

Nicht erlaubt sind hingegen Funktionsnamen wie:

```
123funktion        // falsch, da erstes Zeichen Zahl
1_abc              // falsch, da erstes Zeichen Zahl
abc funktion       // falsch, wegen Leerzeichen
irgendein-_Name123 // falsch, da Minuszeichen nicht erlaubt
```

[×] Seit PHP 4 ist es zwar erlaubt, Funktionen an irgendeiner Stelle im Skript zu definieren und dann entsprechend darauf zuzugreifen, aber in PHP 3 mussten Funktionen noch definiert werden, bevor im Code darauf zugegriffen werden konnte. Sie sollten aufgrund der Kompatibilität also zuerst die Funktionen definieren und anschließend darauf zugreifen.

Im Anweisungsblock können Sie nun beliebige Anweisungen notieren, Sie müssen aber trotzdem auf die allgemeinen Notationsregeln achten.

```
<?php
  function drucke()
  {
    echo "Die Funktion drucke wurde aufgerufen!";
  }
  drucke();
?>
```

Listing 44.1 Eine Funktion in PHP

Die Funktion `drucke()` gibt bei einem Aufruf einen Text im Browser aus. Auch wenn Sie an eine Funktion keine Parameter übergeben oder keine Parameter erwarten, müssen Sie sowohl bei der Definition als auch beim Aufruf das runde Klammernpaar mit notieren.

Wenn Sie einer Funktion bei ihrem Aufruf einen oder mehrere Parameter übergeben möchten, müssen Sie dies vorher festlegen. Die allgemeine Syntax lautet:

```
function funktionsname($arg_1, $arg_2, ..., $arg_n)
{
  [Anweisungsblock]
}
```

Das folgende Beispiel soll dies verdeutlichen:

```
<?php
  function quadrat_zahl($zahl)
  {
    $quadrat = $zahl * $zahl;
    echo "Das Quadrat von $zahl lautet $quadrat";
  }
  quadrat_zahl(5);
?>
```

Listing 44.2 Berechnung der Quadratzahl mit einer Funktion

Zuerst wird die Funktion `quadrat_zahl()` definiert, die eine Zahl als Argument bzw. Parameter erwartet. Innerhalb der Funktion wird das Quadrat dieser Zahl errechnet und im Browser ausgegeben.

Werte zurückgeben

Genauso gut könnte die Funktion das Ergebnis der Berechnung auch zurückgeben. Dafür benötigen Sie die Anweisung `return`. Nach `return` wird dann die Variable notiert, die zurückgegeben werden soll.

```
<?php
  function quadrat_zahl($zahl)
  {
    $quadrat = $zahl * $zahl;
    return $quadrat;
  }
  $ergebnis = quadrat_zahl(5);
  echo "Das Quadrat von 5 lautet $ergebnis";
?>
```

Listing 44.3 Rückgabewert einer Funktion

Bei dem Aufruf der Funktion `quadrat_zahl()` wird eine Zahl als Parameter übergeben. Die Funktion berechnet nun das Quadrat dieser Zahl und gibt sie mit der Anweisung `result` zurück. Bei einem Aufruf wird der Rückgabewert mit dem Zuweisungsoperator an die Variable `$ergebnis` übergeben. Anschließend folgt die Ausgabe dieser Variablen im Browser.

44.3 Klassen

Klassen sind die Basis eines jeden Objekts. Eine Instanz einer Klasse ist also ein Objekt. Der Grundaufbau von Klassen ist sehr einfach.

```
class klassenname
{
  [Variablendeklaration]
  [Funktionsdeklaration]
}
```

Für den Namen einer Klasse gelten die gleichen Regeln wie für Funktionen. Anders als in einem normalen PHP-Skript werden die verwendeten Variablen innerhalb einer Klasse zuvor bekannt gemacht. Dies geschieht mit der Anweisung `var`. Sie definiert eine Variable, ohne diese zwingend mit einem Wert zu versehen. Eine so definierte Variable ist dann später eine Eigenschaft des instanziierten Objekts.

Funktionen innerhalb von Klassen werden ganz normal, wie in Abschnitt 44.2, *Funktionen*, erklärt, definiert. Sie bilden später die Methoden des instanziierten Objekts.

```
<?php
  class fahrzeug
  {
    var $hersteller;
    var $typ;
    var $farbe;

    function drucke()
    {
      echo "$this->hersteller $this->typ in $this->farbe";
    }

    function aendere_farbe($neue_farbe)
    {
      $this->farbe = $neue_farbe;
    }
  }
?>
```

Listing 44.4 Eine Klassendefinition in PHP

In Listing 44.4 wird die Klasse `fahrzeug` definiert. Diese Klasse kennt drei Eigenschaften: `$hersteller`, `$typ` und `$farbe`. Außerdem kennt die Klasse zwei Methoden: `drucke()` und `aendere_farbe()`.

Die Funktion `drucke()` soll bei ihrem Aufruf die drei Eigenschaften des Objekts im Browser ausgeben. Dafür wird ein spezielles Objekt namens `$this` verwendet. Da Sie vorher nie wissen können, wie ein Objekt bezeichnet wurde, müssen Sie das Objekt `$this` verwenden. Dieses Objekt entspricht immer dem gerade aktuellen und ermöglicht den Zugriff auf alle Eigenschaften und Methoden des aktuellen Objekts. Um auf eine Eigenschaft oder eine Methode zugreifen zu können, folgt nach `$this` der Operator `->` und anschließend entweder der Name der Eigenschaft (ohne das Dollarzeichen `$`) oder der Name der Methode (inklusive der runden Klammern).

44.4 Objekte instanziieren

Um ein Objekt von einer Klasse ableiten zu können, müssen Sie die Anweisung `new` verwenden.

```
$objektname = new klassenname;
```

Bei der Klasse `fahrzeug` beispielsweise könnte das Instanziieren einer neuen Klasse folgendermaßen aussehen:

```
$f = new fahrzeug;
```

und der Zugriff auf die Eigenschaften und Methoden des Objekts `$f` so:

```
$f->hersteller = "Ferrari";
$f->typ = "F355 Berlinetta";
$f->farbe = "gelb";
$f->drucke();
```

Genau dies wird im folgenden Beispiel demonstriert. Die Klasse `fahrzeug` wurde in der Datei **class_fahrzeug.php** definiert.

```
<?php

  require("class_fahrzeug.php");

  $f = new fahrzeug;
  $f->hersteller = "Ferrari";
  $f->typ = "F355 Berlinetta";
  $f->farbe = "gelb";
  $f->drucke();

?>
```

Listing 44.5 Instanziierung eines Objekts in PHP

Die Ausgabe dieses Beispiels lautet:

```
Ferrari F355 Berlinetta in gelb
```

44.5 Konstruktoren

Funktionen, die innerhalb einer Klasse definiert wurden und den gleichen Namen wie die Klasse selbst tragen, werden Konstruktoren genannt. Der Vorteil dieser Konstruktoren ist es, dass sie bei jeder Instanziierung eines Objekts aufgerufen werden. So können Sie schon beim Erzeugen des Objekts z. B. Parameter an ein Objekt übergeben und diese verarbeiten.

Im folgenden Beispiel wurde die Klasse `fahrzeug` um einen Konstruktor erweitert.

```
<?php
  class fahrzeug
  {
    var $hersteller;
    var $typ;
```

```
    var $farbe;

    function fahrzeug($in_hersteller, $in_typ, $in_farbe)
    {
      $this->hersteller = $in_hersteller;
      $this->typ = $in_typ;
      $this->farbe = $in_farbe;
    }

    function drucke()
    {
      echo "$this->hersteller $this->typ in $this->farbe";
    }

    function aendere_farbe($neue_farbe)
    {
      $this->farbe = $neue_farbe;
    }
  }
?>
```

Listing 44.6 Klasse mit Konstruktor

Beim Erzeugen eines neuen Objekts werden nun alle drei Eigenschaften mit initialisiert, indem die einzelnen Werte für die Eigenschaften hinter dem Namen der Klasse notiert werden.

```
$f = new fahrzeug("Ferrari","F355 Berlinetta","gelb");
$f->drucke();
```

Dieser Aufruf würde dann auch die Ausgabe

```
Ferrari F355 Berlinetta in gelb
```

erzeugen.

44.6 Vererbungslehre

Sie können neue Klassen von Klassen ableiten. So wie ein Kind gewisse Eigenschaften von seinen Eltern erbt, erbt dann auch die abgeleitete Klasse die Eigenschaften und Methoden seiner Elternklasse. Der Unterschied: In der OOP haben abgeleitete Klassen nur ein Elternteil. Das Schlüsselwort zum Ableiten einer Klasse lautet `extends`. Dies wird nach dem Klassennamen notiert, gefolgt von dem Namen der Klasse, von der die neue Klasse abgeleitet werden soll.

Beispiel An einem Beispiel werde ich Ihnen dies verdeutlichen. Als Elternklasse dient dabei die Klasse `person`.

```
class person
{
  var $vorname;
  var $nachname;

  function drucke()
  {
    echo "$this->vorname $this->nachname<br>\n";
  }
}
```

Diese Klasse verfügt lediglich über zwei Eigenschaften: `$vorname` und `$nachname` und über eine Methode namens `drucke()`.

Nun wird eine neue Klasse namens `kunde` definiert, die von der Klasse `person` abgeleitet wird.

```
class kunde extends person
{
  var $strasse;
  var $ort;
  var $kundennr;

  function kunde($nachname, $vorname)
  {
    $this->vorname = $vorname;
    $this->nachname = $nachname;
  }

  function drucke()
  {
    echo "$this->kundennr<br>\n";
    person::drucke();
    echo "$this->strasse<br>\n";
    echo "$this->ort";
  }
}
```

Die Klasse `kunde` verfügt nun sowohl über die beiden Eigenschaften `$vorname` und `$nachname` der Klasse `person` als auch über die Eigenschaften `$strasse`, `$ort` und `$kundennr`. Außerdem verfügt die Klasse `kunde` über einen Konstruktor, der zwei Eigenschaften initialisiert.

Was aber ist mit der Methode `drucke()`? Diese wurde in der Klasse `person` und in der Klasse `kunde` definiert. Sehen Sie sich die Definition der Methode `drucke()` in der Klasse `kunde` genauer an. Zuerst wird die Kundennummer ausgegeben:

```
echo "$this->kundennr<br>\n";
```

Danach folgt die Anweisung:

```
person::drucke().
```

Bereichsauflösungsoperator

Die beiden Doppelpunkte `::` werden **Bereichsauflösungsoperator** oder auf Englisch *Scope-Operator* genannt. Mit ihm können Sie auf die Methode `drucke()` der Elternklasse (`person`) zugreifen. Sie erkennen also, dass beide `drucke()`-Methoden koexistieren, nur jeweils in einem anderen Bereich. Die eine Methode existiert in `person` und die andere in `kunde`. Durch den Bereichsauflösungsoperator können Sie nun auf die `drucke()`-Methode der Elternklasse zugreifen, indem Sie zuerst den Namen der Klasse, den Operator `::` und zum Schluss den Namen der Methode notieren. Die beiden letzten Zeilen der `drucke()`-Methode der Klasse `kunde` geben nun den Rest der Anschrift aus.

44.7 Zusammenfassung

- Eine Klasse ist eine Sammlung von Variablen und Funktionen, die zusammengefasst werden, ähnlich wie die einzelnen Elemente eines Arrays.
- Variablen und Funktionen einer Klasse sind Eigenschaften und Methoden eines Objekts.
- Objekte werden durch die Anweisung `new` instanziiert.
- Konstruktoren sind Funktionen, die den gleichen Namen wie die Klasse selbst aufweisen.
- Mit der Anweisung `extends` kann eine neue Klasse von einer bereits existierenden Klasse abgeleitet werden. Die neue Klasse erbt dabei alle Eigenschaften und Methoden der Elternklasse.

44.8 Fragen und Übungen

1. Definieren Sie eine Klasse namens `einkaufswagen`. Diese Klasse soll eine Variable namens `$artikel` erhalten. Die Variable soll ein assoziatives Array sein.
2. Fügen Sie der Klasse eine Funktion mit dem Namen `artikel_hinzufuegen` hinzu, der zwei Parameter übergeben werden sollen. Der erste soll eine Artikelnummer sein, und der zweite Parameter soll eine Zahl enthalten, die der Anzahl der Artikel entspricht, die hinzugefügt werden. Verwenden Sie die Artikelnummer als Schlüssel und die Anzahl als Wert. Achten Sie darauf, dass ein Artikel mit dieser Artikelnummer bereits vorhanden sein kann und entsprechend erweitert werden muss.
3. Fügen Sie eine weitere Funktion mit dem Namen `artikel_entfernen` hinzu, die ebenfalls zwei Parameter übergeben bekommt. Dies sind die Artikelnummer und die Anzahl der Artikel, die entfernt werden sollen. Die Artikelnummer ist wieder der Schlüssel und die Anzahl der Wert. Verringern Sie die Artikelanzahl entsprechend.
4. Eine weitere Funktion mit dem Namen `anzeigen` soll nun alle Artikel mit der Artikelnummer und der Anzahl im Browser ausgeben.

Mit einem kurzen Schweifwedeln kann ein Hund mehr Gefühl ausdrücken als mancher Mensch mit stundenlangem Gerede.
– Louis Armstrong, amerikanischer Jazzmusiker

45 Standardfunktionen

Wie schon Perl stellt auch PHP eine Menge Funktionen von Haus aus zur Verfügung. Einige dieser Funktionen werden Sie häufig benötigen, andere seltener.

45.1 Zeichenkettenfunktionen

Neben den Möglichkeiten, Zeichenketten in Groß- oder Kleinbuchstaben umzuwandeln, können Sie noch weitere Umwandlungen an Zeichenketten vornehmen, um sie HTML-gerecht ausgeben zu können.

45.1.1 Groß- und Kleinschreibung

Großbuchstaben

Die Funktion `strtoupper` wandelt eine als Parameter übergebene Zeichenkette in Großbuchstaben um. Sie gibt die umgewandelte Zeichenkette als Rückgabewert zurück.

```
string strtoupper(string string)
```

Kleinbuchstaben

Das Gegenteil, die Umwandlung aller Zeichen in Kleinbuchstaben, übernimmt die Funktion `strtolower`. Auch sie gibt die umgewandelte Zeichenkette als Rückgabewert zurück.

```
string strtolower(string string)
```

Ein Beispiel:

```
$str = "Zeichenkette, welche auch ä's, ö's und ü's enthält<br>\n";
echo $str;
$str = strtoupper($str);
echo $str;
$str = strtolower($str);
echo $str;
```

Die Ausgabe im Browser sieht folgendermaßen aus:

```
Zeichenkette, welche auch ä's, ö's und ü's enthält
ZEICHENKETTE, WELCHE AUCH Ä'S, Ö'S UND Ü'S ENTHÄLT
zeichenkette, welche auch ä's, ö's und ü's enthält
```

[x] Wie Sie sehen können, haben die Funktionen nur auf Buchstaben Auswirkungen und nicht auf alle Zeichen. Beachten Sie auch immer, dass die originale Zeichenkette nicht verändert wird. Erst wenn Sie den Rückgabewert wieder der als Parameter übergebenen Variablen zuweisen, wird sie verändert.

45.1.2 Zeichenwerte

Ich bin schon häufiger in diesem Buch auf den Begriff »ASCII-Code« zu sprechen gekommen. Jedes druckbare Zeichen besitzt einen eigenen Code in der so genannten ASCII-Tabelle. Dadurch lässt sich aus einer gegebenen Zahl das entsprechende Zeichen ermitteln – und umgekehrt. In PHP stehen dafür die Funktionen `chr` und `ord` bereit. Die Funktion `chr` ermittelt den ASCII-Code eines Zeichens, und die Funktion `ord` ermittelt das Zeichen eines ASCII-Codes.

```
string chr(int ascii);
int ord(string char)
```

Ein Beispiel:

```
$code = ord("ö");
$zeichen = chr(255);
```

[x] Leider funktioniert dies in Zusammenhang mit einer HTML-Ausgabe nicht korrekt. Die Funktionen sollten also eher verwendet werden, wenn Sie schreibend oder lesend auf eine Datei zugreifen möchten.

45.1.3 Länge einer Zeichenkette

Die Länge einer Zeichenkette bzw. eines Strings können Sie mit der Funktion `strlen` ermitteln. Die Zeichenkette, deren Länge ermittelt werden soll, wird als Parameter übergeben, und die Funktion gibt dann die Anzahl an Zeichen zurück.

```
int strlen(string string)
```

Das folgende Beispiel ermittelt die Länge einer Zeichenkette und gibt jedes Zeichen in einer neuen Zeile aus:

```
$str = "Eine Zeichenkette";
$laenge = strlen($str);
for($i=0; $i<$laenge; $i++)
{
  echo $str{$i}."<br>\n";
}
```

Die Länge der Zeichenkette wird in der `for`-Schleife verwendet, um die Abbruchbedingung zu definieren. Zusätzlich kann über einen Index ein bestimmtes Zeichen einer Zeichenkette ausgegeben werden. Dafür muss lediglich die Position des Zeichens in geschweiften Klammern notiert werden.

```
$string{Index}
```

Beachten Sie, dass die Zählung bei 0 beginnt, das erste Zeichen hat also den Index 0, das zweite den Index 1 usw. Sie können Strings also prinzipiell »ein Array aus mehreren einzelnen Zeichen« nennen. [x]

45.1.4 Teilzeichenkette suchen

Mit der Funktion `strpos` können Sie nach einem Zeichen oder einer Zeichenkette in einer anderen Zeichenkette suchen.

```
int strpos(string haystack, string needle [, int offset])
```

Die Zeichenkette, in der gesucht werden soll, ist `haystack` (dt. *Heuhaufen*) und das Zeichen bzw. die Zeichenkette, nach der gesucht werden soll, ist `needle` (dt. *Nadel*). Optional können Sie noch eine Startposition übergeben, ab der gesucht werden soll.

Im folgenden Beispiel wird das Vorkommen aller `X` in einer Zeichenkette gezählt.

```
<?php
  $haystack = "AXHXLXFRXNXF";
  $xpos = 0;
  $xanz = 0;
  while(strpos($haystack,"X",$xpos) > -1)
  {
    $xpos = strpos($haystack,"X",$xpos);
    $anz++;
    $xpos++;
  }
  echo $anz;
?>
```

Listing 45.1 Verwendung von strpos, um zu zählen, wie oft ein bestimmtes Zeichen in einer Zeichenkette vorkommt

In Listing 45.1 wird die Funktion `strpos` mit einer optionalen Startposition verwendet. Damit das Vorkommen des ersten `X` nicht immer wieder gefunden wird und sich das Programm in einer Endlosschleife verfängt, muss die Position am Ende des Anweisungsblocks der `while`-Schleife um 1 inkrementiert werden.

Das Ergebnis aus Listing 45.1 ist übrigens 5.

Alternativ hätten Sie auch die Funktion `substr_count` verwenden können. Die Funktion gibt die Häufigkeit des Vorkommens der Teilzeichenkette zurück. [x]

```
int substr_count(string haystack, string needle)
```

Für das vorherige Beispiel könnte der neue Quellcode folgendermaßen lauten:

```
$haystack = "AXHXLXFRXNXF";
$anz = substr_count($haystack,"X");
echo $anz;
```

45.1.5 Teilzeichenkette auslesen

Mit der Funktion `substr` können Sie einen Teil einer Zeichenkette auslesen. Als Parameter müssen dabei die Quellzeichenkette, die Startposition und optional die Länge der auszulesenden Teilzeichenkette übergeben werden.

```
string substr(string string, int start [, int length])
```

Wenn Sie keine Länge angeben, wird eine Zeichenkette zurückgegeben, die dem Teil der Zeichenkette von der Startposition bis zum Ende der Quellzeichenkette entspricht.

```
$str = "1234567890";
$teil1 = substr($str,5);
echo $teil1;
$teil2 = substr($str,3,4);
echo $teil2;
```

Die Ausgabe dieses Beispiels lautet:

```
67890
4567
```

45.1.6 Teilzeichenkette ersetzen

Mit der Funktion `substr_replace` können Sie eine Teilzeichenkette durch eine andere ersetzen.

```
string substr_replace(string string, string replacement, int start [, int
length])
```

Als erster Parameter wird die Quellzeichenkette angegeben und als zweiter Parameter die Zeichenkette, die eingesetzt werden soll. Welche Zeichenkette ersetzt wird, hängt vom dritten und vierten Parameter ab. Geben Sie nur die Startposition an, wird eine Zeichenkette von der angegebenen Startposition bis zum Ende der Zeichenkette ersetzt; bei Angabe des vierten optionalen Parameters wird nur die tatsächlich angegebene Anzahl an Zeichen ersetzt.

Als Rückgabewert liefert die Funktion die veränderte Zeichenkette.

```
$str = "Eine Zeichenkette";
echo substr_replace($str," String",3);
```

Die Ausgabe lautet:

```
Ein String
```

Mit Angabe einer Länge sieht die Funktion so aus:

```
$str = "Eine Zeichenkette";
echo substr_replace($str,"Diese",0,4);
```

Die Ausgabe lautet:

```
Diese Zeichenkette
```

45.1.7 Zeichenkette verschlüsseln

Die Funktion `crypt` aus Perl existiert auch in PHP. Die Funktion erwartet einen, optional zwei Parameter.

```
string crypt(string soup, string salt)
```

Diese Funktion wird häufig verwendet, um einen Benutzernamen und ein Passwort zu verschlüsseln.

```
$soup = "benutzer";
$salt = "passwort";
$crypted = crypt($soup,$salt);
echo $crypted;
```

Die Ausgabe lautet:

```
paZ9xsy2hvUlw
```

[x] Bei der Verschlüsselung sind jedoch noch ein paar Dinge zu beachten. Standardmäßig wird die Methode DES zum Verschlüsseln der Strings benutzt. Da verschiedene Betriebssysteme unterschiedliche und auch mehrere Verschlüsselungsverfahren anbieten, kann es vorkommen, dass die MD5-Verschlüsselung verwendet wird. Wichtig ist dies, wenn Sie den Parameter `salt` nicht übergeben. PHP wählt dann die standardmäßig eingestellte Verschlüsselung und erzeugt einen entsprechenden Zufallsschlüssel zum Kodieren.

Der verschlüsselte String kann im Übrigen nicht entschlüsselt werden, da sowohl DES als auch MD5 Einweg-Verschlüsselungen sind.

45.2 Array-Funktionen

Bei der Verwendung von Arrays gibt es einige Funktionen, die äußerst hilfreich sein können.

45.2.1 Größe eines Arrays

Mit der Funktion `count` können Sie die Elemente eines Arrays zählen. Als Parameter erwartet die Funktion ein Array und liefert die Anzahl der Elemente zurück.

```
int count(mixed var)
```

[x] Zwar können Sie diese Funktion auch auf andere Variablentypen anwenden, da diese aber immer nur ein Element enthalten, wird immer 1 zurückgegeben – außer bei `NULL`, dort lautet der Rückgabewert 0.

```
$arr = array(1,2,3,4,5,6,7,8,9,0);
echo count($arr);
```

Dieses Beispiel gibt im Browser 10 aus, da `$arr` 10 Elemente enthält.

[x] Alternativ können Sie auch die Funktion `sizeof` verwenden. Sie ist aber lediglich ein Alias für `count`. Gedacht ist sie für Umsteiger von anderen Sprachen wie etwa C++.

45.2.2 Arrays sortieren

Die Funktion `sort` sortiert die Elemente eines Arrays entweder nach der Standardmethode oder nach der Methode, die Sie angegeben haben.

```
bool sort(array array[, int sort_flag])
```

Für `sort_flag` können Sie einen der folgenden Werte einsetzen:

- `SORT_REGULAR` – normale Sortierung (Standard)
- `SORT_NUMERIC` – numerische Sortierung
- `SORT_STRING` – alphanumerische Sortierung

Das folgende Beispiel sortiert ein Array nach allen drei Methoden und gibt das jeweilige Ergebnis aus.

```
<?php
  $arr = array(123,"Zehn",56,"55bcd","@");

  sort($arr);         // Methode = SORT_REGULAR
  echo "<h3>Normal</h3>";
  foreach($arr as $value) {
    echo "$value<br>\n"; }

  sort($arr, SORT_NUMERIC);
  echo "<h3>Numerisch</h3>";
  foreach($arr as $value) {
    echo "$value<br>\n"; }

  sort($arr, SORT_STRING);
  echo "<h3>Alphanumerisch</h3>";
```

```
  foreach($arr as $value) {
    echo "$value<br>\n"; }
?>
```

Listing 45.2 Verschiedene Sortiermethoden für Arrays

Das Listing 45.2 erzeugt nun folgende Ausgabe:

```
Normal
55bcd
@
Zehn
56
123

Numerisch
@
Zehn
55bcd
56
123

Alphanumerisch
123
55bcd
56
@
Zehn
```

Wie Sie sehen können, unterscheiden sich die Sortiermethoden sehr stark voneinander, beispielsweise sortiert die numerische Methode Zahlen nach ihrem Wert und nicht nach der Schreibweise, wohingegen die alphanumerische Methode entsprechend des Zeichens sortiert.

Um eine absteigende Sortierreihenfolge zu erhalten, müssen Sie stattdessen die Funktion `rsort` verwenden. Die Syntax entspricht dabei derjenigen von `sort`. [x]

45.2.3 Array mit Wertebereich

Manchmal ist es hilfreich, ein Array mit den Buchstaben von a bis z oder mit Zahlen von 0 bis 255 zu haben. Während dies in Perl einfach mit zwei Punkten zu realisieren ist, müssen Sie in PHP die Funktion `range` verwenden.

```
array range(mixed start, mixed end)
```

Einige Beispiele:

```
$ascii = range(0,255);
  // Array mit 256 Elementen, Werte von 0 bis 255
$klein = range('a','z');
```

```
  // Array mit 26 Elementen, Kleinbuchstaben von a bis z
$rklein = range('z','a');
  // Array mit 26 Elementen, Kleinbuchstaben von z bis a
```

Sie können `range` aber auch direkt in einer `foreach`-Schleife anwenden:

```
foreach(range('a','f') as $char)
{
  echo "$char<br>\n";
}
```

Die Ausgabe lautet:

```
a
b
c
d
e
f
```

45.2.4 Element am Ende hinzufügen oder löschen

Bei der Verwendung von Arrays ist häufig das Hinzufügen von Elementen nötig. Die einfachste Methode, um ein Element an ein Array anzuhängen, wäre:

```
$arr[] = "Neues Element";
```

Wenn Sie nun aber mehrere Elemente hinzufügen möchten, z. B. zwei Arrays zusammenführen, müssen Sie eine Schleife verwenden, die über die Elemente des hinzuzufügenden Arrays iteriert und sie dem anderen Array dann nacheinander anhängt.

Elegantere Methode

Einfacher und eleganter ist die Verwendung der Funktion `array_push` und `array_pop`. Mit diesen beiden Funktionen können Sie ein oder mehrere Elemente am Ende eines Arrays hinzufügen oder löschen. Das Hinzufügen ermöglicht die Funktion `array_push`, die als ersten Parameter das Zielarray erwartet und anschließend die neuen Elemente entweder einzeln oder als Array. Der Rückgabewert enthält die neue Anzahl von Elementen des Arrays.

```
int array_push(array destination, mixed var [,mixed ...])
```

Die Funktion `array_pop` liefert immer das letzte Element eines Arrays zurück und löscht dieses. Wenn das Array keine Elemente mehr enthält, gibt `array_pop NULL` zurück.

```
mixed array_pop(array source)
```

Das folgende Beispiel arbeitet sowohl mit der Funktion `array_push` als auch mit `array_pop`.

```
$staedte = array("Berlin","Madrid","Hamburg");
array_push($staedte,"Mailand","Paris");
```

```
while($stadt = array_pop($staedte)) {
  echo "$stadt<br>\n"; }
```

Zu Beginn wird ein Array namens `$staedte` definiert, das drei Elemente enthält. Anschließend werden zwei weitere Elemente hinzugefügt. In der `while`-Schleife wird so lange die Funktion `array_pop` ausgeführt, bis das Array `$staedte` keine Elemente mehr enthält.

45.2.5 Elemente am Anfang hinzufügen oder löschen

Die beiden Funktionen `array_shift` und `array_unshift` ermöglichen das Hinzufügen oder Löschen eines Elements am Anfang eines Arrays.

Hinzufügen

Die Funktion `array_unshift` fügt ein oder mehrere Elemente am Anfang des Arrays hinzu. Die Reihenfolge, in der die Elemente an die Funktion übergeben wurden, entspricht auch der Reihenfolge, in der sie dem Array hinzugefügt wurden. Die Indizes werden entsprechend angepasst, so dass das erste Element den Index 0, das zweite den Index 1 usw. erhält. Als Rückgabewert erhalten Sie die neue Anzahl von Elementen des Arrays.

```
int array_unshift(array array, mixed var [,mixed ...])
```

Löschen

Die Funktion `array_shift` hingegen liefert das erste Element eines Arrays zurück und löscht es anschließend. Die Indizes werden dabei auch wieder so angepasst, dass die Zählung mit 0 beginnt. Enthält das Array keine Elemente mehr, lautet der Rückgabewert `NULL`.

```
$staedte = array("Berlin","Madrid","Hamburg");
array_unshift($staedte,"Mailand","Paris");

while($stadt = array_shift($staedte)) {
  echo "$stadt<br>\n"; }
```

[x] Vom vorherigen Beispiel unterscheidet sich dieses kaum. Lediglich die Funktionen, um das Array `$staedte` zu manipulieren, sind unterschiedlich. Es gibt jedoch einen Unterschied in der Ausgabe. Während das Beispiel aus Abschnitt 45.2.4 die Elemente von hinten ausgibt, liefert dieses Beispiel die Elemente von vorn.

45.2.6 Array durchsuchen

Um ein Array auf die gleiche Weise durchsuchen zu können wie Strings mit der Funktion `strpos`, müssen Sie die Funktion `array_search` verwenden.

```
mixed array_search(mixed needle, array haystack)
```

Als `needle` müssen Sie den Wert notieren, nach dem gesucht werden soll, und als `haystack` das Array, das durchsucht werden soll. Wurde der Wert gefunden, gibt die Funktion den Index zurück, andernfalls lautet das Ergebnis `FALSE`.

```
$staedte = array("Berlin","Madrid","Hamburg");
$ergebnis = array_search("erl",$staedte);
echo $staedte[$ergebnis];
```

Dieses Beispiel gibt im Browser `Berlin` aus.

45.2.7 Schlüssel und Werte

Mit den beiden Sprachkonstrukten `each` und `list` können Sie die Elemente eines Arrays in Schlüssel und Wert unterteilen und einzelnen Variablen zuweisen. Beide Sprachkonstrukte stammen noch aus den Zeiten von PHP 3, existieren aber in PHP 4 noch immer und parallel zur `foreach`-Schleife.

Das Konstrukt `each` unterteilt ein Element eines Arrays in Schlüssel und Wert. Das Ergebnis dieses Konstrukts ist wiederum ein Array mit zwei Elementen. Das Konstrukt `list` weist die einzelnen Elemente eines Arrays Variablen zu.

```
$hauptstaedte = array("Deutschland"=>"Berlin",
                      "Spanien"=>"Madrid",
                      "Frankreich"=>"Paris");
$hauptstadt = each($hauptstaedte);
echo $hauptstadt[0];
echo $hauptstadt[1];
```

Die Ausgabe dieses Beispiels würde `Deutschland Berlin` lauten. Da `each` jedoch immer das nächste Element zurückgibt, ist das Konstrukt geradezu dafür prädestiniert, in einer Schleife verwendet zu werden.

```
list($land, $stadt) = each($hauptstaedte);
```

Hier werden die einzelnen Elemente des durch `each` extrahierten Arrays an die Variablen `$land` und `$stadt` verteilt.

```
$hauptstaedte = array("Deutschland"=>"Berlin",
                      "Spanien"=>"Madrid",
                      "Frankreich"=>"Paris");
while(list($land, $stadt) = each($hauptstaedte))
{
  echo "$land => $stadt<br>\n";
}
```

Dieses Beispiel entspricht dem Wesen nach dem Folgenden:

```
$hauptstaedte = array("Deutschland"=>"Berlin",
                      "Spanien"=>"Madrid",
                      "Frankreich"=>"Paris");
foreach($hauptstaedte as $land=>$stadt)
{
  echo "$land => $stadt<br>\n";
}
```

45.3 Datums- und Zeitfunktionen

Aufgrund der Abstammung von Perl werden Ihnen die nachfolgenden Funktionen sicherlich bekannt vorkommen.

45.3.1 Der aktuelle Zeitpunkt

Auch in PHP werden Datums- und Zeitangaben im UNIX-Format vorgenommen, d. h. beim Aufruf der Funktion `time` erhalten Sie die seit dem 1.1.1970 verstrichene Anzahl von Sekunden. Im Übrigen liefert `time` den jetzigen aktuellen Zeitpunkt.

```
int time(void)
```

Da mit einer solchen Angabe in Sekunden meist sehr wenig anzufangen ist, wird die Funktion `localtime` verwendet, um den UNIX-Zeitstempel umzuwandeln;

```
array localtime(int timestamp [,bool associative])
```

Der erste Parameter `timestamp` ist der UNIX-Zeitstempel, den die Funktion erwartet. Der Parameter `associative` hingegen bestimmt, ob das Ergebnis ein assoziatives Array ist. Notieren Sie entweder `TRUE`, wenn Sie ein assoziatives Array brauchen, oder `FALSE`, wenn Sie ein numerisches Array erhalten möchten.

```
$now = localtime(time(),TRUE);
echo $now['tm_mday'];
```

Die einzelnen assoziativen Indizes im Überblick:

Index	Erklärung
tm_sec	Sekunden
tm_min	Minuten
tm_hour	Stunde
tm_mday	Tag des Monats
tm_mon	Monat
tm_year	Jahr
tm_wday	Tag der Woche
tm_yday	Tag des Jahres
tm_isdst	Ist das Datum in Sommerzeit?

Tabelle 45.1 Schlüssel des aus dem Aufruf von localtime resultierenden Arrays

[x] Wie üblich gilt es bei den Werten jedoch ein paar kleinere Hindernisse aus dem Weg zu räumen. Die Monatszahl aus `tm_mon` ist eine Zahl zwischen 0 und 11, wobei 0 dem Januar und 11 dem Dezember entspricht. Das Jahr hingegen ist eine zweistellige Zahl. So entspricht das Jahr 1999 der Zahl 99 und das Jahr 2002 der Zahl 102.

Sie müssen zu diesem Wert also immer 1900 hinzuaddieren, um die korrekte Jahreszahl zu erhalten. Bei dem Tag der Woche verhält es sich wie bei dem Monat, auch hier beginnt die Zählung bei 0, wobei 0 dem Sonntag, 1 dem Montag und 6 dem Samstag entspricht.

```
<?php

  $monate = array("Januar","Februar","März","April",
                  "Mai","Juni","Juli","August",
                  "September","Oktober","November",
                  "Dezember");
  $wochentage = array("Sonntag","Montag","Dienstag",
                  "Mittwoch","Donnerstag","Freitag",
                  "Samstag");
  $jetzt = localtime(time(),TRUE);

  $jetzt['tm_year'] += 1900;
  $monat = $jetzt['tm_mon'];
  $wochentag = $jetzt['tm_wday'];

  echo "$wochentage[$wochentag], der $jetzt[tm_mday].
       $monate[$monat] $jetzt[tm_year]";

?>
```

Listing 45.3 Ausgabe des Datums mit der Funktion localtime

Auch die Uhrzeit muss ein wenig umgestaltet werden, damit bei Werten kleiner als 10 bei den Stunden, Minuten und Sekunden eine führende 0 dargestellt wird.

```
$stunde = ($jetzt['tm_hour']<10) ? "0".$jetzt['tm_hour'] :
          $jetzt['tm_hour'];
$minuten = ($jetzt['tm_min']<10) ? "0".$jetzt['tm_min'] : $jetzt['tm_min'];
$sekunden = ($jetzt['tm_sec']<10) ? "0".$jetzt['tm_sec'] :
            $jetzt['tm_sec'];
echo "$stunde:$minuten:$sekunden";
```

45.3.2 Ausgabe formatieren

Einfacher ist die Verwendung der Funktion `strftime`. Diese Funktion erwartet zwei Parameter: als ersten den String, der die Ausgabeformatierung enthält, und als optionalen zweiten Parameter einen UNIX-Zeitstempel. Wenn Sie den Zeitstempel nicht angeben, verwendet die Funktion den Zeitstempel, der dem aktuellen Zeitpunkt entspricht.

```
string strftime(string format [, int timestamp])
```

Die Tabelle 44.2 enthält alle Platzhalter, die zur Formatierung der Ausgabe verwendet werden können. Einige von diesen Platzhaltern könnten in Windows-Umgebungen jedoch nicht bekannt sein.

Platzhalter	Erklärung
%a	Abgekürzter Name des Wochentags
%A	Ausgeschriebener Name des Wochentags
%b	Abgekürzter Name des Monats
%B	Ausgeschriebener Name des Monats
%c	Bevorzugte Datums- und Zeitangabe
%C	Jahrhundert (00 – 99)
%d	Tag des Monats als Zahl (01 – 31)
%H	Stunde als Zahl im 24-Stunden-Format von 00 bis 23
%I	Stunde als Zahl im 12-Stunden-Format von 01 bis 12
%j	Tag des Jahres als Zahl von 001 bis 366
%m	Monat als Zahl von 01 bis 12
%M	Minute als Dezimalwert von 00 bis 59
%n	Neue Zeile
%p	Entweder am oder pm bei Verwendung des 12-Stunden-Formats
%S	Sekunden als Dezimalwert von 00 bis 59
%T	Aktuelle Uhrzeit im Format HH:MM:SS
%t	Tabulator
%u	Tag der Woche als Zahl
%V	Kalenderwoche als Zahl von 01 bis 53
%y	Zweistellige Jahreszahl von 00 bis 99
%Y	Vierstellige Jahreszahl
%Z	Zeitzone, Name oder Abkürzung
%%	Prozentzeichen

Tabelle 45.2 Platzhalter für die Formatierung des Datums und der Zeit mit strftime

Ein paar Beispiele für die Verwendung von Platzhaltern:

```
echo strftime("%A, der %d. %B %Y");
echo strftime("%d.%m.%Y / %H:%M:%S");
echo strftime("Wir schreiben das %C. Jahrhundert");
```

45.3.3 Datum umwandeln

Die Funktion `mktime` ermöglicht die Umwandlung eines Datums in einen UNIX-Zeitstempel. Die Werte werden jedoch einzeln an die Funktion übergeben.

```
int mktime(int hour, int minute, int second, int month, int day, int year)
```

Der Rückgabewert dieser Funktion ist dann der UNIX-Zeitstempel. Die Umwandlung des Datums 5.11.1980 um 02:00:05 Uhr würde dann folgendermaßen aussehen:

```
$unixtime = mktime(2,0,5,11,5,1980);
echo strftime("Der %d.%m.%Y war ein %A",$unixtime);
```

Die Ausgabe lautet:

```
Der 05.11.1980 war ein Mittwoch
```

45.4 Mathematische Funktionen

Berechnungen werden nicht so häufig verwendet wie die zuvor dargestellten Funktionen, werden aber doch gelegentlich benötigt, etwa für einen Zufallsgenerator oder Ähnliches.

45.4.1 Zufallsgenerator

Der Zufallsgenerator in PHP funktioniert ähnlich wie in Perl, und auch die Namen der Funktionen ähneln sich. Die Initialisierung des Zufallsgenerators mit der Funktion `srand` wird auch in Perl vorgenommen.

```
void mt_srand(int seed)
```

Initialisierung Da die Initialisierung des Zufallsgenerators mit immer der gleichen Zahl die gleiche Zufallszahlensequenz erzeugt, sollten Sie als Parameter an die Funktion `mt_srand` den aktuellen Zeitpunkt übergeben, z. B. mit:

```
mt_srand ((double)microtime()*time());
```

Diese Initialisierung ist allerdings nur dann notwendig, wenn Sie keine aktuelle PHP-Version nutzen. Ab Version 4.2.0 übernimmt PHP diese Initialisierung selbst, und Sie können direkt eine Zufallszahl generieren.

Die Zufallszahlen selbst erzeugen Sie mit Hilfe der Funktion `rand`:

```
int mt_rand([int min [, int max]])
```

Wertebereich Die Angabe eines Wertebereichs ist optional. Mit ihm lässt sich aber festlegen, aus welchem Zahlenbereich eine Zufallszahl erzeugt werden darf. Wird nur das Minimum angegeben, erhalten Sie eine Zahl zwischen dem angegebenen Minimum und einer maximalen Zahl, die vom Betriebssystem abhängt. Geben Sie keinen Parameter an, liegt die Zahl zwischen 0 und dem Maximum, abhängig von der Betriebssystemumgebung.

Intern arbeitet `mt_rand` mit einem Algorithmus, der eine Pseudozufallszahl erzeugt. Das folgende Beispiel soll dies verdeutlichen.

```
mt_srand(100);
$zahl1 = mt_rand();
$zahl2 = mt_rand();
mt_srand(100);
```

```
$zahl3 = mt_rand();
$zahl4 = mt_rand();
echo "Erste Sequenz: $zahl1 / $zahl2<br>\n";
echo "Zweite Sequenz: $zahl3 / $zahl4<br>\n";
```

Dieses Beispiel erzeugt die Ausgabe:

```
Erste Sequenz: 1624060161 / 1945428479
Zweite Sequenz: 1624060161 / 1945428479
```

Wie Sie erkennen können, entspricht der Wert von `$zahl1` dem Wert von `$zahl3` und derjenige von `$zahl2` dem Wert von `$zahl4`. Bei Verwendung des gleichen Initialisierungswerts für `mt_srand` erhalten Sie also immer die gleiche Zufallszahlensequenz.

Anders ist dies bei Verwendung des aktuellen Zeitpunkts als Initialisierungswert:

```
mt_srand((double)microtime()*time());
```

Mikrosekunden

Die Funktion `microtime` gibt die Mikrosekunden zum UNIX-Zeitstempel als String zurück, weshalb auch die explizite Umwandlung mittels `double` erfolgt. Anschließend wird die Zahl mit dem Rückgabewert von `time` multipliziert, was zu einem garantiert unterschiedlichen Initialisierungswert selbst in kurzen Skripts führt.

```
mt_srand((double)microtime()*time());
$zahl1 = mt_rand();
$zahl2 = mt_rand();
mt_srand((double)microtime()*time());
$zahl3 = mt_rand();
$zahl4 = mt_rand();
echo "Erste Sequenz: $zahl1 / $zahl2<br>\n";
echo "Zweite Sequenz: $zahl3 / $zahl4<br>\n";
```

Die Browserausgabe könnte folgendermaßen aussehen:

```
Erste Sequenz: 937088466 / 300424602
Zweite Sequenz: 1543648603 / 927888811
```

Wie Sie sehen können, sind dies nun vier unterschiedliche Werte.

45.4.2 Zahlensysteme

Um Zahlen aus dem Dezimal- in das Oktalsystem oder von Hexadezimal nach Binär umzuwandeln, können Sie die Funktion `base_convert` verwenden.

```
string base_convert(string number, int frombase, int tobase)
```

Der Parameter `number` ist die zu konvertierende Zahl. Der Parameter `frombase` entspricht dem ursprünglichen System, und `tobase` entspricht dem System, in das konvertiert werden soll. Die Basis für das Binärsystem lautet 2, für das Oktalsystem 8, für das Dezimalsystem 10 und für das Hexadezimalsystem 16.

```
echo base_convert("FF",16,10);
echo base_convert("8",10,2);
$i = 255;
echo base_convert((string)$i,10,16);
```

Die Ausgabe lautet:

```
255
1000
ff
```

45.4.3 Sinus und Kosinus

Zum Errechnen des Sinus oder Kosinus eines Wertes müssen Sie lediglich die Zahl als Parameter übergeben, von der Sie den Sinus oder Kosinus errechnen möchten. Hierbei ist zu beachten, dass die Funktionen den Parameter in Bogenmaß und nicht in Grad erwarten. Zum Konvertieren können Sie die Funktion `deg2rad()` nutzen.

```
echo sin(deg2rad(90));   // Sinus von 90
echo cos(deg2rad(0));    // Kosinus von 0
```

45.5 Zusammenfassung

- PHP stellt für Zeichenketten die unterschiedlichsten Umwandlungsfunktionen bereit.
- Ebenso existieren zahlreiche Funktionen zur Manipulation und Operation mit Arrays.

45.6 Fragen und Übungen

1. Was bewirken die Funktionen `strtoupper` und `strtolower`?
2. Wie können Sie die Länge einer Zeichenkette bzw. eines Strings ermitteln?
3. Schreiben Sie ein Skript, das in einer beliebigen Zeichenkette alle ä, ö, ü, Ä, Ö, Ü, ß und & durch die entsprechenden Entities ersetzt.
4. Wie können Sie die Größe eines Arrays ermitteln?
5. Welche beiden Funktionen löschen ein Element eines Arrays und geben dieses zurück?
6. Welche beiden Funktionen fügen ein Element einem Array hinzu?
7. Welche Alternative gibt es für die Verwendung der `foreach`-Schleife?
8. Schreiben Sie ein Skript, das einen Lottozahlengenerator darstellt. Beachten Sie, dass die Zahlen in einem Bereich von 1 bis 49 liegen müssen!

Was jeder Computer Consultant wissen muss:
1. Wenn Zweifel entstehen, wirken Sie überzeugend.
2. Glauben Sie nicht an Wunder. Verlassen Sie sich darauf.
– Murphy's Law

46 Ein- und Ausgabe

Auch in PHP ist die Ein- und Ausgabe von Daten wichtig. Trotz der Abstammung von Perl ist diese jedoch in PHP anders – teilweise auch leichter – implementiert worden.

46.1 Parameterübergabe

Während Sie in Perl die Übergabe von Parametern umständlich über `$ENV{'QUERY_STRING'}` und eine Auswertung dieser Zeichenkette realisieren müssen, ist PHP an dieser Stelle etwas »humaner«. Es stellt die übergebenen Parameter einfach als Variablen im Skript zur Verfügung. Dies ist jedoch auch eine ernst zu nehmende Sicherheitslücke.

```
<?php
  echo "Jahr: $jahr";
?>
```

Listing 46.1 Ausgabe der Variablen $jahr

Die Aufgabe des Skripts aus Listing 46.1 ist lediglich die Ausgabe eines Textes und der Variablen `$jahr`. Diese Variable wird im Skript jedoch an keiner Stelle definiert, wohl aber, wenn Sie das Skript mit der URI

```
http://localhost/list6.1.php?jahr=2002
```

aufrufen. Sie übergeben dann bei dem Aufruf den Parameter `jahr` und als Wert `2002`. Den Parameter `jahr` stellt PHP nun im Skript zur Verfügung, und zwar als Variable `$jahr`, und weist dieser Variablen den Wert `2002` zu. Die Ausgabe des Skripts könnte nach dem Aufruf mit der eben genannten URI folgendermaßen aussehen:

```
Jahr: 2002
```

Sicherheitsrisiko

Wie bereits gesagt: Es ist äußerst komfortabel. Doch jetzt zur angesprochenen Sicherheitslücke. Auf den ersten Blick ist sie nicht zu erkennen. Sehen Sie sich dazu ein Beispielskript an:

```
<?php
  if(ueberpruefe_rechte())
  {
    $administrator = TRUE;
  }
  if($administrator)
  {
  /* ... */
?>
```

Die Funktion `ueberpruefe_rechte` soll testen, ob der aktuelle Benutzer über die Rechte eines Administrators verfügt. Ist dies der Fall, wird der Variablen `$administrator` der Wert `TRUE` zugewiesen. An diesem Beispiel ist eigentlich nichts auszusetzen, außer man betrachtet die Art und Weise, wie das Skript aufgerufen werden kann. Nennen Sie das Beispiel-Listing von eben einfach mal **admin.php**. Würde das Skript nun mit der URI

```
http://localhost/admin.php?administrator=1
```

aufgerufen werden, wird eine Variable mit dem Namen `$administrator` definiert, die den Wert `1` zugewiesen bekommt. Bei einer logischen Bedingungsprüfung mit

```
if($administrator) ...
```

entspricht 0 dem Wert `FALSE` und jede andere Zahl dem Wert `TRUE`. Selbst wenn nun die Überprüfung der Rechte mit der Funktion `ueberpruefe_rechte` dazu führt, dass der Anweisungsblock der `if`-Bedingung nicht ausgeführt wird und der Variablen `$administrator` nicht der Wert `TRUE` zugewiesen wird, würde die nachfolgende `if`-Bedingung zu dem Schluss kommen, dass der aktuelle Benutzer der Administrator ist, und ihm im schlimmsten Fall eine Oberfläche mit Passwörtern und Ähnliches anzeigen. Um diese Lücke zu schließen, sollte das Skript folgendermaßen erweitert werden:

```
<?php
  $administrator = FALSE;
  if(ueberpruefe_rechte())
  {
    $administrator = TRUE;
  }
  if($administrator)
  {
  /* ... */
?>
```

Egal, ob nun bei dem Aufruf des Skripts ein Parameter namens `administrator` übergeben wurde oder nicht, vor der Überprüfung der Rechte wird die Variable `$administrator` auf `FALSE` gesetzt.

Sicherer Weg Sie können alternativ aber auch den gleichen Weg wie in Perl beschreiten. Die übergebene Zeichenkette erhalten Sie aus dem Array `$HTTP_SERVER_VARS` unter Verwendung des Index `QUERY_STRING`. Anstelle der langen Bezeichnung des Arrays können Sie auch die Kurzform `$_SERVER` verwenden.

```
$qs = $HTTP_SERVER_VARS['QUERY_STRING'];
$qs = $_SERVER['QUERY_STRING'];
```

Zeichenkette zerlegen

Da in PHP natürlich die gleichen Regeln gelten wie in Perl, um Daten mit der URI zu übergeben, werden Wertepaare durch ein kaufmännisches Und `&` sowie Name und Wert durch ein Gleichheitszeichen `=` getrennt. Das Äquivalent zur Perl-Funktion `split` ist in PHP die Funktion `explode`, mit dem Unterschied, dass letztere keine regulären Ausdrücke verwendet. Als erster Parameter wird das Zeichen bzw. die Zeichenkette übergeben, nach der der zweite Parameter zerlegt werden soll. Der Rückgabewert der Funktion ist ein Array.

```
array explode(string seperator, string string)
```

Um nun also alle Wertepaare extrahieren zu können, müsste die Verwendung der Funktion `explode` z. B. folgendermaßen aussehen:

```
$wertepaare = explode("&",$_SERVER['QUERY_STRING']);
```

Ein weiterer Aufruf der Funktion `explode` in Verbindung mit einer `foreach`-Schleife würde dann die einzelnen Bezeichner und Werte trennen und als Schlüssel und Wert in ein assoziatives Array einfügen.

```
foreach($wertepaare as $wertepaar)
{
  list($key,$value) = explode("=",$wertepaar);
  $query_values[$key] = $value;
}
```

Die Funktion, die dann schlussendlich ein assoziatives Array zurückgibt, das als Schlüssel den Parameterbezeichner und als Wert den Parameterwert enthält, könnte z. B. wie folgt aussehen:

```
function parse_query_string()
{
  $vp = explode("&",$_SERVER['QUERY_STRING']);
  foreach($vp as $value)
  {
    list($key,$value) = explode("=",$value);
    $query_values[$key] = $value;
  }
  return $query_values;
}
```

[x]

Welche Methode Sie letztlich wählen, bleibt Ihnen überlassen. Sie sollten dabei aber immer bedenken, welche Risiken Sie nun genau eingehen, wenn Sie die einfache Variante verwenden. Dies hängt insbesondere davon ab, welche Rechte dem Benutzer zur Verfügung gestellt werden, wenn er ein bestimmtes Skript aufruft.

46.2 Formulare

Auch in PHP können Daten per HTML-Formular an ein Skript übergeben werden. Die Behandlung der verschiedenen Methoden hängt einzig und allein vom zu verwendenden Array ab. Werden die Daten mit der GET-Methode übertragen, werden die Daten im Array `$_GET` gespeichert, und bei der POST-Methode im Array `$_POST`

POST ist geeigneter

Generell sollten Sie die GET-Methode nur bei der Übertragung von wenigen Daten verwenden, z. B. bei der Eingabe eines Namens, und die POST-Methode, wenn Sie große Datenmengen oder aber Daten übertragen, die z. B. Benutzernamen und Passwörtern entsprechen.

46.2.1 GET-Methode

Folgendes HTML-Dokument stellt ein Formular zur Verfügung, das die Daten mit der GET-Methode an das PHP-Skript **list6.3.php** sendet.

```
<html><head><title>GET-Methode</title></head><body>
    <form action="list6.3.php" method="GET">
      Vorname: <input type="text" name="vorname"><br>
      Nachname: <input type="text" name="nachname"><br>
      <input type="submit">
    </form>
  </body>
</html>
```

Listing 46.2 HTML-Formular zum Übertragen von Daten mit der GET-Methode

Den Quellcode des PHP-Skripts **list6.3.php** finden Sie in Listing 46.3.

```
<?php
  foreach($_GET as $key=>$value)
  {
    echo "$key => $value<br>\n";
  }
?>
```

Listing 46.3 Gibt alle Elemente des Arrays $_GET im Browser aus

Die einzige Aufgabe des PHP-Skripts aus Listing 46.3 ist die Ausgabe des Schlüssels und der Werte des Arrays `$_GET` im Browser.

Beim Öffnen des HTML-Dokuments aus Listing 46.2 erhalten Sie ein Formular mit zwei Eingabefeldern und einer Schaltfläche zum Abschicken der Daten. Sobald Sie auf die Schaltfläche klicken, werden die Daten an das PHP-Skript **list6.3.php** gesendet, das dann die übermittelten Daten ausgibt.

Daten in Adressleiste

Zwei Dinge werden Ihnen auffallen: Zum einen können Sie die übermittelten Daten in der Adressleiste des Browsers sehen, und zum anderen wurden die Namen der Eingabefelder aus Listing 46.2 als Schlüssel für die Elemente im Array `$_GET` verwendet.

Hätten Sie im HTML-Formular als Vorname »Max« und als Nachname »Mustermann« eingegeben, würde die Ausgabe des PHP-Skripts folgendermaßen aussehen:

```
vorname => Max
nachname => Mustermann
```

[x] Die Angabe des `name`-Attributs für Elemente eines HTML-Formulars ist also wichtig, um später die richtigen Werte auslesen zu können. Ohne eine solche Angabe können Sie im PHP-Skript die empfangenen Daten nicht mehr auseinander halten.

46.2.2 POST-Methode

Die Vorgehensweise bei der POST-Methode entspricht nahezu der der GET-Methode, mit dem Unterschied, dass anstelle des `$_GET`-Arrays das `$_POST`-Array verwendet wird, und natürlich, dass im HTML-Dokument die Methode von GET nach POST geändert wird.

Nachfolgend finden Sie wieder zwei Listings: eines vom HTML-Dokument und eines vom PHP-Skript.

```
<html><head><title>POST-Methode</title></head><body>
    <form action="list6.5.php" method="POST">
      Vorname: <input type="text" name="vorname"><br>
      Nachname: <input type="text" name="nachname"><br>
      Kommentar: <textarea cols="30" rows="10"
                    name="kommentar"></textarea><br>
      <input type="submit" value="Abschicken">
    </form>
  </body>
</html>
```

Listing 46.4 HTML-Formular zum Übertragen von Daten mit der POST-Methode

```
<?php
  foreach($_POST as $key=>$value)
  {
    echo "$key => $value<br>\n";
  }
?>
```

Listing 46.5 PHP-Skript, das mit der POST-Methode übermittelte Daten im Browser ausgibt

Das HTML-Formular aus Listing 46.4 stellt vier Formularelemente zur Verfügung: zwei Eingabefelder und ein Textfeld sowie eine Schaltfläche zum Absenden der Daten. Das PHP-Skript aus Listing 46.5 gibt nun lediglich die Schlüssel und Werte der Elemente des `$_POST`-Arrays aus.

Feld	Eingabe
vorname	Max
nachname	Mustermann
kommentar	Dies ist nur irgendein Kommentar, um das textarea-Element mit Inhalt zu füllen, damit viele Daten an das PHP-Skript list6.5.php übertragen werden.

Tabelle 46.1 Beispieleingabe für das HTML-Formular aus Listing 46.4

Hätten Sie im HTML-Dokument die Eingaben aus Tabelle 46.1 vorgenommen, würde das PHP-Skript nun die folgende Ausgabe erzeugen:

```
vorname => Max
nachname => Mustermann
kommentar => Dies ist nur irgendein Kommentar, um das textarea-Element mit
Inhalt zu füllen, damit viele Daten an das PHP-Skript list6.5.php
übertragen werden.
```

46.2.3 Checkboxen, Radiobuttons und Auswahllisten

Die Handhabung von Daten, die durch Radiobuttons oder Checkboxen angegeben werden, unterscheidet sich ein klein wenig von den bisher behandelten Formularelementen. Radiobuttons, die zu einer Gruppe gehören, haben den gleichen Wert im name-Attribut und unterscheiden sich im Wert des value-Attributs.

```
<input type="radio" name="zahlungsart" value="nachnahme">
<input type="radio" name="zahlungsart" value="rechnung">
<input type="radio" name="zahlungsart" value="lastschrift">
```

Auswahl über Variable

Der Vorteil bei Radiobuttons ist, dass immer nur ein Element ausgewählt werden kann. In PHP würde dann der Wert des name-Attributs dem Schlüssel im Array $_POST oder $_GET entsprechen. Als Wert des entsprechenden Elements des Arrays wird dann der Wert des value-Attributs des ausgewählten Radiobuttons eingesetzt.

Bei Checkboxen verhält sich das anders, denn dort können mehrere Checkboxen einer Gruppe aktiviert werden. Das Problem ist nun, wie alle markierten Werte der Checkboxen einer Gruppe übertragen werden. Optimal wäre es, wenn uns in PHP ein Array zur Verfügung stünde, das alle Werte der aktivierten Checkboxen einer Gruppe enthält. Damit dies jedoch möglich wird, muss an den Wert im name-Attribut einer Checkbox ein eckiges Klammernpaar angehängt werden.

```
<input type="checkbox" name="ware[]" value="Apfel">
<input type="checkbox" name="ware[]" value="Birne">
<input type="checkbox" name="ware[]" value="Orange">
<input type="checkbox" name="ware[]" value="Zitrone">
```

Auswahl über Array

PHP stellt im Array $_POST bzw. $_GET nun ein Array zur Verfügung, das alle Werte der aktivierten Checkboxen enthält. Beim Auslesen des Arrays dürfen Sie die eckigen

Klammern nun nicht mehr notieren. Um also das Array auszulesen, könnten Sie die folgende Anweisung verwenden:

```
$ware = $_POST['ware'];
```

Natürlich wäre auch die folgende Anweisung erlaubt:

```
foreach($_POST['ware'] as $ware)
{
  echo "$ware<br>\n";
}
```

Wurden alle Checkboxen aktiviert, ergäbe sich folgende Ausgabe:

```
Apfel
Birne
Zitrone
Orange
```

Ähnliches gilt bei Auswahllisten, in denen eine Mehrfachauswahl erlaubt ist. Auch dort müssen Sie im `name`-Attribut des `select`-Elements eckige Klammern notieren.

```
<select size="4" name="ware[]" multiple>
  <option value="Apfel">Apfel
  <option value="Birne">Birne
  <option value="Orange">Orange
  <option value="Zitrone">Zitrone
</select>
```

Der Zugriff in PHP könnte wieder folgendermaßen aussehen:

```
foreach($_POST['ware'] as $ware)
{
  echo "$ware<br>\n";
}
```

46.3 Cookies

Die einzige Funktion, die Sie in PHP benötigen, um ein Cookie zu setzen, ist die Funktion `setcookie`.

> Wichtig dabei ist, dass diese Funktion vor jeglicher Ausgabe aufgerufen werden muss. Bevor Sie also Text im Browser ausgeben dürfen oder gar das Tag `<html>`, müssen Sie das Cookie mit der Funktion geschrieben haben. Erst dann dürfen Sie Browserausgaben erzeugen.

[«]

```
bool setcookie(string name[, string value, int expire, string path,
  string domain, int secure])
```

Die einzelnen Parameter im Detail finden Sie in Tabelle 46.2.

Parameter	Erklärung
name	Name des zu setzenden Cookies
value	Wert, der im Cookie gespeichert werden soll
expire	Datum, wann die Gültigkeit des Cookies endet (als UNIX-Zeitstempel)
path	Pfad auf dem Server, für den und dessen Unterverzeichnisse dieses Cookie gültig ist
domain	Name der Domain, in welcher das Cookie verfügbar ist.
secure	Legt fest, ob das Cookie nur über eine sichere Verbindung transportiert werden darf

Tabelle 46.2 Parameter der Funktion setcookie

Alle Parameter bis auf `name` sind optional. Wenn Sie nur den Parameter `name` übergeben, wird das Cookie mit dem entsprechenden Namen vom Rechner des Benutzers gelöscht. Möchten Sie jedoch ein Cookie schreiben, müssen Sie gegebenenfalls auch Parameter übergeben, die Sie gar nicht übergeben möchten. In diesem Fall können Sie jedoch entweder eine leere Zeichenkette angeben oder `NULL` bei Zahlenwerten.

46.3.1 Cookie schreiben

Um beispielsweise den letzten Besuch eines Benutzers zu speichern, ist die Verwendung von Cookies geradezu optimal. Alles, was Sie angeben sollten, ist der Name, der zu speichernde Wert und wie lange das Cookie gültig sein soll:

```
setCookie("LetzterBesuch",time(),time()+(7*24*60*60));
```

Kekse mit Namen

Mit dieser Anweisung wird auf dem Rechner des Benutzers ein Cookie mit dem Namen `LetzterBesuch` erzeugt. Als Wert wird im Cookie der aktuelle Zeitpunkt im UNIX-Zeitformat gespeichert. Als Datum, wann das Cookie seine Gültigkeit verliert, wurde ein Zeitpunkt festgelegt, der genau eine Woche in der Zukunft liegt (60 × 60 × 24 × 7 Sekunden = 1 Woche).

46.3.2 Cookie lesen

Wurde ein Cookie geschrieben, besteht die Möglichkeit, mithilfe des Arrays `$_COOKIE` auf das Cookie zuzugreifen. Der Name des Cookies wird hierbei als Index genutzt und verweist auf den Wert des Cookies. Für das Cookie `LetzterBesuch` bedeutet dies also:

```
echo $_COOKIE['LetzterBesuch'];
```

Das folgende Beispiel zeigt die Möglichkeit, vor dem neuen Schreiben des Cookies den alten Wert auszulesen.

```
<?php
  $alt = $_COOKIE['LetzterBesuch']
  $neu = time();
  setCookie("LetzterBesuch",$neu,$neu+(7*24*60*60));
```

```
    echo "Altes Datum: ",strftime("%d.%m.%Y
                         %H:%M:%S",$alt),"<br>\n";
    echo "Neues Datum: ",strftime("%d.%m.%Y
                         %H:%M:%S",$neu),"<br>\n";
?>
```

Listing 46.6 Lesen und Schreiben des Cookies LetzterBesuch

Zunächst wird der Variablen `$alt` der alte Wert des Cookies und der Variablen `$neu` der aktuelle Zeitpunkt zugewiesen. Danach wird das Cookie `LetzterBesuch` neu geschrieben. Anschließend erfolgt die formatierte Ausgabe der Variablen `$alt` und `$neu`.

46.4 Datei-Upload

Auch PHP unterstützt das Übertragen von Dateien vom Rechner des Benutzers auf den Server. Dabei ist es egal, ob Sie Textdateien oder Binärdateien übertragen möchten. Zusätzlich zu den Anpassungen eines HTML-Formulars, die auch schon in Perl erforderlich waren, kommt noch eine weitere hinzu.

- Zusätzliches Attribut `enctype="multipart/form-data"` im `form`-Start-Tag
- `input`-Element mit dem Wert `file` im `type`-Attribut
- `input`-Element mit dem Wert `hidden` im `type`-Attribut, `MAX_FILE_SIZE` im `name`-Attribut und mit dem Wert der maximal erlaubten Dateigröße in Bytes im `value`-Attribut

[x] Wichtig ist, dass das versteckte `input`-Element noch vor dem Dateiauswahlfeld im HTML-Dokument notiert wird. Eine Vorlage für ein solches HTML-Formular könnte also folgendermaßen aussehen:

```
<form method="post" action="ziel.php" enctype="multipart/form-data">
  <input type="hidden" name="MAX_FILE_SIZE" value="10000">
  Datei: <input type="file" name="clientdatei">
  <input type="submit" value="Abschicken">
</form>
```

Listing 46.7 Vorlage für ein HTML-Formular zum Übertragen einer Datei

Anstelle von **ziel.php** sollten Sie natürlich das PHP-Skript notieren, das die übersandten Daten verarbeiten soll. Bei dieser Vorlage ist die maximale Größe einer hochladbaren Datei auf 10.000 Bytes beschränkt. Die Angabe der Dateigröße ist jedoch nur ein Hinweis für den Browser. Dies kann auch umgangen werden, jedoch besitzt PHP eine Option in der **php.ini**, die die maximale Dateigröße festlegt: `upload_max_filesize`.

Die hochgeladene(n) Datei(en) steht bzw. stehen im Array `$_FILES` zur Verfügung. Da Sie auch mehrere Dateien gleichzeitig hochladen können, müssen Sie als ersten Index den im HTML-Formular angegebenen Namen notieren. In dem Muster-Formular ist dies `clientdatei`.

Als zweiten Index müssen Sie einen angeben, der in der folgenden Tabelle enthalten ist.

Index	Erklärung
name	Ursprünglicher Name der Datei auf dem Client-Rechner
size	Größe der übertragenen Datei in Bytes
tmp_name	Der temporäre Dateiname, unter dem die Datei auf dem Server gespeichert wurde
type	Der Mime-Typ der übertragenen Datei, falls der Browser diese Information zur Verfügung gestellt hat
error	Enthält den Fehlercode, falls bei der Übertragung der Datei ein Fehler aufgetreten ist

Tabelle 46.3 Zweiter Index des Arrays $_FILES

Um also den ursprünglichen Namen der Datei auszugeben, könnte der Aufruf

```
echo $_FILES['clientdatei']['name'];
```

lauten.

Ist das die hochgeladene Datei?

Da die Datei nun im temporären Verzeichnis liegt, muss sie natürlich noch an die entsprechende gewünschte Position verschoben werden. Außerdem sollten mögliche Fehler behandelt werden. Um zu überprüfen, ob die in `$_FILES['clientdatei']['name']` angegebene Datei auch wirklich die übertragene Datei ist, können Sie die Funktion `is_uploaded_file` verwenden. Als Parameter muss der Dateiname übergeben werden, und als Rückgabewert liefert die Funktion `TRUE`, wenn es sich um die übertragene Datei, oder `FALSE`, wenn es sich nicht um die übertragene Datei handelt.

```
bool is_uploaded_file(string filename)
```

Datei verschieben

Eine weitere hilfreiche Funktion ist `move_uploaded_file`. Diese Funktion kann die im temporären Verzeichnis liegende Datei in das von Ihnen gewünschte Verzeichnis verschieben. Als ersten Parameter erwartet sie den Dateinamen und als zweiten das Zielverzeichnis und den Dateinamen. Bei erfolgreicher Operation liefert die Funktion `TRUE` zurück, andernfalls `FALSE`.

```
bool move_uploaded_file(string source, string destination)
```

Der Wert des Elements `$_FILES['clientdatei']['error']` ist übrigens 0, wenn während der Übertragung der Datei kein Fehler aufgetreten ist. In Tabelle 46.4 finden Sie die möglichen Werte für `$_FILES['clientdatei']['error']` und ihre Bedeutung.

Wert	Erklärung
0	Kein Fehler
1	Die hochgeladene Datei ist größer, als in der Datei **php.ini** festgelegt wurde.
2	Die hochgeladene Datei ist größer, als im Browser mit `MAX_FILE_SIZE` festgelegt wurde.
3	Die Datei wurde nur teilweise hochgeladen.
4	Die Datei wurde nicht hochgeladen.

Tabelle 46.4 Mögliche Fehlercodes

Listing 46.8 enthält den Quellcode eines Beispiel-Skripts, das den Upload einer Datei verarbeitet.

```
<?php
if(is_uploaded_file($_FILES['clientdatei'][ 'tmp_name'])
   and ($_FILES['clientdatei '][ 'error '] == 0))
{
  move_uploaded_file($_FILES['clientdatei']['tmp_name'],
            "../upload/".$_FILES['clientdatei']['name']);
  echo "<h1>Datei&uuml;bertragung erfolgreich</h1>";
  echo "Die Datei wurde erfolgreich hochgeladen!<br>\n";
  echo "<b>Name:</b> ",$_FILES['clientdatei']
                      ['name'],"<br>\n";
  echo "<b>Dateigröße:</b> ",$_FILES['clientdatei']
                      ['size']," Bytes<br>\n";
  echo "<b>Temporärer Name:</b> ",$_FILES['clientdatei']
                      ['tmp_name'],"<br>\n";
  echo "<b>Dateityp:</b> ",$_FILES['clientdatei']
                      ['type'],"<br>\n";
  echo "<a href=\"../upload/".$_FILES['clientdatei']
                      ['name']."\">Datei anzeigen</a>";
}
else
{
  echo "<h1>Dateiübertragung misslungen</h1>";
  echo "Die Datei konnte nicht erfolgreich hochgeladen
        werden!<br>\n";
  switch($_FILES['clientdatei']['error'])
  {
    case 1:
      echo "<b>FEHLER #1:</b> Hochgeladene Datei zu gro&szlig;!";
      break;
    case 2:
      echo "<b>FEHLER #2:</b> Hochgeladene Datei zu gro&szlig;!";
      break;
    case 3:
      echo "<b>FEHLER #3:</b> Datei nur teilweise hochgeladen!";
      break;
```

```
    case 4:
      echo "<b>FEHLER #4:</b> Es wurde keine Datei hochgeladen!";
      break;
    default:
      echo "Unbekannter Fehler w&auml;hrend der &Uuml;bertragung!";
      break;
  }
}
?>
```

Listing 46.8 Beispiel-Skript zum Verarbeiten eines Datei-Uploads

Zu Beginn des Skripts wird überprüft, ob die Datei, die in `$_FILES['clientdatei']['tmp_name']` hinterlegt ist, auch die Datei ist, die mit der POST-Methode übertragen wurde, und ob die Übertragung fehlerfrei verlaufen ist.

```
if(is_uploaded_file($_FILES['clientdatei']['tmp_name'])
   and ($_FILES['clientdatei']['error'] == 0))
```

Ja, es ist die Datei

Ist das Ergebnis dieser Bedingung `TRUE`, wird die übertragene Datei in das Verzeichnis **/upload** verschoben. Anschließend werden noch einige Details zur Datei und zusätzlich ein Hyperlink ausgegeben, der auf die übertragene Datei verweist.

Nein, es ist nicht die Datei

Ist das Ergebnis der Bedingung `FALSE`, wird der `else`-Anweisungsblock ausgeführt. In diesem Fall wird mit einer `switch`-Anweisung überprüft, welcher Fehler während der Übertragung aufgetreten ist.

[x] Das Skript aus Listing 46.8 ist natürlich nur ein Beispiel für die Verarbeitung. Wie Sie die Logik aufbauen, bleibt natürlich Ihnen überlassen. Das Verschieben der übertragenen Datei sollten Sie aber auf jeden Fall vornehmen, da sie ansonsten nach einem Seitenwechsel wieder gelöscht wird.

46.5 Zusammenfassung

- Per URI übergebene Parameterpaare können aus dem Element mit dem Index `QUERY_STRING` des `$_ENV`-Arrays ausgelesen werden.
- Mit GET übertragene Formulardaten stehen im Array `$_GET` zur Verfügung.
- Mit POST übertragene Formulardaten stehen im Array `$_POST` zur Verfügung.
- Um alle ausgewählten Einträge der Checkbox-Gruppe oder einer Auswahlliste zu übertragen, muss nach dem Namen der Elemente jeweils ein eckiges Klammernpaar notiert werden, z. B. `name="ware[]"`.
- Cookies werden mit der Funktion `setcookie` geschrieben und über das Array `$_COOKIE` und den Namen des Cookies als Index gelesen.
- HTML-Formulare müssen für den Datei-Upload um einige Elemente und Attribute erweitert werden.

- Die Funktionen `is_uploaded_file` und `move_uploaded_file` dienen zur Verifizierung der Datei und zum Verschieben an einen anderen Ort auf dem Server.
- Übertragene Dateien stehen im Array `$_FILES` bereit.

46.6 Fragen und Übungen

1. Mit welcher Funktion können Sie die einzelnen Parameternamen und Parameterwerte aus `$_ENV['QUERY_STRING']` ermitteln?
2. Schreiben Sie ein Beispiel-Skript, das überprüft, ob Daten an das Skript übermittelt worden sind, und das entweder ein HTML-Formular anzeigt oder die Daten ausgibt.
3. Schreiben Sie ein Skript, das die persönlichen Seitenbesuche eines Benutzers in einem Cookie speichert.
4. Schreiben Sie ein Skript, das übertragene Dateien auf ihren Typ überprüft und nur Bilder zulässt (MIME-Typ: image/*).

Wenn die Auslagerungsdatei auf Laufwerk E: eine Anfangsgröße von weniger als 0 MB hat, wird das System möglicherweise keine Debuginformationen speichern können, wenn ein »STOP«-Fehler auftritt.
– Meldung von Windows XP Home

47 Dateisystem

Der Zugriff auf Verzeichnisse und Dateien unter PHP funktioniert ähnlich einfach wie in Perl. Allerdings steht Ihnen hier nicht die Möglichkeit der kurzen Steuerzeichen zur Verfügung. In PHP müssen Sie sich Ihren Weg über verschiedene Funktionen suchen. Dass dies jedoch sehr einfach ist, wird Ihnen dieses Kapitel schildern.

47.1 Verzeichnisliste

Da PHP sehr stark auf die Objektorientierung ausgerichtet ist, wurde für den Zugriff auf Verzeichnisse eine eigene (Pseudo-)Klasse definiert, die über alle Eigenschaften und Methoden verfügt, die erforderlich sind. Diese Klasse heißt `dir`.

Eigenschaften der Klasse `dir`:

- `handle` – Enthält die Zugriffsnummer für das aktuelle Verzeichnis.
- `path` – Enthält den Pfad des aktuellen Verzeichnisses.

Methoden der Klasse `dir`:

- `dir` – Der Konstruktor der Klasse; ihm wird das zu öffnende Verzeichnis übergeben.
- `read` – Liest nacheinander alle Verzeichniseinträge aus.
- `rewind` – Setzt den Verzeichniszeiger auf den ersten Verzeichniseintrag zurück.
- `close` – Gibt das Verzeichnishandle frei und schließt das Verzeichnis.

Das folgende Listing soll lediglich das aktuelle Verzeichnis öffnen und alle Verzeichniseinträge im Browser ausgeben.

```
<?php

  $d = dir(".");
  while($eintrag = $d->read())
  {
    echo "$eintrag<br>\n";
```

```
  }
  $d->close();

?>
```

Listing 47.1 Einlesen des aktuellen Verzeichnisses und Ausgabe der Einträge im Browser

Das aktuelle Verzeichnis erhalten Sie über den symbolischen Eintrag ».«. Bei Instanziierung des Objekts `$d` wird dem Konstruktor der Klasse dieser symbolische Eintrag übergeben.

```
$d = dir(".");
```

Zeiger Da die Methode `read` mit einem Zeiger vergleichbar ist, können Sie sie als Bedingung in einer `while`-Schleife aufrufen. Der Zeiger steht anfangs auf dem ersten Verzeichniseintrag und springt einen Eintrag weiter, sobald die Methode `read` aufgerufen wird. Als Rückgabewert liefert sie den aktuellen Eintrag. Ist das Ende erreicht, gibt die Methode `FALSE` zurück, und die Schleife wird beendet. Der aktuelle Eintrag wird der Variablen `$eintrag` zugewiesen und im Anweisungsblock der `while`-Schleife ausgegeben. Nachdem die Schleife beendet wurde, wird auch das Verzeichnishandle wieder freigegeben und das Verzeichnis geschlossen.

```
$d->close();
```

47.1.1 Verzeichnis oder Datei

Mit der Funktion `is_dir` können Sie überprüfen, ob der als Parameter übergebene Name einem Verzeichnis oder einer Datei entspricht. Ist es ein Verzeichnis, wird `TRUE` zurückgegeben, andernfalls `FALSE`.

```
bool is_dir(string pathname)
```

Das Skript aus Listing 47.1 wurde nun um diese Funktion erweitert und gibt den Eintrag fett gedruckt aus, wenn es sich um ein Verzeichnis handelt.

```
<?php
  $d = dir(".");
  echo "<h1>$d->path</h1>";
  while($eintrag = $d->read()) {
    if(is_dir($eintrag)) {
      echo "<b>$eintrag</b><br>\n";
    } else {
      echo "$eintrag<br>\n";
    }
  }
  $d->close();
?>
```

Listing 47.2 Unterschiedliche Formatierung der Ausgabe

Im Anweisungsblock der `while`-Schleife wird nun mit Hilfe der Funktion `is_dir` überprüft, ob der Eintrag ein Verzeichnis ist, und falls ja, wird er dann fett gedruckt ausgegeben.

[x] Das Einlesen eines Verzeichnisses ist jedoch nicht nur auf das Basisverzeichnis des Webservers beschränkt. Im Prinzip können Sie jedes beliebige Verzeichnis auf dem Server öffnen und einlesen. Sie müssen lediglich das entsprechende Verzeichnis entweder relativ zum aktuellen Verzeichnis oder absolut angeben. Denken Sie aber daran, dass sich hier eine Sicherheitslücke auftut, wenn der Benutzer auf alle Dateien und Verzeichnisse des Servers zugreifen darf.

47.1.2 Alternative

Alternativ zur Verwendung der Klasse `dir` können Sie auch nur mit Funktionen arbeiten, die ein Verzeichnis öffnen, einlesen und wieder schließen.

Verzeichnis öffnen

Die Funktion `opendir` öffnet das als Parameter übergebene Verzeichnis und gibt ein Handle für dieses Verzeichnis zurück.

```
resource opendir(string path)
```

Verzeichnis einlesen

Mit der Funktion `readdir` können Sie ein Verzeichnis-Eintrag für Eintrag auslesen. Als Parameter muss das mit `opendir` erzeugte Verzeichnishandle übergeben werden. Der aktuelle Eintrag wird dann von der Funktion zurückgegeben.

```
string readdir(resource handle)
```

Verzeichnis schließen

Das Äquivalent zur Methode `close` der Klasse `dir` ist `closedir`. Sie erwartet als Parameter das Verzeichnishandle, gibt das Handle frei und schließt das Verzeichnis wieder.

```
void closedir(resource handle)
```

Das umgeschriebene Skript aus Listing 47.1 sieht dann folgendermaßen aus:

```
<?php
  $dirhandle = opendir(".");
  while($eintrag = readdir($dirhandle))
  {
    echo "$eintrag<br>\n";
  }
  closedir($dirhandle);
?>
```

Listing 47.3 Einlesen und Ausgeben des aktuellen Verzeichnisses mit Funktionen

47.1.3 Weitere Verzeichnisfunktionen

Darüber hinaus gibt es noch einige weitere Funktionen, die das Arbeiten mit Verzeichnissen ermöglichen.

Zurückspulen

Die Funktion `rewinddir` z. B. setzt den Verzeichniszeiger wieder auf den Anfang zurück und entspricht der Methode `rewind` der Klasse `dir`. Als Parameter erwartet die Funktion das Verzeichnishandle.

```
void rewinddir(int handle)
```

Aktuelles Arbeitsverzeichnis

Das aktuelle Verzeichnis können Sie übrigens auch mit der Funktion `getcwd` auslesen, anstatt den symbolischen Link zu verwenden. Sie erwartet keinen Parameter und gibt das aktuelle Arbeitsverzeichnis als String zurück.

```
string getcwd(void)
```

Verzeichnis wechseln

Die Funktion `chdir` wechselt vom aktuellen in dasjenige Verzeichnis, das als Parameter übergeben wurde. Wurde die Operation erfolgreich durchgeführt, gibt die Funktion `TRUE` zurück, andernfalls `FALSE`.

```
bool chdir(string directory)
```

47.2 Rekursion

Wie auch in Abschnitt 38.2, *Rekursion*, beschrieben, ist eine Rekursion eine Unterteilung einer Hauptaufgabe in mehrere kleinere Teilaufgaben. Die Funktion, die die Hauptaufgabe lösen soll, nimmt diese Unterteilung vor und ruft sich selbst auf, um die Teilaufgabe lösen zu können. Nachfolgend finden Sie die Umsetzung des Perl-Skripts aus Abschnitt 38.2 in PHP. Damit der Wiedererkennungswert jedoch höher ist, wurde beim Auslesen der Verzeichnisse die alternative Variante mit den Funktionen verwendet.

```
<?php

  // Definition der Funktion Unterverzeichnis
  function Unterverzeichnis($subverz)
  {
    echo "<tr><td>$subverz</td><td>";
    if($dir = opendir($subverz))
    {
      $verz = array();
      while($eintrag = readdir($dir))
      {
        if(($eintrag <> '.') AND ($eintrag <> '..'))
        {
          if(is_dir("$subverz/$eintrag"))
          {
            $verz[] = $eintrag;
          }
          else
          {
            $groesse = filesize("$subverz/$eintrag");
            echo "<a href=\"$subverz/$eintrag\">
```

```
                  $eintrag</a>
                 ($groesse Bytes)<br>";
          }
        }
      }
      echo "</td></tr>";
      foreach($verz as $akt_verz)
      {
        Unterverzeichnis("$subverz/$akt_verz");
      }
      closedir($dir);
    }
  }

  // Ermitteln des Wurzelverzeichnisses
  $wverz = $_SERVER['DOCUMENT_ROOT'];

  // Ausgabe des Anfangs des HTML-Dokuments
  echo "<html><head><title>Wurzelverzeichnis:
        $wverz</title></head><body>";
  echo "<h1>Wurzelverzeichnis: $wverz</h1>
        <table border=\"1\">";

  // Erster Aufruf der Funktion "Unterverzeichnis"
  Unterverzeichnis($wverz);

  // Abschluss des HTML-Dokuments
  echo "</table></body></html>";

?>
```

Listing 47.4 Rekursives Einlesen von Verzeichnissen mit PHP

Eine Erklärung des Listings finden Sie in Abschnitt 38.2.

47.3 Datei schreiben

Der Zugriff auf Dateien, egal ob lesend oder schreibend, wird immer durch das Öffnen der Datei eingeleitet. Die Funktion `fopen` öffnet Dateien und erwartet als ersten Parameter den Dateinamen und als zweiten den Modus, wie auf die Datei zugegriffen werden soll. Konnte der Vorgang erfolgreich durchgeführt werden, liefert die Funktion ein Handle für den Zugriff auf die Datei zurück.

```
resource fopen(string filename, string mode)
```

Ein Beispielaufruf der Funktion:

```
$file = fopen("datei.dat","w");
```

Datei zum Schreiben öffnen

Die Funktion `fopen` versucht nun, die Datei **datei.dat** zum Schreiben zu öffnen. Dass in die Datei geschrieben werden soll, wird der Funktion durch das `w` (engl. *write* = dt. *schreiben*) als zweiten Parameter mitgeteilt. In der Variablen `$file` wird bei Erfolg das Handle zum Zugriff auf die Datei gespeichert.

In Datei schreiben

Der Schreibvorgang selbst erfolgt durch Verwendung der Funktion `fputs`. Diese Funktion erwartet als ersten Parameter das Dateihandle und als zweiten die Zeichenkette, die in die Datei geschrieben werden soll.

```
int fputs(resource handle, string str)
```

War der Vorgang erfolgreich, liefert die Funktion die Anzahl der geschriebenen Zeichen zurück, andernfalls `-1`. Dieses Verhalten kann zur Überprüfung verwendet werden, ob alle Zeichen in die Datei geschrieben wurden, diese Überprüfung wird jedoch in der Regel nicht vorgenommen. Ein Beispiel:

```
fputs($file,"Hallo Welt!");
```

Datei schließen

Nachdem alle Schreiboperationen durchgeführt worden sind, muss die Datei wieder geschlossen werden. Dies erledigt die Funktion `fclose`. Auch sie erwartet als Parameter das Dateihandle. Konnte die Datei geschlossen werden, lautet das Ergebnis der Funktion `TRUE`, ansonsten `FALSE`.

```
bool fclose(resource handle)
```

Ein Beispiel:

```
fclose($file);
```

Nun zu einem Beispiel, das die Funktionen im Zusammenhang darstellt. In eine Datei sollen lediglich zwei Zeilen geschrieben werden. Diese Datei wird anschließend mit der `include`-Anweisung im Browser ausgegeben.

```
<?php
  // Schreiben der Datei datei.dat
  $file = fopen("datei.dat","w");
  if($file)
  {
    fputs($file,"Hallo Welt!\n");
    fputs($file,"Hallo WorldWideWeb!\n");
    fclose($file);
  }

  // Ausgabe der Datei datei.dat im Browser
  echo "<h3>Inhalt der Datei datei.dat</h3>";
  echo "<pre>";
  include("datei.dat");
  echo "</pre>";
?>
```

Listing 47.5 Schreiben der Datei datei.dat und Ausgabe im Browser

Zu Beginn des Skripts wird versucht, **datei.dat** zum Schreiben zu öffnen. Wurde die Datei geöffnet, werden zwei Zeilen in die Datei geschrieben und das Dateihandle wieder freigegeben. Auch beim Schreiben in Dateien können Sie die Escape-Sequenzen verwenden. In diesem Fall erzeugt `\n` einen Zeilenumbruch. Zum Schluss wird die Datei innerhalb eines `pre`-Elements ausgegeben.

47.4 Datei lesen

Neben dem Modus `w` zum Schreiben von Dateien gibt es auch noch folgende weitere Modi.

Modus	Erklärung
r	Die Datei wird nur zum Lesen geöffnet. Der Dateizeiger wird auf den Anfang der Datei gesetzt.
r+	Die Datei wird zum Lesen und Schreiben geöffnet. Der Dateizeiger wird auf den Anfang der Datei gesetzt.
w	Die Datei wird nur zum Schreiben geöffnet. Existiert die Datei bereits, wird sie gelöscht und neu erstellt, andernfalls neu erstellt.
w+	Öffnet die Datei zum Schreiben und Lesen. Existiert die Datei bereits, wird sie überschrieben, andernfalls neu erstellt.
a	Öffnet die Datei nur zum Schreiben, bzw. Anhängen. Der Dateizeiger wird auf das Ende der Datei gesetzt. Bestehende Daten werden nicht überschrieben. Sollte die Datei noch nicht existieren, wird sie neu erstellt.
a+	Öffnet die Datei zum Schreiben und Lesen und setzt den Dateizeiger auf das Ende der Datei. Existiert die Datei nicht, wird sie neu angelegt.

Tabelle 47.1 Zugriffsmodi für Dateien

Aus einer Datei lesen

Im Zusammenhang mit dem Lesen von Dateien gibt es einige hilfreiche Funktionen. Die wichtigste von allen ist wohl die Funktion `fgets`, da sie das Lesen aus einer Datei ermöglicht. Als ersten Parameter erwartet sie das Dateihandle und als zweiten die Angabe, wie viele Zeichen aus der Datei ausgelesen werden sollen. Als Rückgabewert liefert die Funktion die ausgelesenen Zeichen.

```
string fgets(resource handle[, int length])
```

Wenn Sie die Länge nicht angeben, wird die Datei bis zum nächsten Zeilenumbruch oder bis zum Ende ausgelesen. Ein Beispiel:

```
$dateistr = fgets($file,255);
```

Dateiende

Dateien sind jedoch nicht immer genau 255 Byte bzw. Zeichen groß. Sie können auch kleiner oder größer sein. Bei jedem Lesevorgang wird der Dateizeiger um die Anzahl der gelesenen Zeichen verschoben. Dabei liest die Funktion jedoch immer nur so viele Zeichen ein, wie noch übrig sind. Sollte nach weniger als 255 Zeichen ein Zeilenumbruch in der Datei gefunden werden, wird der Dateizeiger auf den Anfang der neuen Zeile gesetzt. Um auf das Ende einer Datei reagieren zu können (der Dateizeiger sitzt am Ende der Datei), können Sie die Funktion `feof` verwenden. Sie erwartet als Parameter das Dateihandle.

```
bool feof(resource handle)
```

Wurde das Ende der Datei erreicht, liefert die Funktion den Wert `TRUE` und sonst den Wert `FALSE`.

Prüfen, ob Datei existiert

Äußerst hilfreich ist auch die Funktion `file_exists`. Mit ihr können Sie die Existenz einer Datei überprüfen. Existiert die als Parameter übergebene Datei, entspricht der Rückgabewert der Funktion `TRUE`, andernfalls `FALSE`.

```
bool file_exists(string filename)
```

Das folgende Beispiel soll das Lesen und Schreiben einer Datei anhand einer Umfrage darstellen.

```
<?php
  if(isset($_GET['os']))
  {
    $filename = "abstimmung.txt";
    $wahl = $_GET['os'] - 1;
    if(file_exists($filename))
    {
      $file = fopen($filename,"r");
      if($file)
      {
        $stand = explode("#",fgets($file));
        fclose($file);
        $stand[$wahl]++;
        $file = fopen($filename,"w");
        if($file)
        { fputs($file,"$stand[0]#$stand[1]#$stand[2]#$stand[3]");
          fclose($file);
        }
        echo "<h4>Stand</h4>";
        echo "Windows = $stand[0]<br>\n";
        echo "Linux = $stand[1]<br>\n";
        echo "Mac OS = $stand[2]<br>\n";
        echo "Anderes = $stand[3]<br>\n";
      } else {
        ehco "Konnte Datei nicht einlesen";
      }
    } else {
      echo "$filename existiert nicht!";
    }
  } else {
    echo "<form action=\"$_SERVER[PHP_SELF]\" method=\"GET\">";
    echo "<h4>Welches Betriebssystem verwenden Sie?
```

```
</h4>";
    echo "<input type=\"radio\" name=\"os\"
           value=\"1\">Windows<br>\n";
    echo "<input type=\"radio\" name=\"os\"
           value=\"2\">Linux<br>\n";
    echo "<input type=\"radio\" name=\"os\"
           value=\"3\">Mac OS<br>\n";
    echo "<input type=\"radio\" name=\"os\"
           value=\"4\">Anderes<br>\n";
    echo "<input type=\"submit\" value=\"Abstimmen\">\n";
    echo "</form>";
  }
?>
```

Listing 47.6 PHP-Umfrage-Skript, das das Ergebnis in einer Datei speichert

Zu Beginn des Skripts wird überprüft, ob mit einem HTML-Formular und der GET-Methode Daten an das Skript übergeben wurden.

Keine Daten übertragen

Wurden keine Daten übergeben, wird ein HTML-Formular ausgegeben, das als Datenempfänger das eigene PHP-Skript erhält. Außerdem wird eine Radiobuttongruppe ausgegeben, die vier Auswahlmöglichkeiten bietet (Windows, Linux, Mac OS, Anderes).

Daten übertragen

Wenn Daten übermittelt wurden, wird zunächst der Variablen `$wahl` die übermittelte Auswahl abzüglich 1 zugewiesen. Sie dient später zu Identifikation des richtigen Elements eines Arrays. Anschließend wird überprüft, ob die Datei **abstimmung.txt** existiert. Wenn nicht, wird eine Fehlermeldung ausgegeben. Ansonsten wird die Datei zum Lesen geöffnet. Es folgt dann eine Kombination von zwei Funktionen. Der Inhalt der Datei, der mit `fgets($file)` eingelesen wurde, wird als zweiter Parameter an die Funktion `explode` übergeben. Letztere soll den String, dem sie übergeben wird, anhand des Rautezeichens # in Teile zerlegen, die im Array `$stand` gespeichert werden. Die Datei wird geschlossen, und das Element mit dem Index, der dem Wert von `$wahl` entspricht, wird um 1 inkrementiert. Daraufhin wird wieder die Datei **abstimmung.txt** geöffnet, und alle Elemente des Arrays `$stand` werden durch Rautezeichen # getrennt in die Datei geschrieben. Nachdem die Datei geschlossen worden ist, wird das aktuelle Abstimmungsergebnis im Browser ausgegeben.

Der Aufbau der Datei **abstimmung.txt** sieht folgendermaßen aus:

```
0#0#0#0
```

Die erste 0 steht für Windows, die zweite für Linux, die dritte für Mac OS und die vierte für Anderes. Die Zahlen werden nach jeder Auswahl eines Radiobuttons um 1 erhöht.

[«] Auch wenn die Möglichkeit besteht, gleichzeitig sowohl lesend als auch schreibend auf eine Datei zuzugreifen, sollten Sie dies nur in den seltensten Fällen tun. Es kann ansonsten passieren, dass Sie den Inhalt der Datei unwiederbringlich löschen.

47.5 Dateieigenschaften

Verschiedene Funktionen geben die unterschiedlichsten Informationen zu einer Datei zurück. Deshalb werden Sie in diesem Kapitel eine Klasse namens `fileinfo` erstellen, die die Informationen ermittelt und bereitstellt.

Der Quellcode der Klasse:

```
<?php
  class fileinfo
  {
    var $filename;
    var $size;
    var $type;
    var $lastChange;
    var $lastChangeUnix;
    var $owner;
    var $readable;
    var $writeable;
    var $executable;

    function fileinfo($filename)
    {
      $this->filename = $filename;
      $this->size = filesize($filename);
      $this->type = filetype($filename);
      $this->lastChange = strftime("%d.%m.%Y %H:%M",
             filemtime($filename));
      $this->lastChangeUnix = filemtime($filename);
      $this->owner = fileowner($filename);
      $this->readable = is_readable($filename);
      $this->writeable = is_writeable($filename);
      $this->executable = is_executable($filename);
    }
  }
?>
```

Listing 47.7 Quellcode der Klasse fileinfo

Die Klasse `fileinfo` besteht lediglich aus einer Funktion und einer Reihe von Variablen. Die Funktion ist der Konstruktor der Klasse, initialisiert die Eigenschaften und wendet dabei die einzelnen Funktionen von PHP an. Die einzige Eigenschaft, die ohne Funktion ermittelt wird, ist natürlich der Dateiname, der in der Eigenschaft `$filename` gespeichert wird.

Dateigröße Die Dateigröße wird durch die Funktion `filesize` ermittelt. Sie erhält als Parameter den Dateinamen und liefert die Größe in Bytes zurück.

Die Funktion `filetype` ermittelt den Typ der Datei und gibt ihn als String zurück. Als Parameter erwartet die Funktion den Dateinamen. Mögliche Typen sind `fifo`, `char`, `dir`, `block`, `link`, `file` und `unknown`.

Dateityp

Die letzte Änderung der Datei wird einmal als UNIX-Zeitwert und einmal als formatierter String gespeichert. Den Änderungszeitpunkt ermittelt die Funktion `filemtime`, die als Parameter den Dateinamen erwartet und den UNIX-Zeitstempel zurückgibt.

Letzte Änderung

Die Funktion `fileowner` ermittelt den Besitzer der Datei. Leider ist diese Funktion jedoch UNIX-spezifisch, weshalb sie unter Windows keinen zuverlässigen Wert liefern wird. Als Parameter erwartet auch sie den Dateinamen und gibt die User-ID des Besitzers zurück.

Besitzer

Die Funktionen `is_readable`, `is_writeable` und `is_executable` überprüfen, ob die als Parameter übergebene Datei zu lesen, zu schreiben und ausführbar ist. Der Rückgabewert der Funktionen ist entweder `TRUE` oder `FALSE`. Bitte beachten Sie, dass `is_executable` unter Windows erst ab PHP 5 verfügbar ist.

Was ist erlaubt?

[x] Die Verwendung dieser Klasse ist wesentlich übersichtlicher und einfacher, als jedes Mal die Funktionen einzeln aufzurufen. Natürlich ist bei dieser Klasse immer noch Platz für Erweiterungen oder Änderungen. Welche Sie vornehmen, bleibt Ihren eigenen Wünschen überlassen.

47.6 Dateisystemoperationen

Gelegentlich wird es bei der Arbeit mit Dateien und Verzeichnissen vorkommen, dass Sie Dateien umbenennen, verschieben oder Verzeichnisse erstellen oder löschen möchten. Mit den entsprechenden Funktionen werde ich mich in diesem Kapitel beschäftigen.

Mit der Funktion `copy` können Sie eine Datei kopieren. Als ersten Parameter erwartet sie den Quelldateinamen und als zweiten Parameter den Zieldateinamen. Konnte die Datei kopiert werden, liefert die Funktion `TRUE` zurück, andernfalls `FALSE`.

Datei kopieren

```
bool copy(string source, string destination)
```

Die Funktion `rename` ermöglicht entweder das Umbenennen oder das Verschieben einer Datei (wenn Verzeichnisse mit angegeben werden). Als Parameter müssen die Quelle und das Ziel angegeben werden. Der Wert `TRUE` wird dann zurückgegeben, wenn die Operation erfolgreich durchgeführt werden konnte.

Datei umbenennen

```
bool rename(string old, string new)
```

Für den Fall, dass Sie eine Datei löschen möchten, steht die Funktion `unlink` zur Verfügung. Sie erwartet als Parameter lediglich den Dateinamen und gibt `TRUE` zurück, wenn die Datei gelöscht werden konnte.

Datei löschen

```
bool unlink(string filename)
```

Verzeichnis erstellen Mit der Funktion `mkdir` können Sie ein neues Verzeichnis erstellen. Als Parameter müssen Sie lediglich den Namen für das neue Verzeichnis übergeben. Sie erhalten `TRUE`, wenn das Erstellen des Verzeichnisses erfolgreich war.

```
bool mkdir(string dirname)
```

Verzeichnis löschen Umgekehrt können Sie ein Verzeichnis mit `rmdir` löschen. Der Name des zu löschenden Verzeichnisses wird als Parameter übergeben. Damit das Verzeichnis gelöscht werden kann, muss es leer sein. `TRUE` wird zurückgegeben, wenn es gelöscht wurde.

```
bool rmdir(string dirname)
```

47.7 Zusammenfassung

- Die Klasse `dir` kann alternativ zu den Funktionen `opendir`, `readdir` und `closedir` verwendet werden.
- Die Funktionen `rewinddir`, `getcwd` und `chdir` erweitern die Arbeitsmöglichkeiten mit Verzeichnissen.
- Vor einem Schreib- oder Lesevorgang muss eine Datei mit `fopen` geöffnet und der Zugriffsmodus angegeben werden. Geschlossen wird sie mit der Funktion `fclose`.
- Die Funktion `fgets` liest aus einer Datei.
- Die Funktion `fputs` schreibt in eine Datei.
- Die selbst definierte Klasse `fileinfo` ermittelt alle wichtigen Eigenschaften einer Datei.

47.8 Fragen und Übungen

1. Schreiben Sie ein Skript, das ein Verzeichnis ausliest und dabei nur Dateien berücksichtigt.
2. Erweitern Sie das Skript aus Aufgabe 1 um die Ausgabe der Größe, des Typs und des letzten Änderungszeitpunktes der Datei.
3. Erweitern Sie das Skript um die Möglichkeit, dass der Benutzer die Datei mit einem Link öffnen kann.

Eine Konferenz ist eine Sitzung, bei der viele hineingehen,
aber nur wenig herauskommt.
– Werner Fink, deutscher Kabarettist

48 Sitzungen

Je umfangreicher und dynamischer Ihre Webseite wird, desto stärker wächst wahrscheinlich der Wunsch, verschiedene Variablen über mehrere Seiten hinweg verwenden zu können, etwa bei einem mit Benutzerlogin geschützten Bereich. Auch im Zusammenhang mit personalisierbaren Seiten ist dies wünschenswert. Der einfachste Weg ist die Verwendung von so genannten **Sitzungen** oder **Sessions**.

48.1 Was sind Sessions?

Seit PHP 4 können Sie mit Sessions eine beliebige Anzahl von Variablen einzelnen Benutzern zuordnen. Dies funktioniert dadurch, dass ein zufälliger 32 Bytes großer Schlüssel generiert wird, der zur Identifikation des Benutzers verwendet wird – die so genannte **Session-ID**. Wurde eine Session registriert, wird bei jedem Aufruf einer Seite die vorherige Arbeits- bzw. Variablenumgebung wiederhergestellt. Variablen, die in einem anderen Skript definiert wurden, stehen dann in den nachfolgenden Skripts zur Verfügung, und zwar so lange, wie die Browsersitzung des Benutzers auf der Webseite dauert. Verlässt der Benutzer die Seite, wird auch die Arbeitsumgebung wieder gelöscht.

Sitzungsarten

PHP kennt zwei Sitzungsarten: automatische und explizite. Automatische Sitzungen werden erzeugt, wenn die PHP-Option `session.auto_start` in der **php.ini** auf 1 gesetzt wurde. Die explizite Variante verlangt das Ausführen der Funktion `session_start`.

[«]

Dies bedeutet jedoch nicht, dass gespeicherte Daten nur von einem Benutzer betrachtet werden können. Sie müssen beim Speichern und Anzeigen von sensiblen Daten also vorsichtig vorgehen, wenn es sich um sensible Daten handelt, die unter Umständen Ihnen oder dem Benutzer schaden könnten (Administrationspasswörter, Bankverbindung des Kunden oder Ähnliches).

Kekse für die Sitzung

Sicherer wird eine Sitzung durch die Verwendung von Session-Cookies, in denen die Session-ID gespeichert wird. Dadurch wird es schwerer, eine Session-ID zu kopieren bzw. zu erbeuten (wird sie z. B. über die URI übergeben, ist sie immer in der Adressleiste des Browsers sichtbar). Da Cookies jedoch mindestens eine Gültigkeitsdauer besitzen, die der Dauer der Sitzung entspricht, ist auch diese Methode nicht vollends sicher. Der Benutzer muss alle Browserfenster schließen, damit ein Cookie, das nur für die aktuelle Sitzung Gültigkeit besitzt, auch wirklich auf dem Client-Rechner gelöscht wird.

Erschnüffeln Darüber hinaus ist es jedoch auch möglich, Session-Cookies über das Netzwerk zu »erschnüffeln« und weiterzuverwenden. Es gibt jedoch auch Proxy-Server, die Cookies protokollieren (Namen, Wert, Gültigkeitsdauer etc.).

[x] Wenn Sie jedoch mit Sessions bei sensiblen Daten vorsichtig umgehen (z. B. bei der Verwendung einer sicheren Verbindung mittels SSL), ist die Gefahr eines Schadens zwar nicht ausgeschlossen, wird aber beträchtlich verringert.

48.2 Session erzeugen

Um eine Session zu erzeugen, benötigen Sie die Funktion `session_start`. Diese Funktion erwartet zwar keine Parameter, gibt aber `TRUE` zurück, wenn die Session erfolgreich registriert werden konnte.

```
bool session_start(void)
```

Nachdem eine Session gestartet wurde, liefert die Funktion `session_id` den 32 Bytes großen Schlüssel zurück.

```
string session_id([string sid])
```

Optional können Sie an diese Funktion auch einen selbst generierten Schlüssel übergeben, wodurch der aktuelle überschrieben wird.

```
<?php
  $result = session_start();
  if($result)
  {
    echo "Die Session wurde erfolgreich gestartet! <br>\n";
    echo "Session-ID: ".session_id();
  }
  else
  {
    echo "Die Session konnte nicht initialisiert werden!";
  }
?>
```

Listing 48.1 Starten einer Session und Ausgabe der Session-ID

[x] Wichtig ist, dass Sie `session_start` vor jeglicher Ausgabe im Browser ausführen. Nur dadurch wird automatisch ein Session-Cookie auf dem Client-Rechner abgelegt. Der Rückgabewert der Funktion `session_start` wird in Listing 48.1 in der Variablen `$result` gespeichert und in der anschließenden `if`-Anweisung auf den Wert `TRUE` überprüft. Wurde die Session gestartet (`$result` entspricht `TRUE`), wird die Session-ID mit der Funktion `session_id` ausgegeben.

Diese Session bleibt nun so lange erhalten, bis der Benutzer den Browser schließt. Rufen Sie das Skript aus Listing 48.1 einfach mal in Ihrem Browser auf, und aktualisieren Sie die Seite mehrmals. Sie erhalten jedes Mal die gleiche Session-ID. Sobald Sie den Browser jedoch schließen und das Skript danach erneut aufrufen, wird eine neue Session-ID ausgegeben.

48.3 Mit Variablen arbeiten

Das nachfolgende Beispiel besteht aus zwei Listings, aus Listing 48.2 und aus Listing 48.3.

```
<?php
  session_start();
  $_SESSION['nummer'] = "404";
  $_SESSION['name'] = "Benutzer";
  echo "<a href=\"list8.3.php\">Weiter</a>";
?>
```

Listing 48.2 Initialisierung der Session

```
<?php
  session_start();
  echo "Hallo $_SESSION[name]! Ihre Nummer ist $_SESSION[nummer].";
?>
```

Listing 48.3 Ausgabe der in Listing 48.2 definierten Variablen

In Listing 48.2 wird zu Beginn eine Session initialisiert. Anschließend werden dem superglobalen Array `$_SESSION` zwei neue Schlüssel hinzugefügt und mit einem Wert belegt. Die so angelegten Werte stehen jetzt in allen Skripts zur Verfügung die nachfolgend von dem User aufgerufen werden. Das allerdings natürlich nur, so lange die Session gültig ist.

Im PHP-Manual und in einigen Büchern finden Sie die Möglichkeit, dass die Funktion `session_register` genutzt wird, um neue Variablen in der Session zu registrieren. Diese Funktion ist jedoch veraltet und funktioniert nur dann, wenn in der `php.ini` die Konfigurationsdirektive `register_globals` eingeschaltet ist. Da das dann aber große Sicherheitsprobleme nach sich zieht, sollten Sie einen großen Bogen um `session_register` machen.

Zum Schluss wird in Listing 48.2 noch ein Link zur Datei **list8.3.php** ausgegeben.

Sitzung wieder aufnehmen

In Listing 48.3 wird die Session wieder initialisiert, und anschließend werden die beiden registrierten Variablen `$_SESSION[name]` und `$_SESSION[nummer]` ausgegeben. Die Ausgabe des Listing 48.3 lautet:

```
Hallo Benutzer! Ihre Nummer ist 404.
```

Der Ablauf ist sehr simpel. Zuerst wird in Listing 48.2 eine neue Session initialisiert, und zusätzlich werden noch ein paar Variablen definiert. Sobald nun in ein anderes Skript gewechselt wird, in dem zu Beginn die Session mit `session_start` geladen wird, stehen alle zuvor im Array `$_SESSION` abgelegten Variablen zur Verfügung. Es ist also egal, ob Sie eine neue Session starten oder eine existierende Session lesen möchten, Sie müssen zu Beginn immer die Funktion `session_start` aufrufen.

Sitzungsvariable löschen

Um eine Variable wieder zu löschen, müssen Sie die Funktion `unset` benutzen. Als Parameter müssen Sie nur das superglobale Array und den Namen des Schlüssels angeben.

```
void  unset(mixed var)
```

Wollten Sie im konkreten Fall also beispielsweise den Schlüssel `name` entfernen, dann müssten Sie `unset($_SESSION['name'])` aufrufen.

48.4 Session beenden

Bei vielen Anbietern von Webdienstleistungen, z. B. E-Mail oder Online-Banking, sehen Sie oft einen Link mit der Aufschrift »Logout«. Bei einem Klick darauf wird die aktuelle Session beendet. Die Funktion, die dies bewirkt, ist `session_destroy`. Wurde die Session erfolgreich beendet, gibt die Funktion `TRUE` zurück.

```
bool session_destroy(void)
```

Ein Beispiel:

```
<?php
  session_start();
  echo session_id();
  session_destroy();
?>
```

Listing 48.4 Session beenden

Mehr als eine Session zu initialisieren, die Session-ID auszugeben und die Session danach zu beenden, macht das Skript aus Listing 48.4 nicht.

48.5 Weitere Session-Funktionen

Prüfen, ob eine Variable existiert

Zur Überprüfung, ob eine Variable in der Session registriert wurde, können Sie die Funktion `isset` verwenden. Als Parameter erwartet sie das Array `$_SESSION` mit dem entsprechenden Array-Schlüssel, und sie liefert `TRUE` zurück, wenn die Variable registriert wurde.

```
bool isset(mixed var)
```

Cookie-Parameter lesen

Die Funktion `session_get_cookie_params` liefert die Session-Cookie-Parameter als Array zurück.

```
array session_get_cookie_params(void)
```

Das zurückgegebene Array enthält folgende Elemente:

Schlüssel	Erklärung
lifetime	Lebensdauer des Cookies
path	Pfad, unter dem Informationen gespeichert sind
domain	Domain des Cookies
secure	Darf das Cookie nur über eine sichere Verbindung übertragen werden?

Tabelle 48.1 Schlüssel des von session_get_cookie_params zurückgegebenen Arrays

Cookie-Parameter schreiben

Mit der Funktion `session_set_cookie_params` können Sie hingegen Eigenschaften des Cookies setzen.

```
void session_set_cookie_params(int lifetime[, string path [, string domain
[, bool secure]]])
```

48.6 Zusammenfassung

- Mit der Funktion `session_start` wird entweder eine Session initialisiert oder eine existierende Session geladen.
- Variablen werden mithilfe des superglobalen Arrays `$_SESSION` in der Arbeitsumgebung gespeichert.
- Eine Session kann mit `session_destroy` beendet werden.

48.7 Fragen und Übungen

1. Mit welcher Funktion können Sie eine in der Arbeitsumgebung registrierte Variable löschen?
2. Schreiben Sie ein Skript, das die Haltbarkeitsdauer eines Session-Cookies um sieben Tage verlängert.

3. Schreiben Sie ein Skript, das dem Benutzer die Eingabe eines Benutzernamens und eines Passwortes ermöglicht, und übertragen Sie diese Daten an das Skript. Wurden die Daten übertragen, sollen der richtige Benutzername und das richtige Passwort aus einer Datei ausgelesen werden und mit den vom Benutzer eingegebenen Werten verglichen werden (der Einfachheit halber sollte die Datei ein PHP-Skript sein, das die Benutzerdaten als Array zur Verfügung stellt). Sind die Werte gleich, soll eine Session erzeugt und ein Link ausgegeben werden, der zu einer neuen, beliebigen Seite führt. Andernfalls soll das HTML-Formular erneut angezeigt werden.

Im Alltag siegt das Dringende über das Wichtige.
– Jean Remy von Matt, deutscher Werbefachmann

49 Was sonst noch wichtig ist

Dieses Kapitel beschäftigt sich mit dem Sammeln der Informationen von Servern und Browsern. Aber auch die Netzwerkprogrammierung, reguläre Ausdrücke und das dynamische Erstellen von PDF-Dokumenten werden behandelt.

49.1 Server-Informationen

Da leider alle Webserver unterschiedliche Informationen zur Verfügung stellen, ist es schwer zu sagen, welche Variablen Sie genau auslesen können. Das folgende Skript soll dies jedoch erleichtern.

```
<?php
  echo "<h1>Umgebungsvariablen</h1><table border=\"1\">";
  echo "<tr><th>Schl&uuml;ssel</th><th>Wert</th></tr>";
  foreach($_ENV as $key=>$value)
  {
    echo "<tr><td>$key</td><td>$value</td></tr>";
  }
  echo "</table>";

  echo "<h1>Servervariablen</h1><table border=\"1\">";
  echo "<tr><th>Schl&uuml;ssel</th><th>Wert</th></tr>";
  foreach($_SERVER as $key=>$value)
  {
    echo "<tr><td>$key</td><td>$value</td></tr>";
  }
  echo "</table>";
?>
```

Listing 49.1 Ausgabe der Server-Informationen

Die beiden assoziativen Arrays `$_ENV` und `$_SERVER` stellen die unterschiedlichsten Informationen bereit. Dabei finden Sie in `$_ENV` die Umgebungsvariablen und in `$_SERVER` die vom Server zur Verfügung gestellten Daten.

Außerdem können Sie mit der Funktion `phpinfo` unterschiedlichste Daten im Browser ausgeben.

```
void phpinfo(void)
```

Ein Beispiel:

```
<?php
  phpinfo();
?>
```

Listing 49.2 Ausgabe der unterschiedlichsten Informationen mit phpinfo

Auf vielen Webservern ist eine Datei mit einem Namen wie **info.php** zu finden, welche den Befehl `phpinfo` ausführt. Dies ist nicht ungefährlich, da ein Hacker sehr viele Informationen über Ihren Server bekommt, die er ausnutzen kann. Bitte achten Sie darauf, dass Sie eine solche Datei nicht öffentlich zugänglich auf Ihrem Server ablegen.

49.2 Netzwerkfunktionen

In Bezug auf Netzwerke sind in PHP einige Funktionen sehr hilfreich, auch wenn sie eher selten verwendet werden.

49.2.1 IP-Adressen und DNS

IP -> Name Die Funktion `gethostbyaddr` ermittelt den Hostnamen eines Rechners im Internet anhand seiner IP-Adresse. Die IP-Adresse wird als Parameter erwartet. Bei einem Fehler wird die übergebene IP-Adresse zurückgegeben, ansonsten der entsprechende Hostname.

```
string gethostbyaddr(string ipaddress)
```

Name -> IP Die IP-Adresse des Users, der gerade das Skript ausführt, können Sie übrigens der Variable `$_SERVER['REMOTE_ADDR']` entnehmen. Sie können die IP-Adresse jedoch auch anhand eines Hostnamens ermitteln. Der Hostname wird als Parameter übergeben, und die IP-Adresse wird zurückgegeben.

```
string gethostbyname(string hostname)
```

Alternativ können Sie jedoch auch eine Liste von passenden IP-Adressen zu einem Hostnamen als Array erhalten. Die IP-Adresse muss als Parameter übergeben werden. Das Array wird zurückgegeben.

```
array gethostbynamel(string hostname)
```

49.2.2 Verbindungen zu anderen Servern

Mit der Funktion fsockopen können Sie eine Verbindung zu einem anderen Server aufbauen.

```
int fsockopen([string udp://hostname, int port [, int errno
  [, string errstr [, double timeout]]]])
```

Die Funktion gibt bei Erfolg ein Handle zurück, das einem Dateihandle entspricht. Dadurch ist es möglich, Dateifunktionen wie z. B. fgets, fputs, feof oder fclose zu verwenden. Wenn die Verbindungsanforderung scheitert, gibt die Funktion FALSE zurück und speichert in den Parametern errno und errstr die Fehlernummer sowie eine entsprechende Meldung.

```
<?php
  $connection = fsockopen("www.php.net",80);
  if($connection)
  {
    fputs($connection,"GET / HTTP/1.0\r\n\r\n");
    while(!feof($connection))
    {
      echo fgets($connection);
    }
    fclose($connection);
  }
  else
  {
    echo "Verbindung zu www.php.net fehlgeschlagen.";
  }
?>
```

Listing 49.3 Verbindungsaufbau zum Server www.php.net über den Port 80

Das Skript aus Listing 49.3 baut eine Verbindung zum Server **www.php.net** auf, und zwar über den Port 80. Dies ist der Standard-Port für HTTP-Verbindungen. Aus diesem Grund müssen und dürfen Sie das Protokoll nicht in der URI mit angeben, da das zu verwendende Protokoll aus dem angesprochenen Port resultiert. Wurde die Verbindung erfolgreich hergestellt, wird in der Variablen $connection ein Dateihandle gespeichert, über das im if-Anweisungsblock die Kommunikation mit dem Server erfolgt. Zuerst wird dem Server per HTTP-Kommando mitgeteilt, welche Methode und welche Protokollversion bei der Kommunikation verwendet werden soll. In der nachfolgenden while-Schleife werden so lange Zeichen eingelesen, bis der Server nichts mehr sendet.

Zeichen einlesen, die empfangen wurden

Alternativ können Sie anstelle des while-Konstrukts auch die Funktion fpassthru verwenden. Diese Funktion liest alle Zeichen ein, die über eine Verbindung empfangen werden können.

```
if($connection)
{
  fputs($connection,"GET / HTTP/1.0\r\n\n");
  fpassthru($connection);
  fclose($connection);
}
```

Neben HTTP-Verbindungen können Sie auch andere POP3- oder FTP-Verbindungen herstellen.

Die entsprechenden Ports können Sie der Tabelle 49.1 entnehmen.

Port	Dienst bzw. Protokoll
13	Daytime
21	FTP
23	Telnet
25	Mailto / SMTP
37	Time
42	DNS
43	WhoIs
69	Trivial File Transfer Protocol (TFTP)
70	Gopher
79	Finger
80	HTTP
110	Mailfrom / POP3
119	News/NNTP

Tabelle 49.1 Ports für verschiedene Verbindungen

49.2.3 HTTP-Verbindungen

Auf die gleiche Art und Weise wie in Listing 49.3 kommuniziert auch ein Browser mit einem Webserver. Er sendet unterschiedliche HTTP-Kommandos und wartet die Reaktion des Servers ab. Ein solches HTTP-Kommando ist folgendermaßen aufgebaut:

- Kommando (Methode ID Protokoll-Version)
- Header
- Content-Length-Feld
- Daten (ggf. zwei Leerzeilen)

Das Kommando in Listing 49.3 besteht aus der Methode `GET` der ID `/` und der Protokoll-Version `HTTP/1.0`.

Anstelle der Methode `GET` können Sie auch eine der anderen, in Tabelle 49.2 enthaltenen Methoden verwenden.

Für ID können Sie auch eine Domain oder einen Dateinamen angeben, und als Protokollversion ist auch die Angabe `HTTP/1.1` möglich. Wenn Sie keine Daten an den Server übergeben möchten, müssen Sie das Kommando mit zwei Leerzeilen abschließen. In Abschnitt 49.4, *PDF-Dokumente erzeugen*, finden Sie das Beispiel eines HTTP-Kommandos, das sowohl den Header sowie das Content-Length-Feld als auch Daten an den Browser sendet.

Methode	Erklärung
DELETE	Ressource löschen
GET	Ressource anfordern
HEAD	Header anfordern
LINK	Verknüpfung anlegen
OPTIONS	Optionen ermitteln
POST	Daten senden
PUT	Ressource ablegen
TRACE	Rückverfolgung des Kommandos
UNLINK	Verknüpfung löschen

Tabelle 49.2 Kommandomethoden

49.2.4 POP3-Verbindung

Verbindungen, bei denen das POP3-Protokoll verwendet wird, sind Verbindungen, um E-Mails von einem Server abzurufen. Das Listing 49.4 enthält hierfür ein Beispiel. Der Port für eine solche Verbindung lautet 110.

```
<?php
  $connection = fsockopen('pop.server.tld',110);
  if($connection)
  {
    echo fgets($connection);
    fputs($connection,'USER username\r\n');
    echo fgets($connection);
    fputs($connection,'PASS password\r\n');
    echo fgets($connection);
    fputs($connection,'STAT\r\n');
    echo fgets($connection);
    fputs($connection,'QUIT\r\n');
    echo fgets($connection);
    fclose($connection);
  }
?>
```

Listing 49.4 Verbindung zu einem POP3-Server mit PHP

Anstelle von `USER`, `PASS` oder `STAT` können Sie auch eines der in Tabelle 49.3 aufgeführten Kommandos verwenden.

Kommando	Erklärung
DELE	E-Mail löschen
LIST	E-Mails auflisten
NOOP	Verbindungsstatus abfragen
PASS	Passwort
QUIT	Verbindung beenden
RETR	E-Mail öffnen bzw. empfangen
RSET	Löschmarkierung entfernen
STAT	E-Mails mit entsprechender Größe auflisten
USER	Benutzername

Tabelle 49.3 Kommandos für POP3-Verbindungen

Die in Listing 49.4 angegebenen Platzhalter `username` und `password` müssen durch die entsprechenden Daten ersetzt werden. Außerdem sollten Sie jedes Kommando mit `\r\n` (*carriage return* und *line feed*) abschließen.

49.3 Perl-kompatible reguläre Ausdrücke in PHP

Reguläre Ausdrücke, wie sie in Perl typisch sind, lassen sich mit ein wenig Mehraufwand auch in PHP einsetzen. So können Sie einen String auf einen regulären Ausdruck überprüfen, Treffer durch eine andere Zeichenkette ersetzen oder Strings anhand eines regulären Ausdrucks in ein Array zerlegen.

Auf passenden regulären Ausdruck prüfen

Während Sie in Perl einfach den Bindungsoperator =~ verwenden konnten, müssen Sie in PHP hierfür eine Funktion bemühen: `preg_match`. Sie erwartet als ersten Parameter den regulären Ausdruck und als zweiten die Zeichenkette, die durch den regulären Ausdruck überprüft werden soll.

```
int preg_match(string regexp, string str)
```

Ein Beispiel:

```
if(preg_match("/aus/","Haus"))
{
  echo "Treffer!";
}
else
{
  echo "Kein Treffer!";
}
```

Dieses Beispiel wird `Treffer!` im Browser ausgeben, da `aus` in `Haus` vorkommt. Beachten Sie, dass ein regulärer Ausdruck, anders als in Perl, in doppelten Anführungsstrichen notiert werden muss. Mit einer `foreach`-Schleife lässt sich ein regulärer Ausdruck auch auf ein Array anwenden.

```
$strings = array("Maus","Haus","Haut","Laus");
foreach($strings as $value)
{
  if(preg_match("/aus/",$value))
  {
    echo "Treffer in $value<br>\n";
  }
  else
  {
    echo "Kein Treffer in $value<br>\n";
  }
}
```

Ausgabe:

```
Treffer in Maus
Treffer in Haus
Kein Treffer in Haut
Treffer in Laus
```

[x] Leider kann PHP das Flag `g` nicht interpretieren, das in einer Zeichenkette nach allen Vorkommen des regulären Ausdrucks sucht. Daher müssen Sie in solchen Fällen eine andere Funktion verwenden: `preg_match_all`.

```
int preg_match_all(string regexp, string str, array matches)
```

Wenn Sie als dritten Parameter nun ein Array angeben, werden alle Treffer in diesem Array gespeichert. Beachten Sie dabei, dass das angegebene Array danach mehrdimensional ist und die Treffer im Unter-Array `$matches[0]` gespeichert werden.

Mittels regulärem Ausdruck ersetzen

Mit der Funktion `preg_replace` können Sie Zeichenketten mit Hilfe regulärer Ausdrücke ersetzen.

```
mixed preg_replace(mixed regexp, mixed replacewith, mixed replacein)
```

Anstelle des Parameters `regexp` können Sie einen regulären Ausdruck als String oder mehrere als Array übergeben. Der Parameter `replacewith` nimmt entweder einen String oder ein Array von Strings entgegen, mit denen ersetzt werden soll. Die Zeichenkette bzw. die Zeichenketten, in denen ersetzt werden soll, werden als Parameter `replacein` übergeben. Wurde eine Ersetzung vorgenommen, wird/werden die überarbeitete(n) Zeichenkette(n) zurückgegeben, andernfalls die unbearbeitete(n) Zeichenkette(n).

```
echo preg_replace("/[\d]{2}\.[\d]{2}\.[\d]{4}/",
                  strftime("%d.%m.%Y"),
                  "Heute ist der 04.10.2002");
```

Dieses Beispiel ersetzt jedes Datum, das gefunden wird, durch das aktuelle Datum.

Mittels regulärem Ausdruck zerlegen

Die Funktion `preg_split` ermöglicht das Zerlegen eines String in mehrere Teilstrings anhand eines regulären Ausdrucks. Als Parameter erwartet die Funktion den regulären Ausdruck als String und die Zeichenkette, die zerlegt werden soll. Der Rückgabewert der Funktion ist ein Array.

```
array preg_split(string regexp, string string_to_split)
```

Ein Beispiel:

```
$splitted = preg_split("/[\s]/","Dies ist eine normale Zeichenkette");
foreach($splitted as $value)
{
  echo "$value<br>\n";
}
```

In diesem Beispiel wird eine Zeichenkette anhand aller gefundenen nicht druckbaren Zeichen zerlegt (z. B. `\n`, `\r` oder `\t`) und im Array `$splitted` gespeichert. Anschließend wird das Array in einer `foreach`-Schleife ausgegeben.

49.4 PDF-Dokumente erzeugen

In älteren Versionen von PHP war eine native PDF-Erweiterung vorhanden. Anders ausgedrückt, PHP beinhaltete eine Bibliothek, mit der Sie direkt PDFs erzeugen konnten. Diese Erweiterung ist seit Erscheinen der Version 5 aber kein Bestandteil mehr von PHP. Allerdings gibt es einige frei verfügbare Bibliotheken, mit deren Hilfe Sie schnell und einfach PDF-Dokumente erzeugen können. Die bekannteste Bibliothek ist momentan sicher FPDF, die Sie unter **http://www.fpdf.org** herunterladen können. Außerdem finden Sie die Klasse natürlich auch auf der DVD im Verzeichnis **x:\misc\pdf**. Damit Sie FPDF nutzen können entpacken Sie die ZIP-Datei einfach in ein Verzeichnis unterhalb des Document-Root-Verzeichnisses Ihres Servers. In den Beispielen bin ich immer davon ausgegangen, dass die Dateien in ein Verzeichnis namens **fpdf** entpackt wurden, das sich direkt unter dem Dokumentenverzeichnis des Servers befindet.

Um die Erweiterung, die übrigens objektorientiert arbeitet, nutzen zu können, müssen Sie immer die Datei **fpdf.php** einbinden. Aber bevor ich zu viel rede, lassen Sie uns ein Beispiel betrachten:

```
<?php
  require('fpdf/fpdf.php');

  $pdf=new FPDF();
  $pdf->AddPage();
  $pdf->SetFont('Arial','UB',14);
  $pdf->Cell(120,10,"Webseiten programmieren und gestalten");
  $pdf->Output();
?>
```

Listing 49.5 Ausgabe eines PDF-Dokuments mit FPDF

Nachdem die Klassendatei mit dem Sprachkonstrukt `require` eingebunden wurde, wird in der nächsten Zeile mithilfe des Schlüsselworts `new` ein Objekt abgeleitet.

Dieses Objekt ist nun »die PDF-Datei«. Allerdings ist das Dokument noch leer. Es sind weder Seiten noch Texte vorhanden. Die Methode `AddPage` ist dafür zuständig, eine neue Seite in das Dokument einzufügen. Interessant ist, dass die Methode nicht nur Seiten im Hoch-, sondern auch im Querformat einfügen kann, was Sie mithilfe des Parameters `'L'` festlegen können.

Nachdem die Seite eingefügt wurde, rufe ich die Methode `SetFont` auf, mit der ich festlegen kann, wie der Text ausgegeben werden soll. Der erste Parameter `'Arial'` legt fest, dass die Schriftart Arial genutzt werden soll. Wirklich prima ist dabei, dass FPDF diese Schriftart direkt mitbringt und Sie nicht erst eine Truetype-Schriftart einbinden müssen. Neben Arial (Schrift ohne Serifen) stehen auch Courier (diktengleiche Schrift), Times (Schrift mit Serifen), Symbol (Symbolschriftart) und ZapfDingbats (Symbolschriftart) zur Verfügung. Ich denke, dass diese Schriften in den meisten Fällen ausreichen müssten. Sollten Sie aber dennoch eine andere Schrift benötigen, dann können Sie auch eine Truetype-Schrift nutzen. Diese muss zuvor allerdings konvertiert werden. Wie das funktioniert, können Sie auf der FPDF-Website nachlesen.

Der zweite Parameter definiert, ob die Schrift fett, unterstrichen oder kursiv dargestellt werden soll. Mithilfe der Buchstaben U, I und B können Sie das Erscheinungsbild steuern. U steht dabei für unterstrichen, B für fett und I für kursiv. In dem Beispiel habe ich die Buchstaben B und U angegeben, sodass die Schrift fett und unterstrichen ausgegeben wird. Geben Sie an dieser Stelle einen leeren String an, so wird der ganz normale Schriftstandard genutzt.

Der letzte Parameter, den `setFont` erwartet, ist die Schriftgröße, in welcher der Text ausgegeben werden soll. Die Größe der Schrift wird hierbei in Punkt angegeben.

Mit Hilfe von `Cell` wird dann schließlich der Text ausgegeben. Bei `Cell` handelt es sich aber nicht um eine Methode, welche den Text einfach in das Dokument »schreibt«, wie Sie vielleicht annehmen. Viel mehr erstellt `Cell` erst eine Textzelle, in welche dann der Text eingefügt wird. Das erklärt auch die beiden ersten Parameter. Hierbei handelt es sich um die Breite und um die Höhe der Textbox. Fragen Sie sich gerade, in welcher Maßeinheit die Größenangaben erfolgen? Die Frage ist berechtigt. In diesem Beispiel handelt es sich um Millimeter und nicht um Pixel, wie Sie vielleicht vermutet haben. Das liegt daran, dass es sich bei PDF um ein Format handelt, das für den Druck gedacht ist, und im Druckbereich sind Angaben in Millimetern hilfreicher als Pixel. Sollten Sie nicht mit Millimetern arbeiten wollen, ist das auch kein Problem. Ich hatte Ihnen bisher noch verschwiegen, dass der Konstruktor auch Parameter akzeptiert. Als ersten Parameter können Sie ihm mitteilen, wie die Seiten standardmäßig ausgerichtet sein sollen. Die Ausrichtung legen Sie über die Strings `'L'` oder `'P'` fest, die Sie schon von der Methode `AddPage` kennen. Als zweiten Parameter können Sie dann die Maßeinheit angeben, mit der Sie arbeiten wollen. Mögliche Werte sind hier `'mm'`, `'pt'`, `'cm'` und `'in'`. `pt` steht übrigens für Punkt und `in` für

Inch. Der Konstruktor akzeptiert aber noch einen dritten Wert. Und zwar können Sie mit den Strings `'A4'`, `'Letter'` und `'Legal'` noch das Papierformat festlegen, wobei die Klasse standardmäßig von Seiten in der Größe A4 ausgeht.

Die Methode Output sendet die fertige Datei dann schließlich zum Browser. Allerdings können Sie die fertige PDF-Datei auch lokal abspeichern oder den Browser veranlassen, sie als Download zu speichern und nicht direkt zu öffnen (was einige Browser allerdings ignorieren und die Datei trotzdem darstellen). Geben Sie hierzu als ersten Parameter den Namen an, unter dem die PDF-Datei gespeichert werden soll. Danach können Sie dann entweder `'D'` oder `'F'` angeben. Das `'D'` sorgt dafür, dass die Datei als Download behandelt wird, und mit dem `'F'` bewirken Sie, dass die Datei lokal auf dem Server gespeichert wird.

Das generierte Dokument sehen Sie übrigens in Abbildung 49.1.

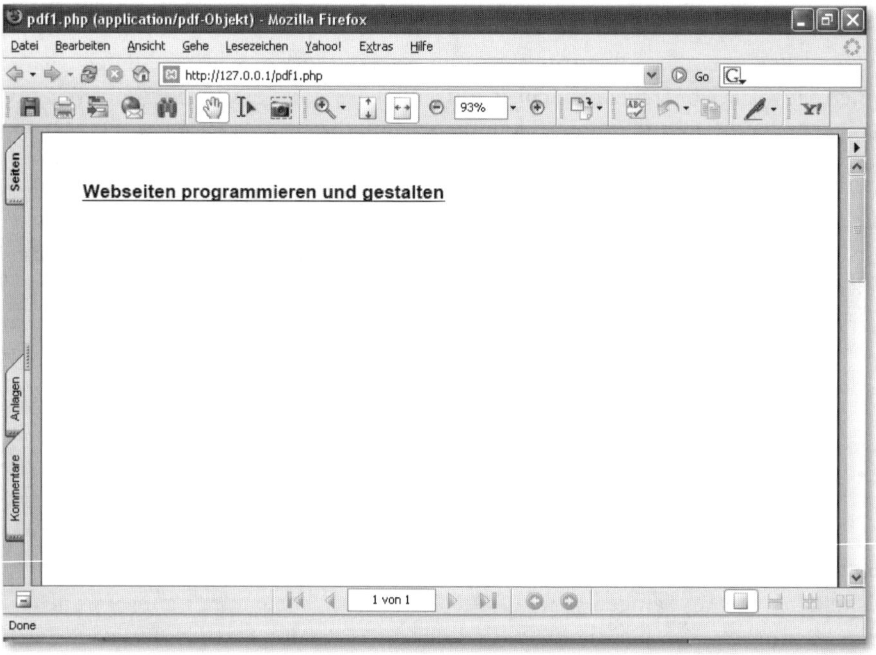

Abbildung 49.1 Das fertige generierte PDF-Dokument

Sie sehen schon, dass es gar nicht so schwer ist, ein PDF-Dokument zu generieren. Aber das Beispiel ist natürlich noch nicht wirklich umfangreich. Damit Sie eine bessere Vorstellung von der Funktionsweise von FPDF haben, möchte ich Ihnen zeigen, wie Sie einen einfachen Brief ausgeben können. Bevor ich mit dem Code beginne möchte ich aber noch zwei Hintergrundinformationen loswerden, damit Sie meine wilden Berechnungen besser verstehen können.

- Die Größe eine Blattes DIN-A4-Papier ist 210 mm × 297 mm
- Ein Punkt (bei Angabe der Schriftgröße) entspricht 0,3527 mm

Im folgenden Listing habe ich verschiedene Techniken genutzt, um die Position der Texte festzulegen.

```
<?php
require('fpdf/fpdf.php');

class Brief extends FPDF
{
    function Header()
    {
        $this->SetFont('Arial','B',15);
        $this->Cell(180,8,'Peter Petersen',0,1,'C');
        $this->SetFont('Arial','',10);
        $this->Cell(180,5,'- Hamburg -','B',0,'C');
    }
}

$rand_links=15;
$rand_oben=5;
$rand_rechts=15;

$pdf=new Brief('P','mm','A4');
$pdf->SetMargins($rand_links, $rand_oben, $rand_rechts);
$pdf->AddPage();
$pdf->SetFont('Arial','',11);

// Empfänger Adresse
$pdf->setXY($rand_links,51);
$pdf->Cell(50,4,'Herr Paul Paulsen',0,1);
$pdf->Cell(50,4,'Am Hafen 12',0,1);
$pdf->Cell(50,4,'',0,1); // Leere Zelle, um Abstand zu schaffen
$pdf->Cell(50,4,'22108 Hamburg',0,1);

// Betreff
$pdf->SetFont('','B');
$pdf->setXY($rand_links,114);
$pdf->Cell(50,4,'Bestellung Frischfisch',0,1);
$pdf->SetFont('','');

// Text des Briefes
$pdf->Cell(50,15,'',0,1); // Leere Zelle, um Abstand zu schaffen
$pdf->Write(4,"Sehr geehrter Herr Paulsen,\n\n");
$pdf->Write(4,"hiermit bestelle ich 100 kg fangfrischen Fisch.\n\n");
$pdf->Write(4,"Hochachtungsvoll


Peter Petersen");

$pdf->Output();
?>
```

Zunächst fällt Ihnen vielleicht auf, dass ich die Klasse FPDF nicht direkt benutze, sondern eine Kindklasse ableite. Das liegt daran, dass ich die Methode `Header` der ursprünglichen Klasse überschreiben muss. Die Methode `Header` ist in der ursprünglichen Klasse vorhanden und wird immer aufgerufen, wenn eine neue Seite mit `AddPage` eingefügt wird. Sie dient üblicherweise dazu, den Kopf einer Seite einfügen zu lassen. Würde ich eine Fußzeile benutzen, könnte ich auch die Methode `Footer` überschreiben. Auch sie wird immer automatisch ausgeführt, wenn eine neue Seite eingefügt wird. Dadurch, dass ich die Methode Header überschreibe, wird also auf jeder Seite eine Kopfzeile eingefügt, ohne dass ich mir weitere Gedanken machen muss.

Der Aufruf von `Cell` ist hier noch ein wenig komplexer als das, was Sie schon kennen gelernt haben. Der Parameter, der sich an den Text anschließt, definiert, ob ein Rahmen um die Textbox erscheinen soll. Die 0 stellt sicher, dass kein Rahmen erscheint, eine 1 würde einen Rahmen an allen vier Seiten der Box erzeugen. Sie können allerdings auch einzelne Ränder mithilfe der Buchstaben `'L'` (Links), `'T'` (Oben), `'R'` (Rechts) und `'B'` (Unten) einschalten. Sie können aber auch Buchstaben kombinieren; mit `'LBR'` würden Sie beispielsweise den linken, rechten und unteren Rahmen einschalten.

Besonders interessant ist aber der nächste Parameter. Hiermit können Sie nämlich definieren, wo sich der Cursor nach dem Erstellen der Zelle befinden soll. Das heißt, wenn Sie diesen Parameter nicht angeben oder eine `0` angeben, wird die nächste Zelle direkt rechts neben die vorhergehende Zelle eingefügt. Soll die nächste Zelle unter der vorhergehenden eingefügt werden, geben Sie eine `1` als Parameter an. In dem Fall springt der Cursor unter die bestehende Zelle ganz nach links. Die dritte Variante ist, dass Sie hier eine `2` angeben. In dem Fall wird der Cursor rechts unterhalb der eingefügten Zelle positioniert. Damit können Sie dann einen »Treppeneffekt« erstellen.

Das `'C'`, das ich danach angegeben habe, führt dazu, dass der Text innerhalb der Zelle zentriert (C = *center*) wird. Geben Sie diesen Parameter nicht an oder geben Sie ein `'L'` an, wird der Text am linken Rand ausgerichtet, und mit dem Parameter `'R'` würde er am rechten Rand landen.

Die Größenangaben für die Boxen errechnen sich folgendermaßen: Die Breite ergibt sich daraus, dass ich links und rechts einen Rand von 15 mm definiert habe (Methode `SetMargins`). Somit stehen insgesamt noch 180 mm in der Breite zur Verfügung. Die Höhe basiert auf der Schriftgröße zuzüglich eines kleinen Abstands, damit die Texte nicht direkt aneinander »kleben«.

Nach der Deklaration der Klasse leite ich ein neues Objekt daraus ab, welches natürlich auch alle Methoden der Klasse FPDF erbt, sodass Sie auf alle Methoden zugreifen können.

Die Methode `SetMargins` legt die Breite der Ränder auf dem Blatt fest. Erst wird die Breite des linken Rands, dann die des oberen und zum Schluss die des rechten Rands angegeben. Diese Rahmen sind wichtig, wenn Sie Text mithilfe von `Cell` ausgeben, weil der erste Rahmen automatisch oben links neben diesen Rändern eingefügt wird.

Um die Adresse des Empfängers einfügen zu können, muss ich den Cursor erst auf die Position setzen, an welcher der Rahmen eingefügt werden soll, wozu ich die Methode `SetXY` nutze. Der erste Wert wird dabei auf der X-Achse (also »nach rechts«) und der zweite Wert Y-Achse (nach unten) abgetragen. Dass ich als zweiten Wert 51 mm gewählt habe liegt an der DIN, die definiert, dass der Empfänger ab einer Höhe von 50,4 mm angegeben wird.

Bei den nächsten Zeilen muss ich vielleicht nicht so viel erklären. Auffallend ist vielleicht noch der Betreff, bei dem ich die Schriftart auf »fett« setze. Dabei übergebe ich der Methode `SetFont` nur den Parameter `'B'` und übergebe für die anderen Parameter nur Leerstrings, was dazu führt, dass sie unverändert bleiben. Somit können Sie Formatierungen schnell ein- und ausschalten.

Den eigentlichen Text des Briefes lasse ich mit der Methode `Write` ausgeben. `Write` kann, genau wie `Cell`, Texte ausgeben. Der Unterschied besteht darin, dass `Write` auf Fließtexte spezialisiert ist. Das heißt, die Texte werden automatisch umgebrochen, und vor allem können Sie auch Steuerzeichen wie `\n` (Zeilenumbruch) oder `\t` (Tabulatorsprung) verwenden. Darüber hinaus übernimmt die Methode auch Zeilenumbrüche, die im Text vorhanden sind (also durch Betätigen der Enter-Taste erzeugt wurden) mit in das PDF-Dokument.

Den fertig generierten Brief sehen Sie in Abbildung 49.2

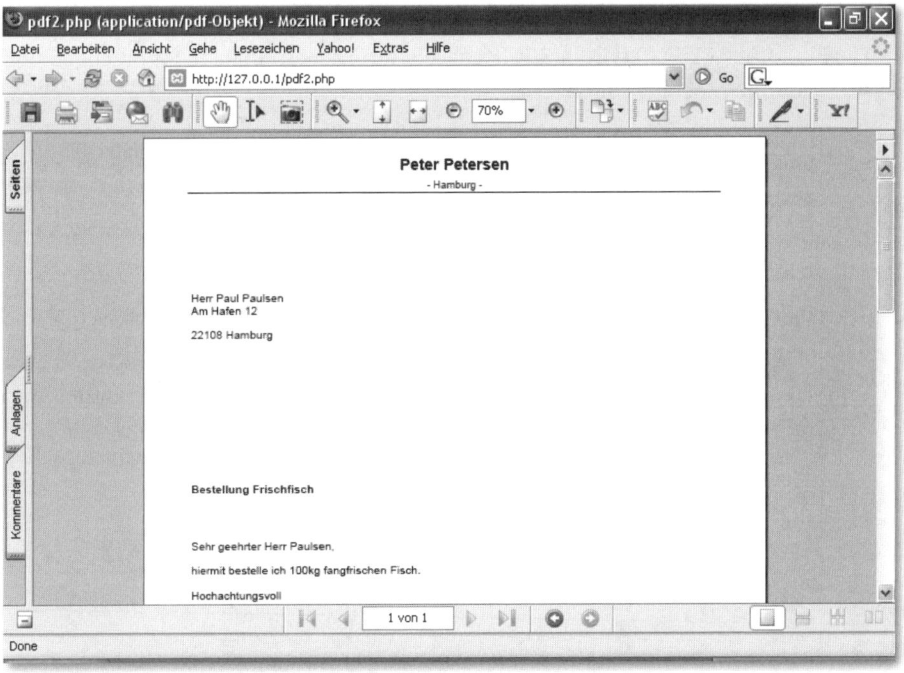

Abbildung 49.2 Der fertige Brief

Ich habe Ihnen hier nur einen kleinen Teil des Leistungsumfangs von FPDF aufgezeigt. FPDF kann noch viel mehr. So können Sie beispielsweise auch Grafiken einbinden und Ähnliches. Möchten Sie sich eingehender mit FPDF befassen, dann ist **www.fpdf.de** sehr empfehlenswert. Dort finden Sie nicht nur eine deutsche Übersetzung der Anleitung, sondern auch Links zu vielen Erweiterungen für FPDF. Damit können Sie dann beispielsweise automatisch HTML-Dateien in ein PDF-Dokument konvertieren lassen und anderes.

49.5 Zusammenfassung

- In den assoziativen Arrays `$_ENV` und `$_SERVER` stehen die verschiedenen Umgebungs- und Servervariablen zur Verfügung.
- Mit der Funktion `fsockopen` können Verbindungen zu Servern aufgebaut werden. Zum Kommunizieren mit dem Server können die Funktionen `fgets` und `fputs` verwendet werden.
- Mit speziellen Funktionen wie z. B. `gethostbyaddr` kann der Hostname eines Computers im Internet anhand seiner IP-Adresse ermittelt werden. Dies ist auch umgekehrt möglich.
- Perl-kompatible reguläre Ausdrücke können mit den Funktionen `preg_match`, `preg_replace` und `preg_split` auch in PHP verwendet werden.
- Die Bibliothek PDFLIB wird mit PHP ausgeliefert und ermöglicht das Erzeugen von PDF-Dokumenten zur Laufzeit.

49.6 Fragen und Übungen

1. Mit welcher Anweisung können Sie die Servervariable `DOCUMENT_ROOT` ausgeben?
2. Schreiben Sie ein PHP-Skript, das die IP-Adresse eines Hosts ausgibt, dessen Name durch ein HTML-Formular übergeben wurde
3. Schreiben Sie ein PHP-Skript, das alle Ende-Tags in einer HTML-Datei ermittelt und die Zahl im Browser ausgibt.

Bevor das Alte untergeht, sieht man das Neue marschbereit.
– Endre Ady (1877–1919), ungarischer Dichter und Lyriker

50 PHP 5 – Was ist neu?

Die neue PHP-Version ist seit ein geraumer Zeit verfügbar. Anstatt die neuen Funktionen von PHP 5 direkt in den vorangegangen Kapiteln unterzubringen, fanden sie nun in diesem eigenen Kapitel Platz. Der Grund ist, dass die meisten Provider, bei denen Sie einen Account anmieten können, nach wie vor mit PHP 4 arbeiten. Diese zögerliche Akzeptanz ist darin begründet, dass PHP 4 und PHP 5 nicht voll kompatibel sind. Daher können die Bestandskunden nicht einfach auf PHP 5 umgestellt werden. Einige Provider bieten Ihnen allerdings die Möglichkeit, Ihren Account manuell umzuschalten bzw. Skripte einfach mit der Endung **.php5** abzuspeichern. Fragen Sie Ihren Provider einfach, ob und welche Möglichkeiten er vorsieht.

50.1 Objektorientierung

Objektorientierte Ansätze existieren in PHP schon seit langem. Es lassen sich neue Klassen mit Eigenschaften und Methoden definieren, und auch Vererbung ist möglich. Darüber hinaus fehlen jedoch viele wichtige Elemente der objektorientierten Programmierung (OOP). Dem haben sich die Zend-Entwickler angenommen und die Objektorientierung in PHP stark erweitert. Dies geschah mit Sicherheit auch, weil viele Entwickler diese halbherzige Umsetzung als größten Kritikpunkt angeführt haben.

Zugriffsschutz

Was aus der OOP bisher fehlte, war die Möglichkeit, den Zugriff auf Eigenschaften und Methoden beschränken zu können. Diese Beschränkung hat den Vorteil, dass Sie Variablen und Funktionen sperren können, die nur innerhalb der Klasse genutzt werden dürfen. Sobald also ein Objekt der Klasse instanziiert wird, kann die Eigenschaft nicht mehr ausgelesen oder geschrieben und die Funktion nicht ausgeführt werden. So wird eine fehlerhafte Nutzung einer Klasse unterbunden, und der Code wird robuster.

Um diese Beschränkungen festlegen zu können, werden bei der Deklaration von Variablen und Funktionen bestimmte Schlüsselwörter vorangestellt, die den Zugriff auf die Eigenschaft oder Methode definieren.

- `public`
  Eine mit `public` deklarierte Variable oder Funktion ist immer zugänglich, d. h. die Variable darf gelesen und geschrieben werden und die Funktion darf aufgerufen werden. Dies gilt sowohl für ein auf dieser Klasse basierendes Objekt als auch für eine Klasse, die von dieser Klasse abgeleitet wurde.
- `protected`
  Das Schlüsselwort `protected` legt fest, dass auf diese Variable oder Funktion nur innerhalb dieser oder abgeleiteter Klassen zugegriffen werden kann. Wurde ein Objekt von der Klasse instanziiert, ist der Zugriff auf die entsprechende Eigenschaft oder Methode nicht möglich.
- `private`
  Deklarieren Sie eine Variable oder Funktion als `private`, kann nur in der ursprünglichen Klasse darauf zugegriffen werden. Weder in einer abgeleiteten Klasse noch als Objekt kann darauf zugegriffen werden.

Aus Kompatibilitätsgründen zu früheren PHP-Versionen ist – wenn keines der anderen Schlüsselwörter angegeben wurde – `public` die Standardeinstellung für Variablen und Funktionen einer Klasse.

Testen Sie einmal das folgende Listing:

```
<?php

  class protection
  {
    public $strPublic = 'public property';
    protected $strProtected = 'protected property';
  }

  $objProt = new protection;

  echo $objProt->strPublic.'<br>';
  echo $objProt->strProtected.'<br>';

?>
```

Listing 50.1 Test für public- und protected-Variablen

Den Wert der Eigenschaft `strPublic` wird Ihnen PHP noch ausgeben, aber spätestens bei dem Versuch, `strProtected` auszugeben, bricht der Interpreter mit einem **Fatal Error** ab. Das Gleiche würde natürlich gelten, wenn Sie versuchen, eine Methode aufzurufen, die als *protected* deklariert wurde. In diesem Fall bricht der Interpreter ebenfalls ab. Ein Beispiel:

```
<?php

  class protection
```

```
  {

    public function publicText()
    {
      echo 'public<br>';
    }
    protected function protectedText()
    {
      echo 'protected<br>';
    }
  }

  $objProt = new protection;

  echo $objProt->publicText();
  echo $objProt->protectedText();

?>
```

Listing 50.2 Test für public- und protected-Methoden

private

Exakt so verhält es sich selbstverständlich auch mit Eigenschaften und Methoden, die als *private* deklariert wurden. Auch hier bricht der Interpreter bei dem Versuch ab, entweder lesend oder schreibend auf die Eigenschaft zuzugreifen oder eine entsprechende Methode auszuführen. Darüber hinaus würde auch der Versuch, eine solche Eigenschaft oder Methode in einer abgeleiteten Klasse zu erben, unterbunden werden.

50.2 Konstruktor und Destruktor

Jede Klasse verfügt in der Regel über einen Konstruktor. Bei der Instanziierung eines Objekts können Sie dem Konstruktor Parameter übergeben, mit denen grundlegende Eigenschaften des Objekts festgelegt werden können.

Konstruktor

In vorangegangenen Versionen wurde der Konstruktor für eine Klasse definiert, indem innerhalb der Klasse eine Funktion mit dem gleichen Bezeichner wie der Klasse notiert wurde.

```
<?php

  class constructor_test
  {
    /* Konstruktor der Klasse constructor_test */
    function constructor_test($aValue)
    {
      echo $aValue;
    }
```

```
  }

?>
```

Listing 50.3 Definition eines Konstruktors in PHP vor Version 5

Das ließ sich sehr leicht merken, hatte jedoch einen enormen Nachteil. Denn was passiert, wenn die Klasse umbenannt wird? Dann muss die Funktion, die als Konstruktor dienen soll, ebenfalls umbenannt werden. Das kann, falls man es einmal vergessen hat, eine nervenaufreibende Angelegenheit werden. Deshalb wurde in PHP 5 ein Standardbezeichner für Konstruktoren eingeführt:

```
__construct
```

Vorsicht Falle!

Schauen Sie bei dem Bezeichner einmal genauer hin: Es sind zwei Unterstriche, mit denen der Bezeichner eingeleitet wird. Dies kann eine Fehlerquelle sein und sollte bei der Fehlersuche unbedingt berücksichtigt werden.

Das vorangegangene Beispiel der Klasse mit Konstruktor würde in PHP 5 folgendermaßen definiert werden:

```
<?php

  class constructor_test
  {
    /* Konstruktor der Klasse constructor_test */
    function __construct($aValue)
    {
      echo $aValue;
    }
  }

?>
```

Listing 50.4 Definition eines Konstruktors ab PHP Version 5

Außer durch die Bezeichnung unterscheiden sich die beiden Konstruktoren nicht voneinander. Die Handhabung und der Zeitpunkt, zu dem sie ausgeführt werden, bleiben gleich.

Die alte Variante, also eine Funktion mit dem gleichen Bezeichner wie dem der Klasse zu definieren, funktioniert aus Kompatibilitätsgründen auch immer noch in PHP 5. Sie müssen also Ihre vorhandenen Klassen nicht für PHP 5 umprogrammieren.

Destruktor

Neu hinzugekommen ist jedoch der Destruktor, der auch in allen anderen objektorientierten Programmiersprachen hinlänglich bekannt ist. Dieser wird immer dann aufgerufen, wenn ein Objekt aufgelöst werden soll. Nun werden in PHP Objekte selten von Hand aufgelöst, sondern bis zum Ende des Skripts beibehalten, da sie schlussendlich vom PHP-Interpreter gelöscht werden und der von ihnen belegte Speicher wieder freigegeben wird.

Es gibt jedoch durchaus Gründe, die für einen Destruktor sprechen. Einmal angenommen, Sie instanziieren gleich zu Beginn Ihres Skripts ein Objekt einer Klasse, deren Aufgabe darin besteht, eine CSV-Datei vollständig einzulesen und die Daten in aufbereiteter Form bereitzuhalten, so dass Sie schnell und direkt auf diese zugreifen können. Während des Ablaufs des Skripts werden Änderungen an den Daten vorgenommen, die unbedingt gespeichert werden müssen. Normalerweise würde der Interpreter am Ende des Skripts das Objekt löschen. Würden Sie die Daten nicht speichern, sind die vorgenommenen Änderungen verloren.

Retter in der Not

Anders liegt der Fall jedoch, wenn Sie für die Klasse einen Destruktor definiert haben. Da dieser immer *vor* dem Auflösen eines Objekts aufgerufen wird, können Sie dort Anweisungen notieren, die die vorgenommenen Änderungen in einer Datei speichern. Die Daten sind gerettet, und der möglicherweise entstehende Frust, weil Sie vergessen haben, die Methode zum Sichern der Daten manuell aufzurufen, entsteht erst gar nicht.

Destruktor definieren

Um einen Destruktor zu definieren, müssen Sie innerhalb der Klasse einfach eine Funktion mit dem Bezeichner `__destruct` notieren. Denken Sie auch hier daran, zwei Unterstriche aufzuschreiben.

Ein kurzes Beispiel für einen Destruktor:

```
<?php

  class destructor_test
  {
    /* Konstruktor der Klasse destructor_test */
    function __construct($aValue)
    {
      echo $aValue.'<br>';
    }

    /* Destruktor der Klasse destructor_test */
    function __destruct()
    {
      echo 'Objekt wird gelöscht';
    }
  }

?>
```

Listing 50.5 Konstruktor und Destruktor in einer Klasse

mit einem Beispieleinsatz der Klasse

```
<?php

  include('destructor_test.class.php');
  $test = new destructor_test('Ich wurde vom Konstruktor ausgegeben');

?>
```

Listing 50.6 Beispiel für die Nutzung der Klasse aus Listing 50.5

und der Ausgabe:

```
Ich wurde vom Konstruktor ausgegeben
Objekt wird gelöscht
```

Zugegeben, das Beispiel ist keineswegs praxistauglich, jedoch verdeutlicht es die Definition und den Zweck von Konstruktoren und Destruktoren.

50.3 Fehlerbehandlung

Fehlermeldungen gehören zum Alltag des Programmierers wie überhöhte Benzinkosten zu dem eines Autofahrers. Beides kostet Nerven und führt dazu, dass man immer über die anderen flucht. Programmierer können jedoch Abhilfe schaffen.

Unsaubere Methode

Um in PHP etwaige Fehlermeldungen zu unterdrücken, wird häufig und gern der @-Operator einer Funktion vorangestellt. Anstatt also diese Meldungen dem Anwender zu präsentieren, werden sie sang- und klanglos ins Abseits geschickt. Dies ist die unsauberste aller möglichen Methoden. Denn wenn eine schwerwiegende Meldung dabei ist, erhält man selten Rückmeldung darüber, falls man nicht regelmäßig in irgendwelchen Log-Dateien nachsieht.

Unverständnis

Die sauberste und beste Variante, die es gibt, besteht darin, die Fehler aufzufangen und entsprechende Meldungen auszugeben und unter Umständen auch den Programmablauf zu unterbrechen, damit kein Schaden angerichtet wird. Völlig unverständlich war deshalb, warum die Entwickler von Zend nicht die gebräuchlichste aller Formen in PHP zur Verfügung gestellt haben: **try...catch**. Selbst in JavaScript steht Ihnen diese Art der Fehlerbehandlung zur Verfügung.

50.3.1 Die herkömmlichen Varianten

Die Anwendung von so genannten **try...catch**-Blöcken ist einfach. Im `try`-Anweisungsblock werden Anweisungen notiert, die zu einer Fehlermeldung führen könnten. Sollte eine der aufgerufenen Funktionen nun einen Fehler verursachen, springt der PHP-Interpreter in den `catch`-Anweisungsblock, und eine Verarbeitung mit Ausgabe einer korrekten Fehlermeldung kann erfolgen.

Datei einbinden

Gehen Sie einmal davon aus, dass Sie eine Klasse definiert und diese in einer separaten Datei gespeichert haben, um diese Klasse in beliebigen Projekten einsetzen zu können. Damit die Klasse zur Verfügung steht, müssen Sie sie einbinden:

```
<?
  include('meine_super_klasse.inc.php');
?>
```

Fehlermeldung unterdrücken

Was passiert, wenn diese Datei gar nicht existiert? Richtig, PHP gibt Ihnen unschöne Fehlermeldungen aus. Da Sie den @-Operator kennen, nutzen Sie ihn vorsichtshalber.

```
<?
  @include('meine_super_klasse.inc.php');
?>
```

Eigene Meldung mit die ausgeben

PHP erkennt zwar, dass die Datei nicht existiert, und kann diese auch nicht finden, doch statt die Fehlermeldungen auszugeben, werden sie einfach ignoriert. Wird die Klasse jedoch zur Ausführung benötigt und wird versucht, ein Objekt auf Basis dieser Klasse zu instanziieren, sind weitere Fehlermeldungen die Folge. Anstatt nun vor jede erdenkliche Funktion ein @ zu schreiben, möchten Sie es etwas eleganter lösen:

```
<?php
  if(!@include('meine_super_klasse.inc.php'))
  {
    die('Die Klasse <b>meine_super_klasse.inc.php</b> konnte nicht
         eingebunden werden!');
  }
?>
```

Die Lösung!

Die Lösung ist zu überprüfen, ob die Datei eingebunden werden konnte. Wenn das nicht möglich war, wird mit `die` die Ausführung abgebrochen und eine Meldung ausgegeben. Mit PHP 4.x ist dies mehr oder minder die beste Lösung, die Sie finden können, und für diese Aufgabe funktioniert sie auch tadellos.

Oder etwa doch nicht?

So weit, so schlecht! Denn wenn Sie die Situation ein wenig verändern, ist die Lösung mit `die` nicht mehr die beste. Angenommen, Sie haben eine Klasse definiert, die Dateien einlesen soll, deren Namen und Pfade als Parameter übergeben werden, z. B. eine CSV-Datei. Die Datei soll geöffnet werden, wird nicht gefunden, und Sie brechen den PHP-Prozess auf der Stelle mit `die` ab. Selbst das Skript, das Ihre Klasse benutzen möchte, wird an der weiteren Ausführung gehindert, und möglicherweise führt dies zu einem Datenverlust, weil das Hauptskript nicht mehr die Möglichkeit zum Sichern bekam. Sie könnten natürlich bestimmte Verfahrensweisen festlegen, die den Aufrufer informieren, dass die Ausführung nicht geklappt hat, z. B. durch die Rückgabe des Wertes `false` und einer Klassenvariablen, in der Sie Fehlermeldungen ablegen. So etwas kann aber ausarten, und ehe Sie sich versehen, besteht Ihre Klasse eigentlich nur noch daraus, dass etwaige Fehler überprüft und behandelt werden.

50.3.2 Die elegante Lösung

Mit **try...catch**-Blöcken haben Sie diese Probleme nicht mehr. Im Gegenteil, die Fehlerbehandlung wird zu einer leichten, übersichtlichen Übung, die zudem flexibel gestaltet werden kann.

Nehmen wir das `include`-Beispiel aus dem vorangegangenen Kapitel.

```
<?php

  $filename = 'meine_super_klasse.inc.php';

  try
  {
    if(file_exists($filename))
    {
      include($filename);
    }
    else
    {
      throw new Exception("Die Datei $filename existiert nicht!");
    }
  }
  catch(Exception $e)
  {
    echo $e->getMessage();
  }

?>
```

Listing 50.7 Fehlerbehandlung mit try und catch

Innerhalb des `try`-Anweisungsblocks wird zunächst einmal mit `file_exists` überprüft, ob die Datei überhaupt existiert. Ist dies der Fall, wird sie mit `include` eingebunden. Sollte die Datei nicht existieren, kommt der neue Ansatz in PHP 5 zum Tragen.

Fehlermeldung abwerfen

Im `else`-Anweisungsblock »wirft« der Befehl `throw` in diesem Fall eine Fehlermeldung ab. Dazu wird mit `new` ein neues Objekt der Klasse `Exception` erzeugt und dem Konstruktor der Klasse der eigentliche Fehlertext übergeben.

Die Definition des `catch`-Anweisungsblocks besagt Folgendes: Alle mit `throw` ausgelösten Fehlerobjekte, die auf der Klasse `Exception` basieren, sollen aufgefangen werden. Als Bezeichner für die Objekte wird `$e` verwendet. Innerhalb des Anweisungsblocks können Sie nun auf die Fehler reagieren, z. B. indem Sie die Meldung des ausgelösten Fehlers ausgeben. Dazu verfügt das Objekt `$e` (basierend auf der Klasse `Exception`) über die Methode `getMessage`, die den Text zurückgibt.

Natürlich können Sie stattdessen auch andere Routinen als die einfache Ausgabe der Meldung notieren, z. B. eine Suche nach der Datei oder Ähnliches.

Das nachfolgende Beispiel demonstriert, wie Sie `throw` in Ihren Klassen einsetzen können.

Klassenbeispiel

```
<?php

  class csv
  {
    function __construct($strFilename)
    {
      if(file_exists($strFilename))
      {
        // Datei laden
      }
      else
      {
        throw new Exception("Die Datei <b>$strFilename</b>
                             existiert nicht!");
      }
    }

    /* weitere Methoden */
  }

  try
  {
    $csv = new csv('test.csv');
  }

  catch(Exception $e)
  {
    $e->getMessage();
  }

?>
```

Listing 50.8 Fehlerbehandlung mit try und catch in Klassen

Die Klasse `csv` aus dem Beispiellisting ist nicht vollständig, was zur Verdeutlichung aber auch nicht notwendig ist. Im Konstruktor der Klasse wird überprüft, ob die übergebene Datei überhaupt existiert. Falls nicht, wird ein Fehler mit einer entsprechenden Meldung ausgelöst. Im Hauptteil des Skripts werden mögliche ausgelöste Fehler durch die `try`- und `catch`-Anweisungsblöcke behandelt.

Die `Exception`-Klasse kann übrigens auch einen Fehlercode und nicht nur eine Fehlermeldung verarbeiten. Den Fehlercode, ein Integer-Wert, können Sie dem Konstruktor als zweiten Parameter übergeben. Auslesen können Sie ihn dann mit der Methode `getCode`.

50.3.3 Eigene Fehlertypen

Es ist möglich, zu einem try-Anweisungsblock mehrere catch-Anweisungen zu notieren. Dies mag im ersten Moment wenig nutzbringend erscheinen. Jedoch können Sie auch eigene Fehlertypen definieren und so auf unterschiedliche Fehlertypen auch unterschiedlich reagieren.

Fehlertyp definieren

Die erste Möglichkeit wäre, eine eigene Klasse zu definieren, die Ihnen zum Beispiel die Möglichkeit bietet, mehr Informationen zu übergeben. So könnte diese neben dem Fehlertext auch eine ausführliche Erklärung entgegennehmen.

```
<?php

  class DetailedException extends Exception
  {
    private $strExplanation;

    public function __construct($strError, $intCode, $strExplanation)
    {
      Exception::__construct($strError, $intCode);
      $this->strExplanation = $strExplanation;
    }

    public function getExplanation()
    {
      return $this->strExplanation;
    }
  }

?>
```

Listing 50.9 Eigene Exceptions definieren

Erklärung

Definieren Sie eine eigene Execption-Klasse, so muss diese eine Kindklasse der Klasse Exception sein. Die Klasse DetailedException nimmt im Konstruktor die Parameter $strError, $intCode und $strExplanation entgegen. Um die Fehlermedung und den -code zuzuweisen, ruft er den Konstruktor der Elternklasse mithilfe von Exception::__construct auf und übergibt ihm die Fehlermeldung und den -code. Der dritte Parameter, also die ausführliche Erklärung, wird innerhalb des Konstruktors von DetailedException explizit zugewiesen.

Die Methoden getCode und getMessage, die in der Klasse Exception definiert sind, erbt die Klasse DetailedException. Daher müssen Sie in dieser Klasse nur eine zusätzliche Methode definieren um die ausführliche Erklärung auszulesen.

Der Einsatz der Klasse ist einfach:

```
<?php

  /* Klasse einbinden */
```

```
  include('DetailedException.class.php');

  /* Datei laden */
  try
  {
    if(file_exists('test.csv'))
    {
      // Hier wird die Datei geladen
    }
    else
    {
      throw new DetailedException('Datei <b>test.csv</b> existiert nicht!', 101,
                                  'Die Datei konnte nicht gefunden werden. Das
                                   kann an einem falschen Pfad oder an einem
                                           falschen Dateinamen liegen');
    }
  }
  /* Fehler des Typs DetailedException */
  catch(DetailedException $e)
  {
    echo 'Fehler '.$e->getCode().': '.$e->getMessage();
    echo '<br />Erklärung: '.$e->getExplanation();
  }
  /* Fehler des Typs Exception */
  catch(Exception $e)
  {
    echo $e->getMessage();
  }

?>
```

Listing 50.10 Selbst definierte Exceptions verwenden

Die Klasse `DetailedException` ließe sich natürlich noch beliebig erweitern, und auch der Einsatz innerhalb des `catch`-Anweisungsblocks kann so je nach Erweiterung variieren.

50.3.4 Klonen von Objekten

Vielleicht erinnern Sie sich noch daran, dass ich am Anfang des Kapitels erwähnte, dass PHP 4 und 5 nicht voll kompatibel sind. Bisher habe ich Ihnen nur Erweiterungen vorgestellt, aber gerade bei der Objektorientierung gibt es einen Punkt, der zum Problem wird, wenn Sie Code von PHP 4 nach PHP 5 migrieren wollen.

In PHP 4 wurde ein Objekt bei einer Zuweisung immer geklont. Das heißt, es wurde immer eine Kopie angelegt. Betrachten Sie die beiden folgenden Zeilen:

```
$obj1 = new myClass;
$obj2 = $obj1;
```

In PHP 4 würden sich daraus zwei Objekte ergeben. In PHP 5 wäre das anders. In der Fünfer-Version würden `$obj1` und `$obj2` auf dasselbe Objekt im Speicher verweisen. `$obj2` bekommt also nur eine Referenz auf das Objekt zugewiesen, das in `$obj1` gespeichert ist.

Das folgende Beispiel verdeutlicht das Verhalten:

```
class foo
{
  var $wert;
}

$bar = new foo;
$bar->wert = 42;

$kopie = $bar;

$kopie->wert=21;

echo 'Wert von bar: '.$bar->wert."<br />\n";
echo 'Wert von kopie: '.$kopie->wert;
```

Führen Sie diesen Code unter PHP 4 aus, lautet die Ausgabe so:

```
Wert von bar: 42
Wert von kopie: 21
```

Unter PHP 5 würde die Ausgabe allerdings so lauten:

```
Wert von bar: 21
Wert von kopie: 21
```

Das Verändern der Eigenschaft von `$kopie` würde also auch die Eigenschaft von `$bar` verändern, weil `$kopie` und `$bar` auf dasselbe Objekt verweisen.

Möchten Sie mit PHP 5 ein Objekt kopieren, ist das natürlich auch möglich. Dazu stellen Sie dem Quellobjekt das Schlüsselwort `clone` voran. Wenn die Zuweisung also `$kopie = clone $bar;` lautete, dann erhalten Sie in PHP auch zwei voneinander unabhängige Objekte. `clone` ist allerdings nur in PHP 5 definiert, sodass der Code dann nicht mehr unter PHP 4 ausgeführt werden kann. Sie merken schon, dass diese Inkompatibilität nicht so ganz einfach zu handhaben ist.

Interessant ist auch, dass Sie das Verhalten von `clone` auch beeinflussen können. Hierzu können Sie die Methode `__clone` implementieren. Diese wird automatisch ausgeführt, wenn Sie das Schlüsselwort `clone` nutzen, um eine Kopie zu erstellen. Das ist zum Beispiel dann hilfreich, wenn Sie sicherstellen wollen, dass die Eigenschaft `wert` nach dem Kopieren einen bestimmten Wert hat und nicht den Wert des Ursprungsobjektes beibehält. Eine solche Implementation könnte so aussehen:

```
public function __clone()
{
  $this->wert = 0;
}
```

Haben Sie die Methode so in die Klasse integriert, wird die Eigenschaft `wert` eines kopierten Objektes immer auf `0` gesetzt. Bitte beachten Sie, dass das `$this` sich in diesem Fall schon auf die Kopie des Objektes bezieht.

50.4 SimpleXML

Klasse ableiten

In PHP 4 war es teilweise recht umständlich, XML-Dokumente zu verarbeiten, ob nun lesend oder schreibend. Dies hat sich in PHP 5 außerordentlich verbessert, da nun als Grundlage eine andere Bibliothek verwendet wird: SimpleXML (**http://www.libxml.org**).

Keep it simple, stupid!

Bei genauerer Betrachtung sind XML-Dokumente nichts weiter als eine Baumstruktur mit mal mehr und mal weniger Verästelungen. Solche Baumstrukturen lassen sich problemlos als Array oder auch Objekte darstellen, und genau diesen Weg verfolgt SimpleXML.

Beispiel

Als Grundlage wird das folgende XML-Dokument verwendet. Es basiert auf einer gleichmäßigen Datenstruktur und kann in dieser Form als Datenbanktabelle betrachtet werden.

```
<?xml version="1.0" encoding="UTF-8"?>
<buecher>
  <buch>
    <titel>Webseiten programmieren und gestalten</titel>
    <autor>Mark Lubkowitz</autor>
    <auflage>1</auflage>
    <isbn>3-89842-313-1</isbn>
  </buch>
  <buch>
    <titel>Einstieg in MySQL</titel>
    <autor>Mark Lubkowitz</autor>
    <auflage>1</auflage>
    <isbn>3-89842-427-8</isbn>
  </buch>
  <buch>
    <titel>Webseiten programmieren und gestalten</titel>
    <autor>Mark Lubkowitz</autor>
    <auflage>2</auflage>
    <isbn>3-89842-557-6</isbn>
  </buch>
</buecher>
```

Listing 50.11 Beispiel für ein XML-Dokument

Dieses XML-Dokument enthält insgesamt drei Datensätze, die jeweils ein bestimmtes Buch repräsentieren. Als Wurzelelement oder -knoten dient dabei `buecher`. Das Ziel besteht nun darin, auf dieses XML-Dokument möglichst einfach in einem PHP-Skript zuzugreifen. Mit SimpleXML ist nichts leichter als das.

Dokument einlesen Die Funktion zum Einlesen von XML-Dokumenten ist `simplexml_load_file`. Diese Funktion liest das als Parameter übergebene XML-Dokument ein und gibt ein Objekt zurück. Bitte beachten Sie, dass die Methode Dateien im UTF-8 Zeichensatz erwartet.

```
object simplexml_load_file(string filename)
```

Das zurückgegebene Objekt entspricht in seiner Struktur exakt dem XML-Dokument, so dass über die Eigenschaften und Indizes auf jeden beliebigen Wert zugegriffen werden kann.

```
<?php

  $objBuecher = simplexml_load_file('buecher.xml');
  echo $objBuecher->buch[1]->isbn;

?>
```

Listing 50.12 XML-Dokument einlesen und als Objekt nutzen

Zunächst wird das XML-Dokument eingelesen und als Objekt `$objBuecher` zur Verfügung gestellt. Alle Elemente im XML-Dokument, die Kindelemente des Elements `buecher` sind, stehen direkt als Eigenschaft des XML-Objekts zur Verfügung.

Index Existieren mehrere gleiche Elemente, dann sind diese über einen Index ansprechbar. Die Zählung beginnt dabei, wie bei Arrays üblich, mit 0. Das erste Element hat also den Index 0, das zweite den Index 1 usw.

Im Beispiel-Skript wird das Element `isbn` des zweiten `buch`-Elements ausgegeben. Das bedeutet also:

```
3-89842-427-8
```

Zu viel versprochen? Leichter als auf diese Art werden Sie ein XML-Dokument nicht einlesen können. Das Objekt kann in dieser Form problemlos in Schleifen wie z. B. `foreach` oder `for` verwendet werden.

Attribute Auch der Zugriff auf die Attribute eines Elements ist mehr als einfach. Dazu nehmen wir ein leicht verändertes XML-Dokument, bei dem die ISBN nicht als Element, sondern als Attribut des Elements `buch` notiert wird.

```
...
<buch isbn="3-89842-313-1">
  <titel>Webseiten programmieren und gestalten</titel>
  <autor>Mark Lubkowitz</autor>
```

```
  <auflage>1</auflage>
</buch>
...
```

Listing 50.13 XML-Dokument mit Attributen

Um nun mit PHP die ISBN ausgeben zu können, müssen Sie folgendermaßen vorgehen:

```
<?php

  $objBuecher = simplexml_load_file('buecher.xml');
  echo $objBuecher->buch[0]['isbn'];

?>
```

Listing 50.14 Zugriff auf Attribute eines Elements

Die `echo`-Anweisung gibt das Attribut des ersten `buch`-Elements (Index 0) aus, und das Ergebnis ist:

```
3-89842-313-1
```

Auch der schreibende Zugriff auf XML-Dokumente gestaltet sich genauso einfach wie der lesende – ob es nun darum geht, neue Elemente oder Attribute hinzuzufügen oder diese zu ändern.

50.5 Sonstiges

Es gibt noch viele weitere Änderungen, die Einzug in die Version 5 von PHP gehalten haben. Unter anderem steht ein neues relationales DBMS zur Verfügung, das direkt in PHP integriert wurde: SQLite. Auch in Bezug auf die GD-Library hat sich einiges getan, denn nun lassen sich Filter auf Grafiken anwenden. Aus diesem Grunde kann ich Ihnen nur das Buch »PHP 5 – Die Neuerungen« (ISBN: 3-89842-490-1) von Martin Goldmann und Markus Schraudolph ans Herz legen. Es ist bei Galileo Press erschienen und behandelt ausführlich all das, wofür hier leider kein Platz gewesen ist.

50.6 Zusammenfassung

- Die Webhoster bieten PHP 5 zur Zeit oft optional an.
- Für den Konstruktor einer Klasse wird ab PHP 5 ein gleichbleibender Name verwendet. Zusätzlich gibt es nun auch einen Destruktor.
- Eigenschaften und Methoden können nun mit den Schlüsselwörtern `public`, `private` und `protected` geschützt oder frei zugänglich gemacht werden.

- Ab PHP 5 ist nun auch die Fehlerbehandlung mit **try...catch**-Anweisungen möglich.
- Der schreibende und lesende Zugriff auf XML-Dokumente ist dank der SimpleXML-Bibliothek einfacher und effizienter geworden.

50.7 Fragen und Übungen

1. Welcher Bezeichner wird ab PHP 5 für den Konstruktor einer Klasse verwendet?
2. Wann wird der Desktruktor einer Klasse ausgeführt?
3. Mit welcher Funktion können Sie ein XML-Dokument einlesen und als Objekt nutzen?
4. Können Sie zu einem `try`-Block auch mehrere `catch`-Blöcke notieren?
5. Erstellen Sie einige typisierte `Exception`-Klassen, z. B. `DatabaseException`, und nutzen Sie diese in einem Ihrer Skripts.
6. Kann auf eine Variable, die in einer Klasse als `protected` deklariert worden ist, in einer von ihr abgeleiteten Klasse zugegriffen werden?

TEIL 7
MySQL – Der Datenspeicher

Die Untertreibung des Jahres: »Beim Anlegen einer Datenbank fallen nur wenige einfache Schritte an.«
– Einführung in Microsoft Office XP

51 MySQL – Der Datenspeicher für Ihre Internetseiten

Die Einrichtung einer Datenbank ist mit Sicherheit nicht nach ein paar Schritten erledigt, außer natürlich, alle wichtigen Überlegungen wurden vorher angestellt und das Layout der Datenbank wurde geplant. Dann kann in einem abschließenden Schritt die Datenbank eingerichtet werden. Bis diese Überlegungen jedoch vollständig sind, ist ein wenig Know-how erforderlich. Denn ohne zu wissen, wie Datenbanken funktionieren und welche Systeme es gibt, wird aus dem Plan, eine Datenbank zu erstellen oder gar zu verwenden, schnell ein mühseliges und aufreibendes Unterfangen.

51.1 Mein SQL gib mir heute ...

MySQL ist seit einiger Zeit in aller Munde. Es wird häufig mit Linux oder auch Webservern in Verbindung gebracht. Man könnte behaupten, dass MySQL das Linux unter den Datenbanksystemen ist. Als Open Source ist es nicht nur kostenlos, sondern auch der Quelltext ist im Internet frei erhältlich. Dies führt ähnlich wie bei Linux dazu, dass sich Programmierer auf der ganzen Welt an der Entwicklung von MySQL beteiligen und sie stetig vorantreiben.

In Linux vorhanden

Viele Linux-Distributoren wie z. B. SUSE oder RedHat legen MySQL ihren Distributionen sogar bei, und auch Provider für Webspace setzen als Datenbanksystem in der Regel MySQL ein.

Warum der Name MySQL?

Der Name MySQL ist auf die Datenbank-Abfragesprache SQL zurückzuführen. Als Anfang der 70er Jahre die ersten Datenbanksysteme auf den Markt kamen, wurde kurze Zeit später eine einheitliche Sprache entwickelt, mit der es möglich sein sollte, Abfragen an jedes beliebige Datenbanksystem zu stellen, ohne jeweils eine neue Sprache lernen und einsetzen zu müssen. Diese Sprache ist SQL, was für »**S**tructured **Q**uery **L**anguage« steht und übersetzt »strukturierte Abfragesprache« bedeutet. Wie der Name schon vermuten lässt, unterstützt auch MySQL die Abfragesprache SQL.

51.2 Datenbanktypen

Seit das erste Datenbanksystem der Öffentlichkeit vorgestellt wurde, sind mittlerweile ca. 30 Jahre vergangen. In dieser Zeit hat sich natürlich viel getan, und so ist es nur normal, dass es mittlerweile Hunderte verschiedener Datenbanksysteme gibt. In all der ganzen Zeit haben sich jedoch nur zwei Datenbanktypen durchgesetzt: **relationale** und **objektorientierte**. MySQL gehört zu den relationalen Datenbanksystemen.

51.2.1 Relationale Datenbanksysteme

Die Urform der Datenbanken sind relationale Datenbanken. In solchen Systemen werden Daten in Tabellen gespeichert. Wenn Sie schon einmal mit einer Tabellenkalkulation wie z. B. Excel eine Übersicht erstellt haben, in die Sie alle Bücher eingetragen haben, die in Ihrem Regal stehen, ist dies bereits eine Form von relationaler Datenbank.

Datenbank gleich Tabelle?

Ich bleibe zunächst bei dem Beispiel der Büchertabelle. Sicherlich hätten Sie diese Tabelle auch strukturiert, so dass Sie zu jedem Buch z. B. den Namen des Autors, den Titel des Buches, die Seitenzahl, die ISBN und den Namen des Verlages notieren können. In der Regel sind dies die Spalten in einer Tabelle. In die nachfolgenden Zeilen haben Sie dann immer den passenden Wert eingetragen. Die Tabelle 51.1 stellt dieses Beispiel einmal schematisch dar.

Autor	Titel	Seitenzahl	ISBN	Verlag
Mark Lubkowitz	Webseiten	1128	3-89842-313-1	Galileo Press
Christian Wenz	JavaScript	624	3-89842-234-8	Galileo Press

Tabelle 51.1 Beispiel für eine Datenbanktabelle

Die einzelnen Zeilen der Tabelle 51.1 werden bei Datenbanken auch **Datensatz** genannt. Ein solcher Datensatz besteht aus mehreren Feldern. In unserem Fall sind dies fünf Felder, nämlich Autor, Titel, Seitenzahl, ISBN und Verlag.

Auf die gleiche Art werden auch Daten in einer relationalen Datenbank gespeichert. Das oberste Element ist die Datenbank, die sich in mehrere Tabellen unterteilt. Eine Tabelle wiederum unterteilt sich in mehrere Datensätze und diese schlussendlich in mehrere Felder.

51.2.2 Objektorientierte Datenbanksysteme

Die Strukturierung und Ablage einer objektorientierten Datenbank geht einen anderen Weg. Die Daten werden nicht als Datensatz in einer Tabelle gespeichert, sondern als Objekt. Die Entwicklung dieser Systeme erfolgte erst Mitte der 80er Jahre, als auch die objektorientierte Programmierung (OOP) langsam, aber sicher den Markt der Programmiersprachen eroberte.

Der Vorteil dieser Systeme in Zusammenhang mit der OOP ist, dass die Objekte nicht zuerst in einen Datensatz umgewandelt werden müssen, bevor sie in der Datenbank gespeichert werden, und umgekehrt, dass der Datensatz nicht erst in ein Objekt umgewandelt werden muss, wenn er aus einer Datenbank ausgelesen wird.

Vorteil

Das oberste Element ist auch wiederum die Datenbank, gefolgt von der Klasse. Die Klasse enthält dann die Objekte. Somit werden Objekte also direkt in die entsprechende Klasse der Datenbank eingefügt oder entsprechend ausgelesen.

Aus Tabelle wird Klasse

Eigenartigerweise konnten sich objektorientierte Datenbanken nicht annähernd so erfolgreich durchsetzen wie objektorientierte Programmiersprachen, was sicherlich auf die Inkompatibilität zurückzuführen ist. Denn der Zugriff auf eine solche Datenbank mit einer nicht objektorientierten Programmiersprache gestaltet sich äußerst schwierig bzw. ist nahezu unmöglich. Relationale Datenbanken hingegen können mit prinzipiell jeder Programmiersprache angesprochen werden, egal ob sie objektorientiert ist oder nicht.

Kein Durchsetzungsvermögen

51.3 Redundanz und Inkonsistenz

Da Speicher in den Anfangstagen der Datenbanken noch nicht in den Größen und zu so günstigen Preisen verfügbar war wie heutzutage, versuchte man stets, an allen Ecken zu sparen. Dies führte bekanntermaßen zu dem Jahr-2000-Fehler, da Jahreszahlen nur zweistellig gespeichert wurden, wodurch ein paar Byte eingespart werden konnten. Wer ahnte damals, dass solch ein System über 20 Jahre lang eingesetzt werden würde?

Sei's drum, auch bei Datenbanken ging man den Weg, Speicher einzusparen, hauptsächlich, indem man versuchte, Redundanz zu vermeiden. Anstatt häufig wiederkehrende Werte abzuspeichern, wurden solche Werte in eine zusätzliche Tabelle verlagert. Eine solche Redundanz ist z. B. auch in Tabelle 49.1 wiederzufinden. Als Verlag wurde zweimal »Galileo Press« gespeichert. Bei lediglich zwei Einträgen mag dies nicht weiter problematisch sein. Die Redundanz ist sehr gering, wenn es aber hundert Datensätze wären, die alle als Verlag »Galileo Press« enthalten, ist die Redundanz schon relativ groß.

Redundanz

Problematisch wird dies auch, wenn Sie nun »Galileo Press« durch »Galileo Computing« ersetzen möchten. Sie müssten nun alle Datensätze überarbeiten, mit der Gefahr, einen Datensatz zu übersehen. Redundanz kann also schnell zu Inkonsistenzen führen, da die abgelegten Daten nicht mehr unbedingt plausibel sind.

Inkonsistenz

Würden Sie die Verlage und die Namen nun in eine zusätzliche Tabelle auslagern, würde zum einen die Redundanz verringert werden, und zum anderen würden mögliche Inkonsistenz vermieden. Gehen Sie einmal davon aus, die Tabelle würde den Namen »Verlage« erhalten. Die Tabelle könnte nun die Felder »Name« und »Web-

Relation

seite« enthalten. Zusätzlich wird dieser Tabelle noch ein Feld hinzugefügt: »ID«. Dieses Feld soll einen eindeutigen Wert enthalten, der innerhalb der Tabelle nur einmal vorkommt und so den Datensatz genau identifiziert. Dieses Feld wird auch **Primärschlüssel** genannt.

Anstatt nun den Namen des Verlages in der Tabelle mit den Büchern zu speichern, wird dort lediglich der entsprechende Primärschlüssel des Verlags gespeichert.

ID	Verlag	Webseite
1	Galileo Press	www.galileo-press.de

Tabelle 51.2 Datenbanktabelle »Verlage«

In der Tabelle »Bücher« könnte das nun folgendermaßen aussehen.

Autor	Titel	Seitenzahl	ISBN	Verlag
Mark Lubkowitz	Webseiten	1128	3-89842-313-1	1
Christian Wenz	JavaScript	624	3-89842-234-8	1

Tabelle 51.3 Datenbanktabelle »Bücher« mit Bezug auf »Verlage«

Um nun den Namen des Verlages zu ändern, müsste lediglich der entsprechende Datensatz in der Tabelle »Verlage« geändert werden, und zwar nur einmal.

Durch diese Technik werden also Redundanz und Inkonsistenz, jedoch auch übergroße Tabellen vermieden. Im nächsten Schritt könnten nun z. B. die Autoren in eine Tabelle mit dem Namen »Autoren« verschoben werden, und in der Tabelle »Bücher« könnte anstatt des Namens einfach wieder ein Primärschlüssel angegeben werden.

51.4 Zusammenfassung

- MySQL ist ein Datenbanksystem.
- MySQL ist für viele Anwendungsfälle kostenlos verfügbar. Bitte prüfen Sie die Lizenzbedingungen auf **www.mysql.de**, ob auch Ihre Anwendung eine kostenlose MySQL-Installation nutzen darf.
- Die meistverbreiteten Datenbanksysteme sind relationale und objektorientierte.
- MySQL ist ein relationales Datenbanksystem.
- Als Abfragesprache wird bei MySQL die Structured Query Language, kurz SQL, verwendet.

51.5 Fragen und Übungen

1. Worin besteht der Unterschied zwischen relationalen und objektorientierten Datenbanksystemen?
2. Was ist Redundanz?
3. Was ist Inkonsistenz?
4. Wie lassen sich Redundanz und Inkonsistenz vermeiden?

Ich habe die Länge und Breite dieses Landes bereist und mit den besten Leuten geredet, und ich kann Ihnen versichern, dass Datenverarbeitung ein Tick ist, der dieses Jahr nicht überleben wird.
– Lektor bei Prentice Hall, 1957

52 Die Sprache SQL

In diesem Kapitel werde ich Ihnen den grundlegenden Aufbau der Abfragesprache SQL erklären. Damit Sie die einzelnen Konstrukte auch testen können, werde ich Ihnen außerdem den Umgang mit der Konsole von MySQL erklären.

52.1 Einstieg

Die Konsole von MySQL ist ein sehr mächtiges Werkzeug. Sie kann sowohl zur Administration als auch zum Testen von Abfragen verwendet werden. Wechseln Sie in das Installationsverzeichnis von MySQL und öffnen Sie das Verzeichnis **bin**. Öffnen Sie das Programm **mysql.exe**. Sie sollten nun eine Konsole sehen, die derjenigen in Abbildung 52.1 ähnelt.

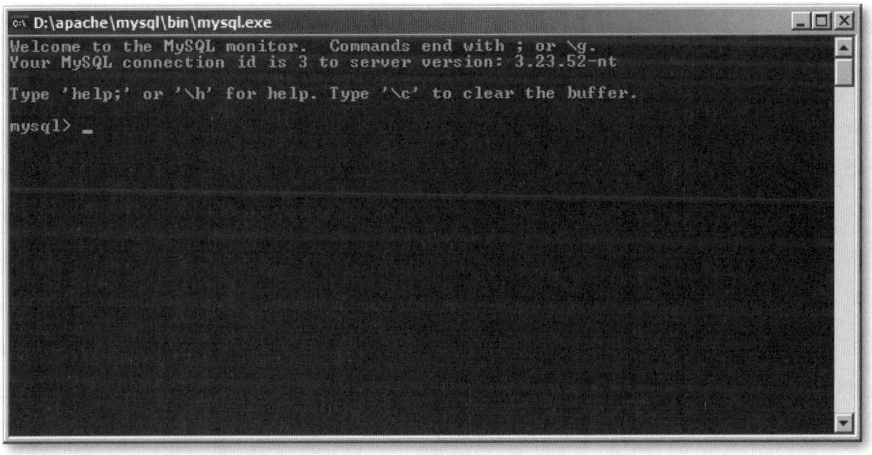

Abbildung 52.1 Konsole von MySQL

Geben Sie nun `help` ein, und bestätigen Sie mit [↵]. Die Konsole gibt nun eine Übersicht über die einzelnen Befehle mit Erklärungen aus. Die wichtigsten dieser Befehle finden Sie in Tabelle 52.1.

Befehl	Erklärung
help	Gibt eine Übersicht aller Befehle aus.
use	Wählt die Datenbank aus, die als Parameter an den Befehl übergeben wurde.
exit	Schließt die Konsole.
status	Gibt den Status der MySQL-Datenbank aus.
source	Führt ein SQL-Script aus, das als Parameter an den Befehl übergeben wurde.
clear	Löscht den Befehlspuffer.

Tabelle 52.1 Die wichtigsten MySQL-Konsolen-Befehle

Datenbank auswählen Mit dem Kommando `use` können Sie eine Datenbank auswählen. Schon von Beginn an verfügt MySQL über zwei Datenbanken: `mysql` und `test`. Geben Sie nun `use mysql;` (inklusive des Semikolons) ein. Die Konsole wird bei korrekter Eingabe mit

```
Database changed
```

antworten.

Abfrage ausführen Tippen Sie nun `SELECT * FROM db;` in die MySQL-Konsole ein. Die nun in der Konsole folgende Ausgabe ist der Beweis für Ihre erste erfolgreiche Datenbankabfrage, auch wenn die Ausgabe in der Konsole zu wünschen übrig lässt. Um ein leserliches Ergebnis zu erhalten, können Sie auch einmal `SELECT user FROM db;` ausprobieren. Die Ausgabe ist:

```
+------+
| host |
+------+
| %    |
+------+
1 row in set (0.00 sec)
```

Anhand dieser Ausgabe können Sie erkennen, dass die Tabelle einen Datensatz enthält (1 row in set) und dass es 0.00 Sekunden gedauert hat, bis die Abfrage vollständig durchgeführt wurde.

52.2 Namenskonventionen

Bei der Benennung von Datenbanken, Tabellen oder Spalten müssen Sie eine gewisse Namenskonvention einhalten, die Ihnen vorschreibt, welche Zeichen in welcher Zusammensetzung für den Namen verwendet werden dürfen bzw. sollten. Dies bezieht sich auch auf die Schreibweise von SQL-Anweisungen.

Bezeichnungen Zum Bezeichnen von Datenbanken, Tabellen und Spalten dürfen Sie alle alphanumerischen Zeichen, also Buchstaben und Zahlen von 0 bis 9, verwenden. Zusätzlich sind der Unterstrich »_« und das Dollarzeichen »$« erlaubt. Dabei darf der Name mit einem beliebigen Zeichen anfangen, jedoch darf ein Name nicht nur aus Zahlen bestehen. Außerdem ist die Länge eines Namens auf 64 Zeichen beschränkt.

Einige Beispiele für erlaubte Namen:

```
datenbank
tabelle123
db_12_tabelle$
$tab123
```

Beispiele für ungültige Namen:

```
09876
<tabelle>
tabelle buecher
tabelle=buecher
```

Groß- und Kleinschreibung

Die Groß- und Kleinschreibung bei Namen hängt stark vom eingesetzten Betriebssystem ab. So wird in UNIX-/Linux-Umgebungen z. B. bei Datenbanknamen zwischen Groß- und Kleinschreibung unterschieden, während dies unter Windows keinen Unterschied macht. Dies gilt ebenso für Tabellen. Bei Spalten hingegen wird sowohl unter UNIX/Linux als auch unter Windows die Groß- und Kleinschreibung ignoriert.

[x] Bei Schlüsselwörtern wird nie zwischen Groß- und Kleinschreibung unterschieden, egal ob unter UNIX/Linux oder Windows.

Dies führt auch dazu, dass sich für die Groß- und Kleinschreibung gewisse Regeln eingebürgert haben. So werden SQL-Schlüsselwörter immer großgeschrieben und Namen von Datenbanken, Tabellen oder Spalten immer klein. Dies trägt stark zur Übersicht in komplexen SQL-Anweisungen bei.

52.3 Datenbank erstellen, löschen oder auswählen

Bevor ich näher auf Auswahlabfragen eingehe, will ich mich zunächst dem Erstellen und Löschen von Datenbanken widmen. MySQL stellt Ihnen als Benutzer die Möglichkeit zur Verfügung, nicht nur eine Datenbank zu verwenden, sondern mehrere. So können Sie logische Gruppierungen verschiedener Tabellen in verschiedene Datenbanken vornehmen. Das Erstellen einer Datenbank erfolgt mit dem Befehl `CREATE DATABASE`.

```
CREATE DATABASE datenbankname
```

Dem Befehl müssen Sie zusätzlich noch einen Namen für die anzulegende Datenbank übergeben. Ein Beispiel:

```
CREATE DATABASE buecher;
```

Dieses Beispiel würde die Datenbank `buecher` anlegen.

Datenbank löschen

Natürlich können Sie erstellte Datenbanken auch wieder löschen. Der entsprechende Befehl dafür lautet `DROP DATABASE`.

```
DROP DATABASE datenbankname
```

Ein Beispiel:

```
DROP DATABASE buecher;
```

Dieser Befehl würde die Datenbank `buecher` löschen.

[»] An dieser Stelle ein wichtiger Hinweis: Wenn Sie mit `DROP DATABASE` eine Datenbank gelöscht haben, ist diese unwiederbringlich entfernt, inklusive aller Tabellen und Datensätze, die sie enthielt. Es ist nicht möglich, diese Datenbank wiederherzustellen.

Datenbank auswählen

Mit dem `USE`-Befehl können Sie eine Datenbank auswählen.

```
USE datenbankname
```

Ein Beispiel:

```
USE buecher;
```

Dieses Beispiel würde die Datenbank `buecher` als aktuelle Datenbank auszeichnen, und alle nachfolgenden SQL-Befehle würden sich nun auf diese Datenbank beziehen. Abgesehen natürlich vom Befehl `USE`.

52.4 Tabellen erstellen und löschen

Ohne Tabellen können Sie in einer Datenbank natürlich keine Datensätze speichern. Um eine neue Tabelle zu erstellen, steht der Befehl `CREATE TABLE` zur Verfügung.

```
CREATE TABLE tabellenname (spaltenname datentyp [optionen], [, ...] [,
PRIMARY KEY spaltenname])
```

Sowohl die Angabe eines Namens für die Tabelle als auch die Definition mindestens einer Spalte inklusive Datentyp ist zwingend. Ein Beispiel:

```
CREATE TABLE buecher (id INTEGER AUTO_INCREMENT,
                      autor VARCHAR(60),
                      titel VARCHAR(60),
                      seitenzahl INTEGER,
                      isbn VARCHAR(15),
                      verlag INTEGER,
                      PRIMARY KEY (id));
```

Dieses Beispiel legt nun eine Tabelle mit 6 Spalten an. Als Erstes wird eine Spalte namens `id` mit dem Datentyp `INTEGER` angelegt. Als Option für diese Spalte wurde `AUTO_INCREMENT` festgelegt, was bedeutet, dass der Wert dieser Spalte automatisch um

1 hochgezählt wird. Der Datentyp `INTEGER` bedeutet, dass in dieser Spalte ausschließlich Zahlen gespeichert werden können. Dann folgt die Spalte `autor`, die als Datentyp `VARCHAR` zugewiesen bekommt. Der Typ `VARCHAR` steht für eine beliebige Zeichenkette. In Klammern dahinter wird die Länge dieser Spalte festgelegt. In unserem Beispiel 60, was bedeutet, dass ein in der Spalte gespeicherter Wert maximal 60 Zeichen lang sein darf. Dann folgt die Spalte `titel`, die ebenfalls vom Typ `VARCHAR` ist und eine Maximallänge von 60 Zeichen erhält. Die Spalte `seitenzahl` ist vom Typ `INTEGER`, während die Spalte `isbn` wieder vom Datentyp `VARCHAR` ist. Diesmal wurde aber lediglich eine Länge von 15 Zeichen festgelegt. Als letzte Spalte folgt `verlag`, sie bekommt den Datentyp `INTEGER` zugewiesen. In dieser Spalte wird später nur die Kennnummer eines Verlages gespeichert und kein Text. Zum Schluss wird mit `PRIMARY KEY (id)` festgelegt, dass die Spalte `id` der Primärschlüssel der Tabelle werden soll.

Tabellenstruktur anzeigen

Wurde der Befehl erfolgreich durchgeführt, bestätigt die MySQL-Konsole dies mit `Query OK`. Falls Sie nun noch einmal die Tabelle auf ihre Struktur überprüfen möchten, können Sie den Befehl `EXPLAIN` verwenden.

```
EXPLAIN tabellenname
```

Beispiel:

```
EXPLAIN buecher;
```

Die MySQL-Konsole gibt nun eine Beschreibung der Tabelle aus. Die Ausgabe der Konsole sollte der in Abbildung 52.2 gezeigten entsprechen.

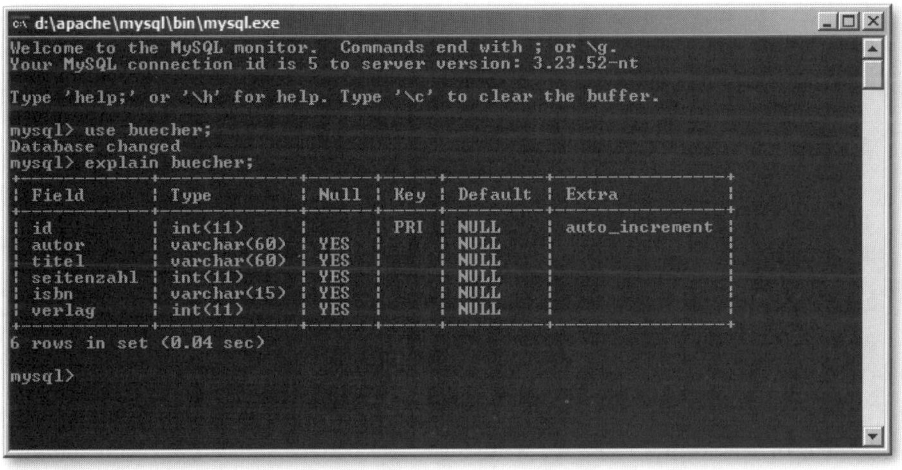

Abbildung 52.2 Konsolen-Ausgabe nach Ausführung des Befehls EXPLAIN buecher;

Tabelle löschen

Natürlich ist es auch möglich, eine Tabelle zu löschen. Der zu verwendende Befehl lautet `DROP TABLE`.

```
DROP TABLE tabellenname
```

Ein Beispiel:

```
DROP TABLE buecher;
```

Dieser Befehl würde die Tabelle `buecher` inklusive aller Datensätze unwiederbringlich löschen.

52.5 Tabellen verändern

Eine bereits existierende Tabelle können Sie auch nachträglich verändern bzw. anpassen. Sie können Spalten löschen, hinzufügen, den Datentyp einer Spalte umwandeln oder auch den Primärschlüssel ändern. Der Befehl dafür lautet `ALTER TABLE`.

```
ALTER TABLE tabellenname vorgang [, vorgang, ...]
```

Mit dem Befehl `ALTER TABLE` weisen Sie MySQL zuerst an, dass Sie eine Änderung an der Struktur einer Tabelle vornehmen möchten. Die zu verändernde Tabelle muss dabei angegeben werden. Welche Änderung Sie dann genau durchführen möchten, geben Sie als Vorgang an. Folgende Vorgänge sind möglich:

- `ADD`
  Fügt der Tabelle eine Spalte hinzu. Die Definition der Spalte erfolgt dabei äquivalent zur Definition in Zusammenhang mit `CREATE TABLE`, z. B. `ALTER TABLE buecher ADD jahr INTEGER;`.
- `DROP`
  Löscht eine Spalte einer Tabelle. Es genügt dabei die Angabe des Spaltennamens, z. B. `ALTER TABLE buecher DROP jahr;`. Achten Sie darauf, dass bereits vorhandene Datensätze von einer solchen Änderung beeinflusst werden, da die Daten der Spalte ebenfalls gelöscht werden.
- `ADD PRIMARY KEY`
  Fügt der Tabelle einen Primärschlüssel hinzu, z. B. `ALTER TABLE buecher ADD PRIMARY KEY (verlag);`.
- `DROP PRIMARY KEY`
  Löscht den Primärschlüssel einer Tabelle, z. B. `ALTER TABLE buecher DROP PRIMARY KEY;`.
- `CHANGE`
  Ändert die Definition einer Spalte inklusive des Namens. Es wird der alte und der neue Spaltenname sowie die Definition der Spalte erwartet. Die Definition erfolgt äquivalent zur Definition bei `CREATE TABLE`. Beispiel: `ALTER TABLE buecher CHANGE seitenzahl seiten integer;`.
- `MODIFY`
  Modifiziert die Definition einer Spalte, ohne den Namen zu ändern, z. B. `ALTER TABLE buecher MODIFY autor VARCHAR(128);`.

52.6 MySQL-Datentypen

Zwei Datentypen haben Sie bereits kennengelernt: `INTEGER` und `VARCHAR`. MySQL kennt jedoch noch einige Datentypen mehr. Dabei wird zwischen drei Gruppen unterschieden: **numerische Typen**, **Zeichen- oder Zeichenketten-Typen** und **vermischte Typen**.

In den folgenden Tabellen finden Sie den Namen des Datentyps, den Wertebereich bzw. die maximale Größe und den in der Datenbank belegten Speicherplatz.

52.6.1 Numerische Typen

Datentyp	Wertebereich	Speicherplatz
BIT(x)	Bis 64 Bit (ab MySQL 5.0.3)	8 – 64 Bit
TINYINT	–128 bis 127	8 Bit
SMALLINT	–32.768 bis 32.767	16 Bit
MEDIUMINT	–8.388.608 bis 8.388.607	24 Bit
INTEGER	–2.147.483.648 bis 2.147.483.647	32 Bit
BIGINT	–9.223.372.036.854.775.808 bis 9.223.372.036.854.775.807	64 Bit
FLOAT	Abhängig von den Werten bzw. Nachkommastellen	32 Bit
DOUBLE	Abhängig von den Werten bzw. Nachkommastellen	64 Bit
DECIMAL	Abhängig von den Werten bzw. Nachkommastellen	x+16 Bit

Tabelle 52.2 Übersicht aller numerischen Datentypen

52.6.2 Zeichen- und Zeichenketten-Typen

Datentyp	Maximale Größe	Speicherplatz
CHAR(x)	255 Byte	x Byte
VARCHAR(x)	255 Byte	x+1 Byte
TINYTEXT	255 Byte	x+1 Byte
TINYBLOB	255 Byte	x+1 Byte
TEXT / BLOB	65.535 Byte	x+2 Byte
MEDIUMTEXT	16.777.215 Byte = ca. 16 Mbyte	x+3 Byte
MEDIUMBLOB	16.777.215 Byte = ca. 16 Mbyte	x+3 Byte
LONGTEXT	4.294.967.295 Byte = ca. 4 Gbyte	x+4 Byte
LONGBLOB	4.294.967.295 Byte = ca. 4 Gbyte	x+4 Byte

Tabelle 52.3 Übersicht aller Zeichen- und Zeichenketten-Datentypen

52.6.3 Vermischte Typen

Datentyp	Erklärung
ENUM('A','B',...)	Eine Liste mit maximal 65.535 Posten. Gespeichert wird immer nur einer der in der Liste angegebenen Posten.
SET('A','B',...)	Eine Listen mit maximal 64 Posten. Speichert alle Posten der Liste.
DATE	Datum im Format YYYY-MM-DD
TIME	Uhrzeit im Format HH:MM:SS
DATETIME	Datum und Zeit im Format YYYY-MM-DD/HH:MM:SS

Tabelle 52.4 Übersicht aller vermischten Datentypen

52.6.4 Was ist ein BLOB?

Ein BLOB ist ein »**B**inary **L**arge **Ob**ject«, zu Deutsch ein »großes binäres Objekt«. TEXT- und BLOB-Typen ähneln sich auf den ersten Blick sehr. Allerdings gibt es einige kleine, aber feine Unterschiede. Dies hängt hauptsächlich mit den Zeichensatzinformationen zusammen. Bei TEXT-Typen wird eine Information über den verwendeten Zeichensatz hinterlegt, was bei BLOB-Typen nicht notwendig ist, da sie halt binärsicher gespeichert werden. Darüber hinaus gibt es auch kleine Unterschiede bei der Behandlung von Leerzeichen. TEXT-Typen werden also normalerweise zum Speichern von Texten und BLOB-Typen zum Speichern von Bildern oder Audio-Dateien verwendet.

52.6.5 Optionen

Zusätzlich zu der Option AUTO_INCREMENT gibt es auch noch weitere Optionen, die Sie zu einer Spalte angeben können. Einige dieser Optionen haben auch Einfluss auf den Wertebereich eines Datentyps. So führt die Option UNSIGNED z. B. dazu, dass numerische Datentypen dann kein Vorzeichen besitzen können. Der Wertebereich einer TINYINT würde sich also von –128 bis 127 auf 0 bis 255 ändern.

- AUTO_INCREMENT
  Zählt den Wert automatisch um 1 hoch; darf nur im Zusammenhang mit Ganzzahlen (...INT) verwendet und nur einmal pro Tabelle festgelegt werden.
- BINARY
  Die Daten werden binär gespeichert.
- DEFAULT
  Ermöglicht das Festlegen eines Standardwertes, falls kein Wert angegeben wurde. Normalerweise ist dies NULL. Wurde jedoch die Option NOT NULL gesetzt, darf in der Spalte kein NULL vorkommen. In einem solchen Fall wird der mit DEFAULT angegebene Wert eingesetzt.

- `NULL/NOT NULL`
  Mit `NULL` oder `NOT NULL` können Sie festlegen, ob in der Spalte ein Wert enthalten sein muss. Ist die Option `NOT NULL` gesetzt, muss in der Spalte ein Wert eingefügt werden. Dieser kann dann auch durch `DEFAULT` festgelegt werden.
- `PRIMARY KEY`
  Definiert eine Spalte als Primärschlüssel. Diese Spalte muss einen Wert enthalten (darf also nicht `NULL` sein), und jeder Wert darf nur ein Mal in der Spalte vorkommen.
- `UNIQUE`
  Diese Option bewirkt, dass in einer Spalte keine doppelten Werte vorkommen dürfen, jeder Wert also einmalig sein muss.
- `UNSIGNED`
  In der Spalte sind im Zusammenhang mit `INT`-Typen keine vorzeichenbehafteten Werte erlaubt, also keine negativen Zahlen. Das hat auch zur Folge, dass sich der positive Wertebereich vergrößert. Bei einer SMALLINT-Spalte, die normalerweise einen Wertebereich von –128 bis 127 hat, würde sich ergeben, dass Sie Werte von 0 bis 255 ablegen können.
- `ZEROFILL`
  Füllt den Wert vom Typ `INT` mit führenden Nullen auf. Aus dem Wert 23 wird dann z. B. 000023, wenn die maximale Länge mit `INT(6)` auf sechs festgelegt wurde.

52.7 Zusammenfassung

- Bei Datenbanken und Tabellen wird abhängig vom Betriebssystem zwischen Groß- und Kleinschreibung unterschieden, nicht jedoch bei Schlüsselwörtern oder Spaltennamen. Aus diesem Grund werden Schlüsselwörter großgeschrieben und Datenbank-, Tabellen- und Spaltennamen kleingeschrieben.
- Datenbanken können mit dem Befehl `CREATE DATABASE` erzeugt und mit `DROP DATABASE` gelöscht werden.
- Tabellen werden mit den Befehlen `CREATE TABLE` und `DROP TABLE` angelegt oder gelöscht.
- Der Befehl `ALTER TABLE` ermöglicht das Ändern der Struktur einer Tabelle.
- Bei den Datentypen wird zwischen **numerischen Typen**, **Zeichen- oder Zeichenketten**- und **vermischten Typen** unterschieden.
- Unterschiedliche Optionen nehmen Einfluss auf die Werte, die in einer Spalte eingefügt werden dürfen.

52.8 Fragen und Übungen

1. Welche Zeichen dürfen Sie bei der Vergabe von Datenbank-, Tabellen- und Spaltennamen verwenden? Welche Regeln müssen Sie dabei einhalten?
2. Erstellen Sie eine SQL-Anweisung, die eine Datenbank mit dem Namen `buecher` erstellt.
3. Erstellen Sie eine SQL-Anweisung, die eine Tabelle mit dem Namen `verlage` und folgenden Spalten anlegt: `id`, `name`, `webseite`, `strasse`, `ort` und `plz`. Wählen Sie sinnvolle Datentypen für die einzelnen Spalten und weisen Sie der Spalte `id` die Optionen `AUTO_INCREMENT` und `PRIMARY KEY` zu.
4. Erstellen Sie eine SQL-Anweisung, die eine Tabelle namens `buecher` mit den folgenden Spalten anlegt: `id`, `autor`, `titel`, `seitenzahl`, `erscheinungsjahr`, `preis`, `auflage`, `verlag`, `isbn` und `kommentar`. Die Spalte `id` soll der Primärschlüssel sein und automatisch hochgezählt werden. In die Spalten `autor` und `titel` soll jeweils eine Zeichenkette von maximal 128 Zeichen eingefügt werden dürfen, und sie sollen nicht `NULL` sein. Standardmäßig soll dann `unbekannt` eingefügt werden. Die Spalte `erscheinungsjahr` soll eine vierstellige Jahresangabe sein. Die Spalte `preis` soll eine Dezimalzahl mit fünf Vor- und zwei Nachkommastellen enthalten, darf ebenfalls nicht `NULL` sein und soll als Standardwert dann `0.00` erhalten. Die Spalte `auflage` soll vom Typ `INT` sein. In der Spalte `verlag` soll eine Ganzzahl gespeichert werden können. Die Spalte `isbn` wiederum soll eine maximal 15 Zeichen lange Zeichenkette und die Spalte `kommentar` soll einen längeren Kommentartext mit bis zu 65.535 Zeichen enthalten können.

Wir leben alle unter demselben Himmel,
aber wir haben nicht alle den gleichen Horizont.
– Konrad Adenauer, deutscher Bundeskanzler 1949–1963

53 Datenaustausch

Kommunikation und der Austausch von Informationen kann diesen Horizont jedoch erweitern. Dieses Kapitel wird Sie in den Datenaustausch mit einer MySQL-Datenbank einführen, sodass Sie schon bald Daten aus einer Datenbank auslesen, in eine Datenbank einfügen oder ändern können. Auch der Austausch von Daten mit anderen Datenbanken wird am Ende dieses Kapitels behandelt.

[x] Für die Beispiele in diesem Kapitel sollten Sie zuvor die Datei **buecher.sql** einbinden. Diese Datei finden Sie auf der dem Buch beiliegenden DVD-ROM im Verzeichnis **x:\misc\buecher.sql**. Das **x** muss durch den entsprechenden Buchstaben des DVD-ROM-Laufwerks ersetzt werden, in dem die DVD eingelegt ist. Um die Datei einbinden zu können, müssen Sie die MySQL-Konsole aufrufen und den Befehl **source x:\misc\buecher.sql** eingeben. Wechseln Sie anschließend mit der Anweisung `use bspbuecher;` die Datenbank.

53.1 SELECT

Um Daten aus einer SQL-kompatiblen Datenbank zu lesen, steht Ihnen nur ein Befehl zur Verfügung: `SELECT`. Durch seine zahlreichen Optionen für die explizite Wahl von Spalten und die Eingrenzung der Wertebereiche wird dieser Befehl zu einem mächtigen Werkzeug. Die grundlegende Syntax dieses Befehls sieht folgendermaßen aus:

```
SELECT [DISTINCT]
  [COUNT spaltenname]
  {*|spaltenname|tabellenname.spaltenname} [,...]
  FROM tabellenname [,...]
  [WHERE bedingung]
  [GROUP BY spaltenname [,...] [HAVING bedingung] ]
  [ORDER BY spaltenname [,...] [{ASC|DESC}] ]
  [LIMIT offset[,n]]
```

Auch wenn Sie die Syntax dieses Befehls wahrscheinlich nicht beim ersten Mal erfassen können, sollten Sie sich keine Sorgen machen. Sie werden sich Schritt für Schritt an diesen Befehl herantasten und alle Optionen einzeln durcharbeiten.

Einfachste Variante

Basierend auf der weiter oben dargestellten Syntax sieht die einfachste `SELECT`-Anweisung wie folgt aus:

```
SELECT * FROM bspverlage;
```

Diese SQL-Anweisung würde nun alle Datensätze inklusive aller Felder aus der Tabelle `bspverlage` auslesen. Das `*` steht dabei für alle Spalten und somit für alle Datensatzfelder. `FROM` gibt an, aus welcher Tabelle die Datensätze ausgelesen werden sollen. Dementsprechend muss der Name einer Tabelle folgen. In unserem Beispiel ist dies `bspverlage`.

Für Testzwecke habe ich in meiner Datenbank bereits zwei Einträge in die Tabelle `bspverlage` eingefügt. Die Ausgabe, nachdem der Befehl `SELECT * FROM bspverlage;` ausgeführt worden ist, können Sie in Abbildung 53.1 sehen.

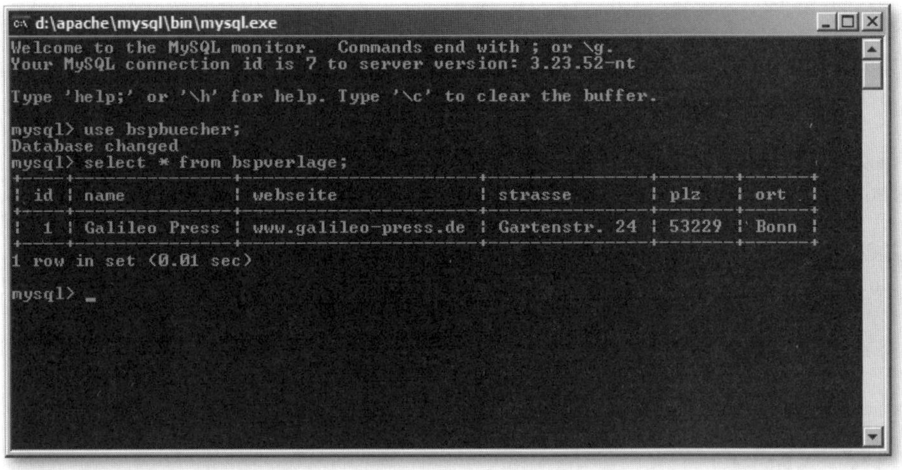

Abbildung 53.1 Ausgabe des Befehls SELECT * FROM bspverlage;

Wie Sie erkennen können, wurden alle Datensätze inklusive aller Spalten bzw. Felder ausgegeben.

Platzhalterzeichen

Anstelle des Platzhalters `*` können Sie auch explizit bestimmte Spalten angeben. Die einzelnen Spalten werden dann durch Kommata voneinander getrennt. Die SQL-Anweisung, um nur die Spalten `autor` und `titel` der Datensätze zu erhalten, würde folgendermaßen aussehen:

```
SELECT autor, titel FROM bspbuecher;
```

Die Ausgabe (diesmal ohne Abbildung):

```
+-------------------+------------------------+
| autor             | titel                  |
+-------------------+------------------------+
| Christian Wenz    | JavaScript             |
| Till Wortmann     | Die Computer-Fibel     |
```

```
| Sascha Wolter        | ActionScript            |
| Christian Ullenboom  | Java ist auch eine Insel |
| Ulrich Kaiser        | C/C++                   |
| Andreas Kühnel       | VB.NET                  |
| Arnold Willemer      | Wie werde ich UNIX-Guru? |
| Martin Kloss         | Lingo objektorientiert  |
| Gerhard Koren        | Adobe Premiere 6.5      |
| Harald Puchtler      | Mac OS X 10.2           |
+---------------------+-------------------------+
```

Datensätze zählen

Bei allen bisherigen Beispielen wurden immer alle Datensätze ausgegeben. Mit einer kleinen Änderung der Anweisungen ließe sich nun z. B. die Anzahl der Datensätze in einer Tabelle ermitteln. Vor allem dann, wenn Sie nur die Anzahl und nicht die Details der Datensätze ermitteln möchten, ergeben sich so erhebliche Performance-Steigerungen.

```
SELECT COUNT(autor) FROM bspbuecher;
```

Diese Anweisung würde alle Datensätze der Tabelle ermitteln und ausgeben. Dabei ist es egal, ob Sie explizit einen Spaltennamen oder das * angeben. MySQL optimiert zuvor die Anweisung und ermittelt nur die Anzahl der Datensätze, liest diese jedoch nicht. Die Ausgabe könnte folgendermaßen aussehen:

```
+--------------+
| count(autor) |
+--------------+
|           10 |
+--------------+
```

Maximale Anzahl

Wenn Sie bei einer Abfrage zusätzlich die Option `LIMIT` angeben, können Sie die Anzahl der Datensätze beschränken. Dies ist immer dann sinnvoll, wenn Sie z. B. nur den ersten von 10 Datensätzen oder die ersten 10 von 100.000 Datensätzen benötigen. Alle Datensätze zurückgeben zu lassen, wäre reine Zeitvergeudung. Die Anweisung

```
SELECT autor,titel FROM bspbuecher LIMIT 5;
```

liefert z. B. nur einen Datensatz aus der Tabelle `bspbuecher`. Die Ausgabe könnte dann so aussehen:

```
+---------------------+-------------------------+
| autor               | titel                   |
+---------------------+-------------------------+
| Christian Wenz      | JavaScript              |
| Till Wortmann       | Die Computer-Fibel      |
| Sascha Wolter       | ActionScript            |
| Christian Ullenboom | Java ist auch eine Insel |
| Ulrich Kaiser       | C/C++                   |
+---------------------+-------------------------+
```

Mit der Option `LIMIT` ist aber noch eine weitere Eingrenzung möglich. Wählen Sie z. B. die Anweisung

```
SELECT autor,titel FROM bspbuecher LIMIT 5,3;
```

würden Sie lediglich 3 Datensätze erhalten. Der Clou daran ist jedoch, dass die Ausgabe erst ab dem 6. Datensatz erfolgt. Die interne Zählung der Datensätze beginnt wie bei Arrays oder Listen mit 0. Dadurch entspricht 0 dem ersten, 1 dem zweiten, 2 dem dritten Datensatz usw. Die Ausgabe sähe so aus:

```
+----------------+------------------------+
| autor          | titel                  |
+----------------+------------------------+
| Andreas Kühnel | VB.NET                 |
| Arnold Willemer| Wie werde ich UNIX-Guru? |
| Martin Kloss   | Lingo objektorientiert |
+----------------+------------------------+
```

53.1.1 WHERE

Eine Art der Eingrenzung von Datensätzen haben Sie jetzt mit `LIMIT` kennengelernt. In den meisten Fällen reicht dies jedoch nicht aus. Die Option `WHERE` ermöglicht Ihnen hingegen eine äußerst flexible Definition, welche Datensätze aus der Datenbank ausgelesen und zurückgegeben werden sollen. Dafür müssen Sie lediglich eine oder auch mehrere Bedingungen angeben.

```
SELECT autor, titel FROM bspbuecher WHERE autor > 'S';
```

Diese Anweisung würde nur die Datensätze ausgeben, bei denen der Wert des Feldes `autor` größer als S ist. Die Ausgabe dieses Beispiels könnte folgendermaßen aussehen:

```
+--------------+-------------------+
| autor        | titel             |
+--------------+-------------------+
| Till Wortmann | Die Computer-Fibel |
| Sascha Wolter | ActionScript      |
| Ulrich Kaiser | C/C++             |
+--------------+-------------------+
```

Der Wert der Namen der Autoren ist lexikalisch größer als der Buchstabe S.

[x] Welche Spalte Sie zum Eingrenzen des Ergebnisses verwenden, bleibt Ihnen überlassen. Der Unterschied liegt lediglich in der Art der Notation. So müssen Sie Zeichen- bzw. Zeichenkettentypen auch immer mit Zeichenketten vergleichen. Zahlenwerte hingegen werden auch als Zahlenwerte verglichen.

Ein Beispiel:

```
SELECT autor, titel, preis FROM bspbuecher WHERE preis < 34.99;
```

Das Ergebnis dieser Anweisung:

```
+-----------------+------------------------+-------+
| autor           | titel                  | preis |
+-----------------+------------------------+-------+
| Till Wortmann   | Die Computer-Fibel     | 19.90 |
| Arnold Willemer | Wie werde ich UNIX-Guru? | 34.90 |
| Harald Puchtler | Mac OS X 10.2          | 34.90 |
+-----------------+------------------------+-------+
```

Es wurden nur Datensätze ausgegeben, deren Wert in der Spalte `preis` kleiner als `34.99` ist.

Vergleichsoperatoren

Neben den beiden Operatoren < (kleiner als) und > (größer als) stehen Ihnen auch noch folgende weitere Vergleichsoperatoren bei der Verwendung der `WHERE`-Option zur Verfügung:

Operator	Erklärung
=	gleich
<>	ungleich
<	kleiner als
>	größer als
<=	kleiner gleich
>=	größer gleich

Tabelle 53.1 Vergleichsoperatoren

Diese Operatoren genügen in der Regel für eine einfache Bedingungsprüfung vollkommen. Es gibt jedoch auch logische Operatoren, mit denen eine Verknüpfung oder Negierung von Bedingungen möglich wird.

Operator	Erklärung
AND	logische UND-Verknüpfung
OR	logische ODER-Verknüpfung
NOT	Negierung einer Bedingung

Tabelle 53.2 Logische Operatoren

Kombinationsvielfalt

Diese Vielzahl an Operatoren, die man sicherlich in Programmiersprachen, aber nicht in SQL erwarten würde, ermöglicht zahlreiche Kombinationen. Nachfolgend einige Beispiele:

```
SELECT autor, titel, preis FROM bspbuecher WHERE id > 5 AND id < 8;
```

Diese Anweisung gibt lediglich die Datensätze aus, deren Wert in der Spalte `id` größer als 5, aber kleiner als 8 ist; somit also nur die Datensätze mit der `id` 6 und 7.

```
SELECT autor, titel, preis FROM bspbuecher WHERE preis <> 49.90;
```

Es werden nur die Datensätze ausgegeben, in denen `preis` ungleich 49.90 ist.

```
SELECT COUNT(*) FROM bspbuecher WHERE preis = 34.90;
```

Anhand dieses Beispiels können Sie erkennen, dass auch beliebige andere Kombinationen möglich sind. So liefert dieses Beispiel die Anzahl der Datensätze zurück, in denen `preis` gleich 34.90 ist.

Priorität Mit runden Klammern können Sie innerhalb der Verknüpfung von Bedingungen zusätzlich Prioritäten festlegen. Dies soll das nachfolgende Beispiel demonstrieren.

```
SELECT autor, titel, seiten, preis FROM bspbuecher WHERE seiten > 500 AND
(preis < 25.00 OR preis > 34.90);
```

Die Anweisung würde nur die Datensätze zurückgeben, deren `seiten` größer als 500 und deren `preis` entweder kleiner als 25.00 oder größer als 34.90 ist.

```
SELECT autor, titel FROM bspbuecher WHERE id IN (1,3,5,7,9);
```

Mengenoperator Mit der Option `IN` können Sie die Option `WHERE` zusätzlich um eine Mengenprüfung erweitern. Die Menge wird dabei in runden Klammern notiert und umfasst in diesem Beispiel die Zahlen 1, 3, 5, 7 und 9. Zurückgegeben werden dann nur die Datensätze, deren `id` in der definierten Menge vorkommt (also entweder 1, 3, 5, 7 oder 9 ist).

Ähnlichkeitsoperator Zusätzlich zum Mengenoperator `IN` gibt es noch den Ähnlichkeitsoperator `LIKE` und den Bereichsoperator `BETWEEN`. Der Ähnlichkeitsoperator ist für den Vergleich von Zeichenketten gedacht. Während Sie mit den normalen Vergleichsoperatoren nur auf bestimmte Zeichenfolgen oder Werte vergleichen können, ermöglicht der Ähnlichkeitsoperator einen ungenauen Vergleich. Möchten Sie z. B. alle Datensätze nach dem Namen Christian durchsuchen, kommen Sie mit den Vergleichsoperatoren nicht sehr weit. Mit `LIKE` sieht das jedoch anders aus.

```
SELECT autor FROM bspbuecher WHERE autor LIKE 'Christian%';
```

Diese Abfrage würde nun alle Datensätze zurückgeben, in denen die Zeichenkette »Christian« am Anfang des Wertes der Spalte `autor` steht. Das Prozentzeichen ist ein Platzhalter für eine beliebige Zeichenfolge. Aus diesem Grund muss »Christian« auch am Anfang des Wertes und darf nicht zwischendrin stehen.

```
SELECT autor FROM bspbuecher WHERE autor LIKE '%ll%';
```

Das Ergebnis dieser Abfrage enthält nun alle Datensätze, in denen die Zeichenkette »ll« an beliebiger Stelle des Wertes der Spalte `autor` gefunden wurde. Das Ergebnis der Abfrage sieht so aus:

```
+--------------------+
| autor              |
+--------------------+
| Till Wortmann      |
| Christian Ullenboom |
| Arnold Willemer    |
+--------------------+
```

[×] Sie sollten LIKE aber nur selten verwenden und versuchen, eine andere Möglichkeit zu finden, denn Abfragen mit dem LIKE-Operator werden alles andere als schnell ausgeführt.

Für einen Bereichsvergleich, ob z. B. der Wert der Spalte preis zwischen 25 und 35 liegt, sollten Sie den Operator BETWEEN im Zusammenhang mit AND verwenden. Sie ersparen sich damit umständliche Konstrukte wie z. B. WHERE preis >= 25.00 AND preis <= 35.00. Die folgende SQL-Anweisung erfüllt den gleichen Zweck, ist aber wesentlich eleganter:

```
SELECT autor, titel, preis FROM bspbuecher WHERE preis BETWEEN 25.00 AND 35.00;
```

53.1.2 ORDER BY

Mit der Option ORDER BY können Sie die Ergebnisse von Abfragen vor dem Zurückgeben sortieren lassen. Dabei erfolgt die Sortierung standardmäßig aufsteigend, also von klein nach groß. Welche Sortierung verwendet wird, können Sie jedoch festlegen, und zwar mit den Optionen ASC und DESC. ASC steht für »**asc**ending« (aufsteigend) und DESC für »**desc**ending« (absteigend). Dabei müssen Sie jedoch noch festlegen, nach welcher Spalte sortiert werden soll.

```
SELECT * FROM bspbuecher ORDER BY preis DESC;
```

Absteigende Sortierung

Dieses Beispiel liefert alle Datensätze absteigend gemäß der Spalte preis sortiert zurück. Manchmal reicht eine Sortierung anhand einer Spalte jedoch nicht aus, da es auch hier zu doppelten Einträgen kommen kann. Notieren Sie stattdessen einfach alle Spalten, nach denen sortiert werden soll, in der Reihenfolge der Priorität.

```
SELECT titel, preis, seiten FROM bspbuecher
  ORDER BY preis ASC, seiten ASC;
```

Dieses Beispiel würde ebenfalls alle Datensätze ausgeben, sie jedoch zuerst nach der Spalte preis und anschließend nach der Spalte seiten in aufsteigender Reihenfolge sortieren. Die Ausgabe der Anweisung sieht so aus:

```
+-------------------------+-------+--------+
| titel                   | preis | seiten |
+-------------------------+-------+--------+
| Die Computer-Fibel      | 19.90 |    600 |
| Mac OS X 10.2           | 34.90 |    500 |
| Wie werde ich UNIX-Guru? | 34.90 |    600 |
| JavaScript              | 39.90 |    624 |
| C/C++                   | 39.90 |   1300 |
| ActionScript            | 44.90 |    400 |
| Lingo objektorientiert  | 44.90 |    612 |
| Adobe Premiere 6.5      | 49.90 |    416 |
| VB.NET                  | 49.90 |    960 |
| Java ist auch eine Insel | 49.90 |   1264 |
+-------------------------+-------+--------+
```

53.1.3 GROUP BY

Mit der Option `GROUP BY` können Sie doppelte Einträge in einer Datenbank gruppieren. Die Gruppierung wird dabei nach Spalten vorgenommen. Datensätze, die in einer Spalte die gleichen Werte besitzen, werden dabei jedoch nur insofern zusammengefasst, als dass lediglich einer dieser Datensätze dargestellt wird. Welcher das nun genau ist, hängt vom Zufall ab.

In der Beispiel-Tabelle `bspbuecher` verfügen die Spalten hauptsächlich in der Spalte `preis` über gleiche Werte.

```
SELECT autor, titel, preis FROM bspbuecher GROUP BY preis;
```

Diese Anweisung gibt insgesamt nur fünf Datensätze aus, die jedoch in der Spalte `preis` alle einen anderen Wert besitzen. Die Ausgabe dieser Anweisung könnte so aussehen:

```
+--------------------+-------------------------+-------+
| autor              | titel                   | preis |
+--------------------+-------------------------+-------+
| Till Wortmann      | Die Computer-Fibel      | 19.90 |
| Arnold Willemer    | Wie werde ich UNIX-Guru? | 34.90 |
| Christian Wenz     | JavaScript              | 39.90 |
| Sascha Wolter      | ActionScript            | 44.90 |
| Christian Ullenboom | Java ist auch eine Insel | 49.90 |
+--------------------+-------------------------+-------+
```

Gruppen und Aliase

Interessant ist dabei jedoch, dass eine Sortierung der Datensätze anhand der Spalte `preis` erfolgt. In dieser Form macht eine Anweisung mit `GROUP BY` sicherlich keinen echten Sinn. In Verbindung mit der Option `COUNT` und `AS` können Sie MySQL jedoch anweisen, die Anzahl von Datensätzen zu zählen, die einen gleichen Wert in einer beliebigen Spalte besitzen.

```
SELECT preis, COUNT(preis) AS anzahl FROM bspbuecher GROUP BY preis;
```

Diese Anweisung liest nun die Spalte `preis` aller Datensätze ein. Dabei wird mit der Option `AS` jedoch eine neue Spalte namens `anzahl` eingefügt. Die Ausgabe dieser Abfrage sieht dann folgendermaßen aus:

```
+-------+--------+
| preis | anzahl |
+-------+--------+
| 19.90 |      1 |
| 34.90 |      2 |
| 39.90 |      2 |
| 44.90 |      2 |
| 49.90 |      3 |
+-------+--------+
```

53.1.4 DISTINCT

Wenn Sie Tabellen mit Primärschlüsseln definieren, ist es ausgeschlossen, dass ein Datensatz mit einem anderen absolut identisch ist. Immerhin ist zumindest der Primärschlüssel bei allen Datensätzen unterschiedlich. Wenn Sie jedoch nur Teile von Datensätzen auslesen (ohne die Spalte mit dem Primärschlüssel), kann es schon einmal vorkommen, dass sich zwei Datensätze in allen Feldern gleichen. Um die Ausgabe von solchen doppelten Datensätzen zu verhindern, können Sie die Option `DISTINCT` verwenden.

```
SELECT DISTINCT preis, verlag FROM bspbuecher;
+-------+--------+
| preis | verlag |
+-------+--------+
| 39.90 |      1 |
| 19.90 |      1 |
| 44.90 |      1 |
| 49.90 |      1 |
| 34.90 |      1 |
+-------+--------+
```

Ohne die Option `DISTINCT` würde diese Anweisung 10 Datensätze ausgeben. Einige dieser Datensätze würden sich jedoch gleichen. Mit der Option `DISTINCT` wurden die gleichen Datensätze jedoch nur einmal ausgegeben.

53.1.5 Numerische Ausdrücke

Die numerischen Ausdrücke unterteilen sich in **Operatoren** und **Funktionen**. Eine der numerischen Funktionen haben Sie bereits kennen gelernt: `COUNT`. Diese ermittelt die Anzahl von Datensätzen in einer Tabelle. Es gibt jedoch noch weitere Ausdrücke. Die numerischen Operatoren finden Sie in Tabelle 53.3 und die numerischen Funktionen in Tabelle 53.4.

Operator	Erklärung
+	Addition
-	Subtraktion
*	Multiplikation
/	Division

Tabelle 53.3 Numerische Operatoren

Funktion	Erklärung
AVG	Ermittelt den arithmetischen Mittelwert einer Spalte
MAX	Ermittelt den höchsten Wert einer Spalte
MIN	Ermittelt den kleinsten Wert einer Spalte

Tabelle 53.4 Numerische Funktionen

Funktion	Erklärung
SUM	Ermittelt die Summe einer Spalte
COUNT	Ermittelt die Anzahl der Datensätze einer Spalte
ROUND	Rundet den Wert einer Spalte kaufmännisch
FLOOR	Rundet auf die nächste ganze Zahl ab
CEILING	Rundet auf die nächste ganze Zahl auf

Tabelle 53.4 Numerische Funktionen (Forts.)

Datensätze werden nicht verändert

Obwohl Sie Operatoren und Funktionen auf die Datensätze von Tabellen anwenden können, werden die Datensätze selbst nicht verändert, sondern nur der Wert wird zurückgegeben.

```
SELECT autor, titel, preis / 1.07  FROM bspbuecher;
```

Der numerische Operator in dieser Anweisung führt dazu, dass die Preise der Bücher um 7 % reduziert werden (entspricht dem gesetzlichen Steuersatz). Die Werte in der Tabelle bleiben davon jedoch unberührt.

```
SELECT SUM(preis) FROM bspbuecher;
```

Summe bilden

Diese SQL-Anweisung addiert nun alle Werte der Spalte `preis` und gibt das Ergebnis zurück. Wie das folgende Beispiel zeigt, lassen sich auch mehrere Funktionen gleichzeitig auf eine Spalte anwenden.

```
SELECT AVG(preis), MAX(preis), MIN(preis), SUM(preis),
  COUNT(preis) FROM bspbuecher;
```

Durchschnitt bilden

Bei dieser Abfrage werden der durchschnittliche, der höchste, der niedrigste und der Gesamtpreis ermittelt. Außerdem wird noch die Anzahl der Datensätze festgestellt.

Kaufmännisch runden

Die Rundungsfunktionen verhalten sich ein wenig anders. Die vorhergehenden Funktionen haben sich immer auf alle Werte in einer Spalte bezogen und diese ausgewertet oder verarbeitet. Daher nennt man diese Funktionen auch Aggregatsfunktionen. Die Rundungsfunktionen beziehen sich immer auf jeden einzelnen Wert, der zurückgegeben wird. Das heißt, wenn Sie keine Lust mehr auf Kleingeld haben und beschließen, die Bücher immer nur mit Preisen zu verkaufen, die keinen Nachkommaanteil haben, könnte die Rundung so aussehen:

```
SELECT ROUND(preis) AS preis, titel FROM bspbuecher;
```

In diesem Beispiel würde immer auf ganze Euro gerundet. Möchten Sie eine bestimmte Anzahl an Nachkommastellen behalten, dann geben Sie, getrennt durch ein Komma, die Anzahl der Stellen nach dem Spaltennamen an.

Abrunden

Wenn Sie ein netter Mensch sind und einfach den Nachkommaanteil in den Buchpreisen abschneiden wollen, dann greifen Sie auf `FLOOR` zurück.

```
SELECT FLOOR(preis) AS preis, titel FROM bspbuecher;
```

Aufrunden

Jetzt werden alle Preise abgerundet. Aber gut, seien wir ehrlich: Was wird heutzutage schon billiger? Daher lassen Sie uns die Preise lieber auf ganze Euro aufrunden:

```
SELECT CEILING(preis) AS preis, titel FROM bspbuecher;
```

Die Funktion `CEILING` rundet alle Werte auf die nächste ganze Zahl auf.

Auch eine Verknüpfung numerischer Operatoren und Funktionen ist möglich.

```
SELECT SUM(preis) + 7.95 AS summe FROM bspbuecher;
```

Diese Anweisung liefert die Summe aller Werte der Spalte `preis` zzgl. 7.95. Das Ergebnis wird in der Spalte `summe` zurückgegeben.

Sollten Sie einmal keinen Taschenrechner zur Hand haben, können Sie MySQL übrigens auch als »Rechenmaschine« missbrauchen. Geben Sie einfach `SELECT 1/3;` ein und MySQL liefert Ihnen das Ergebnis dieser Division. Praktisch, oder?

53.1.6 Stringfunktionen

Neben den mathematischen Funktionen kennt MySQL auch eine ganze Menge anderer Funktionen. Die wichtigsten möchte ich Ihnen kurz vorstellen.

Funktion	Erklärung
CONCAT	Verbindet mehrere Strings
LEFT	Liefert den Anfang eines Strings
RIGHT	Liefert das Ende eines Strings
LENGTH	Ermittelt die Länge eines Strings

Tabelle 53.5 Die wichtigsten String-Funktionen

Strings verknüpfen

Möchten Sie Strings miteinander verbinden, dann ist `CONCAT` sehr hilfreich. Sie bekommt die Strings bzw. den Spaltennamen als Parameter übergeben und liefert dann eine Kombination aus beidem als Ergebnis. Wollten Sie alle Buchtitel auslesen und dem Titel jeweils ein *Titel:* voranstellen könnte das so aussehen:

```
SELECT CONCAT('Titel: ', titel) from bspbuecher;
```

Die Rückgabewerte sehen dann beispielsweise so aus: *Titel: Einstieg in Python*.

In vielen Fällen wollen Sie nur den Anfang eines Strings auslesen. Das passiert z. B. dann, wenn Sie eine Übersichtsseite mit Nachrichten haben, die komplette Nachricht aber noch nicht dargestellt werden soll. Wenn Sie nur die ersten 10 Zeichen der Titel haben sollten, dann könnten Sie das so machen:

Anfang von Texten auslesen

```
SELECT LEFT(titel, 10) FROM bspbuecher;
```

Nun erhalten Sie nur die ersten 10 Zeichen der Titel. Danach schneidet die Funktion einfach ab. Das Gleiche können Sie mit der Funktion `RIGHT` auch für das Ende des

Textes erzielen. Wollten Sie aus irgendwelchen Gründen also nur die letzten fünf Zeichen der Titel, sähe das so aus:

Ende von Texten auslesen

```
SELECT RIGHT(titel, 5) FROM bspbuecher;
```

Diese Funktionen können Sie übrigens auch schön miteinander kombinieren. Meist möchte man, wenn man etwas abgeschnitten hat, ja ein paar Punkte davor oder dahinter haben. In Kombination mit CONCAT ist das kein Problem:

```
SELECT CONCAT(LEFT(titel, 10), '...') FROM bspbuecher;
```

Somit würde sich bei den Titeln zum Beispiel *Einstieg i...* ergeben.

Auch die Länge von Texten kann sehr interessant sein. Diese ermitteln Sie mit der Funktion LENGTH. Das heißt, die Länge der Titel würde sich so ermitteln lassen:

```
SELECT LENGTH(titel) FROM bspbuecher;
```

53.2 VIEWS

Im vorhergehenden Abschnitt haben Sie schon gesehen, dass einzelne Abfragen schnell sehr komplex werden können. Haben Sie einmal ein wirklich kompliziertes SELECT ausgetüftelt, dann wäre es doch schick, wenn man das an einem zentralen Punkt ablegen und immer wieder verwenden könnte. Nichts einfacher als das. Nutzen Sie doch einfach einen View. Ein View (engl. für *Darstellung/Ansicht*) ist im Endeffekt so etwas wie ein Makro. Das heißt, Sie können einem beliebig komplizierten SELECT einen Namen geben und es darunter in der Datenbank ablegen. Unter diesem Namen können Sie den Befehl nun jederzeit wieder aufrufen und das damit verbundene SELECT ausführen.

Einen View anlegen

Einen View legen Sie mit CREATE VIEW an. Danach kommt der Name, unter dem der View ansprechbar sein soll, und dann das Schlüsselwort AS. Bei dem Namen des Views gelten dieselben Regeln wie bei den Namen von Tabellen. Nach dem AS folgt dann der komplette SELECT-Befehl, den Sie nutzen wollen. Der folgende View soll alle Personen im Alter zwischen 18 und 65 aus der Tabelle personen auslesen und nach Alter (Spalte age) und Postleitzahl (Spalte zip) sortieren:

```
CREATE VIEW potentielle_kunden AS
  SELECT * FROM personen
    WHERE age >= 18 AND age <= 65
    ORDER by age ASC, zip ASC;
```

Aufrufen können Sie den View dann, als wäre es eine Tabelle, indem Sie ein SELECT nutzen:

```
SELECT * FROM potentielle_kunden;
```

Da das Ergebnis der Abfrage, die in dem View enthalten ist, wieder als eine Art Tabelle behandelt wird, können Sie SELECT auch ein wenig komplexer gestalten, indem Sie es umsortieren oder noch weiter einschränken:

```
SELECT * FROM potentielle_kunden WHERE age > 20 order by age DESC;
```

Views sind sehr praktisch, wie ich finde. Nur beachten Sie immer, dass ein View keine Tabelle ist, sondern eine Abfrage die ausgeführt wird. Das heißt, Views kosten unter Umständen Geschwindigkeit. Das macht sich insbesondere immer dann bemerkbar, wenn Views sich gegenseitig aufrufen.

53.3 INSERT

Auf welche Art und Weise können Sie die Daten überhaupt in die Datenbank einfügen? Dafür benötigen Sie den Befehl `INSERT`, zu dem Sie nachfolgend zunächst die grundlegende Syntax finden.

```
INSERT INTO
  tabellenname [(spaltenname [,...])]
  VALUES (wert[,...])
```

Tabellenname erforderlich

Bei jeder `INSERT`-Anweisung ist es zwingend erforderlich, den Namen der Tabelle anzugeben, in die die Werte eingefügt werden sollen, und natürlich die einzufügenden Werte. Das folgende Beispiel stellt die einfachste Variante dar:

```
INSERT INTO verliehen VALUES  (5,'Max Mustermann');
```

Zeichenketten in Anführungszeichen

Diese Anweisung setzt die Tabelle `verliehen` voraus, die zwei Spalten besitzt: eine Spalte, in der die `id` des verliehenen Buches gespeichert wird, und eine zweite Spalte, in der der Name der Person gespeichert wird, an die das Buch verliehen wurde. Der Datentyp der ersten Spalte ist `INTEGER` und der der zweiten Spalte `VARCHAR`. Wenn Sie sich die Anweisung noch einmal genauer ansehen, können Sie erkennen, dass Zeichenketten innerhalb von einfachen Anführungsstrichen notiert werden müssen, damit sie in eine Spalte eingefügt werden können. Dies ist bei Zahlenwerten und auch Datums- bzw. Zeitangaben nicht nötig.

Werte-reihenfolge

Wenn Sie zusätzlich die Spaltennamen angeben, ist die Reihenfolge, in der Sie die Werte für die Spalten angeben, nicht vom Aufbau der Tabelle abhängig, sondern davon, in welcher Reihenfolge die Spaltennamen in der Anweisung angegeben wurden. Erst dadurch wird es möglich, nicht für jede Spalte einen Wert angeben zu müssen. Dies ist vor allem dann sinnvoll, wenn Sie in einer Tabelle eine Spalte definiert haben, die die Optionen `PRIMARY KEY` und `AUTO_INCREMENT` zugewiesen bekommen hat. Die Datensätze werden dadurch automatisch und korrekt durchnummeriert.

```
INSERT INTO bspbuecher VALUES (3,'Thomas Theis','Einstieg in Python',
  450,'3-89842-227-5',34.90,1);
```

Wenn in der Tabelle `bspbuecher` bereits ein Datensatz mit der `id` 3 existiert, quittiert MySQL den Versuch, einen weiteren Datensatz mit der `id` 3 in diese Tabelle einzufügen, mit einer Fehlermeldung. Damit Sie also zuvor nicht alle `id` überprüfen müssen, ist folgende Anweisung wesentlich flexibler:

```
INSERT INTO bspbuecher (autor, titel, seiten, isbn, preis, verlag)
  VALUES
  ('Thomas Theis','Einstieg in Python',450,'3-89842-227-5',34.90,1);
```

Mehrere Datensätze gleichzeitig einfügen

Eine besondere Regelung gibt es in MySQL bezüglich der Syntax von `INSERT`. Durch Kommata können Sie mehrere Datensätze in einer einzelnen Anweisung in eine Tabelle einfügen:

```
INSERT INTO bspbuecher (autor, titel, seiten, isbn, preis, verlag)
  VALUES
  ('Axel Schemberg','PC-Netzwerke',500,'3-89842-307-7',29.90,1),
  ('Ernst Maracke','VoiceXML',500,'3-89842-293-3',59.90,1);
```

Mit dieser SQL-Anweisung werden zwei Datensätze in einem Rutsch in die Tabelle `bspbuecher` eingefügt. Der Vorteil ist, dass Sie die Reihenfolge der Spalten nicht jedes Mal aufs Neue notieren müssen. Vorteilhaft ist auch die kürzere Ausführungszeit einer solchen Anweisung im Vergleich zum einzelnen Hinzufügen. Denken Sie aber daran, dies funktioniert nur in MySQL, nicht aber mit anderen SQL-kompatiblen Datenbanken.

53.4 UPDATE

Mit Hilfe der `UPDATE`-Anweisung können Sie bereits bestehende Datensätze anpassen. Ähnlich wie bei der Anpassung der Struktur von Tabellen müssen Sie dabei nicht jede Spalte einzeln anpassen, sondern nur die Spalten, die einen neuen Wert erhalten sollen. Die Syntax lautet:

```
UPDATE tabellenname
  SET spaltenname=wert [spaltenname=wert,...]
  WHERE bedingung
```

Bei dieser Anweisung sind diesmal alle Optionen Pflichtangaben. Mit der Option `SET` bestimmen Sie für eine Spalte einen neuen Wert. Damit nun auch der richtige Datensatz geändert wird, müssen Sie außerdem mit der `WHERE`-Option eine Bedingung angeben.

```
UPDATE bspverlage SET name='Galileo Computing',
  webseite='www.galileo-computing' WHERE name = 'Galileo Press';
```

Diese SQL-Anweisung ändert die Spalten `name` und `webseite` des Datensatzes, der in der Spalte `name` den Wert `Galileo Press` hat.

Seien Sie vorsichtig, wenn Sie `UPDATE` ohne `WHERE` verwenden. Dies wird dazu führen, dass alle Datensätze geändert werden, ob Sie das nun wollen oder nicht. Notieren Sie sicherheitshalber also immer eine `WHERE`-Bedingung. [«]

Auch bei der `UPDATE`-Anweisung können Sie mit gewissen Einschränkungen numerische Operatoren verwenden. So würde z. B. die Anweisung

```
UPDATE bspbuecher SET preis=preis+10.0;
```

alle Preise der Bücher in Tabelle `bspbuecher` um 10 erhöhen.

53.5 DELETE

Mit der Anweisung `DELETE` können Sie Datensätze löschen. Sie können jedoch nur ganze Datensätze löschen. Um einen einzelnen Wert zu entfernen, müssen Sie die Anweisung `UPDATE` verwenden. Die Anweisung `DELETE` besitzt folgende Syntax:

```
DELETE FROM  tabellenname [WHERE bedingung];
```

Die Angabe der Option `WHERE` ist zwar nicht zwingend, hat aber entscheidende Auswirkungen auf das Ergebnis. Wenn Sie `DELETE` ohne `WHERE` verwenden, werden alle Datensätze der Tabelle gelöscht. Mit Hilfe von `WHERE` können Sie dies jedoch einschränken. [x]

```
DELETE FROM bspbuecher;
```

Diese Anweisung würde alle Datensätze der Tabelle `bspbuecher` löschen.

53.6 Tabellen importieren und exportieren

Wenn Sie mit Datenbanken arbeiten, kann schon ein kleiner Fehler zu enormen Problemen führen, z. B. wenn Sie vergessen, bei einer `DELETE`-Anweisung eine Bedingung anzugeben. Deshalb sollten Sie regelmäßig eine Sicherung Ihrer Datenbank(en) durchführen. MySQL ist dafür mit speziellen Bordmitteln ausgestattet, durch die ein Export und auch ein Import von Daten außerordentlich leicht fällt.

53.6.1 Export

Zum Exportieren der Daten müssen Sie eine erweiterte `SELECT`-Anweisung verwenden. Die einfachste Methode, einen Export zu realisieren, ist die Anweisung

```
SELECT * FROM bspbuecher INTO OUTFILE  '/bspbuecher.txt';
```

Diese Anweisung würde nun alle Datensätze inklusive aller Spalten in die Datei **bspbuecher.txt** exportieren. Durch den Schrägstrich vor dem Dateinamen wird

MySQL angewiesen, die Datei im Wurzelverzeichnis des Laufwerks abzulegen, auf dem es installiert ist. Wurde MySQL z. B. im Verzeichnis **d:\mysql** installiert, lautet der Pfad zur Datei **d:\bspbuecher.sql**.

Tabulatoren und Zeilenumbrüche Standardmäßig werden die einzelnen Felder durch einen Tabulator `\t` und Datensätze durch ein `\r\n` (CR/LF) getrennt. Doch lässt sich dies durch die Angabe zusätzlicher Optionen an die eigenen Wünsche anpassen. Das Zeichen bzw. die Zeichenfolge, mit dem bzw. der die Felder voneinander getrennt werden sollen, können Sie mit `FIELDS TERMINATED BY` angeben. Die Markierung für das Ende eines Datensatzes wird mit `LINES TERMINATED BY` angegeben. Achten Sie darauf, dass Sie die Zeichen(folgen) in einfache Anführungsstriche setzen.

```
SELECT * FROM bspbuecher INTO OUTFILE '/bspbuecher.txt' FIELDS
  TERMINATED BY '>>' LINES TERMINATED BY '<<';
```

Diese Anweisung würde alle Datensätze der Tabelle `bspbuecher` in die Datei **bspbuecher.txt** exportieren und die einzelnen Felder durch `>>` und die Datensätze durch `<<` trennen. Wenn Sie nur bestimmte Spalten oder Datensätze exportieren möchten, können Sie natürlich auch `WHERE`, `GROUP BY` und Ähnliches angeben.

53.6.2 Import

Der Befehl `LOAD DATA` ermöglicht den Datenimport: Dieser Befehl verfügt über eine Menge Optionen, die ich im Einzelnen besprechen werde. Zunächst die Syntax:

```
LOAD DATA INFILE dateiname
  INTO TABLE tabellenname [importoptionen]
  [(spaltenname [,...])]
```

Syntax Die Optionen `INFILE` und `INTO TABLE` sind obligatorisch. `INFILE` gibt die Datei an, aus der die Daten importiert werden, und `INTO TABLE` gibt die Tabelle an, in die die Daten eingefügt werden sollen. Bei der Angabe des Dateinamens sind jedoch ein paar Regeln einzuhalten. Erstens muss der Dateiname in einfachen Anführungsstrichen notiert werden, und zweitens müssen Sie auf die Schrägstriche achten.

[x] Wenn Sie in UNIX/Linux-Umgebungen eine Datei einbinden möchten, genügt es, wenn Sie den Schrägstrich / einmal angeben. In Windows-Umgebungen, bei denen der Backslash \ als Trennstrich für Verzeichnisse verwendet wird, müssen Sie diesen zuvor entwerten, indem Sie davor einen weiteren Backslash notieren. Schließlich wird der Backslash als Einleitung für spezielle Steuerzeichen verwendet.

```
LOAD DATA INFILE 'd:\\daten\\bspbuecher.txt' INTO TABLE bspbuecher;
```

Felder- und Datensatztrennung Diese Anweisung würde den Inhalt der Datei **bspbuecher.txt** in die Tabelle `bspbuecher` importieren. In dieser Form erwartet MySQL, dass Felder durch einen Tabulator und Datensätze durch CR\LF getrennt sind. Wenn Sie jedoch Daten zwischen anderen Datenbanken oder ähnlichen Programmen (z. B. Excel) austauschen möchten, werden

Sie dabei in der Regel auf das so genannte CSV-Format angewiesen sein. CSV steht für »**C**omma **S**eparated **V**alues«. In diesem Format werden Felder durch ein Komma oder Semikolon getrennt und Datensätze durch CR\LF. Dies unterscheidet sich also von der Syntax, die MySQL erwartet. Aus diesem Grund können Sie MySQL mit `FIELDS TERMINATED BY` und `LINES TERMINATED BY` beibringen, wie es die Daten zu interpretieren hat.

```
LOAD DATA INFILE 'excel.csv' INTO TABLE excel FIELDS
  TERMINATED BY ',' LINES TERMINATED BY '\r\n';
```

Es kann vorkommen, dass in einer Datei weniger Felder angegeben sind als in der MySQL-Tabelle. Aus diesem Grund können Sie MySQL mitteilen, in welcher Reihenfolge die Felder in der Datei angegeben sind. Sie müssen dafür lediglich die Spaltennamen der MySQL-Tabelle in der Reihenfolge notieren, in der sie in der Datei angeordnet sind.

```
LOAD DATA INFILE 'excel.csv'
  INTO TABLE excel
  FIELDS TERMINATED BY ','
  LINES TERMINATED BY '\r\n'
  (spalte2, spalte4, spalte1, spalte3);
```

[×] Dies ist jedoch kein Garant dafür, dass der Import auch funktioniert. MySQL erwartet bei Zahlen als Dezimaltrennzeichen den Punkt. Viele Programme (vor allem von Microsoft) richten sich dabei aber nach der landesspezifischen Einstellung. Für Deutschland ist das Dezimaltrennzeichen das Komma. Auch Datumsangaben sind problematisch. Während MySQL ein Datum im Format `JJJJ-TT-MM` erwartet, liefern viele Programme `TT.MM.JJJJ` oder auch `TT/MM/JJ`. Dies sind die häufigsten Fehlerquellen beim Datenaustausch mit anderen Programmen.

53.7 Tabellenverknüpfung

Die bisherigen Beispiele mit `SELECT`-Anweisungen bezogen sich immer nur auf eine Tabelle. Grundsätzlich wäre es nicht weiter tragisch, wenn ich zu Beginn nicht das Thema Redundanz angesprochen und dementsprechend als Verlag in der Tabelle `bspbuecher` immer nur eine `id` angegeben hätte. Es wird Zeit, sich damit zu beschäftigen, wie diese Daten miteinander verknüpft werden können.

Zwei Varianten

Hierfür gibt es zwei Methoden. Die einfachste ist, in der `SELECT`-Anweisung mehrere Tabellennamen anzugeben und mit einer `WHERE`-Bedingung die entsprechenden Daten zu filtern. Dies könnte folgendermaßen aussehen:

```
SELECT bspbuecher.titel, bspverlage.name FROM bspbuecher, bspverlage
  WHERE bspbuecher.verlag = bspverlage.id;
```

Diese Anweisung würde aus der Tabelle `bspbuecher` die Spalte `titel` und aus `bspverlage` die Spalte `name` auslesen. Die Gruppierung selbst erfolgt durch die `WHERE`-

Bedingung. Sie definiert, dass nur der Name des Verlags ausgelesen werden soll, dessen id dem Wert in der Spalte verlag der Tabelle bspbuecher entspricht. Die Ausgabe sieht so aus:

```
+-------------------------+-------------------+
| titel                   | name              |
+-------------------------+-------------------+
| JavaScript              | Galileo Computing |
| Die Computer-Fibel      | Galileo Computing |
| ActionScript            | Galileo Computing |
| Java ist auch eine Insel | Galileo Computing |
| C/C++                   | Galileo Computing |
| VB.NET                  | Galileo Computing |
| Wie werde ich UNIX-Guru? | Galileo Computing |
| Lingo objektorientiert  | Galileo Computing |
| Adobe Premiere 6.5      | Galileo Computing |
| Mac OS X 10.2           | Galileo Computing |
| Einstieg in Python      | Galileo Computing |
| PC-Netzwerke            | Galileo Computing |
| VoiceXML                | Galileo Computing |
+-------------------------+-------------------+
```

53.7.1 Aliase

Gerade bei solchen Verknüpfungen kann eine SQL-Anweisung manchmal sehr lang und damit unübersichtlich werden. Um dies zu verhindern, können Sie für Tabellen einen Alias definieren. Dieser wird (ohne Komma) hinter dem Tabellennamen notiert.

```
SELECT b.autor, b.titel, v.name FROM bspbuecher b, bspverlage v
  WHERE b.verlag = v.id;
```

Kürzere Anweisungen

Obwohl in diesem Beispiel eine zusätzliche Spalte angegeben wurde, die ausgelesen werden soll, ist die eigentliche Anweisung jedoch kürzer geworden. Dies liegt daran, dass die langen Namen der Tabellen durch entsprechende sehr kurze Aliase ersetzt wurden. Für die Tabelle bspbuecher wurde der Alias b und für die Tabelle bspverlage der Alias v definiert. Die Angabe der einzelnen Spalten erfolgt dann nur noch mit Hilfe der Aliase. Anstatt also bspbuecher.autor zu schreiben, genügt dann b.autor.

53.7.2 JOIN

Eine Verknüpfung zweier Tabellen mit einer WHERE-Klausel ist sehr einfach und funktioniert auch in der Regel perfekt. Unübersichtlich wird das Ganze jedoch, wenn Sie zusätzlich zur Verknüpfung auch noch Datensätze filtern und sortieren möchten.

```
SELECT b.autor, b.titel, b.preis, v.name
  FROM bspbuecher b, bspverlage v
```

```
  WHERE (b.verlag = v.id)
    AND (b.preis BETWEEN 20.00 AND 40.00)
  ORDER BY preis DESC;
```

LEFT JOIN

Der Großteil dieser Anweisung besteht aus Bedingungen für die `WHERE`-Option. Eine moderne und übersichtlichere Variante ist die Verwendung der Option `LEFT JOIN`.

```
SELECT b.autor, b.titel, b.preis, v.name
  FROM bspbuecher b
  LEFT JOIN bspverlage v ON b.verlag = v.id
  WHERE b.preis BETWEEN 20.00 AND 40.00
  ORDER BY preis DESC;
```

Vorteil

Der Vorteil der Variante mit `LEFT JOIN` ist, dass die Verknüpfung unabhängig von der `WHERE`-Option erfolgt. Beide SQL-Anweisungen sind jedoch nicht gleich übersichtlich; die Variante mit `LEFT JOIN` hat diesbezüglich die Nase klar vorn. Die Option `LEFT JOIN` weist MySQL an, die Tabelle `bspbuecher` mit der Tabelle `bspverlage` zu verknüpfen. Das Kriterium für die Verknüpfung wird nach `ON` notiert und lautet hier, dass `b.verlag` und `v.id` die gleichen Werte haben sollen.

Unterschied im Ergebnis

Es gibt jedoch auch einen Unterschied im Ergebnis der beiden Varianten. Bei Verwendung von `LEFT JOIN` werden auch Datensätze ausgegeben, zu denen kein Verlag gespeichert wurde. Würden Sie eine `WHERE`-Bedingung angeben, würden die Datensätze, die kein Pendant in der Tabelle `bspverlage` besitzen, nicht mit ausgegeben werden. Dabei spielt die Reihenfolge, in der die Tabellen angegeben wurden, eine wichtige Rolle. `bspbuecher LEFT JOIN bspverlage` würde Bücher ausgeben, denen kein Verlag zugeordnet wurde. Andersherum würde `bspverlage LEFT JOIN bspbuecher` Verlage ausgeben, die keine Bücher veröffentlicht haben.

53.8 Zusammenfassung

- Abfragen an eine MySQL-Datenbank werden mit dem Befehl `SELECT` gestellt.
- Mit der Option `WHERE` können Sie das Ergebnis einer `SELECT`-Abfrage durch Bedingungen einschränken.
- `GROUP BY` gruppiert Ergebnis-Datensätze einer `SELECT`-Abfrage.
- Mit dem Befehl `INSERT` können Sie neue Datensätze in eine Tabelle einfügen.
- `UPDATE` hingegen ermöglicht das Verändern eines oder mehrerer Datensätze.
- Mit `DELETE` können Sie einen oder mehrere Datensätze löschen. Die Angabe einer `WHERE`-Bedingung ist dann erforderlich, wenn Sie verhindern möchten, dass alle Datensätze der Tabelle gelöscht werden.
- Mit `SELECT ... FROM ... INTO OUTFILE ...` können Sie Daten aus einer Tabelle in eine Datei exportieren.

- Mit LOAD DATA hingegen können Sie Daten aus einer Datei in eine Tabelle importieren.
- Zwei oder mehrere Tabellen können Sie entweder mit einer WHERE-Bedingung oder der LEFT JOIN-Option miteinander verknüpfen.

53.9 Fragen und Übungen

1. Schreiben Sie eine SQL-Anweisung, die aus der Tabelle tastaturen die Spalten artikelnummer, bezeichnung und preis ausgibt.
2. Erweitern Sie die Anweisung aus Aufgabe 1 um die Sortierung der Datensätze anhand der Spalte preis in absteigender Reihenfolge.
3. Schreiben Sie eine SQL-Anweisung, die aus der Tabelle monitore die Spalten groesse, preis und anzahl ausliest. Der Wert der Spalte preis soll zwischen 149.00 und 400.00 liegen.
4. Schreiben Sie eine Anweisung, die aus der Tabelle festplatten den kleinsten Wert, den größten Wert und einen Durchschnittswert ermittelt. Der Wert steht in der Spalte preis.
5. Schreiben Sie eine SQL-Anweisung, die Datensätze aus einer Datei namens prozessoren.dat in die Tabelle prozessoren importiert. Die einzelnen Felder werden in der Datei durch Rauten # und die einzelnen Datensätze durch einen Zeilenumbruch getrennt.
6. Erstellen Sie eine SQL-Anweisung, die die Tabellen artikel und lager miteinander verknüpft. Als Verknüpfungskriterium soll aus beiden Tabellen die Spalte artikelnummer genutzt werden. Verwenden Sie sowohl die Variante mit WHERE als auch die Variante mit LEFT JOIN. Beachten Sie, dass die Tabelle lager an die Tabelle artikel geknüpft werden soll.
7. Schreiben Sie beide Verknüpfungsvarianten aus Aufgabe 6 mit Aliasnamen für die Tabellen.

53.10 Transaktionsorientierung

Nachdem Sie nun schon eine ganze Menge SQL beherrschen, möchte ich Ihnen noch die Transaktionsorientierung vorstellen. Transaktionsorientierung findet man in Internet-Anwendungen nicht ganz so oft, was schade ist. Daher möchte ich Ihnen ein Beispiel geben, das sich eher an der Nicht-Internet-Welt orientiert. Stellen Sie sich ein Reisebüro vor, in dem jemand einen Flug buchen möchte. Nachdem der passende Flug gefunden wurde, sollte natürlich zuerst der Platz reserviert werden, damit kein anderes Reisebüro den Platz »wegbuchen« kann. Nachdem das passiert ist, sollen die Daten des Kunden erfasst werden. Genau in dem Augenblick fällt aber der Strom im

Reisebüro aus. Normalerweise würde man sagen »Kein Problem, ist ja nichts passiert«. Aber weit gefehlt, der Platz ist schon reserviert. Somit kann die Fluggesellschaft ihn nicht mehr vergeben. Da es aber keinen Passagier dazu gibt – die Daten konnten ja nicht mehr erfasst werden –, würde der Fluggesellschaft unweigerlich ein Verlust entstehen.

Betrachten wir den Vorgang von einer etwas technischeren Seite. Die Reservierung des Platzes ist ein SQL-Befehl, vielleicht ein `UPDATE` oder ein `INSERT`. Das Speichern der Kundendaten ist auch wieder ein SQL-Befehl, wahrscheinlich ein `INSERT`. Der erste Befehl macht keinen Sinn ohne den zweiten. Würde der erste aber nicht sofort ausgeführt, dann könnte das schnell zum Problem werden. Eine mögliche Lösung für das Problem sind Transaktionen. Bei einer Transaktion handelt es sich um mehrere SQL-Befehle, die nacheinander ausgeführt werden können, aber noch nicht endgültig in die Datenbank übernommen werden. Die Änderungen, die aus den Befehlen resultieren, werden erst dann übernommen, wenn Sie die Transaktion bestätigen bzw. »committen«, wie es so schön heißt.

Speicher-Engines

Allerdings gibt es an dieser Stelle noch eine kleine Hürde zu beachten. MySQL kennt verschiedene »Speicher-Engines«. Diese Engines sind dafür verantwortlich, die Tabellen und den Speicher zu verwalten. Standardmäßig wird MyISAM verwendet. Leider ist MyISAM aber nicht in der Lage, mit Transaktionen zu arbeiten. In diesem Fall benötigen Sie InnoDB. Welche Engines von Ihrer Installation unterstützt werden, erfahren Sie, wenn Sie `SHOW ENGINES` eintippen. Finden Sie in der Zeile, die mit `InnoDB` beginnt, den Wert `YES`, dann können Sie InnoDB direkt nutzen. Der Hinweis `NO` heißt, dass Ihre Installation kein InnoDB unterstützt. In dem Fall müssten Sie eine neue Version bei MySQL herunterladen und installieren. Steht dort `DISABLED`, dann müssen Sie nur die Konfiguration anpassen. Lassen Sie dazu nach der Konfigurationsdatei `my.cnf` auf der Festplatte Ihres Rechners suchen. Nutzen Sie Windows, können Sie das über die Funktion **Suchen** des Windows-Explorers machen. Unter OS X nutzen Sie einfach die Such-Funktion des Finders, und unter Linux geben Sie `find / -name my.cnf` ein. Haben Sie die Datei gefunden, öffnen Sie diese in einem einfachen Editor und suchen nach der Zeile `skip-innodb`. Diese kommentieren Sie mit einem # aus. Darunter sollten sich einige Zeilen befinden, die mit `innodb` anfangen und mit einem # eingeleitet werden. In diesen Zeilen entfernen Sie bitte das Rautezeichen. Speichern Sie die Datei und starten Sie den Server neu.

Um Transaktionen nutzen zu können, benötigen Sie Tabellen, die von der InnoDB-Engine verwaltet werden. Das heißt, wenn Sie eine Tabelle anlegen, dann müssen Sie, nachdem Sie die Felder deklariert haben, `ENGINE=INNODB` angeben.

```
CREATE TABLE vornamen
       (vorname VARCHAR(200))
        ENGINE = INNODB;
```

Um SQL-Befehle zu einer Transaktion zusammenzufassen, geben Sie einfach `START TRANSACTION` ein. Alle nachfolgenden Befehle werden dann erst temporär ausgeführt.

So lange Sie nicht den Befehl `COMMIT` eingeben, werden die Änderungen nicht gespeichert. Das heißt, wenn Sie den Client einfach beenden, dann werden alle Änderungen zurückgenommen, und es ist »nichts passiert«. Sie können die Auswirkungen aber auch explizit zurücknehmen, indem Sie den Befehl `ROLLBACK` eingeben. Die folgenden Zeilen zeigen die Funktionalität:

```
mysql> CREATE TABLE vornamen (vorname VARCHAR(200)) ENGINE=InnoDB;
Query OK, 0 rows affected (0.63 sec)

mysql> START TRANSACTION;
Query OK, 0 rows affected (0.00 sec)

mysql> INSERT INTO vornamen VALUES ('Mark');
Query OK, 1 row affected (0.00 sec)

mysql> SELECT * FROM vornamen;
+---------+
| vorname |
+---------+
| Mark    |
+---------+
1 row in set (0.00 sec)

mysql> ROLLBACK;
Query OK, 0 rows affected (0.13 sec)

mysql> select * from vornamen;
Empty set (0.00 sec)
```

Wie Sie sehen können, habe ich im Rahmen der Transaktion einen Datensatz in die Tabelle eingefügt. Dieser ist auch in der Tabelle vorhanden, wenn ich die Daten auslese. Durch Eingabe von `ROLLBACK` werden allerdings die Befehle »zurück gerollt«, und die Daten sind nicht mehr in der Tabelle vorhanden. Hätte ich stattdessen `COMMIT` eingegeben, dann wären die Daten dauerhaft gespeichert worden. Transaktionen beziehen sich übrigens nur auf die eigentlichen Daten und nicht auf Veränderungen, die Sie an Tabellen vornehmen. Das heißt, ein `CREATE TABLE` oder ein `ALTER TABLE` werden nicht durch die Transaktion abgedeckt.

53.11 Stored Procedures und Trigger

Die vielleicht bedeutendste Erweiterungen, die MySQL 5 gebracht hat, sind Stored Procedures und Trigger. Stored Procedures sind Funktionen, die in der Datenbank gespeichert werden. Etwas allgemein formuliert handelt es sich dabei um eine Sammlung von (SQL-)Befehlen, die unter einem Namen zusammengefasst und aufgerufen werden können. Wie Sie gleich sehen werden, geht der Sprachumfang in diesem Fall etwas über das hinaus, was SQL normalerweise zu bieten hat.

Trigger sind von der Idee her vergleichbar mit Eventhandlern, wie Sie sie bei JavaScript kennengelernt haben. Mithilfe eines Triggers können Sie den Datenbankserver veranlassen, automatisch eine Stored Procedure auszuführen, wenn Werte in eine Tabelle eingefügt werden o. ä. Dazu später aber mehr.

Stored Procedures und Trigger gehören in den meisten Datenbanksystemen schon seit vielen Jahren zu den gern und oft genutzten Features. MySQL hatte an dieser Stelle also Nachholbedarf. Es stellt sich nur noch die Frage, welchen Vorteil diese Stored Procedures bieten. Der erste Vorteil ist sicher, dass man einen Geschwindigkeitsgewinn erzielen kann. Oft werden die Informationen aus der Datenbank mithilfe von PHP oder einer anderen Sprache aufbereitet. Würde die Datenbank diese Aufbereitung selber vornehmen, könnte der Webserver entlastet werden. Der zweite Punkt ist, dass die Wartbarkeit der Anwendungen verbessert wird. Wenn bei der Verarbeitung der Daten eine Änderung vorgenommen werden soll, dann müssen Sie also nicht mehr alle PHP-Skripte ändern, sondern Sie können einfach die eine, zentral im Datenbankserver abgelegte Stored Procedure ändern.

Genug der Vorrede, lassen Sie uns zur Tat schreiten. Bei Stored Procedures wird zwischen Funktionen und Prozeduren unterschieden. Die primären Unterschiede bestehen in den Rückgabewerten und dem Sprachumfang. Das heißt, Funktionen können einzelne Werte zurückgeben, wohingegen Prozeduren Rückgabeparameter unterstützen. Ein Rückgabeparameter ist zum Beispiel das Ergebnis einer SQL-Abfrage. Darüber hinaus unterstützen Prozeduren auch mehr SQL-Befehle, als das bei Funktionen der Fall ist.

53.11.1 Funktionen

Funktionen

Funktionen können Parameter übergeben bekommen und Werte zurückgeben. Ein kleines Beispiel dazu: In einer Datenbank sind die Postleitzahlen als fünfstellige Zahlen abgelegt. Nun benötigen Sie für die Ausgabe aber die DIN-Schreibweise mit einem vorangestellten *D-*. Natürlich wäre es ein Leichtes, das bei der Ausgabe immer zu ergänzen, aber man könnte auch eine Funktion in der Datenbank nutzen. Um die Funktion anzulegen, geben Sie den Code direkt in den MySQL-Client ein. Dieser interpretiert den Code und legt die Funktion dann an. Eine Kleinigkeit ist dabei allerdings zu beachten: Der Client führt immer dann Befehle aus, wenn er den Delimiter, also normalerweise ein Semikolon, findet. Das wäre in diesem Fall äußerst störend, weil Sie innerhalb der Funktion auch Semikolons benötigen. Daher sollten Sie vor der Eingabe der Funktion eingeben, welcher Delimiter genutzt werden soll. Mit dem Befehl `DELIMITER $$` können Sie das System so konfigurieren, dass zwei Dollarzeichen als Delimiter genutzt werden. Sobald das erledigt ist, können Sie den Code der Funktion eingeben und mit einem `$$` abschließen. Danach sollten Sie den Delimiter dann allerdings wieder auf das Semikolon zurückstellen.

```
mysql> DELIMITER $$
mysql> CREATE FUNCTION din_plz (plz VARCHAR(5))
```

```
    -> RETURNS VARCHAR(7)
    -> BEGIN
    -> RETURN CONCAT('D-',plz);
    -> END$$
mysql> DELIMITER ;
```

Listing 53.1 Deklaration einer Funktion

Mit dem Befehl `CREATE FUNCTION` wird die Deklaration der Funktion eingeleitet. Danach kommt der Name, den Sie sich selbst ausdenken können. Für die Namen von Funktionen gelten übrigens dieselben Regeln wie für die Namen von Tabellen. Nach dem Namen folgt die Parameterliste, sprich die Liste der Werte, welche die Funktion erwartet. Hierbei wird immer erst ein Name für den Parameter angegeben und dann der Datentyp. Bei den Parametern können Sie sich einfach vorstellen, dass Sie Spalten einer Tabelle deklarieren, da die Syntax identisch ist. Benötigen Sie mehr als einen Parameter, so ergänzen Sie ihn einfach mit einem Komma.

MySQL möchte aber auch gerne wissen, welchen Datentyp die Funktion zurückgibt, was Sie nach dem Schlüsselwort `RETURNS` angeben. Bitte beachten Sie, dass Sie an dieser Stelle keinen Namen sondern nur einen Datentyp angeben. Der eigentliche Körper der Funktion ist von den Schlüsselworten `BEGIN` und `END` eingeschlossen. Die beiden Dollarzeichen hinter dem `END` sind übrigens nur der Delimiter, der eingegeben wurde, um die Deklaration der Funktion zu beenden.

Der eigentliche Körper der Funktion ist in diesem Beispiel recht klein. Er besteht nur aus dem Schlüsselwort `RETURN` und dem Aufruf von `CONCAT`, welches den Text *D-* und den übergebenen Parameter miteinander verknüpft. Durch das `RETURN` wird der Rückgabewert von `CONCAT` sofort zurückgegeben. Die so deklarierte Funktion können Sie nun direkt in Ihren SQL-Statements nutzen:

```
mysql> SELECT plz FROM orte;
+-------+
| plz   |
+-------+
| 22419 |
+-------+
1 row in set (0.00 sec)

mysql> SELECT din_plz(plz)as PLZ FROM orte;
+-------------+
| PLZ         |
+-------------+
| D-22419     |
+-------------+
1 row in set (0.44 sec)
```

Ich denke, das Konzept von Funktionen ist damit klar. Natürlich kann der Körper deutlich umfangreicher werden. Bevor ich auf die anderen Syntax-Elemente eingehe, möchte ich Ihnen aber erst das Anlegen von Prozeduren zeigen, weil Prozeduren dieselbe Syntax unterstützen.

53.11.2 Prozeduren

Wie schon erwähnt können Sie innerhalb von Prozeduren SQL-Befehle wie `SELECT`, `INSERT` und andere nutzen. Die Syntax zum Anlegen einer Prozedur unterscheidet sich ein wenig von derjenigen, die bei Prozeduren verwendet wird. Neben der Tatsache, dass Sie anstelle von `CREATE FUNCTION` natürlich `CREATE PROCEDURE` schreiben, ist der primäre Unterschied, dass Sie bei der Parameterliste definieren müssen ob es sich um einen Parameter handelt, der einen Wert an die Prozedur übergibt (`IN`-Parameter), einen Parameter, der einen Wert zurückgibt (`OUT`-Parameter), oder einen Parameter, der in beide Richtungen Daten austauschen (`INOUT`-Parameter) soll. Ich werde mich hier auf die `IN`-Parameter beschränken. Ein `OUT` oder ein `INOUT` ist nur dann nötig, wenn Sie mit SQL-Variablen arbeiten wollen. Das ist für die meisten Web-Anwendungen aber nicht erforderlich. Bitte beachten Sie, dass sich die Namen der Parameter auf jeden Fall von den Spaltennamen der Tabelle unterscheiden müssen, um die Eindeutigkeit sicherzustellen. In dem folgenden Beispiel wird eine Prozedur angelegt, die einen neuen Datensatz in einer Tabelle anlegt. Zusätzlich liest die Prozedur aber auch die Anzahl der Datensätze in der Tabelle aus und gibt sie zurück.

```
mysql> CREATE PROCEDURE ort_hinzufuegen
    -> (IN _plz VARCHAR(5), IN _ort VARCHAR(100))
    -> BEGIN
    -> -- Werte einfuegen
    -> INSERT INTO orte (plz, name) VALUES (_plz, _ort);
    -> -- Anzahl auslesen
    -> SELECT count(*) AS anz FROM orte;
    -> END$$
```

Die Prozedur erwartet zwei Parameter. Hierbei handelt es sich um die Werte, die in die Tabelle eingefügt werden sollen. Sie sehen, dass diese als `IN` deklariert sind. Um die Parameter einfach zuordnen zu können, habe ich als Namen die Namen der Spalten mit einem vorangestellten Unterstrich genutzt. Die Parameter tauchen dann wieder im `INSERT`-Befehl auf. Die Anzahl der Datensätze wird durch den `SELECT`-Befehl ermittelt. Das Ergebnis des `SELECT` wird direkt zurückgegeben, ohne dass ein Parameter oder ein `RETURN` dafür benötigt wird.

Der Aufruf einer Prozedur erfolgt mittels `CALL`:

Prozeduren aufrufen

```
CALL ort_hinzufuegen ('80123','München');
+-----+
| anz |
+-----+
|   6 |
+-----+
1 row in set (0.02 sec)
```

Die beiden Werte, die der Prozedur übergeben werden, sind die beiden Strings, die in die Tabelle eingefügt werden. Das Ergebnis des SELECTs wird sofort ausgegeben, ohne dass Sie sich noch weiter darum kümmern müssen.

Im Endeffekt können Sie eine Prozedur also genau so nutzen, als wäre es ein SQL-Befehl. Das gilt auch dann, wenn Sie eine Prozedur aus Perl oder PHP heraus aufrufen wollen.

53.11.3 Erweiterte Syntax für Stored Procedures

Nachdem Sie nun wissen, wie Sie Funktionen und Prozeduren deklarieren, möchte ich noch ein wenig auf die erweiterte Syntax eingehen, die MySQL in diesem Bereich unterstützt.

Variablen

An erster Stelle sind hier sicher Variablen zu nennen, die Sie ja schon aus JavaScript-, PHP- oder Perl-Teilen kennen. Variablen müssen in diesem Fall deklariert werden, was im Körper der Funktion bzw. Prozedur stattfindet. Das heißt, in der Zeile nach dem BEGIN wird die Deklaration mit DECLARE eingeleitet. Nach dem DECLARE folgt der Name der Variable und dann der Datentyp. Möchten Sie mehrere Variablen deklarieren, die denselben Datentyp haben, dann benötigen Sie nur ein DECLARE. Schreiben Sie die Namen der Variablen einfach alle hinter das DECLARE und trennen Sie diese durch Kommas. Um den Variablen Werte zuzuweisen, stehen mehrere Möglichkeiten zur Verfügung. Um eine Variable mit einem Wert vorzubelegen, würde ich SET empfehlen. Diese Vorgehensweise kann allerdings bei einem dynamischen Wert nicht genutzt werden. Das heißt, wenn Sie das Ergebnis einer Abfrage oder einer Berechung in einer Variablen ablegen wollen, dann nutzen Sie SELECT ... INTO.

```
CREATE FUNCTION verkaufspreis (netto FLOAT) RETURNS FLOAT
BEGIN
  DECLARE marge, steuer, ergebnis FLOAT;
  SET marge=1.10;
  SET steuer=1.16;
  SELECT netto*marge*steuer INTO ergebnis;
  RETURN ergebnis;
END
```

Diese Funktion berechnet den Verkaufspreis einer Ware (= Netto-Preis + 10 % + Mehrwertsteuer) und gibt ihn zurück. Rufen Sie sie z. B. so SELECT verkaufspreis(1.5) auf, dann wird der Preis eines Produkts ausgegeben, das einen Netto-Preis von 1,50 Euro hat.

IF-Abfragen

Um den Programmablauf zu steuern, stehen verschiedene Konstrukte zur Verfügung, von denen ich Ihnen als Erstes die IF-Abfrage vorstellen möchte. Mit einer IF-Abfrage können Sie in Abhängigkeit von einer Bedingung bestimmte Anweisungen ausführen. Die Idee ist also dieselbe wie bei anderen Programmiersprachen. Eine IF-Abfrage in MySQL wird mit dem Schlüsselwort IF eingeleitet, auf das die Bedingung folgt. Nach einem THEN folgt der Teil, der ausgeführt wird, wenn die Bedingung erfüllt ist. So können Sie dann entscheiden, ob die Abfrage zu Ende ist oder ob Sie einen Teil folgen lassen, der ausgeführt wird, wenn die Bedingung nicht erfüllt ist. Im ersten Fall geben Sie einfach ein `END IF` an. Im zweiten Teil fügen Sie ein `ELSE` ein und dann die Befehle, die ausgeführt werden sollen. Auch in diesem Fall wird die gesamte Abfrage dann mit einem `END IF` beendet. Bei der folgenden kleinen Funktion sollen zwei Werte dividiert werden. Da die Division durch Null nicht definiert ist, stellt sie sicher, dass nicht dividiert wird, wenn der Divisor Null ist. Ist der Divisor Null, soll die Funktion Null zurückgeben, was natürlich nicht ganz korrekt ist, für das Beispiel aber reicht.

```
CREATE FUNCTION dividiere (divident FLOAT, divisor FLOAT) RETURNS FLOAT
BEGIN
  DECLARE ergebnis FLOAT;
  IF divisor = 0 THEN
    SET ergebnis = 0;
  ELSE
    SELECT divident/divisor INTO ergebnis;
  END IF;
  RETURN ergebnis;
END
```

Es ist übrigens auch möglich, mehrere `IF`-Abfragen miteinander zu verknüpfen. Das heißt, wenn die Bedingung nicht erfüllt ist, und Sie im `ELSE`-Teil eine weitere Abfrage benötigen, dann können Sie auch `ELSE IF bedingung THEN` nutzen.

CASE

Möchten Sie einen Wert bzw. Parameter mit mehreren anderen Werten vergleichen, dann können Sie anstelle von vielen `IF`-Abfragen auch ein `CASE` nutzen. Wenn Sie also im obigem Beispiel nicht nur überprüfen wollen, ob der Divisor Null ist, sondern vielleicht auch testen wollen, ob der Divisor gleich Eins ist, dann könnte das so aussehen:

```
CREATE FUNCTION dividiere2 (divident FLOAT, divisor FLOAT) RETURNS FLOAT
BEGIN
  DECLARE ergebnis FLOAT;
  CASE divisor
  WHEN 0 THEN
    SET ergebnis = 0;
  WHEN 1 THEN
    SET ergebnis = divident;
  ELSE
    SELECT divident/divisor INTO ergebnis;
  END CASE;
  RETURN ergebnis;
END
```

Nach dem Schlüsselwort `CASE` geben Sie den Namen der Variable an, die mit den verschiedenen Werten verglichen werden soll. Die einzelnen Werte geben Sie dann jeweils zwischen den Schlüsselworten `WHEN` und `THEN` an. Nach dem `THEN` folgt dann jeweils der Anweisungsblock, der ausgeführt wird, wenn die Werte übereinstimmen.

Dieser wird automatisch durch das nächste WHEN oder ein ELSE beendet. Zwischen dem ELSE und dem END CASE geben Sie die Befehle an, die ausgeführt werden sollen, wenn keiner der vorhergehenden Fälle zutreffend ist.

Schleifen

Aber MySQL kann nicht nur Fälle unterscheiden, sondern auch Dinge wiederholen. Dazu sind wie in den anderen Programmiersprachen auch verschiedene Schleifentypen definiert. Zurzeit kennt MySQL REPEAT-UNTIL-, WHILE-DO- und LOOP-Schleifen. REPEAT-UNTIL gehört zu den nachprüfenden Schleifen, wogegen die Bedingung bei WHILE-DO vor dem Durchlauf des Schleifenkörpers geprüft wird. Sie sind relativ ähnlich, nur dass sie sich im logischen Verständnis ein wenig unterscheiden. Bei REPEAT-UNTIL wird der Körper so oft wiederholt, bis eine bestimmte Bedingung eintritt. Verglichen mit dem Tanken eines Autos würde man vielleicht sagen: »Fülle Benzin ein, bis der Tank voll ist«. Bei einem WHILE-DO wird die Bedingung anders herum interpretiert. Das heißt, hier würde man vielleicht sagen »Solange der Tank noch nicht voll ist, fülle Benzin ein«. Sie merken schon, die eigentliche Aussage ist identisch, nur die Bedingung ist ein wenig anders. Das hört sich noch verwirrend an? Betrachten Sie die Bedingungen der folgenden Beispiele. Die beiden Funktionen bekommen jeweils einen Wert übergeben, den sie fünf Mal zu sich selbst addieren. Beide Funktionen setzen dabei auf einen anderen Schleifentyp. Erst die WHILE-DO-Schleife

WHILE-DO-Schleife

```
CREATE FUNCTION addiere (wert FLOAT) RETURNS FLOAT
BEGIN
  DECLARE ergebnis FLOAT;
  DECLARE zaehler INT;
  SET ergebnis = 0;
  SET zaehler = 0;
  WHILE zaehler < 5 DO
    SELECT ergebnis+wert INTO ergebnis;
    SELECT zaehler+1 INTO zaehler;
  END WHILE;
  RETURN ergebnis;
END
```

und nun die REPEAT-UNTIL-Variante:

REPEAT-UNTIL-Schleife

```
CREATE FUNCTION addiere2 (wert FLOAT) RETURNS FLOAT
BEGIN
  DECLARE ergebnis FLOAT;
  DECLARE zaehler INT;
  SET ergebnis = 0;
  SET zaehler = 0;
  REPEAT
    SELECT ergebnis+wert INTO ergebnis;
    SELECT zaehler+1 INTO zaehler;
  UNTIL zaehler > 4
  END REPEAT;
RETURN ergebnis;
END
```

In der ersten Variante steht die Bedingung zwischen WHILE und DO vor dem Schleifenkörper. Im Gegensatz dazu wird die Bedingung bei der zweiten Variante hinter dem Schleifenkörper zwischen UNTIL und END REPEAT geschrieben. Beide Schleifentypen werden dann auch wieder mit dem typischen END abgeschlossen, wie Sie sich sicher schon denken konnten.

LOOP-Schleifen

Die letzte Schleife ist die LOOP-Schleife. Ein LOOP ist an sich eine klassische Endlosschleife. Sie hat keine Abbruchbedingung. Der Programmierer muss mithilfe eines LEAVE dafür sorgen, dass die Schleife abgebrochen wird. Das heißt, üblicherweise wird eine IF-Abfrage zwischen LOOP und END LOOP eingebaut, die eine Bedingung prüft und dann dafür sorgt, dass die Anweisung LEAVE ausgeführt wird. Damit MySQL aber auch genau weiß, welche Schleife verlassen werden soll (Sie können Schleifen ja auch ineinander verschachteln), benötigt das LEAVE den Namen der Schleife als Information. Der Name wird dadurch festgelegt, dass Sie ihn vor dem LOOP mit einem Doppelpunkt und nach direkt dem END LOOP angeben. Die folgenden Zeilen stellen die Umsetzung der obigen Beispiele mithilfe einer LOOP-Schleife dar.

```
CREATE FUNCTION addiere3 (wert FLOAT) RETURNS FLOAT
BEGIN
  DECLARE ergebnis FLOAT;
  DECLARE zaehler INT;
  SET ergebnis = 0;
  SET zaehler = 0;
  add_schleife: LOOP
    SELECT ergebnis+wert INTO ergebnis;
    SELECT zaehler+1 INTO zaehler;
    IF zaehler > 4 THEN
      LEAVE add_schleife;
    END IF;
  END LOOP add_schleife;
  RETURN ergebnis;
END
```

Prozeduren und Funktionen sind also wirklich eine leistungsfähige Erweiterung, wie Sie sehen.

Stored Procedures verwalten

Vielleicht fragen Sie sich gerade, wo denn die neue Funktion im System abgelegt wird. Sie finden den kompletten Code der Funktion und Prozeduren in der Tabelle mysql.proc in der Datenbank mysql. Um eine Funktion wieder zu löschen, stehen die Befehle DROP FUNCTION und DROP PROCEDURE zur Verfügung, nachdem Sie den Namen der Funktion angeben.

Nutzen Sie häufig Stored Procedures, kann es schnell passieren, dass Sie den Überblick verlieren, welche Funktionen im System vorhanden sind. Der Befehl SHOW FUNCTION STATUS schafft dabei Abhilfe. Er liefert eine Liste mit allen Funktionen. Bei den Prozeduren ist SHOW PROCEDURE STATUS das entsprechende Gegenstück.

53.11.4 Trigger

Wie schon erwähnt sind Trigger eine Art Eventhandler. Genau genommen ist der Trigger eine Funktion, die automatisch bei einem Ereignis in der Tabelle ausgeführt wird. Das heißt, Sie können in einem Trigger die Sprachelemente nutzen, die Sie bei Funktionen kennengelernt haben. Der Zugriff auf Prozeduren oder der Aufruf von SQL-Befehlen wie `SELECT` etc. ist nicht möglich, was wirklich schade ist. Sie haben zurzeit also keine Möglichkeit, auf eine andere Tabelle zuzugreifen. Was soll man also mit einem solchen Trigger machen? Nun, Sie können zum Beispiel Werte konvertieren, bevor diese in eine Tabelle eingefügt werden.

Trigger können vor oder nach einem `INSERT`, einem `UPDATE` oder einem `DELETE` ausgeführt werden. Um Daten zu verändern, bevor sie in die Tabelle geschrieben werden, müssen Sie natürlich darauf zugreifen können. Hierzu sind `NEW` und `OLD` definiert. Bei einem `INSERT`- oder einem `UPDATE`-Trigger können Sie mit `NEW` auf die neuen Daten zugreifen, und bei einem `DELETE` oder einem `UPDATE` ist mit `OLD` der Zugriff auf die »alten« Daten möglich. In beiden Fällen notieren Sie den Namen der Spalte, die verändert werden soll, und hängen einen Punkt an.

Bleiben wir bei dem Beispiel mit den Postleitzahlen, das ich bei den Funktionen genutzt hatte, und stellen uns folgendes Problem: In eine Tabelle sollen Postleitzahlen eingefügt werden. Die Postleitzahlen liegen als vier- oder fünfstellige Zahlen vor und sollen in der neuen Tabelle im Format D-12345 gespeichert werden. Zur Veranschaulichung betrachten Sie bitte die folgenden Zeilen:

```
mysql> CREATE TABLE orte (plz VARCHAR(7), ort VARCHAR(100));
  Query OK, 0 rows affected (0.14 sec)

  mysql> DELIMITER $$
  mysql> CREATE TRIGGER plz_konverter
      -> BEFORE INSERT ON orte FOR EACH ROW
      -> BEGIN
      ->   DECLARE temp VARCHAR(7);
      ->   -- vierstellige Zahl?
      ->   IF LENGTH(NEW.plz) = 4 THEN
      ->     -- NUll am Anfang ergaenzen
      ->     SELECT CONCAT('0', NEW.plz) INTO temp;
      ->   ELSE
      ->     SET temp = NEW.plz;
      ->   END IF;
      ->   SELECT CONCAT('D-',temp) INTO temp;
      ->   SET NEW.plz = temp;
      -> END$$
  Query OK, 0 rows affected (0.01 sec)

  mysql> DELIMITER ;
  mysql> INSERT INTO orte VALUES ('22104', 'Hamburg');
  Query OK, 1 row affected (0.00 sec)
```

```
mysql> INSERT INTO orte VALUES ('4109', 'Leipzig')$$
Query OK, 1 row affected (0.02 sec)

mysql> SELECT * FROM orte;
+---------+---------+
| plz     | ort     |
+---------+---------+
| D-22104 | Hamburg |
| D-04109 | Leipzig |
+---------+---------+
2 rows in set (0.00 sec)
```

Wie Sie erkennen können, manipuliert der Trigger die Werte, bevor sie in die Tabelle eingefügt werden. Aber noch ein paar Worte zur Syntax: Der Trigger wird mit `CREATE TRIGGER` angelegt. Nach dem Namen des Triggers, für den dieselben Regeln gelten wie für Tabellen, können Sie `BEVOR` oder `AFTER` angeben. Damit definieren Sie, ob der Trigger vor oder nach einem Ereignis ausgeführt wird. Das eigentliche Ereignis wird danach angegeben. Das heißt, Sie können `INSERT`, `UPDATE` oder `DELETE` angeben. Mit `AFTER DELETE` würde der Trigger also nach einem Löschvorgang in der Tabelle ausgeführt.

There cannot be a crisis next week. My schedule is already full.
– Henry Kissinger, US-Außenminister 1973–1977

54 MySQL und Perl

Obwohl es mittlerweile eher selten vorkommt, dass Perl im Zusammenhang mit MySQL verwendet wird, ist es dennoch möglich. Beliebter ist allerdings die Verwendung von PHP.

54.1 Vorbereitungen

Eine Voraussetzung für den Aufbau einer Verbindung mit MySQL und das Senden von Anfragen an den Server ist, dass zwei bestimmte Perl-Module installiert sein müssen. Diese Module nennen sich DBI (Database Interface) und DBD-MySQL (Database Driver MySQL). Die Installation der beiden Module erfolgt über den PPM (Perl Package Manager). Sowohl unter Windows als auch unter Linux genügt es, eine Konsole zu öffnen und dort **ppm** und [↵] einzugeben. Sie erhalten dann folgende Ausgabe:

```
PPM - Programmer's Package Manager version 3.0.1.
Copyright (c) 2001 ActiveState SRL. All Rights Reserved.
Entering interactive shell. Using Term::ReadLine::Stub as readline
library.
Profile tracking is not enabled. If you save and restore profiles
manually, your profile may be out of sync with your computer.
See 'help profile' for more information.
Type 'help' to get started.
ppm>
```

Nun sollten Sie zuerst nach der Datenbank-Schnittstelle DBI im Repository suchen. Geben Sie Folgendes ein: **Suchen**

```
ppm> search DBI
```

Daraufhin müssten Sie die folgende Ausgabe (oder eine ähnliche) erhalten:

```
Searching in Active Repositories
 ...
   4. DBI [1.30] Database independent interface for Perl
 ...
```

Installieren

Nach der Eingabe von

```
ppm> install dbi
```

wird der Installationsvorgang gestartet. Dabei wird das Modul zuerst heruntergeladen und anschließend installiert.

Die gleiche Vorgehensweise gilt auch für das `DBD-Mysql`-Modul: zuerst suchen und dann den korrekten Namen bei der Installation angeben.

54.2 Datenbankverbindung herstellen

Das Modul DBI stellt eine allgemein gültige Schnittstelle zwischen Perl und Datenbanken dar. Einige werden sicherlich die ODBC-Schnittstelle unter Windows kennen, die in etwa die gleiche Aufgabe erledigt. Beide sollen – vorzugsweise in einer einheitlichen Syntax – den Zugriff auf alle möglichen Datenbanksysteme regeln, so dass bei einem Wechsel des Datenbanksystems nach Möglichkeit nur der Treiber für das Datenbanksystem geändert werden muss.

DBD::Mysql

Ohne einige Anweisungen, auf welche Art und Weise DBI mit dem Datenbanksystem kommunizieren muss, werden Sie leider nicht weit kommen. Deshalb muss also für jedes Datenbanksystem ein spezieller Treiber installiert werden. Für Perl und DBI sind dies die DBD-Treiber und – speziell zugeschnitten auf MySQL – der DBD::Mysql-Treiber.

Modul einbinden

Zuallererst müssen Sie natürlich das entsprechende Modul in Ihr Perl-Skript einbinden. Dies erfolgt über die Anweisung

```
use DBI;
```

Das DBD-Modul muss an dieser Stelle nicht eingebunden werden, da sich das DBI-Modul selbstständig darum kümmert und lediglich die Angabe erwartet, welches Modul verwendet werden soll.

Verbindungsaufbau

Der eigentliche Verbindungsaufbau erfolgt dann über die `connect`-Methode des DBI-Objekts, das drei Parameter erwartet.

```
resource DBI->connect(string datasource, string uid, string pwd [, hash
attr])
```

Der Parameter `datasource` ist eine Zeichenkette, die den zu verwendenden Treiber und die Datenbank in einer bestimmten Schreibweise sowie den Hostnamen oder die IP-Adresse des Rechners erwartet, auf dem das Datenbanksystem läuft. Da der Parameter sehr lang werden kann, hat es sich eingebürgert, dafür einen extra Skalar zu definieren und diesen dann an die `connect`-Methode zu übergeben. Für einen Zugriff auf ein MySQL-Datenbanksystem, das auf dem lokalen Rechner läuft, und die Datenbank `bspbuecher` lautet die `datasource`-Zeichenkette:

```
$datasource =
  "DBI:mysql:database=bspbuecher;host=localhost";
```

Benutzer und Passwort

Auch für den Benutzernamen, der im Parameter uid übergeben wird, und das Passwort, das im Parameter pwd übergeben wird, sollten Sie extra Skalare definieren. Dies hat den Vorteil, dass Sie nur an einer Stelle im Skript die Daten ändern und der connect-Methode immer nur die Skalare übergeben müssen.

```
$uid = "user";
$pwd = "password";
```

Diese Daten sind natürlich von der Konfiguration Ihres Systems abhängig und sollten durch die entsprechenden korrekten Daten ersetzt werden.

Attribute

Zusätzlich zu den drei eben angesprochenen Parametern gibt es noch einen vierten optionalen Parameter. Dieser vierte Parameter enthält einen Hash mit verschiedenen Attributen, die angeben, wie sich das Skript verhalten soll, wenn es während der Kommunikation mit der Datenbank zu Fehlern kommt.

Attribut	Werte	Erklärung
RaiseError	0 oder 1	Gibt an, ob das Programm beim Auftreten eines Fehlers abbrechen oder weiterlaufen soll. Wenn es abbrechen soll, lautet der Wert 1, andernfalls 0.
PrintError	0 oder 1	Gibt an, ob Fehlermeldungen ausgegeben werden sollen. 0 bedeutet nein, 1 bedeutet ja.
LongReadLen	n Byte	Gibt die maximale Länge der zu lesenden Datenfelder in n Byte an. Der Wert 0 deaktiviert das Attribut.
LongTruncOK	0 oder 1	Gibt an, ob zu lange Datenfelder abgeschnitten werden sollen. Wenn ja, muss der Wert 1 lauten, wenn nein, 0.

Tabelle 54.1 Mögliche Attribute für den Verbindungsaufbau

Um während des Programmierens die Fehler besser finden zu können, sollten Sie das Programm weiterlaufen lassen, wenn es auf einen Fehler trifft, und eine entsprechende Ausgabe erzeugen lassen.

```
%attributes = {'RaiseError'=>1,'PrintError'=>1};
```

Rückgabewert

Sobald die Verbindung zur Datenbank erfolgreich aufgebaut werden konnte, liefert die connect-Methode ein Zugriffshandle auf die Datenbank zurück. Für dieses Handle hat sich in Perl die Bezeichnung $dbh (**d**ata**b**ase **h**andle) eingebürgert.

Vollständiges Listing

Alles in allem sieht ein Skript, das eine Verbindung zu einer Datenbank aufbauen soll, mindestens folgendermaßen aus:

```
use DBI;
$datasource =
  "DBI:mysql:database=bspbuecher;host=localhost";
$uid = "user";
```

```
$pwd = "password";
%attributes = {'RaiseError'=>1,'PrintError'=>1};
$dbh = DBI->connect($datasource,$uid,$pwd,%attributes);
```

[x] Dies ist natürlich nur ein sehr rudimentäres Beispiel. So sollten Sie natürlich noch die *Hashbang* notieren und gegebenenfalls noch das CGI-Modul einbinden, damit Aufrufe über einen Webserver und Ausgaben im Browser erfolgen können.

Verbindung beenden

Natürlich können Sie auch eine Verbindung wieder beenden. Dafür genügt der Aufruf der Methode `disconnect` des Datenbankhandles (ja, das Handle ist ein Objekt).

```
$dbh->disconnect();
```

54.3 Anfragen stellen

Bevor Sie mit Perl eine Anfrage an eine MySQL-Datenbank stellen können, müssen Sie überprüfen, welche Art von Anfrage Sie stellen möchten. Dabei werden zwei Arten unterschieden:

- Anfragen, die eine Ergebnismenge liefern, z. B. `SELECT`
- Anfragen, die keine Ergebnismenge liefern, z. B. `DELETE`, `INSERT` etc.

Je nach eingesetzter Art müssen die SQL-Anweisungen mit einer unterschiedlichen Methode ausgeführt werden.

Anfragen ohne Ergebnis

Alle Anfragen, die keine Ergebnismenge liefern, sollten Sie mittels der Methode `$dbh->do` ausführen. Zu diesen Anfragen gehören z. B. `DELETE`- oder `INSERT`-Anweisungen, die zwar Datensätze verändern, aber allerhöchstens die Anzahl der veränderten Datensätze liefern.

```
mixed $dbh->do(string sqlquery)
```

Die Methode `do` erwartet lediglich einen Parameter, und zwar die SQL-Anfrage in Form einer Zeichenkette. Je nach Verlauf der Anfrage liefert die Methode dann einen von vier Werten zurück:

Wert	Typ	Erklärung
»0E0«	String	Dieser Wert wird zurückgegeben, wenn kein Datensatz verändert wurde. Mit der Anweisung `$result+=0;` kann der Wert in eine Zahl umgewandelt werden.
–1	Integer	Dieser Wert wird zurückgegeben, wenn die Anzahl der veränderten Datensätze nicht ermittelt werden konnte. Die Anfrage wurde aber trotzdem erfolgreich ausgeführt.
undef	Undefiniert	Dieser Wert wird immer dann zurückgegeben, wenn die Anfrage nicht erfolgreich ausgeführt werden konnte.

Tabelle 54.2 Mögliche Rückgabewerte der Methode do

Wert	Typ	Erklärung
N	Integer	Eine beliebige Zahl, die größer als 0 ist, steht für die Anzahl der durch die Anfrage betroffenen Datensätze.

Tabelle 54.2 Mögliche Rückgabewerte der Methode do (Forts.)

Ein Beispiel:

```
$result = $dbh->do("INSERT INTO bspbuecher
          (autor,titel,seiten,isbn,preis,verlag) VALUES ('Christian Wenz',
           'JavaScript',624,'3-89842-234-8',39.90,1)");
```

Wurde der Datensatz erfolgreich hinzugefügt, würde die Methode nun den Wert `1` zurückgeben, wenn nur ein Datensatz eingefügt wurde. Da MySQL jedoch die Möglichkeit bietet, mehrere Datensätze in einem Rutsch einzufügen, würde der Rückgabewert der Anzahl der erfolgreich hinzugefügten Datensätze entsprechen. Wurde kein Datensatz eingefügt, lautet der Rückgabewert `-1`. Im Fall eines Fehlers, z. B. wenn die Anfrage falsch formuliert wurde, liefert die Methode einen undefinierten Wert zurück.

In MySQL ist es möglich, die ID des Datensatzes auszulesen, der hinzugefügt wurde. Dies ist jedoch nur bei Tabellen realisierbar, die eine Spalte besitzen, deren Optionen auf `PRIMARY KEY` und `AUTO_INCREMENT` gesetzt wurden. Der automatisch erzeugte Wert wird in einer Hashliste des `dbh`-Objekts hinterlegt, dessen Schlüsselname `mysql_insertid` lautet. [x]

```
$ds_id = $dbh->{'mysql_insertid'};
```

Der Skalar `$ds_id` enthält nun den automatisch erzeugten Wert (in der Regel die ID) des hinzugefügten Datensatzes – dies aber nur dann, wenn wirklich ein Datensatz hinzugefügt wurde. Wichtig ist auch, dass nur ein einzelner Datensatz eingefügt werden darf, damit dies auch funktioniert. Wurde kein automatischer Wert erzeugt, lautet der Rückgabewert `-1`.

Anfragen mit Ergebnis

Alle Anfragen, die eine Ergebnismenge liefern (hauptsächlich die `SELECT`-Anweisungen), müssen mit den kombinierten Methoden `prepare` und `execute` ausgeführt werden.

Anweisung vorbereiten

Die `prepare`-Methode dient dazu, der Datenbank die Möglichkeit zu lassen, vor dem Ausführen einer SQL-Anweisung, die eine Ergebnismenge liefert, gewisse Vorbereitungen zu treffen. Obwohl MySQL im Gegensatz zu anderen Datenbanken keine Vorbereitungen treffen muss und auch nicht trifft, müssen Sie diese Methode vorher immer aufrufen, da die Methode ein so genanntes **Statement-Handle** zurückgibt. Es ist ein Objekt und wird normalerweise mit `$sth` bezeichnet.

```
object dbh->prepare(string sqlquery)
```

Die auszuführende SQL-Anweisung wird als Zeichenkette an die Methode prepare des dbh-Objekts übergeben. Konnte die Anweisung nicht erfolgreich vorbereitet werden, weil sie z. B. falsch formuliert ist oder Datenfelder oder Tabellen, auf die zugegriffen werden soll, nicht existieren, liefert die Methode einen undefinierten Wert zurück.

```
$sth = $dbh->prepare('SELECT * FROM bspbuecher');
```

Anweisung ausführen

Um nun die Anweisung ausführen zu können, müssen Sie die Methode execute des sth-Objekts aufrufen.

```
void sth->execute(void)
```

Weder erwartet diese Methode einen Parameter noch gibt sie irgendeinen Wert zurück. Sie dient lediglich dazu, die Anweisung auszuführen und MySQL anzuweisen, die Ergebnismenge bereitzustellen. Da das Objekt nur dann erzeugt wird, wenn die Anweisung erfolgreich ausgeführt worden ist, müssen Sie auch keinen Rückgabewert überprüfen.

```
$sth->execute();
```

Ergebnismenge löschen

Sobald Sie die Ergebnismenge ausgelesen und verarbeitet haben, müssen Sie die Methode finish aufrufen, um den belegten Speicher frei zu räumen und das sth-Objekt wieder zu löschen, damit Sie die nächste SQL-Anweisung ausführen können.

```
$sth->finish();
```

Alles zusammen könnte dann so aussehen:

```
use DBI;
$datasource =
  "DBI:mysql:database=bspbuecher;host=localhost";
$uid = "user";
$pwd = "password";
%attributes = {'RaiseError'=>1,'PrintError'=>1};
$dbh = DBI->connect($datasource,$uid,$pwd,%attributes);
if(defined($dbh))
{
  $sth = $dbh->prepare('SELECT * FROM bspbuecher');
  if(defined($sth))
  {
    $sth->execute();
    # Ergebnisverarbeitung
    $sth->finish();
  }
}
$dbh->disconnect();
```

54.4 Ergebnisverarbeitung bei SELECT-Anweisungen

Wie zuvor erwähnt wurde, müssen Sie nach dem Ausführen der Methode `execute` des Statement-Handles die Ergebnismenge verarbeiten. Auch hierfür gibt es verschiedene Methoden.

Sehr wichtig ist in diesem Zusammenhang die Methode `rows` des Statement-Handles. Diese Methode liefert die Anzahl der Datensätze der Ergebnismenge bzw. der Ergebnistabelle (Ergebnismengen werden intern als Tabelle organisiert).

Anzahl der Datensätze

> Obwohl diese Methode eigentlich nicht nach `SELECT`-Abfragen verwendet werden soll, ist dies trotzdem möglich. Es gibt ansonsten keine andere Möglichkeit, im Voraus die Anzahl der Datensätze der Ergebnismenge zu ermitteln, ohne alle Datensätze auslesen zu müssen.

[«]

```
$count = $sth->rows();
```

Je nachdem, wie viele Datensätze in der Ergebnismenge existieren, wird in `$count` dann die entsprechende Anzahl gespeichert.

> Achten Sie darauf, `rows` direkt nach `execute` aufzurufen, andernfalls erhalten Sie ein verfälschtes Ergebnis.

[×]

```
# ---[SNIP]---
$sth = $dbh->prepare('SELECT * FROM bspbuecher');
if(defined($sth))
{
  $sth->execute();
  $count = $sth->rows();
  print "Die Anfrage liefert $count Datensätze!";
  $sth->finish();
}
# ---[SNAP]---
```

54.4.1 Datensätze lesen

Der nächste Schritt sollte nun sein, die Datensätze auszulesen. Wie genau Sie das machen, hängt von Ihrem Gusto ab. Ich werde Ihnen an dieser Stelle eine der praktikabelsten Varianten zeigen, da diese unabhängig von der abgefragten Tabelle immer funktioniert und anwendbar ist.

Datensatz als Liste

Um einen Datensatz auf eine flexible Art und Weise auszulesen, wäre es am einfachsten, den Datensatz als Liste bzw. Array zu erhalten. Dafür können Sie die Methode `fetch` bzw. den Alias `fetchrow_array` verwenden. Die Methode gibt bei ihrem erstmaligen Aufruf den ersten Datensatz als Liste zurück. Nach jedem Aufruf setzt sie den internen Zeiger auf den nächsten Datensatz und gibt beim nächsten Aufruf diesen

Datensatz zurück – so lange, bis ein Fehler auftritt oder alle Datensätze ausgelesen worden sind.

```
array sth->fetch(void)
```

Die Methode erwartet bei ihrem Aufruf keinerlei Parameter.

```
# ---[SNIP]---
$sth = $dbh->prepare('SELECT * FROM bspbuecher');
if(defined($sth))
{
  $sth->execute();
  $count = $sth->rows();
  print "Die Anfrage liefert $count Datensätze!\n";
  print "<table>\n";
  while(@row = $sth->fetch())
  {
    print "<tr>";
    foreach $field (@row)
    {
      print "<td>$field</td>";
    }
    print "</tr>";
  }
  print "</table>";
  $sth->finish();
}
# ---[SNAP]---
```

Dieses Beispiel würde alle Datensätze nacheinander als ganze Zeile in einer HTML-Tabelle ausgeben.

[»] Anstatt das Feld eines Datensatzes, das in MySQL den Wert NULL besitzt, auch entsprechend zurückzugeben, gibt die Methode `fetch` den Wert als undefiniert zurück. Vor der Ausgabe sollten Sie also das gerade aktuelle Element daraufhin überprüfen, ob es einen Wert besitzt oder undefiniert ist.

```
# ---[SNIP]---
while(@row = $sth->fetch())
{
  print "<tr>";
  foreach $field (@row)
  {
    if(defined($field))
    {
      print "<td>$field</td>";
    }
    else
    {
      print "<td>NULL</td>";
```

```
      }
    }
    print "</tr>";
  }
  print "</table>";
  # ---[SNAP]---
```

[x] Alternativ können Sie die einzelnen Elemente der Liste mit `$row[0]`, `$row[1]` usw. ansprechen. Dies setzt jedoch entweder voraus, dass Sie die genaue Anzahl der Spalten der Ergebnismenge kennen, oder aber eine `for`-Schleife, die von 0 bis zum letzten Element durchzählt. Besser und vor allem einfacher ist es also, die Variante mit `foreach` zu verwenden.

Ergebnismenge enthält nur einen Wert

Sollte die Ergebnismenge nur über einen einzigen Wert verfügen (d.h. eine Spalte und eine Zeile), wäre es mehr als unsinnig, diesen Wert mit ineinander verschachtelten Schleifen zu lesen und auszugeben. Ein solches Ergebnis könnte z.B. die SQL-Anweisung sein:

```
SELECT COUNT(*) FROM bspbuecher
```

Einfacher wäre dann folgende Variante:

```
# ---[SNIP]---
$sth = $dbh->prepare('SELECT COUNT(*) FROM bspbuecher');
if(defined($sth))
{
  $sth->execute();
  $count = $sth->fetch();
  print "Die Tabelle bspbuecher enthält $count Datensätze.";
  $sth->finish();
}
# ---[SNAP]---
```

[x] Dies ist übrigens ebenfalls eine Möglichkeit, die Anzahl der Datensätze einer SQL-Anweisung zu ermitteln. Dabei muss einfach die eigentliche SQL-Anweisung um die SQL-Funktion `COUNT` erweitert werden. Das Ergebnis der Anfrage enthält dann die korrekte Anzahl der Datensätze, die anschließend in der folgenden Anweisung abgefragt werden.

```
# ---[SNIP]---
$sth = $dbh->prepare('SELECT COUNT(*) FROM bspbuecher');
if(defined($sth))
{
  $sth->execute();
  $count = $sth->fetch();
  print "Die Tabelle bspbuecher enthält $count
         Datensätze.";
  $sth->finish();
}
```

```
$sth = $dbh->prepare('SELECT * FROM bspbuecher');
if(defined($sth))
{
  $sth->execute();
  print "<table>\n";
  while(@row = $sth->fetch())
  {
    print "<tr>";
    foreach $field (@row)
    {
      if(defined($field))
      {
        print "<td>$field</td>";
      }
      else
      {
        print "<td>NULL</td>";
      }
    }
    print "</tr>";
  }
  print "</table>";
  $sth->finish();
}
# ---[SNAP]---
```

Leider verlängert diese Art der Zählung der Datensätze den Quelltext enorm.

54.5 Ergebnisverarbeitung bei Anweisungen, die keine Ergebnismenge liefern

Es gibt nicht viele Möglichkeiten, um die Datensätze einer Ergebnismenge auszulesen. Bei Anfragen, die keine Ergebnismenge liefern, sieht dies noch dünner aus. Ab und zu ist es jedoch auch bei solchen Anfragen wichtig herauszubekommen, was sich denn nun eigentlich geändert hat.

AUTO_ INCREMENT

Ein Verfahren habe ich schon weiter vorn beschrieben: das Ermitteln des `AUTO_INCREMENT`-Wertes. Vorab sollte gesagt werden, dass die nachfolgend beschriebene Methode nur unter MySQL funktioniert und nicht auf andere Datenbanksysteme übertragen werden kann.

Wenn Sie in einer Tabelle eine Spalte definiert haben, die die beiden Optionen `PRIMARY KEY` und `AUTO_INCREMENT` zugewiesen bekommen hat, dann möchten Sie in den seltensten Fällen von Hand einen Wert für diese Spalte angeben. Im Gegenteil, denn die Kombination der beiden Optionen bedeutet so viel wie »automatisch generierter einmaliger Schlüssel«. Bei `INSERT`-Anweisungen werden Sie alle Felder bis auf das besagte Schlüsselfeld angeben. Um nun trotzdem den automatisch zugewiesenen Schlüssel ermitteln zu können, hält das dbh-Objekt die Eigenschaft mysql_insertid bereit.

Diesen Wert benötigen Sie dann, wenn Sie in einer anderen Tabelle eine Relation zu einem Datensatz einfügen möchten, oder um eine Meldung auszugeben, die die ID des neuen Datensatzes enthält.

```
# ---[SNIP]---
$sql = "INSERT INTO bspbuecher (autor,titel,seiten,isbn,preis,verlag)
        VALUES ('Friedrich Esser','Java 2',656,'3-934358-66-7',34.90,1)";
$n = $dbh->do($sql);
if(defined($n))
{
  $ds_id = $dbh->{'mysql_insertid'};
  print "Die ID des neuen Datensatzes lautet $ds_id.\n";
}
# ---[SNAP]---
```

Dieses Beispiel lässt sich natürlich noch verfeinern, demonstriert jedoch die Funktionsweise ganz gut.

Ergebnismenge lesen

Obwohl INSERT-, UPDATE- oder DELETE-Anweisungen keine wirkliche Ergebnismenge liefern, beeinflussen sie dennoch die Datensätze einer Tabelle. In vielen Fällen möchte man nun wissen, wie viele Datensätze effektiv von der ausgeführten Anweisung tangiert wurden.

Sie brauchen jetzt nur noch den Rückgabewert der do-Methode auszuwerten. Da der Rückgabewert jedoch einer von drei verschiedenen Variablentypen sein kann, müssen Sie zunächst ein paar Schritte unternehmen. Zuerst müssen Sie überprüfen, ob der Rückwert unter Umständen undefiniert ist, und wenn nicht, müssen Sie die zurückgegebene Zahl auswerten. Das nachfolgende Beispiel ist so geschrieben, dass es ein Höchstmaß an Kompatibilität aufweist.

```
# ---[SNIP]---
$sql = "INSERT INTO bspbuecher (autor,titel,seiten,isbn,preis,verlag)
        VALUES ('Friedrich Esser','Java 2',656,'3-934358-66-7',34.90,1)";
$n = $dbh->do($sql);
if(defined($n))
{
  $n+=0;
  if($n == -1)
  {
    print "Es ist <b>unbekannt</b>, wie viele Datensätze
           verändert wurden!";
  }
  else
  {
    print "Es wurden <b>$n</b> Datensätze verändert!";
```

```
  }
}
else
{
  print "Während der Ausführung der Anweisung ist ein
         Fehler aufgetreten!";
}
# ---[SNAP]---
```

Obwohl der Skalar `$n` sowohl eine Zeichenkette als auch einen Zahlenwert enthalten kann, aber auch undefiniert sein kann, funktioniert dieses Beispiel immer. Der Grund ist, dass zuerst überprüft wird, ob die Variable undefiniert ist. Wenn ja, ist ein Fehler aufgetreten und der `else`-Anweisungsblock wird ausgeführt, der eine entsprechende Meldung ausgibt. Innerhalb des `if`-Anweisungsblocks wird `$n` um den Wert 0 erhöht. Der Trick ist dabei folgender: Wenn `$n` die Zeichenkette `0E0` enthält, wird durch die arithmetische Operation versucht, die Zeichenkette in eine Zahl umzuwandeln. Da der Buchstabe E keine Zahl ist, wird nach dem ersten Zeichen abgebrochen, und `$n` trägt nach der Umwandlung den Wert 0. Da 0 + 0 = 0 ist, würde `$n` nun die korrekte Zahl der veränderten Datensätze enthalten. Sollte der Wert von `$n` jedoch –1 oder größer als 0 sein, wird einfach nur 0 hinzuaddiert, wodurch sich der eigentliche Wert nicht ändert.

[x] In Tabelle 55.2 weiter oben finden Sie die möglichen Rückgabewerte der Methode `do` noch einmal übersichtlich dargestellt und erklärt.

54.6 Datentypen

Da Perl und MySQL Datentypen wie Zeichenketten und Datums- und Zeitangaben unterschiedlich behandeln, sollte auf eine Reihe von Dingen geachtet werden.

54.6.1 Zeichenketten

Zeichenketten in MySQL werden in einfachen Anführungsstrichen notiert. Doppelte Anführungszeichen, wie sie z.B. in Perl oder gar PHP erlaubt sind, können Sie in MySQL nicht verwenden. Ihnen bleibt bei der Zusammenstellung einer SQL-Anweisung also nur die Möglichkeit, die Zeichenkette in Perl mittels doppelter Anführungszeichen zu definieren, damit Sie innerhalb der Zeichenkette einfache Anführungszeichen verwenden können, um eine Zeichenkette markieren zu können. Der Vorteil ist, dass Sie dabei auch die automatische Auflösung der Variablennamen verwenden können.

```
$name = 'Galileo Press';
$sql = "SELECT * FROM bspverlage WHERE name = '$name'";
```

Dieses Beispiel wird Ihnen keine Probleme bereiten, da die eigentliche SQL-Anweisung in doppelten Anführungszeichen notiert wurde. Hätten Sie einfache Anführungszeichen verwendet, müssten Sie diese innerhalb der Zeichenkette entwerten. Zudem würde dann die automatische Auflösung der Variablennamen nicht zur Verfügung stehen. Umgeschrieben würde dies folgendermaßen aussehen:

```
$name = 'Galileo Press';
$sql = 'SELECT * FROM bspverlage WHERE name = \''.$name.'\'';
```

Dies sieht natürlich wesentlich unübersichtlicher als die vorherige Methode aus. Beide Versionen haben jedoch einen Nachteil, wie das nachfolgende Beispiel demonstriert: **Problem**

```
$a_string = "That's tricky.";
$sql = "INSERT INTO a_table VALUES ('$a_string')";
```

Auf den ersten Blick fällt der fast schon grob fahrlässige Fehler gar nicht auf, da die Syntax vollkommen korrekt ist. Erst wenn Sie die Zeichenkette betrachten, die an MySQL übergeben wird, ist der Fehler sichtbar. Die sieht nämlich so aus:

```
INSERT INTO a_table VALUES ('That's tricky')
```

Wenn MySQL eine solche Anweisung erhält, liefert es einen Fehler zurück, da es Probleme mit den drei einfachen Anführungszeichen hat. Nach dem zweiten Anführungszeichen erwartet es, dass die Zeichenkette zu Ende ist, es folgen aber trotzdem noch Zeichen, nämlich `s tricky'`. Ein solcher Fehler kann Ihnen zum einen sehr schnell beim Programmieren unterlaufen und zum anderen dann entstehen, wenn Sie einem Benutzer Eingaben erlauben, die in die Datenbank eingefügt werden sollen. Abhilfe schafft jedoch die Methode `quote` des `dbh`-Objekts. Diese Methode setzt vor alle Zeichen, die in MySQL Sonderzeichen sind, einen Backslash und entwertet die Zeichen somit. Die quotierte Zeichenkette gibt die Methode dann zurück. **Quotieren**

```
string dbh->quote(string sql)
```

Das nachfolgende Beispiel quotiert zuerst die Zeichenkette, die in die SQL-Anweisung eingefügt werden soll.

```
$a_string = "That's tricky.";
$a_string = $dbh->quote($a_string);
$sql = "INSERT INTO a_table VALUES ('$a_string')";
$n = $dbh->do($sql);
```

[×] Es gibt zwar auch einige Perl-Funktionen, die diese Aufgabe übernehmen könnten. Doch von ihnen ist abzuraten, da sie alle Sonderzeichen entwerten, die sie finden können, darunter auch Zeichen wie +.

54.6.2 Datums- und Zeitangaben

Perl verwendet für Datums- und Zeitangaben ein anderes Format als MySQL. Perl kennt nur das Format der Sekunden, die seit dem 01.01.1970 um 00:00:00 Uhr vergangen sind. MySQL hingegen kennt mehrere leicht unterschiedliche Formate. Insgesamt sind es fünf. Für Datumsangaben sind dies JJJJTTMM und JJJJ-TT-MM, wobei J für Jahr, T für Tag und M für Monat steht. Bei Zeitangaben akzeptiert es die Formate HHMMSS oder HH:MM:SS. Hier steht H für Stunden, M für Minuten und S für Sekunden. Natürlich ist auch die Kombination JJJJTTMMHHmmSS möglich.

Nun muss also eine Umwandlung der Formate stattfinden. Dafür stellt MySQL jedoch zwei Funktionen bereit, die wesentlich flexibler als die Perl-Pendants sind. Um eine Datums- und Zeitangabe von Perl nach MySQL zu übersetzen, verwenden Sie die Funktion FROM_UNIXTIME.

```
$timestamp = time();
$sql =
  "INSERT INTO a_table VALUES(FROM_UNIXTIME($timestamp))";
```

Der Perl-Zeitstempel wird nun in ein MySQL-kompatibles Format umgewandelt. Übrigens achtet MySQL in diesem Moment sogar darauf, ob die Spalte, in die der Wert eingefügt werden soll, vom Typ `DATETIME`, `DATE` oder `TIME` ist, und passt den Zeitstempel entsprechend korrekt an.

[x] Eine Umwandlung mit der Perl-Funktion `localtime` ist zwar auch möglich, wird jedoch einfach zu lang, um sie im Quelltext wirklich effektiv einsetzen zu können. Sehen Sie sich dazu einfach noch einmal den Abschnitt 36.3 aus dem Perl-Teil dieses Buches an. Hauptverursacher des langen Quelltextes sind die Umwandlung von Stunden, Minuten und Sekunden in ein zweistelliges Format mit führender 0 und das richtige Zusammensetzen der Zeichenkette.

Um einen MySQL-Zeitstempel in ein Perl-kompatibles Format zu verwandeln, existiert die MySQL-Funktion `UNIX_TIMESTAMP`. Sie wandelt eine Datums- und Zeitangabe wieder in das Sekunden-Format um.

```
$sql = "SELECT UNIX_TIMESTAMP(date) FROM a_table";
```

[x] Die Zeitangabe in der Tabelle wird nun wieder in das korrekte Perl-Format verwandelt. Zwar ließe sich auch diese Umwandlung mit Perl realisieren, aber auch dabei wird der Quelltext sehr schnell überaus lang, und es muss überprüft werden, ob der Zeitstempel vom Type `DATETIME`, `DATE` oder `TIME` ist.

54.7 Fehlerbehandlung

Es ist nicht ausgeschlossen, dass es während der Arbeit mit einer MySQL-Datenbank zu einem Fehler kommt. Wenn Sie die Option `'RaiseError'=>1` setzen, kümmert sich das DBI-Modul selbstständig darum, eine Fehlermeldung auszugeben, und bricht das Programm sofort ab. Sie können jedoch eine eigene Fehlerbehandlung programmieren, die dadurch natürlich wesentlich flexibler und für Sie individueller wird.

Das DBI-Modul – so wie alle Objekte im Zusammenhang mit einer Datenbank, z. B. `$dbh` oder `$sth` – bietet zwei Methoden an, um auf einen Fehler zu überprüfen und die korrekte Fehlermeldung auszugeben. Dies sind die Methoden `err` und `errstr`. Die Methode `err` gibt entweder 0 zurück, wenn kein Fehler aufgetreten ist, oder eine andere Zahl, die dem Fehlercode entspricht. Die Methode `errstr` hingegen gibt eine zum Fehler passende Fehlermeldung aus.

Damit Sie jedoch eine eigene Fehlerbehandlung verwenden können, müssen Sie die automatische Fehlerbehandlung mit `'RaiseError'=>0` deaktivieren.

```
# ---[SNIP]---
$dbh = DBI->connect($datasource,$uid,$pwd,%attributes);
if(DBI->err() == 0)
{
  ...
}
else
{
  print "Fehler #".DBI->err().": ".DBI->errstr();
}
# ---[SNAP]---
```

Beim Verbindungsaufbau müssen Sie die Methoden des DBI-Moduls verwenden, da bei einem Fehler das `dbh`-Objekt noch nicht existiert. Ist die Rückgabe der Methode `err` gleich 0, dann ist kein Fehler aufgetreten, und der `if`-Anweisungsblock wird ausgeführt. Andernfalls wird der `else`-Anweisungsblock ausgeführt, der dann eine entsprechende Fehlermeldung erzeugt.

Das nachfolgende Beispiel soll verdeutlichen, dass die Methoden `err` und `errstr` abhängig vom Aufrufkontext sind, d. h., zu welchem Objekt die Fehler erzeugende Methode gehört.

```
# ---[SNIP]---
$dbh = DBI->connect($datasource,$uid,$pwd,%attributes);
if(DBI->err() == 0)
{
  $sth = $dbh->prepare('SELECT * FROM a_table');
  $sth->execute();
  if($sth->err() == 0)
  {
    ...
    $sth->finish();
  }
  else
  {
```

```
    print "Fehler #".$sth->err().": ".$sth->errstr();
  }
  $dbh->disconnect();
}
else
{
  print "Fehler #".DBI->err().": ".DBI->errstr();
}
# ---[SNAP]---
```

[×] Wenn der Fehler beim Ausführen einer anderen als der SELECT-Anweisung auftritt, müssen Sie die Methoden des dbh-Objekts aufrufen, um die Fehlerbehandlung realisieren zu können.

54.8 Metainformationen

Metainformationen sind die Informationen, die detaillierte Auskunft über die Struktur einer Tabelle oder einer Spalte geben, z. B. die Anzahl der Spalten einer Tabelle oder die Anzahl der Dezimalstellen eines Zahlenwertes. All diese Informationen lassen sich mit dem sth-Objekt auslesen.

Spaltenanzahl $sth->{'NUM_OF_FIELDS'} liefert die Anzahl der Spalten der Ergebnistabelle. Dieser Wert ist nur dann mit der Anzahl der Spalten der abgefragten Tabelle gleichzusetzen, wenn Sie ein Konstrukt wie SELECT * FROM a_table verwendet haben.

Datentyp $sth->{'TYPE'} liefert die Typen der Spalten als Liste von Zahlen zurück. Die Reihenfolge der Zahlen der Liste entspricht der Reihenfolge der Spalten in der Tabelle, wodurch sich anhand des Zahlenwertes der Typ des Datenfeldes ermitteln lässt.

Feldname $sth->{'NAME'} liefert ein Array mit den Namen der einzelnen Spalten der Ergebnistabelle. Die Reihenfolge der Namen entspricht wiederum der Reihenfolge der Spalten in der Tabelle. Alternativ können Sie auch $sth->{'NAME_uc'} verwenden, um die Namen in Großbuchstaben zu erhalten, oder $sth->{'NAME_lc'}, um die Namen in Kleinbuchstaben zu erhalten.

Darf NULL enthalten? $sth->{'NULLABLE'} speichert in einem Array, ob das Datenfeld der Spalte den Wert NULL enthalten darf oder nicht.

Feldlänge $sth->{'SCALE'} liefert ein Array mit Werten, die der maximalen Zeichenzahl des Feldes entsprechen.

Genauigkeit $sth->{'PRECISION'} liefert ebenfalls wieder ein Array mit Werten, die angeben, wie viele Nachkomma- bzw. Dezimalstellen der Zahlenwert der Spalte besitzt.

54.9 Zusammenfassung

- Verbindungen zu MySQL-Datenbanken werden mit der Methode `connect` des DBI-Moduls ermöglicht.
- Im `datasource`-Parameter muss dabei sowohl der Name der zu verwendenden Datenbank als auch des zu verwendenden Treibers angegeben werden.
- SQL-Anweisungen mit Ergebnismenge werden mit Hilfe der Methoden `prepare` und `execute` ausgeführt.
- SQL-Anweisungen ohne Ergebnismenge werden mit der Methode `do` ausgeführt.
- Die Verarbeitung der Ergebnismenge erfolgt abhängig von der verwendeten Methode.
- Eine eigene Fehlerbehandlung können Sie mit Hilfe der Methoden `err` und `errstr` realisieren.
- Das `sth`-Objekt liefert unterschiedliche Metainformationen zur Ergebnistabelle.

54.10 Fragen und Übungen

1. Schreiben Sie ein Perl-Skript, das die Felder `autor`, `titel` und `preis` aller in der Tabelle `bspbuecher` vorhandenen Datensätze als HTML-Tabelle ausgibt.
2. Erweitern Sie das Perl-Skript aus der vorherigen Aufgabe so, dass die Titel der Bücher als Hyperlinks ausgegeben werden. Sobald ein Benutzer auf eine der Verknüpfungen klickt, soll nur der gewählte Datensatz vollständig als HTML-Tabelle ausgegeben werden. Das Skript, das den Datensatz ausgibt, müssen Sie nicht erzeugen.
3. Ändern Sie das Skript aus Aufgabe 1 so, dass der Benutzer die maximale Anzahl der anzuzeigenden Bücher durch die Angabe einer Zahl in der URI beschränken kann.

Frag einen beliebigen DBA nach einer Liste mit den besten Datenbanken, die zur Verfügung stehen und es ist garantiert, dass MySQL an der Spitze stehen wird.
– Autor unbekannt

55 MySQL und PHP

Da Sie nun wissen, wie eine MySQL-Datenbank mit Perl angesprochen wird, werde ich Ihnen erklären, wie Sie dies mit PHP realisieren können.

55.1 Datenbankverbindung herstellen

PHP bietet für den Zugriff auf eine MySQL-Datenbank eine API an, die bereits von vornherein in PHP-Skripts zur Verfügung steht. Diese API kapselt alle erforderlichen Funktionen, um mit MySQL kommunizieren und arbeiten zu können. Bis PHP 4 war die `mysql`-Erweiterung der Standard um auf die MySQL-Datenbank zuzugreifen. Das heißt, die Namen der Funktionen beginnen alle mit `mysql_`. Ab PHP 5 steht die neue, verbesserte `mysqli_`-API zur Verfügung. In den Beispielen werde ich immer auf die `mysql`-Variante zurückgreifen, weil diese unter PHP 4 und normalerweise auch unter PHP 5 funktioniert. Sollten Sie unter PHP 5 einmal das Problem haben, dass die `mysql`-Erweiterung nicht funktioniert, dann ist das aber kein Problem. Die meisten Funktionen sind weitgehend identisch. Das heißt, Sie müssen primär den Namen von `mysql` nach `mysqli` ändern. Sollte sich eine Funktion wirklich anders verhalten, finden Sie einen Hinweis im Text.

Die erste Funktion, die Sie benötigen, ist eine Funktion, um die Verbindung herzustellen: `mysql_connect`. Sie benötigt dafür jedoch drei Parameter: den Host und ggf. den Port, über den die Datenbank erreichbar ist, einen Benutzernamen und ein Passwort. Der Port ist normalerweise 3306, außer natürlich, Sie haben dies in der **my.ini** geändert.

```
resource mysql_connect(string host, string uid,
                       string pwd)
```

Verbindung erfolgreich

Konnte die Verbindung zur Datenbank erfolgreich hergestellt werden, gibt die Funktion eine Ressource bzw. ein Handle zurück, mit der bzw. dem im Skript später die Identifikation dieser Verbindung vorgenommen wird. Konnte die Verbindung jedoch nicht aufgebaut werden, z. B. aufgrund eines falschen Hosts oder einer falschen Benutzerkennung, gibt die Funktion `FALSE` zurück.

Hostname Wurde die Datenbank lokal auf dem Rechner installiert, können Sie als `host` entweder `localhost` oder 127.0.0.1 angeben. Ist die Datenbank auf einem anderen Rechner installiert, sollten Sie nach Möglichkeit die IP-Adresse angeben. Den Port müssen Sie nur dann angeben, falls er sich vom Standardport 3306 unterscheidet. Er wird dann mit einem Doppelpunkt hinter dem Hostnamen notiert.

Benutzerdaten Die Benutzerdaten sind abhängig davon, welche Festlegungen Sie bei der MySQL-Installation getroffen haben. Den Benutzernamen geben Sie als Parameter `uid` (Abkürzung für »**u**ser **id**entification«) und das Passwort als Parameter `pwd` (Abkürzung für »**p**ass**w**or**d**«) an. Da alle diese Parameter als Strings übergeben werden, dürfen Sie natürlich die Anführungsstriche nicht vergessen!

Fehlermeldung unterdrücken Je nach Konfiguration von PHP wird ein fehlerhafter Verbindungsaufbau oft automatisch mit einer Fehlermeldung von PHP quittiert. Um dies zu verhindern und eine eigene Fehlermeldung auszugeben, können Sie vor der Funktion ein `@` notieren. Dieser Operator unterbindet alle Fehlermeldungen, die eine Funktion auslösen könnte.[1]

```
$connection = @mysql_connect('localhost','user','password');
if($connection)
{
  echo '<p>Es klappt! Die Verbindung zur Datenbank wurde
        hergestellt!</p>';
}
else
{
  echo '<p>Die Verbindung zur Datenbank konnte leider
           nicht hergestellt werden. Bitte versuchen
           Sie es zu einem späteren Zeitpunkt noch
           einmal.</p>';
}
```

Ressourcenverbrauch Eine Datenbankverbindung bindet jedoch immer Leistungsreserven des Servers, auf dem das Skript ausgeführt wird. Auch wenn heutige Server oft über sehr große Reserven verfügen, beschleunigt es den Ablauf eines Skripts, wenn Sie Verbindungen beenden, sobald sie für den weiteren Ablauf des Skripts nicht mehr benötigt werden. Genau das Gegenteil wird aber bewirkt, wenn Sie während eines Skripts mehrmals eine Verbindung herstellen und wieder beenden! Zum Beenden einer Verbindung können Sie die Funktion `mysql_close` verwenden.

```
bool mysql_close([resource connection])
```

Die Angabe einer Verbindungskennung ist optional. Wenn Sie jedoch keine angeben, werden alle aktiven Verbindungen beendet. Bei Erfolg gibt die Funktion `TRUE` zurück, andernfalls `FALSE`.

1 Dies gilt im Übrigen auch für alle anderen PHP-Funktionen.

55.2 Datenbank auswählen

Sobald Sie eine Verbindung zu einer MySQL-Datenbank aufgebaut haben, können Sie eigentlich schon fast loslegen. Wie auch in der Konsole von MySQL müssen Sie zuvor allerdings noch eine Datenbank auswählen, mit der Sie arbeiten möchten. Auch dafür stellt die MySQL-API eine Funktion bereit: `mysql_select_db`.

```
bool mysql_select_db(string database [, resource connection])
```

Parameter

Diese Funktion erwartet als Parameter auf jeden Fall den Namen der Datenbank, die Sie für die folgenden SQL-Anweisungen verwenden möchten. Damit Sie bei mehreren Verbindungen gleichzeitig auch für die richtige Verbindung die gewünschte Datenbank auswählen, können Sie als zweiten Parameter optional das Datenbankhandle angeben. Wurde die Datenbank erfolgreich ausgewählt, gibt die Funktion `TRUE` zurück. Trat bei der Auswahl ein Fehler auf, lautet der Rückgabewert `FALSE`.

```
$connection = mysql_connect('localhost','user','password');
if($connection)
{
  if(mysql_select_db('bspbuecher'))
  {
    echo '<p>Datenbank wurde ausgewählt!</p>';
  }
  else
  {
    echo '<p>Datenbank konnte nicht ausgewählt werden!</p>';
  }
}
else
{
  echo '<p>Verbindung konnte nicht hergestellt werden!</p>';
}
```

[x] Da der Rückgabewert der Funktion `mysql_select_db` nicht für den weiteren Verlauf des Skripts wichtig ist, kann die Funktion bequem als Bedingung einer `if`-Abfrage aufgerufen werden.

Die `mysqli`-Variante dieser Funktion verhält sich ein wenig anders. Bei ihr müssen Sie erst die Verbindung und dann den Namen der Datenbank als Parameter übergeben. Das heißt, dass die Datenbankverbindung damit nicht mehr optional angegeben werden kann.

```
bool mysqli_select_db(resource connection, string database)
```

Ansonsten bleibt das Verhalten der Funktion aber völlig gleich.

55.2.1 Konfigurationsdatei

Wenn Sie viele verschiedene PHP-Skripts haben, in denen eine Verbindung zu MySQL hergestellt werden soll, und sich die Parameter für Host, Benutzernamen, Passwort und Datenbank nicht unterscheiden, ist es sinnvoll, diese Daten in eine externe Datei auszulagern, die dann im entsprechenden Skript lediglich eingebunden werden muss. Das Einbinden der Datei erfolgt dann über die `include`-Anweisung. Aus diesem Grund hat sich für solche Dateien auch eine spezielle »doppelte« Endung eingebürgert. Damit man eine solche Konfigurationsdatei schneller von anderen Dateien unterscheiden kann, wird sie mit der Endung **.inc.php** abgespeichert. Dies hat auch einen sicherheitstechnischen Aspekt. Denn Dateien, die auf **.php** enden, werden vor dem Übertragen zum Benutzer immer erst an den PHP-Interpreter übergeben. Somit wird es für einen Außenstehenden fast unmöglich, die heiklen Daten im Klartext lesen zu können. Das folgende Beispiel stellt eine solche Konfigurationsdatei dar, die unter dem Dateinamen **mysql.inc.php** abgespeichert wird.

```
<?php
  $sql['host'] = 'localhost';
  $sql['uid'] = 'user';

  $sql['pwd'] = 'password';
  $sql['db'] = 'bspbuecher';
?>
```

Listing 55.1 Beispiel für eine Konfigurationsdatei

Arraydefinition

In Listing 55.1 wird ein assoziatives Array definiert, das vier Elemente mit den wichtigsten Informationen enthält, um eine Datenbankverbindung aufzubauen und die richtige Datenbank auszuwählen. Der Vorteil ist, dass Sie die Daten nur in einer Datei ändern müssen, falls sich einmal das Passwort oder der Name der Datenbank ändert. Eine erhebliche Erleichterung!

In einem Skript, das die Verbindung aufbauen soll, könnte dies dann folgendermaßen aussehen:

```
// ---[SNIP]---
include('mysql.inc.php');
$connection = mysql_connect($sql['host'],$sql['uid'],
                            $sql['pwd']);
if($connection)
{
  if(mysql_select_db($sql['db']))
  {
// ---[SNAP]---
```

[x] Wo Sie die Datei ablegen, ist eigentlich egal. Wenn Sie Ihre Seite auf einem Server ablegen, bei dem Sie auch Zugriff auf das Elternverzeichnis des Document-Root-Verzeichnisses haben, sollten Sie die Datei am besten dort ablegen.

Ein Benutzer Ihrer Webseite kann auf dieses Verzeichnis auf jeden Fall nicht zugreifen, und so ist die Datei noch einmal zusätzlich vor ihm geschützt.

55.3 Anfragen stellen

Um nun eine SQL-Anweisung an eine MySQL-Datenbank zu übergeben, benötigen Sie die Funktion `mysql_query`. Die Anweisung bezieht sich dann auf die Datenbank, die zuvor mit `mysql_select_db` ausgewählt wurde.

[«] Ein wichtiger Hinweis: Während Sie in der MySQL-Konsole alle Anweisungen mit einem Semikolon ; abschließen mussten, dürfen Sie dies bei PHP nicht. Das Semikolon in der Konsole zeigt MySQL das Ende einer SQL-Anweisung an und ermöglicht es, mehrere unterschiedliche Anweisungen hintereinander zu übergeben. In PHP müssen Sie jedoch alle Anweisungen einzeln übergeben. Den Grund dafür werden Sie im Laufe dieses und der nächsten Abschnitte noch genauer kennenlernen.

Mit `mysql_query` können Sie eine beliebige SQL-Anweisung ausführen. Dabei ist es egal, ob es eine `SELECT`-, `INSERT`-, `UPDATE`- oder `DELETE`-Anweisung ist. Aber auch alle anderen Anweisungen wie `CREATE TABLE` oder `DROP DATABASE` sind erlaubt.

Die Syntax von `mysql_query`:

```
mixed mysql_query(string query [,resource connection])
```

Parameter

Als Parameter `query` müssen Sie die auszuführende SQL-Anweisung als String übergeben. Optional können Sie auch noch das Datenbankhandle übergeben, was aber nur bei mehreren aktiven Verbindungen notwendig ist.

In der `mysqli`-Version ist die Reihenfolge der Parameter wiederum vertauscht, sodass Sie erst das Datenbankhandle und dann den SQL-Befehl übergeben müssen. In diesem Fall ist das Datenbankhandle obligatorisch.

```
mixed mysqli_query(resource connection , string query)
```

Je nachdem, ob die Anfrage erfolgreich war oder nicht und welche Art von SQL-Anweisung an die Funktion übergeben wurde, gibt diese entweder eine Ressource, `TRUE` oder `FALSE` zurück.

- `Resource`
  Eine Ressource wird immer dann zurückgegeben, wenn eine `SELECT`- oder `SHOW`-Anweisung an die Funktion, respektive die Datenbank, übergeben wurde.
- `TRUE`
  Wurde eine andere Anweisung übergeben und wurde diese erfolgreich ausgeführt, gibt die Funktion `TRUE` zurück.
- `FALSE`
  Trat während der Ausführung der Anweisung ein Fehler auf, wird `FALSE` zurückgegeben.

Drei Rückgabewerte

Der Grund für diese drei verschiedenen Rückgabewerte ist, dass nicht jede SQL-Anweisung ein Ergebnis liefert. Während Sie mit `SELECT` oder `SHOW` Daten von MySQL anfordern, werden bei `DELETE` oder `INSERT` Daten an MySQL übergeben. Dementsprechend müssen Sie auf den Rückgabewert der Funktion `mysql_query` auch unterschiedlich reagieren.

```
// ---[SNIP]---
$result = mysql_query('SELECT * FROM bspverlage');
if($result)
{ ...
// ---[SNAP]---
```

Ergebnismenge auslesen

In `$result` wird bei erfolgreich ausgeführter Anweisung eine Ressource gespeichert. Um das Ergebnis bearbeiten zu können, müssen Sie dann z. B. `mysql_fetch_row` oder `mysql_fetch_array` ausführen. Durch die Überprüfung von `$result` in einer `if`-Abfrage können Sie ermitteln, ob die SQL-Anweisung erfolgreich war oder nicht.

```
// ---[SNIP]---
$result = mysql_query('DELETE FROM bspverlage');
if($result)
{ ...
// ---[SNAP]---
```

Wurde die Anweisung erfolgreich ausgeführt, enthält `$result` nun den Wert `TRUE`. Die Funktion `mysql_affected_rows` liefert dann die Anzahl der betroffenen Datensätze der SQL-Anweisung. Nutzen Sie mehrere Datenbankverbindungen, können Sie der Funktion die Datenbankverbindung als Parameter übergeben. Die PHP 5-Variante erfordert diesen Parameter übrigens zwingend.

[x] Sobald Sie Ergebnisse einer SQL-Anweisung nicht mehr benötigen, sollten Sie mit `mysql_free_result` den durch das Ergebnis belegten Speicher wieder freigeben. Dies ist nicht zwingend erforderlich, da der Speicher nach Ablauf eines PHP-Skripts automatisch wieder zur Verfügung steht. Auf Systemen mit wenig Arbeitsspeicher ist das manuelle Freigeben jedoch empfehlenswert.

```
bool mysql_free_result(resource result)
```

55.4 Ergebnisverarbeitung bei SELECT oder SHOW

Die Funktion `mysql_query` gibt keine Ergebnisse aus Datenbankabfragen zurück, sondern im Fall einer `SELECT`- oder `SHOW`-Anweisung lediglich eine Ressource auf eine Tabelle, die das Abfrageergebnis enthält. Die Ergebnisse der Abfrage werden von MySQL zwischengespeichert und bei Bedarf zurückgegeben. Um nun an die Ergebnisse heranzukommen, benötigen Sie die Ressource, die `mysql_query` zurückgegeben hat.

Anzahl der Datensätze

Die wichtigste Funktion ist dabei `mysql_num_rows`, denn diese Funktion gibt die Anzahl der Zeilen der Ergebnistabelle zurück. Diese Zeilen entsprechen dann den

Datensätzen, die auf die Anfrage passen. Wenn das Ergebnis der Abfrage keine Datensätze enthält, sind in der Ergebnistabelle dementsprechend 0 Datensätze gespeichert. Nur wenn ein Fehler aufgetreten ist, gibt die Funktion den Wert FALSE zurück.

```
integer mysql_num_rows(resource result)
```

Anzahl der Spalten

In gleicher Weise können Sie auch die Anzahl der Spalten der Ergebnistabelle mit der Funktion mysql_num_fields ermitteln. Diese Funktion liefert jedoch entweder FALSE oder ein Ergebnis, das größer als 0 ist. Der Grund ist denkbar einfach, denn egal ob die Ergebnistabelle einen Datensatz enthält oder nicht, es sind auf jeden Fall so viele Spalten in der Ergebnistabelle definiert, wie in der SELECT-Anweisung angefordert wurden.

```
integer mysql_num_fields(resource result)
```

In Verbindung mit der Funktion mysql_result, zu der es kein Pendant in der mysqli-Erweiterung gibt, können Sie die Daten dann spalten- und zeilenweise ausgeben.

```
mixed mysql_result(resource result, integer row [, integer col])
```

Als ersten Parameter müssen Sie die Ressource der Ergebnistabelle angeben, gefolgt von der Zeile (bzw. dem Datensatz). Alternativ können Sie dann auch noch die Spalte aufführen. Die Zählung beginnt dabei, wie auch bei Arrays, mit 0.

```
$result = mysql_query('SELECT * FROM bspbuecher');
if($result)
{
  echo '<table border="1">';
  for($row = 0; $row < mysql_num_rows($result); $row++)
  {
    echo '<tr>';
    for($col = 0; $col < mysql_num_fields($result); $col++)
    {
      $cell = mysql_result($result,$row,$col);
      echo "<td>$cell</td>";
    }
    echo '</tr>';
  }
  echo '</table>';
}
```

[x]

Dies ist zwar die einfachste Variante, um die Ergebnistabelle auszulesen, aber auch die denkbar langsamste. Da die Zellen einzeln ausgelesen werden, muss jedes Mal auf die Ergebnistabelle zugegriffen und die entsprechende Zelle gesucht werden. Bei einer Tabelle mit drei Zeilen und vier Spalten mag dies nicht weiter auffallen. Bei zehn Spalten und 10.000 Zeilen fällt dies jedoch deutlicher ins Gewicht.

Bessere Methode

Wesentlich schneller ist es, die Ergebnistabelle zeilenweise einzulesen, und zwar von Anfang bis Ende. Die Funktionen mysql_fetch_row, mysql_fetch_array und `mysql_fetch_object` lesen die Ergebnistabelle zeilenweise ein und liefern beim jeweils nächsten Aufruf auch den nächsten Datensatz, und zwar so lange, bis alle Datensätze ausgelesen wurden. Sie unterscheiden sich lediglich darin, wie sie den Datensatz zurückgeben.

```
$row = mysql_fetch_row($result);
```

Indiziertes Array Bei `mysql_fetch_row` wird der Datensatz als einfaches indiziertes Array zurückgegeben. Der Zugriff auf die einzelnen Felder bzw. Spalten erfolgt dann über die Spaltennummer beginnend bei 0. Ein Beispiel: `$row[1]` für die zweite Spalte.

```
$row = mysql_fetch_array($result);
```

Assoziatives Array Der Datensatz wird bei Verwendung von `mysql_fetch_array` als assoziatives Array zurückgegeben. Als Index müssen Sie dann die Spaltennamen verwenden.

Beispiel: `$row['autor']`

```
$row = mysql_fetch_object($result);
```

Objekt Als Objekt gibt die Funktion `mysql_fetch_object` den Datensatz zurück. Die einzelnen Felder des Datensatzes werden dann als Eigenschaften des Objekts zur Verfügung gestellt. Die Namen der Eigenschaften richten sich nach den Spaltennamen. Ein Beispiel:

```
$row->autor
```

Sobald alle Datensätze zurückgegeben worden sind, liefern alle drei Funktion `FALSE` zurück. Die Funktionen sind also schon fast dazu prädestiniert, in einer `while`-Schleife angewendet zu werden.

[×] Wenn Ihnen die exakte Tabellenstruktur unbekannt ist, können Sie die Ergebnistabelle folgendermaßen ausgeben:

```
$result = mysql_query('SELECT * FROM bspbuecher');
if($result)
{
  echo '<table>';
  while($row = mysql_fetch_row($result))
  {
    echo '<tr>';
    for($col = 0; $col < count($row); $col++)
    {
      echo "<td>$row[$col]</td>";
    }
    echo '</tr>';
  }
  echo '</table>';
}
```

55.5 Ergebnisverarbeitung bei anderen Anweisungen

Da Anweisungen wie z. B. DELETE oder INSERT kein Ergebnis liefern, können Sie den Erfolg der Anweisung erst einmal nur mit if($result) überprüfen. Dies ist jedoch in den meisten Fällen nicht ausreichend. Vor allem bei INSERT- oder UPDATE-Anweisungen möchte man häufig wissen, wie viele Datensätze von der UPDATE-Anweisung betroffen waren oder welcher Primärschlüssel einem neuen Datensatz zugewiesen wurde.

Wie viele Datensätze sind betroffen?

Bei INSERT-, UPDATE- oder DELETE-Anweisungen können Sie mit Hilfe der Funktion mysql_affected_rows bzw. der Funktion mysqli_affected_rows ermitteln, wie viele Datensätze von einer Anweisung betroffen waren.

```
integer mysql_affected_rows([resource connection])
integer mysqli_affected_rows(resource connection)
```

[×]

Die Angabe der Verbindungskennung ist optional. Wenn jedoch mehrere Verbindungen gleichzeitig geöffnet sind, sollten Sie die Verbindungskennung immer mit angeben, damit Sie auch den korrekten Wert erhalten. Bei der Verarbeitung des Wertes sind jedoch ein paar Hinweise zu beachten. Nach einer DELETE-Anweisung liefert mysql_affected_rows die Anzahl der tatsächlich gelöschten Datensätze, aber nur, wenn Sie eine WHERE-Bedingung angegeben haben. Ohne Bedingung werden alle Datensätze gelöscht, und der Rückgabewert von mysql_affected_rows entspricht 0. Auch bei einer UPDATE-Anweisung kann es zu Irritationen kommen. Denn die Funktion mysql_affected_rows liefert nur die Datensätze zurück, die auch wirklich verändert wurden. Datensätze, die zuvor schon über den neuen Wert verfügten, werden nicht geändert und in der Zählung auch nicht berücksichtigt.

```
$result = mysql_query('UPDATE bspbuecher SET verlag=2 WHERE verlag=3');
if($result)
{
  $affected = mysql_affected_rows($connection);
  echo "Es wurden $affected Datensätze verändert.";
}
```

ID ermitteln

Wenn Sie neue Datensätze in eine Tabelle mit einer INSERT-Anweisung einfügen und dabei keinen Wert für eine Spalte mit der Option AUTO_INCREMENT angeben, wird automatisch ein Wert zugewiesen. Mit der Funktion mysql_insert_id lässt sich dann der automatisch zugewiesene Wert ermitteln. Der Funktion können Sie optional eine Verbindungskennung übergeben, die in der mysqli-Variante allerdings angegeben werden muss.

```
int mysql_insert_id([resource connection])
```

Wurde bei der vorherigen SQL-Anweisung kein automatischer Wert zugewiesen, liefert die Funktion 0 zurück.

55.6 Datentypen

Das Einfügen von Daten ist eigentlich kein Problem, jedoch müssen einige Dinge beachtet werden.

55.6.1 Zeichenketten

MySQL erwartet, dass Zeichenketten in einfachen Anführungsstrichen übergeben werden. Dadurch bleibt Ihnen in der Regel nichts anderes übrig, als die gesamte SQL-Anweisung in doppelte Anführungszeichen zu setzen, um die einfachen innerhalb der Anweisung oder auch für die automatische Auflösung von Variablen verwenden zu können.

```
$name = 'Galileo Press';
$sql = "SELECT * FROM bspverlage WHERE name = '$name'";
```

Es kommt jedoch auch oft vor, dass Sie innerhalb einer Zeichenkette bestimmte Sonderzeichen verwenden möchten. Häufig werden auch einfache Anführungszeichen innerhalb von doppelten Anführungszeichen verwendet, was innerhalb von PHP natürlich zulässig ist.

```
$a_string = "That's tricky.";
$sql = "INSERT INTO a_table VALUES ('$a_string')";
```

Problem Auf den ersten Blick ist der Fehler nicht sofort zu erkennen. Die Variable `$a_string` wird bei der Zuweisung der SQL-Anweisung an `$sql` automatisch aufgelöst, was dazu führt, dass versucht wird, folgende Zeichenkette als Anweisung an MySQL zu übergeben:

```
INSERT INTO a_table VALUES ('That's tricky')
```

MySQL denkt nun, dass die einzufügende Zeichenkette nach `That` zu Ende ist, und quittiert dies mit einer Fehlermeldung, da anschließend weitere Zeichen folgen, mit denen MySQL nichts anfangen kann. Dies kann Ihnen auch mit anderen Zeichen wie z. B. " oder \ passieren. Es wäre mühselig, nun jedes Mal die Sonderzeichen mit \ zu entwerten. PHP hat jedoch eine Funktion auf Vorrat, die dies übernimmt: `mysql_real_escape_string`. Diese Funktion setzt vor alle Sonderzeichen, also ', ", \ und `\0` (0-Byte-Zeichen), einen Backslash:

```
string mysql_real_escape_string(string str[, resource connection])
string mysqli_real_escape_string(resource connection, string str)
```

Die folgende Funktion gibt die überarbeitete Zeichenkette zurück:

```
$a_string = "That's tricky.";
$sql =
 "INSERT INTO a_table VALUES ('".mysql_real_escape_string($a_string)."')";
```

55.6.2 Datums- und Zeitangaben

Ich hatte bereits angemerkt, dass es im Zusammenhang mit Datums- und Zeitangaben des Öfteren Probleme gibt, die durch die Formatierung solcher Werte bedingt sind. MySQL erwartet Datumsangaben entweder im Format JJJJTTMM oder JJJJ-TT-MM. Bei Zeitangaben akzeptiert MySQL entweder HHMMSS oder HH:MM:SS.

Zeitstempel umwandeln

PHP arbeitet jedoch mit einem Zahlenwert, der die Sekunden seit dem 1.1.1970 darstellt. Am einfachsten ist die Verwendung einer MySQL-Funktion, und zwar `FROM_UNIXTIME`. Diese Funktion wandelt einen PHP-Zeitstempel in einen MySQL-kompatiblen Zeitstempel um.

```
$timestamp = time();
$sql =
  "INSERT INTO a_table VALUES(FROM_UNIXTIME($timestamp))";
```

Der PHP-Zeitstempel wird dann vor dem Einfügen in die Datenbank in das MySQL-Format umgewandelt. Dabei ist es egal, ob die Spalte vom Typ `DATE`, `TIME` oder `DATETIME` ist. Alternativ können Sie natürlich auch die PHP-Funktion `strftime` verwenden, um den PHP-Zeitstempel zuvor in einen MySQL-Zeitstempel umzuwandeln.

```
$timestamp = strftime("%Y%m%d",time());
$sql = "INSERT INTO a_table VALUES($timestamp)";
```

Zurücksetzen

Umgekehrt können Sie natürlich auch einen MySQL-Zeitstempel in einen PHP-Zeitstempel umwandeln. Auch dafür stellt MySQL eine Funktion bereit: `UNIX_TIMESTAMP`.

```
$sql = "SELECT UNIX_TIMESTAMP(date) FROM a_table";
```

Die Datumsangabe in der Spalte `date` wird nun als PHP-kompatibler Zeitstempel zurückgegeben. Darüber hinaus bietet natürlich auch PHP verschiedene Möglichkeiten, einen beliebigen Zeitstempel für PHP kompatibel zu machen. Dies ist jedoch viel umständlicher, da Sie zuvor überprüfen müssen, ob Sie einen Wert vom Typ `DATE`, `TIME` oder `DATETIME` erhalten, und anschließend den erhaltenen Wert Stück für Stück zerlegen müssen.

[x] Ein Hinweis zum Schluss: Datums- und Zeitangaben werden in MySQL übrigens in Anführungsstrichen notiert.

55.7 Fehlerbehandlung

Es kann immer einmal zu Fehlern kommen. Deshalb geben alle MySQL-spezifischen PHP-Funktionen auch immer `FALSE` zurück, wenn ein Fehler aufgetreten ist. Den genauen Fehlergrund erfahren Sie dadurch jedoch nicht. Sie können nur feststellen, an welcher Stelle ein Fehler aufgetreten ist.

```
$connection = @mysql_connect('localhost','user','password');
if($connection)
{
```

```
  ...
}
else
{
  echo 'Verbindung konnte nicht hergestellt werden.';
}
```

Fehlernummer und -text

Zur MySQL-API gehören aber auch zwei Funktionen, die Ihnen genaue Auskunft über den Fehler geben. Dies sind `mysql_errno` und `mysql_error`. Beide Funktionen akzeptieren optional das Datenbankhandle, das Sie in der `mysqli`-Variante angeben müssen.

`mysql_errno` ermittelt den Fehlercode, und `mysql_error` liefert einen entsprechenden Fehlertext. Sie sollten die Rückgabewerte der beiden Funktionen bei der Ausgabe einer Fehlermeldung zusätzlich mit ausgeben.

```
$connection = mysql_connect('localhost','user','password');
if($connection)
{
  ...
}
else
{
  echo "Verbindung konnte nicht hergestellt werden.\n";
  echo 'Fehler #'.mysql_errno().' - 'mysql_error()."\n";
}
```

[x] Die Verwendung dieser beiden Funktionen ist vor allem bei der Entwicklung von PHP-Skripts hilfreich, da sie mehr Transparenz liefern und Sie feststellen können, ob der Fehler in Ihrem Skript oder in MySQL zu finden ist.

55.8 Metainformationen

Zusätzlich zu den einzelnen Datensätzen aus Abfragen können Sie jedoch auch allgemeine Informationen zu den vorhandenen Datenbanken, Tabellen und den einzelnen Strukturen erhalten. Auch dafür stellt die MySQL-API eine Reihe von Funktionen bereit.

55.8.1 Datenbanken

So können Sie z. B. mit der Funktion `mysql_list_dbs`, die in der `mysqli`-Erweiterung nicht enthalten ist, alle verfügbaren Datenbanken eines MySQL-Servers auflisten. Der Aufruf und das Ergebnis dieser Funktion entspricht der SQL-Anweisung `SHOW DATABASES`, die Sie dann auch nutzen können, um das Fehlen der Funktion in `mysqli` zu kompensieren. Als Ergebnis liefert die Funktion eine Ressource. Mit `mysql_fetch_row` oder einer anderen Funktion, die Ergebnistabellen abarbeiten kann, können Sie die einzelnen Datenbanken dann auslesen.

```
resource mysql_list_dbs([resource connection])
```

Wenn während des Vorgangs ein Fehler aufgetreten ist, liefert die Funktion FALSE zurück. Sie können dann mit mysql_errno und mysql_error detaillierte Informationen zu dem Fehler abrufen.

Datenbanken ermitteln

```
$dblist = mysql_list_dbs();
while($db = mysql_fetch_array($dblist))
{
  echo $db['database']."<br>\n";
}
```

Die Funktion mysql_list_dbs ermittelt lediglich die Namen der Datenbanken. Wenn Sie mysql_fetch_row verwenden, genügt die Angabe des Index 0. Bei mysql_fetch_array lautet der Schlüssel database und bei mysql_fetch_object heißt die Eigenschaft database.

55.8.2 Tabellen

Die MySQL-API stellt zudem die Funktion mysql_list_tables bereit, die den gleichen Zweck wie die SQL-Anweisung SHOW TABLES erfüllt. Auch hier gilt, dass Sie bei mysqli nur mithilfe von SHOW TABLES einen Überblick über die Tabellen bekommen können, weil in mysqli keine entsprechende Funktion vorhanden ist. Sie ermittelt alle Tabellen, die eine Datenbank enthält, und gibt eine Ressource auf die Ergebnistabelle zurück. Diese Tabelle lässt sich ebenfalls wieder mit einer entsprechenden Funktion auslesen. Als Parameter erwartet sie auf jeden Fall den Namen der Datenbank, deren Tabellen ermittelt werden sollen.

```
resource mysql_list_tables(string database [, resource connection])
```

Die Angabe des Datenbankhandles ist wie auch bei mysql_list_dbs optional, aber notwendig, wenn Sie mehrere Verbindungen gleichzeitig geöffnet haben.

Tabellen ermitteln

```
$tablelist = mysql_list_tables('bspbuecher');
while($table = mysql_fetch_row($tablelist))
{
  echo $table[0]."<br>\n";
}
```

[x] Sie sollten zum Auslesen der Ergebnistabelle mysql_fetch_row verwenden, da der Name des Schlüssels bzw. der Eigenschaft bei Verwendung von mysql_fetch_array oder mysql_fetch_object ein wenig umständlich ist. Wurden die Tabellen der Datenbank bspbuecher ausgelesen, lautet der Name nämlich tables_in_bspbuecher und ändert sich dementsprechend abhängig vom Datenbanknamen.

55.8.3 Felder bzw. Spalten

Die Funktion mysql_list_fields arbeitet ähnlich wie die SQL-Anweisung EXPLAIN tablename. Auch hier gilt, dass Sie bei Nutzung von mysqli auf den SQL-Befehl zurückgreifen müssen. Es gibt einen kleinen Unterschied: mysql_list_fields liefert nur die Namen der einzelnen Felder bzw. Spalten, während `EXPLAIN` detaillierte Informationen zur Struktur der Tabelle liefert. Es gibt jedoch weitere Funktionen, die auch diese Detailinformationen ermitteln. Als Parameter erwartet `mysql_list_fields` zum einen den Datenbanknamen und zum anderen einen Tabellennamen.

```
resource mysql_list_fields(string database, string table
  [, resource connection])
```

Erfolgreiche Ausführung

Wurde die Funktion erfolgreich ausgeführt, gibt sie eine Ressource auf die Ergebnistabelle zurück, andernfalls natürlich `FALSE`. Die Ergebnistabelle können Sie nun nicht mehr mit `mysql_fetch_row`, `mysql_fetch_array` oder `mysql_fetch_object` auslesen, sondern nur mit den Funktionen, die die MySQL-API dafür vorgesehen hat.

- `mysql_field_name`
  gibt den Namen eines Feldes bzw. einer Spalte zurück.
- `mysql_field_type`
  ermittelt den Datentyp eine Feldes.
- `mysql_field_len`
  liefert die Länge eines Feldes.
- `mysql_field_flags`
  gibt die gesetzten Optionen einer Spalte zurück.

Alle vier Funktionen erwarten zwei Parameter: die Ressource der Ergebnistabelle und den Index der Spalte, über die Informationen ermittelt werden sollen.

```
string  mysql_field_name(resource fields, integer index)
string  mysql_field_type(resource fields, integer index)
integer mysql_field_len(resource fields, integer index)
string  mysql_field_flags(resource fields, integer index)
```

Ergebnis interpretieren

Wenn Sie Details über die Struktur einer Tabelle erfahren wollen, werden die Informationen in einer Ergebnistabelle gespeichert. Alle Spalten, die eine Tabelle besitzt, werden dann als Datensätze in die Ergebnistabelle eingefügt. Diese Datensätze enthalten dann den Namen, den Datentyp, die Feldlänge und die gesetzten Optionen. Mit dem Parameter `index` der vier zuvor genannten Funktionen können Sie dann die einzelnen Spalten bei 0 beginnend identifizieren.

Das nun folgende Listing bietet ein Beispiel dafür, wie die einzelnen Funktionen zusammenarbeiten.

```
<?php
  $connection = mysql_connect('localhost','','');
  $fields = mysql_list_fields('bspbuecher','bspbuecher');

  echo '<table border="1">';
  echo '<tr><th>Name</th><th>Datentyp</th><th>Länge</th>
        <th>Optionen</th></tr>';
```

```
  for($col=0; $col<mysql_num_fields($fields); $col++)
  {
    $name = mysql_field_name($fields,$col);
    $type = mysql_field_type($fields,$col);
    $len = mysql_field_len($fields,$col);
    $flags = mysql_field_flags($fields,$col);
    echo '<tr>';
    echo "<td>$name</td>";
    echo "<td>$type</td>";
    echo "<td>$len</td>";
    echo "<td>$flags</td>";
    echo '</tr>';
  }

  echo '</table>';
  mysql_close();
?>
```

Listing 55.2 Die Strukturdaten der Tabelle bspbuecher ermitteln

Ein Großteil dieses Listings besteht aus `echo`-Anweisungen, um die Daten auszugeben. Konzentrieren Sie sich also auf das Wesentliche:

```
for($col=0; $col<mysql_num_fields($fields); $col++)
```

Diese `for`-Schleife wird so lange ausgeführt, wie Datensätze in der Ergebnistabelle vorhanden sind. Optional hätte man zwar eine `while`-Schleife verwenden können, Sie benötigen jedoch eine Zählvariable (in diesem Fall `$col`), die Sie als Index an die Funktionen `mysql_field_name`, `mysql_field_type`, `mysql_field_len` oder `mysql_field_flags` übergeben. Im Anweisungsblock der Schleife werden dann die einzelnen Werte ermittelt und ausgegeben.

55.9 Zusammenfassung

- Verbindungen zu MySQL-Datenbanken werden mit der Funktion `mysql_connect` aufgebaut.
- Die Auswahl der Datenbank erfolgt mit `mysql_select_db`.
- SQL-Anweisungen können mit `mysql_query` ausgeführt werden.
- Die Behandlung der Ergebnisse erfolgt abhängig von der der SQL-Anweisung: bei `SELECT`- und `SHOW`-Anweisungen mit Funktionen, die die Ergebnistabelle auslesen, und bei allen anderen Anweisungen mit `mysql_affected_rows`.
- Detailinformationen über Fehler erhalten Sie mit `mysql_errno` und `mysql_error`.
- Mit den Funktionen `mysql_list_db`, `mysql_list_tables` und `mysql_list_fields` können Sie alle existierenden Datenbanken, Tabellen und Felder von MySQL anfordern.

- Die Funktionen `mysql_field_name`, `mysql_field_type`, `mysql_field_len` und `mysql_field_flags` hingegen liefern Detailinformationen zu den Feldern bzw. Spalten einer Tabelle.

55.10 Fragen und Übungen

1. Schreiben Sie ein PHP-Skript, das die Namen aller in der Tabelle `bspverlage` vorhandenen Verlage in einem HTML-Dokument ausgibt.
2. Erweitern Sie das Skript aus der vorherigen Aufgabe so, dass die Namen der Verlage als Hyperlinks ausgegeben werden. Nach dem Klick auf einen der Hyperlinks sollen in einem weiteren Skript die Titel und die Autoren aller Bücher des Verlags ausgegeben werden.
3. Erweitern Sie das Skript erneut. Die Buchtitel sollen nun auch als Hyperlinks ausgegeben werden. Nach einem Klick auf einen Buchtitel sollen alle Informationen zu dem Buch in einem HTML-Dokument ausgegeben werden.

55.11 mysqli

Dass es in PHP nicht nur die `mysql`-, sondern auch die `mysqli`-Funktionen gibt, hatte ich ja schon erwähnt. Die neuen Funktionen verhalten sich mit Ausnahme der Parameter-Reihenfolge wie Ihre Vorgänger. Hier und da sind sie ein wenig schneller, aber einen großen Unterschied gibt es nicht. Allerdings kennt `mysqli` noch einige Erweiterungen, die ich hier kurz erwähnen möchte.

55.11.1 Prepared Statements

Zuerst möchte ich Ihnen Prepared Statements, also »vorbereitete Abfragen«, vorstellen. Im Abschnitt über MySQL habe ich sie noch nicht erwähnt, da es keinen Sinn machen würde, sie über die Kommandozeile einzutippen. Prepared Statements sind Abfragen, die schon fertig formuliert sind, aber noch keine Parameter enthalten. Das heißt, Sie können der Datenbank schon mitteilen: »Hol mir mal alle Werte, bei denen die ID größer als ???? ist«. Die Datenbank bekommt diese Information übergeben und wartet dann nur noch darauf, dass die Fragezeichen durch einen Wert ersetzt werden. Sobald Sie dann einen Wert übergeben, kann die Datenbank die Abfrage ausführen.

Das hört sich komplizierter an als die »normale« Variante, in der Sie gleich die komplette Abfrage an die Datenbank schicken. Stimmt, ist auch komplizierter. Warum sollte man es dann machen? Hierfür gibt es zwei Gründe. Der erste ist die Geschwindigkeit. Ein SQL-Befehl, der vorbereitet ist, wird von der Datenbank schon analysiert und interpretiert. Das heißt, wenn die Werte übergeben werden, kann sie sofort loslegen. Gerade dann, wenn Sie eine Anfrage öfter mit unterschiedlichen Parametern ausführen müssen, kann sich das deutlich bemerkbar machen.

Der zweite Grund ist die Sache mit der Sicherheit. Betrachten Sie den folgenden Code-Abschnitt, der eine (recht unsichere) Passwort-Abfrage darstellt:

```
$user = $_POST['user'];
$passwort = $_POST['passwort'];

$sql = "SELECT * FROM users WHERE user = '$user' AND passwort =
'$passwort'";
$erg = mysql_query($sql);
if (0 < mysql_num_rows($erg))
{
  echo "Username und Passwort korrekt";
}
else
{
  echo "Username oder Passwort falsch";
}
```

Hier wurden die Eingaben, die aus dem Formular kommen, nicht mithilfe von `mysql_real_escape_string` bearbeitet. Das heißt, ein Benutzer könnte den folgenden Text als Usernamen eingeben: `admin' or '1'='1`. Damit würde sich dann die folgende SQL-Abfrage ergeben:

```
$sql = "SELECT * FROM users
     WHERE user = 'admin' or '1'='1' AND passwort = 'passwort'";
```

Sollte es in dem System einen User namens `admin` geben, wäre der Benutzer sofort eingeloggt ohne dass das Passwort noch ausgewertet wird. Man spricht hierbei auch von einer *SQL-Injection*. Würde in dem Code eine vorbereitete Abfrage genutzt, wäre das Problem nicht aufgetreten, weil die Datenbank sich dann selbstständig um die Anführungszeichen kümmern und sie entwerten würde.

Die Abfrage wird mit `mysqli_prepare` vorbereitet. An den Stellen, an denen ein Parameter eingefügt wird, notieren Sie einfach ein Fragezeichen. Die Werte werden dann mit der Funktion `mysqli_bind_param` zugewiesen. Sie bekommt als ersten Parameter den Rückgabewert von `mysqli_prepare` übergeben. Der zweite Parameter ist ein String, der definiert, um welche Datentypen es sich bei den Parametern handelt. Die Definition erfolgt mithilfe von Buchstaben. Das heißt, für jeden Parameter wird ein Buchstabe angegeben, der festlegt, um welchen Datentyp es geht. Die Platzhalter finden Sie in Tabelle 55.1.

Platzhalter	Bedeutung
i	Parameter ist vom Typ Integer
d	Parameter ist vom Typ Double (Fließkommazahl)

Tabelle 55.1 Typdefinitionen für mysqli_bind_param

Platzhalter	Bedeutung
s	Parameter ist vom Typ String
b	Bei dem Parameter handelt es sich um Binärdaten

Tabelle 55.1 Typdefinitionen für mysqli_bind_param (Forts.)

Danach erwartet die Funktion für jeden Platzhalter eine Variable. Die Variablen werden damit an den SQL-Befehl »gebunden«. Das heißt, sobald Sie die Abfrage ausführen, werden die Werte aus den Variablen ausgelesen und in den SQL-Befehl eingefügt. Im Umkehrschluss heißt das, dass sobald Sie die Werte in den Variablen verändern, werden auch die aktuellen Werte übernommen, wenn die Abfrage ausgeführt wird. Eine sehr praktische Sache, wie ich finde.

Um die Abfrage auszuführen rufen Sie dann die Funktion `mysqli_execute` auf. So weit so gut. Haben Sie ein `SELECT` zur Datenbank geschickt, dann liefert dieser Befehl Daten zurück, die Sie wahrscheinlich ausgeben wollen. Die eigentlichen Daten aus der Ergebnismenge auszulesen, funktioniert an dieser Stelle auch ein wenig anders. Und zwar werden auch hier erst Variablen an das Ergebnis der Funktion »gebunden«, was mit der Funktion `mysqli_bind_result` passiert. Sie bekommt für jede der Spalten, die Sie selektiert haben, eine Variable übergeben. Sobald Sie dann `mysqli_stmt_fetch` aufrufen, wird jeweils eine Zeile aus dem Ergebnis ausgelesen, und die Daten werden automatisch den verbundenen Variablen zugewiesen. Die Funktion liefert übrigens ein `true` zurück, wenn ein Datensatz ausgelesen werden konnte, und sonst ein `false`. Somit können Sie die Funktion auch prima in einer Schleife nutzen.

```
$db = mysqli_connect("localhost", "user", "password", "db");

// Abfrage vorbereiten:
$stmt = mysqli_prepare($db, "SELECT name, strasse
                             FROM users WHERE ort=? AND alter < ?");

// Typen der Parameter festlegen und Parameter zuweisen
mysqli_bind_param($stmt, "si", $ort, $max_alter);

// Werte zuweisen
$ort = 'Hamburg';
$max_alter = 60;

//Abfrage ausführen
mysqli_execute($stmt);

//Ergebnis an Variablen binden
mysqli_stmt_bind_result($stmt, $name, $strasse);

//Werte auslesen und ausgeben
while (mysqli_stmt_fetch($stmt))
{
```

```
  echo "Name: $name<br>";
  echo "Stra&szlig;e: $strasse<br>";
}

//Speicher freigeben
mysqli_stmt_close($stmt);
```

Listing 55.3 Datenabfrage mit Prepared Statements

Sie merken schon, dass die Nutzung von vorbereiteten Statements ein wenig anders verläuft als die von normalen Abfragen. Allerdings können die Geschwindigkeits- und Sicherheitsvorteile die Umständlichkeit durchaus aufwiegen.

55.11.2 Transaktionsorientierung

Transaktionen haben Sie ja schon in dem allgemeinen MySQL-Teil kennengelernt. Die `mysqli`-Erweiterung unterstützt jetzt auch diese Funktionalität. Normalerweise werden SQL-Befehle bei der Nutzung von `mysqli` immer sofort bestätigt. Möchten Sie das nicht, dann müssen Sie dieses Verhalten durch Aufruf von `mysqli_autocommit` ausschalten. Die Funktion bekommt in diesem Fall `false` als zweiten Parameter übergeben. Der erste Parameter ist die Kennung der Datenbankverbindung. Um das Autocommit wieder einzuschalten, können Sie der Funktion `true` übergeben. Sobald Sie das automatische Bestätigen ausgeschaltet haben, werden alle SQL-Befehle nur temporär ausgeführt. Das heißt, wenn Sie den Client ausschalten oder der Strom ausfällt, werden die Änderungen nicht übernommen. Erst dann, wenn Sie die Funktion `mysqli_commit` aufrufen, welche die Verbindungskennung übergeben bekommt, werden die Änderungen in der Datenbank eingetragen. Um explizit zu verhindern, dass die Änderungen übernommen werden, weil Sie beispielsweise einen Fehler oder Ähnliches festgestellt haben, dann können Sie die Funktion `mysqli_rollback` aufrufen, und nichts ist passiert.

```
$db = mysqli_connect("localhost", "user", "password", "db");
mysqli_autocommit($db, false);

// Viele SQL-Befehle, die zur Datenbank geschickt werden

if ($keine_fehler)
{
  // Alles OK, Aenderungen uebernehmen
   mysqli_commit($db);
}
else
{
  // Ein Fehler ist aufgetreten; alles verwerfen
  mysqli_rollback($db);
}
```

TEIL 8
Dynamische Bildgenerierung mit PHP und Perl

Die Welterfahrung des Menschen schlägt sich in den bleibenden Gestalten der Musik, Literatur und Malerei nieder.
– Hans-Georg Gadamer, deutscher Philosoph

56 Dynamische Bildgenerierung – PHP-Variante

Die Möglichkeit, mit PHP zur Laufzeit Grafiken zu erzeugen, hat ein breites Einsatzgebiet, so etwa grafische Schaltflächen, kleine Vorschaubilder (Thumbnails) oder Diagramme.

56.1 Die GD-Library und PHP

Die GD-Library stellt in PHP alle wichtigen Funktionen für Grafiken und Bilder zur Verfügung. Auf diese Weise können Sie neue Grafiken auf Basis bereits existierender Grafiken oder vollständig neu erzeugen. Die GD-Library ist den PHP-Distributionen bereits als DLL beigelegt, muss jedoch zuvor erst aktiviert werden. Damit Sie nun nicht in jedem Skript die entsprechende DLL (**php_gd.dll**) dynamisch laden müssen, ist es sinnvoll, das Laden der DLL bereits in der **php.ini** zu aktivieren.

php.ini editieren

Sie können die **php.ini** mit einem beliebigen Texteditor öffnen, da der Inhalt der Datei in reinem Text vorliegt und somit problemlos zu lesen ist. Diese Datei wird normalerweise im Verzeichnis **C:\Windows** abgelegt. Suchen Sie in der Datei die Zeile `extension=php_gd.dll`. Wenn am Anfang der Zeile ein Semikolon steht, müssen Sie dieses entfernen. Fehlt das Semikolon, ist die GD-Library bereits aktiviert. Speichern Sie die vorgenommenen Änderungen an der **php.ini** ab.

Das gilt allerdings nur für Windows. Unter Linux steht die GD-Lib üblicherweise standardmäßig zur Verfügung.

Unterstützte Formate

Welche Grafikformate unterstützt werden, hängt jedoch von der Version der GD-Library ab. Bei Versionen, die älter als 1.6 sind, unterstützt die GD-Library das JPEG- und das GIF-Format. Aufgrund des Lizenzproblems mit dem GIF-Format wird bei neueren Versionen das GIF-Format nicht mehr unterstützt und stattdessen das PNG-Format verwendet.

Version 2.0

Bei den aktuellen PHP-Versionen liegt die GD-Library meist in zwei verschiedenen Versionen vor: meistens in der Version 1.6.2 und in der Version 2.0+. Je nachdem, welche dieser beiden Versionen Sie verwenden möchten, müssen Sie eine andere Konfiguration in der **php.ini** vornehmen. Möchten Sie die Version 1.6 verwenden, müssen Sie, wie erwähnt, lediglich das Semikolon vor der Zeile `extension=php_gd.dll` entfernen. Wollen Sie jedoch die Version 2.0+ verwenden, müssen Sie die Zeile `extension=php_gd.dll` durch `extension=php_gd2.dll` ersetzen (natürlich ohne Semikolon).

56.2 Eine erste dynamische Grafik

Vor jeder Grafikoperation müssen Sie zuerst mit der Funktion `imagecreate` eine leere Grafik erstellen. Die Funktion erwartet als Parameter die Breite und die Höhe der neuen Grafik in Pixel. Wenn die neue Grafik erzeugt werden konnte, liefert die Funktion einen Zeiger auf die Grafik zurück. Sie liefert `FALSE`, falls die Grafik nicht erstellt werden konnte.

```
resource imagecreate(int width, int heigth)
```

Ein Beispiel-Aufruf:

```
$image = imagecreate(175,25);
```

In der Variablen `$image` wird ein Zeiger auf die neue Grafik gespeichert. Die neue Grafik ist 175 Pixel breit und 25 Pixel hoch.

56.2.1 Farben

Zu Beginn ist die Farbpalette einer Grafik leer. Eine neue Farbe muss also zunächst definiert werden, damit sie in die Farbpalette der Grafik eingefügt wird. Dies ermöglicht die Funktion `imageColorAllocate`. Als ersten Parameter erwartet sie den Zeiger auf die Grafik und anschließend die einzelnen Farbwerte der Farbe. Die Farbwerte werden als Zahlen zwischen 0 und 255 angegeben, wobei 0 für keinen Anteil steht und 255 für den maximalen Farbanteil. Die Funktion gibt anschließend die Farb-ID der Farbe in der Palette zurück.

```
int imageColorAllocate(resource image, int red, int green, int blue)
```

Beispiele:

```
$white = imageColorAllocate($image,255,255,255);
$black = imageColorAllocate($image,0,0,0);
$red = imageColorAllicate($image,255,0,0);
$green = imageColorAllocate($image,0,255,0);
$blue = imageColorAllocate($image,0,0,255);
```

Durch dieses System stehen Ihnen über 16 Millionen Farben zur Verfügung. Dies dürfte für eigentlich jede Grafik vollkommen ausreichend sein.

Die erste Farbe, die Sie definieren, wird als Hintergrundfarbe verwendet. Wenn Sie also in die Grafik zeichnen möchten, sollten Sie immer zwei Farben definieren, damit nicht alles in der gleichen Farbe wie der Hintergrund gezeichnet wird. [x]

56.2.2 Text einfügen

Die Funktion imageString zeichnet eine Zeichenkette in eine Grafik.

```
int imageString(resource image, int font, int x, int y, string str,
                int color)
```

Parameter

Als ersten Parameter erwartet die Funktion den Zeiger auf die Grafik. Für den zweiten Parameter font können Sie eine Zahl zwischen 1 bis 5 angeben. Diese Werte stehen für interne Zeichensätze, die die GD-Library zur Verfügung stellt. Zwar können Sie auch andere Schriftarten wie z. B. TrueType-Schriften verwenden, damit werden Sie sich aber erst später beschäftigen. Die Parameter x und y definieren die Position, an der die Zeichenkette eingefügt wird. x gibt die horizontale und y die vertikale Position an. Dabei steht (0,0) für die linke obere Ecke. Die einzufügende Zeichenkette wird als Parameter str übergeben und die Farbe, in der die Zeichenkette dargestellt werden soll, als Parameter color.

```
imageString($image,5,50,10,'Test',$black);
```

Dieses Beispiel fügt nun die Zeichenkette Test in der Farbe Schwarz an der Position (50,10) in die Grafik ein. Der gewählte Zeichensatz ist 5.

Es gibt jedoch etwas zu beachten: An der Position, die Sie mit den Parametern x und y an die Funktion übergeben, wird die linke obere Ecke des auszugebenden Textes ausgerichtet. Um eine Zeichenkette nun sowohl horizontal als auch vertikal zentriert in der Grafik auszugeben, müssen Sie die x- und die y-Position zuvor abhängig von der Zeichenkettenlänge und -höhe errechnen. [x]

Es gibt zwei Funktionen, die die Höhe und die Breite eines einzelnen Zeichens ermitteln. Dies sind imageFontWidth und imageFontHeight. Beide Funktionen erwarten lediglich den Zeichensatz, dessen Höhe und Breite ermittelt werden soll. Die Höhe und Breite wird dann von den Funktionen in Pixel zurückgegeben.

```
bool imageFontHeight(int font)
bool imageFontWidth(int font)
```

Die Höhe einer einzeiligen Zeichenkette lässt sich sehr einfach berechnen:

```
$str_height = imageFontHeight(5);
```

Länge berechnen

Bei der Länge der Zeichenkette muss zusätzlich noch die Anzahl der Zeichen berücksichtigt werden. Diese erhalten Sie mit der Funktion strLen.

```
$str_width = imageFontWidth(5) * strLen('Test');
```

Nach dieser Vorarbeit ist das zentrierte Positionieren der Zeichenkette kein Problem mehr. Von der Breite der Grafik wird die Breite der Zeichenkette in Pixel abgezogen und von der Höhe der Grafik die Höhe der Zeichenkette. Beide Werte müssen lediglich noch durch 2 geteilt und zu einem Integer-Wert konvertiert werden. Da bei einer Division durch zwei die Gefahr besteht, dass ein Nachkommaanteil entsteht und es keine halben Pixel gibt, ist diese Konvertierung nicht unwichtig.

```
$str_x = (int) (175 - $str_width) / 2;
$str_y = (int) (25 - $str_height) / 2;
```

56.2.3 Ausgabe des Bildes

Wenn Sie alle Änderungen an der Grafik durchgeführt haben, müssen Sie die Grafik natürlich noch ausgeben. Dies ermöglichen die Funktionen `imagePng` und `imageJPEG`. Welche der beiden Sie verwenden, hängt davon ab, in welchem Format Sie die Grafik ausgeben möchten. Soll die Datei im PNG-Format ausgegeben werden, müssen Sie die Funktion `imagePng` benutzen, und für die Ausgabe im JPEG-Format verwenden Sie die Funktion `imageJPEG`. Beide Funktionen erwarten als ersten Parameter auf jeden Fall den Zeiger auf die Grafik. Der zweite Parameter ist optional und gibt einen Dateinamen an, unter dem die Grafik gespeichert wird. Geben Sie den Parameter nicht an, wird die Grafik im Browser ausgegeben. Wird der Parameter angegeben, erfolgt die Ausgabe in der angegebenen Datei.

```
int imagePng(int image [, string filename])
int imageJPEG(int image [, string filename [, int quality]])
```

Qualität Wenn Sie die Grafik im JPEG-Format ausgeben und außerdem als Datei speichern, können Sie zusätzlich noch die Qualität der Grafik in Prozent angeben. Möchten Sie die Qualität festlegen, die Grafik aber im Browser ausgeben, müssen Sie als Dateinamen eine leere Zeichenkette übergeben.

```
imagePng($image,"/images/tmp_image.png");
imageJPEG($image,"/images/tmp_image.jpg",75);
```

In beiden Beispielen wird die erzeugte Grafik im Verzeichnis **images** gespeichert. Bei der Speicherung als JPEG-Grafik wurde als Qualität 75 % angegeben.

Browserausgabe Zur Ausgabe im Browser müssen Sie zusätzlich noch den MIME-Typ ausgeben, ähnlich wie bei PDF-Dokumenten. Der MIME-Typ für PNG-Grafiken lautet `image/png` und für JPEG-Grafiken `image/jpeg`.

Vor dem Aufruf einer der beiden Funktionen sollten Sie den entsprechenden MIME-Typ ausgeben, falls die Ausgabe im Browser erfolgen soll. Also

```
header('Content-Type: image/png');
```

oder

```
header('Content-Type: image/jpeg');
```

Speicher freigeben

Nachdem die Grafik dann im Browser ausgegeben worden ist, ist es auf jeden Fall ratsam, den durch die Grafik belegten Speicher wieder freizugeben. Die Freigabe erfolgt durch den Aufruf der Funktion `imageDestroy`. Als Parameter müssen Sie lediglich den Zeiger auf die Grafik übergeben.

```
bool imageDestroy(resource image)
```

Als zusammenhängendes Skript könnte dies folgendermaßen aussehen:

```
<?php
  $width = 175;
  $height = 25;
  $font = 5;
  $str = 'Ein Text';

  $image = imageCreate($width,$height);

  $yellow = imageColorAllocate($image,255,255,0);
  $blue = imageColorAllocate($image,0,0,255);

  $str_x = (int)($width - (imageFontWidth($font) * strLen($str))) / 2;
  $str_y = (int)($height - imageFontHeight($font)) / 2;
  imageString($image,$font,$str_x,$str_y,$str,$blue);

  header('Content-Type: image/png');
  imagePng($image);
  imageDestroy($image);
?>
```

Listing 56.1 Ausgabe einer Grafik mit Schriftzug

Da die Breite und Höhe der Grafik sowie der gewählte Schriftzug und die Zeichenkette mehrmals im Skript benötigt werden, wurden zu Beginn des Skripts vier Variablen mit den entsprechenden Werten definiert. Anschließend wird die Grafik erzeugt, und der Zeiger in der Variablen `$image` gespeichert. Im nächsten Schritt werden zwei Farben definiert. Die erste Farbe wird automatisch als Hintergrundfarbe verwendet. Damit die Zeichenkette sowohl horizontal als auch vertikal zentriert ausgegeben wird, werden in den Variablen `$str_x` und `$str_y` die berechneten x- und y-Koordinaten gespeichert. Dann wird die Zeichenkette in die Grafik eingefügt. Anschließend wird an den Browser der entsprechende MIME-Typ gesendet, die Grafik ausgegeben und der belegte Speicher schlussendlich freigegeben. Im Browser sieht das dann wie in Abbildung 56.1 gezeigt aus.

Abbildung 56.1 Mit PHP erzeugte Grafik

56.3 Grafiken verändern

Neben der Möglichkeit, eine vollständig neue Grafik zu erstellen, können Sie auch eine Grafik auf Basis einer bereits existierenden erzeugen. Anstelle der Funktion `imageCreate` müssen Sie dann jedoch eine der spezielleren Funktionen verwenden. Welche Funktion Sie dann genau wählen, hängt vom Format der Basisgrafik ab. Liegt die Grafik im JPEG-Format vor, müssen Sie die Funktion `imageCreateFromJPEG` und bei PNG die Funktion `imageCreateFromPng` verwenden.

Parameter

Als Parameter müssen Sie selbstverständlich den Dateinamen übergeben, unabhängig davon, welche Funktion Sie verwenden. Anschließend erhalten Sie einen Zeiger auf die neue Grafik.

```
int imageCreateFromJPEG(string filename)
int imageCreateFromPng(string filename)
```

Konnte die Datei nicht geöffnet werden, liefern beide Funktionen eine leere Zeichenkette zurück.

```
$image = imageCreateFromJPEG('basejpeg.jpg');
$image = imageCreateFromPng('basepng.png');
```

[x] Überprüfen Sie vor weiteren Manipulationen an der Grafik den Rückgabewert der Funktion. Konnte die Grafik nicht geladen werden, wird eine Fehlermeldung erzeugt, die vom Browser als Verbindungsabbruch interpretiert wird. In einem solchen Fall sollten Sie eine leere Grafik erzeugen. Mögliche Fehlermeldungen können Sie dann mit dem @ vor der Funktion unterdrücken. Mit einer einfachen `if`-Anweisung lässt sich ein Fehler beim Öffnen der Basisgrafik behandeln.

```
$image = @imageCreateFromPNG('basepng.png');
if(!$image)
{
  $image = imageCreate(175,25);
  $bg = imageColorAllocate($image,51,102,153);
}
```

Für den Fall, dass die Grafik **basepng.png** nicht geöffnet werden konnte (aus welchem Grund auch immer), wird im nachfolgenden `if`-Anweisungsblock eine leere Grafik mit Hintergrundfarbe definiert. Sollten danach Manipulationen an der Grafik erfolgen, ist dies nicht weiter tragisch, da diese dann lediglich auf einem einfachen Hintergrund und nicht auf Basis einer Grafik erfolgen.

56.3.1 Abmessungen

Wenn Sie eine Grafik als Basis einer neuen verwenden, heißt das nicht, dass Sie zuvor auch die exakten Abmessungen der Basisgrafik kennen. Denn eine neue Grafik, die auf einer vorhandenen basiert, erhält dieselben Abmessungen wie die ursprüngliche. Um die Breite und Höhe ermitteln zu können, stehen die Funktion `imagesx` und `imagesy` zur Verfügung. `imagesx` ermittelt die Breite der neuen Grafik und `imagesy` die Höhe. Beide Werte entsprechen den Abmessungen in Pixel. Als Parameter erwarten beide Funktionen den Zeiger auf die Grafik.

```
int imagesx(resource image)
int imagesy(resource image)
```

Im folgenden Listing werden die zuvor genannten Funktionen verwendet, um auf Basis einer existierenden Grafik eine neue zu erstellen. Zusätzlich wird ein Text exakt in der Mitte der Grafik ausgegeben. **Beispiel**

```
<?php
  $font = 5;
  $str = 'Schaltfläche';

  $image = @imageCreateFromPng('basepng.png');
  if(!$image)
  {
    $image = imageCreate(175,25);
    $blue = imageColorAllocate($image,51,102,153);
  }

  $white = imageColorAllocate($image,255,255,255);

  $str_x = (int) (imagesx($image) - (imageFontWidth($font) *
           strLen($str))) / 2;
  $str_y = (int) (imagesy($image) - imageFontHeight($font)) / 2;
  imageString($image,$font,$str_x,$str_y,$str,$white);

  header('Content-Type: image/png');
  imagePng($image);
  imageDestroy($image);
?>
```

Listing 56.2 Neue Grafik mit Text auf Basis einer existierenden Grafik

Nach der Definition der Variablen `$font` und `$str` wird versucht, eine neue Grafik zu erstellen, die auf der Grafik **basepng.png** basieren soll. Tritt dabei ein Fehler auf, wird einfach eine leere Grafik erzeugt, die eine blaue Hintergrundfarbe erhält. Die Position, an der die Zeichenkette eingefügt werden soll, wird mit den Funktionen `imagesx` und `imagesy` berechnet. Die Ausgabe im Browser ist in Abbildung 56.2 dargestellt.

Abbildung 56.2 Ausgabe des Skripts aus Listing 56.2 im Browser

56.4 Zeichnen

Das Einfügen von Text in eine Grafik ist natürlich nur eine der Möglichkeiten, die Ihnen zur Verfügung stehen. Sie können auch Formen wie Rechtecke, Kreise oder Linien in die Grafik zeichnen.

56.4.1 Punkte und Linien

Zwei der einfachsten Formen, die Sie in eine Grafik einfügen können, sind Punkte und Linien. Bei Punkten wird an einer beliebigen Stelle die Farbe eines Pixels verändert. Einen Punkt bzw. einen Pixel zu setzen, ermöglicht die Funktion `imagesetpixel`. Als Parameter erwartet sie sowohl den Zeiger auf die Grafik als auch die x/y-Position, an der die Farbe des Pixels verändert werden soll. Die neue Farbe wird als letzter Parameter übergeben.

```
bool imagesetpixel(resource image, int x, int y, int color)
```

Ein Beispiel:

```
$red = imagecolorallocate($image,80,0,0);
for($i = 10; $i < 111; $i++)
{
  imagesetpixel($image,$i,15,$red);
}
```

Ergebnis: eine rote Linie

Dieses Beispiel würde insgesamt 100 Pixel auf die Farbe Rot setzen. Da die veränderten Pixel hintereinander auf einer Höhe liegen, kann man eine solche Schleife auch zum Zeichnen einer Linie verwenden. Einfacher wäre es jedoch, die entsprechende Funktion zu verwenden.

Linien zeichnen

Die Funktionen `imageline` und `imagedashedline` zeichnen beide eine Linie in die Grafik, mit dem Unterschied, dass `imagedashedline` eine gestrichelte Linie zeichnet und `imageline` eine durchgezogene.

```
bool imageline(resource image, int x1, int y1, int x2, int y2, int color)
bool imagedashedline(resource image, int x1, int y1, int x2, int y2,
                     int color)
```

Um nun eine Linie zu zeichnen, müssen Sie zum einen den Zeiger auf die Grafik angeben und zum anderen den Start- und Endpunkt. Zusätzlich sollten Sie natürlich noch eine Farbe festlegen. Die Start- und Endpunkte unterteilen sich dabei in die x- und y-Koordinaten.

```
<?php
  $image = imageCreate(175,20);

  $bg = imageColorAllocate($image,255,255,255);
  $red = imageColorAllocate($image,255,0,0);
  $green = imageColorAllocate($image,0,255,0);
```

```
  $blue = imageColorAllocate($image,0,0,255);

  for($i=10; $i<=165; $i++)
  {
    imageSetPixel($image,$i,5,$red);
  }

  imageLine($image,10,10,165,10,$green);

  imageDashedLine($image,10,15,165,15,$blue);

  header('Content-Type: image/png');
  imagePng($image);
  imageDestroy($image);
?>
```

Listing 56.3 PHP-Skript, das drei Linien auf unterschiedliche Weise im Browser ausgibt

In Listing 56.3 werden vier Farben definiert; eine für den Hintergrund und drei zum Zeichnen. Anschließend wird eine Linie in der Farbe Rot gezeichnet, indem einfach mehrere Pixel hintereinander auf die Farbe gesetzt werden. Danach wird eine Linie in Grün vom Punkt (10,10) zum Punkt (165,10) gezeichnet. Es folgt eine weitere, diesmal gestrichelte Linie vom Punkt (10,15) zum Punkt (165,15). Zum Schluss wird die Grafik im Browser ausgegeben.

Im Browser sieht das dann folgendermaßen aus:

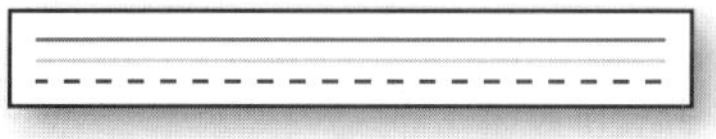

Abbildung 56.3 Ausgabe des Listing 54.3 im Browser

56.4.2 Rechtecke

Auch für die Grundform Rechteck existieren zwei Funktionen: `imageRectangle` und `imageFilledRectangle`. Während `imageRectangle` nur den Rahmen eines Rechtecks zeichnet, erzeugt `imageFilledRectangle` ein flächiges Rechteck.

```
bool imageRectangle(resource image, int x1, int y1, int x2, int y2,
                    int color)
bool imageFilledRectangle(resource image, int x1, int y1, int x2, int y2,
                          int color)
```

Neben dem Zeiger auf die Grafik erwarten die Funktionen natürlich noch weitere Parameter: zum einen die beiden Eckpunkte links oben (x1,y1) und rechts unten (x2,y2) und zum anderen die Farbe für die Linie bzw. die Fläche.

```
<?php
  $image = imageCreate(200,100);
```

```
  $bg = imageColorAllocate($image,0,0,0);
  $yellow = imageColorAllocate($image,255,255,0);

  imageRectangle($image,10,10,90,90,$yellow);
  imageFilledRectangle($image,110,10,190,90,$yellow);

  header('Content-Type: image/png');
  imagePng($image);
  imageDestroy($image);
?>
```

Listing 56.4 PHP-Skript, das zwei Rechtecke in eine Grafik zeichnet

Das PHP-Skript aus Listing 56.4 zeichnet zwei verschiedene Rechtecke in eine Grafik, einmal ein Rechteck nur mit Außenlinie und einmal ein gefülltes Rechteck.

Abbildung 56.4 Ausgabe des Listing 54.4 im Browser

56.4.3 Kreise und Kreisbögen

Die beiden Funktionen `imageEllipse` und `imageFilledEllipse` ermöglichen das Zeichnen einer Ellipse bzw. eines Kreises. Wie auch schon bei Rechtecken stehen Ellipsen mit Außenrand und gefüllte Ellipsen zur Verfügung.

```
bool imageEllipse(resource image, int x, int y, int width, int height,
                  int color)
bool imageFilledEllipse(resource image, int x, int y, int width,
                        int height, int color)
```

Parameter Die beiden Parameter `x` und `y` zentrieren die Ellipse an der angegebenen Position in der Grafik. Mit `width` bestimmen Sie die Breite und mit `height` die Höhe der Ellipse. `color` definiert die Farbe, in der die Ellipse gezeichnet werden soll. Leider funktioniert die Funktion erst ab der GD-Version 2.0.2. Daher wird im folgenden Listing lediglich die Funktion `imageFilledEllipse` verwendet.

```
<?php
  $image = imageCreate(300,200);

  $bg = imageColorAllocate($image,0,0,0);
  $yellow = imageColorAllocate($image,255,255,0);

  imageFilledEllipse($image,50,50,90,90,$yellow);
  imageFilledEllipse($image,150,50,90,90,$ycllow);
```

```
  imageFilledEllipse($image,100,150,180,90,$yellow);
  imageFilledEllipse($image,250,100,90,180,$yellow);

  header('Content-Type: image/png');
  imagePng($image);
  imageDestroy($image);
?>
```

Listing 56.5 Ausgabe von Kreisen und Ellipsen in eine Grafik

Nach den obligatorischen Definitionen der neuen Grafik und der Farben werden mit der Funktion `imageFilledEllipse` zwei Kreise und zwei Ellipsen in die Grafik eingefügt.

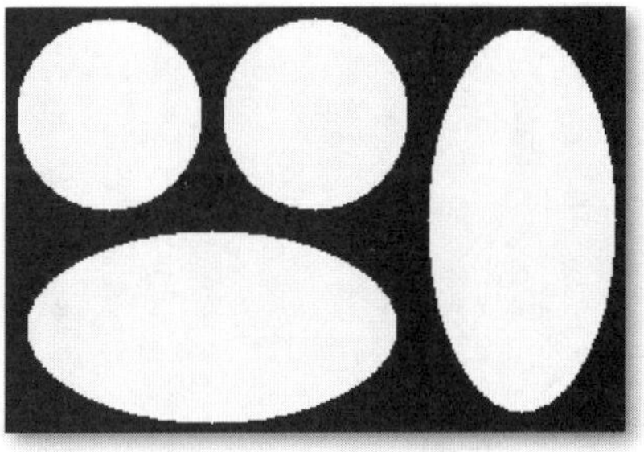

Abbildung 56.5 Ausgabe des Listing 54.5

Kreisbögen

Es ist auch möglich, lediglich einen Kreisbogen zu zeichnen, und zwar mit der Funktion `imageArc`. Diese Funktion erwartet jedoch sehr viele Parameter, zuallererst natürlich den Zeiger auf die Grafik. Anschließend folgen die Position in der Grafik, die als Mittelpunkt für den Kreisbogen verwendet werden soll, sowie die Breite und die Höhe. Zusätzlich folgen dann der Anfangs- und der Endwinkel sowie schlussendlich die Farbe.

```
bool imageArc(resource image, int x, int x, int width, int height,
             int start_ang, int end_ang, int color)
```

Winkel

Die Winkel können mit einer Zahl zwischen 0 und 360 angegeben werden, wobei 0 rechts, 90 unten, 180 links und 270 oben ist. Das folgende Beispiel soll dies verdeutlichen.

```
<?php
  $image = imageCreate(300,200);

  $bg = imageColorAllocate($image,0,0,0);
  $yellow = imageColorAllocate($image,255,255,0);

  imageArc($image,100,100,150,150,180,270,$yellow);
  imageArc($image,200,100,150,150,0,180,$yellow);

  header('Content-Type: image/png');
```

```
  imagePng($image);
  imageDestroy($image);
?>
```

Listing 56.6 Zeichnen von zwei Kreisbögen

Erklärung

In Listing 56.6 werden zwei Kreisbögen in die Grafik gezeichnet. Der erste Kreisbogen besitzt seinen Mittelpunkt an den Koordinaten (100,100). Die Breite und Höhe des fiktiven Kreises bzw. der Ellipse, von der dieser Kreisbogen stammt, beträgt jeweils 150 Pixel. Der Ausschnitt, den der Kreisbogen darstellt, reicht vom Winkel 180 bis zum Winkel 270. Dies entspricht einem Viertel. Der zweite Kreisbogen erhält den Mittelpunkt (200,100) und ebenfalls die Abmessungen von je 150 Pixel Breite und Höhe. Als Ausschnitt wurde diesmal der Bereich von 0 bis 180 gewählt, also die Hälfte. Im Browser sieht das dann so wie in Abbildung 56.6 dargestellt aus.

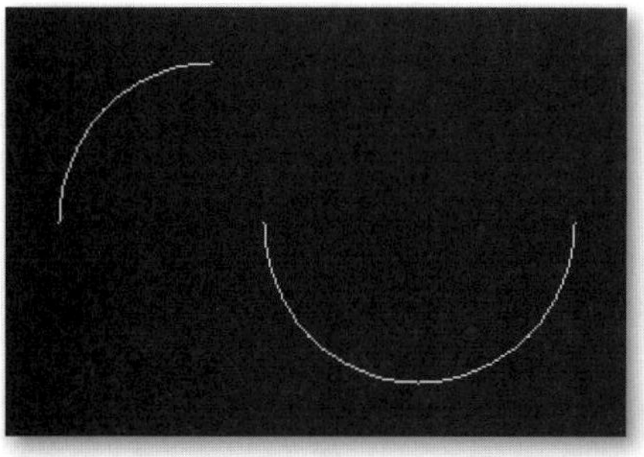

Abbildung 56.6 Ausgabe des Listing 56.6 im Browser

[x]

Obwohl die Funktion `imageEllipse` erst ab der Version 2.0.2 zur Verfügung steht, können Sie dieses Problem mit der Funktion `imageArc` umgehen. Als Startwinkel müssen Sie einfach nur 0 und als Endwinkel 360 angeben, und schon erhalten Sie einen Kreis bzw. eine Ellipse nur mit Außenrand.

```
imageArc(50,50,90,90,0,360,$yellow);
  // Zeichnet einen Kreis nur mit Außenrand
imageArc(100,50,180,90,0,360,$yellow);
  // Zeichnet eine Ellipse nur mit Außenrand
```

56.4.4 Flächen füllen

Die Funktion `imageFill` in Verbindung mit Formen, die nur einen Außenrand besitzen, ermöglicht verschiedene Effekte. Unter anderem können Sie dadurch eine Form mit einem andersfarbigen Rahmen versehen. Die Funktion `imageFill` füllt einen Bereich mit einer neuen Farbe. Alle Pixel, die dieselbe Farbe haben wie der Startpixel, werden mit der neuen Farbe versehen.

```
bool imageFill(resource image, int x, int x, int color)
```

Beispiel

Im folgenden Listing wird diese Möglichkeit dazu verwendet, einen Kreis, der nur einen Außenrand besitzt, mit einer anderen Farbe einzufärben.

```
<?php
  $image = imageCreate(300,200);

  $bg = imageColorAllocate($image,0,0,0);
  $yellow = imageColorAllocate($image,255,255,0);
  $orange = imageColorAllocate($image,255,150,0);

  imageArc($image,150,100,90,90,0,360,$yellow);
  imageFill($image,150,100,$orange);

  header('Content-Type: image/png');
  imagePng($image);
  imageDestroy($image);
?>
```

Listing 56.7 Füllen eines Kreises mit einer Farbe

Zuerst wird ein Kreisbogen gezeichnet und anschließend die Funktion `imageFill` ausgeführt. Da der Startpunkt von `imageFill` innerhalb des Kreises liegt, werden alle Pixel mit der Farbe Schwarz durch die neue Farbe ersetzt, und zwar nur bis zum Rand des Kreises.

Abbildung 56.7 Ausgabe des Listing 56.7 im Browser

56.4.5 Transparenz

Grafiken, die mit der Funktion `imageCreate` erstellt werden, besitzen eine 8-Bit-Farbpalette. Es stehen Ihnen also 256 Farben zur Verfügung. Mit `imageCreateTrueColor` erstellen Sie eine neue Grafik mit einer TrueColor-Palette. Das Besondere daran ist, dass Ihnen nun auch Transparenz zur Verfügung steht. Eine Farbe besteht dann aus vier Teilen: Rot, Grün, Blau und Alpha (Transparenzgrad). Dieser Transparenzgrad kann zwischen 0 und 127 liegen, wobei 0 für keine Transparenz und 127 für durchsichtig steht.

```
resource imageCreateTrueColor(int width, int height)
```

Farben ermitteln

Da eine TrueColor-Palette fest definiert ist, müssen Sie sich mit der Funktion `imageColorResolveAlpha` den Index der Farbe, die Sie verwenden möchten, auslesen lassen. Die Funktion erwartet als Parameter den Zeiger auf die Grafik und alle vier Farbanteile. Alternativ können Sie Farben, die nicht transparent werden sollen, auch weiterhin mit `imageColorAllocate` definieren.

```
int imageColorResolveAlpha(resource image, int red, int green, int blue,
                           int alpha)
```

Transparenz aktivieren

Nun fehlt nur noch eine dritte Funktion, mit der Sie die Transparenz aktivieren oder deaktivieren können: `imageAlphaBlending`. Diese Funktion erwartet als Parameter den Zeiger auf die Grafik und entweder `TRUE` oder `FALSE`. Wenn die Transparenz aktiviert werden soll, müssen Sie `TRUE` übergeben. Zum Deaktivieren übergeben Sie `FALSE`.

```
bool imageAlphaBlending(resource image, boolean alphamode)
```

In Listing 56.8 wurde die Transparenz erst einmal deaktiviert.

```
<?php
  $image = imageCreateTrueColor(300,200);

  imageAlphaBlending($image,false);
  $bg = imageColorAllocate($image,0,0,0);
  $yellow = imageColorAllocate($image,255,255,0);
  $blue = imageColorResolveAlpha($image,0,0,255,50);

  imageFilledEllipse($image,100,100,150,150,$yellow);
  imageFilledRectangle($image,150,50,250,150,$blue);

  header('Content-Type: image/png');
  imagePng($image);
  imageDestroy($image);
?>
```

Listing 56.8 Grafik mit TrueColor-Palette

Die Ausgabe des Listing 56.8 mit deaktivierter Transparenz zeigt Ihnen Abbildung 56.8 auf der linken Seite. Die Ausgabe im Browser, wenn Sie die Transparenz aktivieren (`imageAlphaBlending($image,true)`), finden Sie auf der rechten Seite der Abbildung 56.8.

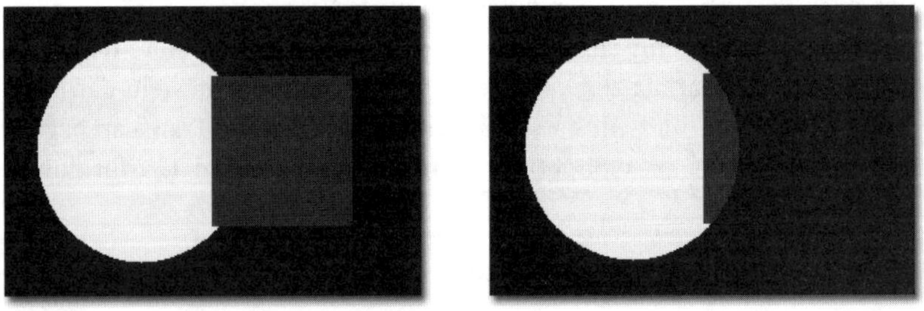

Abbildung 56.8 Ausgabe des Listing 56.8 mit deaktivierter (links) und aktivierter Transparenz (rechts)

56.5 Erweiterte Textausgabe

Intern kennt die GD-Library fünf verschiedene Schriften, deren Unterschiede sich jedoch auf die Größe und Schriftdicke beschränken. Abbildung 54.9 zeigt eine Übersicht dieser Schriftvarianten.

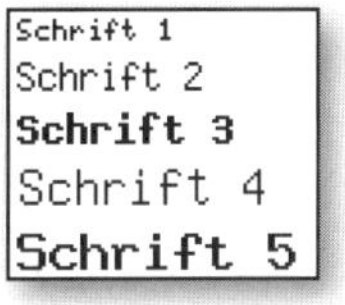

Abbildung 56.9 Die fünf internen Schriftvarianten

TrueType-Fonts

Es gibt jedoch die Möglichkeit, auch andere Schriftarten zu verwenden. Dies können entweder Bitmap- oder TrueType-Fonts sein. Bitmap-Fonts werden mit der Funktion `imageLoadFont` geladen. Da das Format der Bitmap-Fonts jedoch binären Abhängigkeiten unterliegt, müssen Sie die Schriften auf dem System erstellen, auf dem Sie die Schrift verwenden wollen. Es ist also sinnvoller, TrueType-Fonts zu verwenden.

Diese werden mit der Funktion `imageTTFText` verwendet und ersetzen die Funktion `imageString`. Da die Funktion `imageTTFText` eine Menge Parameter kennt, folgt zuerst die Syntax:

```
array imageTTFText(int image, int size, int angle, int x, int y,
                 int color, string fontfile, string text)
```

Parameter

Als Parameter `image` müssen Sie wie immer den Zeiger auf die Grafik angeben. Als `size` geben Sie die Größe der Schrift in Pixel an. `angle` ist der Winkel, in dem die Schrift ausgegeben werden soll. Er wird in Grad angegeben. 0 oder 360 entspricht dabei rechts (3 Uhr), 90 ist unten (6 Uhr), 180 ist links (9 Uhr) und 270 ist oben (12 Uhr). Die Parameter `x` und `y` definieren die Position, an der der Text platziert werden soll. `color` kann eine beliebige Farbe sein, die mit `imageColorAllocate` oder `imageColorResolveAlpha` ermittelt wurde. Die TrueType-Schrift, in der der Text gezeichnet werden soll, wird als Parameter `fontfile` angegeben. Benötigt werden dabei der Pfad und der Name der Datei. TrueType-Schriften enden in der Regel auf **.ttf**. Schlussendlich wird der auszugebende Text als Parameter `text` übergeben.

[x]

Um diese Funktion jedoch verwenden zu können, muss die GD-Library in der Version 2.x installiert und das Modul FreeType eingebunden sein (in der GD-Library). Falls Sie Zweifel haben, ob dies bei Ihnen der Fall ist, sollten Sie die Funktion `phpinfo` aufrufen und unter GD nachsehen, ob die Unterstützung aktiviert ist.

Das folgende Listing gibt einen Text in der Schriftart Verdana aus:

```
<?php
  $image = imageCreate(400,100);
```

```
  $bg = imageColorAllocate($image,255,255,255);
  $black = imageColorAllocate($image,0,0,0);

  imageTTFText($image,50,0,25,25,$black,'verdana.ttf',
               'Verdana');

  header('Content-Type: image/png');
  imagePng($image);
  imageDestroy($image);
?>
```

Listing 56.9 Ausgabe eines Textes mit einer TTF-Schrift

Abbildung 56.10 Ausgabe des Listing 56.9

Die Ausgabe in Abbildung 54.11 wurde erzeugt, indem der Winkel der Schrift auf 90 gesetzt wurde.

```
imageTTFText($image,50,90,25,25,$black,'verdana.ttf','Verdana');
```

Abbildung 56.11 Um 90 Grad gedrehter Text

Auch für die internen Schriften

Dieser Effekt lässt sich auch auf die interne Schrift der GD-Library anwenden. Die Funktion `imageStringUp` zeichnet einen String dann vertikal.

```
bool imageStringUp(int image, int font, int x, int y, string text, int
color)
```

[x] Bei der Angabe der Koordinaten x und y müssen Sie beachten, dass an den angegebenen Werten die linke untere Ecke der Zeichenkette beginnt (aus vertikaler Sicht betrachtet). Das folgende Listing ist ein Beispiel für diese Funktion.

```
<?php
  $image = imageCreate(50,120);
  $text = 'vert. Text';

  $bg = imageColorAllocate($image,255,255,255);
  $black = imageColorAllocate($image,0,0,0);

  $str_x = 10 + imageFontWidth(5) * strLen($text);
  imageStringUp($image,5,10,$str_x,$text,$black);
```

```
  header('Content-Type: image/png');

  imagePng($image);
  imageDestroy($image);
?>
```

Listing 56.10 Ausgabe einer Zeichenkette in vertikaler Richtung

Damit der String in der Grafik vollkommen zu sehen ist, wurde die y-Koordinate abhängig von der gewählten Schrift und Länge der Zeichenkette berechnet.

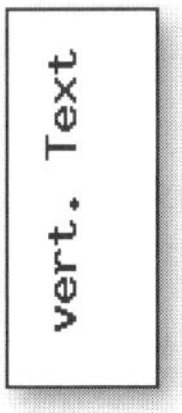

Abbildung 56.12 Ausgabe des Listing 56.10 im Browser

56.6 Thumbnails erzeugen

Häufig wird die GD-Library auf Webseiten verwendet, um so genannte Thumbnails zu erzeugen. Dies sind Miniaturversionen von Bildern, die als Vorschau verwendet werden. Bei Galerien mit großen und ladeintensiven Bildern bieten sie dem Benutzer eine Orientierungshilfe. Er kann auf die Vorschau klicken und erhält die große Version. Die einfachste Möglichkeit wäre nun, in einem HTML-Dokument die Größe der Bilder auf 100 Pixel zu setzen, was aber dazu führt, dass alle Bilder zuvor in der Originalgröße geladen werden müssen. Die zu ladende Datenmenge verringert sich dadurch aber nicht. Besitzer eines Analogmodems werden Ihnen alles andere als dankbar sein, auch wenn die Großansichten der Bilder später umso schneller dargestellt werden. Die Geduld, die der User zuvor aufbringen muss, steht dazu in keinerlei Verhältnis, wenn er vorab mehrere Minuten warten muss, ehe die Bilder vollständig heruntergeladen sind.

Sehr viel besser wäre es, die Bilder noch auf dem Server zu verkleinern und so mit einer geringeren Größe an den Benutzer zu senden. Mit der GD-Library ist das ohne Probleme möglich.

Vorgehensweise

Die Vorgehensweise ist dabei sehr einfach. Zuerst wird das Originalbild geöffnet und anschließend in eine neue Grafik kopiert. Beim Kopieren wird das Originalbild verkleinert. Das verkleinerte Bild wird dann an den Browser gesendet.

Die wichtigste Funktion zum Erzeugen von Thumbnails ist `imageCopyResized`. Sie kopiert das Originalbild und verkleinert es gleichzeitig.

```
bool imageCopyResized(resource dst_im, resource src_im, int dst_x, int dst_y,
  int src_x, int src_y, int dst_w, int dst_h, int src_w, int src_h)
```

Aufgrund der Vielzahl an Parametern werde ich zunächst Klarheit schaffen. Die Abkürzung `dst` steht für »**dest**ination«, ins Deutsche übersetzt bedeutet dies »Ziel«. `src` steht für »**s**ou**rc**e« und bedeutet »Quelle«. Diese beiden Abkürzungen werden bei den Parametern verwendet, um unterscheiden zu können, welcher Parameter sich auf welches Bild bezieht.

Die beiden Parameter `dst_im` und `src_im` stehen jeweils für die beiden Grafiken. Der Zeiger auf die Originalgrafik wird als Parameter `src_im` übergeben und der Parameter auf die neue Grafik als Parameter `dst_im`.

Bildausschnitt Den zu kopierenden Original-Bildausschnitt geben Sie mit den Parametern `src_x`, `src_y`, `src_w` und `src_h` an. Die Form dieses Bildausschnitts ist rechteckig. Die linke obere Ecke des Ausschnitts wird durch `src_x` und `src_y` definiert. Die Ausmaße des Ausschnitts, also die Breite und die Höhe, werden mit den Parametern `src_w` und `src_h` angegeben. Äquivalent dazu geben die Parameter `dst_x`, `dst_y`, `dst_w` und `dst_h` die Position und Größe des Ausschnitts in der Zielgrafik an. Je nachdem, ob der Zielbildausschnitt kleiner oder größer ist, wird der Originalausschnitt entweder gestaucht oder gestreckt.

```
imageCopyResized($image_dst,$image_src,10,10,50,50,100,50,50,25);
```

Dieser Beispielaufruf würde aus der Originalgrafik einen Ausschnitt von 50 × 25 Pixel kopieren, der an der Position (50,50) beginnt. Er wird dann in der Größe 100 × 25 an der Position (10,10) in die neue Grafik eingefügt. Der Ausschnitt wird also vergrößert.

```
<?php
  /* Variablen setzen */
  $src_file = $_GET['file'];
  $max_px = 100;
  $dst_w = 0;
  $dst_h = 0;

  /* Dateityp ermitteln und öffnen */
  $pos = strrpos($src_file,'.') + 1;
  $file_ext = substr($file,$pos);
  switch(strToLower($file_ext))
  {
    case 'png' :
      $image_src = imageCreateFromPng($src_file);
      break;
    case 'jpg':
    case 'jpeg':
      $image_src = imageCreateFromJPEG($src_file);
      break;
  }
```

```
  /* Bildgröße ermitteln */
  $src_w = imagesx($image_src);
  $src_h = imagesy($image_src);

  /* Abmessungen festlegen */
  if($src_w > $src_h)
  {
    $dst_w = $max_px;
    $dst_h = (int) $max_px / ($src_w / $src_h);
  }
  elseif($src_w < $src_h)
  {
    $dst_h = $max_px;
    $dst_w = (int) $max_px / ($src_h / $src_w);
  }
  else
  {
    $dst_h = $max_px;
    $dst_w = $max_px;
  }

  /* Bild kopieren und ausgeben */
  $image_dst = imageCreateTrueColor($dst_w,$dst_h);
  imageCopyResized($image_dst,$image_src,
                   0,0,0,0,$dst_w,$dst_h,$src_w,$src_h);
  header('Content-Type: image/png');
  imagePng($image_dst);
  imageDestroy($image_src);
  imageDestroy($image_dst);
?>
```

Listing 56.11 PHP-Skript zum Erzeugen von Thumbnails

Das Listing 56.11 ist ein Beispiel dafür, wie die Funktion `imageCopyResized` in einem Skript-Kontext verwendet werden kann, um Thumbnails zu erzeugen. Zu Beginn werden erst einmal vier Variablen definiert. `$src_file` erhält den in der URL als `file` übergebenen Dateinamen der Grafik. Die Variable `$max_px` definiert die maximale Breite und Höhe des Thumbnails. Die 100 Pixel sollten als Vorschau für ein Bild vollkommen ausreichend sein. Anschließend werden noch die Variablen `$dst_w` und `$dst_h` definiert und jeweils der Wert 0 zugewiesen. Diese Variablen erhalten später die errechneten Abmessungen des Thumbnails.

Grafiktyp ermitteln

Im nächsten Teil des Skripts wird versucht, anhand des Dateinamens den Typ der Originalgrafik zu ermitteln, um ein Höchstmaß an Flexibilität bei den verwendbaren Grafiken zu ermöglichen. Die Funktion `strrpos` liefert das letzte Vorkommen eines Zeichens innerhalb einer Zeichenkette. Dies wird verwendet, um die Endung der Datei ermitteln zu können. Da der Punkt dabei nicht erforderlich ist, wird 1 zu `$pos` hinzuaddiert. Danach liefert die Funktion `substr` von der angegebenen Position `$pos` bis zum Ende alle Zeichen zurück. In der anschließenden `switch`-Anweisung wird dann der Wert der extrahierten Zeichenkette unterschieden. Je nachdem, welche Dateiendung es ist, wird entweder die Funktion `imageCreateFromPng` oder `imageCreateFromJPEG` zum Öffnen der Originalgrafik verwendet. Der Zeiger auf die Grafik wird in der Variablen `$image_src` gespeichert.

Breite und Höhe

Nachdem die Originalgrafik geöffnet worden ist, wird ihre Breite in der Variablen `$src_w` und ihre Höhe in `$src_h` gespeichert.

Proportional anpassen

Das nun folgende `if`-Konstrukt bewirkt, dass die Proportionen der Grafik auch als Thumbnail beibehalten werden können. Ist die Originalgrafik breiter als hoch, wird die Zielgrafik auf die maximale Breite (`$max_px`) gesetzt. Die Höhe der Zielgrafik errechnet sich dann aus dem Verhältnis von Breite zu Höhe der Originalgrafik. Ist die Quellgrafik höher als breit, wird der Zielgrafik die maximale Höhe zugewiesen und die Breite anhand des Verhältnisses von Breite zu Höhe der Originalgrafik gesetzt. Sollte die Quellgrafik so breit wie hoch sein, wird der Zielgrafik die maximale Breite und maximale Höhe zugewiesen.

Grafik erzeugen

Nun wird die Zielgrafik erstellt. Da sowohl PNG- als auch JPG-Grafiken über mehr als 256 Farben verfügen, wird auch der Zielgrafik eine TrueColor-Palette zugewiesen, indem sie mit `imageCreateTrueColor` erstellt wird. Als Größe werden die in `$dst_w` und `$dst_h` errechneten Werte verwendet. Anschließend wird die vollständige Originalgrafik kopiert und in der Größe an die Zielgrafik angepasst. Zum Schluss folgen die Ausgabe im Browser und die Freigabe der belegten Ressourcen.

[×] Beachten Sie dabei, dass die Zielgrafik nicht von der Originalgrafik abhängig ist. Ob Sie nun JPG oder PNG verwenden, ist egal. Ich habe mich an dieser Stelle für PNG entschieden. Wenn Sie jedoch JPG verwenden, haben Sie die Möglichkeit, zusätzlich noch die Qualität der Grafik festzulegen und somit zusätzlich, wenn auch nur einige wenige, Bytes einzusparen.

In einem HTML-Dokument könnte das Skript aus Listing 56.11 dann folgendermaßen verwendet werden:

```
<img src="thumbs.php?file=phpbig.png">
```

Natürlich wird hier davon ausgegangen, dass das Listing unter dem Namen **thumbs.php** gespeichert wurde. Die Abbildung 56.13 ist ein Screenshot eines HTML-Dokuments, das einmal die Grafik **phpbig.png** in der Originalgröße und einmal in der verkleinerten Version darstellt. Die verkleinerte Version wurde übrigens mit einem `img`-Element und PHP-Skripts als Quelle eingebunden.

Abbildung 56.13 Thumbnails mit PHP

56.7 Anwendungsbeispiele

Natürlich kann die GD-Library in Verbindung mit PHP auch zum Zeichnen von Diagrammen oder Ähnlichem verwendet werden. Dies gestaltet sich in den meisten Fällen jedoch etwas umständlich. Denn häufig müssen viele verschiedene Parameter berechnet und Abhängigkeiten für die Ausgabe in der Grafik gelöst werden.

56.7.1 Kreisdiagramm

Die meisten Parameter müssen bei einem Balken- oder gar Säulendiagramm berechnet werden (wie z. B. die Eckpunkte, Abstände und Ähnliches), die wenigsten bei einem Kreisdiagramm. Dort ändert sich nämlich immer nur der Start- und Endwinkel.

Da die Funktion `imageArc` für ein Kreisdiagramm nicht nutzbar ist (es zeichnet nur die Außenlinie), muss die Funktion `imageFilledArc` verwendet werden. Diese Funktion zeichnet ein gefülltes Kreisstück.

```
bool imageFilledArc(resource image, int x, int y, int width, int height,
  int ang_start, int ang_end, int color, int style)
```

Parameter

Als ersten Parameter erwartet die Funktion den Zeiger auf eine Grafik, der als `image` übergeben wird, gefolgt vom Mittelpunkt des Kreises als Parameter `x` und `y`. Die Parameter `width` und `height` definieren die Breite und Höhe des Kreises, von dem das Kreisstück gezeichnet werden soll. `ang_start` gibt den Startwinkel und `ang_end` den Endwinkel des Kreisstücks an. Die Farbe des Segments wird als Parameter `color` übergeben. Der letzte Parameter definiert den Stil des Kreissektors. Eine oder mehrere der folgenden Konstanten können eingesetzt werden.

- `IMG_ARC_PIE`
  Verbindet den Start- und Endwinkel als Bogen.
- `IMG_ARC_CHORD`
  Verbindet den Start- und Endwinkel mit einer Geraden.

- `IMG_ARC_NOFILL`
  Verhindert, dass das Kreisstück mit Farbe gefüllt wird.
- `IMG_ARC_EDGED`
  In Verbindung mit `IMG_ARC_NOFILL` werden der Start- und Endwinkel mit dem Mittelpunkt verbunden.

Die einzelnen Konstanten lassen sich mit einem bitweisen `OR` verbinden.

```
imageFilledArc($image, 100, 100, 75, 75, 90, 180, $black,
  IMG_ARC_PIE OR IMG_ARC_NOFILL);
```

Beispiel Hier wird ein Kreissektor mit dem Mittelpunkt (100,100) und einer Breite und Höhe von 75 Pixel gezeichnet. Der Startwinkel ist 90, der Endwinkel 180 und die Farbe `$black`. Als Stil wurde festgelegt, dass das Kreisdiagramm einen Bogen aufweisen soll und nicht mit der Farbe gefüllt wird, sondern dass nur eine Außenlinie gezeichnet werden soll.

Das Skript zum Zeichnen des Diagramms folgt nun in Listing 56.12.

```
<?php
  /* Variablen vordefinieren */
  $poll_file = $_GET['pollfile'];
  $poll_title = '';
  $poll_values = array();
  $poll_captions = array();
  $poll_sum = 0;

  /* Daten laden */
  $pf = fopen($poll_file,"r");
  if($pf)
  {
    $poll_title       = trim(fgets($pf));
    $poll_captions[0] = trim(fgets($pf));
    $poll_values[0]   = trim(fgets($pf));
    $poll_captions[1] = trim(fgets($pf));
    $poll_values[1]   = trim(fgets($pf));
    $poll_captions[2] = trim(fgets($pf));
    $poll_values[2]   = trim(fgets($pf));
    $poll_captions[3] = trim(fgets($pf));
    $poll_values[3]   = trim(fgets($pf));
    fclose($pf);
  }

  /* Gesamtsumme bilden */
  for($i=0; $i<count($poll_values); $i++)
  {
    $poll_sum += $poll_values[$i];
  }
```

```
  /* Grafik erzeugen */
  $image = imageCreate(400,300);
  $bg = imageColorAllocate($image,255,255,255);
  $black = imageColorAllocate($image,0,0,0);
  $poll_col[0] = imageColorAllocate($image,225,0,0);
  $poll_col[1] = imageColorAllocate($image,0,225,0);
  $poll_col[2] = imageColorAllocate($image,0,0,225);
  $poll_col[3] = imageColorAllocate($image,128,128,128);
  /* Start- und Endwinkel setzen */
  $ang_start = 270;
  $ang_end = 270;

  /* Teilstücke zeichnen */
  for($i=0; $i<count($poll_values); $i++)
  {
    /* Winkel berechnen */
    $ang_start = $ang_end;
    $ang_part = $poll_values[$i] / $poll_sum * 360;
    $ang_end = $ang_start + $ang_part;

    /* Kreisbogen zeichnen */
    imageFilledArc($image,125,175,225,225,$ang_start,
                   $ang_end,$poll_col[$i],IMG_ARC_PIE);
  }

  /* Texte ausgeben */
  imageString($image,3,10,20,$poll_title,$black);
  $pos_sy = 100;
  for($i=0; $i<count($poll_captions); $i++)
  {
    $perc = round($poll_values[$i] / $poll_sum * 100);
    $output = $poll_captions[$i].' '.$perc.'%';
    imageString($image,2,275,$pos_sy,$output,$poll_col[$i]);
    $pos_sy += 20;
  }

  /* Grafik ausgeben */
  header('Content-Type: image/png');
  imagePng($image);
  imageDestroy($image);
?>
```

Listing 56.12 PHP-Skript, das ein Kreisdiagramm zeichnet

Auf den ersten Blick mag dieses Listing ein wenig kompliziert aussehen. Das trifft jedoch nur zum Teil zu. Sehen Sie sich das Skript einmal genauer an, und Sie werden feststellen, dass viele Dinge auf den zweiten Blick schon verständlicher werden.

Parameter entgegennehmen

Gleich zu Beginn wird die Variable `$poll_file` definiert. Der Wert, der ihr zugewiesen wird, ist der Wert, der in der URI übergeben wurde. Der Aufruf des Skripts sollte also folgendermaßen aussehen:

```
list1.12.php?pollfile=poll1.txt
```

Die restlichen Variablen, die danach definiert werden, werden mit verschiedenen Startwerten initialisiert.[1]

Im folgenden Abschnitt wird nun die in der URI übergebene Datei geöffnet und zeilenweise ausgelesen. Der Aufbau der Datei könnte bzw. müsste laut Listing 56.12 folgendermaßen aussehen:

```
Welches Betriebssystem verwenden Sie am häufigsten?
Windows
75
Linux
65
Mac OS
55
Anderes
45
```

Erklärung der Struktur

In der ersten Zeile steht die Frage. Anschließend folgen dann in je zwei Zeilen der Titel der Auswahlmöglichkeit und der Wert. Basierend auf diesem Schema wird die Datei dann auch eingelesen. Die einzelnen Zeilen werden mit der Funktion `fgets` eingelesen und unterschiedlichen Variablen zugewiesen. Die Zeile 1 wird an die Variable `$poll_title` übergeben. Die Zeilen 2, 4, 6 und 8 werden an das Array `$poll_captions` übergeben und die Zeilen 3, 5, 7 und 9 an das Array `$poll_values`. Da `fgets` auch mögliche Whitespace-Zeichen (also Zeilenvorschübe und -umbrüche) zurückgibt, werden diese mit der Funktion `trim` herausgefiltert.

Maximalwert bilden

In einer `for`-Schleife werden nun alle Werte des Arrays `$poll_values` addiert und der Variablen `$poll_sum` zugewiesen, da die Summe der Werte später für die Berechnung der Kreissektoren und Prozentwerte benötigt wird.

Grafik erzeugen

Im nächsten Schritt wird dann die Grafik mit 400 Pixel Breite und 300 Pixel Höhe erzeugt, und es werden sechs Farben definiert. `$bg` wird als Hintergrundfarbe und `$black` zur Ausgabe der Überschrift verwendet. Die anderen vier Farben werden dem Array `$poll_col` zugewiesen und für die Kreissektoren genutzt.

Start- und Endwinkel

Anschließend werden der Start- und der Endwinkel definiert. Als Wert wurde für beide 270 angegeben. Dies bedeutet, dass das erste Teilstück oben beginnt und das letzte oben endet.

In der nun folgenden Schleife werden die einzelnen Kreissektoren gezeichnet. Dabei arbeitet die Schleife alle Elemente des Arrays `$poll_values` einzeln ab. Zu Beginn

1 Oder auch nicht, siehe `$$poll_values` und `$poll_captions`.

jedes Durchlaufs wird der Startwinkel auf den letzten Endwinkel gesetzt, damit die einzelnen Kreissektoren auch aneinander hängen. Dann wird in `$ang_part` der Winkel des aktuellen Kreissektors berechnet. Diese Berechnung erfolgt durch einen einfachen Dreisatz, da die Summe der Werte dem Winkel 360 und der aktuelle Wert dem Winkel `x` entspricht.

summe = *360*
aktueller wert = *x*

Daraus ergibt sich folgende Formel (in Programmierschreibweise):

x = summe / aktueller wert × 360.

Der neue Endwinkel entspricht dann dem Startwinkel + x (bzw. `$ang_part`).

Kreissektor zeichnen

Nun muss mit `imageFilledArc` lediglich der Kreissektor gezeichnet werden. Als Mittelpunkt des Kreises wurde der Punkt (125,175) gewählt, und der Durchmesser des Kreises wurde auf 225 Pixel festgelegt (einzeln als Breite und Höhe angegeben). Damit auch ein vernünftiger Kreissektor gezeichnet wird, wird als Stil `IMG_ARC_PIE` verwendet.

Legende

Im nächsten Schritt werden die Textausgaben erzeugt. Dabei werden sowohl der Titel der Umfrage als auch die Bezeichnungen der einzelnen Kreissektoren mit den dazugehörigen Prozentwerten in den entsprechenden Farben ausgegeben. Die Prozentwerte werden mit der gleichen Formel wie die Winkel berechnet – nur dass die Summe der Werte 100 % entspricht.

Zum Schluss wird die Grafik an den Browser gesendet und der belegte Speicher wieder freigegeben. Im Browser könnte dies dann wie in Abbildung 56.14 gezeigt aussehen.

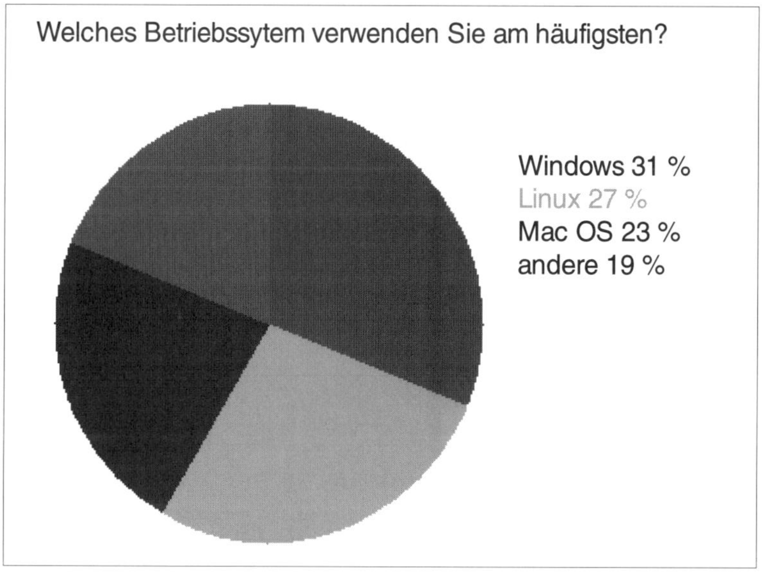

Abbildung 56.14 Ausgabe des Listing 56.12 im Browser

[x] Das Skript aus Listing 56.12 ist jedoch noch nicht ganz perfekt. So müsste z. B. bei der Berechnung der Winkel zuvor überprüft werden, ob die Gesamtsumme 0 ist, ansonsten quittiert PHP den Versuch mit der Fehlermeldung: Division durch 0. Auch die errechneten Prozentwerte müssen nicht immer 100% ergeben. Dies kann um 1% variieren, da die Rundung der Werte nicht unbedingt korrekt erfolgen muss.

56.7.2 Zeichensalat

Das nun folgende Beispiel ist mehr eine Spielerei als ein wirkliches Anwendungsbeispiel, verdeutlicht aber die Funktionsweise von `imageColorAt` und `imageColorsForIndex`. Die Funktion `imageColorAt` ermittelt den Farbindex eines Pixels innerhalb einer Grafik.

```
int imageColorAt(resource image, int x, int y)
```

Farbe des Pixels (x,y)

Als erster Parameter muss der Zeiger auf die Grafik übergeben werden und als Parameter x und y die Koordinaten des Pixels, dessen Farbwert ermittelt werden soll. Die Funktion gibt dann den entsprechenden Index zurück.

Diesen Index können Sie an die Funktion `imageColorsForIndex` übergeben und erhalten dann die entsprechenden Farbwerte.

```
array imageColorsForIndex(resource image, int color_index)
```

Farbanteile für Palettenindex

Die Funktion gibt ein assoziatives Array mit den Farbanteilen Rot, Grün und Blau zurück. Die Schlüssel der einzelnen Elemente lauten `red` für Rot, `green` für Grün und `blue` für Blau. Zusätzlich ist noch der Schlüssel `alpha` enthalten, welcher den Transparenzwert enthält.

Das folgende Listing verwendet diese beiden Funktionen, um ein Bild als Zeichensalat auszugeben.

```
<?php
  /* Variablen definieren */
  $img_file = $_GET['imgfile'];
  $colormode = $_GET['colmode'];
  $img_w = 0;
  $img_h = 0;

  /* Dateityp ermitteln und öffnen */
  $pos = strrpos($img_file,'.') + 1;
  $file_ext = substr($img_file,$pos);
  switch(strToLower($file_ext))
  {
    case 'png' :
      $image = imageCreateFromPng($img_file);
      break;
    case 'jpg':
    case 'jpeg':
```

```
      $image = imageCreateFromJPEG($img_file);
      break;
  }

  /* Grafikabmessungen ermitteln */
  $img_w = imagesx($image);
  $img_h = imagesy($image);

  /* Zeichenausgabe im Browser */
  echo "<html><head><title>$img_file als Zeichensalat
        </title></head>";
  echo '<body style="background-color:#000000">
        <pre style="font-size:4px;">';
  for($i=0; $i<$img_h; $i+=2)
  {
    for($j=0; $j<$img_w; $j++)
    {
      $color = imageColorAt($image,$j,$i);
      $rgb = imageColorsForIndex($image,$color);
      switch($colormode)
      {
        case 'normal':
          printf('<font color="#%02x%02x%02x">@</font>',
                 $rgb['red'],$rgb['green'],$rgb['blue']);
          break;
        case 'reverted':
          printf('<font color="#%02x%02x%02x">@</font>',
                 $rgb['blue'],$rgb['green'],$rgb['red']);
          break;
        case 'inverted':
          printf('<font color="#%02x%02x%02x">@</font>',
                 255-$rgb['red'],255-$rgb['green'],
                 255-$rgb['blue']);
          break;
        default:
          printf('<font color="#%02x%02x%02x">@</font>',
                 $rgb['red'],$rgb['green'],$rgb['blue']);
          break;
      }
    }
    echo "\n";
  }

  imageDestroy($image);
  echo '</pre></body></html>';
?>
```

Listing 56.13 PHP-Skript, das eine Grafik als Zeichensalat ausgibt

Das Skript erwartet beim Aufruf zwei Parameter: `imgfile` und `colmode`. Diese beiden werden zu Beginn des Skripts den beiden Variablen `$img_file` und `$colormode` zugewiesen. Anschließend wird der Typ der angegebenen Grafik anhand der Dateiendung ermittelt und mit der entsprechenden Funktion geöffnet (dies kennen Sie bereits aus Abschnitt 56.6, *Thumbnails erzeugen*).

Im nächsten Schritt werden die Abmessungen der Grafik festgestellt und in den Variablen `$img_w` und `$img_h` gespeichert.

Ausgabe beginnen Nun folgt die eigentliche Ausgabe der Grafik im Browser. Zuerst wird ein normaler Beginn eines HTML-Dokuments ausgegeben, der mit dem Start-Tag eines `pre`-Elements endet. Nun folgen zwei ineinander verschachtelte `for`-Schleifen. Die erste Schleife wird durchlaufen, solange `$i` kleiner als `$img_h` ist. Die Inkrementierung erfolgt dabei in zwei Schritten. Die zweite, innere Schleife wird durchlaufen, solange `$j` kleiner als `$img_w` ist.

Zeichen ausgeben Innerhalb der Schleifen ermittelt die Funktion `imageColorAt` den Palettenindex der Farbe des Pixels an Position (`$j,$i`). In der nächsten Zeile ermittelt dann `imageColorsForIndex` die einzelnen Farbanteile des Palettenindex'. In der `switch`-Anweisung wird überprüft, ob `$colormode` den Wert `normal`, `reverted` oder `inverted` besitzt. Je nachdem, welcher Modus gesetzt wurde, wird ein anderer Anweisungsblock der `switch`-Anweisung ausgeführt. Alle geben jedoch ein `font`-Element im Browser aus, das als Wert für das `color`-Attribut die drei ermittelten Farbanteile und ein @-Zeichen im Gültigkeitsbereich erhält.

- `normal`
  Die Farben werden ganz normal in hexadezimaler Formatierung in der Reihenfolge RRGGBB ausgegeben.
- `reverted`
  Die Farben werden in hexadezimaler Formatierung, aber in der Reihenfolge BBGGRR ausgegeben.
- `inverted`
  Die Farbwerte werden von 255 abgezogen und in der Reihenfolge RRGGBB in hexadezimaler Formatierung ausgegeben.

Wurde kein Modus für die Farbe gesetzt, wird der Modus `normal` verwendet. Wie das Ganze im Modus `reverted` im Browser aussieht, sehen Sie in Abbildung 56.15.

Warum Zeichensalat? Sollten Sie sich nun fragen, warum ich das Ganze als Zeichensalat bezeichne, sollten Sie sich einfach den Quelltext des ausgegebenen HTML-Dokuments ansehen. Sie werden dann verstehen, was ich meine. Bei der Ausgabe der Grafik **phpbig.png** umfasst das HTML-Dokument exakt 495.148 Zeichen, was in etwa 483 KB sind. Einen wirklich sinnvollen Einsatz gibt es für dieses Skript also nicht, es ist jedoch eine recht nette Spielerei.

Im Internet finden Sie unter der Adresse **http://www.sebastian-r.de/asciiart/** ein weiteres Beispiel. Abhängig von den einzelnen Farbwerten werden dort zusätzlich noch unterschiedliche Zeichen verwendet.

Abbildung 56.15 Ausgabe des Listing 56.13 durch den Aufruf von list1.13.php?imgfile=phpbig.png&colmode=reverted

56.8 Zusammenfassung

- Die GD-Library stellt in PHP verschiedene Funktionen zur Grafikmanipulation zur Verfügung.
- Eine neue Grafik wird mit der Funktion `imageCreate` oder `imageCreateTrueColor` erzeugt.
- Eine vorhandene Grafik kann mit `imageCreateFromPng` oder `imageCreateFromJPEG` geöffnet werden.
- Zeichenketten können mit der Funktion `imageString` ausgegeben werden.
- Farben werden durch `imageColorAllocate` oder `imageColorResolveAlpha` definiert.
- Formen wie Linien, Rechtecke, Kreise oder Kreisbögen werden mit den Funktionen `imageLine`, `imageDashedLine`, `imageRectangle`, `imageFilledRectangle`, `imageEllipse`, `imageFilledEllipse`, `imageArc` und `imageFilledArc` in die Grafik gezeichnet.
- Mit der Funktion `imagePng` oder `imageJPEG` wird eine erzeugte Grafik an den Browser gesendet, und mit `imageDestroy` wird der belegte Speicher einer Grafik wieder freigegeben.

56.9 Fragen und Übungen

1. Welchen Unterschied weisen Grafiken auf, die mit `imageCreate` oder `imageCreateTrueColor` erzeugt wurden?

2. Welche Funktion müssen Sie verwenden, um eine (teil)transparente Farbe zu definieren? Welche Voraussetzungen müssen erfüllt sein?
3. Was bewirkt die Funktion `imageCopyResized`?
4. Finden Sie eine Möglichkeit, wie aus einem Farbbild, ohne eine GD-Funktion zu verwenden, ein Graustufenbild werden kann.
5. Versuchen Sie, Ihre Idee der Farbe-Graufstufen-Umwandlung umzusetzen, indem Sie ein Skript schreiben, das eine Grafik öffnet und in Graustufen umgewandelt im Browser ausgibt.

US-Wissenschaftler haben jetzt eine Methode gefunden, durch die Bilder von Digitalkameras ([sie] schöner und schärfer werden. Laut »netzeitung« vom Sonntag entdeckten die Forscher einen neuartigen Film, bei dem auf die Silbersalzkörner, die bisher verwendet wurden, verzichtet werden kann ...
– Gefunden auf der Homepage einer bekannten deutschen Wochenzeitschrift

57 Dynamische Bildgenerierung – Perl-Variante

Diese Meldung ist doch interessant. Was wohl als Nächstes kommen wird? Videofilme in Farbe und mit Ton, die anstatt auf einem Magnetband auf einer Plastikscheibe gespeichert werden können?

57.1 Die GD-Library und Perl

Wie schon PHP bietet auch Perl eine Möglichkeit, mit der GD-Library Grafiken zur Laufzeit eines Skripts zu erzeugen. Die Implementierung der GD-Library in Perl ist jedoch anders aufgebaut. Zunächst müssen Sie ein Perl-Modul installieren, das Ihnen den Zugriff auf die GD-Library ermöglicht. In PHP genügt es, die Library einfach zu aktivieren und dann die bereitgestellten Funktionen aufzurufen. Perl ist in dieser Hinsicht ein wenig anspruchsvoller.

[x] Voraussetzung für die nachfolgenden Erklärungen, wie das Modul installiert wird, ist die ActiveState Perl-Distribution in der Version 5.61. Bei älteren oder neueren Versionen kann die Vorgehensweise abweichen. Leider ist es unmöglich, alle Variationen zu berücksichtigen.

Programmer's Package Manager

Der Ausgangspunkt und das wichtigste Werkzeug ist der *Programmer's Package Manager*, kurz PPM genannt. Dieses Programm ist kommandozeilen-basiert, so dass alle Schritte durch die Eingabe unterschiedlicher Befehlsfolgen vorgenommen werden. Um das Programm zu starten, reicht es aus, eine Eingabeaufforderung zu öffnen. Unter Windows erreichen Sie dies durch einen Klick auf **Start und Ausführen ...** Unter Linux müssen Sie lediglich ein Terminalfenster öffnen. Tippen Sie nun `ppm3` ein und dann die Enter-Taste. Der Programmer's Package Manager in der Version 3 sollte daraufhin gestartet werden.

[×] Achten Sie darauf, dass eine Verbindung zum Internet besteht. Sollten Sie keinen Internetzugang besitzen, muss die Installation auf einem anderen Weg erfolgen, der am Ende dieses Kapitels erläutert wird.

Tippen Sie nun die Befehlssequenz `search gd` ein und dann die Enter-Taste. Der PPM durchsucht nun die ihm bekannten Internetquellen nach einem Perl-Modul mit dem Namen GD. Dies kann, je nach Geschwindigkeit Ihrer Internetanbindung und Auslastung der Modul-Quellen, einige Sekunden bis maximal eine Minute dauern.

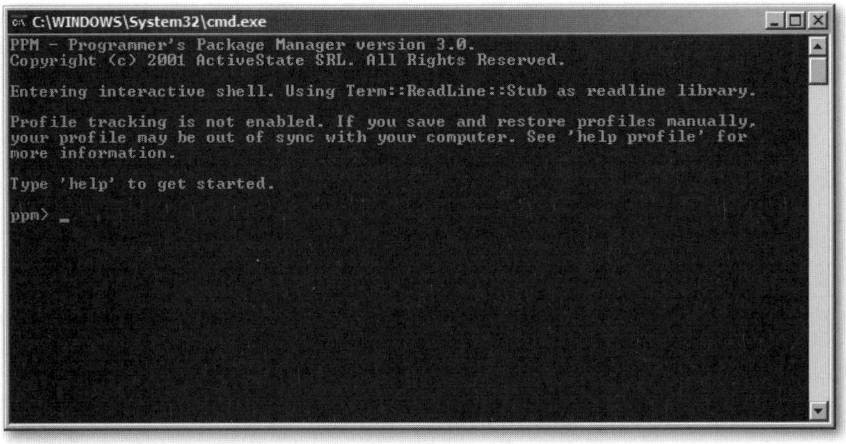

Abbildung 57.1 Startbildschirm des Programmer's Package Managers 3

Anschließend sollte Ihnen der PPM eine nummerierte Liste aller gefundenen Module liefern, die auf die Suchanfrage passen. Unter anderem sollte ein Modul mit dem Namen GD, einer Versionsnummer wie 1.2x.x und der Erklärung »Interface to Gd Graphics Library« gefunden werden. Abbildung 57.2 zeigt eine Beispiel-Ausgabe der Suche. Eintrag Nummer 10 entspricht dem gesuchten Modul.

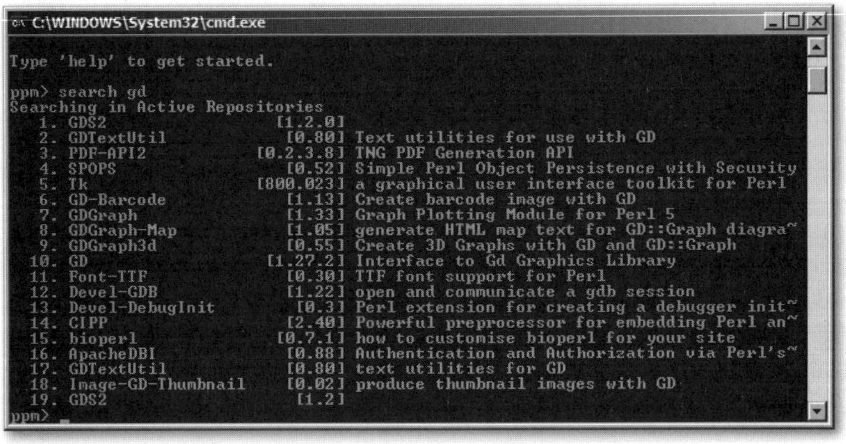

Abbildung 57.2 Suchergebnis des PPM nach dem Modul GD

Wenn Ihre Suchanfrage ein entsprechendes Ergebnis liefert, dann tippen Sie `install gd` [↵] ein. Der PPM sollte nun mit der Installation des Moduls beginnen und in etwa folgende Ausgabe liefern:

Installation starten

```
====================
Install 'gd' version 1.27.2 in ActivePerl 5.6.1.632.
====================
Downloaded 225001 bytes.
Extracting 21/21: blib/lib/qd.pl
Installing D:\Perl\site\lib\auto\GD\GD.bs
Installing D:\Perl\site\lib\auto\GD\GD.dll
...
Writing D:\Perl\site\lib\auto\GD\.packlist
Successfully installed gd version 1.27.2 in ActivePerl 5.6.1.632.
```

Wichtig ist dabei die letzte Zeile der Ausgabe. Sollte der PPM `Successfully installed ...` ausgeben, dann wurde die Installation erfolgreich abgeschlossen.

Nun fehlt noch der letzte Schritt. Die Installation muss daraufhin getestet werden, ob sie auch wirklich einwandfrei funktioniert. Öffnen Sie dafür eine Konsole. Unter Windows erreichen Sie dies durch den Klick auf **Start und Ausführen ...** und die Eingabe `cmd` [↵], wenn Sie Windows NT 4.0/2000/XP verwenden. Unter Windows 95/98/ME müssen Sie `command` [↵] eingeben. Tippen Sie nun die folgende Zeile ein, und bestätigen Sie die Eingabe anschließend mit [↵].

Installation testen

```
perl -e "use gd;"
```

Diese Zeile startet den Perl-Interpreter und weist ihn an, das Modul GD einzubinden. Wenn das Modul erfolgreich installiert worden ist und Perl das Modul finden und einbinden konnte, darf nun keine Ausgabe erfolgen. Sollte trotzdem etwas ausgegeben werden, z.B. eine Fehlermeldung, überprüfen Sie die vorangegangenen Schritte, und führen Sie diese notfalls noch einmal durch.

57.1.1 Manuelle Installation

Für den Fall, dass Sie keine Möglichkeit haben, über Ihren Computer ins Internet zu gelangen, finden Sie auf der dem Buch beiliegenden DVD-ROM das Archiv **gd-2.0.33.zip** im Verzeichnis **x:\misc**.

[o]

Entpacken Sie das Archiv **gd.zip** in ein beliebiges Verzeichnis auf Ihrer Festplatte, und öffnen Sie eine Konsole. Wechseln Sie in das Verzeichnis, in das Sie **gd.zip** entpackt haben. Tippen Sie nun das Kommando

```
ppm3 install gd
```

ein, und bestätigen Sie die Eingabe mit [↵]. Die Installation sollte nun gestartet werden, und am Ende der Ausgabe sollte `Successfully installed...` erscheinen.

57.2 Erste Versuche

In PHP funktionierte das Erzeugen einer Grafik über die bereitgestellten Funktionen so, dass über ein Handle auf die Grafik zugegriffen wurde. In Perl stehen die gleichen Funktionen zur Verfügung, der Zugriff auf die Grafik und die einzelnen Funktionen wird jedoch durch ein Objekt gebündelt.

In Perl müssen Sie also zuerst ein Objekt instanziieren. Bei der Instanziierung muss dem Konstruktor der Klasse dann die Breite und die Höhe der neuen Grafik übergeben werden. Konnte die neue leere Grafik erzeugt werden, wird ein Objekt erstellt, das über alle wichtigen Eigenschaften und Methoden verfügt, die Sie benötigen. Wenn das Objekt nicht erstellt werden konnte, sollten Sie das Perl-Skript beenden. Wie Sie dies realisieren können, werden Sie in den folgenden Beispielen erfahren.

```
object GD::image::new(int width, int height)
```

[x] Zuallererst müssen Sie jedoch daran denken, das GD-Modul in Ihr laufendes Skript einzubinden. Dies erfolgt mit der Anweisung `use gd;`. Ein Beispielaufruf könnte also folgendermaßen aussehen:

```
use gd;
$image = new GD::image(175,75);
```

Diese beiden Zeilen würden eine neue Grafik mit 175 Pixel Breite und 75 Pixel Höhe definieren und das für den Zugriff notwendige Objekt `$image` erzeugen. Um einen Fehler bei der Instanziierung des Objekts abfangen zu können, wird in der Regel folgende Schreibweise verwendet:

```
use gd;
$image = new GD::image(175,75) || die('<Fehlermeldung>');
```

57.2.1 Farben

Für jedes Bild benötigen Sie Farbe, und da bei neu mit der GD-Library definierten Grafiken die Farbpalette einer neuen Grafik immer leer ist, müssen Sie diese Farben zunächst definieren. Die Methode, die dafür verwendet werden muss, heißt `colorAllocate`. Die einzelnen Farbanteile der neuen Farbe, also rote, grüne und blaue, müssen Sie der Methode dabei als Parameter übergeben. Die Funktion liefert dann den Index der Farbe in der Farbpalette als Zahlenwert bzw. Integer zurück.

```
int image->colorAllocate(int red, int green, int blue)
```

Da Sie für jeden einzelnen Farbanteil einen Wert zwischen 0 und 255 angeben können, stehen Ihnen 16,7 Millionen Farben zur Verfügung.

[x] Achten Sie darauf, dass Sie den Index der neuen Farbe in einem extra Skalar speichern und dass die erste Farbe, die Sie definieren, automatisch als Hintergrundfarbe für die Grafik verwendet wird.

Nachfolgend finden Sie ein paar Beispiele, wie Sie Farben definieren müssen.

```
$bg = $image->colorAllocate(255,255,255);
$red = $image->colorAllocate(255,0,0);
$green = $image->colorAllocate(0,255,0);
$blue = $image->colorAllocate(0,0,255);
$yellow = $image->colorAllocate(255,255,0);
```

Die Hintergrundfarbe der Grafik wird also Weiß. Zusätzlich werden noch vier weitere Farben definiert: Rot, Grün, Blau und Gelb.

57.2.2 Text einfügen

Auch in Perl gibt es eine Methode, mit der Sie eine beliebige Zeichenkette in eine Grafik einfügen können. Der Name der Methode lautet `string` und erwartet ebenfalls mehrere Parameter:

```
void image->string(int font, int x, int y, string str, int color)
```

Als ersten Parameter müssen Sie der Methode eine Schriftart übergeben. Intern stehen in der GD-Library bereits fünf verschiedene Schriften zur Verfügung, die sich lediglich in der Dicke und der Schriftgröße unterscheiden. Die gewünschte Schrift geben Sie dabei als Konstante an.

Schriftkonstante	Erklärung
gdSmallFont	6 × 12 Pixel kleine Schrift
gdLargeFont	8 × 16 Pixel große Schrift
gdMediumBoldFont	7 × 13 Pixel kleine fette Schrift
gdTinyFont	Sehr kleine Schrift mit 5 × 8 Pixel Größe
gdGiantFont	Große fette Schrift mit 9 × 15 Pixel Größe

Tabelle 57.1 Schriftkonstanten

Die beiden Parameter `x` und `y` definieren die Position, an der die Zeichenkette eingefügt werden soll. An der angegebenen Position wird dann die linke obere Ecke der Zeichenkette ausgerichtet. Die Position 0,0 steht für die linke obere Ecke der Grafik. Als vierter Parameter `str` wird die eigentliche Zeichenkette übergeben. Schlussendlich müssen Sie noch eine Textfarbe angeben. Dabei müssen Sie den Palettenindex der Farbe als fünften Parameter `color` übergeben.

Ein Beispiel:

```
$image->string(gdMediumBoldFont,10,10,'Test',$black);
```

Diese Anweisung würde den Text `Test` in der Grafik ausgeben. Dabei werden die Farbe `$black` und die Schrift `gdMediumBoldFont` verwendet. Die linke obere Ecke des Textes beginnt an der Position 10,10.

Breite und Höhe

Diese Art, einen Text in der Grafik auszugeben, ist sehr bequem und sicherlich der einfachste Weg. Wenn Sie nun z. B. eine Grafik erzeugen möchten, die als Schaltfläche verwendet werden soll, muss der Text in der Regel ausgerichtet werden. Die Position, an der der Text dann ausgegeben werden soll, hängt von der Gesamtbreite des Texts in der gewählten Schrift und der Höhe ab. Damit eine hohe Variabilität erhalten bleibt – also die Schriftart einfach ausgetauscht werden kann –, sollte die Angabe der einzelnen Breiten und Höhen einer Schriftart nicht von Hand vorgenommen werden müssen. Zu jeder Schriftart stehen zwei Eigenschaften zur Verfügung, die schon die entsprechenden Werte enthalten.

```
int font->width
```

Diese Eigenschaft gibt die Breite eines Zeichens in der Schriftart zurück.

```
int font->height
```

Die Eigenschaft `height` gibt hingegen die Höhe eines Zeichens in der Schriftart zurück.

Berechnung

Die beiden Eigenschaften könnten folgendermaßen verwendet werden, um die Gesamtbreite und -höhe eines auszugebenden Textes zu errechnen.

```
$str = 'Eine Zeichenkette';
$str_height = gdMediumBoldFont->height;
$str_width = gdMediumBoldFont->width * length($str);
```

Diese drei Zeilen definieren zuerst eine Variable, die als Wert `Eine Zeichenkette` erhält. In der Variablen `$str_height` wird dann die Höhe des Textes in Pixel gespeichert und in der Variablen `$str_width` die Gesamtbreite des Textes in Pixel. Dabei wird die Anzahl der Zeichen der Zeichenkette anhand der Funktion `length` ermittelt und mit der Breite eines einzelnen Zeichens multipliziert.

Zentrierte Ausgabe

Mit den errechneten Werten könnten Sie nun einen Text exakt in der Mitte einer Grafik ausrichten oder 10 Pixel vom rechten Rand entfernt usw. Zur Berechnung der exakten Mitte müssen Sie lediglich die Werte der Variablen `$str_height` und `$str_width` von der Höhe und Breite der Grafik abziehen und jeweils durch zwei dividieren.

```
$str_x = (175 - $str_width) / 2;
$str_y = (75 - $str_height) / 2;
```

In der Variablen `$str_x` steht nun die `x`-Position und in der Variablen `$str_y` die `y`-Position, an der der Text ausgegeben werden muss, damit dieser exakt in der Mitte der Grafik erscheint.

57.2.3 Ausgabe des Bildes

Die letzte Hürde ist die Ausgabe der erzeugten Grafik. Generell haben Sie die Wahl zwischen zwei Formaten, in denen die Grafik ausgegeben werden kann: entweder im platzsparenden, aber verlustbehafteten JPEG-Format oder im verlustfreien, jedoch größeren PNG-Format. Je nachdem, für welches Format Sie sich entscheiden, stehen zur Umwandlung die beiden Methoden `jpeg` und `png` bereit.

```
string image->jpeg
string image->png
```

Der Aufruf der Methoden unterscheidet sich jedoch von der PHP-Variante gewaltig. Denn sowohl die Methode `jpeg` als auch die Methode `png` erzeugen nur den so genannten Datenstrom und geben diesen als String zurück. Die Ausgabe müssen Sie nun selbst vornehmen, indem Sie den erzeugten Datenstrom entweder an den Browser senden oder in eine Datei schreiben.

```
$jpeg_data = $image->jpeg;
$png_data = $image->png;
```

Beide Methodenaufrufe würden den jeweiligen Datenstrom in einem Skalar speichern. Je nachdem, ob Sie den Datenstrom nun im Browser ausgeben möchten oder in eine Datei schreiben wollen, müssen Sie unterschiedliche Wege beschreiten.

Ausgabe in Datei

Für die Ausgabe des Datenstroms in eine Datei muss ein Unterschied zwischen UNIX/Linux und Windows gemacht werden. An verschiedenen Stellen in diesem Buch habe ich schon darauf hingewiesen, dass unter UNIX/Linux ein Zeilenumbruch nur aus dem Steuerzeichen `LF` besteht, unter Windows jedoch aus `CR/LF`. Sie müssen den Kanal, durch den Sie die Daten in die Datei schreiben, also auf den Binärmodus umschalten. Dies übernimmt die Anweisung `binmode`, gefolgt vom Dateihandle. Also in etwa wie folgt:

```
binmode JPEGFILE;
binmode PNGFILE;
```

Wie Sie nun sicherlich schon ahnen, müssen Sie mit Perl-Funktionen also zuerst eine Datei öffnen, in der der Datenstrom gespeichert werden soll. Dann schalten Sie mit der Anweisung `binmode` auf den Binärmodus um und schreiben anschließend die Daten in die Datei. Zum Schluss wird das Dateihandle wieder freigegeben.

```
open(JPEGFILE,">tmp_image.jpg");
binmode JPEGFILE;
$jpeg_data = $image->jpeg;
print JPEGFILE $jpeg_data;
close(JPEGFILE);
```

Dieses Beispiel erzeugt zuerst eine neue Datei namens **tmp_image.jpg** und das Zugriffshandle `JPEGFILE`. Dann wird der Ausgabekanal auf den Binärmodus umgeschaltet. Im nächsten Schritt wird der JPEG-Datenstrom im Skalar `$jpeg_data` gespeichert, der anschließend mit `print` in die Datei geschrieben wird. Diese beiden Schritte ließen sich auch durch folgende Anweisung verkürzen:

```
print JPEGFILE $image->jpeg;
```

Abschließend wird die Datei geschlossen. Die kürzere Variante in Bezug auf das PNG-Format würde dann folgendermaßen aussehen:

```
open(PNGFILE,">tmp_image.png");
binmode PNGFILE;
print PNGFILE $image->png;
close(PNGFILE);
```

Ausgabe im Browser

Wie schon in PHP müssen Sie auch in Perl dem Browser zuerst den MIME-Typ der Grafik mitteilen. Anschließend geben Sie den erzeugten Datenstrom einfach im Browser aus.

[»] Normalerweise haben Sie zur Ausgabe des MIME-Typs die CGI-Funktion `header` verwendet. Diese dürfen Sie an dieser Stelle nicht verwenden, da sie den MIME-Typ `text/html` ausgibt. Er ist für Grafiken vom Typ JPEG oder PNG jedoch nicht zu gebrauchen. Stattdessen können Sie den passenden MIME-Typ mit einer `print`-Anweisung an den Browser ausgeben:

```
print "Content-Type: image/jpeg\n\n";
  // Ausgabe des MIME-Typs für JPEG-Grafiken
print "Content-Type: image/png\n\n";
  // Ausgabe des MIME-Typs für PNG-Grafiken
```

Denken Sie immer an die beiden Zeilenumbrüche am Ende der Ausgabe. Die sind notwendig, damit der Browser erkennen kann, an welcher Stelle der Datenstrom beginnt. Für die Ausgabe im Browser müssen Sie den Ausgabekanal übrigens nicht explizit auf den Binärmodus umschalten.

Anschließend könnte die Ausgabe des Datenstroms durch eine einfache `print`-Anweisung erfolgen:

```
print "Content-Type: image/jpeg\n\n";
print $image->jpeg;
```

Im Folgenden finden Sie ein vollständiges Beispiel zur Ausgabe einer Grafik im Browser.

```
#!/usr/bin/perl -w
use CGI qw(:standard);
use GD;
$width = 175;
$height = 25;
$font = gdMediumBoldFont;
$str = 'Ein Text';

$image = new GD::Image($width,$height);

$yellow = $image->colorAllocate(255,255,0);
$blue = $image->colorAllocate(0,0,255);
```

```
$str_x = ($width - ($font->width * length($str))) / 2;
$str_y = ($height - $font->height) / 2;

$image->string($font,$str_x,$str_y,$str,$blue);

print "Content-Type: image/png\n\n";
print $image->png;
```

Listing 57.1 Ausgabe einer Grafik im Browser mit Schriftzug

Grundanweisungen und Variablendefinition

Alle Parameter, die in diesem Skript möglichst variabel sein sollen, wurden zu Beginn des Skripts in entsprechenden Variablen gespeichert. Sowohl die Breite als auch die Höhe der zu erzeugenden Grafik wurden in den Variablen `$width` und `$height` gespeichert. Die zu verwendende Schriftart wurde in der Variablen `$font` gespeichert. Diese Möglichkeit habe ich Ihnen bisher noch vorenthalten. Sie funktioniert deshalb, weil alle fünf Schriftarten, die in der GD-Library bereits enthalten sind, im GD-Modul als Objekte vorliegen und einem beliebigen Skalar zugewiesen werden können. Die entsprechenden Eigenschaften werden dann ebenfalls übergeben. Der auszugebende Text wird in der Variablen `$str` gespeichert.

Objekt erzeugen und Farben definieren

In den folgenden drei Schritten wird zuerst ein neues Objekt namens `$image` erzeugt. Die neue Grafik erhält die Größe, die in den Variablen `$width` und `$height` gespeichert wurde. Dann werden zwei Farben definiert, eine gelbe und eine blaue. Die gelbe wird automatisch als Hintergrundfarbe verwendet und die blaue später für den Text.

x- und y-Position berechnen und Text einfügen

In der Variablen `$str_x` wird die errechnete `x`-Position gespeichert, an der der Text ausgegeben werden soll, und in der Variablen `$str_y` die errechnete `y`-Position. Nun wird der Text der Variablen `$str` an der Position `$str_x` und `$str_y` in einer blauen Farbe in die Grafik eingefügt.

MIME-Typ und Grafik ausgeben

Zu guter Letzt wird dann zuerst der MIME-Typ der Grafik (in diesem Fall `image/png`) ausgegeben und anschließend der Datenstrom der Grafik. Die Ausgabe, die das Listing 57.1 erzeugt, ist in Abbildung 57.3 dargestellt.

Abbildung 57.3 Mit Perl erzeugte Grafik

57.3 Grafiken verändern

Natürlich könnte man vollständige Grafiken durch die zur Verfügung stehenden Methoden zeichnen und im Browser ausgeben. Dies kann jedoch sehr umständlich werden, wenn es lediglich darum geht, eine kleine Schaltfläche zu erstellen, die mit einem Hintergrundbild versehen werden soll. So etwas könnte z. B. als Button zur Navigation verwendet werden. Je komplexer die geplante Grafik jedoch wird, desto länger benötigt Perl, um diese Grafik zu berechnen und zu erzeugen. Schneller und einfacher ginge es, wenn Sie stattdessen eine existierende Grafik als Basis verwenden und einfach nur einen Schriftzug darüber legen könnten. Dies ist kein Problem, denn Sie müssen einfach nur einen anderen Konstruktor verwenden. Anstelle von `new GD::Image` müssen Sie dann `newFromPng GD::Image` oder `newFromJpeg GD:Image` einsetzen.

```
object GD::Image::newFromPng(FILEHANDLE)
object GD::Image::newFromJpeg(FILEHANDLE)
```

[»] **Es gibt jedoch ein kleines Detail zu beachten. Sie müssen die Grafik, die Sie als Basis für eine neue Grafik verwenden möchten, zuvor öffnen und das erzeugte Dateihandle als Parameter an einen der beiden Konstruktoren übergeben:**

```
open(PNG,"<basepng.png");
$image = newFromPng GD::Image(PNG);
close(PNG);
```

Zuerst wird also die Basisgrafik ganz normal mit der Funktion `open` geöffnet. Das so erzeugte Dateihandle wird dann an den Konstruktor übergeben. Da die Basisgrafik vollständig eingelesen wird, können Sie das Dateihandle anschließend beruhigt wieder freigeben. Für den Fall, dass die Basisgrafik nicht geöffnet werden konnte, sollten Sie den Programmablauf sofort mit `die` abbrechen.

```
open(PNG,"<basepng.png") || die;
```

Dadurch können Sie verhindern, dass es zu ellenlangen Fehlermeldungen kommt und unter Umständen Dateien oder Daten beschädigt werden, falls die Grafik nicht erfolgreich geöffnet werden konnte.

Abmessungen Wenn Sie bei der Verwendung einer Grafik als Ausgangspunkt einer neuen Grafik möglichst variabel bleiben wollen, ist es immer hilfreich, die Abmessungen einer Grafik ermitteln zu können. Die neue Grafik erhält nämlich die gleiche Breite und Höhe wie die Basisgrafik. Dafür können Sie die Methode `getBounds` des `image`-Objekts verwenden. Diese Methode liefert eine Liste zurück, die die Breite der Grafik und die Höhe in Pixel enthält. Das Element 0 der Liste enthält dabei den Wert für die Breite und das Element 1 den Wert für die Höhe.

```
list image->getBounds
```

Der Einfachheit halber sollten Sie die Werte nicht als Liste entgegennehmen, sondern gleich in zwei Skalare aufteilen. Dies erreichen Sie durch die folgende Zuweisung:

```
($im_width, $im_height) = $image->getBounds();
```

Das nun folgende Listing demonstriert die Verwendung des Konstruktors `newFromPng` und der Methode `getBounds`.

```
#!/usr/bin/perl -w
use CGI qw(:standard);
```

```
use GD;

$font = gdGiantFont;
$str = 'Schaltfläche';

open(PNG,"<basepng.png") || die;
$image = newFromPng GD::Image(PNG);
close(PNG);

$white = $image->colorAllocate(255,255,255);

($im_width,$im_height) = $image->getBounds();

$str_x = ($im_width - ($font->width * length($str))) / 2;
$str_y = ($im_height - $font->height) / 2;
$image->string($font,$str_x,$str_y,$str,$blue);

print "Content-Type: image/png\n\n";
print $image->png;
```

Listing 57.2 Eine existierende Grafik wird geladen und mit einem Text versehen

Nach der Einbindung der beiden Module CGI und GD werden die beiden Variablen `$font` und `$str` definiert. `$font` wird die größte verfügbare Schriftart zugewiesen und `$str` der Text, der später ausgegeben werden soll. Anschließend wird die Grafik **basepng.png** zum Lesen geöffnet und das Dateihandle `PNG` erzeugt, das im nächsten Schritt an den Konstruktor `newFromPng` übergeben wird. Nachdem die Datei wieder geschlossen wurde, wird eine neue Farbe definiert, und die Abmessungen der Grafik werden ermittelt. Die Breite der Grafik wird in `$im_width` und die Höhe in `$im_height` gespeichert. Dann werden die Eckpunkte errechnet, an denen der Text ausgegeben werden muss, damit er sowohl horizontal als auch vertikal in der Mitte der Grafik platziert wird. Zum Schluss wird noch der korrekte Header gesendet und die Grafik im Browser ausgegeben.

Abbildung 57.4 Ausgabe des Listing 57.2 im Browser

57.4 In einer Grafik zeichnen

Die Ausgabe von Text reicht manchmal vollkommen aus. Dies ist jedoch nicht alles, was Sie mit der GD-Library und Perl alles zaubern können.

57.4.1 Punkte und Linien

Mit der Methode setPixel können Sie beliebige Pixel in einer Grafik manipulieren, indem Sie deren Farbe verändern. Zuerst einmal erwartet die Methode die x- und y-Position des Pixels, dessen Farbe verändert werden soll. Die Position x wird als erster Parameter und die Position y als zweiter Parameter übergeben. Als dritten und letzten Parameter müssen Sie dann noch eine Farbe angeben.

```
void image->setPixel(int x, int y, int color)
```

Ein Beispiel:

```
$blue = $image->colorAllocate(0,0,255);
for($i=0; $i<100; $i++)
{
  $image->setPixel(15,$i,$blue);
}
```

Dieses kurze Beispiel ändert die Farbe der Pixel 0 bis 99 auf der x-Achse 15 in Blau. Es wird also eine Linie gezeichnet, da die manipulierten Pixel alle hintereinander in einer Reihe liegen. Es geht jedoch auch einfacher, und zwar mit den Methoden line bzw. dashedLine. Die Methode line zeichnet eine normale Linie zwischen den angegebenen Eckpunkten in der angegebenen Farbe. Die Methode dashedLine hingegen zeichnet eine gestrichelte Linie zwischen den Eckpunkten in der angegebenen Farbe.

```
void image->line(int x1, int y1, int x2, int y2, int color)
void image->dashedLine(int x1, int y1, int x2, int y2, int color)
```

Sie müssen also zuerst den Startpunkt der Linie als x- und y-Koordinaten getrennt angeben. Anschließend folgt der Endpunkt der Linie, ebenfalls getrennt in x und y. Zum Schluss folgt die Farbe, in der die Linie gezeichnet werden soll.

[x] Da der Start- und der Endpunkt nicht horizontal oder vertikal auf einer Linie liegen müssen, können Sie so natürlich auch eine Diagonale zeichnen. Das folgende Beispiel demonstriert dies.

```
#!/usr/bin/perl -w
use CGI qw(:standard);
use GD;

$image = new GD::Image(200,200);

$white = $image->colorAllocate(255,255,255);
$black = $image->colorAllocate(0,0,0);

for($i=10; $i<=190; $i++)
{
  $image->setPixel(195,$i,$black);
```

```
  $image->setPixel($i,195,$black);
}
$image->line(10,5,190,5,$black);
$image->dashedLine(5,10,5,190,$black);
$image->line(10,10,190,190,$black);
$image->dashedLine(10,190,190,10,$black);

print "Content-Type: image/png\n\n";
print $image->png;
```

Listing 57.3 Durchgezogene und solide Linien zeichnen mit Perl

In Listing 57.3 werden insgesamt sechs Linien gezeichnet. Nach der obligatorischen Definition der Grafik und zweier Farben werden zunächst mit einer `for`-Schleife und der Methode `setPixel` zwei Linien gezeichnet. Anschließend werden zwei Linien mit der Methode `line` und zwei Linien mit der Methode `dashedLine` gezeichnet. Zum Schluss wird die Grafik an den Browser gesendet.

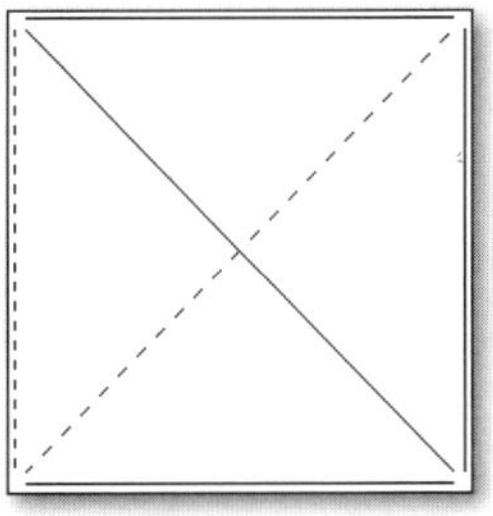

Abbildung 57.5 Ausgabe des Listing 57.3 im Browser

57.4.2 Rechtecke

Zum Zeichnen von Rechtecken stehen Ihnen wiederum zwei Methoden zur Verfügung. Die Methode `rectangle` zeichnet ein normales Rechteck und die Methode `filledRectangle` ein mit Farbe gefülltes Rechteck.

```
void image->rectangle (int x1, int y1, int x2, int y2, int color)
void image->filledRectangle (int x1, y1, int x2, int y2, int color)
```

Die beiden ersten Parameter `x1` und `y1` erwarten jeweils die x- und y-Koordinate des Startpunktes, während `x2` und `y2` die Koordinaten des Endpunktes erwarten. Als fünften Parameter `color` können Sie dann die Farbe angeben, in der das Rechteck gezeichnet werden soll.

```
#!/usr/bin/perl -w
use CGI qw(:standard);
use GD;
$image = new GD::Image(200,200);

$white = $image->colorAllocate(255,255,255);
$black = $image->colorAllocate(0,0,0);
```

```
$image->rectangle(5,5,95,95,$black);
$image->filledRectangle(105,5,195,95,$black);

print "Content-Type: image/png\n\n";
print $image->png;
```

Listing 57.4 Perl-Skript, das zwei Rechtecke zeichnet

Nachdem das Objekt instanziiert wurde und zwei Farben definiert wurden, zeichnet das Skript zwei Rechtecke in die Grafik: eines, das nur über eine Außenlinie verfügt, und ein zweites, das flächig gefüllt ist.

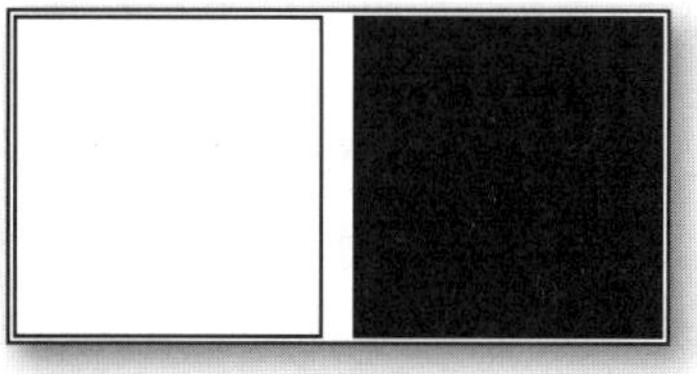

Abbildung 57.6 Ausgabe des Listing 57.4 im Browser

57.4.3 Kreise und Kreisbögen

Wenn Sie das Kapitel zur GD-Library in Verbindung mit PHP gelesen haben, kennen Sie zwei Funktionen, mit denen Sie Kreise bzw. Ellipse zeichnen können: `imageEllipse` und `imageFilledEllipse`. Diese gibt es in Perl nicht. Daher müssen Sie sich hier ein wenig Abhilfe schaffen. Zunächst einmal werde ich erklären, wie Sie trotz allem einen Kreis oder eine Ellipse zeichnen können.

Kreisbögen Die einzige Methode, mit der Sie in Perl etwas Kreisähnliches zeichnen können, ist `arc`. Sie zeichnet einen Kreisbogen, bei dem Sie den Mittelpunkt des Kreises bzw. der Ellipse festlegen können, aber auch die Höhe und die Breite. Außerdem können Sie den Start- und den Endwinkel angeben, von wo bis wo der Bogen gezeichnet werden soll.

```
void image->arc (int x, int y, int width, int height, int start_ang,
  int end_ang, int color)
```

Für die Parameter `x` und `y` können Sie nun einen beliebigen Punkt in der Grafik angeben. Der zu zeichnende Bogen orientiert sich dann an diesem Punkt. Die beiden Parameter `width` und `height` definieren die Breite des Kreises bzw. der Ellipse und die Höhe. Mit den Parametern `start_ang` und `end_ang` können Sie den Start- und den Endwinkel festlegen. Dabei ist eine Angabe zwischen 0 und 360 erlaubt. Mit dem letzten Parameter definieren Sie dann die Farbe, in der der Bogen gezeichnet werden soll.

[x] Damit Sie den Bogen eines Kreises zeichnen können, müssen den Parametern `width` und `height` die gleichen Werte zugewiesen werden. Ein Kreis ist schließlich genauso hoch wie breit. Wenn Sie den Bogen einer Ellipse zeichnen, müssen die Werte unterschiedlich sein.

Das folgende Beispiel zeichnet zwei normale Kreisbögen in einer Grafik.

```
#!/usr/bin/perl -w
use CGI qw(:standard);
use GD;

$image = new GD::Image(200,200);

$white = $image->colorAllocate(255,255,255);
$black = $image->colorAllocate(0,0,0);

$image->arc(50,50,90,90,180,270,$black);
$image->arc(150,50,90,90,0,180,$black);

print "Content-Type: image/png\n\n";
print $image->png;
```

Listing 57.5 Zeichnen von zwei Kreisbögen

Nachdem eine neue leere Grafik erzeugt worden ist und zwei Farben definiert wurden, werden mit der `arc`-Methode zwei Kreisbögen gezeichnet. Der erste Kreisbogen erhält den Mittelpunkt (50,50) und der dazugehörige Kreis einen Durchmesser von 90 Pixel. Der Startwinkel des Bogens wird auf 180 und der Endwinkel auf 270 festgelegt. Der zweite Kreisbogen erhält als Mittelpunkt den Punkt (150,50) und als Durchmesser ebenfalls 90 Pixel. Der Startwinkel ist diesmal jedoch 0 und der Endwinkel 180. Anschließend erfolgt die Ausgabe im Browser.

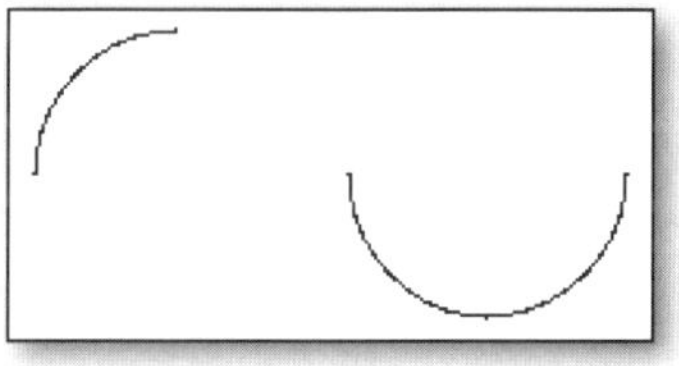

Abbildung 57.7 Ausgabe des Listing 57.5

Kreise und Ellipsen zeichnen

Um nun einen ganzen Kreis oder eine ganze Ellipse zeichnen zu können, müssen Sie einfach nur den Startwinkel auf 0 und den Endwinkel auf 360 setzen. Mit anderen Winkeln funktioniert dies nicht. Der Grund ist folgender: Die Werte 0 und 360 stehen beide für ein und denselben Winkel. Von daher kann die Methode `arc` von einem zum anderen Winkel einen Bogen zeichnen. Für den Winkel 180 gibt es keinen alternativen Wert. Würden Sie als Start- und als Endwinkel also 180 angeben, wird in der Grafik gar nichts gezeichnet. Versuchen Sie sich dies einfach an einer `for`-Schleife klarzumachen. Würden Sie eine Angabe wie `for($i=0; $i<360; $i++)` machen, wird die Schleife 360-mal durchlaufen. Bei einer Angabe wie `for($i=180; $i<180; $i++)` würde die Schleife kein einziges Mal durchlaufen werden.

```
#!/usr/bin/perl -w
use CGI qw(:standard);
```

```
use GD;

$image = new GD::Image(300,200);

$white = $image->colorAllocate(255,255,255);
$black = $image->colorAllocate(0,0,0);

$image->arc(50,50,90,90,0,360,$black);
$image->arc(150,50,90,90,0,360,$black);
$image->arc(100,150,180,90,0,360,$black);
$image->arc(250,100,90,180,0,360,$black);

print "Content-Type: image/png\n\n";
print $image->png;
```

Listing 57.6 Zeichnen von Kreisen und Ellipsen

In Listing 57.6 werden zwei Kreise und zwei Ellipsen gezeichnet. Der erste Kreis erhält den Mittelpunkt (50,50) und einen Durchmesser von 90 Pixel, der zweite Kreis den Mittelpunkt (150,50) und ebenfalls den Durchmesser 90. Die erste Ellipse bekommt den Mittelpunkt (100,150), eine Breite von 180 Pixel und eine Höhe von 90 Pixel. Die zweite Ellipse hingegen erhält den Mittelpunkt (250,100), eine Breite von 90 Pixel und eine Höhe von 180 Pixel. Was beide Kreis- und Ellipsenbögen gemeinsam haben, ist zum einen die Farbe und zum anderen der Start- und Endwinkel, nämlich 0 und 180.

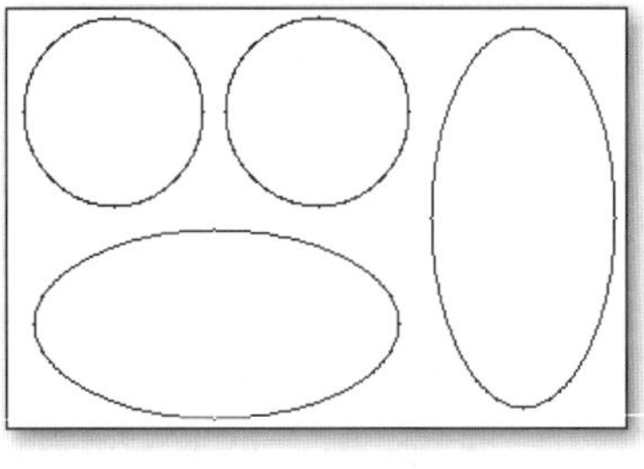

Abbildung 57.8 Ausgabe des Listing 57.6 im Browser

[x] Noch wird mit dieser alternativen Lösung nicht die volle Leistungsfähigkeit von PHP erreicht. Dort können immerhin auch flächige Kreise und Ellipsen gezeichnet werden. Wie sich dieses Problem beheben lässt, wird aber im folgenden Abschnitt geklärt.

57.4.4 Flächen füllen

Die Methode `filledRectangle` ermöglicht es Ihnen, ein mit Farbe gefülltes Rechteck zu zeichnen. Dabei wird sowohl für den Außenrahmen als auch zum Füllen die gleiche Farbe verwendet. Manchmal ist es aber auch gewollt, das Rechteck mit einer anderen Farbe zu füllen. Bei Kreisen und Ellipsen haben Sie das Problem, dass Sie beide nicht mit einer Farbe gefüllt zeichnen können. Hier kann die Methode `fill`

Abhilfe schaffen. Sie kann eine Fläche mit Farbe füllen. Dafür müssen ihr lediglich der Startpunkt und die gewünschte Farbe übergeben werden.

```
void image->fill(int x, int y, int color)
```

Der Startpunkt wird getrennt als Parameter `x` und `y`, die Füllfarbe als Parameter `color` übergeben. Ein Beispiel:

```
$image->fill(50,50,$black);
```

Die Methode `fill` würde nun am Punkt (50,50) beginnen, die Fläche mit der Farbe `$black` einzufärben. Dabei ist die Farbe des Pixels wichtig, der an diesem Punkt liegt. Die Methode ändert nämlich nur so lange die Farbe der Pixel, bis sie auf einen Pixel stößt, dessen Farbe sich von derjenigen des Ausgangspunkts unterscheidet.

```
#!/usr/bin/perl -w
use CGI qw(:standard);
use GD;

$image = new GD::Image(200,200);

$white = $image->colorAllocate(255,255,255);
$black = $image->colorAllocate(0,0,0);
$lightgray = $image->colorAllocate(192,192,192);

$image->rectangle(10,10,190,190,$black);
$image->fill(100,100,$lightgray);

print "Content-Type: image/png\n\n";
print $image->png;
```

Listing 57.7 Zeichnen eines Rechtecks und Füllen mit einer anderen Farbe

Nachdem die neue leere Grafik erzeugt worden ist, werden die drei Farben `$white`, `$black` und `$lightgray` definiert. Dann wird ein Rechteck in der Farbe `$black` gezeichnet und mit der Methode `fill` am Startpunkt (100,100) eine Flächenfüllung mit der Farbe `$lightgray` gestartet. Das Ergebnis ist in Abbildung 57.9 dargestellt.

Abbildung 57.9 Ausgabe des Listing 57.7 im Browser

Kreise und Ellipsen füllen

Um nun auch Kreise und Ellipsen mit einer Farbe zu füllen, müssen Sie zuvor lediglich einen Kreis oder eine Ellipse zeichnen und anschließend eine Flächenfüllung mit `fill` starten. Der Startpunkt der Flächenfüllung muss dabei innerhalb des Kreises bzw. der Ellipse liegen.

```
#!/usr/bin/perl -w
use CGI qw(:standard);
use GD;

$image = new GD::Image(300,200);

$white = $image->colorAllocate(255,255,255);
$black = $image->colorAllocate(0,0,0);
$lightgray = $image->colorAllocate(192,192,192);
$image->arc(50,50,90,90,0,360,$black);
$image->arc(150,50,90,90,0,360,$black);
$image->arc(100,150,180,90,0,360,$black);
$image->arc(250,100,90,180,0,360,$black);

$image->fill(50,50,$black);
$image->fill(150,50,$lightgray);
$image->fill(100,150,$black);
$image->fill(250,100,$lightgray);

print "Content-Type: image/png\n\n";
print $image->png;
```

Listing 57.8 Zeichnen zweier Kreise und Ellipsen und Füllen mit einer Farbe

Nach dem Erzeugen einer neuen Grafik und dem Definieren von drei Farben werden zwei Kreise und zwei Ellipsen in die Grafik gezeichnet. Anschließend wird an vier verschiedenen Startpunkten eine Flächenfüllung gestartet. Die vier Startpunkte liegen jeweils innerhalb eines anderen Kreises bzw. einer anderen Ellipse. Zum Schluss wird die Grafik noch im Browser ausgegeben.

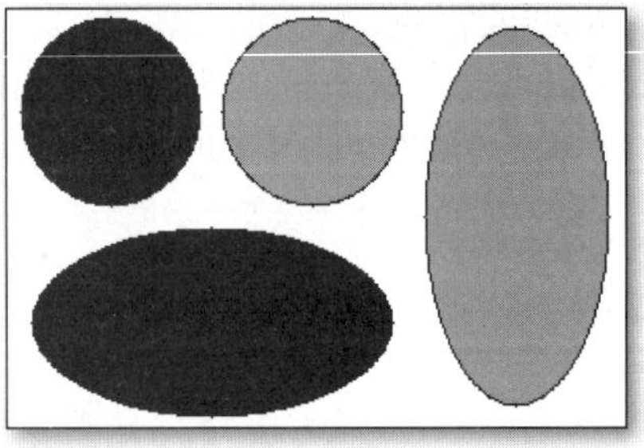

Abbildung 57.10 Ausgabe des Listing 57.8 im Browser

Wie Sie sehen können, ist es durch die Kombination der Methoden `arc` und `fill` problemlos möglich, die aus PHP bekannten und fehlenden Funktionen zu ersetzen – auch wenn dies leider mit etwas mehr Tipparbeit verbunden ist.

57.4.5 Transparenz

Leider ist in Perl die aus PHP bekannte Möglichkeit, Farben einen Transparenzgrad zuzuweisen, nicht vorhanden. In Perl können Sie nur eine Farbe der Farbpalette als transparent definieren. Dafür muss die Grafik jedoch im PNG-Format ausgegeben werden.

Um nun also eine Farbe als transparent zu definieren, benötigen Sie die Methode `transparent`. Dieser Methode müssen Sie den Index der Farbe übergeben, die transparent werden soll. Anschließend gibt die Methode den Index der Farbe in der Farbpalette der Grafik zurück.

```
int image->transparent(int color)
```

[x] Achten Sie dabei darauf, dass Sie zuerst die Farben ganz normal mit `colorAllocate` definieren. Erst danach können Sie eine der definierten Farben als Parameter an die Methode `transparent` übergeben.

```
$lightgray = $image->colorAllocate(192,192,192);
$transparent = $image->transparent($lightgray);
```

In diesem kurzen Beispiel wird zuerst die Farbe `$lightgray` und im nächsten Schritt die Farbe als transparent definiert. Der Index der nun transparenten Farbe wird in der Variablen `$transparent` gespeichert.

Den Rückgabewert der Funktion zu speichern, hat gleich zwei Vorteile. Der erste Vorteil ist, dass Sie unabhängig davon, welche Farbe Sie als transparent definiert haben, auf diese Farbe immer mit `$transparent` zugreifen können und sie dementsprechend auch an andere Methoden als zu zeichnende Farbe übergeben können. Außerdem ist der Rückgabewert immer dann ungleich –1, wenn eine Farbe als transparent definiert wurde.

[x] Der Wert –1 spielt außerdem noch eine andere wichtige Rolle. Mit ihm können Sie nämlich auch die transparente Farbe wieder deaktivieren, wenn Sie den Wert an die Methode `transparent` als Parameter übergeben.

```
$transparent = $image->transparent(-1);
```

Diese Anweisung würde also die transparente Farbe wieder deaktivieren.

```
#!/usr/bin/perl -w
use CGI qw(:standard);
use GD;

$image = new GD::Image(300,200);

$black = $image->colorAllocate(0,0,0);
$darkgray = $image->colorAllocate(92,92,92);
$lightgray = $image->colorAllocate(192,192,192);
```

```
$transparent = $image->transparent($darkgray);

$image->arc(50,50,90,90,0,360,$transparent);
$image->arc(150,50,90,90,0,360,$transparent);
$image->arc(100,150,180,90,0,360,$transparent);
$image->arc(250,100,90,180,0,360,$transparent);
$image->fill(50,50,$transparent);
$image->fill(150,50,$lightgray);
$image->fill(100,150,$transparent);
$image->fill(250,100,$lightgray);

print "Content-Type: image/png\n\n";
print $image->png;
```

Listing 57.9 Transparente Farbe in Perl verwenden

Nach der Definition der neuen leeren Grafik werden die drei Farben `$black`, `$darkgray` und `$lightgray` definiert. Im nächsten Schritt wird `$darkgray` dann als transparente Farbe festgelegt. Anschließend werden zwei Kreise und zwei Ellipsen gezeichnet, und zwar mit der Farbe, die zuvor als transparent festgelegt wurde und deren Palettenindex in der Variablen `$transparent` gespeichert wurde. Dann werden zwei der Kreise und Ellipsen mit der transparenten Farbe gefüllt und die anderen beiden mit der Farbe `$lightgray`.

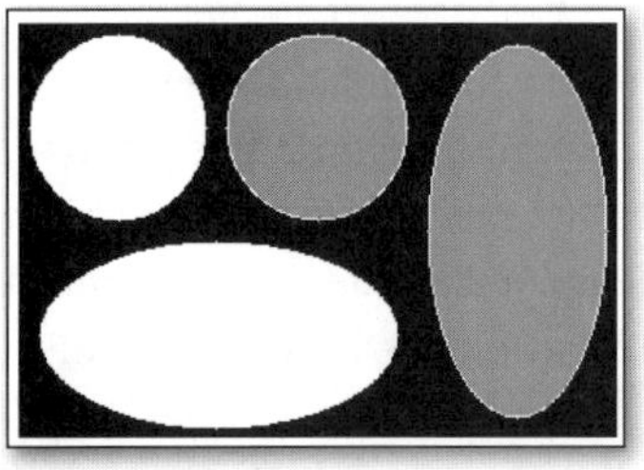

Abbildung 57.11 Ausgabe des Listing 57.9

Auch wenn es in der Abbildung 57.11 schwer zu erkennen ist, können Sie die transparente Farbe doch sehen, und zwar an den Stellen, wo der weiße Hintergrund des Dokuments durchschimmert.

57.5 Erweiterte Textausgabe

Fünf Schriften stehen Ihnen standardmäßig in der GD-Library zur Auswahl, die sich jedoch alle nur durch ihre Schriftgröße und -dicke unterscheiden. Der Schrifttyp ist immer der gleiche. Sie können in Perl jedoch auch so genannte TrueType-Fonts zur Ausgabe von Text verwenden. Diese TrueType-Fonts enden in der Regel auf **.ttf** und finden sich auf allen möglichen Betriebssystemen.

TrueType-Font

Um einen TrueType-Font zur Ausgabe von Text in einer Grafik zu verwenden, müssen Sie die Methode stringTTF einsetzen. Das Besondere an dieser Methode ist außerdem, dass die Kanten des ausgegebenen Textes geglättet werden. Dieses Kantenglätten wird auch als »Antialiasing« bezeichnet. Dadurch ist die Schrift besser zu lesen.

```
list image->stringTTF (int color, string ttf_font, float size, int angle,
                       int x, int y, string text)
```

Zunächst müssen Sie der Methode die Farbe mitteilen, in der der Text ausgegeben werden soll. Anschließend folgt als Parameter ttf_font, der relative oder absolute Pfad- und Dateiname der Schriftartendatei. Dann folgt als Parameter size die Größe in Punkt, in der die Textausgabe erfolgen soll. Dabei dürfen auch Dezimalzahlen angegeben werden, wobei Sie anstatt eines Kommas einen Punkt als Trennzeichen verwenden müssen. Der Parameter angle definiert den Winkel des Textes. 0 bedeutet, dass der Text ganz normal horizontal ausgegeben wird, und 180 bedeutet, dass der Text um 180 Grad gedreht wurde und somit auf dem Kopf steht. Die Parameter x und y definieren den Punkt, an dem die linke untere Ecke des Textes bei der Ausgabe angesetzt wird. Zum Schluss wird als Parameter text noch der auszugebende Text notiert.

```
#!/usr/bin/perl -w
use CGI qw(:standard);
use GD;

$image = new GD::Image(300,200);

$white = $image->colorAllocate(255,255,255);
$black = $image->colorAllocate(0,0,0);

$image->stringTTF($black,'verdana.ttf',
                  12.0,0,10,50,'Verdana');

print "Content-Type: image/png\n\n";
print $image->png;
```

Listing 57.10 Ausgabe eines Textes mit einer TTF-Schrift

Nach der Instanziierung der Grafik und der Definition zweier Farben wird mit der Methode stringTTF eine Textausgabe erzeugt. Dafür werden die Farbe $black und die Schriftart **verdana.ttf** verwendet. Die Schriftgröße wird auf 12 Punkt festgelegt und der Winkel auf 0. Die linke untere Ecke des Textes wird am Punkt (10,50) ausgerichtet. Der eigentliche Text, der ausgegeben werden soll, ist in Verdana. Abbildung 57.12 zeigt die Ausgabe des Listings im Browser. Auf der linken Seite der Abbildung finden Sie die 1:1-Ausgabe. Auf der rechten Seite der Abbildung ist die Ausgabe um den Faktor 6 vergrößert dargestellt. Die Vergrößerung stellt die Kantenglättung sehr deutlich dar.

Abbildung 57.12 Ausgabe des Listing 57.10: einmal 1:1 (links) und einmal 6:1 (rechts)

Die Ausgabe in Abbildung 57.13 wurde ebenfalls durch das Listing 57.10 erzeugt, nur dass der Winkel des auszugebenden Textes auf 180 gesetzt wurde.

```
$image->stringTTF($black,'verdana.ttf',
                  12.0,180,10,50,'Verdana');
```

Abbildung 57.13 Ausgabe des Textes aus Listing 57.10 mit dem Winkel 180

Eine Drehung des Textes können Sie auch mit den in der GD-Library enthaltenen Schriften erzeugen, indem Sie die Methode `stringUp` verwenden. Diese gibt den übergebenen Text, um 90 Grad gegen den Uhrzeigersinn gedreht, in der Grafik aus.

```
void image->stringUp(int font, int x, int y, string text, int color)
```

Der Parameter `font` erwartet die zu verwendende Schrift, während `x` und `y` den Punkt angeben, an dem die linke untere Ecke des Textes ausgegeben wird. Der Parameter `text` nimmt den auszugebenden Text und `color` nimmt die zu verwendende Farbe entgegen.

```
#!/usr/bin/perl -w
use CGI qw(:standard);
use GD;

$text = 'vert. Text';
$font = gdGiantFont;

$image = new GD::Image(200,200);

$white = $image->colorAllocate(255,255,255);
$black = $image->colorAllocate(0,0,0);

$str_x = $font->width * length($text);
$image->stringUp($font,10,$str_x,$text,$black);

print "Content-Type: image/png\n\n";
print $image->png;
```

Listing 57.11 Ausgabe eines um 90 Grad gedrehten Textes

Abbildung 57.14 Ausgabe des Listing 57.11 im Browser

57.6 Thumbnails erzeugen

Thumbnails sind kleinere Varianten von größeren Bildern. Sie werden häufig für Galerien verwendet, um dem Benutzer eine Möglichkeit zu bieten, eine kleine Vorschau eines Bildes anzusehen und dann zu entscheiden, ob er sich das größere und meist ladeintensivere Pendant anzeigen lassen möchte. Da es sehr mühselig ist, zu jedem großen Bild ein kleineres von Hand zu erzeugen, wird bei großen Bildergalerien häufig auf Skripts gesetzt, die diese Arbeit übernehmen. So stellt z. B. das Perl-Modul GD extra eine Methode zur Verfügung, die solche Arbeiten übernehmen kann: `copyResized`. Mit dieser Funktion können Sie eine Quellgrafik kopieren und verkleinern.

```
void image->copyResized(object src_im, int dst_x, int dst_y,
  int src_x, int src_y, int dst_w, int dst_h, int src_w, int src_h)
```

> Beachten Sie unbedingt, dass die Methode `copyResized` von dem Objekt aufgerufen werden muss, das als Ziel des Kopier- und Verkleinerungsvorgangs gilt. [«]

Als Parameter `src_im` müssen Sie das Objekt angeben, das die Quellgrafik enthält. Danach folgen die beiden Parameter `dst_x` und `dst_y`. Diese beiden definieren den Punkt, an dem die Quellgrafik mit der linken oberen Ecke in die Zielgrafik eingefügt werden soll. Dementsprechend definieren die Parameter `src_x` und `src_y`, von welchem Punkt in der Quellgrafik an der zu kopierende Abschnitt beginnen soll. Die nun folgenden Parameter `dst_w` und `dst_h` legen die Breite der Quellgrafik in der Zielgrafik fest. `src_w` und `src_h` wiederum legen fest, wie breit und wie hoch der zu kopierende Ausschnitt sein soll.

> Betrachten Sie den zu kopierenden Bildausschnitt als Rechteck. Die linke obere Ecke des Rechtecks wird durch die Parameter `src_x` und `src_y` festgelegt. Die Breite und die Höhe des Rechtecks definieren sich durch die Parameter `src_w` und `src_h`. Das Gleiche gilt natürlich für die Zielgrafik, nur dass die Parameter hier `dst_x`, `dst_y`, `dst_w` und `dst_h` lauten. Je nachdem, wie sich die Breite und die Höhe des Quellausschnitts von denjenigen des Zielausschnitts unterscheiden, wird der Quellausschnitt entsprechend angepasst, also entweder verkleinert oder vergrößert. [x]

```
$dst_im->copyResized($src_im,10,10,0,0,80,40,160,80);
```

Dieser Aufruf würde aus der Quellgrafik `$src_im` einen Ausschnitt von der Größe 160 × 80 Pixel herauskopieren, der an der Position (0,0) beginnt, ihn auf die Größe 80 × 40 Pixel verkleinern und in die Zielgrafik `$dst_im` an der Position (10,10) einfügen. Der Ausschnitt wird dadurch verkleinert.

```
#!/usr/bin/perl -w
use CGI qw(:standard);
use GD;

# Variablen setzen
$src_file = param('file');
$max_px = 100;
$dst_w = 0;
$dst_h = 0;

# Dateityp ermitteln und öffnen
open(IMG,"<$src_file");
$pos = index($src_file,'.') +  1;
$file_ext = substr($src_file,$pos);
if(lc($file_ext) == 'png')
{
  $image_src = newFromPng GD::Image(IMG);
}
elsif(lc($file_ext) == 'jpg')
{
  $image_src = newFromJpeg GD::Image(IMG);
}
close(IMG);

# Bildgröße ermitteln
($src_w,$src_h) = $image_src->getBounds();

# Abmessungen festlegen
if($src_w > $src_h)
{
  $dst_w = $max_px;
  $dst_h = $max_px / ($src_w / $src_h);
}
elsif($src_w < $src_h)
{
  $dst_h = $max_px;
  $dst_w = $max_px / ($src_h / $src_w);
}
else
{
  $dst_h = $max_px;
  $dst_w = $max_px;
}
```

```
# Bild kopieren und ausgeben
$image_dst = new GD::Image($dst_w,$dst_h);
$image_dst->copyResized($image_src,0,0,0,0,$dst_w,$dst_h,$src_w,
                        $src_h);
print "Content-Type: image/png\n\n";
print $image_dst->png;
```

Listing 57.12 Perl-Skript zum Erzeugen von Thumbnails

Laden der Module und Definieren der Variablen

In Listing 57.12 werden nach dem Einbinden der beiden Module CGI und GD erst einmal vier Variablen definiert. Die erste, `$src_file`, erhält den Wert, der beim Aufruf des Skripts als Parameter `file` übergeben wurde. Die Variable `$max_px` legt fest, wie breit oder wie hoch das Thumbnail maximal sein darf – in diesem Fall 100 Pixel. Dann wird noch den beiden Variablen `$dst_w` und `$dst_h` der Wert 0 zugewiesen. Diese beiden Variablen werden später benötigt, um die errechnete Größe der Zielgrafik zu speichern.

Dateityp der Quellgrafik bestimmen

Dann beginnt der Abschnitt, der sich um das Laden und Erzeugen der Quellgrafik kümmert. Zunächst wird die Quellgrafik geöffnet und das Dateihandle `IMG` erzeugt. Dann wird versucht, die Dateiendung der Grafik zu ermitteln. In `$pos` wird das erste Vorkommen des Zeichens `.` plus 1 im Dateinamen gespeichert. Dann wird mit der Funktion `substr` der Teil der Zeichenkette `$src_file` von `$pos` bis zum Ende der Zeichenkette kopiert und in `$file_ext` gespeichert. Nun folgt ein relativ kurzes `if`-Konstrukt. In diesem Konstrukt wird überprüft, ob `$file_ext` entweder der Zeichenkette `png` oder der Zeichenkette `jpg` entspricht. Entspricht `$file_ext` der Zeichenkette `png`, wird das Objekt `$image_src` erzeugt, indem der Konstruktor `newFromPng` des GD-Moduls aufgerufen und das Dateihandle `IMG` als Parameter übergeben wird. Ist die Quellgrafik vom Typ JPEG, wird der Konstruktor `newFromJpeg` aufgerufen und das Dateihandle `IMG` ebenfalls übergeben.

Bildgröße ermitteln und Abmessungen festlegen

Im nächsten Schritt wird den Variablen `$src_w` und `$src_h` die Breite und Höhe der Quellgrafik zugewiesen, indem sie mit der `getBounds`-Methode ausgelesen werden. Dann folgt die Berechnung der Größe der Zielgrafik. Damit auch das Seitenverhältnis der Quellgrafik beibehalten wird, werden ebenfalls in einer `if`-Anweisung die Relationen der beiden Variablen `$src_w` und `$src_h` bestimmt. Ist die Quellgrafik breiter als hoch, dann bekommt die Zielgrafik die maximale Breite. Ist die Quellgrafik höher als breit, dann bekommt die Zielgrafik die maximale Höhe. Der entsprechend andere Wert wird dann aus dem Seitenverhältnis der Quellgrafik errechnet. Sollte die Quellgrafik quadratisch, also so breit wie hoch sein, erhält die Zielgrafik die maximale Breite und Höhe.

Bild kopieren und ausgeben

Zum Schluss wird eine neue Grafik mit dem Objektnamen `$image_dst` erzeugt. Diese Grafik bekommt die Breite und Höhe zugewiesen, die zuvor errechnet und in `$dst_w` und `$dst_h` gespeichert wurden. Anschließend wird die Methode `copyResized` des `$image_dst`-Objekts ausgeführt. Die Methode bekommt die Parameter übergeben, die erforderlich sind, um die vollständige Quellgrafik zu kopieren, zu verkleinern und in die neue Grafik einzufügen. Dann erfolgt die Ausgabe des MIME-Typs und der Grafikdaten.

Einbinden in HTML

Um nun in einem HTML-Dokument anstelle der Originalgrafik das Thumbnail auszugeben, müssen Sie ein `img`-Element einfügen und als Wert für das Attribut `src` das Perl-Skript notieren (in diesem Fall wurde das Skript aus Listing 57.12 unter dem Namen **thumbs.pl** gespeichert) und natürlich die zu verkleinernde und darzustellende Grafik angeben.

```
<img src="thumbs.pl?file=eisberg.png">
```

Und so könnte dann die Ausgabe im Browser aussehen:

Abbildung 57.15 Thumbnails mit Perl

57.7 Anwendungsbeispiele

In diesem Abschnitt möchte ich Ihnen zwei weitere Anwendungsbeispiele der GD-Library geben. Äquivalent zu PHP, wo ein Kreisdiagramm und ein Bild als HTML-Dokument ausgegeben wurden, werde ich Ihnen in diesem Kapitel zeigen, wie Sie ein Verlaufsdiagramm erzeugen und eine Grafik als Textdatei ausgeben können.

57.7.1 Verlaufsdiagramm

Während im PHP-Kapitel bereits das Kreisdiagramm besprochen wurde, möchte ich Ihnen an dieser Stelle zeigen, wie Sie einen weiteren Diagrammtyp erzeugen können. Verlaufsdiagramme eignen sich immer dann besonders gut zum Darstellen von Daten, wenn Sie zu bestimmten Zeitpunkten eine Messung vornehmen. So können Sie mit einem Verlaufsdiagramm die Fieberkurve eines Patienten, den Temperaturverlauf eines Monats oder den Verlauf eines Kontos darstellen.

Geplantes Ziel

Das Schöne an dem Diagrammtyp ist, dass Sie alle erforderlichen Funktionen bzw. Methoden bereits kennen. Ich wollte bei diesem Diagramm diesmal einen leicht anderen Weg einschlagen. Anstatt nun alle Daten wie eine Überschrift und die Achsenbeschriftungen in dieses Diagramm hineinzuzeichnen, soll das Diagramm jetzt möglichst flexibel bleiben. Sowohl die Breite als auch die Höhe des Diagramms sollen mit Parametern festgelegt werden können. Auch die Datei, aus der die Daten geholt werden, soll als Parameter übergeben werden können. Schlussendlich wird auch noch der Rahmen zwischen dem Grafikrand und dem Diagrammrand auf diese Weise festgesetzt. Den genauen Grund dafür werde ich Ihnen an späterer Stelle noch erläutern. Das Skript sieht folgendermaßen aus:

```
#!/usr/bin/perl -w
use CGI qw(:standard);
use GD;

# Parameter entgegennehmen
$datafile = param('file');
$img_w = param('width');
$img_h = param('height');
$border = param('border');

# Datendatei einlesen
open(DATAFILE,"<$datafile");
@datarows = <DATAFILE>;
close(DATAFILE);
chomp(@datarows);

# Datenzeilen in x und y trennen
for($i=0; $i<@datarows; $i++)
{
  ($x,$y) = split(/:/,$datarows[$i]);
  push(@data_x,$x);
  push(@data_y,$y);
}

# Höchstwerte für x und y ermitteln
$data_max_x = 0;
$data_max_y = 0;
foreach(@data_x)
{
  $data_max_x = $_ if($_ > $data_max_x);
}
foreach(@data_y)
{
  $data_max_y = $_ if($_ > $data_max_y);
}

# Grafik erzeugen
```

```
$image = new GD::Image($img_w,$img_h);

# Farben definieren
$bg = $image->colorAllocate(255,255,255);
$black = $image->colorAllocate(0,0,0);
$green = $image->colorAllocate(51,204,51);

# Diagrammbasis zeichnen
$image->rectangle($border,$border,$img_w-$border-1,
                  $img_h-$border-1,$black);

# Werte zum Darstellen des Verlaufs berechnen
$diag_x = $border;
$diag_y = $img_h-$border-1;
$step_x = ($img_w-($border*2)-1) / $data_max_x;
$step_y = ($img_h-($border*2)-1) / $data_max_y;

# Verlauf zeichnen
$last_x = $data_x[0];
$last_y = $data_y[0];
for($i=1; $i<@data_x; $i++)
{
  $x1 = $diag_x + ($last_x * $step_x);
  $y1 = $diag_y - ($last_y * $step_y);
  $x2 = $diag_x + ($data_x[$i] * $step_x);
  $y2 = $diag_y - ($data_y[$i] * $step_y);
  $image->line($x1,$y1,$x2,$y2,$black);
  $image->string(gdMediumBoldFont,$x2,$y2-10,$data_y[$i],
                 $green);
  $last_x = $data_x[$i];
  $last_y = $data_y[$i];
}

print "Content-Type: image/png\n\n";
print $image->png;
```

Listing 57.13 Perl-Skript zum Zeichnen eines Verlaufsdiagramms

Dieses Skript ist nicht ganz so lang wie das PHP-Skript, das das Kreisdiagramm zeichnet (siehe Abschnitt 56.7.1, *Kreisdiagramm*). Dennoch bedarf es einer Erklärung.

Parameter entgegennehmen

Sobald das Skript aufgerufen wird, erwartet es vier Parameter, die über die URI übergeben werden sollen. Diese werden zu Beginn des Skripts in vier verschiedenen Variablen gespeichert. Die Datei, die die darzustellenden Daten enthält, wird als Parameter `file` übergeben und in der Variablen `$datafile` gespeichert. Die Breite und Höhe der Grafik wird anhand der Parameter `width` und `height` festgelegt. Diese werden den Variablen `$img_w` und `$img_h` zugewiesen. Der vierte Parameter `border` legt fest, wie breit der Abstand zwischen der Diagrammfläche und dem Außenrand der Grafik sein soll. Der Wert wird in `$border` gespeichert.

Im nächsten Schritt wird nun die Datendatei eingelesen. Dafür wird mit der open-Funktion lediglich das Dateihandle DATAFILE erzeugt und die Datei in die Liste @datarows eingelesen. Dann wird das Dateihandle wieder freigegeben und die Funktion chomp aufgerufen. Sie entfernt am Ende einer Zeichenkette die Zeilenumbrüche \n. Dies ist notwendig, da die Zeilenumbrüche zuvor ebenfalls mit aus der Datei ausgelesen wurden.

Datendatei einlesen

Die Datendatei ist folgendermaßen aufgebaut:

Datenzeilen in x und y trennen

```
x-wert:y-wert
```

Es wird also zuerst der Wert auf der x-Achse und dann – durch einen Doppelpunkt getrennt – der Wert auf der y-Achse notiert. Jeder dieser Punkte wird durch einen Zeilenumbruch voneinander getrennt. Eine solche Datendatei könnte folgendermaßen aussehen:

```
0:0
1:1000
2:1250
3:1300
```

In einer for-Schleife werden diese Datenzeilen nun in x und y getrennt. Dafür wird einfach die Funktion split aufgerufen. Die beiden zurückgegebenen Werte werden dann an die beiden Listen @data_x und @data_y angehängt. Zum Hinzufügen der Werte wird die Funktion pop verwendet, die einen Wert an das Ende einer Liste anhängt. Nun enthalten die beiden Listen alle Werte. Die zusammengehörigen Werte besitzen dabei für x und y den gleichen Index. $data_x[2] gehört also zu $data_y[2].

Höchstwerte für x und y ermitteln

Die Diagrammfläche ist vom Platz her begrenzt. Aus diesem Grund muss nun der jeweils höchste Wert von x und y ermittelt werden, damit der Verlauf später nicht über das Diagramm- bzw. Grafikende hinaus gezeichnet wird. Der höchste x-Wert wird in $data_max_x und der höchste y-Wert in $data_max_y gespeichert. In jeweils einer Schleife wird einmal die Liste @data_x und einmal die Liste @data_y durchlaufen. $data_max_x und $data_max_y wird jeweils nur dann der Wert von $_ zugewiesen, wenn dieser größer ist als der momentane Wert von $data_max_x und $data_max_y.

Grafik erzeugen und Farben definieren

Nun folgt das Erzeugen der Grafik. Dabei werden die Variablen $img_w und $img_h an den Konstruktor übergeben, um festzulegen, wie groß die neue Grafik werden soll. Dann werden die drei Farben $bg, $black und $green definiert.

Diagrammbasis zeichnen

An dieser Stelle wird nun der Wert der Variablen $border interessant. Es soll nämlich ein Rechteck gezeichnet werden. Dieses Rechteck stellt dann die eigentliche Diagrammfläche optisch dar. Für die linke obere Ecke des Rechtecks wird $border angegeben. Für die rechte untere Ecke wird die Breite bzw. die Höhe der Grafik abzüglich $border und abzüglich 1 notiert. Dadurch ist nun auf jeder der vier Seiten zwischen Grafikrand und Diagrammrand ein Abstand von $border Pixel zu sehen.

Werte zum Darstellen des Verlaufs berechnen

Im nächsten Schritt werden vier Werte berechnet, die zum Zeichnen des Verlaufs nötig sind. `$diag_x` und `$diag_y` werden benötigt, um die Eckpunkte des Verlaufs innerhalb der Diagrammfläche zu zeichnen. Dabei definieren Sie den Datenpunkt (0,0). Der Verlauf wird von links nach rechts gezeichnet. Der Datenpunkt (0,0) muss also in der linken unteren Ecke der Diagrammfläche liegen. `$diag_x` erhält darum den Wert von `$border`, und `$diag_y` erhält den Wert von `$img_h` abzüglich `$border`.

Die beiden Variablen `$step_x` und `$step_y` werden benötigt, um die Datenpunkte in das Koordinatensystem der Diagrammfläche umzurechnen. Dafür wird einfach errechnet, wie viele Pixel im Koordinatensystem der Diagrammfläche dem Wert 1 eines Datenpunktes entsprechen würden. Diese Berechnung ist relativ einfach. Zunächst einmal wird ermittelt, wie viele Pixel für die Diagrammfläche zur Verfügung stehen. Dafür wird von der Breite bzw. der Höhe der Grafik einfach zweimal der Wert von `$border` abgezogen. Damit nicht über die Diagrammfläche hinausgezeichnet wird, wird zusätzlich noch jeweils 1 abgezogen. Die Breite der Diagrammfläche in Pixel wird nun durch den höchsten Wert der x-Datenreihe geteilt und die Höhe der Diagrammfläche durch den höchsten Wert der y-Datenreihe.

Verlauf zeichnen

Nun geht es ans Eingemachte. Der Verlauf wird gezeichnet. Da zwischen den einzelnen Datenpunkten eine Linie gezeichnet werden soll, werden immer zwei benötigt. Der letzte Datenpunkt wird deshalb in der Variablen `$last_x` und `$last_y` gespeichert. Da jedoch ein »letzter Datenpunkt« schon für den ersten Schleifendurchlauf erforderlich ist, wird `$last_x` und `$last_y` der erste Datenpunkt zugewiesen. Die `for`-Schleife beginnt deshalb mit 1 zu zählen und wird durchlaufen, solange `$i` kleiner als die Anzahl der Werte ist. Innerhalb der Schleife werden nun die Koordinaten der Datenpunkte im System des Diagramms errechnet. `$x1` und `$y1` erhalten die Werte für den letzten Datenpunkt und `$x2` und `$y2` diejenigen für den aktuellen Datenpunkt. Die Werte errechnen sich folgendermaßen:

- `$x1` ergibt sich aus dem x-Wert des letzten Datenpunktes mal dem Wert von `$step_x`. Außerdem muss noch `$diag_x` hinzuaddiert werden, damit der Punkt innerhalb der Diagrammfläche gezeichnet wird.
- `$y1` ergibt sich aus dem y-Wert des letzten Datenpunktes mal dem Wert von `$step_y`. Das Ergebnis wird dann von `$diag_y` abgezogen.
- `$x2` ergibt sich aus dem x-Wert des aktuellen Datenpunktes mal `$step_x` plus `$diag_x`.
- `$y2` schlussendlich ergibt sich aus dem y-Wert des aktuellen Datenpunktes mal `$step_y`. Das Ergebnis wird wiederum von `$diag_y` abgezogen.

Dann wird die Linie zwischen den Punkten (`$x1`,`$y1`) und (`$x2`,`$y2`) gezeichnet. Die nun folgende Anweisung gibt den y-Wert des Datenpunktes aus. Damit der Text oberhalb des Datenpunktes ausgegeben wird, wird von `$y2` nochmals 10 abgezogen. Die Textausgabe der y-Werte führt auch dazu, dass der Grafik ein Rahmen hinzugefügt wird. Sonst ließen sich diese Werte nämlich am Rand der Diagrammfläche nicht lesen. Nachdem die Linie gezeichnet und der Text ausgegeben worden ist, wird `$last_x` und `$last_y` noch der aktuelle Datenpunkt zugewiesen, und es beginnt ein neuer Schleifendurchlauf.

Zum Schluss werden lediglich noch der Header und die Grafik selbst ausgegeben.

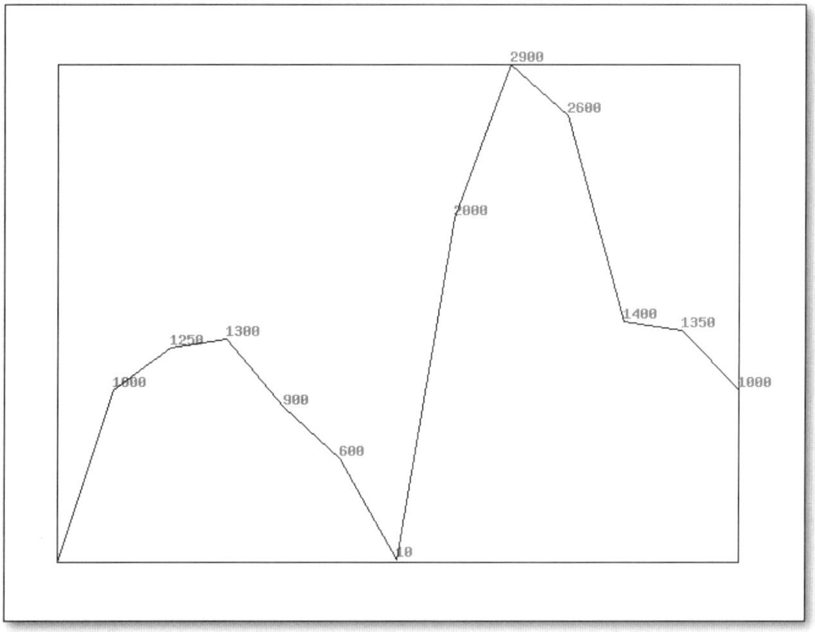

Abbildung 57.16 Beispielausgabe des Listing 57.13

Zum Ausgeben des Diagramms aus Abbildung 57.16 wurden die folgenden Datenpunkte verwendet:

```
0:0
1:1000
2:1250
3:1300
4:900
5:600
6:10
7:2000
8:2900
9:2600
10:1400
11:1350
12:1000
```

Die Datenpunkte wurden in der Datei **kontostand.dat** gespeichert. Das Skript wurde mit der folgenden URI aufgerufen:

```
list2.13.pl?file=kontostand.dat&width=640&height=480&border=40
```

Natürlich ist das Skript aus Listing 57.13 noch nicht perfekt. So erwartet es in der Datei mit den Datenpunkten als ersten Datenpunkt immer 0:0. Auch wäre eine Unterteilung der x- und y-Achsen empfehlenswert, damit sich die Werte besser ablesen lassen. Da eine solche Beschriftung zwar nicht kompliziert ist, aber trotzdem sehr viele Zeilen Code benötigt, habe ich hier darauf verzichtet, um nur das Wesentlichste hervorzuheben. Der Vorteil ist momentan, dass die Datenpunkte keine regelmäßigen Intervalle aufweisen müssen. So könnten Sie problemlos die Werte 1:1000 bis 7:2000 entfernen. Trotzdem würde der Verlauf korrekt dargestellt werden – nur eben mit weniger Eckpunkten.

57.7.2 Grafik als Textdatei

Auch das nun folgende Beispiel ist wie schon der »Zeichensalat« aus Abschnitt 56.7.2 als Spielerei zu betrachten. Das »Zeichensalat«-Skript wurde verwendet, um eine Grafik als HTML-Dokument auszugeben. Damit Sie hier nicht ein und dasselbe Beispiel in Perl-Form vorfinden, wird diesmal eine Grafik als Textdatei ausgegeben.

In Perl heißt die Methode, mit der Sie den Palettenindex einer Farbe ermitteln können, `getPixel`. Die Methode erwartet dabei die Position des Pixels, dessen Farbindex Sie auslesen möchten, und gibt diesen dann zurück.

```
int image->getPixel(int x, int y)
```

Die Koordinaten des Pixels werden dabei wieder nach x und y getrennt übergeben. Da Sie nun aber lediglich den Palettenindex der Farbe erhalten, benötigen Sie noch eine zweite Methode, die Ihnen die entsprechenden roten, grünen und blauen Farbanteile ermittelt. Diese Methode lautet `rgb`. Sie erwartet den Palettenindex der Farbe als Parameter und gibt dann eine Liste mit den Farbanteilen zurück.

```
list image->rgb(int color)
```

Das erste Element der Liste entspricht dem roten Farbanteil der Farbe, das zweite Element dem grünen und das dritte Element dem blauen Farbanteil.

Ein Beispiel:

```
$color = $image->getPixel(10,50);
@rgb = $image->rgb($color);
print "Rot: $rgb[0] / Grün: $rgb[1] / Blau: $rgb[2]";
```

Dieses Beispiel würde zuerst den Palettenindex der Farbe des Pixels an Position (10,50) ermitteln. Dann werden die einzelnen Farbanteile der Farbe ausgelesen und zum Schluss ausgegeben.

Das folgende Listing verwendet diese beiden Methoden, um die Farbanteile eines Pixels zu ermitteln und dann ein entsprechendes Zeichen auszugeben:

```
#!/usr/bin/perl -w
use CGI qw(:standard);
```

```
use GD;

# Variablen definieren
$img_file = param('imgfile');
$quality = param('quality');

# Dateityp ermitteln und öffnen
open(IMG,"<$img_file");
$pos = index($img_file,'.') + 1;
$file_ext = substr($img_file,$pos);
if(lc($file_ext) == 'png')
{
  $image = newFromPng GD::Image(IMG);
}
elsif(lc($file_ext) == 'jpg')
{
  $image = newFromJpeg GD::Image(IMG);
}
close(IMG);

# Grafikabmessungen ermitteln
($img_w,$img_h) = $image->getBounds();

# Ausgabequalität festlegen
$quality = 1 if($quality < 1);
$quality = 5 if($quality > 5);
$qual_h = $quality * 2;
$qual_w = $quality;

# Zeichenausgabe
print "Content-Type: text/html\n\n";
print '<pre>';
for($i=0; $i<$img_h; $i+=$qual_h)
{
  for($j=0; $j<$img_w; $j+=$qual_w)
  {
    $color = $image->getPixel($j,$i);
    @rgb = $image->rgb($color);
    $mono = ($rgb[0] + $rgb[1] + $rgb[2]) / 3;
    if($mono <= 63)
    {
      $char = "@";
    }
    elsif($mono <= 127)
    {
      $char = "o";
    }
    elsif($mono <= 191)
    {
```

```
            $char = ":";
        }
        else
        {
            $char = " ";
        }
        print $char;
    }
    print "\n";
}
print '</pre>';
```

Listing 57.14 Perl-Skript zum Ausgeben einer Grafik als Textdatei

Variablen definieren

Beim Aufruf erwartet das Skript aus Listing 57.14 zwei Parameter. Zum einen ist dies die Grafik, die ausgegeben werden soll, und zum anderen die Höhe der Ausgabequalität. Der Pfad- und Dateiname der Grafik wird als Parameter `imgfile` übergeben und in der Variablen `$img_file` gespeichert. Die Qualität wird als Parameter `quality` angegeben und in der Variablen `$quality` gespeichert.

Dateityp ermitteln und öffnen

Im nächsten Schritt wird versucht, die Grafikdatei zu öffnen, und der Dateityp anhand der Endung ermittelt. Je nachdem, ob es sich bei der Grafik um den Typ PNG oder JPEG handelt, wird der entsprechende Konstruktor aufgerufen und das erzeugte Dateihandle `IMG` an den Konstruktor übergeben. Der Name des neuen Objekts lautet `$image`. Anschließend wird die Datei wieder geschlossen.

Grafikabmessungen ermitteln

Da die Abmessungen der Grafik später benötigt werden, um die Grafik Pixel für Pixel auszulesen, werden die Abmessungen mit `getBounds` ermittelt. Die Breite wird in der Variablen `$img_w` und die Höhe in der Variablen `$img_h` gespeichert.

Ausgabequalität festlegen

Als Qualität kann eine Zahl zwischen 1 und 5 angegeben werden, wobei 1 der höchsten Qualität entspricht und 5 der geringsten. Sollte die Zahl kleiner als 1 sein, wird sie auf 1 gesetzt, und falls sie größer als 5 ist, auf 5. In `$qual_h` wird nun der Wert von `$quality` × 2 gespeichert, in `$qual_w` hingegen nur der Wert von `$quality`. Dies führt später dazu, dass einige Pixel einfach übersprungen und nicht eingelesen oder gar ausgegeben werden.

Zeichenausgabe

Nun folgt die Zeichenausgabe. Zuerst wird ein HTML-Header ausgegeben. Dies mag Sie nun vielleicht irritieren, da ich zuvor geschrieben habe, dass die Grafik als Textdokument ausgegeben wird. Der Grund dafür ist jedoch lediglich, dass einige Browser Dateien vom Typ `text/plain` nicht im Browser, sondern in einem Editor darstellen. Um dies zu umgehen, wird ein HTML-Header gesendet und anschließend das Start-Tag eines `pre`-Elements ausgegeben. So verhält sich das HTML-Dokument wie ein reines Textdokument.

Dann beginnt die erste `for`-Schleife. Diese wird so lange durchlaufen, wie `$i` kleiner als die Zeilenanzahl der Grafik ist. Bei jedem Durchlauf wird `$i` um `$qual_h` erhöht. Innerhalb der ersten `for`-Schleife beginnt dann die zweite `for`-Schleife, die durchlaufen wird, solange `$j` kleiner als die Spaltenzahl der Grafik ist. Bei jedem Durchlauf wird `$j` um `$qual_w` erhöht.

Im Anweisungsblock der zweiten `for`-Schleife wird nun der Palettenindex der Farbe des Pixels an der Position (`$j,$i`) ausgelesen und in `$color` gespeichert. Dann wird zu der Farbe in `$color` mit der Methode `rgb` eine Liste mit den Farbanteilen ausgelesen und in `@rgb` gespeichert. Da in einer reinen Textdatei keine Farben verwendet werden können, muss die Farbe nun zuerst in eine entsprechende Graustufe umgerechnet werden. Dafür werden alle drei Farbanteile einfach addiert und anschließend durch 3 geteilt. Das Ergebnis wird in `$mono` gespeichert. Das Ergebnis der Rechnung liegt immer zwischen 0 und 255.

Nun wird mit einer `if`-Anweisung überprüft, wie hoch der Wert von `$mono` ist. Abhängig davon wird ein bestimmtes Zeichen ermittelt, das ausgegeben werden soll. Ist der Wert kleiner gleich 63, wird in `$char` ein @-Zeichen gespeichert. Ist der Wert größer als 63, aber kleiner gleich 127, wird in `$char` ein `o` gespeichert. Ist `$mono` größer als 127, aber kleiner gleich 191, erhält `$char` einen :. Sollte `$mono` schlussendlich größer als 191 sein, wird `$char` ein Leerzeichen zugewiesen. Am Ende der inneren `for`-Schleife wird `$char` mit einer `print`-Anweisung ausgegeben, und am Ende der äußeren `for`-Schleife ein Zeilenumbruch.

Nachdem alle Zeilen und Spalten der Grafik abgearbeitet worden sind, wird noch das Ende-Tag des `pre`-Elements ausgegeben.

Abbildung 57.17 zeigt eine Beispielausgabe des Skripts. Die Ausgabequalität wurde auf 1 gesetzt.

Abbildung 57.17 Beispielausgabe des Listing 57.14

Die Originalgrafik finden Sie in Abbildung 57.18.

Abbildung 57.18 Originaldarstellung der Grafik, die mit dem Skript aus Listing 57.14 ausgegeben wurde

Wie gesagt ist dies eine nette Spielerei. Außerdem ist es eine gute Übung, um sich mit dem Umgang und der Ausgabe von Grafiken vertraut zu machen.

57.8 Zusammenfassung

- Das GD-Modul stellt in Perl den Zugriff auf die GD-Library zur Verfügung.
- Eine neue leere Grafik kann mit dem Konstruktor `new GD::Image` erzeugt werden.
- Eine Grafik auf Basis einer vorhandenen wird entweder durch `newFromPng` oder `newFromJpeg` erzeugt.
- Zeichenketten werden mit der Methode `string` oder `stringUp` sowie `stringTTF` ausgegeben.
- Farben werden durch `colorAllocate` definiert.
- Linien und Rechtecke werden mit den Methoden `line`, `dashedLine`, `rectangle` und `filledRectangle` erzeugt. Einzelne Punkte werden durch `setPixel` gezeichnet.
- Kreise, Ellipsen und Kreis- und Ellipsenbögen werden mit Hilfe der Methode `arc` gezeichnet.
- Mit den Methoden `png` oder `jpeg` wird eine Grafik im Browser oder in einer Datei ausgegeben.

57.9 Fragen und Übungen

1. Worin unterscheiden sich die Konstruktoren `newFromPng` und `newFromJpeg`?
2. Was müssen Sie zuvor unternehmen, damit Sie mit den in Frage 1 genannten Konstruktoren eine neue Grafik auf Basis einer bereits existierenden erzeugen können?

3. Was bewirkt die Methode `copyResized`?
4. Wie könnten Sie eine farbige Grafik in Graustufen umwandeln und im Browser ausgeben? Ein Tipp: Die Lösung ist in Listing 57.14 zu finden.
5. Setzen Sie die Überlegung aus Aufgabe 4 in ein Perl-Skript um, nur dass die Grafik in Schwarz-Weiß ausgegeben wird. Es sollen also nur Schwarz oder Weiß und keinerlei Graustufen oder Farbe verwendet werden.

TEIL 9
XML

Es ist nie zu spät, Vorurteile abzulegen.
– Henry David Thoreau, (1817–1862), US-amerikanischer Philosoph

58 XML – Eine Einleitung

In letzter Zeit ist XML immer öfter in aller Munde. Jedoch tauchen dabei auch gelegentlich Irrtümer und falsche Informationen auf. Was XML genau ist, erfahren Sie in diesem Kapitel.

58.1 Was ist XML?

Wie Sie bereits wissen, basiert HTML auf der Auszeichnungssprache SGML. Mittlerweile ist SGML etwas in die Jahre gekommen und kann als ausgereifte Sprache bezeichnet werden. Vor ein paar Jahren entschloss man sich dann, eine kleinere Version von SGML zu entwickeln, die nun als XML (Extensible Markup Language) bezeichnet wird. XML wird den Anforderungen an heutige Auszeichnungssprachen gerecht und hat sich inzwischen als *die* Auszeichnungssprache überhaupt etablieren können. XML ist also in keiner Weise der Nachfolger von HTML und basiert auch nicht auf HTML.

Warum XML?

Wenn Sie einmal das Zusammenspiel von HTML und CSS etwas genauer betrachten, werden Sie feststellen, welche klare Trennung sich dadurch ergibt. HTML wird heutzutage eigentlich nur noch zur Strukturierung von Informationen genutzt. Dabei werden Überschriften und Textabsätze definiert, Tabellen erzeugt und an gewünschten Stellen auch Grafiken oder andere Objekte eingebunden. CSS dient dazu, diese Elemente so zu gestalten, dass sich ein einheitliches Bild ergibt. Diese Strukturierung der Daten, die durch HTML geschieht, macht sich XML zunutze, nur dass es dabei noch einen Schritt weiter geht.

So sollen mit XML nicht nur Strukturen wie HTML-Dokumente möglich werden, sondern – durch das Definieren von eigenen Elementen und Attributen – völlig neue Formate entstehen bzw. »ausgezeichnet« werden. Mit verschiedenen Techniken, die sich mit der Zeit gebildet haben, können mittlerweile sogar hoch flexible Datenbanksysteme mit XML aufgebaut werden, wenngleich diese Systeme noch relativ selten genutzt werden.

Dateiformate

Ein populäres Beispiel für ein neues Dateiformat ist SVG, mit dem sich Vektorgrafiken ohne grafische Oberfläche von jedermann erzeugen lassen. Und selbst Microsoft hat die Bedeutung dieser Technologie entdeckt, wodurch mittlerweile auch Office-Dokumente wie Word und Excel mit XML definiert werden können.

58.2 Elemente und Attribute

Grundsätzlich kann ich an dieser Stelle ruhigen Gewissens behaupten, dass XML kein einziges Element oder Attribut vorschreibt oder gar kennt. Dies mag, mit dem Wissen um HTML im Hinterkopf, ein wenig irritierend erscheinen. Die Erklärung ist jedoch ganz einfach. XML legt lediglich fest, dass es Elemente geben kann, die außerdem Attribute erhalten dürfen. Dabei werden zwei Elementtypen unterschieden:

- Elemente, die ein Start- und ein Ende-Tag aufweisen und zwischen denen andere Elemente, Texte oder Daten notiert werden dürfen
- Elemente, die lediglich ein Startelement aufweisen und *keine* anderen Elemente, Texte oder Daten umschließen

Attribute werden immer im Start-Tag eines Elements notiert, wodurch sowohl Block- als auch Inline-Elemente mit Attributen versehen werden können

Spitzfindig Alles, was XML in Hinblick auf Elemente vorschreibt, ist, dass sie in spitzen Klammern notiert werden müssen und dem Ende-Tag zusätzlich ein Schrägstrich vorangestellt wird, also:

```
<elementname>...</elementname>
```

Attribute werden im Start-Tag in folgendem Format geschrieben:

```
attributename="wert"
```

Ein Element kann beliebig viele Attribute erhalten.

```
<elementname attribut1="wert1" attribut2="wert2"
  attributN="wertN">...</elementname>
```

Handelt es sich um ein Element, das lediglich über ein Start-Tag verfügt, muss vor der schließenden spitzen Klammer ein Leerzeichen, gefolgt von einem Schrägstrich, eingefügt werden:

```
<elementname attribut="wert" />
```

Außerdem legt XML fest, dass es immer ein Wurzelelement geben muss, das alle anderen Elemente in dem Dokument vollständig umschließt.

Beispiel Dazu ein kurzes Beispiel:

```
<?xml version="1.0"?>
<buchprojekte>
  <projekt name="Webseiten p.u.g">
    <titel>Webseiten programmieren und gestalten</titel>
```

```
    <auflage>3</auflage>
    <autor>Mark Lubkowitz</autor>
    <verlag bereich="Computing">Galileo Press</verlag>
    <cdrom beiliegend="ja" />
  </projekt>
</buchprojekte>
```

Listing 58.1 Beispiel für ein einfaches XML-Dokument

In dem Beispiel aus Listing 56.1 werden alle zuvor genannten Regeln erfüllt. Das Wurzelelement dieses Dokuments ist `buchprojekte`. Es umschließt alle in dem Dokument enthaltenen anderen Elemente.

Unterhalb des Wurzelelements wurde ein Element namens `projekt` notiert. Es verfügt sowohl über ein Start- und Ende-Tag als auch über ein Attribut namens `name`.

Dieses Element enthält weitere Elemente: `titel`, `auflage`, `verlag` und `cdrom`.

58.2.1 Processing Instructions

Eine Besonderheit im Vergleich zu HTML gibt es jedoch, und zwar die so genannten »Processing Instructions«. Im Listing 58.1 finden Sie eine solche Processing Instruction gleich in der ersten Zeile. Sie dient dazu, dem Programm, das das XML-Dokument interpretiert, bestimmte Anweisungen zu erteilen.

Processing Instructions werden dazu immer innerhalb der Zeichenfolgen `<?` und `?>` notiert. Direkt nach der Anfangszeichenfolge wird das Zielprogramm angegeben. In Listing 58.1 ist dies `xml`, was für das Programm steht, das das Dokument parst. Es teilt dem Programm mit, dass der Inhalt des folgenden Dokuments auf der XML-Version 1.0 basiert.

> Beachten Sie, dass in jedem XML- und auf XML basierenden Dokument immer die Processing Instruction
>
> ```
> <?xml version="1.0"?>
> ```
>
> notiert werden muss. Dies muss außerdem die erste Zeile in dem Dokument sein.

Eine Analogie lässt sich an dieser Stelle zu PHP ziehen. Alle Anweisungen, die vom PHP-Interpreter ausgeführt werden sollen, müssen zwischen den Zeichenfolgen `<?php` und `?>` aufgeführt werden. Als Zielprogramm wird dabei `php` angegeben, was für den PHP-Interpreter steht. PHP

58.3 Strukturierung, Bezeichnung und Kommentare

Besonders wichtig ist bei XML eine saubere Strukturierung. So muss z. B. unbedingt die Reihenfolge einhalten werden, in der die Start- und Ende-Tags notiert werden.

Den meisten Browsern ist es egal, ob in einem HTML-Dokument bei verschachtelten Elementen zuerst das Elternelement und erst danach das Kindelement geschlossen wird, z. B.

```
<b><i>Ein Text</b></i>
```

auch wenn dies grundsätzlich falsch ist. In einem XML-Dokument darf so etwas nicht passieren. Das Dokument muss folgendermaßen aussehen:

```
<b><i>Ein Text</i></b>
```

Aus diesem Grunde wird auch eine strenge Strukturierung der XML-Dokumente angewendet, um nicht aus Versehen diese Reihenfolge zu vertauschen.

[»] Die wichtigste Regel: Vor jedem Start-Tag wird eine neue Zeile eingefügt und um zwei Spalten tiefer als das Elternelement eingerückt.

Folgen nach dem Start-Tag eines Elternelements weitere Elemente, dann wird das Ende-Tag ebenfalls in einer neuen Zeile, jedoch in der gleichen Spalte wie das Start-Tag notiert. Nur wenn das Element keine Kindelemente enthält, wird das Ende-Tag am Ende der Zeile eingefügt.

```
<element-1>
  <element-1.1>
    <element-1.1.1>Ein Text</element-1.1.1>
    <element-1.1.2>
      <element-1.1.2.1>Ein Text</element-1.1.2.1>
    </element-1.1.2>
  </element-1.1>
</element-1>
```

Hierarchie

Diese Struktur ermöglicht es erstens, Fehler zu vermeiden, und zwar bei der Reihenfolge, wie die Element geschlossen werden müssen, und erzeugt zweitens eine klare Übersicht darüber, in welcher Tiefe sich bestimmte Elemente befinden.

Diese Rangordnung, die durch das Verschachteln von Elementen entsteht, mag an dieser Stelle für Sie noch unwichtig sein. Möchten Sie später jedoch mit einer Programmiersprache darauf zugreifen, ist sie essenziell wichtig. Aus diesem Grunde habe ich die Elemente in dem vorangegangenen Beispiel auch mit »Kapitelnummern« bezeichnet, um Ihnen dies ein klein wenig zu verdeutlichen.

58.3.1 Bezeichnung

Bei der Bezeichnung der Elemente und Attribute müssen Sie selbstverständlich auch einige Regeln berücksichtigen. Hier beschränkten sich diese jedoch auf die zulässigen Zeichen und deren Platzierung.

- Sie dürfen alle Zeichen von A–Z und a–z im Bezeichner eines Elements oder Attributs verwenden. Auch der Unterstrich ist erlaubt. Eines dieser Zeichen muss außerdem an erster Stelle des Bezeichners notiert werden.
- Darüber hinaus sind die Zahlen von 0–9, der Bindestrich und der Punkt erlaubt, die jedoch erst ab der zweiten Stelle genutzt werden dürfen. Auch Umlaute und Akzente dürfen verwendet werden, wovon wegen der Internationalisierung jedoch abzuraten ist.
- Der Doppelpunkt sollte *nicht* verwendet werden.
- Die Länge der Bezeichner ist unbegrenzt. Sie sollten jedoch der Versuchung all zu langer Namen widerstehen.
- Die Zeichenfolge XML ist in keiner Schreibweise zu Beginn eines Bezeichners erlaubt.
- XML unterscheidet zwischen Groß- und Kleinschreibung. `Name` ist also nicht gleich `NAME` oder `nAME`. Dies ist übrigens die häufigste Fehlerquelle. Darüber hinaus gibt es auch einige Programme, die bei der Verarbeitung von XML die Namen aller Elemente in Groß- bzw. Kleinbuchstaben umwandeln. Dieser Vorgang wird auch als »Case Folding« bezeichnet.

Korrekte Beispiele

Ein paar Beispiele für korrekte Bezeichner:

```
adresse
_adresse
ORT
ort2
plz-und-ort
_strasse_und_nr
```

Fehlerhafte Beispiele

Folgende Beispiele wären hingegen falsch:

```
.adresse
2orte
-hausnummer
xmlversion
```

Semantik

Versuchen Sie nach Möglichkeit, semantisch korrekte Bezeichner zu nutzen. Damit ist gemeint, dass die Bezeichner auch eine Beschreibung der Information darstellen sollen. Ein Beispiel:

```
<ort>Musterstraße 10, 55110 Musterstadt</ort>
```

Dies ist zwar syntaktisch korrekt und entspricht auch der »Wohlgeformtheit« eines XML-Dokuments, es ist semantisch jedoch nicht korrekt. Denn es werden neben dem Ort auch die Straße, Hausnummer und Postleitzahl gespeichert. Korrekt wären jedoch

```
<adresse>Musterstraße 10, 55110 Musterstadt</adresse>
```

oder

```
<adresse>
  <strasse>Musterstr.</strasse>
  <hausnummer>10</hausnummer>
  <plz>55110</plz>
  <ort>Musterstadt</ort>
</adresse>
```

58.3.2 Kommentierung

Kommentare werden im Gegensatz zur Programmierung eher selten in XML-Dokumenten eingesetzt. Dies liegt nicht unbedingt daran, dass derjenige, der das Dokument erstellt hat, zu faul gewesen wäre. Im Gegenteil, je weniger Kommentare er eingesetzt hat, desto besser werden wahrscheinlich auch die Bezeichner für Elemente und Attribute gewählt sein. Ausnahmen bestätigen auch hier die Regel! Jedoch sind die Kommentare gelegentlich überaus hilfreich, z. B. dann, wenn Sie ein Dokument definiert haben, das nicht nur gleichmäßige Daten enthält, wie etwa eine auf XML basierende Datenbankstruktur für Kontaktdaten.

Je unterschiedlicher die Daten, desto mehr Kommentare

Als Beispiel wäre hier z. B. ein SVG-Dokument zu nennen. Da Sie viele verschiedene Formen wie Rechtecke und Kreise oder auch Farbverläufe und Pfade definieren können, ist es hier ratsam, Kommentare zu nutzen, um die Lesbarkeit eines solchen Dokuments für den menschlichen Betrachter zu erhöhen. Kommentare können jedoch auch zu Testzwecken genutzt werden, um bestimmte Daten temporär auszublenden.

Dabei gelten in XML die gleichen Regeln wie in HTML. Ein Kommentar wird mit

`<!--` eingeleitet und mit `-->` abgeschlossen. Alles, was sich zwischen diesen beiden Zeichenfolgen befindet, wird vom interpretierenden Programm nicht berücksichtigt. Die beiden Zeichenfolgen müssen nicht in einer Zeile stehen, sondern können an beliebiger Stelle im Dokument eingesetzt werden.

[»] Achten Sie jedoch möglichst auch bei Kommentaren darauf, korrekt einzurücken und die Zeichenfolge `<!--` wie ein Start-Tag und `-->` wie ein Ende-Tag zu behandeln.

58.4 DTD und Schema

Im Zusammenhang mit XML werden Sie des Öfteren auf die Begriffe DTD oder Schema treffen. DTD dürfte Ihnen noch von HTML bekannt vorkommen.

DTD

Die **D**ocument **T**ype **D**efinition (kurz DTD) legt bei einem XML-Dokument fest, welche Elemente verwendet werden, über welche Attribute sie verfügen, welche Art von Daten sie enthalten und an welcher Stelle sie eingesetzt werden dürfen.

Eine Weiterentwicklung der DTD sind die Schemata. Sie ermöglichen es nicht nur festzulegen, welche Art von Daten in einem Element notiert werden dürfen, sondern sogar, von welchem Typ sie sein müssen, z. B. Zeichenfolgen, Zahlen usw.

Schema

Die DTDs sind jedoch mittlerweile so sehr verbreitet, dass sie von den Schemata sicherlich nicht abgelöst werden. Darum hat sich eine gewisse Aufgabenteilung entwickelt. DTDs werden in der Regel dann genutzt, wenn es sich um ein Dokument handelt, das viele unregelmäßige Daten enthält wie z. B. SVG, WML[1] oder SMIL[2]. Schemata werden hingegen bei Dokumenten mit gleichmäßigen Daten genutzt, wie Dokumenten mit Adressdaten, Büchern oder RSS (dazu später mehr).

DTD oder Schema

58.5 Zusammenfassung

- XML ist keine Weiterentwicklung von HTML, sondern eine eigenständige Technologie.
- XML unterscheidet bei Elementen und Attributen zwischen Groß- und Kleinschreibung.
- DTD und Schemata stellen ein Regelwerk dar, wie ein auf XML basierendes Format einzusetzen ist und welche Elemente und Attribute erlaubt sind.
- Bei Elementen, die kein Ende-Tag aufweisen, müssen am Ende des Start-Tags vor der schließenden spitzen Klammer ein Leerzeichen sowie ein Schrägstrich notiert werden.

58.6 Fragen und Übungen

1. Was unterscheidet XML von HTML?
2. Bezeichnen in einem XML-Dokument `Text` und `text` das gleiche Element?
3. Welche Zeichen dürfen zum Benennen von Elementen und Attributen verwendet werden?
4. In welchen Fällen werden in der Regel DTDs und in welchen Schemata eingesetzt?
5. Was ist damit gemeint, wenn Elemente und Attribute »semantisch korrekt« sind?
6. Wie wird in XML-Dokumenten kommentiert?
7. Wofür werden Processing Instructions genutzt?
8. Was muss immer in einem XML-Dokument notiert werden?

1 WML = *Wireless Markup Language*. Wird für die Definition von Seiten für Geräte mit kleinen Bildschirmen genutzt, wie z. B. WAP-Handys.

2 SMIL = *Synchronized Multimedia Integration Language*. Ermöglicht die Einbindung und Steuerung von multimedialen Inhalten in Webseiten.

*Auch schlechte Nachrichten können wertvoll sein –
wenn man sie früher hat als die anderen.
– Peter Hohl, deutscher Journalist und Verleger*

59 RDF/RSS

Content-Syndication, das ist das Schlagwort, mit dem das Einbinden von News oder anderen Inhalten von fremden Seiten in die eigenen bezeichnet wird. Dass dies durchaus von einigen Anbietern gewünscht ist, mag man bei dem Begriff eher weniger vermuten.

59.1 Was ist RDF/RSS?

Es gibt zahllose Quellen im Internet, durch die man an die neuesten Infos zu jedem Thema herankommt. Es kann jedoch gelegentlich ein wenig mühselig sein, nacheinander alle einschlägigen Seiten abzuklappern und nach einer halben Stunde wieder von vorn anzufangen, weil sich in der Zwischenzeit wieder einiges ereignet hat.

Parsen von HTML

Anfangs gab es einige findige Programmierer, die sich den HTML-Quelltext der Webseiten angesehen haben und exakt die Stellen herausgefiltert haben, an denen die News standen. Alle für sie interessanten Neuigkeiten konnten sie so bequem zusammenfassen und sogar in ihre eigenen Webseiten einbinden.

Die Zeiten dieser aufwändigen Frickelei sind aber schon ein ganze Weile vorbei. Mittlerweile haben sich Formate etabliert, mit denen sich News gewollt und vor allem einfach verteilen lassen. Eines dieser Formate ist RSS. Es wurde ursprünglich von Netscape entwickelt, um einen Austausch von News zwischen Portalen zu ermöglichen. In der Version 0.90 war dieses Format überaus mächtig, aber auch überladen. Es wurde kurzerhand vereinfacht und ist noch immer in der Version 0.91 aktuell im Netz in Verwendung.

RSS 1.0 und RDF

Nachdem Netscapes Interesse an Portalen stark absank und nicht mehr weiterentwickelt wurde, hat UserLand Software sich des Formats angenommen und es als Basis für seine Blog-Software genutzt. UserLand Software entwickelte das RSS-0.91-Format weiter und veröffentlichte die Versionen 0.92 bis 0.94 bis zur aktuellsten Version 2.0.

Parallel zu dieser Entwicklung durch UserLand blieb der alte Standard 0.90 erhalten, nur dass er als Version 1.0 »vermarktet« wurde. Dieser basiert nun vollständig auf RDF (Resource Description Framework). RDF ist ein durch das W3C standardisiertes

Format, um Inhalte beschreiben zu können. Das Ziel von RDF ist die Entwicklung eines semantischen Webs, d. h. Inhalte werden durch Tags ausgezeichnet, die den Inhalt exakt bezeichnen, wodurch dieser eingeordnet werden kann (siehe Abschnitt 58.3.1).

Versionswahl

Um ein wenig Ordnung in diese unterschiedlichen Versionen zu bringen, werfen Sie einmal einen Blick auf die nachfolgende Tabelle.

Version	Entwickler	Bemerkung
0.90	Netscape	Ursprünglichste Form von RSS
0.91	UserLand	Die am einfachsten zu handhabende Version
0.92, 0.93, 0.94	UserLand	Weiterentwicklungen von RSS 0.91, die mehr Inhalte ermöglichen; Ablösung durch RSS 2.0
1.0	RSS-DEV Working Group	Basiert auf RDF, modular erweiterbar
2.0	UserLand	Durch Module erweiterbar

Tabelle 59.1 Die RSS-Versionen im Überblick

In der Regel treffen Sie im Internet auf die RSS-Version 0.91; und selbst wenn Ihnen einmal die Version 2.0 unterkommen sollte, beschränkt diese sich auf die von Version 0.91 bekannten Elemente.

59.2 RDF/RSS-Dokumente einsetzen

Ein Beispiel für ein RSS-Dokument könnte so aussehen (die Links im Dokument existieren übrigens nicht):

```
<?xml version="1.0" encoding="ISO-8859-1"?>
<rss version="0.91">
  <channel>
    <title>Mark-Lubkowitz.De</title>
    <description>Private Webseite des Autors</description>
    <link>http://www.mark-lubkowitz.de/</link>
    <language>de</language>
    <item>
      <title>Einstieg in MySQL erschienen</title>
      <link>http://www.mark-lubkowitz.de/news.php?id=5</link>
      <description>Das Werk zu MySQL für alle Einsteiger ist nun
        im Handel erhältlich.</description>
      <comments>http://www.mark-lubkowitz.de/news.php?id=5</comments>
      <pubDate>Thu, 29 May 2006 11:24:00 +0000</pubDate>
    </item>
    <item>
      <title>Relaunch von Mark-Lubkowitz.De</title>
      <link>http://www.mark-lubkowitz.de/news.php?id=4</link>
      <description>Ende des Jahres steht der erneute Relaunch der
```

```
        Webseite an.</description>
      <comments>http://www.mark-lubkowitz.de/news.php?id=4</comments>
      <pubDate>Thu, 29 May 2006 11:12:00 +0000</pubDate>
    </item>
  </channel>
</rss>
```

Listing 59.1 Beispiel für ein RSS-Dokument der Version 0.91

Schon bei einem unwissenden Blick auf das Beispiel aus dem vorangegangenen Listing lässt sich die Art und Weise, wie die News ausgetauscht werden, sehr schnell erkennen.

Wurzelknoten

Der Wurzelknoten in einem RSS-Dokument ist das Element `rss`. Die Version, auf der das RSS-Dokument beruht, wird mit dem Attribut `version` festgelegt.

```
<?xml version="1.0" encoding="ISO-8859-1"?>
<rss version="0.91">
  ...
</rss>
```

News-Kanal

Das zweitwichtigste Element eines RSS-Dokuments ist `channel`. Viele Webseiten unterteilen ihre News nach Kategorien. Normalerweise werden alle News, auch wenn sie unterschiedlichen Kategorien angehören, ein und demselben Channel zugeordnet. Es ist jedoch durchaus möglich, dass ein Betreiber einer Webseite für jede News-Kategorie einen eigenen Channel in das RSS-Dokument einfügt. Egal, ob nun ein oder mehrere Channels in einem RSS-Dokument enthalten sind, werden Sie in der Regel folgende Elemente innerhalb eines `channel`-Elements antreffen:

- `title`
  Der Titel des Channels. Für den Fall, dass es nur einen Channel gibt, ist es der Titel der Ursprungswebseite.
- `description`
  Eine Beschreibung zum Channel oder zur Webseite, von der die News stammen.
- `link`
  Entweder ein direkter Link zu der Newskategorie oder zur Ursprungswebseite.
- `language`
  Die Sprache, in der die News verfasst wurden. Zur Angabe, welche Sprache verwendet wird, kommen die Sprachkürzel nach RFC 1766 zum Einsatz.

Alle diese Elemente dürfen nur einmal pro Channel verwendet werden, sollten aber auf jeden Fall eingesetzt werden.

```
<?xml version="1.0" encoding="ISO-8859-1"?>
<rss version="0.91">
  <channel>
    <!-- Infos zum Channel oder zur Webseite -->
    <title>Mustermann.De</title>
```

```
    <description>Webseite von Max Mustermann</description>
    <link>http://www.mustermann.de/</link>
    <language>de</language>
    ...
  </channel>
</rss>
```

Item Die eigentlichen News, die in einem RSS-Dokument enthalten sind, werden mit den `item`-Elementen definiert, die Kindelemente der `channel`-Elemente sind.

```
<?xml version="1.0" encoding="ISO-8859-1"?>
<rss version="0.91">
  <channel>
    <!-- Infos zum Channel oder zur Webseite -->
    <title>Mustermann.De</title>
    <description>Webseite von Max Mustermann</description>
    <link>http://www.mustermann.de/</link>
    <language>de</language>
    <!-- Hier folgen die News -->
    <item>
      ...
    </item>
    ...
  </channel>
</rss>
```

Folgende Elemente können als Kindelemente von `item` notiert werden:

- `title`
  Der Titel der Nachricht.
- `description`
  Ein kurzer Anreißer oder Teaser, der Interesse an der Nachricht weckt.
- `link`
  Ein direkter Link zu der Nachricht, über den diese *immer* erreichbar ist.
- `comments`
  Ein Link zu den Kommentaren zu dieser Nachricht, falls das Kommentieren auf der Webseite möglich ist. Andernfalls ist es häufig auch der Link direkt zur Nachricht.
- `pubDate`
  Das Datum, wann die Nachricht veröffentlicht wurde. Das Format des Datums wird im RFC 2822 beschrieben, welchen Sie unter dieser URL finden: **http://www.faqs.org/rfcs/rfc2822.html**.

```
<?xml version="1.0" encoding="ISO-8859-1"?>
<rss version="0.91">
  <channel>
    <!-- Infos zum Channel oder zur Webseite -->
    <title>Mustermann.De</title>
    <description>Webseite von Max Mustermann</description>
```

```
    <link>http://www.mustermann.de/</link>
    <language>de</language>
    <!-- Hier folgen die News -->
    <item>
      <title>Musternachricht</title>
      <description>Nachricht im RSS-Feed.</description>
      <link>http://www.mustermann.de/news.php?id=3</link>
      <comments>http://www.mustermann.de/newscomments.php
        ?id=3</comments>
      <pubDate>Wed, 25 Aug 2004 18:01:00 +0000</pubDate>
    </item>
  </channel>
</rss>
```

Listing 59.2 Vollständiges Beispiel für ein RSS-Dokument

Wie bereits zuvor erwähnt, können mehrere `item`-Elemente unterhalb eines `channel`-Elements notiert werden. Jedoch sollte dies nicht ausarten. In der Regel werden 10 bis 20 News in einem RSS-Feed veröffentlicht.

Die Informationen in diesem Kapitel spiegeln den kleinsten gemeinsamen Nenner wider und sind kompatibel zu den Version 0.91 und 2.0.

59.3 Zusammenfassung

- RSS bezeichnet ein auf XML basierendes Format, mit dem News ausgetauscht werden können.
- RDF ist eine Technologie, um Inhalte semantisch korrekt in eine Beziehung zu bringen.
- Die am häufigsten anzutreffenden Formate sind RSS 0.91, RSS 2.0 und RDF.
- Channels dienen dazu, Nachrichten in einem Newsfeed nach Kategorien unterteilen zu können. Nur wenige Seiten nutzen die Möglichkeiten der Channels in ihren Newsfeeds.

59.4 Fragen und Übungen

1. Gibt es Unterschiede zwischen Newsfeeds im Format RSS und RDF?
2. Welches Attribut müssen Sie im Start-Tag des `rss`-Elements unbedingt angeben?
3. Welches Element steht bei einem RSS-Dokument für den Titel einer Nachricht?
4. Welche Information wird in einem RSS-Dokument bei einer Nachricht mit dem Element `comments` ausgezeichnet?
5. Müssen Channels in einem RSS-Dokument verwendet werden?

Wer uns vor nutzlosen Wegen warnt, leistet uns einen ebenso guten Dienst wie derjenige, der uns den rechten Weg anzeigt.
– Heinrich Heine, (1797–1856), deutscher Dichter

60 Webservices

Kommunikation ist wichtiger denn je. Wir Menschen bedienen uns dazu der Telefone, E-Mails, Faxgeräte, der Post und der Instant Messenger, um Informationen auszutauschen. Aber wie kommunizieren eigentlich Anwendungen, die auf unterschiedlichen Systemen laufen? Ganz einfach: durch Webservices.

60.1 Was sind Webservices?

Grundsätzlich stellt die Kommunikation zwischen zwei Computern kein Problem dar, denn es gibt Netzwerke. Jedoch ist die Kommunikation zwischen zwei Computern in einem Netzwerk häufig eher von der Art Mensch-zu-Maschine. Der Benutzer gibt im Browser eine URL ein, dieser ruft die Daten vom Server ab und präsentiert sie dem Benutzer. Webservices dienen jedoch z. B. dem Informationsfluss zwischen zwei Servern. Ein Beispiel: Server A fragt bei Server B nach einer bestimmten Information wie der Uhrzeit oder seiner Festplattengröße. Server B überprüft, ob er diese Information zur Verfügung stellen kann, und antwortet dem Server A entsprechend.

Unterschiede

Grundsätzlich klingt das sehr einfach, aber nicht alle Server sind gleich. Sie unterscheiden sich z. B. im Betriebssystem, der installierten Hardware oder den Anwendungen, die den Informationsaustausch durchführen sollen. Es muss also eine gemeinsame Sprache gefunden werden, die von allen verstanden und »gesprochen« werden kann. Auch die Weltbevölkerung hat dieses Problem, weshalb irgendwann Englisch als die internationale Sprache festgelegt wurde. Außerdem muss diese »Computersprache« auch in der Lage sein, unabhängig von der Art der auszutauschenden Informationen zu sein.

60.2 Die unterschiedlichen Varianten

Mittlerweile haben sich einige Standards für Webservices etabliert, die ich Ihnen nachfolgend kurz vorstellen werde.

60.2.1 XML-RPC

Dieser Standard basiert auf den so genannten »**R**emote **P**rocedure **C**alls« (RPCs). RPC bedeutet, dass die Anfrage so formuliert wird, dass auf dem entfernten System eine Funktion aufgerufen wird. Dieser Funktion können Parameter übergeben werden – also fast genauso, als würden Sie eine Funktion in einer Programmiersprache aufrufen, nur dass dabei XML genutzt wird, um den Aufruf selbst zu formulieren.

Ein Beispiel:

```
<?xml version="1.0"?>
<methodCall>
  <methodName>translate</methodName>
  <params>
    <param><string>Hallo Welt!</string></param>
  </params>
</methodCall>
```

Listing 60.1 Beispiel für einen XML-RPC

Erklärung

In diesem Beispiel wird auf einem entfernten Server die Funktion `translate` aufgerufen. Dies wird durch das Element `methodName` festlegt. Als Parameter wird ihr die Zeichenfolge `Hallo Welt!` übergeben, festgelegt durch das Element `param`. Interessant ist, dass eine Typisierung des Wertes erfolgt, indem das `string`-Element genutzt wird. Da es in einem XML-Dokument nur Zeichenfolgen gibt, kann so zwischen normalem Text, Zahlen und anderen Datentypen unterschieden werden.

HTTP

Anfragen, die mit XML-RPC gestellt werden, erfolgen über das HTTP-Protokoll. Der Server, an den die Anfrage gerichtet wird, muss also nicht erst ein neues Protokoll erlernen, sondern es reicht aus, wenn auf ihm ein HTTP-Daemon installiert ist, der diese Anfragen verarbeiten kann.

60.2.2 SOAP

SOAP, das »Simple Object Access Protocol«, beschreitet einen ähnlichen Weg wie XML-RPC. Es ist trotz des anders lautenden Namens jedoch nicht trivial, einen Webservice mit SOAP zu erstellen. Zusammenfassend lässt sich sagen, dass SOAP alle Nachrichten in einem Umschlag (engl. *envelope*) verpackt. Das Besondere an diesem Umschlag ist, dass er beschreibt, welche Daten in der Nachricht enthalten sind und von wem und vor allem wie diese Daten zu verarbeiten sind.

Nachricht

Der Unterschied zu einem RPC ist, dass Nachrichten keine Antworten erwarten. Wenn Sie z. B. mittels XML-RPC auf einem entfernten System eine Funktion aufrufen, erwarten Sie in der Regel eine Antwort, z. B. einen Rückgabewert oder Ähnliches. Nachrichten bedürfen keiner Antwort. Dies ähnelt einem Telefongespräch und einer E-Mail. Wenn Sie jemanden anrufen, möchten Sie zeitnah eine Antwort oder Reaktion. Eine E-Mail hingegen schicken Sie ab, erledigen in der Zwischenzeit andere Dinge und bekommen irgendwann eine Antwort oder auch nicht.

Ein Beispiel für Frage und Antwort:

Frage: Kannst du mir »Hallo Welt!« ins Englische übersetzen?

Antwort: Ja, es heißt »Hello world!«

Ein Beispiel für eine Nachricht:

Nachricht: Übersetze mir »Hallo Welt!« ins Englische, und schicke mir nach Möglichkeit eine Antwort.

Dies bedeutet jedoch nicht, dass RPC mit SOAP nicht möglich wäre, sondern dass es nur eine der verschiedenen Möglichkeiten ist.

Eine SOAP-Nachricht könnte folgendermaßen aussehen:

```
<?xml version="1.0" encoding="utf-8"?>
<soap:Envelope xmlns:soap="http://schemas.xmlsoap.org/soap/envelope/">
  <soap:Body>
    <translate xmlns="http://www.translator.tld/dictionary">
      <text>Hallo Welt!</text>
    </translate>
  <soap:Body>
</soap:Envelope>
```

Listing 60.2 Beispiel für eine SOAP-Nachricht

Umschlag Namespace

Zunächst folgen der Umschlag (`soap:Envelope`) und der Namespace für SOAP (Attribut `xmlns`). Einen Namespace können Sie sich in etwa wie eine Bibliothek vorstellen. Bei PHP wäre so etwas eine Datei, die Sie über `include` einbinden und in der Funktionen, Variablen oder auch Klassen definiert worden sind. Diese sind anschließend in dem PHP-Dokument verfügbar.

Anschließend folgt die eigentliche Nachricht, und zwar im `soap:Body`-Element:

```
<soap:Body>
  <translate xmlns="http://www.translator.tld/dictionary">
    <text>Hallo Welt!</text>
  </translate>
<soap:Body>
```

Auch hier wird wieder ein Namespace eingebunden, der festlegt, wo `translate` zu finden ist. Anschließend folgen Werte für `translate`.

> So kompliziert, wie es auf den ersten Blick wirkt, ist SOAP auch. Ich kann Ihnen nur das Buch »Web Services – Die Standards« von Tobias Hauser und Ulrich M. Löwer, erschienen bei Galileo Press (ISBN 3-89842-393-X), empfehlen, falls Sie ein tiefergehendes Interesse an SOAP und dessen Entwicklung haben. Ansonsten sollten Sie die wesentlich einfachere Variante XML-RPC im Hinterkopf behalten, denn auf diese werden wir etwas später noch einmal zurückkommen.

60.2.3 WSDL

Mit WSDL wird eine Möglichkeit bezeichnet, einen Webservice zu beschreiben, daher auch der Name: **W**eb **S**ervice **D**escription **L**anguage. SOAP ist z. B. so umfangreich und flexibel, dass Sie wissen müssen, welche Methoden ein SOAP-Service bietet, und diese Definition erfolgt in den meisten Fällen mit WSDL. Stellen Sie sich SOAP einfach als den Wortschatz einer Sprache vor, also als die Vokabeln. Nun benötigen Sie jedoch Regeln, um diese Wörter in eine sinnvolle Reihenfolge zu bringen, und das ist die Grammatik bzw. WSDL.

Vokabeln lassen sich sehr schnell erklären und lernen, aber mit der Grammatik ist das immer so eine Sache. Selbst eine einfache Erklärung für den kleinsten gemeinsamen Nenner in einer Sprache führt zu einer komplexen Struktur. Aus diesem Grunde verzichte ich an dieser Stelle auch auf ein Beispiel, weil dies fast eine Seite füllen würde.

60.3 Webservices nutzen

In letzter Zeit wird die eBay-API immer beliebter. Sie hat sich zwar noch keinem gängigen Standard untergeordnet, mit ihr lässt sich aber die Funktionsweise von Webservices sehr schnell und übersichtlich verdeutlichen, da sie dem XML-RPC-Standard sehr stark ähnelt. In den folgenden Unterkapiteln werden zum einen die Maßnahmen zur Registrierung beim eBay Developer Program vorgestellt, und zum anderen wird erläutert, wie Sie mit PHP die aktuelle Uhrzeit des eBay-Servers »erfragen« können.

60.3.1 eBay Developer Program

Bevor Sie Zugriff auf die eBay-API erhalten können, ist eine Registrierung beim eBay Developer Program notwendig. Dieses finden Sie unter der Adresse:

http://developer.ebay.com

Anmeldung

Wählen Sie auf der Startseite den Link **join now!** aus (siehe Abbildung 60.1 rechts oben). Auf der sich öffnenden Seite können Sie mit der Registrierungsprozedur beginnen. Sie erhalten einige Informationen darüber, wie die einzelnen Schritte aussehen. Wählen Sie **join now!**. Auf der ersten Seite müssen Sie Informationen über sich eingeben sowie etwaige Firmenkontaktdaten. Klicken Sie nach der Eingabe dieser Daten auf den Button **Next** am unteren Seitenende.

Lizenz lesen

Nun wird die API-Lizenz angezeigt. Für Testzwecke und zum Nachvollziehen der Beispiele in diesem Kapitel reicht die *Individual API License* vollkommen aus. Lesen Sie sich die Bedingungen dieser Lizenz in Ruhe durch, und klicken Sie erneut auf **Next**.

Lizenz wählen

Nachdem Sie sich über die Lizenz informiert haben, können Sie diese nun auswählen. Die *Individual License* finden Sie gleich zu Beginn der Seite. Markieren Sie den Radiobutton **Individual Tier** sowohl im Bereich **API License Decision and Pricing Tier** als auch im Bereich **Developer Technical Support Tier**. Außerdem sollten Sie alle Auswahlmöglichkeiten im Bereich **Permitted Use** und **Terms and Conditions that Apply to the API License** lesen und die zutreffenden entsprechend markieren. Wechseln Sie mit **Next** zur nächsten Seite.

Abbildung 60.1 Startseite des eBay Developer Program

Verein-barungen

Es folgen nun einige Vereinbarungen zwischen Ihnen und eBay. Lesen und bestätigen Sie diese durch das Aktivieren der Checkboxen. Wählen Sie abschließend **I Accept This Agreement**.

eBay-Account

Nun folgt die Eingabe der Daten Ihres eBay-Accounts. Das sind die gleichen Daten, die Sie auch nutzen, um bei ebay.de in Auktionen mitzubieten. Nach dem Abschluss der Registrierung erhalten Sie eine Bestätigungs-E-Mail von eBay. Diese E-Mail ist außerordentlich wichtig, weil sie zum Erzeugen der Lizenzschlüssel, der Sandbox-Keys, benötigt wird. Folgen Sie dazu den Anweisungen und Punkt 1, 2 und 3 der E-Mail. Nachdem die Keys erzeugt worden sind, speichern Sie diese ab oder drucken sie aus.

Test-Account

Was Sie nun benötigen, ist ein Test-Account. Gehen Sie auf **http://sandbox.ebay.com/** und registrieren Sie dort einen Account. Wichtig ist die Angabe einer gültigen Adresse in den USA. Um an eine solche Adresse zu gelangen, können Sie die Yellow Pages nutzen, die Sie unter **http://www.yellowpages.com/** finden.

[»] Dieser »Hack« mit den Yellow Pages ist durchaus legal, solange Sie einen Testaccount einrichten. Da Sie bei der Individual Tier-Lizenz auf einem Testsystem arbeiten, nämlich in der so genannten »Sandbox«, ist dies erlaubt. Beim echten ebay.com wäre dies natürlich ein Verstoß gegen die Regeln. Den »Hack« können Sie übrigens auch im eBay Developer Forum finden.

Auth & Auth

Neben den durch die Registrierung erhaltenen Daten benötigen Sie noch einen *Auth & Auth Token*. Diesen können Sie unter der folgenden Adresse erhalten:

http://developer.ebay.com/tokentool/Credentials.aspx

Wählen Sie aus dem Dropdown-Menü **Sandbox** aus, und tragen Sie in die restlichen Felder Ihre Daten ein. Generieren Sie anschließend den Token durch einen Klick auf **Continue to generate token**, und speichern Sie diesen nach Möglichkeit in einer Datei ab.

Geschafft! Nun wird es Zeit für einen ersten Einsatz!

60.3.2 Grundlagen

Eine Anfrage an die eBay-API gliedert sich in zwei Bereiche: den Header und die Anfrage.

Header

In den vorangegangenen Teilen dieses Buches haben Sie bereits MIME-Typen kennen gelernt und wissen, wie Sie mit der PHP-Funktion `header` dem Browser einen anderen MIME-Typ mitteilen können. Vor allem bei der Erzeugung dynamischer Grafiken ist dies wichtig. Ein Beispiel:

```
header('Content-Type: image/png');
```

Modifizierter Header

Für den Aufruf einer Funktion der eBay-API sind jedoch noch einige weitere Informationen erforderlich, die im Header mitgeteilt werden müssen.

```
X-EBAY-API-COMPATIBILITY-LEVEL:
X-EBAY-API-SESSION-CERTIFICATE:
X-EBAY-API-DEV-NAME:
X-EBAY-API-APP-NAME:
X-EBAY-API-CERT-NAME:
X-EBAY-API-CALL-NAME:
X-EBAY-API-SITEID:
X-EBAY-API-DETAIL-LEVEL:
Content-Type:
Content-Length:
```

Listing 60.3 Beispiel für den modifizierten HTTP-Header

Die Header-Information `X-EBAY-API-COMPATIBILITY-LEVEL` legt fest, auf welche Version der eBay-API sich diese Anfrage bezieht. Der Grund ist, dass sich die eBay-API im Laufe der Zeit weiterentwickelt und erweitert oder verändert wird. Jeder Kompatibilitätslevel bleibt für ca. 1 Jahr aktuell und abwärtskompatibel. Momentan ist dies der Level `367`. Versions-kontrolle

Für die drei Informationen `X-EBAY-API-DEV-NAME`, `APP-NAME` und `CERT-NAME` werden die Werte angegeben, die Sie bei der Registrierung erhalten haben. Diese Werte werden Sie noch häufiger benötigen, und somit empfiehlt es sich, diese in eine externe Datei auszulagern. Zugangsdaten

Achten Sie darauf, diese Zugangsdaten nicht an andere Personen weiterzugeben, da dies unter Umständen Kosten nach sich ziehen kann, wenn Sie eine andere Lizenz als die Individual Tier-Lizenz nutzen.

Der Wert für `X-EBAY-API-SESSION-CERTIFICATE` basiert auf den zuvor genannten drei Sandbox-Keys und wird aus diesen folgendermaßen aufgebaut: Zertifikat

```
dev-name; app-name; cert-name
```

Die Werte werden also durch ein Semikolon getrennt aneinander gehängt.

Der Name der Funktion, die Sie aufrufen möchten, wird mit Hilfe der Information `X-EBAY-CALL-NAME` angegeben. Für den Abruf der Server-Uhrzeit ist dies die Funktion `GeteBayOfficialTime`. Funktionsname

Da eBay eine internationale Plattform ist, gibt es für fast jedes Land ein eigenes eBay. *eBay.com* und *eBay.de* führen unterschiedliche Auktionen, und auch die Benutzer sind andere. Es muss also mit angegeben werden, für welche der eBay-Seiten Ihre Anfrage gültig ist. Dies geben Sie mit der Information `X-EBAY-API-SITEID` an. Für die USA lautet die ID z. B. 0 und für Deutschland 77. International

Die IDs anderer Seiten finden Sie in der Dokumentation zur API unter

http://developer.ebay.com/DevZone/docs/API_Doc/

So lange Sie Ihre Programme jedoch in der Sandbox testen, beziehen sich die erhaltenen Informationen immer auf die amerikanische Plattform, weil die Sandbox eine Kopie von eBay.com ist.

Die Information `X-EBAY-API-DETAIL-LEVEL` legt schließlich fest, wie detailliert die Antwort der eBay-API sein soll. Wird von der Funktion kein Detail-Level unterstützt, lautet der Standardwert 0. Detail-Level

Anfrage

Ein Teil der Informationen, die Sie bereits im HTTP-Header übergeben haben, muss außerdem im XML-Dokument wiederholt werden. Ein Beispiel für die Anfrage:

```
<?xml version="1.0" encoding="iso-8859-1"?>
<request>
  <RequestToken>SANDBOX_TOKEN</RequestToken>
  <RequestUserId>EBAY_TESTUSER_USERNAME</RequestUserId>
  <RequestPassword>EBAY_TESTUSER_PASSWORD</RequestPassword>
  <ErrorLevel>1</ErrorLevel>
  <DetailLevel>0</DetailLevel>
  <Verb>GeteBayOfficialTime</Verb>
  <SiteId>0</SiteId>
</request>
```

Listing 60.4 Beispiel für eine XML-Anfrage

Das Wurzelelement einer Anfrage ist immer `request`. Aus dem Header sind bereits die folgenden Informationen bekannt: `DetailLevel`, `SiteId` und auch `Verb` (alias `CALL-NAME`). Der Rest ist neu.

Token Den aus den drei Sandbox-Keys generierten Token geben Sie mit dem Element `RequestToken` an. Dazu muss es lediglich zwischen den beiden Tags notiert werden.

Benutzername und Passwort Den Benutzernamen und das Passwort des Users geben Sie mit `RequestUserId` und `RequestPassword` an. Diese Daten müssen zu einem existierenden eBay-User gehören, z. B. zu dem Test-Account, den Sie in der Sandbox eingerichtet haben.

ErrorLevel Sollte es während der Ausführung seitens der eBay-API zu einem Fehler kommen, z. B. weil Ihre Anfrage falsch gestellt ist, gibt Ihnen die eBay-API eine Fehlermeldung zurück. Je nachdem, wie hoch der Level ist, wird die Meldung detaillierter oder ungenauer. Solange Sie in der Sandbox arbeiten und noch »üben«, sollten Sie den ErrorLevel 1 nutzen. Dieser gibt detailliert genug aus, warum es zu einem Fehler gekommen ist, und das Problem kann anschließend gelöst werden.

60.3.3 Beispiel

Die Umsetzung in PHP ist für einen Anfänger ein wenig knifflig. Dies liegt zum einen daran, dass Sie den Header modifizieren müssen, und zum anderen daran, dass die Anfragen verschlüsselt mit HTTPS erfolgen. Leider können Sie zum Modifizieren des Headers nicht auf die Funktion `header` zurückgreifen. Der Grund dafür ist, dass PHP-Scripts normalerweise auf Anfragen von einem Browser reagieren. Ändern Sie also den HTTP-Header mit `header`, wird dieser geänderte HTTP-Header an den Browser gesendet. Für den Zugriff auf die eBay-API muss aber in diesem Moment Ihr Skript die Aufgabe des Browsers übernehmen.

cURL Für solche Aufgaben gibt es jedoch eine Bibliothek für PHP, die diese Möglichkeiten zur Verfügung stellt: cURL. Mit Hilfe von cURL können Sie jede beliebige Art von Anfragen stellen, die auf dem HTTP-Protokoll basieren.

Standardmäßig ist cURL nicht aktiviert, so dass Sie nun PHP entsprechend konfigurieren müssen. Falls Sie Zugriff auf die **php.ini** haben, müssen Sie lediglich das Semikolon ; vor der Zeile

```
;extension=php_curl.dll
```

entfernen. Eine andere Möglichkeit wäre, die Bibliothek dynamisch zur Laufzeit des Skripts zu aktivieren. Hier brauchen Sie die Funktion `dl`. Je nach Betriebssystem, auf dem Apache und PHP laufen, trägt die Bibliothek einen anderen Namen, weshalb sich auch der Aufruf unterscheidet.

Unter Windows:

```
dl('php_curl.dll');
```

Unter Linux:

```
dl('php_curl.so');
```

Konfigurationsdatei

Anstatt in jedem Skript die Sandbox-Keys oder den Token erneut zu hinterlegen, sollte dafür eine Konfigurationsdatei verwendet werden, die lediglich in das eigentliche Skript eingebunden wird:

```
<?php
  $config['compatibility_level'] = '367';
  $config['dev_name'] = 'DEV-NAME';
  $config['app_name'] = 'APP-NAME';
  $config['cert_name'] = 'CERT-NAME';
  $config['session_certificate'] = $config['dev_name'].';'.
    $config['app_name'].';'.$config['cert_name'];
  $config['request_token'] = 'TOKEN';
  $config['siteid'] = '0';
  $config['detaillevel'] = '0';
?>
```

Listing 60.5 Die Datei config.inc.php

Natürlich müssen Sie die Werte in der **config.inc.php** durch Ihre eigenen ersetzen. Dies betrifft in diesem Fall `dev_name`, `app_name`, `cert_name` und `request_token`.

Hauptscript

Das Hauptscript sieht wie folgt aus:

```
<?php

  /* Konfigurationsdatei einbinden */
  include('config.inc.php');

  $ebay_username = 'EBAY_TESTUSER_USERNAME';
  $ebay_password = 'EBAY_TESTUSER_PASSWORD';
  $ebay_url = 'https://api.sandbox.ebay.com/ws/api.dll';
```

```
/* XML-Dokument erzeugen */
$apiXML = '<?xml version="1.0" encoding="iso-8859-1"?>';
$apiXML .= '<request>';
$apiXML .= '<RequestToken>'.$config['request_token']
           .'</RequestToken>';
$apiXML .= '<RequestUserId>'.$ebay_username
           .'</RequestUserId>';
$apiXML .= '<RequestPassword>'.$ebay_password
           .'</RequestPassword>';
$apiXML .= '<ErrorLevel>1</ErrorLevel>';
$apiXML .= '<DetailLevel>'.$config['detaillevel']
           .'</DetailLevel>';
$apiXML .= '<Verb>GeteBayOfficialTime</Verb>';
$apiXML .= '<SiteId>'.$config['siteid'].'</SiteId>';
$apiXML .= '</request>';

/* Header erzeugen */
$apiHeader[] = 'X-EBAY-API-COMPATIBILITY-LEVEL: '
               .$config['compatibility_level'];
$apiHeader[] = 'X-EBAY-API-SESSION-CERTIFICATE: '
               .$config['session_certificate'];
$apiHeader[] = 'X-EBAY-API-DEV-NAME: '
               .$config['dev_name'];
$apiHeader[] = 'X-EBAY-API-APP-NAME: '
               .$config['app_name'];
$apiHeader[] = 'X-EBAY-API-CERT-NAME: '
               .$config['cert_name'];

$apiHeader[] = 'X-EBAY-API-CALL-NAME:
                GetebayOfficialTime';
$apiHeader[] = 'X-EBAY-API-SITEID: '.$config['siteid'];
$apiHeader[] = 'X-EBAY-API-DETAIL-LEVEL: '
               .$config['detaillevel'];
$apiHeader[] = 'Content-Type: text/xml';
$apiHeader[] = 'Content-Length: '.strlen($apiXML);

/* Anfrage senden */
$apiAnswer = '';
$chApi = curl_init($ebay_url);
if($chApi)
{
  curl_setopt($chApi,CURLOPT_RETURNTRANSFER,1);
  curl_setopt($chApi,CURLOPT_POST,1);
  curl_setopt($chApi,CURLOPT_POSTFIELDS,$apiXML);
  curl_setopt($chApi,CURLOPT_HTTPHEADER,$apiHeader);
  $apiAnswer = curl_exec($chApi);
}
else
{
```

```
    die('Fehler bei der Initialisierung von cURL.');
  }

  /* Antwort überprüfen */
  if($apiAnswer == false)
  {
    header('Content-Type: text/html');
    echo 'Fehler:<br><b>'.curl_errno($chApi).'</b> / '.curl_error($chApi);
  }
  else
  {
    /* Daten ausgeben */
    header('Content-Type: text/xml');
    echo $apiAnswer;
  }

?>
```

Listing 60.6 Das eigentliche Skript, das die Anfrage stellt

Zunächst erfolgt das Einbinden der Konfigurationsdatei **config.inc.php**. Da noch niemand anderes außer uns das Script nutzen wird, werden der Benutzername und das Kennwort des eBay-Testusers direkt im Skript festgelegt. In einem produktiven Einsatz sollten diese Daten nach Möglichkeit über das Array `$_POST` entgegengenommen werden. Anschließend wird noch die URL zur eBay-API der Sandbox in der Variablen `$ebay_url` gespeichert.

XML-Dokument definieren

Da Sie die exakte Länge des XML-Dokuments in Byte benötigen, müssen Sie dieses definieren, bevor Sie den Header modifizieren können. Das eigentliche Dokument unterscheidet sich von dem aus Listing 60.4 nur darin, dass die korrekten Werte eingefügt werden. Das gesamte Dokument wird als Zeichenkette in der Variablen `$apiXML` gespeichert.

Header modifizieren

cURL erwartet, dass alle Zusatzangaben oder Modifizierungen der Informationen im Header als Array übergeben werden. Dabei wird für jede Information ein eigenes Element in dem Array verwendet. Jede Angabe wird außerdem als zusammenhängende Zeichenkette übergeben. Um die Länge des XML-Dokuments festlegen zu können, müssen Sie lediglich die Funktion `strlen` aufrufen und ihr als Parameter `$apiXML` übergeben:

```
$apiHeader[] = 'Content-Length: '.strlen($apiXML);
```

Anfrage ausführen

Nach diesen Vorbereitungen kann die Anfrage durchgeführt werden. cURL gibt Ihnen die Antwort als String zurück. Dieser String wird in der Variablen `$apiAnswer` gespeichert. Zunächst wird mit `curl_init` ein neues Handle erzeugt und der Variablen `$chApi` zugewiesen. Zusätzlich wird der Funktion die URL übergeben, zu der eine Verbindung hergestellt werden soll, in diesem Fall die eBay-API der Sandbox.

```
$chApi = curl_init($ebay_url);
```

Ist der Rückgabewert der Funktion ungleich `false`, war der Versuch erfolgreich. Im `if`-Anweisungsblock werden mit `curl_setopt` einige Informationen an cURL übergeben:

- `CURLOPT_RETURNTRANSFER`
  Ein Wert ungleich 0 bedeutet, dass die Antwort auf die Anfrage als String zurückgegeben wird. Andernfalls würde cURL direkt die Ausgabe vornehmen.
- `CURLOPT_POST`
  Ein Wert ungleich 0 bedeutet, dass die Daten mittels POST an den Empfänger verschickt werden sollen.
- `CURLOPT_POSTFIELDS`
  Die mittels POST zu übertragenden Daten werden durch diesen Parameter übergeben. Im Fall der Anfrage ist dies das eigentliche XML-Dokument, das in `$apiXML` gespeichert wurde.
- `CURLOPT_HTTPHEADER`
  Um den Header zu modifizieren, werden die Informationen mit diesem Parameter übergeben. Die notwendigen Modifizierungen wurden im Array `$apiHeader` gespeichert, das mit diesem Parameter übergeben wird.

Ausführung Die Funktion `curl_exec` führt schlussendlich die Anfrage aus. Als Parameter muss das cURL-Handle übergeben werden. Je nachdem, ob cURL die Ausgabe der Antwort vornehmen soll, gibt die Funktion die Antwort als String zurück.

Sollte beim Versuch des Verbindungsaufbaus ein Fehler auftreten, wird die Ausführung des Skripts im `else`-Anweisungsblock abgebrochen.

Antwort ausgeben Schlussendlich muss noch überprüft werden, ob überhaupt eine Antwort verfügbar ist. Ist der Wert von `$apiAnswer` gleich `false`, dann haben wir keine Antwort bekommen. In einem solchen Fall gibt `curl_errno` die Fehlernummer und `curl_error` die Fehlermeldung zurück.

Wurde eine Antwort geliefert, erfolgt ihre Ausgabe im `else`-Anweisungsblock. Normalerweise müsste nun eine Verarbeitung der Antwort erfolgen. Die Antwort ist immer ein XML-Dokument. In diesem Beispiel wird die Antwort jedoch einfach ausgegeben. Damit eine entsprechende Darstellung erfolgt, wird dem Browser mitgeteilt, dass es sich um ein XML-Dokument handelt.

In Abbildung 60.2 können Sie die Antwort der eBay-API auf unsere Frage nach der Uhrzeit auf dem Server sehen. Zu der erhaltenen Uhrzeit müssen Sie zwei Stunden hinzurechnen, um die Uhrzeit mit der in unserer Zeitzone gleichsetzen zu können. Beim Erstellen der Screenshots war es also einmal 13:25:25 Uhr und einmal 13:35:12 Uhr.

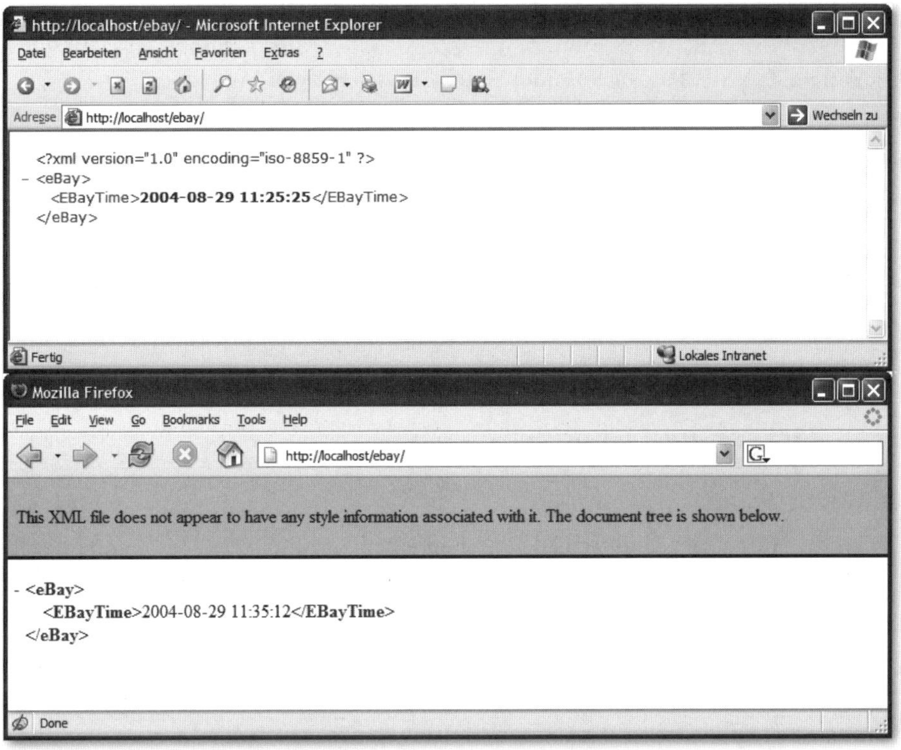

Abbildung 60.2 Die Ausgabe des Skripts im Internet Explorer und Mozilla Firefox

Wichtiger Hinweis

Ein Problem stellt unter Umständen die verschlüsselte Verbindung mittels SSL dar. Bei SSL erfolgen Authentifizierungen über ein Zertifikat. Sollte PHP respektive cURL während des Versuchs, eine Anfrage zu stellen, abbrechen und Ihnen die Meldung

```
SSL certificate problem, verify that the CA cert is OK
```

ausgeben, kann das erhaltene Zertifikat nicht auf Gültigkeit überprüft werden. Sie benötigen dann eine Datei namens **ca-bundle.crt**, die Sie auf der dem Buch beiliegenden DVD-ROM im Verzeichnis **x:\listings\xml\ebay** finden.

Um cURL mitzuteilen, wo es diese Datei finden kann, müssen Sie folgende Zeile auskommentieren:

```
// curl_setopt($chApi,CURLOPT_CAINFO,
     <vollständiger-pfad-zum-bundle>\ca-bundle.crt');
```

Wichtig ist, dass Sie auf jeden Fall einen vollständigen Pfad zum Bundle eintragen. Liegt die Datei **ca-bundle.crt** also im **htdocs**-Verzeichnis Ihres Webservers, könnte der Pfad folgendermaßen aussehen:

c:\apache group\apache2\htdocs\ca-bundle.crt

Die Angabe eines relativen Pfades führt dazu, dass cURL das Bundle nicht finden kann.

60.4 Zusammenfassung

- Webservices dienen zur Kommunikation zwischen zwei Maschinen.
- Es gibt zwei gängige Standards: XML-RPC und SOAP.
- Sowohl XML-RPC als auch SOAP nutzen als Protokoll HTTP, jedoch wird der Header des Protokolls in der Regel modifiziert.
- Beide Standards nutzen bei der Formulierung der Anfragen XML.
- Die eBay-API ist zwar ein Webservice, basiert aber auf keinem der beiden gängigen Standards. Anlehnungen sind jedoch zu finden.

60.5 Fragen und Übungen

1. Was ist WSDL?
2. Worin besteht der Unterschied zwischen einem auf XML-RPC basierenden Webservice und einem, der SOAP nutzt?
3. Wozu dient bei der eBay-API das Element `DetailLevel` im Header und dem Dokument?
4. Welche Bibliothek benötigen Sie in PHP, um Webservices wie z. B. die eBay-API nutzen zu können?
5. Was ist die »Sandbox«?

TEIL 10
Workshops

Grundlagenforschung betreibe ich dann, wenn ich nicht weiß, was ich tue.
– Werner Freiherr von Braun, deutsch-amerikanischer Raketenforscher

61 Workshop »Content Management System«

Grundlagenforschung werden Sie in den nachfolgenden Kapiteln nicht betreiben müssen, doch sollten Sie sich, bevor Sie ein Projekt in Angriff nehmen, immer überlegen, was sein Ziel ist und wie es zu realisieren ist.

61.1 Das Ziel

In diesem Kapitel möchte ich aufzeigen, wie Sie an ein Projekt herangehen sollten, das möglichst dynamisch sein und bleiben soll, an dem zugleich aber Änderungen schnell und leicht vorgenommen werden können.

CMS

Ich habe lange überlegt, was für ein Projekt ich an dieser Stelle beschreiben soll – angefangen bei einem umfangreichen News-System über verschiedenste E-Shop-Lösungen bis hin zu den allseits beliebten Content-Management-Systemen (auch CMS genannt). Wirklich entscheiden konnte ich mich nicht, da jedes dieser Projekte, um es wirklich gut zu beschreiben, ein eigenes Buch füllen würde. Schlussendlich bin ich bei einer abgespeckten Variante eines CMS gelandet.

Was ist CMS?

Als Content-Management-System werden in aller Regel webbasierte Softwarelösungen bezeichnet. Während Sie mit einfachen Editoren (meistens) nur HTML-Seiten erstellen, die Sie nach jeder Änderung auf den Server übertragen müssen, bieten Content-Management-Systeme Ihnen die Möglichkeit, den Inhalt einer Webseite über eine browserbasierte Oberfläche zu pflegen. Der Vorteil solcher Systeme liegt klar auf der Hand: Sie selbst bleiben bei der Administration der Webseite stets unabhängig. Egal, wo Sie sich gerade auf der Welt befinden, Ihnen genügt ein Computer mit Zugang zum Internet, um Ihrer Webseite neue Informationen hinzuzufügen oder gar das Aussehen Ihrer Webseite zu verändern. Vorbei sind die Zeiten, in denen Sie mühselig jedes HTML-Dokument von Hand verändern mussten, um anschließend mit einem FTP-Client die Seiten wieder auf dem Server abzulegen.

Flexibel bleiben

Unser Ziel ist es nun, mit geeigneten Techniken eine Lösung zu schaffen, die Ihnen die Freiheiten eines CMS, wenn auch auf einer sehr rudimentären Stufe, bietet.

Was will ich? Bevor Sie sich in die Arbeit stürzen und losprogrammieren, um nach ein paar Zeilen Code wieder und wieder von vorn anzufangen, sollten Sie sich erst einmal Gedanken darüber machen, wie das CMS in etwa aufgebaut sein soll und welche Inhalte damit gepflegt werden sollen. Meine Überlegungen haben mich zu dem kleinsten gemeinsamen Nenner der meisten CMS geführt.

Rubriken Auf allen Seiten, die ein CMS einsetzen, werden Sie Rubriken wie News, Downloads und Links finden. Die News sind häufig das zentrale Ausgangsthema einer auf CMS basierenden Webseite. Wie ich bereits erwähnt habe, werden ohne aktuelle Informationen – und dazu zählen zwangsläufig die neuesten Nachrichten zu einem Thema – die Besucherzahlen einer Webseite nicht unbedingt steigen. Als Schmankerl sind dann häufig die Download-Bereiche zu bezeichnen, die mittlerweile auch schon zum guten Ton einer Webseite gehören. Ein weiterer Service für die Benutzer einer Webseite sind natürlich weiterführende Links zu Webseiten, die sich ebenfalls den behandelten Themengebieten widmen.

Artikel Sehr häufig – vor allem auf den Webseiten einschlägiger Fachzeitschriften – gibt es die Möglichkeit, zunächst gedruckt erschienene Artikel auch im Internet zu lesen. Da es in der Regel länger dauert, solche Artikel zu lesen, ist dies für die Betreiber ein sehr positiver Aspekt. Immerhin können sie die Benutzer so länger auf der eigenen Webseite halten.

Pflege Natürlich müssen solche Rubriken – insbesondere die News – regelmäßig, wenn nicht gar täglich gepflegt werden. Es sollte also auch möglich sein, diese Rubriken und die Inhalte entsprechend schnell und einfach zu pflegen.

Inhalte Das zu realisierende Projekt, die Light-Version eines CMS, soll also die folgenden Inhalte bieten:

- **News**
  Hier sollen regelmäßig neue und kurze Mitteilungen zur Verfügung gestellt werden, um die Besucher anzuregen, regelmäßig die Webseite zu besuchen.
- **Downloads**
  Diese Rubrik soll den Benutzern der Webseite einen kleinen Extra-Service bieten und verschiedene Daten, seien es nun Bilder, Videos, Dokumente oder gar Programme, zum Download zur Verfügung stellen.
- **Links**
  Damit der Benutzer auch auf anderen, möglichst themenverwandten Seiten weitere Informationen erhalten kann, werden in dieser Rubrik die Verknüpfungen zu den anderen Seiten präsentiert.
- **Artikel**
  Da die Rubriken **News**, **Downloads** und **Links** zwangsläufig nur einen sehr dünnen Informationsgehalt und auch Service bieten, soll die **Artikel**-Rubrik durch harte Fakten in lesbarer Form bestechen. Einen weiteren positiven Effekt der Artikel, wenn sie etwas angepasst wurden, werde ich Ihnen später noch aufzeigen.

Nachdem nun die Rubriken der Webseite festgelegt wurden, sollte das Leistungsgebiet des CMS genauer betrachtet werden. Der wichtigste Aspekt ist sicherlich eine hohe Anpassungsfähigkeit und Flexibilität der Webseite. Es nützt nichts, wenn Sie zwar die Inhalte dynamisch verwalten, die Art und Weise der Ausgabe jedoch letztlich statisch bleibt. Ich möchte Ihnen das ein wenig erläutern.

Anpassungsfähig

Wenn Sie demnächst im Internet unterwegs sind und dort auf scheinbar dynamische Webseiten stoßen, versuchen Sie einmal, genau auf den Aufbau der Seite zu achten. Häufig ist es so, dass die Seite zwar serverseitige Skriptsprachen wie Perl oder PHP einsetzt, im Endeffekt aber statisch ist. Der Sinn einer dynamischen Webseite ist es, flexibel zu bleiben und dem Administrator der Seite möglichst viel Spielraum zur Veränderung und Anpassung zu bieten. Dieses Ziel können Sie jedoch nicht erreichen, wenn Sie Hunderte von PHP- oder Perl-Skripts auf dem Server verteilen, die alle lediglich eine kleine Aufgabe lösen. Bei einer Änderung eines einzelnen Skripts ist es daher häufig notwendig, auch noch weitere Skripts anzupassen, die jedoch erst gesucht werden müssen. Wenn das der Fall ist, können Sie auch gleich wieder zu den altbewährten HTML-Dokumenten zurückkehren und müssen sich um Skriptsprachen gar keine Gedanken mehr machen. Die zunächst geplante Dynamik der Webseite läuft sich fest und bleibt irgendwann stecken.

Statische Dynamik?

Summa summarum bedeutet dies, dass Sie eigentlich nur ein einziges Skript bzw. nur sehr wenige verwenden sollten, um möglichst dynamisch bleiben zu können und nicht ständig Sand ins Getriebe zu schleudern. Also: Die erste zusätzliche Anforderung an das CMS ist die Verwendung sehr weniger Skripts.

Ein einziges Skript

Viele dynamische Webseiten arbeiten sehr ineffektiv. Die auszugebenden Daten werden in aller Regel durch bereits im Skript fest verankerte Zeichenketten formatiert. So geben die meisten Skripts den Großteil des HTML-Dokuments durch einzelne `echo`- respektive `print`-Anweisungen im Browser aus. Soll das Design der Seite einmal anders aussehen, müssen Sie dies in den Skripts selbst verändern. Außerdem wird jede saubere Strukturierung und Kommentierung eines Quelltextes ad absurdum geführt, wenn die Hälfte davon aus `echo`-/`print`-Anweisungen besteht, um HTML-Elemente und -Quelltext auszugeben. Die Lösung des Problems ist die Verwendung von so genannten **Templates**.

Flexibilität

Templates haben Sie sicherlich schon in den verschiedensten Momenten eingesetzt. Dokumentvorlagen (engl. *templates*) wie z. B. ein Briefkopf, ein Faxdeckblatt usw. sind solche Templates. Sie verwenden immer die gleiche Vorlage und fügen nur einen anderen Inhalt ein. Dies lässt sich auch für Webseiten einsetzen. Dabei erzeugen Sie ein einziges Mal ein HTML-Dokument, das die Vorlage für die Webseite bildet. In dem HTML-Dokument werden dann an bestimmten Stellen so genannte **Platzhalter** notiert. Mit PHP oder Perl wird das Template später dann geladen, und die Platzhalter werden durch den entsprechenden Inhalt ersetzt. Das Ganze wird dann an den Browser gesendet. Der Vorteil: Sie müssen bei einer gewünschten Änderung nur ein neues Template erstellen, und schon erstrahlt die Webseite in einem neuen Gewand.

Was sind Templates?

Zentrale Konfiguration

Gewisse Dinge sind immer davon abhängig, bei welchem Provider Ihre Webseite gehostet wird, und wie er den Server aufgebaut und konfiguriert hat. Damit Sie auch im Fall eines Providerwechsels nicht erst mühsam Ihre Webseite an die neue Umgebung anpassen müssen, sollten möglichst alle umgebungsabhängigen Variablen wie das Datenbankkennwort und Ähnliches in einer zentralen Konfigurationsdatei abgelegt werden (auf dieses Thema bin ich schon weiter vorn in diesem Buch eingegangen).

61.2 Wählen Sie jetzt!

Der erste Schritt bei der Planung des Projekts ist getan. Sein Ziel wurde relativ eindeutig festgelegt. Nun steht die Entscheidung an, welche Techniken eingesetzt werden sollen.

Inhalte

Zur Verwaltung der Inhalte stehen Ihnen im Endeffekt nur zwei Möglichkeiten offen: Entweder speichern Sie die Inhalte in Dateien oder legen die Inhalte in einer Datenbank ab. Der Vorteil von Dateien ist, dass Sie keinen Provider finden müssen, der Ihnen relativ preisgünstig ein Webhosting-Paket mit einer Datenbank im Hintergrund anbietet. Der Nachteil ist jedoch, dass der Zugriff auf Dateien im Vergleich zu Datenbanken eher schleppend ist. Je größer die Datenmenge also wird, desto langsamer baut sich Ihre Webseite für den Benutzer auf. Am besten ist also die Verwendung einer Datenbank (die sich obendrein auch über die Programmierung wesentlich flexibler ansprechen lässt).

Skriptsprache

PHP oder Perl, das ist hier die Frage ... Obwohl nahezu alle Provider sowohl PHP als auch Perl zum serverseitigen Programmieren anbieten und sich eigentlich beide Sprachen für den Einsatz anbieten, gibt es Unterschiede. Meistens ist Perl so konfiguriert, dass es an das **cgi-bin**-Verzeichnis gebunden ist. Alle Perl-Skripts müssen also im **cgi-bin**-Verzeichnis abgelegt werden, damit sie ausgeführt werden können. Außerdem ist Perl eine sehr mächtige Sprache, vor allem in Bezug auf die Arbeit mit Dateien. Die Mächtigkeit der Sprache ist jedoch auch ein Nachteil: Perl ist dadurch langsam, zumindest langsamer als PHP. Zudem gestaltet sich der Datenbank-Zugriff mit Perl nicht gerade sehr angenehm. Würden also Dateien eingesetzt, um die Inhalte der Webseite zu organisieren, wäre Perl sicherlich die bessere Wahl. Da aber Datenbanken verwendet werden, werden wir PHP einsetzen.

Ausgabe

Für die Ausgabe der Daten steht HTML zur Verfügung. Damit Sie dabei ebenfalls flexibel bleiben, sollte die optische Formatierung mit CSS erfolgen. Dann müssen Sie mit PHP nur die korrekten Elemente zur Ausgabe der Inhalte verwenden und nicht zusätzlich noch die Formatierung wie Schriftart und Farbe vornehmen. Die optische Formatierung der Elemente direkt im Quelltext der Skripts entspräche dem Zucker im Kraftstofftank eines Fahrzeugs.

Gerne hätte ich noch JavaScript und DHTML mit in dieses Projekt eingebunden. Aus zwei Gründen habe ich mich jedoch dagegen entschieden: Erstens werden dadurch die einzelnen Listings unglaublich lang, und zweitens können Sie dies später nach Ihrem eigenen Gusto umsetzen.

Clientseitiges Skripting

61.3 Strukturierung

Sie sollten auf jeden Fall nicht vergessen, sich zu überlegen, wie die Verzeichnisstruktur des Projekts aufgebaut sein soll. Dies hängt ganz von Ihren eigenen Wünschen und Vorstellungen ab. Ich selbst verwende gerne folgende Struktur: Ich unterteile die einzelnen Bestandteile des Projekts thematisch. So sammle ich alle Grafiken, die auf der Webseite zum Einsatz kommen, in einem Unterverzeichnis namens **images**. Alle Templates, die ich verwende, inklusive der CSS-Dateien (solange ich die Formatierung nicht im Template selbst vornehme), lege ich im Verzeichnis **templates** ab. Dateien, die Konfigurationsvariablen enthalten, oder gar Funktionen und Klassen, die in das Hauptskript eingebunden werden sollen, liegen in einem Verzeichnis namens **inc** (Abkürzung für *include*). Des Weiteren lege ich Dateien, die von einem Benutzer heruntergeladen werden können, in einem Verzeichnis namens **downloads** ab.

Diese Strukturierung führt dazu, dass im Hauptverzeichnis lediglich nur noch eine Datei zu finden ist: die **index.php**. Sie ist und soll nach Möglichkeit das einzige Skript bleiben. Der Rest wird auf die beschriebenen Verzeichnisse verteilt.

Hauptverzeichnis

Ein Vorteil ist, dass Sie so die Dateien nicht unter Umständen doppelt ablegen und dann beide verwenden. Wenn Sie später nur die eine Datei verändern, wundern Sie sich, warum die Änderung nicht umgesetzt wurde, und suchen lange nach dem Fehler. Außerdem können Sie den Zugriff auf die Verzeichnisse – zumindest beim Apache-Server – regeln, indem Sie die Eingabe eines Passworts verlangen. Mit Ihren Skripts können Sie jedoch ohne die Zugriffsbeschränkung auf die Dateien innerhalb der Verzeichnisse zugreifen. Dies ist gerade für die Konfigurationsdateien mit dem Datenbankpasswort ein zusätzlicher Schutz. Wenn nämlich ein Unbefugter den Benutzernamen und das Kennwort ermittelt, ist höchste Gefahr im Verzuge.

Vorteile

61.3.1 Verzeichnisschutz

Der erwähnte Verzeichnisschutz mittels Kennwort bzw. Benutzernamen und Kennwort ist eine Apache-spezifische Funktion. Ich werde Ihnen erklären, wie das funktioniert.

Normalerweise wird der gesamte Zugriff auf die Server-Verzeichnisse durch den Apache-Server geregelt. Dazu werden in der **httpd.conf** die unterschiedlichsten Einstellungen vorgenommen, so z. B. auch, dass Dateien, die im **cgi-bin**-Verzeichnis abgelegt wurden, ausführbar sein sollen, oder Dateien, die auf **.php** enden, mit dem PHP-Interpreter zuerst ausgeführt und dann an den Browser gesendet werden sollen.

Verzeichniszugriff

Diese Konfiguration lässt sich aber mit weiteren Dateien in den entsprechenden Verzeichnissen erweitern bzw. überschreiben.

Voraussetzung

Die Voraussetzung, dass dies funktioniert, sind ein paar Einstellungen in der **httpd.conf**-Datei. Zunächst muss die Option zum Überschreiben der Konfiguration in der **httpd.conf** aktiviert werden. Notieren Sie hinter `AllowOverride` in der **httpd.conf** die Option `AuthConfig`. Die Änderungen müssen Sie übrigens nur für das Verzeichnis eintragen, das Sie benutzen, also z.B. `<Directory "c:/apache/htdocs">`. Das Root-Verzeichnis des gesamten Servers (`<Directory />`) muss nicht umkonfiguriert werden. Die Einstellungen können Sie für jedes Verzeichnis einzeln festlegen. Sie vererben sich auf alle darunter liegenden Verzeichnisse, wenn für die darunter liegenden Verzeichnisse keine neue Konfiguration angelegt wird. Die **httpd.conf** sollte nach der Änderung in etwa folgendermaßen aussehen:

```
<Directory />
  Options FollowSymLinks
  AllowOverride None
  Order deny,allow
  Deny from all
</Directory>
...
<Directory "C:/apache/htdocs">
    Options Indexes FollowSymLinks ExecCGI MultiViews
    AllowOverride AuthConfig
</Directory>
...
```

Des Weiteren sollte nach dem Eintrag `AccessFileName` der Dateiname `.htaccess` folgen. Mögliche Rautezeichen am Anfang der Zeile müssen entfernt werden. Außerdem sollte nach der Zeile noch die Eintragung folgen:

```
<Files ~ "^\.ht">
    Order allow,deny
    Deny from all
</Files>
```

Dies verhindert, dass alle Dateien, die mit **.ht** anfangen, weder in dem Verzeichnis dargestellt werden noch von jemandem abgerufen werden können.[1]

Verzeichnisschutz aktivieren

Nun sollte in den zu schützenden Verzeichnissen eine Datei namens **.htaccess** angelegt werden, die über folgenden Inhalt verfügt:

```
AuthType Basic
AuthName "Passwortgeschuetzter Bereich"
AuthUserFile d:/apache2/htdocs/phpMyAdmin-2.2.0/.htpasswd
Require valid-user
```

1 HTML-Dokumente zählen nicht dazu, denn der reguläre Ausdruck verlangt, dass die Datei mit **.ht** anfangen muss und dass davor kein weiteres Zeichen zu finden sein darf.

Die Zeichenkette in Anführungsstrichen nach `AuthName` definiert den Fenstertitel, der bei der Eingabe von Benutzername und Passwort verwendet werden soll. Nach `AuthUserName` müssen Sie den vollständigen Pfad zu der Datei **.htpasswd** notieren. Diese Datei enthält dann die Benutzernamen und verschlüsselten Passwörter für die Authentifizierung. Ich erkläre Ihnen gleich noch, wie eine solche Datei erzeugt wird. Die letzte Zeile bedeutet, dass eine gültige Benutzerkennung mit Passwort eingegeben werden muss, damit der Zugriff auf das Verzeichnis von außen gewährt wird.

Die **.htpasswd** ist folgendermaßen aufgebaut: .htpasswd

```
Benutzername:VerschlüsseltesPasswort
```

Der Benutzername wird immer im Klartext notiert. Das Passwort ist jedoch mit `crypt` (die Funktion kennen Sie aus Perl und PHP) verschlüsselt worden. Um das verschlüsselte Passwort zu erhalten, wird der Benutzername als »Suppe« und das Passwort als »Salz« verwendet. Der Inhalt der Datei könnte dann folgendermaßen aussehen:

```
websites:$apr1$nr5.....$wR4CCAt6BUaDxDxrVCwQ//
```

Der Benutzername lautet `websites`, und das Passwort ist eine wirre Zeichenkette. Niemand kann aus dieser Zeichenkette das richtige Passwort ermitteln.

Weitere Informationen zu passwortgeschützten Verzeichnissen finden Sie in der Apache-Dokumentation unter

http://httpd.apache.org/docs-2.0/howto/htaccess.html

für den Apache 2.0 und für den Apache 1.x unter

http://httpd.apache.org/docs/howto/auth.html

Sobald nun jemand versucht, auf ein so geschütztes Verzeichnis zuzugreifen, wird er aufgefordert, einen Benutzernamen und ein Passwort einzugeben. Abbildung 61.1 zeigt, wie dies auf dem Rechner des Benutzers aussehen könnte, und Abbildung 61.2 zeigt, was passiert, wenn der Benutzer sich nicht korrekt authentifizieren konnte.

Abbildung 61.1 Anmeldeaufforderung für mit .htaccess geschützte Verzeichnisse

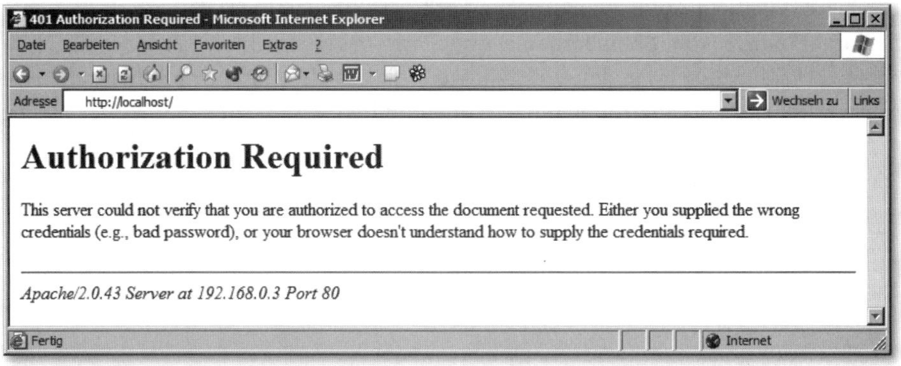

Abbildung 61.2 Meldung bei einer fehlgeschlagenen Authentifizierung

61.4 Zusammenfassung

- Das Projekt soll die Rubriken News, Downloads, Links und Artikel bieten.
- Es sollen Templates eingesetzt werden, die mit HTML und CSS definiert werden.
- JavaScript und DHTML werden nicht benutzt.
- Zur Organisation der Inhalte wird eine Datenbank verwendet.
- PHP dient als serverseitige Skriptsprache.
- Alle Dateien des Projekts werden nach Themen geordnet und in entsprechenden Verzeichnissen abgelegt.
- Die Verzeichnisse werden vor Unbefugten durch **.htaccess** geschützt.

Das Rückgrat ist bei manchen Politikern unterentwickelt.
Vielleicht weil es so selten benutzt wird.
– Margaret »Maggie« Thatcher,
erste Premierministerin Großbritanniens
(1979–1990)

62 Die Datenbank

62.1 Datenbankstruktur planen und festlegen

Nun sollen erst die Datenbankstruktur und die Tabellen geplant werden.

Die Planung der Datenbankstruktur ist recht fix abgeschlossen. Für jede einzelne Rubrik wird einfach eine Tabelle angelegt. Da die Inhalte nur sehr wenig bis gar keine Relationen umfassen, werden also lediglich vier verschiedene Tabellen benötigt:

- `news`
  Tabelle, die die einzelnen News enthält
- `downloads`
  Tabelle, die die Downloads bzw. die Pfad- und Dateinamen zu den Dateien enthält
- `links`
  Tabelle, die die einzelnen Einträge für die Links enthält
- `articles`
  Tabelle, die die Artikel enthält

Nun soll die Datenbank natürlich noch angelegt werden.

> Falls Sie im weiteren Verlauf nicht die Muße haben sollten, die Datenbanken und Tabellen von Hand zu definieren, finden Sie auf der beiliegenden DVD-ROM im Verzeichnis **x:\misc\project_db.sql** eine SQL-Datei, die die Datenbank und Tabellen anlegt und mit ein paar Inhalten füllt. **[o]**

Datenbank anlegen

Die Datenbank soll den Namen `project` tragen und wird mit der Anweisung

```
CREATE DATABASE project
```

erzeugt.

62.2 Tabellenstruktur planen und erzeugen

62.2.1 Planung

Die Tabelle news

Als Erstes soll nun die Tabelle `news` geplant und angelegt werden. Zu einer richtigen Nachricht gehören ein Titel, der Text der Nachricht und ein Datum, an dem die Nachricht eingetragen wurde. Zusätzlich sollte natürlich ein Primärschlüssel für die Tabelle definiert werden, damit die einzelnen Nachrichten später auch auseinander gehalten und eindeutig identifiziert werden können. Es kann immer einmal vorkommen, dass eine Nachricht erst später oder nach einer gewissen Zeit gar nicht mehr angezeigt werden soll. Darum sollte eine zusätzliche Spalte definiert werden, mit der genau das festgelegt werden kann. Daraus ergibt sich folgende Struktur:

Feld	Typ	Optionen
id	INT	AUTO_INCREMENT PRIMARY KEY
title	VARCHAR(64)	
message	TEXT	
datetime	TIMESTAMP	
visible	TINYINT(4)	

Tabelle 62.1 Die Tabelle news

Erklärung

Das Feld `id` bildet den Primärschlüssel der Tabelle. Das Feld `title` enthält den Titel der Nachricht, wobei eine Zeichenanzahl von 64 vollkommen ausreichend sein sollte. Die eigentliche Nachricht wird im Feld `message` gespeichert. Damit die Nachricht auch einmal etwas länger sein darf, wurde dem Feld der Typ `TEXT` zugewiesen. Das Datum und die Uhrzeit, als die Nachricht eingetragen wurde, wird im Feld `TIMESTAMP` gespeichert. Schlussendlich wird mit dem Feld `visible` festgelegt, ob die Nachricht zu sehen sein darf oder nicht. Um dabei für spätere Änderungen flexibel zu bleiben, bedeutet der Wert –1, dass die Nachricht nicht zu sehen ist. Jeder andere Wert, der größer als –1 ist, bedeutet, dass die Nachricht sichtbar ist.

Die Tabelle downloads

Um die Datenbank nicht allzu stark zu belasten, habe ich mich entschlossen, in der Tabelle `downloads` den Pfad- und Dateinamen und nicht die Datei selbst zu speichern. Außerdem sollte ein Titel des Downloads und ein Kommentar dazu gespeichert werden, damit der Benutzer vor dem Download ein paar Informationen erhält, was er nun herunterladen will. Natürlich darf der Primärschlüssel nicht fehlen. Außerdem soll wieder festgelegt werden können, ob der Download sichtbar ist oder nicht.

Feld	Typ	Optionen
id	INT	AUTO_INCREMENT PRIMARY KEY
title	VARCHAR(64)	

Tabelle 62.2 Die Tabelle downloads

Feld	Typ	Optionen
comment	TEXT	
path	VARCHAR(128)	
filename	VARCHAR(64)	
datetime	TIMESTAMP	
visible	TINYINT(4)	

Tabelle 62.2 Die Tabelle downloads (Forts.)

Erklärung

Das Feld `id` bildet wieder den Primärschlüssel. In `title` kann ein Titel mit maximal 64 Zeichen hinterlegt werden und in `comment` eine notfalls auch längere Beschreibung des Downloads. Da die Dateien alle in einem bestimmten Verzeichnis abgelegt werden, werden der Pfadname und der Dateiname einzeln gespeichert. Dies führt zwar zu Redundanz, da der Pfad aber immer der gleiche ist, führt es nicht zwangsläufig zu Inkonsistenz. Für spätere Änderungen der Struktur bietet sich der Aufbau jedoch an. Der Pfadname (Feld `path`) darf maximal 128 und der Dateiname (Feld `filename`) maximal 64 Zeichen lang sein. Außerdem wird wieder der Zeitpunkt, an dem der Download hinzugefügt worden ist, in `datetime` gespeichert, und angegeben, ob der Download sichtbar sein soll oder nicht. Jeder Wert, der größer als –1 ist, bedeutet, dass der Download sichtbar ist.

Die Tabelle links

Die Tabelle `links` benötigt als Erstes natürlich einen Primärschlüssel. Ansonsten sollen zu den einzelnen Links ein Titel, eine Beschreibung bzw. ein Kommentar und natürlich die URI gespeichert werden. Hier soll ebenso wieder festgelegt werden, ob der Eintrag sichtbar ist oder nicht.

Feld	Typ	Optionen
id	INT	AUTO_INCREMENT PRIMARY KEY
title	VARCHAR(64)	
uri	VARCHAR(255)	
comment	TEXT	
visible	TINYINT(4)	

Tabelle 62.3 Die Tabelle links

Erklärung

Auch bei dieser Tabelle wird im Feld `id` der Primärschlüssel gespeichert. Im Feld `title` wird der Titel des Links gespeichert, der maximal 64 Zeichen lang sein darf. In `uri` wird die URI gespeichert, die maximal 255 Zeichen lang sein darf. Der hohe Wert wurde gewählt, weil eine URI generell nur maximal 255 Zeichen umfassen darf. Die Beschreibung bzw. der Kommentar zum Link wird in `comment` gespeichert, und `visible` definiert wieder, ob der Link sichtbar ist oder nicht.

Die Tabelle articles Wie immer wird ein Primärschlüssel benötigt. Zu jedem Artikel soll außerdem ein Titel und natürlich der Artikel selbst abgelegt werden. Auch der Zeitpunkt der Hinzufügung des Artikels wird gespeichert. Da Artikel jedoch sehr lang werden können, wird zusätzlich ein Feld benötigt, das zu einem weiterführenden Artikel verzweigt. Und – wie könnte es anders sein – es soll festgelegt werden können, ob der Artikel sichtbar ist oder nicht.

Feld	Typ	Optionen
id	INT	AUTO_INCREMENT PRIMARY KEY
title	VARCHAR(64)	
content	LONGTEXT	
datetime	TIMESTAMP	
nextPageId	INT	
visible	TINYINT(4)	

Tabelle 62.4 Die Tabelle articles

Erklärung Das Feld `id` nimmt wieder den Primärschlüssel auf. In `title` darf ein 64 Zeichen langer Titel gespeichert werden. Der eigentliche Artikel wird in `content` abgelegt. Damit dabei HTML-Formatierungen mit Elementen verwendet werden können und der Artikel auch mal etwas länger sein darf, wurde als Typ `LONGTEXT` gewählt. In `visible` darf wieder eine Zahl gespeichert werden, die angibt, ob der Artikel sichtbar ist oder nicht.

62.2.2 Erzeugen

Die Tabellen werden mit den folgenden SQL-Anweisungen angelegt. Die SQL-Anweisung für die Tabelle `news` sieht so aus:

```
CREATE TABLE news (
  id INT NOT NULL AUTO_INCREMENT PRIMARY KEY,
  title VARCHAR(64) NOT NULL DEFAULT '',
  message TEXT NOT NULL DEFAULT '',
  datetime TIMESTAMP,
  visible TINYINT(4) NOT NULL DEFAULT '0'
)
```

Die SQL-Anweisung für die Tabelle `downloads`:

```
CREATE TABLE downloads (
  id INT NOT NULL AUTO_INCREMENT PRIMARY KEY,
  title VARCHAR(64) NOT NULL DEFAULT '',
  comment TEXT NOT NULL DEFAULT '',
  path VARCHAR(128) NOT NULL DEFAULT '',
  filename VARCHAR(64) NOT NULL DEFAULT '',
```

```
  datetime TIMESTAMP,
  visible TINYINT(4) NOT NULL DEFAULT 0
)
```

Die SQL-Anweisung für die Tabelle `links`:

```
CREATE TABLE links (
  id INT NOT NULL AUTO_INCREMENT PRIMARY KEY,
  title VARCHAR(64) NOT NULL DEFAULT '',
  uri VARCHAR(255) NOT NULL DEFAULT 'http://',
  comment TEXT NOT NULL DEFAULT '',
  visible TINYINT(4) NOT NULL DEFAULT '0'
)
```

Die SQL-Anweisung für die Tabelle `articles`:

```
CREATE TABLE articles (
  id INT NOT NULL AUTO_INCREMENT PRIMARY KEY,
  title VARCHAR(64) NOT NULL DEFAULT '',
  content LONGTEXT NOT NULL DEFAULT '',
  datetime TIMESTAMP,
  visible TINYINT(4) NOT NULL DEFAULT 0
)
```

62.3 Erste Einträge anlegen

Damit später die Funktion des Projekts getestet werden kann, sollten Sie jetzt schon ein paar Einträge anlegen. Wie bereits gesagt: Falls Sie dies nicht alles von Hand vornehmen möchten, können Sie die Datei **x:\misc\project_db.sql** verwenden.

62.4 Zusammenfassung

- Es wird eine Datenbank namens `project` für die Daten verwendet.
- Es werden vier Tabellen verwendet: `news`, `downloads`, `links` und `articles`.

Es gibt Designer, die Frauen wie eine Karikatur anziehen.
– Gianni Versace, italienischer Modedesigner

63 Das Design

Das Design der Seite zu gestalten, ist recht einfach, da festgelegt wurde, dass einfach ein HTML-Dokument angelegt wird, das als Template verwendet wird.

63.1 Die Struktur

Bevor es an das Design der Seite geht, sollte man sich eine Skizze oder Ähnliches anlegen oder sich zumindest Gedanken darüber machen, an welcher Stelle die Inhalte wie eingefügt werden sollen. Dabei sind zwei Dinge zu beachten:

1. Wie soll die Struktur der Platzhalter aussehen, damit diese auch eindeutig als solche zu identifizieren sind, und
2. wie groß werden die einzelnen auszugebenden Inhalte sein?

Platzhalter identifizieren

Am besten wird eine Zeichenkombination gewählt, die weder in HTML noch in CSS noch in JavaScript so zu finden ist. Außerdem sollte der Platzhalter aus einem Bezeichner bestehen, der dann von den Zeichenkombinationen umschlossen wird, um sowohl den Anfang als auch das Ende des Platzhalters genau festlegen zu können. Ich habe mich für die Zeichen `<@` und `@>` entschieden.

Platzhalter definieren

Nun stellt sich die Frage, wie viele Platzhalter benötigt werden. Zuerst einmal wird ein Platzhalter für den Titel der Webseite benötigt. Außerdem soll natürlich noch eine Navigationsleiste bzw. ein Menü zur Verfügung stehen. Noch besser wird das Ganze, wenn zusätzlich eine Schnellnavigation angeboten wird, die die wichtigsten Rubriken schnell und immer »griffbereit« anbietet und solche Dinge wie eine Sitemap oder eine Kontaktmöglichkeit bereithält. Darüber hinaus muss schließlich noch der eigentliche Inhalt eingefügt werden. Nachdem für die Platzhalter Namen gewählt worden sind, stehen in etwa die folgenden bereit, die in das Dokument eingefügt werden sollen:

- `<@title@>`
  Der Platzhalter für den Titel der Webseite.
- `<@navigation@>`
  Der Platzhalter für die Navigationsleiste.

- `<@shortnav@>`
  Der Platzhalter für die Kurznavigation.
- `<@content@>`
  Der Platzhalter für den Inhalt.

Strukturieren Da nun bekannt ist, welche Platzhalter es geben wird, müssen Sie kurz überlegen, wie das grobe Schema der Seite aussehen soll, und die HTML-Vorlage erstellen. Dem Geschmack sind dabei kaum Grenzen gesetzt. Ich habe mich entschieden, Tabellen zum Aufteilen der Seite zu verwenden. Dabei habe ich keinerlei optische Formatierung der Elemente vorgenommen, sondern lediglich eine ID vergeben. In einem zentralen Stylesheet-Bereich werden dann mit den IDs die einzelnen Elemente formatiert. Zum Schluss werden noch die Platzhalter eingefügt.

Mit der Haupttabelle wird die Seite dann in Titelzeile, Navigationsbereich, Inhaltsbereich und Fußzeile unterteilt. Das Ergebnis finden Sie im folgenden Abschnitt.

63.2 HTML-Vorlage

Folgende HTML-Vorlage wird verwendet:

```
<html>
  <head>
    <title><@title@></title>
    <style type="text/css">
        a    { color:#336699; }
        body    { margin:0px;
                  background-color:#CCCCCC;}
        table#main    { width:100%;
                        border:none; }
        td#logo    { background-color:#9999CC;
                     border-bottom:solid 1px #000000;
                     font-size:35px;
                     padding:5px; }
        td#shortnav    { background-color:#CCCCFF;
                         border-bottom:solid 1px #000000;
                         font-size:13px;
                         padding:5px; }
        td#navi    { width:25%;
                     background-color:#EEEEEE;
                     border-right:dashed 1px #000000;
                     border-bottom:solid 1px #000000;
                     padding:5px;
                     vertical-align:top; }
        td#content    { width:75%;
                        background-color:#FFFFFF;
                        border-bottom:solid 1px #000000;
```

```
                    padding:5px;
                    vertical-align:top; }
      span.uri   { color:#008000; }
      p#disclaimer   { font-size:10px;
                     color:#000000;
                     text-align:center; }
      h4   { color:#003366; }
      p   { text-align:justify; }
    </style>
  </head>
  <body>
    <table id="main" cellpadding="0" cellspacing="0">
      <tr>
        <td id="logo" colspan="2"><@title@></td>
      </tr>
      <tr>
        <td id="shortnav" colspan="2"><@shortnav@></td>
      </tr>
      <tr>
        <td id="navi"><@navigation@></td>
        <td id="content"><@content@></td>
      </tr>
      <tr>
        <td id="shortnav" colspan="2"><@shortnav@></td>
      </tr>
    </table>
    <p id="disclaimer">Hier k&ouml;nnte der Text des Disclaimers
     stehen und rechtliche Hinweise oder Kontaktm&ouml;glichkeiten.
     <br>Max Mustermann<br>Musterstr. 12<br>55555 Musterstadt</p>
  </body>
</html>
```

Listing 63.1 Das HTML-Template für das Projekt inklusive der CSS-Formatierungen

Zu diesem Template sind ein paar Anmerkungen zu machen. Überall im Listing finden Sie verschiedene Textstellen, die wie HTML-Elemente aussehen, und zwar in etwa folgendermaßen: `<@...@>`. Dies sind die Platzhalter, an deren Stelle später die Inhalte wie Titel der Seite, Navigationsleiste und Inhalt angezeigt werden. Außerdem ist am Ende des Dokuments ein so genannter Disclaimer fest eingebunden worden. Da der Disclaimer auf jeder Seite gleich bleibt, kann er problemlos in die Vorlage eingearbeitet werden.

Wenn Sie sich das HTML-Dokument im Browser ansehen, würde die Ausgabe derjenigen in Abbildung 63.1 entsprechen.

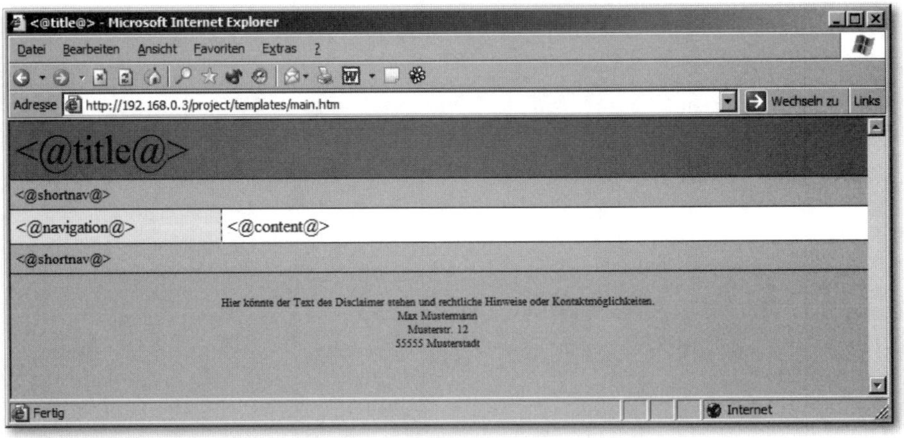

Abbildung 63.1 Ansicht des HTML-Templates im Browser

63.3 Zusammenfassung

- Zuerst sollte überlegt werden, welche Inhalte eingefügt werden.
- Dann sollte ein Schema für die Platzhalter definiert werden, wie diese eindeutig zu identifizieren sind.
- Nun folgt die grobe Überlegung, wie die Struktur der Seite aussehen könnte.
- Zum Schluss wird das HTML-Dokument erzeugt, und die Platzhalter werden eingefügt.

Bei seiner Geburt ist ein Mensch so unfertig, wie ein an einem schönen blauen Montag in Taiwan hergestellter Computer vor der Programmierung.
– Wolfgang Körner

64 Die Programmierung

Nachdem die gesamte Vorarbeit geleistet worden ist, folgt nun die Programmierung der eigentlichen Seite.

64.1 Die Konfigurationsdateien

Die Webseite soll auch in Anbetracht äußerer Einflüsse möglichst flexibel bleiben. Aus diesem Grund sollten Konfigurationsdateien verwendet werden, die verschiedene, immer wieder benötigte Variablen enthalten.

64.1.1 base.inc.php

In der Datei **base.inc.php** wird die Konfiguration der Webseite vorgenommen. Dort wird ein Array definiert, das den Titel, den Namen des zu verwendenden Templates oder auch Start- und Endezeichenfolgen für die Platzhalter enthält. Da gewisse Dinge der Webseite sich nicht regelmäßig ändern wie z. B. die Navigationsleiste, kann auch diese dort definiert werden. Außerdem können in dieser zentralen Konfigurationsdatei Funktionen definiert werden, die bei jedem Aufbau der Webseite benötigt werden.

64.1.2 database.inc.php

In dieser Konfigurationsdatei wird ein Array definiert, das alle wichtigen Daten für den Zugriff auf die Datenbank enthält, wie z. B. den Servernamen, den Benutzernamen und das Passwort. Aber auch der Name der zu verwendenden Datenbank wird hier festgelegt.

64.1.3 Sicherheit

Aus Sicherheitsgründen sollten die Konfigurationsdateien als PHP-Skripts definiert werden. Sollte doch jemand einmal Zugriff auf das **inc**-Verzeichnis erhalten, werden die Dateien vor der Ausgabe im Browser geparst, und der Browser gibt lediglich ein leeres Dokument aus.

Denken Sie unbedingt daran, das Verzeichnis durch **.htaccess** zusätzlich zu schützen. Selbst wenn die Dateien zuvor geparst werden – es ist einfach wesentlich sicherer.

64.1.4 functions.inc.php

Diese Datei ist das Kernstück des gesamten Projekts. Sie enthält alle Funktionen, die den auszugebenden Inhalt erzeugen. Hauptsächlich sind dies also Funktionen, die eine Verbindung zur Datenbank aufbauen und dann den Inhalt erzeugen.

64.2 Die index.php

Das Hauptskript und das einzige Skript, das überhaupt ausgeführt wird, ist die Datei **index.php**. Diese Datei kümmert sich um das Laden des Templates, den Aufruf der Funktionen, mit denen der Inhalt erzeugt wird, und ersetzt dann die einzelnen Platzhalter.

Kommandos Doch woher soll das Skript nun wissen, welche Funktionen aufzurufen sind? Dies ist eigentlich ganz einfach. Beim ersten Aufruf des Skripts wird die Einstiegsseite der Webseite ausgegeben. Dies kann eine beliebige Willkommensnachricht oder auch etwas anderes sein. Auf jeden Fall gibt es nun die Navigationsleiste aus, mit der der Benutzer durch die Webseite navigieren kann. Als Verweisziel der einzelnen Links wird dabei immer wieder das eigene Skript angegeben. Sobald nun ein Link ausgewählt wird, übergibt sich das Skript selbst ein Kommando, indem es das Kommando über die URI übergibt. Das Kommando wird interpretiert, und dann wird der entsprechende Inhalt erzeugt.

Kommandointerpretation Das auszuführende Kommando wird mit einer `switch`-Anweisung überprüft. Je nachdem, welches Kommando übergeben worden ist, tritt nun ein anderer Fall ein. Dementsprechend wird eine der Funktionen aus der **functions.inc.php** aufgerufen und der erzeugte Inhalt in einer Variablen zwischengespeichert. Zum Schluss wird der entsprechende Platzhalter durch den Wert der Variablen ersetzt.

Der id-Parameter Neben dem Kommando muss gelegentlich jedoch noch ein weiterer Wert übergeben werden, und zwar die ID bzw. der Primärschlüssel eines beliebigen Datensatzes einer beliebigen Tabelle der Datenbank. Diese ID wird dann der aufzurufenden Funktion übergeben. Die Funktion gibt dann immer den gewünschten Datensatz zurück. Auf diese Weise kann so z. B. eine Übersicht der Artikel erzeugt werden, und durch einen Klick auf einen der Artikel wird dieser dann ausgegeben.

Die Datei **index.php** sieht folgendermaßen aus:

```
<?php
  /* übergebene Variablen auslesen */
  $cmd = $_GET['cmd'];
  $id = $_GET['id'];
```

```
/* Konfigurationsdateien laden */
include('inc/base.inc.php');
include('inc/functions.inc.php');

/* Template einlesen  */
$template = get_file_as_string($base['template']);

/* Inhalt laden */
switch(strtolower($cmd))
{
  case 'news':
    $base['content'] = '<h4>'.$base['actual'].
                       '<i>News</i></h4>';
    $base['content'] .= load_content_news();
    break;
  case 'newsdet':
    $base['content'] = '<h4>'.$base['actual'].
                       '<i>News / Detailansicht</i></h4>';
    $base['content'] .= load_content_newsdetailed($id);
    break;
  case 'downloads':
    $base['content'] = '<h4>'.$base['actual'].
                       '<i>Downloads</i></h4>';
    $base['content'] .= load_content_downloads();
    break;
  case 'downloadsdet':
    $base['content'] = '<h4>'.$base['actual'].'
                  <i>Downloads / Detailansicht</i></h4>';
    $base['content'] .= load_content_
                        downloadsdetailed($id);
    break;
  case 'articles':
    $base['content'] = '<h4>'.$base['actual'].'
                        <i>Artikel</i></h4>';
    $base['content'] .= load_content_articles();
    break;
  case 'articlesdet':
    $base['content'] = '<h4>'.$base['actual'].
                       '<i>Artikel / Detailansicht</i></h4>';
    $base['content'] .= load_content_
                        articlesdetailed($id);
    break;
  case 'links':
    $base['content'] = '<h4>'.$base['actual'].
                       '<i>Links</i></h4>';
    $base['content'] .= load_content_links();
    break;
  case 'admin':
    header('Location: '.$base['phpmyadmin']);
```

```
      break;
    default:
      $base['content'] = '<h4>'.$base['actual'].
                         '<i>Startseite</i></h4>';
      $base['content'] .= load_content_news();
      break;
  }

  /* Platzhalter ersetzen */
  $template = str_replace($base['tag_start'].'title'.
              $base['tag_end'],$base['title'],$template);
  $template = str_replace($base['tag_start'].'shortnav'.
              $base['tag_end'],$base['shortnav'],$template);
  $template = str_replace($base['tag_start'].'navigation'.
              $base['tag_end'],$base['navigation'],$template);
  $template = str_replace($base['tag_start'].
              'content'.$base['tag_end'],
              $base['content'],$template);
  $template = str_replace('$PHP_SELF',$PHP_SELF,$template);

  /* Template ausgeben */
  echo stripslashes($template);
?>
```

Listing 64.1 Die Datei index.php

Erklärung Sobald das Skript aufgerufen wurde, wird versucht, den beiden Variablen `$cmd` und `$id` die über die URI möglicherweise übergebenen Parameter zuzuweisen. Wurde kein Parameter übergeben, erhalten die Variablen einen leeren Wert.

Konfigurationsdateien laden Im nächsten Schritt werden dann die Konfigurationsdateien geladen. Dies ist zum einen die **base.inc.php** und zum anderen die **functions.inc.php**. Die **base.inc.php** wird benötigt, da in dieser Datei eine Funktion definiert wurde, die eine Datei als einen einzigen String einliest. Da die **functions.inc.php** die Funktionen enthält, um den Inhalt zu erzeugen, wurde auch die Datei bereits an dieser Stelle eingebunden. In der **index.php** erfolgt kein Datenbankzugriff, deshalb muss auch die Datei **database.inc.php** nicht eingebunden werden.

Template einlesen Nun wird das Template eingelesen. Hierfür wird die Funktion `get_file_as_string` verwendet. Diese liest die als Parameter übergebene Datei ein und gibt sie als String zurück. Die Funktion sieht folgendermaßen aus:

```
function get_file_as_string($filename)
{
  $tmprslt = file($filename);
  $tmprslt = implode('',$tmprslt);
  return $tmprslt;
}
```

Neu wird für Sie die Anweisung `file` sein. Dies ist eine PHP-Funktion, die eine Datei vollständig einliest und als Array zurückgibt.

```
array file(string filename)
```

Im nächsten Schritt wird das Array mit der `implode`-Funktion zu einer einzigen Zeichenkette zusammengesetzt und mit `return` zurückgegeben.

Inhalt laden

In der **index.php** folgt nun die Interpretation des Kommandos mit Hilfe eines `switch`-Konstrukts. Dabei wird `$cmd` als zu überprüfende Variable verwendet und mit `strtolower` in Kleinbuchstaben umgewandelt. Für jedes erlaubte Kommando wurde ein Fall definiert. Je nach Fall wird dann eine entsprechende Funktion aufgerufen. An das Element mit dem Schlüssel `content` des Arrays `$base` wird daraufhin eine kurze Zeichenkette angehängt, die dem Benutzer zeigt, wo er sich gerade befindet, und außerdem der erzeugte Inhalt der aufgerufenen Funktion. Sollte keiner der Fälle eintreffen, wurde mit der `default`-Anweisung festgelegt, dass dann die Startseite angezeigt wird.

Platzhalter ersetzen

Im nächsten Schritt werden die Platzhalter durch die entsprechenden Zeichenketten ersetzt. Zwar ließe sich dieser Teil des Skripts um einiges übersichtlicher gestalten, auf diese Art lässt sich aber besser nachvollziehen, was genau geschieht. Und zwar werden mit der Funktion `str_replace` einfach die Platzhalter ersetzt.

Template ausgeben

Ganz zum Schluss wird dann die Seite mit einer `echo`-Anweisung ausgegeben. Neu ist auch die PHP-Funktion `stripslashes`. Sie entfernt vor Sonderzeichen einen möglichen Backslash, der das Sonderzeichen entwerten könnte.

```
string stripslashes(string str)
```

64.3 Die Datei functions.inc.php

Alle Funktionen, die in der Datei **functions.inc.php** definiert wurden, besitzen den gleichen Aufbau. Zunächst wird die **database.inc.php** eingebunden, da die Konfigurationsdaten für den Zugriff auf die Datenbank benötigt werden. Dann wird versucht, eine Verbindung zur Datenbank aufzubauen. Wenn dies erfolgreich war, wird die korrekte Datenbank ausgewählt und eine SQL-Anweisung ausgeführt, die die benötigten Datensätze ausliest. Anschließend werden die Datensätze für die Ausgabe formatiert und mit einer `return`-Anweisung zurückgegeben.

Beispielfunktion

Da die **functions.inc.php** hier vollständig abgedruckt mehrere Seiten einnehmen würde, werde ich Ihnen lediglich eine der Beispielfunktionen erläutern.

```
/* Gesamtübersicht der Artikel laden */
function load_content_articles()
{
  include('inc/database.inc.php');
  $tmprslt = '';
  $connection = mysql_connect($db['host'],$db['uid'],
```

```
                                   $db['pwd']);
  if($connection)
  {
    mysql_select_db($db['db']);
    $sql = 'SELECT id, title,
            UNIX_TIMESTAMP(datetime) AS datetime
            FROM articles
            WHERE visible > -1 ORDER BY datetime ASC';
    $result = mysql_query($sql);
    if($result)
    {
      while($articles = mysql_fetch_object($result))
      {
        $tmprslt .= StrFTime('%d.%m.%Y %H:%M:%S ',
                             $articles->datetime);
        $tmprslt .= "<a href=\"$_SERVER[PHP_SELF]?cmd=articlesdet
                    &id=$articles->id\">
                    $articles->title</a><br>\n";
      }
    }
    mysql_close();
  }
  return $tmprslt;
}
```

Erklärung Die Funktion `load_content_articles` lädt eine Übersicht aller verfügbaren Artikel. Zuerst wird die **database.inc.php** geladen und dem String `$tmprslt` eine leere Zeichenkette zugewiesen. Dieser String wird benötigt, um den Rückgabewert zwischenzuspeichern, damit die Ausgabe erst am Ende erfolgt.

Verbindung aufbauen, Anfrage stellen Im nächsten Schritt wird mit `mysql_connect` versucht, eine Verbindung zur Datenbank aufzubauen. Wenn dies erfolgreich war, wird die korrekte Datenbank mit `mysql_select_db` ausgewählt und anschließend eine `SELECT`-Anweisung mit `mysql_query` ausgeführt.

Anfrage auswerten Wenn die SQL-Anweisung eine Ergebnismenge liefert, werden die Datensätze nacheinander abgearbeitet und als Objekt `$articles` zur Verfügung gestellt. Innerhalb des Anweisungsblocks der Schleife wird dann die Ausgabe erzeugt und an `$tmprslt` angehängt. Damit ein Artikel auch ausgewählt werden kann, wird der Titel des Artikels als Link ausgegeben. Dieser Link ruft dann wieder das eigene Dokument auf, übergibt das Kommando `articlesdet` (für die Detailansicht eines Artikels) und die ID des anzuzeigenden Artikels.

Abschluss Schlussendlich wird dann die Datenbankverbindung wieder geschlossen und `$tmprslt` mit einer `return`-Anweisung zurückgegeben.

Alle anderen Funktionen sind ebenfalls so aufgebaut, nur dass einige von ihnen (diejenigen, die auf `detailed` enden) zusätzlich die ID des auszugebenden Datensatzes übergeben bekommen.

64.4 Die Datei base.inc.php

Der Vollständigkeit halber wird hier der Inhalt der Datei **base.inc.php** gezeigt:

```
<?php
  /* Konfigurationsvariablen */
  $base['title'] = 'Websites Project';
  $base['shortnav'] = '<a href="$_SERVER[PHP_SELF]">Startseite</a>
                      &middot; <a href="$_SERVER[PHP_SELF]?cmd=news">
                      News</a> &middot;<a href="$_SERVER[PHP_SELF]?
                      cmd=downloads">Downloads</a>';
  $base['navigation'] = '<a href="$_SERVER[PHP_SELF]">Startseite
                        </a><br><a href="$_SERVER[PHP_SELF]?cmd=news">
                        News</a><br><a href="$_SERVER[PHP_SELF]?cmd=
                        downloads">Downloads</a><br><a href=
                        "$_SERVER[PHP_SELF]?cmd=links">Links</a><br>
                        <a href="$_SERVER[PHP_SELF]?cmd=articles">
                        Artikel</a>';
  $base['content'] = '';
  $base['actual'] = 'Sie sind hier: ';

  $base['template'] = 'templates/main.htm';

  $base['tag_start'] = '<@';
  $base['tag_end'] = '@>';

  $base['phpmyadmin'] = 'http://localhost/phpMyAdmin/
                        index.php';

  /* Hilfsfunktionen */

  /* Datei als String einlesen */
  function get_file_as_string($filename)
  {
    $tmprslt = file($filename);
    $tmprslt = implode('',$tmprslt);
    return $tmprslt;
  }
?>
```

Listing 64.2 Die Datei base.inc.php

64.5 Die Datei database.inc.php

Zum Abschluss wird hier der Inhalt der Datei **database.inc.php** ausgegeben.

```
<?php
  $db['host'] = 'localhost';
  $db['uid'] = 'username';
  $db['pwd'] = 'password';
  $db['db'] = 'project';
?>
```

Listing 64.3 Die Datei database.inc.php

64.6 Das Projekt im Einsatz

Sobald der Benutzer nun die Webseite aufruft, wird die Startseite geladen, da keinerlei Parameter übergeben wurden. Momentan werden auf der Startseite lediglich die News angezeigt. Dann kann der Benutzer entweder über die Navigationsleiste oder über die Kurznavigation eine Rubrik auswählen und sich den Inhalt ansehen. Für den Benutzer könnte das im Browser dann folgendermaßen aussehen:

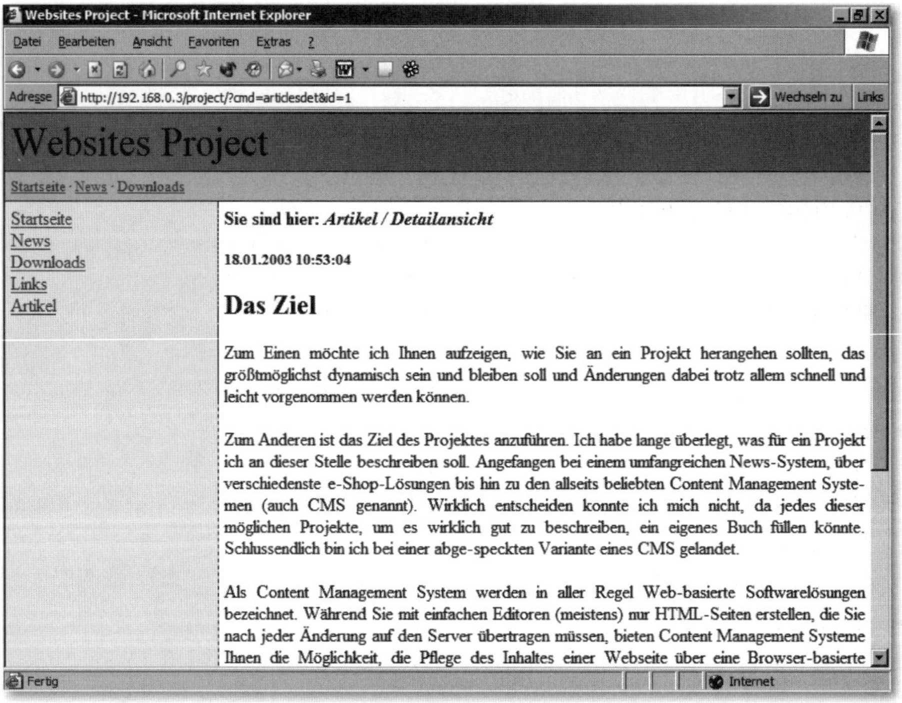

Abbildung 64.1 Die Ausgabe des CMS im Browser

Durch Fehler wird man klug! In manchen Verwaltungen sind offensichtlich nie Fehler gemacht worden.
– Willy Meurer (1934), deutsch-kanadischer Publizist*

65 Administrationsbereich

So dramatisch uns der Verwaltungsapparat in Deutschland auch die Stimmung vermiesen kann, genauso wichtig ist er. Ohne Verwaltung wäre Chaos vorprogrammiert, und damit das CMS nicht darunter leiden muss, soll es noch einen Bereich erhalten, wo News, Artikel, Downloads und Links bequem verwaltet werden können.

65.1 Verzeichnisse und Dateien

Der Adminbereich wurde in ein eigenes Verzeichnis gelegt, um eine saubere Trennung vom Userfrontend zu ermöglichen. Insgesamt befinden sich in dem Verzeichnis 15 Dateien.

- **index.php**
  Dies ist die Hauptdatei der Administrationsoberfläche und stellt die Basis dar.
- **login.php und logout.php**
  Diese beiden Dateien dienen dem An- und Abmelden. Sie initialisieren die Session und prüfen den Benutzernamen sowie das Kennwort bzw. löschen die Session bei der Abmeldung.
- **article*.php**
  Diese drei Dateien dienen zum Löschen, Einfügen und Aktualisieren von Artikeln.
- **download*.php**
  Diese drei Dateien dienen zum Löschen, Hinzufügen und Aktualisieren von Downloads.
- **link*.php**
  Diese drei Dateien dienen zum Löschen, Hinzufügen und Aktualisieren von Links.
- **news*.php**
  Diese drei Dateien dienen zum Löschen, Einfügen und Aktualisieren von News.

Die Datei **index.php** im **admin**-Verzeichnis entspricht vom Aufbau und der Funktionsweise her der Datei **index.php** aus dem Hauptverzeichnis. Es gibt nur ein paar kleinere Unterschiede: index.php

1. Anstelle der **functions.inc.php** wird die **adminfunction.inc.php** eingebunden, die die Funktionen für den Adminbereich enthält.
2. Zusätzlich wird die Datei **login.inc.php** eingebunden, die Funktionen für die Authentifizierung des Benutzers enthält.
3. *Fast* alle Anweisungen in der Datei **index.php** sind in einem `if`-Anweisungsblock notiert. Nur, wenn das Ergebnis der Funktion `is_logged_in` wahr ist, werden die Anweisungen ausgeführt.

65.2 Anmelden im Adminbereich

Wie zuvor erwähnt wurde, erzeugt die Datei **index.php** nur dann eine Ausgabe, wenn das Ergebnis der Funktion `is_logged_in` gleich `true` ist. Diese Funktion wurde in der **login.inc.php** definiert.

```
<?php

/* Session initialisieren */
session_start();

/* Überprüft, ob ein Login erfolgt ist */
function is_logged_in()
{
  global $base;

  /* User angemeldet? */
  if($_SESSION['authenticated'] == true)
  {
    return true;
  }
  /* Login ausgeben */
  else
  {
    $content = '<h4>Login</h4>';
    $content .= '<form action="login.php" method="post">';
    $content .= '<table border="0" cellpadding="2" cellspacing="0">';
    $content .= '<tr>';
    $content .= '<td>Benutzername:</td><td>
            <input type="text" name="username" size="32" maxlength="64"></td>';
    $content .= '</tr><tr>';
    $content .= '<td>Passwort:</td><td>
                 <input type="password" name="password" size="32"></td>';
    $content .= '</tr><tr>';
    $content .= '<td></td><td><input type="submit"
                 value="Login"></td>';
    $content .= '</tr>';
    $content .= '</table>';
```

```
    $content .= '</form>';

    $template = get_file_as_string($base['adm_template']);
    $template = str_replace($base['tag_start'].'title'.
                $base['tag_end'],$base['adm_title'],$template);
    $template = str_replace($base['tag_start'].'shortnav'.
                $base['tag_end'],' ',$template);
    $template = str_replace($base['tag_start'].'navigation'.
                $base['tag_end'],' ',$template);
    $template = str_replace($base['tag_start'].'content'.
                $base['tag_end'],$content,$template);
    $template = str_replace('$_SERVER[PHP_SELF]',$_SERVER[PHP_SELF],$template);
    echo stripslashes($template);
    return false;
  }
}
?>
```

Listing 65.1 Die Datei login.inc.php

Session initialisieren

Da beim Einbinden einer Datei alle Anweisungen, die darin notiert sind, ausgeführt werden, erfolgt zunächst die Initialisierung der Session mittels

```
session_start();
```

Anschließend erfolgt die Definition der Funktion `is_logged_id`. Diese Funktion stellt im ersten Schritt das Konfigurationsarray `$base` mittels `global` innerhalb der Funktion zur Verfügung.

```
global $base;
```

Benutzer authentifiziert?

Daraufhin wird überprüft, ob im superglobalen `$_SESSION`-Array das Element `authenticated` existiert und dessen Wert gleich `true` ist. Existiert das Element nicht oder ist der Wert ungleich `true`, ergibt diese Überprüfung `false` und der `else`-Anweisungsblock wird ausgeführt. Für den Fall, dass das Ergebnis wahr ist, liefert die Funktion `true` zurück. Dies bedeutet, dass der Benutzer sich bereits erfolgreich angemeldet hat.

Das Ergebnis der Prüfung ist false

Wenn das Ergebnis der Prüfung `false` ist, muss dem Benutzer die Möglichkeit geboten werden, sich am System anzumelden. Dazu wird im `else`-Zweig ein Formular festgelegt, das dem Benutzer die Eingabe eines Benutzernamens und eines Passworts erlaubt. Diese wird auf Grundlage des verwendeten Templates im Browser ausgegeben.

Als Ziel für die Formulardaten wurde das Skript **login.php** festgelegt.

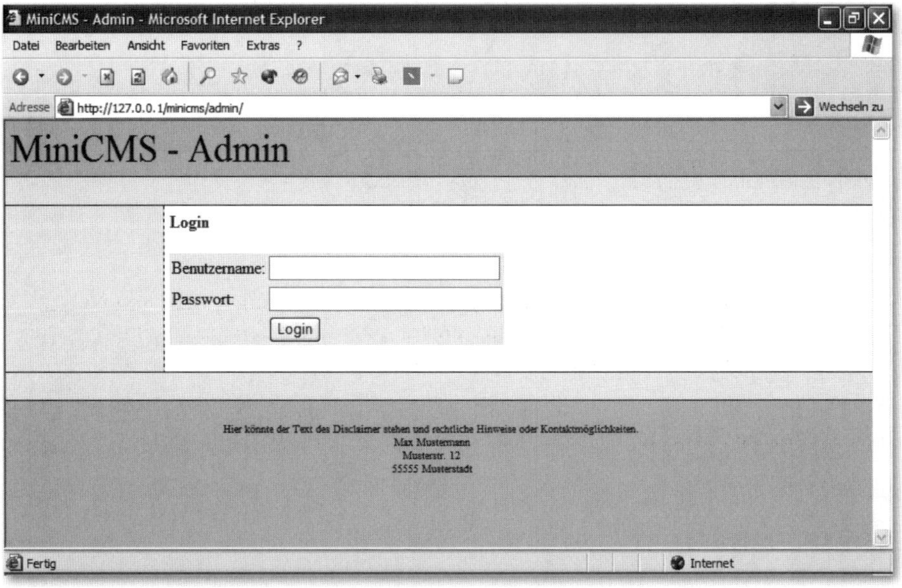

Abbildung 65.1 Login-Screen des Adminbereichs

65.2.1 Das Skript login.php

Die Aufgabe dieses Skripts besteht darin, den Benutzernamen und das Kennwort entgegenzunehmen und in der Datenbank nachzusehen, ob es eine solche Kombination gibt. Außerdem muss der Account des entsprechenden Benutzers aktiviert sein. Es wird also eine zusätzliche Tabelle in der Datenbank benötigt, in der die Benutzeraccounts gespeichert und verwaltet werden können.

Feld	Typ	Optionen
id	INT	AUTO_INCREMENT PRIMARY KEY
username	VARCHAR(64)	UNIQUE
password	VARCHAR(255)	
email	VARCHAR(255)	UNIQUE
active	ENUM('true','false')	

Tabelle 65.1 Definition der Tabelle user

Das Attribut `UNIQUE` für die Felder `username` und `email` bedeutet, dass Werte in diesen Spalten eindeutig sein müssen, also keine doppelten Einträge vorkommen dürfen. Das Feld `active` legt fest, ob der Account freigeschaltet ist oder gesperrt wurde. Dazu wurde mit `ENUM` ein Quasi-Boolean erschaffen. Dieses Feld kann nur die Werte `true` oder `false` speichern.

Die SQL-Anweisung zum Erzeugen dieser Tabelle sieht folgendermaßen aus:

SQL-Anweisung

```
CREATE TABLE user (
  id INT NOT NULL AUTO_INCREMENT PRIMARY KEY,
  username VARCHAR(64) NOT NULL UNIQUE,
  password VARCHAR(255) NOT NULL,
  email VARCHAR(255) NOT NULL,
  active ENUM('true','false') NOT NULL DEFAULT 'false'
)
```

[«] Damit Sie sich beim ersten Mal einloggen können, sollten Sie einen Benutzer anlegen. Dafür können Sie das PHP-Skript **create_admin.php** im Verzeichnis **_install_** nutzen. Dieses sollten Sie anschließend löschen.

Das eigentliche Skript **login.php** enthält folgende Anweisungen:

```
<?php

  /* Session initialisieren */
  session_start();

  /* übergebene Variablen auslesen */
  $username =  empty($_POST['username']) ?
                  mysql_real_escape_string($_POST['username']) : false;
  $password = empty($_POST['password']) ?
                  mysql_real_escape_string($_POST['password']) : false;

  if($username && $password)
  {
    /* verschlüsseltes Passwort erzeugen */
    $encrypted = md5($password);

    include('../inc/database.inc.php');
    $connection = mysql_connect($db['host'],$db['uid'],$db['pwd']);
    if($connection)
    {
      if(mysql_select_db($db['db']))
      {
        $sql = "SELECT id FROM user WHERE (username = '$username') AND
                (password = '$encrypted') AND (active = 'true')";
        $result = mysql_query($sql);
        if($result && (@mysql_num_rows($result) > 0))
        {
          $row = mysql_fetch_row($result);
          $_SESSION['authenticated'] = true;
          $_SESSION['user_id'] = $row[0];
          $_SESSION['username'] = $username;
        }
        else
```

```
            {
              $_SESSION['authenticated'] = false;
            }
          }
        }
      }

      /* Umleitung */
      header('Location: index.php');

?>
```

Listing 65.2 Das Skript login.php

Session initialisieren

Zuallererst wird die Session mit `session_start` initialisiert, damit anschließend, bei erfolgreicher Anmeldung, die entsprechenden Informationen abgelegt werden können.

Anschließend werden die mit POST übertragenen Werte ausgelesen. Falls einer der Werte nicht übergeben wurde, wird der entsprechenden Variablen der Wert `false` zugewiesen. Um diesen Schritt übersichtlich zu halten, wird der dreifach-konditionale Operator benutzt.

```
$username = empty($_POST['username']) ? $_POST['username'] : false;
$password = empty($_POST['password']) ? $_POST['password'] : false;
```

Authentifizierung starten

Nur wenn die Werte der Variablen `$username` und `$password` beide ungleich `false` sind, wird der Prozess zum Authentifizieren des Benutzers gestartet.

Dazu muss erst einmal das in der Datenbank verschlüsselte Passwort erzeugt werden. Dazu wird der Funktion `md5` das Passwort übergeben und das Ergebnis der Berechnung in der Variablen `$encrypted` gespeichert.

```
$encrypted = md5($password);
```

Im nächsten Schritt wird dann eine Verbindung zu MySQL aufgebaut, die korrekte Datenbank ausgewählt und folgende SQL-Anweisung ausgeführt:

```
$sql = "SELECT id FROM user WHERE (username = '$username') AND
        (password = '$encrypted') AND (active = 'true')";
```

Diese besagt, dass das Feld `id` des Datensatzes der Tabelle `user` ausgelesen werden soll, dessen Wert in der Spalte `username` dem eingegebenen Benutzernamen entspricht. Außerdem muss der gespeicherte Wert in `password` dem Wert von `$encrypted` entsprechen und das Feld `active` = `'true'` sein.

Wurde eine Ergebniskennung zurückgegeben und ist die Anzahl der Datensätze in der Ergebnistabelle größer als 0, dann wurde ein passender Datensatz gefunden, und die Eingaben des Benutzers waren korrekt.

```
if($result && (@mysql_num_rows($result) > 0))
```

Der Datensatz kann aus der Tabelle ausgelesen werden, und die entsprechenden Werte können in der Session gespeichert werden. Dies bedeutet, dass `authenticated` auf `true` gesetzt wird sowie der Benutzername und die Benutzer-ID in der Session registriert werden.

Ergebnis der Anmeldung speichern

```
$row = mysql_fetch_row($result);
$_SESSION['authenticated'] = true;
$_SESSION['user_id'] = $row[0];
$_SESSION['username'] = $username;
```

Wurde kein Datensatz gefunden, wird `$_SESSION['authenticated']` explizit auf `false` gesetzt.

Umleitung

Am Ende des Skripts erfolgt mit der Funktion `header` eine Umleitung zum Skript **index.php**. Bei erfolgreicher Anmeldung wird nun die Oberfläche des Administrationsbereichs dargestellt oder aber der bereits bekannte Anmeldebildschirm.

65.2.2 Abmelden

Sobald der Benutzer sich aus dem Adminbereich abmelden möchte, kommt das Skript **logout.php** zum Tragen. Dessen Aufgabe beschränkt sich einzig und allein auf das Löschen der Session.

```
<?php

  /* Session initialisieren */
  session_start();

  /* Wert setzen */
  $_SESSION['authenticated'] = false;
  $_SESSION['username'] = '';
  $_SESSION['user_id'] = '';

  /* Session beenden */
  session_destroy();

  /* Umleitung */
  header('Location: index.php');

?>
```

Listing 65.3 Das Skript logout.php

Auf Nummer Sicher gehen

Sicherheitshalber werden die in der Session gespeicherten Werte so verändert, dass ein anderer Benutzer des Computers nicht aus Versehen den Adminbereich trotz Abmeldung nutzen kann. Anschließend wird mit `session_destroy` die Sitzung beendet und wieder auf die **index.php** umgeleitet, die nun einen Anmeldebildschirm präsentieren wird.

65.3 Anmerkungen

Der Rest des Adminbereichs unterscheidet sich nur geringfügig vom Quellcode des CMS. Die Skripts im **admin**-Verzeichnis, die im Namen **insert**, **update** oder **del** tragen, dienen lediglich dazu, die Formulardaten entgegenzunehmen und die entsprechenden SQL-Anweisungen auszuführen. Dabei wird auch hier darauf geachtet, dass der Benutzer eingeloggt ist, bevor die Daten permanent in der Datenbank gespeichert werden.

Sentenzen brauchen keine Punkte als Satzschlusszeichen –
sie verabscheuen sie sogar; es bräuchte ein Satzanfangszeichen.
– Andreas Egert, deutscher Journalist

66 Der Schluss

In diesem Kapitel werde ich versuchen, die restlichen Unklarheiten zu beseitigen und Ihnen zu zeigen, was auf Basis dieses Projekts noch möglich ist.

66.1 Verbesserungsmöglichkeiten

Das Projekt lässt sich an vielen Stellen noch verbessern. Ich werde Ihnen hier nun einige Vorschläge dazu unterbreiten:

- Anstatt die Kommandos über die URI zu übergeben, könnten diese auch mit einer Session weitergegeben werden. Außerdem können Sie auf diese Weise auch den Verlauf eines Besuchs protokollieren, um so die Gewohnheiten der Benutzer zu ermitteln und das Projekt noch weiter zu verbessern.
- Eine Verbesserung der Konfigurationsmöglichkeit über den Browser für die Navigationsleiste und die Kurznavigation wäre sicherlich auch überzeugend.
- Die zur Verfügung gestellten Downloads könnten auch in der Datenbank statt im Verzeichnis **downloads** abgelegt werden.
- Mit der Rubrik »Artikel« habe ich Ihnen bereits eine Möglichkeit aufgezeigt, wie Sie andere Inhalte zur Webseite hinzufügen können. Denn wenn Sie die Artikeltabelle ein wenig anpassen, können Sie auch statische Rubriken in die Seite einfügen. Diese könnten dann als eigene Rubriken einfach in die Navigationsleiste mit eingebunden werden.
- Wie wäre es mit einem passwortgeschützten Bereich für registrierte Mitglieder? Werfen Sie dazu einmal einen Blick auf die Login- und Session-Behandlung im Administrationsbereich.

Dies sind eine Reihe von Verbesserungsmöglichkeiten. Sicherlich ließen sich noch viel mehr anführen, aber wir wollen es nicht übertreiben.

66.2 Das Projekt installieren

[o] Das vollständige Projekt mit der korrekten Verzeichnisstruktur finden Sie auf der beiliegenden DVD-ROM im Verzeichnis **x:\listings\minicms**. Wenn Sie das Projekt zum Testen auf Ihren Rechner übertragen möchten, kopieren Sie das Verzeichnis mit der Struktur einfach in das Dokumenten-Wurzelverzeichnis Ihres Webservers und nehmen die erforderlichen Änderungen an der **base.inc.php** und **database.inc.php** vor.

Datenbank installieren

Um die Datenbank einzurichten und mit den Beispielinhalten zu füllen, wie ich sie verwendet habe, reicht es aus, wenn Sie einfach die Datei **x:\listings\minicms\project_db.sql** ausführen. Sie erzeugt automatisch die Datenbank, alle notwendigen Tabellen und fügt außerdem ein paar Beispieleinträge hinzu.

RSS is today one of the hottest and most talked about technology developments affecting the Internet.
– Userland Software, www.userland.com

67 Workshop »Newsfeed«

Im XML-Teil habe ich Ihnen hoffentlich schon ein wenig Geschmack auf RSS/RDF machen können. Nichts ist leichter, als mit RSS Content für die eigene Webseite zu bekommen. Es gibt zahllose Quellen im Internet, jedoch möchte nicht jeder seinen Besuchern XML-Quelltexte präsentieren. Es gilt also, die RSS-Dokumente zu parsen und die benötigten Informationen semantisch korrekt zuzuordnen, damit sie in eine für den Besucher les- und nutzbare Form gebracht werden können.

67.1 Die newsfeed-Klasse

Damit in möglichst vielen Projekten auf RSS-Dokumente zugegriffen werden kann, eignet sich eine Klasse besonders gut, um dieses Modul umzusetzen. Sie müssen dann nur die Klasse in Ihr Projekt kopieren, und schon können Sie auch dort auf Newsfeeds zugreifen.

Anforderungen

Doch zuvor sollte geklärt werden, was diese Klasse leisten können muss, damit sie auch in mehreren Projekten eingesetzt werden kann.

1. Der Anwender soll sich um möglichst wenig selbst kümmern müssen, d. h. er soll lediglich die Quelle angeben, um anschließend die News auslesen zu können.
2. Mit der Methode `getItems` sollen alle News in einem Feed als Array ausgelesen werden können.
3. Mit der Methode `getItem` sollen nur die News mit dem als Parameter übergebenen Index ausgelesen werden und als Array zurückgegeben werden können.
4. Die Methode `getItemsSelective` soll die Möglichkeit bieten, alle News als Array auszulesen, aber nur die Informationen, die wirklich benötigt werden, z. B. Titel, Datum und Link. Welche Informationen das sind, soll als Parameter festgelegt werden können.
5. Als Namen für die Klasse wird `newsfeed` festgelegt.
6. Die Klasse soll sowohl die RSS-Versionen 0.91 und 2.0 unterstützen als auch RDF-Feeds, die in ihrer Grundstruktur einem RSS-Dokument entsprechen.

67.1.1 Der Konstruktor

Damit die Klasse ohne zusätzlichen Aufruf alles Nötige unternehmen kann, um das RSS/RDF-Dokument einzulesen, zu parsen und die Daten bereitstellen zu können, werden diese Aufgaben in dem Konstruktor der Klasse implementiert.

Die Quelle des Dokuments muss somit also dem Konstruktor übergeben werden. Daraus ergibt sich für diesen folgende Struktur:

```
function newsfeed($strFilename)
{
  // ...
}
```

Dokument einlesen

Der Pfad oder die URL der Quelle wird nur einmal benötigt, und zwar um das RSS/RDF-Dokument einzulesen. Entsprechend kurz hält sich auch die Zeile, um an den Inhalt des Dokuments zu gelangen:

```
$this->strFileContent = implode("",file($strFilename));
```

In der Klasse wurde eine Variable namens `$strFileContent` definiert. Diese steht später dem Objekt als Eigenschaft zur Verfügung. Aus diesem Grund wird darauf mit dem Objekt `$this` zugegriffen, das immer für das eigene Objekt der abgeleiteten Klasse steht. Dies ist besonders hilfreich, wenn man nicht weiß, wie der Name des Objekts lauten wird.

Zum Einlesen des Dokuments wird die Funktion `file` verwendet. Diese dürfte Ihnen bereits aus dem vorangegangenen Workshop bekannt sein. Das Besondere an dieser Funktion ist, dass sie nicht zwischen lokalen Dateien und Dateien, die von einem Server heruntergeladen werden müssen, unterscheidet. Sie behandelt beide Varianten gleich. Von daher kann der Funktion entweder eine Pfadangabe oder eine URL übergeben werden. Da sie außerdem den Inhalt der Datei als Array zurückgibt, bei dem jedes Element einer Zeile entspricht, wird das Array noch mit `implode` in einen String umgewandelt.

Dokument parsen

Damit nicht wir uns mit dem Parsen des Dokuments quälen müssen – also anhand der spitzen Klammern die Elemente und deren Werte herausfiltern und außerdem die Struktur beachten müssen –, nutzen wir den in PHP 4 zur Verfügung stehenden XML-Parser. Dazu muss zunächst ein neues XML-Parser-Objekt instanziiert werden, Dabei hilft die Funktion `xml_parser_create`.

```
$this->objParser = xml_parser_create();
```

Auch `$objParser` ist eine Variable, die in der Klasse definiert wurde und später als Eigenschaft des Objekts zur Verfügung steht.

Optionen festlegen

Nun müssen noch zwei Optionen festgelegt werden, damit das Dokument geparst werden kann. Um den Parser konfigurieren zu können, wird die Funktion `xml_parser_set_option` genutzt. Als erster Parameter muss das XML-Parser-Objekt übergeben werden, anschließend folgt die Option, die gesetzt bzw. verändert werden soll, und als dritter Parameter der Wert für die Option:

```
xml_parser_set_option($this->objParser,
  XML_OPTION_CASE_FOLDING,0);
xml_parser_set_option($this->objParser,
  XML_OPTION_SKIP_WHITE,1);
```

Die Option `XML_OPTION_CASE_FOLDING` legt das Verhalten bei Groß- und Kleinschreibung fest. Ein Wert ungleich 0 aktiviert diese, und der Parser berücksichtigt Groß- und Kleinschreibung, d.h. `title` und `TITLE` bezeichnen nicht das gleiche Element. `XML_OPTION_SKIP_WHITE` legt fest, ob Leerzeichen ignoriert werden dürfen oder nicht. Ein Wert ungleich 0 bedeutet, dass sie ignoriert werden sollen.

Parsen

Nachdem die Optionen festgelegt wurden, kann das Dokument geparst werden. Dazu wird die Funktion `xml_parse_into_struct` genutzt.

```
int xml_parse_into_struct(obj parser, string data, array &values, array
&index)
```

Der erste Parameter steht für das XML-Parser-Objekt und der zweite für die Daten des zu parsenden Dokuments. Neu dürfte für Sie das kaufmännische Und (`&`) vor den Bezeichnern der Parameter 3 und 4 sein. Dies bedeutet, dass hier keine Werte übergeben werden, wie es bei einem Parameter üblich ist, sondern dass hier eine Referenz genutzt wird. Anstatt also den Wert des Parameters einzulesen, erfolgt ein Schreibzugriff auf diese Parameter. Die Ergebnisse des Parsings finden Sie anschließend in den eigentlich als Parametern übergebenen Arrays wieder.

```
xml_parse_into_struct($this->objParser,
  $this->strFileContent,
  $this->arrValues,
  $this->arrTags);
```

Genau wie zuvor wurden auch `$arrValues` und `$arrTags` als Variablen der Klasse definiert, weshalb auch hier wieder ein Zugriff über das »Objekt« `$this` erfolgt. Alle Werte, die in einem XML-Dokument gefunden wurden, werden nach dem Parsing im Array `$this->arrValues` gespeichert. Alle Tags – sowohl Start- als auch Ende-Tags – werden dem Array `$this->arrTags` hinzugefügt. Die Werte der Elemente entsprechen dem Index des dazugehörigen Wertes im Array `$this->arrValues`. Doch dazu später mehr.

Objekt freigeben

Nachdem das Parsing abgeschlossen ist, wird das XML-Parser-Objekt nicht mehr benötigt, so dass es freigeben werden kann.

```
xml_parser_free($this->objParser);
```

Newsfeed-Typ ermitteln

So viel zum Parsen des Dokuments. Nun geht es darum herauszufinden, um was für einen Typ von Newsfeed es sich handelt, also um RSS 0.91, RSS 2.0 oder RDF.

[»] In der Klasse selbst sind die nachfolgenden Schritte ein klein wenig anders gelöst, indem weniger Codezeilen verwendet wurden. Schlussendlich entspricht die Lösung grundsätzlich aber der hier vorgestellten.

Wenn es ein RSS-Newsfeed ist, dann existiert das Wurzelelement `rss`. Dessen Start-Tag enthält das Attribut `version`. Folgendermaßen kann darauf zugegriffen werden:

```
$rssIndex = $this->arrTags['rss'][0];
```

Als erster Index wird `rss` angegeben. Da sowohl das Start-Tag als auch das Ende-Tag in dem Array vorhanden sind, lautet der zweite Index 0. Damit hätten wird den Index des Tags im Array `$this->arrValues` herausgefunden.

Attribut finden

Den Wert des Attributs `version` erhalten Sie über das Array `$this->arrValues`. Die Attribute werden nämlich als Unterarray des entsprechenden Elements gespeichert. Der Index dafür lautet `attributes`. Der Name des Attributs ist `version`. Dieser wird als dritter Index verwendet.

```
$strRSSVersionString =
    $this->arrValues[$rssIndex]['attributes']['version'];
```

Exakte Version ermitteln

Existiert dieses gesuchte Array-Element, ist das eingelesene Dokument ein RSS-Newsfeed. Dementsprechend kann nun die RSS-Version des Dokuments ermittelt werden.

```
if($strRSSVersionString <> '')
{
  switch($strRSSVersionString)
  {
    case '0.91':
      $this->intFeedVersion = FV_RSS091;
      break;
    case '2.0':
      $this->intFeedVersion = FV_RSS20;
      break;
    default:
      $this->intFeedVersion = FV_UNSUPPORTED;
      break;
  }
}
```

Je nachdem, welcher Wert für das Attribut `version` im Dokument aufgefunden wurde, kann nun die exakte RSS-Version ermittelt werden. Dazu wird der Eigenschaft `$this->intFeedVersion` ein Wert zugewiesen. Und zwar wurden in der Datei der Klasse Konstanten definiert, um auf eventuelle spätere Änderungen besser reagieren zu können. Anstatt also direkt einen Zahlenwert zuzuordnen, wird der Wert einer Konstanten zugewiesen – in diesem Fall `FV_RSS091`, `FV_RSS20` oder `FV_UNSUPPORTED`. Die Abkürzung FV steht für »**F**ile **V**ersion«. Für den Newsfeed-Typ wurden folgende Konstanten definiert:

```
define('FV_UNSUPPORTED',-1);  // nicht unterstütztes Format
define('FV_UNKNOWN',0);       // Unbekannt
define('FV_RSS091',1);        // RSS 0.91
define('FV_RSS20',2);         // RSS 2.0
define('FV_RDF',3);           // RDF
```

Sollte der Wert der Variablen `$strRSSVersionString` einer leeren Zeichenfolge entsprechen, könnte es sich um einen Newsfeed im RDF-Format handeln.

```
else
{
  $arrTagsKeys = array_keys($this->arrTags);
  if(in_array('rdf:rdf',$arrTagsKeys))
  {
    $this->intFeedVersion = FV_RDF;
  }
}
```

Um dies genauer zu prüfen, werden alle Schlüssel des Arrays `$this->arrTags` mit der Funktion `array_keys` ausgelesen. Die Funktion gibt alle Schlüssel wiederum als Array zurück, so dass mit Hilfe der Funktion `in_array` in diesem Array gesucht werden kann. Existiert ein Wert, der gleich `rdf:rdf` ist, dann handelt es sich um einen Newsfeed im RDF-Format, und der Eigenschaft `$this->intFeedVersion` wird `FV_RDF` zugewiesen.

Auf unterstützte Version prüfen

Nun können die News ausgelesen werden. Dies ist jedoch ebenfalls ein wenig trickreich, wie Sie gleich feststellen werden. Zur Übersicht folgt hier der gesamte Quellcode für diesen Teil:

```
if(  ($this->intFeedVersion == FV_RSS091)
  or ($this->intFeedVersion == FV_RSS20)
  or ($this->intFeedVersion == FV_RDF) )
{
  foreach($this->arrTags as $key=>$value)
  {
    if(strToLower($key) == 'item')
    {
      for($i=0; $i<count($value);$i+=2)
      {
        $intOffset = $value[$i] + 1;
        $intLength = $value[$i+1] - $intOffset;
        $this->addItem($intOffset,$intLength);
      }
    }
  }
  $this->intItemsCount = count($this->arrData);
}
else
{
  if($this->strRSSVersion == FV_UNSUPPORTED)
```

```
  {
    die('Dateiformat wird nicht unterst&uuml;tzt!');
  }
  else
  {
    die('RSS-Version konnte nicht ermittelt werden oder ist nicht
bekannt');
  }
}
```

Nur wenn es sich um eine unterstützte Version handelt, wird der `if`-Anweisungsblock ausgeführt, andernfalls wird die Ausführung über `die` mit einer Fehlermeldung im `else`-Anweisungsblock abgebrochen.

Newsitems auslesen

Die `foreach`-Schleife im `if`-Anweisungsblock arbeitet nacheinander alle Elemente der Arrays `$this->arrTags` ab. Der Schlüssel des Elements wird als Variable `$key` und der Wert als `$value` innerhalb der Schleife zur Verfügung gestellt.

Alle Nachrichten in einem Newsfeed werden mit dem `item`-Element definiert. Dieses muss nun gefunden werden. Es wird also überprüft, ob das gerade aktuelle Array-Element dem Wert `item` entspricht. Ist dies der Fall, kann damit begonnen werden, die Nachrichten auszulesen.

```
if(strToLower($key) == 'item')
```

Die Indizes aller `item`-Tags befinden sich in dem Array `$value`. Da im Array `$this->arrValues` die Werte in der Reihenfolge eingefügt wurden, wie die Tags im Dokument gefunden wurden, müssen nun der Start- und der Ende-Index ermittelt werden. Alle Elemente des Arrays `$this->arrValues`, die zwischen diesen beiden Indizes liegen, gehören zu ein und derselben Nachricht. Da auch der Index des Ende-Tags in dem Array `$value` vorhanden ist, wird `$i` nicht um den Wert 1, sondern um 2 hochgezählt.

```
for($i=0; $i<count($value); $i+=2)
```

Offset

Im Schleifenrumpf können nun die Indizes für das Array `$this->arrValues` errechnet werden. Der Offset, also der Index des Start-Tags, ist `$value[$i]`. Da jedoch nur die Werte zwischen den beiden `item`-Tags interessant sind, wird dieser Wert um 1 inkrementiert.

```
$intOffset = $value[$i] + 1;
```

Länge

Die Anzahl der Werte zwischen den beiden `item`-Tags errechnet sich aus dem Index des Ende-Tags abzüglich des bereits um 1 erhöhten Index des Start-Tags.

```
$intLength = $value[$i+1] - $intOffset;
```

Diese beiden Werte werden anschließend der Methode `$this->addItem` übergeben. Dessen Aufgabe besteht nun darin, die Werte auszulesen und zuzuordnen.

67.1.2 Die Methode addItems

Die Definition dieser Methode sieht folgendermaßen aus:

```
function addItem($intOffset,$intLength)
{
  $arrNewItem = Array('title'=>'','link'=>'',
        'description'=>'','comments'=>'',
        'date'=>time(),'author'=>'');
  for($i=$intOffset; $i<($intOffset+$intLength); $i++)
  {
    $arrCurrentValue = $this->arrValues[$i];
    switch(strToLower($arrCurrentValue['tag']))
    {
      case 'title':
        $arrNewItem['title'] = $arrCurrentValue['value'];
        break;
      case 'link':
        $arrNewItem['link'] = $arrCurrentValue['value'];
        break;
      case 'description':
        $arrNewItem['description'] =
                   $arrCurrentValue['value'];
        break;
      case 'comments':
        $arrNewItem['comments'] = $arrCurrentValue['value'];
        break;
      case 'pubdate':
        $arrNewItem['date'] =
                   strtotime($arrCurrentValue['value']);
        break;

      case 'author':
        $arrNewItem['author'] = $arrCurrentValue['value'];
        break;
    }
  }
  $this->arrData[] = $arrNewItem;
}
```

Die übergebenen Parameter stehen innerhalb der Funktion als `$intOffset` und `$intLength` zur Verfügung.

Innerhalb der Funktion wird zunächst einmal das Array `$arrNewItem` mit sechs Elementen definiert. Jedem Element wird ein Wert zugewiesen. Sollte es die entsprechende Information im Newsfeed nicht geben, ist somit trotzdem ein Wert verfügbar.

Werte auslesen

Die `for`-Schleife liest nun nacheinander die Elemente des Arrays `$this->arrValues` ein, und zwar abhängig von den als Parameter übergebenen Werten für `$intOffset` und `$intLength`.

```
for($i=$intOffset; $i<($intOffset+$intLength); $i++)
```

Das Element mit dem Index `$i` wird ausgelesen und der Variablen `$arrCurrentValue` zugewiesen.

```
$arrCurrentValue = $this->arrValues[$i];
```

In der darauf folgenden `switch`-Anweisung wird der Tag-Name des Wertes überprüft und dem entsprechenden Element im Array `$arrNewItem` zugewiesen.

Wurden alle Schleifendurchläufe abgearbeitet, kann das Array `$arrNewItem` als neues Element an das Array `$this->arrData` angefügt werden. Letzteres enthält somit alle Nachrichten des Newsfeeds als Arrays.

67.1.3 Die Methode getItems

Die Aufgabe dieser Methode ist es, alle Nachrichten als Array zurückzugeben.

```
function getItems()
{
  return $this->arrData;
}
```

Dazu wird einfach das Array, das alle Nachrichten enthält, mit `return` zurückgegeben.

67.1.4 Die Methode getItem

Die Aufgabe dieser Methode ist es, die Nachricht mit dem als Parameter übergebenen Index als Array zurückzugeben.

```
function getItem($intIndex)
{
  return $this->arrData[$intIndex];
}
```

Dazu wird das entsprechende Element des Arrays, das alle Nachrichten enthält, mit `return` zurückgegeben.

67.1.5 Die Methode getItemsSelective

Um alle Nachrichten auslesen zu können und nur die relevanten Informationen zu erhalten, gibt es die Methode `getItemsSelective`. Nun könnte die Methode so definiert werden, dass für jede einzelne Information der Nachricht ein Boolean übergeben wird, der festlegt, ob die Information zurückgegeben werden soll oder nicht. Es gibt jedoch eine weitaus elegantere Lösung.

Dazu werden folgende Konstanten definiert:

```
define('IV_TITLE',1);         // Titel des Items
define('IV_LINK',2);          // Link des Items
```

```
define('IV_DESC',4);            // Beschreibung des Items
define('IV_COMMENTS',8);        // Kommentare des Items
define('IV_DATE',16);           // Datum des Items
define('IV_AUTHOR',32);         // Autor des Items
```

Die Abkürzung IV steht für »**I**tem **V**alue«. Jede Konstante erhält einen Wert, der eine Potenz von 2 repräsentiert, also $2^0 = 1$, $2^1 = 2$, $2^2 = 4$, $2^5 = 32$ usw. Egal, welche Kombination Sie wählen, bei der Addition der Potenzen erhalten Sie immer einen unterschiedlichen Wert. Voraussetzung ist jedoch, dass jede Konstante in dieser Berechnung nur einmal verwendet wird. Ein paar Beispiele:

```
IV_TITLE + IV_LINK + IV_DATE    = 1 + 2 + 16   = 19
IV_TITLE + IV_DATE + IV_AUTHOR  = 1 + 16 + 32  = 49
IV_LINK + IV_DATE + IV_AUTHOR   = 2 + 16 + 32  = 50
```

Anstatt nun in der Methode auf jede dieser Kombinationen einzeln einzugehen (immerhin 63), wird der bitweise Operator `&` verwendet. Um z. B. zu überprüfen, ob die Konstante `IV_COMMENTS` in die Berechnung eingeflossen ist, wird folgende Bedingungsprüfung vorgenommen:

```
if(($intValues & IV_COMMENTS) == IV_COMMENTS)
```

Das Ergebnis dieser Bedingung ist immer dann `true`, wenn `IV_COMMENTS` zur Berechnung des Wertes von `$intValues` verwendet wurde.

Falls Sie diese Tatsache nicht einfach hinnehmen möchten, dann sollten Sie einen Blick in Anhang B werfen. Dort habe ich die Art der Berechnung ausführlich erläutert, und dort bekommen Sie auch eine Begründung, warum das so ist.

Aufgrund dessen, dass der `&`-Operator eingesetzt wird, müssen nun lediglich sechs `if`-Anweisungen notiert werden. Treffen die Bedingungen zu, wird das entsprechende Element herausgesucht und dem Array `$arrItem` hinzugefügt.

Der Quellcode der gesamten Methode sieht folgendermaßen aus:

```
function getItemsSelective($intValues)
{
  $arrItems = array();
  for($i=0; $i<$this->intItemsCount; $i++)
  {
    $arrItem = array();
    if(($intValues & IV_TITLE) ==
      IV_TITLE) $arrItem['title'] = $this->arrData[$i]['title'];
    if(($intValues & IV_LINK) == IV_LINK) $arrItem['link'] =
      $this->arrData[$i]['link'];
    if(($intValues & IV_DESC) == IV_DESC) $arrItem['description'] =
      $this->arrData[$i]['description'];
    if(($intValues & IV_COMMENTS) == IV_COMMENTS)
      $arrItem['comments'] = $this->arrData[$i]['comments'];
```

```
    if(($intValues & IV_DATE) == IV_DATE) $arrItem['date'] =
      $this->arrData[$i]['date'];
    if(($intValues & IV_AUTHOR) == IV_AUTHOR) $arrItem['author'] =
      $this->arrData[$i]['author'];
    $arrItems[$i] = $arrItem;
  }
  return $arrItems;
}
```

67.2 Die Klasse einsetzen

Durch die viele Vorarbeit für die Klasse `newsfeed` ist deren Einsatz nun erdenklich einfach. Ein Beispiel:

```
<?php

  include('newsfeed.class.php');

  $strFilename = 'http://www.golem.de/rss.php?feed=RSS0.91';

  $newsfeed = new newsfeed($strFilename);
  $intItems = IV_TITLE | IV_LINK | IV_DATE;
  $arrNews = $newsfeed->getItemsSelective($intItems);

  for($i=0; $i<count($arrNews); $i++)
  {
    echo '<p>'.strftime('%d.%m.%Y um %H:%M:%S: ',
      $arrNews[$i]['date']).'<a href="'.$arrNews[$i]['link'].'">'.
      $arrNews[$i]['title'].'</a></p>';
  }

?>
```

Listing 67.1 Einsatz der Klasse newsfeed

Zunächst wird die Klasse in das Skript eingebunden, und anschließend wird der Variablen `$strFilename` eine URL zugewiesen.

Objekt instanziieren

Der nächste Schritt besteht darin, ein Objekt der Klasse zu instanziieren und dem Konstruktor der Klasse einen Pfad oder eine URL zu einem RSS/RDF-Dokument zu übergeben.

Anschließend erfolgt ein Aufruf der Methode `getItemsSelective`. Als Parameter wird ihr die Variable `$intItems` übergeben. Dort wurde festgelegt, welche einzelnen Informationen zu den Nachrichten ausgelesen werden sollen, und zwar mit Hilfe des bitweisen |-Operators. Dieser »addiert« sozusagen die Werte der drei Konstanten, so dass innerhalb der Methode ermittelt werden kann, welche Informationen zurückgegeben werden sollen (siehe Anhang C für detailliertere Informationen).

Die Konstanten können übrigens beliebig mit dem |-Operator verknüpft werden – unter der Voraussetzung, dass jede Konstante nur einmal in der Berechnung verwendet wird.

Array entgegennehmen und ausgeben

Der Rückgabewert der Methode `getItemsSelective` wird dem Array `$arrNews` zugewiesen, dessen Elemente anschließend – schön formatiert – im Browser ausgegeben werden.

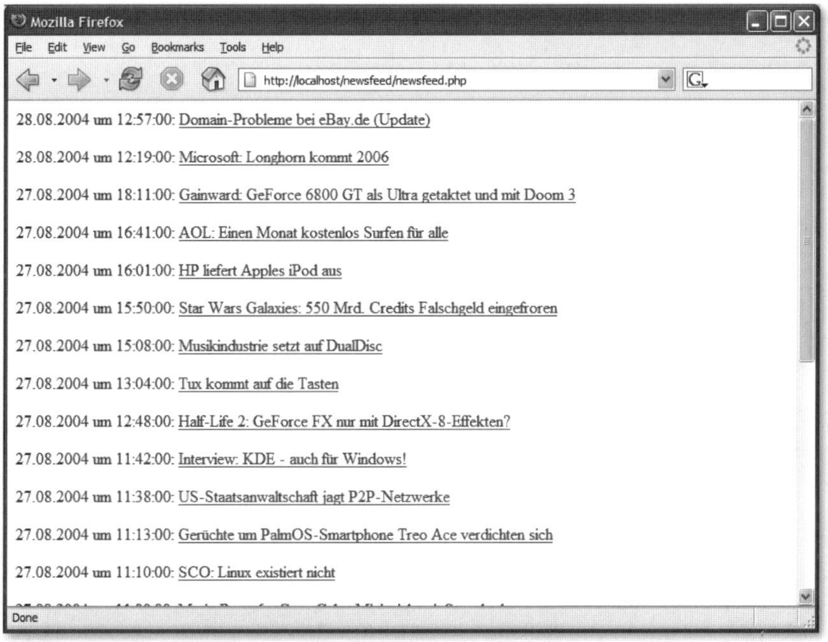

Abbildung 67.1 Ausgabe des Listing 67.1 im Mozilla Firefox

67.3 Anmerkungen

Viele der bei diesem Workshop einsetzten Techniken mögen kompliziert wirken, was sie zum Teil auch sind. Dies liegt jedoch hauptsächlich an dem schwachen XML-Parser von PHP 4. In PHP 5 würde die Lösung durch den Einsatz von SimpleXML wesentlich einfacher und effizienter aussehen, und der Code wäre auch wesentlich einfacher zu lesen. Versuchen Sie doch einmal, diese Klasse für PHP 5 umzuprogrammieren. Die wichtigsten Informationen dazu finden Sie in Kapitel 50, *PHP 5 – Was ist neu?*, des PHP-Teils dieses Buches.

Der Einsatz der bitweisen Operatoren war eine schwere Entscheidung, zumal sie eigentlich einige Grundkenntnisse der Informatik erfordern. Jedoch war ich der Meinung, dass die Verhaltensweise dieser Operatoren auch ohne genaue Kenntnisse darüber, wie sie funktionieren, akzeptiert und umgesetzt werden kann.

Wenn ich einen Bericht von einer Reise schreibe und ihn ins Blog-Format setze, wissen alle Microsoft-Mitarbeiter Bescheid – und auch die Außenwelt kann diese Informationen abrufen.
– Bill Gates

68 Workshop »Weblog«

Dieser Workshop geht einen leicht anderen Weg als die Workshops zum Content-Management-System oder zu Newsfeeds. Anstatt ein Projekt zu entwickeln und zu programmieren, beschäftigt sich dieser Workshop damit, eines der bekanntesten Weblog-Systeme zu installieren, einzurichten und zu nutzen.

68.1 Was sind Weblogs?

In letzter Zeit ist das so genannte Blogging immer mehr in Mode gekommen. Während in den Anfangszeiten viele mit den Begriffen Blog, Blogging und Weblogs nichts anzufangen wussten, finden sich auf vielen Webseiten immer mehr Verweise auf einen eigenen Blog. Und selbst Bill Gates ist einer der ganz großen Fans des »Bloggens«. Wie Sie Letzteres gewichten, bleibt Ihre Entscheidung!

Auf den Punkt gebracht

Um es auf den Punkt zu bringen: Ein Weblog ist nichts weiter als eine Webseite, die einzelne Informationshäppchen oder Statements enthält, die chronologisch mit dem aktuellen Datum beginnend sortiert sind und von anderen kommentiert und verlinkt werden können.

Sie können sich ein Weblog quasi als Gästebuch vorstellen, nur dass die Einträge nicht von Ihren Gästen, sondern von Ihnen verfasst werden. Die Gäste haben hingegen die Möglichkeit, Ihre Einträge zu kommentieren und auf andere Einträge in anderen Blogs zu verweisen.

Nichts Neues

Bloggen ist also keine großartig neue Erfindung, jedoch fördert es den Meinungsaustausch zwischen Usern enorm, und es gibt viele interessante Blogs im Internet.

Das Wort »Weblog« selbst ist eine Zusammenstellung aus »Web« und »Logbuch«, und die Abkürzung von »Weblog« ist »Blog«. Aus letzterem Wort leiten sich auch die Begriffe »Blogging« (englische Bezeichnung für das Schreiben von Einträgen in ein Weblog) und »Bloggen« (deutsche Bezeichnung) ab.

68.2 Ein Weblog einrichten

Es gibt zahllose Tools, um auf der eigenen Webseite ein Weblog einzurichten oder diesen zu verwalten und mit Inhalten zu füllen. Unter anderem gibt es sogar Webhoster, die Pakete extra für Blogger[2] zur Verfügung stellen. Leider sind nicht alle Programme kostenlos.

Eines, das jedoch kostenlos ist und gleichzeitig einen hohen Funktionsumfang bietet, ist **Serendipity**. Es wurde mit PHP entwickelt, ist kompatibel zu allen Versionen ab 4.x und untersteht der BSD-Lizenz (es ist also Open Source). Darüber hinaus gibt es zahlreiche Plugins, um dieses System zu erweitern.

[o] Die Version 1.0.1 von Serendipity finden Sie auf der dem Buch beiliegenden DVD-ROM im Verzeichnis **x:\software\serendipity**. Die jeweils aktuelle Version ist unter der Adresse **http://www.s9y.org/** zu beziehen.

68.2.1 Serendipity installieren

Das Archiv muss zunächst einmal entpackt werden. Dazu können Sie jedes beliebige Programm nutzen, vorzugsweise eines, das tar.gz-Archive lesen kann. Geben Sie als Ziel das **htdocs**-Verzeichnis Ihres Webservers an bzw. das Wurzel-Verzeichnis. Achten Sie darauf, dass die Verzeichnisnamen vollständig extrahiert werden, sonst vermischen sich die Dateien in einem kunterbunten Chaos. Nach dem Entpacken sollte ein neues Verzeichnis namens **serendipity** existieren.

Webbasierte Installation

Öffnen Sie nun Ihren Browser, und öffnen Sie das Verzeichnis, in das Serendipity entpackt wurde. Die Ausgabe sollte der aus Abbildung 68.1 entsprechen.

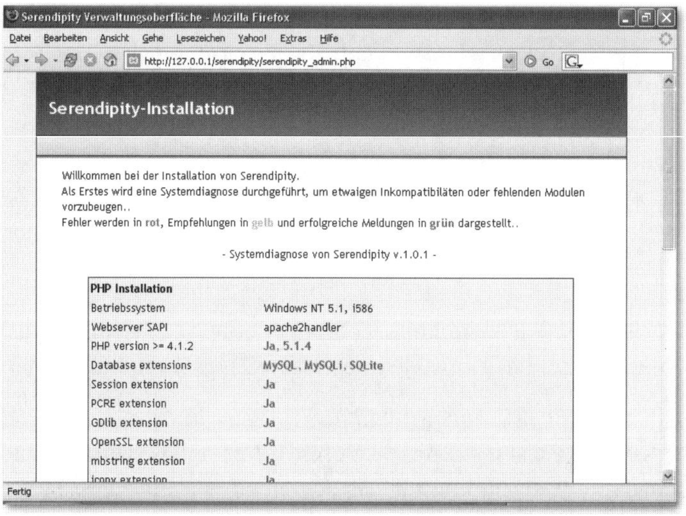

Abbildung 68.1 Nach dem Entpacken muss Serendipity zunächst installiert werden.

2 Autor eines Eintrags in einem Weblog

Folgen Sie den Aufforderungen, und klicken Sie am unteren Ende der Seite auf den Link **Einfache Installation**. Es wird eine webbasierte Installation gestartet.

Datenbank auswählen

Neben verschiedenen Angaben zu Pfaden und Zugangsdaten ist vor allem die Konfiguration der Datenbank wichtig. Während der Installer die meisten Informationen selbstständig ermittelt, müssen Sie bei dem Namen der Datenbank ein wenig Acht geben. Der Installer schlägt standardmäßig `serendipity` als Namen vor. Diese Datei muss jedoch auch existieren. Entweder erstellen Sie diese per PhpMyAdmin oder mit Hilfe der Konsole. Möchten Sie Serendipity hingegen auf einem Webserver bei einem Provider installieren, steht Ihnen häufig nur eine Datenbank zur Verfügung. Tragen Sie stattdessen dann deren Namen in das Feld **Database Name** ein. Damit keine Konflikte mit anderen Tabellen in dieser Datenbank entstehen, setzt der Installer außerdem ein Präfix vor den Namen aller Tabellen, die durch ihn erstellt werden.

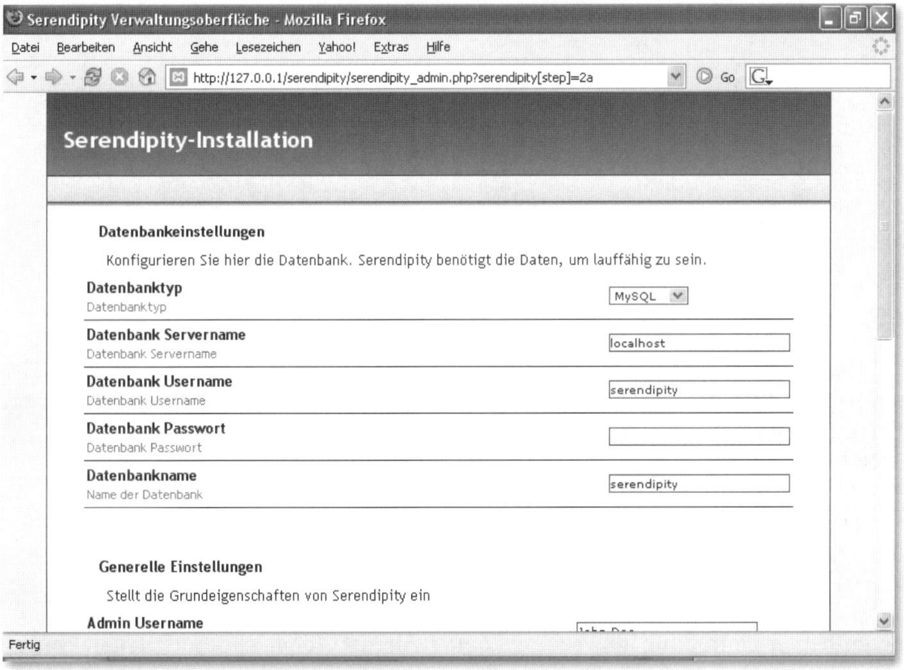

Abbildung 68.2 Webbasierte Installation von Serendipity

Wenn Sie alle Eingaben vorgenommen haben, können Sie die Installation starten.

War die Installation erfolgreich, sollten Sie eine ähnliche Ausgabe wie in Abbildung 68.3 erhalten. Nun können Sie Serendipity einsetzen. Klicken Sie auf den Link **Besuchen Sie Ihr neues Blog hier**, und Sie gelangen zur Startseite Ihres Weblogs.

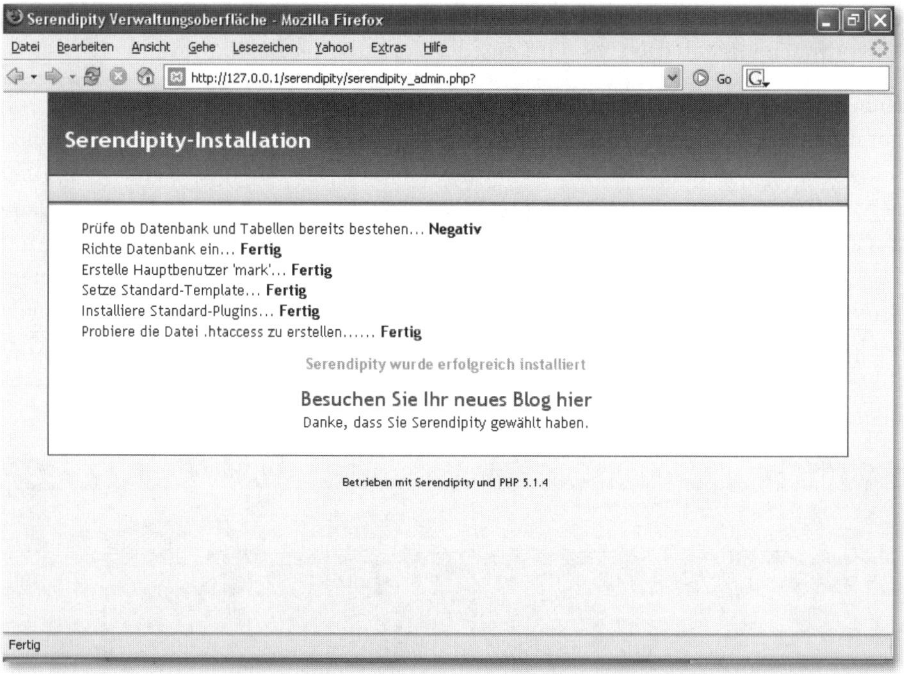

Abbildung 68.3 Ausgabe bei einer erfolgreichen Installation

68.2.2 Serendipity nutzen

Bei dem ersten Aufruf fehlen natürlich noch die Einträge in Ihrem Blog, und es sieht deshalb ein wenig karg aus. Scrollen Sie nach unten, bis in der Sidebar der Eintrag **Login zum Blog** sichtbar wird und klicken Sie ihn an.

Anmeldung

Sie gelangen nun zum geschützten Bereich Ihres Weblogs. Um sich anzumelden, müssen Sie den Benutzernamen und das Kennwort eingeben, das Sie bei der Installation festgelegt haben. Bei erfolgreicher Anmeldung gelangen Sie nun zur Autorenoberfläche (siehe Abbildung 68.4).

Einen neuen Eintrag für Ihr Weblog können Sie nach dem Klick auf **Neuer Eintrag** eingeben. Die Möglichkeiten bei der Eingabe beschränken sich auf das Nötigste. Für jeden Eintrag können Sie einen Titel hinterlegen sowie festlegen, ob der Eintrag ein Entwurf (im Weblog nicht sichtbar) oder eine Veröffentlichung ist (im Weblog sichtbar). Außerdem können Sie Kategorien bearbeiten und so ein wenig Struktur in Ihre Blogs bekommen.

Im Feld **Erweiterter Eintrag** können Sie den Text eingeben, der nicht auf der Startseite zu sehen ist, sondern erst, wenn der Besucher auf einen Link klickt. Sie können damit die Übersicht auf der Hauptseite wahren.

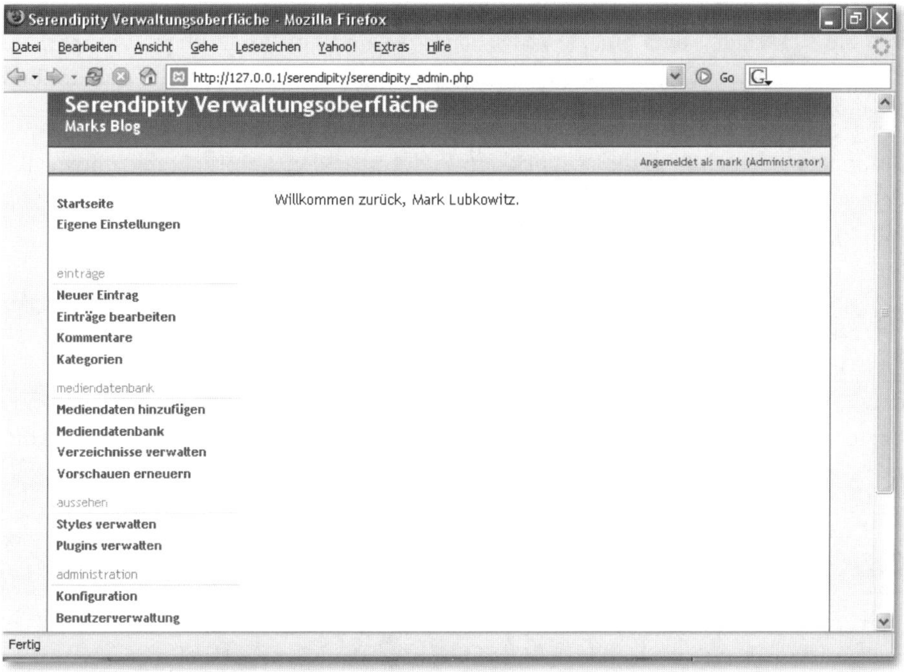

Abbildung 68.4 Die Autorenoberfläche von Serendipity

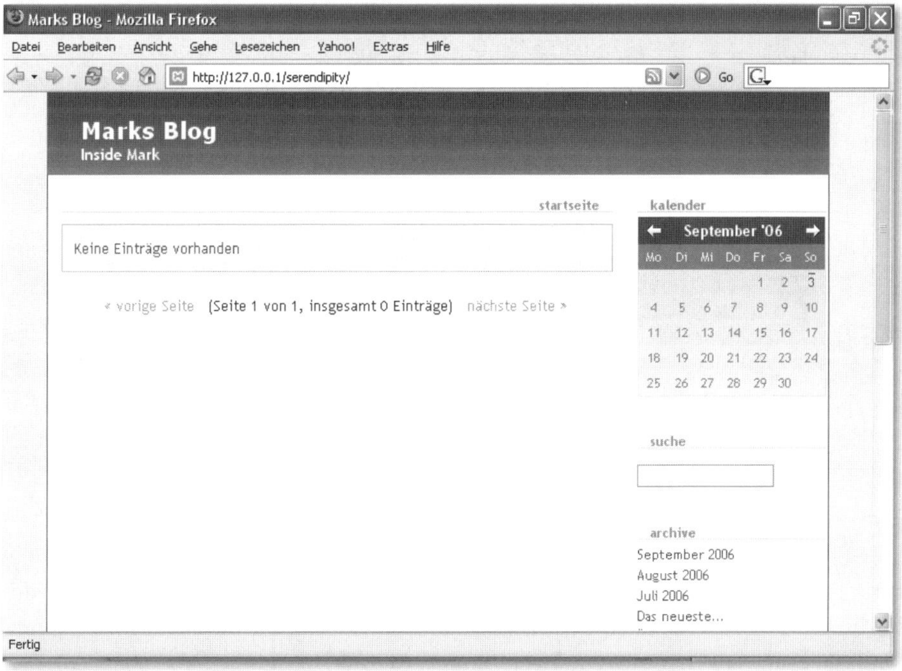

Abbildung 68.5 Ein wenig trostlos sieht der Blog so ganz ohne Eintrag schon aus.

Speichern

Speichern Sie Ihren ersten Eintrag mit einem Klick auf **Speichern** ab. Alternativ können Sie sich zuerst auch eine Vorschau ansehen und ggf. Änderungen vornehmen. Mit einem Klick auf **Zurück zum Weblog** gelangen Sie zur Hauptseite und können Ihren ersten Eintrag bewundern und kommentieren lassen.

Besonders angenehm ist die Möglichkeit, Bilder über den Autorenbereich hochzuladen, zu verwalten und eine Vorschaugalerie erzeugen zu können. Beim Schreiben von Einträgen können Sie diese Bilder dann in Ihre Texte einbinden.

68.2.3 Serendipity verwalten

Das Design Ihres Weblogs können Sie selbstverständlich anpassen. Klicken Sie auf den Link **Verwaltungsoberfläche**, und Sie erhalten die Möglichkeit, ein anderes Design auszuwählen oder die Konfiguration von Serendipity zu verändern. Hier können Sie außerdem die Plugins konfigurieren und deren Reihenfolgen in der Sidebar ändern, Plugins löschen oder neue hinzufügen.

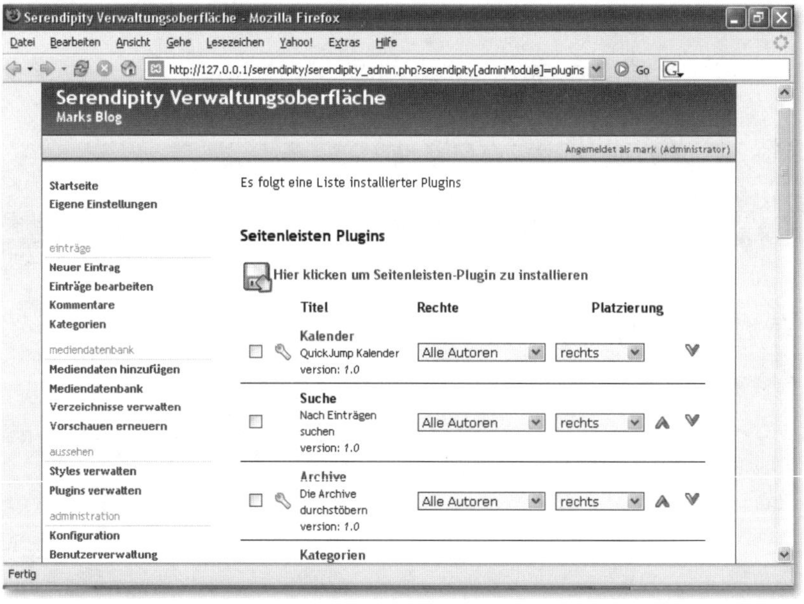

Abbildung 68.6 Die Oberfläche zum Konfigurieren der Plugins

68.3 Anmerkungen

Dieser Workshop ist sicherlich einer der einfachsten, den es in diesem Teil des Buches gibt. Jedoch lassen sich vor allem die Schritte bei der Installation von Serendipity auf viele andere Anwendungen ummünzen, denn die meisten freien Projekte nutzen eine solche Installationsmethode, damit sie auf einem Webserver installiert werden können.

TEIL 11
Sonstiges

Wer am lautesten schreit, hat Recht!
– 1. Grundsatz des Befehlens

69 Rechtliche Fragen rund um Webseiten

Dies mag sich durchaus auch SCO bei seiner Klagewelle gegen IBM gedacht haben[1] und schlussendlich auch gegen Linux, aufgrund des angeblichen »Codediebstahls«. Bisher hat SCO jedoch noch keine stichhaltigen Beweise vorlegen können. Recht hat also nicht automatisch der, der am lautesten schreit, und ich würde an dieser Stelle einmal behaupten: zum Glück!

Mit Gesetzen ist es so eine Sache, keiner versteht sie, jeder muss sich dran halten, und kommt es einmal dazu, dass jemand sein Recht einfordert, heißt es meistens: Davon habe ich nichts gewusst. Ich habe keineswegs vor, Sie an dieser Stelle mit Gesetzestexten zu erschlagen, sondern bestimmte Situationen aufzuklären, damit nicht Sie irgendwann einmal Ihre Unwissenheit beteuern müssen, in der Hoffnung, einer Strafe zu entgehen.

Jedoch können die nachfolgenden Informationen weder als juristischer Ratgeber genutzt werden, noch kann deren Richtigkeit in allen Belangen garantiert werden. Sie dienen lediglich der Aufklärung, was Sie bei einem Online-Auftritt berücksichtigen müssen.

69.1 Urheberrecht

Generell gilt im Internet das Urheberrecht, d. h. der Urheber besitzt das ausschließliche Recht an seinem Werk, seien es Texte, Bilder/Grafiken, Musiksamples oder sonstiges geistige Eigentum. Dieses Recht ist grundsätzlich nicht übertragbar. Auch Computerprogramme fallen unter das Urheberrecht, wobei diese seit 2003 unter spezielle Regelungen fallen.

Dies bedeutet zusammenfassend, dass Sie *nicht* das Recht haben, Texte oder Grafiken von anderen Webseiten für Ihre oder andere Webseiten zu verwenden. Selbst dann nicht, wenn diese Werke zum Download angeboten werden, denn der Betreiber der Webseite räumt Ihnen lediglich ein Nutzungsrecht ein. Änderungen an den Werken

1 Wenn Sie Näheres zu SCO und dem Prozess nachlesen möchten, finden Sie weitere Informationen unter http://de.wikipedia.org/wiki/SCO_Group.

oder eine Verbreitung ohne Genehmigung verstoßen daher gegen das **Urheberrechtsgesetz**. Nur wenn Sie eine Genehmigung des Urhebers besitzen, Teile des Werks oder das gesamte Werk verbreiten zu dürfen – indem Sie es z. B. auf Ihrer Webseite zum Download anbieten –, verstoßen Sie nicht gegen geltendes Recht. Solche Genehmigungen sollten Sie sich jedoch schriftlich, z. B. als E-Mail, einholen.

Ein Werk muss außerdem nicht mit einem Vermerk versehen sein, damit es unter das Urheberrechtsschutzgesetz fällt. Solche Vermerke wären z. B. Copyright-Hinweise oder Hinweise darauf, dass es sich um eine eingetragene Marke handelt.

Dieser Schutz gilt einzig und allein dann als aufgehoben, wenn der Urheber bereits länger als 70 Jahre verstorben ist. Ab diesem Zeitpunkt gelten die Werke als gemeinfrei. Änderungen an diesen Werken fallen jedoch erneut unter das Urheberrecht.

Ein Beispiel

Die Band *Griegfans* nimmt sich des Werks *Der Bergkönig* von *Edward Grieg* an. Sie verändert das Tempo des Stücks, setzt einige Gitarrenriffs und einen hämmernden Bass hinzu und veröffentlicht diesen Song bei einem Plattenlabel. Obwohl Grieg bereits seit vielen, vielen Jahren tot ist – um genau zu sein: seit 1907 – und das Werk aufgrund der 70 Jahre Frist als gemeinfrei gilt, besitzen die Musiker der Band trotzdem auf ihre Version dieses Werks die alleinigen Urheberrechte. Ohne ausdrückliche Genehmigung dürfen Sie die Coverversion also weder in Teilen noch als Ganzes verbreiten oder reproduzieren.

Jedoch ist der unerlaubte Einsatz urheberrechtlich geschützter Werke immer im Zusammenhang mit dem dadurch entstandenen Schaden zu betrachten. Bieten Sie beispielsweise im großen Stil Raubkopien von Musikalben zum kostenpflichtigen Download an, kann das enorme Geldstrafen bis hin zu Freiheitsstrafen von 5 Jahren nach sich ziehen. Stellen Sie hingegen nur den Text der Lieder des Albums kostenlos zum Lesen ein, droht Ihnen in der Regel lediglich eine Unterlassungserklärung, die Sie per Gerichtsbeschluss anweist, diese Handlungen in Zukunft einzustellen.

Übrigens gilt auch die Bereitstellung eines eMule/eDonkey- oder eines Bittorrent-Links auf Werke, die urheberrechtlich geschützt sind, als Verstoß gegen das Urheberrechtsgesetz.

Das Urheberrecht bezieht sich aber nicht nur auf Dateien, die Sie »Unbefugten« zugänglich machen. So kann ein Foto von einem Gebäude auch schnell zu einem Problem werden. Auch die Fassade eines Gebäudes unterliegt dem Urheberrecht. Fotos von Gebäuden, die noch keine 70 Jahre alt sind, dürfen Sie beispielsweise nur dann machen, wenn Sie die Aufnahme von einem öffentlich zugänglichen Standort aus machen und sich das Gebäude an einem öffentlich zugänglichen Standort befindet. Nehmen Sie das Bild von einer Position auf, die nicht öffentlich zugänglich ist (weil Sie erst ein Firmengelände betreten müssen oder weil das Gebäude auf einem Privatgrundstück steht), kann das ein Problem sein. In dem Fall müssten Sie Rücksprache mit dem Architekten und besser auch mit dem Eigentümer halten. Sie dürfen die Aufnahme übrigens auch nicht mithilfe eines Bildbearbeitungsprogramms verändern, wobei das Entfernen von Flecken, die Verbesserung des Kontrastes etc. natürlich erlaubt ist.

Bei genauer Betrachtung wäre übrigens auch das Folgende verboten: Stellen Sie sich vor, Herr Müller ruft Sie an und bittet Sie, die Webseite seiner Tischlerei zu überarbeiten. Die Seite wurde von einem Webdesigner erstellt, mit dem der Tischler sich aber überworfen hat. Also laden Sie die Seiten runter, überarbeiten sie flugs und laden sie wieder hoch. Leider haben Sie sich damit aber vielleicht ein Problem eingehandelt. Der HTML-Code der Seiten unterliegt nämlich auch dem Urheberrecht. Zwar habe ich noch nie gehört, dass ein Webdesigner gegen das Überarbeiten seiner Seiten vorgegangen ist, aber es kann nicht schaden, sich erst die Genehmigung zu holen.

Wie Sie es auch drehen und wenden, gerichtliche Folgen kann es schnell geben. Also seien Sie vorsichtig und fragen Sie immer nach, ob Sie eine entsprechende Erlaubnis erhalten können.

69.2 Zivilrecht

Nepper, Schlepper, Bauernfänger ... so oder so ähnlich könnten einige Online-Händler bezeichnet werden. Natürlich gibt es nicht nur schwarze Schafe, jedoch gab es immer wieder Fälle, in den Kunden vorsätzlich und um große Geldsummen betrogen wurden.

Aus diesem Grunde sollten Sie bei dem Aufbau einer E-Commerce-Plattform immer geltendes Recht berücksichtigen, in diesem Fall das **Fernabsatzgesetz**. Bedingungen, die Bestandteil eines Kaufvertrags zwischen Kunde und Verkäufer sind, werden in den **Allgemeinen Geschäftsbedingungen** (kurz AGB) festgehalten. Diese AGB müssen jedem Kunden frei zugänglich gemacht werden, und er muss sie bei Vertragsabschluss akzeptieren. Dadurch werden die AGB Bestandteil des Kaufvertrages, jedoch nur, solange sie nicht teilweise oder in ihrer Gesamtheit gegen geltendes Recht oder die guten Sitten verstoßen.

Einzelhändler müssen ihre AGB aus diesem Grunde im Geschäft aushängen, so dass jeder Kunde vor Abschluss des Vertrages diese lesen kann. Ein Online-Händler kann seine AGB natürlich auch in seinem Geschäft aushängen, jedoch wird der Kunde es schwer haben, diese zu lesen, falls er online bestellt.

Deshalb müssen Sie den Kunden vor Abschluss der Bestellung dazu auffordern, die AGB zu lesen und diese zu akzeptieren, und ihm selbstverständlich die AGB lesbar zur Verfügung stellen. Das Akzeptieren der AGB und das Auslösen der Bestellung dürfen jedoch nicht durch einen einzelnen Klick möglich sein. Der Kunde muss in einem

Kontrollfeld ein Häkchen setzen, um die AGB zu akzeptieren, und erst mit einem weiteren Klick auf einen Link oder eine Schaltfläche darf die Bestellung ausgelöst und der Vertrag abgeschlossen werden.

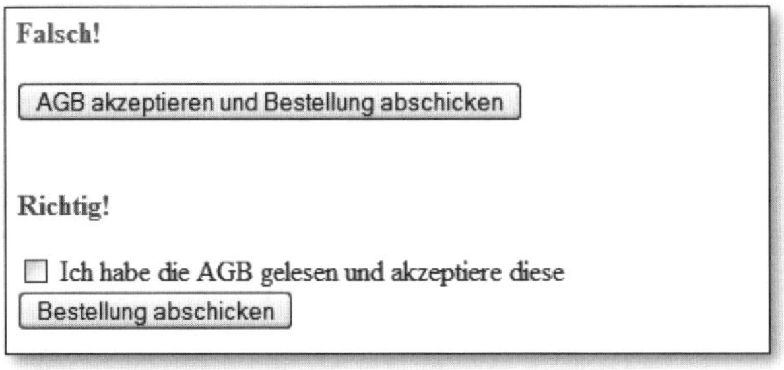

Abbildung 69.1 Richtige und falsche Präsentation der AGB

Planen Sie also, in naher Zukunft mit einem Online-Shop Ihren Lebensunterhalt zu verdienen, sollten Sie sich auf jeden Fall eingehender mit dem **BGB**, dem **HGB**, dem **Fernabsatzgesetz** und dem **Versandhandelsrecht** auseinandersetzen. Hierbei sollten Sie sich insbesondere auch mit dem Rücktrittsrecht des Kunden auseinandersetzen.

Für Leser, die außerhalb der Bundesrepublik Deutschland leben, sind natürlich die landesspezifischen Gesetze zu berücksichtigen.

69.3 Das Recht am eigenen Bild

So schnell mit einer digitalen Kamera »mal eben« ein Foto geschossen ist, genauso schnell kann man dieses Bild im Internet veröffentlichen und Freunden und Bekannten zur Ansicht bereitstellen. Jedoch sollten Sie immer darauf achten, wen Sie fotografiert haben, denn es gibt da etwas, das sich »das Recht am eigenen Bild« nennt.

Beispiel 1

Angenommen, Sie machen in einem Café ein Foto von einer Kellnerin oder einem Kellner. Nun veröffentlichen Sie dieses Bild im Internet in Ihrer Galerie. Ist die Kellnerin oder der Kellner das Hauptmotiv dieses Bildes, dann besitzt diese Person das Recht an dem Bild – trotz der Tatsache, dass Sie das Bild geknipst haben.

Beispiel 2

Sie fotografieren das frisch sanierte Brandenburger Tor in Berlin. Auf dem Foto ist als Beiwerk eine Person erkennbar. Da in diesem Fall das Brandenburger Tor das Hauptmotiv ist, besitzt die ebenfalls auf diesem Bild befindliche Person keinerlei Rechte an dem Bild, und Sie können damit machen, was Sie möchten, solange es nicht gegen die guten Sitten verstößt.

Diese Regelung trifft jedoch nicht auf Personen des öffentlichen Lebens zu, wie z. B. auf Monarchen oder Hollywood-Stars. Diese unterliegen einem anderen Recht.

69.4 Teledienstegesetz

Laut **Teledienstegesetz** (TDG), **Telekommunikationsgesetz** (TKG) und **Mediendienstestaatsvertrag** (MDStV) sind Sie zur Angabe eines Impressums auf Ihrer Webseite verpflichtet.

Beachten Sie: Nach einem kürzlich veröffentlichten Urteil muss der Link zum Impressum innerhalb von drei Bildschirmseiten erreicht werden können. Dies führt dazu, dass Sie den Link entsprechend weiter oben auf der Webseite anbringen sollten. Das Urteil stützt sich dabei auf den Passus, dass die Angaben *leicht erkennbar, unmittelbar erreichbar und ständig verfügbar* sein müssen.

Da jedoch nicht festgelegt wurde, wie das Impressum bezeichnet werden muss, können Sie einen der gängigen Begriffe *Impressum*, *Webimpressum*, *Anbieterkennzeichnung* oder *Kontakt* nutzen.

Folgende Informationen müssen im Impressum enthalten sein:

- Der vollständige Name des Verantwortlichen
- Die private Wohnanschrift (weder ein Postfach noch eine Dienstadresse sind erlaubt) inklusive der Straße, der Hausnummer, der Postleitzahl, des Ortes und ggf. des Bundeslandes
- Telefonnummer
- E-Mail-Adresse

Weitere Informationen dazu finden Sie unter der Adresse **http://www.homolog.de/faq_impressm.htm**

69.5 Strafrecht

Auch das Strafrecht kann auf eine Webseite zutreffen, wenn diese Webseite z. B. pornographische Inhalte aufweist. Hier ist vor allem Kinderpornographie zu nennen. Aber auch Webseiten, die Personen unter 18 Jahren pornographische Inhalte zugänglich machen, da z. B. entsprechende Sicherheitskontrollen fehlen, sind von diesem Gesetz betroffen.

Darüber hinaus findet das Recht auch bei Hacker-Seiten oder volksverhetzenden Webseiten Anwendung. Hackerwebseiten sind aus dem Grunde betroffen, weil sie als Anstiftung zu einer Straftat im Sinne des Gesetzes betrachtet werden, und volksverhetzende Webseiten, da sie gegen die Verfassung verstoßen.

69.6 Anmerkungen

Die wenigen Seiten dieses Kapitels reichen selbstverständlich nicht aus, um jede einzelne Ausnahmeregelung zu berücksichtigen. Die wichtigsten sollten hier jedoch zu finden sein. Um tiefer gehende Informationen zu erhalten, sollten Sie sich also an entsprechender Stelle informieren. Nahe liegend ist hier natürlich das Internet. Vielleicht haben Sie auch einen juristisch gebildeten Bekannten in Ihrem näheren Umfeld, den Sie zu Rate ziehen können.

In der *Internet Professionell* finden Sie in jeder Ausgabe in der Rubrik **Legal Web** in der Regel drei Kommentare zu aktuellen Rechtsprechungen rund um das Internet, die von Oliver J. Süme verfasst werden (**http://www.richter-sueme.de**).

Jedes Fragen ist ein Suchen.
– Martin Heidegger, Sein und Zeit

70 Suchmaschinenoptimierung

Die Optimierung von Webseiten ist eines der großen Themen der vergangenen Monate und Jahre, und es wird in der nächsten Zeit ein immer wichtigerer Punkt werden. Aber warum ist das eigentlich so? Worum geht es dabei?

Nun, der ganze Hype ist recht einfach zu erklären. Ein Großteil der Webseiten im Internet wird von Firmen betrieben. Das heißt, die Firma tätigt eine Investition, mit der sie später Geld verdienen möchte. Der Internet-Auftritt muss also einen finanziellen Vorteil für das Unternehmen bringen. Das kann zum Beispiel dadurch passieren, dass Kunden Unterstützung im Internet finden und die Hotline dadurch entlastet wird. In vielen Fällen wollen Firmen aber im Internet verkaufen oder neue Kunden akquirieren. Das heißt, die Internet-Präsenzen der Firmen müssen für potentielle Kunden auffindbar sein. Das hört sich logisch an, aber was heißt das konkret? Ganz einfach:

1. Eine Website muss über Suchmaschinen auffindbar sein.
2. Eine Website muss unter den ersten Plätzen im Suchergebnis landen.

Natürlich gäbe es auch die Möglichkeit, Werbung zu schalten. Darauf möchte ich an dieser Stelle aber nicht eingehen, weil es nichts mit der Programmierung oder Gestaltung, sondern eben mit der Vermarktung zu tun hat.

Bevor ich zu der Optimierung komme, möchte ich kurz die Funktionsweise von Suchmaschinen erläutern.

70.1 Funktionsweise von Suchmaschinen

Wie schon in Abschnitt 5.3 erwähnt, gibt es Suchmaschinen und Kataloge. Suchen Sie eine Seite, dann kann es Ihnen schnell passieren, dass diese beiden Dinge miteinander vermengt werden. Kataloge werden in diesem Kapitel nur eine untergeordnete Rolle spielen. Das liegt daran, dass sie nicht so oft für die Suche eingesetzt werden und auch im Internet nicht mehr so prominent vertreten sind.

Also, schauen wir uns die »echten Suchmaschinen« an, die auch mal als Crawler oder Spider bezeichnet werden. Im Abschnitt 5.3 hatte ich die Funktionsweise von Suchmaschinen ja schon kurz erläutert, aber ich möchte das hier noch ein wenig ausführlicher machen.

Eine Suchmaschine erfasst als Erstes den gesamten Text einer einzelnen Seite aus dem Web-Auftritt. Das heißt, der Crawler, der bei genauer Betrachtung nur ein Teil der eigentlichen Suchmaschine ist, lädt die Seite, als wäre er ein Browser. Diese Daten werden nun analysiert. Dabei versucht die Suchmaschine festzustellen, in welcher Sprache die Seite erstellt ist, und die einzelnen Worte in der Seite werden erfasst. Diese Worte werden in einer Datenbank abgelegt. Damit kennt die Suchmaschine die gesamten Texte, und Sie können nach den Texten suchen.

In einem zweiten Schritt prüft die Suchmaschine ob in der gefundenen Webseite Links enthalten sind. Ist das der Fall, so folgt der Crawler diesem Link und analysiert die Seite, die über diesen Link gefunden wurde.

Das hört sich doch ganz einfach an, oder? Nun, das ist ja auch eine vereinfachte Darstellung. Früher haben Suchmaschinen auch so gearbeitet. Inzwischen ist dieser Vorgang aber viel komplexer geworden. Betrachten Sie einmal die nächste Abbildung. Fällt Ihnen etwas auf?

Abbildung 70.1 Suche in Googleanhang_006

Ich habe nach »ein schneller Gebrauchtwagen« gesucht. In den Ergebnissen markiert Google die gefundenen Suchworte in fetter Schrift. Aber halt – ich habe doch nach *schneller* gesucht und nicht nach *Schnell* wie Google es bei dem zweiten Treffer markiert. Google scheint *schneller* und *Schnell* an dieser Stelle also als Synonyme anzusehen. Dabei handelt es sich aber nicht um einen Fehler. Google versucht einfach nur, bei der Suche behilflich zu sein. Schließlich könnte ja auch jemand seinen Gebrauchtwagen mit den Worten *Dieser Gebrauchtwagen ist total schnell* anpreisen und damit genau das anbieten, was Sie suchen. Wie und in welcher Form Google Worte als Synonyme ansieht, ist leider nicht bekannt. Auch sollten Sie nicht davon ausgehen, dass sich alle Suchmaschinen so verhalten.

Was in diesem Screenshot wohl als zweiter Punkt auffällt, dass das Wort *ein* nirgends fett dargestellt wird, obwohl ich danach gesucht habe. Das liegt daran, dass Google das Wort einfach ignoriert. Früher hat Google darauf hingewiesen, was aber leider nicht mehr der Fall ist. Worte, die sehr oft vorkommen und nicht sonderlich aussagekräftig sind, wie *ein*, *einer*, *der*, *die*, *das* etc. werden von den meisten Suchmaschinen ignoriert. Hierbei handelt es sich um so genannte Stoppworte. Diese werden ignoriert, da sie für die Suche weitgehend ohne Bedeutung sind. Interessant ist aber, dass solche Worte nicht immer ignoriert werden. Suchen Sie beispielsweise nur nach *ein* bekommen Sie eine ganze Menge Treffer.

Einen weiteren interessanten Punkt sehen Sie in Abbildung 70.2.

Abbildung 70.2 Suche nach perl

In diesem Fall habe ich nach *perl* gesucht. Da das Wort *pearl* aber viel öfter vorkommt, zeigt Google am unteren Seitenrand gleich die Treffer für das Wort *pearl* an. Google zieht also gleich in Betracht, dass Sie sich vertippt haben könnten. In der Vergangenheit hat Google solche Abfragen auch schon stillschweigend »korrigiert« und einfach die Treffer für das andere Wort geliefert.

Sie merken schon, das System ist nicht ganz so einfach, wie ich es oben beschrieben habe. Fragen Sie sich gerade, warum ich das dann nicht gleich korrekt beschreibe? Nun ja, das würde ich ja gerne, aber leider geht das nicht, weil die Suchmaschinenbetreiber sich da leider nicht in die Karten schauen lassen. Das heißt, es ist nicht dokumentiert, wie eine Suchmaschine wirklich funktioniert. Wäre das dokumentiert, dann würden sich das die Suchmaschinen-Spammer zunutze machen, und Sie würden auf den ersten 100 Seiten nur Werbung für Sex-Seiten und Potenzmittel finde. Daher haben die Betreiber von Suchmaschinen kein wirkliches Interesse daran zu verraten, wie die Crawler funktionieren.

Dazu kommt ein zweites Problem. Analysiert man eine Suchmaschine lange genug, so kann man auch herausfinden, wie sie funktioniert. Das wissen natürlich auch Google und Co. Daher werden die Verfahren für die Bewertung von Webseiten und die Sortierung ständig verbessert und umgestellt.

Das heißt, wenn Sie eine Webseite betreiben, die immer gut positioniert sein soll, dann müssen Sie diese öfter mal überarbeiten. Nachfolgend finden Sie viele grundlegende Punkte für die Optimierung. Einen »Königsweg«, der dafür sorgt, dass Sie immer an erster Stelle sind, gibt es nicht. Es gibt nur viele kleine Punkte, die Sie beachten können, um eine möglichst gute Positionierung zu erreichen.

Sie werden nachfolgend auch keine zweifelhaften Techniken wie Cloaking, versteckte Schlüsselworte oder Ähnliches finden. Es gibt sehr viele dieser Techniken, die sich in einer Grauzone befinden und schnell dazu führen, dass Suchmaschinenbetreiber Ihre Seite sperren. Von daher werde ich mich auf unproblematische Optimierungstechniken beschränken, die in den meisten Fällen aber auch schon ausreichend sind.

70.2 Relevante Suchmaschinen

Bei der Optimierung stellt sich auch immer die Frage, welche Suchmaschine denn überhaupt die wichtigste ist. Momentan hat Google zweifellos den größten Marktanteil. Abhängig von der Statistik bzw. Studie, die man zu Rate zieht, hat Google einen Marktanteil von ca. 60 % bis über 90 %. Laut *Web-Barometer* von **www.webhits.de** hat Google momentan einen Marktanteil von 84 %, wie Sie in Abbildung 70.3 sehen.

Allerdings ist eine solche, allgemeine Statistik nicht sonderlich aussagekräftig. Es kann durchaus sein, dass die Zielgruppe Ihres Internet-Angebots eine ganz andere Suchmaschine bevorzugt. Um herauszufinden, über welche Suchmaschinen Sie besonders oft gefunden werden, sollten Sie die Log-Files Ihres Servers analysieren. Die Log-Files stellt der Provider Ihnen üblicherweise kostenlos zur Verfügung.

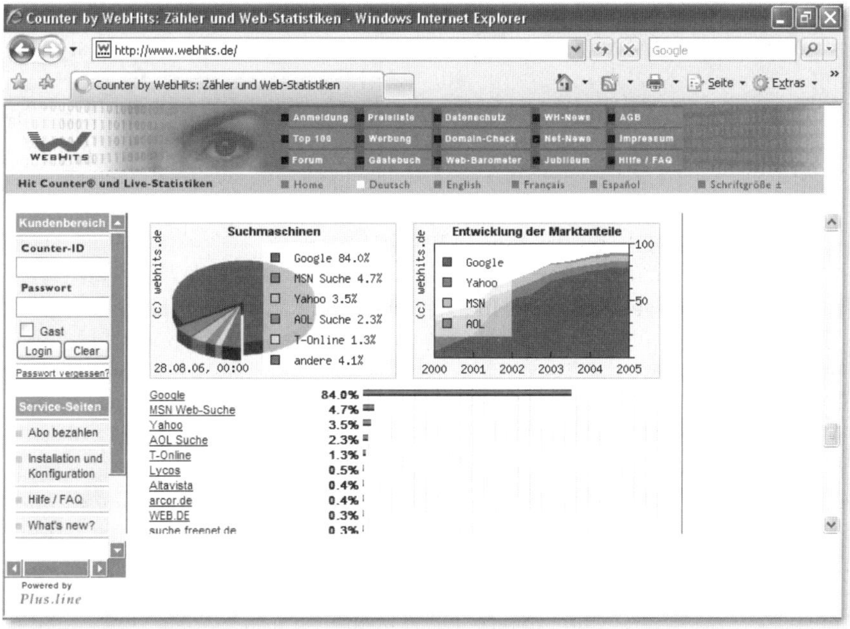

Abbildung 70.3 Suchmaschinenstatistik bei webhits.de

Es gibt eine ganze Menge kostenloser, sehr guter Programme wie zum Beispiel AWStats (**http://awstats.sourceforge.net**), die Ihnen eine grafisch aufbereitete Analyse Ihrer Log-Files liefern, wie Sie in Abbildung 70.4 sehen können.

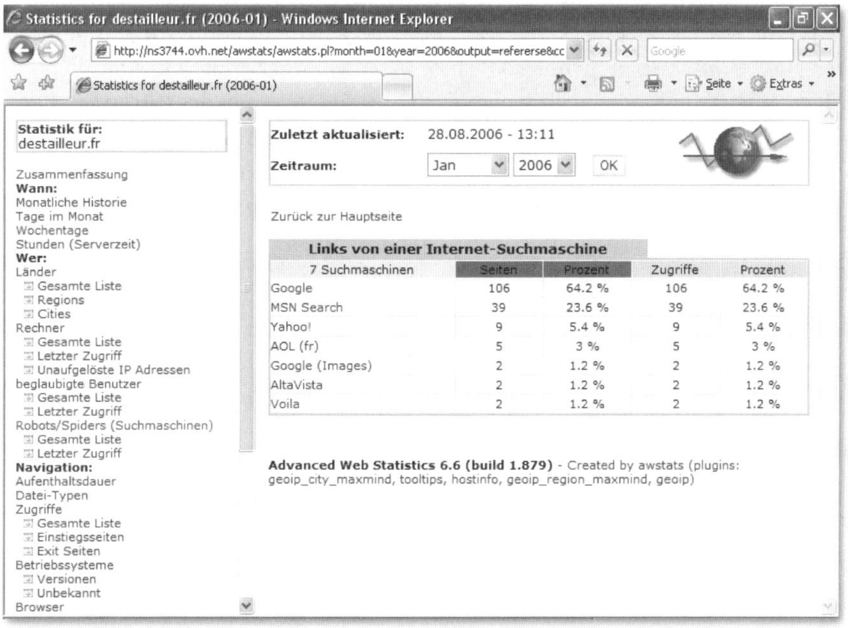

Abbildung 70.4 Statistik von AWStats

Ist eine Suchmaschine, die üblicherweise oft genutzt wird, in Ihrer Statistik unterdurchschnittlich repräsentiert, dann kann das zwei Gründe haben. Entweder sind Sie dort zu finden und Ihre Zielgruppe nutzt die Maschine einfach nicht. Das wäre kein Problem. Oder Ihre Zielgruppe sucht Sie in einer bestimmten Maschine, kann Sie aber nicht finden. Das wäre dann ein Problem, und Sie sollten Ihr Internet-Angebot überarbeiten.

70.3 Seiten und Texte »findbar« machen

Als Erstes geht es natürlich darum, dass die Seiten von Suchmaschinen gefunden werden können. Auch wenn Google und Co. sagen, dass es nicht notwendig wäre, eine neue Website anzumelden, so würde ich Ihnen das doch empfehlen. Hierzu gibt es eine ganze Menge kostenloser Software und auch einige Anmeldedienste, die ich ja bereits in Kapitel 5.3 erwähnt habe. Haben Sie Ihre neue Seite mit **www.submit-it.com** oder einem anderen Dienst angemeldet, so wird der Crawler der Suchmaschinen Ihre Site besuchen und die einzelnen Seiten analysieren. Das kann sich einige Zeit hinziehen, bis die Suchmaschinen Sie besuchen. Vier Wochen kann das durchaus dauern, weil die Suchmaschinen einiges zu tun haben. Bitte warten Sie einfach ab und melden Sie Ihre Seite nicht täglich an. Das kann schnell als Spamming bzw. Flooding missverstanden werden und dazu führen, dass eine Suchmaschine Ihre Seiten ausschließt.

Damit der Crawler Ihre Seiten erfassen kann, müssen die allerdings auch lesbar sein. Sie fragen sich, was das heißen soll? Nun ja, die Suchmaschinen können nur das lesen, was eine Maschine lesen kann. Das heißt, dass Texte, die in Form von Bildern enthalten sind, zum Beispiel nicht lesbar sind. Möchten Sie wissen, wie eine Suchmaschine Ihre Seiten sieht, dann können Sie sich die Seiten mit dem Browser Lynx anschauen. Lynx ist ein auf Text basierender Browser aus den Anfängen des WWW, den Sie ja schon in Teil 1 dieses Buches kennengelernt haben. Möchten Sie sich nicht mit Lynx beschäftigen, bietet es sich an, eine Lynx-Emulation zu nutzen, die Sie bei vielen Anbietern im Internet finden. Ein solches Angebot finden Sie z. B. unter **www.kk-software.de/Lynxview.html**. Eine andere Möglichkeit ist, ein Plugin für Firefox zu installieren, welches die Ausgabe von Lynx simuliert. Sollten Sie sich dafür entscheiden, dann können Sie das *Lynx Viewer Tool* hier herunterladen: **https://addons.mozilla.org/firefox/1944**. Rufen Sie die URL einfach in Firefox auf und klicken Sie auf **Install Now**. Im nachfolgenden Fenster klicken Sie dann einfach auf **Jetzt installieren**, und schon haben Sie die Erweiterung. Möchten Sie sich nun eine Website in der Lynx-Version anschauen, rufen Sie die Seite ganz normal auf. Dann klicken Sie mit der rechten Maustaste in das Browserfenster und wählen *Yellowpipe Lynx Viewer Tool* an. Das Ergebnis sehen Sie in Abbildung 70.5 und Abbildung 70.6.

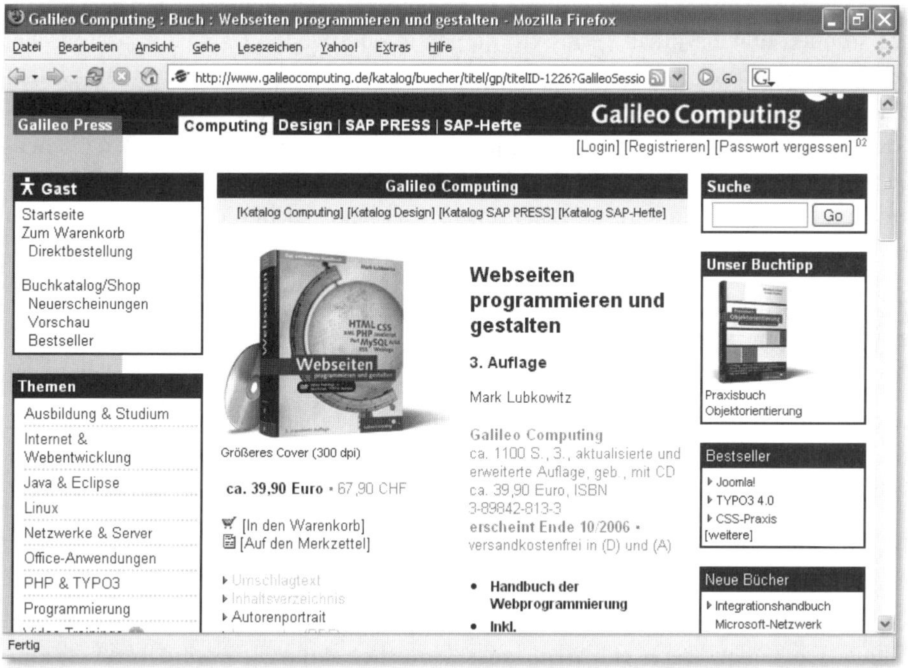

Abbildung 70.5 Eine Web-Seite von Galileo im Mozilla Firefox ...

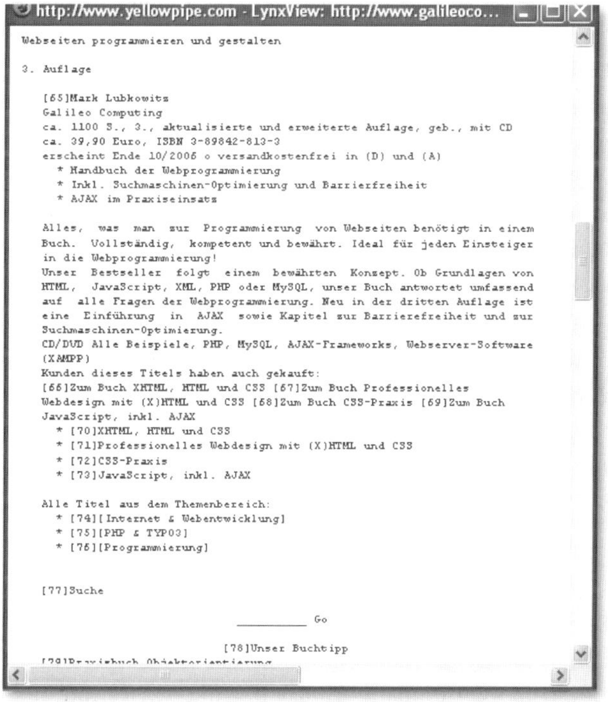

Abbildung 70.6 ... und in der Lynx-Emulation

Wie Sie sehen, unterscheiden sich die Darstellungen ganz deutlich. Die Suchmaschinen können nur die Inhalte erfassen, die Sie in der zweiten Darstellung sehen. Bei genauer Betrachtung ist diese Aussage nicht ganz korrekt. So kann eine Suchmaschine beispielsweise auch die Inhalte von Flash-Filmen erfassen. Das wollen die Suchmaschinen allerdings nicht. Der Grund liegt darin, dass die Suchmaschine den Suchenden nicht genau an die Stelle in einem Flash-Film schicken könnte, in der ein bestimmter Text zu finden ist. Flash-Filme bieten leider nicht die Möglichkeit, einen einzelnen Frame direkt anzuspringen.

70.3.1 Navigation

Nun können Sie zwar schon sehen, was die Suchmaschine »sieht«. Allerdings gibt es noch weitere Hürden. Links auf andere Seiten, die zu Ihrem Auftritt gehören, müssen auch »verständlich« sein. In einigen Zusammenhängen finden Sie zum Beispiel Links wie diesen, der mit JavaScript realisiert wurde:

```
<a href='javascript:weiter("ueber_uns.htm");'>
                                    &Uuml;ber uns</a>
```

Hier wird der Benutzer mithilfe einer JavaScript-Funktion weitergeleitet. Diese wird teilweise benötigt, wenn ein Menü oder Ähnliches aktualisiert werden muss. Eine solche Weiterleitung wird von Suchmaschinen nicht erfasst, weil der JavaScript-Code nicht interpretiert werden kann. Das kann übrigens auch für Skripte gelten, die Ausklappmenüs generieren. Wo wir gerade von Menüs sprechen: In einigen Fällen finden Skripts Menüs, die mit Ebenen bzw. Layern arbeiten. Um Menüs auszublenden, die gerade nicht benötigt werden, werden die Layer teilweise versteckt. Das heißt, die Layer bekommen via CSS die Eigenschaft `visibility:hidden` zugewiesen oder werden außerhalb des sichtbaren Bereichs positioniert. Das kann schnell dazu führen, dass die Suchmaschinen davon ausgehen, dass Sie versuchen, Inhalte für den Benutzer zu verstecken, die aber von der Suchmaschine erfasst werden sollen. Das wird schnell mal als Spamming verstanden und kann dazu führen, dass die Seiten von der Suchmaschine ausgeschlossen werden. Solche Menüs sind also keine gute Idee. Eine weitere, nicht ganz optimale Navigationsvariante ist, die Menüs mit Adobe Flash einzubinden. Auch dabei gilt, dass eine solche Navigation nicht von den Suchmaschinen verstanden werden kann. Untergeordnete Seiten könnten somit nicht erfasst werden.

70.3.2 Frames

Ein echtes Problem bei der Suchmaschinenoptimierung kann auch die Nutzung von Frames sein. Ein klassischer Fall bei der Nutzung von Frames ist, dass es einen Frame für die Navigation und einen für den Content gibt. Das heißt, der eigentliche Content ist in den Dateien zu finden, die in die Frames geladen werden. Zwar könnten Suchmaschinen die Inhalte der Frames lesen, aber sie wollen das nicht. Warum sie das nicht wollen? Nun, die Suchmaschine würde dann immer nur die Navigation oder nur die Content-Seite ohne Navigation liefern, wenn jemand etwas sucht. Und das ist natürlich nicht im Interesse des Suchenden, weil er dann nicht so richtig viel mit dem Treffer anfangen kann. Möchten Sie aber trotzdem Frames nutzen, dann ist das machbar. Die Datei, welche die Frames definiert, also meist die Index-Datei, ist oft so aufgebaut:

```
<!DOCTYPE HTML PUBLIC "-//W3C//DTD HTML 4.01 Frameset//EN">
<html>
  <head>
    <title></title>
  </head>
  <frameset cols="25%,75%">
     <frame src="navi.htm" name="links">
     <frame src="content.htm" name="rechts">
  </frameset>
</html>
```

Die Frames werden direkt mit den Seiten »bestückt«, die darin dargestellt werden sollen und das Index-Dokument hat keinen Body. Ein Body wäre aber nicht störend, weil er nicht dargestellt wird, da die Seite ja nur die Frames definiert. Also ist es auch kein Problem, die einzelnen Seiten des Internet-Auftritts im Body zu verlinken:

```
<!DOCTYPE HTML PUBLIC "-//W3C//DTD HTML 4.01 Frameset//EN">
<html>
  <head>
    <title></title>
  </head>
  <frameset cols="25%,75%">
     <frame src="navi.htm" name="links">
     <frame src="content.htm" name="rechts">
  </frameset>
  <noframes>
  <body>
    <a href='navi.htm'>Navigation</a>
    <a href='content.htm'>Startseite</a>
    <a href='ueber_uns.htm'>Wir &uuml;ber uns</a>
    <a href='produkte.htm'>Produkte</a>
  </body>
  </noframes>
</html>
```

Mit diesem kleinen Trick können die Suchmaschinen dann die Seiten erfassen, die normalerweise nicht erfasst würden. Das hat allerdings einen kleinen Nachteil: Zwar werden dann die einzelnen Seiten gefunden, aber das Frameset fehlt, das sie umgeben sollte, und somit auch die Navigation oder die Content-Seite – je nachdem, was gefunden wird.

Möchten Sie diese unschöne Darstellung vermeiden, dann können Sie das mit JavaScript in den Griff bekommen. Dazu muss die gefundene Seite feststellen, dass sie ohne das Frameset geladen wurde. Dann muss sie dafür sorgen, dass das Frameset geladen und die korrekten Seiten in die Frames geladen werden. Hört sich vielleicht ein wenig kompliziert an, ist aber gar nicht so schlimm.

In die eigentlichen Content-Seiten müsste ein Code-Schnipsel wie dieses eingefügt werden:

```
<script type="text/javascript">
if (self.location.href == top.location.href)
{
  top.location.href="frameset.html?navi.html&content.html";
}
</script>
```

Dieses Skript prüft sofort beim Laden der Seite, ob die URL des Top-Level-Elements identisch mit der URL ist, in der sich das Skript befindet. Sind diese beiden URLs identisch, dann heißt das im Umkehrschluss, dass die dargestellte Seite dem Top-Level-Element entspricht und somit kein Frameset vorhanden sein kann. Ist diese Bedingung erfüllt, wird der `href`-Eigenschaft des `loaction`-Objektes eine neue URL zugewiesen. Dabei handelt es sich in diesem Fall um den folgenden String:

```
frameset.html?navi.html&content.html
```

Die Datei, die geladen wird, ist also **frameset.html** – spricht, die Datei, welche die Frames definiert. Als Query-String werden ihr die Namen zweier Dateien übergeben, die in die Frames geladen werden sollen. Die Namen der Dateien müssen natürlich immer an die jeweiligen Gegebenheiten angepasst werden. Die Datei **frameset.html,** welche die Frames definiert, benötigt natürlich auch noch ein wenig JavaScript. Der Aufbau einer solchen Seite könnte zum Beispiel so aussehen:

```
<!DOCTYPE HTML PUBLIC "-//W3C//DTD HTML 4.01 Frameset//EN">
<html>
  <head>
    <title></title>
  <script type="text/javascript">
  function loadPages()
  {
    var uri = self.location.href;
    var teile = uri.split("?");
    if (teile.length == 2 &&
        teile[1] != '')
    {
      var seiten = teile[1].split("&");
      top.links.location.href=seiten[0];
      top.rechts.location.href=seiten[1];
    }
  }
  </script>
  </head>
  <frameset cols="25%,75%" onLoad="javascript:loadPages();">
```

```
    <frame src="navi.html" name="links">
    <frame src="content.html" name="rechts">
  </frameset>
  <body>
    <a href='navi.htm'>Navigation</a>
    <a href='content.htm'>Startseite</a>
    <a href='ueber_uns.htm'>Wir &uuml;ber uns</a>
    <a href='produkte.htm'>Produkte</a>
  </body>
</html>
```

Die Funktion `loadPages()` übernimmt hier die Verarbeitung. Sie wird durch den Eventhandler `onLoad` aufgerufen, der im `frameset`-Tag enthalten ist.

Als Erstes ermittelt die Funktion die komplette URL des Dokumentes, das gerade angezeigt wird. Der so ermittelte String wird dann mithilfe der Methode `split` an der Stelle aufgeteilt, an der sich ein Fragezeichen befindet. Da die Funktion immer aufgerufen wird, muss nun erst geprüft werden, ob denn überhaupt Werte mithilfe des Fragezeichens angehängt wurden. Des Weiteren prüft die `if`-Abfrage, ob nach dem Fragezeichen denn auch wirklich ein String zu finden war. Konnte ein Fragezeichen mit einem nachfolgenden Text gefunden werden, dann wird der Text an der Stelle gesplittet, an der das kaufmännische Und zu finden ist. Die beiden so ermittelten Dateinamen werden dann den `href`-Eigenschaften des `location`-Objekts zugewiesen, und somit werden dann die gewünschten Seiten in die Frames geladen.

Zwar funktioniert das ganze Konstrukt nur, wenn der User auch JavaScript eingeschaltet hat, aber dann ist es einfach und effektiv.

70.3.3 Google-Sitemap

Eine andere Möglichkeit, um alle Seiten – zumindest für Google – erfassbar zu machen, ist die Google-Sitemap. Hierbei handelt es sich um eine Datei, die bei Google angemeldet wird und die die URLs der einzelnen Seiten enthält. Es geht also nicht um eine Sitemap, in der man die einzelnen Seiten anklicken kann, wie man sie in anderen Zusammenhängen kennt. Die Sitemap kann in verschiedenen Formaten angelegt werden. Ich habe mich hier für eine XML-Datei entschieden weil sie aus meiner Sicht die beste Lösung darstellt. Eine XML-Sitemap könnte so aussehen wie im folgenden Beispiel:

```
<?xml version="1.0" encoding="UTF-8"?>
  <urlset
      xmlns="http://www.google.com/schemas/sitemap/0.84">
   <url>
    <loc>http://www.galileo-press.de/</loc>
    <lastmod>2006-10-01</lastmod>
    <changefreq>daily</changefreq>
    <priority>0.8</priority>
   </url>
   <url>
```

```
    <loc>http://www.galileo-press.de/katalog/buecher</loc>
    <lastmod>2006-10-02</lastmod>
    <changefreq>daily</changefreq>
    <priority>1.0</priority>
  </url>
</urlset>
```

In diesem Beispiel werden zwei Seiten angemeldet. Die Information zu allen Seiten ist komplett in das `urlset`-Element verpackt. Für jede URL, die angemeldet werden soll, ist jeweils ein eigenes `url`-Element angelegt, welches die Informationen zu der Seite enthält. Um die Informationen für jede einzelne Seite anzugeben, stehen die Tags aus Tabelle 70.1 zur Verfügung.

Element	Erforderlich	Beschreibung
<loc></loc>	erforderlich	URL der Seite, die erfasst werden soll. Die URL muss mit dem Protokoll beginnen (z. B. »http«). Maximale Länge: 2048 Zeichen
<lastmod></lastmod>	optional	Datum der letzten Änderung der Datei im Forma JJJJ-MM-TT
<changefreq></changefreq>	optional	Information, wie oft die Seite geändert wird. Mögliche Werte sind: ▸ always (laufend) ▸ hourly (stündlich) ▸ daily (täglich) ▸ weekly (wöchentlich) ▸ monthly (monatlich) ▸ yearly (jährlich) ▸ never (niemals)
<priority></priority>	optional	Ein Wert zwischen 0.0 und 1.0, der die Priorität der Datei für die gesamte Website angibt. 1.0 steht für die höchste und 0.0 für die geringste Priorität. Geben Sie dieses Element nicht an, bekommt die Seite eine Priorität von 0.5 zugewiesen.

Tabelle 70.1 Elemente einer Google-Sitemap

Nutzen Sie eine Google-Sitemap, dann sollten Sie darauf achten, möglichst realistisch zu bleiben. Das heißt, wenn Sie bei jeder Seite angeben, dass sie sich stündlich ändert, dann könnte das theoretisch zu einer besseren Platzierung in der Ergebnisliste (sprich dem Ranking) führen. Andererseits muss sich dann aber auch wirklich was ändern. Andernfalls kommt Google schnell dahinter, und Ihre Seiten werden herabgestuft. Auch bei der Priorität sollten Sie nicht jeder Seite eine hohe Priorität geben. Die Prioritäten werden immer nur relativ zu den anderen Prioritäten Ihrer Seite gesehen. Geben Sie also jeder Seite eine 1.0, dann würde Google die Bezugsgröße fehlen und die 1.0 wäre unter Umständen mit einer 0.0 gleich zu setzen. Mit realistischen Angaben kommen Sie hier am weitesten, denke ich.

Haben Sie eine solche Datei erstellt, dann müssen Sie diese im Root-Verzeichnis Ihres Webservers unter dem Namen `sitemap.xml` ablegen. Danach müssen Sie die Sitemap nur noch bei Google unter der URL **http://www.google.com/webmasters/sitemaps** anmelden. Google wird die Sitemap dann einlesen und alle darüber referenzierten Seiten einlesen.

70.4 Das Ranking optimieren

Wie schon erwähnt gibt es keinen Königsweg, der automatisch dafür sorgt, dass Sie auf dem ersten Platz der Suchergebnisse landen. Sie können nur versuchen, möglichst viel richtig zu machen, um möglichst weit nach vorne zu kommen. Ein Punkt gilt allerdings immer: Die Suchmaschine versucht zu erkennen, welche Begriffe auf einer Seite wichtig sind. Das heißt, es gibt einen Kriterienkatalog, der darüber befindet, welche Begriffe auf einer Seite besonders wichtig sind. Wird nun nach einem dieser Begriffe gesucht, der auf Ihrer Seite besonders wichtig ist, dann macht sich das dadurch bemerkbar, dass Sie auf einem der vorderen Plätze in der Ergebnisliste landen.

Bevor ich dazu komme, was für eine Suchmaschine wichtig ist, möchte ich erst auf die Sprache eingehen.

70.4.1 Die Sprache

Die Sprache? Nein, ich meine nicht Deutsch oder Englisch, obwohl das natürlich auch ein Kriterium ist. Vielmehr geht es darum, die Sprache an die Zielgruppe anzupassen. Folgendes Beispiel soll das verdeutlichen: Stellen Sie sich vor, Sie wollen eine Website für eine Firma erstellen, die Gebäude renoviert. Die Firma bietet dabei auch an, Schimmel von Wänden zu entfernen. Da es sich bei dem Unternehmen um Fachleute handelt, kennen die natürlich jede Schimmelart mit »Vor- und Zunamen«. Der Profi würde also schreiben, dass er in der Lage ist, *Aspergillus niger* (Schwarzschimmel) zu entfernen. Ich als Normalsterblicher würde aber sicher eher nach *Schimmel* oder (wenn ich mich gut auskenne) nach *Schwarzschimmel* suchen. Ergebnis: Ich kann Ihre Seite nicht finden. Das heißt, die Sprache und die Begrifflichkeiten müssen an die Zielgruppe der Seite angepasst werden.

Dabei geht es aber nicht nur um Fachbegriffe. Nehmen wir ein anderes Beispiel: einen Makler. Dieser wird in einem Text über sich schreiben, dass er *Häuser* verkauft. Jemand, der ein neues Zuhause sucht, benötigt aber nur ein *Haus* und wird evtl. auch nur danach suchen. Sie merken schon, den »perfekten« Text zu schreiben, ist nicht ganz so einfach.

Ein anderes Problem ist dann noch die Sache mit der Rechtschreibung. So wird nicht unbedingt jeder Internet-User wissen, dass das Wort Orchidee mit zwei e geschrieben wird oder wie *Katarrh* korrekt geschrieben wird. Das heißt, in diesen beiden Fällen könnte es hilfreich sein, falsch geschriebene Worte in der Website unterzubringen.

Ich zeige Ihnen gleich noch, wie Sie die verstecken können, damit Ihre Texte nicht durch absichtlich falsch geschriebene Worte entstellt werden.

Ähnliche gilt auch für die Zusammen- bzw. Getrenntschreibung von Worten. Das heißt, wenn Sie einen Mercedes A-190 verkaufen wollen, dann wäre es sinnvoll *A190*, *A 190* und auch *A-190* im Text unterzubringen. Vielleicht könnte ein *190 A* bzw. ein *190A* auch nicht schaden. Auch wenn Google bei der Trennung von Begriffen keine großen Unterschiede mehr macht, so sehen andere Suchmaschinen das doch ganz deutlich anders.

Der letzte Punkt, den ich bei der Sprache erwähnen möchte, ist die Sache mit den Synonymen. Wenn Sie Biertrinker sind, dann kennen Sie das Problem vielleicht. Die Mischung aus Bier und Zitronenlimonade, wird in Hamburg als Alster verkauft und in München heißt sie Radler. Wie ich letztlich gelernt habe, scheint es im Rheinland auch nicht unüblich zu sein, ein Alster mit Orangenlimonade zu machen. Mit anderen Worten: Sie sollten sich Gedanken darüber machen, ob es für Ihre Schlüsselworte nicht noch Alternativen gibt. Ein Synonymwörterbuch finden Sie unter **http://www.woerterbuch.info**. In diesem Zusammenhang kann auch der Web-Assoziator von MetaGer gute Dienste leisten. Der Assoziator, den Sie unter **http://metager.de/asso.html** erreichen, liefert Ihnen Assoziationen zu einem Begriff, den Sie eingeben. Zwar erhalten Sie keine echten Synonyme, dafür aber eine ganze Menge sinnverwandter Wörter, die auch hilfreich sein können.

Alles in allem sollten Sie also schon Wert auf die Konzeption und Erstellung der Texte legen und sie nicht einfach »runterschreiben«.

70.4.2 Aufbau des Textes

Beim Schreiben des Textes gibt es neben der Wortwahl noch einige andere Punkte zu beachten.

Wichtige Begriffe sollten sich im Text wiederholen. Das ist auch logisch. Lesen Sie einen Zeitungsartikel über Eisbären, dann wird das Wort Eisbär darin sicherlich auch öfter vorkommen, weil es für den Artikel halt wichtig ist. Man spricht in diesem Zusammenhang auch von der Keyword-Dichte, die sich aus dem Verhältnis zwischen Schlüsselwort und anderen Worten berechnet. Das heißt, wenn ein bestimmtes Schlüsselwort einmal pro acht Worte vorkommt, dann würde sich daraus eine Keyword-Dichte von 1/7 bzw. 14,3 % ergeben. Wie oft ein Keyword vorkommen darf, ist nicht genau festgelegt. Allerdings sollte es nicht zu oft vorkommen, weil das in einem »normalen Text« halt auch nicht möglich wäre. Einen Text, bei dem jedes zweite Wort das Schlüsselwort wäre, könnte man kaum lesen. Ich würde empfehlen, dass die Dichte nicht über 15 % liegen sollte. Das ist aber nur ein Erfahrungswert, der nicht offiziell durch einen Suchmaschinenbetreiber bestätigt wurde.

Des Weiteren sollten wichtige Worte auch möglichst weit vorne im Text stehen. Auch hier gilt, dass aus der realen Welt die Annahme abgeleitet wurde, dass die wirklich wichtigen Begriffe im Text weit vorne stehen. Das ist insbesondere auch deswegen wichtig, weil die meisten Suchmaschinen nicht den kompletten Quelltext einer Seite einlesen. Google scheint beispielsweise nur die ersten 101 KB einer Seite zu erfassen, wohingegen Yahoo 500 KB erfasst. Bei den meisten Seiten sollte das kein Problem sein, aber hier und da könnte dieses Verhalten stören.

70.4.3 Meta-Tags

Nachdem ich Ihnen nun ein wenig zu der Sprache und der Auswahl der Schlüsselworte gesagt habe, stellt sich die Frage, wo die Schlüsselworte denn am Besten auf der Seite positioniert werden. Oft finden Sie den Hinweis, dass diese in den Meta-Tags platziert werden sollen. Nun, die Nutzung der Meta-Tags kann nicht schaden, aber es ist keinesfalls ausreichend, nur diese zu nutzen.

Aber lassen Sie uns die Meta-Tags ein wenig genauer betrachten. Im Zusammenhang mit den Suchmaschinen bezieht man sich üblicherweise auf die beiden Meta-Tags `keywords` und `descripton`, die im Kopf der Seite platziert werden:

```
<meta name="keywords" content="Alster, Radler,
                         Bier-Limonade-Mix">
<meta name="description" content="Ein leckeres Getr&auml;nk">
```

Diese Tags sind nur für Suchmaschinen gedacht, und ihr Inhalt beeinflusst das Aussehen der Seite überhaupt nicht. In beiden Fällen wird nach dem Attribut `name` die Angabe notiert, um welche Art von Meta-Tag es sich handelt. Das Tag `keywords` dient dazu, Schlüsselworte anzugeben, die als Wert für das Attribut `content` angegeben werden. Die einzelnen Schlüsselbegriffe werden jeweils durch Kommata getrennt. Die hier enthaltenen Schlüsselbegriffe haben in den meisten Suchmaschinen keine besondere Gewichtung mehr. Meta-Tags bieten sich immer an, wenn Sie beispielsweise falsch geschrieben Worte »versteckt« in Ihrer Seite unterbringen wollen. Sie sollten das Tag aber nicht dazu missbrauchen, Schlüsselworte in Ihrer Seite zu verstecken, die nichts mit der Seite zu tun haben. Das kann schnell dazu führen, dass Sie von Suchmaschinen ausgeschlossen werden. Im Extremfall kann das sogar juristische Konsequenzen haben, weil Sie den Suchenden ja »täuschen«. Auch sollten Sie hier keine Markennamen notieren. Auch das kann schnell zu Problemen führen. Das Meta-Tag `keywords` kann man also gut nutzen, aber in vielen Fällen kann man sicher auch darauf verzichten.

Spannender finde ich die Beschreibung, die im `content` des Meta-Tags `description` angegeben wird. Hier sollten Sie eine kurze, aber prägnante Beschreibung platzieren. Diese Beschreibung wird dann bei vielen Suchmaschinen in der Trefferliste eingeblendet. Diese Beschreibung halte ich für sehr wichtig, weil sie das erste ist, was die Suchenden von Ihrer Seite sehen. Hier entscheidet sich oft, ob der User klickt oder nicht.

70.4.4 Auszeichnung wichtiger Begriffe

Nun stellt sich die Frage, wo die Schlüsselbegriffe denn hin sollen, wenn die Meta-Tags nicht so wichtig sind. Wie schon erwähnt orientieren sich Suchmaschinen am »echten Leben«; sie versuchen also, wichtige Worte anhand der Häufigkeit und der Positionierung festzumachen. Positionierung bezieht sich hierbei aber nicht nur auf die Positionierung im Text, sondern vor allem auch darauf, welche Tags genutzt werden. In einem Text erkennen Sie wichtige Passagen ja beispielsweise auch daran, dass sie fett geschrieben oder als Überschrift genutzt werden. Folgende Tags sind hilfreich, wenn Sie Ihre Keywords aufwerten wollen:

- `<title> ... </title>`
  Der Titel der Seite wird von den Suchmaschinen als besonders wichtig eingestuft. Schließlich überschribt er das gesamte Dokument. Der Anfang des Textes, der hier enthalten ist, sollte immer etwas Sinnvolles sein, weil der Benutzer es ja oben im Rahmen des Browserfensters sieht. Danach können Sie aber beliebige Keywords einfügen, die dann nur von den Suchmaschinen erkannt werden. Auch hier gilt, dass wichtige Worte möglichst weit vorne stehen sollten. Einige Suchmschinen erfassen nur die ersten 256 oder 1000 Zeichen dieses Textes.
- `<h1> ... </h1>`, `<h2> ... </h2>`
  Texte, die als Überschriften ausgezeichnet sind, sehen die Crawler auch als besonders relevant an. Bitte kommen Sie aber nicht auf die Idee, den gesamten Text in die Überschriften-Tags zu verpacken. Das würde Ihnen nicht nur keinen Vorteil, sondern vielleicht sogar einen Nachteil bringen. Die Suchmaschinen könnten das als Spam werten, weil es halt keine Texte gibt, die nur aus Überschriften bestehen.
- `<strong> ... </strong>`, `<em> ... </em>`
  Mit den Tags `em` und `strong` können Sie Texte als betont bzw. stark betont auszeichnen. Auch hierbei gilt, dass Texte, die in einem Text betont werden, eben besonders wichtig sind.

Bei den vorgenannten Tags handelt es sich um Tags, die sichtbare Texte formatieren. Die Formatierung, die diese Tags erzielen, könnten Sie natürlich auch mit anderen Tags oder mit CSS erzielen. Da es aber nicht darum geht, wie die Worte dargestellt werden, sondern darum, wie die Texte »markiert« sind, sollten Sie diese Tags nutzen. Wenn die resultierende Formatierung nicht in Ihr Konzept passen sollte, dann können Sie die Tags natürlich mit Hilfe von CSS umformatieren.

70.4.5 Keywords unsichtbar platzieren

Neben den sichtbaren Varianten, Keywords zu platzieren, können Sie Keywords auch noch »unsichtbar« im Body der Seite unterbringen. Wie schon erwähnt können Sie dazu auch die Meta-Tags nutzen, nur hat das den Nachteil, dass die Schlüsselworte nicht aufgewertet werden. Hierzu gibt es zwei Möglichkeiten:

- <img ... >
  Das img-Tag dient dazu, Bilder einzubinden. Mithilfe des Attributs alt können Sie einen alternativen Text festlegen, der angezeigt wird, wenn die Grafik nicht dargestellt werden kann. Geben Sie anstelle eines Textes, der die Grafik beschreibt, an dieser Stelle eine Sammlung von Schlüsselworten an, dann heißt das für die Suchmaschine, dass diese Keywords die Grafik beschreiben. Somit werden die Begriffe entsprechend aufgewertet. Allerdings muss ich an dieser Stelle warnend den Zeigefinger heben: Diese Texte werden auch dargestellt, wenn jemand den Mauszeiger über dem Bild stehen lässt. Das können Sie allerdings dadurch entschärfen, dass Sie das Attribut title nutzen. Schwieriger ist die Tatsache, dass Sehbehinderte oder Blinde, die mit Screenreadern arbeiten, sich den Text der Seite also vorlesen lassen, genau diese alternativen Texte vorgelesen bekommen. Das heißt, nutzen Sie hier nur Keywords, um die Seite zu »pushen«, dann ist sie nicht barrierefrei. Sie sollten also zumindest ganz kurz beschreiben, was auf der Grafik zu sehen ist, bevor Sie dann wichtige Begriffe einfügen.

  Eine weitere Möglichkeit ist, bestimmte Schlüsselworte direkt an den Dateinamen der Grafik anzuhängen. Das heißt, wenn Sie die Grafik **bild.gif** nutzen wollen, könnte das so aussehen:

- <img src='bild.gif?Schuhe billig'>
  Die beiden Worte Schuhe und billig werden hier also direkt als Query-String angehängt. Zwar ist die Kodierung technisch nicht ganz korrekt, aber die Suchmschine stört das nicht weiter. Auch der Webserver hat kein Problem mit den Begriffen. Ob das Anhängen von Schlüsselworten an dieser Stelle wirklich funktioniert, ist umstritten. Meiner Erfahrung nach scheint das aber gut zu klappen.

- <a ... > ... </a>
  Links sind eine besonders interessante Sache, wie ich finde. Auch hier können Sie an den Dateinamen des Linkziels noch einige Begriffe als Query-String anhängen:

```
<a href="ziel.html?billige Schuhe günstig">
                    Schuhangebot</a>
```

Auch hier sind die Begriffe nicht korrekt URL-kodiert, was aber kein Problem darstellt, da die Suchmaschine es versteht und weder Browser noch Server sich daran stören. Interessant bei dieser Vorgehensweise ist, dass die Seite, auf die verlinkt wird, diese Begriffe auch »erbt«. Dadurch, dass die Begriffe an den Namen der Datei angehängt sind, besteht die komplette URL des Ziels auch mit aus diesen Begriffen. Das scheint übrigens auch auf den Text zwischen <a> und </a> zuzutreffen. Zumindest habe ich nach Auswertung einiger Suchabfragen den Eindruck, dass das so ist.

Der Nachteil an dieser Technik ist nur, dass die Begriffe auch in der Titelleiste des Browsers auftauchen, was nicht so schön aussieht. Hier und da wird auch behauptet, dass Query-Strings, die an den Dateinamen angehängt werden, zu einer Herabstufung der Seite führen könnten oder dass diese Texte nicht ausgewertet werden. Meine Erfahrungswerte können das allerdings nicht bestätigen.

70.4.6 Dateiname und Unterverzeichnisse

Nun wissen Sie, wie Sie die Seiten selber aufbauen können. Was noch nicht erwähnt wurde, sind Dateinamen und Unterverzeichnisse. Auch hier ist es sinnvoll, die Dateien und Unterverzeichnisse so zu benennen, dass wichtige Schlüsselworte darin vorkommen. Dabei ist aber zu beachten, dass die Namen nicht zu lang werden dürfen. Also nutzen Sie für einen Dateinamen nicht einfach alle Begriffe, die Ihnen einfallen, sondern wirklich nur die wichtigen. Dabei sollten die Schlüsselworte sich aber nicht wiederholen:

```
www.beispiel.de/billig/sonderangebote/schuhe.html
```

Oft finden Sie die Behauptung, dass Seiten, die nicht die Endung `html` haben, schlechter indiziert werden. Dies kann ich nicht bestätigen und habe auch noch keinen wirklichen Nachweis dafür finden können. Von daher müssen Sie sich keine Sorgen machen, wenn Ihre Dateien beispielsweise auf `.php` enden.

Da es sehr aufwändig werden kann, die Dateien alle in entsprechende Unterverzeichnisse zu legen, können Sie an dieser Stelle auch zum URL-Rewriting greifen. Dabei wird die URL automatisch vom Webserver umgestellt. Bezogen auf das obige Beispiel könnte man die Datei **schuhe.html** also einfach ins Hauptverzeichnis des Servers legen, und das Rewriting könnte dafür sorgen, dass die eingehenden Anfragen entsprechend umgeleitet werden. Das Rewriting ist aber ein wenig zu komplex und speziell, um hier beschrieben zu werden. Sollten Sie sich dafür interessieren, dann finden Sie im Netz, z. B. unter **http://url-rewriting.de**, viele hilfreiche Artikel.

70.5 Backlinks

Wundern Sie sich nicht über das komische Wort *Backlinks*, hierbei handelt es sich im Endeffekt um ganz normale Links – allerdings um Links, die zu Ihnen, also quasi »zurück zu Ihnen« (*back* engl. zurück) verlinken. Backlinks sind einer der entscheidenden Faktoren, wenn man ein gutes Ranking erreichen möchte. Die Idee ist einfach: Je besser eine Seite ist, desto mehr Leute verlinken diese. Nun könnte man einfach auf die Idee kommen, ganz viele Domains zu mieten und jeweils eine Seite zu hinterlegen, welche einen Link auf die wichtige Hauptdomain beinhalten. Die Idee ist gut, und Sie können sich vorstellen, dass natürlich auch andere schon darauf gekommen sind. Anfangs hat das auch mal funktioniert, aber die Suchmaschinenbetreiber haben diesem Ansatz schon längst einen Riegel vorgeschoben. Links auf eine Seite werden nur dann gewertet, wenn die Seite, auf welcher der Link zu finden ist, »wichtig« ist. Aber was heißt denn nun »wichtig«? Nun, die Suchmaschinen vergeben ein Kriterium namens *Pagerank*, welches misst, wie relevant eine Seite ist. Genau genommen ist nur bei Google wirklich dokumentiert, dass der Pagerank genutzt wird, aber die anderen Suchmaschinen werden mit größter Wahrscheinlichkeit ein ähnliches Kriterium nutzen. Das hier Beschriebene bezieht sich aber dennoch primär auf Google.

Der Pagerank wird mit einer Zahl zwischen 0 und 10 gemessen. Seiten, die neu angemeldet werden, haben standardmäßig einen Rank von 0. Sie werden feststellen, dass eine Seite mit ordentlichen Inhalten es schnell auf einen Rank von 2 bringt. Danach wird es dann allerdings schon schwieriger, und man benötigt den ein oder anderen Link von einer anderen, guten Seite, um ein höheres Ranking zu bekommen. Möchten Sie herausfinden, welches Ranking eine Seite bei Google hat, ist es am einfachsten die Google-Toolbar zu nutzen. Diese können Sie unter **http://www.google.de/toolbar** herunterladen bzw. direkt installieren. Die Toolbar ist ein kleines Programm, das sich nach der Installation mit in Ihren Browser »einklinkt«. Besuchen Sie nun eine Webseite, zeigt die Toolbar Ihnen sofort den Pagerank in Form eines Balkens an. Lassen Sie den Mauszeiger kurz über dem Balken stehen, wird der Pagerank auch als Zahl eingeblendet, wie in Abbildung 70.7 zu erkennen ist. Der Pagerank wird übrigens immer für einzelne Seiten und nicht für den ganzen Server berechnet.

Abbildung 70.7 PageRank von www.galileo-press.de

Das heißt, nur Links von Seiten mit einem gewissen Mindest-Pagerank werden gewertet. Hierbei streiten sich die Fachleute noch darum, wie hoch der Pagerank mindestens sein muss. Ich persönlich gehe davon aus, dass der Rank mindestens 2 sein muss.

Grundsätzlich gilt, dass Sie sich bemühen sollten, so viele Links wie möglich zu bekommen, um Ihre Seite bei den Suchmaschinen aufzuwerten. Auch wenn es Links von Seiten sind, die vielleicht einen zu geringen Pagerank haben, so kann das nicht schaden. Handelt es sich um Seiten, die ernsthaft betrieben werden, dann wird deren Pagerank früher oder später steigen, und Sie können davon profitieren. Von so genannten »Link-Farmen« (also Webseiten, die darauf spezialisiert sind, andere Angebote zu verlinken) würde ich abraten. Fragen Sie lieber bei Freunden, Bekannten und Geschäftspartnern an, ob es nicht die Möglichkeit gibt, einen Link auf deren Website zu platzieren.

Wenn es Sie interessiert, wie viele Links auf Ihre Seite verweisen, dann können Sie das bei einigen Suchmaschinen in Erfahrung bringen. So können Sie z. B. bei Altavista (**www.altavista.de**) als Suchabfrage `link:www.meineseite.de` eingeben, wobei Sie `meineseite` natürlich durch Ihre Domain ersetzen müssen. Altavista liefert Ihnen dann nur Treffer von Seiten, die einen Link auf Ihre Seite enthalten. Zwar unterstützt

Google diese Syntax auch, aber leider liefert Google in diesem Zusammenhang keine korrekten Ergebnisse. Somit stellt Altavista oder ein anderer Anbieter in diesem Zusammenhang die bessere Wahl dar.

70.6 Zusammenfassung und Lesestoff

In diesem Kapitel haben Sie einige der Grundregeln für die Suchmaschinenoptimierung gelernt. Ich möchte noch mal ganz deutlich darauf hinweisen, dass Sie es mit der Optimierung nicht übertreiben sollten. Vorgeschaltete Seiten, unterschiedliche Seiten für Benutzer und Suchmaschinen, versteckte Layer und ähnliche Tricksereien führen letzten Endes meist nicht zum Ziel. Immerhin verdienen Google und Co. ihr Geld damit, dass sie gute Suchergebnisse liefern. Daher sind sie natürlich bemüht, alles, was nach Spam aussieht, herauszufiltern oder herabzustufen. Also nicht tricksen und lieber ordentlich arbeiten.

Suchmaschinenoptimierung ist in den meisten Fällen ein kontinuierlicher Prozess. Die Betreiber der Suchmaschinen stellen das Ranking-Verfahren öfter um, weil sie es weiter verbessern und optimieren. Es passiert also auch schnell mal, dass man seinen guten Platz in den Ergebnissen verliert. Sie müssen also wirklich ständig prüfen, auf welcher Position Sie zu finden sind, und gegebenenfalls nachbessern.

Hierbei kann es auch sehr hilfreich sein, wenn Sie die Seiten von besser platzieren Mitbewerbern analysieren.

Möchten Sie mehr zu dem Thema Suchmaschinenoptimierung erfahren, dann kann ich Ihnen das Buch »Suchmaschinen-Optimierung für Webentwickler. Grundlagen, Ranking optimieren, Tipps und Tricks« von Sebastian Erlhofer (Galileo Press 2006, ISBN 3-89842-785-4) empfehlen. Hier erfahren Sie auf über 400 Seiten alles Wesentliche zu dem Thema.

Im Internet finden Sie unter **http://www.abakus-internet-marketing.de** viele spannende Informationen. Hier finden Sie nicht nur interessante Artikel, sondern auch Foren, in denen Sie sich mit anderen austauschen können.

Der Freiheit folgt zwangsläufig die Verantwortung.
– Ernst Ferstl (österreichischer Autor)

71 Barrierefreiheit

Barrierefreiheit ist ein oft und heiß diskutiertes Thema. Daher möchte ich Ihnen zumindest eine Einführung in den Themenbereich geben. Mit Barrierefreiheit ist nicht gemeint, dass Sie einen besonders schnellen Rechner oder einen bestimmten Browser brauchen, um eine Website zu besuchen. Vielmehr geht es darum, dass es auch viele Menschen mit bestimmten Einschränkungen gibt, die das Internet als Medium für sich entdeckt haben. Hierbei ist primär in vier Gruppen zu unterteilen:

- Blinde und sehbehinderte Menschen
- Motorisch eingeschränkte Personen
- Kognitiv behinderte Menschen
- Hörbehinderte Nutzer

Vielleicht fragen Sie sich gerade, warum Sie eine Webseite denn an behinderte Menschen anpassen sollten. Nun, dafür gibt es viele Gründe. Zum ersten ist es einfach ein fairer Zug. Wenn ich in der Situation wäre, dass ich nichts mehr sehen könnte, dann fände ich es ausgesprochen ärgerlich, ein so mächtiges Medium wie das Internet nicht nutzen zu können, nur weil Web-Designer nicht darüber nachgedacht haben. Der zweite Grund ist, dass auch Menschen mit Behinderung eine kaufkräftige Zielgruppe darstellen, die für viele Unternehmen interessant ist. Immerhin nutzen 80 % der Behinderten das Internet. Der dritte Punkt ist die Gesetzgebung. Zurzeit ist es in Deutschland zwar so, dass nur Seiten des Bundes barrierefrei sein müssen, aber es ist zu erwarten, dass der Gesetzgeber demnächst kommerzielle Angebote zur Barrierefreiheit verpflichtet. In den USA ist das bereits so geregelt (auch wenn es nicht immer umgesetzt wird).

Wie Sie vielleicht schon vermuten, gibt es also eine gesetzliche Regelung dafür, wie Web-Seiten aufgebaut sein sollten, um barrierefrei zu sein. Diese Regelungen sind in der Barrierefreie Informationstechnik-Verordnung (BITV) zusammengefasst. Die komplette BITV können Sie hier nachlesen: **http://bundesrecht.juris.de/bitv/index.html** BITV

Vor dem Bund hat sich allerdings schon das W3C mit der Barrierefreiheit beschäftigt und die Web Accessibility Initiative (WAI) ins Leben gerufen, die 1999 die »Web Content Accessibility Guidelines 1.0« (WCAG) herausgegeben hat. Die WCAG sind noch WCAG ein wenig weitreichender als die BITV. Zwar gibt es keine offizielle Übersetzung der WCAG, aber die wichtigsten Punkte sind zum Beispiel hier zusammengefasst worden: **http://www.barrierefreies-webdesign.de/richtlinien/index.php**

Ich werde mich hier allerdings nicht strikt an eine der beiden Richtlinien halten, sondern versuchen, Ihnen einen Überblick zu verschaffen und eine Einführung zu geben.

Allgemein formuliert heißt Barrierefreiheit, dass jeder Benutzer, der in der Lage ist, das Internet zu nutzen, auch in der Lage sein sollte, Ihre Web-Seiten zu nutzen. Mit anderen Worten, wenn einer der Nutzer einer (gesundheitlichen) Einschränkung unterliegt, dann muss es eine (alternative) Darstellungsmöglichkeit auf der Webseite geben, die er nutzen kann. So weit so gut, aber was soll das heißen? Nun, dazu muss man sich sicher erstmal anschauen, wie denn die verschiedenen Gruppen mit dem Internet umgehen:

Sehbehinderungen

- **Blinde und sehbehinderte Menschen**
  Dem einen oder anderen mag es ungewöhnlich erscheinen, dass Blinde das Internet nutzen. Das ist heutzutage aber kein großes Problem mehr. Blinde oder schwer Sehbehinderte können sich die Texte auf den Webseiten von einer Software vorlesen lassen. Neben diesen so genannten Screenreadern können die Texte auch in Blindenschrift mithilfe einer Braille-Zeile dargestellt werden. Eine solche Braille-Zeile stellt immer eine Zeile des Textes auf dem Bildschirm in Blindenschrift dar. Somit kann der Nutzer sich Zeile für Zeile »durch das Angebot tasten«. Aber denken Sie auch an die Menschen mit Sehbehinderungen, die noch sehen können. Menschen mit schwerer Sehbehinderung lassen sich die Darstellung oft mit einem »Screen-Magnifier« vergrößern. Dabei handelt es sich um eine Software, welche die Inhalte so groß darstellt, dass sie gelesen werden können.

  Teilweise sind die Behinderungen aber gar nicht so dramatisch. So sind 8–9 % der Männer farbfehlsichtig. Das heißt, sie können die Farben Rot und Grün nicht unterscheiden.

Motorische Behinderungen

- **Motorisch eingeschränkte Personen**
  Motorisch eingeschränkte Personen sind zum Beispiel Menschen, deren Hände sehr stark zittern, weil sie an der Parkinsonschen Krankheit leiden. Natürlich gibt es hier noch eine ganze Menge anderer Gründe, warum die Motorik eingeschränkt sein kann. Diese Menschen können oft nicht die Maus benutzen und arbeiten lieber mit der Tastatur. Übrigens arbeiten auch viele »Power-User« lieber mit der Tastatur, als die Maus zu benutzen.

Kognitive Behinderungen

- **Kognitiv behinderte Menschen**
  Kognitive Behinderungen, also geistige Behinderungen, stellen ein gewisses Problem für die Erstellung von barrierefreien Webseiten dar. Technische Anpassungen können das Problem nur teilweise lösen. Viel mehr geht es darum, die Texte einfach und eindeutig zu formulieren und keine zu komplizierten Piktogramme oder Darstellungen zu nutzen. Da schlecht zu sagen ist, wie hoch der Grad der geistigen Behinderung ist, fällt die Anpassung besonders schwer. Daher werde ich

darauf auch nicht weiter eingehen. Sollten kognitiv behinderte Menschen mit zur Zielgruppe der Webseite gehören, dann beachten Sie die Punkte bitte bei der Gestaltung.

- **Hörbehinderte Nutzer**
  Die Anpassung an Hörbehinderungen ist in den meisten Fällen recht einfach. Da die wenigsten Webseiten wirklich Sound benötigen, können Sie meist also auf eine spezielle Anpassung verzichten. Nutzen Sie einfach keinen Sound. Sollten Sie aber aus irgendwelchen Gründen auf Klänge oder Sprachausgaben angewiesen sein, dann müssten Sie einen Text mit einer entsprechenden Erläuterung vorsehen. Weiter Informationen dazu finden Sie unter Punkt 71.1.4.

Hörbehinderungen

Sie sehen schon, das Stichwort Barrierefreiheit bezieht sich primär auf Sehbehinderte und Personen mit motorischen Einschränkungen.

Screenreader

Lassen Sie mich kurz erläutern, wie ein Screenreader arbeitet. Üblicherweise ist ein Screenreader heutzutage eine Software, die als Plugin in einem Browser wie dem Internet Explorer installiert wird. Sie sollten davon ausgehen, dass ein Screenreader die Texte in der Reihenfolge vorliest, wie er sie im Quelltext findet. Das heißt, wenn Sie die Reihenfolge in der Darstellung mithilfe von CSS vertauschen, dann kann das schnell zum Problem werden. Wichtig ist dabei vor allem die Aussage, dass ein Screenreader die Texte vorliest. Das heißt, bildliche Darstellungen von Texten (Logos, besonders gestaltete Schriftzüge etc.) können nicht vorgelesen werden.

Was ist zu beachten?

Daraus resultieren eine ganze Menge Dinge, die beachtet werden sollten. Innerhalb der Seite sollten die Texte in der Reihenfolge erscheinen, wie sie später auf dem Bildschirm angezeigt werden sollen. Das heißt, Sie sollten nicht auf die Idee kommen, zuerst die rechte Spalte eines zweispaltigen Textes zu schreiben und danach erst die linke. Der Screenreader würde dann die zweite Spalte zuerst im Quelltext finden und vorlesen. Dadurch dürfte der Text in den meisten Fällen unverständlich werden. Möchten Sie herausfinden, wie der Inhalt Ihrer Seite von einem Screenreader erfasst wird, dann gibt es zwei Möglichkeiten. Entweder können Sie im Browser einfach die Nutzung von CSS unterbinden. Zusätzlich müssten Sie dann aber auch verhindern, dass Bilder geladen werden etc. Das macht die Sache etwas zu aufwändig. Daher macht es Sinn, dieselben Tools zu nutzen, die ich schon bei der Suchmaschinenoptimierung vorgestellt habe. Damit können Sie eine Bildschirmdarstellung erzeugen, wie sie von einem Textbrowser wie Lynx generiert wird. Hierzu können Sie die Lynx-Version von der DVD nutzen. Möchten Sie Lynx nicht installieren, finden Sie eine Lynx-Emulation unter **www.kk-software.de/Lynxview.html**. Alternativ können Sie auch ein Plugin im Firefox-Browser installieren, welches die Ausgabe von Lynx simuliert. Ein solches ist das *Lynx Viewer Tool*, das Sie hier herunterladen können: **https://addons.mozilla.org/firefox/1944**. Rufen Sie die URL einfach in Firefox auf und klicken Sie auf **Install Now**. Im nachfolgenden Fenster selektieren Sie dann einfach **Jetzt installieren**, und die Erweiterung wird direkt installiert. Möchten Sie sich nun eine Website in der Lynx-Version anschauen, rufen Sie die Seite ganz normal auf. Dann klicken Sie mit der rechten Maustaste in das Browserfenster und wählen *Yellowpipe Lynx Viewer Tool* an. In Abbildung 71.1 und Abbildung 71.2 sehen Sie die Darstellung der Homepage von **www.berlin.de** in der Browser-Ansicht und in der Lynx-Darstellung.

Abbildung 71.1 Homepage der Stadt Berlin im Mozilla/Firefox

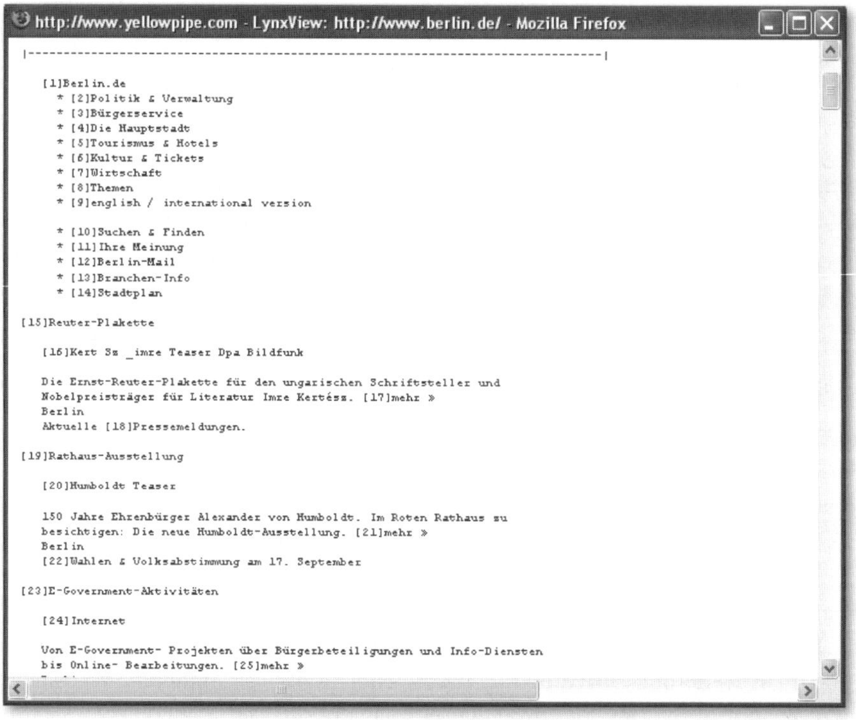

Abbildung 71.2 Dieselbe Homepage in der Lynx-Darstellung

Deutlich zu erkennen ist die unterschiedliche Darstellung und die unterschiedliche Positionierung der Elemente. **www.berlin.de** ist so umgesetzt, dass ein Screenreader gut damit umgehen kann. Die Informationen werden nach wie vor gut strukturiert dargestellt, und alle Informationen sind nach wie vor gut zugänglich.

Unterschiedliche Darstellung

Worauf kommt es bei der Barrierefreiheit neben der Textorientierung aber noch an?

71.1 Tags und Schriftformatierung

Logisch korrekte Tags

Welche Tags Sie nutzen, ist kein absolutes Killer-Kriterium, aber eine korrekte Nutzung der Tags erleichtert es, Inhalte zu erfassen. Das heißt, CSS und Tags wie `font` beziehen sich primär auf die optische Präsentation. Das wird einem schwer Sehbehinderten aber nicht sonderlich helfen. Aber Sie haben ja auch einige Tags kennengelernt, die sich optisch zwar auch bemerkbar machen, aber primär eine logische Aussage beinhalten. Das heißt, wenn Sie ein Zitat einfügen, dann würde es sich anbieten, das `cite`-Tag zu nutzen. Die optische Darstellung, dass also der Text kursiv gesetzt wird, könnten Sie natürlich mit dem `i`-Tag erzeugen. Die logische Aussage, die im Code »schlummert«, ist allerdings eine andere. Diese logischen Informationen können von Screenreadern ausgewertet werden. Das heißt, Tabellen sollten mit einer Unterschrift versehen werden, die mit dem `caption`-Tag ausgezeichnet wird, Überschriften sollten mit den `h`-Tags ausgezeichnet werden usw. Sie merken schon, Suchmaschinenoptimierung und Barrierefreiheit haben einige Gemeinsamkeiten.

Relative Größenangaben

Die Nutzung logisch korrekter Tags soll Sie aber nicht davon abhalten, Ihre Seiten mit CSS ein schickes Aussehen zu verpassen. Nur sollten Sie bei der Nutzung von CSS möglichst relative Schriftgrößen angeben. Das heißt, Sie sollten z. B. `font-size:1.2em;` nutzen und nicht so etwas wie `font-size:14pt;`. Eine relative Angabe in `em` oder Prozent bezieht sich immer auf die Basisschriftgröße. Das heißt, wenn ein Benutzer eine größere Schrift eingestellt hat, dann passen relative Angaben sich an, was absolute nicht machen. Somit haben Menschen mit einer Sehbehinderung eine bessere Chance, die Seite zu lesen.

71.2 Farben

Farben

Die Nutzung von Farben auf barrierefreien Seiten will wohldurchdacht sein. Wie schon erwähnt gibt es eine nicht unerhebliche Anzahl an farbenblinden bzw. farbfehlsichtigen Menschen. Diese können Rot und Grün nicht unterscheiden. Die klassische Farbgebung, in der Rot mit »Stopp« und Grün mit »Weiter« gleichzusetzen ist, kann unter Umständen nicht interpretiert werden. Wenn Sie also zwei Buttons haben, die nicht weiter beschriftet sind und sich nur durch die Farbe unterscheiden, dann ist das nicht gut. Das gilt aber nicht nur für Rot und Grün. Bei einer anderen Form der Farbfehlsichtigkeit können Menschen nicht zwischen Gelb und Blau unterscheiden. Einige Sehbehinderte lassen sich die Seiten auch nur in einer Schwarz-Weiß-Darstellung anzeigen. Dann würden auch andere Farb-Kodierungen zu einem Problem. Verlassen Sie sich also nicht auf Farben, sondern beschriften Sie Buttons, Felder oder bestimmte Bereiche noch zusätzlich.

Kontrastreiche Farbkombinationen

Des Weiteren sollten Sie Farben so kombinieren, dass immer ein ausreichender Kontrast vorhanden ist. Hier empfehlen sich insbesondere die folgenden Kombinationen:

- Schwarz/Weiß
- Blau/Weiß
- Rot/Weiß

Dabei sollten die Farben natürlich immer kräftig gewählt werden und nicht zu »pastellig« sein.

Wenn Sie interessiert, wie ein Farbfehlsichtiger eine bestimmte Grafik sieht, dann kann ich Ihnen **www.vischeck.com** empfehlen.

71.3 Bilder

Betrachten Sie noch einmal die beiden Abbildungen. An Stelle des Logos von Berlin.de taucht in der Lynx-Darstellung nur der Text *Berlin.de* auf. Das liegt natürlich nicht daran, dass Lynx den Text lesen konnte, der sich auf dem Bild befindet. Vielmehr handelt es sich dabei um den Text, der dem `alt`-Attribut des `img`-Tags zugewiesen wurde.

Alternative Texte

Der alternative Text ist das, was ein Screenreader vorliest, wenn er eine Grafik findet. Das heißt, dass Sie erstens immer ein `alt`-Attribut nutzen sollen. Zweitens sollte das Attribut aber auch einen sinnvollen, hilfreichen Text haben. Das heißt, wenn Sie einen Text wie »Hier klicken« notieren, dann hilft das nicht weiter. Auch der Dateiname oder »Bild« helfen nicht weiter. Ein Text wie »Zur Startseite« oder »Kölner Dom« ist deutlich hilfreicher. Wenn Sie den Benutzer also zu einer Handlung wie einem Klick auffordern, dann sollten Sie beschreiben, was passiert. Sonst reicht eine kurze Beschreibung aus. Sehen Sie kein `alt`-Attribut vor, dann kann der Screenreader nur den Namen der Grafik vorlesen. Wenn Sie betrachten, dann werden Sie feststellen, dass das schnell ein Problem sein kann.

Wenn ich auf einen Screenreader angewiesen wäre und der mir diverse Male **tp.gif** vorlesen würde, dann fände ich das nicht nur verwirrend, sondern auch ärgerlich. Es wäre an dieser Stelle sinnvoll ein leeres `alt`-Attribut, also `alt=''` einzufügen. Damit erkennt der Screenreader dann, dass es eine Abbildung ohne inhaltliche Funktion ist.

Layout mit unsichtbaren GIFs

Das Problem dieser Seite besteht aber nicht nur in der Tatsache, dass keine `alt`-Attribute enthalten sind, sondern auch darin, dass eine veraltete Technik für den Aufbau des Layouts genutzt wurde. **www.muenchen.de** setzt auf Layout-Tabellen, die mit transparenten GIFs (tp = transparentes Pixel) ausgerichtet werden. Diese Technik ist zwar nicht unbedingt verwerflich, aber sie ist veraltet, umständlich und unnötig. Sie sollten also nicht nur Alternativtexte vorsehen, sondern sich auch bemühen, die Anzahl der verwendeten Grafiken möglichst gering zu halten.

Abbildung 71.3 Homepage von muenchen.de

Ausführliche Beschreibung

Oft reicht es aber nicht aus, das `alt`-Attribut zu nutzen. Stellen Sie sich vor, Sie wollen eine Umsatzentwicklung mithilfe einer Kurve darstellen. Diese Grafik können Sie nicht mit einem kurzen, alternativen Text beschreiben. Hierfür ist das `londesc`-Attribut definiert. Mithilfe dieses Attributs können Sie auf eine HTML-Seite verweisen, welche den Inhalt der Grafik erläutert.

```
<img src="umsatz2006.png" alt="Umsatz 2006"
     longdesc="umsatz2006.html">
```

Die Seite **umsatz2006.html** ist also eine komplette Beschreibung des Inhalts der Grafik, wohingegen das `alt`-Attribut nur in kurzen Worten den Inhalt umreißt. Zwar ist das `longdesc`-Attribut im HTML-Standard enthalten, aber einige Browser unterstützen es trotzdem nicht. Daher wird empfohlen, die Datei mit der Beschreibung noch zusätzlich zu verlinken. Meist wird hierzu ein normaler Link verwendet. Hierbei handelt es sich um den so genannten D-Link. D-Link, weil der Link-Text meist `[D]` lautet. Das *D* steht hierbei für *description* (engl. für Beschreibung). Wenn Sie der Gedanke stört, dass neben jeder Grafik ein `[D]` steht, dann kann ich Sie beruhigen. Sie können den Link-Text ja beliebig klein darstellen. Das stört den Screenreader nicht weiter.

Sollte das noch keine akzeptable Lösung sein, dann können Sie auch einfach eine Grafik als Link nutzen. Dafür sollten Sie dann ein transparentes GIF nutzen, das 1×1 Pixel groß ist. Dadurch kann der normale Benutzer nichts von dem Link sehen. Damit der Screenreader den Link korrekt erkennen kann, müssten Sie natürlich einen entsprechenden `alt`-Text vorsehen. Sie können den Link also so:

```
<img src="umsatz2006.png" alt="Umsatz 2006"
   longdesc="umsatz2006.html">
<a href=" umsatz2006.html "
   title="Beschreibung des Diagramms Umsätze 2006"
   style="font-size:2pt">[D]</a>
```

oder so:

```
<img src="umsatz2006.png" alt="Umsatz 2006"
   longdesc="umsatz2006.html">
<a href=" umsatz2006.html "
   title="Beschreibung des Diagramms Ums&auml;tze 2006">
<img alt="D-Link" src="1px.gif" width="1" height="1"></a>
```

schreiben.

Auch wenn es Ihnen sicher schon klar ist, möchte ich es doch noch einmal ausdrücklich sagen. Texte sollten natürlich – wenn es irgendwie zu vermeiden ist – nicht als Grafiken gesetzt werden. Texte sollten immer direkt im HTML-Code stehen. Zwar hatte ich auch schon Kunden, die darauf bestanden haben, dass Texte in deren Hausschriftart dargestellt werden sollten und ich daher zu Grafiken greifen musste, aber meist ist es kein Problem für den Kunden, wenn der Text in einer anderen Schriftart dargestellt wird.

71.3.1 PDF-Dateien

Lieber Text als PDF

Auch wenn PDF-Dateien keine Grafiken im engeren Sinn sind, können Sie schnell ein Problem darstellen. Screenreader können PDF-Dateien inzwischen zwar üblicherweise lesen, aber Sehbehinderte haben damit unter Umständen ein Problem. Nicht immer können die Farben angepasst werden, was problematisch sein kann. Daher sollten Sie – wenn möglich – hinterlegte PDF-Dateien auch immer als normale Texte oder HTML-Seiten speichern. In einigen Fällen ist das sich nicht möglich, weil Sie verhindern wollen, dass Texte kopiert werden o. ä. Aber zumindest sollten Sie immer darüber nachdenken, ob das möglich sein könnte.

71.3.2 Imagemaps

Imagemaps, also Grafiken, die in bestimmten Bereichen Links enthalten, sollten vermieden werden. Sie sind nicht grundsätzlich verboten, aber stellen schnell ein Problem dar. Schwierig bei dieser Art von Navigation ist, dass Sie einen Mauszeiger benötigen. Dies kann sowohl für Menschen mit motorischer als auch für Menschen mit Sehbehinderung ein Problem sein. Möchten Sie aber doch eine Imagemap nutzen, dann können Sie die Barrierefreiheit durchaus sicherstellen.

Alternative Texte

Der erste Punkt ist, dass Sie die `area`-Elemente auf jeden Fall mit einem alternativen Text versehen sollten:

```
<map name="europe">
  <area shape="poly" coords="227,253,256,254,270,331,
       206,330,219,305,204,300,216,262"
       href="deutsch.htm" alt="Seite auf Deutsch">
  <area shape="poly" coords="140,313,186,284,215,310,
       205,323,205,330,213,334,212,351,187,360,159,349"
       href="francais.htm" alt="Seite auf Franz&ouml;sisch">
  <area shape="poly" coords="155,206,182,268,175,284,
       137,293,113,275,113,248,142,206"
       href="english.htm" alt="Seite auf Englisch">
  <area shape="poly" coords="120,344,185,363,154,402,
       121,398,129,361,111,355" href="espanol.htm"
       alt="Seite auf Spanisch">
    </map>
    <img src="europe.jpg" width="600" height="450"
     border="0" usemap="#europe">
  </body>
```

Listing 71.1 Nutzung einer Imagemap

Das Object-Tag

Allerdings haben Sie ja in Kapitel 10.7 auch das `object`-Tag kennengelernt, mit dem Sie Grafiken einbinden können. Auch wenn das `object`-Tag von einigen älteren Browsern nicht unterstützt wird, so bietet es doch den Vorteil, dass Sie eine alternative Darstellung zwischen dem öffnenden und schließenden Tag platzieren können. Das heißt, Sie können hier alternative Links anbieten. Ein entsprechendes Beispiel finden Sie in Listing 71.2.

```
<map name="europe">
  <area shape="poly" coords="227,253,256,254,270,331,
   206,330,219,305,204,300,216,262"
   href="deutsch.htm" alt="Seite auf Deutsch">
  <area shape="poly" coords="140,313,186,284,215,310,
   205,323,205,330,213,334,212,351,187,360,159,349"
   href="francais.htm" alt="Seite auf Franz&ouml;sisch">
  <area shape="poly" coords="155,206,182,268,175,284,
   137,293,113,275,113,248,142,206"
   href="english.htm" alt="Seite auf Englisch">
  <area shape="poly" coords="120,344,185,363,154,402,
   121,398,129,361,111,355" href="espanol.htm"
   alt=" Seite auf Spanisch">
</map>

<object src="europe.jpg" width="600" height="450"
        border="0" usemap="#europe">
```

```
  Willkommen auf unserer Seite. Sie k&ouml;nnen
  zwischen den folgenden Sprachen w&auml;hlen.<br>
  <a href="deutsch.htm"
   alt="Seite auf Deutsch">Deutsch</a><br>
  <a href="francais.htm"
   alt="Seite auf Franz&ouml;sisch">Franz&ouml;sisch</a><br>
  <a href="english.htm"
   alt="Seite auf Englisch">Englisch</a><br>
  <a href="espanol.htm"
   alt="Seite auf Spanisch">Spanisch</a>
</object>
```

Listing 71.2 Imagemap mit alternativen Links

Abbildung 71.4 Imagemap im Browser mit ausgeschalteten Grafiken

Möchten Sie eine solche Imagemap testen, dann sollten Sie das nicht mit Lynx bzw. einer Lynx-Emulation machen. Lynx erkennt Imagemaps und stellt die dort enthaltenen Links dar. Nehmen Sie einen normalen Browser und schalten Sie das Laden von Grafiken aus oder benennen Sie die Grafik zum Testen einfach um, damit sie nicht gefunden werden kann.

Des Weiteren sollten Sie die Klickflächen in einer Imagemap nicht zu klein wählen, um Menschen mit motorischen Einschränkungen nicht auszuschließen.

71.3.3 Animationen

Auch wenn sie inzwischen nicht mehr so oft anzutreffen sind, so sind Animationen doch immer noch ein beliebter Effekt auf Webseiten. Sei es, dass es sich um Werbeflächen oder animierte Schaltflächen handelt. Hierbei geht es mir nicht um einen einfachen MouseOver-Effekt. Dagegen ist nicht unbedingt etwas zu sagen. Nutzen Sie aber automatisch ablaufende Animationen, die vielleicht auch noch großflächig sind, dann kann das schnell ein Problem sein. Menschen mit Sehbehinderung können Seiten schlecht erfassen. Das ist insbesondere dann der Fall, wenn schnelle, kontrastreiche Farbwechsel in der Animation enthalten sind. Noch bedenklicher ist aber die

Tatsache, dass solche Animationen unter Umständen sogar epileptische Anfälle auslösen können.

Abgesehen davon fällt es auch den meisten normalsichtigen Menschen schwer, eine Seite zu lesen, auf der ständig etwas blinkt. Auge und Gehirn werden dadurch nur unnötig belastet.

Blinken mit CSS

Sollten Sie aus irgendwelchen Gründen dennoch einen blinkenden Text benötigen, dann setzen Sie das bitte nicht in Form eines animierten GIFs o. ä. um. Nutzen Sie lieber normalen Text, der mit CSS formatiert wurde, und weisen Sie ihm die Style `text-decoration:blink` zu. Sollte ein Benutzer ein Problem mit der Animation haben, dann kann er sie jederzeit ausschalten.

71.4 Video-Sequenzen

Alternative Darstellung von Videos

Auch Video-Sequenzen müssen barrierefrei sein. Die BITV fordert: »Für jede zeitgesteuerte Multimedia-Präsentation (insbesondere Film oder Animation) sind äquivalente Alternativen (z. B. Untertitel oder Audiobeschreibungen der Videospur) mit der Präsentation zu synchronisieren.« Im Endeffekt hat das zur Folge, dass Sie drei Video-Sequenzen erstellen müssen: Eine für User, die sehen und hören können. Für Menschen, die Probleme mit den Augen haben, sollten Sie eine Sequenz erstellen, bei der auf einer Tonspur erläutert wird, was zu sehen ist. Theoretisch würde an dieser Stelle ein reiner Audiotrack ausreichen, aber ein Video mit einer synchronisierten Beschreibung ist sicher eleganter. Sollte Ihnen das zu aufwändig sein, dann wäre eine reine Text-Version, in der alles beschrieben ist, zur Not auch denkbar. Diese könnte ein Blinder sich dann vorlesen lassen.

Vergessen Sie aber bitte die Schwerhörigen und Gehörlosen nicht. Diese können entsprechende Erläuterungen natürlich nicht hören. Das heißt, für diese Zielgruppe benötigen Sie eine Version des Videos mit Untertiteln, die synchron zu der Videosequenz eingeblendet werden. Ein schönes Beispiel für eine solche Umsetzung können Sie hier sehen: **http://www.stero.de/multimedia_video.htm**.

71.5 Tabellen

Tabellen werden in HTML gern und oft genutzt. In den meisten Fällen werden sie allerdings für Layout-Zwecke genutzt. Das heißt, die Seite wird mit Hilfe von Tabellen aufgeteilt oder Elemente werden mit Tabellen positioniert. Das war vor einiger Zeit noch eine probate Vorgehensweise. Inzwischen sollten Sie Ihr Layout aber – wenn es irgendwie möglich ist – mit CSS aufbauen. Das hat mehrere Gründe: Zum einen sind Layout-Tabellen – gerade dann, wenn sie mehrfach erschachtelt sind – sehr verwirrend.

Tabellarische Daten

Zum zweiten sind Tabellen für die Darstellung von tabellarischen Daten gedacht und sollten auch dazu verwendet werden. Wie schon am Anfang des Kapitels erwähnt, sollten Tags halt immer entsprechend ihrer logischen Bestimmung genutzt werden. Das gilt auch in diesem Fall.

Nutzen Sie eine Tabelle, um Daten auszugeben, so bedenken Sie bitte, wie sie von einem Screenreader vorgelesen werden. Er geht entsprechend der Reihenfolge im Quelltext vor. Da Tabellen in HTML zeilenweise aufgebaut werden, werden also jeweils die Werte in einer Zeile vorgelesen bevor die nächste kommt. Klingt unproblematisch, oder? Betrachten Sie Abbildung 71.5.

Abbildung 71.5 Tabelle mit Umsätzen

So nicht

Sieht doch ganz normal aus, oder? Wenn Sie sich den Quelltext der Tabelle anschauen wird das Problem aber schnell deutlich:

```
<table border='0'>
  <tr>
    <th> </th>
    <th>Umsatz</th>
    <th>Umsatz</th>
  </tr>
  <tr>
    <th> </th>
    <th>Filiale 1</th>
    <th>Filiale 2</th>
  </tr>
  <tr>
    <td>Schuhe</td>
    <td>1200,00</td>
    <td>1381,00</td>
  </tr>
  <tr>
    <td>Jacken</td>
    <td>2200,00</td>
    <td>1840,00</td>
  </tr>
</table>
```

Die Tabelle ist so aufgebaut, dass es erst eine Zeile gibt, in dem immer das Wort »Umsatz« steht. Danach folgt dann eine Zeile, in der die Namen der Filialen zu finden sind. Das hätte zur Folge, dass der Screenreader diverse Male »Umsatz« vorliest, und dann die Namen der einzelnen Filialen vorgelesen werden. Das dürfte nicht sehr hilfreich sein. Inhalte, die zusammengehören, sollten also auch immer in derselben Zelle landen.

Umfangreiche Tabellen

Was aber, wenn Sie eine Tabelle korrekt aufgebaut haben? Auch in dem Fall werden erst die Spaltenüberschriften vorgelesen. Dass Sie Spaltenüberschriften nutzen, die mithilfe des `th`-Tags ausgezeichnet sind, setze ich einfach mal voraus. Nachdem die einzelnen Überschriften vorgelesen wurden, folgen die einzelnen Zeilen mit den Werten. Das heißt, wenn ein Blinder eine Tabelle verstehen möchte, dann muss er die ganze Zeit die Überschriften im Kopf behalten und bei jeder Zeile die Werte den Überschriften zuordnen. Besteht die Tabelle aus vielen Spalten, ist das nicht ganz einfach. Besonders groß wird die Herausforderung dann, wenn die Tabelle auch noch viele Zeilen hat. Sie können es ja selber mal probieren. Nehmen Sie eine komplexe Tabelle, lesen Sie die Spaltenüberschriften und decken Sie diese dann ab. Sie werden feststellen, dass es nicht einfach ist, die Tabelle dann doch zu verstehen.

Es gibt verschiedene Ansätze, um das Problem in den Griff zu bekommen. Die einfachste Variante ist, die Tabellen nicht zu groß werden zu lassen. Splitten Sie eine große Tabelle also einfach in mehrere kleine auf.

Barrierefreie Tabellen

In einigen Fällen sind große Tabellen nur schlecht zu unterteilen. In dem Fall bietet sich ein anderer Ansatz an. Erweitern Sie Ihre Tabelle einfach ein wenig, damit sie wirklich barrierefrei wird. Die Idee ist einfach. Damit jeder Wert eindeutig zu verstehen ist, muss der Screenreader einfach nur ausgeben, um welche Spalte es sich handelt. Hierzu ist in HTML 4 eine Kombination aus den Attributen `id` und `headers` vorgesehen. Das Attribut `id`, das Sie ja schon kennen, muss einen Wert enthalten, der innerhalb des Dokuments eindeutig ist. Mit `headers` können Sie sich dann auf diesen Wert beziehen, sodass eine eindeutige Zuordnung möglich ist. Den Aufbau einer solchen Tabelle sehen Sie in Listing 71.3.

```
<table border='0' summary="In dieser Tabelle sehen
        Sie die Ums&auml;tze des Unternehmens aufgeteilt
        nach Filiale und Artikel">
<caption>Umsatz nach Filiale und Artikel</caption>
  <tr>
    <th id="sp0">
      Artikel
    </th>
    <th id="sp1">
      Umsatz<br>
      Filiale 1
    </th>
    <th id="sp2">
      Umsatz<br>
```

```
      Filiale 2
    </th>
  </tr>
  <tr>
    <td headers="sp0">Schuhe</td>
    <td headers="sp1">1200,00</td>
    <td headers="sp2">1381,00</td>
  </tr>
  <tr>
    <td headers="sp0">Jacken</td>
    <td headers="sp1">2200,00</td>
    <td headers="sp2">1840,00</td>
  </tr>
</table>
```

Listing 71.3 Beispiel für eine barrierefreie Tabelle

Überblick über die Tabelle

In dieser Tabelle wurde nicht nur der Bezug zwischen Spalte und Inhalt hergestellt. Es wurde auch noch eine Unterschrift mithilfe von `caption` und eine Zusammenfassung des Inhalts mit dem `summary`-Attribut eingefügt. Das `summary`-Attribut wurde auch mit HTML 4 eingeführt und sollte eine Zusammenfassung des Inhalts der Tabelle enthalten. Als Sehender können Sie auf den ersten Blick erfassen, worum es in der Tabelle geht. Das ist einem Blinden leider nicht möglich. Daher ist es sehr hilfreich, hier noch eine Zusammenfassung zu hinterlegen, die dann vor der eigentlichen Tabelle vorgelesen wird.

Aber zurück zu den Spaltenüberschriften. Durch das Herstellen der Beziehung kann ein Screenreader nun auswerten, welche Spaltenüberschrift zu dem Wert gehört. Vor jedem Wert liest der Reader dann die jeweilige Spaltenüberschrift vor. Ein sehr guter Ansatz, wie ich finde.

71.5.1 Formulare

Auch Formulare gehören zu den Dingen, die optisch häufig gut gegliedert sind, für einen Blinden aber schlecht zu erfassen sind. Oft ist es nicht möglich, die Beschriftung vor einem Eingabefeld eindeutig dem Feld zuzuordnen. Der »Klassiker« in diesem Bereich ist, dass es drei Felder gibt, die für Land, Postleitzahl und Ort gedacht sind. Diese Felder sind meist aber nicht einzeln beschriftet sondern vor den drei Feldern steht »Land/PLZ/Ort«. Solche Darstellungen finden Sie aber auch in vielen anderen Zusammenhängen. So ist es nicht unüblich, Vor- und Nachamen oder Vorwahl und Telefonnummer zu verknüpfen.

Eindeutig beschriften

Jedes Feld sollte eine eindeutige Beschriftung haben. Aber keine Angst, Sie müssen nicht direkt vor jedes Feld einen entsprechenden Text schreiben. Die Lösung besteht in der Nutzung des `label`-Tags. Dieses habe ich im Teil 2 nicht erwähnt, weil es sich optisch nicht bemerkbar macht. Die Beschriftung eines Feldes sollte in das `label`-Tag verpackt werden. Das Element kennt das Attribut `for`, das die ID eines Formularfeldes als Wert übergeben bekommt. Darüber ist die eindeutige Zuordnung zwischen Feld und Beschriftung möglich.

Des Weiteren sollten zusammengehörende Formularelemente immer zu Sätzen gruppiert und mit einer Beschriftung versehen werden. Um die Felder zu gruppieren, steht das schon bekannte `fieldset`-Tag zur Verfügung, das dann mit dem `legend`-Tag ergänzt wird, um die Felder mit einer eindeutigen Beschriftung zu versehen. Ein Beispiel für ein solches Formular finden Sie in Listing 71.4.

```
<form action='speichern.php' method='post'>
  <fieldset>
  <legend>Anrede und Name</legend>
    <label for='anrede'>Anrede</label>
    <input name='anrede' id ='anrede'><br>
    <label for='vorname'>Vorname</label>
    <input name='vorname' id ='vorname' size='20'><br>
    <label for='nachname'>Nachname</label>
    <input name='nachname' id ='nachname' size='20'><br>
  </fieldset>
  <fieldset>
  <legend>Adresse</legend>
    <label for='strasse'>Stra&szlig;e</label>
    <input name='strasse' id ='strasse' size='20'><br>
    <label for='plz'>PLZ</label>
    <label for='ort'>Ort</label>
    <input name='plz' id ='plz' size='5'>
    <input name='plz' id ='ort' size='13'>
  </fieldset>
  <input type='submit' value='Speichern'>
  </form>
</body>
```

Listing 71.4 Beispiel für ein barrierefreies Formular

Da dieses Formular nur als Beispiel dient, habe ich auf Formatierungen verzichtet. Für den Einsatz auf einer Website können Sie natürlich noch CSS-Styles ergänzen.

Optionslisten

In einigen Fällen benötigen Sie in Formularen Listen, die oft in Form von Optionslisten umgesetzt werden. Bei kürzeren Listen können Sie diese vielleicht auch mithilfe von Radiobuttons darstellen. Längere Listen sollten Sie gruppieren. Das heißt, wenn Sie beispielsweise eine lange Liste mit Ländern benötigen, dann ist es sinnvoll, die Liste mithilfe des `optgroup`-Tags logisch zu gruppieren.

```
<label for='land'>Land</label>
<select name='land' id='land'>
  <optgroup label="Europa">
    <option>Deutschland</option>
    <option>Schweiz</option>
    <option>&Ouml;sterreich</option>
  </optgroup>
```

```
  <optgroup label="Nordamerika">
    <option>USA</option>
    <option>Kanada</option>
  </optgroup>
</select>
```

Durch diese Gruppierung kann der User die Oberpunkte anspringen, ohne sich die ganzen Länder einzeln vorlesen lassen zu müssen. Wie diese Liste gerendert wird, sehen Sie in Abbildung 71.6

Abbildung 71.6 Darstellung der Optionsliste im Browser

Bitte bedenken Sie bei Formularen auch, dass Screenreader kein JavaScript interpretieren können. Das heißt, wenn Sie das Formular nicht mit einem normalen Submit-Button, sondern mit einer JavaScript-Funktion versenden, kann das schnell ein Problem sein. Möchten Sie unbedingt JavaScript benutzen, dann beachten Sie bitte, dass der Button eindeutig beschriftet ist.

Validitätsprüfung

Ähnliches gilt übrigens auch für die Validitätsprüfung von Formularen. Wenn ein Pflichtfeld nicht ausgefüllt oder ungültig ist, dann ist es wenig sinnvoll, die Felder via JavaScript und DOM rot einzufärben. Auch kommt nicht jeder Screenreader damit zurecht, wenn Sie mittels DOM die Beschriftung der Felder verändern oder mit JavaScript ein `alert`-Fenster öffnen. Das heißt, es macht in diesem Fall eher Sinn, die Validierung serverseitig vorzunehmen, damit der Screenreader sicher erkennt, dass es sich um eine neue Seite handelt. Auch dabei sollten die Pflichtfelder natürlich nicht nur durch eine farbliche Hervorhebung kenntlich gemacht werden.

Zugriff auf Felder

Die Punkte, die ich bisher genannt habe, beziehen sich nur auf sehbehinderte Menschen. Gerade bei Formularen sollten Sie aber auch an motorische Einschränkungen denken. Soll ein Formular ohne Maus bedient werden, dann ist es sehr angenehm, wenn Sie die Attribute `accesskey` oder `tabindex` genutzt haben. `tabindex` ist hier vielleicht nicht ganz so relevant, da der Browser bei einem Druck auf die Tabulator-Taste sowieso zum nächsten Feld springt. Nur wenn Sie eine andere Reihenfolge vorschlagen wollen, wäre das sinnvoll. Die Nutzung von `accesskey` würde ich da schon eher vorziehen, damit der Benutzer bestimmte Felder direkt anspringen kann. Beachten Sie dabei nur, dass auch zu erkennen sein muss, welcher Buchstabe genutzt werden soll. In den meisten Fällen wird das dadurch deutlich gemacht, dass man den entsprechenden Buchstaben im Label des Feldes unterstreicht.

```
<label for='vorname'><u>V</u>orname</label>
<input type='text' name='vorname'
            id='vorname' accesskey='v'>
```

Den meisten Nutzern dürfte das Prinzip auf Anhieb verständlich sein. Natürlich können Sie die Beschriftung auch mit [Alt]+[V] ergänzen, um das Prinzip besonders deutlich zu machen.

71.6 Neue Fenster, Frames und iFrames

Inhalte in neuen Fenstern zu öffnen, kann für Blinde sehr verwirrend sein. Nicht jeder Screenreader erkennt, dass ein neues Fenster geöffnet wurde. Aber selbst wenn der Reader das erkennt, ist es unter Umständen sehr verwirrend, wenn zusammengehörende Inhalte auf unterschiedliche Fenster verteilt sind. Ähnliches gilt bei Frames und iFrames. Auch hier werden Inhalte, die zusammengehören auf unterschiedliche Dokumente aufgeteilt. Ich würde Ihnen empfehlen, darauf zu verzichten, neue Fenster zu öffnen oder mit Frames zu arbeiten. Neben der besseren Zugänglichkeit hat das auch den Vorteil, dass Sie weniger Probleme mit Suchmaschinen haben.

71.7 Fazit

Wie eingangs erwähnt habe ich nicht alle Aspekte der Barrierefreiheit aufgegriffen. Ich habe mich auf die wichtigsten Punkte beschränkt, die – wenn Sie sie beachten – eine Seite aber schon weitestgehend zugänglich machen. Da der Aufwand für diese Anpassungen sehr gering ist und es viele Überschneidungen mit der Suchmaschinenoptimierung gibt, kann ich es Ihnen nur sehr empfehlen, die genannten Punkte zu berücksichtigen. Möchten Sie die Zugänglichkeit Ihrer Seiten testen, dann kann ich Ihnen das Tool Watchfire WebXACT (früher unter dem Namen Bobby bekannt) empfehlen, das Sie hier finden: **http://webxact.watchfire.com**. Möchten Sie sich weiter in das Thema einarbeiten, dann finden Sie im Internet eine ganze Menge Lesestoff dazu. Eine aktuelle Liste mit den besten Links ist bei Wikipedia (**http://de.wikipedia.org/wiki/Barrierefreies_Internet**) zu finden.

TEIL 12
Anhang

A Antworten und Lösungen

Viele der Fragen und Übungen, die ich in diesem Buch gestellt habe, lassen sich auf mehr als eine Art lösen. Andere wiederum haben nur eine einzige Lösung. Bei den Fragen und Übungen, bei denen es mehrere Lösungswege gibt, habe ich die Lösung genommen, die am einfachsten zu verstehen ist. Ich würde mich aber über Rückmeldungen Ihrerseits freuen. Wenn Sie eine andere Lösung gefunden haben, veröffentlichen Sie diese bitte im Forum unter www.marklubkowitz.de

A.1 Teil 2: HTML

A.1.1 Lösungen zu Abschnitt 7.11

Frage/Aufgabe 1

Es gibt folgende Basiselemente:

```
html
head
body
title
```

Frage/Aufgabe 2

```
<!-- Das ist die Startseite -->
```

Frage/Aufgabe 3

Ein HTML-Dokument mit dem Dokumententitel »*Startseite*« und dem Text »*Willkommen auf meiner Startseite!*«.

```
<!DOCTYPE HTML PUBLIC "-//W3C//DTD HTML 4.01
Transitional//EN">
<html>
  <head>
    <title>Startseite</title>
  </head>
  <body>Willkommen auf meiner Startseite!</body>
</html>
```

Frage/Aufgabe 4

Die Dokumententyp-Definition legt fest, auf Basis welcher Version und welcher Variante ein HTML-Dokument erstellt wurde. Sie beschreibt alle Besonderheiten, die ein Dokument bezüglich der Struktur und des Erscheinungsbildes aufweisen darf.

Frage/Aufgabe 5

Der Unterschied zwischen einem Eltern- und einem Kindelement besteht in der Reihenfolge, in der Elemente definiert und verschachtelt wurden. Ein Element, das von den Start- und Ende-Tags eines anderen Elements umschlossen wird, ist ein Kindelement. Das Element, dessen Start- und Ende-Tags ein Element umschließen, ist ein Elternelement. Ein Elternelement kann auch ein Kindelement eines anderen Elements sein.

A.1.2 Lösungen zu Abschnitt 8.12

Frage/Aufgabe 1

Es gibt insgesamt sechs Überschriften-Elemente: `h1`, `h2`, `h3`, `h4`, `h5` und `h6`. Sie unterscheiden sich lediglich in der Schriftgröße, mit der sie den Text in ihrem Gültigkeitsbereich darstellen. Das `h1`-Element stellt den Text am größten und das `h6`-Element den Text am kleinsten dar.

Frage/Aufgabe 2

Wenn Sie im Quelltext eines HTML-Dokuments Zeilenumbrüche oder mehrere Leerzeichen hintereinander im Gültigkeitsbereich eines `p`-Elements notieren, werden diese bei der Ausgabe im Browser ignoriert.

Frage/Aufgabe 3

Alle Zeilenumbrüche, die Sie im Gültigkeitsbereich eines `pre`-Elements vornehmen, werden exakt so im Browser dargestellt. Auch mehrere aufeinander folgende Leerzeichen werden dargestellt. Außerdem erfolgt die Ausgabe des Textes in einer dicktengleichen Schrift.

Frage/Aufgabe 4

```
<!DOCTYPE HTML PUBLIC "-//W3C//DTD HTML 4.01 Transitional//EN">
<html>
  <head>
    <title>Aufgabe 4</title>
  </head>
  <body>
    <h1><font color="green" face="cursive">Gr&uuml;zi und
         Herzlich Willkommen!</font></h1>
  </body>
</html>
```

Frage/Aufgabe 5

```
<!DOCTYPE HTML PUBLIC "-//W3C//DTD HTML 4.01 Transitional//EN">
<html>
  <head>
    <title>Aufgabe 5</title>
  </head>
  <body>
    <h1><font color="green" face="cursive">Gr&uuml;zi und
    Herzlich Willkommen!</font></h1>
    <p align="center"><font size="-2">Dies ist ein
    beliebiger Text, den Sie auch einfach durch einen
    anderen ersetzen d&uuml;rfen.</font></p>
  </body>
</html>
```

Frage/Aufgabe 6

```
<!DOCTYPE HTML PUBLIC "-//W3C//DTD HTML 4.01 Transitional//EN">
<html>
  <head>
    <title>Aufgabe 6</title>
  </head>
  <body>
    <h1><font color="green" face="cursive">Gr&uuml;zi und
    Herzlich Willkommen!</font></h1>
    <p align="center"><font size="-2">Dies ist ein
    beliebiger Text, den Sie auch einfach durch einen
    anderen ersetzen d&uuml;rfen.</font></p>
    <pre>&lt;html&gt;
  &lt;head&gt;
    &lt;title&gt;Aufgabe 6&lt;/title&gt</pre>
  </body>
</html>
```

A.1.3 Lösungen zu Abschnitt 9.10

Frage/Aufgabe 1

```
<!DOCTYPE HTML PUBLIC "-//W3C//DTD HTML 4.01 Transitional//EN">
<html>
  <head>
    <title>Aufgabe 1</title>
  </head>
  <body>
    <table width="100%">
      <tr>
        <th>Filiale/Jahr</th>
        <th>1997</th>
```

```
        <th>1998</th>
        <th>1999</th>
        <th>2000</th>
        <th>2001</th>
      </tr>
      <tr>
        <th>Berlin</th>
        <td>3,2</td>
        <td>2,9</td>
        <td>3,3</td>
        <td>1,9</td>
        <td>2,3</td>
      </tr>
      <tr>
        <th>Hamburg</th>
        <td>1,2</td>
        <td>1,4</td>
        <td>1,5</td>
        <td>1,3</td>
        <td>2,0</td>
      </tr>
      <tr>
        <th>M&uuml;nchen</th>
        <td>0,3</td>
        <td>0,7</td>
        <td>0,6</td>
        <td>1,1</td>
        <td>1,0</td>
      </tr>
      <tr>
        <th>Frankfurt</th>
        <td>0,5</td>
        <td>0,7</td>
        <td>1,3</td>
        <td>1,6</td>
        <td>1,9</td>
      </tr>
      <tr>
        <th><i>Gesamt</i></th>
        <td><i>5,2</i></td>
        <td><i>5,7</i></td>
        <td><i>6,7</i></td>
        <td><i>5,9</i></td>
        <td><i>7,2</i></td>
      </tr>
    </table>
  </body>
</html>
```

Frage/Aufgabe 2

Aus Platzgründen ist hier nur ein Teil des HTML-Dokuments aufgeführt. Die Lösung entspricht dem Listing aus Frage/Aufgabe 1 mit der folgenden Änderung:

```
<table width="100%">
  <!-- Hier beginnt die Änderung //-->
  <tr>
    <th colspan="6">Ums&auml;tze der deutschen Filialen
                    in Millionen</th>
  </tr>
  <!-- Hier endet die Änderung //-->
  <tr>
    <th>Filiale/Jahr</th>
```

Frage/Aufgabe 3

```
...
  <table width="100%" rules="groups">
    <thead>
      <tr>
        <th colspan="6">...</th>
      </tr>
      <tr>
        <th>Filiale/Jahr</th>
        ...
      </tr>
    </thead>
    <tbody>
      <tr>
        <th>Berlin</th>
        ...
      </tr>
      <tr>
        <th>Hamburg</th>
        ...
      </tr>
      <tr>
        <th>M&uuml;nchen</th>
        ...
      </tr>
      <tr>
        <th>Frankfurt</th>
        ...
      </tr>
    </tbody>
    <tfoot>
      <tr>
        <th><i>Gesamt</i></th>
        ...
```

```
    </tr>
  </tfoot>
</table>
...
```

Frage/Aufgabe 4

```
<!DOCTYPE HTML PUBLIC "-//W3C//DTD HTML 4.01 Transitional//EN">
<html>
  <head>
    <title>Aufgabe 15</title>
  </head>
  <body>
    <table width="100%" rules="groups" cellspacing="0">
      <thead>
        <caption>Ums&auml;tze der deutschen Filialen in
                 Millionen</caption>
        <tr bgcolor="#BBBBBB">
          <th>Filiale/Jahr</th>
          <th>1997</th>
          <th>1998</th>
          <th>1999</th>
          <th>2000</th>
          <th>2001</th>
        </tr>
      </thead>
      <tbody>
        <tr bgcolor="#DDDDDD">
          <th>Berlin</th>
          <td>3,2</td>
          <td>2,9</td>
          <td>3,3</td>
          <td>1,9</td>
          <td>2,3</td>
        </tr>
        <tr bgcolor="#BBBBBB">
          <th>Hamburg</th>
          <td>1,2</td>
          <td>1,4</td>
          <td>1,5</td>
          <td>1,3</td>
          <td>2,0</td>
        </tr>
        <tr bgcolor="#DDDDDD">
          <th>M&uuml;nchen</th>
          <td>0,3</td>
          <td>0,7</td>
          <td>0,6</td>
          <td>1,1</td>
```

```
          <td>1,0</td>
        </tr>
        <tr bgcolor="#BBBBBB">
          <th>Frankfurt</th>
          <td>0,5</td>
          <td>0,7</td>
          <td>1,3</td>
          <td>1,6</td>
          <td>1,9</td>
        </tr>
      </tbody>
      <tfoot>
        <tr bgcolor="#DDDDDD">
          <th><i>Gesamt</i></th>
          <td><i>5,2</i></td>
          <td><i>5,7</i></td>
          <td><i>6,7</i></td>
          <td><i>5,9</i></td>
          <td><i>7,2</i></td>
        </tr>
      </tfoot>
    </table>
  </body>
</html>
```

Frage/Aufgabe 5

Um die Inhalte der Datenzellen (`td`) zentriert auszurichten, müssen im Start-Tag lediglich das Attribut `align` und der Wert `center` notiert werden.

```
<td align="center">...</td>
```

A.1.4 Lösungen zu Abschnitt 10.9

Frage/Aufgabe 1

```
<!DOCTYPE HTML PUBLIC "-//W3C//DTD HTML 4.01 Transitional//EN">
<html>
  <head>
    <title>Aufgabe 1</title>
  </head>
  <body>
    <img src="grafik.jpg" width="50%" height="50">
  </body>
</html>
```

Frage/Aufgabe 2

```
<!DOCTYPE HTML PUBLIC "-//W3C//DTD HTML 4.01 Transitional//EN">
<html>
  <head>
    <title>Aufgabe 2</title>
  </head>
  <body>
    <img src="grafik.jpg" width="50%" height="50"
     border="3">
  </body>
</html>
```

Frage/Aufgabe 3

GIF

JPEG

PNG

Frage/Aufgabe 4

Das GIF-Format sollte bei Grafiken verwendet werden, die große gleichfarbige Flächen aufweisen. Das Format unterstützt jedoch nur 256 Farben. Es können aber eine transparente Farbe und außerdem eine Animation definiert werden.

Im Gegensatz zum GIF-Format wird das JPEG-Format bei Grafiken mit einer hohen Farbanzahl und vielen Farbverläufen eingesetzt. Die Komprimierung lässt sich in Prozent angeben, sie ist jedoch verlustbehaftet. Dadurch entstehen die so genannten Artefakte.

Das PNG-Format ist der Mittelweg zwischen GIF und JPEG. Es kann sowohl Grafiken mit vielen gleichfarbigen Flächen als auch Grafiken mit vielen Farben und Farbverläufen gut komprimieren. Besonderes Merkmal ist dabei der Alpha-Kanal, mit dem sich die Transparenz einer Farbe festlegen lässt.

Frage/Aufgabe 5

Der Unterschied besteht in den verwendeten Attributen. Bei der Referenzierung eines JavaApplets muss das Attribut `codebase` mit dem Wert `application/java-vm` gesetzt werden. Das zu referenzierende JavaApplet wird dabei im Attribut `classid` mit dem Präfix `java:` angegeben.

Bei Flash-Filmen hingegen wird im Attribut `classid` die Klassenidentifikation für das Flash-Plugin angegeben. Der wiederzugebende Film wird mit einem weiteren Element angegeben: `param`. Als Wert für das Attribut `name` wird `movie` und als Wert für `value` der Dateiname des Films notiert.

A.1.5 Lösungen zu Abschnitt 11.10

Frage/Aufgabe 1

```
<!DOCTYPE HTML PUBLIC "-//W3C//DTD HTML 4.01 Transitional//EN">
<html>
  <head>
    <title>Aufgabe 1</title>
  </head>
  <body>
    <a href="http://www.galileo-press.de/"
     target="_blank">Galileo Press</a>
  </body>
</html>
```

Frage/Aufgabe 2

Die Koordinaten der nachfolgenden Formen sind nur als Beispiel gewählt.

```
<!DOCTYPE HTML PUBLIC "-//W3C//DTD HTML 4.01 Transitional//EN">
<html>
  <head>
    <title>Aufgabe 2</title>
  </head>
  <body>
    <map name="dreiFormen">
      <area shape="circle" coords="25,25,50"
       href="#circle" alt="Kreis">
      <area shape="rect" coords="100,10,190,100"
       href="#rect" alt="Rechteck">
      <area shape="poly"
       coords="25,100,25,190,190,190,190,150,75,
       150,75,100" href="#poly" alt="Vieleck">
    </map>
    <img src="grafik.jpg" width="200" height="200"
     usemap="#dreiFormen">
  </body>
</html>
```

Frage/Aufgabe 3

Lokale und globale Links unterscheiden sich aufgrund der Tatsache, dass lokale Links auf Dokumente, Dateien oder Verzeichnisse auf dem eigenen Server verweisen, während globale Links auch auf Dokumente, Dateien oder Verzeichnisse auf anderen Servern verweisen. Bei lokalen Links wird deshalb meistens eine relative Pfadangabe zum Verweisziel gewählt, es kann jedoch auch eine absolute Angabe vorgenommen werden. Bei globalen Links müssen immer absolute Pfadangaben bestimmt werden.

Frage/Aufgabe 4

```
<a href="mailto:websites@mark-
lubkowitz.de?subject=Frage%2025%20aus%20dem%20Buch">E-Mail versenden</a>
```

A.1.6 Lösungen zu Abschnitt 12.9

Frage/Aufgabe 1

Der Parameter password muss notiert werden, damit die Eingabe eines einzeiligen Textfelds durch »*« maskiert wird, also z. B.

```
<input type="password">
```

Frage/Aufgabe 2

```
<!DOCTYPE HTML PUBLIC "-//W3C//DTD HTML 4.01 Transitional//EN">
<html>
  <head>
    <title>Aufgabe 2</title>
  </head>
  <body>
    <form action="ziel.php" method="post">
      Vorname: <input type="text" name="vorname"><br>
      Nachname: <input type="text" name="nachname"><br>
      Stra&szlig;e: <input type="text" name="strasse"><br>
      Hausnummer: <input type="text" name="hausnummer"><br>
      PLZ: <input type="text" name="plz"><br>
      Stadt: <input type="text" name="ort">
    </form>
  </body>
</html>
```

Frage/Aufgabe 3

```
<!DOCTYPE HTML PUBLIC "-//W3C//DTD HTML 4.01 Transitional//EN">
<html>
  <head>
    <title>Aufgabe 3</title>
  </head>
  <body>
    <form action="ziel.php" method="post">
      Vorname: <input type="text" name="vorname"><br>
      Nachname: <input type="text" name="nachname"><br>
      Stras&szlig;e: <input type="text" name="strasse"><br>
      Hausnummer: <input type="text"
                   name="hausnummer"><br>
      PLZ: <input type="text" name="plz"><br>
      Stadt: <input type="text" name="ort"><br>
```

Anhang

```
      <input type="submit"> <input type="reset">
    </form>
  </body>
</html>
```

Frage/Aufgabe 4

```
<!DOCTYPE HTML PUBLIC "-//W3C//DTD HTML 4.01 Transitional//EN">
<html>
  <head>
    <title>Aufgabe 4</title>
  </head>
  <body>
    <form action="ziel.php" method="post">
      Vorname: <input type="text" name="vorname"><br>
      Nachname: <input type="text" name="nachname"><br>
      Stra&szlig;e: <input type="text" name="strasse"><br>
      Hausnummer: <input type="text"
      name="hausnummer"><br>
      PLZ: <input type="text" name="plz"><br>
      Stadt: <input type="text" name="ort"><br>
      Kommentar: <textarea name="kommentar" cols="50"
      rows="10"></textarea><br>
      <input type="submit"> <input type="reset">
    </form>
  </body>
</html>
```

Frage/Aufgabe 5

```
<!DOCTYPE HTML PUBLIC "-//W3C//DTD HTML 4.01 Transitional//EN">
<html>
  <head>
    <title>Aufgabe 5</title>
  </head>
  <body>
    <form action="ziel.php" method="post">
      <fieldset>
        <legend>Name</legend>
        Vorname: <input type="text" name="vorname"><br>
        Nachname: <input type="text" name="nachname">
      </fieldset>
      <fieldset>
        <legend>Anschrift</legend>
        Stra&szlig;e: <input type="text" name="strasse"><br>
        Hausnummer: <input type="text"
        name="hausnummer"><br>
        PLZ: <input type="text" name="plz"><br>
```

```
      Stadt: <input type="text" name="ort">
    </fieldset>
    <fieldset>
      <legend>Ihre Meinung</legend>
      <textarea name="kommentar" cols="50"
      rows="10"></textarea>
    </fieldset>
    <input type="submit"> <input type="reset">
  </form>
 </body>
</html>
```

Frage/Aufgabe 6

Da der Benutzer einen längeren Text eingeben kann, sollte die Methode `post` verwendet werden, weil so sichergestellt werden kann, dass der komplette Inhalt des Textfelds an das Empfängerskript übertragen wird.

A.1.7 Lösungen zu Abschnitt 13.8

Frage/Aufgabe 1

Ein Fenster lässt sich mit dem Attribut `rows` horizontal segmentieren.

Frage/Aufgabe 2

Vertikal wird ein Fenster mit dem Attribut `cols` segmentiert.

Frage/Aufgabe 3

Im Start-Tag des `frameset`-Elements. Dabei kann entweder nur eines der beiden Attribute notiert werden oder beide zusammen.

Frage/Aufgabe 4

Es dürfen sowohl Prozentwerte als auch Pixelangaben für die Breite bzw. Höhe eines Segments angegeben werden. Auch der Platzhalter * ist erlaubt, der dazu führt, dass dem entsprechenden Segment der restliche zur Verfügung stehende Platz zugewiesen wird. Auch die Kombination aller drei Angabemöglichkeiten ist erlaubt.

Frage/Aufgabe 5

Das *-Zeichen ermöglicht die Zuweisung des restlichen zur Verfügung stehenden Platzes an ein Segment.

Frage/Aufgabe 6

Bei normalen Frames wird das Browserfenster quasi in mehrere Stücke zerschnitten. Bei eingebetteten Frames wird ein Fenster innerhalb eines Dokuments erzeugt, das ähnliche Eigenschaften wie eine referenzierte Grafik aufweist, nur dass anstelle der Grafik eine Webseite bzw. ein HTML-Dokument angezeigt werden kann. Auch als Zielfenster eines Verweises kann ein eingebetteter Frame verwendet werden.

A.1.8 Lösungen zu Abschnitt 15.5

Frage/Aufgabe 1

Alle Elemente und Attribute werden in XHTML kleingeschrieben. Dies ist ein Unterschied zu HTML, bei dem das nicht beachtet wird.

Frage/Aufgabe 2

Am Ende muss vor der spitzen Klammer ein Leerzeichen, gefolgt von einem Schrägstrich, notiert werden.

Frage/Aufgabe 3

Folgende Angaben sind in einem XHTML-Dokument immer erforderlich:

- Die Processing Instruction:

  ```
  <?xml version="1.0"?>
  ```

- Eine der drei folgenden Zeilen:

  ```
  <!DOCTYPE html PUBLIC "-//W3C//DTD XHTML 1.0 Strict//EN" "DTD/xhtml1-
  strict.dtd">
  <!DOCTYPE html PUBLIC "-//W3C//DTD XHTML 1.0 Transitional//EN" "DTD/
  xhtml1-transitional.dtd">
  <!DOCTYPE html PUBLIC "-//W3C//DTD XHTML 1.0 Frame//EN" "DTD/xhtml1-
  frame.dtd">
  ```

- Der Namespace:

  ```
  <html xmlns="http://www.w3.org/1999/xhtml" xml:lang="en" lang="en">
  ```

Frage/Aufgabe 4

Leerzeichen sollten nicht verwendet werden, da dies zu einem fehlerhaften Verhalten des Browsers führen kann.

A.2 Teil 3: CSS – Layout fürs Internet

A.2.1 Lösungen zu Abschnitt 16.11

Frage/Aufgabe 1

```
<[element] style="[formatierung]">...</[element]>
```

Frage/Aufgabe 2

```
<head>
  <style type="text/css">
    <!--
      selektor { eigenschaft:wert; }
    //-->
  </style>
</head>
```

Frage/Aufgabe 3

Sowohl bei der Direktformatierung als auch bei der zentralen Formatierung eines Elements werden die Eigenschaft-Wert-Paare durch ein Semikolon bzw. einen Strichpunkt `;` voneinander getrennt.

Frage/Aufgabe 4

Innerhalb der `style`-Tags sollten Sie um die Formatierungen herum einen Kommentar notieren. Siehe dazu auch die Lösung zu Frage/Aufgabe 2.

A.2.2 Lösungen zu Abschnitt 17.8

Frage/Aufgabe 1

Sowohl der Wert `top` als auch der Wert `middle` definieren eine mögliche vertikale Ausrichtung einer Hintergrundgrafik. Der Wert `top` besagt, dass die Hintergrundgrafik vertikal oben ausgerichtet werden soll, und `middle` bedeutet, dass die Hintergrundgrafik vertikal mittig ausgerichtet werden soll. Anstelle von `middle` müsste `center` verwendet werden, damit die Grafik vertikal oben und horizontal mittig ausgerichtet wird.

Frage/Aufgabe 2

Der Selektor lautet `p#absatz`.

Frage/Aufgabe 3

Mit einer Angabe wie `p b { color:blue; }` lassen sich alle `b`-Elemente, die innerhalb eines `p`-Elements notiert wurden, mit der Schriftfarbe Blau formatieren.

Die Anweisung `p > b { color:blue; }` bedeutet, dass das `b`-Element ein direktes Kindelement des `p`-Elements sein muss, damit es in einer blauen Schriftfarbe dargestellt wird.

Die Anweisung `p * b { color:blue; }` bedeutet, dass das `b`-Element mindestes zwei Ebenen unterhalb des `p`-Elements notiert worden sein muss, damit die Formatierung greift.

Die Anweisung `p + b { color:blue; }` bedeutet, dass das `b`-Element nur dann mit der Schriftfarbe Blau formatiert wird, wenn das Element nach einem `p`-Element folgt und auf gleicher Ebene liegt.

Frage/Aufgabe 4

Nein, mit Klassen können Sie jeden beliebigen Elementtyp und auch Elemente unterschiedlichen Typs mit der gleichen Klasse formatieren, wenn Sie dabei eine gewisse Schreibweise beibehalten. Während die Klasse `p.green` z. B. nur für `p`-Elemente gültig ist, kann die Klasse `*.green` auf jedes beliebige Element angewendet werden.

Frage/Aufgabe 5

Die CSS-Formatierungen wurden im Gültigkeitsbereich eines `script`-Elements notiert. Sie müssen jedoch innerhalb eines `style`-Elements notiert werden.

Es gibt in HTML kein `h`-Element. Aus diesem Grund ist der Selektor `h` falsch. Da im Dokument ein `h1`-Element vorkommt, sollte dieses stattdessen als Selektor notiert werden.

Das Farbwort `gruen` gibt es nicht. Richtig wäre `green`.

Auch den Schrifttyp `sansserif` gibt es nicht. Korrekt müsste es `sans-serif` heißen.

A.2.3 Lösungen zu Abschnitt 18.8

Frage/Aufgabe 1

Das `div`-Element sollte immer dann zum Formatieren verwendet werden, wenn Sie Blöcke erzeugen wollen. Bei diesen Blöcken wird das nachfolgende Element auf jeden Fall in einer neuen Zeile dargestellt.

Das `span`-Element hingegen integriert sich in den Textfluss und erzeugt weder davor noch dahinter einen Abstand. Es eignet sich also sehr gut, um z. B. kurze Textpassagen in einem Textabsatz mit einer anderen Schriftfarbe oder Ähnlichem zu formatieren.

Frage/Aufgabe 2

```
<html>
  <head>
    <title>Aufgabe 2</title>
    <style type="text/css">
        body      { margin:2cm; }
    </style>
  </head>
  <body>
    ...
  </body>
</html>
```

Frage/Aufgabe 3

Folgende Lösung ist nur eine der vielen, die möglich sind:

```
h1 { border:solid 1px #0000FF; }
h2 { border:double 1px #FF0000; }
h3 { border:dotted 1px #00FF00; }
h4 { border:dashed 1px #808080; }
```

Frage/Aufgabe 4

Für alle Seiten und alle Eigenschaften zusammen:

```
border
```

Für alle Seiten, aber alle Eigenschaften getrennt:

```
border-style
border-width
border-color
```

Für jede Seite und jede Eigenschaft einzeln:

```
border-top-width
border-top-style
border-top-color
border-bottom-width
border-bottom-style
border-bottom-color
border-left-width
border-left-style
border-left-color
border-right-width
border-right-style
border-right-color
```

Frage/Aufgabe 5

```
<html>
  <head>
    <title>Aufgabe 5</title>
    <style type="text/css">
        div#mittig { margin:25px;
          background-color:#FFFFCC;
          border:solid 1px #000000;
          height:100%;
          width:100%;
          overflow:hidden; }
    </style>
  </head>
  <body>
    <div id="mittig"></div>
```

```
  </body>
</html>
```

Auch wenn dieses Beispiel rein theoretisch die gestellte Aufgabe korrekt löst, stellt keiner der aktuellen Browser die vorgenommene Formatierung richtig dar. Vergleichen Sie dazu einfach die Darstellung des Listings im Internet Explorer und im Netscape/Mozilla. Diese Aufgabe soll Ihnen zeigen, dass trotz aller Anstrengungen, die Sie unternehmen können, der Browser oftmals das Zünglein an der Waage ist. Hier helfen nur Tricks, wie z. B. die Verwendung von Tabellen.

Frage/Aufgabe 6

Sie müssen lediglich den Wert der Eigenschaft `overflow` aus Lösung 5 durch `scroll` ersetzen.

A.2.4 Lösungen zu Abschnitt 19.4

Frage/Aufgabe 1

Sie müssen den Wert `collapse` notieren, also `border-collapse:collapse`.

Frage/Aufgabe 2

Sie müssen die Eigenschaft `empty-cells` und den Wert `show` notieren.

Frage/Aufgabe 3

Die Syntax lautet `list-style-image:url(grafik.src)`. Um z. B. die Grafik floppy.gif als Aufzählungszeichen für eine Liste zu benutzen, müssen Sie die Angabe `list-style-image:url(floppy.gif)` verwenden.

Frage/Aufgabe 4

Die Eigenschaft lautet `list-style-position`. Dabei kann einer der beiden Werte `inside` oder `outside` notiert werden. Bei `inside` liegen das Aufzählungszeichen sowie alle nachfolgenden Zeilen bündig auf der linken Seite. Bei `outside` wird das Aufzählungszeichen ausgerückt, so dass nur der eigentliche Text linksbündig ist.

A.2.5 Lösungen zu Abschnitt 20.6

Frage/Aufgabe 1

```
a:link
a:visited
a:hover
a:active
a:focus
```

Frage/Aufgabe 2

Das Pseudoformat `first-letter` lässt sich nur für Elemente vom Typ `p` definieren. So kann für den ersten Buchstaben eines Textabsatzes eine andere Formatierung definiert werden.

Frage/Aufgabe 3

Das Pseudoformat `first-line` lässt sich ebenfalls nur für Elemente vom Typ `p` definieren. So kann für die erste Zeile eines Textabsatzes eine andere Formatierung definiert werden.

Frage/Aufgabe 4

Die Eigenschaft `content`. Damit können Sie bei der Ausgabe des Textes eines Elements einen zusätzlichen Textbaustein mit ausgeben, z. B. bei Preisen das Euro-Symbol etc.

A.2.6 Lösungen zu Abschnitt 21.6

Frage/Aufgabe 1

```
h1 { cursor:wait; }
```

Frage/Aufgabe 2

```
* { scrollbar-base-color:#336699;
    scrollbar-arrow-color:#DDEEFF;
    scrollbar-darkshadow-color:#003366;
    scrollbar-face-color:#336699;
    scrollbar-highlight-color:#6699CC;
    scrollbar-shadow-color:#003366;
    scrollbar-track-color:#9999BB;
    scrollbar-3dlight-color:#336699; }
```

Frage/Aufgabe 3

Durch die Anweisung `filter:flipH() flipV;` können Sie eine beliebige Grafik horizontal und vertikal spiegeln.

Frage/Aufgabe 4

```
page-break-before
page-break-after
orphans
widows
```

A.3 Teil 4: JavaScript

A.3.1 Lösungen zu Abschnitt 22.7

Frage/Aufgabe 1

Das Einfügen eines JavaScripts innerhalb eines HTML-Dokuments wird mit dem `script`-Element realisiert, das meist im `head`-Bereich notiert wird.

Frage/Aufgabe 2

Mit dieser Anweisung wird im HTML-Dokument der Text »Hallo« ausgegeben.

Frage/Aufgabe 3

Ein Kommentar, der mit zwei Schrägstrichen `//` eingeleitet wird, gilt nur bis zum Ende der Zeile. Alles, was in der nächsten Zeile folgt, wird wieder als normaler Quelltext interpretiert. Die Kommentare, die von den Zeichenfolgen `/*` und `*/` umschlossen werden, sind auch über mehrere Zeilen hinaus gültig.

Frage/Aufgabe 4

Anstatt im Gültigkeitsbereich des `script`-Elements den Quelltext zu notieren, wird das Attribut `src` im Start-Tag eingefügt, und als Wert werden der Pfad- und der Dateiname der Datei angegeben, die das JavaScript enthält.

Frage/Aufgabe 5

Nach jeder vollständigen Anweisung muss ein Semikolon bzw. ein Strichpunkt `;` notiert werden.

Frage/Aufgabe 6

Die Setzung der Anführungszeichen ist falsch. Diese markieren eine Zeichenfolge als Zeichenkette. Alles, was außerhalb von Anführungszeichen notiert wird, wird als ausführbarer Code interpretiert. Dies führt zu einem Fehler, da die Zeichenfolge »WorldWideWeb« nichts mit dem Sprachschatz von JavaScript zu tun hat, sondern eine Zeichenkette sein soll. Folgende Schreibweise wäre korrekt und würde eine Ausgabe erzeugen:

```
document.write('Hallo "WorldWideWeb".')
```

Da die Zeichenkette nun mit einem einfachen Anführungsstrich eingeleitet wurde, werden die doppelten Anführungszeichen als Zeichen der Zeichenkette interpretiert.

A.3.2 Lösungen zu Abschnitt 23.8

Frage/Aufgabe 1

Folgende Operatoren können verwendet werden:

- + oder += für Additionen
- - oder -= für Subtraktionen
- * oder *= für Multiplikationen
- / oder /= für Divisionen

Außerdem kann mit den Operatoren ++ und -- eine Variable um 1 erhöht oder verringert werden.

Frage/Aufgabe 2

Bei Verwendung des logischen Operators && müssen die Bedingungen auf beiden Seiten des Operators erfüllt sein. Der Operator || verlangt, dass nur eine der beiden Bedingungen erfüllt ist.

Frage/Aufgabe 3

Die Funktion `prompt` öffnet ein Fenster mit einem Eingabefeld, das dem Benutzer die Eingabe einer beliebigen Zeichenkette erlaubt.

Frage/Aufgabe 4

Zum Verbinden zweier Zeichenketten verwenden Sie den Operator + oder +=.

Frage/Aufgabe 5

```
<html>
  <head>
    <title>Aufgabe 5</title>
  </head>
  <body>
    <script type="text/javascript">
        var vorname;
        var nachname;
        var ausgabe;

        vorname = prompt("Bitte geben Sie Ihren Vornamen
                          ein!","");
        nachname = prompt("Bitte geben Sie Ihren
                          Nachnamen ein!","");

        ausgabe = "Hallo "+vorname+" "+nachname+".
                  Willkommen auf meiner Webseite.";
        document.write(ausgabe);
```

```
    </script>
  </body>
</html>
```

A.3.3 Lösungen zu Abschnitt 24.7

Frage/Aufgabe 1

Bei nachprüfenden Schleifen wird der Anweisungsblock mindestens einmal durchlaufen. Bei vorprüfenden Schleifen kann es sein, dass der Anweisungsblock der Schleife kein einziges Mal durchlaufen wird.

Frage/Aufgabe 2

Die beiden Schleifen `while` und `for` gehören zur Gruppe der vorprüfenden Schleifen.

Frage/Aufgabe 3

Nur die Schleife `do...while` gehört zur Gruppe der nachprüfenden Schleifen.

Frage/Aufgabe 4

Nein, die Variablen müssen nicht die gleichen Bezeichner wie die Parameter haben. Innerhalb einer Funktion sind die Bezeichner der Parameter und Variablen jedoch gleich.

Frage/Aufgabe 5

Bei der Definition einer Funktion müssen die Parameter angegeben werden. Innerhalb der Funktion stehen dann Variablen mit den gleichen Namen bereit, wie sie auch für die Parameter verwendet wurden.

Frage/Aufgabe 6

```
var a = 1;
for(i=0; i<10; i++)
{
  a *= 2;
}
document.write(a);
```

Frage/Aufgabe 7

```
function potenz(basis, exponent)
{
  var ergebnis = basis;

  if(exponent < 0) exit;
```

```
  if(exponent == 0) return 1;

  for(i=exponent; i>1; i--)
  {
    ergebnis *= basis;
  }
  return ergebnis;
}
```

A.3.4 Lösungen zu Abschnitt 25.8

Frage/Aufgabe 1

Um sich Tipparbeit zu ersparen, können Sie die Anweisung `with` verwenden. In den Klammern dahinter können Sie dann ein beliebiges Objekt notieren. Im darauf folgenden Anweisungsblock müssen Sie dieses Objekt nicht mehr notieren, um auf dessen Eigenschaften oder Methoden zuzugreifen.

Frage/Aufgabe 2

Alle Variablen eines Objekts werden als Eigenschaften bezeichnet.

Frage/Aufgabe 3

Alle Funktionen eines Objekts werden Methoden genannt.

Frage/Aufgabe 4

Neue Objekte werden mit der Anweisung `new` instanziiert. Ein Beispiel für eine Objekt-Instanziierung ist:

```
datum = new Date();
```

A.3.5 Lösungen zu Abschnitt 26.8

Frage/Aufgabe 1

Da Arrays quasi Objekte sind, werden sie mit der Anweisung `new` und der Klasse `Array` erzeugt. In Klammern dahinter können entweder durch Komma getrennt mehrere Werte für die Felder des Arrays angegeben werden oder nur ein einzelner Zahlenwert, der die Anzahl der Felder festlegt:

```
staedte = new Array('Berlin','Hamburg','München');
ein_array = new Array(5);
```

Frage/Aufgabe 2

Hierfür wird einfach die Methode `getYear` verwendet und der Wert 1900 hinzuaddiert, falls der Rückgabewert kleiner als 1900 ist.

```
datum = new Date();
jhr = datum.getYear();
jhr = (jhr < 1900) ? (jhr + 1900) : jhr;
```

Frage/Aufgabe 3

Dabei wird der Rückgabewert der Methoden daraufhin überprüft, ob er kleiner als 10 ist. Ist dies der Fall, wird einfach eine 0 vor den Rückgabewert gehängt.

```
datum = new Date();
std = datum.getHours();
min = datum.getMinutes();
sek = datum.getSeconds();
std = (std < 10) ? "0"+std : std;
min = (min < 10) ? "0"+min : min;
sek = (sek < 10) ? "0"+sek : sek;
```

Frage/Aufgabe 4

```
var months = new Array("Januar","Februar","März","April",
  "Mai","Juni","Juli","August","September",
  "Oktober","November","Dezember");
datum = new Date();
month = months[datum.getMonth()];
document.write(month);
```

A.3.6 Lösungen zu Abschnitt 27.5

Frage/Aufgabe 1

Hierfür wird einfach eine der beiden Methoden `toUpperCase` oder `toLowerCase` einer Zeichenkette verwendet.

Frage/Aufgabe 2

Die beiden Eigenschaften `appName` und `appVersion` des `navigator`-Objekts. Die Werte der beiden Eigenschaften müssen jedoch nachträglich manipuliert werden, um den Browser und die Version zu ermitteln.

Frage/Aufgabe 3

Diese Informationen eignen sich, um dem Browser eine Seite anzuzeigen, die an seine Bedingungen angepasst ist. So könnten Sie zwei Varianten eines HTML-Dokuments erstellen: ein Dokument, das für eine Auflösung bis 800 × 600 geeignet ist, und eines, das für eine Auflösung ab 1024 × 768 angepasst ist. Alternativ könnten Sie auch die Anzeigegröße einiger Elemente anpassen oder andere Grafiken laden. Dem Einsatzgebiet sind also keine Grenzen gesetzt.

Frage/Aufgabe 4

Diese Frage ist mit Ja und Nein zu beantworten. Nein, weil der Internet Explorer die Eigenschaft `plugins` des `navigator`-Objekts nicht unterstützt. Ja, weil Sie so zuvor überprüfen können, ob der Browser z. B. über ein installiertes Flash-Plugin verfügt, und Sie dementsprechend die Seite in einer Flash- oder HTML-Version darstellen.

Frage/Aufgabe 5

Ob Netscape oder Internet Explorer, einer der beiden Browser unterstützt oft ein bestimmtes HTML-Element oder eine CSS-Eigenschaft nicht, die Sie vielleicht gern zur optischen Gestaltung Ihrer Webseite verwenden möchten. Anstatt nun bestimmte Benutzergruppen, z. B. Benutzer des Internet Explorers, mit einer fehlerhaften Darstellung Ihrer Webseite zu vergraulen, können Sie zuvor den Browser des Benutzers identifizieren und dann eine angepasste Variante darstellen lassen.

A.3.7 Lösungen zu Abschnitt 28.8

Frage/Aufgabe 1

Der Funktion `ersetzeUmlaute` muss lediglich die Zeichenkette übergeben, die die Umlaute enthält. Diese werden dann durch die entsprechende Entity ersetzt und als Wert zurückgegeben.

```
function ersetzeUmlaute(zeichenkette)
{
  var tmpstr = '';
  for(i=0; i<zeichenkette.length; i++)
  {
    switch(zeichenkette.charAt(i))
    {
      case 'ä': tmpstr += '&auml;'; break;
      case 'Ä': tmpstr += '&Auml;'; break;
      case 'ö': tmpstr += '&ouml;'; break;
      case 'Ö': tmpstr += '&Ouml;'; break;
      case 'ü': tmpstr += '&uuml;'; break;
      case 'Ü': tmpstr += '&Uuml;'; break;
      default: tmpstr += zeichenkette.charAt(i); break;
    }
  }
  return tmpstr;
}
```

Frage/Aufgabe 2

```
var firstPart, lastPart, pos, str, delimiter;

str = 'Eine beliebige Zeichenkette, die keinen Sinn ergibt';
delimiter = ' beliebige ';
```

```
pos = str.indexOf(delimiter);
if(pos > -1)
{
  document.write('(1) '+str.substring(0,pos)+'<br>');
  document.write('(2) '+str.substring(pos+
                        delimiter.length,str.length));
}
else
{
  document.write('Trennzeichenkette nicht gefunden!');
}
```

A.3.8 Lösungen zu Abschnitt 29.9

Frage/Aufgabe 1

Wenn Sie den Wert des Attributs `id` eines Elements als Objekt von `document.all` angeben, übergeben Sie den Wert entweder als Parameter an `document.all` oder als Index.

Frage/Aufgabe 2

Zum einen können Sie die ID eines Elements als Parameter an die Methode `document.getElementById` übergeben oder den Namen des Elements an `document.getElementsByName`; zum anderen können Sie ein Element anhand seines Typs und eines Index ansprechen.

Frage/Aufgabe 3

DHTML lässt sich im Netscape Navigator nur durch die so genannten Layer (Element `layer`) umsetzen. Dies kann unter Umständen jedoch zu Fehlern führen.

A.3.9 Lösungen zu Abschnitt 30.5

Frage/Aufgabe 1

```
<html>
  <head>
    <title>Aufgabe 1</title>
    <style type="text/javascript">
        p { background-color:#FFFFFF; }
    </style>
  </head>
  <body>
    <p onMouseOver="this.style.backgroundColor =
                    '#FFFF00';"
      onMouseOut="this.style.backgroundColor =
                  '#FFFFFF';">
```

```
      Ein Textabsatz mit wei&szlig;er Hintergrundfarbe.
      Die Farbe &auml;ndert sich, sobald Sie die Maus
      &uuml;ber den Absatz bewegen und ihn wieder
      verlassen.</p>
  </body>
</html>
```

Frage/Aufgabe 2

```
<html>
  <head>
    <title>Aufgabe 2</title>
    <script type="text/javascript">
        function inputFocus(element)
        {
          element.value = '';
        }

        function inputBlur(element)
        {
          if(element.value == '')
            element.value = 'email@adresse.tld';
        }

    </script>
  </head>
  <body>
    <input type="text" onFocus="inputFocus(this)"
      onBlur="inputBlur(this)" value="email@adresse.tld">
  </body>
</html>
```

A.3.10 Lösungen zu Abschnitt 31.8

Frage/Aufgabe 1

Es handelt sich um das XMLHttpRequest-Objekt.

Frage/Aufgabe 2

Ajax kombiniert JavaScript, CSS, DOM und HTML. Des Weiteren sind meist noch XML und eine serverseitige Sprache wie PHP im Spiel.

Frage/Aufgabe 3

Es handelt sich um das XMLHttpRequest-Objekt.

Frage/Aufgabe 4

Der Code der serverseitigen Anwendung:

```
<?php
header("Content-Type: text/xml");
echo "<zeit>";
echo date("H:i:s");
echo "</zeit>";
?>
```

Der Code der clientseitig ausgeführt wird:

```
<html>
<head>
<script>
function getRequestObject() {
  var ro;

  // Mozilla-kompatibel?
  if (window.XMLHttpRequest)
  {
    // Ja, ein Mozilla-kompatibler Browser
    try {
      // Objekt ableiten
      ro = new XMLHttpRequest();
    }
    catch(e) {
      // Objekt konnte nicht abgeleitet werden
      ro = null;
    }
  }
  else
  {
    // Teil fuer den IE
    try {
      // Neue Methode versuchen
      ro  = new ActiveXObject("Msxml2.Xmlhttp");
    }
    catch(e) {
      try {
        // Wenn die neue nicht klappt,
        //dann vielleicht die alte?
        ro  = new ActiveXObject("Microsoft.XMLHTTP");
      }
      catch (e) {
        // ActiveX ausgeschaltet oder kein JS aktiviert
        ro = null;
      }

    }
```

```
    }

    // Haben wir ein Objekt oder nicht?
    if (ro == null)
    {
      // Fehlermeldung
      alert ('Ihr Browser unterstützt leider kein Ajax');
    }
    return ro;
  }

  function zeitAktualisieren() {
    request_object.onreadystatechange = statehandler;
    request_object.open('get', 'zeit_xml.php');
    request_object.send(null);
  }

  function statehandler()
  {
    if(request_object.readyState == 4)
    {
      var dom_baum = request_object.responseXML;
      // Neues div
      var div_knoten = document.createElement('div');

      // Zeit auslesen
      var zeit_elemente =dom_baum.getElementsByTagName('zeit');
      var zeit = zeit_elemente[0].firstChild.nodeValue;
      var text_knoten = document.createTextNode(zeit);
      div_knoten.appendChild(text_knoten)

      var body = document.getElementsByTagName('body');
      body[0].replaceChild(div_knoten, body[0].firstChild);
    }
  }

  request_object = getRequestObject();

  </script>
  </head>

  <body onload="javascript:zeitAktualisieren();"><div></div>
  </body>
  </html>
```

A.4 Teil 5: Perl – dynamisch und interaktiv I

A.4.1 Lösungen zu Abschnitt 32.8

Frage/Aufgabe 1

Jede vollständige Anweisung muss in Perl mit einem Semikolon bzw. einem Strichpunkt abgeschlossen werden.

Frage/Aufgabe 2

Nein, in der ersten Zeile eines Perl-Skripts muss die so genannte Hashbang notiert werden. Diese besteht aus der Zeichenfolge `#!` und dem Pfad- und Dateinamen zum Perl-Interpreter, z. B. `#!/usr/bin/perl`.

Frage/Aufgabe 3

Perl wird in Verbindung mit Webservern über die CGI-SChnittstelle verwendet. Alle Perl-Skripts liegen in der Regel in einem Verzeichnis, und der Webserver weiß dann, dass es ein Skript ist, das zuvor interpretiert werden muss. Damit der Webserver weiß, welches Programm er dafür aufrufen muss, wird dieses in der ersten Zeile des Skripts mit der vollständigen Pfadangabe notiert.

Frage/Aufgabe 4

Es muss das `CGI`-Modul eingebunden werden. Dieses enthält alle wichtigen Funktionen, damit Perl als Skriptsprache auf einem Webserver eingesetzt werden kann. Das Modul wird mit der Anweisung `use CGI qw(:standard);` eingebunden.

Frage/Aufgabe 5

Die Anweisung lautet `use`, gefolgt vom Namen des Moduls.

A.4.2 Lösungen zu Abschnitt 33.7

Frage/Aufgabe 1

Die Operatoren lauten:

- `+` für Additionen
- `-` für Subtraktionen
- `*` für Multiplikationen
- `/` für Divisionen

Frage/Aufgabe 2

Der Operator `and` bedeutet, dass beide Bedingungen erfüllt sein müssen. Der Operator `or` besagt, dass mindestens eine der beiden Bedingungen erfüllt sein muss. Der dritte Operator xor bedeutet, dass entweder die eine oder die andere Bedingung erfüllt sein muss.

Frage/Aufgabe 3

Für and können Sie auch &&, für or auch die Schreibweise || und für xor das Zeichen ^ verwenden.

Frage/Aufgabe 4

Folgende Anweisung speichert alle Schlüssel des %ENV-Hashs in der Liste @schluessel. Ausschlaggebend dafür ist die Funktion keys.

```
@schluessel = keys(%ENV);
```

Frage/Aufgabe 5

```
#!/usr/bin/perl -w
use CGI qw(:standard);
print header();
@werte = values(%ENV);
print @werte;
```

Frage/Aufgabe 6

- Das erste Zeichen einer Variable ist festgelegt. Bei Skalaren ist dies das $-Zeichen, bei Listen das @-Zeichen und bei Hashes das %-Zeichen.
- Der Variablenbezeichner darf keine Leerzeichen enthalten.
- Es dürfen nur die Buchstaben von A bis Z, von a bis z, die Zahlen von 0 bis 9 und der Unterstrich »_« zum Bezeichnen von Variablen verwendet werden. Alle anderen Zeichen wie die deutschen Umlaute oder das »ß« sind verboten.
- Die Groß- und Kleinschreibung bei den Variablennamen wird unterschieden.

Frage/Aufgabe 7

Alle Variablen, also Skalare, Listen und Hashes, müssen in Perl mit dem Schlüsselwort my definiert werden. Wenn außerdem die Interpreteroption w verwendet wird, muss der Variable bei der Definition ein Wert zugewiesen werden.

A.4.3 Lösungen zu Abschnitt 34.8

Frage/Aufgabe 1

Es ist egal, an welcher Stelle Subroutinen definiert werden. Der Übersicht halber sollten diese jedoch schon zu Beginn der Skripts notiert werden.

Frage/Aufgabe 2

- Der Bezeichner einer Subroutine darf nur die Buchstaben von `A` bis `Z`, von `a` bis `z`, die Zahlen von `0` bis `9` und den Unterstrich »_« enthalten.
- Subroutinen werden nicht durch ein spezielles Zeichen markiert, wie es etwa bei Variablen der Fall ist. Diese Zeichen dürfen außerdem auch nicht zum Benennen einer Subroutine verwendet werden. Außerdem dürfen keine Leerzeichen benutzt werden.

Frage/Aufgabe 3

Mit `my` definierte Variablen stehen nur in dem aktuellen Anweisungsblock zur Verfügung. Subroutinen, die aus einem solchen Anweisungsblock aufgerufen werden, können nicht auf die mit `my` definierten Variablen zugreifen. Die Variablendefinition `local` stellt alle definierten Variablen auch den untergeordneten Anweisungsblöcken zur Verfügung.

Frage/Aufgabe 4

Normalerweise stehen mit `my` definierte Variablen nur in dem Anweisungsblock zur Verfügung, in dem sie auch definiert wurden. Ist die Definition jedoch im Hauptprogramm erfolgt, kann überall im Programm – auch in den Subroutinen – darauf zugegriffen werden.

Frage/Aufgabe 5

Es folgen zwei Beispiellösungen, die beide Varianten darstellen, um übergebene Parameter einzulesen.

```
sub addiereZahlen
{
  my $summe = @_[0];
  $summe += @_[1];
  $summe += @_[2];
  return $summme;
}
```

Dieses Beispiel besitzt einen Nachteil: Es können maximal drei Werte übergeben werden, die zusammenaddiert werden.

```
sub addiereZahlen
{
  my $summe = 0;
  while(my $wert = shift(@_))
  {
    $summe += $wert;
  }
  return $summe;
}
```

Dieses Beispiel hat den Vorteil, dass beliebig viele Werte an die Subroutine übergeben werden. Aus allen Werten wird dann die Summe gebildet.

A.4.4 Lösungen zu Abschnitt 35.8

Frage/Aufgabe 1

Die `for`-Schleife ist eine vorprüfende Schleife. Die `do...until`-Schleife ist jedoch eine nachprüfende Schleife. Bei der `for`-Schleife muss die Bedingung erfüllt sein, damit der Anweisungsblock ausgeführt wird. Bei der `do...until`-Schleife wird der Anweisungsblock nur dann durchlaufen, wenn die Bedingung nicht erfüllt ist.

Frage/Aufgabe 2

Extra für die `for`-Schleife selbst kann bei der Schleifendefinition zusätzlich eine Variable mit einem Startwert definiert werden. Diese Variable wird dann als Zählvariable für die Schleife verwendet.

Frage/Aufgabe 3

Die `foreach`-Schleife wird zum Abarbeiten von Listen verwendet. Mit ihr können alle Elemente einer Liste schnell und leicht verarbeitet werden, um sie z. B. im Browser auszugeben, zu addieren usw.

Frage/Aufgabe 4

```
#!/usr/bin/perl -w
use CGI qw(:standard);

print header();

print "<table border=\"1\">\n";
print "<tr><th>Schl&uuml;ssel</th><th>Wert</th></tr>\n";

while(($key,$value) = each(%ENV))
{
  print "<tr><td>$key</td><td>$value</td></tr>\n";
}

print "</table>";
```

A.4.5 Lösungen zu Abschnitt 36.7

Frage/Aufgabe 1

Die Funktion `lc` wandelt alle Buchstaben einer Zeichenkette in Kleinbuchstaben um. Im Gegensatz dazu wandelt die Funktion `uc` alle Buchstaben einer Zeichenkette in Großbuchstaben um.

Frage/Aufgabe 2

```
#!/usr/bin/perl -w
use CGI qw(:standard);

print header();

my $str = "eine Zeichenkette mit vielen Buchstaben und vielen e's";
my $pos = 0;
my $anz = 0;

while(index($str,'e',$pos) > -1)
{
  $pos = index($str,'e',$pos);
  $anz++;
  $pos++;
}

print "e wurde in '$str' genau $anz x gefunden";
```

Frage/Aufgabe 3

```
#!d:\perl\bin\perl.exe -w
use CGI qw(:standard);

print header();

my @jetzt = localtime(time);
my @wochentage = ("Sonntag","Montag","Dienstag",
                  "Mittwoch",
                  "Donnerstag","Freitag","Samstag");

my $tag = $jetzt[3];
my $wochentag = $wochentage[$jetzt[6]];
my $monat = $jetzt[4]+1;
my $jahr = $jetzt[5] + 1900;

print "$wochentag, $tag.$monat.$jahr";
```

Frage/Aufgabe 4

```
#!/usr/bin/perl -w
use CGI qw(:standard);

print header();

my @lotto;

for(my $i=0; $i<6; $i++)
```

```
{
  $lotto[$i] = int(rand(49)+1);
}



foreach(@lotto)
{
  print "$_<br>\n";
}
```

A.4.6 Lösungen zu Abschnitt 37.5

Frage/Aufgabe 1

Die wichtigste Funktion dafür ist `split`. Mit dieser Funktion lässt sich eine Zeichenkette anhand eines speziellen Zeichens zerlegen. Wird `$ENV{'QUERY_STRING'}` also einmal anhand des Zeichens `&` zerlegt und werden dann die Teile noch einmal anhand von `=` zerlegt, erhält man die einzelnen Parameter und Werte.

Frage/Aufgabe 2

Das Zeichen `&` muss durch `/\&/` und das Zeichen `=` durch `/\=/` ersetzt werden.

Frage/Aufgabe 3

Mit der Anweisung `if(param())` können Sie überprüfen, ob Daten an das Skript übermittelt wurden. Wenn Daten vom Skript empfangen wurden, liefert die Bedingung `true`, andernfalls `false`.

Frage/Aufgabe 4

```
#!/usr/bin/perl -w
use CGI qw(:standard);

print header();

sub printReceivedData
{
  if(param())
  {
    my @schluessel = param();
    print "<table border=\"1\">\n";
    print "<tr><th>Parameter</th><th>Wert</th></tr>\n";
    foreach(@schluessel)
    {
      print "<tr><td>$_</td><td>".param($_)."
             </td></tr>\n";
    }
```

```
    print "</table>";
  }
  else
  {
    print "Es wurden keine Daten übermittelt!";
  }
}

printReceivedData;
```

Frage/Aufgabe 5

```
#!/usr/bin/perl -w
use CGI qw(:standard);

my $cookie_alt = cookie(-name=>'Besuche');
$cookie_alt++;
my $cookie_neu = cookie(-name=>'Besuche',
                        -value=>$cookie_alt,
                        -expires=>'+7d');

print header(-cookie=>$cookie_neu);
print "<b>Sie haben die Seite bisher $cookie_alt Mal aufgerufen</b>";
```

A.4.7 Lösungen zu Abschnitt 38.8

Frage/Aufgabe 1

Folgende Lösung übernimmt entweder ein Verzeichnis, das als Parameter übergeben wurde, oder gibt die Dateien des Wurzelverzeichnisses des Servers aus. Folgender Aufruf könnte verwendet werden, um die Dateien des Verzeichnisses **c:\windows** auszugeben: `http://localhost/cgi-bin/files.pl?v=c:\windows`.

```
#!/usr/bin/perl -w
use CGI qw(:standard);
# Zu lesendes Verzeichnis festlegen
my $wverz = '';
if(param())
{
  $wverz = param('v');
}
else
{
  $wverz = $ENV{'DOCUMENT_ROOT'};
}


# Ausgabe des Headers und des Anfangs des HTML-Dokuments
print header();
```

```
print "<html><head><title>Dateien des Verzeichnisses $wverz</title>
            </head><body>";
print "<h1>Dateien des Verzeichnisses $wverz</h1>
       <table border=\"1\">";

# Nur Dateien einlesen und in Liste speichern
my @dateien;
if(opendir(DIR,$wverz))
{
  while($eintrag = readdir(DIR))
  {
    if(!(-d "$wverz/$eintrag"))
    {
      push(@dateien,$eintrag);
    }
  }
}

# Alle Einträge in Kleinbuchstaben umwandeln und Liste
# sortieren
@dateien = map(lc,@dateien);
@dateien = sort(@dateien);

# Liste ausgeben
print "<table border=\"1\">";
foreach(@dateien)
{
  print "<tr><td>$_</td></tr>";
}
print "</table>";

# Abschluss des HTML-Dokuments
print "</body></html>";
```

Frage/Aufgabe 2

Das Steuerzeichen < öffnet eine Datei nur zum Lesen. Das Steuerzeichen > hingegen öffnet eine Datei zum Schreiben, überschreibt eine vorhandene oder erstellt sie neu. Das Steuerzeichen >> öffnet eine Datei, um Daten an das Ende der Datei anzuhängen, und +> öffnet die Datei zum Schreiben und Lesen.

Frage/Aufgabe 3

```
#!/usr/bin/perl -w
use CGI qw(:standard);

# Startverzeichnis festlegen
my $wverz = '';
```

```
if(param())
{
  $wverz = param('v');
}
else
{
  $wverz = $ENV{'DOCUMENT_ROOT'};
}

# Ausgabe des Headers und des Anfangs des HTML-Dokuments
print header();
print "<html><head><title>$wverz</title></head><body>";
print "<h1>$wverz</h1><table border=\"1\">";

# Erster Aufruf der Subroutine "Unterverzeichnis"
my @dateien;
Unterverzeichnis($wverz);

# Alle Einträge in Kleinbuchstaben umwandeln und Liste
# sortieren
@dateien = map(lc,@dateien);
@dateien = sort(@dateien);

# Liste ausgeben
print "<table border=\"1\">";
foreach(@dateien)
{
  print "<tr><td>$_</td></tr>";
}
print "</table>";

# Abschluss des HTML-Dokuments
print "</table></body></html>";

# Definition der Subroutine Unterverzeichnis
sub Unterverzeichnis
{
  my $subverz = shift;
  if(opendir(DIR,$subverz))
  {
    local @verz;
    while($eintrag = readdir(DIR))
    {
      next if($eintrag eq "." || $eintrag eq "..");
      if(-d "$subverz/$eintrag")
      {
        push(@verz,$eintrag);
      }
      else
```

```
      {
        push(@dateien,"$subverz/$eintrag");
      }
    }
    foreach(@verz)
    {
      Unterverzeichnis("$subverz/$_");
    }
    closedir(DIR);
  }
}
```

A.4.8 Lösungen zu Abschnitt 39.11

Frage/Aufgabe 1

Das Metazeichen . steht für ein beliebiges Zeichen.

Frage/Aufgabe 2

Mit dem Quantifier ?.

Frage/Aufgabe 3

Das Suchmuster /y{3,5}/ findet die Zeichenfolgen yyy, yyyy und yyyyy.

Frage/Aufgabe 4

Der reguläre Ausdruck müsste s/ö/ö/g lauten.

Frage/Aufgabe 5

```
#!d:\perl\bin\perl.exe -w
use CGI qw(:standard);

print header();

# HTML-Dokument festlegen
my $hf = 'test.html';

# HTML-Dokument einlesen
open(HTMLFILE,"<$hf");
my @zeilen = <HTMLFILE>;
close(HTMLFILE);

# Umlaute und Sonderzeichen ersetzen
$zeile = join("",@zeilen);
$zeile =~ s/&/&amp;/g;
$zeile =~ s/Ä/&Auml;/g;
```


Anhang

```
$zeile =~ s/ä/&auml;/g;
$zeile =~ s/Ö/&Ouml;/g;
$zeile =~ s/ö/&ouml;/g;
$zeile =~ s/Ü/&Uuml;/g;
$zeile =~ s/ü/&uuml;/g;
$zeile =~ s/ß/&szlig;/g;
$zeile =~ s/</&lt;/g;
$zeile =~ s/>/&gt;/g;

# Datei ausgeben
print "<pre>$zeile</pre>";
```

A.4.9 Lösungen zu Abschnitt 40.4

Frage/Aufgabe 1

```
<!--#echo var="NAME_DER_VARIABLE" -->
```

Frage/Aufgabe 2

```
<!--#config timefmt="%d. %B %Y / %H:%M:%S" -->
<!--#echo var="DATE_LOCAL" -->
```

Frage/Aufgabe 3

```
<!DOCTYPE HTML PUBLIC "-//W3C//DTD HTML 4.01 Transitional//EN">
<html>
  <head>
    <title>Aufgabe 3</title>
  </head>
  <body>
    <h3>Browserinformationen</h3>
    <table border="1">
      <tr>
        <td>Unterst&uuml;tzte MIME-Typen</td>
        <td><!--#echo var="HTTP_ACCEPT" --></td>
      </tr>
      <tr>
       <td>Unterst&uuml;tzte Zeichens&auml;tze</td>
       <td><!--#echo var="HTTP_ACCEPT_CHARSET" --></td>
      </tr>
      <tr>
        <td>Kodierungsmethoden</td>
        <td><!--#echo var="HTTP_ACCEPT_ENCODING" --></td>
      </tr>
      <tr>
        <td>Unterst&uuml;tzte Sprachen</td>
        <td><!--#echo var="HTTP_ACCEPT_LANGUAGE" --></td>
```

```
      </tr>
      <tr>
        <td>Cookies</td>
        <td><!--#echo var="HTTP_COOKIE" --></td>
      </tr>
      <tr>
        <td>URL aus Adressleiste</td>
        <td><!--#echo var="HTTP_HOST" --></td>
      </tr>
      <tr>
        <td>Browseridentifikation</td>
        <td><!--#echo var="HTTP_USER_AGENT" --></td>
      </tr>
    </table>
  </body>
</html>
```

A.5 Teil 6: PHP – dynamisch und interaktiv II

A.5.1 Lösungen zu Abschnitt 41.8

Frage/Aufgabe 1

Die `echo`-Anweisung gibt Text auf normale Art und Weise aus. Alle Variablen, die damit ausgegeben werden sollen, müssen an der entsprechenden Stelle notiert werden. Mit der `printf`-Anweisung lassen sich Variablen und deren Werte formatiert ausgeben. Anstelle der Variablen werden dann Platzhalter notiert, und die Variablen werden als zusätzliche Parameter an die Funktion übergeben.

Frage/Aufgabe 2

Hier muss das Steuerzeichen `\n` in Verbindung mit doppelten Anführungszeichen verwendet werden.

Frage/Aufgabe 3

```
<?php

  echo "<html>\n";
  echo "<head>\n";
  echo "<title>Dynamische Webseiten mit PHP</title>\n";
  echo "</head>\n";
  echo "<body>\n";
  echo "<h1>Dynamische Webseiten mit PHP</h1>\n";
  echo "</body>\n";
  echo "</html>\n";

?>
```


Anhang

A.5.2 Lösungen zu Abschnitt 42.7

Frage/Aufgabe 1

- `+` für Additionen
- `–` für Subtraktionen
- `*` für Multiplikationen
- `/` für Divisionen
- `%` für Modulo-Rechnungen

Frage/Aufgabe 2

```
==
===
!=
<>
!==
<
>
<=
>=
```

Frage/Aufgabe 3

Zum Bezeichnen von Variablen dürfen die Buchstaben von `a` bis `z`, von `A` bis `Z` sowie die Zahlen von 0 bis 9 und der Unterstrich »_« verwendet werden. Außerdem dürfen diejenigen Zeichen verwendet werden, deren ASCII-Werte zwischen 127 und 255 liegen.

Frage/Aufgabe 4

Ja, der Bezeichner ist erlaubt, da der Buchstabe »ä« dem ASCII-Code 228 entspricht.

A.5.3 Lösungen zu Abschnitt 43.11

Frage/Aufgabe 1

Eine `foreach`-Schleife kann nur für Arrays verwendet werden. Damit ist es möglich, alle Elemente eines Arrays nacheinander abzuarbeiten. Eine `for`-Schleife ist unabhängig von Variablen und ihren Typen.

Frage/Aufgabe 2

Die `switch`-Anweisungen sollten immer dann eingesetzt werden, wenn eine Variable auf einen bestimmten Wert geprüft werden soll. Die `if`-Anweisungen werden verwendet, wenn Bedingungen aller Art überprüft werden müssen.

Frage/Aufgabe 3

```
for($i=1; $i<=10; $i++)
{
  echo "$i<br>";
}
```

Frage/Aufgabe 4

```
for($i=1; $i<=10; $i++):
    echo "$i<br>";
endfor;
```

Frage/Aufgabe 5

Hauptskript **aufg12a.php**:

```
<?php
  include('aufg12b.php');
  foreach($ein_array as $key=>$value)
  {
    echo "<b>$key</b> / <b>$value</b><br>\n";
  }
?>
```

Eingebundenes Skript **aufg12b.php**:

```
<?php
  $ein_array['eins'] = 1;
  $ein_array['zwei'] = 2;
  $ein_array['drei'] = 3;
  $ein_array['vier'] = 4;
  $ein_array['fünf'] = 5;
  $ein_array['sechs'] = 6;
?>
```

A.5.4 Lösungen zu Abschnitt 44.8

Frage/Aufgabe 1

```
<?php
  class einkaufswagen
  {
    var $artikel = array();
  }
?>
```

Frage/Aufgabe 2

```
<?php
  class einkaufswagen
  {
    var $artikel = array();

    function artikel_hinzufuegen($nummer, $anzahl)
    {
      if($this->artikel["$nummer"])
      {
        $this->artikel["$nummer"] += $anzahl;
      }
      else
      {
        $this->artikel["$nummer"] = $anzahl;
      }
    }
  }
?>
```

Frage/Aufgabe 3

```
<?php
  class einkaufswagen
  {
    var $artikel = array();

    function artikel_hinzufuegen($nummer, $anzahl)
    {
      if(isset($this->artikel["$nummer"]))
      {
        $this->artikel["$nummer"] += $anzahl;
      }
      else
      {
        $this->artikel["$nummer"] = $anzahl;
      }
    }

    function artikel_entfernen($nummer, $anzahl)
    {
      if(isset($this->artikel["$nummer"]))
      {
        $this->artikel["$nummer"] -= $anzahl;
      }
    }
  }
?>
```

Frage/Aufgabe 4

```
<?php
  class einkaufswagen
  {
    var $artikel = array();

    function artikel_hinzufuegen($nummer, $anzahl)
    {
      if(isset($this->artikel["$nummer"]))
      {
        $this->artikel["$nummer"] += $anzahl;
      }
      else
      {
        $this->artikel["$nummer"] = $anzahl;
      }
    }

    function artikel_entfernen($nummer, $anzahl)
    {
      if(isset($this->artikel["$nummer"]))
      {
        $this->artikel["$nummer"] -= $anzahl;
      }
    }

    function anzeigen()
    {
      foreach($this->artikel as $key=>$value)
      {
        echo "$value Stück von Artikel $key<br>\n";
      }
    }
  }
?>
```

A.5.5 Lösungen zu Abschnitt 45.6

Frage/Aufgabe 1

Die Funktion `strtoupper` wandelt alle Zeichen einer Zeichenkette in Großbuchstaben um, während `strtolower` alle Zeichen in Kleinbuchstaben umwandelt.

Frage/Aufgabe 2

Mit der Funktion `strlen`. Die Zeichenkette muss als Parameter übergeben werden. Die Funktion gibt dann die Anzahl der Zeichen zurück.

Frage/Aufgabe 3

```
<?php
  $str = 'äö&&üäßasßsasßaä&sfö';

  $tempstr = '';
  for($i=0; $i<strlen($str); $i++)
  {
    switch($str{$i})
    {
      case 'ä': $tempstr .= '&auml;'; break;
      case 'Ä': $tempstr .= '&Auml;'; break;
      case 'ö': $tempstr .= '&ouml;'; break;
      case 'Ö': $tempstr .= '&Ouml;'; break;
      case 'ü': $tempstr .= '&uuml;'; break;
      case 'Ü': $tempstr .= '&Uuml;'; break;
      case 'ß': $tempstr .= '&szlig;'; break;
      case '&': $tempstr .= '&amp;'; break;
      default: $tempstr .= $str{$i}; break;
    }
  }
  echo $tempstr;
?>
```

Frage/Aufgabe 4

Die Größe eines Arrays lässt sich anhand der Funktion `count` ermitteln. Das Array wird als Parameter übergeben, und die Funktion liefert die Anzahl der Elemente zurück.

Frage/Aufgabe 5

Die Funktion `array_pop` löscht das letzte Element eines Arrays und gibt dieses zurück. `array_shift` hingegen löscht das erste Element eines Arrays und gibt es zurück.

Frage/Aufgabe 6

Die Funktion `array_push` fügt ein Element an das Ende eines Arrays und die Funktion `array_unshift` am Anfang eines Arrays hinzu.

Frage/Aufgabe 7

Als Alternative können die beiden Funktionen `list` und `each` in Verbindung mit einer `while`-Schleife verwendet werden.

```
while(list($key,$value) = each($anArray))
{
  echo "$key => $value<br>\n";
}
```

Frage/Aufgabe 8

```
<?php
  srand((double)microtime()*time());
  for($i=0; $i<6; $i++)
  {
    $zahl = rand(1,49);
    echo "$zahl<br>";
  }
?>
```

A.5.6 Lösungen zu Abschnitt 46.6

Frage/Aufgabe 1

Hierfür können Sie die Funktion `explode` verwenden, die eine Zeichenkette nach einem bestimmten Zeichen in ein Array zerlegt.

Frage/Aufgabe 2

```
<?php
  if($_POST)
  {
    echo "<table border=\"1\">";
    echo "<tr><th>Schl&uuml;ssel</th><th>Wert</th></tr>\n";
    foreach($_POST as $key=>$value)
    {
      echo "<tr><td>$key</td><td>$value</td></tr>";
    }
    echo "</table>\n";
  }
  elseif($_GET)
  {
    echo "<table border=\"1\">";
    echo "<tr><th>Schl&uuml;ssel</th><th>Wert</th></tr>\n";
    foreach($_GET as $key=>$value)
    {
      echo "<tr><td>$key</td><td>$value</td></tr>";
    }
    echo "</table>\n";
  }
  else
  {
    echo "<form action=\"$_SERVER[PHP_SELF]\"
                               method=\"POST\">\n";
    echo "Ihre E-Mailadresse: <input type=\"text\" name=\"email\"><br>\n";
    echo "<input type=\"submit\">";
    echo "</form>";
  }
?>
```

Frage/Aufgabe 3

```
<?php
  $anzahl = ($_COOKIE['anz']) ? ($_COOKIE['anz'] + 1) : 1;
  setCookie("anz",$anzahl,time()+(7*24*60*60));


  echo "Sie haben diese Seite bisher $anzahl x
    besucht<br>\n";
?>
```

Frage/Aufgabe 4

```
<?php
  if(is_uploaded_file($_FILES['file']['tmp_name']))
  {
    $mimetype = explode('/',$_FILES['file']['type']);
    if($mimetype[0] == 'image')
    {
      move_uploaded_file($_FILES['file']['tmp_name'],
        "upload/".$_FILES['file']['name']);
      echo "<a href=\"upload/".$_FILES['file']['name'].
        "\">Datei anzeigen</a>";
    }
    else
    {
      echo "Datei ist keine Grafik, sondern vom Typ ".
        $_FILES['file']['type'];
    }
  }
?>
```

A.5.7 Lösungen zu Abschnitt 47.8

Frage/Aufgabe 1

Die nachfolgende Lösung kann auf zwei Arten aufgerufen werden: entweder ohne Parameter, dann wird das Wurzelverzeichnis des Webservers eingelesen, oder es wird ein Verzeichnis mit der GET-Methode als Wert für den Parameter v übergeben. Achten Sie dabei unter Windows darauf, alle Backslashes durch normale Schrägstriche zu ersetzen, z. B. **aufg29.php?v=c:/**. Achten Sie immer auf den abschließenden Schrägstrich.

```
<?php
  $d = (isset($_GET['v'])) ? dir("$_GET[v]") : dir("./");
  echo "<h1>$d->path</h1>";
  while($eintrag = $d->read())
  {
    if(is_file($d->path.$eintrag))
```

```
    {
      echo "<b>$eintrag</b><br>\n";
    }

  }
  $d->close();
?>
```

Frage/Aufgabe 2

```
<?php
  $d = (isset($_GET['v'])) ? dir("$_GET[v]") : dir("./");
  echo "<h1>$d->path</h1>";
  echo "<table border=\"1\">\n";
  echo "<tr><th>Name</th><th>Gr&ouml;&szlig;e</th><th>Typ</th>
        <th>Letzte &Auml;nderung</th><tr>\n";

  while($eintrag = $d->read())
  {
    if(is_file($d->path.$eintrag))
    {
      $size = filesize($d->path.$eintrag);
      $typ = filetype($d->path.$eintrag);
      $lc = strftime("%d.%m.%Y %H:%M",
                     filemtime($d->path.$eintrag));
      echo "<tr><td>$eintrag</td><td>$size</td>
            <td>$typ</td><td>$lc</td></tr>\n";
    }
  }

  echo "</table>";
  $d->close();
?>
```

Frage/Aufgabe 3

Bei der folgenden Lösung muss unbedingt darauf geachtet werden, dass alle Pfadangaben mit einem Schrägstrich abgeschlossen werden, wenn eine Eingabe über die URI und den Parameter v erfolgt, z. B. **aufg29.php?v=c:/windows/**.

```
<?php
  $d = (isset($_GET['v'])) ? dir("$_GET[v]") : dir("./");
  echo "<h1>$d->path</h1>";
  echo "<table border=\"1\">\n";
  echo "<tr><th>Name</th><th>Gr&ouml;&szlig;e</th><th>Typ</th>
        <th>Letzte &Auml;nderung</th><tr>\n";

  while($eintrag = $d->read())
  {
```

```
    if(is_file($d->path.$eintrag))
    {
      $size = filesize($d->path.$eintrag);
      $typ = filetype($d->path.$eintrag);
      $lc = strftime("%d.%m.%Y %H:%M",
                    filemtime($d->path.$eintrag));
      echo "<tr><td>
            <a href=\"$d->path$eintrag\">$eintrag</a>
            </td>
            <td>$size</td><td>$typ</td><td>$lc</td>
            </tr>\n";
    }
  }
  echo "</table>";
  $d->close();
?>
```

A.5.8 Lösungen zu Abschnitt 48.7

Frage/Aufgabe 1

Hier muss die Funktion `unset()` verwendet werden. Die zu löschende Variable wird der Funktion als Parameter übergeben, also z. B. `unset($_SESSION['var'])`.

Frage/Aufgabe 2

```
<?php
  session_start();
  $sesscook = session_get_cookie_params();
  session_set_cookie_params($sesscook['lifetime']+(604800));
?>
```

Frage/Aufgabe 3

```
<?php

  function showForm()
  {
    echo "<form action=\"$_SERVER[PHP_SELF]\"
                                  method=\"POST\">\n";
    echo "Benutzername: <input type=\"text\"
          name=\"uid\"><br>\n";
    echo "Passwort: <input type=\"password\"
          name=\"pwd\"><br>\n";
    echo "<input type=\"submit\">\n";
    echo "</form>";
  }
```

```
  if(!empty($_POST))
  {
    include('user.inc.php');
    if($user[$_POST['uid']] = $_POST['pwd'])
    {
      session_start();
      echo "<a href=\"weiter.php?sid="
            .session_id()."\">Weiter</a>";
    }
    else
    { showForm(); }
  }
  else
  { showForm(); }

?>
```

A.5.9 Lösungen zu Abschnitt 49.6

Frage/Aufgabe 1

```
echo $_SERVER['DOCUMENT_ROOT'];
```

Frage/Aufgabe 2

```
<?php

  if($_POST)
  {
    $ip = gethostbyname($_POST['hn']);
    echo "<b>$_POST[hn] = $ip</b><br>";
  }

  echo "<form action=\"$_SERVER[PHP_SELF]\" method=\"POST\">\n";
  echo "Hostname: <input type=\"text\" name=\"hn\">\n";
  echo "<input type=\"submit\">\n";
  echo "</form>";

?>
```

Frage/Aufgabe 3

```
<?php
  if($_GET['hf'])
  {
    $hf = $_GET['hf'];

    $content = '';
```

```
    $file = fopen($hf,"r");
    while(!feof($file))
    {
      $content .= fgets($file);
    }
    fclose($file);

    $regexp = "/<\/.+>/";

    if(preg_match_all($regexp,$content,$matches))
    {
      echo "Es gibt <b>".count($matches[0])."
            </b> Treffer, die auf <b>$regexp</b> passen.";
    }
  }
  else

  {
    echo "Bitte ein HTML-Dokument als Parameter
          <b>hf</b> übergeben.";
  }
?>
```

A.5.10 Lösungen zu Abschnitt 50.7

Frage/Aufgabe 1

Als Bezeichner kann seit PHP 5 alternativ auch

```
__construct
```

verwendet werden.

Frage/Aufgabe 2

Der Destruktor wird ausgeführt, kurz bevor das Objekt einer Klasse aufgelöst wird.

Frage/Aufgabe 3

Die Funktion `simplexml_load_file` liest ein XML-Dokument ein und gibt dieses als Objekt zurück.

Frage/Aufgabe 4

Ja, das ist möglich. Hilfreich ist dies, wenn auf unterschiedliche Fehlertypen reagiert werden soll.

Frage/Aufgabe 5

```
<?php

  class DatabaseException extends Exception
  {
    function __construct($strMessage)
    {
      parent::__contruct('DatabaseException: '.$strMessage);
    }
  }

?>
```

Frage/Aufgabe 6
Ja, das ist möglich. Nur auf Variablen oder Funktionen, die als `private` deklariert wurden, kann in einer abgeleiteten Klasse nicht zugegriffen werden.

A.6 Teil 7: MySQL – Datenspeicher

A.6.1 Lösungen zu Abschnitt 51.5

Frage/Aufgabe 1

Bei relationalen Datenbanksystemen werden die Daten in Tabellenform gespeichert. Dabei entspricht jedes Feld eines Datensatzes einer Spalte und jeder Datensatz einer Zeile. Bei objektorientierten Datenbanksystemen werden die Datensätze jedoch als Objekte gespeichert.

Frage/Aufgabe 2
Unter Redundanz versteht man bei Datenbanken das mehrfache Vorhandensein ein und derselben Information innerhalb einer oder mehrerer Tabellen. Redundanz kann zu Inkonsistenz führen.

Frage/Aufgabe 3
Inkonsistenz entsteht, wenn redundante Inhalte in Datenbanken vorkommen. Dadurch kann nicht gewährleistet werden, dass alle Daten bzw. Datensätze die korrekten Daten enthalten bzw. plausibel sind.

Frage/Aufgabe 4
Redundanz und die daraus folgende Inkonsistenz lassen sich durch genaue Planung einer Datenbankstruktur vermeiden. Anstatt z. B. für jedes Buch den Namen des Verlags zu speichern, wird nur die ID des Verlags gespeichert. Aus einer anderen Tabelle

lässt sich dann mit der ID der Name des Verlags und z. B. die Anschrift oder Ähnliches auslesen.

A.6.2 Lösungen zu Abschnitt 52.8

Frage/Aufgabe 1

Es dürfen die Buchstaben von a bis z, von A bis Z, die Zahlen von 0 bis 9 sowie der Unterstrich »_« und das Dollarzeichen »$« verwendet werden. Der Name darf jedoch nicht nur aus Zahlen bestehen, aber mit einem beliebigen Zeichen anfangen. Mehr als 64 Zeichen dürfen nicht verwendet werden.

Frage/Aufgabe 2

```
CREATE DATABASE buecher;
```

Frage/Aufgabe 3

```
CREATE TABLE verlage (id INT AUTO_INCREMENT PRIMARY KEY, name
  VARCHAR(64), webseite VARCHAR(255), strasse VARCHAR(64), ort
  VARCHAR(64), plz VARCHAR(5));
```

Frage/Aufgabe 4

```
CREATE TABLE buecher (id INT AUTO_INCREMENT PRIMARY KEY, autor
  VARCHAR(128) NOT NULL DEFAULT 'unbekannt', titel VARCHAR(128)
  NOT NULL DEFAULT 'unbekannt', seitenzahl INT, erscheinungsjahr
  VARCHAR(4), preis FLOAT(5,2) NOT NULL DEFAULT 0.00, auflage
  INT, verlag INT, isbn VARCHAR(15), kommentar TEXT);
```

Frage/Aufgabe 5

```
SELECT artikelnummer, bezeichnung, preis FROM tastaturen;
```

A.6.3 Lösungen zu Abschnitt 53.8

Frage/Aufgabe 1

```
SELECT artikelnummer, bezeichnung, preis FROM tastaturen;
```

Frage/Aufgabe 2

```
SELECT artikelnummer, bezeichnung, preis FROM tastaturen ORDER BY preis
DESC;
```

Frage/Aufgabe 3

```
SELECT groesse, preis, anzahl FROM monitore WHERE preis
  BETWEEN 149.00 AND 400.00;
```

Frage/Aufgabe 4

```
SELECT MIN(preis), MAX(preis), AVG(preis) FROM festplatten;
```

Frage/Aufgabe 5

```
LOAD DATA INFILE 'prozessoren.dat' INTO TABLE prozessoren
  FIELDS TERMINATED BY '#' LINES TERMINATED BY '\n';
```

Frage/Aufgabe 6

Abfrage mit `WHERE`:

```
SELECT * FROM artikel, lager
  WHERE artikel.artikelnummer = lager.artikelnummer;
```

Abfrage mit `LEFT JOIN`:

```
SELECT * FROM artikel
  LEFT JOIN lager
  ON artikel.artikelnummer = lager.artikelnummer;
```

Frage/Aufgabe 7

Abfrage mit `WHERE`:

```
SELECT * FROM artikel a, lager l
  WHERE a.artikelnummer = l.artikelnummer;
```

Abfrage mit `LEFT JOIN`:

```
SELECT * FROM artikel a
  LEFT JOIN lager l
  ON a.artikelnummer = l.artikelnummer;
```

A.6.4 Lösungen zu Abschnitt 55.10

Frage/Aufgabe 1

```
#!/usr/bin/perl -w
use CGI qw(:standard);
use DBI;

print header();

$datasource =
  "DBI:mysql:database=bspbuecher;host=localhost";
$uid = "user";
$pwd = "password";
%attributes = {'RaiseError'=>1,'PrintError'=>1};

$dbh = DBI->connect($datasource,$uid,$pwd,%attributes);
```

```
$sth = $dbh->prepare('SELECT id, autor, titel, preis
  FROM bspbuecher');
if(defined($sth))
{
  $sth->execute();
  print "<table border=\"1\">\n";
  while(@row = $sth->fetch())
  {
    print "<tr>";
    print "<td><a href=\"show.pl?buchid=$row[0]
           \">$row[1]</a></td>";
    print "<td>$row[2]</td><td>$row[3]</td>";
    print "</tr>";
  }
  print "</table>";
  $sth->finish();
}

$dbh->disconnect();
```

Frage/Aufgabe 2

```
#!/usr/bin/perl -w
use CGI qw(:standard);
use DBI;

print header();

my $limit = 0;
if(param('limit'))
{
  $limit = param('limit');
}

$datasource = "DBI:mysql:database=bspbuecher;host=localhost";
$uid = "user";
$pwd = "password";
%attributes = {'RaiseError'=>1,'PrintError'=>1};

$dbh = DBI->connect($datasource,$uid,$pwd,%attributes);

$sql = 'SELECT id, autor, titel, preis FROM bspbuecher';
if($limit > 0)
{
  $sql += " LIMIT $limit";
}

$sth = $dbh->prepare($sql);
```

```
if(defined($sth))
{
  $sth->execute();
  print "<table border=\"1\">\n";
  while(@row = $sth->fetch())
  {
    print "<tr>";
    foreach $field (@row)
    {
      print "<td>$field</td>";
    }
    print "</tr>";
  }
  print "</table>";
  $sth->finish();
}

$dbh->disconnect();
```

Frage/Aufgabe 3

```
<?php

  $connection = mysql_connect('localhost','user','password');
  if($connection)
  {
    if(mysql_select_db('bspbuecher'))
    {
      $result = mysql_query('SELECT name FROM bspverlage');
      if($result)
      {
        echo '<table border="1">';
        for($row = 0; $row < mysql_num_rows($result); $row++)
        {
          echo '<tr>';
          for($col = 0; $col < mysql_num_fields($result);
          $col++)
          {
            $cell = mysql_result($result,$row,$col);
            echo "<td>$cell</td>";
          }
          echo '</tr>';
        }
        echo '</table>';
      }
    }
```

```
    mysql_close();
  }

?>
```

A.6.5 Lösungen zu Abschnitt 55.10

Frage/Aufgabe 1

Das erste Skript, das die Verlage ausgibt:

```
<?php
  $connection = mysql_connect('localhost','user','password');
  if($connection)
  {
    if(mysql_select_db('bspbuecher'))
    {
      $result = mysql_query('SELECT id,name
                  FROM bspverlage');
      if($result)
      {
        echo '<table>';
        while($row = mysql_fetch_row($result))
        {
          echo '<tr>';
          echo "<td><a href=\"buecherVerlag.php?
                vid=$row[0]\">$row[1]</a></td>";
          echo '</tr>';
        }
        echo '</table>';
      }
    }
    mysql_close();
  }
?>
```

Das zweite Skript (**buecherVerlag.php**), das die Namen der Autoren und der Bücher in einer HTML-Tabelle ausgibt:

```
<?php
  $vid = $_GET['vid'];

  $connection = mysql_connect('localhost','user','password');
  if($connection)
  {
    if(mysql_select_db('bspbuecher'))
    {
      $result = mysql_query("SELECT autor,titel
                  FROM bspbuecher WHERE verlag = $vid");
      if($result)
```

```
        {
          echo '<table border="1">';
          echo '<tr><th>Autor</th><th>Titel</th></tr>';
          while($row = mysql_fetch_row($result))
          {
            echo '<tr>';
            echo "<td>$row[0]</td><td>$row[1]</td>";
            echo '</tr>';
          }
          echo '</table>';
        }
      }
      mysql_close();
    }
?>
```

Frage/Aufgabe 3
Auf das Skript, das die Verlage ausgibt, wurde verzichtet, da es sich nicht vom ersten Skript aus der vorherigen Lösung unterscheidet. Das Skript, das alle Bücher des Verlags ausgeben soll, sieht folgendermaßen aus:

```
<?php
  $vid = $_GET['vid'];

  $connection = mysql_connect('localhost','user','password');
  if($connection)
  {
    if(mysql_select_db('bspbuecher'))
    {
      $result = mysql_query("SELECT id,autor,titel
                             FROM bspbuecher WHERE
                             verlag = $vid");
      if($result)
      {
        echo '<table border="1">';
        echo '<tr><th>Autor</th><th>Titel</th></tr>';
        while($row = mysql_fetch_row($result))
        {
          echo '<tr>';
          echo "<td>$row[1]</td><td>
                <a href=\"buchDetail.php?bid=$row[0]
                \">$row[2]</a></td>";
          echo '</tr>';
        }
        echo '</table>';
      }
    }
```

```
    mysql_close();
  }
?>
```

Das Skript, das nun die Details zu einem Buch ausgeben soll (**buchDetail.php**), sieht wie folgt aus:

```
<?php
  $bid = $_GET['bid'];

  $connection = mysql_connect('localhost','user','password');
  if($connection)
  {
    if(mysql_select_db('bspbuecher'))
    {
      $result = mysql_query("SELECT * FROM bspbuecher
                             WHERE id = $bid");
      if($result)
      {
        echo '<table border="1">';
        while($row = mysql_fetch_row($result))
        {
          echo '<tr>';
          for($i=0; $i<count($row); $i++)
          {
            echo "<td>$row[$i]</td>";
          }
          echo '</tr>';
        }
        echo '</table>';
      }
    }
    mysql_close();
  }
?>
```

A.7 Teil 8: Dynamische Bildgenerierung mit PHP und Perl

A.7.1 Lösungen zu Abschnitt 56.9

Frage/Aufgabe 1

Grafiken, die mit der Funktion `imageCreate` erzeugt wurden, verfügen über eine Farbpalette, die lediglich Platz für 256 Farben aufweist. Grafiken, die mit `imageCreateTrueColor` erzeugt wurden, können jedoch über beliebig viele Farben verfügen. Außerdem erhalten die Farben einen so genannten Transparenzwert, der die Transparenz der Farbe mit Werten zwischen 0 und 127 festlegt.

Frage/Aufgabe 2

Zunächst muss die Grafik mit `imageCreateTrueColor` erzeugt worden sein. Außerdem muss die Funktion `imageAlphaBlending` aufgerufen werden und das Handle der Grafik sowie der Wert `TRUE` übergeben werden. Dann kann eine (teil)transparente Farbe mit der Funktion `imageResolveAlpha` definiert werden.

Frage/Aufgabe 3

Mit der Funktion `imageCopyResized` kann eine Grafik in eine andere kopiert werden. Dabei kann sowohl nur ein Ausschnitt als auch die gesamte Grafik kopiert werden. Zudem kann der Ausschnitt bzw. die Grafik dabei verkleinert oder vergrößert werden.

Frage/Aufgabe 4

Hierfür müssen die Funktionen `imageColorAt` und `imageColorsForIndex` verwendet werden. Die einzelnen, mit `imageColorsForIndex` ermittelten Farbanteile werden addiert, durch 3 geteilt und gerundet. Das Ergebnis wird dann jeweils als Farbanteil für Rot, Grün und Blau verwendet.

Frage/Aufgabe 5

Bei einem Aufruf dieses Skripts muss eine Grafik als Parameter `imgfile` übergeben werden.

```
<?php
  /* Variablen definieren */
  $img_file = $_GET['imgfile'];
  $img_w = 0;
  $img_h = 0;

  /* Dateityp ermitteln und öffnen */
  $pos = strrpos($img_file,'.') + 1;
  $file_ext = substr($img_file,$pos);
  switch(strToLower($file_ext))
  {
    case 'png' :
      $image = imageCreateFromPng($img_file);
      break;
    case 'jpg':
    case 'jpeg':
      $image = imageCreateFromJPEG($img_file);
      break;
  }

  /* Grafikabmessungen ermitteln */
  $img_w = imagesx($image);
  $img_h = imagesy($image);
```

```
  /* Graustufen-Grafik erzeugen */
  $image_gray = imageCreate($img_w,$img_h);

  /* Graustufenpalette definieren */
  for($i=0; $i<256; $i++)
  {
    $grayscale[$i] =
      imageColorAllocate($image_gray,$i,$i,$i);
  }

  /* Grafik in Graustufen zeichnen */
  for($i=0; $i<$img_h; $i++)
  {
    for($j=0; $j<$img_w; $j++)
    {
      $color_src = imageColorAt($image,$j,$i);
      $rgb = imageColorsForIndex($image,$color_src);
      $gray = round(($rgb['red'] + $rgb['green'] +
                    $rgb['blue']) / 3);
      imageSetPixel($image_gray,$j,$i,$grayscale[$gray]);
    }
  }

  /* Graustufen-Grafik ausgeben */
  imageDestroy($image);
  header('Content-Type: image/png');
  imagePng($image_gray);
  imageDestroy($image_gray);
?>
```

A.7.2 Lösungen zu Abschnitt 57.9

Frage/Aufgabe 1

Die beiden Konstruktoren unterscheiden sich darin, dass `newFromPng` dafür verwendet wird, eine neue Grafik auf Basis einer Grafik im PNG-Format zu erzeugen, und `newFromJpeg` für Grafiken im JPEG-Format.

Frage/Aufgabe 2

Die Basisgrafik muss zuvor mit `open` geöffnet werden. Das erzeugte Dateihandle muss dann an den Konstruktor `newFromPng` oder `newFromJpeg` übergeben werden.

Frage/Aufgabe 3

Mit der Methode `copyResized` kann eine Grafik in eine andere kopiert werden. Dabei kann sowohl nur ein Ausschnitt als auch die gesamte Grafik kopiert werden. Außerdem kann der Ausschnitt bzw. die Grafik dabei verkleinert oder vergrößert werden.

Frage/Aufgabe 4

Dafür müssen die Methoden `getPixel` und `rgb` verwendet werden. Die einzelnen, mit `rgb` ermittelten Farbanteile werden addiert und durch 3 geteilt. Das Ergebnis wird dann jeweils als Farbanteil für Rot, Grün und Blau verwendet.

Frage/Aufgabe 5

Bei einem Aufruf dieses Skripts muss eine Grafik als Parameter `imgfile` übergeben werden.

```
#!/usr/bin/perl -w
use CGI qw(:standard);
use GD;

# Variablen definieren
$img_file = param('imgfile');

# Dateityp ermitteln und öffnen
open(IMG,"<$img_file");
$pos = index($img_file,'.') +  1;
$file_ext = substr($img_file,$pos);
if(lc($file_ext) eq 'png')
{
  $image = newFromPng GD::Image(IMG);
}
elsif(lc($file_ext) == 'jpg')
{
  $image = newFromJpeg GD::Image(IMG);
}
close(IMG);

# Grafikabmessungen ermitteln
($img_w,$img_h) = $image->getBounds();

# Schwarz-Weiß-Grafik erzeugen
$image_sw = new GD::Image($img_w,$img_h);

# Schwarz-Weiß-Palette definieren
$black = $image_sw->colorAllocate(0,0,0);
$white = $image_sw->colorAllocate(255,255,255);

# Grafik in Schwarz-Weiß zeichnen
for($i=0; $i<$img_h; $i++)
{
  for($j=0; $j<$img_w; $j++)
  {
    $color = $image->getPixel($j,$i);
    @rgb = $image->rgb($color);
    $mono = ($rgb[0] + $rgb[1] + $rgb[2]) / 3;
```

```
    if($mono <= 127)
    {
      $image_sw->setPixel($j,$i,$black);
    }
    else
    {
      $image_sw->setPixel($j,$i,$white);
    }
  }
}

# Schwarz-Weiß-Grafik ausgeben
print "Content-Type: image/png\n\n";
print $image_sw->png;
```

A.8 Teil 9: XML

A.8.1 Lösungen zu Abschnitt 58.6

Frage/Aufgabe 1

HTML basiert auf SGML, während XHTML ein mittels XML neu definiertes HTML ist.

Frage/Aufgabe 2

Nein, denn XML unterscheidet bei Elementen und Attributen zwischen Groß- und Kleinschreibung.

Frage/Aufgabe 3

Verwendet werden dürfen die Zeichen von a–z, A–Z, die Zahlen von 0–9, der Unterstrich, der Bindestrich und der Punkt, Umlaute und Akzente.

Frage/Aufgabe 4

DTDs werden immer dann eingesetzt, wenn unterschiedliche Elemente in unterschiedlicher Rangfolge eingesetzt werden. Schemata kommen meistens dann zum Einsatz, wenn das Dokument viele gleichmäßige Datenstrukturen aufweist.

Frage/Aufgabe 5

»Semantisch korrekt« bedeutet, dass die Bezeichner für Elemente und Attribute so gewählt wurden, dass sie den Inhalt oder Wert genauer spezifizieren und in einem Zusammenhang zu diesem stehen.

Frage/Aufgabe 6

Wie in HTML werden die Zeichenfolgen `<!--` und `-->` genutzt.

Frage/Aufgabe 7

Processing Instructions dienen dazu, dem interpretierenden Programm Anweisungen zu geben, wie es diesen Vorgang durchzuführen hat.

Frage/Aufgabe 8

In einem XML-Dokument muss immer die Zeile

```
<?xml version="1.0"?>
```

notiert werden.

A.8.2 Lösungen zu Abschnitt 59.4

Frage/Aufgabe 1

Ja, es gibt Unterschiede, denn RSS ist einzig und allein für das Austauschen von Nachrichten gedacht, während RDF dazu dient, Inhalte in einen Kontext zu bringen und damit ein semantisches Web zu schaffen.

Frage/Aufgabe 2

Im Start-Tag des `rss`-Elements muss das Attribut `version` inklusive der Versionsnummer notiert werden, auf der das RSS-Dokument basiert.

Frage/Aufgabe 3

Zum Auszeichnen des Titels einer Nachricht wird das Element `title` verwendet.

Frage/Aufgabe 4

Das Element `comments` zeichnet den Link zu den Kommentaren zu einer Nachricht aus.

Frage/Aufgabe 5

Es muss mindestens ein Channel innerhalb eines RSS-Dokuments notiert werden.

A.8.3 Lösungen zu Abschnitt 60.5

Frage/Aufgabe 1

WSDL ist die Abkürzung für »Webservices Description Language«. Sie dient dazu, Regelwerke zur Anwendung von Webservices zu erstellen.

Frage/Aufgabe 2

Webservices auf Basis von XML-RPC kennen nur das Schema Frage-und-Antwort, während mit SOAP auch Nachrichten abgesetzt werden können, die keiner Antwort bedürfen.

Frage/Aufgabe 3

Das Element `DetailLevel` legt fest, wie detailliert die Antwort der eBay-API auf eine Anfrage ausfallen soll. Je höher der Level ist, desto mehr Informationen gibt die eBay-API preis.

Frage/Aufgabe 4

Es wird die cURL-Bibliothek benötigt.

Frage/Aufgabe 5

Die Sandbox ist eine Kopie der Plattform ebay.com und ermöglicht das Testen von Programmen, die die eBay-API nutzen.

B Referenztabellen

Wenn Sie mit den in diesem Buch vorgestellten Auszeichnungs- und Skriptsprachen arbeiten, werden Sie häufig bestimmte Informationen benötigen. In diesem Kapitel des Anhangs möchte ich Ihnen diese zum Nachschlagen bieten, so etwa eine ASCII-Zeichentabelle mit dem entsprechenden HTML-Kurzcode und dem internationalen ISO-Code oder auch eine Tabelle, mit der Sie Zahlen schnell zwischen binär, oktal, dezimal und hexadezimal umrechnen können.

B.1 ASCII-Zeichentabelle

Die Tabelle B.1 enthält die 100 wichtigsten Zeichen des ASCII-Zeichensatzes mit dem entsprechenden HTML-Kurzcode bzw. der Entity und dem ISO-Code.

ASCII	HTML	ISO	ASCII	HTML	ISO
"	"	"	Î	Î	Î
&	&	&	Ï	Ï	Ï
<	<	<	Đ	Ð	Ð
>	>	>	Ñ	Ñ	Ñ
			Ò	Ò	Ò
¡	&iexl;	¡	Ó	Ó	Ó
¢	¢	¢	Ô	Ô	Ô
£	£	£	Õ	Õ	Õ
¤	¤	¤	Ö	Ö	Ö
¥	¥	¥	×	×	×
¦	&brkbar;	¦	Ø	Ø	Ø
§	§	§	Ù	Ù	Ù
¨	¨	¨	Ú	Ú	Ú
©	©	©	Û	Û	Û
ª	ª	ª	Ü	Ü	Ü
«	«	«	Ý	Ý	Ý
¬	¬	¬	Þ	Þ	Þ
-			ß	ß	ß
®	®	®	A	à	à
¯	&hibar;	¯	Á	á	á
°	°	°	A	â	â
±	±	±	Ã	ã	ã
²	²	²	ä	ä	ä

Tabelle B.1 ASCII-Zeichentabelle

ASCII	HTML	ISO	ASCII	HTML	ISO
³	³	³	å	å	å
´	´	´	æ	æ	æ
µ	µ	µ	ç	ç	ç
¶	¶	¶	è	è	è
·	·	·	É	é	é
¸	¸	¸	ê	ê	ê
¹	¹	¹	Ë	ë	ë
º	º	º	ì	ì	ì
»	»	»	I	í	í
¼	¼	¼	I	î	î
½	½	½	ï	ï	ï
¾	¾	¾	ð	ð	ð
¿	¿	¿	Ñ	ñ	ñ
À	À	À	O	ò	ò
Á	Á	Á	ó	ó	ó
Â	Â	Â	O	ô	ô
Ã	Ã	Ã	Õ	õ	õ
Ä	Ä	Ä	Ö	ö	ö
Å	Å	Å	÷	÷	÷
Æ	Æ	Æ	ø	ø	ø
Ç	Ç	Ç	ù	ù	ù
È	È	È	ú	ú	ú
É	É	É	û	û	û
Ê	Ê	Ê	ü	ü	ü
Ë	Ë	Ë	ý	ý	ý
Ì	Ì	Ì	þ	þ	þ
Í	Í	Í	ÿ	ÿ	ÿ

Tabelle B.1 ASCII-Zeichentabelle (Forts.)

Obwohl die Tabelle nicht alle 255 Zeichen des ASCII-Zeichensatzes enthält (einige der Zeichen sind z. B. Steuerzeichen wie Zeilenumbruch oder Tabulatoren), werden Sie alle Zeichen, die Sie benötigen, in dieser Tabelle finden. Ergänzen möchte ich aber doch noch die Entity für das €-Zeichen: `€`. Die Entity taucht in der Tabelle nicht auf, weil das Zeichen nicht zum ASCII-Zeichensatz gehört. Es ist nur im ISO-8859-15-Zeichensatz definiert und kann auch nur dann dargestellt werden, wenn Browser und Betriebssystem den Zeichensatz kennen. Obwohl aktuelle Browser und Betriebssysteme damit kein Problem haben, kann es bei Windows 98 schnell zu einem Problem kommen. Setzen Sie das €-Zeichen also bitte mit Bedacht ein.

B.2 Zahlenumrechnungstabelle

Hier finden Sie eine Tabelle mit den Dezimalzahlen von 0 bis 15, die außerdem ins Binär-, Oktal- und Hexadezimalsystem umgerechnet wurden. Anschließend folgt dann noch einmal eine Erklärung, wie Sie selbst Zahlen entsprechend umrechnen können.

Binär	Oktal	Dezimal	Hexadezimal
00000000	0000	0	00
00000001	0001	1	01
00000010	0002	2	02
00000011	0003	3	03
00000100	0004	4	04
00000101	0005	5	05
00000110	0006	6	06
00000111	0007	7	07
00001000	0010	8	08
00001001	0011	9	09
00001010	0012	10	0A
00001011	0013	11	0B
00001100	0014	12	0C
00001101	0015	13	0D
00001110	0016	14	0E
00001111	0017	15	0F

Tabelle B.2 Zahlenumrechnungstabelle

B.2.1 Binärsystem

Das binäre Zahlensystem kennt lediglich zwei Zahlen: 0 und 1. Es wird bei Computern verwendet, da ein Transistor lediglich zwei Zustände kennt: entweder »an« oder »aus«. Der Prozessor eines Computers besteht aus mehreren Millionen solcher Transistoren. Das Binärsystem ist deshalb das dem Computer am meisten entsprechende Zahlensystem, das es gibt. »An« entspricht dabei der Zahl 1 und »aus« der Zahl 0.

Binär in Dezimal

Die Umrechnung von Binär- in Dezimalzahlen erfolgt von rechts nach links, wobei jede Ziffer mit einer höheren Potenz der Zahl 2 multipliziert und zu den anderen Stellen addiert wird. Möchten Sie z. B. die Binärzahl 1101 in eine dezimale Zahl umrechnen, gehen Sie wie folgt vor: Nummerieren Sie zuerst die Stellen der Binärzahl mit 0 beginnend von hinten nach vorn durch.

```
Binärzahl:  1011
Nummeriert: 0123
```

Jede Stelle der Binärzahl wird nun mit dem Produkt aus 2 hoch der Zahl der Nummerierung multipliziert. Daraus ergibt sich die folgende Formel:

$(1101)^2 = 1 * 20 + 0 * 21 + 1 * 22 + 1 * 23 = 1 + 0 + 4 + 8 = (13)^{10}$

Die binäre Zahl 1101 entspricht also der dezimalen Zahl 13.

Denken Sie daran, dass 2 hoch 0 immer 1 ergibt und nicht 0. Genauso ergibt 3 hoch 0 den Wert 1 usw.

Dezimal in binär

Die Umrechnung einer Dezimalzahl in eine Binärzahl ist ein wenig aufwändiger. Sie müssen die Dezimalzahl so lange durch 2 dividieren, bis Sie das Ergebnis null erhalten. Bei den einzelnen Divisionen ergibt sich jedoch manchmal ein Rest. Diesen Rest müssen Sie notieren, da sich aus diesen Werten die Binärzahl ergibt. Ein Beispiel: Sie möchten die Dezimalzahl 115 in eine Binärzahl umrechnen. Der entsprechende Rechenweg sieht dann folgendermaßen aus:

```
115 : 2 = 57 Rest 1
57  : 2 = 28 Rest 1
28  : 2 = 14 Rest 0
14  : 2 =  7 Rest 0
7   : 2 =  3 Rest 1
3   : 2 =  1 Rest 1
1   : 2 =  0 Rest 1
```

Das Ergebnis 0 bedeutet das Ende der Rechnung, auch wenn als Rest noch immer 1 übrig bleibt. Nun müssen Sie die Reste der einzelnen Rechnungen nacheinander von unten nach oben notieren. Dies ist dann die Binärzahl.

$(115)^{10} = (1110011)^2$

Natürlich könnten Sie nun noch die Proberechnung durchführen, indem Sie die Methode zur Umrechnung von Binärzahlen in Dezimalzahlen verwenden.

$(1110011)^2 = 1 * 2^0 + 1 * 2^1 + 0 * 2^2 + 0 * 2^3 + 1 * 2^4 + 1 * 2^5 + 1 * 2^6 = 1 + 2 + 0 + 0 + 16 + 32 + 64 = (115)^{10}$

Denken Sie auch an dieser Stelle wieder daran, dass eine Zahl, die mit 0 potenziert wird, immer 1 ergibt.

B.2.2 Oktalsystem

Auf das oktale Zahlensystem werden UNIX/Linux-Anwender schon des Öfteren gestoßen sein. Windows-Anwender werden dieses Zahlensystem eher selten oder gar nicht verwenden müssen. Unter UNIX/Linux wird es jedoch benutzt, um die Zugriffsrechte für unterschiedliche Benutzer und Gruppen anzugeben. Als Werte stehen lediglich 8 Zahlen zur Verfügung: 0, 1, 2, 3, 4, 5, 6 und 7.

Oktal in Dezimal

Die Umrechnung einer Oktalzahl in eine Dezimalzahl erfolgt nach dem gleichen Schema, durch das auch Binärzahlen in Dezimalzahlen umgerechnet werden, nur dass anstelle der 2 als Basis die Zahl 8 als Basis verwendet wird. Gehen Sie einmal davon aus, dass Sie die Oktalzahl 63427 in eine Dezimalzahl umrechnen möchten. Die einzelnen Stellen der Oktalzahl müssen Sie nun wieder von hinten nach vorn durchnummerieren, wobei Sie bei 0 beginnen:

```
Oktalzahl:  72436
Nummeriert: 01234
```

Nun wird jede Stelle der Oktalzahl mit 8 hoch der Zahl der Nummerierung multipliziert:

$(63427)^8 = 7 * 8^0 + 2 * 8^1 + 4 * 8^2 + 3 * 8^3 + 6 * 8^4 = 7 + 16 + 256 + 1536 + 24576 = (26391)^{10}$

Die Oktalzahl 63427 entspricht also der Dezimalzahl 26391.

Dezimal in oktal

Eine Dezimalzahl in eine Oktalzahl umzurechnen, ist ebenfalls sehr zeitraubend, da Sie die Oktalzahl so lange durch 8 teilen müssen, bis Sie ein Ergebnis mit 0 erhalten. Als Rest erhalten Sie dabei eine Zahl zwischen 0 und 7. Diese Reste ergeben aneinander gereiht die Oktalzahl. Die Dezimalzahl 35483 soll nun anhand dieser Methode umgerechnet werden. Daraus ergeben sich folgende Rechenschritte:

```
35483 : 8 = 4435 Rest 3
4435  : 8 =  554 Rest 3
554   : 8 =   69 Rest 2
69    : 8 =    8 Rest 5
8     : 8 =    1 Rest 0
1     : 8 =    0 Rest 1
```

Obwohl in der vorletzten Rechnung das Ergebnis 1, Rest 0 lautet, müssen Sie weiter teilen, bis Sie als Ergebnis wirklich 0, Rest x erhalten. Wenn Sie nun die Reste nacheinander von unten nach oben notieren, erhalten Sie die Oktalzahl:

$(35483)^{10} = (105233)^8$

Die Proberechnung sieht folgendermaßen aus:

$(105233)^8 = 3 * 8^0 + 3 * 8^1 + 2 * 8^2 + 5 * 8^3 + 0 * 8^4 + 1 * 8^5 = 3 + 24 + 128 + 2560 + 0 + 32768 = (35483)^{10}$

B.2.3 Hexadezimalsystem

Hexadezimale Zahlen werden sowohl in UNIX/Linux- als auch in Windows-Umgebungen gleichermaßen oft verwendet und eingesetzt. Da jeder Computer im Endeffekt mit dem Binärsystem rechnet, ergeben sich viele Zahlen aus 2er-Potenzen. Ein Byte besteht z. B. aus 8 Bit ($2^3 = 2 * 2 * 2 = 8$). Die Größe eines Datenträgers oder einer Datei wird in Byte, Kilobyte, Megabyte, Gigabyte usw. angegeben. Dabei entspricht 1 Kilobyte 1024 Byte, 1024 Kilobyte sind wiederum 1 Megabyte, 1024 Megabyte 1 Gigabyte. Die Zahl 1024 ist die 10. Potenz von 2, also 2^{10}. Wie Sie sehen, basieren eigentlich alle Zahlen, die mit Computern in Verbindung zu bringen sind, auf 2er-Potenzen. So auch die Zahl 16, die die Basis des Hexadezimalsystems bildet ($16 = 2^4$). Mit dem Hexadezimalsystem lassen sich auf sehr kurze Art einzelne Bytes darstellen. Anstatt also die Zahlen von 0 bis 255 zu notieren, werden stattdessen die Zahlen von 00 bis FF verwendet. Der Vorteil ist dabei eine besonders hohe Lesbarkeit einer Zahl. Die Dezimalzahl 16.777.215 ist in hexadezimaler Form wesentlich einfacher zu lesen, denn sie lautet FFFFFF.

Das Hexadezimalsystem verfügt über insgesamt 16 Zahlen, wobei die Zahlen 0, 1, 2, 3, 4, 5, 6, 7, 8 und 9 und die Buchstaben A, B, C, D, E und F zum Einsatz kommen. A entspricht dabei 10, C entspricht 12 und F entspricht 15.

Um die Hexadezimalzahl C47EFF in eine Dezimalzahl umzurechnen, müssen Sie die einzelnen Stellen von hinten nach vorne, beginnend mit 0, durchnummerieren.

```
Hexadezimalzahl: FFE74C
Nummeriert:      012345
```

Nun wird jede Stelle der Hexadezimalzahl mit 16 hoch der Zahl der Nummerierung multipliziert.

$(C47EFF)^{16} = F * 16^0 + F * 16^1 + E * 16^2 + 7 * 16^3 + 4 * 16^4 + C * 16^5 = 15 + 240 + 3584 + 28672 + 262144 + 12582912 = (12877567)^{10}$

Die Hexadezimalzahl C47EFF entspricht also der Dezimalzahl 12877567.

Dezimal in hexadezimal

Die Umrechnung einer dezimalen Zahl in eine hexadezimale erfolgt durch die Division durch 16. Dabei müssen Sie die Dezimalzahl so lange durch 16 dividieren, bis Sie das Ergebnis 0 erhalten. Die Reste der Divisionen ergeben dann die einzelnen Stellen der Hexadezimalzahl. Der Wertebereich der Reste kann zwischen 0 und 15 bzw. 0 und F liegen.

Im Folgenden wird die Dezimalzahl 15470361 in die entsprechende hexadezimale Zahl umgerechnet.

```
15470361 : 16 = 966897 Rest 9
966897   : 16 =  60431 Rest 1
60431    : 16 =   3776 Rest 15
3776     : 16 =    236 Rest 0
236      : 16 =     14 Rest 12
14       : 16 =      0 Rest 14
```

Nun müssen die Reste nacheinander von unten nach oben notiert werden. Dabei müssen Zahlen, die größer als 9 sind, durch den entsprechenden Buchstaben von A bis F ersetzt werden.

$(EC0F19)^{16} = (15470361)^{10}$

Die Gegenprobe:

$(EC0F19)_{16} = 9 * 16^0 + 1 * 16^1 + 15 * 16^2 + 0 * 16^3 + 12 * 16^4 + 14 * 16^5 = 9 + 16 + 3840 + 0 + 786432 + 14680064 = (15470361)^{10}$

B.3 Rechnen mit bitweisen Operatoren

Um die Verwendung von bitweisen Operatoren zu verstehen, müssen Sie an die Bedingungen einer if-Anweisung denken, die miteinander verknüpft werden können. Verknüpfen Sie zwei Bedingungen z. B. mit dem ODER-Opeator, ergibt dies Folgendes:

- Falsch **oder** Falsch **ist** Falsch.
- Wahr oder Falsch ist Wahr.
- Falsch oder Wahr ist Wahr.
- Wahr **oder** Wahr **ist** Wahr.

Wenn Sie diese Bedingungen mit dem UND-Operator verknüpfen würden, erhalten die die folgenden Ergebnisse:

- Falsch **und** Falsch **ist** Falsch.
- Wahr **und** Falsch **ist** Falsch.
- Falsch **und** Wahr **ist** Falsch.
- Wahr **und** Wahr **ist** Wahr.

Ersetzen Sie nun die Begriffe »Wahr« und »Falsch« durch ihre Pendants 1 und 0.

- oder 0 ist 0.
- oder 0 ist 1.
- oder 1 ist 1.
- oder 1 ist 1.
- und 0 ist 0.
- und 0 ist 0.
- und 1 ist 0.
- **und** 1 ist 1.

Und nun wenden wir diese Regeln einmal auf die Verknüpfung von 5 und 8 bzw. 101 und 1000 an. Um die Übersicht zu wahren, werden die beiden binären Zahlen untereinander notiert:

	0101
oder	1000
	1101

Das Ergebnis dieser Verknüpfung der beiden binären Zahlen unter Verwendung des ODER-Operators führt zu dem Ergebnis 1101, und dies entspricht der dezimalen Zahl 13. Jedoch dürfen Sie eine Berechnung mit dem ODER-Operator nicht mit einer Addition gleichsetzen.

Verknüpfen Sie z. B. die beiden Zahlen 13 (1101) und 11 (1011) mit dem ODER-Operator, ergibt dies 15 (1111). Die Berechnung sieht so aus:

	1101
oder	1011
	1111

Das Ergebnis aus 1101 ODER 1011 ist 1111, also 13 ODER 11 = 15.

Zu einem vollkommen anderen Ergebnis kommen Sie, wenn Sie den ODER-Operator aus dem vorangegangen Beispiel durch den UND-Operator ersetzen:

	0101
und	1000
	0000

Das Ergebnis von 5 UND 8 lautet 0. Ähnliches gilt für 11 UND 15:

	1101
und	1011
	1001

Das Ergebnis lautet 1001, also 11 UND 15 gleich 9.

Auf den ersten Blick mag der Nutzen der bitweisen Operatoren nicht erkennbar sein. Ein typisches Anwendungsbeispiel ist jedoch das Setzen von so genannten Flags. Mit Flags wird einer Funktion oder Methode häufig mitgeteilt, wie sie ihre eigentliche Aufgabe lösen soll. Dies ist vor allem dann effizient, wenn die Flags erweiterbar sein sollen. Ein Beispiel:

Gehen Sie einmal davon aus, dass Sie eine Funktion haben, die für ein HTML-Element bestimmte Attribute festlegen soll. So soll die Möglichkeit bestehen, nur mit Flags festzulegen, dass der Text zentriert, die Schriftfarbe auf Rot gesetzt und zusätzlich die Schrift fett gedruckt werden soll. Solche Eigenschaften nennt man in der Regel Flags. Dafür werden Konstanten mit den folgenden Werten definiert:

Bezeichner der Konstante	Wert
CENTERED	1
RED_COLORED	2

Tabelle B.3 Beispiel für Flags

Bezeichner der Konstante	Wert
BOLD	4
GREEN_COLORED	8

Tabelle B.3 Beispiel für Flags (Forts.)

Beachten Sie: Für die Werte der Konstanten bzw. Flags werden immer Zahlen verwendet, die eine Potenz von 2 sind, also $2^0=1$, $2^1=2$, $2^2=4$, $2^3=8$ etc. Der Name der Funktion kann z. B. `formatText` sein. Um die Flags nun miteinander zu verknüpfen, müssen Sie den ODER-Operator gebrauchen:

CENTERED_TEXT **ODER** RED_COLORED **ODER** BOLD

Wenn Sie die einzelnen Werte der Konstanten zusammenrechnen, erhalten Sie:

	0001
oder	0010
oder	0100
	0111

Innerhalb der Funktion können Sie nun mit dem UND-Operator prüfen, welches der Flags gesetzt wurde. Möchten Sie z. B. prüfen, ob das Flag BOLD mit in die Berechnung eingeflossen ist, lautet die Rechnung:

	0111
und	0100
	0100

Entspricht das Ergebnis dieser UND-Verknüpfung dem zweiten Wert, dem Wert, auf den Sie prüfen, dann ist das Flag gesetzt worden. Falls das Flag nicht gesetzt worden ist wie z. B. GREEN_COLORED, würde die Rechnung folgendermaßen aussehen:

	0111
und	1000
	0000

Das Ergebnis ist also gleich 0000, und somit wurde das Flag nicht gesetzt.

Zwar gibt es noch weitere bitweise Operatoren, jedoch kommen diese nur in den seltensten Fällen – wenn überhaupt – bei der Programmierung von Webseiten zum Einsatz.

B.4 Farbworte

Neben den 16 typischen Farbworten wie `black`, `red` oder `yellow` gibt es noch 120 weitere Farbworte, die von Netscape definiert wurden. Die 16 Standardfarben finden Sie mit dem entsprechenden Hex-Tripel-Wert in Tabelle B.4. Die 120 Netscape-Farbworte, ebenfalls mit der Hex-Tripel-Entsprechung, finden Sie in Tabelle A.5.

Farbwort	Hex-Tripel	Farbwort	Hex-Tripel
black	#000000	silver	#BBBBBB
maroon	#800000	red	#FF0000
green	#008000	lime	#00FF00
olive	#808000	yellow	#FFFF00
navy	#000080	blue	#0000FF
purple	#800080	fuchsia	#FF00FF
teal	#008080	aqua	#00FFFF
gray	#808080	white	#FFFFFF

Tabelle B.4 Die 16 Standard-Farben

Auch wenn die Farbworte aus Tabelle A.4 ursprünglich von Netscape definiert wurden, müssen Sie sich keine Sorgen machen, dass nur der Netscape- oder Mozilla-Browser die Farbworte interpretiert. Auch alle anderen Browser zeigen die korrekte Farbe zum Farbwort an.

Farbwort	Hex-Tripel	Farbwort	Hex-Tripel
aliceblue	#F0F8FF	lightpink	#FFB6C1
antiquewhite	#FAEBD7	lightsalmon	#FFA07A
aquamarine	#7FFFD4	lightseagreen	#20B2AA
azure	#F0FFFF	lightskyblue	#87CEFA
beige	#F5F5DC	lightslategray	#778899
blueviolet	#8A2BE2	lightsteelblue	#B0C4DE
brown	#A52A2A	lightyellow	#FFFFE0
burlywood	#DEB887	limegreen	#32CD32
cadetblue	#5F9EA0	linen	#FAF0E6
chartreuse	#7FFF00	mediumaquamarine	#66CDAA
chocolate	#D2691E	mediumblue	#0000CD
coral	#FF7F50	mediumorchid	#BA55D3
cornflowerblue	#6495ED	mediumpurple	#9370DB
cornsilk	#FFF8DC	mediumseagreen	#3CB371
crimson	#DC143C	mediumslateblue	#7B68EE
darkblue	#00008B	mediumspringgreen	#00FA9A

Tabelle B.5 Die 120 Netscape-Farbnamen

Farbwort	Hex-Tripel	Farbwort	Hex-Tripel
darkcyan	#008B8B	mediumturquoise	#48D1CC
darkgoldenrod	#B8860B	mediumvioletred	#C71585
darkgray	#A9A9A9	midnightblue	#191970
darkgreen	#006400	mintcream	#F5FFFA
darkkhaki	#BDB76B	mistyrose	#FFE4E1
darkmagenta	#8B008B	moccasin	#FFE4B5
darkolivegreen	#556B2F	navajowhite	#FFDEAD
darkorange	#FF8C00	oldlace	#FDF5E6
darkorchid	#9932CC	olivedrab	#6B8E23
darkred	#8B0000	orange	#FFA500
darksalmon	#E9967A	orangered	#FF4500
darkseagreen	#8FBC8F	orchid	#DA70D6
darkslateblue	#483D8B	palegoldenrod	#EEE8AA
darkslategray	#2F4F4F	palegreen	#98FB98
darkturquoise	#00CED1	paleturquoise	#AFEEEE
darkviolet	#9400D3	palevioletred	#DB7093
deeppink	#FF1493	papayawhip	#FFEFD5
deepskyblue	#00BFFF	peachpuff	#FFDAB9
dimgray	#696969	peru	#CD853F
dodgerblue	#1E90FF	pink	#FFC0CB
firebrick	#B22222	plum	#DDA0DD
floralwhite	#FFFAF0	powderblue	#B0E0E6
forestgreen	#228B22	rosybrown	#BC8F8F
gainsboro	#DCDCDC	royalblue	#4169E1
ghostwhite	#F8F8FF	saddlebrown	#8B4513
gold	#FFD700	salmon	#FA8072
goldenrod	#DAA520	sandybrown	#F4A460
greenyellow	#ADFF2F	seagreen	#2E8B57
honeydew	#F0FFF0	seashell	#FFF5EE
hotpink	#FF69B4	sienna	#A0522D
indianred	#CD5C5C	skyblue	#87CEEB
indigo	#4B0082	slateblue	#6A5ACD
ivory	#FFFFF0	slategray	#708090
khaki	#F0E68C	snow	#FFFAFA
lavender	#E6E6FA	springgreen	#00FF7F
lavenderblush	#FFF0F5	steelblue	#4682B4
lawngreen	#7CFC00	tan	#D2B48C

Tabelle B.5 Die 120 Netscape-Farbnamen (Forts.)

Farbwort	Hex-Tripel	Farbwort	Hex-Tripel
lemonchiffon	#FFFACD	thistle	#D8BFD8
lightblue	#ADD8E6	tomato	#FF6347
lightcoral	#F08080	turquoise	#40E0D0
lightcyan	#E0FFFF	violet	#EE82EE
lightgoldenrodyellow	#FAFAD2	wheat	#F5DEB3
lightgreen	#90EE90	whitesmoke	#F5F5F5
lightgrey	#D3D3D3	yellowgreen	#9ACD32

Tabelle B.5 Die 120 Netscape-Farbnamen (Forts.)

[⊙] Auf der beiliegenden DVD-ROM finden Sie im Verzeichnis **x:\misc** ein HTML-Dokument namens **farbworte.htm**, das alle Farbworte aus den Tabellen B.4 und B.5 enthält und entsprechend darstellt.

B.5 Websichere Farben

Heutige Grafikkarten stellen problemlos ca. 4 Milliarden unterschiedliche Farben dar. Die Anzahl der maximal darstellbaren Farben hängt dabei von der Speichergröße der Grafikkarte ab. Größen um die 128 bis 512 MB sind heutzutage bei vielen Grafikkarten üblich. Vor 5 bis 10 Jahren sah dies noch etwas anders aus, da verfügten sie meistens nur über 1 bis 8 MB Speicher. Je geringer der Speicher ist, desto weniger Farben können dargestellt werden. Dies hängt vor allem von der gewählten Auflösung ab. Dies führt dazu, dass auf einigen Computern lediglich 256 Farben dargestellt werden können. HTML und CSS bieten Ihnen jedoch die Möglichkeit, bis zu 16,7 Millionen unterschiedliche Farben anzugeben – entweder als Hex-Tripel- oder als RGB-Werte. Damit auch auf Computern mit weniger darstellbaren Farben Ihre Farbe korrekt angezeigt werden kann, wurden die so genannten »websicheren Farben« definiert.

Wertebereich

Dabei handelt es sich um einen ganz einfachen Trick. Sie dürfen für die einzelnen Farbanteile nur sechs unterschiedliche Werte verwenden. Dadurch ist jedoch garantiert, dass auch auf Computern mit nur 256 darstellbaren Farben Ihre gewünschte Farbe korrekt wiedergegeben wird. In hexadezimaler Form lauten die Werte 00, 33, 66, 99, CC und FF. Daraus ergeben sich stattliche 216 unterschiedliche Farben, die für jeden Zweck eigentlich ausreichend sein sollten. Die dezimalen Entsprechungen lauten 0, 51, 102, 153, 204 und 255.

Beispiel

Als websichere Farben gelten zum Beispiel:

```
#0000CC
#336699
rgb(204,153,102)
rgb(0,255,153)
```

Als nicht websicher gelten:

```
#00EEBB
#447722
rgb(12,95,124)
rgb(0,51,73)
```

Eine Übersicht mit allen 216 websicheren Farben und entsprechende Beispiele finden Sie auf der beiliegenden DVD-ROM im Verzeichnis **x:\misc**. Der Name des HTML-Dokuments lautet **websicher.htm**. [O]

B.6 MIME-Typen

Der MIME-Standard wurde ursprünglich für den Austausch von Dateien über E-Mail entwickelt. Mittlerweile ist er jedoch zu einem probaten Mittel zur Definition des Datentyps einer Datei bzw. eines Datenstroms geworden. Dabei wird der MIME-Typ mit einem bestimmten Schema angegeben:

```
[medientyp]/[subtyp]
```

Der `medientyp` gibt die globale Gruppe eines Dateiformats an und kann einer der nachfolgenden Typen sein:

- `application` – Dateien, die eine bestimmte Anwendung zur Darstellung benötigen
- `audio` – Audioformate
- `image` – Grafikformate
- `message` – Nachrichtenformate
- `model` – Modelle bzw. mehrdimensionale Strukturen
- `multipart` – Mehrere Datenformate
- `text` – Reine Textformate
- `video` – Videoformate

Der `subtyp` steht dann für das entsprechende Format der Daten, z. B. `gif` für Grafiken im GIF-Format oder `html` für HTML-Dokumente. Tabelle A.6 enthält eine Übersicht über die wichtigsten MIME-Typen mit Angabe des Medien- und des Subtyps, der typischen Dateiendung und einer kurzen Erklärung.

MIME-Typ	Dateiendung	Erklärung
application/applefile		AppleFile
application/gzip	gz	GNU Zip
application/mac-binhex40	hqx	Macintosh binär

Tabelle B.6 Die wichtigsten MIME-Typen

MIME-Typ	Dateiendung	Erklärung
application/msexcel	xls xla	Microsoft Excel
application/mshelp	hlp chm	Windows Hilfe
application/mspowerpoint	ppt ppz pps pot	Microsoft PowerPoint
application/msword	doc dot	Microsoft Word
application/octet-stream	bin exe dll com class	Ausführbare Dateien
application/pdf	pdf	PDF-Dokument
application/postscript	ai eps ps	PostScript
application/rtf	rtf	Rich Text Format
application/x-gtar	gtar	GNU Tar
application/x-httpd-php	php phtml	PHP-Dateien
application/x-javascript	js	JavaScript
application/x-macbinary	bin	Macintosh binär
application/x-shockwave-flash	swf cab	Shockwave Flash
application/x-tar	tar	TAR
application/x-www-form-urlencoded		HTML-Formulardaten
application/zip	zip	ZIP
audio/basic	au snd	Standard Audio
audio/x-aiff	aif aiff aifc	AIFF
audio/x-midi	mid midi	MIDI
audio/x-mpeg	mp2	Mpeg
audio/x-pn-realaudio	ram ra	Realaudio
audio/x-wav	wav	Wave
image/gif	gif	GIF
image/jpeg	jpe jpeg jpg	JPEG
image/png	png	PNG
image/tiff	tif tiff	TIFF
message/external-body		Nachricht mit externem Inhalt
message/http		HTTP-Nachricht
message/news		Newsgroup-Nachricht
message/partial		Teilnachricht
message/rfc822		Nachricht nach RFC822
model/vrml	wrl	Virtual Reality Model
multipart/alternative		Gemischte Daten
multipart/byteranges		Daten mit Byte-Angabe
multipart/digest		Auswählbare Daten
multipart/encrypted		Verschlüsselte Daten

Tabelle B.6 Die wichtigsten MIME-Typen (Forts.)

MIME-Typ	Dateiendung	Erklärung
multipart/form-data		HTML-Formulardaten
multipart/mixed		Gemischte Daten
multipart/parallel		Parallele Daten
multipart/related		Verbundene Daten
multipart/report		Bezeichnete Daten
multipart/signed		Signierte Daten
multipart/voice-message		Sprachnachricht
text/comma-separated-values	csv	Durch Komma getrennte Werte
text/css	css	CSS-Stylesheet
text/html	htm html shtml	HTML-Dokument
text/javascript	js	JavaScript
text/plain	txt	Klartext
text/rtf	rtf	Richt Text Format
text/tab-separated-values	tsv	Durch Tabulatoren getrennte Werte
text/vnd.wap.wml	wml	WAP
text/xml-external-parsed-entity		Extern geparste XML-Dateien
text/x-sgml	sgm sgml	SGML-Dokumente
video/mpeg	mpe mpeg mpg	MPEG-Filme
video/quicktime	qt mov	QuickTime
video/x-msvideo	avi	Microsoft AVI-Filme

Tabelle B.6 Die wichtigsten MIME-Typen (Forts.)

Wenn Sie den Netscape-Browser oder Mozilla verwenden, können Sie mit JavaScript und dem Objekt `navigator.mimeTypes` die von Ihrem Browser unterstützten MIME-Typen ermitteln. Ein Beispiel dazu finden Sie auf der beiliegenden DVD-ROM unter **x:\misc\mimetypes.htm**.

B.7 Sprachenkürzel

Sprachenkürzel dienen dazu, die gesprochene Sprache in einem Land zu identifizieren. So wird z. B. in Kanada sowohl Französisch als auch Englisch gesprochen. Anhand eines Sprachenkürzels lässt sich nun bestimmen, welche Sprache für das Land verwendet werden soll.

In JavaScript können Sie z. B. über das Objekt `navigator.language` ein solches Sprachenkürzel erhalten. Sie bekommen so das Land und die Sprache mitgeteilt, die auf dem Computer des Benutzers eingerichtet ist. Ein Sprachenkürzel baut sich immer aus der Abkürzung für eine Sprache und der Abkürzung für das Land auf. Ersteres wird immer klein und Letzteres immer groß geschrieben. Tabelle B.7 enthält die wichtigsten Sprachenkürzel, und Tabelle B.8 führt die wichtigsten Länderkürzel auf.

Kürzel	Erklärung	Kürzel	Erklärung
af	Afrikaans	ko	Koreanisch
ar	Arabisch	la	Lateinisch
bg	Bulgarisch	mk	Mazedonisch
ca	Katalanisch	nl	Holländisch
cs	Tschechisch	no	Norwegisch
cy	Walisisch	pl	Polnisch
da	Dänisch	pt	Portugiesisch
de	Deutsch	ro	Rumänisch
el	Griechisch	ru	Russisch
en	Englisch	sa	Sanskrit
eo	Esperanto	sh	Serbokroatisch
es	Spanisch	sk	Slowakisch
fa	Persisch	sl	Slowenisch
fi	Finnisch	sr	Serbisch
fr	Französisch	sv	Schwedisch
fy	Friesisch	sw	Suaheli
ga	Irisch	th	Thai
he	Hebräisch	tr	Türkisch
hr	Kroatisch	uk	Ukrainisch
hu	Ungarisch	vi	Vietnamesisch
it	Italienisch	yi	Jiddish
ja	Japanisch	zh	Chinesisch
ka	Georgisch	zu	Zulu

Tabelle B.7 Sprachkürzel

Kürzel	Erklärung	Kürzel	Erklärung
AE	VAE	HU	Ungarn
AM	Armenien	IT	Italien
AN	Antillen	JP	Japan
AQ	Antarktis	LI	Liechtenstein
AR	Argentinien	NL	Niederlande
AT	Österreich	NO	Norwegen
AU	Australien	PL	Polen
BE	Belgien	PT	Portugal
BG	Bulgarien	RU	Russland

Tabelle B.8 Länderkürzel

Kürzel	Erklärung	Kürzel	Erklärung
BO	Bolivien	SE	Schweden
BR	Brasilien	TH	Thailand
CA	Kanada	TR	Türkei
CH	Schweiz	TW	Taiwan
CN	China	UA	Ukraine
DE	Deutschland	UK	Großbritannien
DK	Dänemark	US	USA
ES	Spanien	VA	Vatikanstaat
FI	Finnland	VN	Vietnam
FR	Frankreich	ZA	Südafrika
GB	Großbritannien		
GR	Griechenland		

Tabelle B.8 Länderkürzel (Forts.)

Die folgenden Beispiele zeigen verschiedene Möglichkeiten, wie die einzelnen Kürzel zusammengesetzt werden können, und welche Bedeutung sie dann besitzen.

- `de-AT` – Österreichisches Deutsch
- `de-CH` – Schweizerdeutsch
- `en-US` – Amerikanisches Englisch
- `en-CA` – Kanadisches Englisch
- `en-AU` – Australisches Englisch
- `en-UK` – Oxford-Englisch
- `fr-CA` – Kanadisches Französisch

Auf der beiliegenden DVD-ROM finden Sie unter **x:\misc\kuerzel.htm** eine Übersicht über alle Sprachen- und Länderkürzel. Außerdem enthält das Dokument eine Liste aller Top-Level-Domains. [O]

B.8 MySQL-Fehlernummern

Die folgende Auflistung der MySQL-Fehlernummern soll Ihnen bei der Fehlersuche in Ihrem Programm helfen. Diese Liste erhebt jedoch keinen Anspruch auf Vollständigkeit.

Fehlernr.	Fehlermeldung
1004	Die Datei * konnte nicht erzeugt werden.

Tabelle B.9 MySQL-Fehlernummern und die entsprechenden Meldungen

Fehlernr.	Fehlermeldung
1005	Die Tabelle * konnte nicht erzeugt werden.
1006	Die Datenbank * konnte nicht erstellt werden.
1007	Die Datenbank * konnte nicht erstellt werden. Sie existiert bereits.
1008	Die Datenbank * konnte nicht gelöscht werden, da sie nicht existiert.
1009	Fehler beim Löschen der Datenbank *.
1010	Fehler beim Löschen der Datenbank *. Verzeichnis konnte nicht gelöscht werden.
1011	Fehler beim Löschen von *.
1012	Datensatz in Systemtabelle kann nicht gelesen werden.
1013	Kann Status von * nicht ermitteln.
1014	Kann Arbeitsverzeichnis nicht ermitteln.
1015	Kann Datei nicht sperren.
1016	Kann Datei * nicht öffnen.
1017	Kann Datei * nicht finden.
1018	Verzeichnis von * ist nicht lesbar.
1019	Kann nicht in das Verzeichnis von * wechseln.
1020	Datensatz hat sich seit dem letzten Zugriff auf Tabelle * geändert.
1021	Festplatte voll. Warte auf jemanden, der Platz schafft ...
1022	Kann nicht speichern, da doppelter Schlüssel in Tabelle *.
1023	Fehler beim Schließen von *.
1024	Fehler beim Lesen der Datei *.
1025	Fehler beim Umbenennen der Datei *.
1026	Fehler beim Schreiben der Datei *.
1027	* wurde für Änderungen gesperrt.
1028	Sortierung abgebrochen.
1029	View * existiert für * nicht.
1030	Fehler * von Tabelle erhalten.
1031	Tabellen-Handle für * verfügt nicht über diese Option.
1032	Kann Datensatz in * nicht finden.
1033	Falsche Informationen in Datei *.
1034	Falsche Schlüsseldatei für Tabelle *. Versuche zu reparieren!
1035	Alte Schlüsseldatei für Tabelle *. Repariere es!
1036	Tabelle * ist nur lesbar.
1037	Kein Speicher. Server neu starten und erneut probieren!
1038	Kein Speicher zum Sortieren. Sortierspeicher erhöhen!
1039	Unerwartetes Dateiende beim Lesen der Datei * gefunden.
1040	Zu viele Verbindungen. Später noch einmal probieren.
1041	Zu wenig Speicher.

Tabelle B.9 MySQL-Fehlernummern und die entsprechenden Meldungen (Forts.)

Fehlernr.	Fehlermeldung
1042	Kann Hostname der Adresse nicht ermitteln.
1043	Schlechter handshake (dt. Handschlag).
1044	Zugriff für Benutzer @ für Datenbank * nicht erlaubt.
1045	Zugriff für Benutzer @ nicht erlaubt. Passwort: *.
1046	Keine Datenbank ausgewählt.
1047	Unbekannte Anweisung.
1048	Spalte * darf nicht NULL sein.
1049	Unbekannte Datenbank *.
1050	Tabelle * existiert bereits.
1051	Tabelle * ist unbekannt.
1052	Spalte * in * ist missverständlich.
1053	Server wird heruntergefahren.
1054	Unbekannte Spalte * in *.
1055	* ist nicht in GROUP BY.
1056	Gruppierung von * nicht möglich.
1057	Im Statement wurden sowohl sum-Funktionen als auch Spalten verwendet. Dies ist nicht erlaubt.
1058	Spaltenzähler entspricht nicht dem Wertzähler.
1059	Name des Identifizierers * ist zu lang.
1060	Doppelter Spaltenname *.
1061	Doppelter Schlüsselname *.
1062	Doppelter Eintrag * für Schlüssel *.
1063	Falsche Spalten-Spezifizierung für Spalte *.
1064	* bei * in Zeile *.
1065	Leere Anfrage.
1066	Keine eindeutige Tabelle/Alias: *.
1067	Falscher Standardwert für *.
1068	Mehrfacher Primärschlüssel definiert.
1069	Zu viele Schlüssel definiert. Maximal * Schlüssel erlaubt.
1070	Zu viele Teilschlüssel definiert. Maximal * Teilschlüssel erlaubt.
1071	Der Schlüssel ist zu lang. Maximale Schlüssellänge ist *.
1072	Schlüsselspalte * existiert nicht in dieser Tabelle.
1073	BLOB-Spalte * kann nicht als Schlüssel verwendet werden.
1074	Zu große Feldlänge für Spalte * (max = *). Stattdessen BLOB verwenden!
1075	Falsche Tabellendefinition; es ist nur ein Auto-Feld erlaubt, das als Schlüssel definiert sein muss.
1076	*: Warten auf Verbindungen.

Tabelle B.9 MySQL-Fehlernummern und die entsprechenden Meldungen (Forts.)

Fehlernr.	Fehlermeldung
1077	*: Normal beendet.
1078	*: Signal * erhalten. Abbrechen!
1079	*: Herunterfahren beendet.
1080	*: Beenden des Threads * veranlasst. Benutzer: *.
1081	IP-Socket kann nicht erzeugt werden.
1082	Tabelle * besitzt keinen solchen Index wie in CREATE INDEX verwendet. Legen Sie den Index neu an.
1083	Feld-Separator-Argument liegt nicht in der Form vor, wie es erwartet wird. Lesen Sie im Handbuch nach.
1084	Eine feste Reihenlänge kann für BLOBs nicht verwendet werden. Verwenden Sie stattdessen 'fields terminated by'.
1085	Die Datei * muss im Datenbankverzeichnis liegen oder für alle lesbar sein.
1086	Datei * existiert bereits.
1087	Datensätze: * Gelöscht: * Ignoriert: * Warnungen: *
1088	Datensätze: * Duplikate: *
1089	Falscher Subteilschlüssel. Der verwendete Teilschlüssel ist entweder kein String oder die verwendete Länge ist länger als der Teilschlüssel.
1090	Es können nicht alle Tabellen mit ALTER TABLE gelöscht werden. Verwenden Sie stattdessen DROP TABLE.
1091	Kann * nicht löschen (DROP). Überprüfen Sie, ob Spalte/Schlüssel existiert.
1092	Datensätze: * Duplikate: * Warnungen: *
1093	INSERT TABLE * ist nicht in FROM-Tabellenliste erlaubt.
1094	Unbekannte Thread-ID *.
1095	Sie sind nicht der Besitzer des Threads.
1096	Keine Tabellen verwendet.
1097	Zu viele Strings für Spalte * und SET.
1098	Es kann kein eindeutiger Log-Dateiname erstellt werden.
1099	Tabelle * wurde mit einer READ-Sperre gesperrt und kann nicht geändert werden.
1100	Tabelle * wurde nicht mit LOCK TABLES gesperrt.
1101	BLOB Spalte * kann keinen Standardwert haben.
1102	Datenbankname * ist falsch.
1103	Tabellenname * ist falsch.
1104	Die Ausführung der SELECT-Anweisung würde zu viele Datensätze untersuchen und wahrscheinlich sehr lange dauern. Bitte WHERE-Bedingung überprüfen und SET OPTION SQL_BIG_SELECTS=1 verwenden, sofern die SELECT-Anweisung korrekt ist.
1105	Unbekannter Fehler.
1106	Unbekannte Prozedur *.
1107	Falsche Parameteranzahl für Prozedur *.

Tabelle B.9 MySQL-Fehlernummern und die entsprechenden Meldungen (Forts.)

Fehlernr.	Fehlermeldung
1108	Falsche Parameter für Prozedur *.
1109	Unbekannte Tabelle * in *.
1110	Spalte * wurde doppelt definiert.
1111	Ungültige Verwendung der Gruppierungsfunktion.
1112	Tabelle * verwendet eine Erweiterung, die in dieser MySQL-Version nicht erlaubt ist.
1113	Eine Tabelle muss mindestens eine Spalte besitzen.
1114	Die Tabelle * ist voll.
1115	Unbekannter Zeichensatz *.
1116	Zu viele Tabellen. MySQL kann lediglich * Tabellen in einem JOIN verwenden.
1117	Zu viele Spalten.
1118	Zu viele Spalten. Maximal sind * Spalten (ohne BLOBs) erlaubt. Ändern Sie einige Spalten in BLOBs.
1119	Stapelüberlauf. Verwendet: * von * Stapel. Verwenden Sie 'mysqld -O thread_stack=#', um einen größeren Stapel zu spezifizieren.
1120	OUTER JOIN enthält fehlerhafte Abhängigkeiten. Prüfen Sie die ON-Bedingungen.
1121	Spalte * wurde mit UNIQUE oder INDEX verwendet, ohne dabei NOT NULL zu sein.
1122	Funktion * kann nicht geladen werden.
1123	Funktion * kann nicht initialisiert werden.
1124	Für Shared Library sind keine Pfadangaben erlaubt.
1125	Funktion * existiert bereits.
1126	Kann Shared Library * nicht öffnen. (errno: * *)
1127	Kann Funktion * nicht in Bibliothek finden.
1128	Funktion * wurde nicht definiert.
1129	Host * wurde wegen zu vieler Verbindungen blockiert.
1130	Host * ist nicht berechtigt, eine Verbindung zum MySQL-Server aufzubauen.
1131	Sie verwenden MySQL als anonymer Benutzer, und anonyme Benutzer sind nicht berechtigt, Passwörter zu ändern.
1132	Sie müssen zum UPDATE von Tabellen in der mysql-Datenbank berechtigt sein, um Passwörter anderer Benutzer ändern zu können.
1133	Es konnte kein passender Datensatz in der user-Tabelle gefunden werden.
1134	Gefundene Datensätze: * Geändert: * Warnungen: *
1135	Neuer Thread kann nicht erzeugt werden (errno: *).
1136	Spaltenzahl stimmt nicht mit der Anzahl der Werte in Reihe * überein.
1137	Kann Tabelle * nicht erneut öffnen.
1138	Fehlerhafte Verwendung des NULL-Wertes.
1139	Fehler * von regexp erhalten.

Tabelle B.9 MySQL-Fehlernummern und die entsprechenden Meldungen (Forts.)

Fehlernr.	Fehlermeldung
1140	Das Vermischen von GROUP-Spalten mit Nicht-GROUP-Spalten ist nicht möglich.
1141	Keine solche Berechtigung für Benutzer * auf Host *.
1142	* Kommando für Benutzer * für Tabelle @ verboten.
1143	* Kommando für Benutzer * für Spalte * in Tabelle @ verboten.
1144	Ungültiges GRANT/REVOKE-Kommando.
1145	Host- oder User-Argument für GRANT ist zu lang.
1146	Tabelle *.* existiert nicht.
1147	Keine solche Berechtigung für User * auf Host * für Tabelle *.
1148	Das `used`-Kommando ist für diese MySQL-Version nicht erlaubt.
1149	Sie haben einen Fehler in Ihrer SQL-Syntax.
1150	Verzögerter Insert-Thread konnte den angeforderten Lock für Tabelle * nicht erhalten.
1151	Zu viele verzögerte Threads in Verwendung.
1152	Abgebrochene Verbindung * zur Datenbank * für User *.
1153	Empfangenes Paket ist größer als erlaubt.
1154	Lesefehler bei einer Kommunikations-Pipe.
1155	Fehler von fcntl erhalten.
1156	Empfangenes Paket ist in der falschen Reihenfolge.
1157	Kann Kommunikationspaket nicht entpacken.
1158	Fehler beim Lesen eines Kommunikationspakets.
1159	Timeout beim Lesen eines Kommunikationspakets.
1160	Fehler beim Schreiben eines Kommunikationspakets.
1161	Timeout beim Schreiben eines Kommunikaionspakets.
1162	Ergebnisstring ist länger als `max_allowed_packet`.
1163	Der verwendete Tabellentyp unterstützt keine BLOB/TEXT-Spalten.
1164	Der verwendete Tabellentyp unterstützt keine AUTO_INCREMENT-Spalte.
1165	INSERT DELAYED kann nicht auf Tabelle * angewendet werden, da diese mit LOCK TABLES gesperrt wurde.
1166	Falscher Spaltenname *.
1167	Der verwendete Tabellen-Handler kann die Spalte * nicht indizieren.
1168	Nicht alle Tabellen in der MERGE-Tabelle sind gleich definiert.
1169	Schreiben in Tabelle * nicht möglich wegen eines Unique Constraints.
1170	BLOB-Spalte * wird in der Key-Definition ohne Längenangabe verwendet.
1171	Alle Teile eines Primärschlüssels müssen als NOT NULL definiert sein.
1172	Ergebnis besteht aus mehr als einer Reihe.
1173	Dieser Tabellentyp benötigt einen Primärschlüssel.
1174	Diese MySQL-Version wurde nicht mit RAID-Unterstützung kompiliert.

Tabelle B.9 MySQL-Fehlernummern und die entsprechenden Meldungen (Forts.)

Fehlernr.	Fehlermeldung
1175	Unter Verwendung des sicheren Update-Modus wurde versucht, eine Tabelle ohne eine Schlüsselspalte in der WHERE-Bedingung zu updaten.
1176	Schlüssel * existiert nicht in der Tabelle *.
1177	Kann Tabelle nicht öffnen.
1178	Der Tabellenhandler für diese Tabelle unterstützt kein check/repair.
1179	Sie sind nicht berechtigt, dieses Kommando in einer Transaktion auszuführen.
1180	Fehler * während COMMIT.
1181	Fehler * während ROLLBACK.
1182	Fehler * während FLUSH_LOGS.
1183	Fehler * während CHECKPOINT.
1184	Abgebrochene Verbindung * zu Datenbank *. Benutzer: * Passwort: *.
1185	Der Handler für die Tabelle unterstützt keinen binären Tabellendump.
1186	Binlog wurde während FLUSH_MASTER geschlossen.
1187	Neubau des Index der gedumpten Tabelle * fehlgeschlagen.
1188	Fehler vom Master: *
1189	Netzfehler beim Lesen vom Master.
1190	Netzfehler beim Schreiben vom Master.
1191	Kann keinen FULLTEXT-Index finden, der der Spaltenliste entspricht.
1192	Kann das aktuelle Kommando wegen aktiver Tabellensperre oder aktiver Transaktion nicht ausführen.
1193	Unbekannte Systemvariable *.
1194	Tabelle * wurde als defekt markiert und sollte repariert werden.
1195	Tabelle * wurde als defekt markiert, und der letzte Reparaturversuch scheiterte.
1196	Warnung: Das Rollback konnte bei einigen Tabellen, die mit Transaktionen geändert wurden, nicht ausgeführt werden.
1197	Multi-Statement-Transaktionen benötigen mehr als 'max_binlog_cache_size' Bytes an Speicher. Vergrößern Sie diese mysqld-Variable, und versuchen Sie es noch einmal.

Tabelle B.9 MySQL-Fehlernummern und die entsprechenden Meldungen (Forts.)

Weitere Fehlermeldungen, jedoch ohne Nummerierung, können Sie in anderen Sprachen der Datei **errmsg.txt** entnehmen. Diese finden Sie im Verzeichnis von MySQL im Unterordner **share**. Dort müssen Sie das entsprechende Verzeichnis der Sprache auswählen.

C Reservierte Wörter

In allen drei Skriptsprachen, die in diesem Buch vorgestellt wurden, gibt es die so genannten reservierten Wörter. Diese Wörter dürfen Sie nicht zur Bezeichnung Ihrer Variablen oder Funktionen (bzw. Subroutinen) verwenden. Natürlich dürfen die Wörter auch nicht als Objekt-, Eigenschafts- oder Methodenbezeichner verwendet werden. Obwohl einige von ihnen noch nicht mit einer Variablen oder einer Funktion in Verbindung stehen, dürfen Sie die Wörter trotzdem nicht einsetzen, da sich dies in neueren Versionen der Sprachen ändern kann.

C.1 JavaScript

Die Tabelle C.1 enthält die reservierten Wörter von JavaScript.

abstract	boolean	break
byte	case	catch
char	class	const
continue	default	delete
do	double	else
export	extends	false
final	finally	float
for	function	goto
if	implements	in
instanceof	int	long
native	new	null
package	private	protected
public	return	short
static	super	switch
synchronized	this	throw
throws	transient	true
try	typeof	var
void	while	with

Tabelle C.1 Reservierte Wörter in JavaScript

Einige der Wörter aus Tabelle C.1 werden Java-erfahrenen Programmierern sicherlich bekannt vorkommen.

C.2 Perl

Die Tabelle C.2 enthält die reservierten Wörter von Perl.

abs	accept	alarm
answer	ask	atan2
bind	binmode	bless
caller	chdir	chmod
chomp	choose	chop
chown	chr	chroot
close	closedir	connect
continue	cos	crypt
dbmclose	dbmopen	defined
delete	die	directory
do	doapplescript	dump
each	else	elsif
endgrent	endhostent	endnetent
endprotoent	endpwent	eof
eval	exec	exists
exit	exp	faccess
fcntl	fileno	find
flock	for	foreach
fork	format	formline
getc	getfileinfo	getgrent
getgrgid	getgrnam	gethostbyaddr
gethostbyname	gethostent	getlogin
getnetbyaddr	getnetbyname	getnetent
getpeername	getpgrp	getppid
getpriority	getprotobyname	getprotobynumber
getprotoent	getpwent	getpwnam
getpwuid	getservbyaddr	getservbyname
getservbyport	getservent	getsockname
getsockopt	glob	gmtime
goto	grep	hex
hostname	if	import
index	int	ioctl
join	keys	kill
last	lc	lcfirst
length	link	listen

Tabelle C.2 Reservierte Wörter in Perl

loadexternals	local	localtime
log	lstat	m//
makefsspec	makepath	map
mkdir	msgctl	msgget
msgrcv	msgsnd	my
next	no	oct
open	opendir	ord
pack	package	pick
pipe	pop	pos
print	printf	push
pwd	q//	qq//
quit	quotemeta	qw//
qx//	rand	read
readdir	readlink	recv
redo	ref	rename
replay	require	reset
return	reverse	rewinddir
rindex	rmdir	s///
scalar	seek	seekdir
select	semctl	semget
semop	send	setfileinfo
setgrent	sethostent	setnetent
setpgrp	setpriority	setprotoent
setpwent	setservent	setsockopt
shift	shmctl	shmget
shmread	shmwrite	shutdown
sin	sleep	socket
socketpair	sort	splice
split	sprintf	sqrt
srand	stat	stty
study	sub	substr
symlink	syscall	sysopen
sysread	system	syswrite
tell	telldir	tie
tied	time	times
tr///	truncate	uc
ucfirst	umask	undef
unless	unlink	until

Tabelle C.2 Reservierte Wörter in Perl (Forts.)

unpack	unshift	untie
use	utime	values
vec	volumes	wait
waitpid	wantarray	warn
while	write	y///

Tabelle C.2 Reservierte Wörter in Perl (Forts.)

C.3 PHP

Die Tabelle C.3 enthält die reservierten Wörter von PHP.

and	argv	as
argc	break	case
cfunction	class	continue
declare	default	do
die	echo	else
elseif	empty	enddeclare
endfor	endforeach	endif
endswitch	endwhile	E_ALL
E_PARSE	E_ERROR	E_WARNING
eval	exit	extends
false	for	foreach
function	HTTP_COOKIE_VARS	HTTP_GET_VARS
HTTP_POST_VARS	HTTP_POST_FILES	HTTP_ENV_VARS
HTTP_SERVER_VARS	if	include
include_once	global	list
new	not	null
old_function	or	parent
php_os	php_self	php_version
print	require	require_once
return	static	switch
stdClass	this	true
var	xor	virtual
while	__file__	__line__
__sleep	__wakeup	

Tabelle C.3 Reservierte Wörter in PHP

D Weitere Informationen

D.1 WWW-Links

Verschiedene Links zu den in diesem Buch behandelten Themen finden Sie auf der beiliegenden DVD-ROM unter **x:\misc\wwwlinks.htm** oder **http://www.mark-lubkowitz.de/**.

D.2 Buch-Tipps

Eigentlich alle Themen in diesem Buch sind ein wenig zu kurz gekommen. Dieses Buch richtet sich jedoch auch in erster Linie an Einsteiger. Es gibt genug Bücher, die sich z. B. nur mit dem Thema CSS oder PHP beschäftigen und teilweise 500 bis 1.200 Seiten stark sind. Aus diesem Grund nenne ich Ihnen hier nur einige Bücher, in denen auf die in diesem Buch behandelten Themen viel tiefer und genauer eingegangen wird, als es hier möglich gewesen wäre.

- **CSS-Praxis**
  Tipps und Tricks aus der Praxis, um mit CSS browserübergreifende Lösungen zu realisieren.
  Kai Laborenz, ISBN: 3-89842-765-X, Galileo Press
- **JavaScript und AJAX**
  Die sechste erweiterte und aktualisierte Neuauflage des Standardwerks zu JavaScript.
  Christian Wenz, ISBN: 3-89842-617-3, Galileo Press
- **Perl fürs Web**
  CGI-Anwendungen und dynamische Webseiten mit Perl.
  Martin Kästner, ISBN: 3-89842-245-3, Galileo Press
- **Einstieg in MySQL**
  Mark Lubkowitz, ISBN: 3-89842-427-8, Galileo Press
- **MySQL 4**
  Der schnelle Weg zum produktiven Einsatz.
  Marcus Throll, ISBN: 3-89842-383-2, Galileo Press
- **Einstieg in PHP 5 und MySQL 5**
  Thomas Theis, ISBN: 3-89842-854-0, Galileo Press
- **PHP 5 – Die Neuerungen**
  Martin Goldmann, Markus Schramdolph, ISBN: 3-89842-490-1, Galileo Press

- **Einstieg in XML**
  Helmut Venhoegen, ISBN: 3-89842-448-X, Galileo Press
- **Web Services – Die Standards**
  Tobias Hanser, Ulrich M. Löwer, ISBN: 3-89842-393-X, Galileo Press

Ansonsten sei an dieser Stelle natürlich erwähnt, dass sich ein Besuch der Webseite **http://www.galileocomputing.de/katalog/buecher/** immer lohnt.

D.3 Quellenverzeichnis

- **HTML**
  - http://www.w3.org/TR/html4/
- **CSS**
  - http://www.w3.org/TR/REC-CSS1/
  - http://www.w3.org/TR/REC-CSS2/
- **DOM**
  - http://www.w3.org/DOM/DOMTR
- **JavaScript**
  - http://developer.netscape.com/docs/manuals/communicator/jsref/
- **Perl**
  - http://www.perldoc.com/
- **PHP**
  - http://www.php.net/docs.php
- **MySQL**
  - http://www.mysql.de/documentation/index.html
- **Scalable Vector Graphics**
  - http://www.w3.org/TR/SVG/
  - http://www.w3.org/TR/SVG11/
- **Apache**
  - http://httpd.apache.org/docs/
  - http://httpd.apache.org/docs-2.0/

E Inhalt der DVD-ROM

Im Folgenden finden Sie eine Auflistung und Beschreibung der auf der DVD-ROM enthaltenen Verzeichnisse.

/browser

In diesem Verzeichnis finden Sie für jeden Browser einen Unterordner. Je nachdem, welche Versionen für den Browser auf der DVD verfügbar sind, finden Sie in den jeweiligen Unterordnern weitere Order mit den Namen win32, linux oder macos.

/listings

Im **listings**-Verzeichnis finden Sie zehn Unterverzeichnisse:

- **html** – enthält alle Listings zum HTML-Teil.
- **css** – enthält alle Listings zum CSS-Teil.
- **js** – enthält alle Listings zum JavaScript-Teil.
- **perl** – enthält alle Listings zum Perl-Teil.
- **php** – enthält alle Listings zum PHP-Teil.
- **mysql** – enthält alle Listings zum MySQL-Teil.
- **dyngraph** – enthält alle Listings zur dynamischen Bildgenerierung.
- **xml** – enthält die Listings zum XML-Teil.

/misc

In diesem Verzeichnis sind die verschiedenen Dateien enthalten, für die in diesem Buch entweder kein Platz war oder die zum Abdruck nicht geeignet sind, so etwa eine Übersicht und Darstellung der websicheren Farben, aller Farbworte (HTML und CSS) oder das GD-Modul für Perl.

/openbooks

Hier finden Sie vollständige E-Books von Christian Wenz, JavaSkript und ASAX, Ebersbach/Glaser/Kubani, Joomla!, das Handbuch für Einsteiger, sowie Andrew L. Johnson, Perl.

/server

In diesem Verzeichnis finden Sie alle Dateien und Programme, die zur Installation eines Webservers notwendig sind.

/software

In diesem Verzeichnis finden Sie weiterführende Software zur Webseitenprogrammierung, FTP- und Telenet-Programme und zur Bildbearbeitung.

/videotraining

Hier finden Sie ausgewählte Lektionen aus dem Video-Training-Angebot von Galileo Press zu den Themen Flash 8, Photoshop Elements 4, JavaScript, TYPO3 4.0 und Joomla!. Um das Video-Training zu starten, rufen Sie bitte die Datei »start.html« auf. Es wird vorausgesetzt, dass Sie den Flashplayer (ab Version 7) installiert haben. Bitte vergessen Sie nicht, die Lautsprecher zu aktivieren oder gegebenenfalls die Lautstärke zu erhöhen.

Wählen Sie im Hauptmenü per Mausklick ein Kapitel aus. Das jeweils ausgewählte Kapitel ist farblich markiert. Bewegen Sie nun die Maus im rechten Feld des Hauptmenüs auf die Lektion, mit der Sie starten wollen. Mit einem Klick rufen Sie die ausgewählte Lektion auf, und das Training beginnt. Aus dem laufenden Videokurs heraus können Sie nach Belieben über die linke Navigationsleiste jedes Kapitel und jede dazugehörige Lektion auswählen.

F Glossar

ActiveX Die ActiveX-Technologie ist eine Entwicklung von Microsoft. Bei den ActiveX-Controls handelt es sich um Plugins für den Internet Explorer. Aufgrund der geringen Sicherheit solcher ActiveX-Controls und des hohen Schadens, den sie anrichten können, werden sie von den meisten Anwendern deaktiviert.

ANSI Abkürzung für »American National Standard Institute«. Name des amerikanischen Pendants zum Deutschen Institut für Normung (kurz DIN). Das ANSI hat auch einen Zeichensatz standardisiert, der unter DOS Verwendung findet.

Apache Bezeichnung für den Open Source-Webserver (siehe Open Source) der Apache Software Foundation.

Applet Eine Miniapplikation, die in der Programmiersprache Java (siehe Java) geschrieben wurde. Applets werden häufig auf Webseiten eingesetzt und in HTML-Dokumente eingebettet.

Applikation Mit »Applikationen« sind alle Software-Anwendungen gemeint, die auf einem Computer in einer Betriebssystemumgebung ausgeführt werden müssen.

ARPANET Bezeichnet das ursprünglich vom amerikanischen Verteidigungsministerium angekurbelte Projekt, Rechner auf der ganzen Welt durch eine dezentrale Struktur miteinander zu vernetzen. Vorgänger des heutigen Internet.

ASCII Abkürzung für »American Standard Code for Information Interchange«. Wurde in den 60er Jahren zum elektronischen Datenaustausch entwickelt. Dieser Standard kodiert die gebräuchlichsten Zeichen durch eine 8-Bit-Zahlenfolge.

Attribut In der Regel die Zusatzangabe zur Kennzeichnung eines Elements. Im Zusammenhang mit HTML sind die Eigenschaften eines Elements gemeint.

Bitmap Kompressionsloses Dateiformat für Grafiken. Aufgrund der fehlenden Kompression sind Bitmap-Grafiken häufig sehr groß und daher für den Einsatz im Internet ungeeignet.

Bytecode Der kompilierte Code eines Java-Programms. Der Bytecode wird erst bei Ausführung der Anwendung in einen für das Betriebssystem verständlichen nativen Code (siehe Nativer Code) umgewandelt.

Cascading Stylesheets So genannte Formatvorlagen, um die Ausgabe von HTML-Seiten besser formatieren zu können.

CGI Abkürzung für »Common Gateway Interface«. Ermöglicht das Starten von externen Programmen auf dem Webserver und den Datenaustausch mit diesen Programmen.

Compiler Ein Programm, das einen Quelltext einer Programmiersprache in die vom Prozessor ausführbare Maschinensprache, auch nativer Code (siehe Nativer Code) genannt, übersetzt.

Cookies Kleine Dateien mit Informationen, die von einem Webserver auf dem Rechner des Benutzers abgelegt werden und bei Bedarf wieder abgerufen werden können.

CSS → *Cascading Style Sheets.*

DHTML Abkürzung für »Dynamic Hypertext Markup Language«. Bezeichnet keinen neuen Sprachstandard, sondern die Kombination aus HTML, JavaScript und DOM zur Dynamisierung von HTML-Dokumenten.

DNS Abkürzung für »Domain Name Service«. Verwaltet Top-Level-Domains und speichert zu verfügbaren Aliasen die passende IP-Adresse.

DOM Abkürzung für »Document Object Model«. Das DOM legt fest, wie und auf welche Elemente eine Skriptsprache auf die Komponenten eines Dokuments zugreifen darf und kann. Dabei gibt es mittlerweile drei Varianten, die alle auf leicht unterschiedliche Art und Weise arbeiten.

DTD Abkürzung für »Document Type Definition«. Die DTD legt fest, auf Basis welcher Version und welcher Variante ein HTML-Dokument erstellt wurde. Sie beschreibt alle Besonderheiten, die ein Dokument bezüglich der Struktur aufweisen darf.

DTP Abkürzung für »Desktop Publishing«. Desktop Publishing ist der Oberbegriff für Verfahren, bei denen mit Hilfe von Computern und entsprechender Software Texte erfasst, layoutet und für den Druck vorbereitet werden.

Eigenschaft Im Zusammenhang mit Objekten bezeichnet man die Variablen einer Klasse als »Eigenschaften«. Eigenschaften können gelesen oder geschrieben werden.

Element Bezeichnet in Bezug auf HTML eine Sammlung unterschiedlicher Formatierungseigenschaften. So gibt es Elemente zur Auszeichnung von Überschriften, Absätzen usw.

Entity Eine Entity ist eine Kodierungsmöglichkeit von Sonderzeichen. Anstatt das Zeichen zu notieren, wird ein Kurzcode notiert, der vom Browser in der Darstellung durch das entsprechende Zeichen ersetzt wird.

Event-Handler HTML stellt Attribute bereit, mit denen auf bestimmte Ereignisse, die durch den Benutzer ausgelöst werden, reagiert werden kann. Diese Attribute werden Event-Handler genannt.

FAQ Abkürzung für »Frequently Asked Questions«. Die FAQs sind Dokumente, in denen häufig gestellte Fragen nach Themen sortiert und mit der entsprechenden Antwort versehen notiert werden.

Flash-Film Datenformat für vektorbasierte Filme. Wird häufig im Internet eingesetzt, um die Interaktivität und Attraktivität eines Internetangebotes zu erhöhen.

Frame Bei Webseiten sind Frames Unterteilungen des Browserfensters in mehrere Segmente. Jedes einzelne dieser Segmente kann dann ein anderes Dokument darstellen.

Freeware Unter Freeware versteht man Programme, die zwar kostenlos sind und beliebig verteilt, jedoch nicht verkauft oder verändert werden dürfen.

FTP Abkürzung für »File Transfer Protocol«. FTP bezeichnet ein Protokoll zum Transfer von Daten, insbesondere von Dateien, über TCP/IP-Netzwerke wie z. B. das Internet. Für Webmaster sind FTP-Clients und -Server die zentralen Arbeitswerkzeuge, wenn es um das Veröffentlichen der Webseiten geht.

GD-Library Grafik-Bibliothek, mit der sich in PHP und Perl (aber auch in der C-Familie und anderen Sprachen) Grafiken erzeugen, manipulieren und speichern lassen.

GIF Abkürzung für »Graphics Interchange Format«. Verlustfreies Kompressionsformat für Grafiken mit einer Farbtabelle von maximal 256 Farben. Eine der Farben lässt sich außerdem als transparent definieren.

GIF-Animation Eine zeitlich festgelegte Folge statischer Grafiken im GIF-Format. Früher wurden GIF-Aimationen oft auf Webseiten eingesetzt. Aufgrund des großen Speicherbedarfs und der geringen Flexibilität werden sie heute aber nur noch selten eingesetzt.

GMT Abkürzung für »Greenwich Meantime«. Englische Bezeichnung für die westeuropäische Zeitzone.

GNU GNU ist ein so genanntes »rekursives Akronym« und steht für »GNU's not Unix«. GNU ist ein UNIX-ähnliches und zu UNIX kompatibles Betriebssystem und verwendet in aktuellen Versionen mittlerweile den Linux-Kernel.

HTML Abkürzung für »Hypertext Markup Language«. Auszeichnungssprache für Dokumente zur Verwendung im Internet.

HTTP Abkürzung für »Hypertext Transfer Protocol«. Kommunikationsprotokoll zwischen Webserver und Webbrowser zur Übertragung von Daten.

Hypertext Hypertext bezeichnet einen normalen Fließtext, der durch Querverweise zu anderen Textstellen oder Dokumenten führt.

IIS Abkürzung für den »Internet Information Server«. Ein professioneller Webserver von Microsoft, der sowohl Windows NT, Windows 2000 als auch Windows XP Professional und Windows 2003 beiliegt.

Imagemap Bezeichnet eine Grafik mit unterschiedlichen sensitiven Bereichen. Je nachdem, in welchem Bereich geklickt wird, werden unterschiedliche Aktionen ausgelöst.

Inkonsistenz Bezeichnet bei relationalen Datenbanken die fehlende Plausibilität der Daten. Inkonsistenz entsteht durch Redundanz und die nachträgliche Änderung von Daten.

Instanz Ein Objekt ist die Instanz einer Klasse.

Interpreter Als Interpreter wird in Bezug auf Computer ein Programm bezeichnet, das Befehle und Anweisungen einer Programmiersprache zur Laufzeit in einen nativen Code übersetzt.

ISP Abkürzung für »Internet Service Provider«. Damit werden Firmen bezeichnet, die Teilnetze des Internets betreiben. Jeder ISP administriert sein Teilnetz und stellt die Verbindungen zu den anderen Teilnetzen sicher. Der größte deutsche ISP ist T-Online.

Java Eine von der Firma Sun entwickelte Programmiersprache, die sich sehr stark an die C-übliche Syntax anlehnt. Da Java-Programme erst zur Laufzeit in nativen Code übersetzt werden, sind sie auf jedem System lauffähig, dem auch die Java Runtime Environment zur Verfügung steht.

JavaScript Eine Skriptsprache, die von Netscape entwickelt wurde und oft Verwendung in HTML-Dokumenten findet.

JPG/JPEG Ein verlustbehaftetes Kompressionsformat für farbechte Bilder. Aufgrund der hohen Kompressionsrate – gerade bei Bildern mit vielen Farben und Farbverläufen – hat sich JPEG als Quasistandard für Fotos im Internet durchgesetzt.

Klasse Klassen sind die Grundlagen aller Objekte in Programmiersprachen und beschreiben deren Eigenschaften und Methoden. Objekte werden durch Instanzen von Klassen gebildet.

Kompilieren Umsetzen einer Programmiersprache in einen nativen Code.

Konstruktor Als Konstruktor wird die Funktion einer Klasse bezeichnet, die denselben Bezeichner wie die Klasse trägt. Konstruktoren werden bei der Instanziierung einer Klasse aufgerufen und können Parameter entgegennehmen.

LAMP Gängige Abkürzung für »Linux-Apache-MySQL-PHP und/oder Perl«. Bezeichnet eine Installationsvariante des Apache Webservers unter Linux.

Mailingliste Eine E-Mail-Verteilerliste, über die Beiträge zu bestimmten Themen verschickt werden können. Auch Newsletter sind E-Mail-Verteilerlisten.

Methode Im Zusammenhang mit Objekten bezeichnen Methoden die Funktionen einer Klasse. Dabei können Methoden – genauso wie Funktionen – ausgeführt werden. Auch die Übernahme von Parametern und die Rückgabe von Werten sind mit Methoden möglich.

MIME Abkürzung für »Multipurpose Internet E-Mail Extensions«. Wird mittlerweile zur eindeutigen Identifikation von Datentypen verwendet.

MySQL Ein leistungsfähiges Open-Source-Datenbanksystem, das aufgrund seiner Schnelligkeit und der Tatsache, dass es oft kostenlos nutzbar ist, im Internet weite Verbreitung findet.

Nativer Code Andere Bezeichnung für Maschinencode. Dies ist die systemnahste Sprache, die vom Prozessor direkt verarbeitet werden kann.

Newsgroup Newsgroups sind die globalen schwarzen Bretter auf E-Mail-Basis. In solchen Newsgroups kann über die verschiedensten Themen diskutiert werden. Sie existieren schon seit den Anfängen des Internets.

Objekt Objekte sind die Instanzen einer Klasse.

Open Source Mit Open Source wird Software bezeichnet, deren Quelltext für jedermann zugänglich ist und an der freie Programmierer arbeiten können. Linux und MySQL gehören z. B. zur Rubrik der Open Source-Software.

Parser Als Parser werden Programme bezeichnet, die Dokumente und Quelltexte auf grammatikalische Struktur prüfen. Dies gilt sowohl für normale Dokumente als auch für Quelltexte einer Programmiersprache.

PDF Abkürzung für »Portable Document Format«. Bezeichnet ein Dokumentformat von Adobe, mit dessen Hilfe Dokumente jeglicher Art (hauptsächlich Handbücher, Prospekte, Statistiken usw.) plattformunabhängig elektronisch veröffentlicht werden können.

Perl ist eine Interpreter-Scriptsprache, die häufig für CGI-Anwendungen und unter UNIX für die Administration verwendet wird.

PHP Sowohl eine Abkürzung für »Personal Homepage« als auch für »PHP Hypertext Preprocessor«. Mit beiden »Übersetzungen« ist die Skriptsprache PHP gemeint, die im Internet als kostenlose, serverseitige Skriptsprache eingesetzt wird.

PhpMyAdmin Eine auf PHP basierende Anwendung, die eine einfache und schnelle Administration von MySQL-Datenbanken erlaubt.

Plugin Dies sind Hilfsprogramme, die sich in andere Programme einbinden lassen und somit den Funktionsumfang des Programms erhöhen. Das bekannteste Plugin ist sicherlich der Shockwave-Flash-Player von Adobe.

PNG Abkürzung für »Portable Network Graphics«. Ein vom W3-Konsortium entwickeltes verlustfreies Grafikformat, das als Nachfolger des GIF-Formats eingesetzt werden soll.

Provider Bezeichnet eine Firma oder Institution, die einen Zugang zum Internet für Endanwender anbietet.

PWS Abkürzung für »Personal Webserver«. Bezeichnung der einfachen Version des »Internet Information Servers« von Microsoft.

Redundanz Als redundant werden mehrfach vorhandene Informationen, insbesondere in Hinsicht auf Datenbanken, bezeichnet. Redundanz kann sowohl gewollt als auch ungewollt sein, ist bei Datenbanken jedoch strengstens zu vermeiden. Bei Datensicherungen ist Redundanz aufgrund der höheren Zuverlässigkeit und Sicherheit jedoch erwünscht.

SSI Abkürzung für »Server-Side Includes«. Bezeichnet ein Verfahren, bei dem der Webserver vor der Übergabe an den Client ein Dokument überarbeitet und bestimmte Platzhalter durch Werte ersetzt.

SVG Abkürzung für »Scalable Vector Graphics«. Bezeichnet ein auf XML basierendes Dokumentenformat, um zweidimensionale Vektorgrafiken erzeugen und in Webseiten einsetzen zu können.

Syntax-Highlighting Funktion eines Programms, die bestimmte Anweisungen und Schlüsselwörter einer Programmiersprache durch unterschiedliche farbliche Kennzeichnung hervorheben kann und dadurch die Lesbarkeit eines Quelltextes erhöht.

Tag Tags unterteilen sich in Start- und Ende-Tags und markieren den Anfang und das Ende des Gültigkeitsbereichs eines Elements. Text, der innerhalb der Tags notiert wird, wird so ausgezeichnet bzw. formatiert.

TCP/IP Abkürzung für »Transmission Control Protocol/Internet Protocol«. Die am häufigsten verwendete Kombination aus zwei Protokollen für dezentrale Netzwerkstrukturen. Auch das Internet basiert auf diesem Protokoll bzw. dieser Protokollfamilie.

Telnet Bezeichnet eine Möglichkeit, mit der Benutzer über ein Netzwerk eine Konsole von einem weit entfernten Rechner auf dem lokalen Rechner simulieren können. Dabei werden die Tastatureingaben an den Server gesendet, und die Ausgabe wird vom Server empfangen.

Thumbnail Kleine Vorschaubilder von digitalen Bildern mit geringer Auflösung. Finden häufig bei Internetangeboten mit Bildergalerien Verwendung.

Top-Level-Domain Die oberste Hierarchie-Ebene bei den Internet-Domains. Zu den Top-Level-Domains gehören z. B. die Länderkürzel .de, .it, .fr oder auch die Kürzel .com, .net und .org.

URL/URI Abkürzung für »Uniform Resource Locator« bzw. »Uniform Resource Identifier«. Die URL/URI entspricht der Adresse eines Internetangebots und enthält Angaben zum zu verwendenden Protokoll, zur Domain, zu den Ports, zum Pfad auf dem Server und zum Namen des abzurufenden Dokuments bzw. der auszuführenden Datei.

W3-Konsortium Synonym für das »World-WideWeb Consortium«, dem die verschiedensten Firmen und Institutionen angehören. Diese entwickeln und referenzieren neue Standards für den Einsatz im Internet.

WAMP Gängige Abkürzung für »Windows-Apache-MySQL-PHP und/oder Perl«. Bezeichnet eine Installationsvariante des Apache Webservers unter Windows.

Whois Ein Datenbankdienst, der Informationen über E-Mail-Adressen, Domains und im Internet präsente Institutionen bereitstellt.

XHTML Abkürzung für »Extensible Hypertext Markup Language«. Bezeichnet die Neudefinition von HTML durch die Auszeichnungssprache XML.

XML Abkürzung für »Extensible Markup Language«. Bezeichnet eine Auszeichnungssprache, auf deren Basis sich andere Auszeichnungssprachen definieren lassen.

Index

C

D

E

F

G

H

I

J

K

L

M

T

U

V

W

X

Y

Z